가족, 사회와 가족법

이 화 숙

세창출판사

국립중앙도서관 출판시도서목록(CIP)

가족, 사회와 가족법 / 저자: 이화숙. -- 서울 : 세창출판사, 2012
p. ; cm

ISBN 978-89-8411-364-0 93360 : ₩46000

가족법[家族法]

365.5-KDC5
346.015-DDC21 CIP2012000443

감사의 글

제가 가족법을 전공하기로 마음을 먹은 것은 '비분강개'하는 성격 탓이었습니다. 아니 차별적이고 불합리한 가족법을 공부하다보니 비분강개하는 성격을 갖게 되었는지도 모르겠습니다.

법학이란 학문에 흥미를 갖기 시작하자마자 학부를 졸업했기에 못다한 공부를 더 해보고자 30대 중반의 나이, 두 딸의 어머니, 한 남자의 아내이자 가정주부라는 복잡한 이름과 신분을 갖고 대학원에 입학하여 깊이 있게 공부하기 시작한 가족법은 제 이름만큼이나 다양하고 충격스러웠습니다. 양성평등을 선언한 헌법을 갖고 있는 나라, 경제적으로 발돋움하기 시작한 1970년대 후반의 문명한 나라, 오랜 역사와 전통과 문화를 갖고 있는 나라의 법이라곤 도저히 생각할 수 없을 정도로 불합리한 법규정과 제도들이 가족법에 미묘하게 얽히고설켜 있었기 때문입니다.

제가 어느 글에선가 그 당시(1980년대)의 가족법을 한 그루 나무에 비유하여 다음과 같이 묘사한 기억이 있습니다. "우리 가족법은 강한 비바람에도 흔들리지 않을 정도로 튼실한 가부장적인 뿌리를 박고 서 있으나 그 모순은 땅속에 숨어 있어 보이지 않고, 눈에 보이는 가지는 남녀평등한 규정들과 차별적 성격의 제도들이 적당히 어우러져 있어 조금만 고치면 그런대로 괜찮아 보이기도 하는 나무와 같다고. 그러나 가부장 뿌리에서 맺은 열매는 어차피 가부장의 후손으로 분류될 수밖에 없다고…."

박사과정에 입학하여 강의를 하고 연구논문을 발표하기 시작하면서 저는 소위 가부장적인 가족법을 개정하여야 한다고 강하게 주장하기 시작하였습니다. 호주제도와 동성동본불혼제 등 가부장적인 뿌리에 해당하는 제도들을 삭제하여야 할 논거를 제시하기 시작하였고, 혼인법과 이혼법과 상속법에 남아 있는 남녀차별적인 규정들을 평등하게 개정하고 이혼 후의 미성년자녀의 보호를 강화하여야 한다고 주장하기 시작한 것입니다. 그러다 보니 저도 모르게 소위 '운동권 학자, 또는 강성의 학자'로 불릴 정도로 강한 글을 많이 썼던가 봅니다. 연구논문으로는 우리 가족법의 문제점을 밝히고 평등한 가족법으로 개정할 방향 대안으로 비교법적인 연구와 입법론을 택하였습니다.

그 당시에는 연구를 한다거나 논문을 발표한다는 의식조차 없이 '국민들의 가족생활을 규율하는 이 나라의 가족법'이 이토록 차별적이고 불합리해서는 안 된다는 문제의식으로 시작하여, 다른 나라의 법(입법례)은 어떤 배경에서, 어떤 과정을 거쳐 합리적인 법제도로 거듭나게 되었는가 하는 점에 관심을 갖고 역사적, 사회학적, 그리고 법적 관점에서 비교 연구하고 대안을 제시하기 위한 입법론에 젊음을 바쳤다 해도 과언이 아닙니다. 때론 어머니이자 아내이자 가정주부라는 신분을 잊고 깊은 사명감으로 몰두하여 열정으로 논문을 발표하던 젊은 시절이었습니다. 지금 생각해 보니 제가 연구논문을 발표하고 강의할 수 있었던 배경에는 지금은 고인이 된 남편과 두 딸의 지지가 큰 힘이 되었음을 새삼 깨닫습니다.

제가 "부부재산관계에 관한 비교법적인 연구"로 박사학위를 받은 것은 1988년입니다. 박사학위를 받자마자, 보다 충실하게 비교법적인 연구를 하기 위해 3년마다 세계 각국의 도시를 돌아가며 열리는 국제가족법학회에 참석하기 시작하였습니다. 1988년부터 참석하기 시작한 국제가족법 학회는 두 번을 제외하곤 매번 참석하여 외국의 입법례를 익히고 질문하고 외국의 가족법 학자들과 교류하면서 정보를 얻고 의견을 교환하기 시작하였습니다.

처음 국제무대에 참석하였을 때 우리나라 가족법이 너무나 가부장적이고 불합리하여 부끄러웠던 기억이 새롭습니다. 외국 학자들이 한국의 가족법, 그 중에도 특히 친권에 관한 질문을 던지면 참 부끄러웠습니다. 그때 세계 가족법의 주된 관심은 '이혼 후의 미성년자녀의 보호'에 있었는데, 우리 가족법은 친권에 관하여 이혼한 어머니를 차별함과 동시에 미성년자녀에 대한 배려가 매우 미흡하였기 때문입니다. 가부장적인 호주제도와 동성동본불혼제도, 이혼한 어머니는 미성년자녀에 대한 친권을 갖지 못한다는 명문규정을 어떻게 설명해야 하나 부끄러워 쩔쩔매던 때가 엊그제 같습니다. 그런데 1990년, 2005년, 2007년에 이어 2009년과 2011년에도 가족법 개정 행진이 계속되어 이제는 국제무대에 나가서도 떳떳이 우리가족법을 소개하게 되었으니 감개가 무량하다는 말을 실감할 수 있습니다.

1992년과 1996년, 그리고 2008년 국제학회에서는 논문을 발표하기도 하였고 1996년 서울에서 열린 지역학술대회를 Organizing하였으며, 2008년에는 국제가족법학회 이사로 피선되어 국제무대에서 활동하면서 연구의 폭을 넓힐 수 있었던 점도 잊지 못할 경험입니다. 그 외에도 국제가족법 학술지에 여러 차례나 연구논문을 발표할 수 있었음은 저의 비교법적인 연구와 대안으로서의 입법론 제시라는 방향성 때문에 가능한 소득이었습니다.

그렇게 사명과 열정으로 연구하고 대안을 제시하다보니 어느 새 정년을 맞이하게 되었습니다. 지난 해(2011년 8월 31일자)에 정년퇴임을 하면서 퇴임기념 논문집을 세상에 내놓을 것인가를 두고 많이 망설였습니다. 초창기 연구는 상당히 '운동권스럽고' 논문의 대부분이 비교법적인 연구와 입법론으로 분류되는 것도 망설인 이유 중의 하나였습니다. 제가 제기한 문제의 상당부분이 개정되었다는 점도 발간을 망설인 이유 중의 하나입니다.

젊은 시절에 작성한, 열정적이지만 미처 소화되지 못한 논문들을 정년퇴임 기념으로 정리하여 내놓자니 부끄럽기 그지없습니다. 그럼에도 불구하고 발간을 결심하게 된 것은 다음의 이유 때문입니다. 그것은 시대착오적인 가족법 시절에 공부를 시작하여 마치 운동권으로 분류될 정도의 열정을 담아 가족법의 개정을 주장하는 한편으로 입법론을 제시한 저의 연구논문과 경험은 그 자체로 역사의 한 페이지를 장식할 수 있다는 인식에 기인합니다.

오늘날의 가족법은 어느 날 갑자기 주어진 선물이 아닙니다. 땅속에 깊이 박혀 있는 가부장적인 제도라는 뿌리, 그 뿌리에서 맺힌 불합리하고 전근대적인 법규정들이 누군가의 투쟁과 대안의 제시라는 과정과 세월을 거쳐, 또는 헌법불합치나 위헌 결정을 통해 역사의 뒤안길로 사라짐과 동시에 오늘날의 합리적이고 약자 배려가 있는 법으로 거듭날 수 있었기 때문입니다. 그런 점에서 가족법의 기초를 쌓아 놓으신 정광현 교수님, 김주수 교수님, 배경숙 교수님, 박병호 교수님, 한봉희 교수님 등 선배교수님들의 가르침과 연구에 깊이 감사드립니다. 선배교수님과 스승님의 연구 위에 저도 조그마한 연구를 보탤 수 있었기 때문입니다. 특히 비교법적인 연구의 토대를 마련하시고 가르쳐주신 스승이신 김주수 교수님께 감사드립니다. 또한 가족법 이론을 행동으로 옮겨 가족법 개정운동에 앞장선 한국가정법률상담소에도 감사를 표하고 싶습니다. 원래는 이 논문집에 역사성을 모두 담아내려 했으나 제한된 지면 때문에 앞서 언급한 강성의 글(수필)은 제외하고 연구논문이나 그에 가까운 글들만 선별할 수밖에 없었음은 두고두고 아쉬움으로 남을 것 같습니다. 열정적인 글들은 그 자체로 저의 젊음의 표상이기 때문입니다.

논문집을 출간하면서 세심한 조언과 꼼꼼하게 교정을 보아주신 세창출판사의 임길남 상무님께 깊이 감사드립니다. 강의와 조교일과 박사학위논문을 준비하면서 특히 각주를 통일하고 한문을 한글로 고치는 작업과 후기까지 검토해 준 박근웅 군에게도 감사를 표하고 싶습니다. 박군은 장차 가족법학계의 기둥으로 성장할 것을 확신합니다.

무엇보다도 건강하게 정년퇴임을 '이루게 해' 주실 뿐 아니라,「고난은 내게 축복이었다」라는 제목의 정년퇴임 간증집에 이어 이 기념논문집을 발간하게 해주신 하나님께 깊이 감사드립니다. 그분은 저의 지지자였던 남편이 쓰러진 후 보낸 3년반이라는 고난의 세월을 통해 저를 만나 주시고 사랑으로 구원하여 주실 뿐 아니라 저의 길을 인도하여 주신 구원의 등불이셨습니다.

그런가 하면 그분은 세 차례의 암 제거수술과 몇 차례의 죽음의 위기에서 저를 건져준 생명줄이셨습니다. 제가 아직 살아 있음을 감사할 뿐 아니라 정년퇴임에 이어 기념논문집까지 세상에 내놓을 수 있는 건강과 환경에 감격하는 이유이기도 합니다.

2012년 1월

이 화 숙

이화숙 교수 학력 및 경력

_학 력

1946. 6. 27	경기도 강화 출생
1969. 2. 28	연세대학교 법과대학 법학과 졸업(학사)
1983. 2. 28	연세대학교 대학원 법학과 졸업(석사학위 취득) 석사학위 논문: 혼외자의 법적 지위에 관한 비교법적 고찰
1988. 8. 28	연세대학교 대학원 법학과 수료(박사학위 취득) 박사학위 논문: 부부의 재산관계에 관한 비교법적 연구

_주요경력

1992. 2. - 2004. 2.	경원대학교 교수 재직
2004. 3. - 2011. 8. 31	연세대학교 법학전문대학원 교수
2000. 4. - 2002. 8.	국무총리 행정심판위원회 위원
2001. 7. - 2002. 8.	고용보험심사위원회 위원
2002. 1. - 2005. 12.	법학교수회 부회장
2002. 8. - 2003. 8.	Visiting Scholar, 미국 Virginia University College of Law
2004. 6. - 2006. 2.	법무부 가족법 개정위원회 위원
2004. 6. - 2010. 4.	법무부 사법시험관리위원회 부위원장
2006. 9. - 현재	법제처 법률용어순화위원회 위원
2008. 3. - 2008. 6.	변호사법 제정 특별분과위원회 위원장

_학회활동

2004. 1. - 2005. 12.	한국가족법학회 회장

2007. 1. - 2011. 8.	한국민사법학회 부회장
2008. 9. - 2011. 8.	Executive Member of International Society of Family Law

_상 훈

2008. 4.	홍조근정훈장(법무부)

주요연구업적

Ⅰ. 저　서

이화숙,「비교부부재산관계법」, 세창출판사, 2000.

______외(대표집필 김주수),「주석상속법」(上,下), 한국사법행정학회, 1996.

______외(대표집필 서원우),「한국법의 이해」, 1996.

______외,「노년기의 가족법」, 한국법제원, 2003.

______,「2005년 개정 가족법 해설 및 평가」, 2005, 세창출판사.

______외(대표집필 이화숙),「가족법판례해설」, 2009. 2, 세창출판사.

______외(대표집필 이화숙),「로스쿨 가족법」, 2010. 3, 세창출판사.

Ⅱ. 연구논문

제1. 가족 · 사회와 가족법

이화숙, "호주제도의 연혁과 폐지론의 근거,"「연세법학」제7집, 연세대학교 법과대학, 1985.

______, "사회참여적 측면에서 본 노인복지,"「민법연구」(학술진흥재단 공모과제), 1991.

______, "연금과 노인복지,"「민법연구」(학술진흥재단 공모과제), 1991.

______, "국민의 법의식과 가족법개정,"「법과 사회」제5호, 1991.

______, "한국가족의 변화와 가족법,"「가족법학논총」, 박병호 교수 화갑기념(1), 1991.

______, "세계가족법의 오늘과 내일,"「사법의 제문제」, 김홍규 박사 화갑기념논문집, 1992.

______, "가정폭력에 대한 영국 가족법상의 보호조치,"「법학논총」제3호, 경원대학교 법학연구소, 1996.

______, "한국가족의 변화와 가족법의 과제," 「가족법연구」 제8호, 한국가족법학회, 1994.

______, "동성동본불혼제에 대한 헌법불합치결정을 환영하며," 「법과 사회」 제15호, 법과 사회이론연구회, 1997.

______, "한국민법상 호주제도의 성립배경과 한국사회에 미친 영향," 「아세아문화연구」 제2집, 경원대학교 아시아 문화연구소, 1997.

______, "한국여성의 신분관련법상의 지위," 「한국법학 50년－과거・현재・미래」, 제1회 한국법학자대회논문집, 한국법학교수회, 1998.

______, "종중의 여성문제," 「사회과학연구」 제8집, 경원대학교 사회과학연구소, 2001.

______, "헌법적 정당성에 비추어 본 가족법," 「헌법의 규범력과 법질서」, 허영박사 정년기념논문집, 2002.

______, 호주제도가 권위주의적인 국민의식과 남녀차별법에 미친 영향, 「연세법학」 제10집 2권, 연세법학회, 2004. 2.

______, "1996년도 친족상속법관련판례평석," 「오늘의 법률」, 1997. 9.

______, "피해자보호측면에서 본 가정폭력관련법의 문제점과 개선방안," 「사회과학연구」 제6집, 경원대학교 사회과학연구소, 1999.

______, "미국 가족법의 최근 동향," 「비교사법」 제11권 1호, 한국비교사법학회, 2004. 3.

제2. 혼인법

______, "부부재산제와 처의 가사노동에 대한 경제적 평가," 「현대가족법과 가족정책」, 金疇洙 교수 화갑기념논문집, 1988.

______, 「부부의 재산관계에 관한 비교법적 연구」, 박사학위논문, 연세대학교대학원, 1988.

______, "부부계약취소권," 「한국민사법학의 현대적 과제」, 배경숙 교수 화갑기념논문집, 1991.

______, "부부재산제와 혼인해소시의 경제적 효과," 「가족법연구」 제5호, 한국가족법학회, 1991.

______, "부부별산제와 일상가사대리권 그리고 표현대리와의 긴장관계," 「민사법학」 제13호, 한국민사법학회, 1996.

______, “영국의 별거제도에 관한 입법론적 연구,” 「가족법연구」 제13호, 한국가족법학회, 1999.

______, “민법상 혼인의 효과의 개정방향,” 「가족법연구」 제15권 1호, 한국가족법학회, 2001. 6.

______, “부부재산제의 개정 제안,” 2002-2 한국가정법률상담소 심포지엄논문집, 한국가정법률상담소, 2002. 6.

______, “가족법상의 법률행위에 있어 의사와 신고,” 「민사법학」 36호 특별호, 한국민사법학회, 2007.

______, “별거제도에 관한 입법론적 연구,” 법조, 2008. 3.

______, “부부재산제의 이상에 비추어 본 입법론과 개정안,” 「인권과 정의」, 361호(2008. 5).

제3. 이혼법

______, “개정가족법에 신설된 재산분할청구권,” 「여성연구」 제8권 1호, 여성개발원, 1990/봄.

______, “혼인해소시의 경제적 효과,” 「사회과학연구」 제1집, 경원대학교 사회과학연구소, 1992.

______, “이혼원인에 있어 유책주의와 파탄주의,” 「법학논총」 제2호, 경원대학교 법학연구소, 1995.

______, “간통죄 고소배우자의 이혼취하와 유책배우자의 이혼청구,” 「가족법연구」 제9호, 한국가족법학회, 1995.

______, “이혼후의 경제에 관한 영국의 법과 실제,” 「가족법연구」 제10호, 한국가족법학회, 1996.

______, “미국의 파탄주의 이혼법에 남아 있는 유책주의적 요소에 대한 찬반론,” 「법학논총」 제5호, 경원대학교 사회과학연구소 법학연구부, 1998.

______, “혼인해소시 재산분할에 대한 민법과 세법의 평가,” 「가족법연구」 제12호, 한국가족법학회, 1998.

______, “1996년 영국의 가족법개정,” 「법학논총」 제6호, 경원대학교 사회과학연구소 법학연구부, 1999.

______, “소위 황혼이혼과 재판상 이혼원인, 그리고 별산제의 한계,” 「연세법학연구」 제7집 1권, 연세법학연구회, 2000.

______, "형평과 복리의 관점에서 본 이혼의 효과에 관한 연구," 「아세아여성법학」 제4호, 2001.
______, "영국의 이혼법 개정과 민법 제840조의 해석론 · 입법론," 「판례실무연구(V)」, 비교법실무연구회, 2001. 12.
______, " 1996년 영국의 개정 이혼법의 폐기와 프랑스의 이혼법 개정이 주는 시사점," 「비교사법」 제12권 4호(통권31호), 한국비교사법학회, 2005. 12.
______, "개정 가족법안에 관한 연구," 「법학연구」 16권 4호, 연세대학교 법학연구소, 2006. 12.
______, "이혼법의 변동요인과 개정방향," 「법학연구」 제17권 3호, 연세대학교 법학연구소, 2007. 9.
______, "파탄주의 이혼법이 여성(처)의 사회경제적 지위에 미친 영향," 「젠더법학」, 한국젠더법학회, 2010. 3.

제4. 친자관계와 친권 및 부양

______, "子의 최대의 이익과 현행친권제도(1),(2),(3)," 「사법행정」 1986년 8월호, 12월호 및 1987년 1월호.
______, "친생자추정과 친생부인의 소," 「사법행정」 1992년 4월호.
______, "아동의 권리와 법적 · 사회적 보호의 실현," 「현대민법의 과제와 전망」, 한봉희 교수 화갑기념논문집, 1994.
______, "부모의 양육비지급책임," 「사법행정」, 1994. 8.
______, "태아의 법률상의 지위," 「채권법에 있어서의 자유와 책임」 김형배 교수 화갑기념논문집, 1994.
______, "현행 친권법상 자녀의 이익과 부모의 책임," 「정신건강연구」 제15집, 한양대학교 정신건강연구소, 1996.
______, "아동기학대에 대한 성인피해자의 불법행위소송—미국의 경우—," 「법학논총」 제4호, 경원대학교 법학연구소, 1997.
______, "2002년 미국 통일친자법," 「가족법연구」 제17권 1호, 한국가족법학회, 2003. 9.
______, "'자녀의 최선의 복리' 원칙에 비추어 본 가족법상 자녀의 복리," 「사법」, 2009. 12.

제5. 상속법

______, “상속회복청구권,” 「민법학의 회고와 전망」, 민사법학회, 1993.
______, “상속재산의 분할을 둘러싼 몇 가지 문제,” 「법학논총」 창간호, 경원대학교 법학연구소, 1993.
______, “선순위상속인 전원의 상속포기와 차순위상속인의 승계여부,” 「오늘의 법률」, 1996년 10월호.
______, “채무초과 상속재산에 대한 상속인과 채권자 보호,” 「비교사법」 제22호, 1997.
______, “상속회복청구권 제도의 개선,” 「가족법연구」 제11호, 한국가족법학회, 1997.
______, “노부모부양, 부양기여분제도와 법정부양상속분제도,” 「오늘의 법률」, 1998. 12.
______, “상속회복청구권 제척기간경과와 참칭상속인의 지위,” 「저스티스」 제32권 2호, 1999. 6.
______, “상속회복청구권의 시효에 관한 관습법의 효력,” 「가족법연구」 제18권 1호, 한국가족법학회, 2004. 3.
______, “상속의 승인과 포기에 대한 입법론적 연구,” 「민사법학」 제30호, 한국민사법학회, 2005. 12.

제6. 영문논문과 번역

Lee, Whasook, “The Best Interest of the Child in determining Parental Authority and Custody,” 7th World Conference of the International Society of Family Law, 1991.
______, “Marriage and Divorce Regulation in Korea,” Family Law Quarterly, American Bar Association, 1995.
______, “Parent's Freedom of Divorce v. Children’s Right,” 19th Conference on the Law of the World, World Jurist Association, 1999.
______, “Parent's divorce and their duty to support the expense of bringing up their child,” Asian Women, Research Institute of Asian Women, vol.13. 2001.

______, "Children-Centered Divorce Ground," 「법학연구」 제15권 3호(통권 27호) 연세대학교 법학연구소, 2005. 9.

______, "Transformation of Korean Family Law," International Survey of Family Law, 2008 Ed.

______, "Matrimonial Property System of Past, Present and Future in Korea: focused on the Role of Tradition and Culture in Family Law Reform," Journal of Korean Law, Seoul National University, 2008. 12.

이화숙 역, "이혼법혁명과 평등의 환상(L.J.Weitzman, The Divorce Law Revolution and The Illusion of Equality: A View From the United States)," 「연세법학연구」 창간호, 1990.

______역, "미국친자관계법의 오늘과 내일(L.D.Wardle, Parenting in American Law–Today and Tommorrow)," 「가족법연구」 제11호, 한국가족법학회, 1997.

차 례

제1부 ➤ 가족 · 사회와 법, 가족법 일반

제2부 ➤ 혼 인 법

제3부 ➤ 이 혼 법

제4부 ➤ 부모와 자녀

제5부 ➤ 상 속 법

제 1 부

가족 · 사회와 법, 가족법 일반

한국 가족의 변화와 가족법

Ⅰ. 머 리 말

1991년 1월부터 시행되는 개정가족법은 남계혈통의 계승과 家父를 정점으로 한 家父長的 이데올로기를 약화시킴과 동시에 개인의 존엄과 자유, 평등의 원리가 폭넓게 수용되었다는 데에 그 의의를 찾을 수 있다. 개정 전 가족법이 지니는 가부장적 가족제도는 우선 토지경제체제하에서 노동력의 확보를 위해 필연적으로 결합되었던 대가족을 전제로 하는 것이어서 소가족 중심의 가족현상에 맞지 않는다는 점, 대가족의 윤리질서를 위해 가부의 권위와 그에 대한 가족 구성원의 복종을 이념화한다는 점에서 권위주의적이며, 종적인 사고의 바탕이 된다는 등의 비판을 받아왔다. 특히 중국의 宗法制의 영향을 받은 남계혈통중심의 가부장적인 제도는 남존여비사상을 내포하고 있으며, 家系의 혈통을 계승하기 위해 개인의 자유가 허용되지 않는다는 점에서 개정의 필요성이 주장되어 왔었다.

개정가족법은 호주제를 수정하여 호주권을 약화시키고, 호주의 승계를 포기할 수 있도록 하며, 친족관계 · 혼인 · 이혼 · 상속 등에서 양성평등을 선언함으로써 가족의 변화에 부응하는 한편, 가족간의 관계에서 개인의 존엄과 자유, 평등을 법적으로 뒷받침하였다. 그러나 이러한 긍정적인 측면은 다음과 같은 부정적인 우려의 시선을 부담으로 안고 있는 것도 사실이다. 그것은 개정법이 지향하는 개인의 존엄과 양성평등의 이념은 개인주의를 조장하여 가족의 공동체적인 삶을 약화시키고, 가족간에 갈등과 대립을 야기시키며, 가족 해체의 원인을 잉태하는 것이 아니냐는 것이다. 가부장적인 이데올로기가 지니는 不正義의 문제점과 법적 안정성이라는 장점이, 평등한 가족법의 출현으로 인해 정의의 실현이라는 목적을 달성하자마자 법적 안정성에의 도전이라는 새로운 문제점과 대면하게 되었다고 비유할 수 있을 것이다.

종래 가족법의 개정을 둘러싼 해묵은 찬반론과 개정가족법에 대한 긍정적 및 부정적인 평가를 지켜보면서 다음과 같은 기본적인 의문들이 제기되고 검토되어야 한다고 생각한다. 첫째, 가족은 변화하였는가, 그 원인은 무엇이며 어떠한 모습으로 변화하여 왔으며 가족의 변화에 따라 가족구성원의 의식도 변화하였는가, 그리고 가족의 변화와 가족법의 개정은 상호간에 어떠한 영향을 미칠 것인가 하는 점이다. 이에 대한 논의는 가족법이 나아갈 방향에 대한 참고자료가 될 수 있을 것이다. 둘째, 가족법의 역할과 그 기능은 무엇인가 하는 점이다. 가족법은 법의 영역에 속해 있지만 그 사회의 최소단위인 가족관계를 규율하기 때문에 사회 전체에 미치는 영향이 다대하므로 행위규범으로서의 기능이 강한 법이라 할 수 있다. 가족법의 기능에 대한 파악은 가족법이 지니는 한계를 인식하게 함으로써 그에 대한 과잉기대와 과소평가로부터 자유로울 수 있게 될 것이다. 또한 국민의 의식과 가족법의 역할에 관한 인식에도 도움을 줄 수 있을 것이다.

이 글은 한국 가족의 변화와 가족법의 상관관계에 대한 기본적인 논의를 통해서 가족법의 실체를 파악하여 본래의 기능과 그 한계를 인식하는 데 그 목적이 있다.

II. 가족법의 역할

1. 이혼과 가족법의 역할

가족이나 사회의 변화를 살펴보기 전에 우선 다음과 같은 의문을 검토할 필요가 있다. 즉, 법은 사회의 변화를 단순히 반영하는 것인가, 아니면 사회적 발전을 유도하거나 변화를 저지하는 역할까지 담당하여야 하는가 하는 의문과 아울러 개인은 사회질서를 위해 어느 정도까지 그의 열망을 희생해야 하는가 하는 것이다. 이러한 기본적인 질문들에 대한 검토는 이혼율의 증가에 따른 이혼법의 변화에 대해, 그리고 전통적 가족제도의 변화에 따른 가족법의 변화에 대한 입법정책 수립에 참고가 될 수 있을 것이다.

이혼율의 증가가 심각한 사회문제가 되고 있는 서구제국에서 이혼율증가에 따른 이혼법의 변천을 중심으로 살펴보기로 한다. 이혼법의 자세에 대해 William Scott는 교회법정에서 다음과 같은 솔직한 발언을 한 바 있다.

"사람들은 함께 살지 않으면 안 된다는 것을 이해하는 순간부터 적절히 적응하면서 그 속박에 길들여지는 법을 배운다. 그들은 좋은 남편과 아내가 될 필요성이 있기 때문에 좋은 남편과 아내가 되어가는 것이다. 필요성이란 그 안에 포함된 의무를 가르쳐주는 가장 강력한 힘이기 때문이다. 한 때 이해되었다 해도 서로 싫증난 부부들은 별거할 수 있을 것이다. 서로 평온하게 살고 있는 많은 부부들도 그들의 자녀와 시민 사회의 질서를 염두에 두고 서로 불친절한 상태를 감수하면서 때로는 방종과 부도덕한 상태를 인내하며 살고 있는지도 모른다. 이러한 경우(배우자 일방이 유책자인 경우) 몇몇 개인의 행복은 보다 많은 일반의 선(善)을 위해 희생되지 않으면 안 된다"[1)]라고 하여 이혼법이 이혼에 대해 매우 엄격한 제한적인 견해를 취할 것을 요구하고 있다.

이에 대하여 미국의 법학자인 Rheinstein은 戰後 이혼법의 변화에 대한 조사보고서에서, 제한적인 이혼법은 이혼의 증가를 통제하는 적절한 수단이 되지 못한다고 보고 오히려 혼인전의 상담서비스가 확대되어야 한다고 주장한다.[2)]

한편, Gorecki는 파탄주의 이혼법을 비판하면서 "혼인을 일방적으로 파탄시킨 배우자는, 특히 그 과실의 정도가 큰 경우에는 불이익을 주어야 한다. 그러한 불이익은 사회에 일정한 메시지를 줄 것이다. 즉 한 사람의 가족에 대한 의무는 최소한의 책임이며, 배우자와 자녀에게 고통을 주어 그들의 삶을 파멸시키지 않도록 노력하여야 한다는 것을 시사하는 것이다. 이러한 교훈이 적절히 사회에 전달된다면 일반인의 혼인에 대한 태도에 좋은 영향을 줄 뿐 아니라 가족의 붕괴로 인한 심각한 사회문제가 감소될 것이며, 고통이 사라질 것이다"[3)] 라고 하여 유책자의 이혼을 허용하지 않는 보수적인 입장과 아울러 법의 사회적 계도역할을 강조하고 있다. 그런데 John Eekelaar는 다음과 같은 독특한 주장을 하고 있다. 즉,

---

1) Evans v. Evans(1790) 1 Hagg. Const. p.35.

2) Rheinstein, Max, Marriage Stability, Divorce and the Law(Chicago: University of Chicago Press, 1972), p.418.

3) Gorecki, Jan, Moral Premises of Contemporary Divorce Law: Western and Eastern Europe and the United States(John M. Eekelaar and Sanford N. Katz eds, 1980), p.45.

"우리는 법이 사회적 행동에 미치는 영향, 특히 법이 가시적으로 경제적인 정책의 일부를 수반하지 않고 규정상으로만 존재할 때는 그의 영향을 과도하게 평가하지 말아야 한다는 데에 주의하여야 한다. 혼인형태의 변화는 사람들이 그들의 생활을 사회적 필요성 및 경제적 필요성에 가장 잘 맞게 남녀관계 및 가족관계를 수행해 나간다는 것을 시사한다. 혼인은 가족을 형성하는 매체이기 때문에 자녀를 포함한 이혼은 증가할 것이다. 그것이 사실이라면 이혼소송은 자녀를 가진 혼인파탄을 어떻게 다룰 것인가에 대해 논의하여야 한다. 즉, 자녀를 가지지 않은 혼인은 그 해소를 용이하게, 자녀를 가진 가정의 이혼은 적어도 10년 또는 15년의 유예기간을 명한 후 허용하는 방법도 생각할 수 있을 것이다. 그러한 기간 동안 화해하지 않았다면 파탄을 사실로 받아들여야 하며 이 때의 이혼법은 파탄된 가정의 자녀를 위한 가장 좋은 미래를 계획하는 수단으로 전환하여야 할 것이다"[4]라고 하여 이혼법은 사회변화를 반영하는 것이면서도 자녀를 가진 가정의 이혼행위에 대한 구속력을 통해 행위유도적인 역할을 강조하면서 이혼법의 역할을 장차 파탄된 가정의 자녀를 위한 미래를 설계하는 수단으로 보아야 한다는 입장을 취하고 있다. 이러한 그의 견해는 이혼법이 이혼의 변화를 반영하면서도 자녀에 대한 부모의 책임을 강조한다는 점에서 입법정책적인 면에서 좋은 참고가 될 수 있을 것으로 본다.

다른 한편, 19세기 이후 서구 여러 나라의 이혼법의 발전과정이 법이 지니는 계도적인 역할을 수행하기보다는 이혼율이 증가함에 따라 나타난 불편을 제거하는 일, 예컨대 복잡한 이혼절차를 용이하게 하는 등의 단순한 방법과 이혼 후의 자녀보호방안을 병리적으로 치유하는 데 급급했다고 회고하기도 한다.[5] 그 결과 가족법은 혼인파탄과 이혼율의 증가를 적절히 방어하지 못했으며, 자녀를 가진 여성, 갖지 않은 여성, 경제적으로 독립된 여성의 변화에 대해서도 적절히 대응하지 못했다는 것이다.[6]

---

4) Eekelaar, John, Family Law and Social Policy, Weidenfeld and Nicolson(1984), pp.32-34.

5) Freeman, Micael, The state, the Law, and the Family, Tavistock Pub. Sweet and Maxwell (1984), p.22.

6) 변화순, "한국과 프랑스에서의 가족과 이혼의 비교연구," 여성연구, 한국여성개발원(1987), 115면.

이상의 논의를 통해서 이혼문제를 다루는 가족법의 역할은 사회의 변화에 따라 대응하는 일면과 더불어 이혼은 방지할 수 있는 제어장치 및 사회의 현상을 계도하는 역할을 적절히 조화하여 수행해야 한다는 결론에 도달하게 된다.[7)] 특히 Eekelaar의 주장과 같이 자녀가 없는 경우의 이혼은 용이하게 허용하고, 미성년의 자녀가 있는 경우에는 일정기간의 유예기간을 마련한 후 이혼을 허용하되 자녀의 보호방안이 부모에 의해 마련될 수 있도록 하는 제도적 장치를 마련함으로써 부모의 책임을 수행하여야 한다는 메시지를 전달할 수 있어야 할 것이다.

다만 법의 계도적 역할에 대한 강조가 우리 민법이 견지해 오던 전통사회의 보수적인 입장, 예컨대 이혼하려는 여성을 불리하게 대우함으로써 이혼율을 감소시킬 수 있다는 사상과 동일한 것으로 이해되어서는 안 될 것이다. 여성에 대한 불이익한 대우(이혼 후 생활보장권리를 인정하지 않음으로써)를 통해 어느 정도 이혼율을 감소시키는 효과를 얻을 수 있을지는 모르지만(이혼 후 생활능력이 없는 여성들은 이혼의 결심을 쉽게 할 수 없게 될 것이므로) 경제적 약자일 수밖에 없는 여성에 대한 억압을 수단으로 한다는 점에서 졸렬한 방법이며, 무엇보다 인간의 존엄을 해치는 것이다. 또한 이미 파탄된 혼인을 경제적인 문제(자녀 때문이 아니라) 때문에 지속하게 한다는 점에서 그 의미를 찾을 수 없게 된다. 법의 역할은 우선 가족관계가 유지되도록 도와야 할 것이며, 가족 내에서 개인이 피해를 입지 않도록 하여야 한다. 동시에 가정이 이미 파탄된 경우에는 가족구성원 간의 관계를 조정하는 수단과 원칙 위에서 출발하지 않으면 안 된다.[8)] 그런 의미에서 이혼 시 재산분할청구권을 신설한 개정법은 높이 평가할 만하다. 재산분할청구권이 신설됨으로 인해 이혼율이 증가할 것이라는 우려는 억압을 통해 질서를 지키려는 권위주의적인 사고로써, 힘의 원리에 의해 강요된 복종이나 힘에 의해 제조된 평화를 바라는 심정과 다를 바 없는 것이다. 사람들이 이혼을 결심하게 하는 원인이나 이혼을 결정할 수 없게 하는 원인은 여러 가지가 있을 수 있다. 한국의 이혼율이 서구제국보다 낮은 것은[9)] 여성들이 부당한 대우나 고통을 인내하는 힘이 기

7) 이에 대한 각계 전문가(의사, 신부, 판사, 교수 등)의 흥미있는 토론에 대해서 Hoggett, M. Brenda, Pearl. S. David, The Family, Law and Society, Butterworths(1983), pp.143-149 참조.

8) Eekelaar John(주 4), p.25.

9) 예컨대, 프랑스의 경우 1982년에 결혼 4쌍당 1쌍의 비율로 이혼했으며, 미국의 이혼율은 기

강하기 때문일 수도 있고, 사회 · 경제적 지위가 남자에 비해 낮기 때문에 남편에 대한 경제적 의존도가 높다는 것도 원인이 될 수 있다. 반대로 이혼율이 증가하는 현상은[10] 여성들의 자아의식이 강해지면서 결혼생활의 불만을 인내하기보다는 이혼을 통해 새로운 인생을 추구하려는 의지의 표현일 수도 있고, 높은 교육을 통해 경제적 자립능력이 있게 되었다는 점에서 찾을 수도 있다. 그러므로 여성에게 불리한 이혼법이 이혼을 제어하는 수단이 될 수 있다고 생각하는 것은, 나무는 보고 숲은 보지 못하는 우를 범하는 것이다. 불평등한 이혼법이 지금까지 이혼을 제어하는 장치로서 기능할 수 없었다는 사실이 이를 증명한다. 그것은 여성에게 불리한 이혼법하에서도 이혼율은 꾸준히 증가해 왔다는 사실, 모든 여성이 경제적 약자는 아니라는 사실에서 자명하다. 여성에 대한 불리한 이혼법은 스스로의 재산을 갖고 있지도 않고, 경제적 능력도 없는 여성에게(대다수 중산층) 억압으로 작용해 왔다는 점에서 형평성에 문제가 있었던 것이다.

물론 이혼율의 증가와 여성의 경제적 지위의 향상이 밀접한 관계에 있다는 것이 각종 통계를 통해 어느 정도 사실인 것으로 나타났음을[11] 상기할 때, 재산분할청구권의 신설이 한국의 이혼율의 증가에 어느 정도 원인을 제공할 것이라는 예측은 부인할 수 없을지도 모른다. 그러나 분할받은 재산이 미래의 경제적 생활을 안정시키는 것도 아니고, 이혼에 대한 사회적 편견이나 이혼여성에게 취업의 문은 여전히 봉쇄되어 있다는 점을 생각하면 사회적 여건은 여전히 여성에게 억압적이라고 할 수 있다. 그렇다면, 재산분할청구권으로 인해 이혼율이 급증할 것이라는 우려는 가족법의 역할에 대한 과대평가와 사회관습에 대한 과소인식에 기인하는 것으로 볼 수밖에 없다.

무엇보다 중요한 것은 이혼의 문제를 다루는 가족법의 역할은 일정계층에 대한 억압이라는 권위주의적인 방법에 의해서가 아니라, 가족의 유대를 지속시키려는 계도적인 역할과 부모의 책임을 강조함으로써 이혼을 제어하되 이미 파

혼자 1천쌍당 4.96쌍(1988), 일본은 1.39쌍인 데 비해 우리나라는 1.05쌍이다.

10) 우리나라의 이혼율은 1984년에 처음 10%를 넘은 뒤 1988년에 11.2%로 최고를 기록하여 증가추세를 보이고 있다.

11) 경제기획원의 통계에 의하면 이혼소송에 관계된 여성들은 전 인구보다 경제활동에 더 많이 참여하고 있음을 보여준다. 변화순, "한국의 이혼율 변동에 관한 사회-인구학적 변인고찰," 한국인구학회지, 한국인구학회(1987. 12), 12면 참조.

탄된 부부관계에 대해서는 사회 · 경제적 약자에 대한 배려가 있어야 할 것이며, 무엇보다도 그들의 자녀에 대한 부모의 책임을 수행하도록 유도하는 수단이 되어야 한다는 것이다. 재산분할청구권은 부부가 이혼을 할 때는 그들의 공동의 노력을 통해 얻은 혼인 중 취득재산(대개 남편의 명의로 된)을 형평하게 나누어야 한다는(대개 처에게) 생각에 기초한 권리로서, '원래 그의 것을 그에게' 반환하는 과정으로 인식한다면, 법이 그 동안 남편에게 베풀었던 과도한 특혜(물론 그에게는 가족의 부양책임 등 형식적인 짐도 부과되었을 것이나)를 처와 공유할 수 있게 한 합리적인 제도이며, 이혼율의 증가라는 단편적인 역기능만을 부각할 것은 아니다.

개정가족법은 이혼시 재산분할에 관한 한 어느 정도 부부간의 형평을 이룰 수 있는 장치를 마련하였으나 부모의 이혼으로 인한 자녀의 보호에 대해서는 대단히 미흡하다고 하지 않을 수 없다. 전통적인 대가족 안에서는 부모가 이혼하더라도 자녀의 양육에 있어서는 큰 어려움이 없었다. 그러나 핵가족이 해체되는 경우에는 자녀의 보호가 심각한 문제로 대두되게 되며, 장차 사회에 심각한 부담이 될 것이다. 서구제국이 겪고 있는 전철을 우리 사회가 그대로 밟지 않기 위해서는 법이 이혼 자녀의 보호방안을 강구하여야 할 것이며, 정부의 가족정책과 가족법이 긴밀하게 연결되지 않으면 안 될 것이다. 그런 면에서 이혼 후 미성년자에 대한 부모의 책임이나 보호방안을 상세히 마련하고 있지 않은 개정가족법은 장차 이혼으로 인한 자녀양육에 있어 공백이 발생되지 않도록 하는 장치와[12] 아울러 자녀보호방안을 마련해야 할 당위성을 안고 있다고 할 것이다. 동시에, 이혼에 있어 부모의 책임을 강조하기 위해 자녀가 있는 이혼과 없는 이혼을 구별하여, 전자의 경우에는 그 절차를 엄격하게 하여 부모의 책임을 강조하는 것이 바람직하다고 본다.

한편, 법이 지니는 계도적인 면을 감안할 때 가부장적인 우리 사회 여건하에서는 유책배우자의 이혼청구를 허용하지 않는 대법원의 태도는 여전히 지속될 필요성이 있다고 본다. 그러한 판례를 통해서 유책자에 대한 제재의 기능을 할

---

12) 개정가족법에 의하면, 부모가 친권자결정에 관한 합의에 이르지 못하거나 가정법원에 친권자지정을 청구하지 않는 경우에도 이혼을 할 수 있어 친권자공백이 발생할 여지가 있었다. 다행히도 개정호적법은 협의이혼의 경우에는 반드시 이혼신고서에 친권을 행사할 자를 기재하도록 하는 한편(호적법 제79조 1항 6호), 가사소송법은 재판상 이혼의 경우 가정법원이 친권자를 협의하여 결정하도록 부모에게 권고할 수 있게 하였다(가사소송법 제25조).

것이며, 가정에 대한 책임을 인식하게 하는 계기가 될 수 있기 때문이다. 다만 상대방의 이혼의사도 명백히 표시된 일이 있다든가 보복이나 오기를 위해서만 이혼을 거부하는 경우 등에 한해서 신축성 있게 이혼을 허용하는 입장은 타당하다고 본다.

2. 一般人의 意識과 家族法의 역할

우리 사회의 가족은 산업화가 진행됨에 따라 전통적인 대가족에서 핵가족으로의 변화현상이 빠르게 진행되어 왔다.[13] 핵가족으로의 변화는 여성들의 높은 교육수준과 더불어 여성들을 정치 · 경제에 적극 참여하도록 하여 의식수준을 향상시키고 가치적 측면에서는 부부평등 사상을 확산시킴과 동시에 가장권의 약화를 초래하는 원인으로 기능하였다고 볼 수 있다. 그러나 이러한 모든 변화에도 불구하고 개인의 가치관이나 의식은 여전히 전통적인 '家'의 승계의식, 남계혈통중심사상, 친가에 대한 종속의식 등이 강하게 남아 있어 현대적 가치관과의 갈등의 원인이 되기도 하고, 가정 내에서 부부간, 부모와 자식간, 고부간 대립의 원인으로 등장하기도 한다. 그러나 전통적 가치관과 평등가치관은 한 개인에게도 공존되어 있어 평등을 주장하는 사람의 행동이 말과는 달리 보수적인 것으로 나타나기도 하고, 가부장제의 피해자일 수 있는 여성 스스로 가부장적인 가치관에 집착하는 등의 모순과 언행불일치의 현상이 갈등 없이 나타나기도 한다.

핵가족은 일반적으로 부부와 친자(결혼하지 않은 자녀)로 구성되는 생활단위로 정의된다. 이러한 핵가족은 오로지 현대의 산업사회에서만 발생한 것은 아니고 우리나라의 경우 조선조에서도 존재하였는데 정신적인 면에서는 조선시대의 핵가족과 오늘날 핵가족은 유사한 점이 많다는 사실을 발견하게 된다. 최재석 교수의 연구결과에 의하면, 조선조 초기에 부부가족은 전체 가족유형에서 65.45%를 차지하고 있었으며 직계가족 유형은 6.82%에 지나지 않았다고 한다.[14] 그것은 아마도 대가족을 포용하기 위해서는 큰 집이 필요하며, 큰 집을 소유하기 위해서는 경제적인 여유가 있어야 한다는 사실과 깊은 관계가 있을 것으로 생각된

13) 이 논문 IV. 가족의 변화와 가족법 참조.

14) 최재석, "조선시대의 신분계급과 가족형태," 고대인문논집, 21집(1976), 5면.

다. 따라서 조선의 가족제도가 대가족제라는 것은 일부의 부유층에 한정되는 것이거나 현실적으로 동거하는 가족의 수를 의미하기보다는 정신적인 유대관계를 의미하는 것으로 받아들여야 할 것이다. 따라서 자식이 장성하여 결혼하는 경우 공간적인 이유 때문에 분가시킬 수밖에 없으나 정신적인 의미에서는 대가족과 다름없었다고 볼 수 있다.

산업화의 과정에서 전통적 대가족은 더욱 분열되어 현대의 핵가족으로 발전되어 왔으며, 핵가족의 출발은 대개 평등한 관계에 있는 남녀 사이의 결합인 혼인으로 시작하기 때문에 부부 사이에서는 남편의 권위는 약화되고 오히려 가사관리를 담당하는 처의 역할로 인해 여성상위라는 현상을 보이기도 하며,[15] 친족관계에서도 많은 변화를 보이는 등 변화가 나타나고 있지만[16] 직계가족 내에서의 정신적인 면에서는 여전히 전통적인 혈연중심의 가부장적인 가족사상에서 벗어나지 못하고 있음을 알 수 있다.[17] 따라서 현대 한국의 가족은 전통과 평등의 갈등, 공존, 모순에 대한 무감각 등으로 표현할 수 있겠다.

전통적인 가부장적 가족제도를 가장 잘 보존하고 있는 것은 바로 개정 전의 가족법이었다. 그리고 개정가족법이 전반적인 면에서 남녀평등한 개혁을 단행했음에도 불구하고 여전히 가부장적인 호주제도와 동성동본불혼제도를 유지하고 있으므로 개정법의 입장도 여전히 전통의 고수라는 기본적인 입장을 취하고 있다고 보여진다. 만일 국민들의 의식이 전통적인 가부장적 사고와 가부장적인 가족법을 지지하는 것으로 나타난다면,[18] 가족법은 이를 존중할 것인가 아니면 그의 계도적인 역할을 수행하여 국민의 의식을 평등한 방향으로 인도할 것인가? 이

15) 여성상위처럼 보이는 것은 주부들이 가사관리를 맡기 때문에 소비주체, 관리주체자로서 갖는 일시적인 권한에 불과하며, 소유권은 남편에게 있는 것이 보통이다.

16) 이광자, "우리나라 친족관계의 지속과 변화에 관한 연구," 연세대학교 대학원 사회학과 박사학위 논문(1988), 44-56면 참조.

17) 특히 장남일수록 그러한 경향이 뚜렷하다. 이광자(주 16), 57면.

18) 김주수 교수가 1974년 조사한 "가족계획사업을 추진하기 위한 가족법 개정에 관한 연구"에 의하면 호주제도는 60% 이상이 이를 지지하는 것으로, 친족의 범위는 개정전 법대로 부계중심을 지지하는 것으로, 동성동본불혼제는 70% 정도가 이를 지지하는 것으로 나타나 국민들의 의식은 여전히 보수적인 경향을 나타내고 있다. 그러나 이혼시의 재산분할청구권은 55% 이상이 그 신설을 지지하고 있고, 특히 여성들의 지지율이 높은 것이(68.25%) 특징이며, 이혼 후 친권자 결정에 관하여는 53.51%가 부모의 협의하에 결정할 것을 지지하는 것으로 나타나 있다.

러한 문제의 제기는 개정가족법이 남녀평등한 방향으로 개정됨으로써 전통적 · 보수적인 국민의 의식보다 지나치게 앞서 가고 있다는 비판에 대한 답변이 될 수도 있을 것이다.

가부장적인 대가족제도가 지니는 의미를 생각해 볼 때 그것은 가부장권과 남계혈통의 계승으로 표현할 수 있다. 가부장권은 가장권과 부권을 합한 것으로 가장이기에 갖는 가장권과 아버지이기에 갖는 父權을 포함하며, 가족의 대표권, 가족원을 지휘 감독하는 家督權, 가내재산을 관리하는 家産權과 祭祀權을 의미하며 가장의 권리인 동시에 의무를 수반하는 것이다.[19] 이러한 존재를 법적인 제도로 표상한 것이 바로 호주제인 것이며, 호주의 승계가 남자로 이어지기 때문에 철저히 남계혈통의 계승과 유지를 그 목적으로 하는 것이다. 가부장권으로서의 호주권은 개정 전 법에서 유명무실한 것이었는데, 개정법에서 더욱 공허한 것으로 약화되었으나 그가 지니는 권리의 강약에도 불구하고 호주제도가 지니는 존재 자체가 남계혈통우대와 여계에 대한 경시인 것이기 때문에 남녀차별이며, 인간의 존엄성을 해치는 것이다. 동성동본불혼제 역시 父系의 성씨만을 기준으로 禁婚의 범위를 정한다는 점에서 철저히 남계혈통중심적인 것이며 자유평등의 이념에 배치되는 것이다.

법은 가족의 변화를 반영하는 역할과 이를 계도하는 역할을 다같이 수행해야 한다는 점을 감안할 때 남녀차별적이며, 비민주적인 가부장적인 제도는 수치나 통계로 나타난 국민의 의식과 관계없이 가족법에서 폐지함으로써 자유 · 평등한 민주적 가족정책을 수행하는 기틀이 되어야 할 것이다.[20] 다만 그 안에 포함된 효의 관념이나 가족의 공동체적인 삶을 강조하는 미덕은 관습으로 보존되어야 함은 물론이다.

Ⅲ. 家族法의 機能的 分類

가족법은 개개의 규정이 지니는 특성에 따라 강행법규와 임의법규, 또는 행

---

19) 이광규, 가부장제의 현대적 조명, 한국방송공사, 1면.

20) 배경숙, "가족법 개정과 순풍양속에 대한 비판," 현대민법론, 이광신 박사 화갑기념논문집 (1982), 640면.

위규범으로서의 기능과 재판규범으로서의 기능 등으로 분류할 수 있다. 그러나 가족법이 대가족제도를 염두에 두고 구성되어 있으며(개정법에서도 여전히 그러함), 이들 대가족제도에서 출발한 제 규정이나 제도들은 강행법규인 것이 특징이다. 그런데 가족법의 강행법규들은 행위규범으로서의 기능을 포함하고 있는데, 이를 사회적 기능의 관점에서 보면 가족법이 사회에 미치는 상징적인 의미가 매우 강하다는 점을 인식하여야 할 것이다. 이에 따라 가족법의 기능을 상징적 기능과 분쟁 해결적 기능(재판규범성)으로 분류하고자 한다.

가족법의 상징적 기능이란 가족간의 분쟁에 있어 재판의 기준이 되거나 실제적인 효과를 갖기보다는 제도가 지니는 강행법규성 또는 행위규범성이 지니는 상징적인 의미가 보다 강한 기능을 이른다.[21] 호주제도, 동성동본불혼제도, 친족관계에 관한 제 규정, 혼인의 신분적 효과, 호주승계순위 등이 이에 해당한다. 이들 제도들은 한 사람의 출생(호적관계, 친족관계 제 규정, 호주제도, 개정 전의 계모자관계)에서부터 혼인(동성동본불혼제, 호주제도로 인한 妻의 夫家入籍), 이혼(개정 전 법에 따른 이혼 후 친권자결정에 관한 규정), 사망(호주승계)에 이르기까지 한사람의 일생 동안 당사자의 의사 여하에 불구하고 당연히 적용되기 때문에 국민 생활의 일부분과 의식의 일부분을 형성한다고 볼 수 있다.

이에 반하여 분쟁해결적 기능이란 가족간에 분쟁이 발생했을 때 당사자간의 협의가 우선 존중되고 협의가 되지 않을 때 법원에 의해 심판의 기준이 되는 기능을 의미한다. "미네르바의 부엉이(법)는 밤(분쟁)이 되어야 나래를 편다"는 법언은 법의 분쟁해결적 기능을 잘 나타내 주는 말이라 할 것이다. 이혼 위자료청구, 재산분할청구권, 이혼 후의 자녀양육자 지정, 이혼 후의 미성년자에 대한 친권자 결정과 상속회복청구권, 상속재산분할에 관한 규정 등이 이러한 기능에 속한다고 볼 수 있다.

법의 목적은 정의 구현에 있으므로 분쟁해결적 기능에 있어서는 형평성이 보장되어야 함은 물론이다. 한편 상징적 기능에 있어서는 이들 규정이나 제도가 생활의 일부분이 되기도 하고 의식에 깊은 영향을 미친다는 점을 고려할 때 인간의 존엄성과 자유·평등을 상징할 수 있어야 한다. 물론 정의라든가 평등의 문제

---

21) 상징적 기능에 있어서도 예컨대 동성동본 불혼규정을 위반하여 혼인신고가 수리된 경우에는 취소청구소송을 제기할 수 있으며, 근친혼금지규정을 위반한 경우에는 혼인무효소송을 제기할 수도 있으나 이것은 강행법규를 위반한 경우의 효과이다.

에 있어 산술적 평등, 기계적 평등이 이루어져야 한다거나, '같은 것은 같게', '다른 것도 같게' 하는 절대적 평등을 의미하는 것으로 볼 필요는 없지만, 적어도 '같은 것을 다르게' 취급한다면 그것은 차별의 문제가 아닐 수 없다. 그런데 우리 사회에 있어 남 · 녀는 같은 개념이 아니라 다른 개념이므로 다르게 구별하는 것은 차별이 아니라는 주장도 있으나,[22] 일상생활에서 남녀의 생리적인 차이에 따른 구별과 법이 부부 또는 아들과 딸을 인격적으로 구별하는 나머지 결과적으로 차별이 되게 하는 것은 다르다. 법 앞에서 남녀는 같은 개념으로, 동등한 인격체로 보지 않으면 안 된다.

1. 상징적 기능이 가족과 사회에 미치는 영향

상징적 기능의 대표적인 제도는 호주제도와 동성동본불혼제도 및 친족관계 규정 등이다. 호주제를 비롯한 가부장적 가족제도가 지니는 상징성은 바로 가족법의 계도적인 역할과 같은 것으로 이해할 수 있다. 즉 家父를 정점으로 하는 권위주의적 사고를 상징하며, 호주로 대표되는 어른에 대한 공경을 계도하는 반면에 운명적으로 가족이 될 수밖에 없는 여성지위의 열등화, 즉 혼인 전에는 아버지인 호주, 혼인 후에는 남편인 호주, 남편이 사망하면 아들인 호주에게 복종하도록 강요된 여성지위의 예속성을 상징하며, 부계중심사상을 상징(동성동본불혼제나 개정 전의 부계중심적 친족의 범위 등)하는 것이다.

가족법은 가족관계를 규율하는 법이라는 특성으로 인해 가족의 일원인 국민 개개인의 이해에 깊은 관계가 있는 법이다. 따라서 국민들은 그가 처한 가정 내의 위치에 따라 가족법 개정의 향방에 깊은 관심을 갖기 마련이다. 학자들에 의해 가족법의 문제점이 지적되어 왔지만 30년 동안 개정될 수 없었던 것은 국회의원들의 보수성과 그들의 정치적 기반인 유권자의 보수성이 의원들에게 감지되었기 때문으로 이해할 수도 있다. 그러므로 가족법이 지니는 상징성은 대단히 크다고 할 수 있다. 그런데 개정전 가족법은 가부장적인 것이었으므로 권위주의적이며, 이러한 개정전 가족법의 비민주적인 메시지는 국민들의 사고에 깊은 영향을 주었다고 할 수 있다. 가족법 개정에 있어 국민의식조사가 선행되어야 한다는 주

22) 허영, "헌법과 가족법," 법률연구, 연세대학교 법률문제연구소(1983), 435면.

장이 있으나 가족법이 국민의식에 가부장적인 사고를 강하게 유도하였다는 점을 상기할 때 그러한 조사가 지니는 통계수치는 명약관화한 것이며, 그 조사를 바탕으로 가족법 개정여부를 결정할 수는 없다고 본다. 가부장적인 제도가 전달하는 상징성은 가정과 사회에서 남아선호사상, 여아경시, 취업과 승진과 임금에 있어서의 불합리한 남녀차별, 夫家優待, 妻家輕視, 父系優待, 母家輕視의 원인이 되기도 하고, 나아가 남녀의 혼인에 있어서도 신랑의 부모가 신부의 부모에게 우월적인 지위를 과시하거나 출세한 아들을 둔 부모가 며느리에게 과도한 혼수를 요구함으로 인해 시비가 발생하는 등의 원인도 되기도 한다. 이러한 남존여비적 사고나 현상은 여성상위시대라는 유행어와 나란히 등장하기도 하고, 고부간의 갈등에 있어서도 아들을 담보로 한 시어머니의 횡포가 보편적인 현상으로 보이기도 하고, 며느리의 시어머니에 대한 학대가 일반적인 세태인 것처럼 주장되기도 하면서 혼란을 주지만 가부장적인 사고와 여성상위시대로 대표되는 평등한 가치관이라는 환상적 현실의 모순사회 속에서 그 이중성을 모순으로 의식하지 못하는 모습이야말로 우리 사회의 전통적 가치관과 현대적 가치관이 갈등하며 공존하는 현실을 보여주는 예라 할 것이다.

가족법의 상징성과 국민의 전통적인 의식과의 역학관계에서 가족법이 어떠한 역할을 담당하여야 하는가는 자명하다. 일정계층에 대한 억압이나 차별(또는 구별)을 상징하는 가부장적인 제도는 개정법에서도 시정되지 않았으나 인간의 존엄이 보장되며, 평등을 상징하는 방향으로 탈바꿈하지 않으면 안 될 것이다. 그런 의미에서 친족의 범위가 부계·모계 다 같이 평등하게 개정된 것은 큰 의미를 지닌다고 할 수 있다. 전통적 가족제도가 지니고 있다고 생각되는 미덕, 즉 효의 문제는 부모에 대한 복종이나 부모의 사랑에 대한 자녀의 보답을 통해서가 아니라 부모와 자식 간의 사랑과 믿음을 교환하는 현대적인 것으로 가족법에 보존될 때(예컨대, 부모와 자녀는 서로 사랑하여야 한다는 선언 등) 새 세대에 의해 설득력 있게 받아들여질 것이다.

2. 분쟁해결적 기능

분쟁해결적 기능은 법의 고유한 기능이다. 이혼하는 부부간에 자녀에 대한 친권(개정법의 경우)이나 재산의 분배에 관하여 다툼이 있을 때, 재산상속에 관하여 분쟁이 있을 때 심판의 기준이 되는 기능이기 때문이다. 개정 전의 가족법은 분쟁해결적 기능에서도 여성에 대하여 차별을 하였다. 법정부부재산제인 별산제가 대표적인 예이다. 별산제를 규정한 민법 제830조 제1항은 명의를 기준으로 소유권자를 정하는 원칙만 규정하고 있을 뿐(대법원 판례는 처의 가사노동을 경제적 가치 있는 기여로 인정하지 않고 있으므로 해석상의 차별을 하고 있다) 아니라 부부의 이혼시에 부부재산제를 청산하는 제도(예: 재산분할청구권)가 마련되어 있지 않은 결과, 명의를 갖고 있지 않은 대부분의 처를 경제적으로 차별하였기 때문이다. 이혼에 대한 사회적 편견에도 불구하고 어렵게 이혼을 결심한 부부 중 사회 · 경제적 약자를 차별하는 이 같은 법의 태도는 형평성에 문제가 있을 뿐 아니라, 이혼을 제어하는 제도로서 작용하지도 못하였다는 점에서 타당성을 결여한 법제도였다. 이혼시 재산분할청구권이 신설되고, 이혼 후(혼외자도 같음) 어머니의 친권을 배제하던 차별법을 1990년 개정법에서 형평하게 개정하였음은 다행이다.

Ⅳ. 家族의 變化와 家族法

1. 핵가족화 현상

한국의 가족은 산업화 과정에서 대가족을 분열시키고 핵가족화 현상이 빠르게 진행되어 가는 등 가족구조에 큰 변화가 있었다. 그 변화는 핵가족형 가구의 비율이 증대하여 1985년에는 핵가족의 이념적 형태를 갖춘 가구의 비율이 75%에 달하게 되었으며, 직계형가구는 점차 감소하여 1985년에 10%에 불과하게 된 반면, 독신가구의 비율은 점차 증대되는 것으로 요약할 수 있다.[23)]

우리나라에서 핵가족이 발생하는 원인을 유형별로 분류할 때 대가족제도에서 부모가 사망함으로써 자연적 핵가족이 된 경우, 차남 이하 아들의 혼인으로 인하여 분가가족이 된 경우, 고용기회의 취득으로 인해 직장이 있는 곳으로 지리

23) 이가옥, "가족구조의 변화와 노인부양문제," 노인복지정책의 방향설정을 위한 세미나 (1989), 5면.

적인 이동을 함으로써 핵가족이 된 경우, 자발적인 핵가족으로 부모가 장남을 어떤 이유로 분가시킨 경우 등으로 나눌 수 있는데, 1960년대 이후 나타난 핵가족화의 대부분은 就業分家類型이라 한다.[24] 이러한 핵가족을 촉진하는 현상은 산업화에 따른 노동의 증가, 개인의 자립적·물적 기반을 가능케 하는 경제구조의 변화에 따라 더욱 증가할 것이며, 노동자계급의 저임금정책과 주택문제는 핵가족의 분화를 더욱 촉진할 것으로 예측된다.[25]

핵가족이 널리 확산되었다는 현실은 우리 가족법이 더 이상 대가족제를 전제로 한 호주제도를 유지시킬 근거가 없으며, 이제는 핵가족에 맞는 가치관, 자유·평등·상호간의 사랑에 기초한 가족관이 확립되어야 할 필요성을 일깨우는 근거로 삼아야 할 것이다.

2. 이혼 부부의 증가

혼인을 가족주기의 출발점으로 삼는 핵가족은 부부간의 사랑이 그 가족의 안정을 좌우하는 변수가 된다. 따라서 부부간에 애정이 식으면 혼인의 파탄으로 이어지기 쉬운 것이다. 그러나 이혼율이 증가하는 원인을 가족구조의 변화, 특히 핵가족 현상에서만 찾을 수는 없다. 여성의 높은 교육으로 인한 의식의 변화, 경제적인 능력, 적은 자녀수 등의 요인들도 이혼을 결심하게 하는 간접적인 원인이 될 수 있다.

우리나라의 이혼율은 1965년 이후 점차 증가하기 시작하여 1975년 이후에는 현저한 상승률을 보였으며, 1980년대에는 결혼 12쌍에 한 쌍꼴로 이혼이 발생한 것으로 나타나 20년 사이에 이혼율이 두 배 이상으로 증가하였다. 그런가 하면 경제기획원이 발간한 1988년 인구동태조사에 의하면 1984년 3만7천쌍이 이혼하여 혼인수의 10.1%를 기록한 이래 해마다 2천쌍씩 증가하여 왔음을 보여주고 있으며, 1988년까지 우리나라의 이혼율은 1천쌍당 1.05쌍으로 일본(1.39쌍), 미국(4.96쌍)보다 낮았으나 중국(0.48쌍), 싱가포르(0.93쌍)에 비해서는 높은 비율을 보이고 있다. 이러한 이혼추세는 이혼율의 증가가 일시적인 현상이 아니

24) 이광자(주 16), 19면.

25) 이효재, "개정가족법과 가족," 한국가족학회 춘계학술대회 자료집(1990), 5면.

라 사회추세임을 보여주고 있다.[26] 어느 화이트 칼라 가족연구에 의하면 10쌍의 부부 중 2쌍이 이혼을 생각하고 있다고 응답하고 있으며,[27] 중소도시 가족연구에 관한 조사결과 응답자의 3분의 1 정도가 남편들의 혼인관계의 자세에 불만을 느끼며 4분의 1 정도가 이혼을 생각해 본 적이 있다고 보고하고 있어[28] 이혼율의 증가추세를 예고하고 있다. 그러나 다른 조사에 의하면 남편의 학대 · 술주정, 시부모학대, 수입의 감소, 성격부조화, 성병, 애인존재 등의 사유가 있음에도 해결방법이 없으면 어떻게 하겠느냐는 질문에 대해 10% 미만의 여성만이 이혼을 주장하고 있기도 하다. 이에 따라 여성들은, 남편은 어떠한 행동을 하더라도, 자식을 위해, 가족을 위해 예속적인 지위를 감수하여야 한다는 전통적인 가치관념이 아직 강하게 존재하고 있음을 보여주기도 한다.[29] 이에 따라 가족법은 이혼율의 증가에 대비할 대안으로서, 가족의 공동체적인 삶을 정립하는 가치관을 확립하고, 이혼자녀에 대한 문제를 고려하여야 할 것이며, 새 시대에 맞는 가족정책을 수립하지 않으면 안 될 것이다.

3. 親族關係의 변화

친족관계가 어떻게 변화하는가에 관한 도시의 중산층을 상대로 한 조사결과는 다음과 같은 흥미 있는 결과를 보고하고 있다. 그것은 핵가족의 경우 친족범위가 부부에게 있어 모두 양가외척(兩家外戚)을 포함하여 4촌까지의 근친으로 집중하는 경향이 나타나고 있으며, 남편이 장남인 경우 친족의 범위가 확대되는 경향을 보이고 있음을 알 수 있다.[30] 핵가족의 친족관계는 주로 의례적인 관계(근친의 생신, 정초, 추석차례, 장례, 혼인 등)에 집중되고 있으며,[31] 핵가족의 친족 중에는 양가의 부모와 가장 접촉이 많이 이루어지고 있는데, 특히 부인의 친정접촉이 빈번하여 출가외인은 옛말이 되어가고 있다 한다.[32] 남편은 종래의 권위주의

26) 조선일보, 1989, 11.2일자 참조.

27) 김자혜, 김미숙, "화이트칼라 가족연구," 한국 가족론(1990), 96면.

28) 이재경, "가족변화와 가족복지론," 한국가족론(1990) 참조.

29) 최재석, 한국가족연구, 일지사(1982), 365면.

30) 이광자(주 16), 44-56면 참조.

31) 위의 논문, 58-98면. 참조.

32) 이동원, "도시주부의 관계망에 대한 조사 1—시가 및 친가와의 관계를 중심으로—," 논총,

적 가부장적 가족제도하의 부계위주인 친족관계를 유지하는 반면에, 부인은 시가와 친정의 양가접촉을 하고 있으며,[33] 핵가족의 기능수행에 있어 문제성을 띤 것은 친족을 선택하고 쉬운 일일수록 비친족을 활용하고 있으며,[34] 친가부모에 대해서는 받는 것보다 주는 것이, 처가로부터는 주는 것보다 받는 것이 많아 부인의 입장에서 볼 때 친정지원으로 시가봉사를 하는 경향마저 있다 한다.[35]

4. 家族의 變化와 家族法

가족의 변화 중 몇 가지의 특징을 살펴볼 때, 핵가족화의 전개가 빠르게 진행되고 있다는 것, 이혼율은 1960년대 이후 꾸준히 증가하여 왔으며, 앞으로 더욱 그러하리라는 것, 친족관계의 접촉은 근친중심적이며 父系, 母系, 夫系, 妻系 등 양가를 중심으로 변화한다는 것 등으로 정리할 수 있다. 이러한 가족의 변화에 따른 현상과 그로 인해 발생하는 문제점에 비추어 개정가족법은 어떠한 방향으로 나아가야 할 것인가를 숙고하여 보아야 할 것이다.

가족의 변화에 있어 주목할 것은 핵가족화 현상이 상당히 진전되어 왔으며 앞으로 그 분열은 경제적 여건의 변화와 주택문제 등으로 인해 더욱 촉진될 것으로 보인다는 점이다. 대가족에서는 가정의 운영이 어른을 중심으로 한 위계질서 속에 이루어지기 때문에 부부의 애정은 가정사의 일부분을 차지하는 데 불과하였으며, 부부관계의 파탄의 경우에도 자녀들을 돌볼 사람이 있는 것이 보통이기 때문에 자녀들의 미래는 크게 우려할 문제가 되지 않았던 반면에, 부모들의 영향권 밖에서 출발한 부부친자로 구성된 핵가족에 있어서는 가족의 안정이 부부의 애정에 좌우되기 쉬운 여건이라 할 수 있다. 그런데 가부장사회는 부부의 애정을 위협하는 요인들을 스스로 안고 있기 마련이다. 그것은 가부장사회가 여성을 억압할 뿐 아니라 남성에게는 남자다움, 좋은 직장, 가족부양의 짐, 출세에의 압력 등의 부담을 통해 억압으로 작용하기 때문이다. 그 결과 남자들을 직장의 노예가 되게 하며, 직장의 일을 퇴근 후의 가족생활까지 연장시키게 하기 때문에 남자들

제43집, 한국문화연구원, 이화여자대학교(1985), 10면.

33) 이광자(주 16), 48면 참조.

34) 위의 논문, 102-107면 참조.

35) 위의 논문, 108-126면 참조.

의 생활을 가정 밖의 일을 전담하는 것으로 한정짓게 한다. 이에 따라 가정 내의 공간은 자연히 여성과 자녀의 전유물화하면서 부부간의 역할분담이 자연스럽게 형성되어 가기 때문에 부부 공동의 활동영역은 감소되고 분리되는 현상이 심화되기 쉽다.[36] 그런가 하면 가정 밖의 남자중심적 · 출세지향적 사회는 업무상의 교제와 스트레스 해소를 위한 유흥업소가 번창하게 하는 원인으로 작용하기 때문에 외도의 유인이 되기도 하므로 가정 내에 불만을 야기시키는 잠재적 요소가 될 수도 있다. 과거에는 참는 것이 여성의 미덕이었으며 이혼 후에 받는 사회적 편견과 미래의 생활에의 위협은 여성으로 하여금 참고 살게 하는 원인이었으나, 현대의 여성은 높은 교육으로 인해 자아의식이 강하고, 더욱이 경제력이 있다면 불만을 참고 결혼생활을 지속하는 것보다 이혼 후의 독립된 생활을 갖고자 하기 때문에 이혼을 보다 쉽게 결정할 수 있게 된다. 그러므로 핵가족화 시대, 여성들의 높은 자아의식, 경제적 잠재력(교육이 이를 가능케 해줄 것이다), 여전히 가부장적인 남성들의 사고 등의 복합적인 요인들은 앞으로의 이혼율의 증가추세를 예고하는 지표가 된다는 것이다.

그 결과 이혼부부의 자녀보호문제가 사회문제로 대두될 것을 심각하게 예고해 주기도 한다. 그렇다고 전통사회로 되돌아갈 수는 없는 일이기 때문에 이러한 암담한 미래에 대비하는 법적 장치, 가족의 유대를 이어주는 가치관의 확립, 가족정책의 실현 등의 준비가 필요하게 된다. 이에 따라 개정가족법은 이혼 부부의 재산분배에 관한 한 형평성을 보장하였으나 이혼을 제어하는 역할은 미미한 것으로 보여진다. 가족법이 이러한 역할을 수행하기 위해 다음 몇가지를 검토할 필요가 있다. 그것은, 첫째, 가족법이 지니는 상징성, 계도적 역할, 그리고 국민 개개인에 미치는 다대한 영향력 등을 감안할 때 가족법은 부부의 관계, 나아가 가족관계를 유지시키는 끈으로서 평등한 인격체를 전제로 한 공동체적인 삶을 강조하는 가치관, 부부의 애정을 결속시키고 자녀에 대한 책임을 강조하는 부부상을 정립할 수는 없을 것인가 하는 점이다.

가부장적인 가족제도가 상징하는 영향력이 그의 현실적인 권리의무의 여하에 불구하고 다대하다고 본다면 그 자리에 민주적 가족의 상을 정립하고 공동체적인 삶을 강조하는 가족의 가치관, 자녀에 대한 부모의 책임과 친자간의 사랑의

36) 이효재(주 25), 7면.

교환을 새로운 효의 개념으로 정립하여 선언한다면 그의 상징성으로 인해 사회에 미치는 여파가 클 것으로 보인다. 이러한 가치관에 입각하여 정부가 가족정책을 통해 아동문제, 여성문제, 노인복지문제, 인구정책 등에 연결짓는 작업을 한다면 입체적인 효과를 볼 수 있을 것이다.

둘째, 가족법이 가족의 공동체적인 삶을 강조하기 위하여서는 전통적인 가부장적인 가족제도를 폐지하여야 할 것이다. 대가족제를 전제로 한 종적이며 권위주의적인 가족제도에 기인한 가부장적인 제도는 억압과 차별을 상징하기 때문에 그가 지니는 장점인 효나 공동체적 우애 등의 장점이 빛을 잃게 한다. 그러나 가부장적인 제도가 가족법에서 폐지되고 가족의 공동체적인 삶이 평등한 인격체를 전제로 강조된다면 전통적인 가족제의 장점인 친족간의 협동, 효의 사상 등은 권위에 대한 복종이나 억압에 의한 것이 아니라 자유로운 선택과 임의성에 따른 것으로, 가족 간의 사랑의 교환이라는 개념으로 접목되는 계기가 될 수 있을 것이다.

셋째, John Eekelaar의 견해와 같이 자녀를 가진 부부의 이혼을 엄격한 절차를 거쳐 허용하거나 일정기간의 유예기간(별거제도 등)을 거쳐 신중하게 결정하도록 유도하여 부모의 책임을 강조하는 계도적인 역할을 수행하는 것이 바람직하다고 생각한다.

넷째, 그럼에도 이혼율은 증가할 것이다. 이에 따라 자녀에 대한 문제가 심각하게 대두될 것이 자명하므로 가족법은 자녀에 대한 부모의 책임을 강조하고, 자녀에 대한 보호에 공백이 생기지 않도록 상세한 규정을 두고, 이를 위해 국가가 후견적 개입을 하여야 할 것이다.

다섯째, 핵가족화와 청년중심의 경제여건은 가정 내에서 노인을 소외시켜 군식구로 전락하게 할 것이 예상된다. 한편 가족법에 의해 유지되던 장남에 의한 노부모부양의 책임의 상징성(호주상속인에게 재산상속상의 특혜를 의미)이 개정가족법에서 폐지되었으므로 노부모의 부양은 자녀들 사이에 골고루 분배되게 되었다. 노인부양은 생활보호법이나 노인복지법, 또는 국가의 노인복지정책에 의해 보완되어야 할 필요가 있다.

V. 맺는 말

가족의 변화는 가족구성원의 의식, 경제적 여건, 직업적 환경 등의 변화에 따라 역학적으로 이루어지게 된다. 이러한 가족의 변화를 뒤쫓아가면서 적절히 규율할 때 가족법은 구체적 타당성을 갖는 법, 살아 있는 법의 구실을 하게 된다. 그런데 우리나라 가족은 산업화가 진행되기 시작한 1960년대를 전후하여 빠르게 진행되어 왔음에도 불구하고 가족법은 여전히 가부장적인 대가족을 전제로 한 권위주의적이며, 억압적인 제도를 30여 년간 고수하였으므로 가족의 변화에 적절히 대응하는 법의 구실을 하지 못하였던 것이다. 다른 한편, 가족구성원의 의식의 면에 있어, 특히 여성들이 높은 교육을 받으면서 자아의식이 강하여지고, 가정 내에서 동등한 인격적 대우, 취업, 승진 등 사회에 있어서의 동등한 대우를 원하는 등으로 발전해 온 반면, 전통적인 사회에서 소위 미덕이라 생각해 왔던 三綱五倫, 夫唱婦隨, 賢母良妻 등 종적이며, 의존성 · 예속성을 강조하는 사고가 여전히 지배적인 것도 사실이다. 이렇게 가족의 변화와 사고의 변천과 여건의 전환이 변증법적으로 진행되어 가는 시점에서 우리는 가족법이 가족의 외적인 변화와, 여전히 변화되지 않고 있는 사고의 불변성에 대해 어떻게 대응해야 할 것인가에 대해 당혹하지 않을 수 없게 된다. 혹자는 가족은 변화하였으므로 가족법도 변화되어야 하기 때문에 개정가족법의 태도는 타당하다고 하기도 하고, 다른 편에서는 국민의 일반적인 사고는 여전히 남존여비적이며, 현실적으로 여성은 사회 · 경제적으로 열등하기 때문에 가족법도 그러한 국민의 의식을 반영해야 함에도 불구하고 개정가족법은 국민의 의식을 앞서가고 있다는 비난과 아울러 평등한 가족법이 가족을 와해시키는 원인이 된다고 비판하기도 한다.

이 연구에서는 이러한 시대적 전환기에서 가족법의 역할은 과연 무엇이며, 그 기능의 실상은 무엇인가 라는 기본적인 의문에서 출발하여 가족법이 가족의 변화에 어떻게 대응할 것이며, 가족의 변화가 야기시키는 순기능과 역기능이 무엇인가에 관한 거시적인 고찰을 시도해 보고자 하였다. 가족이 어떻게 변화하였는가에 관하여는 사회학자들의 논문을 참고하였으나 그 변화의 흐름은 워낙 다양하게 전개되는 것이기 때문에 본 논문에서는 전체적인 흐름을 인용하여 참고하는 정도로 하였다.

우선 가부장적인 사고와 평등한 사고가 공존하고, 전통과 현대가 갈등, 대립하면서 공존하는 사회, 모순을 현상대로 인식하지 못하여 언행의 불일치가 한 개인, 가족, 사회집단 내에서 자연스럽게 행해지는 시점에서 가족법의 역할은 가족의 변화와 의식의 변화를 정리하는 것이 바람직한 것인가, 이들 요소를 계도하는 역할을 병행하여야 하는가? 이에 대해서는 후자, 즉 변화와 의식에 대응하되 계도적인 역할을 수행하여야 한다는 역할론을 지지한다. 가족법의 역할과 고유의 기능을 종합적으로 판단한 후 개정가족법의 태도를 살펴본 결과 다음과 같은 결론과 제안을 하게 되었다.

첫째, 개정가족법은 대가족제를 전제로 한 호주제, 동성동본불혼제를 존치시켰으므로 핵가족화 현상이 보편화되어 가는 가족의 변화에는 적절히 대응하지 못한 일면이 있다고 볼 수 있다. 법의 계도적인 역할을 고려할 때 이들 가부장적이며 비민주적인 제도들을 폐지함으로써 사회구성원의 의식을 민주적인 방향으로 계도하는 역할을 수행하여야 한다는 것이다. 특히 가족법의 가부장적인 제도들은 그 기능에 있어 상징성이 강하다는 일면이 있기 때문에 국민의 의식을 전통사회의 종적인 사고에 머물게 하는 족쇄가 되기도 한다는 면에서 폐지의 당위성을 찾을 수 있다고 본다. 그러므로 그의 폐지는 역기능보다는 순기능을 가져올 것으로 확신한다. 무엇보다 먼저 의식의 민주화에 강한 영향과 원인을 제공할 것이며, 우리 사회의 미덕이라고 하는 孝의 문제, 친족간의 협동의 관습은 원래의 자리인 전통의 세계에서 여전히 보존되어야 할 것이다. 우리의 미풍양속은 원래 법제도이기 때문에 보존되어 온 것이 아니라 관습이며, 가르침에 힘입어 유지되어 온 것이기 때문이다. 따라서 가족법이 권위주의적인 제도 대신에 평등한 가운데 공동체적인 삶을 강조하는 새로운 가족관을 확립한다면 법제도상의 평등사상과 전통의 세계로 돌아간 효의 미덕, 친족간의 우애를 강조하는 공동체의 미덕은 자연스럽게 접목되는 계기가 될 수 있으리라 생각한다.

둘째, 의식면에서는 여전히 가부장적인 사고가 지배적이라고 본다면(국민의식 조사 등에 비추어) 호주제나 동성동본불혼제 이외의 규정이 평등하게 개정된 것은 국민의 의식에 비해 진취적이라고 볼 수 있는 일면도 있다. 법의 계도적인 역할에 비추어 본다면 개정법의 태도는 타당하지만 다른 한편 이러한 문제들은 법의 재판규범이라는 기능을 고려하여 검토하지 않으면 안 된다. 즉 혼인해소의 효과에 관한 제 규정들, 재산분할청구권이나 자녀양육권, 친권, 상속에 관한 제

규정들은 법의 재판규범이라는 기능을 고려할 때 반드시 형평이 보장되어야 하기 때문에 평등한 가족법으로의 개정은 타당성을 지니는 것이다. 한편, 가족의 변화는 우선 가족의 구성면에서 볼 때 핵가족화 현상이 빠르게 진행되고 있고, 이혼이 증가하고 있고 친족의 접촉범위가 변화하는 등의 외적인 변화를 보이고 있다. 이러한 변화는 대가족제의 감소가 빠르게 진행되면서 핵가족화하고 그 결과 친족 간의 접촉이 양가를 중심으로 한 4촌 정도의 근친 사이로 줄어드는 등 핵가족의 일반적인 경향을 보이는 한편, 핵가족에 있어 부부의 애정이 가족의 안정에 직결되기 때문에 그 해체의 위험 역시 크다는 점을 내포하고 있다. 부부의 이혼은 자연히 미성년자녀의 보호에 공백이 생기게 하고 문제아가 발생되는 원인이 되기 때문에 가족법이 그의 역할을 통해 이혼을 제어하는 장치와 더불어 이혼이 결정된 후의 자녀보호방안을 강구하지 않으면 안 될 것이다. 이에 따라, 자녀가 있는 부부의 이혼은 엄격하고 신중하게 허용함으로써 부모의 책임을 강조하여야 할 것이다. 앞으로 가족법 개정의 방향은 이혼 후의 자녀에 대한 보호방안에 대한 장치를 상세히 마련하는 한편 이혼자녀의 양육비 지원에 관한 한 국가의 후견적 개입도 필요하다고 본다.

_ 가족법학논총(박병호교수 환갑기념논문집, 1991) 게재

後 記

1. 동성동본불혼제도는 1997년에 헌법불합치결정을 받아 2005년 개정법에서 근친혼 등의 금지(민법 제809조)로 개정되었다.
2. 호주제도는 2005년 3월에 헌법불합치결정을 받아 2005년 개정법에서 삭제되었으며, 2008년 1월부터 시행되고 있다. 호주제도의 삭제에 따라 호적법도 폐지되었으며, 「가족관계의 등록 등에 관한 법률」이 제정되어 2008년 1월부터 시행되고 있다.

家族의 變化와 家族法의 課題

Ⅰ. 문제제기 : 가족법은 왜 변하지 않으면 안 되는가?

UN이 1994년을 「세계가정의 해」로 선포하게 된 배경은 가족이 미래의 자원임을 인식하고, 사회의 심장부인 가족에서부터 민주주의가 이루어져야 세계의 민주주의가 이루어진다는 믿음으로 가족 내의 민주주의를 위한 운동을 전개하는 한편, 가족해체에 대해 각국이 다양한 가족정책을 수립하여 시행하도록 권고하기 위함이다.[1)]

가족법은 왜 변하지 않으면 안 되는가? 그 대답은 자명하다. 가족이 변화하고 있기 때문이다. 더욱이 가족해체의 조짐이 두드러지게 나타나기 시작하면서, 가족의 변화를 반영하되 대증요법이 아닌 가족정책과 철학이 담긴 가족법으로 탈바꿈할 것이 현실적으로 요구되고 있기 때문이다.

한국사회에서 가족이 변화하고 있음을 나타내는 지표와 징조는 곳곳에서 발견된다. 이혼율이 증가하고 있고, 가구의 규모가 축소되고 있으며, 부모의 이혼과 배우자와의 사별 등으로 인한 한부모 가족이 늘고 있고, 노부모가 가족으로부터 소외되는가 하면, 여성의 취업이 증가하고, 아내에 의한 이혼청구가 증가하고 있는 한편으로 아버지의 권위가 통하지 않는 가정이 늘고 있는 것이다. 전통사회의 가족이 경험하거나 예상할 수 없었던 일들이 우리 주변에서 충격의 단계를 넘어 「있을 수 있는 일」의 단계로, 또는 「체념」의 단계로 받아들여지고 있다. 이러한 현상 또는 변화의 원인과 관련하여 '여성상위'시대라는 유행어가 탄생되었음

---

1) Occasional Papers series No.1. Family Matters: "가족에 관한 사안들," 열린사회와 가족, 세계가정의 해 기념 세미나(1994), 146면.

직하다.

그러한 변화의 물결에도 불구하고 우리 사회는 여전히 강한 가부장사회이다. 남존여비사상, 권위주의적인 사고, 어른 중심적이며 남성우월적인 의식과 형태가 가정과 사회에서 여전히 위력을 발휘하고 있는 것이다. 그리하여 군림하는 가장, 매맞는 아내와 아동학대가 사회문제로 대두되는가 하면, 출세한 아들을 담보로 과다한 혼수를 요구하는 시어머니, 고부간의 갈등으로 고민하는 여성들, 치열한 경쟁을 뚫고 대학에 입학하고, 졸업 후 능력을 인정받게 되었으나 남편이나 시부모의 반대로 어쩔 수 없이 가정에 매여 있게 된 여성들과 취업과 승진에서 불이익을 당하는 유능한 여성들에 관한 이야기가 일상의 화제가 되고 있는 것도 엄연한 우리 사회의 현실이다. 그 많은 술집들과 호스테스, 이혼원인의 으뜸을 차지하는 남편들의 부정행위도 우리 사회가 얼마나 강한 가부장사회이며 남성중심사회인가를 웅변으로 보여주고 있다.

인류 역사를 통해 볼 때 사람은 변화하는 세계에 빠르게 적응하지 못하는 속성을 가지고 있으며 새로운 태도와 행동을 받아들여 내면화하기까지 오랜 시일이 걸린다는 점을 감안할 때 우리 사회에 공존하는 이러한 양극단의 현상들은 우리 사회와 가족이 변화의 와중에 있음을 나타내는 징표로 볼 수 있다. 그런데 이러한 변화의 와중에서 우리에게 감지되는 두 가지 커다란 흐름의 줄기는 가족의 변화가 여성을 축으로 이루어지고 있거나 적어도 가족의 변화에 있어 여성이 중요한 역할을 하고 있다는 것, 그리고 가정의 해체가 빠르게 진행되고 있다는 사실이다.

여성을 중심으로 이루어지는 가족의 변화는 부정적인 것만도, 긍정적인 것만도 아니다. 전통사회에서 가정을 지키던 여성들이 사회에서 능력을 발휘하고, 목소리를 높이며, 남편을 부엌으로 끌어들이고, 부부관계를 「하늘과 땅」의 관계에서 「동반자관계」로 만드는 등의 변화는 긍정적으로 받아들일 수 있을 것이다. 그러나 여성들이 가정이나 사회에서 권리의식은 투철하지만 의무이행은 소홀히 한다거나, 남에게 책임을 전가하는 경향이 남성에 비해 강하다거나, 특히 최근에 두드러지는 현상으로 이혼 후 자녀를 맡지 않으려 한다거나, 자기의 감정에 따라 자녀와 노부모를 학대하는 등의 부정적인 현상도 발견된다. 특히, 가정 내의 갈등에 있어 여성들이 지혜롭게 대처했더라면 막을 수 있었을 가정파탄의 책임의 절반은 아마도 갑자기 권리의식이 높아진 여성들의 몫인지도 모른다.

물론 이혼의 원인이 여성에게만 있는 것은 아니다. 이혼의 원인제공자는 아내의 인격을 무시하는 남편, 며느리를 구박하는 시부모인 경우도 많기 때문이다. 아직도 가족이 강하게 기능하는 우리 사회에서 이혼을 결심하게 하는 직접적인 변수로는 당사자 외에도 친정 및 시부모의 존재가 있다. 법적·사회적 환경도 이혼에 다대한 영향을 미치는 요인이다. 종래에는 딸이 시집에서 못살겠다고 찾아오면 몇 번이고 시집으로 쫓아 보내고 나서 눈물짓는 친정어머니의 존재가 있었으나 현대의 친정어머니는 어떤 면에서 딸보다 더 진보적이며 이혼을 부추기는 경우도 있다.[2] 아마도 경제적으로 여유있는 친정어머니일수록, 높은 학력의 딸을 가진 어머니일수록 더욱 그런 경향이 강한지도 모른다. 그 심리의 밑바탕에는 딸에 대한 기대심리와 자신감이 자리잡고 있다고 보여진다. 그런데 이들 어머니들이 며느리를 대하는 마음자세는 딸의 경우와는 반대로 가부장적이고, 아들 중심적이며, 심지어는 며느리의 인격과 능력과 존재를 부인하고 싶어하는 경향마저 숨기지 않는 경우도 있다. 결국 일반적으로 볼 때 변화하는 사회에서 여성 자신과 딸을 둘러싼 환경은 변화의 물결을 빠르게 수용하는 반면에, 남성과 아들을 중심으로 한 사회는 여전히 가부장적인 성향을 고수하는 것으로 분석된다. 높은 권리의식을 가진 반면에 양보할 줄 모르는 여성(및 그 부모)과 사회의 변화를 거부하고 억압적인 남편(및 그 부모)은 출발부터 갈등을 안고 있는 셈이다. 따라서 자신에 대한 욕구와 상대방에 대한 기대 사이에서 갈등이 심화되면 조그만 계기로 쉽게 이혼이라는 돌파구를 찾게 되는 것이다.

종래의 여성들이 경제적인 이유 때문에 이혼을 망설였다면 현대의 여성들이 처한 환경은 보다 이혼에 적합하다고 할 수 있다. 비록 그들의 능력에 적합한 일자리는 적은 것이 사실이지만 일반적으로 여성노동력에 대한 사회적 수요가 증가하였고, 법적으로도 재산분할청구권과 위자료청구권 등으로 인해 이혼 후의 생활이 어느 정도 보장될 수 있게 되었으므로 과거에 비해 경제적인 이유로 이혼을 두려워하는 경향은 줄어든 셈이다. 사회적으로도 이혼을 비판적으로 보거나 도덕과 관련하여 생각하는 경향이 줄어들고 있다. 이러한 여러 가지 가족내적·사회적·법적 배경으로 인해 이혼율의 증가는 앞으로도 계속될 것으로 보인다.[3]

2) 수치로 나타낼 수는 없지만 변호사들은 이혼법정에서 이러한 광경을 쉽게 발견할 수 있다고 한다.

3) 이혼에 관한 몇몇 여론조사결과는 이혼율의 증가를 예측케 한다. 즉, 이혼에 대한 여성들의

그러나 이혼율의 증가가 부정적인 것만도 아니다. 가정을 감옥으로 느끼는 여성, 남편에게 맞고 시부모에게 구박받고 사는 여성들에게 옛날 여성들처럼 가정을 지키지 않는다고 비난할 권리는 누구에게도 없는 것이다. 고통스런 가정생활에서 벗어나 독립하여 당당하게 출발하는 삶에서 당사자인 여성이 보람을 느낄 수 있다면, 또한 아내를 하녀처럼 생각하던 남편이 여성의 반란으로 인해 여성과 가족에 대한 의식이 바뀔 수 있다면, 만나기만 하면 싸우는 부모와 한집에서 살기보다는 이혼한 부모 중 한쪽과 자녀들이 평화롭게 살 수 있다면, 이혼을 부정적으로만 분류할 필요는 없다. 다만 이혼에 긍정적인 면이 있다 해도 어쩔 수 없이 나타나는 부정적인 면은 바로 이혼 자녀들의 양육과 관련된 문제들이다.

물론 가족을 둘러싼 병리적인 현상들은 가족의 해체와 관련하여서만 일어나는 것은 아니다. 가정폭력이 사회문제가 되고 노부모가 가정으로부터 소외되며, 아직도 우리의 아기들이 해외로 입양되고 있는 등의 문제들은 가족해체와는 직접적인 관계가 없는 병리적인 현상들이기 때문이다.

이러한 가족의 변화와 다른 한편으로는 변화가 기대되는데도 변화하지 않는 가족의식으로 인해 나타나는 병리적인 현상들에 대해 그 후유증을 최소화하고 변화의 물결을 긍정적인 방향으로 돌리게 하며, 가족문제로 인한 상처를 치유함으로써 함께 사는 사회를 지향하는 것이 바로 가족정책이요, 가족법의 역할이며, 국가와 사회의 책임이라 할 것이다. 그런데 가족은 사회집단이고, 개인이 많은 시간을 소비하는 생존공간임에도 불구하고 사회는 가족을 사생활의 영역이라는 미명하에 무책임하게 방치하고 있다. 또한 현행 가족법은 가족간의 분쟁해결에만 급급하거나 가족을 가부장적이게 하는 데 기여할 뿐 가족해체가 남긴 상처들, 특히 자녀보호방안을 마련하여 부모가 책임지게 하는 소극적인 대증요법도, 가정보호에 대한 예방책으로서의 기능도, 가정폭력에 대처하는 기능에 대해서도 너무나 무기력하다. 또한 가족문제로 인한 상처를 적극적으로 치유하는 국가의 책임영역에 속하는 사회복지서비스도 너무나 미미하다. 종래의 가족법이 남녀평등이라는 구호를 외치며 가부장제의 족쇄에서 벗어나고자 급급하면서 개별가족

태도에 관한 한 조사에서 대상자의 41.9%가 이혼할 수 있다고 응답하고 있다[공세권, "한국 가족의 기능과 역할변화," 한국인구보건연구원(1990), 109-132면]. 한편 최근 중앙일보에서 실시한 한국인의 의식변화에 관한 한 여론조사에서는, 20대 아내의 77.2%와 64.4%의 남편이 우리 사회의 이혼증가현상을 "이해한다"고 답하고 있다(중앙일보, 1995.4.16일자).

내의 권리의무관계에 치중하는 근시안적인 자세였다면, 미래사회의 가족법은 보다 적극적으로 가족보호적 기능을 수행하고, 가족의 의식을 열린 사회로 이끌며, 소외된 가족, 병리적 가족의 문제에 관심을 가짐으로써 함께 사는 사회를 위한 토양이 되는 가족법으로 거듭나야 할 것이다.

이 논문에서는 각종 통계에 나타난 가족의 변화와, 여러 가지 상황에 비추어 본 가족의식의 변화와, 변화가 기대되는데도 변화하지 않는 현상 및 그 원인들을 살펴본 후, 변화하는 가족과 변하지 않는 의식이 주는 문제를 중심으로 미래의 가족법이 나아갈 방향을 제시해 보고자 한다.

II. 韓國 家族의 變化

우리 사회는 식민지, 해방, 독립, 전쟁과 휴전에 이어 산업화를 단시일 내에 체험하면서 급격히 변화하여 왔다. 경제가 변하고, 정치가 변하며, 문화가 변하면서 가족이 변해 왔다. 특히 공업화가 가속화하면서 가족의 외형상의 변화와 기능상의 변화가 나타나기 시작하였다. 최근에 나타난 두드러진 가족의 변화를 정리하여 보면 다음과 같다.

1. 가족의 소규모화

우리나라 평균 가구원수는 1960년에 5.7명이었는데 1990년에는 3.8명으로 줄어들었다. 이것은 가족이 핵가족화하기 때문이다. 국세조사통계에 의하면 젊은 부부만의 핵가족과 늙은 노부부만의 핵가족은 9.6%, 부부와 미혼자녀만 있는 핵가족과 장성한 자녀들이 별거하고 있는 핵가족이 68.9%이고, 핵가족이 아닌 복합가족이나 직계가족은 14.9%에 지나지 않으니 우리나라 가족의 80% 정도는 핵가족적 생활을 하고 있다는 결론이 나온다.[4)]

4) 고영복, "변화하는 사회에서의 가족상," 열린 사회와 가족, 한국여성개발원(1994), 4면.

2. 人口構造의 變化

지난 30년간 우리나라에서는 유아 사망률의 저하, 평균수명의 연장 등으로 연소인구(1-14세)는 감소하는 반면에 노인인구는 그 수와 비율이 크게 증가하는 추이를 나타내고 있다.[5)]

3. 女性의 就業率增加

여권신장과 여성의 지위향상 등으로 여성의 취업과 사회참여활동은 증가하는 추세에 있으며 특히 기혼여성의 취업률이 크게 증가하고 있다.[6)] 어머니가 취업하고 있는 취학전 아동은 50여만명에 이르는데 탁아혜택을 받는 아동은 13.3%에 불과하여 아동보호에 대한 사회적 관심이 요구된다.

4. 離婚率의 增加

통계청이 발표한 「우리나라 가정현황」에 의하면 1972년에 이혼한 부부에 비해 1992년에 이혼한 부부는 3.7배나 급증하였으며, 1991년의 5만2천 쌍보다는 5천 쌍이나 증가한 것으로 나타났다. 결혼 후 5년 안에 이혼하는 부부는 전체 이혼부부의 36.3%이며 결혼 후 이혼까지의 평균기간은 8.4년이었다. 이혼원인으로는 부부불화가 전체의 83.6%로 고부간 불화로 이혼하던 경향은 감소하고 있다. 가정해체현상에 따라 소년소녀가장도 늘어 1993년에는 7천3백22명이 되었다.

이혼이 증가하면서 자녀양육과 자녀양육비 문제가 사회문제로 대두될 것이 예상되는데 가족법은 부모의 이혼여부에 대한 관심에 비해 자녀보호의 문제는 전적으로 당사자에게 일임하는 소극적인 자세를 갖고 있다. 일찍이 이혼에 대해 대증요법적인 대응에 실패한 경험이 있는 서구제국이 이혼자녀 위주의 이혼법으로 개정하는 노력을 기울이고 있음을 거울삼아 우리의 가족법도 자녀보호를 위한 적극적인 제도를 마련하고 자녀가 있는 부모의 이혼은 유예기간을 두어 이혼을 신중하게 고려할 수 있도록 유도하도록 개정할 필요가 있다고 본다.

---

5) 통계청, 장래 인구 추이(1991).

6) 최성재, "사회정책과 가족," 현대가족과 사회, 한국가족학회(1994), 266면.

5. 개인주의적 가치관의 발전과 家族關係의 平等化 경향

가족생활에서 가족보다는 개인을 더 중시하거나 개인과 가족 모두를 중요시하는 개인주의적 경향으로 가치관이 형성되고 있다.7) 부부관계는 가장중심의 권위주의적 관계에서 부부중심의 평등한 관계로 변화되고 있고, 시부모와 부부간, 부모와 자녀간에도 보다 평등한 관계로 변화되고 있다.8)

6. 家族의 고립화현상

대도시에 갑자기 군집한 가족들은 이웃과 지역공동체의식을 형성하기도 전에 직장을 따라 이동하여야 하고, 학군을 따라 이동하여야 하며, 지가가 오르는 경제적 이윤을 따라 옮겨야 했으므로 물리적인 이웃은 많으나 심리적인 이웃은 없는 가족의 고립화현상이 나타나고 있다.9)

7. 家庭暴力의 增加

아내구타, 아동학대, 아동유기 등 가정폭력이 증가하고 있다. 부부간의 심리적 갈등으로 인한 폭력은 주로 아내구타로 나타난다. 한국갤럽조사에 의하면 조사대상자의 61%의 아내들이 남편으로부터 구타당한 경험이 있다고 보고하고 있다.10) 물론 최근에 아내에 의해 「매맞는 남편」문제도 간혹 논의되고 있기는 하나 아직 일반적인 주제로 다루기에는 약함에 비해, 매맞는 아내의 문제는 커다란 사회문제로 등장하여 여성의 전화를 계기로 피해여성을 위한 쉼터가 마련되고 각급 사회단체나 사회복지기관에서 이에 관한 자료가 쏟아져 나오고 있다.

아동학대문제는 보다 심각하다. 김광일 · 고복자의 한 조사에 의하면 7～11세 아동 1142명 중 부모로부터 발로 차이고, 물리고, 목을 졸리거나, 흉기로 위협

---

7) 한남제, "가치의식의 변화," 해방40년 가치의식의 변화와 전망, 서울대출판부(1986), 175면; 조홍식, "사회복지서비스와 가족," 복지국가와 가족정책(1996), 84면 참조.

8) 공세권(주 3), 109-132면.

9) 이광규, "후기산업시대의 가족공동체," 가족(1988), 16면.

10) 김광일, 가정폭력, 탐구당(1988), 182면.

당하는 등 극심한 신체적 학대를 받은 경험이 있는 아동이 94명(8.2%)이었고, 개업의와 소아과의사들을 대상으로 한 홍강의와 안동현의 조사에서는 46%가 구타당한 아동을 진료한 경험이 있으며 그 중 6사례는 사망한 경우라 한다.[11] 아동학대의 직접적인 원인으로는 가정의 갈등적 및 전제적 분위기, 그리고 부부간의 불화로 알려져 있다.[12]

노부모 학대는 아내구타나 아동학대와 같이 폭력의 형태로 나타나기보다는 무관심, 유기, 또는 언어폭력 등의 형태로 나타나 극단적인 경우 이외에는 외부에 알려지지 않는 경우가 많지만 노년기의 의존성이 가정폭력을 유발할 가능성이 높다. 즉 노년기에는 경제적 · 신체적 · 사회적 · 정신능력 및 정서적으로 타인에게 의존하게 되는데 노인복지제도가 잘된 국가에서는 정서적 의존성의 문제만을 가족이 돌보면 되지만 우리나라에서는 모두가 성인자녀, 특히 며느리의 책임이므로 무관심, 유기, 폭력 등의 문제를 일으킬 수 있다.[13]

문제되는 것은 가정폭력이란 주먹에 대해 가족법은 너무나 멀리 있다는 점이다. 아내 구타는 이혼의 원인은 되지만 구타당하는 아내에게 가족법은 아무런 도움의 손길을 주지 못하고 있으며, 아동학대에 대해서도 가족법은 학대자인 부모의 친권상실선고 이외에는 무기력하다.

8. 老人家族의 變化

한 조사결과를 살펴보면 1960년대 초반에는 70% 이상의 노인이 장남부부와 동거하는 것으로 나타났으나, 1980년대에는 장남과의 동거율이 50% 이하로 줄었으며, 노인 단독가구는 증가추세에 있어 1985년의 20.5%에서 1989년에는 22.9%로 늘었다. 한편 자녀에게 경제적 의존도가 높은 저소득층의 노인과 달리 상류층의 경우에는 부부간의 만족도나 삶의 만족도가 높고 자녀와의 관계도 원만한 것으로 나타나고 있다.[14]

---

11) 아동학대: 한국의 현황과 치료 · 개입, 한국아동학대예방협회(1989), 70-89, 90-115면.

12) 윤진, "폭력이 없는 가족," 열린사회와 가족(1994), 99면.

13) 위의 논문, 119면.

14) 손승영, "변화하는 노인의 삶과 가족," 열린사회와 가족(1994), 75면.

9. 變化가 기대되지만 變化하지 않는 家族意識

민주적인 가족이 민주사회를 만들고 민주적인 정치를 가능하게 하며, 자유 · 평등한 세계를 만들 수 있다. 민주적인 가족은 가족의식의 민주화에서 나오므로 가족의식의 변화가 민주사회건설에 반석이 될 것이다. 세계가정의 해를 제정한 이유도 바로 여기에 있다.

그런 의미에서 우리 사회의 가족의 의식이 개인의 인격을 존중하고, 가족원의 자유와 평등을 인정하며, 열린 마음을 갖는 것이 기대되지만 우리의 의식은 아직 가부장적인 징후가 농후하다. 여성의 권리가 향상되고 사회활동이 증가하며 가족의 동반자적 관계가 보장된 것처럼 보이거나 또는 여성상위시대인 것처럼 보이는 것은 과거에 비해 두드러진 일부의 현상일 뿐, 남성우월적이며 권위주의적인 사고와 혈연중심, 내 가족 중심의 형태, 그리고 가족 이외의 구성원에 대한 배타적인 경향 등 가부장사회의 특징은 여전히 농후하다. 우리 사회가 가부장사회임을 증명하는 전형적인 예로 결혼하는 여성의 예단과 혼수문화를 들 수 있다. 시부모로부터 과도한 예물리스트(또는 지참금요구)를 받고 친정 집을 팔아서라도 혼수를 마련할 것인가, 파혼을 할 것인가 고민하는 여성들이 적지 않고, 예단과 혼수를 적게 해 왔다고 시부모나 남편으로부터 구박당하는 여성들에 대한 이야기가 심심치 않게 보도되고 있으며, 출세한 아들을 담보로 지참금을 요구한 것이 화근이 되어 가정파탄에 이르게 된 부부의 이혼이 증가하고 있는 것이다. 출세한 아들을 믿고 예비며느리에게 과도한 예단을 요구하거나 혼수가 적다고 구박하는 시부모, 이에 동조하는 신랑, 그리고 과도한 혼수요구에 응하는 신부들은 결혼문화를 왜곡시킬 뿐 아니라 남성중심사고와 여성의 의존성, 그리고 자기비하적 행태의 극치이다. 한편, 우리 사회의 혈연 중심적 사고는 내 핏줄 중시와 가족 이외의 사람과 사회에 대한 배타적인 현상으로 나타난다. 그 많은 고아와 기아가 국내에 입양되지 못하고 해외의 양부모에게 입양되어 나갈 수밖에 없는 것은 우리의 혈연중심사고에서 그 원인을 찾아야 할 것이다. 아들선호사상도 여전하다. 많은 부모들이 태아의 성감별을 하여 아들인 경우에는 출산을 하고 딸이면 유산시킨 결과 1992년도 여아 : 남아의 성비는 100:113.1으로 왜곡되고 있음은 그 단적인 예이다. 가족의 변화가 각종 통계에 뚜렷이 나타나고 있지만 변화가 있어야 마땅한 낙후한 가족의식은 너무도 깊고 뿌리가 깊은 것도 사실이다.

종래에는 '士'자 붙은 신랑측이 신부측에 요구하는 호화 혼수가 지탄의 대상이었으나 최근에는 보통사람들 사이에도 퍼져 가고 있으며, 혼수시비로 인한 이혼도 증가하고 있는 것으로 보도되고 있다.[15)]

최근에 나온 혼수 시비 이혼의 대표적인 사례를 들어 보면 다음과 같다. 대법원 특별1부는 명문의대를 나온 아들과 결혼한 며느리가 많은 지참금을 가져오지 않은 데 대해 불만을 갖고 있는 시부모가 집 개축비용으로 1천만원과 용돈명목으로 매달 80만원을 요구한 것이 화근이 되어 가정이 파탄되었다면 혼인파탄의 주된 책임은 남편에게 있다고 하였으며,[16)] 서울가정법원 가사3부는 아들이 외국에서 박사학위를 받자 며느리에게 거액의 지참금을 요구하면서 가난한 여자는 싫다며 적대감을 보인 시아버지와 이에 동조한 남편은 원고인 처에게 위자료를 지급하라고 판결하였다.[17)] 또한 서울가정법원은 신랑측이 고가의 혼수를 요구하자 전세 집을 줄이면서 혼수를 마련하는 과정에서 마음이 상한 신부와 그 부모가 시부모의 결혼내력을 비난하다 파경에 이른 경우, 그 파탄의 책임은 처와 그 친정부모에게 있다고 하였다. 한편 서울고등법원은 며느리가 지참금조로 5천만원을 가져오자 이를 적다고 구박한 시어머니와 남편을 상대로 아내가 청구한 사실혼부당파기로 인한 손해배상청구소송에서 피고 등은 원고에게 7천만원을 지급하라고 판시하였다.[18)]

III. 變化하는 사회에서의 家族과 家族法의 과제 : 家族法, 무엇이 문제인가?

1. 미래의 家族法

가족법의 문제점은 개별규정과 관련된 의미에서가 아니라 가족의 변화의 물결과 관련된 거시적인 관점에서 이를 파악할 필요가 있다. 그 동안 가족법을 둘

15) 여성신문, 1994년 5월 27일자, 조선일보 1994년 4월 17일자 등.
16) 대법원 1994.12.23, 94므1225 판결.
17) 조선일보 1994년 12월 31일자 기사 참조.
18) 여성신문, 1994년 5월 27일자 기사 참조.

러싼 논의는 호주제도와 동성동본불혼제도로 대표되는 가부장적인 요소들을 제거하는 일과 남녀평등에 대한 보수세력과 진보세력간의 대립과 갈등에 지나치게 많은 세월을 소비하는 동안 정작 중요한 문제들, 예컨대 가족 간의 분쟁에 있어서 정의라든가 형평이라든가 가족보호기능이라든가 가족의 변화에 적절히 대응하는 등의 문제에 관하여는 소홀히하였다는 점에서 그러하다. 정작 가족법의 존재이유이며 목적인 사안들은 방치해온 것이다.

다행히 가족법의 재판규범성에 입각한 분쟁해결에 있어서의 정의나 형평의 문제는 1991년의 개정가족법 시행으로 인해 상당 부분 해결을 보았으나, 지난 30년간 그 폐지를 외쳐온 가부장적인 제도들은 그 내용이 약간 수정된 채로 여전히 건재하면서 강행규범성이 갖는 강한 상징성을 바탕으로 권위주의적인 의식에 밑거름이 되고 있으며, 또한 정작 가족법이 가능하여야 할 가족보호적 기능(학대받는 아동이나 이혼자녀에 대한 보호 등)에 대하여는 무관심, 무기력, 무능력을 노출하고 있는 것이다. 결국 가부장제도의 유지와 타파라는 쟁점을 놓고 다투는 동안 사회의 변동과 가족의 변화는 이미 개별가족의 선에서 해결할 수 없는 많은 사회적인 문제를 노출하고 있음에도[19] 가족법은 이를 수용할 그릇도, 준비도, 능력도 갖고 있지 못하게 된 것이다.

이혼이 증가하고 가정폭력이 늘어나며, 노인부양이 문제되는 등 가정 내에서 해결할 수 없는 한계를 드러내기 시작한 이 시점에서 가족법은 가족의 문제를 사회문제로 인식하고 가족 보호적 기능을 강화하는 한편, 아동복지법, 노인복지법 등 각종 가족관련법과 연계되는 가족법으로 변신하지 않으면 안 된다. 그리하여 가정 내에서 일어나는 문제들 중 가족법 내에서 해결할 수 없는 문제들은 관련 법과 행정기관 및 복지제도와 관련하여 사회적으로 해결될 수 있도록 준비하여야 할 것이다. 이것은 물론 가족법의 수용태세만으로 해결되는 것은 아니다. 국가와 사회와 가족법이 함께 변화되어야 할 것이다. 이하에서는 가족의 변화에서 특히 두드러진 현상들 중에서 이혼의 증가로 인한 자녀보호문제, 가정폭력에 대한 가족법의 대응 및 가부장적인 의식과 관련된 부정적인 현상 등을 중심으로 가족법의 과제와 전망을 검토하기로 한다.

19) 조은, "가족법에 대한 사회학적 비판," 법과 사회, 제8호(1993), 89-92면.

2. 離婚의 增加와 家族法의 課題

이혼율이 증가하면 자녀양육이 문제되고, 어머니가 자녀양육을 맡을 경우에는 자녀양육비와 빈곤이 문제된다. 현행가족법이 부모의 이혼시 자녀의 보호방안과 관련하여 갖는 문제점과 그 대책을 생각해 보면 다음과 같다. 첫째, 친권행사자 지정에 있어 자녀보호에 공백이 있을 수 있다는 점이다. 협의이혼시에는 호적법 개정시에 친권자지정란에 친권자를 기입하도록 하였으나, 재판상이혼의 경우에는 이혼 판결에 앞서 친권자결정을 강제하는 제도가 없어 친권행사자가 결정되지 못한 경우가 있을 수 있다. 다만 가사소송법 제25조는 이혼이 인용되는 경우에 가정법원은 子에 대한 친권행사자를 정하도록 부모에게 권고할 수 있다고 하고 있을 뿐이다. 학자들은 부모의 이혼시에 친권자가 결정된 바 없으면 부모의 공동친권으로 이해하고 있으나, 그것은 미국 여러 주가 채택하고 있는 공동양육과 같이 부모의 합의에 의한 양육을 전제로 한 개념이 아니라 미성년자의 법정대리인의 지위를 뜻하는 법률적 개념에 불과하다. 따라서 양육책임을 수반한 친권자는 없는 것과 같으며, 자녀보호에 공백이 있는 것이다. 입법론으로는 독일의 경우와 같이 부모가 이혼하려는 때에 가정법원이 친권에 관한 사항을 이혼사건과 동시에 병합하여 심리하도록 하고, 이혼청구가 인용되는 경우에는 당사자의 신청이 없더라도 직권에 의해 단일 판결로 재판하도록[20] 가사소송법에 규정함으로써 친권자의 공백이 생기지 않도록 배려하는 것이 바람직하다.

둘째, 자녀양육비에 관하여는 전적으로 이혼당사자에게 맡겨져 있으며 이행을 강제할 수 있는 제도가 약하다는 점을 들 수 있다. 양육비 부담의 문제는 부모의 이혼절차에서 동시에 판단하는 것이 바람직하나, 그렇지 못한 경우에는 친권자결정과 함께, 또는 부부간의 재산분할시에 해결하는 것이 바람직하다. 자녀의 양육비 문제가 이혼절차에서, 또는 친권자결정절차에서, 또는 재산분할절차에서 동시에 해결되지 않을 경우에는 자녀보호에 있어 경제적 문제가 발생할 수 있기 때문이다. 물론 이혼이 성립된 후 자녀양육비에 관한 소송을 별도로 제기할 수는 있으나 현실적으로 양육비만을 청구하는 것은 시간과 비용 등에 있어 번거롭기

20) ZPO 621 Abs 2 Nr.1; 최진섭, 이혼과 자녀(1993), 21면 참조.

때문에 포기하기 쉬우므로 자녀 보호의 공백상태가 연장될 가능성이 높다. 한편 양육비지급은 양육비지급의무자가 이를 이행하지 않는 경우가 많다는 현실적인 문제점도 있기 때문에 특히 어머니가 친권행사자로 지정된 경우에는 가능한 한 자녀양육비는 일시급으로 지급하는 것이 바람직하다. 따라서 재산분할절차에서 양육비를 가산하여 분할하는 방법을 고려할 만하다. 이러한 자녀보호를 둘러싼 여러 문제를 감안하여 서구제국은 하나의 이혼절차에서 친권자결정, 부부간 부양 및 자녀양육비, 부부재산의 청산 등을 일괄하여 처리하는 제도가 보편화되어 있고[21] 특히 부부의 재산분할시에는 자녀양육비 명목의 재산 또는 금전을 가산하여 일시급 또는 두세 번에 나누어 지급하도록 하는 것을 법원의 실무에서 많이 이용하고 있다.[22] 만일 일시급으로 지급할 능력이 없어 정기금으로 양육비를 지급하는 경우에 이를 이행하지 않는 부모가 있으면 양육자의 청구에 의해 정부가 직접 의무자에게서 징수하거나 정부가 아동에게 지급한 후 구상권을 행사하는 등의 조치가 마련되어 있다.[23]

현행 가족법 및 가사소송법상으로는 재산분할청구, 친권자결정 및 자녀양육비문제가 모두 가사비송사건에 속하며, 가사비송사건은 판사가 후견적 입장에서 결정할 수 있는 재량권이 있으므로, 예컨대 어머니가 친권행사자로서 자녀를 양육하기로 합의하였으며, 그 친권행사자인 처가 남편을 상대로 재산분할청구를 한 경우에는 비록 자녀양육비를 청구하지 않았다 하더라도 이혼한 여성의 생계능력 및 자녀보호를 감안하여 재산분할청구에 관한 결정에서 자녀양육비를 가산하여 주택 등의 재산을 양육자인 어머니에게 양도하도록 결정하는 것이 형평에 맞다고 생각한다. 법원 실무에서는 이혼시의 재산분할청구에 대하여는 기여도를 중시하여 분할하고 배우자에 대한 부양과 자녀양육비 등 부양에 관한 요소는 별로 고려하지 않는 경향에 있고, 오히려 위자료 산정에 있어 신축적으로 자녀양육비를 고려한다고 한다. 그러나 양육비의 문제는 위자료산정절차가 아니라 재산

21) 최진섭(주 20), 204면 참조.

22) 1984년의 Matrimonial and Family Proceedings Act의 기본목표가 자녀의 필요성을 충족하고 이혼한 처의 생계능력을 향상시키며, 가능하고 타당한 경우에는 Clean Break가 되도록 한다고 선언한 이래 영국 법원은 자녀양육자에게 재산분할에 가산하여 일정 재산을 양도하는 방법을 많이 이용한다. Moria Wright, Financial Provision: The Clean Break and Search for Consistency, Family Law(1991), Vol.21. pp.76-77.

23) Roger Bird, "Child Maintenance," The Support Act(1991), pp.61-81.

분할절차에서 고려하는 것이 타당하다. 재산분할에는 부부간 재산의 청산과 부양적 요소가 있어 자녀양육비 문제가 고려될 수 있으나, 위자료에는 자녀양육을 고통으로 생각하는 이외에는 자녀양육비 문제가 이론상 고려의 여지가 없기 때문이다.

한편 친권행사자 결정에 관한 청구가 있는 경우에 경제적 능력이 없는 배우자가 자녀의 양육에는 적합한 경우에는 子의 이익을 위해 그 배우자를 친권행사자로 정하되 상대방 배우자에게 자녀양육비를 지급하도록 하며, 가능하면 일시급으로 함으로써 후일의 불이행에 대비하는 것이 바람직하다고 본다. 실무상으로는 친권행사자결정시에 양육비청구가 없는데도 이를 동시에 판단하는 것은 어려움이 있다고 보고 있으나, 가사비송의 후견적 기능과 자녀양육비청구시의 번거로움 등을 감안할 때 재산분할과정에서 양육비지급을 가산하여 동시에 결정하는 것이 불가능한 일은 아니라고 생각된다.

양육비를 지급하지 않는 경우에 대해서는 가사소송법 제64조에 의한 이행명령, 제68조에 의한 감치를 명할 수 있도록 규정하고 있으나 실효성에 대하여는 의문이 있다. 이에 대하여는 영국이나 독일, 프랑스의 경우와 같이 국가가 간섭하여 부모로부터 직접 징수하거나 국가가 직접 지급하고 부모로부터 반환을 청구할 수 있는 제도를 갖추어 국가의 후견적 기능을 보장하며, 다음 단계로써 복지제도를 강화하여 사적 부양으로 충족될 수 없는 아동 및 한부모 가족에 대한 부조가 강화되어야 할 것이다.

셋째, 입법론으로서 이혼절차에서 자녀보호방안을 부모 스스로 마련할 수 있도록 이혼규정을 개정하여야 할 것이다. 참고로, 프랑스의 이혼법이나 영국의 이혼법 등은 일찌기 이혼율이 증가함에 따라 이혼절차를 쉽게 개정하고 이혼 후의 자녀보호를 병리적으로 치유하는 데 급급하여 오던 종래의 태도를 반성하고 자녀가 있는 부모의 이혼을 신중하게 다루려는 경향과 함께 자녀보호에 대한 부모와 국가의 책임을 강화하는 이혼법으로 개정하고 있음은 그 시사하는 바가 크다. 이에 따라 자녀가 있는 부모의 이혼의 경우에는 일정기간의 유예기간을 두고 그 사이에 자녀보호방안을 스스로 마련하도록 유도하고,[24] 재판상 이혼의 경우

24) 영국의 이혼법 초안이 그러하다. 자세한 것은 Family law, Divorce Reform－The Govern-

에는 자녀양육에 관련된 문제들을 일괄하여 처리하도록 법제를 보완하는 것이 바람직하다고 본다.

넷째, 이혼 후 재혼하는 가정이 늘면서 계친자관계에 관한 입법적 배려가 요구된다. 즉 계친과 계자 사이의 부양의무라든가 보호·교양의무로서의 친권을 부여하는 등 미성년자녀의 보호 차원에서 계친자관계를 조명할 필요가 있다.

3. 가정폭력과 家族法

가정폭력의 심각성이 보고되고 있음에도 불구하고 가정 내의 일은 간섭하지 않는 것이 미덕이라는 우리사회의 인식으로 인해 가정내 학대가 방치되고 있다. 가정폭력은 아내구타, 아동학대, 노부모학대 등으로 구분되는데 가족법은 아동학대의 경우에 한해서 친권상실을 선고[25]할 수 있을 뿐 가정 내 폭력에 대해 속수무책이다. 가정폭력에 대하여는 그 동안 아동학대예방협회와 여성관련 단체 등에 의해 폭력의 심각성이 보고되어 있다.[26] 그 원인으로는 경제적인 원인, 부부간의 불화, 남자들의 아내와 자녀를 경시하고 개인의 소유물로 생각하는 가부장적인 의식, 노부모 의존에 대한 부담이 죄책감으로 작용하는 등 주로 경제문제와 관련하여 문제되고 있음을 알 수 있다. 가해자에 대한 처벌보다는 가해자와 피해자를 분리하여 도움을 주거나 필요한 치료와 예방을 필요로 한다는 점에서 가족법, 경찰, 아동복지법, 노인복지법과 행정기관의 연계와 지원체제, 그리고 학대자를 고발하는 주민의식의 전환 등이 필요하다. 법과 사회 및 국가적인 차원

---

ment Paper, pp.4-7 참조. 프랑스의 경우에는 1976년 이혼법에서 상호합의에 의한 이혼시에 자녀보호방안을 협의하도록 하기 위해 부부에게 3개월의 고려기간을 준다.

25) 친권상실결정은 근본적인 해결이 아니다. 예컨대 아버지가 아동을 구타하는 경우 어머니가 친권자가 되므로 부모가 동거하는 경우에는 학대의 근절을 위한 근본적인 해결이 될 수 없다. 한편 한부모 가족에서 아동을 학대하는 경우에 친권자에게 친권상실선고가 내려지면 後見이 개시되지만 後見은 법이 정한 순서에 의해 정해지므로 子의 이익에 반하는 者가 後見人이 될 수 있는 가능성을 배제할 수 없다.

26) 예컨대 연진영, 아동학대의 실태 및 영향, 한국형사정책연구원; 김광일, 가정폭력, 탐구당; 아동학대: 한국의 현황과 치료·개입, 한국아동학대예방협회(1989); 한국아동학대 사례 연구집, 한국아동학대예방협회(1994) 등이 있다.

의 종합적인 대응책이 필요한 것이다. 영미법과 같이 공사법 구별 없이 관련 법을 통해 가정폭력 등의 문제를 신축성있게 다룰 수 있는 법제와 달리, 우리 법제는 민법전의 범위 내에서 가정폭력을 폭넓게 다루기에는 한계가 있는 것이 사실이다. 그러나 가정 내 폭력은 그 내용이 아내구타, 아동학대, 노인학대 등이며, 형사적 처벌의 단계 이전에 필요한 보호를 베풀어야 한다는 점, 경제적인 원인과 부부불화의 원인이 폭력의 주된 원인이 되고 있다는 의미에서 가족법과 가사소송법에서 1차적인 해결책을 찾을 수 있어야 한다고 본다.

가정폭력의 예방과 대책에 대하여는 성폭력특별법과 같이 특별법의 형태로 가정폭력특별법을 제정하자는 안과 가사소송법 등 기존의 법에 수용하자는 안이 있을 수 있다. 특별법의 제정은 여론을 환기시킴으로써 폭력을 예방하는 장점이 있는 반면에 여론의 공감대가 형성되어 있지 않아 그 제정이 복잡하다는 문제점이 있다. 또 다른 방안은 가사소송법에 가정폭력에 관한 규정을 삽입하여(예컨대 가사소송법 제62조: 사전처분) 피해자의 탄원이 있으면 법원이 가해자에 대한 보호명령을 내릴 수 있도록 하는 것이다. 보호명령은 처벌이 아니라 가해자를 격리하는 것이 목적이며, 보호명령에 위반하거나, 상습폭행, 심한 폭행의 증거가 있는 경우에는 경찰이 체포하도록 함으로써[27] 단계적인 해결이 가능하게 된다는 장점이 있다. 그러나 이 안도 가해자에 대한 보호가 인권침해의 소지가 있을 수 있고, 보호격리가 사실상 실효를 거두기 힘들며, 가정법원이 가해자와 피해자에 대한 적절한 치료와 상담 및 아동에 대한 보호 등을 병행할 때 실효가 있을 수 있으나 예산이 확보되어 있지 않는 한 기대하기 힘든 방법이다. 따라서 현 단계에서 가능한 방법으로서는 가족법에 별거제도를 신설하여 구타를 당하는 아내, 또는 예컨대 아버지에 의한 아동학대의 경우에는 어머니의 신청에 의해 가정법원이 당사자에 대한 조정을 거쳐 별거를 명령하고 별거기간 동안의 부양비를 가해자가 지급하도록 하는 방안을 생각해 볼 수 있다. 한편 부모의 아동학대나 편부모와 사는 아동에 대한 부 또는 모의 학대가 있는 경우에는 8촌 이내의 친족의 청구에 의해 가정법원이 일시적으로 친권정지를 결정함과 동시에 일정기간 동안 자녀 양육에 적합한 자에게 양육을 위탁하고 학대자가 양육비를 부담하도록 하

27) 변화순, "가정폭력의 예방과 대책," 여성연구 봄호(1994), 99면 참조.

는 방법을 생각할 수 있을 것이다. 물론 이것은 근본적인 해결책은 아니다. 가정폭력에 대응하는 법적(가정폭력방지법 등 특별법이나 가사소송법 개정 등)인 장치와 아울러, 예산이 뒷받침된 복지정책 등 다각적인 대책이 함께 강구되어야 할 것이며, 학대자를 고발하는 발견자의 의식전환도 필요하다. 그러한 제도가 마련되기를 기다리기에 폭력은 너무나 가까이 있고 이웃에 의해 방치되고 있으며, 법은 너무나 멀다. 그러므로 가족법과 가사소송법의 개정만으로, 예산의 뒷받침 없이도, 피해자를 보호할 수 있는 방안으로써는 별거제도가 현실적이라고 생각한다.

4. 老父母의 扶養

노부모에 대한 학대의 원인이 경제적인 의존도에 있음을 감안할 때 노부모의 부양은 복지차원에서 해결하는 것이 바람직하다. 가족법의 영역에서는 노부모부양이 규정되어 있으나 가족법에 의한 해결은 노부모와 자녀간의 정신적 유대를 해친다는 의미에서 바람직한 방법이 될 수 없다. 노인의 경제적 자립이 가능하도록 지원하는 복지정책의 수립과 실현만이 노인문제를 해결하는 유일하고도 바람직한 방법이 될 것이다.

5. 열린사회를 향한 家族의식의 變化와 家族法: 가부장적인 가족제도의 상징성・배타성

가족법은 가부장적인 제도를 여전히 보존하고 있으므로 국민들의 의식을 가부장적이 되도록 유도하고, 상징하는 기능을 수행하고 있다. 호주제도는 호주의 권리의 강약에 관계없이 권위주의적 지배이데올로기를 상징하며 남성은 혼인하면 누구나 한번은 호주가 된다는 의미에서 남성우월을 계도하는 반면에, 운명적으로 가족(일반적인 의미의 가족이 아니라 호주가 아닌 가족을 의미함)이 될 수밖에 없는 여성지위의 열등화를 상징하며, 아울러 어른 중심적 사고를 상징한다. 호주제도를 노인공경사상으로 오인하는 경우가 많지만 남아라면 갓난아기도 호주가 될 수 있으므로 노인공경이나 효도와는 무관함을 알 수 있다. 그런가 하면 동성동본불혼제도는 부계우월과 모계경시를 상징하며, 비과학적인 근거로 혼인의 자유를 제한하는 위헌성을 내포하고 있다. 이러한 가부장적인 제도를 강행법규가 갖는 강한 상징성으로 인해 가족의 의식을 가부장적이게 하여 열린 사회로 가는 길목을 막고 있으며, 가부장적인 가족의식은 또 다시 가부장적인 가족법을 지지하게 하는 원인으로 작용하는 악순환이 지속되는 것이다.

한편 호주제도나 동성동본불혼제 등 부계혈통중심제도는 필연적으로 핏줄만을 중시하는 배타적인 사고와 연결되어 있다. 따라서 아들을 낳아 핏줄을 잇고 호주승계를 통해 가문이 계승되게 한다는 낡은 생각은 태아 감별을 해서라도, 점을 쳐서라도 아들을 낳아야 한다고 집착하게 한다. 이러한 혈연중심적 사고는 핏줄이 섞이지 않은 고아의 입양을 가로막는 원인 중의 하나가 되어 아기수출국의 오명으로부터 벗어나지 못하게 하는 것이다. 특히 고아나 기아의 해외입양은 우리 국민 · 사회 · 국가와 법, 나아가 입양가정에 대한 세제 혜택 등을 통해 국내입양으로 유도함과 동시에 기아발생을 예방함으로써 문제해결의 실마리를 찾아야 할 것이다. 해외입양의 문제는 입양의 대상이 주로 미혼모가 낳은 혼외자라는 점, 양자와 양부의 성이 다르게 되어 있는 등 입양에 관한 가족법 규정이 낙후되어 있다는 점, 국내입양을 가로막는 원인이 가족법의 호주제 등 혈통중심제도나 국민의 혈연중심 의식과 관련이 있다는 점에서 가족법의 과제로 인식하여야 할 것이다.

이에 대하여는 자를 위한 양자제도로의 전환, 혈연중심적 제도의 폐지와 입양가정에 대한 세제혜택 및 입양 알선 기관에 대한 정부의 지원 등의 환경을 조성함으로써 국내입양이 증가할 수 있는 전기를 마련하여야 할 것이다.

Ⅳ. 맺는 말: 함께 사는 사회를 위한 家族法의 課題, 福祉社會로의 前進

이 연구에서는 가족의 변화에 따른 가족법의 과제를 살펴보았다. 가족의 변화가 개별가족 내에서 해결할 수 있는 한계를 넘어섰다는 징조는 여러 곳에서 발견된다. 이에 따라 가족법도 종래의 소극적이고 개별가족 내의 문제에 한정하는 가족법의 테두리를 벗어나 좀더 적극적인 자세로 가족보호기능을 수행하는 한편, 소외된 가족의 문제에 따뜻한 시각을 가지고 아동복지법, 노인복지법, 생활보호법과 모자보건법 등 가족관계법과의 연계를 통해 가족문제를 해결하여야 할 과제를 안고 있다.

지금까지의 가족법이 가부장적인 권위를 가지고 억압하는 관계, 권리중심의 관계였다면 앞으로의 가족법은 부부간의 동반자관계를 열린 시각으로 인정하고, 자녀의 인격과 권리를 존중하면서 그들이 성인이 될 때까지 보호하는 관계로 바뀌어야 할 것이다. 부모가 이혼하는 경우에도 자녀의 최대의 이익을 중심으로 양육자를 결정하고, 그 양육자가 경제적 능력이 부족한 경우에는 다른 한쪽 부모가 양육비를 부담하도록 하되, 그 이행을 강제할 수 있는 제도가 마련되어야 할 것이다. 이를 위해서는 부모의 이혼절차나 친권행사자 결정시, 또는 재산분할절차에서 양육비부담자를 결정함으로써 자녀보호의 공백을 방지할 수 있다고 본다. 한편 노부모부양에 대하여는 가족법을 통한 부양의 강제보다는 복지제도를 통해 노부모의 경제적 자립도를 높여 나가는 것이 시급하다는 결론에 이르렀다.

결국 미래의 가족법은 가족의 고유영역을 최대한도로 보장하는 가족정책의 바탕 위에서 사회보장 및 복지정책과 연계하는 방향으로 전개되어야 할 것이다.

_ 가족법연구 제8호(한국가족법학회, 1994) 게재

後記

1. 부모의 이혼으로 인해 자녀보호에 공백이 생길 가능성이 있다는 우려에 대하여(III의 1. 미래의 가족법)

2007년 개정민법(2008년 6월22일부터 시행)은 제836조의2(협의이혼절차)를 신설하는 한편 제837조를 개정하였다. 즉 민법 제836조의2, 제2항은 자녀가 있는 경우에는 3개월, 자녀가 없는 경우에는 1개월의 이혼숙려기간을 경과한 후에 이혼의사를 확인받을 수 있도록 하는 한편, 제4항에서는 "양육하여야 할 子가 있는 경우 당사자는 제837조에 따른 子의 양육과 제909조 제4항에 따른 子의 친권자결정에 관한 협의서 또는 제837조 및 제909조 제4항에 따른 가정법원의 심판정본을 제출하여야 한다"고 함으로써 숙려기간 동안에 자녀의 양육에 관한 사항과 친권자결정에 관한 협의나 심판정본을 제출하여야 비로소 이혼의사를 확인받도록 한 것이다.

재판상 이혼의 경우에는 제837조(이혼과 자의 양육책임)를 준용하는 한편, 제909조 제4항은 이혼 후 친권자를 결정함에 있어 가정법원의 직권개입을 규정하여 친권자 공백의 가능성을 없이 하였다.

2. 자녀양육비의 이행강제제도의 결여에 대한 우려와 더불어 이혼절차에서 자녀보호방안을 부모 스스로 마련하여야 한다는 제안에 대하여(III의 2. 이혼의 증가와 가족법의 과제)

2009년 개정민법은 제836조의2에 5항을 신설함으로써 그 우려를 불식하였다. 즉 2007년 개정가족법은 협의이혼(제837조)과 재판상 이혼(제843조)에서 미성년자녀의 양육비에 관한 당사자의 협의와 법원의 직권개입을 강화함으로써 자녀의 복리를 확보하기 위한 법적 절차와 방법을 마련하였으나, 재판상 이혼과 달리 협의이혼절차에서 당사자 사이의 협의로 양육비용 부담을 정한 경우에는 그 자체로는 집행력 등이 인정되지 않았으므로 당사자 사이의 자율적 이행을 촉구하는 이상의 의미가 없었다. 이에 2009년 개정가족법은 협의이혼절차에 관한 제836조의2에 제5항을 신설하여 가정법원으로 하여금 당사자가 협의한 양육비부담조서를 작성하도록 하고, 그 효력에 대하여는 가사소송법 제41조를 준용하도록 함으로써 양육비부담조서에 집행력이 부여되었으며, 가사소송법 제64조 제1항을 개정하여 양육비부담조서에도 이행명령 대상적격을 부여한 것이다.

그러나 이 논문에서 제안한(III의 2), 정부기관에 의한 양육비의 대지급 제도는 논의중이나 아직 제정되지는 않았다.

3. 가정폭력의 예방과 대책에 대한 제안에 대하여(III의 3. 가정폭력과 가족법)

「가정폭력범죄의 처벌 등에 관한 특례법」과 「가정폭력방지 및 피해자보호 등에 관한 법률」이 1997년에 제정되어 수 차례 개정을 한 바 있다.

호주제도가 권위주의적인 국민의식과 남녀차별법에 미친 영향

Ⅰ. 들어가는 말(호주제도의 법적인 의미)

민법상 호주제도는 다음과 같은 법적인 의미를 지닌다. 첫째로, 모든 국민은 반드시 어느 家에 소속되어야 함을 전제로 한다(이를 家制度라 한다)는 것이다. 법률상 家란 일본에서 이식되어 민법이 수용한 제도로서, 호주를 중심으로, 호주와 가족이라는 신분관계로 상호간에 법률상 연결된 관념적인 호적상의 가족단체이며, 호주는 家를 대표하고 통솔하는 관념과 지위를 상징한다. 호주의 지위는 장남으로 대표되는 아들에게 승계되기 때문에 아들로 하여 代를 이어야 한다는 인식 내지 의무감을 국민들에게 심어주면서 남성우월과 여성경시를 상징한다. 민법의 호주제도는 호적법으로 확정되는데 호적법은 호주를 기준으로 편성되며, 호주는 아들로 승계되기 때문에 철저히 부계혈통을 공증할 뿐 아니라 부계혈통의 연속성을 공시하는 기능을 겸한다.

'호적상의 가족단체'란 호적을 같이 하는 가족단체라는 뜻이니, 가족이나 건물로서의 집을 의미하는 것이 아님은 물론, 현실로 공동생활을 함께 하는가의 여부와도 관계없이, 호적을 같이하는 가족의 단체 또는 집단을 의미하는 것이다. 다시 말하면 호적에 함께 기재되어 있는 사람들을 가족이라 하고, 그 가족의 집단을 법률상 家라고 하는 것이니 현실의 가족생활과는 달리 '서류상으로만,' '머리 속으로만' 존재하는 개념인 것이다. 가제도를 추상적이고 형식적이며 관념적인 개념이라고 하는 이유는 바로 여기에 있다. 家에서 파생된 本家, 親家, 分家 등의 용어 역시 추상적이며 관념적인 한계를 벗어나기 힘들다.

호주제도의 두 번째 의미는, 그 家를 대표하는 사람으로 호주라는 존재를 필요로 한다는 것이다. 호주제도의 중심을 이루는 의미이기도 하다. 그러므로 호주는 家를 대표하고, 가족을 다스리며(가족에 대한 권리) 부양한다(부양의무). 그리고 호적법은 家의 근원이 되는 호적을 철저히 호주를 중심으로 편성함으로써 호주제도를 절차적으로 뒷받침하도록 편성되어 있다. '집의 주인' 또는 '왕'이라는 용어가 시사하는 바와 같이 호주는 철저히 그를 중심으로 편성된 호적상 가족단체인 家를 대표함과 동시에 가족을 다스리는 존재라는 의미를 갖고 있다. 반대로, 호주가 아닌 사람은 당연히 가족이 되며, 호주로 대표되는 家의 구성원으로서 호주의 다스림과 부양을 받는 수동적이며 의존적인 지위를 상징한다.

家制度가 관념적인 것과 마찬가지로, 호주의 대표성이나 권리의무 역시 가족의 현실과는 철저히 무관하다. 1990년 개정가족법에서 호주의 권리와 의무를 삭제한 이유 중의 하나이기도 하다. 따라서 현행법상 호주의 지위는 권리의무에 관한 한 공허한 존재가 되었다고 할 수도 있다. 그럼에도 불구하고 호주제도는 호주를 중심으로 호적을 편성하는 민법과 이를 뒷받침하는 호적법에 의해 여전히 그 위력을 발휘하고 있는 것이다.

세 번째 의미는 호주의 지위가 아들에게 승계된다는 점이다. 민법은 호주가 사망하면 호주의 지위에 걸맞는 능력을 가진 사람에게 승계되는 것이 아니라, 장남이면 갓난아기라도 능력있는 누나를 제치고, 혼외자라도 아들이기만 하면 혼인중의 子(적출자)인 딸을 제치고, 家를 대표하는 지위를 이어받는다고 규정하고 있으며, 이 규정은 당사자의 의사에 불구하고 강행적으로 적용되는 것이다. 그러므로 장남에 의해 호주의 지위가 승계되는 제도를 통해 국민들은 장남으로 하여금 대를 이어야 한다는 막연한 의무감과 함께, 호주의 지위를 잇는 아들은 우대하는 반면에 딸은 허무한 존재로 인식하게 되는 잠재의식을 갖게 되는 것이다. 아들이 딸보다 우월하다는 생각은 남자가 여자보다 우월하다는 의식으로 일반화하기 마련이다.

문제되는 것은 호주제도가 재판규범으로 기능하는 것도 아니고, 실체법적인 규정을 통해 남 · 녀를 차별하는 것도 아니기에, 그의 역기능이 잠재된다는 것이다. 반면에 남자어른의 거의 대부분은 호주라는 현실은 호주제도를 노인공경사상이나 효도 및 가족공동체를 결집되게 하는 미덕으로 포장되게 하여, 문제를 '보이지 않게' 만드는 원인이 된다. 이로 인해, 허울뿐인 호주제도가 한국인의 구체적인 생활에서 누구에게 어떠한 차별이 되며, 어떠한 역기능을 갖는가라는 의문을 갖게 된다.

이 글은 가족법을 가부장적이게 하는 호주제도의 의미를 음미하고 호주제도가 한국인의 권위주의의식과 남녀차별법에 미친 영향을 찾아봄으로써 호주제도의 문제를 '보이게' 하는 데에 그 목적이 있다.

II. 家父長制 家族制度와 戶主制度의 역사적 기초

우리나라에 가부장적 가족제도[1]가 이식된 것은 조선조 초기에 중국에서 宗法制度가 도입된 것이 그 계기라고 하는 데 이견이 없다. 宗法이란 중국 봉건귀족의 친족조직으로 씨족제도의 일종이며, 父系的, 父權的, 父治的임을 그 특징으로 한다. 부계적이란, 혈통에 의하여 친족을 계산하는 데 부계만을 계산한다는 것이고, 부권적이란 부의 신분과 권리가 子에 전하여지는 것이며, 부치적이란 일족의 권력이 부에게 있고 자녀가 부의 지배를 받는 것을 의미한다. 그 외에도 族外婚制와 長子相續制度를 포함하기도 한다. 중국의 귀족조직법인 종법은 경제적 조직의 변동에 따라 봉건제도가 분해되면서 가부장제 대가족제도로 전환되어 갔다고 한다.[2]

조선사회는 宗法制에 따른 대가족제도의 영향으로 혈연적 단결의 유대가 강인했으나 조선조 말기에 행정권이 확대됨으로써 문장, 족장의 권한과 가장의 권한이 축소되는 경향과 함께 가족원의 개인권이 증대되어 갔으며, 한일합방을 전후하여 도입된 자본주의의 영향으로 인해 대가족제도는 소가족형태로 전환되어 간 것으로 추측된다.

---

1) 가족제도의 의의에 대해 김두헌 박사는 "가족제도라 함은 광의로 해석된 혈연집단으로서의 가족일반에 관하여 그 구성과 권능을 규율하는 제도이다. 다시 말하면 일정한 행위적 연관을 가지고 결합된 혈연집단의 생존활동을 규율하는 제도이다. 그러므로 근대적 개별가족에 관한 현행법제를 가족제도라 한다든지 또 가장권가족형태를 사회사적 내지 윤리사상사적 의의로 보아 가족제도라 한다든지 하는 것은 어느 것이나 가족의 개념을 특히 한정하여 말하는 경우일 것이요, 필경 광의의 가족제도의 개념 중에 포함될 것이다. … 다시 말하면, 가족제도는 가족생활을 규제하는 법률적 제도요, 또한 관습제도라 하겠다"고 하고 있다. 이에 의하면 가부장적 가족제도는 한 마디로 가장권가족형태라고 요약할 수 있다고 한다. 김두헌, 한국가족제도연구, 서울대 출판부(1969), 3-5면.

2) 김주수, 친족상속법, 제3전정판, 법문사(1988), 33면 참조.

이러한 사회적, 정신적 바탕 위에 법적 제도인 호주제도가 우리 민법에 이식된 것이다. 호주제도의 도입은 다음 두 가지 과정으로 요약할 수 있겠다. 그것은 한일합방 후 조선총독이 조선민사령을 시행하여 일본 민법전 중 재산법을 依用하였으나 친족법은 조선의 관습법을 적용하도록 한 단계와 조선민사령의 개정을 통해 호주제도를 슬그머니 우리 법체계에 이식한 두 번째 단계가 그것이다.

日帝가 그들의 호주제도를 조선에 이식하고자 한 것은 내선동화의 목적을 달성하고 조선의 호주와 가족을 일본천황의 下部構造化하기 위함이었다. 일제는 봉건적인 가부장제로서의 호주제도를 통해 효를 실천하고 나아가 호주를 중심으로 한 가의 천황에 대한 충성을 통해 가부장제 국가관을 강요하기 위해 민법에 호주제도와 家督相續制度를 신설하는 한편, 그들의 호주제도와 가제도를 조선에 이식함으로써 조선인의 충성까지 강제하려 했던 것이다.

이를 위해 일제는 우선 절차법인 조선의 호적제도에 그들의 가제도와 호주제도를 이식하였으며, 다음 단계로 관습법을 통한 호주제도의 이식을 시도하였다. 즉 일제는 관습법 형태로 존재하던 친족상속법 분야에 관한 관습을 조사한 후 이를 公刊하여 주요한 법원으로 삼기 위해 관습조사보고서를 작성하였는데, 이 때 호주와 가족관계에 관하여는 일본 명치민법상의 호주권의 관점에서 문항을 작성하여 조사함으로써 마치 조선에 일본식의 강력한 호주권이 존재하는 것으로 조작한 보고서를 작성한 것이다.[3)]

물론 가부장적 가장권으로서의 호주제가 조선의 호적과 관습법에 이식되어 뿌리를 내릴 수 있었던 것은 가장을 중심으로 가족 전원의 결속과 통제가 요청되는 농업경제사회의 경제적 기반 위에 유교의 도입으로 종법제가 확립된 조선사회에 가부장적인 토양이 있었기 때문이다. 그러나 조선시대의 가장은 현행 호주와는 상당히 다른 개념으로서, 가족을 대외적으로 대표하는 '집안어른'에 유사한 존재였다. 그런데 관습조사보고서에 의해 조선사회의 가장이 일본민법상의 호주권에 일치하는 법개념(관습법)으로 둔갑함으로써, 조선의 관습법에도 '강력한 호주권이 존재한다'는 명분을 만들어 낸 것이다.[4)]

---

3) 박병호, "일제하의 가족정책과 관습법형성과정," 가족법논집(1996), 97면.

4) 박병호, 위의 논문(주3), 97면. 이에 대하여는 총독부로부터 조선시대의 재산상속에 관한 연구를 위촉받았던 喜頭兵一 判事도 관습법가운데 일본민법 규정과의 '조화를 위하여' 왜곡한 부분이 있었음을 스스로 인정한 바 있으며, 野村調太郎 조선고등법원 판사도 일본의 가

그 후 일제는 1939년에 조선민사령의 개정을 통해, 조선인의 성씨를 일본식으로 개명할 권리와 의무를 호주에게 부여함으로써 실체법에도 호주가 등장하게 되었다.[5)]

이로써 절차법과 조작된 관습법을 통해 도입되고 이식된 일본의 호주제도는 신민법 제정 시에 그대로 수용되었으며, 가제도와 호주제도를 보완하고 뒷받침하는 호적법과 미묘하게 연결되어 있다. 다만 신민법은 조작된 관습법상의 강력한 호주의 권리를 완화하여 규정하였으며, 1989년 개정 민법에서는 호주의 권리의 대부분과 가족에 대한 부양의무를 삭제하는 한편, 父系的 친족의 범위를 부모 평등하게 개정한 바 있다. 이에 따라 호주제도는 적어도 형식적으로는 공허한 제도가 되었다고 할 수 있다.

관념이 한국의 것과 상이함을 지적하고 있다. 즉, "조선에서 종손의 가는 특히 이를 종가라고 부른다. 이에 대하여 支孫의 家는 支家라고 불러야 하지만 이렇게 부를 필요는 없었던 것 같다. 조선에는 원래 과세의 표준인 호구의 관념은 있었으나 우리(日本을 의미)의 이른바 가의 관념은 없고 따라서 호주 또는 호주권의 관념도 없었던 것 같다. 이는 즉 조선에서는 우리나라(日本)의 가독상속의 관념이 존재하지 않는 까닭이다. 차남 이하는 통상 혼인과 동시에 別居異財함을 常例로 하나 獨子도 역시 이 방법을 취할 수 있었으므로 우리나라(日本)의 分家 관념에는 해당하지 않는다. 일족이 일가였던 것이다. 고로 지금도 흔히 일족을 일가라고 불러 혈족을 지칭하여 일가의 者라고 한다. 근래에 이르러 민법(일본)에서와 동일한 가 및 호주의 관념이 확립되어 호주상속을 인정하여 본가·분가라는 용어까지도 사용하게 된 것"이라 하여 일본과 한국의 가제도가 서로 다르며 호주제도가 일본의 강요에 의한 것임을 밝히고 있다.

최병규 판사 역시 "조선에는 가장이 있긴 하지만 그 지위는 家督相續에 의하여 취득되는 것이 아니라 最高尊親이기 때문에 취득하는 것이며, 혈연상 부친·夫 또는 인척관계상 尊親 등의 지위에 있음으로써 취득하게 되는 것이다. 즉 조선인의 친족적 공동생활의 통솔 중심력은 호주에게 있는 것이 아니라 尊親 또는 夫에게 있는 것이다. 조선인은 민법상 家의 관념에 아직 익숙해지지 않았으며, 호주권의 존재에 대하여도 확신하지 못하고 아직 백지일 것"이라고 지적하였던 것이다.

이상욱, "일제와 전통가족법의 왜곡," 한국법사학논총(1991), 383면.

5) 호주제도의 성립배경에 대하여 자세한 것은 이화숙, "한국민법상 호주제도의 성립배경과 한국사회에 미친 영향," 아세아문화연구 제2집, 경원대학교 아세아문화연구소(1997), 24-30면 참조.

Ⅲ. 戶主制度와 戶籍制度

1991년부터 시행되고 있는 개정민법은 호주의 권리의 대부분과 가족에 대한 부양의무를 삭제하였으며, 서양자, 사후양자, 유언양자 등 호주제를 유지하기 위한 양자제도를 폐지하였으며, 태아의 호주상속과 강제분가제도를 삭제하고, 호주상속제도를 승계제도로 변경하였으며, 호주승계포기제도(민법 제991조)를 신설하여 장남자도 호주승계를 포기할 수 있도록 하는 등의 개혁을 한 바 있다.

개정민법은 호주의 권리의무를 삭제하면서도 家籍편성에 관한 원리는 남겨두고 있고, 호적법은 가적을 호적편제의 기준으로 삼고 있기 때문에 호주제도는 여전히 큰 의미를 지니고 있다. 즉 민법은 호주로 될 사람(민법 제778조)[6]과 그 가족으로 될 사람(민법 779조)[7]을 규정하여 관념적인 가족단체인 가를 구성하고 호주를 가의 중심적 지위에 두는 호주제도를 그대로 보존하면서 부부, 친생자, 양자의 가적(개인이 호주 또는 가족으로서 어느 家에 소속되는 관계)을 법정하고 개인의 신분변동에 따라 그 가적도 변경 또는 복귀되도록 규정함으로써 모든 국민은 반드시 어느 하나의 가에 소속하도록 규정하는 한편, 호적법은 식민지 시대의 호적법을 그대로 계승하고(기술적인 면에서 몇 가지를 보완) 호주를 기준으로, 호주를 중심으로, 가별로 호적을 편제하는 일본식 호적제도의 기본틀을 여전히 유지함으로써(호적법 제8조) 결과적으로 가부장적인 가의 계보를 나타내는 문서의 역할을 충실히 감당하고 있다.

우리나라 호적의 역사는 신라시대, 고려시대와 조선시대에 실시되었던 호적편성에서 그 유래를 찾을 수 있다. 그러나 그 당시의 호적은 현재의 호적제도처럼 신분을 기록하고 공증하는 제도라기보다는 단순히 戶와 口를 조사하여 국가가 국민에게 요역을 부과하기 위해 기초자료로 사용하기 위한 戶口調査式이었다.[8] 기능면에서 본다면 호적은 현재의 주민등록에, 호주는 세대주에 가까운 개

6) 제778조(호주의 정의)는 "一家의 계통을 계승한 자, 分家한 자 또는 기타 사유로 인하여 一家를 창립하거나 부흥한 자는 戶主가 된다"고 규정하고 있다.

7) 제779조는 "호주의 배우자, 혈족과 그 배우자 기타 본법의 규정에 의하여 그 家에 入籍한 자는 가족이 된다"고 규정하고 있다.

8) 전통적인 호적제도의 연혁에 대하여는 최홍기, 한국호적제도사 연구, 서울대학교 출판부

념이었다.[9)]

이러한 조선의 전통적인 호적제도는 일본의 내정간섭 이후에 발표된 민적법과 한일합방 이후에 제정된 조선 호적령으로 인해 현실의 가족과 유리된 형식적이며 법률상의 개념으로 변질되기 시작하였다. 그러나 무엇보다도 중요한 본질적인 변화는 일제가 민적법과 조선호적령을 통해 그들의 호적제도(가제도)를 조선사회에 이식하면서 일체의 신분행위에 관한 신고를 호주의 관여하에, 호주의 명의로 행하도록 하는 한편, 호주를 기준으로 家別로 호적을 편제하게 함으로써 호주가 家의 주재자로 등장하게 되었다는 점이다. 이에 따라 조선의 호적은 호주를 기준으로 편성하는 것으로 변질됨과 동시에 호적이 가계의 혈통연결과 상황을 표시하여 각 개인의 신분변동사항과 친족관계를 기록하고 공증하는 제도로까지 바뀌게 되었다.

원래 호적은 단순히 국가가 국민을 파악하고 국민의 신분의 취득과 변동사실을 증명해주는 공적 문서임에도 불구하고, 호적법은 호주를 기준으로 부계혈통중심으로 편성되어 있으므로 일반인들은 호적을 호적 본래의 기능을 넘어 족보에 가까운 것으로 인식하게 되었다. 이 같은 인식은 호주제도와 호적제도, 그리고 족보를 같은 것으로 혼동하게 하고, 그 결과 호주제도의 폐지는 곧 호적제도의 폐지로, 나아가 족보의 폐지로 오해하게 되는 원인이 되기도 한다. 호적이 가단위로 편성되고, 호적상 家의 구성원을 가족으로 보는 결과, 호적상 가족과 사실상의 가족 개념이 일치하지 않는 일이 빈번하게 되며, 호적상 가족으로 기록되지 않는 이혼가족, 사실혼 가족, 혼외자 등을 차별하는 원인이 된다.[10)]

(1975), 5면; 최재석, 한국가족제도사연구(1983), 16면 이하; 이희봉, 한국가족법상의 제문제(1976), 147면 이하: 김두헌(주 1), 349면; 정광현, 한국친족상속법(상), 43면 이하 참조.

9) 전봉덕, "호주제의 역사와 전망," 대한변호사협회지, 27면.

10) 호주제도와 호적제도의 밀접한 관계에 관하여 자세한 것은 이화숙(주 5), 13-18면; 이경희, "호주제도를 폐지할 경우 호적제도의 정비방안," 가족법연구 제17권 2호, 한국가족법학회(2003), 67면 이하 참조.

Ⅳ. 戶主制度가 권위주의 의식에 미친 영향

1. 강행규정과 임의규정

가족법은 관점에 따라 이를 강행규정과 임의규정으로 분류할 수 있다. 강행규정은 당사자의 의사에 관계없이 강행적으로 적용되는 규정이며, 임의규정은 당사자의 의사가 우선적으로 존중되는 규정이다. 혼인 전의 남녀가 부부재산계약을 체결하는 것이나 상속인들이 상속재산을 협의하여 분할하도록 허용한 것, 협의이혼을 인정하는 규정들이 임의규정에 해당한다. 그러나 가족법의 많은 규정들은 강행규정이다. 이들 강행규정들은 당사자의 의사에 관계없이 강행적으로 적용되기 때문에 행위규범으로서 기능하며 국민의 잠재의식을 형성하므로 가족법의 사회적 기능을 고려하여 볼 때 그가 지니는 상징성은 매우 강하다. 따라서 가족법 중 강행규정의 대부분은 상징성이 매우 강한 행위규범인 것이다.

또 하나의 기능적 분류는 상징적 기능과 분쟁해결적 기능이다. 상징적 기능이란 가족간의 분쟁에 있어 재판의 기준이 되거나 국민의 실생활에서 실제적이며 구체적인 법적 효과로 인식하게 되기보다는 제도가 지니는 강행법규성 또는 행위규범성이 지니는 상징적 의미가 보다 강한 기능을 의미한다. 호주제도, 동성동본불혼제도, 친족관계에 관한 규정들, 혼인의 신분적 효과에 관한 규정들, 호주승계순위 등의 강행규정들이 이에 해당한다. 이들 제도는 한 사람의 출생(호주나 가족의 신분, 친족관계 규정, 개정전의 계모자관계나 적모서자관계 등)에서부터 혼인(동성동본불혼제, 혼인시 처의 부가 입적), 이혼(개정전 법에 있어 친권자결정에 관한 규정들) 및 사망(호주승계순위)에 이르기까지의 일생동안 당사자의 의사여하에 불구하고 당연히 강행적으로 적용되기 때문에 국민 생활의 일부분(개인의 습관이 사회의 관행으로 확대된다)이 되어, 잠재적 의식을 형성하게 된다.

이에 반하여 분쟁해결적 기능이란 가족간에 분쟁이 일어났을 때 당사자간의 협의가 우선 존중되고 협의가 되지 않을 때 법원에 의해 심판의 기준이 되는 기능, 즉 재판규범성을 의미한다. "미네르바의 부엉이는 밤이 되어야 나래를 편다"는 법언은 법의 분쟁해결적 기능을 잘 나타내주는 말이라 하겠다. 부엉이는 법을 의미하고 밤은 분쟁을 상징하며 나래는 기능을 뜻하기 때문이다. 이혼에 관한 규정들, 위자료청구, 재산분할청구, 상속에 관한 제 규정들이 분쟁해결적 기능에 해당한다. 물론 상징적 기능에 있어서도 예컨대 동성동본불혼제를 위반하여 혼인신고가 수리된 경우에는 혼인취소를, 근친간에 혼인신고가 수리된 경우에는 혼인무효를 청구할 수 있으나 이는 강행법규 위반에 대한 법적 효과를 바탕으로 한 것이며, 본래의 의미의 재판규범성과는 본질을 달리한다.

분쟁해결적 기능의 명제를 형평성의 보장이라고 한다면, 상징적 기능에 있어서는 이들 규정이나 제도들이 국민의 생활의 일부분으로 편입되어 행위규범으로서 기능하고, 나아가 잠재의식화한다는 점을 고려할 때 인간의 존엄성과 자유・평등을 상징하여야 한다.

물론 정의라든가 평등이라는 개념을 어떻게 이해하는가는 법철학에서도 미해결인 어려운 문제이다. 정의의 내용은 오래 전부터 평등으로 일컬어져 왔으며 평등은 '같은 것은 같게', 그러나 '다른 것은 다르게'로 압축된다. 그러므로 '다른 것도 같게' 취급하는 절대적 평등도 문제지만, '같은 것을 다르게' 취급하는 것은 차별의 소지가 있다. 우리 사회에 있어 남녀는 같은 개념이 아니라 다른 개념이므로 다르게 구별하는 것은 차별이 아니라는 주장도 있으나,[11] 일상생활에서 남녀의 역할이 다르다는 것과 법이 부부나 아들과 딸을 각각 다른 개념으로 보아 다르게 취급하는 것은 구별하지 않으면 안 된다. 법 앞에서 남녀는 같은 개념이며 동등한 인격체로서 동등하게 취급되어야 한다.[12]

2. 상징적 기능의 대표적인 제도: 호주제도와 동성동본불혼제 및 친족관계 규정들

호주제를 비롯한 가부장적 가족제도가 지니는 상징성은 바로 가족법의 계도적인 역할과 같은 것으로 이해할 수 있다. 즉 家父를 정점으로 하는 권위주의적 사고를 상징하며, 호주로 대표되는 어른에 대한 공경을 啓導하는 긍정적인 측면이 있는 반면에 운명적으로 가족이 될 수밖에 없는 여성지위의 열등화를 상징한다. 여성의 경우 혼인 전에는 아버지인 호주에게, 혼인 후에는 남편인 호주에게,

11) 허영, "헌법과 가족법," 법률연구 제3집(1983), 432-436면.

12) 자세히는 이화숙, "한국 가족의 변화와 가족법," 가족법학논총, 박병호교수 환갑기념(Ⅰ)(1991), 10-11면 참조.

남편이 사망하면 아들인 호주에게 예속되는 존재를 상징할 뿐 아니라 부계중심적 사고로 대표되는 남성중심, 남성우월을 상징하기 때문이다.

가족법은 가족관계를 규율하는 법이라는 특성으로 인해 가족의 일원인 국민 개개인의 利害에 깊이 관계되는 법이므로 국민들은 그가 처한 가정 내의 위치에 따라 가족법 개정의 향방에 깊은 관심을 갖기 마련이다. 그 동안 학자들에 의해 가족법의 문제점이 지적되어 왔지만 지난 38년간 가부장적인 제도들에 대한 개혁이 성공하지 못한 것은 국회의원들의 보수성과 그들의 정치적 기반인 유권자의 보수성이 의원들에게 감지되었기 때문이다.

따라서 가족법이 지니는 상징성은 대단히 크다. 가부장적인 가족법은 권위주의적이며 비민주적인 메시지를 국민들에게 전달하는 역할을 수행해 왔으며 오늘도 그러하다고 할 수 있다. 가족법 개정에 앞서 국민의식조사가 선행되어야 한다는 주장이 있으나 가족법이 가부장적인 사고를 강하게 유도해 왔다는 점을 상기할 때 그러한 조사가 나타내는 통계수치를 바탕으로 가부장적 제도의 개혁을 결정하는 것은 그 타당성에 의문을 제기하고 싶다.

가부장적인 제도가 전달하는 상징성은 가정에서는 남아선호와 여아경시, 夫家優待와 妻家輕視, 父系優待와 母家輕視의 원인이 되기도 하고, 신랑의 부모의 신부의 부모에 대한 우월감, 아들을 담보로 며느리에게 과도한 혼수를 요구하는 풍조 등의 원인이 된다. 사회에서는 취업과 승진과 임금에 있어서의 남녀차별을 상징하고 관행화되기도 한다. 이러한 남존여비적 사고나 행태는 묘하게도 여성상위시대라는 유행어와 언제나 나란히 등장하고, 그 예로서 구박하는 며느리와 구박받는 시어머니 상을 일반화하기도 한다. 그러나 가정 내에서의 여성상위는 바로 가부장적 사회의 산물이라고 보여진다. 가부장적 가족과 가부장적 사고가 여성의 취업과 승진이라는 생산주체로서의 역할을 가로막은 결과, 가정과 사회에서 소비주체가 될 수밖에 없는 여성의 존재가 여성상위라는 착각을 가능하게 한 원인의 하나이기 때문이다. 가부장적인 가치관과 평등의 가치관이 갈등하며 공존하는 이중성을 모순으로 의식하지 못하는 현실을 보여 주는 좋은 예라 할 것이다.

가족법의 상징성과 국민의 전통적인 의식과의 역학관계에서 가족법이 어떠한 역할을 수행하여야 하는 것은 자명하다. 특정계층에 대한 억압이나 차별(또는 구별)을 상징하는 가부장적인 제도는 헌법이 보장하는 인간의 기본적인 자유와

존엄, 그리고 평등을 보장하며 상징하는 법으로 탈바꿈하지 않으면 안 된다.[13)]

3. 가부장제도 폐지와 미풍양속

동성동본불혼제가 폐지되면 성윤리질서가 무너진다거나 호주제가 폐지되면 어른을 존경하는 미풍양속이 무너진다는 우려가 있다. 이러한 우려는 가족법의 기능을 오해하거나 과대평가하는 반면에, 전통이나 사회의 관습을 과소평가한 결과이다. 동성동본불혼제는 아버지의 성씨를 기준으로 혼인을 금하는 점에서 남존여비, 부계우월과 모계경시라는 강한 메시지를 전달하며, 호주제 역시 장남에 의해 대를 이어간다는 점에서 남존여비를 상징한다. 그러나 동성동본불혼제나 호주제로 인해 성윤리나 어른 공경의 관습이 가능했던 것은 아니다. 이는 법의 힘이 아니라 예로부터 교육이나 사회 관습에 의해 유지되어 온 것이다. 그러므로 가족법에서 폐지되었다고 하여 성윤리가 무너지거나 어른을 존경하지 않게 되는 것은 아니다. 법은 개인의 혼인의 자유를 보장하여야 하며, 유전학적·윤리적인 면에서 막아야 할 최소한의 필요성에 의해서만 그 자유를 제한할 수 있을 뿐이다. 그것은 近親婚禁止로 충분하다. 호주제를 경로사상과 직결하여 생각하는 것 역시 논리의 비약이다. 모든 호주가 어른이 아니기 때문이다. 이는 어머니나 똑똑한 누나를 제치고 아들이라는 이유로 호주가 된 갓난아기나 어린 호주를 생각해 보면 너무나 자명하다.

가족법은 그 고유의 기능과 역할을 수행할 수 있어야 한다. 가족법은 법규범일 뿐이다. 가족법의 기능을 과대평가하여 윤리나 도덕이나 예의범절의 기능까지 수행하라고 요구하거나 가족간의 윤리나 도덕질서를 특정계층(여성)에 대한 억압을 통해 이루고자 하는 시도는 중지되어야 한다.

현행 가족법은 가부장적인 토대 위에 남녀평등이라는 규정들이 접목된 나무에 비유된다. 든든한 가부장적 뿌리는 땅속 깊이 감추고 평등한 가치관만이 돋보이는 나무이기도 하다. 가부장적 사고와 평등한 가치관이라는 모순을 갈등 없이 지니면서 언제든지, 어느 쪽으로든지 변화될 가능성을 지닌 국민들[14)]에게 잘 어

13) 가족법의 상징적 기능에 대하여 자세한 것은 이화숙(주 12), 10-12면 참조.

14) 한 조사에 의하면 한국인들은 직계혈족 간에는 여전히 가부장적인 행동을 보이는 반면에 핵가족의 부부간에는 평등한 가치관 내지는 여성상위의 현상을 보인다고 한다. 최재석, "조

울리는 가족법이라고 할 수 있을지 모르겠다.

V. 호주제도, 무엇이 문제인가?－그 위헌성과 차별성

호주제도의 문제점을 구체적으로 정리하면 다음과 같다. 첫째, 호주제는 헌법이 보장하는 평등원리에 반하므로, 위헌의 소지가 있다. 호주제도는 한 가족집단에 호주가 있어 그 가족에 일정한 권리와 의무로서 가족구성원을 지배하며 통솔한다는 종적인 사고를 내포하고 상징한다는 점에서 개인의 존엄과 양성의 평등을 가족법 질서의 가치지표로 명시하고 있는 헌법의 평등원리에 위배되기 때문이다. 또한 호주라는 신분의 승계제도의 채택은 법 이론적으로 사회생활의 모든 영역에서 어떠한 신분적 특수계급제도도 있을 수 없다는 헌법 제11조 2항에 반하는 것이다.

헌법은 '개인의 존엄'과 '양성의 평등'을 가족법 질서의 가치지표로 명시하고 있다. 즉 현행헌법은 "혼인과 가족생활은 개인의 존엄과 양성의 평등을 기초로 성립되고 유지되어야 한다"(헌법 제36조 1항)는 명백한 가치결정을 내림으로써 인간생활의 가장 기본적이고 사적인 분야에 속하는 혼인과 가족생활의 영역에까지 우리 헌법질서의 가치적인 핵이요, 기본권 질서의 이념적, 정신적 기초라고 볼 수 있는 개인의 존엄과 평등의 원리를 실현시키려는 강한 집념을 보이고 있다.[15]

호주제가 전통과 관습이라는 이유로 보존되어야 할 가치가 있으며 헌법적 판단의 대상이 아니라는 주장이 있으나, 전통이나 관습이라고 해서 합헌성을 징표하는 것은 아니다. 전통과 윤리 등은 그 자체로 독립된 가치가 있을 뿐 이러한 사실관계가 헌법적 정당성을 징표하는 것은 아닌 것이다. 일반국민의 의사를 반영하는 것 역시 중요한 입법적 과제이지만 입법자에게는 헌법적 권리를 존중하여야 하는 독자적인 과제가 부여되어 있다는 사실이 강조되어야 한다. 그러므로 결국 입법자는 관습과 여론을 초월하여 헌법적 요청에 충실하여야 할 과제가 있

선시대의 신분계급과 가족형태," 고대인문논집 21집(1976), 5면; 이광자, "우리나라 친족관계의 지속과 변화에 관한 연구," 연세대학교 사회학과 박사학위논문(1988), 44-45면 참조.

15) 허영(주 11), 424면.

다고 보아야 한다.[16)]

호주제나 동성동본불혼제 등의 가부장적 제도가 전통적인 미풍양속 및 전통문화를 보존하기 위하여 필요하다는 주장이 있으나,[17)] 미풍양속의 보호라는 점이 헌법적 정당성을 가지려면 개인의 존엄이나 남녀차별 등을 정당화하기 위해 필요한 질서유지 및 공공복리에 포섭될 수 있어야 할 것이며, 구체적인 법익에 포섭되지 않는 추상적인 형태의 미풍양속은 그 수호의 주체가 사회 자체이지 국가가 될 수는 없으므로 헌법적 비난의 여지가 있다고 보인다.[18)]

두 번째, 호주제도는 아들중심의 승계순위를 통해 남성우월과 여성경시를 상징한다는 점에서 여성에 대한 차별이다. 호주가 사망하면 그 지위는 직계비속남자, 가족인 직계비속여자, 처, 가족인 직계존속여자, 가족인 직계비속의 처로 그 순위를 정하고 있어 장남우월과 남아선호와 여성경시를 법적으로 인정하고 있는 셈이다. 따라서 어린 남동생이 호주가 되는가 하면, 혼외자인 아들보다 혼인중의 자인 딸을 후순위에 둠으로써 가족의 질서와 혼인의 순결에도 반하는 제도인 것이다. 결국 외도를 해서라도 아들을 낳아 대를 이어야 한다는 메시지와 함께 여성을 아들 낳는 도구로 인식하게 하는 원인이 된다.

무엇이 차별인지에 관하여는, 1979년에 채택되어 1994년 현재 135개국에 의해 비준된 「UN여성차별철폐협약」이 참고가 될 것이다. 협약은 여성에 대한 차별에 대하여 다음과 같이 정의하고 있다. 즉, "여성에 대한 차별이라 함은 정치적, 경제적, 사회적, 문화적, 시민적 또는 기타 모든 분야에 있어서 혼인여부와 관계없이 남녀동등의 기초 위에서 인권과 기본적 자유를 인식, 향유, 또는 행사하는 것을 저해하거나 무효화하는 효과 또는 목적을 가지는 성에 근거한 모든 구별(distinction), 배제(exclusion) 또는 제한(restriction)을 의미한다"(제1조)라고 정의하면서, 여성에 대한 차별을 금지해야 할 이유로서는 (1) 여성차별이 권리평등 및 인간의 존엄성의 존중원칙에 위배되며, (2) 여성이 남성과 동등한 조건하에

---

16) 전광석, "동성동본 금혼제도의 헌법문제," 법학논총 제5호, 경원대학교 법학연구부(1998), 220-221면; 전광석, "민주주의의 실현구조와 국민투표," 고시연구(1989. 5), 59면 이하.

17) 기세훈, "호주제도에 관한 고찰," 가족법의 제문제, 법무자료 제55집, 법무부(1984), 87-97면; 허영(주11), 432-436면 등.

18) 전광석, "형법 제241조의 위헌여부에 관한 헌법소원에 관하여," 헌법재판 자료 제3집(1990), 422면 이하.

국가의 정치적, 사회적, 경제적 및 문화적 생활에 참여하는 데 장애가 되며, (3) 사회와 가족의 번영의 증진을 어렵게 하며, (4) 국가와 인류에 대한 공헌에 있어 여성의 잠재력의 완전한 개발을 어렵게 한다는 등을 제시하고 있다. 이에 따라 협약 당사국에게 몇 가지 의무, 예컨대 "일방의 성이 열등 또는 우수하다는 관념 또는 남성과 여성의 역할에 관한 고정관념에 근거한 편견, 관습 기타 모든 관행을 제거하기 위해 남성과 여성의 사회적 · 문화적 행동양식을 수정할 수 있는 조치를 취할 것"[제5조 (가)호] 등을 부여하고[19] 있음에 주목하여야 할 것이다.[20]

세 번째, 호주제는 민법의 절차법인 호적법뿐 아니라 세법, 사회복지관련법, 국제사법 등의 가족관련규정에도 그 영향을 미침과 동시에 가족관련 특별법에서 아들과 딸, 특히 기혼의 딸을 차별하고, 부부 중 처를 구체적으로 차별하는 원인이 된다.

네 번째, 출생, 혼인, 이혼 등 국민의 일상생활이 철저히 호주로 대표되는 남성을 중심으로 구성되어 있어 남성중심적인 사고를 유도한다. 예컨대 자녀는 출생하면서 아버지의 성과 본을 따르고 父家에 입적하며(민법 제781조), 아버지를 알 수 없는 경우에 한해서 어머니의 성을 따르고 모가에 입적하므로, 아버지 우월과 어머니 경시를 온몸으로 익히며 자란다. 그뿐 아니라 어머니의 姓을 따르는 가족을 비정상적인 가족으로 인식하게 한다. 혼인의 경우에도 아내는, 남편과는 달리, 혼인하면서 夫家에 입적함으로써(민법 제826조 3항) 出嫁外人이 되고, 親家와 媤家 형제와의 불평등의 원인이 되거나, 여성의 삶이 당당하지 못하게 하는 원인이 되고 있다. 또한 妻가 夫의 혈족 아닌 자녀를 입적시킬 때는 그 자녀의 호주의 동의와 夫의 동의를 얻어야 하는(민법 제784조) 반면에, 夫는 그의 혼외자를 임의로 입적시킬 수 있도록 함으로써(민법 제782조) 父와 母, 그리고 妻와 夫를 차별하고 있다. 또한 여성은 이혼 후 자녀에 대한 친권 및 양육권을 갖고 있다 해도 자녀들은 계속 아버지의 호적에 남아 있어야 한다. 이혼하는 여성과 재혼하는

---

19) 여성개발원, UN과 ILO의 여성관계조항과 한국여성노동관계법의 비교연구(1994), 37-40면 참조.

20) 우리나라는 국적에 관한 권리를 규정하고 있는 제9조와 혼인, 가족관계에서의 권리를 규정하고 있는 제16조 (사)항은 아직 그 적용을 유보하고 있다. 그 중 국적법은 1997년에 남녀평등하게 개정되었으나 가족성 선택에 대한 남녀평등은 실현되지 않고 있어 유보를 철회하지 못하고 있다.

여성이 증가하는 추세에 있지만 그들의 자녀는 호적상 함께 사는 어머니나 어머니의 남편을 따라 옮길 방법이 없다. 부계혈통중심의 호주제와 호적법이라는, 보이지 않는 손이 가로막고 있기 때문이다.

다섯 번째, 호주제는 여성의 차별만이 문제되는 것은 아니다. 남자어른에게는 호주의 지위에 걸맞는 기대가 주어지므로 억압이 되는 것이다. 아직 어린 아들에게는 장차 호주가 될 인물에 대한 기대가, 어린 딸에게는 장차 호주의 아내로서의 기대가 자유에 대한 억압으로 작용할 소지가 있다는 점에서 문제된다. 그 기대란 본인의 능력이나 취향이나 의사와는 관계없이 강요되는 것이기 때문이다.

여섯 번째, 호주제도는 가족 내에서 남성과 여성을 차별할 뿐 아니라 이 사회 구성원들의 의식을 종적이며 권위주의적으로 형성해 왔다. 나아가 한국 사회를 가부장적인 사회가 되게 함으로써 개인의 자유와 존엄, 그리고 평등이 존중되는 풍토가 배양되기 힘든 토양을 형성하여 왔다. 우리나라에서 민주주의가 성숙하지 못한 원인은 호주제도의 존재도 그 원인의 하나라고 본다.

Ⅵ. 戶主制度와 男女差別法

1. 戶 籍 法

현행 호적법은 남편을 호주로 하고 직계존속인 여성, 배우자인 여성, 그리고 직계비속인 자녀를 호주 뒤에 순차기록하며, 신분행위 때마다 입적 · 제적 · 복적을 반복하는 친족단위의 기록형식을 취함으로써 호주와 그렇지 않은 자(가족) 사이에 주종관계를 나타내며, 부계혈통집단인 가를 기본적 단위로서 기록함으로써 이혼한 여성, 혼외자를 낳은 여성과 혼외자를 멸시하고 차별하는 의식을 유발한다는 문제를 안고 있다.[21)]

앞으로 호주제가 폐지되면 호적편제의 기준으로 삼고 있는 가적이 없어지기 때문에 호적 제도 자체의 목적과 이념에 따라 새로운 편제기준을 정립하여야 할 것이다. 따라서 부계혈통에 대한 색채를 배제하고 호적이 공문서의 역할만을 수

---

21) 여성개발원, 호적제도의 개선방안에 관한 연구(1996), 101면 참조.

행하도록 하며, 남녀평등한 개선이 이루어져야 할 것이다.

개선방안으로서는 일정범위의 가족을 모두 하나의 호적에 편제하여 상호간의 친족관계가 일괄공시되도록 하고 1인1적주의에 따라 특정인의 호적은 언제든지 하나만 존재하도록 하는 방법[일종의 가적부(家籍簿)라 할 수 있다],[22] 1인 1호적 방법, 주민등록제도를 수정하는 방안 등이 제시되고 있다.[23]

2. 국세기본법

국세기본법은 남녀를 특별히 차별하는 규정은 없으나 제39조의 출자자의 납세의무자에 관하여 시행령 제20조에는 '친족 기타 특수관계에 있는 자'로 6촌 이내의 부계혈족과 4촌 이내의 부계혈족의 처(제1호), 3촌 이내의 부계혈족의 남편 및 자녀(제2호), 3촌 이내의 모계혈족과 그 배우자 및 자녀(제3호), 처의 2촌 이내의 부계혈족 및 그 배우자(제4호) 혼인 외의 출생자의 생모(제8호) 등을 열거하면서 남녀에게 다른 친족의 범위를 규정하고 있다. 이는 가족법상 친족의 범위가 평등하게 개정된 것과도 다른 가부장적인 규정이다.

뿐만 아니라 주주 또는 유한책임사원이 출가녀인 경우에는 일정한 경우를 제외하고 그 남편과의 관계에 의하도록 하고 있는 것(동 시행령 제20조 단서)도 역시 가부장적인 규정이라 할 것이다.

3. 상속세법-「상속세 및 증여세법」으로 개정

구상속세법 제29조의2 제1항 제1호[24]는 이혼시 재산분할을 청구하여 공제액을 초과하는 금액을 취득하는 경우에는 이를 증여로 본다고 정의하고 있으나

---

22) 조대현, "호주제도의 폐지와 호적의 편제," 법조 10월호(1995), 24면; 위의 책, 102면 등은 이 방법이 현재로선 가장 무난한 방법이라고 생각하는 듯하다.

23) 호적제도의 개선방안에 관하여 자세한 것은 이경희(주10); 정현수, "호주제도 폐지이후의 신분등록제에 관한 연구," 가족법연구, 17권 1호, 한국가족법학회(2003), 211면 이하; 문홍안, "호적제도 개선에 관한 연구," 가족법연구 제8호, 한국가족법학회(1994), 485면 등 참조.

24) 이혼시 재산분할청구권제도가 신설되어 개정된 상속세법은 1994년의 개정과 1996년의 전문개정을 거쳐 현재는 상속세 및 증여세법으로 바뀌었다. 부부간 증여에 관한 조문은 구상속세법과 같으나, 다만 증여세 공제액은 상속세 및 증여세법 제19조 1항에서 대폭 확대되었다.

이 규정은 헌법불합치결정을 받은 바 있다.[25] 상속세법은 그 동안 별산제의 원리에 따라 재산의 '명의자가 곧 소유권자'이므로 '이혼시에 명의를 갖고 있지 않은 배우자'(대개의 경우, 처)에 대한 재산의 분할은 명의자(대개의 경우, 남편)로부터의 증여라는 인식하에 증여세를 부과하여 왔으며, 단지 증여세 공제의 범위만을 점차 확대하는 미봉책을 써 왔던 것인데, 공제 폭의 확대란 결국 여성을 경제적 무능력자로 인식하는 바탕 위에서 여성을 동정하는 시혜에 불과한 것이었다. 이에 따라, 이혼시 재산분할에 의해 취득한 재산 중 공제액을 초과하는 부분을 증여라고 보는 상속세법의 기본인식은 다음과 같은 이유로 1997년 10월 헌법재판소로부터 위헌이라는 판단을 받게 되었다. 즉, 헌법재판소가 "이혼시의 재산분할제도는 본질적으로 혼인 중 쌍방의 협력으로 형성된 공동재산의 청산이라는 성격에, 경제적으로 곤궁한 상대방에 대한 부양적 성격이 보충적으로 가미된 제도라 할 것이어서, 이에 대하여 재산의 무상취득을 과세원인으로 하는 증여세를 부과할 여지가 없으며, … 이혼시 재산분할을 청구하여 상속세 인적공제액을 초과하는 재산을 취득한 경우 그 초과부분에 대하여 증여세를 부과하는 것은 증여세제의 본질에 반하여, 증여라는 과세원인이 없음에도 불구하고 증여세를 부과하는 것이어서 현저히 불합리하고 자의적이며 재산권보장의 헌법이념에 부합하지 않으므로 실질적 조세법률주의에 위배된다"고 판시하고 있음은 타당하다고 본다.

4. 사회복지관련법에 존재하는 남녀차별규정

호주제로 대표되는 남성중심의 가부장적 원리는 사회복지관련법에도 그대로 반영되어 있다. 즉, 결혼한 여자는 출가외인이라는 인식과 남편의 생계 의존자로서의 지위를 전제로, 연금 등의 수혜자로서의 권리를 배제하거나 후순위에 둠으로써 남자는 생계능력자, 여자는 무급 가사노동 종사자라는 인식을 전제로 하고 있는 것이다. 그러나 이러한 인식은 사실 개정민법이 친족의 범위에서 부모와 부부를 동등하게 취급하는 원리에도 반하고, 미혼과 기혼을 구별하지 않고 균분의 상속분을 인정하는 상속원리에도 반하며, 부양에 있어 동일호적유무에 무

25) 이에 대한 판례평석은 이화숙, "혼인해소시 재산분할에 대한 민법과 세법의 평가," 가족법연구 제12호, 한국가족법학회(1998), 참조.

관하게 부양의무를 규정한 부양원리에도 반한다. 그러나 결혼한 딸에 대한 차별규정은 상당부분 시정되었음은 다행한 일이다. 여전히 남은 문제는 기혼여성을 경제적 무능력자임을 전제로 하는 우대와 차별인데, 이는 어느 정도 현실을 반영한 것이므로 여성의 경제적 능력의 향상과 더불어 시정될 것으로 보인다.

(1) 국민연금법

국민연금법은 노령 · 폐질 · 사망에 대해 가입자의 갹출금을 주된 재원으로 하여 연금급여를 실시함으로써 장기적 소득보장을 도모하여 국민의 생활안정과 복지증진에 기여함을 목적으로 하는 사회보험법으로 1988년 1월 1일부터 실시되고 있다. 그런데 이 법은 남편의 아내 및 자녀에 대한 전통적인 가족부양원칙을 전제로 함으로써 여성이 연금제도의 혜택을 받으려면 노동시장에 직접 참여하여 가입자가 되거나, 남편이라는 부양의무자가 있어야 한다. 이러한 원칙은 가급연금액 지급과 유족연금지급에서 구체적으로 적용된다.

가급연금액은 국민연금의 가입자, 즉 수급권자가 그 권리를 취득할 당시 그 수급권자에 의하여 생계를 유지하고 있는 자에게 주는 일종의 가족수당성격의 부가급여이다. 그런데 가급연금액지급은 남자로 추정되는 1인의 생계부양책임자와 그에 의해 생계를 유지하고 있는 배우자, 자녀, 부모로 구성되는 특정유형의 가족에 대해서만 보호하고 이혼자, 독신자, 맞벌이 부부 등으로 구성되는 다양한 가족유형을 고려하지 않고 있으며, 여성배우자의 경제적 무능력을 전제로 하고 있다.[26)]

유족연금에 있어 수급권자로서의 자격기준은 성별에 따라 달랐으나 개정법에서 시정되었다. 즉, 국민연금법 제65조에 있어 유족연금을 지급받던 아들이나 손자는 결혼해도 유족연금수급권을 그대로 유지하지만 딸이나 손녀가 결혼한 경우에는 유족연금권을 소멸시켜 유족연금을 받을 수 없다고 규정하고 있었다. 이는 딸이나 손녀는 결혼하면 출가외인이라는 가부장적인 시각과 함께 결혼하면 남편으로부터 부양받는다는 고정관념의 반영이었다. 그런데 이 규정이 차별이라는 지적에 따라 개정법에서 삭제되었음은 다행이다.

26) 여성개발원, 여성백서(1991), 188면.

(2) 國民健康保險法

국민건강보험법은 국민의 질병・부상・분만・사망 등에 대해 보험급여를 실시함으로써 국민보건향상, 사회보장의 증진도모를 목적으로 하는 사회보험법이다. 이 법의 피부양자 인정기준은 피부양자가 되기 위한 소득요건으로서 소득이 없거나 저소득으로 독립적인 생계를 유지할 수 없어야 할 것과 동시에 부양요건으로서 피보험자에 의하여 부양받고 있음이 인정된 자라야 한다는 것을 규정하고 있다. 개정전 법 시행규칙의 피부양자 인정기준은 소득요건에 대해서 남녀 다른 기준을 두고 있었다. 즉, 부모는 피보험자가 장남 또는 미혼인 자녀인 경우와 피보험자의 남자형제가 부모를 부양할 수 없는 경우에 피부양자로 인정되나, 피보험자가 기혼여성인 경우에는 미혼인 자매도 없는 경우에만 인정됨으로써 출가외인사고를 반영하였으며, 또한 자녀는 무조건 피부양자로 인정되나 결혼한 딸은 동거하는 경우에만 피부양자로 인정되도록 하고 있으며, 손자녀 이하는 손자녀 이하의 직계비속이 없거나 있어도 독립적으로 생계를 유지할 수 없는 경우에 피부양자로 인정되나 결혼한 손녀는 동거하는 경우에만 피부양자로 인정된다. 그리고 며느리는 배우자의 자녀가 없거나 있어도 독립적으로 생계를 유지할 수 없는 경우에 피부양자로 인정되나 사위 또는 손녀사위는 동거하는 경우에만 피부양자로 인정하였다.[27] 이 같은 차별이 국민건강보험법에 의해 해소되었음은 다행이다.

(3) 生活保護法－국민기초생활보장법으로 개정

1999년에 폐지된 생활보호법은 생활유지능력이 없거나 생활이 어려운 자에게 필요한 보호를 행하여 이들의 최저생활을 보장하고 자활을 조성함으로써 사회복지의 향상에 기여하기 위해(제1조) 제정된 공적 부조법의 기본법으로, 민법상 부양의무자가 없거나 부양의무자가 있어도 부양능력이 없음으로 인하여 생활보호의 필요가 있는 자를 대상으로 필요한 보호를 규정하고 있었다.

그런데 생활보호사업지침은 부양의무가 있는 친족의 범위에서 결혼한 딸은 생계를 같이 하지 않는 한 직계혈족이라도 부양의무자의 범위에서 제외할 수 있도록 하고 있어 결혼한 딸에 대한 출가외인사고를 반영하고 있었으므로 민법상

---

27) 여성개발원, 현행 남녀차별법상의 개정방향(1995), 81면.

부양의무에 부합하지 않으며, 상속에 있어 결혼여부에 관계없이 균분상속을 원칙으로 하는 민법의 원칙에도 반하는 것이었다. 이러한 태도는 2000년 10월 1일부터 시행된 국민기초생활보장법에서 약간 바뀌었다. 그것은 결혼한 딸은 "부양의무자가 있음에도 부양능력 없는 경우"에 해당된다고 하면서도 그 기준을 완화하여야 한다는 것이다(국민기초생활보장법 시행령 제4조 2항).

(4) 國家有功者禮遇 등에 관한 법률

「국가유공자예우 등에 관한 법률」은 국가를 위하여 공헌하거나 희생한 국가유공자와 그 유족에 대하여 국가가 응분의 예우를 행함으로써 국가유공자와 그 유족의 생활안정과 복지향상을 도모하고 국민의 애국정신함양에 이바지하기 위해 제정되었다. 그러나 이 법은 보상과 유족연금 및 교육보호를 받는 데 있어 아들과 딸을 차별하고 있다. 즉 아들이나 손자는 유족이 되는 데 아무런 제한이 없으나 결혼한 딸이나 손녀가 유족이 되기 위하여는 친가에 형제자매가 없고, 다른 유족이 없어야 한다(제5조, 제13조)고 함으로써 아들과 딸을 차별하였으나, 개정법에서 이 규정은 삭제되었다.

(5) 독립유공자예우 등에 관한 법률

이 법은 일제로부터 조국의 자주독립을 위하여 공헌한 독립유공자와 그 유족에 대하여 국가가 응분의 예우를 함으로써 독립유공자와 그 유족의 생활안정과 복지향상을 도모하기 위하여(제1조) 제정된 공적 부조법이다. 이 법에도 국가유공자예우의 법률에서 비춰진 여성에 대한 가부장적 시각이 그대로 반영되어 있다. 즉 유족의 범위에 며느리는 포함되나 사위는 제외되어 있고(제5조 제1항 4호), 결혼한 딸이나 손녀는 친가에 다른 형제 · 자매나 유족이 없어야(제5조 제5항, 제6항 – 삭제됨) 비로소 유족 보상과 교육보호(제15조)를 받을 수 있으며, 기혼인 딸 또는 손녀인 경우에는 연금수급순위에서 후순위로 하고 있다(제12조 제3항).

한편, 이 법 제16조 제1항은 독립유공자와 그 유족 또는 가족에 대한 취업보호 대상자를 규정하고 있다. 그러나 독립유공자의 유족 중 호주승계인인 손자녀가 질병 또는 심신장애나 고령 등으로 인하여 취업이 어려운 경우에는 그 자녀, 즉 증손자녀에 대하여 취업보호를 하고 있으나 그가 출가한 딸인 경우에는 제외하고 있는 것이다. 이는 여성차별규정이라 할 것이다.[28]

5. 국제사법 및 국적법상의 차별

섭외사법상의 차별은 2001년부터 시행되는 국제사법에서 개선되었으며, 국적법상의 차별도 개선되었다.

VII. 맺는 말

민법에 존재하는 호주제도의 원리에 따라 절차법인 호적법이 부계혈통중심으로 구성되고, 이러한 원리에 따라 각종 가족 관련법이 제정되어 오는 동안 호주제도는, 호주의 권리와 의무의 강약과는 관계없이, 어마어마한 영향력을 이 사회의 구성원에게 끼쳐왔음을 알 수 있다. 이 같이 남자를 중심으로 한 법제도는 국민의 의식에 깊숙이 자리잡게 되고 후손에게 유전되는 한편으로 횡적으론 학교, 기업, 정치권, 문화권을 형성한다. 이에 따라 "모든 남성은 모든 여성보다 우월하다"거나(남녀차별), "선배는 후배보다 우대되어야 한다"(종적인 사고), "어른은 어린이보다 존중되어야 한다"(어른중심), "상사는 부하보다 우월하다"(권위주의)는 등의 차별적이고 종적인 사고가 사회의식으로 확산되는 원인 중 하나가 되었다고 볼 수 있다.

원래 호주는 남자어른을 상징하는 것이었으므로 일반인들은 이 제도를 어른공경사상의 법제화라고 인식하고 있다. 그러나 장남으로 그 代가 이어지다 보면 여자어른(어머니, 누나)을 제쳐두고 어린 아들이 호주가 되는 일이 많으므로 어른공경사상과는 사실상 무관함을 알 수 있다. 어른을 공경하는 미풍양속은 法으로가 아니라 교육과 관습으로 이어지는 것이며 힘을 발휘하는 것이다. 한편, 그들의 젊음을 가족과 사회를 위해 헌신한 노인에 대한 대우는 연금이나 각종 사회보장혜택 등 경제력을 갖도록 함으로써 가능한 것이다.

현대가족은 부부 · 친자로 구성된 핵가족이 보편화된 사회이며, 핵가족 중심의 현대가족에게는 그에 걸맞는 가족질서가 필요하다. 이에 따라 자녀에 대한 관

---

28) 여성차별적인 특별법에 대하여 자세한 것은 이화숙, "한국여성의 신분법상의 지위," 한국법학50년 과거 현재 미래, 제1회 한국법학자대회, 한국법학교수회(1998), 참조.

계는 부모의 책임을 강조하는 친권으로, 부부간의 관계는 평등한 인격을 전제로 한 공동체적 삶을 강조하는 가치관을 바탕으로 한 가족정책이 되어야 하며, 노인의 지위는 사회복지를 통해 향상되도록 하는 것이 바람직하다.

호주제도를 폐지하면 남성과 여성, 부부, 내 가족과 이웃이 모두 존중되고 더불어 승자가 되는 열린 사회로 가는 계기를 기대할 수 있다. 우리 국가의 미래는 호주제도에서 비롯된 배타적, 남성중심적, 권위주의적인 사고에서 벗어나 열린 사회로 나가는 데 달려 있다고 생각되기 때문이다.

호주제가 폐지되면 호적편제의 기준으로 삼고 있는 家籍이 없어지기 때문에 호적 제도 자체의 목적과 이념에 따라 새로운 편제기준을 정립하여야 할 것이다. 따라서 부계혈통에 대한 색채를 배제하고 호적이 공문서의 역할만을 수행하도록 하며, 남녀평등한 호적제도의 개선이 이루어져야 할 것이다.

_ 연세법학연구 제10권 제2호(연세법학연구회, 2004) 게재

後 記

민법 제781조(58면)와 호적법: 자녀의 父家入籍과 妻의 夫家入籍에 관한 민법규정은 호주제도의 폐지에 따라 삭제되었다. 이에 따라 호적법도 폐지되고, 「가족관계의 등록 등에 관한 법률」이 제정되어 현재 시행되고 있음에 따라 각 개인을 중심으로 편성되는 새로운 신분절차법이 시행되고 있다.

다만 자녀의 성과 본에 관하여, 민법 제781조는 “자는 부의 성과 본을 따른다”고 함으로써 父姓主義원칙을 고수하면서도, 부모가 합의하는 경우에는 혼인신고시에 모의 성과 본을 따를 수 있도록 하는 한편(1항), 제5항에서는 자녀의 복리를 위하여 필요한 경우에는 법원의 허가를 얻어 성과 본을 변경할 수 있도록 하였다.

韓國 民法上 戶主制度의 成立背景과 韓國社會에 미친 影響

Ⅰ. 들어가는 말

한국 민법상의 호주제도는 호주로 하여금 호적상에만 존재하는 형식적 개념인 [家]를 대표하고 家族구성원을 통솔할 수 있는 권리와 의무를 부여함으로써 가족관계를 종적이며 권위주의적인 것으로 파악함과 동시에, 호주의 지위를 장남에게 승계하는 제도를 통해 남성우월의 이데올로기를 내포하고 있는 전형적인 가부장제도이다. 그 결과 호주제도는 동성동본불혼제와 더불어 한국의 민법 중 가족법[1]을 가부장적인 것으로 뒷받침하는 기둥이었으며, 1958년 민법제정 당시부터 오늘에 이르기까지의 길고 긴 가족법 개정운동 역사에서 유림으로 대표되는 보수세력과 여성으로 대표되는 진보세력 간의 대립과 갈등의 원인이었다. 놀랍게도 이들 가부장적인 제도들은 민법이 제정된 이후 39년간 진보세력으로부터의 폐지 주장과 이에 대한 국민적 호응(특히 도시에 있어)이라는 거센 물결에도 불구하고 번번이 승리를 구가하며 오늘날까지 건재하고 있는, 끈질긴 생명의 소유자이기도 하다. 어쩌면, 한국의 가족법에 있어 호주제도와 동성동본불혼제도의 존폐론을 둘러싼 保·革세력의 대립구도는 개정의 필요성이 시급한 여타 제도의 개선까지도 무산시켜온 원인 중의 하나였다고 할 수도 있다.

한국의 가족법은 지난 1989년 국회에서 혁명적으로 개정된 바 있다. 사실 한 치의 양보도 없는 보수와 진보세력의 대립구도와 이 문제에 관한 한 미지근한 자세를 견지한 행정부와 입법부의 동향을 미루어 볼 때, 가부장적인 가족법을 혁

---

1) 법전상의 정식명칭은 친족상속법이지만 이는 가부장적 대가족제도를 전제로 하는 용어로서 현대의 소가족 형태에는 타당하지 않으므로 이하에서는 가족법으로 부르기로 한다.

신하는 일은 출구가 보이지 않는 암담한 상황이었음에도 불구하고 개혁이 이루어진 것은 대통령후보 시절의 공약을 지키려는 당시 대통령의 의지와 일부 여당 국회의원들의 합작으로 이루어진 정치적 해법에 힘입은 것이었다. 이에 따라 개선의 필요성이 제기되어 오던 여타의 제도들은 합리적으로 개선되었다. 그러나 호주제와 동성동본불혼제는 보 · 혁세력의 반발을 의식한 나머지, 정치적인 타협을 한 결과, 호주제는 유지하는 대신 호주의 권리의 대부분과 의무를 폐지하고,[2] 동성동본불혼제는 원래의 모습대로 유지키로 함으로써 보수 · 진보세력을 다 같이 만족시키려고 하였다. 그 결과, 너무도 당연하게 양쪽으로부터 심한 반대에 부딪혔다. 그럼에도 불구하고 이 개정안은 국회를 통과하여 1991년부터 시행되던 중, 동성동본불혼제는 지난 1997년 7월 헌법재판소에 의해 헌법불합치결정을 받았다. 그것은 지난 1995년, 가정법률상담소가 8쌍의 동성동본 부부를 대신하여 서울 가정법원에 혼인신고불수리처분에 대한 불복신청을 제기한 데 대해, 가정법원이 이를 받아들여 헌법재판소에 위헌심판을 제청하였으며, 헌법재판소가 2년여의 심리 끝에 사실상 위헌에 해당하는 헌법불합치결정을 내린 것이다. 이에 따라 동성동본불혼 규정은 현행법상 효력을 상실하게 되었고 1998년 말까지는 민법에서 폐지될 운명에 처하게 되었다.

가족법 개정은 불가피하게 되었다. 호주제의 존폐를 둘러싼 논쟁도 재연될 것이다. 이러한 시점에서, 호주제의 성립배경과 이 사회에 미친 영향을 정리 · 점검함으로써 호주제도의 존재가치를 재검토하여 폐지론의 역사적 · 법적, 그리고 사회학적 근거를 제시하려는 것이 이 글을 쓰게 된 동기이자 목적이다. 그 전제로서, 호주제도와 혼동되고 오해되고 있는 호적제도의 연혁과 호주제의 성립배경을 통해 兩者의 관계를 파악함과 동시에 호주제의 어제를 정리하고, 가족의 변화에 따른 호주제의 존재가치와 호주제가 한국사회에 미친 영향을 통해 호주제의 오늘을 점검한 후, 미래를 전망하기로 한다.

2) 결과적으로 호주권은 공허한 권리가 되고, 호주제도는 유명무실한 제도가 되었다.

II. 戶籍制度와 戶主制度

한국 민법상 호주제의 기원이 되는 家制度는 고려시대와 조선시대에 실시되었던 호적편성에서 그 유래를 찾을 수 있다. 그러나 그 당시의 호적은 현재의 호적제도처럼 신분을 기록하고 공증하는 제도라기보다는 단순히 戶와 口를 조사하여 국가가 국민에게 요역을 부과하기 위해, 기초 자료로 사용하기 위한 戶口調査式이었다. 이러한 목적을 위해 民戶를 정확하게 파악하고 이와 관련하여 국민의 신분을 확인하기 위해 戶를 이루는 口의 친족관계를 표기하였던 것이다. 이에 따라 실제로 공동생활을 영위하는 가족이 정확하게 반영될 수 있었으며, 이 때 戶의 대표자는 현실적 가족단체의 통솔자이며 가족을 대외적으로 대표하는 지위에 불과했으며, 호주권과 같이 포괄적이며 통합적 권리를 갖는 법률상의 지위와는 다른 개념이었다. 기능면에서 본다면 현재의 주민등록과 세대주에 가까운 개념이었다.[3)]

그러나 한국의 전통적인 호적제도는 日本의 내정간섭 이후에 발포된 민적법과 한일합방 이후에 제정된 조선호적령으로 인해 그 형식과 내용이 변질된다. 그 변화의 하나는 지금까지의 호구조사식을 지양하고 신고에 의하도록 함으로써 호적상의 가족은 현실의 가족과 유리된, 형식적이며 법률상의 개념으로 변질되기 시작하였다는 점이다. 가족관계의 변동이 있을 때마다 신고하는 습관이 국민들의 몸에 배어 있지 못한 데에도 원인의 일부를 찾을 수 있을 것이다. 그러나 무엇보다도 중요한 본질적인 변화는, 일제가 민적법과 조선호적령을 통해 그들(日本)의 호적제도를 조선사회에 이식하면서 일체의 신분행위에 관한 신고를 호주의 관여 하에, 호주의 명의로 행하도록 하는 한편, 호주를 기준으로 가별로 호적을 편제하게 함으로써, 호주가 家의 주재자로 등장하게 되었다는 점이다.[4)]

이에 따라 조선의 호적은 호주를 기준으로 편성하는 것으로 변질됨과 동시에 호적이 家系의 혈통 연결과 상황을 표시하여 각 개인의 신분변동사항과 친족관계를 기록하고 공증하는 제도로까지 그 성격이 바뀌게 되었다.[5)] 그리하여 신

3) 전봉덕, "호주제의 역사와 전망," 대한변호사협회지(1982), 27면.

4) 박병호, "일제하의 가족정책과 관습법형성과정," 가족법 논집(1996), 97면.

5) 이렇게 편성된 호적제도는 징병과 징세, 그리고 독립군을 색출하는 데 철저히 이용되었다.

라시대 이래 조선조 초기까지, 국가가 일정한 목적으로 民戶를 정확히 파악하기 위해 매 1년 또는 2년마다 호구조사를 함으로써, 현실의 가족을 반영하던 전통의 호적제도는 일제식 가제도와 호주가족제도를 근간으로 하는 호적제도로 바뀌면서 호주는 사법상 가의 주재자로,[6] 가족은 현실과 유리된 형식적인 家 개념으로, 그리고 가계 혈통의 연결을 나타내는 제도로 그 성격이 바뀌게 되었다. 이로써 일본의 호주제도는 절차법인 조선의 호적제도에 먼저 이식되었다고 할 수 있다. 그것은 일제가 조선민사령에 의해, 재산관계는 일본민법을 依用하되, 친족상속법은, 조선인의 저항을 우려하여, 관습법에 의하도록 하였으므로 절차법인 민적법과 조선호적령이 실체법과 연결되지 못하였다는 데에 그 원인이 있다.[7] 이같은 일제식 가제도와 호주가족제도를 근간으로 하는 호적제도는 오늘날 한국의 호적법에 그대로 답습되고 있다.

일제가 그들의 호주제도를 조선에 이식하고자 한 것은 內鮮同化의 목적을 달성하고, 조선의 호주와 가족을 일본 천황의 하부구조화하기 위함이었다. 즉 日本의 명치민법 중 친족상속법은 호주제도와 家督相續制度를 근간으로 하여, 조상으로부터 자손으로 연속하는 추상적 · 초세대적인 家의 존속이라는 기능을 담당하는, 가제도를 기초로 하는 것이었다. 이에 따라 호주에게 강력한 호주권을 부여하는 한편, 武士의 단독상속제를 기초로, 장남자의 독점상속을 통해, 호주권 및 家産을 승계하는 家督相續制를 성문화하였던 것이다. 이는 명치유신을 통해 신설된 천황지배 이데올로기를 합리화하기 위한 것이었는데, 神權天皇制的 국가의 정치적 지배를 강화하고 그 체제를 유지하기 위한 하부체제의 이데올로기로서 가관념을 체계화하고, 이를 공권력을 통해 강제로 주입하는 방법의 하나로 민법에 호주제도와 家督相續制度를 규정하였던 것이다.[8] 이것은 봉건적인 家父長制로서의 호주제도를 통해 孝를 실천하고, 나아가 호주을 중심으로 한 家의 천황에 대한 충성을 통해 가부장제 국가관을 강요하려는 데 그 목적이 있었다.[9] 그리

---

6) 이는 후일 민법상 호주제도 탄생의 기틀이 된다.

7) 박병호(주 4), 100면.

8) 我妻榮, 親族法相續法講義案(1938), 40면; 곽동헌, 호주제도의 연구, 영남대학교 법학박사학위논문(1980), 55면; 近藤英吉, 相續法論上(1937), 25면.

9) 家永三郎, 日本における家觀念의 系譜, 講座 8(1974), 6면; 川島武宜, イテオロキとしての家族制度(1978), 7-11면; 이상욱, “일제와 전통가족법의 왜곡,” 한국법사학논총(1991), 383면.

고 일제는 그들의 호주제도와 가제도를 조선에 이식함으로 일본천황에 대한 조선인의 충성까지 강제하려 하였던 것이다. 이를 위해 일제는 우선 조선의 호적제도에 그들의 가제도와 호주제도를 이식하였으며, 다음 단계로 관습법을 통한 호주제도의 이식을 시도하였던 것이다.

이에 따라 일제는 관습법 형태로 존재하던 친족상속 분야에 관한 관습을 조사한 후 이를 公刊하여 주요한 法源으로 삼기 위해 관습조사보고서를 작성하였다. 그런데 이 때 그들이 작성한 관습조사 중 호주와 가족관계에 관하여는 일본 명치민법상의 호주권의 관점에서 문항을 설정하여 관습을 조사함으로써 마치 조선에 일본식의 강력한 호주권이 존재하는 것으로 조작하여 보고서를 작성한 것이다.[10] 조선시대의 가장은 호주와 같이 승계되는 지위도, 가족에 대한 일체의 신분상의 통솔권을 전제로 강력한 권리가 인정된 지위도 아닌, 가족을 대외적으로 대표하는 '집안어른'에 유사한 존재이었으나, 관습 조사보고서에는 마치 家長의 지위가 일본 민법상의 호주권에 일치하는 법(관습법) 개념으로 둔갑하게 된 것이다.[11] 이로써 일제는 그들의 정치적 목적에 의해 창안한 호주제도를 조선의 민적법과 조선호적령을 통해 조선의 호적제도에 이식하고, 일본식 호주권의 관점에서 조선의 가장에 관한 관습을 조사한 후 조선사회에서의 가장의 지위가 그들의 호주권에 일치하는 것으로 조작한 관습 조사보고서를 통해 조선의 관습법에도 '강력한 호주권이 존재한다'는 명분을 만들어 낸 것이다. 그 후 일제는 1939년의 조선민사령 개정(일명 창씨개명령)을 통해 호주에게 조선인의 성씨를 일본식으로 개명할 권리와 의무를 부여함으로써 실체법에도 호주제도가 등장하게 되었다.

이 같이 절차법과 조작된 관습법을 통해 도입되고 이식된 호주제도는 안타깝게도 신민법에 그대로 승계되었으며, 가제도와 호주제도를 보완하고 뒷받침하는 호적법과 미묘하게 연결되어 있다. 현행 민법은 형식에 불과한 호주제도를 유지하면서 호적상 家의 대표자이며 통솔자인 호주에게 일정한 권리와 의무[12]를 규정하는 한편으로 호주의 지위가 장남으로 대표되는 아들에게 승계되도록 함으

10) 이에 대하여 자세히는 이 논문 Ⅳ. 호주제도의 성립배경을 참조할 것.

11) 박병호(주 4), 102면.

12) 호주의 권리와 의무는 점차 약화되어 현행 가족법상으로는 가족의 대한 부양의무는 삭제되고 권리의 대부분도 삭제되었다.

로써 남존여비를 상징하고 제도화하고 있으며, 호적법은 호주제도를 그대로 반영하고 보완하고 있기 때문이다. 이에 따라 호적법은 민법상 호주제도를 뒷받침하기 위해 호주를 기준으로 호적을 편성하고, 가족은 호주와의 관계를 명시하도록 하며, 호주의 지위는 철저히[13] 장남으로 이어지도록 구성되어 있으므로, 호적은 조상으로부터 자손에 이르기까지 父系血統을 중심으로 그 代가 이어지는, 추상적이며 초세대적인 家 개념을 나타내고 있다.

원래 호적은 단순히 국가가 국민을 파악하고 국민의 신분의 취득과 변동사실을 증명해 주는 공적 문서임에도 불구하고 이 같이 한국의 호적법은 호주를 기준으로, 부계혈통 중심으로 편성되어 있으므로 일반인들은 호적을 호적 본래의 임무를 넘어 족보에 가까운 개념으로 인식하게 되었다. 이 같은 인식은 호주제도와 호적제도와 족보를 혼동하게 하여 호주제도의 폐지는 곧 호적제도의 폐지로, 나아가 족보의 폐지로 오해하게 하는 원인이 되고 있다. 또한 호적은 家 단위로 편성되어 있으며 호적상 家의 구성원을 가족으로 보기 때문에 호적상(법률상)의 가족과 사실상의 가족 개념이 일치하지 않게 된다. 다른 한편 원래 호주는 남자 어른의 지위를 상징하는 것이었으므로 일반인들은 이 제도를 어른공경사고의 법제화라고 인식하게 된다. 그러나 장남으로 그 代가 이어지다 보면 여자 어른(어머니, 딸)을 제쳐두고 어린 아들이 호주가 되는 일이 빈번하기에 위계질서에도 어긋나는 제도라 할 수 있다.

Ⅲ. 戶籍制度의 沿革

1. 삼국시대

우리나라 호적제도의 역사는 종래 고려시대까지 소급되는 것으로 알려져 있었으나, 실제로는 고조선시대까지 소급한다고 한다. 즉 前漢書地理志에는 한사군의 호구수를 기록하고 있고, 삼국사기나 삼국유사에는 삼한의 호구수가 단편

13) 개정법은 장남이 호주의 지위를 포기할 수 있도록 하였으므로 장남승계원칙은 어느 정도 약화되었다고 할 수 있다.

적으로 기록되어 있다고 한다.[14] 한편 日本國奈良에서 발견된 新羅民籍文書[15]에 의하면 신라는 3년마다 戶口를 조사하였다 한다. 이 때 신분을 9등급으로 분류하고 가족의 수, 연령뿐 아니라 우마, 전답, 마전, 추자목, 쌍전 등의 면적과 본수까지 조사하여 통계를 내고 있다 한다.[16]

2. 고려시대

고려조에 있어서의 호구조사는 각주 현관이 그 吏員으로 하여금 국민들로부터의 보고를 받도록 하고 이것을 집계하여 호적대장을 작성하였다. 그 때 양반과 상민은 그 취급법이 달랐다.

양반은 3년마다 그 호적을 개편함과 동시에 2통을 작성하여 1통은 自家에 보존하고, 1통은 관에 납부하게 하였다. 그 호적의 기재사항은 戶主[17]의 世系, 同居子息, 兄弟, 姪壻之族, 至於奴婢所傳宗派, 所生名歲, 奴妻婢夫之良賤 등을 모두 備錄하고 있다.[18] 이에 따라 호주 및 그 世系와 동거자식 및 형제, 조카사위뿐 아니라 노비까지 포함되어 있으며, 노비는 그 종파와 소생, 花名, 연세 및 노처비부의 양천까지 자세히 기록하도록 되어 있음을 알 수 있다. 이 때 호적의 원본을 보존하는 것은 특권적 신분의 증명이며 일종의 면역부에 해당하는 것이었다. 한편 호적의 기재는 戶의 대표자와 그 배우자에 대하여 부부의 父·祖·曾祖·母·外祖를 동일하게 기록했으며, 戶의 대표자가 사망했을 때에는 그 배우자인 여성이 대표자가 되었다. 또한 무남자손이면 여자 孫으로 繼祠하도록 하여 남계혈통계속주의에 대한 異例를 허용하고 있다.[19] 이에 따라 고려사회가 기본

14) 최홍기, 한국호적제도사 연구, 서울대학교 출판부(1975), 5면.

15) 이 문서는 신라북부 서원경(현 충주지방)의 촌락에서 호구를 조사하여 통계를 잡은 촌락행정문서로서, 작성연대에 대하여는 통일신라시대라는 점에 일치를 보이고 있다 한다. 최재석, 한국가족제도사 연구(1983), 16면 이하.

16) 위의 책, 15-19면.

17) 호주라는 용어는 고려사에 한 번 등장하는 것으로, 조선시대에 이르기까지 보편적으로 사용된 용어례는 아니라고 한다. 최재석(주 15), 259면.

18) 高麗史, 卷 79 志卷 제33 食貨 2 戶口條. 김두헌, 한국가족제도연구, 서울대학교 출판부(1969), 349면 참조.

19) 이희봉, 한국가족법상의 제문제(1976), 147면.

적으로는 부계중심이지만 모계도 상당히 중시하였으며, 가족의 대표자로서 배우자를 자녀보다 우선하였음을 알 수 있다.

이에 대하여 常民의 호적은 주 현관이 매년 조사하여 戶部에 보고하였으며, 이에 따라 남자는 國役과 軍務에 종사하였다. 그러므로 常民의 호적의 중점은 田丁 및 貢戶의 동태이었다. 즉 16세를 정년으로 국역을 부담하게 하고 60세를 노년이라 하여 면역케 하는 사항을 호적에 밝히도록 한 것이다.[20]

고려시대의 호적편성에 있어 특기할 것은, 호구의 정확한 신고에 있다 할 것이다. 즉 州郡으로 하여금 매년 計口籍民하여 戶部에 貢하게 하고, 신고의 위반자에 대하여는 처벌을 엄히 하였다.[21] 그리하여 고려의 호적은 현실적 공동생활이 반영되도록 편성된 것이었다고 할 수 있다.

3. 朝鮮時代

(1) 朝鮮朝 初期

조선시대의 호적 역시 요역을 부과하고 신분을 확인 명시하기 위한 것이었다. 이에 따라 요역을 피하려는 주민을 색출하고 유랑을 방지하고, 良賤身分이 혼합하는 것을 예방하는 것을 주목적으로 하였다. 이에 따라 호구조사와 호적편성에 관한 제도는 조선조에 이르러 더욱 강화되었다. 즉, 호구의 조사는 고려의 매3년제를 계승하여 3년마다 호적을 고쳐 戶曹와 漢城部, 그 도와 그 고을에 비치하도록 하고 서울이나 지방에는 모두 5호를 1통으로 하였다.

호적신고의 기재사항은 戶口式으로 법정되어 있었다. 즉 [戶某部坊才畿里住某職姓名年甲本貫4祖妻某氏年甲本貫4祖 率居子女某某年甲 奴婢雇工某某年甲]이라 하여 각 호마다 家長의 주소, 직업, 성명, 연갑, 본관, 4祖와 처의 성씨, 연갑, 본관 4祖 그리고 동거자녀의 年甲 女婿 및 그 본관 4祖와 본관, 노비 雇工의 年甲 등을 기록하고 이를 戶口單子라 하였다. 이 戶口單子에는 가장과 동거하는 자가 전부 망라되었으며, 여기에 노비, 雇工까지 동록되어 있어 그 수는 수십 수백에 이르는 대호도 있었다.[22]

20) 최홍기(주 14), 26면.

21) 高麗史, 卷 84 志卷, 제38 刑法 1 戶籍條. 김두헌(주 18), 350면 참조.

22) 김두헌(주 18), 352면.

조선의 호적에서 특기할 것은 부부의 모계가 제외되고 父系를 중심으로 기록되어 갔다는 점이다. 이는 유교의 도입에 의한 것으로 판단된다.

(2) 朝鮮朝 後期 — 戶口調査規則과 民籍法

조선 왕조 말엽에는 '전국의 호수와 인구를 상세히 편적하여 인민으로 하여금 국가가 보호하는 이익을 고루 누리게 할 목적으로' 갑오경장시 즉 건양 원년(1896년) 9월 1일 칙령 61호로 호구조사규칙을 공포하고, 동년 9월 3일 내부령 제8호로 호구조사세칙을 공포하였다. 호적은 규격화된 양식으로 되어 있고, 호주의 연령, 본관, 직업, 전의 거주지, 4祖, 동거 친속, 寄口,[23] 고용자의 口數, 가택의 유무, 소유·차유의 구별, 초·와가의 칸수 등을 기재의 요건으로 하였다. 호구조사규칙에서 특기할 것은, 호주라는 용어가 이때부터 고정되기 시작했다는 점이다. 고려시대 이래 호구의 신고의무자는 家의 공법상 대표자의 뜻을 가진 호주·戶首人·가장[24] 등으로 불리웠으나, 이때부터 '호주'로 고정되어 법률상 칭호가 되고, 家戶의 대표자·주재자로서의 명확한 지위가 표출되고 호패에 의하여 공시되게 되었다.[25] 그것은 아마도 甲午更張이 일본 세력하에 실시된 것이므로 일본의 영향을 받은 것으로 생각된다. 그러나 당시의 호적에 표시된 호주와 가족은 종래와 같이 동일생활권 내에 있는 현실의 호구를 가리키는 것이었다. 호적의 改聚는 매년 1회로 하며, 分戶에 의한 分籍, 호주의 교체, 출생, 사망 등에 의한 改籍은 20일 이내에 하기로 되어 있고 그 밖의 신분상의 변동에 대하여는 1년간 호적에 반영하지 않도록 되어 있었다.

이러한 폐단을 없애기 위하여 융희 3년(1909) 3월에 법률 제8호로 민적법을 공포 실시하였으며, 1915년 민적법의 일부 개정에 의해 호구조사식을 지양하고 원칙적으로 신고에 의하도록 하였다. 민적법에 의하여 호구조사규칙이 폐지됨으로써 전통적 호적제도에 가제도, 호주가족제도를 근간으로 하는 일제식 호적제

---

23) 집도 없고 의탁할 속도 없고 원적도 없이 친척이나 친지집의 호구에 기대어 사는 사람을 의미한다.

24) 고려시대에는 戶라는 용어를 주로 썼다. 經國大典에는 戶籍과 戶籍編成, 그리고 家長이란 用語가 세 곳(禮典惠恤條, 禮典五服條, 刑典告尊長條)에서 발견된 것으로 보아 가장이란 용어가 보편적으로 사용된 것으로 보인다. 박병호, "한국의 전통가족과 가장권," 한국학보(1976), 70-74면.

25) 박병호(주 4), 102면.

도가 이식 · 강제됨과 동시에 호주가 가부장으로서 私法上 家의 주재자로 등장하기 시작하였다. 즉 호주는 가족구성원의 출생 · 사망 · 호주변경 · 혼인 · 이혼 · 입양 · 파양 · 분가 · 일가창립 · 入家 · 廢家 · 廢絶家再興 · 附籍 · 移居 · 개명의 경우에는 그 사실 발생일로부터 10일 내에 본적지 소할 면장에게 신고하도록 하고 호주를 신고의무자로 함으로써 일체의 신분행위가 호주의 관여하에, 호주의 명의로 행해지게 되었으므로, 호주는 家의 주재자임이 법률상 선언되기에 이르렀다. 한편 민적 기재의 순위는 호주, 호주의 직계존속, 호주의 배우자, 호주의 직계비속 및 배우자 등의 순위로 하였으며, 모든 입적자는 호주와의 관계를 명시하도록 함으로써 종래의 친족적 신분관계는 호주가족관계 속에 포함된 내부관계로서의 의의가 부여되고 그에 따라 호주의 호주권이 가부장권으로 창출되기에 이르른 것이다.[26] 다른 한편으로 호적은 家와 신분을 공시 또는 증명하는 것으로 되었으므로 호적은 한편으로는 家를 표시하며, 호적을 떠나서 家는 없고, 다른 한편 추상적인 家의 연속을 표시하는 데까지 발전하였다.[27] 그런데 민적법에 의한 호적은 일본의 壬申 호적법 및 그 개정법의 영향을 받은 것으로 당시 친족상속법은 관습법 형태로 존재했기 때문에 민적법이 친족상속의 실체법과 밀접하게 연결되지는 못하였다.

(3) 朝鮮戶籍令에 의한 戶籍

일제는 조선을 합방한 후, 1912년부터 조선민사령을 시행하여 재산관계에 관하여는 일본민법을 의용하였으나 친족상속에 관하여는 관습에 의하도록 하였으며, 호적은 종전대로 민적법이 시행되었다. 1923에는 조선민사령을 개정하여 혼인연령 · 재판상 이혼 · 인지 · 친권 · 후견 · 보좌인 · 친족회 · 상속의 승인 및 재산의 분리 외에는 관습에 의하도록 하고 분가 · 絶家再興 · 협의상 이혼 · 緣組(입양을 의미) 및 협의상 離緣에 관하여는 이를 부윤 또는 면장에게 계출하는 것으로 그 효력을 발생하도록 함으로써 친족상속법에 일본민법을 의용하는 범위를 확대하였다. 이에 따라 조선호적령을 공포하여 민적법도 근본적으로 개혁하였다. 그 후 이 개정법은 조선호적령과 함께 근 20년간 시행되었다. 그 후 1939년

---

26) 위의 논문, 99면.

27) 정광현, 한국친족상속법 강의(상)(1956), 43면.

에는 소위 내선동화정책을 수행코자 민족색이 농후한 한국신분법의 개정을 획책하여 제정 제19호로써 조선민사령 제11조를 개정하였다. 이 때의 개정은 첫째, 조선인의 성씨를 말살하기 위하여 일본식의 氏를 창설하도록 강요함으로써 한국인으로 하여금 姓을 상실케 하고 나아가 同姓不聚의 원칙을 파괴하고, 둘째 서양자제도를 한국 신분법에 이식함으로써 異姓不養의 원칙을 파괴시킴이 그 핵심이다. 이에 따라 이 개정령을 창씨개명령이라 한다. 한편 동령 제11조의 개정에 의한 창씨제도 실시와 관련하여 1939년 조선호적령도 개정되었다. 이 호적령에 의한 戶籍制度는 1914년에 개정된 일본호적법을 본딴 것이다. 이로써 우리나라의 호적제도는 일본호적법과 전혀 동일한 것으로 되었다.

현행 호적의 모체라 할 수 있는 조선호적령에 의한 호적은 본적, 호주에 관한 사항, 친족에 관한 사항으로 기록하며, 일본식의 호주상속제도를 이식하여 前戶主蘭을 구별하고, 호주란에 前 戶主와의 관계를 기재하도록 함으로써 일본식의 가부장적 부계혈통을 이어가는 호적제도가 정착되게 되었다.

(4) 新民法과 戶籍法의 제정

1945년 일본이 패망하자, 미군정청은 군정법령 제122호로 조선성명복구령을 발포함으로써 조선민사령은 1923년 법으로 환원되고, 조선호적령은 성명복구령과 어긋나는 부분은 그 효력을 잃게 되었다. 1948년에는 대한민국 헌법이 제정되었으며, 1958년에는 신민법이 제정되어 1960년부터 시행되었다. 이에 따라 호적법도 1960년부터 시행되게 되었다. 신민법이 식민지 시대의 호주제도를 그대로 계승하였듯이 호적법도 식민지 시대의 호적법을 그대로 계수하였으며, 단지 기술적인 면에서 몇 가지를 보완하였을 뿐이다. 이에 따라 민법은 호주권과 장남에 의한 호주승계를 규정하고 있으며, 호적법은 호주를 기준으로, 그리고 호주를 중심으로 하여 家別로 호적을 편제하는 일본식 호적제도의 기본틀을 여전히 유지하고 있다(호적법 제8조).

Ⅳ. 호주제도의 성립배경

1. 朝鮮時代의 家長과 戶主權

우리나라의 전통적 가족제도에 있어 '가장'이라는 개념은 법률상으로나 실제에 있어 큰 의미가 없으며 대내적으로는 자녀에 대한 관계에서 '父權'이, 처첩에 대한 관계에서 '夫權'이 있을 뿐이고, 대외적으로도 법률상 家戶를 대표하는 最尊長으로서의 의미밖에 부여되지 않았으며, 그 밖에는 노비에 대한 상전, 雇工에 대한 주인의 뜻으로 사용하였다. 따라서 父 또는 夫로서의 자격 외에 따로 특별히 가장의 권리를 인정한다든가 취임할 지위로서의 가장 제도는 없었으며 가장이기 이전에 자기 존재의 원천인 父에게 항상 최고의 권위와 존경이 부여되었다. 결국 가장이라 함은 父 · 夫 · 형 · 백숙부, 또는 조부 등 특정적으로 지칭할 수 없는 경우에 일상적 가족에 있어서의 가족에 대한 지위통솔자 내지 가족의 대외 대표자를 뜻하는 '집안의 어른'이라는 뜻이었다.[28)]

그럼에도 불구하고 가부장적 가장권으로서의 호주제가 조선의 호적과 관습법에 이식되어 뿌리를 내릴 수 있었던 것은 고려 말엽부터 유교가 융성하기 시작하면서 남계적 가부장제가 강조되기 시작하였고, 조선이 유교를 國學으로 정함에 따라 중국의 종법제가 한국에 도입됨으로 인해 조선사회에 가부장적인 토양이 있었기 때문이라고 할 수 있다. 조선사회는 全 家族員이 가족노동력을 단위로 한 농업에 종사하므로 가장을 중심으로 가족 전원의 결속과 통제가 요청되는 농업경제사회의 경제적 기반 위에 유교의 도입으로 종법제가 확립되었고, 남계적 가부장제의 윤리적 지주를 얻은 가부장권이 조선사회에서 확고히 형성되었기 때문이다.[29)] 조선사회의 가부장적인 토양은 일본이 호주제도를 이식할 수 있었던 바탕이 되었을 것으로 보인다.

---

28) 박병호(주 4), 102면.
29) 이희봉(주 19), 147-148면.

2. 日本의 戶主制度와 戶籍制度의 성립배경

일제가 그들의 호주제를 조선에 이식하고자 한 것은 일본의 명치민법이 가제도를 기초로 한 친족상속법을 갖고 있었다는 사실과 관련된다. 가제도란 호주제도와 家督相續制度를 근간으로 성립한 것으로 조상으로부터 자손으로 연속하는 추상적·초세대적인 家의 존속이라는 기능을 담당하는 것이었다. 이에 따라 명치민법은 호주에게 가족에 대한 지배적 권능을 부여하고, 장남자의 독점상속을 인정함으로써 호주권 및 家産을 승계하는 家督相續制를 성문화하였던 것이다.

그런데 일본이 명치민법에 호주제도를 창안한 배경에는 다음과 같은 정치적인 목적이 들어 있다. 즉 일본은 근 천년 전부터 武家國家였으나 이를 뒤엎고 천황의 통치권을 회복하면서 천황의 지위와 권위를 조작하여 유신을 부르짖고 천황을 새 통치자로 만드는 과정에서 家를 천황제 국가의 계층적 사회의 底邊으로 搓定하고 국가에 있어서의 天皇의 大權과 家에 있어서의 가장권인 호주권을 원리적으로 동일시하고 가족의 호주에 대한 恭順關係를 그대로 국민의 천황에 대한 복종의 관념으로 확대하고 승화시킨 것이다.[30] 초기에는 호주의 이름만 있고 내용인 구체적 권리가 없었으나, 수정과정에서 하나둘씩 조작하여 부가하고 호주를 家의 통솔자로 만들어 놓고 법률상의 家를 조직한 것이다. 결국 일본은 이 가제도를 통해 천황제적 국가의 정치적 지배를 강화하고 그 하부체제의 이데올로기로서 家觀念을 체계화하여 이를 강제로 주입하는 방법으로 민법에 호주제도와 家督相續制度를 규정하였다.[31] 그리고 일제당국은 그들의 호주제도를 조선에 이식함으로써 가족(조선인)의 호주에 대한 孝와 戶主의 일본천황에 대한 忠을 강조하여 內鮮同化를 이루려 하였던 것이다.

한편 일본의 명치정부는 전국 통일의 중앙집권제를 실현하기 위해 총인구를 파악할 필요성에서 명치 5년에 壬申 호적을 시행한 이래 몇 차례의 개정을 통해 근대적 호적법을 제정하였다. 명치정부는 원래 중앙집권정책을 실현하기 위해 국내인구를 파악하고자 국민의 일정 친족단체를 단위로 해서 公簿에 등록하는 방법을 사용하였으나, 점차 인구의 정태·동태 파악보다도 일정한 친족단체의

30) 전봉덕(주 3), 32면.

31) 이상욱(주 9), 383면.

구성원 각자의 출생으로부터 사망에 이르기까지의 신분상의 중요사건을 시간적 순서에 따라 동적으로 파악하는 기능을 영위하게 되었다. 즉 개인단위가 아니라 친족단체를 단위로 하고, 사건별이 아니라 개인의 출생으로부터 사망에 이르기까지의 신분상 중요사건의 모든 것을 통일적으로 기록하는 신분등록의 계보적 구조를 지니게 되었다.[32) 이러한 점이 가제도, 가부장제 가족제도 존속의 온상이 된 것이며, 호주제도와 함께 우리나라에 그대로 이식되면서 호주제도의 보호막이 된 것이다.

3. 戶主制度의 성립배경

호적제도의 연혁에서 본 바와 같이 일본식 가제도는 실정법에 앞서 호적제도에 의해 도입되고 이식되었다. 즉 조선시대에 家長 · 戶主 · 戶首人 등의 용어로 불리우면서 대외적으로 가족을 대표하고 대내적으론 집안어른을 의미하던 가장은 일본의 영향하에 실시된 갑오경장의 일환으로 호구조사규칙이 공포되면서 일본식의 호주라는 용어로 고정되었으며, 민적법이 실시되면서 호적이 家의 신분등록을 공시하는 기능을 수행하게 되자 私法上 家의 주재자로 등장하게 된다. 이후 일제는 1906년부터 1910년 사이에 관습조사를 실시하였다. 관습조사는 처음부터 일본의 정략적인 목적에 따라 그 지도 · 감독하에 실시된 것이었다. 민사관습조사는 1906년 당시 동경대학교수였던 梅謙次郎을 법률고문 및 한국법 개혁의 책임자로 하여 실시하였는데, 그는 "어느 국가에도 민법은 존재하는바, 한국에도 성문으로 되지 않았으므로 이를 성문으로 하지 않으면 안 되고 더구나 종래의 악한 내용을 개정하기 위하여는 문명국의 법전과 유사한 것을 만들 필요가 있다"[33)는 등의 이유로 한국에 독립된 민사법전을 편찬할 것을 주장하였으며 그 기초작업으로 전국적인 민사관습조사를 실시하였던 것이다. 관습조사는 典籍調査와 실지조사의 종류를 채택하였으며, 조사결과는 1908년 이를 보충하여 관습조사보고서를 공간하고 이를 관습법 규범의 주요한 法源으로 하였다. 그런데 이 관습조사의 문항은 일본민법의 내용 기준에 따라 호주와 가족간의 관계를 호주

32) 박병호(주 4), 93-96면.

33) 梅謙次郎, 韓國の法律制度に就てね, 東京經濟雜誌 1514호(1909.10.30), 10면. 이상욱(주 9), 373면에서 재인용.

권의 관점에서 설정함으로써 일본식 가제도의 가장권과 같은 관습의 유무를 조사한 결과, 당시의 日本민법규정과 같이 조선에도 호주권이 있다는 것으로 보고되었다. 이에 대하여 한국의 법제사가들은 관습조사 문항과 그 보고서를 검토한 후 그 문항이 戶主權의 존재를 전제로 하는 것이어서 관습 조사방법과 결과에 문제있음을 일치하여 지적하고 있으며,[34] 총독부로부터 조선시대의 재산상속에 관한 연구를 위촉받았던 喜頭兵一 判事도 관습법 가운데 일본민법 규정과의 '조화를 위하여' 왜곡한 부분이 있었음을 스스로 인정하였다.[35] 野村調太郎 조선고등법원 판사도 일본의 가관념이 한국의 것과 상이함을 지적하고 있다. 즉, "朝鮮에서 종손의 家는 특히 이를 宗家라고 부른다. 이에 대하여 支孫의 家는 支家라고 불러야 하지만 이렇게 부를 필요는 없었던 것 같다. 조선에는 원래 과세의 표준인 호구의 관념은 있었으나 우리(日本)의 이른바 家의 관념은 없고 따라서 호주 또는 호주권의 관념도 없었던 것 같다. 이는 즉 조선에서는 우리나라(일본)의 家督상속의 관념이 존재하지 않는 까닭이다. 차남 이하는 통상 혼인과 동시에 別居異財함을 常例로 하나 獨子도 역시 이 방법을 취할 수 있었으므로 우리나라(日本)의 분가 관념에는 해당하지 않는다. 一族이 一家였던 것이다. 고로 지금도 흔히 一族을 一家라고 불러 혈족을 지칭하여 一家의 者라고 한다. 근래에 이르러 민법(日本)에서와 동일한 家 및 호주의 관념이 확립되어 호주상속을 인정하여 본가·분가라는 용어까지지도 사용하게 된 것"[36]이라 하여 일본과 한국의 가제도가 서로 다르며 호주제도가 일본의 강요에 의한 것임을 밝히고 있다. 최병규 판사 역시 "조선에는 가장이 있긴 하지만 그 지위는 家督相續에 의하여 취득되는 것이 아니라 최고존친이기 때문에 취득하는 것이며, 혈연상 父親·夫 또는 인척관계상 尊親 등의 지위에 있음으로써 취득하게 되는 것이다. 즉 조선인의 친족적 공동생활의 통솔 중심력은 호주에게 있는 것이 아니라 尊親 또는 夫에게 있는 것이다. 조선인은 민법상 家의 관념에 아직 익숙해지지 않았으며, 호주권의 존재에 대하여도 확신하지 못하고 아직 백지일 것"[37]이라고 지적하였던 것이다.

---

34) 예컨대 박병호(주 4), 102-111면; 이상욱(주 9), 382-387면.

35) 총독부중추원, 李朝의 財産相續法, 例言, 2면; 이상욱(주 9), 382면에서 재인용.

36) 野村調太郎, 祖上의 祭祀 및 現行의 法律, 사법협회잡지 5권 4호(1926.4), 4면. 이상욱(주 9), 383면에서 재인용.

37) 최병규, "민사령 제11조의 관습과 家系權 및 遺妻의 相續權(2)," 사법협회잡지 17권 3호

이에 따라 일제는 조선의 관습법상 호주에게 다음과 같은 절대적이며, 포괄적인 권리의무가 있다고 하였다. 즉 가족의 거소지정권, 가족의 교육 · 감호 · 징계권, 가족의 혼인 · 입양에 대한 동의권, 가족의 출가에 대한 동의권, 가족의 거가에 대한 동의권, 가족의 분가에 대한 동의권, 가족의 재산관리권, 처분승인권, 가족의 금치산 선고청구권 및 그 취소청구권, 가족의 후견인, 보좌인이 될 권리, 친족회에 대한 권리, 가족에 대한 부양의무, 상속에 있어서의 특권 등이었으며, 정확히 일본의 호주권에 일치하는 것이었다.

한편 일제는 1912년 조선민사령을 시행하면서 재산관계에 관하여는 일본민법을 의용하고 친족상속법은 조선인의 관습법에 의하다가 1923년부터 친족상속법에도 일본민법의 의용의 범위를 확대함과 동시에 조선호적령을 통해 신분등록의 계보적 구조를 지닌 일본식 호적제도를 이식하면서 호주상속에 의한 부계혈통의 계승을 정착시켰으며, 1939년의 창씨개명령을 통해 호주에게 조선의 성씨를 일본식으로 개명할 권리와 의무를 부과하였다. 그리하여 일제는 관습조사보고서를 작성할 때 일본민법상 호주권의 관점에서 조사함으로써 광범위한 호주권의 존재를 기정사실화한 후, 실정법에 의해 창씨개명을, 그리고 그에 앞서 조선의 호적에 일본식 호적제도를 이식함으로써 단계적으로 조선의 법과 관습과 절차법에 호주제도를 이식하였던 것이다.

결국 일제는 조선사회에서의 가장이 갖는 집안의 대표자라는 사실상의 의미와 어른에 대한 존경을 바탕으로 하는 유교의 가르침을 바탕으로 한 사실상 개념으로서의 조선의 가장에 대하여, 관습조사라는 명분을 통해 일본식 호주권을 부여하는 한편 호적에 가제도를 이식한 것으로 볼 수 있다. 그것은 가족의 가부장(현행법상 호주)에 대한 절대적 恭順倫理의 이데올로기를 전제로, 가부장의 가족에 대한 권리와 부양의무를 법률상 규정하고, 사망에 의한 지위의 승계를 제도로서 인정함으로써, (조선의) 가족은 강력한 권리를 갖는 가부장으로서의 호주에게 복종하고(孝), 가족을 지배하고 통솔하는 지위를 갖는 호주는 천황에 복종(忠)한다는 충효사상을 통해 소위 內鮮同化라는 정치적 목적을 달성하기 위함이었다.

이렇듯 중국에서 유입된 종법제로 인해 남계적 가부장제가 형성된 토대 위에, 일본에서 이식된 호주제도가 민법에 정착하게 되었으므로 마치 호주제도가

(1938.3), 35-36면.

한국의 전통인 양 오인되게 된 것이다. 그런데 가부장적인 가족제도인 호주제도의 폐지를 더욱 어렵게 하는 것은 호적제도로서, 호적법은 호주에 의해 父系血統의 대가 이어지도록 구성되어 있으므로 이를 혈통의 연결을 나타내는 족보로서 인식하기에 이르렀기 때문이다.

일본은 호주제도가 반민주적이며 헌법위반이라는 이유로 1947년 신민법 제정시에 폐지[38]한 바 있는데, 우리 민법은 호주제가 우리의 전통이며 미풍양속이라고 믿는 보수세력의 주장을 받아들여 그 존재의의를 찾을 수 없음에도 불구하고 여전히 가부장적인 호주제도를 보존하고 있으니 안타깝기 그지없다.

V. 한국 家族의 변화와 戶主制度

이 땅에 중국으로부터 가부장적 종법제와 日本으로부터 戶主制가 도입될 수 있었던 것은 토지경제를 중심으로 한 대가족제를 그 기반으로 하는 것이었다. 따라서 그것이 사실상의 것이든 법적인 것이든 간에, 가장은 토지를 담보로 하여 가족을 통솔하고 가족을 부양할 수 있었다. 그러나 조선조 말기에 도입된 자본주의 경제체제는 대가족제를 분해하기 시작하여 1958년 신민법이 제정된 당시는 이미 봉건적 대가족제는 농촌과 도시 일부에서나 남아 있을 뿐이었으며, 법적으로는 인간의 존엄, 남녀평등이라는 민주주의 이념을 선언한 헌법이 제정된 지 이미 10년이 경과한 때였다. 따라서 그 때는 이미 호주제가 그 존재의의를 상실하고 있었음에도 불구하고 한국의 신민법에 호주제도가 성문화된 것이다. 이는 국회의원의 대다수가 완고한 농촌출신의 보수적 인사였으며, 민법 제정시 일본민법을 참고로 하다보니 무비판적으로 계수한 것으로 추측되며, 무엇보다도 호주제가 일본으로부터 이식되었음을 알지 못한 데 그 원인이 있었던 것으로 추측된다. 그러나 대가족제가 이미 와해되었다는 현실은 무시할 수 없었으므로 호주권은 관습법상의 그것에 비해 많이 약화된 모습으로 잔존시킴과 동시에 남자에게만 주어졌던 호주상속권을 2차적으로나마 여자에게도 인정하였다. 이에 대해 여

38) 일본최고재판소는 호주제 폐지의 근거를 개인의 존엄과 양성의 본질적 평등을 기본원칙으로 하는 일본헌법 제24조에 두고 있다. 최고재판소민사판례집, 23권 12호 참조.

성단체는 민법제정 당시부터 지금까지 여성을 차별하는 호주제의 폐지를 강력히 주장하여 왔으나 현행 민법에 여전히 건재하고 있다.

민법이 시행된 지 이미 37년이 되었다. 그 동안 한국의 가족은 산업화과정에서 대가족을 분열시키고 핵가족화 현상이 빠르게 진행되어 가는 등 가족 구조에 큰 변화가 있었다. 경제기획원이 발표한 인구 및 주택센서스에 의하면 1985년에 핵가족의 이념적 형태를 갖춘 가구의 비율은 75%에 달하며, 직계형 가구는 감소하여 10%에 불과하게 되었고 독신가구의 비율은 증대되고 있는 것으로 나타났다.[39] 이러한 핵가족을 촉진하는 현상은 산업화에 따른 노동의 증가, 개인의 자립적 · 물적 기반을 가능케 하는 경제구조의 변화에 따라 더욱 증가할 것이며, 노동자 계급의 저임금 정책과 주택문제는 핵가족의 분화를 더욱 촉진할 것으로 예측된다.

호주제는 토지경제체제와 대가족제하에서는 가장이 가족을 부양할 수 있는 경제적 기반을 갖고 있다고 할 수 있고 대가족을 통솔할 수 있는 근거로서 가장권이라는 존재가 필요했다고 볼 수도 있다. 그러나 현대는 부부중심 · 친자중심의 핵가족이 보편화된 사회이다. 부부 · 친자중심의 핵가족사회에서는 대가족의 어른으로서의 가장이 갖는 종적이며 권위주의적인 가족제도란 무의미하고 불필요하고 무가치한 것이다. 억압과 차별을 상징하는 가부장적인 가족제도 대신에 평등한 인격체를 인정하는 토대 위에 가족의 공동체적인 삶을 강조하는 가족윤리로 대체되는 것이 바람직하다.

호주제의 존치론자들은 대가족제를 유지 · 강화할 수 있는 제도를 중시하고 모든 사회관계도 가족관계의 틀 속에서 이해하도록 하기 위해 호주제가 존치되어야 한다고 한다.[40] 그러나 그러한 윤리 · 도덕과 미풍양속은 법에 의해서가 아니라 교육을 통해 이어져야 하고, 또한 그것이 바람직한 것이다.

---

39) 이가옥, "가족구조의 변화와 노인부양문제," 노인복지정책의 방향설정을 위한 세미나 자료집(1989), 5면.

40) 기세훈, "호주제도에 관한 고찰," 가족법의 제문제, 법무부(1984), 98면.

VI. 戶主制가 한국사회에 미친 영향

가족법은 각개 규정이 지니는 특성에 따라 이를 강행법규와 임의법규, 그리고 행위규범으로서의 상징적 기능과 재판규범으로서의 분쟁해결적 기능으로 분류할 수 있다고 본다. 강행법규는 당사자의 의사에 불구하고 적용이 강행되는 법규로서, 호주제나 동성동본불혼제, 친족의 범위 등이 이에 속한다. 임의법규는 당사자의 의사가 분명한 경우에 이를 우선하여 적용하지만, 당사자의 의사가 없거나 분명치 않을 때에는 법 규정을 적용할 수 있는 법을 의미한다. 유언이 없으면 법정상속분에 따른다든지, 협의이혼과 재판상이혼의 관계, 부부재산계약과 법정재산제와의 관계 등이 이에 속한다. 한편, 행위규범으로서의 상징적 기능이란 가족간의 분쟁에 있어 재판의 기준이 되기보다는 제도가 지니는 강행법규성 또는 행위규범성이 지니는 상징적인 효과가 보다 강한 기능을 이른다. 호주제도, 동성동본불혼제, 친족관계에 관한 제 규정, 혼인의 신분적 효과 등의 강행법규가 이에 속한다. 이들 제도들은 한 사람의 출생(법에 의해 친족관계가 정해지고, 호주인가 가족인가의 여부가 정해진다)에서 혼인(동성동본불혼제, 처의 부가입적으로 호주와 가족으로 구별됨), 사망(호주인 경우 누구에게 승계될 것인가)에 이르기까지 일생동안 당사자의 의사여하에 불구하고 당연히 적용되기 때문에 국민의 의식과 생활의 일부분을 형성한다. 이에 대하여, 분쟁해결적 기능이란 재판의 기준이 되는 기능으로서, "미네르바의 부엉이는 밤이 되어야 나래를 편다"는 법언은 법의 분쟁해결적 기능을 잘 나타내주는 말이라 할 것이다.

법의 목적은 결국 정의의 구현에 있으므로 분쟁해결적 기능에 있어서는 형평성이 보장되어야 할 것이다. 그러나 상징적 기능에 있어서는 이들 규정이나 제도가 우리 생활의 일부분이 되고 의식을 형성하는 요인이 되기 때문에 헌법이 선언한 바대로 인간의 존엄과 자유 · 평등을 상징할 수 있어야 한다.

1989년에 개정된 개정 가족법은 분쟁해결적 기능과 관련된 대부분의 불합리한 규정과 남녀차별적인 요소들을 제거하는 데 성공하였다고 할 수 있다. 그러나 호주제나 동성동본불혼제는 여전히 남아있으므로 상징적 기능에 관련된 문제들은 여전히 남아있다고 할 수 있다. 그렇다면 호주제도는 무엇을 상징하는가를 살펴본다. 호주제도가 지니는 상징성은 家父를 정점으로 하는 권위주의적 사고를 상징하며, 호주로 대표되는 '남자어른'에 대한 공경을 계도하는 반면에 운명적으로 가족이 될 수밖에 없는 여성지위의 열등화를 상징한다. 즉 혼인 전에는 아버지인 호주에게 복종하고, 혼인 후에는 남편에게, 남편이 사망한 후에는 호주인 아들에게 복종 · 의존하라는 행위규범으로서의 강한 상징성을 갖는 것이다. 호주제도의 존치론자들은 호주제도가 어른공경사상을 나타내니 폐지하면 어른을 공경하는 미풍이 사라진다고 하지만, 호주는 어른만이 되는 것은 아니다. 호주의 승계순위를 잠깐만 생각해 보아도 호주가 사망하면 누이나 어머니를 제치고 나이 어린 아들이 호주가 되는 것이며, 어른은 아버지나 할아버지만이 아니라 할머니나 어머니도 어른일진데 이들 여성 어른들은 남편이나 아들이 있는 한 호주가 될 기회가 아예 없는 것이니, 호주제는 가족의 위계질서에도 어긋나는 것이다. 따라서 정확히 표현하면 호주제는 어른 공경사상의 법제화라기보다는 남성우월사고의 법제화를 의미한다고 보아야 한다.

가족법은 가족관계를 규율하는 법의 특성으로 인해, 누구나 가족의 일원일 수밖에 없는 국민 개개인의 이해에 깊은 관계가 있다. 그러므로 가족법의 상징성은 다대하다고 볼 수 있다. 가부장적인 호주제도는 그 다대한 상징성을 지니고 가정과 사회에서 남성우월과 여성 경시, 취업과 승진과 임금에 있어서의 남녀차별, 夫家優待 妻家輕視, 그리고 父系優待와 母系輕視의 원인으로 작용하여 왔던 것이다.

Ⅶ. 戶主制度의 내일

(1) 헌법은 '개인의 존엄'과 '양성의 평등'을 가족법 질서의 가치지표로 명시하고 있다. 즉 현행 헌법은 "혼인과 가족생활은 개인의 존엄과 양성의 평등을 기초로 성립되고 유지되어야 한다"(헌법 34조 1항)는 명백한 가치결정을 내림으로써 인간생활의 가장 기본적이고 사적인 분야에 속하는 혼인과 가족 생활의 영역에까지 우리 헌법질서의 가치적인 핵이요, 기본권 질서의 이념적, 정신적 기초라고 볼 수 있는 개인의 존엄과 평등의 원리를 실현시키려는 강한 집념을 보이고 있다.[41] 이렇게 볼 때 개인의 존엄과 평등의 원리는 단순히 관념적인 자연법 사고의 표현이라기보다는 기본권보장을 통한 동화적 통합의 원칙적인 가치지표요,

우리 헌법질서의 최고의 가치적 Konsens라 하지 않을 수 없다. 그러므로 개인의 존엄, 평등의 원리라는 헌법질서의 최고의 가치적 Konsens는 인륜, 전통성이라는 문화적 명분 때문에 양보할 수 없는 가치지표인 것이다. 이 같은 헌법의 원리에 호주제를 비추어 볼 때, 호주제는 한 가족 집단에는 호주가 있어 그 가족에 대하여 일정한 권리와 의무로서 가족구성원을 지배하며 통솔한다는 종적인 사고를 내포하고 상징한다. 이 제도의 현실성 여부를 불문하고, 호주권의 강약에 관계없이, 호주제에 담겨진 사고는 오로지 지배와 복종이라는, 종적이며 권위주의적인 이념을 상징하는 것이며, 남자로 代를 이어가게 하는 제도에 의해 男尊女卑를 상징하는 것이다. 이같이 호주제에 담겨진 종적인 사고와 남존여비적 사고는 여자와 家族을 열등시민으로 규정하는 것에 다름 아니다. 그것은 인간의 존엄과 가치를 근본적으로 차별하는 것이므로 헌법이 추구하는 인간의 존엄 및 평등의 원리에 반하는 것이다.

(2) 호주제는 일본에서 그들의 정치적 목적에서 창안된 것이다. 즉 강력한 호주권을 호주에게 규정하고, 가족의 호주에 대한 복종과 호주의 천황에 대한 충성을 통해 천황지배 이데올로기를 달성하려 한 호주제도를 먼저 조선의 호적제도에 이식하고, 창씨개명령에 의해 한국인의 성씨를 말살하며, 관습조사를 통해 조선에 강력한 호주권이 있는 것으로 보고함으로써, 소위 '內鮮'을 동화하여 조선인의 그들 천황에 대한 충성을 강요하려 한 것인데, 신민법 제정시에 이를 무비판적으로 답습한, 日本式 제도라는 점에 주목하여야 한다. 우리의 전통적인 호적제도는 현실의 공동생활을 정확히 반영하는 것이었으며, 家의 대표자로서 사용되던 戶主, 戶首人, 또는 가장이라는 호칭도 사실상 집안어른의 의미에 불과한 것이었다. 따라서 조선의 가장은 집안을 대표하는 어른이었다. 조선의 가장은 절대적이며 포괄적 지배권으로서의 호주와는 달리 대외적으로 가족을 대표하고 개개의 사항에 관하여 가족을 통솔하고 가족의 존경을 받는 집안의 最尊長이었다. 따라서 家督相續에 의해 그 지위가 승계되고, 가족에 대한 통합적 지배권을 갖는 법률상의 개념인 일본 민법상의 호주와는 다른 것이었다.

다만 그 당시 중국에서 들어온 유교의 가르침에 따라 어른을 공경하는 전통과 관습이라는 문화적 · 정신적 지주가 바탕에 있었으므로 일제는 이를 이용하여

---

41) 허영, "헌법과 가족법," 법률연구 제3집(1983), 424면.

조선의 호적과 조작된 관습을 통해, 일본식 호주제도를 이식하고, 호주에게 가족을 통솔하고 부양하는 법적 권리와 의무를 부여하는 한편, 호주의 지위를 장남에 의해 면면히 이어지도록 한 것이다. 따라서 호주제는 결코 우리의 전통도 아니며, 미풍양속은 더더욱 아닌 것이다. 호주는 어른을 상징하는 지위가 아니라, 남성우월과 남성중심을 상징하는 것으로, 인간의 존엄과 양성평등의 원리에 반하는 것이니, 어른을 존경하는 우리의 미풍양속과는 다른 것이다.

일본은 일찍이 명치민법상의 호주제도가 가족원 개인의 인격주체가 家에 매몰되고 무시되는 반민주적이며 헌법위반[42]이란 이유로 천황통치의 붕괴와 동시에 신민법제정시인 1947년 12월 22일에 폐지한 바 있다.[43]

(3) 현대 한국의 가족은 부부 · 친자로 구성된 핵가족이 보편화된 사회이다. 사람의 힘으로 막을 수 없는 시대적 조류 속에서 가부장제도는 이제 설 자리를 잃은 것이다. 그러므로 핵가족 중심의 현대가족에게는 그에 걸맞는 가족질서가 필요하다. 그러므로 대가족에 걸맞는 윤리질서를 핵가족에게 강요하기보다는, 자녀에 대한 관계는 자녀에 대한 부모의 책임을 강조하는 친권으로, 부부간의 관계는 평등한 인격을 전제로 공동체적 삶을 강조하는 가치관과 부부의 애정을 결속시키고 부부상을 정립하는 가족정책을 반영하여야 할 것이다. 이에 더하여, 노인복지와 아동복지 등 약자를 보호하는 정책을 반영하는 방향으로 나아가야 한다.

(4) 무엇보다도 현행 민법상 호주의 권리의 대부분과 가족에 대한 부양의무는 삭제되었으므로 결국 호주권은 공허한 것으로 되었고, 다만 호적상 제일 먼저 기재되는 자에 불과하게 되었다. 따라서 우리가 보통 쓰는 용어인 가장과도 거리가 먼 개념이다. 예컨대 호주인 남편이 처와, 장성한 두 딸과, 젖먹이 아들을 남기고 사망하였다면 젖먹이 아들이 호주가 되고 가계는 어머니가 꾸려나가는 것이 현실임을 생각할 때, 호주라는 개념이 얼마나 형식적이며 법률에만 존재하는 개념이며, 사실상의 가장과 다른 개념인지 알 수 있다. 이러한 공허하고 유명무실한 제도가 무엇 때문에 가족법에 존재하여야 하는지 의문이다. 또한 호주의 지위는 장남에 의해 승계하도록 되어 있으므로 남존여비를 상징하고 남아선호의

42) 자세히는 주 38) 참조.

43) 이희배, "호주제도개혁의 이념적 논거와 그 수정내용," 가족법연구 제4호(1990), 57면.

원천이 되고 있으니, 인간의 존엄과 양성평등의 원리에도 반하는 것이다. 그런 의미에서도 호주제도는 이미 그 존재가치를 상실하였다고 보아야 한다.

(5) 호적제도 역시 개선되어야 한다. 현재의 호적제도는 호주제와 맞물려 운영되면서 家의 계보를 나타내는 문서의 역할까지 감당하고 있기 때문이다. 이에 따라 호적에서는 혈통에 대한 색채를 배제하고 공문서의 역할만을 수행하도록 개선되어야 할 것이다.

Ⅷ. 맺는 말

이상에서 호주제도의 성립배경을 통해 호주제의 어제를, 그리고 이 제도가 한국사회에 미친 영향을 통해 오늘의 모습을, 그리고 그 폐지의 근거와 개선방향을 제안함으로써 호주제의 내일을 전망하여 보았다.

한국의 전통적인 호적은 과세 등을 위해 현실의 가족을 반영하는 것이었으나, 일제가 그들의 호적제도를 조선에 이식하기 시작하면서 조선의 호적은 호주를 기준으로, 호주를 중심으로 하는 일제식 가제도로 바뀌었다. 이에 따라 호적은 가계의 혈통연결과 상황을 표시하여 각 개인의 신분변동상황과 친족관계를 기록하고 공증하는 제도로까지 성격이 바뀌어 갔던 것이다. 이러한 호적의 성격이 호주제도의 폐지를 더욱 어렵게 하는 요인이 되고 있다.

한편 일제는 명치민법의 가제도과 호주제도를 조선의 호적에 이식함과 동시에 관습조사보고서를 그들의 호주권의 관점에서 실시함으로 인해 조선의 家長의 지위를 명치민법상 호주와 호주권에 일치하는 것으로 보고함으로써 조선의 관습까지도 조작하여 일제식 가제도와 호주제도는 조선에 이식되고 도입되었던 것이다.

이렇게 단계적으로 도입된 호주제도는 남자어른으로 대표되는 호주에게 호주권과 의무를 부여하고 호주의 지위는 장남에게 승계되는 것으로 민법이 규정하고 이를 호적법이 보완하고 뒷받침함으로써 가부장적이며 종적이며, 권위주의적인 상징성을 지니며 한국의 가족법을 낙후하게 하고 한국인의 의식을 가부장적이게 하는 데 기여해 왔던 것이다.

그러나 이 같은 호주제도는 인간의 존엄과 평등의 원리에 반하는 제도로서 남성우월을 상징할 뿐, 어떠한 긍정적인 존재가치도 발견할 수 없다. 오히려 한국사회 구성원들의 의식을 낙후하게 함으로써 부정적인 기능을 수행하고 있으므로 하루 속히 가족법에서 폐지하고 개인의 존엄과 평등의 원리를 반영하고, 복지정책과 연결되는 가족법으로 거듭나야 할 것이다.

_ 아시아문화연구 제2집(경원대학교 아시아문화연구소, 1997) 게재

後 記

호주제도는 2005년 법에서 삭제되어 2008년 1월 1일부터 시행되고 있으며, 호주제도를 철저히 뒷받침하던 호적법은 폐지되고 「가족관계의 등록 등에 관한 법률」이 제정되어 2008년 1월 1일부터 시행되고 있다.

동성동본불혼제도의 헌법불합치 결정을 환영하며

Ⅰ. 들어가는 말

헌법재판소는 지난 7월 16일, 동성동본불혼규정에 대해 사실상 위헌에 해당하는 헌법불합치 결정을 내림으로써, 지난 39년 동안 이 규정의 존폐를 둘러싼 길고 긴 논란에 종지부를 찍었다. 이에 따라 민법 제809조 제1항은 1998년까지 개정되어야 하며, 개정 전까지는 그 효력을 상실하는 운명에 처하게 되었다.

민법이 제정되면서부터 시작된 가족법 개정을 둘러싼 논쟁의 역사는 한 마디로, 가부장적 제도의 전형인 호주제와 동성동본 불혼제의 존폐를 위한, 유림으로 대표되는 보수세력과 여성계로 대표되는 진보세력 간의 대립의 역사라고 요약할 수 있을 것 같다. 이 같은 양 제도의 존폐를 둘러싼 보·혁 세력의 대립구도는 정작 중요하고도 시급한 제도의 개선까지 서서히 뒷전으로 밀리게 하다가 급기야는 개선의 여지마저 물거품이 되게 하는 악순환을 거듭하는 동안에 가족법의 발전을 가로막고, 분쟁당사자의 희생을 담보하는가 하면, 국민들에게 가부장적 의식을 심어주는 데 기여(?)해왔다고 할 수 있다.

이 같은 가부장적 제도의 존폐를 둘러싸고 존치와 폐지를 주장하는 세력간의 대립구도는 지난 1989년의 가족법 개정에서 또 한번 그 위력을 발휘하였다. 즉 여타의 중요한 문제들은 대부분 합리적으로 개선된 반면에, 호주제는 호주의 권리 대부분과 의무를 삭제한 공허한 모습으로, 동성동본 불혼제는 온전한 모습으로 건재하게 된 것이다. 가히 보수와 혁신세력을 염두에 둔 정치적인 타협의 산물이라 할 것이다.

그렇게 남게 된 양 제도 중 동성동본 금혼규정이 이번에 사법부의 심판대에 오르게 된 것은 지난 1995년 4월 가정법률상담소가 8쌍의 동성동본 부부를 대신

해 서울가정법원에 혼인신고 불수리처분에 대한 불복신청을 제기하였고, 가정법원이 헌법재판소에 위헌심판을 제청하였기 때문이다. 이에 대해 헌법재판소는 2년여에 걸친 심리 끝에 "동성동본 불혼제는 인간의 존엄과 행복추구권, 개인의 존엄과 양성평등에 기초한 혼인과 가족생활의 성립 유지라는 헌법정신에 배치되며 평등의 원칙에도 어긋난다"고 함으로써 폐지론자의 주장을 받아들였다.

이제 헌법재판소의 위헌결정으로 가족법 개정은 불가피하게 되었다. 이에 대해 유림측의 반대, 또는 금혼의 범위를 확대하기 위한 움직임이 예상된다. 그 움직임이 가시화되면 일반인들의 의견은 다시 한번 찬반론으로 나누어질 것이다. 그러면 논쟁의 재연이 과연 생산적인가? 이 제도의 폐지가 그토록 우려할 만한 일인가? 그렇다면 동성동본 불혼제의 사고의 바탕은 과연 무엇인가 등등의 의문과 과제들을 정리하고 이제는 더 이상 이런 무의미한 대립과 투쟁을 멈추고, 더 시급하고 산적한 문제들에 관심과 중지를 모았으면 하는 바람에서 이 글을 쓴다.

II. 동성동본 불혼제에 대한 찬반론과 헌법재판소의 결정이유[1)]

1. 유림의 의견

유림측은 동성동본 금혼제도가 국민의 정서에 부합하며, 국민 대다수가 존치를 바라고 있으며, 우리의 도덕관념에 비추어 사회적 유용성을 가지고 있어 헌법의 이념에도 어긋나지 않는다고 주장한다. 또한 이 제도는 호주제와 더불어 우리 가족법의 양대 지주로서 사회적 역할을 수행하고 있으며, 동성동본인 혈족 사이의 혼인은 유전학적으로도 좋지 않다고 주장한다.

2. 신청인들의 의견

신청인들은, 이 제도는 자유로운 의사의 합치와 애정을 바탕으로 한 혼인생활과 자녀의 출산 · 양육을 향유할 수 있는 행복추구권의 향유에 장애가 되고, 남

1) 이하는 1997.7.16 헌법재판소 결정(헌재공시 제416호)을 요약한 것임.

계혈족만을 문제삼고 있어 여성들의 평등권을 침해하며, 법률상 혼인으로 인정되지 못함으로써 실제 가족생활에서 의료보험, 각종 생활상의 급여, 가족수당 등 근로관계에서 오는 불이익, 상속 등의 재산문제, 행정상의 신고 등과 관련하여 고통을 받고 있는 점에서 혼인과 가족생활의 권리를 침해하고 있다고 했다. 또 동성동본의 혼인은 유전학적으로 아무런 문제가 없고, 이 제도는 우리의 미풍양속이 아니며, 더욱이 세 차례에 걸친 혼인에 관한 특례법의 시행은 이 제도의 허구성을 드러내는 것이라고 주장하였다.

3. 헌법재판소의 판단

이에 대해 헌법재판소는 다음과 같은 근거로 헌법불합치 결정을 선고하고, 민법 제809조 제1항에 대해 1998년 12월 31일까지 개정하지 않으면 1991년 1월 1일 그 효력을 상실하며, 입법자가 개정할 때까지는 그 적용을 중지한다고 결정하였다. 헌법재판소의 판단의 요지는 다음과 같다.

첫째, 근친혼 금지의 범위(민법 제815조) 그 자체만으로도 다른 국가의 입법례에 비하여 넓은데, 이에 더하여 동성동본인 혈족 사이의 혼인은 그 촌수의 원근에 관계없이 일률적으로 이를 모두 금지하고 혼인신고를 수리하지 못하도록 하고 있다.

둘째, 이 제도는 원래 우리의 관습이 아닐 뿐 아니라, 이 원칙이 확립된 17세기 후반에는 남계를 중심으로 한 족벌적·가부장적 대가족 중심의 가족제도와 농경 중심의 사회였으므로 이 원칙이 사회의 질서유지 수단으로 기능할 수 있었다.

셋째, 그러나 현대사회는 너무나 많은 사회환경의 변화가 있었다. 즉, 오늘날의 혼인과 가족생활은 현대사회의 기본 이념인 자유와 평등, 개인의 존엄과 양성평등의 바탕 위에서 이루어져야 하며, 혼인관도 가족 대 가족의 결합이 아니라 혼인당사자의 자유의사를 존중하는 인격 대 인격의 결합으로 바뀌었으며, 인구의 기하급수적인 증가로 동성동본이라는 것이 금혼의 기준으로 그 합리성을 인정받기 어려울 뿐 아니라 家 내지 本貫이라는 관념도 희박해지고 있다. 또한 세 차례에 걸친 혼인에 관한 특례법의 시행은 이 제도가 금혼규정으로서의 기능을 하지 못함을 말해주고 있으며, 민법은 제781조 제3항에서 혈연과는 무관하게 동성동본이 생길 수 있게 하였으므로 동성동본이 더 이상 혈연관계를 나타내는 지표로서 기능하지 못하는 등 존립기반이 근본적으로 동요하고 있다. 이에 따라 이 제도의 존치 여부는 헌법이념 및 규정에 의한 새로운 조명과 판단이 있어야 한다.

넷째, 헌법이념 및 규정에서 본 위헌성에 대하여는, 이 제도는 헌법 제10조의 개인의 인격권 · 행복추구권에 반하며, 헌법 제36조 제1항의 개인의 존엄과 양성의 평등에 반한다. 그것은 촌수의 원근에 관계없이 일률적으로 혼인을 금지하고 있고 이에 위반한 혼인을 취소할 수 있도록 할 뿐 아니라 혼인신고조차 못하게 하고 있어 혼인의 자유를 제한하고 있으며, 또한 제한의 범위를 동성동본인 혈족, 즉 남계혈족에만 한정하여 성별에 의한 차별을 함으로써 제11조 제1항에 위배되어 결국 사회적 타당성 내지 합리성을 상실하고 있고, 또한 혼인의 자유와 권리를 제한할 사회질서나 공공복리에 해당될 수 없어 제37조 제2항의 과잉금지의 원칙에도 위배된다.

다섯째, 존치론에서 주장하는 유전학적으로 유해하다는 견해에 대해서는, 동성동본간의 혼인이 유전학적으로 유해하다면 여계혈족에도 같은 문제가 발생하여야 하며, 유전학적으로 유해하다는 과학적인 증거가 없어 동성동본 불혼제를 합리화할 이유가 될 수 없으며, 이 제도가 사회의 미풍양속과 전통문화에 어긋난다는 주장은 사회적 기반 내지 현실적 타당성에 대한 고찰이 결여된 것으로, 윤리나 도덕관념도 시대에 따라 변천하고 역사에 따라 발전하고 있음을 도외시한 주장이다. 또한 우리가 진정 계승 · 발전시켜야 할 전통문화는 이 시대의 환경에 맞고 오늘날에도 보편타당한 것이어야 한다.

끝으로, 이 조항이 위헌이라 하여 헌법재판소가 동성동본인 혈족 사이의 혼인을 권장한다거나 기존의 보편타당한 윤리 내지 도덕관념을 모두 부정하는 것은 아니다.

Ⅲ. 한국의 성씨제도와 부계혈통, 그리고 동성동본 불혼제

동성동본 불혼제의 저변에는 다음과 같은 사고가 자리잡고 있다. 즉, 모든 자녀는 당연히 아버지의 성씨를 물려받아야 한다는 것, 아버지의 성씨는 곧 가족의 혈통을 의미한다는 것, 그리하여 부성은 곧 혈통의 정체성이라는 인식이다.

이 같은 부계혈통의 순수성을 지키기 위해 '성은 불변'이라는 관습이 확고하게 자리잡게 되었으며, 동성동본 불혼제는 이러한 인식과 관습을 바탕으로 형성된 원리이다. 즉, 성씨가 같으면(현행 민법상으로는 본관도 같아야 한다) 같은 부계혈통으로, 동일한 부계시조를 생명의 뿌리로 한 어버이의 자손이니 남매간이나 다름없으며, 동성동본인 남녀는 남매이니 촌수에 관계없이 혼인할 수 없다는 결론에 이르게 된 것이다.

이같이 자녀가 출생하면 당연히 그리고 너무나 자연스럽게 아버지의 성씨를 물려받는 인식과 습관에서 비롯되어서 부계성씨는 곧 가족의 혈통의 정체성이라는 인식과 관습으로, 동성동본이면 남매간이니 불혼이어야 한다는 전통과 법(민법 제809조)으로 발전되어오는 동안에 철저히 무시 · 도외시되고 은폐된 진실은 바로 모계혈통이었다. 어쩌면 도외시된 것은 자녀의 성씨와 모계혈통이라는 표면적인 진실보다도 어머니의 인격 그 자체인지도 모른다.

인식은 고정되지 않는다. 나무가 자라듯 자라서 가지를 치고 열매를 맺든가, 아니면 움츠러들든가, 둘 중의 하나이다. 현상도 마찬가지이다. 하나의 현상은 또 다른 현상으로 발전하거나, 기가 꺾여 다른 현상의 영향을 받거나 하기 십상이다. 아버지의 성씨를 물려받은 자녀들의 머릿속에는 자신이 아버지의 자손이며, 아버지는 어머니보다 우월하다는 인식이 자리매김한다. 아버지는 곧 남성을 상징하며 대표한다. 반면에 어머니는 성도 혈통도 모계촌수도 무시되는 존재, 약자이며 보호받아야 할 존재라는 인식이 형성되고 발전하게 된다. 어른들이 친가와 외가를 구분하고, 시부모와 남편의 태도에 따라 울고 웃는 어머니의 나약한 모습(현상)은 어머니를 약자로, 무시해도 좋을 인격으로 인식하게 하는 데 크게 기여했을 것이다. 다만 부모에게 효도하라는 유교의 가르침이 표면적으로 어머니를 경시하지 못하도록 가로막는 장치로서 기능하였을 법하다. 어머니는 여성을 상징하며 대표함은 물론이다.

놀랍게도 이러한 의식은 오늘날 남녀평등을 선언한 헌법을 갖고 있고 자유와 평등을 그 이상으로 하는 현대의 한국인에게서도 발견된다. 어머니의 성씨와 모계혈통과 모계의 촌수를 문제 삼지 않는 문화 속에서 사는 동안 알게 모르게, 어머니의 교육 정도나 능력과는 무관하게 어머니의 인격까지 함께 문제 삼지 않으려는 의식을 공유하게 되었으리라.

그리하여 부계성씨와 부계혈통의 정체성, 그리고 동성동본불혼으로 이어지는 부계혈통 중심 사고와 모계혈통 경시라는 함수관계는 아버지로 대표되는 남성우월 문화로, 어머니로 대표되는 여성경시 풍조로 발전하면서 우리 사회의 전통과 관습과 일종의 문화를 형성하여 왔으며, 가부장적인 법(민법)으로 그 열매를 맺기에 이른 것이다. 그리하여 자유 · 평등을 선언하며 혼인의 자유와 행복추구권을 권리로 인정하는 헌법을 갖고 있는 오늘날에도, 우리는 아버지의 성씨만을 정통의 혈통으로 인정하면서 오로지 부계혈통을 기준으로 촌수와 관계없이 혼인을 금하는 법을 너무나 당연하게 지키고 있는 것이다. 일부에서는 이 법을 우리의 미풍양속이며 전통문화라고 주장하고 있기도 하다. 그리고 지식인들을 포함한 많은 국민들이 가부장적인 사고를 대표하는 유림의 이 같은 주장을 여과 없이 지지하고 있음을 발견[2] 하면서, 오랜 세월에 걸쳐 형성된 인식이 얼마나 무서운 고정관념으로 되었고 문제의식을 둔화시키는 힘이 되었는가를 절감하게 된다.

Ⅳ. 동성동본 불혼제는 미풍양속인가

미풍양속이란 아름답고 좋은 관습을 의미한다. 그런데 동성동본 불혼제는 모계혈통은 무시하고 부계혈통만을 중심으로 형성되고 발전된 반쪽의 진리에 불과하다. 부계혈통만을 기준으로 혼인을 금하는 원리는 단순한 원리에 그치는 것이 아니라, 아버지로 대표되는 남성우월적인 사고로, 어머니로 대표되는 여성경시 의식으로 이어지게 하는 강한 상징성을 지닌다. 남성을 우월하게 하고 여성을 경시하게 하는 것은 미풍도 양속도 아니다. 그것은 중국에서 수입한 종법제를 유지하기 위해 만들어낸, 그 시대에나 타당한 유교적 이데올로기일 뿐이다.

동성동본불혼의 원리가 어찌하여 미풍양속일 수 있는가? 미풍양속이란, 예를 들어 부모에게 효도하라거나, 형제간에 우애 있게 지내라거나, 이웃을 사랑하라거나, 이해가 충돌하면 먼저 양보하라는 등의 아름답고 선하고 정겨운 내용을 담고 있어야 한다. 성과 본이 같으면 혼인해선 안된다는 원리가 어찌하여 미풍이

2) 예컨대 1984년 대한변호사협회에서 실시한 가족법 개정의견에서 회원(변호사) 총수 1,155명 중 동성동본의 금혼제도를 완화하여 8촌 이내에만 금혼토록 한다는 설문에 대한 응답자 583명 중 찬성이 435명(74.6%), 반대가 148명(25.4%)으로 나타났다. 반대의 숫자가 148명이나 된다는 사실에 주목할 필요가 있다.

며, 양속일 수 있는가? 그 원리가 이 사회에 기여한 것이 과연 무엇인가? 이 원리가 가족법에 존재함으로 해서 금혼의 범위가 우리보다 훨씬 좁은 나라들에 비해 우리나라가 아름답고도 훈훈한 인정이 넘치고 다툼이 없으며, 사회구성원들이 어느 사회보다 질서를 잘 지키며 서로 양보하는 미덕을 발휘하는 데 기여하였거나, 하다못해 이 제도로 인해 부부가 이혼하지 않고 서로 사랑하며 살아가게 하는 데 기여한 바가 있는지 궁금하다.

위와 같은 요소들, 또는 그 중 하나라도 내포되어 있을 때 우리는 감히 이를 미풍양속이라고 일컬을 수 있거나 가족법에의 존치를 주장할 수 있을 것이다. 필자의 기억으로는 가족법 개정 때마다 호주제와 이 제도에 논의의 초점이 집중됨으로써, 다른 시급하고도 중요한 개선의 여지까지도 무위로 돌아가게 하는 결과를 낳았는가 하면 동성동본 혼인(사실혼)을 한 수많은 남녀와 그 자녀들은 이 제도 때문에 눈물지어야 했으며, 은연중에 모계혈통이 무시되는 등 부정적인 면 외에는 생각나는 것이 없으니 딱하기만 하다.

Ⅴ. 미풍양속은 법으로 보존되어야 하는가

설사 동성동본 불혼제를 미풍양속이라 가정한다 해도, 미풍양속은 법규정을 통해서가 아니라 가르침을 통해서 이어지는 것이 원칙이다. 모든 도덕이나 윤리 및 미풍양속을 다 법에 담을 수는 없는 것이다.

우리가 어른을 공경하고 존댓말을 쓰는 것은 법이 그렇게 규정하고 있기 때문이 아니라 가정과 학교에서 가르침을 통해 터득하게 된 것과 같다. 동성동본간의 혼인을 금하는 법규정을 폐지하자는 뜻은 동성동본간의 혼인을 장려하자는 것이 결코 아니다.[3] 법에서는 혼인을 금하지 않으면 안 된다고 생각되는 타당한 범위로서 8촌 이내 근친간의 혼인만을 금하도록 하고(외국의 입법례에 비추어 대단히 넓음), 그 외의 혼인은 각자의 자유에 맡기자는 것이다. 그러므로 먼 촌수의 동성동본간이라도 혼인하는 것이 그토록 나쁘다면 가정에서 또는 글을 통해 또는 교육기관을 통해 가르칠 일이다. 그것은 마치 교통질서를 지키라거나 운전 중

3) 헌법재판소결정문, 4면.

서로 양보하라는 내용은 공중도덕이나 교통도덕 또는 교육을 통해 권면하되, 일정 내용을 위반하면 질서가 유지되지 않는다고 판단되는 최소한의 교통도덕만을 법에서 규정하고, 이에 위반한 자에 대하여 일정한 제재를 가하는 것과 같은 이치이다.

법이 지나치게 가정에 간섭하거나 혼인의 자유를 침해하는 것은 타당하지 않다. 그러므로 가족법에서 이 원리가 폐지된다 해도, 자녀가 동성동본인 배우자와 혼인한다고 할 때 부모가 그 혼인을 허락하거나 설득하여 포기하도록 하는 것은 그들의 자유이다. 다만 그들이 부모의 반대에도 불구하고 혼인을 강행했을 때, 현행법하에서는 편법 이외에는 그들의 혼인신고는 수리되지 않으므로 사실혼 부부로 살아갈 수밖에 없었지만 이제는 떳떳이 혼인신고를 할 수 있게 되었다는 차이가 있을 뿐이다. 법에서 이 원리가 폐지되었다고 해서 젊은 남녀가 봇물 터지듯이 동성동본간에 혼인하겠다고 나설 것이라는 우려는 기우에 지나지 않는다. 그것은 옳건 그르건간에, 동성동본간에 혼인을 하지 않는 관습은 오랜 세월을 걸쳐 형성되고 유지되어온 우리의 전통이 되었기 때문이다.

그렇다면 어찌하여 그토록 많은 동성동본 혼인이 형성되는가? 대부분 상대방이 동성동본인 줄 모르고 교제를 시작했다가 혼인단계에 이르러 비로소 서로가 동성동본임을 알게 되고, 집안의 반대를 무릅쓰고 사실상 혼인에 이르게 된 경우가 많은 것으로 추측된다. 이 같은 사실은 그 동안 몇 쌍의 동성동본 남녀를 상담하면서 알게 되었는데, 일반적으로 동성동본 혼인을 한 사람들은 서로 호감을 갖는 단계에서는 동성동본인지 확인하지 않고 교제를 하다가 결혼이야기가 오가면서 동성동본임이 밝혀져 급기야 집안의 반대에 부딪히는 등 전혀 예측하지 못한 상황을 앞에 놓고 그 대처방법을 찾다가 결국 '이 금혼규정은 악법'이라고 단정하고 혼인(또는 동거)을 감행한다는 공통점을 발견할 수 있었다. 옳지 않다고 믿으면 과감히 감행하는 젊음의 특징이 동성동본의 혼인(사실혼)을 가능케 하는 것으로 짐작된다.[4)]

그러므로 동성동본 불혼법이 있어도 혼인으로 성숙한 단계에서는 이들의 혼인을 예방하는 기능을 하지 못할 뿐 아니라 오히려 각종 법이나 행정상의 불이익

4) 다만 중매혼의 경우에는 동성동본금혼법이 동성동본간의 혼인을 방지하는 장치로 기능할 것이다.

을 받는 사실혼 발생의 원인이 될 뿐이다. 따라서 동성동본 불혼제를 폐지하자는 것은 결국 이들, 이미 발생하여 존재하는 사실혼 관계에 있는 9촌 이상의 동성동본인 부부 또는 앞으로도 발생할지 모를 예비부부들이 혼인신고를 할 수 있도록 함으로써 법적 혼인으로 승화시키자는 의미를 갖고 있다. 무엇보다도 이들의 혼인은 근친혼과는 달리 유전학적으로 유해하지도, 윤리적으로 문제되지도 않기 때문이다.

동성동본금혼법이 엄연히 존재함에도 불구하고 많은 부부들이 각종 편법(뇌물을 제공하거나 한쪽의 본을 바꾸는 등)을 동원하여 혼인신고를 하여왔음은 이미 공공연한 사실이다.[5] 섭외사법에 의한 혼인신고도 가능하다. 즉 외국에서 혼인식을 거행한 후 혼인증명서를 우송하여 혼인신고를 하는 경우에는 동성동본간의 혼인신고라도 수리되어야 함은 이미 대법원이 인정한 바 있다. 결국 동성동본간의 혼인신고가 합법적으로 수리될 수 있는 길이 열려 있었다는 것이다. 무엇보다도 세 차례에 걸친「혼인신고 특례법」에 의해 9촌 이상 동성동본의 사실혼 부부의 혼인신고를 수리하였다는 사실은 더 이상 이 제도를 유지할 명분이 없음을 의미한다.[6]

VI. 동성동본간의 혼인은 유전적으로 유해한가

9촌 이상 동성동본간의 혼인이 유전학적으로 유해한가에 대한 연구결과는 찾아보기 힘들다. 그것은 근친혼의 유전학적 연구는 가능하지만[7] 모계를 무시하고 부계만을 대상으로 과학적 검토를 하는 것 자체가 무의미하며, 원친자 사이의 동성혼으로 인한 유전학적 폐해를 굳이 염려할 필요조차 없기 때문이라 한다.[8] 또한 유전학적으로 문제가 된다면, 헌법재판소가 밝힌 바와 같이 모계혈족에도

5) 조선일보, 1997년 7월 17일자, 20면 참조.

6) 헌법재판소결정문, 3면.

7) 위헌 여부를 심리하는 과정에서 서울대 생물학과 이정주 교수는 열성유전병의 발병률은 16촌일 경우 6만 5천 명당 1명꼴로 나타나 일반 집단에서 나타나는 발병률인 4만 명 중의 1명보다 오히려 낮다고 함으로써 유전학적 유해설을 부인하였다.

8) 백용균, "가족법 개정의견에 대한 토론," 한국민사법학회 민사법 개정의견서, 188면 참조.

같은 원리가 적용되어야 할 것이다. 생명의 재생산은 부모의 유전자 결합으로 이루어지기 때문이다. 특히 남녀를 구별하는 유전인자는 여자가 지닌 유전자로써 결정된다는 것은 이미 과학적으로 입증된 바 있다. 그러므로 부계혈통만을 기준으로, 그것도 유전학적인 이유를 내세워 동성동본 금혼을 주장하는 것은 매우 비과학적인 셈이다. 상식적으로 보아도 한 생명의 유전자 속에는 그를 있게 한 수많은 남녀 조상들의 유전인자가 포함되어 있을 터인데, 어떻게 부계혈통의 순수성이 지켜질 수 있겠는가?[9)]

Ⅶ. 혈족지표로서의 성씨의 정통성

과학적으로 볼 때 성씨 그 자체가 부계혈통의 순수성을 나타내는 지표가 될 수 없지만, 설사 이를 긍정한다 해도 성씨의 정통성이 전제될 때 비로소 동성동본간의 혼인을 금지할 기준으로서의 자격이 부여될 것이다. 도로교통법을 적용하려면 그 법의 정통성이 인정되어야 함과 같다. 어느 개인이나 단체가 멋대로 제정한 법을 가지고 제재를 가하려 들면 정통성과 신뢰성이 결여되어 누구도 승복하지 않을 것인 것과 마찬가지이다.

동성동본간의 혼인이 윤리적으로나 유전학적으로 유해하여 금지하여야 한다는 것은, 모든 한국인의 성씨가 생명의 뿌리가 되는 시조로부터 지금까지 흔들림 없이 순수하게 보존되어왔음을 전제로 할 때 가능하다. 그러나 일부 특수층의 경우에도 수 차례의 사회 혼란과 변혁을 겪으면서 성씨의 정통성은 지켜질 수 없었으며, 더욱이 일반 서민이 성을 가지게 된 것은 조선후기 건양 원년(1896)에 칙령 제61호로 발포된 호구조사규칙과 융희 3년(1909)에 법률 제8호로 시행된 민적법을 계기로 한 것이니,[10)] 성씨의 정통성은 논할 여지조차 없는 것이다. 그것

---

9) 한 연구에 의하면 혈통은 한 세대가 지날 때마다 반으로 줄기 때문에 2대 후에는 4분의 1, 3대 후에는 8분의 1로 희박해지고 15대 후에는 10만분의 1로 줄어든다고 한다. 사람의 한 세대를 약 20년 내지 30년으로 추산할 때, 15세대는 약 300년 내지 400년에 해당할 것이다. 따라서 어떤 공동시조의 혈통을 이은 동성동본의 자손이라 해도 300년이 지나면 유전학상의 혈통은 사실상 무시될 수밖에 없다고 한다. 위의 논문, 190면.

10) 신석호, "한국성씨의 개관," 한국성씨대관, 27면.

은 일반 서민들이 민적법 시행 이전에는 거의 성을 갖고 있지 않다가 민적법을 계기로 성을 갖게 되면서 기존의 성씨를 택하였거나 성씨를 창설하였음을 의미한다. 그렇게 택하였거나 창설한 성씨를 기준으로 유전학을, 그것도 부계만을 대상으로 검토하고 논한다는 것 자체가 어불성설이 아닌가?

그 이전으로 거슬러 올라가더라도 사회의 혼란기와 변혁기에 성과 본을 매매한 기록과 흔적이 전해오고 있음을 볼 때, 성씨의 정통성은 인정되기 힘든 것이다. 더욱이 본에 관하여는, 이조시의 『경국대전』에 의하여 시조의 발상지를 표현하는 것으로 확립되었으나 그 후 사실관계와 일치하지 않는 지명, 전설 중의 지명, 사관에 의한 것도 적지 않게 나타나고 있다고 한다.[11] 성씨의 정통성은 6·25전쟁으로 인한 고아와 기아의 입적시에 다시 한번 그 기초가 흔들리게 되며, 현행 민법도 제781조 제3항에서 혈연과 무관하게 성본의 창설을 허용하고 있다.

이러한 현상들은 남계혈통의 정통성의 붕괴 내지 부인을 뜻하는 것에 다름 아닌 것이다.[12] 설사 성씨의 정통성을 인정할 만한 근거가 있다 해도 동성동본 불혼제는 이미 설 땅을 잃고 있고, 하물며 몇몇 특권층을 제외한 대부분의 일반인에게 성씨의 정통성은 아예 없었거나 이미 수차례의 사회혼란기에 붕괴되었음은 역사가 증명하는 일인데, 과연 무엇을 위해, 누구를 위해 이 제도가 유지되어야 하는지 안타깝기만 하다.

Ⅷ. 앞으로의 개정과제 – 금혼의 범위

이제 동성동본 불혼제는 헌법재판소의 결정에 의해 현행법상 그 효력을 상실하고 1998년까지는 개정되어야 한다. 금혼의 범위에 대하여 다시 한번 논란이 예상되나, 개인적으로는 현행 친족의 범위와 같이 근친혼은 8촌 이내의 부계·모계 혈족간의 혼인을 금지하고, 인척간의 혼인금지는 4촌으로 하는 것이 바람직하다고 생각한다.

---

11) 김용한, "동성불혼제도의 종합적 고구," 가족법의 제문제, 법무부 법무자료 제55집(1984), 215면 참조.

12) 김용한, "성의 법리," 법조 제8권 제4호(1959), 25면 참조.

한편, 현행 민법은 양자의 금혼범위에 대하여는 규정한 바 없으나 개정시에는 양부모계의 혈족이었던 자 사이에는 8촌, 양부모계의 인척이었던 자 사이에는 4촌까지를 금혼범위로 하는 것이 타당하다고 본다. 또한 현행법은 9촌 이상의 동성동본간의 혼인은 무제한으로 금하면서도 막상 혼외자와 생부 등의 사실상 근친간의 혼인을 금하는 규정은 없다. 그러나 사실상 근친간의 혼인은 윤리적으로나 유전학적인 이유에서 철저히 금지할 필요가 있다고 본다.

IX. 보다 생산적이며 발전적인 논의를 기대하며

오랜 세월 논란의 대상이었던 동성동본 불혼제가 헌법재판소의 결정으로 사실상 종지부를 찍게 되었다. 그동안 동성동본 불혼제에 관하여는 참으로 많은 선행연구가 축적되어 있으며, 이번 헌법재판소의 결정문에도 헌법불합치의 이론적 근거가 충분히 제시되었다고 생각한다. 그럼에도 이 글을 쓴 것은 헌법재판소의 결정으로 인한 유림의 반발과 이들이 금혼의 범위를 확대하기 위한 또 다른 투쟁을 준비하는 시도를 접하면서, 이제는 이러한 비생산적인 논란을 그치고 좀더 생산적이고 발전적인 면에 우리의 시선과 관심을 모아야 할 때라는 바람이 있기 때문이다.

무엇보다도 성씨의 정통성이 없고, 모계를 무시한 부계혈통의 순수성이란 과학적으로 존재할 수 없으며, 부계혈통을 중시하는 대신 모계를 경시하는 것은 여성의 인격을 무시하는 것에 다름 아니기 때문이다. 더욱이 과학자들은 8촌을 넘으면 이미 유전학적으로 유해할 위험이 없다고 증명하고 있으니, 이제는 9촌 이상의 동성동본의 혼인여부는 당사자의 자유와 부모의 허락 여부에 맡기고, 이미 존재하고 있는 사실혼 부부의 혼인신고를 가능케 하여 그들의 아픔을 이해하는 데 동참하였으면 한다. 과학자들의 연구결과뿐 아니라, 헌법재판소도 그리하여도 아무 문제 없다고 법적으로 판단하지 않았는가? 동성동본 금혼규정이 이 땅의 윤리와 도덕을 지탱해온 기둥이 아니었던 것처럼, 그 폐지로 인해 이 땅의 윤리와 도덕이 땅에 떨어지는 것은 아니다. 이제는 권위 있는 헌법재판소의 결정에 승복하고 비생산적인 대립을 멈추는 대신, 정작 중요한 문제들, 이 땅의 윤리와 도덕을 무너뜨릴 수도 있는 원인을 사전에 예방하는 일, 예컨대 부모의 이혼을 예방하고, 이혼부모의 자녀들의 이익을 법과 사회가 보호할 수 있는 방안은 무엇인지, 가정폭력과 아동학대를 예방하고 노인복지를 실현하기 위한 방안은 무엇인지 등의 산적한 과제, 발전적인 과제에 우리의 지혜와 경험과 중지를 모을 때인 것이다.

_ 법과사회 제15호(법과사회이론연구회, 1997) 게재

後 記

동성동본불혼제도는 2005년 개정법에서 삭제되고, 민법 제809조는 근친혼 금지규정으로 개정된 바 있다.

가정폭력에 대한 영국가족관련법의 보호조치

Ⅰ. 서 언

영국에 있어 가정폭력의 문제는 지금부터 약 100년전 여성운동가들에 의해 「매맞는 여성들을 위한 피난처」가 설립·운영되면서부터 그 실상이 세상에 알려지기 시작하여 사회적 관심의 대상이 되었다. 이후 남편 또는 동거하는 남자로부터 매맞는 여성들을 위한 보호가 미흡하다는 비판이 제기되면서 하원에 위원회(Select Committee of the House of Commons)가 설립되어 몇 가지 중요한 제안이 제기되었으며, 그 중 하나의 제안이 「1976년 가정폭력과 혼인소송법」(Domestic Violence and Matrimonial Proceedings Act of 1976 : 이하 DVMPA)으로 제정되기에 이른 것이다. 그 후 법률위원회는 이 법의 문제점에 관한 보고서를 제출하면서 순회재판소(Magistrates)에 가정폭력을 취급할 수 있는 광범위한 권한을 부여하도록 권고하였으며, 이 제안은 「1978년 가정소송과 순회재판소법」(Domestic Proceedings and Magistrates' Courts Act 1978) 제16, 제17 및 제18조에 규정되었다. 이 법은 주로 아내학대에 관한 것이지만, 남편이나 동거남편도 아내 또는 동거처에 의한 학대로부터 보호받을 수 있다. 그러나 보다 시급한 사회문제는 사실 아동학대에 관한 것이다. 학대받는 아동은 스스로 보호를 요청할 수 있는 힘이 없기 때문이다. 학대로부터 아동을 보호할 수 있는 바람직한 방법은 아동에 대한 보호명령을 통해 학대하는 가족으로부터 아동을 격리하여 그 아동 및 때로는 그 아동과 동거하는 父나 母도 함께 보호하는 것이다. 그러므로 가정폭력에 있어서는 배우자, 동거인과 아동의 문제를 함께 고찰하는 것이 필요하다.

가정폭력에 대한 법적 구제는 크게 과거의 구타행위에 대한 형사처벌(및 구타자에 대한 손해배상청구 포함), 그리고 장차의 가정폭력 예방과 분노의 방지를 위한 조치, 또는 구타자를 가정에서 축출하는 것 등의 두 가지로 나눌 수 있다. 첫 번째의 구제, 즉 형사처벌과 구타자에 대한 손해배상(불법행위)에 관하여는 많은 경우에 피해자들이 구타자에 대한 판결에 만족하지 않기 때문에 선호되지 않는다. 따라서 두 번째의 법적 구제가 보다 중요하다.

우리나라에서도 아내구타와 아동학대 등 가정폭력의 심각한 실상이 주로 의사들에 의해 보고되기 시작하였고,[1] 주로 여성단체가 중심이 되어 가정폭력법의 제정[2]의 필요성이 주장되고 있다. 그런데 가정폭력은 이혼의 원인이 되기도 하고, 때로는 이혼을 전제로 하지 않는 경우도 있으며, 많은 경우에 형사처벌의 단계로 이어지지 않는, 가정 내의 문제라는 점에서 가족법의 관심사가 되어야 함에도 불구하고 학계의 반응은 대체로 이를 형법의 분야이거나 형사특별법으로 인식하는 듯하다. 그러나 가정폭력은 피해자에 대한 보호의 필요성이라는 특수성은 있지만, 이혼의 전 단계, 형사처벌의 전 단계에서 발생하는 가정 내의 문제로서 가족법의 영역에서 다루어야 마땅하다.

이 점에서 영국의 가족법은 참고할 만하다. 가정폭력의 문제를 당연히 가족법의 영역에서 중요하게 다루고 있기 때문이다. 물론 가정폭력과 혼인소송법 등 별개의 제정법의 형식을 빌어 각각 다른 내용을 담고 신축성 있게 대응하고 있으나, 이는 원칙적으로 영국법이 不文法系에 속하기 때문에 필요할 때마다 제정법을 통해 적절할 내용을 규율할 수 있고, 공법과 사법을 엄격히 구분하지 않는다는 특성에 기인하는 것일 뿐이다. 중요한 것은 그 형식이 아니라, 대부분의 영국가족법교과서와 논문이 가정폭력의 문제를 가족법의 문제로 인식하고 가정폭력법과 관련하여 깊이 있게 다루고 있다는 '사실'인 것이다.

이 논문에서는 영국의 가족법이 가정폭력을 비롯한 가정내 학대에 대하여 어떻게 대응하고 있는가를 가정폭력예방조치를 중심으로, 그 소송절차와 더불어 소개하고자 한다.

경우에 따라 폭력의 가해자를 피청구인으로, 피해자를 청구인이라는 용어로 표현하기도 하였음을 밝힌다.

---

1) 예컨대 김광일, 가정폭력, 탐구당(1988); "아동학대-한국의 현황과 치료개입," 한국아동학대예방협회(1989) 등.

2) 여성의 전화, 여성개발원과 국회여성특위 등에서 가정폭력예방법에 관한 공청회를 가진 바 있다.

II. 영국 가족관련법의 가족보호조치 개관

영국의 가족법은 가정폭력의 피해자의 대부분이 아내 또는 여성이라는 기본 생각을 전제로 하고 있다. 그러나 남성 또한 폭력의 피해자가 될 수 있으며 피해자와 함께 있는 어떤 아동(가족이건 아니건)도 피해자와 동등한 보호와 배상을 받을 권리가 있음은 물론이다. 가족법에서 다루는 가정폭력문제의 해결은 민사법원에서의 소송절차를 중심으로 전개되지만 법원에서의 절차가 유일한 구제책도, 가장 적합한 해결책도 아님은 물론이다. 이에 따라 심각한 폭력이 아니라면 가해자인 남편에게 폭력을 중지하라고 경고하는 변호사의 편지나 訴제기에 대한 경고 그 자체가 폭력을 삼가하게 하는 작용을 하기도 한다. 물론 심각한 폭력의 경우에는 경찰에 고발할 수밖에 없다. 경찰은 가정폭력을 전문으로 다루는 별도의 조직을 갖고 이에 대처하는 곳도 있고, 재정문제 때문에 그러한 능력을 갖고 있지 못한 곳도 있으나 경찰이 갖는 한계 때문에 그 이용율은 높지 않고, 그 효과도 크지는 않다고 한다.

만일 피해자가 집에 들어가기를 두려워하고 있다면 변호사는 피난처(women's refuge)나 임시의 지방정부주택(temporary local authority housing)[3]에의 위탁을 알선해 주어야 한다.

한편 가정폭력에 대해 법원이 발하는 명령에는 다음 두 가지가 있다. 그것은 피해자와 아동에 대한 보호명령과 집으로부터 구타자를 추방하는 명령이 그것이다. 후자의 경우, 필요하면 가해자를 일정지역으로부터 추방하는 것으로 명령을 확대할 수도 있다. 법원은 필요한 경우에는 두 가지 중 하나의 명령을 발할 수도 있고 두 가지의 명령을 모두 발할 수도 있다.

이 경우에 적용될 수 있는 법으로는 (1) 1976년의 가정폭력과 혼인소송법(DVMPA), (2) 1983년의 혼인주택법(Matrimonial Homes Act : 이하 MHA) (3) 1978년의 가정소송과 순회재판소법(Domestic Proceedings and Magistrates' Courts Act) 등이다. (1)과 (2)는 County Court에서의 절차에 적용되며, 세 번째의 법은 가정

---

3) 1985년의 주택법(Housing Act)에 의해 지방자치정부는 집 없는 시민이나 집이 없게 될 위험이 있는 시민을 지원해야 할 의무를 진다.

법원에서의 절차에 적용된다.[4)]

III. 가정폭력에 대한 예방조치

1. 법원의 별거 판결

전통법에 있어 처가 배우자의 학대로부터 보호를 받을 수 있는 방법은 교회법원에 의한 탁상이혼(divorce a mensa et thoro) 판결(별거)이었는데 1857년의 혼인소송법(Matrimonial Causes Act : 이하 MCA)은 이를 폐지하고 별거 판결로 대치하였다. 별거 판결의 장점은 법원이 별거명령과 동시에 처에 대한 경제적 부양을 명할 수 있으므로, 이혼원인이 제한되는 한 별거 판결에 의해 처는 경제적 및 신체적 보호를 모두 받을 수 있다는 점이다. 그러나 별거 판결이 없더라도 경우에 따라 선택적으로 생계비청구가 가능하다는 점, 이혼 판결을 용이하게 받을 수 있다는 점, 별거 판결보다 빠른 절차에 의해 금지명령을 받을 수 있는 가능성 등으로 인해 별거 판결의 이용도는 과거에 비해 낮아지고 있다.

그럼에도 별거 판결은 오늘날 여전히 실제적 목적을 가지고 이용되고 있으며, 1972년 이래 별거청구가 급증하고 있음은 이를 잘 입증하고 있다. 즉, 1972년에 별거청구는 330건이었으나 1982년에는 7,480건, 1984년에는 6,098건, 1985년에는 3,479건이었으며, 청구인의 88%-96%는 여성이었다. 이 같이 별거청구가 증가하는 이유는 1971년부터 별거 판결에 있어서도 이혼의 경우와 같이 부양명령을 내릴 수 있는 권한이 법원에 부여되었다는 사실과 깊은 관계가 있는 것으로 보인다. 많은 여성들은 이혼소송을 제기하지 않고도 별거 판결과 동시에 자신과 자녀에 대한 부양명령, 그리고 가정폭력에 대한 금지명령이 동시에 발해지기를 원한다는 것이다. 별거를 선호하는 또 하나의 이유는 종교적인 이유로 이혼소송의 제기를 꺼린다는 것, 후에 이혼소송을 제기하려는 여성들이 유리한 고지를 차지하기 위해 미리 별거 판결을 청구한다는 것이다. 예컨대 이혼 후 재혼하고자

---

4) Imogen Burton/Nancy Duffield/Dawn O'Toole, Family Law and Practice(1993/94), p.123.

하는 남편이 이혼 후 분할할 재산에 관하여 그의 부인에게 어떤 제안을 하였다면 이러한 제안을 받은 부인으로서는 남편의 재산에 대한 조사가 완료되기 전에는 그의 제안을 선뜻 받아들일 수 없기 때문에 별거를 청구한다는 것이다.

(1) 별거원인

종래의 탁상이혼은 피청구인의 간통이나 학대, 또는 아내가 청구인인 경우에는 남편이 강간 또는 변태를 저질렀거나 시도하였음을 이유로 인용되었다. 1857년의 혼인소송법(MCA 1857)은 이외에 피청구인의 2년간의 유기(1937법에서는 3년), 배우자권에 기한 손해배상 판결의 불이행(MCA 1884), 회복불능한 정신병(MCA 1937) 등이 추가되었다. 따라서 별거원인은 이혼원인과 동일하였다. 종교적(또는 양심적)인 이유로 이혼에 반대하지만 별거를 원하는 부부들에게 있어 별거 판결은 혼인에 대한 사실상의 종료를 뜻한다. 이에 따라 이혼 판결에 의하여 혼인을 법률상 종결시키려는 부부의 경우와 같은 원인이 있을 경우에 한하여 별거 판결을 받을 수 있다는 데 대해서는 많은 비판이 있어 왔으나, 1968년 이혼개정법(Divorce Reform Act)이 통과됨에 따라 이 문제는 자연히 해결되게 되었다. 즉, 종래의 별거 판결의 원인은 폐지되었고 이혼원인으로서 혼인이 회복불가능한 정도로 파탄되었음을 입증하는 5개 요소들이 별거원인이 된 것이다.

별거 판결에 의하여 혼인관계는 해소되지 않으나 사실상으로는 해소되는 것이므로 법원은 혼인의 회복이 불가능할 정도로 파탄되었는가의 여부에는 깊은 관심을 두지 않는다. 따라서 법원은 별거원인 중의 하나에 해당하는 사실이 있음이 입증되면, 자녀의 복지에 관한 규정인 1973년 혼인소송법(MCA) 제41조를 충족하는 경우 별거 판결을 인용한다. 이 규정은 16세 미만의 자녀가 있거나 18세 미만으로서 교육과정에 있거나, 사업, 직업 또는 기술습득훈련을 받는 중에 있거나(수입이 있는 직업에 종사하는지 여부는 불문한다), 그 외에도 법원이 子의 이익을 위해 특별한 환경이 바람직하다고 판단한 경우의 자녀에 적용되며, 다음과 같은 요건이 충족되는 경우에 한하여 별거 판결이 인용된다(이혼이나 혼인의 무효, 취소의 경우도 마찬가지이다). 즉, 자녀가 없거나, 동법 제41조가 적용되는 자녀가 있으나 그들의 복지대책이 만족스럽거나 그러한 환경하에서 가장 바람직하다고 생각되거나, 별거당사자 일방 또는 쌍방이 자녀의 복지를 위한 대책을 강구할 수 없거나 또는 동법 제41조가 적용되는 자녀들이 있고 법원이 별거선언을 할 수 없음에도 불구하고 별거 판결이 바람직하다고 생각되는 상황인 경우에 한한다. 이 경우의 복지란 자녀감호, 교육 및 부양 등을 포함한다.[5] 이혼의 경우와 달리 별거청구는 혼인 후 1년 내에도 제기할 수 있다. 한편 부부 중 一方은 이혼청구를, 他方 배우자는 별거청구를 제기하였으나 이혼가 판결이 선언된 경우에는 법원은 별거 판결을 인용할 수 없다.[6]

(2) 별거 판결과 그 효력

별거 판결은 부부의 신분상에 아무런 변화를 주지 않으며 그 후의 환경이 달라질 뿐이므로 그 효과는 이혼이나 혼인무효와 같이 두 단계(가 판결, 확정 판결)에서가 아니라 별거가 인용되는 즉시 그 효과가 발생한다. 판결의 기본적인 효과는 청구인이 피청구인과의 동거의무로부터 해방된다는 것이다.[7] 따라서 별거 부부에게는 유기가 문제되지 않으며, 아내의 의사에 반하여 성적 교섭을 한 남편에게는 강간죄가 성립된다.[8] 또한 법원은 子의 양육과 복리를 위해, 그리고 가족의 부양에 관한 명령을 발할 권한이 있다. 별거 판결을 받은 부부에게는 재혼의 장애가 없으며, 만일 부부 중 일방이 유언 없이 사망한 경우에도 별거중의 배우자에게는 상속권이 없다.[9] 그 이유는 무유언상속의 원칙은 피상속인이 유언을 하였더라면 합리적으로 처리했으리라 기대되는 의도를 반영한 것인데, 별거는 사실상의 혼인종료이므로 사망한 배우자는 별거중인 타방배우자에게 재산을 남기고 싶어하지 않으리라 생각되기 때문이다.

2. 접근금지명령(Non-Molestation Orders)

별거 판결 이외에 보다 신속하고 효과적인 구제책이 필요한 경우에는 부부 중 일방으로 하여금 다른 배우자나 자녀에게 접근하지 못하도록 금지하는 명령을 내릴 수 있다. 이러한 접근금지명령을 High Court나 County Court가 발할 때

5) Bromley's Family Law, 8th ed.(1992), p.299.
6) Lawry v Lawry (1967) 2 All ER.1131, CA.
7) MCA 1973, s 18(1).
8) R v Clark (1949) 2 All ER 448.
9) MCA 1973, S 18(2).

에는 금지명령(injunction)의 형식으로 행해지며, 순회재판소(Magistrates' courts)는 배우자와 자녀에 대한 보호명령을 발하는 데 있어 보다 제한적인 권한을 갖는다. 이러한 접근금지명령이 그 기능을 발휘하려면 그(가해자)를 집밖으로 축출하는 다음 단계의 조치가 수반되어야 하는데 그러한 명령은 주택의 거주권에 관계되므로 누가 주택에 대한 거주권을 갖는가의 문제와 관련하여 처리된다. 예컨대 일방배우자만이 1983년의 혼인주택법(MHA) 제1조(1)에 의해 혼인주택에 대한 제정법상의 거주권을 갖고 있는 경우에, 법원은 (1) 배우자 일방에게만 거주권 있음을 선언하거나, 거주권을 강제하거나 종료시킬 수 있고, 또는 (2) 일방배우자에 의한 거주권의 행사를 금지 · 연기 또는 제한할 수 있으며, 또는 (3) 배우자 일방에게 타방배우자로 하여금 거주권을 행사하도록 요청할 수 있다. 만일 배우자쌍방이 거주권을 갖고 있는 경우에는 일방배우자는 타방배우자의 거주권을 금지하거나 연기하거나 제한하는 명령을 발하도록 청구하거나, 신청인만이 자기의 거주권을 행사할 수 있도록 요청할 수 있다. 그러므로 어떤 경우에나 법원은 청구인의 상황에 따라 일정기간에 한하여 배우자일방의 거주권을 제한하거나, 배우자를 주택에서 축출할 수 있는 것이다.

(1) 다른 소송에서의 금지명령

만일 당사자간에 다른 소송이 계류중이라면 妻(대부분의 경우 보호를 필요로 하는 것은 妻라는 것을 전제로 한다)가 보호를 받을 수 있는 가장 효과적인 방법은 계류중인 소송에서 夫에 대하여 妻와 그 자녀에게의 접근 또는 폭력의 행사, 또는 간섭을 금하도록 하는 금지명령을 청구하는 것이다. 그러한 금지명령은 폭력에 대한 손해배상소송에서도 인용되며,[10] 자녀의 보호를 위해 필요한 경우에는 미성년자후견법(Guardianship of Minors Act)에 따라 자녀양육소송에서도 인용된다. 대부분의 경우에는 혼인관계소송에서 금지명령을 신청한다.

법원은 어떤 경우에든 금지명령을 발할 권한을 갖고 있으며, 금지명령이 긴급한 경우에 청구인은 금지명령을 신청하기 전에 필요한 구제(relief)를 신청할 수도 있다.

다만 금지명령은 소송원인과 밀접한 관계가 있어야 한다. 따라서 법원은 이

10) Egan v. Egan, Ch 218, (1975) 2 All ER 167.

혼소송이나 별거소송에서 배우자나 자녀에 대한 접근금지명령을 발할 수 있지만 (판결이 인용되면 동거의무가 종료되므로), 청구인이 1973년의 혼인소송법(MCA) 제27조에 의한 부양소송을 제기한 경우에는 금지명령을 발할 수 없다. 금지명령은 즉시 그 효력이 발생되고 확정 판결이 선고된 후에도 지속되지만, 이혼이나 혼인 무효 또는 별거 판결이 있은 후 이러한 소송(이혼, 별거 등)과 관련하여 새로운 금지명령을 법원이 인용할 수 있는가에 관하여는 의문이 있다. 부대소송이 계류중인 경우에 그 부대소송에 관련된 금지명령을 법원이 발할 수 있음은 분명하다. 예컨대 자녀양육에 관련된 청구나 명령이 신청된 경우, 夫의 妻와 자녀에 대한 접근금지명령, 또는 妻에 대한 접근금지명령은 인용된다. 妻에 대한 접근은 자녀에 영향을 미치기 때문이다. 그러나 妻가 夫에게 정기부양금을 청구하고 다른 부대소송이 없는 경우에는 법원은 이 소송과 관련하여 夫에게 접근금지명령을 발할 수 없다.

(2) 1976년의 가정폭력과 혼인소송법(DVMPA)

1976년의 가정폭력과 혼인소송법(DVMPA) 제1조는 혼인당사자 일방의 청구가 있는 경우에 여타의 소송상 구제신청이 있는지의 여부에 불구하고 County Court에 금지명령을 발할 수 있는 권한을 부여하고 있다. 금지명령은 다음과 같은 내용을 포함한다.

1) 타방배우자가 청구인에게 접근하는 것을 금하는 것;

2) 청구인과 동거하는 자녀에게 접근함을 금하는 것;

3) 혼인주택의 전부 또는 일부, 또는 혼인주택이 포함된 특정공간으로부터 배우자를 축출하는 것;

4) 청구인으로 하여금 혼인주택 또는 그 일부에 들어와 살 수 있도록 허용하는 일 등이다.

이 법은 혼인소송을 제기할 수 없는 동거부부에 대한 보호를 위해서도 적용된다. 이 규정에서 주의할 점은 다음 두 가지, 즉 접근의 의미와 자녀에 대한 접근금지도 포함된다는 사실이다. 첫째, 여기서 접근(molest)이란 말은 광범위한 의미를 지니고 있어 괴롭히는 행위(pestering), 고통의 원인이 되는 행위(causing trouble), 괴로움을 주는 행위(vexing), 화나게 하는 행위(annoying), 불편을 주는 행위(putting to inconvenience) 등을 포함한다. 어떤 형태의 폭력이나 신체적 가해가 포함됨은 물론이다. 배우자일방을 문 앞에 누워 기다리는 행위, 미행하는 행위, 지속적으로 전화하거나 협박편지를 보내거나 기타 법원의 개입을 불가피하게 하는 희롱 등도 포함된다. 두 번째로는 배우자는 청구인과 동거하는 자녀와의 접근도 금지된다는 사실이다. 따라서 자녀가 조부모와 동거하는 경우에는 이 법(DVMPA)에 의한 접근금지명령은 받을 수 없다. 이 법에서는 자녀의 의미에 대하여 상세히 규정한 바 없으나 아동법(Children Act 1975)의 목적을 감안할 때 18세 미만의 아동을 의미하는 것으로 해석된다.

(3) 법원이 접근금지명령을 발할 때 고려할 요소들

괴롭힘 금지명령시 고려해야 할 요소에 대해서는 제정법이 없고, 단지 청구인이 보호의 필요성을 입증하면 충분하다.

추방명령에 있어서는 판례법[11]들이 다음의 요소들을 제안하고 있다.

1) 폭력 등의 행위;

2) 당사자의 필요와 경제상태; 피청구인이 추방되어 머물 적당한 장소를 발견할 수 있는지의 여부를 고려한다. 적절한 장소를 발견하지 못했다 하더라도 폭력을 행사한 피청구인에 대한 추방을 중지한다는 의미는 아니며, 단지 보통의 추방명령인 48시간내의 추방보다 연장될 수 있다는 의미를 갖고 있다.

3) 자녀의 필요성(Need); 추방명령에 있어서 자녀의 필요성이 중요하게 고려된다. 따라서 부부가 모두 폭력적이라면 자녀양육자인 어머니와 자녀는 집에 머물고 아버지에게 추방명령을 발한다.

4) 구체적 사건의 모든 환경 등이다.

(4) 금지명령에의 위반

금지명령에 위반한 당사자는 처벌된다. 따라서 명령을 발할 권한은 그 근거규정이 무엇이든 간에 피청구인이 과거 어느 한때에 청구인을 괴롭힌 경험이 있는 심각한 경우에 한하여 행사된다. 따라서 예컨대 그의 妻와 한집에서 동거해 왔으며 일방이 다른 곳으로 옮길 수 있었던 경우에는 夫에 대한 접근금지명령이 거부될 수 있다. 또한 배우자 일방이 혼인주택의 일정거리 내로 접근함을 금지하

11) 예컨대, Richards v Richards (1984) AC 174; Lee v Lee(1984) FLR 243 등.

는 명령은 비교적 드문 일이나, 청구인이나 자녀를 위해 유일한 방법인 경우에 한하여 허용된다.

법원은 폭력의 경우, 그리고 가정폭력에 의해 심각한 피해와 회복할 수 없는 손해가 발생하였거나 발생할 급박한 위험이 있을 경우에는 일방의 청구에 의해 일방배우자에 대한 금지명령[12]을 발할 수 있다.

(5) 금지명령의 강제집행

금지명령을 이행하지 않은 배우자에 대하여는 법원이 법정모독죄를 적용하여 처벌하거나 재산을 몰수한다. 그러나 이 경우에는 여러 날이 걸리기 때문에 그 동안에 아내가 폭력남편으로부터 위험에 처할 수 있으므로 가정폭력법 제2조는 보다 효과적인 수단을 강구하고 있다. 즉 판사는 가해자에게 피해자 및 그와 동거하는 자녀에 대한 폭력을 금지하는 명령을 발하거나, 또는 폭력을 행사하는 배우자를 혼인주택 또는 혼인주택을 포함한 특정영역으로부터 축출하는 명령을 발하면서 그 명령을 위반한 경우에 그를 체포할 수 있는 명령도 동시에 발한다는 것이다. 이러한 체포권은 「가정폭력과 혼인소송법」 제1조에 의한 금지 명령에 한정된 권한은 아니고 어떠한 금지명령에도 가능한 조치이며, 혼인당사자라는 용어에도 불구하고 모든 동거인 부부에게 적용되지만, 법원은 가정폭력법상의 상황이 아니라면 체포권에 대한 관할권은 없다. 그러므로 예컨대 아버지로 하여금 어머니가 양육하는 자녀를 빼앗아 가지 못하도록 하는 명령이나 확정 판결이 선언된 후의 이혼소송에서 금지명령이 내려진 경우에도 별도의 법정모독을 이유로 하는 체포권을 발할 수는 없다. 이 법 제2조의 체포권한은 가해자인 피청구인에 대한 폭력금지의 경우에 한하여 부여되므로 접근금지명령이나 혼인주택의 일부로부터 축출하는 명령에 대하여는 명시적인 해석조항은 부과될 수 없다. 아마도 피청구인이 청구인에게 폭력을 행사할 우려가 높다면 그러한(접근금지나 주택 일부로부터의 축출명령 등) 명령을 발하지 않을 것이기 때문이다. 따라서 법원은 피청구인이 청구인이나 자녀들에게 이미 신체적 상해를 입혔기 때문에 그가 또 다시 그러한 행동을 하리라 예상되는 경우에 한하여 이 체포권을 행사할 것이다. 이미 행하여진 신체적 손상이란 신체적 상해뿐 아니라 건강이나 안정을 해치는

12) Ex-parte injunctions.

행위와 그로 인한 일체의 피해를 포함한다. 따라서 가해자인 피청구인의 행위로 타방이 정신적 충격을 받았다거나 정신적 피해를 입은 것으로 충분하다.

금지명령에 체포권한이 부여된 경우에는 그 명령서가 피해자 관할 경찰서에 송달되며, 피청구인이 금지명령에 기재된 내용을 위반하였다고 의심되는 행위가 있으면 어떠한 경찰이라도 그를 즉시 체포할 수 있다. 이로써 피해자는 피청구인에 대한 소송절차를 밟음이 없이도 경찰에 도움을 요청할 수 있기 때문에 즉시 보호될 수 있는 것이다. 피청구인이 체포되면 그는 24시간 내에 판사에게 출두하여야 하며 판사의 허락이 없는 한 24시간 내에는 방면될 수 없다. 이러한 체포권한은 금지명령에 복종하지 않고 타방배우자와 기타의 사람들에게 불법방해를 하는 사람들에게는 매우 유용한 수단이다. 그러나 이것은 피청구인의 자유를 침해하는 것이므로 합리적인 이유가 없는데도 이용되거나 명령에 의례히 부과되는 것으로 간주될 수 없고, 3개월 이상의 監置는 허용되지 않는다고 본다.

3. 순회재판소에서의 구제절차

청구인인 일방배우자는 폭력의 가해자인 피청구인으로 하여금 청구인에게 비정상의 행동을 중지하도록 요구하는 명령을 순회재판소에 청구할 수 있다. 만일 피청구인이 이 명령을 따르지 않는 경우에는 6개월 이내의 기간동안 또는 그 명령을 따르기까지의 기간동안 監置될 수 있다. 이 절차는 금지명령에 부과될 수 있는 체포권에 비하면 제한된 조치에 불과하다. 이미 본 바대로 순회재판소에서의 별거명령권한은 폐지된 대신, 부부 중 일방에게 타방배우자나 자녀들에 대한 폭력사용을 금하는 명령을 발하거나 필요하면 그를 혼인주택으로부터 축출하도록 명령하는 권한으로 대치되었으므로 「가정폭력과 혼인소송법」(DVMPA)에 의해 County Court에 부여된 권한에 의하면 그러한 절차는 불필요할 수도 있으나, 법률위원회는 즉결재판 등 비용이 절약되는 구제절차에서 이 절차가 고유의 역할을 담당할 것으로 예상한 바 있다.[13] 이에 따라 그들의 제안은 「1978 가정소송과 순회재판소법」(Domestic Proceedings and Magistrates' Courts Act: 이하 DPMCA) 제16, 제17 및 제18조로 조문화되었다.

13) Law Com No 77(Report on Matrimonial Proceedings in Magistrates' Courts), paras 3.15-3.17.

(1) 개인보호를 위한 명령

순회재판소는 배우자일방의 청구가 있으면 타방배우자가 청구인 또는 청구인 가족의 자녀들에게 폭력을 사용하거나 폭력으로 위협하지 말 것을 명령한다. 그 명령은 피청구인이 이미 폭력을 사용하였거나 폭력으로 위협한 일이 있으며, 청구인과 그 자녀들을 위해 폭력금지 명령이 필요하다는 것을 법원이 충분히 인식할 때 발한다. 피청구인이 다른 사람을 선동하거나 도와 폭력을 사용하거나 위협한 경우에도 물론 포함된다; 남편이 친구를 뒤에서 선동하거나 폭력에 관계하였다는 심증이 갈 때 이 규정은 매우 유용하다.[14)]

이 명령은 「가정폭력과 혼인소송법」(DVMPA 1976) 제1조와는 달리 혼인한 부부 중 일방만이 청구할 수 있으며, 이혼한 부부라든가 혼외동거부부에게는 적용되지 않는다. 이 두 조문을 비교하면 순회재판소의 권한이 세 가지 점에서 더욱 제한되고 있음을 알 수 있다. 첫째로 예컨대 피청구인이 다른 사람에게는 폭력을 곧잘 사용해 왔으나 청구인이나 자녀들에게는 폭력을 사용한 적이 없거나 위협한 적이 없다면 청구인이나 피청구인이 폭력을 사용할 위험이 있다고 판단하더라도 순회재판소는 금지명령을 발할 수 없다는 점이다. 둘째로, '사람에 대한 폭력'에 대해서만 금지명령을 발할 수 있으며, 청구인이나 자녀들에 대한 심리적 압박을 금하거나 다른 어떤 형태의 괴롭힘을 금지하도록 할 권한이 없으며, 셋째로, 청구인이나 가족의 자녀(나이와 관계없으며, 함께 살지 않아도 된다)에게만 적용된다는 점이다.

순회재판소는 폭력을 행사하는 배우자를 집에서 추방할 권한도 있으며, 그로 하여금 집을 떠나 들어오지 못하도록 하는 명령을 발할 수도 있고, 배우자에 의해 집에서 쫓겨난 경우에는 청구인을 집에 들어가도록 허용하라는 명령을 피청구인에게 발할 수도 있다. 피청구인이 폭력에 호소할 사실상의 증거가 있을 때에만 그 권한이 행사될 수 있도록 하기 위해서는 다음의 엄격한 조건을 충족하여야 한다. 즉, 청구인이나 가족의 아동들이 피청구인에 의해 심리적으로 상처입을 위험에 놓여야 하며, 피청구인이 이미 청구인이나 가족의 아동들에게 폭력을 사용한 일이 있거나 폭력사용의 위협을 하고 다른 사람에게 실제로 폭력을 사용했

14) DPMCA S.16 (1),(2),(10).

거나, 과거의 명령을 위반한 상태에서 폭력사용을 위협한 경우 등에 해당하여야 한다.

만일 금지명령에 대한 청구가 지체없이 심리되어야 할 필요가 있다고 판단되면 몇 가지 조건은 완화될 수도 있다. 또한 만일 청구인이나 가족의 아동에게 심리적 상처를 줄 절박한 위험이 있다면 단독판사는 피청구인에게 폭력사용을 금하는(추방명령은 아니지만) 긴급명령을 발할 수 있는데 이 명령은 28일 이내에만 유효하다. 이리하여 순회재판소는 명령의 유효기간과 그에 적합한 예외와 조건들을 결정할 무한한 권한을 갖는다.[15] 부부는 어떠한 결정에 대하여도 이를 수정하거나 취소할 것을 신청할 수 있다.[16]

순회재판소는 High Court나 County Court가 금지명령의 허용을 요청했을 때와 같은 방법으로 권한을 행사하며, 청구인이나 가족의 아동에 대한 보호가 필요한 심각한 경우에 한해서 명령을 발해야 한다.

(2) 명령의 강제집행

「가정폭력과 혼인소송법」(DVMPA 1976)하의 법관들과 같이 순회재판소도 구인권을 갖는다. 그러나 세부사항은 가정폭력법에 의한 경우와 상당히 다르다. 순회재판소 판사는 피청구인이 청구인이나 가족의 아동에게 폭력의 사용을 금지하거나 집에 들어가지 못하도록 할 때에만 구인권을 행사할 수 있고, 피청구인이 이미 청구인 등에게 상처를 주었고 다시 그러한 행동을 할 것 같다는 데에 법원을 만족시켜야 한다. High Court나 County Court처럼 순회재판소는 명령의 효력을 위해 반드시 필요한 경우에 한하여 구인장을 발부한다. 금지명령에 부여된 구인권의 경우와 같이 경찰은 그러한 명령의 위반이 의심되는 누구라도 체포하여야 하며 24시간 내에 순회재판소 판사에게 소환된다.[17]

구인권이 없는 경우에는 청구인은 피청구인이 명령을 지키지 않았음을 진술하여 구인권의 발부를 신청할 수 있으며, 명령위반자에 대하여는 1000파운드 이하의 벌금이나 각각의 위반마다 2개월 이하의 기간 동안 감치할 수 있다.

15) DPMCA S.16(9).
16) DPMCA S.17(1).
17) DPMCA S.18(1)-(3).

(3) 동종의 명령

청구인은 비록 순회재판소에서 금지명령을 받았더라도 County Court 또는 High Court에 폭력사용금지명령을 청구할 수 있다. 이는 예를 들어 과거에 妻에게 폭력을 행사한 적이 있는 남편이 지금 다른 방법으로 妻를 괴롭히는 경우에 발생할 수 있으며, 妻가 이혼소송을 제기했을 경우 모든 명령을 같은 법원에서 발하게 하는 일이 편리하기 때문이다. 순회재판소에서의 명령이 있다 해도 County Court에 청구할 수 없는 것은 아니나, 양 법원에서의 명령이 동시에 내려지는 것은 바람직하지 않으므로 County Court는 순회재판소 명령이 취소되었다는 청구인의 보증이 있을 때에 한해서 금지명령을 내린다.

(4) 법률구조(Legal Aid)

피해자가 일정한 자격을 갖추고 있는 경우에 Green Form법안에 의해 법률구조 또는 긴급법률구조를 받을 수 있다.

IV. 이혼소송절차에서의 가정폭력 피해자 보호

필요한 경우에는 이혼소송절차에서 다음과 같은 구제들을 법원에 청구할 수 있다.

(1) 괴롭힘 금지명령(A non-molestation injunction)

(2) 가해자를 집으로부터 추방하는 명령

(3) 가해자를 일정지역으로부터 추방하는 명령; 1991년에 제정된 가정소송규칙에 의해 이혼소송절차에서도 가정폭력법에 의해 폭력배우자를 집주변지역에서 추방하는 명령을 발할 수 있게 되었다.[18]

(4) 제3자를 집에서 추방하는 명령; 예컨대 Jones v Jones에서 법원은 남편이 데려온 그의 정부를 추방해 달라는 妻의 청구를 인용한 바 있다.[19]

만일 확정 판결 이후에 전 배우자간에 폭력이 발생한 경우에는 법원이 가정

18) Family Proceedings Rule 1991.

19) Jones v Jones (1971) 2 All ER 737.

폭력과 혼인소송법(DVMPA 1976)이나 혼인주택법(MHA 1983)에 의한 명령은 발할 수 없다. 다만 아동을 보호하기 위한 괴롭힘금지와 추방명령은 발할 수 있고, 법원의 고유권한에 의한 前배우자를 보호하기 위한 괴롭힘 금지명령이나 추방명령은 발할 수 있을 것이다.

V. 긴급보호

만일 妻가 남편으로부터 집에서 쫓겨난 경우(반대의 경우도 마찬가지)에는 경우에 따라 1983년 혼인주택법(MHA)에 의해 집 없는 자에 대한 보호(예컨대 남편이 처를 내쫓고 문을 잠금 경우) 또는 주택담당국이 관리하는 시설에 보호(남편의 폭력에 의해 처 스스로 집을 떠난 경우에는 집 없는 자로 분류되지 않으므로)될 수 있다.

VI. 형법에 의한 보호

피해자는 가해자인 배우자를 고발할 수 있음은 물론이다. 그러나 가정폭력의 피해자가 형사상 처벌을 원하는 경우는 영국에서도 매우 드물다. 그 이유는 경찰에 고발할 경우에 피해자가 상황을 설명하면서 입게 될 정신적 긴장, 고발에 수반될지 모를 경제적 손실, 즉 고발로 인해 가해자인 남편이 직업을 잃게 되면 그 영향이 자신에게 미치게 된다는 두려움, 남편이 자유롭게 된 후에 가할지도 모를 보복에의 두려움 등을 들 수 있으며, 많은 여성들은 경찰이 그들에게 도움이 안 된다거나 효과적이지 못하다는 생각을 갖고 있다는 것도 고발을 주저하게 하는 요인이다.

가정폭력의 경우에는 형법상의 상해보상금 지급이 배제된다. 그 이유는 폭력에 대한 사실확정이 어렵고, 보상에의 요구가 대단히 많은 데 비해 그 금액은 적으며, 설사 보상금을 받게 된다 해도 가해자는 자기의 잘못으로 인해 스스로가 이익을 보게 된다(배우자를 통해)는 점 등을 들 수 있다. 그러나 심각한 상해를 입은 경우에는 보상을 받아야 함에도 이를 금지함은 타당치 않기 때문에 1979년에 형사피해보상금 법안을 개정하여 피해자가 보상금을 청구한 경우에는 일정한 조건을 충족하는 경우에 한하여 이를 인정한다.

Ⅶ. 아동학대와 1989년 아동법(Children Act)

(1) 부모에 의한 아동학대는 19세기 후반부터 사회문제화되기 시작하였으며, 이때부터 아동학대방지협회(National Society for the Prevention of Cruelty to Children: 이하 NSPCC) 등 수많은 시민단체가 결성되어 버려지거나 유기되거나 부당한 대우를 받는 아동을 보호하고 부모의 책임을 강조함과 동시에 학대 아동을 법적으로 보호할 입법활동을 개시하였다. 그러나 영국에서 아동학대문제의 심각성이 국민들 사이에 알려지기 시작한 것은 1960년대에 들어서이며, 1971년 Maria Colwell의 사망을 계기로 국민들은 아동학대방지를 위한 조치에 공감하기 시작하였다. Maria는 갓난아기 때 고모(aunt)부부가 법원의 명령을 받아 친어머니로부터 격리하여 기르게 되었다. 그 후 친어머니는 재혼하였고, 보호명령취소와 Maria를 돌려줄 것을 신청함에 따라 보호명령은 감독명령으로 대치되었다. 그러나 그 후 사회봉사요원과 NSPCC의 그녀에 대한 보호요청에도 불구하고 Maria는 어머니로부터 다시 유기와 학대를 받아 7세의 나이로 사망한 사건이다.

한편, 미국에서는 소아과의사들이 아동들에게서 온몸에 심한 상처가 나 있는 것을 발견하고 이들이 포악한 부모로부터 입은 상처임을 보고하여 미국사회에 아동학대의 심각성을 알리기 시작하였다. 아동학대문제에 관한 권위자인 Henry Kempe는 아동학대문제를 '매맞는 아동증후군'이라는 용어로 그 심각성을 고발하고 있다.[20)]

아동학대는 폭력에 의한 신체손상, 화상, 타박상, 유기, 성폭력, 정신적 유기나 학대 등을 포함하는 개념이다.[21)]

(2) 이 같은 아동학대를 비롯한 아동보호의 전반에 대하여는 1989년의 아동

20) C. H. Kempe, The Battered Child Syndrome(1962).

21) S. M. Cretney, Principles of Family Law, 5th ed.(1990), p.603.

법(Children Act)에서 광범위하게 다루고 있다. 학대받는 아동에 대한 보호는 긴급조치와 법원의 명령에 의한 보호조치로 분류된다. 아동학대와 유기의 훌륭한 조사자는 가정방문건강상담원인데 이들은 전문간호사로서 5세 이하 아동의 건강을 돌볼 제정법상의 의무를 지며 가정방문을 통해 업무를 수행하기 때문에 학대의 징후가 의심되면 신고하여야 한다.[22)]

경찰도 아동학대의 조사와 소추에 중요한 역할을 담당하는데 예외적으로 아동의 격리가 필요한 긴급한 경우에 경찰은 아동을 안전한 장소에 보호하고 순회재판소 판사에게 보호소송을 제기한다. 순회재판소 판사는 아동학대와 유기 · 입양 및 부부간의 아동에 대한 감호권분쟁이나 방문권 등에 관한 분쟁을 취급하기 때문이다.[23)]

(3) 한편, 지방자치당국은 관할구역 내의 아동이 학대로 인해 심각한 고통을 받고 있다는 합리적인 근거가 있는 경우 모든 경우를 조사하여, 1989년 아동법(Children Act)에 따른 소송 또는 기타의 적절한 보호조치 등의 권한을 행사할 것인지를 결정하여야 할 제정법상의 의무가 있다. 지방당국은 아동보호, 아동학대와 유기의 방지, 그 조사, 보호소송의 제기와 가족으로부터 격리된 아동에 대한 보호 등에 관하여 1차적인 책임을 진다. 지방당국은 아동학대에 관한 정보를 주로 아동보호요원(Child protection register)이나 가족의 일원으로부터 제공받으나 그 외에도 간호서비스종사자, 학교교사 및 이웃 등도 아동학대와 유기에 대한 중요한 정보를 제공해 주며, 조사과정에서는 의사, 전문의, 일반개업의, 공무원, 소아과의사 등이 증인이 된다.

학대에 대한 조사에는 사회봉사과, 아동학대방지협회(NSPCC) 및 경찰이 참여하며 성적학대가 의심되는 경우에는 관계전문가팀이나 경찰 및 사회봉사요원에 의해 조사가 행해진다. 이 때 아동에 관한 모든 정보가 수집되는데 보통은 아동관계전문가를 직접 초빙하여 사례회의(case confernce)를 행하는 것이 보통이다.

만일 case conference에서 아동보호조치가 필요하다고 추천하면 지방당국

---

22) John Eekelaar, Family Law and Social Policy(1978), p.179.

23) Michael King / Judith Trowell, Children's Welfare and the Law; The Limits of Legal Intervention(1992), pp.7-13.

이나 NSPCC는 아동보호소송(care proceeding)을 제기한다. 이 때 법원은 명령을 발하기 위한 이유가 있는지의 여부를 고려하여 어떠한 명령을 발할 것인지 결정한다. 1989년의 아동법은, 법원이 다음 사항을 만족할 때에 한하여 보호명령 또는 감독명령을 발할 수 있다고 규정한다.[24)]

a) 아동이 고통을 받고 있거나 심각한 상해로 고통을 받고 있는 것으로 보이고,

b) 명령이 없었기 때문에 부모로부터 합리적인 보호를 기대할 수 없었거나 아동이 부모의 통제밖에 놓여 있게 된 경우 등이다.

그 결과 아동이 유기되거나 학대를 받음으로 인해 즉시 집으로부터 아동을 격리시킬 필요가 있다고 판단되는 경우에 Children Act에 의해 긴급보호명령을 받아 아동을 보호하여야 할 의무를 진다.[25)] 보호명령은 아동이 심각한 상해를 입고 있을 때뿐 아니라 상해의 징후가 보일 때에도 발할 수 있다. 또한 아동이 학교를 무단으로 결석한 사건에서 보호명령의 필요성이 제기되는 경우도 많다(보호명령의 약 10%).

c) 한편, 법원은 아동이 심각한 학대를 받았다는 심증을 갖게 되면 보호나 감독명령을 발하는 데, 이 때 법원은 아동의 복지를 고려하여 어떤 종류의 명령을 발하는 것이 현재보다 아동에게 이익이 될 것인지를 고려하여 명령을 발하여야 한다.

보호명령(Care Order): 보호명령은 아동에 대한 보호책임(parental responsibility)을 지방당국에 부여하고, 부모가 어떤 범위에서 그들의 책임을 수행할 수 있는지 결정하게 하는 대신 부모의 친권은 박탈하지 않는 단계의 명령이다. 이에 대해 보호명령이 있은 후까지 부모에게 친권을 보유하게 하는 것은 타당하지 않다는 주장이 제기되고 있다.[26)]

감독명령(Supervision Order): 감독명령은 사회봉사원(social worker)이 아동을 돌볼 의무를 지게 하는 명령으로 보통 1년이나 3년까지 연장할 수 있다.

잠정명령(Interim Order): 아동법은 보호소송이 연기되거나 법원이 아동에 대한 조사를 명령하였으나, 그 아동이 심각한 상해를 입었다고 믿어지는 합리적

---

24) Children Act 1989, S.31(2).

25) Imogen Burton(and others)(주 4), p.158.

26) 예컨대 J. Eekelaar(주 22), p.181.

인 근거가 있다면 법원이 아동에 대한 잠정보호나 감독명령을 내리도록 허용하는데, 이를 잠정명령(Interim Order)이라 한다. 따라서 이 명령에 의해 아동은 치료를 받거나 조사가 진행되는 동안 보호받을 수 있다. 아동은 잠정명령하에 집에 남을 수도 있고 예컨대 양육가정(foster home)에서 돌보게 할 수도 있다.

긴급보호명령(Emergency protection Order): 누구라도 법원에 긴급보호명령을 신청하면 법원은 그에게 아동을 위험으로부터 격리시킬 권한을 부여한다. 법원은 아동이 긴급히 격리되거나 보호되지 않으면 심각한 고통을 받으리라 생각되는 합리적인 이유가 있거나, 지방당국이나 NSPCC에서 조사가 진행되는 중 아동이 심각한 고통을 받고 있다고 판단한 경우에 한하여 긴급보호명령을 발한다. 긴급보호명령은 명령의 신청인에게 아동을 고통으로부터 격리하여 보호할 양육권을 부여하는 것이다. 따라서 이 때 신청인은 아동의 복지를 보증할 수 있어야 하며 명령이 시행되는 동안 한번 이상 아동의 귀가와 격리를 도와야 한다. 신청인은 양육권을 행사함에 있어 필요한 보호와 아동의 복지에 도움이 되는 권한만을 행사할 수 있다.

경찰보호: 아동보호법의 보고에 의하면 경찰이 보호의 목적으로 아동을 보호할 권한을 행사한 경우는 매우 드문 것으로 나타나고 있다. 경찰은 법원의 명령이 없이도 아동을 보호할 권한이 있으나 그 보호는 72시간 이내로 제한하는 것이 바람직하다고 권고되고 있다. 많은 경우 아동이 심각한 고통을 받고 있어 격리될 필요가 있거나 병원이나 기타 장소로 이동될 필요가 있을 때 경찰의 보호를 받는 것으로 나타났다.

금지명령: 학대로부터 아동을 보호하기 위해 접근금지명령 또는 추방명령도 발할 수 있다.[27)]

Ⅷ. 맺는 말

이상에서 가정내 폭력에 대한 영국법의 조치들에 대하여 간단히 살펴보았다. 그 결과, 가정내 폭력과 아동학대에 대한 가족법의 관심이(우리와 달리) 지대

27) S. M. Cretney(주 21), pp.606-624.

하다는 것, 법적 조치들이 다양하다는 것, 그 중에도 법원의 명령이전단계의 조치들이 다양하다는 것, 법원의 명령이 철저히 이행된다는 것, 가해자와 피해자에 대한 치료가 행해진다는 것(이 논문에서는 다루지 않았음), 아동학대의 경우에는 언제나 아동의 복지가 우선 고려된다는 것 등을 알 수 있었다.

아쉬운 점은 가정폭력에 대한 법적 조치들이 너무나 다양해서 우리의 입법에 도움이 될 만한 조치들만을 선별하여 소개하였다는 점과, 우리 현실에 맞는 가정폭력법초안을 제시하지 못하였다는 점이다. 그런데 가정폭력법의 제정은 궁극적으로는 필요하지만, 가정폭력법이 실효를 거두려면 가해자에 대한 치료와 피해자를 치료하고 보호할 수 있는 복지적 시설과 경찰과의 연계 등의 제도가 완비되어야 할 것이며 그러한 제도적 뒷받침 없는 법의 제정은 유명무실한 것이 되기 쉽다. 따라서 현 단계에서는 가족법과 가사소송법에 별거제도를 신설하는 한편 별거명령의 위반이 있을 경우에 법정모독죄로 처벌하도록 하고, 피해자가 경찰의 도움을 받을 수 있도록 하자는 제안을 하고 싶다. 즉 가족법에 별거제도를 신설하여 피해자가 폭력을 행사하는 배우자에 대한 별거를 법원에 청구하면 법원은 가해자로 하여금 집을 떠나도록 하는 별거 판결과 함께 별거기간 동안의 생활비를 가해자가 지급하도록 하고, 만일 가해자가 법원의 명령을 위반하여 피해자에 대한 접근을 시도하는 경우에는 법정모독죄로 처벌할 수 있도록 하며, 피해자가 경찰에 보호를 요청하면 경찰이 개입할 수 있도록 하는 근거규정을 가사소송법에 신설하자는 것이다. 가정폭력법은 가해자에 대한 치료와 피해자에 대한 보호를 할 수 있도록 준비하여 제정하는 것이 바람직하다고 본다.

한편 아동학대에 대하여는 현행 아동복지법을 개정하여 학대받는 아동에 대한 실효성 있는 보호가 될 수 있도록 재정적 지원과 시설지원 및 학대자인 부모에 대한 교육 등을 병행할 수 있도록 하는 것이 첫 단계라 생각한다. 그것은 법의 제정만이 능사가 아니고 가해자와 피해자를 다 같이 치료하고 보호할 수 있는 여건이 마련되어야 할 것이기 때문이다. 따라서 우리의 실정에 맞는 가정폭력법은 국회, 관계당국, 관련학자들, 그리고 국민들의 관심이 뒷받침되어 관계전문가의 깊은 연구와 토론을 통해 실효성 있는 내용을 담을 수 있어야 할 것이다.

가정폭력과 아동학대의 문제를 다루면서 늘 안타깝게 생각하는 것은 우리의 학계가 이를 가족법의 영역으로 인식하지 않는다는 점이다. 그것은 가정 내에서 행해지는 폭력이 가족법의 영역이라기엔 너무나 형법적이고, 형법의 영역이라기엔 여전히 가족 내의 문제이며, 경찰이 개입하기엔 사적인 문제같지만 가정에 맡겨두기엔 너무나 위험한 문제이며, 사회의 문제라고 보기엔 너무나 개별가정의 문제이고, 개별가정의 문제라기엔 너무나 사회문제일 수밖에 없는 양면성을 지니고 있기 때문이다. 그 결과 피해자는 심각한 위험에 처해 있는데도 불구하고 아무도 도울 수 없고, 아무도 관여할 수 없는 것이 우리의 가정폭력문제의 현주소이다. 이러한 현실에서는 형식적인 법의 제정보다는 가족법의 문제이자 형법의 문제이기도 하며, 가정의 문제이자, 사회의 문제라는 인식이 보다 중요하고, 선행되어야 할 단계인 듯하다. 그 때 시설과 예산이 뒷받침된 실효성있는 법과 제도를 제정할 수 있을 것이며, 이 논문에서 소개한 영국법의 다양한 조치들이 참고되었으면 한다.

_ 법학논총 제3호(경원대학교법학연구소, 1996) 게재

後 記

「가정폭력범죄의 처벌 등에 관한 특례법」과 「가정폭력방지 및 피해자보호 등에 관한 법률」이 1997년 제정되어 수 차례의 개정을 거쳐 현재 시행되고 있다.

제 2 부

혼 인 법

家族法上 法律行爲에 있어 意思와 申告

Ⅰ. 들어가는 말

흔히 가족법상의 법률행위는 신분행위의 要式性을 근거로 재산법상의 법률행위와 구별되는 특수성을 지닌다고 설명하는 것이 보통이다. 그러나 이러한 설명은 정확하다고 할 수 없다. 그것은 재산법상의 법률행위에도 요식행위가 있는가 하면 가족법상의 법률행위에도 불요식행위가 증가하고 있기 때문이다.[1] 특히 1990년 가족법 개정을 계기로 가족법에서 이념적 통제는 약화되는 한편으로 사적 자치의 면이 강화되고 '가족법의 임의법화'[2]현상이 뚜렷이 나타나고 있음에 비추어 볼 때 가족법상의 법률행위의 요식성으로 대표되는 특수성은 약화되고 있다고 할 수 있다. 또한 가족법상의 법률행위에 신고를 요한다고 해서 그 신고를 요식행위로 이해하는 것이 정확한지에 대해서도 의문이다.

이 글에서는 가족법상의 법률행위에 있어 의사와 신고와의 관계를 살펴보려고 한다. 가족법상의 법률행위 중에는 혼인의 합의(민법 제815조 제1호: 이하 민법 생략), 입양의 합의(제883조), 협의상 이혼(가사소송법 제1항 가류사건 제2호)과 같이 의사의 합치가 있을 것과 혼인의 신고(제812조), 입양의 신고(제878조), 협의상

---

1) 약혼, 친권자결정, 재산분할협의, 상속재산분할협의 등의 가족법상의 법률행위는 불요식행위이다.

2) 1990년의 개정가족법은 지금까지 가족법의 특색으로 일컬어오던 이념통제적, 비합리적, 비타산적, 강행법규적, 보수적, 관습적 등의 성격을 가족법의 임의법화, 강행법적 성격의 희석화로 변질되게 하였으며, 가족법의 기능도 행위규범으로서의 기능보다는 분쟁해결적 기능으로 옮겨졌다고 할 수 있다. 2005년 가족법에서 동성동본불혼제가 폐지되고 2008년부터 호주제도가 폐지되게 됨으로써 가족법에서 이념 통제적 성격은 더욱 약화되었다고 할 수 있다. 박병호, 가족법논집(1996), 25면 참조.

이혼의 신고(제836조)와 같이 신고가 있어야 그 효력이 발생하는 것(성립요건)으로 되어 있어 합의와 신고와의 관계를 어떻게 이해할 것인가 문제된다. 그 동안의 논의는 의사의 본질이나 신고라는 형식에 치우친 나머지 양자의 관계가 단절되거나 의사의 해석이 신고의 본질과 논리적으로 연결되지 못한 감이 없지 않았다.

개인의 의사에 의한 신분관계의 변동에 있어 당사자의 의사와 신고가 있어야 비로소 법적인 효과가 발생된다고 할 때, 당사자간의 합의와 그에 합당한 실체는 있으나 신고가 없는 경우와 신고를 위한 합의는 존재하지만 그에 합당한 의사와 실체가 존재하지 않는 경우가 있다. 특히 혼인식을 거행한 후 동거하면 정당한 부부라는 인식이 강한 사회문화적 환경, 신분관계변동을 위한 신고절차가 매우 간편하며 호적공무원에게 실질적 심사권이 없는 법 환경, 그리고 법치주의가 안정적으로 정착되었다고 볼 수만은 없는 우리 사회 법현실에서 의사의 실질과 신고의 형식이 일치하지 않을 가능성은 매우 높고 그 경우의 문제는 매우 복합적이어서 판단이 용이하지 않다.[3)]

이 글에서는 가족법상의 법률행위의 핵심요소인 부부 · 친자로 대표되는 가족의 의사를 해석함에 있어 법이 요구하는 형식적 요건으로서의 신고(의사)와 당사자의 효과의사가 일치하지 않는 경우에 당사자의 의사를 어떻게 해석할 것인지, 형식과 실질이 일치하지 않는 원인은 무엇인지, 가능하다면 바람직한 해석론과 입법론은 무엇인지를 조심스럽게 모색해 보고자 한다.

종래에는 혼인, 협의이혼 및 입양에 있어서의 의사와 신고를 일원적으로 설명하여 왔으나 혼인과 협의이혼의 경우는 그 본질과 법적인 효과의 면에서 매우 다르고, 특히 부부간의 문제와 입양의 경우는 다른 차원의 문제이므로 이들을 일원적으로 다루는 것은 타당하지 않다고 생각된다. 이에 따라 이 글에서는 혼인과 협의이혼, 그리고 입양의 경우를 별개로 다루기로 한다. 다만 이들 법률행위에는 의사의 합치와 신고를 요한다는 점에서 공통점이 있으므로 이는 혼인의사와 신고의 관계에서 비교적 자세히 살펴본 후, 협의이혼의 경우와 입양에서의 논의는 혼인과 다른 점을 중심으로 검토하기로 한다.

---

3) 마땅히 있어야 할 신고가 없는 혼인신고의 불이행은 신고의 소극적 부실화인 데 비해, 수리되어서는 안 될 허위의 혼인신고는 적극적 부실화라고 분류하기도 한다. 정주수, "혼인신고제도의 검토-법률혼의 토착화측면에서-" 법조 제35권 8호, 법조협회(1986), 142면.

II. 婚姻意思와 婚姻申告

1. 歐美 4개국의 혼인신고절차

서구제국의 혼인절차는 민사예비절차와 혼인의식 그리고 등록으로 이루어진다는 공통점을 갖고 있다. 예비절차는 혼인당사자의 통지를 통해 혼인을 공시하고 혼인장애가 있을 경우 공적으로 이의를 제기할 수 있는 기회를 주기 위한 목적을 갖고 있다.

(1) 영 국

1) 혼인예비절차

영국 교회혼인 경우, 혼인당사자 거주지 관할 교회에서 3주에 걸쳐 혼인예고(Banns)가 행해지며, 그에 앞서 7일의 게시가 필요하다. 이 혼인에 대한 이의는 이 기간 중에 공적으로 제기되어야 한다. 혼인예고와 더불어 교회의 신부가 발행한 혼인허가증이 발급되어 즉시 효력을 발한다. 비용이 가장 적게 들지만 기간은 가장 오래 걸리는 예비절차이다. 혼인당사자에게 질병 등이 있을 경우에는 특별허가증이 발급된다.[4)]

민사혼인 경우, 혼인당사자는 혼인의사를 가지고 최소 일주일 이상 거주한 지역의 호적관장에게 혼인을 통지(notice)하여야 한다. 이 통지에는 혼인에 법적 장애가 없다는 것, 거주의 요건(일주일 이상 거주)이 충족되었다는 것, 미성년자인 경우 혼인 동의권자의 동의가 있다는 것을 엄숙히 선언하여야 한다. 혼인을 통지하면 혼인통지부(marriage notice book)에 기록되어 호적관서의 게시판에 게시되어야 하며, 게시일로부터 21일이 경과되면 혼인허가서인 증명서가 발급된다. 혼인당사자가 신속한 절차를 원하면 호적관장의 증명과 허가(Superintendent Registrar's certificate and licence)를 요구할 수 있는데, 이 경우 혼인당사자 중 일방이 15일 이상 거주하여야 한다. 이 경우의 혼인통지는 통지부에 기입되어 일반인에게 공개되나 호적관청의 게시판에는 게시되지 않으며, 혼인통지를 한 다음

4) L. B. Curzon, Family Law, 2nd ed., Cavendish Publishing Ltd.(2001), p.18.

날 혼인할 수 있다.[5]

예비절차의 목적은 혼인의 법적 장애를 최소화하기 위한 것이므로 예컨대 당사자의 일방이 배우자와 사별이나 이혼했다고 주장하는 경우에 그에 대한 조사가 필요하다고 판단되는 경우 호적공무원은 주장 사실에 대한 확인을 요구할 수 있다.[6]

2) 擧 式

영국의 남녀는 영국교회의 의식에 따르거나 민사적으로 또는 영국교회외의 종교의식에 따라 혼인을 행할 수 있다. 민사혼은 호적관서에서 이루어지는 혼인으로, 호적관장과 혼인등록담당관의 면전에서 행해진다. 이 때 당사자들은 혼인장애사유가 없음을 알고 있다고 진술하여야 하며, 구두로 혼인을 계약한다.[7] 호적관리 앞에서는 종교의식이 행해지지 않지만 당사자들이 원하면 교회에서 종교의식을 행할 수 있는데, 이 경우 혼인의 법적 효력은 호적관서에서의 혼인에 의해 발생한다.[8] 이 규정은 3주 이상의 기간이 소요되는 영국교회에서의 혼인예고절차를 받지 않은 당사자의 경우 특별허가에 드는 비용을 부담하지 않고도 혼인할 수 있다는 장점이 있다.[9]

영국 교회혼인 경우, 법은 혼인의식의 세부사항을 영국교회에 맡겨 놓고 다만 혼인증인이 있어야 할 것과 혼인의식이 기도서에 따른 의식 또는 현재 승인되고 있는 것과 같은 의식일 것을 규정한다. 영국국교가 아닌 혼인의 형식은 당사자와 교회에 맡겨져 있으나 일정한 절차와 의식은 법적으로 요구된다. 그것은 등록된 건물에서 두 사람 이상의 증인과 호적관 또는 자격 있는 사람의 면전에서 이루어져야 한다는 것이다. 다만 퀘이커교도와 유대인의 혼인은 특수한 범주에 속하게 됨에 따라 민사적 예비절차는 밟아야 하지만 등록된 건물이나 권한 있는 사람에 의한 의식을 행할 필요는 없으며, 의식의 형식은 전적으로 집단의 종교규

5) S. M. Cretney, Principles of Family Law, 4th ed., Sweet & Maxwell(1984), pp.19-22.

6) Ibid., p.21.

7) 이 때 사용되는 형식은 "I call upon these persons here present to witness that I, AB, take thee, CD, to be my lawful wife(or husband)"이다. Nigel Lowe & Gillian Douglas, Bromley's Family Law, 9th ed., Butterworths(1999), p.43.

8) Marriage Act 1949, S.45(1), S.44(3).

9) Nigel Lowe & Gillian Douglas(주 7), p.43.

범에 맡겨져 있다.[10)]

3) 등 록

모든 혼인은 거식의 방식에 불구하고 호적청에 등록되어야 한다. 혼인의 공적 기록은 당사자들 자신의 세금 또는 사회보장 목적을 위한 신분의 증명과 중요한 통계를 모으기 위해 필요한 기록이 되기 때문이다.[11)]

(2) 미 국

1) 미국의 거의 모든 주법에서는 혼인허가와 혼인의식에 관한 규정이 있으며, 대부분의 주에서 혼인 라이선스법을 갖고 있다. 이에 의하면 혼인당사자가 호적담당관청에 일정한 정보(나이, 혼인경력, 전혼의 자녀가 있는지)를 제공하여야 하며, 이런 정보는 인구통계자료와 결혼이 정당한지 여부를 담당공무원이 심사하는 근거가 된다. 예컨대 당사자가 근친이면 금지된다. 그러나 실제로는 혼인 라이선스법상의 규제를 피할 수는 있다. 또한 많은 주에서는 신체검사(physical examination)를 요구한다. 성병감염자와의 결혼을 막는 데 도움이 되고, 몇몇 주는 결핵, 정신병, 면역결핍증, 혈구성유전병을 막기 위해 이런 검사를 한다. 라이선스를 신청할 때 의사의 소견서가 필요하다. 이러한 병이 없다는 보증이 있으면 면제가 된다. 몇몇 주는 에이즈검사를 요구하는데 결혼허가증을 받는 데 이 테스트를 통과하여야 하는 것은 아니다. 일리노이주는 에이즈검사결과를 제출하도록 하는 법이 시행된 첫해에 혼인허가 신청률이 전해에 비해 25% 줄었으며, 검사결과 44명이 감염자로 판명되었다 한다.

대부분의 주는 결혼허가신청과 발급 사이에 유예기간을 두든지 발급과 결혼식 사이에 유예기간을 갖게 한다. 유예기간을 두는 이유는 결혼의 심각성을 각인시켜주기 위한 목적을 갖고 있다. 특별한 경우, 둘 다 성인이거나 임신했거나, 자녀가 있는 경우에는 유예기간은 종종 면제되기도 한다.

2) 대부분의 주는 결혼식을 규제하는 규정을 갖고 있다. 결혼식에 특별한 형식이 있는 것은 아니지만 결혼식에 공무원과 증인이 참석해야 한다고 규정하고

---

10) Ibid., pp.42-43.

11) S. M. Cretney, Elements of Family Law, Sweet & Maxwell(1987), p.6.

있으며, 결혼식의 주례자 명단을 갖고 있는 주도 많다. 만일 당사자 중 일방이 전쟁에 참가하거나 재감중이어서 결혼식에 참석할 수 없으면 대리결혼도 가능하다.[12)]

(3) 프 랑 스

혼인당사자는 혼인에 관한 사항을 호적관에게 신청하여야 하며, 호적관은 혼인식을 거행하기 전에 당사자들의 혼인식 실행사실을 청사 입구에 게시함으로써 공고한다. 이 공고에는 혼인당사자의 성과 이름, 직업, 주소, 혼인식 장소를 표시한다. 호적관은 혼인당사자가 혼인을 목적으로 진단하였음을 증명하는 건강증명서를 제출한 때에 한하여 공고하여야 하며, 공고가 면제되는 경우에도 건강증명서는 반드시 제출하여야 한다. 건강증명서는 혼인하기 2개월 이내에 발급된 것이어야 하며, 혼인을 목적으로 검사를 받았다는 것이 증명되어야 한다. 건강진단서를 제출하도록 한 것은 자신의 건강상태를 알고 혼인하기 전에 출산에 관한 정보를 알게 하기 위함이므로 문제가 발견된다 해서 혼인의 장애가 되는 것은 아니다. 공고는 10일간 게시되며, 혼인식은 혼인당사자 일방의 주소 또는 거소지 호적관 앞에서 공개적으로 실행된다.[13)]

(4) 독 일

독일의 혼인법은 1998년에 폐지되고 혼인법에 포함되었던 법규정의 내용은 상당부분 개정되어 민법전에 편입된 바 있다.[14)] 독일의 혼인예비절차와 거식은 다음과 같다.

1) 우선, 독일의 혼인은 호적관 앞에서 행해지는 민사혼만을 의미하며 종교혼은 법적 효력이 없다. 혼인하려는 당사자는 혼인의사를 호적관에게 고지하여야 하며,[15)] 이 때 당사자의 혈통을 증명할 수 있는 공적 서류를 제출하여야 한

---

12) Ira Mark Ellman, Paul M. Kurtz, Elizabeth S. Scott, Family Law: Cases Text Problems, 3rd ed.(1998), pp.53-58.

13) 한복룡 역, 전환기의 가족법(Mary Ann Glendon, Tranformation of Family Law), 길안사(1996), 105-106면 참조.

14) 독일의 혼인법개정에 관하여 자세히는 윤진수, "혼인성립에 관한 독일 민법의 개정에 관한 고찰," 가족법연구, 제13호, 한국가족법학회(1999), 33면 이하 참조.

15) §4 Personenstandsgesetz(이하 PStG로 표기)

다.[16] 호적관은 혼인에 법적 장애가 있는지 여부를 심사하여야 하며, 이혼증명서, 외국인의 혼인인 경우 법적 장애가 없다는 증명서 등 관련서류의 제출을 요구할 수 있다. 심사결과 당사자가 혼인에 자유롭지 못하다고 판단되면 호적관은 혼인의식에의 참여를 거부하여야 하는데, 이는 혼인이 성립되지 못하였음을 의미한다. 종래의 혼인법은 혼인하기 전 1주일간 공시기간 등의 조건이 있었으나 이러한 조건은 1998년 개정법에서 폐지되었다.[17]

2) 혼인거식은 2인의 증인이 출석한 가운데 공무원의 면전에서 체결되어야 한다. 호적관은 장래의 각 배우자에게 상대방과 혼인할 의사가 있는가를 질문해야 하며, 동의가 있으면 호적관은 지금부터 법적인 부부로서 구속된다는 것과 혼인이 등록된다는 것을 법의 이름으로 선언하게 된다. 혼인이 성립되면 호적관은 혼인부와 가족부에 기록하고 보존한다.[18][19]

2. 민법의 申告婚主義: 立法背景과 課題

서구제국의 복잡한 혼인신고절차와 달리 민법의 혼인신고는 그 절차가 매우 간단하다. 그것은 민법 제812조에서 "혼인은 호적법이 정한 바에 의하여 신고함으로써 그 효력이 생긴다"고 규정하고 있는 한편, 혼인신고절차는 당사자 쌍방과 성년자인 증인 2인이 서명하고 호적법 제76조에 의한 기재사항을 기재한 혼인신고서를 당사자의 본적지 또는 주소지나 현재지에서 제출하면 되기 때문이다. 또한 혼인신고서를 호적공무원에게 제출하는 것은 우송해도 되고 타인에 위임해도 되며, 호적공무원에게는 실질적 심사권이 없기 때문에 혼인의사의 존재와 진실성을 검증할 수 있는 제도적 장치가 없는 것이다. 그 결과 가장혼인이나 허위신고가 발생할 여지가 많고 실제로 빈번히 발생하고 있다.

민법 제815조 제1호는 "당사자간에 혼인의 합의가 없는 때" 그 혼인을 무효로 하고 있다. 그러나 혼인신고의 공시성 때문에 가장혼인이나 허위신고가 되었다 해도 일단 혼인은 유효하게 성립되고 후에 혼인의 무효를 주장할 수 있을 뿐

---

16) §5 1 PStG.

17) §1311 BGB는 혼인을 선언함에 있어 어떠한 조건이나 기간을 요구하지 않는다.

18) §1312 II BGB.

19) Firsching/Graba, Familienrecht, 6.Auflage, Verlag C.H.Beck(1998), S.20ff.

이다. 결국 간단한 혼인신고절차가 허위의 혼인신고를 부추기고 혼인신고의 효력을 둘러싼 분쟁의 원인을 제공하고 있다고도 할 수 있다. 민법이 이토록 간단한 혼인신고절차를 도입하게 된 배경은 다음과 같다.

우리나라에서의 혼인은 혼인식을 거행하고 사실혼관계를 유지하면 정당한 부부로 인정하는 의식혼주의와 사실혼주의였으나, 1922년 「조선민사령 중 개정의 건」으로 형식혼주의로 전환한 이래, 민법(제812조)이 이를 답습함으로써 신고혼주의를 채용하고 있다. 이 같은 신고혼주의는 일본의 입법례를 채용한 것인데, 일본의 입법자는 의식혼주의와 사실혼주의에 익숙한 일본국민들이 歐美의 복잡한 혼인신고 절차를 이행하지 않을 것으로 보아 매우 간단한 신고절차에 의해 법률상 혼인으로 인정하게 된 것이라 한다.[20] 그러나 오랫동안 사실혼주의에 익숙한 일본과 우리나라에서, 혼인식을 올리면 혼인이 성립한다는 인식에 따라 혼인식 거행 후 혼인신고 하여야 한다는 의식이 정착하기까지는 매우 오랜 시간이 필요했다. 오늘날도 혼인식을 거행하고 부부로서 동거하고 있음에도 혼인신고하지 않은 사실혼부부는 상당히 많을 것으로 추측된다.[21] 이러한 사실혼의 부부를 어떻게 보호할 것인지, 또는 사실혼을 법적인 혼인으로 유도하는 방법이 무엇인지는 가족법이 풀어야 할 과제이다. 한편 혼인식 거행 후 동거하는 중에 사실혼 부부의 일방이 혼인신고 하는 경우에 이를 유효한 혼인으로 볼 것인지도 문제된다. 또한 혼인신고절차가 매우 간단하기 때문에 발생하는 문제로는 소위 假裝婚姻이 있다. 가장혼인이란 혼인의 합의와 실체는 없이 어떤 목적을 위해 혼인신고 하는 경우를 의미한다. 이러한 역사적 및 사회적 배경에서 일본과 우리나라에서는 혼인의사를 어떻게 파악할 것인지에 관하여, 그리고 혼인신고의 본질에 관하여 여러 학설이 제기되어 왔다.

---

20) 김주수, 친족상속법 제6전정증보판, 법문사(2005), 76면.

21) 1966년 인구센서스 보고에 의하면 유배우자 총수 9,911,414명 중 혼인신고자 추정수는 9,139,315명, 미신고자 추정수는 772,099명으로 유배우자 총수에 대한 미신고자수의 비율은 7.79%였다. 한편 경제기획원 조사통계국에서 발표한 1966년도 1년간 혼인신고건수는 44,921건이며 관례에 따른 예식없이 혼인신고한 건수는 1,116건으로 극소수였다 한다. 정주수(주3), 146-147면 참조.
한편, 사실혼에 대한 정확한 통계는 없지만 한 결혼정보업체가 30대 재혼희망자 304명을 대상으로 실시한 설문조사에서 신혼여행 직후에 혼인신고 하겠다고 응답한 비율은 36%인 110명에 불과하였다고 한다. 동아일보 2003년 7월 17일자 참고.

정확히 표현하자면 혼인의사를 어떻게 이해하는가의 문제와 혼인신고의 본질에 관한 이해는 별개의 문제일 수 있다. 그러나 효과의사로서의 혼인의사의 존재와 형식적 요건으로서의 신고에 의해 혼인이 성립되고 법적 효과가 부여되는 민법의 구조 속에서 혼인의사에 관한 이해는 결국 혼인신고절차를 어떻게 해석할 것인가의 문제로 귀결될 수밖에 없다. 그러므로 혼인의사와 혼인신고의 관계는 불가분이라 할 수 있다. 이하에서는 혼인의사와 혼인신고의 관계에 초점을 맞추면서, 혼인의사에 관한 학설이 혼인신고의 본질을 어떻게 이해하고 있는지를 분석적으로 고찰하고 평가하기로 한다.

3. 婚姻意思와 婚姻申告에 대한 學說과 判例

(1) 학 설

1) 實質的 意思說

실질적 의사설은 결국 혼인에 관한 표의자의 내심의 효과의사를 중시하는 의사주의의 입장이라 할 수 있다. 이 견해가 우리나라에서 다수설이고 혼인신고의 본질에 관하여도 같은 견해를 갖고 있으므로 이하에서는 이해의 편의상 다수설로 표기하기로 한다.

(가) 혼인의사에 관하여, 실질적 의사설은 "혼인의사란 부부관계를 성립시키는 의사인데, 부부관계란 결국 그 시대 그 사회에서 일반적으로 부부관계로서 인정되는 정신적 · 육체적 결합"[22]이라고 한다. 따라서 실질적 의사설은 사회통념에 따라 사회습속상의 부부관계를 형성하려는 의사로 파악한다.[23] 이에 의하면 당사자 사이에 부부관계로서 인정되는 정신적 · 육체적 결합을 생기게 할 의사가 있으면 원칙적으로 혼인의 합의가 있는 것이며, 법률상 유효한 혼인을 성립시키는 합의는 혼인의 합의 속에 포함된다고 보고, 신고하지 않기로 하는 명백한 합의가 있는 경우에는 혼인의 합의가 없는 것으로 본다.[24] 이 학설은 혼인의사를 사회통념에 따라 사회습속상의 부부관계를 형성하려는 의사로 이해함에 따라 혼인식을 거행함으로써 혼인이 성립한다고 생각하는 우리 국민의 의식과 관행을

22) 김주수(주 20), 91면.

23) 박병호, 가족법, 한국방송통신대학출판부(1991), 68면.

24) 김주수(주 20), 93면.

반영한다고 할 수 있다. 다만 실질적 의사설에 의하더라도 당사자가 혼인신고를 하지 않는 한 혼인으로 인정할 수 없기 때문에 사실혼을 보호하지 못하는 단점이 있으나, 사실혼 일방이 한 혼인신고는 유효하다고 함으로써 어느 정도는 사실혼 보호에 기여한다고 할 수 있다. 실질적 의사설에 의하면 가장혼인은 혼인의 효과 의사가 없으므로 무효가 되고, 사실혼일방이 한 혼인신고는 동거라는 실체 속에 혼인의사와 신고의사가 내포되어 있으므로 유효하다고 한다.

(나) 그런데 실질적 의사설을 취하는 견해는 한결같이 혼인신고의 본질에 관하여는 "당사자가 신고하는 방식에 좇아서 혼인의사를 표시하여 이것을 합치 시킴으로써 혼인이 성립한다"[25]거나 "혼인의사의 합치는 혼인신고의 형식으로 표시되어야 한다"[26]고 함으로써 혼인신고를 혼인의사표시의 방식으로 이해하고, "대부분의 신분행위가 법적 신고를 필요로 하는 일종의 요식행위"라고 한다.[27] 그리고 민법 제812조에서 "혼인은 신고함으로써 그 효력이 생긴다"고 표현하고 있으나, "신고는 부부관계의 형성을 위한 창설적 신고이지 이미 형성된 신분관계를 보고하기 위한 보고적 신고는 아니며 신고 없이는 혼인 없다"[28]고 함으로써 혼인신고를 성립요건으로 이해한다. 이 견해에 따르면 결국 신고행위가 법률행위로서의 혼인행위가 된다고 보게 된다.

(다) 다수설이 혼인의사에 관하여는 실질적 의사설을 취하면서도 혼인신고를 혼인의사표시의 방식으로 이해하는 데 대해서는 다음과 같은 비판이 제기될 수 있다.

첫째, 혼인은 양 당사자가 부부가 되기로 하는 계약이며, 따라서 혼인의 의사표시는 계약의 일반원칙에 따라 서로 상대방에 대하여 하여야 하는데, 혼인신고는 부부가 혼인의사의 합치가 있다는 사실을 표시하는 것이기는 하지만 의사표시의 방향이 호적공무원에 대하여 하는 것이며, 그 성질은 사법상의 법률행위가 아니라 공법상의 법률행위(정확히는 私人의 공법행위)라는 점에서 양자는 구별되어야 한다는 것이다. 그러므로 호적공무원에게 표시하는 의사는 혼인신고의사로서 부부 상호간에 표시하는 혼인의사와 차이가 있다는 점을 지적하면서 혼인

25) 김주수(주 20), 119면.
26) 박병호(주 23), 75면.
27) 김주수(주 20), 23면.
28) 박병호(주 23), 75면.

신고를 혼인의사를 표시하는 방식으로 보는 것은 타당하지 않다고 한다.[29]

둘째, 다수설은 혼인신고서 제출 전까지는 혼인의사의 철회를 인정하고 있는데, 신고에 의하여 비로소 혼인의사가 표시된다면 신고 전까지는 혼인의사가 표시되지 않았는데 표시되지 않은 의사를 어떻게 철회할 수 있는지 설명이 불가능하다고 한다.[30]

셋째, 신고가 혼인의사표시의 방식이라고 한다면, 혼인은 계약이므로 양당사자가 공동으로 혼인신고서를 작성하고 공동으로 신고하여야 한다고 보는 것이 논리적인데, 당사자가 사실상 혼인의사를 가지고 있음에도 신고를 게을리하고 있는 경우에는 다른 사람이 신고하더라도 당사자간에 신고하지 않는다는 명백한 합의가 없는 한 혼인은 성립한다고 보는 것은 가족법상의 법률행위의 성질상 신고를 다른 사람에게 위임하여 대리신고 하게 하는 것을 인정할 수 없다는 점에서 타당하지 못하다고 비판된다.[31]

넷째, 혼인신고를 혼인의 방식으로 보게 되면 당사자의 혼인의사의 존재여부는 혼인신고시를 기준으로 정해야 할 것인데, 다수설은 혼인의사는 신고서면을 작성할 때와 신고가 수리될 때 모두 존재할 필요가 있다[32]고 하고 있으나, 이는 논리적으로 모순이라는 비판을 받고 있다.[33] 또한 다수설에 의하면 혼인신고시에 당사자 일방이 의사능력을 상실할 경우, 이는 무효로 되어야 할 듯한데, "혼인신고서가 당사자 쌍방의 의사에 기초하여 작성되고 당사자 사이에 사실상의 혼인공동생활관계가 존속하고 있다면 그 신고서가 수리될 때에는 당사자 일방이 의사능력을 잃고 있었더라도 혼인의사를 철회한 바 없다면 혼인은 유효하게 성립한다"고 한다.[34] 이러한 해석은 실질적 의사설에 충실한 해석으로 보이나, 혼인신고를 요식행위로 이해하는 것과는 다른 태도라 할 것이다.

다섯째, 다수설은 혼인신고가 있어야 혼인의사가 표시되는 것으로 되는데 이는 우리의 혼인관행과 맞지 않는다고 한다. 우리나라에서는 혼인식을 거행하

29) 권순한, "혼인의사와 혼인신고," 가족법연구 제13호, 한국가족법학회(1999), 82면.
30) 조미경, "혼인의사와 신고," 가족법연구 제10호, 한국가족법학회(1996), 69면.
31) 권순한(주 29), 84면.
32) 김주수(주 20), 97면.
33) 조미경(주 30), 72면.
34) 김주수(주 20), 97면.

고 공동생활을 하고 있으면 혼인의 합의가 있는 것으로 인정하는 것이 현실인데 혼인신고가 되어 있지 않다는 이유로 혼인의사가 표시되지 않았다고 보아 혼인의사의 합치여부를 논할 수도 없다는 것은 현실과 거리가 있다고 한다.[35]

2) 婚姻申告를 婚姻의 效力要件으로 파악하는 見解(效力發生要件說)

이 학설은 혼인은 혼인의 합의시(혼인거행시)에 법률상 성립하고 신고는 성립한 혼인이 법률상 효력을 발생하기 위한 요건이라고 이해한다.[36] 이는 역사적 전통과 혼인관행 그리고 법률혼주의와의 틈을 메우는 한편, 사실혼을 보호하기 위한 배려에 그 뜻이 있다고 한다. 효력발생요건설은 혼인식을 거행하거나 혼인식이 없더라도 혼인의사의 합치가 있다고 인정되면 혼인은 법률상 성립된다고 함으로써 사실혼을 보호할 수 있다고 주장한다.[37] 그러나 민법이 혼인에 신고를 요하고 있는데, 혼인의사의 합치에 의해 혼인이 성립된다고 보고 이에 법적인 효과를 부여하는 것은 법률혼주의의 취지를 퇴색케 할 우려가 있다는 비판이 있다.[38]

3) 形式的 意思說

형식적 의사설은 가족법상 법률행위의 요식성을 근거로 신분행위의사를 신고에 의하여 법률상의 혼인관계를 형성하려는 의사로 본다. 이에 의하면 혼인신고의사의 합치가 있는 이상 혼인은 유효하다고 해석한다. 이에 의하면 가장혼인은 혼인신고의사의 합치가 있으므로 유효하게 되고, 사실혼 일방이 한 혼인신고의 효력은 신고의사의 합치가 없으므로 무효로 보게 된다. 이 학설은 법률혼주의에는 충실하지만 혼인식 거행 후 동거에 혼인의 합의가 있다고 이해하는 우리의 혼인관행에는 적절하지 않다는 비판이 제기된다. 우리나라에서 이 견해를 지지하는 학자는 없다.

4) 法的 意思說

(가) 최근에 법적 의사설이 주장되고 있다. 법적 의사설은 가족법상의 법률

---

35) 권순한(주 29), 83면.

36) 정광현, 가족법연구, 서울대학교출판부(1968), 607면.

37) 특히 사실혼 배우자의 상속권을 인정할 수 있는 근거가 될 것이다.

38) 이 학설에 대한 비판은 김용한, "신분법에 있어서의 신고제도," 법정 15권 9호(1960) 참조.

행위인 혼인이란 사회제도로서의 혼인일반이 아니라 법률제도로서의 혼인을 의미하며 일반적으로 법률행위로부터 발생되는 권리의무의 내용은 의사표시 중의 효과의사에 의하여 정해지지만 혼인이라는 법률행위의 법률효과는 법정되어 있어서, 혼인의사라고 하는 것은 혼인의 효과로서 법정되어 있는 법률효과의 발생에 향하여진 것만이 의미를 가진다는 것이다. 그리하여 혼인의사를 "법률상의 정형에 맞는 혼인을 하려는 의사"로 파악하고, 혼인의 효과로서 법정되어 있는 법률효과의 발생에 향하여진 효과의사의 합치가 있고 신고의사에 기한 신고가 행하여진 때에 혼인은 성립하고 효력이 발생한다는 것이다.[39] 이에 의하면 혼인이라는 법률행위는 합의(혼인의사의 합치)와 이것과는 별개의 법률사실인 신고라고 하는 2개의 법률사실로부터 성립하는 법률행위로 이해함으로써, 혼인의 효과의사 외에 혼인신고의 의사를 별도로 요구한다. 이 견해에 의하면 가장혼인은 혼인의 효과의사가 없으므로 무효가 된다고 한다. 그러나 이 학설에 의하면 사실혼일방이 한 혼인신고는 신고의사의 합치가 없으므로 그 효력을 부정하는 결론에 이르게 된다.

(나) 법적 의사설은 실질적 의사설이 안고 있는 모순을 지적하고 이를 극복하기 위한 시도라고 할 수 있다. 이 견해는 실질적 의사설이 혼인의사를, 사회통념에 따라, 사회습속상의 부부관계를 형성하려는 의사로 이해함으로써 법제도가 아닌 사회제도로서의 혼인을 전제로 하고 있다는 점을 비판함과 동시에, 실질적 의사설이 혼인신고에 대해서는 이를 혼인의사표시방식으로 이해함으로써 드러난 여러 가지 불합리한 점을 지적하면서 혼인신고를 혼인의사와 분리시킨 점에서 의의가 있다고 생각된다. 그러나 다음과 같은 비판이 제기된다.

즉 혼인의 의사를 혼인의 효과로서 법정되어 있는 법률효과의 발생에 향하여진 것만 의미를 갖는다는 것은 통용되기 어려운 면이 있다는 것이다.[40] 제도로서의 혼인을 승인하고 그 속에 들어오면 법률이 이를 혼인으로 인정하여 정해진 법률효과가 발생하는 것으로 보아야 하는데, 법률이 이미 규정해 놓은 법률효과를 얻고자 했기 때문에 그에 대해 법률효과를 부여한다는 것은 앞뒤가 바뀐 것이라 한다. 또한 사회제도로서의 혼인을 도외시하고 혼인의 효과로 발생하는 권리

---

39) 佐藤義彦, "身分行爲管見," 太田武男還曆記念, 現代家族法の課題と展望, 218면 이하 : 조미경(주 30), 75면 이하.

40) 권순한(주 29), 90면.

의무만을 중심으로 혼인의사를 판단하는 것은 혼인의 요건을 지나치게 엄격하게 해석하는 결과가 된다고 한다.[41]

5) 承認意思說

(가) 이 견해는 법적 효과설이 실질적 의사설을 비판하는 점에 대해서는 동의하면서도 법적 의사설이 혼인의사와 신고의사를 요구한다는 점에 의문을 표하면서 다음과 같이 주장한다. 즉 혼인의사와 혼인신고를 분리하되 혼인에 있어 본체가 되는 것은 어디까지나 혼인의 실질인 혼인의사의 합치와 혼인공동생활에 있으며, 혼인신고는 당사자 사이에 혼인의사의 합치가 있다는 사실을 확인하는 단순한 절차에 불과하다고 보고, 이를 혼인이 성립하기 위한 별도의 요건으로 본다. 특히 혼인의사에 관하여는, 당사자가 혼인에 따른 법률효과를 얼마나 수용하고 승인하고자 하느냐 하는 분량적인 기준으로 판단하고 있다. 이 견해에 의하면 가장혼인은 혼인의 효과를 얻는 것을 승인하지 않았다는 의미에서 무효이고, 사실혼 일방이 한 혼인신고에 대하여는 일반적으로 혼인의 효과를 수용하겠다는 의사가 있다고 보아야 하므로 유효하다고 본다.

(나) 이 견해는 혼인의사와 혼인신고를 분리하고 있다는 점, 혼인의사는 당사자가 혼인에 따른 법률효과를 승인하는 분량적인 기준으로 판단함으로써 실질적 의사나 신고의사와 같은 단순한 기준으로는 설명할 수 없는 한계를 극복하려고 시도하고 있다. 그러나 혼인의 법적 효과는 혼인이 성립되면 법적으로 주어지는 것임에도 불구하고 혼인의사를 법률효과를 승인하는 분량적인 기준에 따라 판단하는 것은 무리라고 할 것이다. 또한 혼인의사와 혼인의 법률효과를 동일한 가치의 것으로 보고 이를 수량적으로만 판단하게 됨으로써 어느 정도의 수량이어야 혼인이 성립되는지에 대한 원칙적인 기준이 없다는 비판이 있다.[42]

(2) 판　례

판례 중에는 실질적 의사설에 입각한 듯한 판례가 다수이나, 형식적 의사설에 입각한 듯한 판례도 있고 혼인의사 외에 혼인신고의사를 별도로 요구하는 듯

41) 위의 논문, 92면.

42) 양범석, "혼인의사 –가장혼인을 중심으로," 실무연구VIII, 서울가정법원(2002), 160면.

한 판례도 있다. 예컨대 대법원 1980. 1. 29, 79므62 · 63 판결은 가장혼인신고를 무효라고 판시한 사건인데 "당사자 사이에 혼인의 합의, 즉 정신적 · 육체적 결합을 생기게 할 의사로서 신고된 것이 아니라고 한다면 청구인과 피청구인간의 혼인관계는 민법 제815조 제1호에 해당하여 무효라고 하지 않을 수 없으므로…" 라고 함으로써 실질적 의사설을 취하고 있다.[43]

형식적 의사설에 입각한 판례로는 대법원 1975. 11. 25, 75므26 판결이 있다. 사안은 다음과 같다. 즉 청구인은 법률상 처와 (가장)이혼하고 피청구인과 혼인신고하였으나 청구인과 피청구인은 실질적으로는 부부가 될 의사는 없이 다만 그들이 사실혼 부부였던 시절에 출생한 자를 혼인 중의 자로 하려는 목적으로 혼인신고한 후 이혼하기로 하여 미리 이혼신고서를 작성하였으나, 피청구인이 이혼신고를 철회하자 청구인이 혼인무효확인청구를 한 것이다. 이에 대해 대법원은 "청구인과 피청구인 사이의 혼인신고가 적법한 절차를 밟아서 이루어짐으로써 적법유효하고, 이혼신고를 미리 작성했어도 우리 사회 통념상 부부관계의 본질에 반한 부부만은 무효이므로 위 혼인의 합의가 없었음을 전제로 한 무효청구는 이유없다"고 하여 당사자 사이에 혼인공동생활이 없음에도, 혼인신고의사의 합치가 있는 이상 유효하다고 함으로써 형식적 의사설을 취한 것으로 보인다.

한편, 대법원 1983. 9. 27, 83므22 판결은 혼인의사 외에 별도로 혼인신고의사가 필요하다고 보는 듯한 판결이다. 즉 "법률혼주의를 취하고 있는 우리나라 법제하에서는 비록 결혼할 의사가 있고 사실혼관계에 있다 하더라도 호적법에 정한 바에 의하여 혼인신고를 하기 전에는 법률상 혼인으로서 효력이 있다고 할 수 없으므로 혼인의 합의도 법률상 유효한 혼인을 성립케 하는 합의를 말하는 것이고 비록 양성간의 정신적 · 육체적 관계를 맺는 의사가 있다는 것만으로 혼인의 합의가 있다 할 수 없다"고 함으로써, 법적 의사설과 같은 취지의 판결이라고 해석되고 있다.[44] 그러나 이 사안은 남녀가 결혼을 전제로 정교관계를 맺어 여성

---

43) 대법원 1975. 5. 27, 74므23 판결도 실질적으로는 법률상 부부가 될 의사가 없이 오로지 그들 사이의 자를 혼인 중의 자로 하기 위한 방편으로 혼인신고하기로 합의하고 목적이 달성되면 곧 이혼하기로 하였으나 피청구인이 이에 응하지 않자 청구인이 혼인무효확인청구를 한 데 대해 실질적 의사설에 입각하여 이를 무효라고 하고 있으며, 대법원 1996. 11. 22, 96도2049 판결; 대법원 1985. 9. 10, 85도1481 판결도 같은 취지라고 할 수 있다.

44) 조미경(주 30), 79면.

이 자녀를 출산하였을 뿐 그 사이에 사실혼관계조차 없었으나, 그 후 남자가 다른 여성과 혼인한 상태에서 처음의 여성이 혼인신고 하였음을 감안할 때, "혼인의 합의도 법률상 유효한 혼인을 성립케 하는 합의를 말하는 것"이라는 표현만으로 판례의 입장을 '혼인의사 외에 신고의사까지 필요로 하는 것'이라고 해석하는 것이 타당한 것인지는 의문이다. 이 판례는 남녀간에 정교관계가 있을 뿐 혼인공동체가 없었다는 점을 강조하기 위해 "양성간의 정신적・육체적 관계를 맺는 의사가 있다는 것만으로 혼인의 합의가 있다고 할 수 없다"는 점을 강조한 것으로 해석되기 때문이다.

한편 혼인신고의 본질에 관하여 판례는 이를 요식행위라고 하는 것 같지는 않다.[45] 예컨대 대법원 1991. 12. 27, 91므30 판결은 "신분행위는 신분관계를 형성하는 것을 목적으로 하는 법률행위로서 신분관계의 형성이 그 본질적인 내용이고 신고 등 절차는 그 신분행위의 창설을 외형적으로 확정짓는 부차적인 요건일 뿐"이라고 함으로써 다수설과는 다른 견해를 취하고 있는 것으로 보인다.[46] 그런데 (다수의) 판례는 혼인의사에 관하여는 실질적 의사설에 따라, 혼인의사를 명백히 철회하거나 당사자 사이에 사실혼관계를 해소하기로 합의하였다는 등의 사정이 없으면 혼인의사의 존재를 추정[47]하는 한편, 혼인신고의 본질에 대해서는 이를 부차적 요건으로 이해함으로써 사실혼일방이 한 혼인신고를 유효라고 판시하면서도, 사실혼관계에 있는 일방이 의식불명상태에 빠진 동안에 타방이 한 혼인신고에 대하여는 이를 무효로 판시한 경우도 있다.[48] 이 판결은 아래의 검토에서 사안과 함께 다루기로 한다.

(3) 검 토

혼인의사와 혼인신고의 관계에 관한 학설과 판례를 살펴보았다. 최근에 제

---

45) 다만 허위친생자출생신고의 효력을 부정하는 이유로서 "입양신고는 요식행위이기 때문"이라는 판례는 있다. 대법원 1967. 7. 18, 67다1004 판결 참조.

46) 양창수, "가족법상의 법률행위의 특성," 가족법연구 제19권 1호(2005), 94면은 "신분행위에서 신고 등 절차는 그 신분관계의 창설을 확정짓는 부차적 요건에 불과하다는 이해는 적어도 혼인이나 입양과 같이 신분관계를 새롭게 창설하는 법률행위에 있어서는 대법원이 일관되게 취하는 관점인 듯하다"고 한다.

47) 대법원 2000. 4. 11, 99므1329 판결.

48) 대법원 1996. 6. 28, 94므1089 판결.

기된 법적 의사설과 승인의사설은 종래의 다수설인 실질적 의사설에 대한 비판에서 출발하고 있는데, 그 비판의 핵심은 실질적 의사설 자체에 있다기보다는 이 학설이 혼인신고에 관하여는 신고를 혼인의사의 표시방식으로 이해하는 데 있다고 생각된다. 그렇다면 혼인식을 혼인에 대한 공시기능으로 이해하는 혼인관행과 간편한 혼인신고로 혼인이 성립하는 것으로 보는 현행법하에서 혼인의사와 혼인신고와의 관계를 어떻게 이해하는 것이 가장 타당한 해석일 것인가? 이하에서 살펴보기로 한다.

1) 혼인의사에 관하여는, 이를 실질적 의사설에서 이해하는 것이, 가장 이상적인 해석은 아닐지라도, 적어도 우리의 혼인관행에 비추어볼 때는 가장 현실적이고 타당한 해석이라고 생각된다.

2) 그런데 다수설은 혼인의사에 관하여 실질적 의사설을 취함으로써 혼인공동체 안에 혼인의사와 신고의사가 포함된 것으로 이해하면서도, 혼인신고에 관하여는, 실질적 의사설의 논리적 귀결과는 무관하게, 혼인의사표시방식으로 이해하고 있어 양자의 관계를 단절시킴과 동시에 논리적으로 모순된 결과의 원인을 제공하고 있다.[49] 그것은 기왕에 혼인의사와 신고의사가 존재하고 있음에도 불구하고, (기왕에 존재하는) 혼인의사가 혼인신고에 의해 비로소 표시된다고 해석하는 것과 다름없다. 실질적 의사설에 의하면 기왕에 존재하였다고 이해되는 혼인의사가 어떻게 신고에 의해 비로소 창설될 수 있다고 하는 것인지 의문이다. 이는 기왕에 존재하는 혼인의사의 합치를 간과하고 공법행위인 혼인신고에 너무나 많은 비중을 두었기 때문에 빚어진 결과라고 생각된다. 또한 혼인신고를 혼인행위로 이해함으로써, 혼인의사를 혼인당사자가 아니라 호적공무원에게 표시하는 결과가 되거나, 아니면 혼인행위를 마치 합동행위와 같이 이해하는 것과 다름없는 부당한 결과의 원인이 되는 것이다. 따라서 법적 효과설과 승인의사설이 적절히 지적한 바와 같이 혼인공동생활에 대한 합의를 혼인행위로 보아야 하며, 혼인신고는 당사자 사이에 혼인의사의 합치가 있다는 사실을 확인하는 단순한 절차로서 법률상 혼인이 성립하기 위한 별도의 요건으로 보아야 할 것이다.[50]

법률행위의 방식을 본체적 방식과 부가적 방식으로 나누는 견해가 있다. 본

---

49) 판례는 실질적 의사설을 취하고 있으면서도, 혼인신고를 혼인의사표시방식으로 이해하는 다수설과는 달리 신고를 부차적 요건으로 이해한다. 이 글 II의 3, (2) 참조.

50) 권순한(주 29), 86면.

체적 방식은 방식과 법률행위가 일체를 이루고 있으므로 방식이 없으면 법률행위가 존재한다고 할 수 없는 경우이며, 부가적 방식은 방식을 필요로 하는 법률행위가 방식으로부터 독립하여 존재한다고 생각할 수 있는 경우로 이해하면서[51] 법인 설립행위에 있어서의 정관작성, 혼인, 입양, 유언, 인지에 있어서의 신고 등을 예로 든다.[52] 이러한 관점에서 본다면 다수설은 혼인 등의 신분행위를 본체적 방식으로 이해하는 입장이라 할 수 있고, 판례는 혼인신고를 부가적 방식으로 이해하는 것으로 보인다. 분명한 것은 다수설이 혼인신고를 혼인의사표시 방식으로 이해함으로써 신고 전에 존재하는 혼인의사의 합치의 사실을 간과하고 신고행위에 지나친 비중을 둠으로써 실질적 의사설과의 관계를 일관성 있게 설명하지 못하고 있다는 점이다. 또한 법적 의사설이나 승인의사설은 다수설과 판례가 실질적 의사설을 취한다고 하여 신고에 관하여도 같은 입장을 갖고 있다는 전제에서 함께 비판하고 있으나, 혼인신고의 본질에 관한 판례의 태도는 다수설과 다르다는 점을 간과하고 있어 오해의 소지가 있다.

3) 그렇다면 혼인의사와 신고의사의 존재시기 및 양자의 관계를 어떻게 이해하는 것이 타당한 것인지 검토하기로 한다.

법적 의사설은 혼인의 효과로서 법정되어 있는 법률효과의 발생에 향하여진 효과의사의 합치가 있고 또 신고의사에 기한 신고가 행해진 때에 혼인이 성립한다고 하고 있다.[53] 이 견해에 의하면 사실혼 일방이 한 혼인신고는 신고의사가 결여되어 있으므로 무효로 보아야 할 것이다. 그러나 이러한 해석은 우리의 혼인생활의 현실을 도외시하는 결과가 된다는 비판을 의식하여 다음과 같이 완화해석하고 있다. 즉 신고서의 작성 및 이에 기한 신고는 신분행위자의 의사에 뒷받침된 것이기만 하면 족하고 작성시 또는 신고시에 반드시 유효한 혼인의사를 필요로 할 이유는 없다고 한다.[54] 그러나 혼인식을 거행하면 정당한 혼인으로 인식하는 우리사회의 혼인관행에서 혼인의사와 별도의 혼인신고의사를 갖고 있거나

51) 이영준, 한국민법론(총칙편), 박영사(2003), 153면; 김상용, 민법총칙, 법문사(1995), 412면.

52) 이 견해는 유언의 경우도 부가적 방식으로 이해하고 있으나, 유언은 혼인이나 입양과 달리 유언자가 사망하여 그 진의여부판단에 따라 효력의 유무을 부여하는 것은 분쟁의 요인이 될 수 있다는 점과 유언에 관한 법규정형식을 감안할 때 이는 요식행위라고 이해하는 것이 타당하지 않을까 생각한다.

53) 조미경(주 30), 66면.

54) 위의 논문, 74면.

이를 표시하는 부부가 얼마나 되는지 의문이다. 오히려 혼인은 하되 혼인신고는 하지 않기로 하는 경우는 이례에 속한다고 할 것이며, 대부분의 경우는 혼인식을 거행하고 동거하면 당연히 혼인신고를 하는 것으로 이해함으로써 혼인공동생활에 혼인의사와 신고의사가 포함되어 있다고 파악하는 것이 우리의 혼인관행에 맞는 해석이 될 것이다. 물론 이 견해는 신고서 작성 및 이에 기한 신고는 신분행위자의 의사에 뒷받침된 것이기만 하면 족하다고 완화해석하고 있으나, '신분행위자의 의사'란 결국 혼인의사와는 별도의 신고의사를 의미하는 것이며, 그 요구정도가 약하다고 해서 신고의사를 필요로 한다는 구도가 없어지는 것은 아니라는 점에서 동의하기 어려운 일면이 있다.

한편 승인의사설에서는 혼인의사에 관하여, 혼인에 따른 법률효과의 어느 정도를 받아들일 것을 승인하였느냐의 분량적 기준에 따라 그 유무가 정해지며, 혼인신고의사는 혼인의 효과의사와 질적인 차이가 있는 것이 아니라 혼인의사의 한 구성부분으로 이해하는 것이 타당하다고 한다. 이에 따라 유효한 혼인이 되기 위해서는 신고의사는 표시되지 않았더라도 실제로 부부로서 권리의무를 다한다는 실질적인 혼인의사가 충분히 있는 경우에는 일방이 혼인신고를 하더라도 이를 유효한 것으로 보아야 한다고 한다.[55] 그러나 혼인의사의 유무를 판단함에 있어 혼인에 따른 법률효과의 승인정도를 기준으로 삼는 것은 지나치게 주관적일 뿐 아니라 그 승인의 정도를 계량화할 수 있는 것도 아니어서 적절치 못하다고 본다. 이 설에서는 혼인의사의 승인의 의미에 관하여는 이를 "혼인에 따른 법률효과를 상당부분 수용하고 승인함으로써 이를 혼인으로 인정할 수 있을 만큼 혼인의사가 분량적으로 충분히 있으면 혼인의사가 있다고 본다"고 설명하고 있으나, 그렇다면 그러한 내용은 혼인공동생활 안에 내포되어 있는 것이므로 혼인공동생활이 얼마간 지속되고 있으면 혼인의사와 신고의사가 포함되어 있다고 보는 것이 현실적이며 객관적으로도 용이하게 판별할 수 있는 기준이 될 것이다.

4) 혼인의사와 혼인신고의사는, 실질적 의사설과 같이, 혼인식과 혼인공동생활에 대한 합의에 포함되어 있다고 이해하고, 혼인의사는 이를 철회하거나 해소에 대한 합의가 없는 한 추정된다고 보는 것이 타당하다. 이에 따라 혼인신고는 기왕에 합치되어 존재하는 혼인의사와 신고의사를 호적법이 정하는 바에 따

55) 권순한(주 29), 93면.

라 호적공무원에게 신고하는 공법상의 행위이며, 혼인신고가 있을 때 비로소 혼인은 법률상 성립되는 것이다. 이에 의하면 혼인의사의 철회를 무리 없이 설명할 수 있으며, 혼인신고시와 신고서 작성시에 혼인의사가 필요하다는 모순도 극복될 수 있다. 그 결과, 사실혼 일방이 한 혼인신고는 당사자간에 혼인의사를 철회한바 없다면 유효하게 성립될 것이며, 가장혼인신고는 신고의사의 합치는 있으나 그 전제가 되는 혼인의사가 없으므로 무효가 될 것이다.

5) 혼인의사와 혼인신고를 위와 같이 이해한다면 구체적으로는 다음과 같이 된다.

(가) 혼인공동생활은 있으나 혼인신고는 하지 않은 경우

혼인식을 거행하고, 또는 혼인식을 거행함이 없더라도 부부공동생활을 하고 있으면 당사자간에는 혼인의사와 신고의사가 존재하지만 아직 혼인신고가 되어 있지 않으므로 혼인은 법률상 성립하지 않은 것이 된다. 그러나 당사자간에 혼인의사를 철회하거나 신고하지 않기로 합의한 바 없다면 혼인의사와 신고의사는 존재하는 것이 된다. 이에 따라 혼인의사를 철회하였거나 당사자 사이에 관계를 해소하기로 합의한 경우에는 기왕에 있었던 혼인의사와 신고의사는 그 때부터 없는 것으로 보아야 함은 물론이다. 그러므로 혼인의사가 철회된 경우에 일방이 한 혼인신고는 '혼인의사의 흠결'로 인해 혼인의 효력이 발생하지 않는 것이다. 반대로 혼인의사를 철회한 바 없다면 그 일방이 한 혼인신고는 유효하다고 해석된다.

이에 관하여는 실질적 의사설을 취하는 다수설도 혼인공동생활에 혼인의사가 포함되어 있다고 이해하는 결과 혼인신고 전에도 혼인의사는 존재한다고 본다. 그러나 다른 한편으론 신고를 혼인의사의 표시방식으로 이해하는 결과 혼인신고 전에는 혼인의사가 아직 존재하지 않는 모순된 결과에 도달하게 되는데, 그럼에도 불구하고 혼인의 철회를 인정하고 있어[56] 비판을 받고 있는 것이다. 비판의 요지는 신고에 의하여 혼인의사가 비로소 표시된다고 한다면 신고 전까지는 의사표시가 표시되지 않았는데 표시되지 않은 의사를 어떻게 철회할 수 있느냐, 하는 것이다. 이러한 지적은 타당하다고 생각된다.

한편 법적 의사설은 법률행위로서의 신분행위는 의사표시와 신고에 의하여

56) 김주수(주 20), 97면; 박병호(주 23), 69면.

성립하고 효력이 발생하지만 신고 전에는 의사표시가 성립하고 효력을 발생하고 있음에 불과하다고 한다. 이에 따라 합의 후 철회가 있으면 의사의 흠결로 인해 효력을 발생하지 않는 것으로 되며, 신고에 관하여 위임이 있었으나 철회한 경우에는 신고의사의 흠결이 된다고 한다.[57)]

승인의사설에서도 법적 의사설과 유사하게 합의에 의해 혼인의사와 신고의사는 존재하는 것으로 본다. 이에 따라 신고 전에 합의를 철회하였으나 일방이 혼인신고를 하였다면 그 혼인은 무효가 된다고 함으로써 혼인의사와 혼인신고의 관계, 그리고 신고 전에 한 철회에 관하여, 다수설인 종래의 실질적 의사설을 제외한 나머지 학설은 대체로 같은 결론에 도달하고 있다.

(나) 사실혼관계 일방이 한 혼인신고의 효력

실질적 의사설에 의하면 혼인의사의 존재가 있다는 추정[58)]을 받는 사실혼관계에 있는 배우자 일방이 혼인신고를 하였다면 그것은 기왕에 존재하는 혼인의사와 신고의사에 따른 신고이므로 유효한 혼인으로 성립되게 된다. 이 때의 혼인신고는 당사자간에 존재하는 혼인 계약을 바탕으로 호적법에 따른 공법상의 절차이므로 신고시에 별도의 의사표시나 대리 또는 위임이 필요하지 않다고 본다. 다수설인 실질적 의사설도 사실혼 일방이 한 혼인신고의 효력을 인정하며 실질적 의사설은 이러한 경우를 위해 제기된 학설이라 할 수도 있다. 판례도 마찬가지이다.[59)]

이 점에 관하여 법적 의사설은 부정적인 결론에 도달할 수밖에 없다. 혼인이 성립하려면 합의와 신고가 있어야 하는데 사실혼 일방이 한 혼인신고에는 신고의사가 결여되기 때문이다. 완화해석을 한다 해도 신고의사를 별도로 요구한다는 점에서는 마찬가지이다. 승인의사설에서는 혼인공동생활에 혼인의 법률적 효과에 대한 승인이 있으면 사실혼 일방이 한 혼인신고는 유효하게 된다.

그런데 당사자 사이에 혼인의사의 합치가 있었으나 신고시에는 다른 일방이 의사능력을 상실한 경우에 그 신고를 유효한 것으로 볼 것인가 문제될 수 있다.

---

57) 조미경(주 30), 74면.

58) 이 경우의 추정은 법률상의 의미보다는 사회에서 일반적으로 사용되는 것으로 추측에 유사한 의미용어이다.

59) 대법원 1963. 11. 7, 63다647 판결; 대법원 1980. 4. 22, 79므77 판결; 대법원 1994. 5. 10, 93므935 판결 등.

실질적 의사설은 “혼인의사가 당사자쌍방의 의사에 기초하여 작성되고 당사자 사이에 사실상의 부부공동생활관계가 존속하고 있다면 신고서가 담당호적공무원에게 수리될 때에 당사자 일방이 의사능력을 잃고 있었더라도 신고서 수리 이전에 혼인의사를 철회하지 않은 이상 혼인은 유효하게 성립한다고 보아야 할 것”[60] 이라고 함으로써 이에 관하여는 실질적 의사설에 충실한 해석을 하고 있다.[61]

그런데 대법원은, 혼인식을 거행하고 3년여를 동거하다 일방이 뇌졸중으로 쓰러져 혼수상태에 빠져 의식불명상태에 있는 중에 다른 일방이 혼인신고한 사안에서 “혼인이 유효하기 위하여는 당사자 사이에 혼인의 합의가 있어야 하고 이러한 혼인의 합의는 혼인신고를 할 당시에도 존재하여야 한다고 할 것이다. … 위 망인과 피고가 사실혼 상태에 있었다 하더라도 다른 특별한 사정이 없는 한 위 망인과 피고 사이에 위와 같이 신고하여 한 혼인은 무효라고 보아야 할 것이다”라고 판시함으로써 혼인의사는 혼인신고 할 당시에도 있어야 함에도 신고당시에는 의사무능력상태였으므로 무효라고 판시한 바 있다.[62][63]

위의 사안에서 원심 판결[64]은 당사자가 동거하기 시작한 혼수상태에 빠지기 전 약 3년 동안 법률혼이 아닌 사실혼으로서의 동거만을 유지할 의도였다는 뜻을 주위의 가족들에게 명백히 하여 왔다는 사실을 인정하여 법률혼을 성립시킬 혼인의사가 없었다는 이유로 일방이 한 혼인신고를 무효라고 보았다. 이 사안은 혼인의사는 있었으나 신고의사는 명백히 없었다는 점에서 무효라고 판시한 원심 판결이 보다 논리적이라고 할 수 있을 것이다.

이와 관련하여 다음과 같은 의문을 제기할 수 있다. 즉 당사자가 혼인식과 혼인공동생활관계에 있으므로 혼인의사와 혼인신고의사가 있었으나, 그 일방이 의식불명으로 의사능력을 상실한 경우에까지 혼인의사가 지속된다고 할 수 있는가 하는 점이다. 위의 사안은 중년기의 당사자가 재혼을 한 경우이고 법률혼을 성립시킬 의사가 없다고 공언하였다는 점에서 원심 판결의 설시는 타당하다고

---

60) 김주수(주 20), 97면.

61) 권순한(주 29), 85면은 이에 관하여 예외를 인정하는 것으로 해석한다.

62) 대법원 1996. 6. 28, 94므1089 판결.

63) 이 판결에 대한 비판적 견해로는 양창수(주 45), 96면; 이화숙, “1996년-1997년 친족상속법 관련판례평석,” 오늘의 법률(1997.9)이 있다.

64) 서울고법 1994. 7. 5, 93르2414 판결.

볼 여지가 있다. 그러나 혼인식 거행 후 부부공동생활이 있어 혼인의사와 혼인신고의사가 내포되어 있다고 할 수 있는 전형적인 사안에서 일방이 의식을 상실하였다면 의식불명인 배우자에게 혼인을 철회할 수 있는 가능성이 없어졌음을 이유로 일방 배우자의 혼인신고의 효력을 부인하는 것이 타당한 것이 아닌가, 하는 의문이 제기될 수 있다. 이에 관하여는 여러 가지 의견이 있을 수 있으나, 혼인의사가 이미 성립하였고 배우자가 의식불명이 된 후에도 혼인공동생활이 있다면 그 신고는 유효하다고 이해하는 것이 타당하다고 본다.

(다) 假裝婚姻의 效力

가장혼인의 효력에 관하여는 종래의 실질적 의사설에서는 물론 법적 의사설 및 승인의사설에서도 모두 무효라고 본다. 가장혼인에는 혼인의사가 없기 때문이다. 판례도 가장혼인에 관하여는 대체로 무효로 본다.[65]

(라) 상대방의 동의없는 虛僞의 婚姻申告

상대방의 동의없는 허위의 혼인신고[66]는 혼인의사뿐 아니라 혼인신고 의사의 합치가 없으므로 어느 설에 의하더라도 무효이다. 참고로, 혼인무효와 취소건수는 1975년에 181건, 1984년에는 627건, 2003년에 635건(혼인건수 304,932건), 2004년에 687건(혼인건수 310,944건), 2005년에 720건(혼인건수 316,375건)이었다. 혼인무효사유에는 근친혼을 제외하면 혼인의 합의가 없는 때가 있는데, 우리 사회에서 근친혼이 행해지는 경우는 드물다는 점과, 이 수치에는 혼인취소가 포함되어 있음을 감안한다 해도 허위신고에 의한 혼인무효건수가 상당함을 짐작할 수 있다.[67]

---

65) 대법원 1975. 5. 27, 74므23 판결; 대법원 1980. 1. 29, 79므62 · 63 판결; 대법원 1985. 9. 10, 85도1481 판결. 그러나 대법원 1975. 11. 25, 75므26 판결은 가장혼인 사안임에도 이를 유효라고 판시한 바 있다.

66) 허위의 혼인신고의 예를 소개하면 다음과 같은 것이 있다. 사례 1: 오모씨는 짝사랑하던 한모양의 본적을 알아내어 자신과 결혼한 것처럼 혼인신고하고 그들 사이에 아이를 낳은 것처럼 허위로 출생신고를 한 혐의로 구속되었다. 한모양은 혼인하려고 호적을 열람하다 이 사실을 발견하였다 한다. 중앙일보 1984.9.19일자.

사례 2: 이모씨는 구혼을 거절하는 하숙집 딸이 결혼제의를 거절하자 그 여성의 도장을 위조한 뒤 자신과 혼인한 것처럼 신고하여 구속되었다 한다. 중알일보 1986.3.25일자.

67) 2005년 사법연감 참조.

(4) 婚姻申告節次의 改善方案

현행법상의 법률혼주의는 1922년 「조선민사령 중 개정의 건」으로 채택된 때로부터 계산하면 이미 84년의 세월이 흘렀고 민법(제812조)이 시행된 때로부터는 46년이 지났다. 그 동안 우리 국민들의 교육수준은 높아졌고 여성의 법적 지위와 사회적 지위는 향상되었으며, 여성의 사회진출이 활발해짐에 따라 부부관계는 평등화 경향을 보이고 있다. 이에 따라 혼인에 대한 의식도 과거와는 질적으로 변화되었다고 할 수 있다.[68] 한편 우리나라의 혼인신고제도는 그 절차가 매우 간단하고[69] 호적공무원에게는 형식적 심사권밖에 없으므로 당사자 일방이나 제3자가 혼인신고서를 제출하여 수리되는 것은 흔한 일이다. 그럼에도 우리 사회는 혼인식을 거행하고 부부로서 공동생활을 하고 있으면 여전히 이를 정당한 부부로 인식하는 경향이 남아 있으므로 사실혼 당사자 일방이 혼인신고하는 경우도 많고 허위의 혼인신고가 행해질 가능성도 그만큼 높다고 할 수 있다. 이때 혼인의 유효성을 판단하기는 용이하지 않을 뿐 아니라, 경우에 따라서는 법이 혼인신고절차를 간단하게 함으로써 당사자간에 불필요한 혼인관련 소송을 야기시키는 측면이 없지 않다고 본다. 그러므로 분쟁예방 차원에서라도 혼인신고절차를 개선할 필요성이 높다고 생각된다.

혼인신고의 개선방안은 자발적으로 선택한 사실혼이 아닌 한 이를 법적인 혼인으로 유도하는 한편 허위의 혼인신고가 발생할 여지를 없이 하는 것이라고 할 것이다. 그 동안 제기된 개선방안으로는 다음과 같은 것이 있다.

1) 確認에 의한 婚姻申告

이 견해는 현행 민법 제812조에 제3항을 신설하여 "관습에 의하여 혼인식을 거행한 후 2개월 이내에 전항에 의하여 혼인신고를 하지 아니한 때에는 당사자의 일방이 거행지의 시읍면의 장의 확인을 얻어 혼인신고를 할 수 있다"고 하자는 것이다. 이 의견은 통계청의 발표의 내용을 배경으로 하고 있다. 즉 총 혼인신

68) 통계청에서 실시한 한 조사에 의하면 결혼을 반드시 해야 한다는 의견은 20-29세의 여자는 53.7%, 남자는 77.2%이고, 해도 좋고 하지 않아도 좋다는 의견은 여자 43.3%, 남자는 51.2%라고 한다. 결혼에 대한 생각이 급격히 바뀌고 있음을 엿볼 수 있다. 통계청 사회통계조사, 2002년.

69) 신고서에 당사자가 서명·날인만 하면 그것을 호적공무원에게 제출하는 것은 당사자 자신이 할 필요가 없으며 우송해도 좋고 타인에게 위임해도 괜찮다고 한다.

고 건수 중 관습에 따른 의식없이 혼인을 한 건수가 극소수임에 비추어 혼인의 대부분이 의식에 의하여 결혼이 행해진다는 실정을 감안한 것이다.[70]

2) 婚姻擧行時에 婚姻申告하는 방법

이 제안은 민법 제812조 2항에서 규정하는 성년자인 증인 2인의 자격을 주례와 공인호적사로 규정하여 혼인당사자의 혼례의식에 관여한 주례가 제1증인으로 혼인신고서에 서명날인하고, 신분등록의 전문직역인 공인호적사가 제2증인으로 혼인신고서에 서명날인한 후 신고서 요건을 구비하여 관할 호적공무원에게 제출하자는 것이다. 이를 위해 예식장 시설의 장은 혼인신고서의 비치를 의무화하고 공인호적사의 혼인참여를 의무화하도록 법제화할 것을 제안하고 있다. 혼인당사자가 혼인의식을 치루기 어려운 때에는 공인호적사 사무소에 간이예식장을 마련하여 혼인신고서를 작성케 하자는 것이다.[71] 이 제안에 의하면 현재와 같이 혼인식 따로 혼인신고 따로하는 불편이 제거될 뿐아니라 혼인 관행과 법률혼이 일원화되고 허위신고의 가능성은 상당부분 방지될 수 있을 것으로 생각된다.

Ⅲ. 離婚意思와 協議離婚申告

민법은 협의이혼에 있어서도 역시 실질적 요건으로서 이혼에 관한 합의 즉 이혼의사의 합치를 요구하는 한편, 혼인과 마찬가지로 협의이혼은 신고에 의하여 성립한다고 규정한다(민법 제836조 1항). 이혼의사를 어떻게 해석할 것인가에 관하여는 혼인의 경우와 같이 실질적 의사설과 형식적 의사설이 대립되고 있다. 실질적 의사설에 의하면 이혼의사란 사회 통념상 이혼을 하려는 의사 즉 혼인의 실체를 해소하는 의사를 말한다. 형식적 의사설은 가족법상의 법률행위의 요식성을 근거로 하여 신분행위의사를 신고에 의하여 법률상의 신분관계를 형성하려는 의사로 파악한다. 이에 따라 이혼의사는 형식적으로 이혼신고를 할 의사로 파악한다. 따라서 당사자가 이혼신고를 함에 있어 합의가 있는 한은 사실상의 혼인

70) 고창현, "한국의 법률혼주의의 확립과정과 입법론적 고찰," 조선대학교 법정대학 논문집(1974), 33-34면.

71) 정주수, "혼인신고제도의 문제점과 개선방안," 사법행정 제327호, 한국사법행정학회(1988), 123면.

관계를 해소할 의사의 유무에 관계없이 이혼은 유효하며 이혼신고를 하였음에도 불구하고 혼인의 실체를 해소하지 않는 경우에는 그것을 사실혼으로 처리하여야 한다고 한다.[72] 이혼의사와 관련하여서는 가장이혼의 효력이 문제되므로 이하에서는 가장이혼에 관하여 판례의 입장을 검토하기로 한다.

1. 假裝離婚의 效力

(1) 가장이혼도 가장혼인과 마찬가지로 합의와 신고라는 두개의 요건 중에서 이혼의사가 결여된 경우라 할 것이다. 이혼의사가 결여되었으므로 실질적 의사설에서는 가장이혼도 가장혼인과 같이 무효라는 원칙에서 출발한다. 그러나 가장혼인과 가장이혼은 다음과 같은 점에서 다르기 때문에 양자는 달리 취급될 수밖에 없다.

첫째, 가장혼인은 당사자들이 혼인신고의사의 합치에 의해 혼인신고를 하였더라도 호적공무원에게 실질적 심사권이 없기 때문에, 후에 혼인무효를 주장하는 경우에도 클린핸드의 법리에는 반하지만 금반언의 법리에 반한다는 비난의 정도는 약하다고 할 수 있다. 그러나 협의이혼시에는 1977년 이후에는 법관의 이혼의사확인제도가 있어 이혼무효를 주장하는 것은 금반언의 법리에 반하는 것이 된다.[73]

둘째, 가장혼인의 많은 경우는 주로 혼외자를 혼인 중의 자로 하기 위한 방편으로 이용되기 때문에 그 목적을 달성하면 다시 이혼하기로 합의하는 경우가 많다. 그러므로 가장혼인은 혼인의사가 없다고 보아도 타당한 경우가 많고, 무효라 함으로써 원래의 가족이 보호되는 순기능의 면이 있다. 그러나 가장이혼의 경우는 일시적이나마 이혼하려는 의사는 있다고 볼 수 있다.

---

72) 정광현(주 36), 53면.

73) 대법원은 1996. 11. 22, 96도2049 판결에서 "호적공무원은 혼인신고를 접수함에 있어 당사자 사이에 혼인의 합의가 있는지 여부를 심사할 권한이 없는 데 비하여… 협의상 이혼의 관하여는 이혼하려는 당사자 쌍방은 가정법원에 출석하여 이혼의사의 유무에 관하여 판사의 확인을 받아 그 확인서를 첨부하여 이혼신고를 하여야 하므로 협의상 이혼이 가장이혼으로서 무효로 인정되려면 누구나 납득할 만한 충분한 증거가 있어야 하고 그렇지 않으면 이혼당사자 간에 일응 일시나마 법률상 적법한 이혼을 할 의사가 있었다고 인정함이 이혼신고의 법률상 및 사실상의 중대성에 비추어 상당하다"고 하였다.

셋째, 혼인은 각종 권리의무의 발생원인이 된다는 점에서 혼인의사가 결여된 경우에는 이를 무효로 하여야 할 필요성이 존재한다고 할 수 있다. 이에 비해 이혼은 법률효과의 소멸원인이 되기 때문에 가장혼인의 경우와 같이 특정 목적을 위한 이유와 가능성은 적다고 할 수 있다.[74] 물론 가장이혼의 경우에도 강제집행을 피하기 위한 목적 등으로 이용되기도 하지만 부부재산제도가 별산제임을 상기한다면 그러한 목적은 큰 의미가 없거나, 가장이혼에 의해 이혼당사자가 얻는 것은 권리가 아니라 의무를 면하는 소극적인 것이거나, 채권자를 해할 수 있는 경우도 그리 크지 않다고 보여진다.

넷째, 가장혼인은 당사자 사이의 문제로 국한되지만, 가장이혼의 경우에는 제3자와의 혼인신고 등으로 제3자보호의 문제가 내포되어 있다는 점도 고려할 수 있다.[75]

(2) 판례는 가장이혼에 관하여 초기에는 실질적 의사설에 따라 이혼의사가 없어 무효라고 하다가[76] "당사자간에 혼인생활을 실질상 폐기하려는 의사는 없이 단지 강제집행의 회피 기타 어떤 다른 목적을 위한 방편으로 일시적으로 이혼신고를 하기로 하는 합의가 있었음에 불과하다고 인정하려면 누구나 납득할 만한 충분한 증거가 있어야 하고, 그렇지 않으면 이혼당사자 간에 일응 일시나마 법률상 적법한 이혼을 할 의사가 있었다고 인정함이 이혼신고의 법률상 및 사실상의 중대성에 비추어 상당하다"[77]고 함으로써 일응 유효로 추정하고 있다. 그 후에는 노임청구소송의 편의를 위해 임시방편으로 협의이혼한 사안에서 이를 유효로 하고 있다.[78] 그러나 대법원의 입장을 형식적 의사설로 단정할 수 있을지는

---

74) 권순한(주 29), 96면.

75) 물론 가장이혼의 경우는 부부 일방의 가장혼인을 도와주기 위한 경우도 있음을 기억할 때 위와 같이 단정적으로 말할 수 있는 것은 아니다.

76) 대법원 1961. 4. 27, 4293민상 536 판결; 대법원 1967. 2. 7, 66다2542 판결.

77) 대법원 1975. 8. 19, 75도1712 판결; 대법원 1993. 6. 11, 93므171 판결.

78) 대법원은 1993. 6. 11, 93므171 판결에서 "일시적으로나마 이혼신고를 하기로 하는 합의하에 협의이혼신고를 한 사실이 인정되는 이상 그 이혼신고를 함에 있어 사실상의 부부관계까지 해소할 의사는 없었고, 장인장모를 상대로 노임청구를 하기 위한 목적이 있었다 하더라도 이혼의사가 결여되어 무효라고는 할 수 없는 것이다"라고 함으로써 형식적 의사설에 입각한 판결을 하고 있다.

의문이다. 그 후에 나온 판결 중에는 '일응 유효 추정'으로 보는 판례[79]도 발견되기 때문이다.

실질적 의사설도 가장이혼에 대해 무효라고 하는 원칙을 고수하지는 않는 듯하며 오히려 일응 유효라고 추정하되 합리적이며 강력한 반증이 있으면 번복될 수 있는 가능성이 있어야 한다고 한다.[80]

(3) 생각건대, 가장이혼에 대해서는 이를 유효라고 하여야 할 이유가 상당하다고 본다. 이러한 결론의 전제는 가정법원의 이혼의사확인이 실질적임을 전제로 한 것이다. 그러나 다른 한편으로는 가정법원의 확인이 실질적 심사에 기초한 것이라면 가장이혼이 발생할 여지는 없어야 하는 것이 아닌가 하는 의문도 든다. 또한 가장이혼을 하는 목적이 단순히 당사자 사이의 어떤 목적(강제집행회피나 노임청구편의 등)을 위한 것이라면 모르되, 妻가 夫의 혼외자를 혼인 중의 자로 하기 위한 방편으로 가장혼인을 하는 경우에 자신과 부의 가장이혼에 협조한 경우 등에는 혼인을 해소할 의사가 없는 것이 확실하므로 이러한 경우까지 이혼을 유효라고 하는 것은 타당하지 않다고 생각된다. 가장혼인이 무효인 것은 그 사이에 혼인의사가 없기 때문인데 가장이혼은 그 사이에 혼인의 실체가 있는 것이므로 이를 무효로 한다면 가정이 회복된다는 점도 고려하여야 할 것으로 생각된다. 또한 가장이혼이 유효라면 그들 사이의 자녀의 이익에는 반하는 것이라는 점도 고려할 때, 원칙적으로는 유효이지만, 반증에 의해 추정은 번복되는 것으로 해석하는 것이 타당하지 않을까 생각한다. 협의이혼절차가 개선되어 협의이혼시에 자녀에 관한 사항에 관한 협의서 제출이 의무화되면 가장이혼은 감소할 것으로 생각된다.

---

79) 예컨대 주 73) 판결.

80) 김주수(주 20), 180면.

Ⅳ. 入養意思와 申告

1. 입양의 성립요건

입양의 경우에도 실질적 요건으로 당사자 사이에 입양의 합의가 있어야 하며(제883조), 혼인의 경우와 같이 호적법에 따라 신고함으로서 효력이 생긴다(제878조). 입양이란 친자로 인정되는 관계를 창설하려는 의사를 의미하므로 어떤 방편을 위한 이른바 가장입양은 입양의사를 결여한 것으로 무효이다.[81] 그런데 현행 민법은 입양신고서 1통만으로 입양의 효력이 발생하게 하는 간이한 절차를 취하고 있으며 호적공무원에게는 형식적 심사권밖에 없기 때문에 혼인의 경우와 같은 문제가 입양의 경우에도 똑같이 발생할 여지가 있다.

그런데 입양의 경우에는 혼인이나 이혼의 경우와는 달리 가장입양의 문제보다는 입양신고 대신에 허위로 출생신고를 하는 허위친생자출생신고가 문제의 중심이 된다. 그만큼 발생빈도가 높고 양자의 복리와 형식논리 사이의 갈등이 첨예하게 대립되고 있기 때문이다. 그러므로 이하에서는 허위신고를 중심으로 논의하기로 한다.

2. 虛僞親生子出生申告에 의한 入養의 效力

흔히 양자를 하려는 자를 자기의 친생자로 출생신고 하는 경우가 있다. 이것은 생후 얼마 안 되는 젖먹이 아이를 데려다가 자기의 부부사이에서 낳은 혼인중의 출생자로 신고함으로써 친생자와 같은 애정을 가지고자 함과 동시에 호적상으로도 친생자로 기재되도록 하고 싶은 욕망에 따른 것이다. 실질적으로는 입양을 하면서 형식적으로는 출생신고를 하는 것이므로 일종의 허위출생신고인 셈이다. 이 문제는 실질적 의사설에 의하는 경우에도 무효이고 형식적 의사설에 의할 경우에도 무효라 할 것이다.

이에 대한 대법원 판례는 초기에는 무효행위의 전환이론에 의하여 입양의

---

81) 대법원 1995. 9. 29, 94므1553 · 94므1560 판결.

효력을 인정하다가,[82] 그 후에는 "입양에 여러 가지 무효요건의 정함이 있는 요식행위인 입양신고를 양자가 될 타인의 친생자를 양친이 될 부부간의 친생자로 출생신고 함으로써 갈음할 수는 없다 할 것이고 따라서 양친의 친생자로 신고한 자가 그 신고에 의한 처분에 따라 양친을 상속한 후 아무런 이의 없이 다년간 그 신분상의 지위를 유지하여 온 사실이 있었다 하여 동인을 그 친생자 출생신고에 의하여 양친의 양자로 입양된 것으로 보아줄 수는 없다 할 것이다"[83]라고 함으로써 입양의 요식성을 이유로 입양신고의 전환을 부정하였다. 그러나 그 후 전원합의체 판결로 무효행위의 전환이론을 전개하고 있다. 즉 "본시 신분행위의 신고라는 형식을 요구하는 실질적 이유는 당사자 사이에 신고에 대응하는 의사표시가 있었음을 확실히 하고, 또 이를 외부에 공시하기 위함이라 할 것이다. 입양신고 역시 당사자의 입양에 관한 합의의 존재와 그 내용을 명백히 하여 실질적 요건을 갖추지 아니한 입양을 미리 막아 보자는 것이 그 기본이라고 본다면 당사자 사이에 양친자관계를 창설하려는 명백한 의사가 있고 나아가 기타 입양의 성립요건이 모두 구비된 경우에 입양신고 대신 친생자출생신고가 있다면 형식에 다소 잘못이 있더라도 입양의 효력이 있다고 해석함이 타당하다 할 것이다"[84]라고 판시하였다. 이러한 판례의 태도는 입양을 요식행위로 이해하는 종래의 입장에서, 혼인의 경우와 같이, 입양의사를 기초로 신고의 효력을 인정하는 것으로 생각된다. 다만 의사와 신고의 내용이 다르다는 문제는 여전히 남는다.

친생자출생신고에 의한 입양의 효력을 인정하는 데는 다음 몇 가지 의문이 제기된다. 첫째, 친생자출생신고로서는 무효이지만 입양신고로서는 유효하다고 할 경우, 입양은 신고가 있어야 성립하는 것인데 입양신고가 없음에도 전환을 인정할 수 있는가, 하는 점이다. 이에 관하여는 양자의 복리가 형식의 불비라는 과제보다는 우위에 있다고 할 것이다. 그러나 허위신고 관행이 바람직한 것은 아니므로 입법적으로 해결하여야 할 것이다. 다행히 2008년부터 친양자제도가 실시되면 이 문제는 어느 정도 개선될 것으로 기대된다.

또 하나는 양친자관계에는 파양이 있는데 친생자관계에는 없으므로 파양의 필요성이 제기되었을 때 곤란하다는 점이다. 이에 관하여는 호적을 정정한 후 파

82) 대법원 1947. 11. 25, 4280민상126 판결.

83) 대법원 1967. 7. 18, 67다1004 판결.

84) 대법원 1977. 7. 26, 77다492 전원합의체 판결.

양의 기재를 하는 방법으로 해결할 수 있다고 한다.[85] 그러나 판례는 입양신고를 한 양부모가 양자를 상대로 친생자관계부존재확인의 소를 제기한 경우에 양친자관계를 해소하여야 할 특단의 사정이 없는 한 친생자관계부존재확인을 구할 이익이 없다고 한다.[86]

V. 맺는 말

이상으로 혼인, 협의이혼, 입양을 중심으로 하여 가족법상 법률행위에 있어 의사와 신고의 관계를 살펴보았다. 혼인의사에 관하여는 실질적 의사설이 여전히 타당하다고 보았으나 이 학설이 신고에 관하여는 혼인의사표시방식으로 이해함으로써 논리적 모순을 노출하고 있으므로 이를 극복하기 위해 새로운 해석을 시도하였다. 그것은 실질적 의사설의 기본으로 돌아가되, 신고의 의미는 혼인성립을 위한 또 하나의 요건으로 이해함으로써 가능하다고 보았다. 즉 혼인의사는 혼인식 거행과 부부공동생활에 포함되어 있으며 철회나 해소의 합의가 없는 한 혼인의사는 추정된다는 것, 혼인신고는 혼인이 성립하기 위한 또 하나의 요건으로공법상의 요건이라는 점이다. 이에 따라 사실혼 일방이 한 혼인신고는 다른 일방의 동의없이도 유효하게 된다. 또한 혼인의사는 철회가 없는 한 추정되므로 혼인의사가 신고시와 신고서 작성시에도 필요하다는 실질적 의사설의 논리적 모순을 극복할 수 있으며, 혼인의사의 철회도 무리없이 설명할 수 있다.

혼인신고는 그 절차가 너무나 간단하여 허위신고의 가능성을 절차법이 제공하는 측면이 있고 또한 현실의 혼인관행과 법적 혼인이 일치하지 않으므로 이를 일치시킬 필요가 있다고 보아 개선방안을 소개하여 보았다. 그리고 혼인의사에 관한 고찰을 전제로 가장이혼과 허위 친생자출생신고를 살펴보았다.

마지막으로, 가족법상 의사와 신고의 관계를 고찰하면서 가족법상 의사와 신고를 둘러싼 문제의 상당부분은 호적의 공개원칙과 관계가 있는 것이 아닌가 하는 의문이 들었다. 현행호적제도는 "국민의 친족적 신분관계를 호적부를 통해

85) 김주수(주 20), 307면.

86) 대법원 2001. 5. 24, 2000므1493 판결.

공시하기 위한 것"이라는 발상에서 "호적은 국민 개개인의 신분적 관계를 공증하는 유일의 공문서이기 때문에 일반국민에게 공개할 성질의 것"으로 설명되고 있으나[87] 공증은 국가 또는 공공기관이 특정한 사실의 유무를 공적으로 증명하는 것이며, 공시는 공공기관이 일정한 내용을 공개적으로 개시하여 일반에게 널리 알리는 일이라는 점에서 공증과 공시는 다른 것임에도 우리나라에서는 호적의 공증기능을 공시와 불가분의 관계로 이해하는 것이 보통이다. 물론 호적공개원칙은 과거에 비해 열람의 제한으로 인해 다소 개선되긴 하였으나[88] 호적의 공시기능과 공개원칙은 여전히 원칙이라는 점에서 개선의 필요성이 있다고 본다. 그것은 호적이 공개됨으로 인해 '이혼세탁' 내지 '호적세탁' 등의 부작용이 나타나고 있으며, 입양, 파양, 인지, 혼외자 출생 등과 관련한 허위신고의 원인이 되고 있기 때문이다. 그 좋은 예로서는 한정치산선고와 금치산선고가 호적부에 기재되어 공시됨으로 인해 이들을 정신질환자로 오인받게 하는 한편 가문의 명예를 더럽힌다는 이유로 한정치산선고제도와 금치산선고제도를 유명무실하게 하고 있으며, 가정이 파탄되었음에도 이혼경력이 기재되는 것을 두려워하여 사실상 별거생활을 한다든가, 미혼모가 아기를 출산하면 부모의 자로 신고하는 등의 일이 발생한다. 특히 한정치산과 금치산자를 보호하기 위해서는 별도의 명부를 작성・관리하는 방안을 도입하는 등의 개선이 필요하다.[89]

신분이 공개됨을 피하기 위한 허위 기재의 유혹으로부터 자유롭지 못한 사회의 여건과 간단한 신고절차가 그 원인을 제공하고 있다고 본다. 이에 따라 외국의 경우처럼 호적비공개원칙으로의 개선을 하여야 한다는 주장에 주목할 필요가 있다.[90] 호적공개제도의 개선은 허위신고 등을 예방하는 간접적인 기능을 할 것으로 기대된다.

_ 민사법학 제36호(한국민사법학회, 2007) 게재

87) 김갑동, "우리나라 호적제도의 의의 및 연혁," 법조 455호(1994), 174면 이하.

88) 호적법 중 개정법률, 제12조 1항에 의해 사생활침해가 분명한 때에는 열람이 제한된다.

89) 문홍안, "호적의 기능과 사생활비밀의 보호," 현대민법의 전망, 서영배박사 화갑기념논문집(1995), 591-593면.

90) 호적공개제도에 관한 법비교적 고찰에 관하여는 김진우, "현행 호적제도의 문제점에 관한 고찰," 법조 527호, 법조협회(2000), 236면 이하 참조.

後 記

1. 이 논문에 인용된 호적법은 2005년 개정법에서 폐지되고 2008년 1월 1일부터 새로운 절차법인「가족관계의 등록 등에 관한 법률」이 시행되고 있다.
2. 협의이혼절차 개정안(민법 제836조의2: 신설)은 2007년에 국회를 통과하여 2008년 6월 22일부터 시행되고 있다.
3. 친양자제도는 2005년 개정법에서 신설되어 2008년 1월 1일부터 시행되고 있다.
4. 2011년 3월 개정민법으로 이른바 성년후견제도가 도입되어 2013년 7월 1일부터 시행될 예정이다.

美國 家族法의 最近 動向

Ⅰ. 들어가는 말

미국 가족법의 이슈는 여전히 누가 누구와 혼인할 수 있는가, 누가 자녀를 입양할 수 있는가, 그리고 누가 자신의 父性을 주장할 수 있는가, 누가 친권을 갖는가 하는 등의 전통적인 가족법의 이슈에 同性婚(same sex marriage) 문제가 가세하면서 가족은 더욱 다양화하여지는 한편, 이혼 후 자녀 양육을 둘러싼 분쟁도 동성파트너, 조부모, 계부모와 기타 부모의 지위에 있는 사람들 사이로 확산되고 있는 중이다.

그 중에도 특히 동성혼을 둘러싼 찬반론은 이미 정치적 이슈가 되어 있다. 유럽 여러 나라[1])가 이미 동성혼을 인정하고 있음과 달리, 미국은 기독교의 영향으로 인해, 법과 판례의 대세가 동성파트너의 법적 혼인과 그들의 자녀입양을 인정하지 않았으나, 1990년대에 들어서면서 동성파트너의 법적 혼인에의 요구와 함께 동성혼을 금하는 주법이 연방 헌법과 주헌법의 동등조항과 혼인의 자유에 위반된다는 주장이 거세지면서 이를 둘러싼 논쟁이 정치적 이슈로까지 비화되고 있는 것이다. 이로 인해 전통적으로 주법의 과제였던 혼인법의 문제가 1990년대 이후에는 연방법과 연방재판소의 과제로 등장하게 되었다.

---

1) Denmark는 1989년, Norway는 1993년, Sweden은 1994년, Holland와 Belgium은 1998년에 동성혼을 인정하였고, France는 1999년에 동거계약법을 제정·공포한 바 있다. Germany는 2001년 8월부터 동성파트너의 등록이 가능하게 되는 법률이 통과되었으나 연방헌법재판소에 이의가 제기되어 있다. Canada Ontario와 British Columbia에선 2003년 7월부터 동성혼이 인정되기 시작했으며, England and Wales에서도 곧 이 법안이 통과될 것으로 예상된다고 한다.

이 글은 지난 2002년 8월부터 1년간 미국 버지니아 대학 로스쿨에서 연구년을 지내면서 나름대로 감지한 미국 가족법의 동향을 정리해 본 것이다. 미국 가족법의 가장 큰 이슈는 역시 동성혼을 둘러싼 논의라고 할 수 있는데, 지난 6월에는 동성혼의 관문에 해당할 만한 연방대법원 판결, 즉 Texas주의 남색금지법(Law of Sodomy Ban)이 위헌이라는 판결이 있었고, Vermont주에 이어 최근에는 Massachusetts주 최고법원이 동성혼을 금하는 주법은 위헌이라는 판결을 내림에 따라 미국에서는 다시금 동성혼을 둘러싼 논쟁이 뜨겁게 재현되고 있다. 그러므로 이 글의 중심은 자연히 동성혼이 될 것이다. 다만, 동성혼을 소개하기에 앞서, 동성혼과 밀접한 관계가 있는 Texas의 남색금지법에 대한 연방대법원 판결을 소개하기로 한다. 동성혼을 소개한 후에는 미국의 친자법에 지대한 영향을 줄 것으로 예상되는 2002년 통일친자법(Uniform Parentage Act of 2002)의 제정의 의미와 내용을 간단히 소개한다. 통일친자법 2002는 동성혼 문제에 관해 침묵하고 있으나 이 글의 중심이 동성혼임을 감안하여 동성부부 사이에 충분히 발생될 수 있는 현실의 친자관계(특히 인공임신을 통한) 문제를 사례를 통해 알아보기로 한다.

이 글은 입법론에 참고하기 위한 목적이나 입법자료로서의 가치를 전제로 하는 것이라기보다는 동성혼과 통일친자법을 중심으로 미국 가족법의 최근 동향을 소개하는 데 그 의미가 있다. 그것은 미국의 동성혼 논의나 통일친자법이 제정된 그 법적・사회적 환경이 우리의 경우와는 매우 다르기 때문이다.

II. Lawrence v. Texas (Law of Sodomy Ban)

미국 연방대법원[2]은 지난 2003년 6월 27일, 성인인 동성간의 합의된 성적 교제(private consensual sex between adults of the same sex)를 금하는 텍사스주법은 위헌이라는 판결을 내림으로써 gay right를 인정함과 동시에 역사상 처음으

2) 미국 연방대법원은 미국 최고법원이며 항소할 수 있는 가장 마지막 수단이다. The Court(항상 대문자로)로 불리우며, 모든 연방법과 미국헌법이 포함된 문제에 대해 최종결정을 한다. 연방대법원은 연방항소법원 및 주법원으로부터의 상고사건을 관할하는데, 이 글에 관계되는 것은 후자로, 주법이 연방헌법이나 연방법률위반이라는 당사자의 주장에 대해 주법원이 이를 기각한 경우이다. Kent C. Olson, Legal Information(1999), pp.4-7.

로 성적 사생활에 대한 헌법적 권리를 인정하였다. 다수의견에 참가한 5명의 대법관들은 두 남자가 집에서 섹스행위를 한 데 대해 벌금을 부과하게 한 텍사스주법은 공간적이며 초월적 차원에서의 인간의 자유를 침해했으며, 헌법은 국가가 간섭해서는 안 될 개인의 자유의 영역을 보장하고 있다고 밝혔다. 그 사건은 미성년자도 아니고, 매춘도 아니고, 두 명의 성인이 충분히 협의하여 성적 행위를 한 것이므로 이들은 그들의 사생활을 존중받을 충분한 자격이 있다는 것이 그 이유였다. 이번 판결은 17년 전 Sodomy를 금지했던(그 후 폐지됨) 조지아주법이 개인의 헌법적 권리를 침해한 것이 아니라는 오랜 견해를 번복한 것이다. 현재 동성간 성적결합(homosexual)을 법적으로 금지하는 주는 Texas, Kansas, Oklahoma와 Missouri주이다.

이 판결에 소수의견을 제시한 Scalia 대법관은 다수의견이 이성간과 동성간의 결합(union)을 구별하고, bestiality(獸姦), adultery(간통)와 incest(근친상간)를 금하는 헌법적 구조를 무너뜨렸다고 비판함과 동시에 이 결정이 동성혼에 대한 헌법적 권리로 들어가는 문을 개방하는 의미를 담고 있음을 우려했다. 그러나 이에 대해 다수의견을 쓴 Kennedy 대법관은 이 판결이 정부로 하여금 동성간의 관계를 공식적으로 승인하여야 하는지의 여부에는 무관하다고 하면서도 "우리의 법과 전통은 혼인에 관한 개인의 결정에 헌법적 보호를 하고 있으며 동성간의 관계를 갖는 사람도 이성관계 사람들이 하는 것과 같은 목적의 자율성을 구할 수 있을 것"이라고 하여 앞으로 동성혼 인정여부의 문제로 비화될 가능성이 높게 되었다.

예상대로 anti-sodomy법을 위헌이라고 한 연방대법원 판결은 정가에서 최고의 논쟁거리가 됨과 동시에 gay marriage를 위한 투쟁에 돌입하게 하는 결과를 낳게 했다. 물론 이 판결은 직접적으로 gay marriage나 gay adoption 및 관련 사안을 금하는 법에 대한 것은 아니지만, 반대의견을 제시한 Scalia 대법관은 이들 금지규정을 유지하게 하는 헌법적 토양이 사라지게 될 것을 경고한 바 있다.

그 효과는 빠르게 나타나고 있다. 예컨대, gay right 지지자들은 이미 gay marriage를 금하는 Nebraska헌법에 도전하는 소송을 연방재판소에 제기하였다. 전문가들은 이 판결을 통해 gay marriage를 포함하는, gay 권리를 위한 캠페인에 있어 새로운 장이 시작될 것으로 예측하고 있으며, 한 gay관련 기구는 이 역사적인 판결을 현실화하는 매우 적극적인 계획을 발표하는 등의 움직임이 가시화하고 있다.[3)] 그 영향 때문인지, 지난 11월에는 Massachusetts주 대법원이 동성혼을 금하는 주법이 위헌이라는 판결을 내림으로써[4)] 동성혼을 둘러싼 찬반론은 또 다시 미국 사회의 뜨거운 이슈가 되고 있다.

Ⅲ. 同 性 婚

최근 10년간 미국 가족법의 과제는 단연 혼인의 법제도가 동거동성부부(same sex couple)에까지 확대되어야 하는가에 관한 것이었다. 1970년대까지는 이에 대해 부정적이었고 여전히 대세는 부정적이지만, 1990년부터는 점차 동성 파트너의 혼인에 대한 헌법적 권리를 인정하는 데 호의적인 경향으로 변하고 있음을 알 수 있다.

동성파트너가 법적 효력을 인정받으려는 이유는 크게 두 가지라고 할 수 있다. 그 하나는 상속, 건강이나 보험 등에 관하여 배우자로서의 권리나 의무가 인정되지 않는다는 것, 그리고 이들이 헤어질 경우에 재산의 분배에 관하여 법원의 공정한 판결을 받을 수 없다는 등 가족으로서의 권리와 의무에 근거한 이유이다.

다른 하나는(또는 이를 위해서) 인권에 관련된 주장이다. 동성혼 지지자들은 혼인의 정의에 동성혼을 포함시키지 않는 주법이 제14차 연방수정헌법의 Equal Protection,[5)] Right to Due Process(Right to Marry를 포함한다고 주장함) 및 제1차

3) Washingtonpost(2003.6.27).

4) 이에 대하여 자세한 것은 이 글 Ⅲ, 2의 (1) Massachusetts주의 경우 참조.

5) 예컨대 Dean v. District of Columbia, 653 A. 2d 307(D.C.1995)에서 법원은 혼인을 이성간의 결합으로 제한하는 주법이 제14차 수정헌법의 동등한 보호 조항을 위반한다는 주장을 거부하였다. 이 사건에서 법원은 동성연애자에 대한 고용금지법이 위헌인 것처럼 이들에 대한 혼인을 금지하는 것도 위헌이라는 원고의 주장에 대해 혼인법이 고용법과 다르다고 하면서 원고의 주장을 기각한 바 있다. 주법은 주정부에 의해 승인되는 법적 혼인은 이성간의 결합에 한하기 때문에 그 결과로, 동성부부의 혼인은 법적으로 승인되지 못하게 된 것이며, 이 법에서 동성부부에 대한 의도적이며 차별적인 요소는 발견되지 않는다고 하였다. 성에 근거한 차별이라는 주장에 대해서도 법원은 혼인법은 남성과 여성에게 동등하게 적용됨을 강조하면서 이를 부인하였다. 법원은 원고의 주장은 일반적인 의미에서의 남성과 여성의 차별이 아닌, 동성부부에 대한 혼인법의 효과에만 초점을 두고 있음을 강조하면서 동성혼을 주장하는 근거로서 성차별을 주장하는 것은 비현실적이라고 판단하였다.

수정헌법, 제8차 수정헌법, 제9차 수정헌법, 그리고 헌법에는 규정되지 않았지만 사생활보호(Right to Privacy)에 반한다고 주장해 왔다. 그러나 지금까지 연방대법원은 동성파트너의 이 같은 주장에 대해 일관되게 헌법위반이 아니라는 자세를 견지해 온 바 있다.[6]

그러나 주헌법[7] 위반이라는 주장에 대해서는 몇몇 주법원이 이를 긍정한 바 있다. 즉, 동성파트너들은 혼인의 정의에 동성혼을 포함하지 않는 주법이 주 헌법이 보장하는 equal protection, equal rights, 또는 common benefits provision에 반한다고 주장한 데 대해 Alaska, Vermont, Hawaii 등의 법원에서는 이를 긍정(인용)한 바 있고, Washington, Virginia주는 이를 부인(위반되지 않는다고)한 바 있다.[8]

또 하나의 어려운 문제는 동성파트너가 동성혼을 인정하는 외국법(네덜란드, 덴마크, 스웨덴 등)에 따라 적법하게 결혼했으나 미국에서 그 혼인이 문제되거나 이혼을 신청하는 경우에 이를 혼인으로 승인할 것인가 하는 것이다. 주법에서 同性婚을 법적 혼인으로 인정하는 주가 없기 때문에 외국에서 승인된 혼인이라도 주법의 공서양속(public policy)에 반한다는 이유로 이를 인정하지 않기 때문이다.

Vermont주에서 시민결합(civil union)으로 등록하였으나 다른 주에서 이들의 혼인이 문제된 경우, 대부분의 주법원은 이를 법적 혼인으로 인정하지 않을

---

6) Jones v. Hallahan, 501 s.w.2d 588, 63 A.L.R.3d 1195(ky,1973); Baker v. Nelson, 291 Minn, 301, 191 N.W. 2d 185(1971); Singer v. Hara, 11 Wash, App.247, 522 p.2d 1187(Div.1 1974); Berkett v. Zablocki, 54 F.R.D. 626(E.D Wis.1972) 등등.

7) 미국법의 근원이 되는 것은 연방과 주의 헌법, 입법부에서 제정된 법률(acts)과 법원의 판례이다. 이러한 구조가 지니는 긴장가능성에도 불구하고, 이들 요소는 상호간에 연결성을 갖고 기능하고 있다. 이들 요소 중 가장 정점에 있는 것은 두말할 나위없이 미국 연방헌법으로, 연방 정부의 권한을 특별히 열거된 사항에만 한정하고, 대부분의 나머지 권한은 주의 권한에 맡겼다. 연방법원의 관할권문제도 마찬가지이다. 각주 역시 독자적인 헌법을 갖고 있으며 주의 법체계는 주 헌법에 의해 만들어진다. 그러므로, 일상생활에 영향을 주는 대부분의 문제들은 주법에 의해 규율된다. 주법의 주요한 분야는 가족법(domestic relations)이며, property law(real estate, inheritance, landlord-tenant issues), tort law(negligence, personal injury)와 상법, 그리고 형법이다. Kent C. Olson(주2), Legal Information, pp.4-7 참조.

8) Robin Cheryl Miller, Marriage between persons of same sex, American Law Reports, ALR 5th(2000)에서.

것으로 예상된다(아래의 Vermont주에서 다시 언급하기로 함).

1. 동성혼에 관한 연방제정법 및 제정법으로 同性婚을 인정하는 州

(1) 1996 혼인보호법(Defense of Marriage Acts: DOMAs)

1996년 9월 21일 제정된 연방법인 혼인보호법(DOMAs)은 다음과 같이 규정하고 있다. 즉, "미국의 어떤 주, 영토 또는 점령지나 인디안 종족도 동성간의 관계 또는 그러한 관계에서 발생하는 권리나 주장을 존중하는 다른 주, 영토, 점령지 또는 종족의 공법, 기록 또는 사법적 절차에 법적 효력을 부여해서는 안 된다"[9]는 규정에 다음을 추가하였다. 즉 "미국의 의회법이나 규칙(ruling), 규제(regulation) 또는 모든 행정당국이나 기관에서 사용되는 혼인의 의미는 남편과 아내의 지위를 갖는 남자와 여자의 법적 결합이며, 배우자는 이성의 남편과 아내로 해석되어야 한다."[10]

현재 37개 주가 이 법을 제정한 바 있으며, 다른 주에서도 이와 비슷한 내용의 법안이 계류 중에 있다. 몇몇 연방의회 의원들은 혼인의 정의를 남녀의 결합으로 규정하는 내용의 헌법 개정을 검토하고 있기도 하다.[11]

(2) Vermont주의 경우

Vermont 최고법원(Supreme Court)[12]은 1999년 Baker v. State[13]에서 주법이 이성부부에게 인정하는 이익과 보호로부터 동성파트너를 제외하는 것은 Vermont 헌법이 보장하는 이익보장조항(Common Benefits Clause)을 위반한 것

---

9) 28 U.S.C.A 1738C.

10) 1 U.S.C.A.7.

11) The Christian Science Monitor(2003.11.21), p.3.

12) 주 대법원은 주의 최고법원으로, state court of appeal로부터의 항소를 심리한다. 주대법원에는 다양한 수의 justice가 있다. 증인도, 배심원도 없다. 연방법이나 연방헌법에 관련된 문제가 포함된 경우의 주 대법원 결정은 연방대법원에 항소를 제기할 수 있으나, 순수한 주법관련 사건은 연방대법원에 소를 제기할 수 없다. 왜냐하면, 주법관련 사건은 주의 대법원이 최종심이기 때문이다. 주대법원의 견해는—법원이 그 견해를 바꾸고 이전의 판결을 번복하거나 주입법부가 법을 제정하거나 개정하지 않는 한— 주의 법이다.

13) Baker v. State, 744 A.2d 864, 81 A.L.R.5th 627(Vt.1999)

이라고 판결한 바 있다. 원고는 4년에서 25년간 동거해온 세 쌍의 동성파트너들이었으며, 그 중 두 쌍은 자녀들과 동거하고 있었다. 이들은 관계당국의 서기에게 혼인허가(Marriage license)[14]를 신청했으나 이들은 주의 혼인법에 따라 신청자격이 없음을 이유로 거절되자, 혼인법과 Vermont 헌법을 위반하였다는 이유로 주를 상대로 소송을 제기한 것이다. 1심과 2심에서 패소한 원고들은 최고법원에 상고하였고 최고법원은 원고 편을 든 것이다.[15]

이 판결에 따라 Vermont주 의회는 시민결합(civil union)제도를 신설함으로써 혼인의 이익과 보호를 동성파트너에게 확대하는 법을 통과한 바 있다. 이 법은 Vermont 최고법원이 Baker에서 인정한 헌법위반결정에 따른다는 데 일차적인 목적이 있고, 그 결과 Vermont 법이 혼인한 이성부부에게 인정하는 것과 같은 내용의 이익과 보호를 동성파트너에게 부여하기 위해 제정되었다. 이에 따라 이 법[16]에서는 시민결합의 당사자는 혼인배우자에게 인정되는 주의 법, 즉 행정법, 법원규칙, 정책, common law 또는 여타의 시민법을 망라한 모든 법에 따른 이익과 보호 및 책임을 누릴 수 있음을 규정하기에 이르렀다. 이로써 동성파트너들은 혼인허가(marriage license)를 얻어 혼인식(civil union ceremony)[17]을 거행할

14) 모든 미국의 주법은 혼인 성립을 위한 형식을 규정하고 있다. 상세한 부분은 조금씩 다르지만 형식은 두가지, licensure와 solemnization이다. 이에 따라 모든 주는 혼인허가법(marriage license laws)을 갖고 있다. 이에 의하면, 혼인허가 신청자는 공무원(보통 clerk)에게 나이, 근친관계 유무와 혼인여부 또는 과거의 혼인경험 등에 관한 정보를 제공하여야 한다. 이러한 정보는 인구통계를 산출하는 데 도움이 되고, 혼인자격 없는 신청자를 제외함으로써 실질적인 혼인 심사를 가능하게 하기 위함이다. 따라서 예컨대 신청자들이 근친자라면 근친혼을 금지하는 법에 따라 혼인허가는 거절될 것이다. 많은 주들은 혼인허가발급의 조건으로 신체검사를 요구하기도 하고, AIDS검사를 요구하기도 한다. 대부분의 주에서 신청과 발급 사이 또는 허가증 발급과 혼인의식 사이에는 3-5일이 걸린다. 한편, Uniform Act는 혼인증명에의 등록에 대해 규정하고 있으므로 주에 따라서는 혼인등록도 혼인성립에 필요한 전제가 될 수 있다. 등록을 위한 서류는 대개의 경우 허가신청서 뒷면에 부착되어 있어 county official이 보관하거나 인구통계자료에 기록된다. Ira Mark Ellman/Paul M. Kurtz/Elizabeth S. Scott, Family Law: Cases, Text, Problems, 3rd edition(1998), pp.53-58.

15) www.lexis.com, Supreme Court of Vermont 170 Vt.194; 744 A.2d 864; 1999 Vt. Lexis 406 참조.

16) Vt. Stat.Ann.tit.15, 1201 et seq. Vt. Stat.Ann.tit18, 5160 et seq.

17) 미국 대부분의 주는 혼인의식을 규율하는 법을 갖고 있다. 혼인의식에 대한 명시적인 규정을 갖고 있지 않는 주 중에는 혼인의 남녀가 혼인담당 공무원의 면전에서 부부의 서약을 하고 "they take each other as husband and wife"라는 증언을 요구하기도 한다. 이에 따라 여

수 있게 되었으며, 異性의 혼인부부에게만 인정되던 약 400여 개의 권리와 특권 및 의무를 누릴 수 있게 되었다. 이혼시에는 주의 이혼법정에 소송도 제기할 수 있다.

그러나 동성파트너들은 혼인보호법(DOMAs)으로 인해 연방정부가 부여하는 약 1000여 개의 혜택은 여전히 받을 수 없다는 한계를 지닌다. 또 하나의 문제는 이 법이 혼인과 시민결합(civil union)을 구별하고 있다는 점이다. Vermont주는 혼인을 남녀의 결합으로 정의하는 한편, 시민결합(civil union)이라는 항목을 개설하여 혼인의 자격있는 사람들의 결합으로 인정하면서 배우자로서의 권리와 의무를 인정하고 있기 때문이다. 동성혼을 인정하지 않는 대부분의 주법원은 그들 주법에 의하면 civil union은 혼인이 아니기 때문에 public policy에 반한다고 판단할 여지가 있다. 이에 따라 동성파트너가 Vermont 이외의 다른 주로 이사하는 경우에는 혼인으로 인정되지도, 이혼을 신청하여도 승인되지 않을 것으로 예상된다.[18]

(3) California주의 경우

Vermont주가 법원의 판결을 통해 동성혼을 인정하게 된 것과 달리 California는 입법을 통해 동성혼을 인정하기 시작한 주이다. 1999년에는 가정파트너등록(domestic partner registry)제도를 신설하여 동성파트너에게 병원방문권을 인정하는 등의 제한적인 배우자로서의 권리를 인정하기 시작하였다.[19] 2001년에는 병중의 파트너나 파트너의 자녀를 돌보기 위해 병가를 요청할 수 있게 되는 등, 10여 개의 권리가 추가되었으며,[20] 2002년에 유언, 사망보험금 및 파트너를 위한 가족휴가 등을 인정하는 법[21]이 통과되었다. 2003년 9월 19일에는 AB 205 법안[22]이 의회를 통과함으로써 혼인부부만이 누릴 수 있는 모든 특권과 권리를 동성 파트너들도(domestic partner)도 누릴 수 있게 되었다. 이 법은 2005년부터 시행된다.

러 주는 혼인식을 거행할 수 있는 권한을 가진, 대개는 판사(judges), 치안판사(justice of peace)와 치안서기(peace of clergy)로 구성된 명단을 보유하고 있다.

18) Rosengarten v. Downes, 71, Conn. App, 372, 802 A.2d 170(2002).

19) AS 26.

20) AS 25 et SB 1049.

21) AB 2216, ABS 2777, SB 1575, SB 1661.

22) 그 내용은 Vermont의 civil union제도와 유사하다.

2. 동성혼을 금하는 州法을 違憲이라 판단한 州

(1) Massachusetts주의 경우

텍사스주의 Sodomy Ban이 위헌이라는 2003년 6월의 연방대법원의 판결에 이어(혹은 영향을 받아), 지난 2003년 11월 14일, 7명의 gay와 lesbian 부부가 Massachusetts주의 공중보건국(Department of Public Health)을 상대로 제기한 이 사안에서 Massachusetts주 최고법원은 Massachusetts주의 혼인허가법이 동성파트너에게 혼인허가증을 발급하지 않는 것은 혼인의 보호(protections of marriage), 이익(benefits of marriage) 및 의무(obligations of marriage)를 금함으로써 Massachusetts 헌법이 보호하는 개인의 동등권(equality)과 존엄성(dignity)을 위반하였다고 판결함과 동시에, 혼인의 정의에 동성혼을 포함하도록 명령하였다.[23] 이 판결에 대해 Bush 대통령은 남녀의 결합으로서의 신성한 혼인의 원칙에 반한다면서 반대의사를 표한 바 있고, 다수 지지자의 의견이 보도되는 등 이 판결은 정치적 이슈로 비화하고 있다.

이 판결에서 법원은, 최근의 Canada 최고법원이 위헌을 인용함과 동시에 혼인허가를 발급하라고 명한 것과는 달리, 판결에 적합한 법률을 제정하도록 입법부에 180일의 시간을 부여하였다.[24]

(2) Alaska주의 경우

Alaska는 1996년 혼인보호법(DOMAs)을 제정함으로써 동성혼을 금하는 주법을 갖고 있다. 이에 대해 동성부부인 Jay Brause와 Gene Dugan은 1996년법이 위헌임을 주장하는 소송을 제기하면서 혼인허가증을 발급해 줄 것을 주장하였다. 이에 대해 Alaska 주항소법원(Superior Court)은 동성혼을 금하는 법은 Alaska주의 최대의 이익에 의해 지지되는 경우에 한해서 헌법상 유효하다고 한 바 있다.[25] 이에 따라 1998년에 실시한 일종의 국민투표(public vote)에서 동성혼을 혼인에 포함시키는 법안은 지지를 받지 못하였고, 이들의 주장은 1999년 최고법원에 의해 기각되었다.[26]

---

23) Goodridge et al v. Department of Public Health. St. Louis Post-Dispatch(Missouri) (2003.11.20).

24) Christian Science Monitor(Boston, MA)(2003.11.21), p.3.

25) Robint (주 8).

(3) Hawaii주의 경우

하와이 제1심 법원은 1996년의 판결에서 주법이 혼인을 이성부부에게만 제한하는 것은 성에 근거한 차별이며 이는 주 헌법이 보장하는 동등보호(Equal Protection)조항에 위반된다고 하였으나,[27] Hawaii주 최고법원에서 기각되었다.[28]

3. Common Law상의 동성혼

영국에서 유래된 common law marriage는 전통적으로 혼인의 합의로 성립된다. 미국의 각주가 혼인에의 허가, 혼인의식과 등록이라는 복잡한 절차를 취하게 되면서 서민들이 이러한 복잡한 절차를 취하지 못하게 되었고 그 결과로 많은 사생자를 낳게 되자 주에 따라서는 혼인의 합의만으로 성립되는 common law 혼인을 법적 혼인으로 인정하게 되었다. 현재 common law혼을 인정하는 주는 11개주와 DC뿐이다.[29]

Common law혼이 인정되는 주에서는 혼인의 합의만으로 혼인이 성립되기 때문에 동거하는 동성혼이 법적으로 인정될 여지가 그만큼 많다고 할 수 있으나, 이에 대하여는 오히려 매우 부정적이다. 혼인의 의미는 그것이 제정법이건 common law이건 같은 의미라는 것이다.[30]

4. 동성파트너 입양

일찍이 동성혼을 법적으로 인정하기 시작한 스칸디나비아 제국의 경우, 동거동성파트너가 공동으로 子를 입양하는 것을 금하고 있다. 일방 파트너만이 子를 입양하는 것도 허용되지 않는다. 등록된 동성파트너가 그 일방파트너의 전 배우자 사이에 출생한 子에 대하여 공동으로 子에 대한 감호(joint legal custody)권을 갖는 것도 금지된다. 그러한 금지의 바탕에는 자녀의 이익을 위해서는 아버지

---

26) www.Religious Tolerance.org에서.

27) Baehr v. Miike, 1996 WL 694235(Haw,cir.ct, 1996).

28) Religious Tolerance.org에서.

29)Ira/Paul/Elizabeth(주 14), pp.64-65.

30) De Santo v. Barnsley, 328 Pa. Super.181, 476; Pa. Stat. Ann. tit.48 1-1.

어머니가 필요하며 동성의 부모는 자녀의 이익을 해친다는 철학이 자리잡고 있기 때문이다. 다만, 등록한 파트너가 그 자신이 자녀와 함께 동거하는 경우는 금지되지 않는다. 이러한 경우는 어느 정도 법에 의해 보호되고 지지되며, 계부 또는 계모와 같은 정도의 법적 지위가 고려될 수 있을 것이다.[31] 독일의 개정법안도 이와 비슷한 내용을 규정하고 있다.[32][33]

이에 비해 미국의 판결은 보다 우호적이며 유동적이다. 법원에 따라서는 子의 이익을 위해 동성파트너의 입양을 인정하기도 하기 때문이다.[34] 따라서 동성파트너의 입양에 관한 미국 판결의 경향은 제정법보다는 자녀의 이익이 우선이라고 요약할 수 있다고 한다.[35] 이에 관한 주법원의 판결을 살펴본다.

子의 이익을 이유로 동성파트너의 입양을 인정한 대표적인 예는 Vermont의 이른바 B.L.V.B 사건[36]이다. Vermont주법은 완전양자제도[37]를 원칙으로 하는 결과, 子의 입양으로 인해 친생 부모의 법적 권리는 종료되지만, 그 입양이 친생부모의 배우자에 의한 것일 때에는 예외를 인정하고 있다. 그러므로 법적 배우자로 인정되지 못하는 동성파트너의 경우에는 파트너인 친생부모로서의 권리를 종료시키지 않으면 입양을 신고할 수 없게 되는 것이다. 그러나 Vermont 최고법원은 동성파트너 사이에 인공수정을 통해 낳은 아들(B.L.V.B)을 입양하려는 상대방 파트너의 입양허락을 기각한 주정부에 대해 "법의 목적은 법적으로 혼인한 부부에게만 예외를 인정하려는 것이 아니고, 자녀를 보호하기 위함"이며, "이러한 상황에서 법을 문자적으로 해석하는 것은 법의 목적을 왜곡시켜 불합리한 결과를 초래한다"는 이유로 동성파트너의 입양을 허용한 것이다.[38]

Florida 판결은 이와 상반된다. 즉, Florida 법원은 同性父母의 입양을 금지

---

31) Agwell, Alternative Legal Policies: A Comparative View from a Swedish Observer, unpublished paper(1977.6).

32) §9. Lebenspartnerschaftgesezt.

33) Dagmar Coester-Waltjen, Recent Developments in German Family Law, unpublished paper(2001.4.17).

34) 660 N.E, 2d 398, 636 N.Y. S.2d 716(N.Y.1995).

35) Ira/Paul/Elizabeth(주 14), p.1128.

36) In re B.L.V.B., 160 Vt.368, 369, 628 A.2d 1271, 1272(1993).

37) 파양이 허용되지 않기 때문에 친생자와 같은 지위가 제도적으로 보장되는 양자제도를 의미한다.

38) Ira/Paul/Elizabeth(주 14), pp.1119-1128.

하는 Florida 주법이 동등보호(Equal Protection)조항을 위반하지 않는다고 하면서, 혼인한 부모가 양육하는 것이 자녀의 이익에 합치된다는 주의 주장은 합리적인 근거에 기초한 것이라고 하였다. 원고는 Florida주법이 가족의 사생활 보호권과 동시에, 가족구성원 간의 긴밀한 관계에 대한 기본적인 권리를 침해하고 있다고 주장하면서 Florida 주정부를 피고로 하여 소송을 제기한 바 있다.[39)]

California의 개정전 입양법은 2차부모 입양이나 공동부모 입양을 허용하지 않았다. 그 이유는 법이 부모의 친권의 포기를 요구하기 때문이었다. 이에 따라, 생물학적 Lesbian 부모는 동거 중 인공수정에 의해 임신한 자녀에 대한 전 파트너의 입양절차를 중단시킬 수 있었으나,[40)] 2002년부터 시행되는 개정법은 미혼의 부부도 가정파트너로 등록할 수 있으며, 남편 또는 아내의 자녀를 입양할 수 있게 되었다.[41)]

반면에 Delaware는 입양법에서 非婚인 사람(unmarried person)이라는 단수를 非婚의 사람들(unmarried persons)로 해석함으로써 이 문제를 해결하고 있다. 기존의 법을 子女의 이익을 위해 해석하는 데 대해 Delaware 법원은, 법률이 자녀에게 가장 필요한 자원으로서의 두 부모 가정을 제외시키는 것을 의미하는 것은 아니라고 하면서, 입양 부모의 동성파트너에 의한 2차부모 입양은 자녀의 최대의 이익에 합치된다고 판단하였다.[42)]

한편 Pennsylvania 최고법원은, 비록 동성파트너는 법적으로 부모의 배우자가 될 수 없기 때문에, 입양의 동의에 필요한 부모의 권리포기에 대한 배우자로서의 예외를 인정받을 수 없지만, 제1심법원은 원고의 입양요청이 자녀의 이익에 합치되는지의 여부를 판단할 재량권을 갖고 있다고 하였다. 그러나, 동시에 법원의 재량권 행사가 곧 법적으로 무관한 부모의 무제한 입양을 허용하는 것을 의미하는 것은 아님을 강조하였다.[43)]

---

39) Linda D. Elrod and Robert G. Spector, A Review of the year in Family Law: Increased Mobility Creates Conflicts, Family Law Quarterly, Vol.36, No.4, Winter(2002), pp. 522-523.

40) Sharon S. v. Superior Court of San Diego Country, 113 Cal.2d 107(Ct. App.2001).

41) Linda and Robert(주 39), p.523.

42) In re Hart, 806 A.2d 1179(Del.Fam.Ct 2001).

43) In re Adoption of R.B.F., 803 A.2d 1195(Pa.2002).

5. 동성파트너 관계 해소 후의 親權과 방문권

동성파트너 관계가 해소된 경우에는 자녀의 친생 부 또는 모와 파트너간에 자녀에 대한 친권과 방문권을 둘러싼 다툼이 발생할 수 있다. 미국에서 대부분의 주법은 동성혼을 인정하지 않는 결과, 자녀의 생물학적 부모(biological parent)도, 양부모(adoptive parent)도 아닌 경우의 파트너는 자연히 친권이나 방문권을 주장할 법적 근거가 없다. 그러나 최근에 몇몇 법원은 형평이론(equitable doctrine)에 따라 그러한 파트너에게 친권이나 방문권을 인정하기도 한다.

그 lead case는 이른바 V.C. 판결[44]이다. New Jersey 법원은 "비록 생물학적 어머니의 동거자였던 동성의 가정파트너(domestic partner)가 어머니의 생물학적 자녀의 심리적 부모였음에도 불구하고 어머니의 동성의 파트너에게 공동의 법적 친권(joint legal custody)을 부여하는 것은 자녀의 이익에 합치되지 않는다고 본다. 그러나 그에게 방문권을 부여하는 것은 자녀의 이익에 합치된다"는 것이다.

몇몇 주에서 위와 같은 판결을 하고 있는데, 그 근거로는 자녀의 법적 어머니의 lesbian인 전 파트너(the lesbian former partner of a child's legal mother)가 자녀의 심리적 부모관계를 형성하였을 것, 또는 그녀의 자녀와의 관계가 마치 부모와 같을 것(parent-like) 등이다. 그런 경우에 그 파트너가 자신의 친권이나 방문권을 주장할 때는 단순한 제3자처럼 취급해서는 안 되고 그 이상으로 취급되어야 한다는 것이다.[45]

반대로 단순히 제3자로 취급하여 자녀와의 관계에 아무런 의미도 인정하지 않는 주법원도 있다. 예컨대 Nancy S. v. Michele G.에서 법원은 lesbian 파트너는 통일친자법(Uniform Parentage Act)에 의하면 부모가 아니기 때문에 모가 반대하는 경우, 친권이 인정될 수 없다[46]고 하였으며, Curiale v. Reagan에서는 자녀의 생물학적 어머니의 lesbian인 전 파트너가 자에 대한 친권을 주장한 데 대해, 모의 lesbian인 전 파트너는 어머니와 자녀와 가족관계를 맺으며 동거해 왔다 하

---

44) V.C. v. M.J.B., 163 N.J.200, 748 A.2d 539,80 A.L.R.5th 663(2000).

45) Gestl v. Frederick, 133 Md. App. 216, 754 A. 2d 1087(2000); LaChapelle v. Mitten, 607 N.W 2d 151(Minn. Ct.App.2000); A.C. v. C.B., 113 N.M. 581, 829 p.2d 660(Ct.App. 1992).

46) Nancy S. v. Michele G., 279 Cal. Rptr.212(App. 1991).

더라도 그들 관계가 종료된 후 어머니의 희망에 반하여 친권이나 방문권을 인정할 법적 근거가 없음을 이유로 원고의 청구를 기각하였다.[47)]

그런가 하면, 자녀의 법적 어머니가 파트너와 8년간 동거하다가 사망한 후 파트너와 자녀의 친부가 자녀의 친권을 다툰 사건에서, 법원은 친부에게 친권을 부여하면서, 친부가 자녀에 대한 친권을 주장하는 경우 lesbian 파트너는 이에 도전할 법적 근거가 없다고 하였다.[48)]

동성파트너에게 친권이나 방문권이 인정된 경우를 분석한 자료에 의하면, 그 인정근거의 공통점은 그 파트너가 가족에 대한 경제적 지원을 한 경우, 자녀를 양육하는 동안의 지원, 파트너와 헤어진 후에도 자녀와의 관계를 지속한 경우이거나 앞으로도 그러한 지속적인 관계를 원하는 경우였으며, 무엇보다도 중요한 것은 자녀가 그 파트너를 부모로 인정한 경우라고 한다.[49)]

IV. 통일친자법(Uniform Parentage Act 2002)[50)51)]

1. 통일친자법 2000(2002년 개정: 이하 법 2002) 제정의 필요성

1973년에 개정된 Uniform Parentage Act는 부모의 혼인여부와 관계없이 모든 자녀를 동등하게 다루어야 한다는 획기적인 개정을 담은 것이었다. 이에 따

47) Curiale v. Reagan, 222 Cal. App. 3d 1597, 272 Cal. Rptr. 520(3d Dist 1990); Kazmierazak v. Query, 736 So. 2d 106(Fla.Dist.Ct. App.4th Dist.1999)도 유사하다. Ira/Paul/Elizabeth(주 14), p.1130.

48) McGuffin v. Overton, 214 Mich.App. 95, 542 N.W. 2d 288(1995).

49) Robin Cheryl Mill, Child Custody and Visitation Right arising from Same Sex Relationship, American Law Reports 5th, 2000 West Group Annotation, p.4.

50) Uniform Law는 미국에 독특한 것으로, 법률이라기 보다는 비공식적인 법에 해당한다. 이 법은 통일주법에 관한 국가위원회의(National Conference of Commissioners on Uniform State Laws)에 의해 제안되고 공포되며, 모든 주 또는 대부분의 주가 채택할 수 있도록 함으로써 주법의 일치(greater consistency)를 촉구하는 데 그 목적이 있다. 이 위원회의 위원은 50개 주의 대표자로 구성되어 있어 통일법 자체의 의미보다는 그 제정과정에 보다 중요한 의미가 있다. 1892년에 설립된 이래 200여 개의 통일법을 제정한 바 있다. 이 법을 채택할 것인가 아닌가 하는 것은 주의 선택이므로 주가 채택하면 그 때부터 주의 법이 되는 것이다.

51) 이하는 가족법 연구 제17권 1호(2003. 9)에 게재된 이화숙, "2002년 미국 통일 친자법 2002의 의미와 그 내용"을 요약한 것이다.

라, 친자관계의 추정에 관한 몇 가지 원칙을 세웠고, 혼외자(Illegitimate)라는 용어 대신에 추정된 父를 갖지 않은 아이(Child with no presumed father)라는 용어로 대치하였으며, 많은 주가 이 법을 채택하여 시행하고 있었다. 그러나 부모의 혼인여부에 관계없이 모든 자녀의 실질적인 법적 지위가 동등하다는 것은 매우 혁명적인 것이었으므로 법이 시행되기 시작하면서 혼란이 나타나기 시작했다. 더욱이 case law에서는 법 1973의 해석을 일치시키기가 매우 어려웠을 뿐 아니라, 특히 이 법에서 다루지 않는 주제에 관해 주마다 서로 달리 취급하는 현상이 나타나기 시작했다. 예컨대 California 주법원은 혼외자의 아버지는 혼인 가족(intact family)을 상대로 자신이 아버지라고 주장하는 訴를 제기할 수 없다고 하였으나, 법 1973을 채택한 또 다른 주인 Colorado주는 주 헌법에 따라, 혼외자의 아버지의 권리는 거부되어서는 안 된다는 이유로 California주와 정반대되는 결론에 도달하기도 하였다. 혼란이 가중된 것은 통일친자법 1973이 이혼과 친자관계 결정과의 관계에 관하여 완전히 침묵하고 있다는 점이었다.[52] 친자관계검사에 관한 믿을 수 없는 과학의 발전 역시 이 법의 개정을 불가피하게 한 요인이었다. 그 중에서도 특히, 최근의 과학의 발전은 친자관계 성립에 관한 법 원칙의 변화를 불가피하게 한 요인이었다. 예컨대 인공임신을 통해 임신한 여성은 자녀의 유전적 어머니가 아닐 수도 있게 되었으며, 유전자 검사를 통해 남편이 처의 자녀의 유전적 아버지가 아니라는 것이 증명될 수 있게 되었기 때문이다. 이러한 과학적 발전으로 인해 부성과 모성 모두의 관계에 관한, 보다 정교한 검토의 필요성이 제기되게 되었다. 그것은 생물학을 초월하는 문제이고, 또한 어머니, 아버지와 자녀들의 개념에 관한 보다 미묘한 견해의 차이를 내포하는 것이기 때문이다.[53]

이에 더하여, 친자관계문제는 국가적으로는 경제적 의미를 지니고 있기도 하다. 그것은 혼인 중이건 혼외 자녀이건 간에 친자관계의 성립이 주는 이익은 경제적인 혜택인데, 경제적인 보조가 없는 경우의 자녀는 공적 지원을 필요로 하기 때문이다.[54]

---

52) Uniform Laws Annotated, Uniform Laws Parentage Act 2000(amended in 2002), Westlaw, pp.3-4.

53) Paula Roberts, Biology and Beyond: the Case for Passage of the New Uniform Parentage Act, Family Law Quarterly, Vol.35, Number 1, Spring(2001), p.42.

이러한 사정들이 법 1973의 개정과 더불어 법 2000의 제정(2002로 개정)을 불가피하게 한 요인이었다.

2. 법 2000에서 법 2002로의 개정

통일친자법 2000이 법 2002로 개정되게 된 것은 미국변호사협회의 인권과 책임분과위원회(American Bar Association Section of Individual Rights and Responsibilities) 및 미국변호사협회 혼외 자녀에 대한 법적 구조위원회(ABA Committee on the Unwed Legal Needs of Children)의 반대에 의한 것이다. 반대의 이유는 법 2000중 몇 개의 규정이 혼외자를 혼인 중 자녀와 동등하게 다루지 않고 있다는 데 있다. 이에 따라 몇 차례의 토의와 대표자회의를 거쳐는 동안 반대의 이유가 합당하다는 결론에 도달하고, 투표를 거쳐 2002년 11월에 개정안이 승인되었다.[55] 이에 따라 법 2000과 법 2002의 내용은 몇 가지 용어나 표현상의 차이를 제외하면 거의 동일하다.

3. 법 2002의 내용

법 2002는 혼인 중이건 아니건 관계없이, 남녀 간의 성적 교섭에 의한 자녀의 친자관계, 인공임신 및 임신계약(소위 대리모계약)에 의한 자녀의 친자관계를 다루고 있다는 점에서 혁명적이라는 평가를 받고 있다. 반면에 이 법은 동성부부간의 자녀의 친자관계에 대해서는 침묵을 지킴으로써 현실에 존재하는 동성부부간의 자녀문제를 마치 환상인양 다루고 있다는 비판도 받고 있다.

인공임신과 대리모계약에 있어서는 법관의 개입 없이 자동적으로 정해지는 이른바 추정원칙을 추가하였다는 특징을 안고 있다. 많은 주가 채택하고 있는 두 개의 원칙인, 모성추정(子를 출산한 여성이 어머니라는)과 부성추정(子를 출산한 여

54) 예컨대, Temporary Assistant to Needy Families(TANF)와 Food Stamps, and Medicare or State Children's Health Insurance Program(SCHIP) 등으로, 연방과 주법 모두에 관계되는 중요한 공적 자원지출내역이다.

55) John J. Sampson, Preface to the Amendments to the Uniform Parentage Act(2002), Family Law Quarterly, Vol.37, No.1, Spring(2003), p.3.

성의 남편이 아버지라는) 외에 이 법이 추가한 것은 예컨대 남녀가 법적으로 혼인하지 않은 경우에도 자의 출생 후 2년간 子 및 子의 어머니와 동거한 남자는 아버지로 추정되고; 자기가 子의 유전적 아버지라고 출생기록부에 명시적으로 기재한 남자는 子의 아버지이며; 인공임신에 의한 子의 출생에 명시적으로 동의한 남자는 子의 아버지이며; 인공 임신에 의한 子의 출생에 동의하지 않았으나 子의 출생 후 2년 이상 子와 동거한 남자는 아버지로 추정되며; 子의 부모가 되기 위한 의도로 인공임신에 정자를 제공한 남자는 子의 아버지이며; 그러한 의도 없이 정자를 제공한 남자는 아버지가 아니라는 것 등이다.

법 2002에서 부모의 모델은 혼인여부와 관계없이 異性夫婦이며, 독신의 부자관계 또는 모자관계도 허용된다. 그러나 동성파트너의 임신이나 cloning, 그리고 2차 부모(second-parent)의 입양[56]은 허용하지 않으므로 당연히 그 결과로서 이들간의 감호(custody), 부양 및 상속도 허용되지 않는다. 법 2002는 냉동 배아(embryo)의 사용(disposition)에 대해서도 침묵하고 있다.[57]

이하에서는 법 2002 중 지원임신의 경우와 임신계약에 의한 친자관계에 관하여 소개하고 동성파트너 사이의 친자관계에 대해서는 법 2000이 침묵하고 있으나, 이 글의 중심테마가 동성혼이므로, 사례를 통해, 동성혼을 둘러싼 친자관계의 심각성을 알아보기로 한다.

4. 법 2002에 의한 지원임신 자녀의 친자관계(Parentage of Children of Assisted Reproduction Under UPA 2000)

법 2002에 의하면, 자녀가 지원임신의 결과로 출생한 경우에는 난자 또는 정자의 기증자는 자녀의 부모가 아님을 분명히 하고 있다(§702). 기증자는 부모로서의 권리를 위한 소송을 제기할 수 없으며 자녀로부터 소송을 당하거나 子에

56) Second-parent adoption은 stepparent 입양과 같은 의미로 사용된다. 즉 생물학적 부모의 배우자가 상대배우자의 자녀를 입양하는 경우이다. 자세한 것은 David L. Chambers & D. Polikoff, Family Law and Gay and Lesbian Family Issues in the Twentieth Century, Family Law Quarterly, Vol.33, No.3, Fall(1999), p.523, pp.537-538.

57) John Sheldon, The Good News, and Some Bad News, about the Uniform Parentage Act of 2002, Maine Bar Journal Spring(2003), pp.94-96.

대한 양육권도 없다.

그러나 자신의 임신을 위해 난자를 제공한 아내와 아내의 지원임신을 위해 자신의 정자를 제공한 남편은 여기서 말하는 기증자가 아니며, 이들은 지원임신의 결과로 태어난 자녀에 대해 부모로서의 의무를 갖는다. 아내는 자녀의 어머니이며, 지원임신에 동의했다면 그 남자는 §201(b)(5)에 따라 자녀의 아버지이다.

이러한 점은 아내의 지원임신을 위해 정자를 제공한 남편은 아내가 출산한 자녀의 아버지라고 규정한 §703에 의해 강조된다. 더욱이 설사 그의 정자가 사용되지 않았더라도, 남편이 아내의 지원임신에 동의하였다면 그는 아내가 어떠한 방법으로 임신하였든 아내가 출산한 자녀의 아버지라는 것이다. §704는 동의가 서면으로 작성되고 남편과 아내가 모두 서명하여야 함을 요구하고 있으며, 서명은 子의 출생 전후 어느 때나 가능하다.

만일 남편이 지원임신에 동의하지 않았으나, 부부가 그 자녀를 자신의 자녀처럼 취급한 경우에는, §704(b)에 따라, 그 남편은 지원임신에 의한 자녀의 아버지임이 인정된다고 한다.

만일 그의 정자가 사용되지 않았고 子의 출생 전후에 지원임신에 동의하지도 않았으며, 지원임신으로 아내가 출산한 자녀의 부성에 대해 다투기를 원하는 경우 그는 子의 출생을 안 날로부터 2년 내에 소송을 제기하여야 한다[§705(a)]. 이러한 기간제한의 예외는 부부가 가능한 지원임신기간 이후 동거하지 않았고 남편이 공개적으로 그를 자신의 자녀로 취급하지 않은 경우이다[§705(b)].

법 2002는 부부가 지원임신을 위한 협의를 하였으나 이식 전에 이혼한 경우에 대해 규정하고 있는데, 만일 아내가 지원임신절차를 밟기 시작한 경우에 전 남편이 이혼 후의 지원임신사용에 관한 동의가 포함되어 있지 않다면 그는 자녀의 법적인 부모가 아니라는 것이다(§706). 남편이 이식 전에 사망한 경우에도 마찬가지로, 아내가 지원임신절차를 시작했을 때, 남편이 사후의 지원임신의 결과로 태어난 자녀의 아버지라는 사실에 동의하는 기록이 없는 한 자녀의 아버지가 아니게 된다(§707).

위와 같은 경우의 자녀는 §201(A)(1)에 의해, 법적 어머니를 갖는 데 그친다. 그 결과 자녀는 유전적 아버지를 갖고 있으나 법적 아버지는 없게 되는 것이다. 그것은 생물학적인 요소보다는 아버지의 의도가 중요하다고 보기 때문이다. 이에 따라 당사자들은 이 문제를 신중히 고려함으로써 문제가 발생하기 전에 지

원임신 협의시에 그들의 의도를 분명히 할 것으로 기대하는 것이다.[58)]

5. 임신계약(대리모계약)에 의해 출생한 자의 친자관계

(1) 나타난 문제들

지원임신의 경우에는 부모가 되기를 원하는 두 당사자가 필요하지만, 임신계약의 경우에는 세 명의 당사자가 관계된다. 부모가 되기를 원하는 부부(의뢰인 어머니와 아버지)와 지원임신을 통해 그들을 위해 자녀를 임신하기로 협의한 여성이다. 이 경우, 그러한 협의에 따라 태어난 자녀에게는 어머니와 아버지를 분명하게 할 필요가 있는 것이다.

임신에 관한 협의는 논쟁의 대상이 된다. 어떤 사람은 그러한 협의가 전적으로 법을 위반한 것으로 믿고 있으며, 다른 사람은 협의 자체는 유효하지만 규제가 필요하다고 믿는다. 이에 대하여, 1988년의「지원임신 자녀의 신분에 관한 통일법」(Uniform Status of Children of Assisted Conception Act: USCACA)은 주가 두 개의 모델 중 하나를 선택할 수 있도록 하였었다. 그 하나는 그러한 협의를 유효하다고 보면서도 규제가 필요하다고 보는 경우(법원의 판단에 맡김으로써)와 다른 하나는 그러한 협의를 공적 질서에 반하므로 무효라고 한 것이다.

그로부터 12년이 지나는 동안, 각 주는 그에 대해 제정법 또는 판례법을 발전시켜 왔는데, 그 중 반 정도는 그러한 협의를 유효한 것으로 인정하고 있고, 나머지 반은 이를 무효라고 하였다. 그러한 협의를 무효라고 한 주에 있어 대리모계약으로 태어난 자녀의 법적 지위는 모호하다. 그러한 협의를 유효라고 보는 주에 있어서도 신의와 성실의 원칙을 적용하면(다른 주에서 그 효력을 인정하지 않을 것이므로) 어려운 입장이 되는 것은 마찬가지이다.

이러한 법적인 문제에도 불구하고, 수천명의 어린이들이 매년 대리모계약에 의해 출생하고 있다. 이들 어린이들의 친자관계를 분명하게 하여야 할 필요에 처해 있다. 이에 따라, 법원은 이에 관한 입법을 강하게 요구한 바 있다.[59)]

---

58) Ibid., pp.73-77.

59) 예컨대 California 법원은 다음과 같이 주장하였다. 즉 "우리는 다시 한번 인공임신에 포함된 부모의 권리와 책임을 구별할 수 있도록 법률을 제정할 것을 요구한다. 전통적인 대리모에 의한 인공수정에 관한 생각이 어떠하든 간에 그리고 머지않은 장래에 나타날 cloning과

그럼에도, 몇몇 주에서 입법자들은 아직 그 문제에 신중해야 한다고 느끼고 있을 것이므로 법 2000은 이 문제를 복수로, 선택적인 것으로 하였다. 주는 이 문제를 다룰 준비가 필요하다고 하는 한편 이정표가 필요하므로 모델을 제공한다는 것이다.

(2) 법 2002의 대응

법 2002는 대리모계약에 관하여 조심스러운, 중간단계의 접근을 취했다. 즉 원칙적으로 한 여자와, 의뢰인 부모 사이의 협의에 의해 자녀를 임신한 여성은 자녀에 대한 모든 권리를 상실하는 대신 의뢰인 부모가 자녀의 부모가 되기로 하는 협의는 금지된다. 그러나 다음과 같은 특별한 환경 아래서는 유효하다는 것이다:

1) 법 2000은 결혼한 부부만이 의뢰인 부모가 될 수 있고 부부가 대리모계약의 당사자가 되어야 한다는 것이었으나[§801(b)], 개정된 법 2002는 대리모 계약의 당사자는 혼인한 부부여야 한다는 규정을 삭제하고, 계약을 의뢰한 부모인 남자와 여자는 계약의 당사자여야 한다고 개정함으로써 혼인하지 않은 부모도 대리모계약을 할 수 있도록 하였다.[60]

2) 아내가 임신할 수 없거나 임신할 수는 있다 해도 산모나 아기에게 위험이 따른다는 의학적인 증거가 있어야 한다. 임공임신이나 성적 교섭을 통해 임신할 수 있는 부부인 경우에는 단순히 임신의 불편을 피하기 위해서라는 이유만으로는 대리모협의를 할 수 없다.

3) 대리모는 적어도 한번 이상의 출산경험이 있어야 한다[§803(b)(5)]. 이러한 요구는 대리모가 임신과 자녀출산의 의미를 충분히 알고 있음을 보증한다. 그 결과 대리모 계약에 동의하는 것은 그가 동의하는 사실에 대한 충분한 지식을 갖고 있음을 의미하는 것이다.

유전결합 등에 관해 법원은 법적인 친자관계를 결정하여야 하는 문제에 부딪치고 있다. 자녀의 문제는 도외시될 수 없다. 모든 형태의 인공임신이 법을 위반하여, 관계된 모든 의사와 당사자를 처벌한다 해도, 법원은 여전히 누가 법적인 부모이며 누가 자녀에 대해 양육비를 지급할 책임이 있는지를 결정해 달라는 요청을 받고 있으며, 이러한 사건들은 결코 사라지지 않을 것이다." In Re Marriage of Buzzanca, 72 Cal. Rptr. 2d 289(Ct.App.1998).

60) John J, Sampson(주 55), p.30.

4) 임신으로 인해 대리모에게 신체적 및 정신 건강에 위험이 되지 않는다는 증거가 있어야 한다. 또한 대리모가 됨으로써 태아에게 어떠한 위험도 전해지지 않을 정도로 대리모는 건강하다는 증거가 있어야 한다[§803(b)(5)].

5) 당사자간의 협의내용 중 대리모가 그 자신의 건강이나 배아 또는 태아의 건강을 지킬 수 있는 권리를 제한하는 내용은 무효이다[§808(b)]. 의뢰인 부부는 대리모가 심한 의학상의 위험에 노출되도록 주장할 수 없음을 의미한다.

6) 만일 대리모가 결혼하면 그녀의 남편은 그 협의서에 동의하여야 한다. 그 남편이 장차 출생할 자녀의 아버지로 추정될 수 있기 때문이다. 이에 따라, 그의 동의는 부모의 권리의 포기를 포함하는 것이며, 이로써 의뢰인 아버지가 그의 부모임이 확인되는 것이 된다[§801(a)(1)].

만일 이 모든 조건이 맞으면, 당사자들은 승인된 대리모 협의서를 작성하게 된다. 협의는 서면으로 작성하고 의뢰인 어머니와 아버지 그리고 대리모와 그의 남편(있으면)이 서명한다. 만일 기증자가 있으면 그들도 협의에 서명하여야 한다. 협의서에는 의뢰인 부모가 그 협의에 의해 출생한 자녀의 부모이며 대리모, 기증자 등은 그들의 부모로서의 권리와 의무를 포기한다는 내용이 기재되어야 한다[§801(a)]. 그 협의서에는 의뢰인 부모가 제공하는 보수에 대해서도 규정할 수 있다[§808(a)].

이 협의서가 작성되면, 법원은 그것을 확인하여야 하며, 의뢰인 부모, 대리모와 그 남편이 서명하여야 한다. 또한 의뢰인 부모나 대리모가 최소한 90일 이상 거주해온 자로 확인청구자의 자격을 제한하고 있는데, 그것은 신청서를 제출하기 위해 이곳저곳을 다니는 이른바 신청-쇼핑을 막기 위한 것이다.

법원은 위에서 말한 모든 조건이 충족되고, 90일 이상의 거주요건을 만족하는지를 확인하는 한편, 협의서에 기재된 모든 합리적인 건강관리 비용이 적절히 준비되어 있는지를 판단하여야 한다.

대리모계약서를 확인함에 있어 법원은 의뢰인 부모가 협의서에 따라 출생한 자녀의 부모임을 선언하여야 한다. 그러므로, 법원은 그 협의에 따라 출생한 자녀가 180일이 되기까지 그 문제에 관한 관할권을 갖게 된다(§805).

이 협의서에 법원의 확인이 있으나, 아직 대리모가 임신되기 전에는, 법원 또는 청원의 당사자들은 누구라도 이 협의서를 철회할 수 있다. 협의서의 철회를 원하는 당사자는 서면으로 이 사실을 알리고 법원에 신고하여야 하며, 철회신고를 받은 법원은 협의서 인가명령을 취소한다. 협의를 철회한 대리모는 의뢰인 부모에게 책임을 지지 않는다(§806).

자녀가 태어나면 의뢰인 부부는 이 사실을 법원에 신고하여야 하며, 법원은 의뢰인 부모가 자녀의 부모임을 확인하는 명령을 발하고 출생기록부에 의뢰인 부모를 부모로서 기재하는 출생증명서를 발하도록 명령한다. 필요하면, 법원은 대리모에게 자녀를 의뢰인 부모에게 양도할 것을 명령하기도 한다(§807).

법 2002는 아직 유효성이 확인되지 않은 대리모에 대해서도 언급하고 있는데, 그러한 협의는 강행될 수 없다는 것이다[§809(a)]. 그 결과, 만일 자녀가 유효하다고 확인되지 않은 협의서에 따라 출생하였다면, 자녀의 부모는 제2절 §809(b)에 따라, 대리모가 어머니이며 그녀의 남편이 아버지라는 것이다. 그럼에도 불구하고, 의뢰인 부모는 자녀를 경제적으로 지원할 책임이 있다(그뿐 아니라 이에 따른 모든 비용을 포함한다)[§809(c)].[61]

6. 同性婚夫婦의 親子關係

법 2002는 동성부부의 친자관계(same sex parentage)에 대해서는 침묵하고 있으나 다음의 상황을 생각할 수 있다. 첫 번째 사례는 두 여성 사이, 두 번째는 두 남성 사이의 자녀와 친자관계이다.

사례 1: W와 W1은 lesbian 커플인데 자녀를 갖기를 원한다. 이에 W는 난자를 기증하고 기증자로부터 제공받은 정자를 수정하여 W1의 자궁에 이식하였으며, W와 W1은 이 인공임신에 동의하는 서류에 서명하였다고 가정한다면,

W1이 출산한 후에, 정자기증자는 부모가능성으로부터 제외되고 W1은 출산으로 인해 어머니가 된다. 만일 아버지가 될 의도로 정자를 제공한 남자는 출생한 자녀의 부모라고 하는 법 703조를 그녀에게 적용하는 데 법원이 동의한다면 W는 어머니가 될 수도 있다. §106는 부성결정에 관한 이 법의 규정은 모성에도 적용된다고 규정하고 있으므로 상당한 근거도 있다고 할 수 있으나 법 2002는 이 문제에 관해 침묵하고 있다.

---

61) Paula(주 53), pp.77-81.

사례 2: Gay 커플인 M과 M1은 부모가 되기를 원하여 W와 대리모계약을 체결하고 M의 정자를 인공수정하여 W가 임신하였다면,

W는 자녀를 출산하였으므로 어머니이며, M은 부모가 될 의도로 정자를 제공하였으므로 아버지이다. 문제는 M1이 아버지가 될 수 있는가 하는 것인데, 법을 음미하면, 만일 M1이 자의 출생 후 2년간 자와 동거하고 그의 자녀로 인정한 경우에는 아버지로 추정될 수 있다고 해석할 여지가 있다. 그러나 이것은 법 2000의 의도는 분명히 아니다. 왜냐하면 법이 그러한 동거에 의한 추정은 M1이 아버지(the father)라는 것이지, 아버지 중의 하나(a father)라거나, 부모 중 하나(a parent)라는 의미는 아니기 때문이다. 그 아버지는 이미 정자를 제공한 M으로 확정되었을 뿐 아니라, W와 대리모계약을 체결할 때 M1은 당사자가 될 수 없었다는 사실(그것은 법이 대리모계약시에 일방 당사자로 한 남자만을 허용하기 때문에)을 통해 M1이 아버지가 될 가능성은 없어 보인다.62)

위의 두 가지 사례를 통해, 법 2002가 이 같은 정치적으로 민감한 동성친자 문제를 사법적 판단에 맡기려 한다는 의도를 짐작할 수 있게 된다. 이에 따라 강한 비판이 제기되기도 한다. 즉 개정된 법 2002는 §202에서 "A Child born to parents who are not married to each has the same rights under the law as a child born to parents who are married to each other."라고 함으로써 부모의 혼인여부와 관계없이 자녀는 동등한 권리를 갖는다는 원칙을 재확인했음에도 불구하고, 법은 동성의 의도된 부모는 부모가 아니라고 하는 것(부모의 정의)은 모순이며 차별이라는 것이다. 이들은 결국 혼인하지 않은 이성 부모의 자녀와 같음에도 법이 그들의 존재를 무시함으로써 다른 부모의 자녀들과 다르게 취급하고 있다는 것이다.63)

V. 맺는 말

이상으로 지난 2003년 6월에 내려진, Texas Sodomy Ban에 관한 연방대법

62) John Sheldon(주 57), p.100.

63) Ibid.

원 판결과 동성혼, 그리고 통일친자법 2002를 중심으로 미국 가족법의 최근동향을 소개하여 보았다. 최근 10년간 미국 가족법의 가장 큰 화두는 동성혼이고, 이에 관한 한 연방법과 대부분의 주 제정법은 부정적이다. 예컨대 연방법인 혼인보호법은 혼인의 정의를 남녀의 결합으로 규정하면서 미국 내 어떤 곳에서도 혼인의 정의에 관한 다른 해석을 허용치 않고 있고, 37개 주가 이 법을 제정하였으며, 통일친자법 2002에서도 부모의 모델은 혼인여부와 관계없이 異性의 부부로 규정하고 있기 때문이다. 그럼에도 동성파트너에게 혼인허가를 허용하지 않는 연방법(예컨대 혼인보호법)과 주법의 위헌여부에 대한 논란은 끊임없이 이어지고 있고, 동성혼을 금지하는 주법이 위헌이라는 주 대법원의 판결도 증가하고 있는 추세이다. 이미 Vermont주에 이어 Massachusetts주도 동성파트너에게 혼인허가를 금하는 주법이 위헌이라고 한 판결이 내려졌으며, New Jersey 등 앞으로도 이와 유사한 판결을 준비하고 있는 법원이 있다고 알려져 있다.

동성의 파트너들이 법적 혼인을 인정받으려는 것은 두 가지 이유 때문이라고 할 수 있다. 그 하나는 인권의 문제이며, 보다 기본적인 이유는 그들의 관계가 혼인으로 인정될 때, 상속, 부양 및 자녀입양, 이혼, 이혼 후 형평한 재산분배와 자녀에 대한 친권과 방문권 등을 인정받을 수 있기 때문이다. 이에 따라, 이 글에서는 동성혼인의 법적 인정여부와 함께 동성파트너의 입양 및 관계해소 후의 친권과 방문권을 둘러싼 논의를 소개하여 보았다. 한편, 통일친자법 2002의 제정은 많은 주가 호의적으로 그 도입을 검토하고 있어 미국의 친자관계에 큰 변화를 주는 계기가 될 것으로 예상된다. 특히 분쟁의 가능성을 지니고 있는 인공임신이나 대리모계약에 있어 합리적인 추정원칙을 추가하고 있음은 눈여겨볼 만하다고 생각되어 소개하였다. 이 법에서는 동성혼 부부의 자녀관계에 관하여는 침묵하고 있으나 이 글의 중심테마가 동성혼임을 감안하여, 동성혼 부부의 자녀관계를 둘러싼 문제점을 사례를 중심으로 살펴보았다.

_비교사법 제11권 제1호(한국비교사법학회, 2004) 게재

夫婦契約取消權

Ⅰ. 머 리 말

민법 제828조는 "부부간의 계약은 혼인중 언제든지 부부의 일방이 이를 취소할 수 있다. 그러나 제3자의 권리를 해하지 못한다"고 규정하고 있다. 부부간의 계약을 혼인 중 언제나 취소할 수 있도록 한 입법취지에 대하여는 "부부간의 계약은 지키지 않아도 좋다는 것이 아니고 부부간의 계약은 애정에 惑弱하거나 또는 권위에 屈壓되어 자유의사로 체결되지 못하는 경우가 있다는 것과 또 부부가 부부간에 체결된 계약을 이행하지 않는다 하여 법정에서 상호 투쟁함을 방지하려 함에 있다"고 한다.[1)]

민법 제828조의 입법취지를 미루어 볼 때 특히 약자인 여성이 애정에 휩쓸리거나 또는 압력에 눌려 체결한 비진의표시를 취소할 수 있게 함으로써 여성을 보호하기 위한 것으로 보인다. 그러나 취소할 수 있는 것은 혼인이 계속하는 동안에 한하므로 계약을 강제당할 만한 처라면 취소조차 할 수 없는 경우가 많을 것이며[2)] 오히려 夫의 취소권의 남용으로서 오히려 처의 지위가 위협당할 염려가 있다.[3)] 또한 부부간의 계약을 이행하지 않는다 하여 법정에서 다투는 것을 방지하기 위해 취소권을 입법하였다 하나, 배우자의 취소권행사에 대해 상대방 배우자가 응하지 않는 경우에는 제828조를 근거로 하여 소송을 제기하지 않을 수 없을 것이므로 본조의 입법취지는 무의미하게 되는 것이다.

---

1) 정광현, 신친족상속법요론, 법문사(1961), 170면.

2) 김용한, 친족상속법론 전정판, 박영사(1983), 181면; 김주수, 친족상속법 제3전정판, 법문사(1987), 150면.

3) 김용한(주 2), 181면.

부부간의 계약을 취소할 수 있도록 한 제도는 원래 처의 무능력을 전제로 한 것이었으므로 외국의 입법례는[4] 처가 능력자가 된 이후부터는 특별한 경우를 제외하고는 부부간의 계약을 타인간의 계약과 동일하게 취급하고 있다. 다만 프랑스는 부부간의 증여와 매매를 특별히 취급하여 오다가 1985년 법에서 부부간의 매매를 금지하는 제1595조를 폐지한 바 있으며, 일본은 프랑스의 입법례보다 그 범위를 확대하여 부부간의 모든 계약을 취소할 수 있도록 하고 있다. 그러나 이들 프랑스나 일본의 학자들은 이러한 제도를 구시대의 잔존물이라 비판하고 있는 형편에 있다.[5] 그리고 우리나라 학자들의 대부분도 이에 대해 비판적인 견해를 표명하고 있다.[6]

우리 민법 중 가족법은 1989년 12월 대폭적인 개정을 보아 1991년 1월부터 시행될 예정으로 있는데 본조가 폐지되지 않은 데 대해서는 의문을 갖지 않을 수 없다. 아마도 현저히 남녀차별적인 규정이나 제도를 평등하게 개정하는 데 주력하고, 또한 그 개정의 내용이 워낙 방대하다 보니 정책상 본조의 개정은 다음 단계로 미루게 된 것이 아닌가 추측된다.

그러나 개정법에 의해서도 부부계약취소권은 존속되게 되었으므로 본래의 입법취지를 존중하면서 취소권의 남용을 어떻게 제한할 것인지, 부부간의 재산에 관한 계약의 취소가 궁극적으로는 재산의 소유권 다툼으로 볼 수 있을 때 부부재산제인 별산제와의 관계를 어떻게 정립할 것인지, 그리고 개정법에 신설되게 된 재산분할청구권에 기초한 재산분할계약도 본조에 의한 취소권의 대상이 되는지의 여부에 대한 명확한 경계설정이 필요하게 되었다.

이에 따라 이 논문에서는 부부계약취소권의 입법경위를 살펴봄으로써 입법의도를 추출하고, 외국의 입법례를 통해 부부간의 계약에 대한 태도를 비교고찰한 후, 부부계약취소권을 제한하여 해석한 대법원의 입장은 타당한 것인지를 살펴보기로 한다. 또한 부부계약취소권과 별산제와의 관계, 개정법에 신설된 재산분할청구권과의 관계를 어떻게 정립할 것인가를 생각하여 보기로 한다.

---

4) 자세한 것은 이 논문 Ⅲ. 외국의 입법례 참조.

5) Ferid/Sonnenberger, Das Französische Zivilrecht(Verlag Recht und Wirtschaft GmbH, 1987), S.149; 中川高男, 夫婦間の契約取消權. 註釋民法(東京: 有斐閣, 1966), 353면.

6) 정광현(주 1), 170면; 김주수(주 2), 150면; 김용한(주 2), 181면; 이근식 · 한봉희, 신친족상속법 증보판, 일조각(1982), 111면.

II. 立法經緯

부부계약취소권의 입법취지에 대해서는 신민법 제정 당시에 전혀 언급이 없고 단지 심의과정에서 그 취지를 짐작할 수 있을 뿐이다. 우선 정부안 제821조는 "부부간의 계약은 혼인중 언제든지 부부의 일방이 이를 취소할 수 있다. 그러나 선의의 제3자의 권리를 해하지 못한다"고 규정하고 있었는데 법사위의 심의 중에 "본조 단서는 선의의 제3자만을 보호하도록 규정하였으나 부부간의 계약의 취소는 부부간의 계약이라는 점만을 그 이유로 취소할 수 있는 것으로 하는 것이므로 제3자가 선의인가 악의인가는 구별할 이유가 없다"고 하여 본조 단서 중 '선의의'를 삭제하도록 하였다.

이에 대하여 정일형 의원의 수정안은 다음과 같은 이유로 부부간의 계약취소권에 관한 제821조를 삭제할 것을 제안하고 있다. 즉,

(가) 부부간의 계약취소권은 혼인이 해소된 후에는 소멸되므로 실효가 없을 뿐 아니라 처의 무능력제도가 폐지되고 남녀의 평등과 남녀의 인격능력의 완전한 독립을 인정하는 한 여사한 특별규정을 인정할 필요가 없다. 오직 민법총칙상의 사기 · 강박 · 착오의 규정에 의하여 이혼 후에도 취소할 수 있으므로 이것으로 족하다.

(나) 그뿐만 아니라 경제권이 처보다 夫에게 있는 현금의 사회상태하에서는 처가 이 규정을 이용하기보다 夫가 악용할 가능성이 다분히 포함되어 있는 것은 종래의 판례가 보여주고 있는 바이다. 따라서 실제로는 妻를 보호하는 규정이라기보다 夫를 보호하는 규정의 역할을 하고 있다. 부부간에 있어서도 계약은 준수함이 가할 것이며 취소하여도 무방하다고 하는 것은 오히려 신의에 반하여 일반조리에도 적합하지 않는다.[7)]

이러한 정일형 의원의 삭제안에 대하여 장경근 의원은 국회의 제2독회 심의과정에서 "(상략) 정일형 의원의 수정안은 제821조 자체를 아주 전부 전문 삭제하자는 것입니다. 그것은 무엇인고 하니 부부간에 계약한 것이라도 부부이혼이

7) 한복룡, 한국혼인법론, 河洛圖書(1989), 140면.

라든지 그 외에도 이 강제이행을 청구할 수 있다 하는 것인데 이것은 대단히 곤란할 것이라고 생각됩니다. 부부간에 情誼로서 한 것을 말이지요. 이것을 강제이행한다는 것은 그 부부간 情誼를 무엇하는 의미에서 확보하는 의미에 있어서 곤란하다. 타국의 입법례에도 다 있는 것입니다. 그래서 법제사법위원으로서는 제821조 정부원안이 옳다고 생각하고 다못 '선의의'라는 것만 삭제하자는 주장이올시다"라고 입법취지를 설명하였으며,[8] 표결결과 법사위수정안(단서 중 '선의의'가 삭제된)이 통과되었다.

Ⅲ. 外國의 立法例

부부간의 계약을 혼인 중 언제나 취소할 수 있도록 하는 제도는 로마법상 배우자간의 증여를 무효로 하는 원칙에 기인하며, 로마법을 계수한 프랑스법은 배우자간의 증여를 취소할 수 있도록(프랑스민법 제1096조) 함과 동시에 배우자간의 매매를 금지(프랑스민법 제1585조: 1985년법에서 폐지)하였다. 일본민법은 프랑스법을 모델로 하였으나 증여나 매매에 한하지 않고 부부간의 계약은 종류를 묻지 않고 언제나 취소할 수 있도록 하여 그 범위를 확대하였고 우리 민법은 일본민법의 예를 따른 것으로 보인다.

이하에서는 로마법이 배우자간의 증여를 금지한 배경과 프랑스법의 원칙과 개정 내용을 살피고 일본학계의 해석론과 비판론을 소개하고, 이러한 규정을 두고 있지 않은 영미법과 독일법에서는 배우자간의 계약을 어떻게 다루고 있는지 고찰하여 본다.

1. 夫婦間의 契約을 特別히 取扱하는 國家들

(1) 로 마 법

고대 로마법상 처는 무능력자였으므로 배우자간의 계약은 불가능하였다. 또한 고대 로마시대의 혼인에서 배우자간의 증여는 manus제도와 모순되는 것으

8) 정광현(주 1), 523면.

로 금지되었으므로 혼인 중의 증여는 무효였다. manus婚을 한 처는 법률상 무능력자였으므로 아무것도 선물할 수 없었으며 반면에 夫가 처에게 한 증여는 결과적으로 그 자신에게 증여한 것과 같은 효과가 있었다. 妻가 받은 모든 이익은 夫를 위한 것으로 간주되었기 때문이다.[9] 배우자간의 증여는 배우자 일방에 대한 영향의 남용을 피하기 위해 manus婚이 포기된 후에도 계속 금지되었다.[10] 따라서 배우자 사이의 증여는 혼인전의 계약으로만 가능하였었는데(donatio ante nuptias), Justin은 혼인 후에도 증여액의 인상을 허용하였으므로 Justinian[11]은 그 명칭을 혼인전의 증여(donatio ante nuptias)에서 혼인을 위한 증여(donatio propter nuptias)로 변경하고 혼인전 또는 혼인후에도 증여할 수 있도록 허용하였다. 대부분의 경우 재산이 실제로 夫로부터 妻에게로 양도되지는 않았고 단지 妻에 대한 증여계약을 맺을 뿐이며, 이혼시에는 그 자신이, 그리고 그 자신이 사망한 경우에는 그의 상속인이 증여계약을 실현하게 된다.[12]

그러므로 배우자간의 증여는 Justinian 이후에는 점차 금지하지 않는 것으로 되었으며, 배우자가 그 증여를 취소함이 없이 사망한 경우와 유언에 의한 증여나 사망을 원인으로 한 증여(causa mortis)가 있은 경우에도 유효하다고 인정되기 시작하였다.

(2) 프랑스 民法

1) 프랑스민법 제1096조는 로마법으로부터 영향을 받아 배우자간의 증여는 허용하지만 취소할 수 있다고 선언하고 있으며, 제1585조는 배우자간의 매매를 금지하였었다. 배우자간의 매매를 금지하는 것은 매매의 이름 아래 증여가 행해지는 것을 방지하기 위한 것으로 보인다.[13]

프랑스 민법이 이같이 부부간의 계약의 자유를 제한한 입법적 목적은 부부재산계약의 불변성의 원칙이 혼인 중 부부간의 계약으로 인해 회피되는 것을 방

---

9) Adolf Keysser, Das Verbot der Schenkung unter Ehegatten nach Römischem Recht (Strassburg: R. Schultz & Comp, 1878), S.5.

10) Jean Brissaud, A History of French Private Law(1912), p.710.

11) Justin의 繼承子.

12) R. W. Lee, The Elements of Roman Law, Sweet & Maxwell(1956), p.150.

13) Jean Brissaud(주 10), pp.710-711.

지하기 위한 목적이 그 하나이며, 부부간의 계약은 채권자에게 불리하게 작용할 수 있다는 우려가 그 두 번째 이유이며, 특히 배우자간의 매매를 금지하는 원칙은 배우자가 부부간 증여의 취소가능성을 배제하고(매매계약을 통해) 유언 자유의 상속법상의 제한(유류분)을 一變시킬 수 있다는 가능성을 방지하기 위한 데 있으며, 그 외에도 부부간의 계약은 배우자의 부당한 영향을 통해 자유로운 의사형성이 침해될 수 있다는 우려에 기인한다고 한다.[14] 그러나 부부재산계약의 변경불가능성은 1965년 개정법에 의해 완화되었으며,[15] 혼인에 의해 부부는 한단위로 혼합되므로 (법정재산제인 공유제하에서) 그들 사이의 확실한 법률행위일지라도 처음부터 배제하여야 한다는 것은 이미 낡은 생각이며, 부부재산제와 관계없이 부부 사이에는 개인적 독립성이 존중되어야 한다는 비판이 제기되어 왔다.[16] 이에 따라 1985년법은 부부간의 매매를 금지하던 제1585조를 폐지하였다.

2) 배우자간의 계약에 대한 제한은 매우 큰 의미를 가지고 있었는데 1985년 12월 23일의 개정법에 의해 실제상 중요한 관계규정인 제1585조를 삭제하였으므로 그 의미가 적은 규정만이 남아 있게 되었다. 이에 따라 배우자간 계약의 경우에는 다음의 제한만이 유효하다.

(i) 프랑스법은 우선 배우자간의 증여에 대해 특별규정(프랑스 민법 제1091조-제1100조)을 두고 있으며, 부부재산계약에 의해서도 증여는 가능하다. 그러나 생전증여에 대해서는 제1091조, 제1093조 및 제1095조(미성년자의 경우)에 의하며, 이 규정의 테두리 내에서 부부재산계약이 고려된다.[17] 이에 따라 부부는 계약에 의해 상호간에 또는 일방배우자가 타방배우자에게 증여를 할 수 있다(프랑스 민법 제1091조). 프랑스의 법정재산제는 혼인중 취득재산을 부부의 공동소유로 인정하는 소득공동제를 취하고 있는데, 배우자로부터 증여된 재산은 공동소유재산을 형성하지 않고 수증자의 고유재산을 형성하게 된다(프랑스 민법 제1405

14) Ferid/Sonnenberger(주 5), S.149.

15) 1965년 이전의 법은 부부재산계약의 변경을 금지하였으나 1965년법은 이 원칙을 포기하였다. 그것은 부부의 사회적 · 경제적 또는 직업적인 지위가 결혼 후 변화될 수 있음에 비추어 변경불가능의 원칙은 시대에 뒤떨어진 것으로 판단되었고 신축성을 부여할 필요가 있었기 때문이다. Lawson/Anton/Brown, Introduction to French Law(Oxford, 1966), p.388.

16) Ferid/Sonnenberger(주 5), S.149.

17) Ferid/Sonnenberger(주 5), S.150.

조 1항). 부부재산계약에 의해 부부 상호간에 또는 일방배우자가 타방배우자에게 행한 장래 재산, 또는 현재 재산과 장래 재산의 증여는 제1091조 이하의 규정에 의하고 이러한 증여는 수증자인 배우자가 증여자인 배우자보다 먼저 사망한 경우에는 혼인 중에 출생한 子에게 승계되지 않는다(프랑스 민법 제1093조). 혼인 중 행해진 증여는 부부재산계약에 의해서가 아니라 생전증여에 관한 규정에 의하여 별도로 고려하게 된다.[18)]

(ii) 배우자간의 증여는 제1096조 1항에 의해 증여법 원칙인 취소불가능성의 원칙과는 반대로 증여한 배우자의 단독 의사표시만으로 언제나 취소할 수 있다. 이 규정의 근거는 증여의 타당성과 합목적성에 비추어 사후변경이 고려되어야 한다는 것이다.

취소권은 일신전속권이며, 증여자의 상속인이나 채권자는 취소권을 행사할 수 없다(프랑스 민법 제1166조). 그러나 수증자의 사망후에는 취소가 가능하다. 취소는 명시적으로나 묵시적으로 할 수 있으며, 소송에 의하지 않고도 소유권이 회복된다. 증여 후에 子가 출생한 경우에는 법률 그 자체에 의하여 증여가 당연히 취소되지는 않는다. 이것은 생전 증여 당시에는 子가 없었으나 그 후 혼인 중의 子가 출생하거나 혼외자가 준정이 된 경우에는 그 증여가 법률 규정에 의해 취소되는 것으로 하는 제960조와는 반대되는 것이다.

(iii) 일방배우자가, 타방배우자가 증여한 금전으로 재산을 취득한 경우 당해 증여는 금전이며 금전으로 취득한 재산을 의미하지 않는다(프랑스 민법 제1099조 1항). 증여자와 그 상속인의 권리는 증여한 재산의 가치에 상응하는 그 당시의 사실상 가치에 해당하는 금전으로 한다. 그리고 당해 재산이 양도되었으면 양도 당시 가액이 기준이 되며, 새로운 재산이 양도된 재산에 대위된 때에는 새로운 재산과 가액을 기준으로 한다(프랑스 민법 제1099조 1항 · 2항).

프랑스법에 있어 법정 추정상속인인 유류분권자의 존재는 피상속인에게 주어진 자유처분재산이 초과된 유증뿐 아니라 생전증여 역시 영향을 미친다. 그러므로 배우자에 대한 증여에 의해 유류분권에 대한 침해가 부가된 경우에도 이 원칙은 적용된다. 이에 따라 일면으로는 생전증여가 유증과 같이 다루어지는 한편 제1098조[19)]에 의해 前婚의 子의 선택에 의해 법정상속분이 제한될 수 있다.

---

18) Ferid/Sonnenberger(주 5). S.150.

그리고 위장된 증여는 제1099조에 의해 무효가 된다.

(iv) 기타의 배우자간의 계약은 법전의 원칙에 따른다. 따라서 배우자 사이의 노동계약도 가능하며, 이 경우 배우자가 상대방을 원조할 의무는 없다고 해석된다. 또한 위임과 대리계약 역시 가능하다.[20]

(3) 日本 민법

일본 민법 제754조는 부부간의 계약은 혼인 중 언제든지 부부의 일방이 이를 취소할 수 있지만, 제3자의 권리를 해하지 못한다고 규정하고 있다. 이 규정의 입법취지는 부부간의 계약에 구속력을 주어 재판상 그의 이행의 강제를 허하는 것은 가정의 평화를 해하여 온당하지 않으므로 계약의 이행은 부부간의 도의에 맡기는 것이 타당하다는 데에 있다고 한다.[21]

일본에서도 부부간의 계약취소권에 대하여는 다음과 같은 비판이 행해지고 있다. 즉 i) 부부간의 계약은 비진실의 의사표시가 많다는 것을 근거로 하고 있다면 진의의 의사표시라는 증명이 있으면 취소할 수 없어야 하는데도 이에 대해서는 언급이 없고 비진의에 기한 의사표시라면 혼인 중에 한할 것이 아니라 혼인후에도 취소할 수 있어야 하는데 혼인 중에 한하여 취소할 수 있게 한다는 것은 부당하다거나,[22] ii) 이행을 부부간의 도의에 맡기는 취지를 일관한다면 모든 소송을 제한하여야 함에도 혼인전의 계약을 혼인 중에 청구하는 것은 제한하지 않고, 이행의 계약을 취소하여 그 반환을 혼인 중 청구할 수 있게 한 것은 이상하다든가,[23] iii) 부부간의 계약이 夫의 위압이나 妻의 弱愛에 의해 이루어진 때에는 총칙의 사기나 강박에 의한 취소의 규정을 적용하면 족하고 그의 이행을 다른 일반의 계약과 달리 구별할 필요성이 없다든가,[24] iv) 본조(日本民法 제754조)는 약한

19) 프랑스민법 제1098조는 "재혼한 부부의 일방이 다른 일방에 대하여 제1094조-1이 정하는 한도 내에서 재산을 증여한 때에는 前婚의 子는 증여자의 명백한 반대의사가 없는 한 당해 증여를 집행하는 대신 생존한 배우자가 없으면 상속받을 수 있는 상속분의 용익권을 포기하게 할 수 있다"고 규정하고 있다. 그러므로 前婚의 子의 선택에 따라 생존배우자의 법정상속분은 제한될 수 있는 것이다.

20) Ferid/Sonnenberger(주 5), S.151.

21) 高木多喜男, 條解民法 III, 三省堂(1981), 78면.

22) 廣橋次郎, 夫婦間の契約取消權, 經濟理論 5권(和歌山大, 1951), 3면 이하 참조.

23) 我妻榮/有泉亨, 民法 3, 94면.

妻가 夫에 의해 계약을 강제당할 경우를 방지하기 위한 것으로 보이지만 그의 취소는 혼인계속 중에 한하므로 계약을 강제당할 정도의 妻라면 취소도 할 수 없을 경우가 많을 것이며, 妻의 劣性을 보호하기 위한 것으로 보이지만 실제로는 夫의 優性을 지지한 결과가 된다든가,[25] v) 원만한 부부간이라면 부부가 계약을 할 때 엄격한 법적 구속력을 기대하지 않을 것이며, 그의 취소시에도 부부가 합의하여 원만히 되도록 하는 것이 보통일 것이므로 원만한 부부를 위해서는 본조는 불필요하고, 계약취소권을 행사하지 않으면 안되는 경우에는 부부간에 심한 이해의 대립이 있을 것이므로 본조의 전제가 되는 부부관계는 존재하지 않는다[26]는 등이다. 이에 따라 이 규정의 삭제가 학자들에 의해 주장되고 있다.

한편 일본의 판례는 당초 이혼에 따른 실질상의 재산분여계약을 이혼계의 제출 전에 夫가 취소한 케이스에서 무제한 적용설의 입장에서 취소를 유효하다고 하였으나[27] 그 후에는 계약체결시나 취소시에 놓여 있는 부부관계의 상황으로부터 취소권의 행사를 제한하는 입장에 있다.[28] 최근의 최고재판소 판례는 본조의 '혼인 중'이란 형식적이나 실질적으로도 혼인이 계속되고 있을 것을 요구하는 입장을 취하고 있다.[29] 이러한 판례의 입장을 학설은 지지하고 있으나, 취소권을 제한하는 근거에 대해서는 취소권의 남용을 제한하는 입장,[30] 정상적인 관계에 있는 사람들 간에 체결된 계약을 정상적인 관계에 있는 사람들간에 취소할 수 있다고 해석하는 입장,[31] 부부간의 계약의 내용을 분류하여 예컨대 이혼을 위한 증여는 성질상 본조가 적용되지 않는다는 입장,[32] 그리고 혼인 중이라는 요건을 엄격히 해하는 입장[33] 등 다소 차이가 있다.

---

24) 外岡茂十郎, 家族法再改正解說, 59면.
25) 中川善之助, 新訂親族法, 232면.
26) 上野雅和, 基本法 民法 III, 55면.
27) 日大判 1932. 10. 13.
28) 中川淳, 親族法逐條解說(日本: 加除出版社, 1977), 106면.
29) 日本判 1967. 2. 2.
30) 青山道夫, 家族法論, 99면.
31) 我妻榮, 判例民事法, 188면.
32) 中川善之助, 新訂親族法, 232면.
33) 中川淳, 民法七五四条にいう「婚姻中」の意義, 法律時報 40권 2호(1968), 89면.

2. 夫婦間의 契約을 보통의 契約과 같이 다루는 國家들

(1) 英國과 美國

영국은 1935년의 Married Women and Tortfeasors Act의 제정 이래 妻를 완전한 능력자로 인정하므로 夫와의 계약도 타인과의 계약과 동일한 것으로 취급하고 있다. 미국도 동일하다. 영미법은 혼인 중 배우자간의 신분적 및 재산적 관계에 관하여 法은 개인의 자유를 존중하며, 양성평등을 촉진하며, 국가의 중립성을 지키는 태도를 취해 왔으므로 부부간의 문제는 어디까지나 사적 계약의 규제로 보고 있다. 그들은 부부간의 계약은 강요할 수 없다고 가족법에 고정시키는 것은 시대착오적이라고 생각하기도 한다.

그런데 계약 당사자들이 궁극적으로 호소하는 곳은 계약법이며, 계약이론은 국가가 부부간의 합의인 계약을 이행하는 데 간섭할 수도, 간섭해서도 안 된다는 근거를 갖고 있지만, 다른 한편 법제도는 모든 약속은 지켜져야 하며, 지켜지지 않으면 강행될 수 있다는 특성을 갖고 있는 것이다. 그러므로 예컨대 혼인 중 일방배우자로부터 타방배우자에게 현금이 유입되는 것을 요구하는 계약은 부양권보다는 더욱 더 강제가능성이 있는 것이다.

그러나 모든 약속이 지켜져야 하는 것은 아니다. Canon Law조차 모든 약속은 신성해야 한다고 생각하고 있지는 않다. 어떤 약속은 계약으로 볼 만한 가치의 면에서 중요하지 않을 수도 있으며, 모든 약속을 법적으로 강요하는 것은 비용이 들기 때문이다. 부부간의 합의는 그 대표적인 예로서, 부부가 동거하면서 체결한 계약은 법률상의 효과의사가 없는 단순한 가정 내의 합의에 불과한 경우가 많기 때문에[34] 訴求나 강제집행이 허용되지 않으며, 다만 그 합의 당시에 합의에 관하여 법적 효과를 부여할 것을 의도하였다는 것을 나타내는 증거가 있을 때에만 유효한 계약으로 본다.[35] 이것은 국가는 부부간의 약속을 강행하는 데 쓰이기보다는 보다 필요한 사회적 필요성이 있는 곳에 비용을 지출해야 할 것이라는 생각이 바탕을 이루고 있다.[36]

영국과 미국에 있어서는 대륙법에 있어서와 같이 부부의 경제적 관계에 관

---

34) Balfour v. Balfour(1919).

35) 이승우, "부부간의 계약취소권," 법조 6(1985), 32면.

36) M. A. Glendon, State, Law and Family(1977), p.169.

하여 혼인전 또는 혼인후 계약을 하는 관습은 없다. 다만 Married Women's Property Act가 제정되기 이전에 기혼여성의 재산권을 보호하기 위한 수단으로 유산층 사이에 marriage settlement(혼인부동산계승처분)[37]가 행해졌을 뿐이며, 유산층이 많지 않았던 미국에서는 별로 이용되지 않았던 듯하다. 현대에 와서는 이혼한 부부들이 前婚의 자녀들을 부양하기 위해 사용되고 있거나, 부부의 재산 계획에 차질을 줄 수도 있는 배우자의 권리를 배제하기 위해 marriage settlement가 사용되고 있다. 특히 미국의 경우, 기혼의 납세자들은 그들에게 가장 유리한 세금부과 혜택을 받기 위해 세법이 제시하는 소유형태를 따르지 않을 수 없으므로 세법상의 현실이 부유층으로 하여금 부부간의 계약의 자유를 이용하도록 만들고 있다고 말할 수 있다.[38]

그런데 최근에는 영국과 미국에서 혼인 중 부부의 권리와 의무를 명시하는 혼인계약(대륙법에서 말하는 부부재산계약과는 다름)을 체결하는 것이 유행이 되고 있다 한다. 이러한 계약은 법적으로 강행될 수 있는 성질의 계약이 아니라 단지 혼인 중의 부부평등을 선언하는 상징적 의미로 사용되고 있는 것이 특징이지만 때로는 재산관계에 관한 계약의 내용이 포함되기도 한다. 그러나 그 계약의 내용이 혼인의 법적 권리, 특히 부양의무를 변경하는 내용이 포함되어 있다 해도 그 계약은 강제가능성이 없다고 판단되고 있다.[39]

(2) 西獨 民法

서독은 부부간의 계약에 관하여 아무런 규정도 두고 있지 않으므로 타인과의 계약과 같이 취급하고 있다. 즉 배우자간의 증여도 서면으로 작성된 이상 완

37) Marriage Settlement란 혼인계승적 처분의 일종이다. 영국의 common law에서 妻는 무능력자였으므로 妻의 재산중 동산은 夫의 재산이 되거나, 부동산의 경우 夫의 관리권과 용익권하에 놓이게 되는데 이를 방지하기 위해 17세기경 Equity에 의해 시도된 것으로 妻가 혼인시에 지참한 재산은 夫의 관리하에 놓이게 되는 대신 marriage settlement에 의해 妻를 수익자로 하여 신탁하는 방법이다. 유산층에서 이용되기 시작하였으며, 후에 별산제의 기초가 되었다.

38) Rheinstein/Glendon, Interspousal Relations, International Encyclopedia of Comparative Law, vol.4. Tübingen: J.C.B.Mohr(1980), p.156.

39) Weitzman, Legal Regulation of Marriage — Tradition and Change, Calf. L.R.(1974), p.1258.

전히 유효하며(서독민법 제518조), 취소할 수 없다.

그러나 부부재산제로서 부가이익공동제를 취하고 있는 결과 청산채권에 산입할 것을 정하고 한 증여, 통상의 선물가격을 초과하는 증여는 이혼시 청산채권을 산정할 때 특별히 취급되고 있다(서독민법 제1380조). 서독의 법정부부재산제인 부가이익공동제란 혼인 중에는 별산제이며, 혼인해소시에는 혼인 중의 부가이익의 차액에 대해 배우자가 2분의 1에 대한 지분을 갖는 것이다. 즉 이혼시에 각자가 갖고 있는 종말재산에서 혼인시에 갖고 있던 재산을 뺀 나머지를 부가이익재산으로 하고, 각자의 부가이익재산을 비교하여 그 증가이익이 큰 배우자는 채무자가 되고 적은 배우자는 채권자가 되어 부가이익의 차액의 반을 청산채권자에게 분할하는 방법이다. 그런데 혼인 중 청산의무자(보다 많은 부가이익을 얻은 배우자)가 생전의 법률행위에 의하여 청산채권에 산입할 것을 정하고 청산채권자(상대방 배우자보다 적은 부가이익을 얻은 배우자)에게 出捐을 할 때에는 그 출연액은 출연행위자의 청산청구권의 변제에 산입한다(서독민법 제1380조 1항 1문). 청산채권에 산입할 것을 정하지 않았더라도 출연의 가액이 통상의 선물가격을 초과하는 경우에 의심스러운 때에는 그 출연은 청산채권에 산입되는 것으로 추정한다(서독민법 제1380조 1항 2문). 그리고 출연액은 출연자의 부가이익에 이를 가산하며(서독민법 제1380조 2항 1문), 출연액은 출연시의 가격을 기준으로 하여 정한다(서독민법 제1380조 2항 2문).

그런데 서독민법 제1374조 2항은 일방배우자가 부부재산제의 개시후에 사망으로 인하여, 또는 장래의 상속권을 고려하여 취득한 재산, 그리고 증여 또는 생계자금으로 취득한 재산은 당초재산에 이를 가산하도록 규정하고 있으므로 부부간의 증여를 제1374조 2항에 의하여 수증자의 당초재산에 가산하고 종국재산에 관해서 이 출연을 고려할 것인지, 아니면 부부간의 증여는 제1374조의 적용을 받지 않는 것으로 보아 수증자의 당초재산에 산입하지 않고 출연시기에 가지고 있던 가치가 종국재산으로부터 공제되는 것으로 볼 것인지 의문이다. 예컨대 夫의 당초재산은 5만마르크이고 종말재산은 8만마르크인데 비해, 妻의 당초재산은 5천마르크, 종말재산은 2만 5천마르크이며, 이전에 夫가 청산으로 1만마르크를 妻에게 증여한 경우에, 전자의 방법에 의하면 夫의 부가이익은 (8만−5만)+1만(제1380조 2항 1문에 의해)=4만마르크이며, 妻의 부가이익은 2만 5천−15,000(5,000+10,000; 제1374조 2항)=1만마르크이다. 따라서 부부의 부가이익의 차액은 (4만－1만)÷2＝1만 5천이 된다. 그런데 夫가 이미 妻에게 청산으로 1만마르크를 증여로 지급하였으므로 제1380조 1항 1문에 의해 출연의 가치는 공제되므로 그 나머지인 1만 5천－1만＝5,000마르크만을 夫가 妻에게 지급하면 된다. 한편, 후자에 의하면, 夫의 경우는 위의 경우와 같고, 妻의 부가이익은 2만 5천－1만(종국재산에서 출연가치를 공제하여)－5천(제1374조 2항에 의해 당초재산에 산입되지 않으므로)＝1만이 된다. 따라서 이 경우 각자의 부가이익의 차액은 (4만－1만)÷2＝1만 5천이며, 제1380조 1항 1문에 의해 출연가치가 공제되므로 5천마르크를 夫가 妻에게 지급하면 된다.[40] 위의 두 방법 중 BGH는 서독민법 제1374조 2항을 부부간의 출연에는 적용하지 않는 방향으로 나가고 있어서 두 번째 방법을 선호하는 것으로 보인다.[41]

서독민법 제1380조가 적용되는 것은 출연을 한 배우자가 동시에 청산채무자인 경우에 한하며, 만일 출연액이 출연이 없이 청산을 했더라면 받을 수 있었을 청산권의 액보다 더 많을 경우에는 이 규정은 적용되지 않고 그 차액을 부당이득으로 반환청구할 수 있다(서독민법 제812조).[42]

출연을 한 배우자가 청산채권전액을 상대방에게 지불하는 대신에 출연목적물의 반환을 청구할 수 있는가 하는 데 대해서는 의문이 있을 수 있다. 그러나 청산채권에 산입할 것을 정했거나(서독민법 제1380조 1항 1문), 산입의 추정을 받기 때문에 출연자는 목적물의 반환을 청구할 수 없게 된다.[43]

배우자가 사망한 경우에는 부가이익청산에 의할 경우 생존배우자와 상속인간의 다툼을 피하기 위해 부가이익청산의 방법에 의하지 않고 생존배우자의 상속분을 4분의 1 인상하는 방법을 택하고 있으므로 부부간의 출연은 이혼시와 같은 문제가 발생하지 않는다.[44] 그러나 부가이익청산에 의할 수도 있다.

---

40) 자세한 것은 조미경, "서독부부재산법에 있어서의 잉여공동제," 민사법학의 제문제, 소봉 김용한교수 화갑기념논문집(1990), 449-451면 참조.

41) BGHZ 1982, 227.

42) Gernhuber, München Kommentar, §1380, RN. 2.

43) Schwab, Familienrecht, 3. Aufl., München: C.H.Beck., 1984, S.157.

44) 배우자가 사망한 경우에는 부가이익청산을 위한 복잡한 절차를 피하고 재산정리를 간단하게 하기 위해 단순히 상속분을 증가시키는 방법을 택하게 되었다. Gernhuber, München Kommentar, §1371, RN. 3.

IV. 夫婦契約取消權의 行使와 그 制限

1. 婚姻中의 意味

민법 제828조에서 말하는 부부간의 계약은 혼인성립 후 그 취소 전에 부부 사이에 체결된 계약을 말한다. 따라서 혼인 전의 남녀 사이에 체결되는 부부재산 계약은 민법 제828조의 부부 간의 계약에 해당하지 않으므로 취소의 대상이 되지 않는다. 그러나 부부 간의 계약이면 어떤 종류의 계약이든 취소의 대상이 되며, 계약이 취소되면 처음부터 소급하여 무효가 되지만, 제3자의 권리를 해하지 못한다. 이 때 그의 선의·악의는 불문한다.

법문은 "부부간의 계약은 혼인 중 언제든지 부부의 일방이 이를 취소할 수 있다"고 하고 있으므로, 부부 사이의 계약은 혼인 중이면 언제나 어떤 경우에도 취소할 수 있는 것인지 아니면 일정한 제한이 있다고 볼 것인지 의문이 있을 수 있다. 그러나 부부간의 계약은 혼인 중 언제든지 취소할 수 있다고 하여 어떤 경우에도 취소가 허용될 수는 없는 것이며, 취소권은 제한되지 않으면 안 될 것이다. 다만 어떤 기준으로 제한할 것인가 문제된다.

이에 관하여는 취소권의 행사를 엄격히 제한하는 입장을 취한 1979년의 대법원판례[45]를 중심으로 생각해보기로 한다.

(i) 사실관계: X(夫)와 Y(妻)는 1928년 혼인한 부부로서, 혼인한 지 19년 되던 해인 1947년 소외 A로부터 203평의 대지를 구입하여 그 위에 집을 지어 소유하여 왔는데 1952년경부터 X가 소외 B와 부첩관계를 맺고 그와 동거하면서 Y와 별거하게 되자 위 대지와 건물의 관리를 Y에게 맡기게 되었고 Y는 대지와 건물의 임대수익금으로 생계를 유지하여 오다가 X와 B 사이에 자식이 늘어가자 Y는 1962년 위 대지와 건물에 대하여 자기 명의로 소유권이전등기를 마쳤다. 이 사실을 뒤늦게 안 X는 Y명의의 소유권이전등기를 유효한 것으로 추인하되 Y는 위 대지와 건물이 X의 소유임을 인정하고 선량한 관리자로서 관리만 하고 다른 사

45) 대법원 1979. 10. 30, 79다1344 판결.

람에게 처분하지 않기로 하며 X 또한 Y의 승낙 없이는 다른 사람에게 처분하지 않기로 하는 내용의 약정을 하였다. 그러나 그 후 1965년 X는 경제적으로 궁박해지자 Y로부터 몇 차례 생활비를 받아 쓴 일이 있으며, Y로부터 1만원을 지급받으면서 "X는 향후 10년 이내에는 집에 들어오지 못한다. X는 Y의 재산(대지와 건물)에 대해 추호도 참여하지 못한다"라는 내용의 각서를 작성하여 Y에게 교부한 바 있다. 1970년 도시계획으로 집이 철거되고 203평의 대지가 3필지로 분할되자 Y는 82평의 대지 위에 Y의 명의로 건축허가를 얻어 그의 자금으로 3층건물을 신축하였다. 이에 X는 Y의 소유권이전등기의 추인사실은 Y에 대한 명의신탁이라고 주장하면서 명의신탁해지를 원인으로 한 소유권이전등기절차의 이행을 청구하였다. 이에 대해 Y는 X가 1만원을 지급받으면서 교부한 각서에 의해 이 사건 대지를 양도받았으므로 명의신탁은 종료되었다고 항변하였으며, X는 양도행위를 취소하기에 이르렀다.

(ii) 이에 대해 서울고등법원은 이 사건 대지(원고는 시가 500만원이라 주장함)에 관한 원 · 피고 사이의 명의신탁관계는 원고 X가 피고 Y로부터 1만원을 지급받으면서 교부한 각서를 통해 적법히 해소되고, 이 때 양도계약이 성립되었으며, "민법 제828조에 의하면 부부간의 계약은 혼인 중 언제든지 부부의 일방이 이를 취소할 수 있도록 되어 있으나, 위 규정의 입법취지가 원만한 혼인관계의 계속적 유지를 도모하기 위한 것이라는 점에 비추어 보면 부부간의 계약취소는 정상적인 부부관계를 전제로 하여서만이 용인된다 할 것이므로 부부관계가 파탄에 빠진 경우에는 특별한 사정이 없는 한 부부간의 계약을 취소하여도 그 효과가 발생하지 아니한다고 하였다 할 것인바 원고가 약 26, 7년 전부터 소외 B와 동거하여 그 사이에 4남매의 자녀까지 두고 있으면서 그 때부터 계속 피고와는 별거상태에 있어 원 · 피고 사이는 그 부부관계가 오래 전부터 사실상 파탄상태에 빠졌다는 사실은 앞에서 인정한바와 같고, (중략), 설사 원고가 위 양도계약을 취소하였다 하여도 그 효과가 발생하지 않는다고 할 것이므로 원고의 위 항변 역시 이유 없다"고 판시하였다.

(iii) 대법원은, "민법 제828조에 부부간의 계약은 혼인 중 언제든지 부부의 일방이 이를 취소할 수 있다고 규정하고 있음은 소론과 같으나 여기에서 혼인 중이라 함은 단지 형식적으로 혼인관계가 계속되고 있는 상태를 가리켜 뜻하는 것이 아니라 형식적으로는 물론 실질적으로도 원만한 혼인관계가 계속되고 있는

상태를 가리켜 뜻한다고 풀이함이 상당하다고 할 것인 바, 따라서 혼인관계가 비록 형식적으로는 계속되고 있다고 하더라도 실질적으로는 파탄에 이른 상태에 있는 경우라면 위 규정에 의한 부부간의 계약은 이를 취소할 수 없다고 해석함이 상당하다 할 것이다"라고 판시[46] 하였다.

위 판결에 대해서는 다음과 같은 의문이 있다.

첫째, 사실관계를 통해 나타난 것을 보면 夫 명의의 부동산을 妻가 승낙 없이 그의 명의로 소유권이전등기를 하였고, 그 후 夫가 경제적으로 궁박해지면서 본처로부터 몇 차례 생활비를 받아오다가 마지막으로 1만원을 지급받으면서 권리를 포기한다는 내용의 각서를 써준 것을 알 수 있다. 그런데 권리포기각서가 과연 시가 500만원 상당의 부동산에 대한 양도계약으로 볼 수 있을 것인가? 아니면 그 계약은 불공정법률행위로서 무효이며, 따라서 명의신탁은 여전히 유효인가의 문제가 제기될 수 있다.

고등법원과 대법원은 이를 유효한 양도계약으로 보고 있으나, 경제적으로 궁박한 상태에서 1만원을 지급받고 500만원 상당의 부동산에 대한 권리를 포기하는 행위(각서)는 불공정한 법률행위에 해당하여 무효임이 분명한 것이다. 불공정한 법률행위인가 아닌가의 여부는 객관적으로 판단하여야 할 것이며, 부부관계가 원만한가 아닌가의 여부에 결부시켜서는 안 될 것이다. 따라서 이 경우에는 부부간에 명의신탁관계는 계속되고 있다고 보아야 한다. 그렇다면 이 재산은 夫나 처만의 특유재산인가 아니면 부부의 공유로 볼 것인가의 문제에 귀착된다.

생각건대 이 대지와 건물은 부부가 혼인한 후 협력하여 취득한 혼인 중 취득재산에 속하는 것으로 보인다. 민법은 혼인 중 부부 일방의 명의로 취득한 재산은 그의 특유재산으로 추정하고 있다(제830조 1항). 그러나 상대방 배우자가 그 재산형성에 대한 자기의 기여를 주장하면 추정은 깨지고 공유가 된다. 그리고 부부의 누구에게 속한 것인지 분명하지 아니한 재산은 공유로 추정하고 있다(동조 2항). 그렇다면 이 사건의 경우에 부부가 재산형성에 기여한 사실이 분명하므로 신탁자라고 주장하는 夫만의 특유재산도, 명의자인 妻만의 특유재산도 아니고 부부의 공유로 보아야 할 것이다.

46) 김주수, 판례가족법 추록, 삼영사(1982), 35-42면.

둘째, 만일 부부간의 양도계약이 유효하다면 부부중 일방은 혼인 중 양도계약을 취소할 수 있는가 문제된다.

대법원은 夫가 妻에 대한 양도계약을 취소한 데 대해, 제828조에서 규정한 혼인 중이란 형식적으로뿐 아니라 실질적으로도 원만한 부부관계에 있는 상태를 말하므로 이미 파탄에 이른 부부관계에서 夫는 양도계약을 취소할 수 없다고 판시하고 있다. 그러나 혼인 중의 의미를 이렇게 제한적으로 해석하는 것이 과연 민법에 부부계약취소권을 둔 취지에 합당한 것인지는 의문이다.

대법원 판결과 같이 실질적으로도 원만한 상태에서만 부부 사이의 계약을 취소할 수 있다고 해석하는 경우, 제828조는 부부가 정상적이고 원만한 관계에서 체결한 계약을 정상적인 관계에서만 취소할 수 있다는 의미로 해석된다. 그러나 부부관계가 원만한 상태에서 취소할 경우에는 법률상 문제될 것이 없고, 진의의 의사표시에 의한 계약이든 비진의표시에 의한 계약이든 부부 일방의 취소에 대해 상대방이 응하지 않는 경우에는 소송에 의해 취소를 청구하게 될 것인데, 그 때는 이미 부부관계가 파탄되었다고 보는 것이 상식일 것이다. 부부관계가 평온할 때는 재산의 소유권에 관하여 민감하지 않으나, 혼인관계가 파탄이 되어 재산의 분리가 구체화될 때 비로소 재산의 귀속이 문제되는 것이기 때문이다. 특히 배우자의 강요에 의해 계약이 체결된 경우에는 강압에 의해 계약을 체결하게 한 배우자가 상대방의 취소에 순순히 응하지 않을 것은 너무도 당연한 것이기 때문에 혼인파탄시에 취소소송은 불가피할 수도 있다. 그러므로 혼인 중 체결한 계약을 부부관계가 원만한 때에 한하여 취소할 수 있다는 것은 실제에 있어서는 생각하기 힘든 상황이다. 더욱이 이 사건의 경우, 이미 혼인이 파탄된 상태에서 계약을 체결하였음에도 불구하고 혼인 중의 의미를 실질적으로도 원만한 상태로 한정한다는 것은 타당하지 않다고 본다.

또한 제828조의 취지는 원래 배우자 일방이 애정에 치우쳐, 또는 배우자의 강압에 못이겨 자유로운 의사에 기한 계약이 되지 못하는 일이 부부 사이에 있을 수 있음을 전제로 이러한 비진의표시를 취소할 수 있도록 하는 한편 부부간에는 계약의 이행을 강요하는 일을 미연에 방지하자는 데에 있는 것이다. 그런데 그 취소권의 행사를 제한 해석한 나머지, 실질적으로도 원만한 상태에서만 취소할 수 있다고 한다면 정작 취소가 필요한 상황, 예컨대 혼인 중의 비진의표시에 의한 증여계약을 파탄이 되었을 때 취소하고자 하는 경우라든가, 부부의 일방이 감언이설에 따라 다른 일방으로부터 재산을 취득한 후에 자신이 혼인관계를 파탄시킨 경우라든가, 夫를 사랑한 妻가 夫에게 재산을 증여하였는데 夫가 다른 여자와 不貞한 관계를 맺고 그 여자에게 그 재산을 증여하려고 한 경우[47] 등에는 대법원의 해석이 오히려 장애가 될 것이다. 그러므로 부부간 계약의 취소권을 엄격히 제한하는 경우에는 취소가 불가능하게 되거나 제828조의 본래의 취지와는 맞지 않는 결과가 될 수밖에 없다. 따라서 이 제도의 입법취지를 살리고 부부계약 취소권의 행사를 제한하여야 한다는 명제에 적합한 해석을 위해서는 부부관계를 파탄시킨 배우자의 취소권은 신의칙위반 또는 권리남용으로 배척할 필요가 있다. 그러한 해석은 유책배우자의 이혼청구를 배척하는 대법원의 입장과 일치하게 될 것이다. 참고로 조선고등법원 판결(1936.3.13)은 夫가 妾을 두어 妻가 이혼후의 생활비에 충당하기 위해 맞벌이로 얻은 재산의 반액에 상당하는 토지의 分與를 얻었는데 이혼소송 중에 그 분여계약을 夫가 취소한 데 대해 그 취소권행사를 권리남용으로서 무효라고 판시한 바 있다.[48]

2. 夫婦契約取消權과 婚姻中 取得財產

민법 제828조에 의하면 부부의 계약은 어떤 종류의 계약이든 가리지 않고 취소의 대상이 되는 것으로 해석하고 있다.[49] 이 때 부부간의 계약으로 가장 전형적인 것은 매매계약과 증여, 또는 명의신탁계약이 될 것이다. 그런데 이러한 경우에는 소유권이 이전되게 될 것이며 부부의 재산권 다툼은 민법 제830조에 의해 규율되므로 부부간의 재산에 관한 계약은 부부재산제의 원리와 연결짓지 않을 수 없다.

민법 제830조 1항은 부부의 일방이 혼인전부터 가진 고유재산과 혼인 중 자기의 명의로 취득한 재산은 그 특유재산으로 하고 있으므로 부부의 재산은 혼인전부터 가진 고유재산(혼인 중 증여와 상속받은 재산 포함)과 혼인 중 취득재산으로 구분할 수 있다. 그리고 혼인 중 취득재산중 부부의 누구에게 속한 것인지 분명하지 않은 것은 동조 제2항에 의하여 공유로 추정하고 있다. 혼인 전부터 소유

47) 김주수(주 2), 151면.
48) 위의 책, 150면.
49) 김주수(주 2), 151면.

하는 고유재산과 혼인 중 상속 또는 증여된 재산은 상대방 배우자의 협력없이 취득된 명실공히 부부 각자의 특유재산으로써 배우자에게 지분이 없으며 이혼시에는 각자의 재산으로 환원되는 재산이다.

한편 혼인 중 부부 일방이 그의 명의로 취득한 재산은 그의 특유재산으로 추정된다. 그러나 혼인 중 취득한 재산은 부부의 협력을 기초로 하여 취득하는 것임을 생각할 때 명의자만의 재산이라고 본다는 것은 부부의 혼인공동생활체적 요소를 무시하고, 지나치게 형식논리에 치우친 해석이라 아니할 수 없다. 따라서 대외적으로 명의자의 재산이라고 추정될 뿐 그 재산형성에 타방배우자의 협력이 입증되는 경우에는 특유재산이라는 추정은 깨지고[50] 공유가 된다고 보아야 할 것이다. 또한 제830조 2항에 의하여 부부중 누구에게 속한 것인지 분명하지 않은 재산은 공유로 추정되는데 부부 일방의 독점적 재산임을 입증하지 못하는 경우가 이에 해당한다고 해석할 수 있을 것이다.[51] 이에 따라 명의를 갖지 못한 부부 일방은 재산형성에 대한 그의 기여를 주장하여 공유지분을 주장할 수도 있고, 귀속불분명재산으로써 공유재산임을 주장할 수도 있으나 후자의 경우에는 명의자가 그의 독점적 재산임을 입증할 책임이 있다고 보아야 한다.

한편 부부간에 증여하거나 상대방 배우자에게 양도할 수 있는 재산은 프랑스 민법과 같이 부부 각자의 고유재산에 한하고, 이에 대해서는 사정변경을 이유로 혼인 파탄여부에 관계없이 취소를 허용하는 것이 타당할 것이다.[52] 혼인전의 고유재산이나 혼인 중 증여 또는 상속받은 고유재산은 진의에 기해 또는 비진의에 기해 상대방에게 증여 또는 명의신탁하였다 하더라도 부부관계가 파탄되었다면 원소유자에게 반환되는 것이 바람직하기 때문이다. 양도계약에 의해 이전된 경우에도 매매대금을 반환하는 한 계약의 취소를 인정하여야 할 것이다. 다만 제3자에게 양도된 경우에는 그 권리를 해할 수 없으므로 취소가 허용될 수 없으며(제828조 단서), 또한 구체적인 사정에 따라서 권리남용이나 신의칙위반인 경우

---

50) 판례는 실질적이거나 금전적 기여만을 기여로서 인정하고 있으나 가사노동의 기여도 경제적 가치있는 기여로서 인정하여야 할 것이다.

51) 부부의 누구에게 속한 것인지 분명하지 않은 재산이란 그 명의가 부부 일방의 것이라는 사실이 밝혀짐으로써 대외적으로는 추정이 깨지지만 대내관계에 있어서는 실질적으로도 부부 일방의 소유라는 사실이 거증되지 않는 한 추정은 깨지지 않는다고 해석하는 견해가 있다. 김주수(주 2), 158면.

52) 이 논문 III(외국의 입법례)의 1. (2)프랑스 민법 참조.

에는 취소를 인정하지 말아야 할 것이다. 매매대금은 해제시의 가격을 기준으로 하는 것이 타당하다고 본다.

문제는 혼인 중 취득재산에 대한 다툼이 있는 경우이다. 이 경우에는 증여계약의 취소이든, 명의신탁계약의 해제이든 소명에 관계없이 제830조에 의하여 판단되어야 한다. 그것은 혼인 중 취득재산은 명의자의 특유재산이라는 추정을 받거나 때에 따라 공유로 추정받을 뿐 반증에 의해 추정은 깨어질 수 있기 때문이다. 즉, 혼인 중 취득재산은 혼인전 소유하던 재산이나 혼인 중 상속이나 증여받은 재산 등의 고유재산과는 달리, 명의자의 재산에 상대방배우자의 지분이 잠재되어 있는 실질적인 공유재산이기 때문에 공유지분에 대한 증여나 명의신탁 또는 양도가 문제될 수는 있어도 배우자 일방의 독점적 소유권을 전제로 한 계약은 원래 성립될 수 있는 것이 아니기 때문이다. 더욱이 개정민법에 신설된 재산분할청구권에 의해 이혼시에는 분할될 수 있는 재산인 것이다. 따라서 부부간에 증여계약의 취소 또는 명의신탁 해지로 인한 소유권다툼이 문제된 경우에는, 부부계약의 취소에 관한 제828조에 의해 취소권을 인정하여 원래의 명의자에게 복귀되거나, 또는 취소권을 제한하여 현재의 소유권을 존중하는 양자택일의 방법이 아니라, 부부재산제에 관한 제830조에 해당하는 것으로 보아 재산형성에 대한 부부의 협력이 있으면 공유로 하고(제830조 1항), 명의자가 자기의 독점적 재산임을 증명하지 못하면 공유로 보아(제830조 2항) 배우자간에 균등한 지분을 인정하는 것이 타당하다.

이 경우, 혼인 중 취득재산에 관하여 부부간에 매매계약이 성립된 경우에는 계약취소권을 인정할 것인지 문제된다. 예컨대 혼인 중취득재산이 夫의 명의로 된 경우 妻가 그 재산을 매수하였으나 그 후 夫가 이 매매계약을 취소할 수 있다고 볼 것인가 문제된다. 참고로 세법은 부부간의 매매는 증여로 보고 증여세를 부과하고 있는데[53] 이는 증여세를 회피하기 위하여 매매 등으로 가장하여 증여가 행해진다고 보기 때문임과 동시에 부부간에는 매매계약을 체결하지 않는 것이 정상이라고 보기 때문이다. 그러나 부부간이라 하더라도 대가교환에 의한 재산권이전이 있을 수 있고, 더욱이 법문에 "부부간의 계약…"이라고 하고 있으므로 유상계약인 매매계약을 달리 취급하여 취소권의 행사를 제한할 수 없을 것으

53) 상속세법 제34조.

로 보인다. 그러나 혼인 중 취득재산에 대해서는 혼인을 파탄시킨 데 책임이 있는 배우자의 취소는 권리남용 또는 신의칙에 반하는 것으로서 그 취소권을 제한한다면 취소권의 남용은 방지될 수 있지 않을까 생각한다.

3. 夫婦契約取消權과 財産分割請求權

개정민법은 제839조의2에 재산분할청구권을 신설하여 부부 일방이 다른 일방에 대하여 혼인 중 취득재산의 분할을 청구할 수 있도록 하고, 재산분할에 관하여 당사자간에 협의가 되지 않거나 협의할 수 없는 때에는 가정법원이 당사자의 청구에 의하여 '당사자쌍방의 협력으로 이룩한 재산의 액수 기타 사정을 참작하여 분할의 액수와 방법을 정'하도록 하고 있다. 그런데 만일 혼인이 파탄된 후 이혼전에 부부간의 협의로 혼인 중 취득재산을 분할하기로 협의한 경우, 이 계약은 이혼전까지는 혼인 중의 계약이므로 취소할 수 있다고 볼 것인가 문제된다. 이에 대해 日本 最高裁判 1952. 5. 6은 이혼의 조건으로 재산분여계약을 체결한 夫가 이혼계출후 그 증여계약을 이행하지 않을 뿐 아니라, 오히려 일본민법 제550조의 서면에 의하지 않은 증여라 하여 그 계약을 취소한 사건에서, "동 증여계약은 이혼과 불가분의 관계에서 체결된 것으로서 이혼 협의의 일조항이라고 할 수 있는 것이므로 단순한 증여와는 다를 뿐만 아니라 妻는 民法 제768조의 재산분여청구권을 가진 자이므로 본건 계약은 재산분여청구권에 바탕을 둔 계약과 같은 성질의 것이라 할 수 있는바 단순한 증여에 관한 민법 제550조의 규정은 그 적용이 없는 것으로 해석함이 상당하다"고 판시하였다. 이혼의 합의와 불가분의 관계에서 체결된 재산분여계약은 재산분여청구권에 바탕을 둔 계약이라고 보고 계약취소권을 부정한 이 판결은 대체로 지지를 받았다.[54)]

생각건대 이혼전의 재산분할계약은 부부관계가 파탄되어 있는 상태에서 이혼을 전제로 한 계약이므로 재산분할청구권을 기초로 한 계약이며, 혼인 중 비진의의사표시를 취소하게 함으로써 가정의 평화를 유지하기 위한 취지의 부부계약취소권과는 성질을 달리하는 계약이라고 할 수 있다. 그러므로 혼인 중 부부간의 계약은 취소할 수 있되 그 남용을 피하기 위해 취소권의 제한이 필요하지만, 재

54) 高木多喜男(주 21), 79면.

산분할청구권을 기초로 체결된 계약은 이혼을 전제로 또는 이혼을 조건으로 성립하는 것으로, 원칙적으로 취소할 수 없다고 보아야 할 것이다. 다만 분할되는 재산의 액수가 통상의 경우보다 지나치게 적고 그 계약이 상대방의 사기 또는 강박에 의해 체결된 경우에는 민법총칙의 규정에 따라 피분할자가 취소를 청구할 수 있음은 별개의 문제라 하겠다.

4. 取消權의 行使期間

이 취소권은 혼인의 효력으로서 부부간에 발생되는 것이며, 혼인해소에 의하여 계약취소권은 소멸한다. 그러므로 혼인 중의 계약은 행사기간의 제한없이 언제든지 취소할 수 있다. 이 부부간의 취소는 민법상의 법률행위로서 완전히 유효한 법률행위를 특별한 이유로 실효시키는 경우이므로 추인의 문제는 발생하지 않는다고 보아야 할 것이다.

한편 법률행위의 취소권은 제146조에 따라 추인할 수 있는 날로부터 3년 내에, 법률행위를 한 날로부터 10년 내에 행사하지 않으면 취소권이 소멸하지만 부부간의 계약에는 제146조가 적용되지 않으며, 언제든지 취소할 수 있다. 민법총칙에 규정되어 있는 취소의 이론은 행위자의 무능력 또는 의사표시의 하자 및 착오를 이유로 하는 경우에 한하여 적용되는 것이며, 부부간의 계약과 같이 유효하게 성립된 법률행위를 특별한 이유로 실효시키는 경우에는 민법총칙상 취소의 원리에는 해당되지 않기 때문이다.[55] 그러므로 계약이 이행되기 전은 물론 이행이 된 후에도 취소할 수 있다고 보아야 한다. 그러나 제3자의 권리를 해하지 못한다(제828조 단서). 따라서 예컨대 夫가 妻와의 부동산 양도계약에 의해 소유권을 이전등기한 후 양도계약을 취소하였으나 妻가 이를 제3자에게 양도한 경우 그 제3자는 선의이든 악의이든 가리지 않고 보호된다. 부부간에 계약을 체결한지 수십 년이 지난 후에도 취소할 수 있다고 보아야 할 것인지 문제될 수 있으나 이는 구체적인 사정에 따라 권리남용이나 신의칙을 기준으로 판단하여야 할 것이다.

55) 이근식, "부부간의 계약취소권," 고시연구 10(1984), 64면.

한편 민법은 혼인해소 후 6개월간은 부부간의 권리에 관하여 시효가 정지한다고 규정하고 있으므로(제180조 2항), 부부간의 계약취소권도 혼인해소 후 6개월간은 존속할 것인지 문제된다. 그러나 법문은 "혼인 중 언제나 취소할 수 있다"고 규정하고 있으므로 혼인해소 후의 취소는 허용되지 않으며, 혼인해소에 의하여 계약취소권이 소멸하는 것은 시효가 아니므로 시효정지에 관한 규정은 적용의 여지가 없다고 보아야 할 것이다.[56] 그러나 혼인 중의 계약에 기한 청구권의 소멸이나 시효에 관해서는 일반 원칙에 따르게 되므로 혼인 중에 취소하지 않은 계약에 대해서는 이혼 후 6개월은 그 이행을 청구할 수 있다고 보아야 할 것이며, 상대방은 혼인이 해소되었으므로 그 계약을 취소할 수 없게 된다.[57]그러나 부부간의 계약이 사기나 강박, 또는 착오에 의하여 체결된 경우에는 재828조와 관계 없이 총칙 규정에 의하여 취소할 수 있음은 물론이며, 혼인해소 후에도 취소가 가능하다. 이 때에는 제146조 및 제180조의 2항이 적용된다.

이상에서 취소권의 행사와 그 취소권의 제한에 대해 살펴보았거니와 이를 정리해보면, 첫째, 취소권의 제한의 기준은 구체적인 사정에 따라 권리남용이나 신의칙이 되어야 한다는 것이다. 대법원과 같이 혼인 중의 의미를 실질적으로도 원만한 상태로 제한한다면 제828조의 존재의미가 퇴색하게 되고, 정작 취소권이 인정되어야 하는 상황에서는 취소할 수 없게 되는 경우가 있을 수 있기 때문이다. 둘째, 계약의 대상이 부부 각자의 고유재산인 경우에는 사정변경에 따라 언제나 취소할 수 있으며, 다만 구체적인 사정에 따라 권리남용 또는 신의칙 위반인 경우에는 취소권을 제한하는 것이 타당하다는 것은 첫째의 경우와 같으나, 혼인 중 취득재산은 배우자의 협력이 기초가 되어 취득한 재산이므로 실질적으로는 공유재산에 해당하는 것으로, 이러한 재산에 대한 권리다툼(증여, 매매 또는 명의신탁 등의 존재여부에 관한)은 별산제의 원리에 따라 판단하되 제830조 2항에 따라 공유로 보아야 할 것이다. 이 때 혼인을 파탄시킨 데 책임이 있는 유책배우자의 취소는 신의칙 위반으로 보아 그 취소권을 배척하여야 할 것이다. 셋째, 이혼에 즈음하여 재산분할계약을 체결한 경우에는 일반의 증여와는 다른 성질의 계약이므로 취소할 수 없다고 보아야 할 것이다.

---

56) 高木多喜男(주 21), 65면.

57) 위의 책, 65면.

5. 夫婦契約取消權의 廢止論

부부계약취소권은 부부간의 계약이 그 내용대로 이행되지 않을 경우 이를 법적으로 강제한다는 것은 바람직하지 않다는 점과 아울러 비진의의사표시에 의해 체결한 계약을 그 후에 취소할 수 있도록 함으로써 주로 약한 妻를 보호하기 위한 목적에서 규정되었다고 볼 수 있다. 그러나 이 규정의 입법취지가 규정의 내용이나 실제의 운영에 있어 제대로 반영되지 못할 뿐 아니라 반영될 수도 없는 한계를 스스로 안고 있으므로 차라리 폐지하고 부부간의 계약은 당사자의 임의의 의사에 맡기는 것이 바람직하다고 생각된다. 부부계약취소권 규정이 폐지되어야 할 근거를 다음과 같이 정리해 본다.

첫째, 이 규정은 妻의 약함을 전제로 한 것으로 부부관계를 동반자관계로 보는 현행법 정신에 어긋나는 것이다.

둘째, 약한 妻를 보호하는 데 그 입법의 취지가 있다면 약한 妻가 실제로 보호될 수 있어야 할 것인데, 부부계약취소권 규정에 의하면 혼인 중에 한하여 이를 취소할 수 있게 되어 있으므로 계약을 강요당할 정도의 약한 妻는 혼인 중에 이를 취소할 수 없다고 보는 것이 보통일 것이며, 오히려 혼인 중 부정관계에 있는 夫가 그 대가로 妻에게 증여하기로 한 재산을 사정변경을 이유로 취소하는 등 夫에 의해 취소권이 남용될 가능성이 많음은 판례가 입증하고 있다.[58] 그리고 그 취소권의 남용을 방지하기 위한 취소권의 제한은 하면 할수록 더욱 많은 문제점을 드러내고 있는 것이다. 그렇다면 그 입법의 취지는 상징적인 의미 외에는 현실적으로 달성될 수 없어 스스로 존재의 의의를 상실했다고 볼 수 있다.

셋째, 원만한 혼인생활의 계속적 유지를 도모하기 위해 부부간에 계약의 이행을 둘러싸고 송사를 하는 것을 방지하는 데 입법의 또 하나의 취지가 있다면, 모든 소의 제기를 부부간에는 제한하여야 함에도 민법 제828조는 혼인전의 계약을 혼인 중에 소구하는 것은 제한하지 않을 뿐 아니라, 또 이미 이행한 계약을 취소할 수 있게 하므로 상대방이 그 취소에 응하지 않을 때에는 당연히 소송을 제기하여 취소의 목적을 달성하려고 하는 결과, 부부간 계약의 이행청구는 방지하

58) 대법원 1979.10.30, 79다1344 판결; 朝高判 1936.3.13 및 日大判 1932.10.13; 日大判 1944.10.5; 日大判 1967.2.2. 등.

되, 취소청구는 허용하는 모순을 안고 있는 것이다. 더욱이 현행법 및 개정법은 부부의 동거장소(제826조)나, 친권의 행사에 있어(제909조 2항) 부부간에 협의가 되지 않을 경우에는 가정법원에 청구하여 이를 정할 수 있도록 하고 있음에도 불구하고 유독 부부간의 계약의 실현을 위한 청구는 방지하여야 한다는 것은 설득력이 없는 것이다. 이로써 가정의 평화가 유지되는 데 기여하는 것도 아니다. 원만한 부부 관계라면 그들간의 계약은 합의하여 체결하고 합의하여 취소할 수 있을 것이며, 취소소송을 제기할 정도라면 이미 파탄이 되었다고 보는 것이 정상일 것이기 때문이다.

넷째, 부부간의 계약에는 진의 아닌 의사표시가 많은 것이라면 진의에 기한 의사표시였다는 증명이 있으면 취소할 수 없어야 함에도 제828조에 의한 부부간의 계약은 진의 · 비진의를 가리지 않고 언제나 취소할 수 있으며, 또 비진의에 기한 계약이라면 혼인 중에 한하지 않고 이혼 후에도 취소할 수 있어야 하는데 이혼 후에는 취소권이 소멸되므로[59] 부부간 계약취소권 규정은 스스로 모순을 안고 있다는 점이다.

다섯째, 부부간의 계약이라도 존중되지 않으면 안 되며, 그 이행 여부는 그들 자신에게 맡겨두어도 부부관계가 원만한 동안은 소송을 통한 이행의 청구는 그 수가 결코 많지 않을 것이다.

이같이 부부계약취소권은 가정의 평화유지, 妻의 보호라는 공을 위해 위에서 본 바와 같은 過를 안고 있어 스스로 그 존재의의를 상실했다고 볼 수 있다. 가족법은 부부의 동반자관계를 전제로 하고 있고, 권리남용이나 신의칙이 존중될 것을 민법의 원칙으로 하고 있으며, 혼인 중 부부의 재산적 효과로 별산제를, 그리고 이혼시에는 재산분할청구권을 인정하는 정신에 비추어 볼 때, 부부간의 계약이라 해서 특별히 달리 취급할 이유는 없을 것이다. 더욱이 원만한 부부관계라면 그들간의 계약을 협의하여 체결할 것이므로 계약당사자의 자유로운 의사에 맡기는 것이 오히려 불필요한 부작용을 막는 현명한 방법이 될 것이다. 따라서 제828조는 폐지하는 것이 바람직하다고 생각한다.

제828조가 폐지되는 경우에도 첫째, 부부 일방이 상대방의 강압에 의해 비진의로 계약을 체결하였다면 이는 민법총칙 규정에 의해 취소할 수 있다. 더욱이

59) 이근식(주 55), 71면.

이에 의하면 이혼 후에도 취소할 수 있으므로 사기나 강박상태로부터 자유롭게 된 때에 취소할 수 있을 것이므로 오히려 효과적이다. 둘째, 부부계약의 취소를 허용하는 규정이 없다 해도 원만한 부부관계라면 계약의 이행을 청구하지 않고 문제를 해결할 것이며, 취소하는 경우에도 협의하여 해결할 것이다. 그러므로 원만한 부부관계를 전제로 취소할 수 있게 하는 계약취소권이 있는 경우와 취소권을 폐지하는 경우의 차이는 실제로 없게 된다. 부부간에 계약의 이행을 청구하는 경우 그 부부관계는 이미 파탄이 되었다고 보는 것이 보통일 것이므로 계약취소권이 없다 해서 부부간에 송사가 증가할 것으로는 볼 수 없다. 셋째, 부부간의 계약은 그 취소권의 행사기간의 제한이 없어 권리남용이 될 가능성이 있으나 취소권이 폐지된다면 계약의 취소권은 민법 제146조에 따라 소멸되므로 오히려 합리적이다.

Ⅴ. 結　語

가부장적인 가족법이 제정된 지 30년 만에 개정되었는데 오래 전부터 그 폐지가 주장되어 오던 부부계약취소권이 민법에서 삭제되지 않아 개정법에도 존속되게 되었다. 그런데 계약취소권이 인정되는 한 그 취소권의 남용은 방지하여야 할 터인데 어떤 기준으로 제한할 것인지, 그리고 부부간의 계약의 취소로 인해 재산관계 다툼이 있을 경우 법정재산제와는 별개의 문제로 볼 것인지, 또한 개정법에 신설된 재산분할청구권을 기초로 한 계약이 취소되는 경우에도 일반의 증여계약의 취소와 같은 성질의 것으로 볼 것인지 등의 문제가 대두될 수 있겠다.

대법원은 제828조에서 말하는 혼인 중의 의미를 엄격히 해석하여 원만한 부부관계가 지속될 때에 한하여 취소할 수 있다고 하고 있으나, 그 경우 혼인 중에 증여한 고유재산은 혼인이 파탄된 경우에는 반환받을 수 없게 되는 등 정작 취소권의 행사가 필요한 경우에는 오히려 장애가 될 수 있다. 그러므로 혼인파탄에 있어 유책배우자의 취소권은 신의칙에 반하는 것으로 이를 부인한다면 취소권의 남용을 피할 수 있지 않을까 생각해 보았다.

만일 그 계약의 대상이 된 재산이 부부 일방의 고유재산이라면 파탄시에 원소유자에게 반환되는 것이 타당하므로 취소권자의 유책여부와 관계없이 취소권을 인정하되, 구체적인 사정에 따라 권리남용 또는 신의칙을 기준으로 하여 취소권을 제한하도록 함이 타당하다는 결론에 이르렀다. 한편 재산분할청구권에 기초한 재산분할계약은 증여계약이 아니라 재산분할청구권과 같은 성질로 보아 취소를 인정할 수 없다고 보는 것이 타당하다고 생각한다.

부부계약취소권의 입법취지는 妻가 진의에 기하지 않고 夫의 강압에 못이겨 계약을 체결할 수 있다는 전제에 서서 약한 妻를 보호하기 위한 데 있으나, 이러한 전제는 부부를 동반자관계로 보는 가족법의 정신에 맞지 않는 것이다. 또한 이 규정이 있음으로 해서 실제로 妻가 보호되는 것도 아니며, 반대로 夫에 의해 남용될 수 있다고 우려된다. 또한 이 제도가 가정의 평화가 유지되는 데에 기여하는 것도 아니므로 결국 부부계약취소권은 폐지되어야 할 것이며, 부부간의 계약은 보통의 다른 계약의 경우와 같이 당사자에게 맡겨야 할 것이라는 결론에 도달하였다.

_ 한국민사법학의 현대적 전개(연암배경숙교수 화갑기념논문집, 1991) 게재

後 記

1. 상속세법은 1997년 상속세 및 증여세법으로 법명을 바꾸어 전면 개정되었다.
2. 이 논문 주 53)의 상속세법 제34조는 현행 상속세 및 증여세법 제44조에 해당한다.

夫婦財産制의 理想에 비추어 본 立法論과 改正案

Ⅰ. 들어가는 말

이 연구에서는 부부재산제의 이상의 관점에서 별산제와 공동재산제 그리고 절충식 제도의 장단점을 평가함과 동시에 민법상 부부재산제의 현실을 진단함으로써 입법론과 함께 부부재산제 개정안을 검토하고자 한다.

부부재산제를 이상의 관점에서 검토하려는 이유는 문제가 나타나면 치유책을 찾기에 급급한 대증요법이 아니라 부부재산제도의 이상이라는 기준에 비추어 현실을 진단함과 동시에 긴 안목과 호흡, 그리고 입법정책적인 차원에서 개정방향을 발견하려는 데 그 목적이 있다.

부부재산제는[1] 혼인의 재산적 효과이다. 혼인 중에 부부재산제가 의미를 갖는 것은 예컨대 배우자 일방의 채권자가 채무자인 배우자 명의의 재산에 대해 강제집행을 할 때인데, 그것은 부부재산제가 채무자의 책임재산의 범위를 정하는 기준이 되기 때문이다. 또한 재산상 명의를 갖고 있는 배우자 일방이 상대방 배우자의 재산분할청구를 피하기 위해 제3자에게 증여나 매매 등의 방법으로 명의를 이전한 경우, 그 법률행위의 유효성을 정하는 기준 역시 부부재산제이다. 그런데 배우자의 동의 없이 명의를 이전하는 행위가 유효한 경우에는 이혼 시 재산분할을 무력화시킬 수 있다는 점에서 부부재산제는 혼인 중 행위의 원칙이 이혼시의 재산분할청구에까지 그 영향을 준다는 점에서 재산분할청구의 기준이라고도 할 수도 있다.

---

1) 부부재산제에는 부부재산계약과 법정부부재산제가 있으나 혼인 전의 남녀가 재산계약을 체결하는 경우는 극히 소수이므로 이 글에서 부부재산제라고 할 때는 법정부부재산제를 의미한다.

그 결과 부부재산제는 부부의 이혼과 배우자 사망 등의 혼인종료시에 재산을 분할하는 원칙으로 작용한다는 점에서 큰 의미를 지닌다. 이에 따라 이혼시에는 재산분할의 기준으로 작용하고, 배우자 일방이 사망한 경우에는 배우자의 상속분을 정하는 기본원리가 된다. 따라서 부부재산제도는 혼인관계가 평온하게 유지될 때보다는, 부부의 재산을 구별하거나 분할하여야 할 현실적인 이유와 필요에 대비한 제도라고 할 수 있다.

부부재산제의 이상은 부부의 독립성을 보장하면서도 혼인공동체성을 반영하고 동시에 거래의 안전도 보호하는 제도라고 할 수 있다. 각국의 부부재산제는 이러한 이상을 목표로 삼아 장점은 살리고 단점은 보완하는 방향으로 수정하며 발전을 거듭하여 왔다.

민법의 법정부부재산제인 별산제는 부부의 재산을 구별하거나 분할하는 기준을 '재산상 명의'로 법정하고 있다는 점, 부부는 협력하여 혼인 중 재산을 형성하게 됨에도 불구하고 많은 경우의 부부는 관례와 편의상의 이유로 남편의 명의로 등기한다는 점(부동산의 경우), 재산상 명의를 가진 배우자는 명의 없는 배우자의 동의 없이도 혼인 중 취득재산을 자유롭게 처분할 수 있다는 점, 이에 따라 명의 없는 배우자를 보호하기 위해 1990년 개정법에서 재산분할청구권을 신설하였으나 명의자인 배우자가 이미 재산을 처분한 경우에는 명의 없는 배우자가 자신의 기여분을 돌려받지 못하는 경우가 판례와 상담의 사례에서 드러나고 있다는 점, 이혼하는 부부가 증가하면서 명의 없는 배우자에 대한 보호의 필요성과 부부재산제의 개정요구가 강하게 제기됨에 따라 부부재산제의 개정안이 국회에 제출되기에 이르렀다는 점 등은 주지하는 바와 같다.

부부재산제의 개정 요구가 강하게 제기되고 변화의 움직임이 가시화되고 있는 시점에서, 부부재산제의 이상을 기준으로 거시적인 관점에서 여러 나라의 부부재산제의 발전과정을 개관하고 그러한 발전과정의 단계에서 바람직한 부부재산제의 입법론을 발견하여 개정안을 평가하려는 것이 이 논문의 목적이다.

II. 부부재산제의 이상에 비추어 본 부부재산제의 평가와 발전

1. 부부재산제의 이상에 비추어 본 부부재산제 평가

혼인은 부부의 인격적인 결합인 동시에 필연적으로 재산의 결합을 의미한다. 또한 부부는 두 사람의 독립된 인격이면서도 혼인공동체라는 하나의 단위로서 기능하는 특이한 존재이다. 혼인을 재산적인 관점에서 볼 때, 부부는 남자와 여자라는 두 사람의 독립된 인격이 혼인으로 인해 공동생활을 영위하게 되면서 자연스럽게 각자의 재산이 결합되거나 혼합됨과 동시에 혼인 중 협력하여 형성한 재산을 공동의 재산으로 여기며 사용하는 관계라고 할 수 있다. 그러므로 부부의 재산관계에 관한 원칙을 정함에 있어서는 두 사람의 독립된 인격을 존중하면서도 혼인공동체성을 고려할 필요가 있다. 또한 부부 일방이 제3자와 체결한 법률행위가 때로는 부부의 책임으로 흡수[2)]되기도 하고, 때로는 행위자만이 책임을 부담하는 영역으로 구분될 수 있다는 점을 감안할 때, 부부재산제를 개정할 때는 제3자 보호라는 과제도 염두에 두지 않으면 안 된다.

이러한 관점에서 볼 때, 부부재산제도의 이상은 '부부 각자의 재산상의 독립성과 자유를 보장하면서도 혼인공동체의 특성을 적절히 조화하는 것'이라는 결론을 얻을 수 있다.[3)] 그런데 재산의 측면에서 부부의 자유와 독립성을 보장한다는 것은 결국 부부의 재산을 독립적으로 관리할 수 있는 자유에 다름 아니므로 부부의 독립성이라는 원칙은 혼인 중에 요구되는 이상이라 할 수 있다. 반면에 혼인공동체성은 혼인해소시에 형평한 재산분배를 통해 실현된다고 본다.

그렇다면, 혼인 중에는 부부의 독립성이 보장되는 별산제가 이상적이라 할 수 있다. 부부별산제에서는 부부가 각각 자기 명의의 재산을 소유하고 관리할 수 있으므로 부부 사이에 형식적 평등이 보장될 뿐 아니라 제3자와의 법률관계가 간명하게 처리될 수 있다는 장점을 지닌다. 그것은 별산제하에서는 제3자가 부

2) 일상가사에 해당하는 채무에 대해서는 부부가 연대채무를 부담하지만(제832조), 일상가사의 범위를 벗어난 경우에도 다수설과 판례는 제126조에 의한 권한을 넘은 표현대리책임을 인정하기도 한다.

3) Mary Ann Glendon, State, Law and Family, North Holland Pub. Co.(1977), p.165.

부 중 일방인 명의자와 법률행위를 한 경우, 그가 무능력자가 아니라면, 무효나 취소의 원인이 없는 한, 유효한 법률행위가 되기 때문이다. 부부 중 일방과 거래하는 경우에 언제나 상대방 배우자의 동의를 필요로 하는 제도에서는 배우자의 동의가 없는 경우에는 무효 또는 취소의 문제가 발생할 수 있으므로 제3자보호와 거래의 안전이 문제될 수 있다.

그런데 재산권의 관점에서 볼 때, 별산제는 원칙적으로 명의자를 권리자로 취급하는 기준을 갖고 있다. 그러므로 혼인을 공동체인 한 단위로 보기보다는 두 사람의 타인으로 취급하는 원칙에 입각한 제도라고 할 수 있다. 따라서 배우자의 독립성이나 자유와 평등이 보장됨과 동시에 배우자 일방의 경제적 손실이 다른 일방 배우자에게까지 미치지 않을 수 있다는 장점을 지니는 반면에, 부부의 재산관계에 관하여는 타인에게 적용되는 재산법 원리가 작용되기 때문에 혼인공동체적인 요소가 반영되지 못하게 된다. 그 결과 재산상 명의가 남편에게 집중될 경우, 그리고 전통적으로 가사 및 자녀양육이라는 역할을 감당해온 전업주부의 재산형성에 대한 무형의 협력이 경제적 가치평가를 받지 못할 경우에는 전업주부에게 매우 불리하게 작용할 수도 있다. 이에 따라 별산제에서는 형식적 평등은 보장되는 반면에 실질적 불평등이 문제되었으므로 별산제의 개정방향은 언제나 부부의 실질적 평등을 보장하기 위한 수정이었다.[4)]

한편, 혼인해소시에는 부부의 재산형성에 대한 협력을 동 가치로 파악하는 공동재산제가 이상적이다. 공동재산제는 혼인 중 취득재산을 부부의 공동소유로 보는 제도이기 때문이다. 공동재산제는 혼인의 공동체성을 충실히 반영하여 부부의 한 단위성을 존중하는 제도이며, 전업주부의 경제적 가치가 평가되는 제도라 할 수 있다. 부부가 이혼을 할 경우에는 명의와 관계없이 혼인 중 취득재산을 반분하는 제도이기 때문이다. 배우자가 사망한 경우에는 사망한 배우자의 혼인 중 취득재산을 반분한 후, 그 나머지를 상속재산으로 보아 상속인의 상속분에 따라 분할하면 되기 때문에 혼인의 공동체성을 충실히 반영하고 고려하는 제도라고 할 수 있다.

그런데 공동재산제는 혼인 중 제3자에 대한 책임재산의 범위를 정함에 있어

---

4) 별산제의 변천과정에 대하여 자세히는 이화숙, 비교부부재산관계법, 세창출판사(2000), 95면 이하 참조.

부부 각자가 혼인 전부터 소유하던 고유재산과 혼인 중 취득한 공동재산을 구별하는 데 있어 기술적인 어려움이 있고, 공동재산은 편의상 남편을 관리책임자로 규정하였으나 여성차별이라는 비난을 받아왔던 것이다. 처를 관리자로 규정한다고 해도 같은 문제가 발생하게 된다. 이에 따라 공동재산제의 입법례에서는 공동재산의 관리에 있어 형식적 평등을 보장하는 방향으로 수정과 발전을 한 것이다.

이에 따라 공동재산제 입법례에서는 최근 공동재산에 대한 부부의 공동관리로 개정하는 경향을 보이고 있다. 공동재산에 대한 부부의 공동관리는 부부가 혼인 중 취득한 재산을 공동재산으로 보면서도 그 공동재산의 관리는 별산제와 같이 부부 각자가 관리할 수 있음을 의미하므로 결국 부부의 재산관리에 있어 독립성을 존중하는 방향으로의 발전이라고 할 수 있다. 이러한 개정은 형식적 평등을 위한 궁여지책이긴 하지만 거래의 실제, 특히 제3자와의 관계에서는 혼란의 가능성과 함께 동적 안정을 저해할 수 있는 요인을 안고 있다고 지적된다. 한 배에 두 명의 선장이 있는 것과 다름 없기 때문이다.[5)]

공동재산제의 또 하나의 난점은 채무도 공유가 되기 때문에 배우자 일방의 채무초과는 부부의 공동책임이라는 점에서 부부로 대표되는 가정의 경제적 안정을 해칠 수 있다는 점이다. 혼인공동체성에 대한 강조가 때로는 가정의 경제적 안정을 저해하는 요인이 될 수도 있는 것이다.

결국 별산제에서는 공동재산제적 요소를 보완하면서 발전하고, 공동재산제에서는 별산제적 요소를 도입하는 방향으로 발전되어 왔다고 할 수 있다. 이하에서 구체적으로 살펴본다.

2. 부부재산제의 이상을 향한 夫婦財產制의 발전

(1) 夫婦別產制 : 실질적 평등을 향한 發展

언뜻 보면 별산제는 간단하고 합리적인 듯이 보인다. 그러나 실제에 적용할 때는 언제나 간단한 것도, 현대의 이상인 평등의 이념에 합당한 것도 아니다. 실제문제에 있어서의 어려움은 부부의 재산이 별산으로 간직되고 표시되기보다는 혼합되기 쉽다는 점에 있다. 그러므로 이 제도는 당사자가 아무런 재산도 소유함

5) 프랑스의 공동재산제에 대하여 자세히는 위의 책, 75면 이하 참조.

이 없이 혼인생활에 돌입하였고, 夫가 유일한 또는 기본적인 수입자이며, 모든 재산이 夫에게 속하게 된 상황에서, 혼인이 종료되었거나 또는 당사자 일방이 파산하게 되었을 때 명의를 갖고 있지 않은 경제적 약자(대부분의 경우의 처)에게 매우 불리한 제도이다

별산제의 입법례는 이러한 단점을 수정하고 보완하는 방향으로 발전을 거듭해 왔는데, 특히 영국과 미국에 있어서는 가장 중요한 재산권인 혼인주택에 대해 특별한 취급을 하는 법의 개정을 통해 단점을 보완하였다. 혼인주택은 명의와 관계없이 명의 없는 배우자의 수익적 권리를 인정함으로써 기여분의 다과에 관계없이 부부의 공동소유로 인정해 왔으므로 공동재산제적인 요소가 가미된 것이다. 처가 가사노동에만 종사하는 경우에도 오랫동안 비경제적인 기여로 평가하였으나 오늘날은 이혼법에서 가사노동의 경제적 가치를 인정하고 있다.[6)]

미국의 경우, 통일혼인 및 이혼법에서는 혼인해소시의 재산분배에 있어 처의 비경제적 기여를 고려하여야 한다고 규정하고 있으며, 이혼시 부부의 재산분배에 있어서는 동등한 분배가 추정된다.[7)]

그럼에도 영미의 별산제의 결함은 이혼에 관한 제정법이 있음에도 불구하고 이혼 후의 재산분할과 부양료 지급에 관하여 법관에게 광범위한 재량권이 부여되어 있기 때문에 당사자들이 결과를 예측하기 힘들다는 점에 있다. 법관에게 재량권이 부여되어 있다는 것은 개별적이며 구체적인 공평성을 보장할 수 있다는 장점을 지닌다. 그러나 판사는 제정법의 지침을 때로는 규정과 달리 해석하기도 하고, 판사에 따라 판단이 달라질 수 있다는 점 및 재산의 분할과 이혼 후의 부양이 직접간접으로 관련되어 있어 결과를 더욱 예측할 수 없게 한다는 점은 재량분배에 기인하는 결함이라고 지적되고 있다.[8)]

(2) 共同所有財產制 : 夫婦의 형식적 平等을 향한 발전

1) 공동재산제의 대표적인 입법례에 해당하는 프랑스는 1985년 개정법에서

6) 영국의 별산제에서 혼인주택의 재산권분쟁에 있어 가사노동은 평가되지 않고 있으나, 이혼법은 이를 고려하도록 규정하고 있다. 한편 妻가 가사노동에만 종사한 경우에는 이혼시에 부부재산의 3분의 1 정도가 妻의 몫이 된다는 3분의 1 원칙이 판례상 확립되어 있다.

7) UMDA §307. 9A U.L.A. 91(1973), 142-143.

8) M. A. Glendon, "Property Rights upon Dissolution of Marriages and Informal Unions," in the Cambridge Lectures(1982), p.248.

공동재산에 대한 배우자들의 공동관리를 선언함으로써 개정전 법에서 공동재산의 관리자를 夫라고 규정함으로써 문제되었던 형식적 불평등의 문제를 불식하게 되었다. 따라서 처의 유보재산이라는 별산의 개념을 폐지하고 공동재산에 대해서는 夫와 妻가 같은 지위에서 관리할 수 있게 되었다. 미국에서 공동재산제를 채택하고 있는 8개주에 있어서도 7개주가 현재 공동관리를 택하고 있다.

그러나 혼인해소시에 공동재산이 감소됨을 방지하기 위한 여러 장치를 규정하고 있어 그만큼 개인의 자유는 제한되는 셈이다. 첫째, 배우자는 타방배우자의 동의 없이는 가족의 주거를 보장하는 권리 및 가구를 독자적으로 처분할 수 없으며(프랑스 민법 제215조 ④, 이하 '프民'으로 표기함), 夫 또는 妻가 그들의 의무를 심각하게 저버려 가족의 이익을 위태롭게 할 우려가 예상되는 경우에는 그의 고유재산에 대한 관리권을 박탈한다(프民 제1429조). 그리고 필요한 경우, 배우자는 타방의 권한을 행사할 수 있도록 법원의 명령을 받을 수 있으며(프民 제1426조), 공동재산의 유지가 일방배우자의 이익을 명백히 해치는 경우에는 夫 또는 妻는 재산의 분리를 청구할 수도 있다(프民 제1443조). 이러한 일련의 조치는 공동재산을 보존하기 위해 전통적으로 사용되어 온 것이다.

한편, 미국의 공동재산제에서는 양 배우자의 주거용 건물이나 농지의 처분 등 중요한 공동재산의 처분시에는 배우자의 동의를 필요로 하지만, 프랑스법의 경우와 같이 공동재산의 분산을 막기 위해 타방배우자의 재산을 간섭하는 방법은 고려되어 있지 않다.[9)]

2) 공동재산제에서 평등이 실현되었다고 보여지는 오늘날에도 여전히 난점으로 지적되는 것은 공동재산이 채권의 대상이 되기 때문에, 일방배우자의 재산상의 손실이 타방배우자에게 직접적인 영향을 끼친다는 것이다. 프랑스법제에서 채권자는 채무자인 일방배우자의 고유재산뿐 아니라 부부의 공동재산 또는 공동재산의 일부에 대해서도 청구할 수 있다. 법은 또한 일방배우자의 채무에 대하여 타방 배우자는 자동적으로 공동채무자가 됨을 규정하고 있다(프民 제1413조). 그러므로 부부 중 일방이 부담한 일상가사채무(프民 제220조)는 물론, 부부의 혼인전의 채무 또는 혼인 중 일방이 취득한 상속 또는 증여물이 부담하게 된 채무 중 동산이 공동소유재산에 혼합되어 채무자의 고유재산을 구분할 수 없을 때에도

9) M.A. Glendon(주 8), p.148.

채권자는 공동재산을 압류할 수 있다(프民 제1411조). 그리고 각 배우자가 공유재산제 기간 중 부담하게 된 채무는 배우자의 사기 및 채권자의 악의가 없다면 그 원인 여하를 막론하고 언제든지 공동재산에서 책임을 지게 된다(프民 제1413조). 그러므로 채권자는 배우자 사이에 재산이 혼합되어 있음으로 인하여 발생할 수 있는 뜻밖의 가능성에도 불구하고 실질적인 보호를 받게 된다. 많은 사건에서 공유재산에 대한 추정은 채권자에게 유리하게 행해지기 때문이다. 그러므로 프랑스 공동재산제는 부부를 한 단위의 공동체로서 취급하는 경향이 매우 강한 반면에 필연적으로 배우자의 독립성은 제한될 수밖에 없다.[10)]

(3) 유예공동제

최근에 등장한 유예공동제(혼합재산제)는 공동재산제와 별산제의 절충식 제도라 할 수 있다. 스칸디나비아제국의 배우자지분권 재산제와 이 제도를 모델로 하여 비교법적인 연구를 거쳐 창안한 독일의 부가이익공동제가 대표적인 절충식 제도이다. 절충식 제도는 혼인 중에는 원칙적으로 별산제이지만 처분권에 제한을 둠으로써 혼인공동체성을 보장하고, 혼인종료시에는 부부의 재산을 공동소유로 보아 半分[11)]하거나 또는 혼인 중 재산의 증가를 비교하여 혼인 중의 증가이익[12)]을 청산함으로써 별산제와 공동재산제의 장점만을 채택한 제도이다. 이 제도는 혼인 중에는 별산제의 원칙을 통해 부부의 자유와 독립성을 보장하면서도, 이혼시에는 공동재산제의 원리에 의해 재산을 분배하기 때문에 혼인의 공동체성을 반영할 수 있다는 점에서 현재로선 가장 이상적인 제도라고 평가되고 있다. 절충식 제도는 공동재산의 범위와 공동재산의 분배방법에 따라 다음과 같은 다양한 유형이 있다.

1) 스웨덴의 배우자지분권제도

스웨덴의 경우, 혼인 중에는 제한된 별산제(고유재산이라도 일정재산의 처분시에는 상대방의 동의를 요한다)이며, 혼인해소시에는 배우자의 지분권이 인정되는 재산을 반분한다. 배우자지분권재산은 부부 각자의 재산에 상대방배우자의

---

10) 프랑스의 공동재산에 대하여 자세히는 이화숙(주 4) 참조.

11) 스칸디나비아 제국의 입법례가 이러한 경우에 속한다.

12) 독일의 부가이익공동제가 이에 속한다.

지분이 포함된 재산으로 대개의 경우 혼인 중 취득재산이 이에 해당한다. 그러므로 혼인 중 별산제, 혼인해소시에는 공동재산제와 같다는 점에서 이상적이라 할 수 있다. 그러나 고유재산과 배우자의 지분권이 포함된 재산을 구별함에 있어 기술적으로 어려움이 있다는 지적을 받는다.[13)]

2) 독일민법상의 부가이익공동제(Zugewinngemeinschaft)

독일민법이 채택한 부가이익공동제는 혼인 중에는 별산제이다. 그러나 이혼시에는 혼인 중의 부가이익의 차액을 동등하게 분배할 가능성이 있기 때문에 전체 재산이나 혼인가사용구를 처분할 경우에는 배우자의 동의를 요하도록 하고 동의가 없는 처분은 무효로 함으로써 명의 없는 배우자를 보호하고 있다. 처분을 제한하는 이유는, 부부 각자 명의의 재산이라도 혼인 해소시에는 동등하게 분배될 잠재적 공동재산이므로 공동재산과 더불어 공동재산에 대한 상대방 배우자를 보호할 필요가 있다는 점에 있다.

부부의 이혼시에는, 각자의 종말재산에서 혼인시의 당초재산을 제한 나머지의 부가이익의 차액을 동등하게 나누도록 한다. 당초재산은 혼인 개시시에 각 배우자의 재산에서 채무를 공제한 금액으로 하고 이 때, 혼인 중 증여, 상속받은 재산과 같이 상대방배우자의 협력과 무관하게 취득한 재산은 당초재산에 산입(배우자에게 분배되지 않음을 의미)[14)]하므로 혼인 중 취득재산의 형성에 대한 배우자의 협력이 조화롭게 반영될 수 있다. 또한 소극재산이 적극재산을 초과하는 경우에는 되도록 당초재산을 영으로 평가함으로써 혼인전의 채무가 분할되지 않게 된다. 종말재산은 부가이익공동제의 종료시에 배우자가 가지고 있던 순재산이다. 그러므로 적극재산에서 채무를 공제한 금액이 종말재산이 된다.

종말재산에서 당초재산을 제한 부가이익을 비교하게 되므로 종말재산의 확정은 매우 중요하다. 그러므로 상대방 배우자가 종말재산을 자의적으로 처분함으로써 재산이 감소되는 결과로 인해 부가이익청산이 침해되지 않도록 방지하기 위한 장치가 필요하다. 예컨대 재산의 낭비, 상대방배우자를 해할 목적으로 한 행위에 의하여 발생한 재산의 감소 등은 종말재산에 산입함으로써 다른 쪽 배우자를 보호할 수 있다.[15)] 만일 종말재산이 채무초과이면 이를 영으로 함으로써 채

---

13) 유예공동제에 대하여 자세히는 이화숙(주 4), 117면 이하 참조.

14) 독일민법 제1374조 참조.

무가 상대방배우자에게 전가되지 않도록 한다. 부가이익공동제에 의하면, 별산제에 있어 재산상 명의를 기준으로 재산권자를 결정하는 경우에는 전업주부의 가사노동은 낮게 평가될 수밖에 없다는 문제점과 명의를 갖고 있지 못한 배우자에 대한 보호가 미흡하다는 문제점과 한계를 극복할 수 있게 된다. 그 결과 부가이익공동제에서는 부부의 독립성과 혼인의 공동생활체로서의 본질이 조화롭게 반영될 수 있다.

배우자 일방의 사망시에는 상속분을 4분의 1 인상함으로써 결과적으로 생존배우자에게 상속재산의 2분의 1의 상속분을 보장한다. 배우자 사망시에도 부가이익청산을 하게 되면 그 과정에서 공동상속인인 자녀들과 다툼의 원인이 되기 때문이다.[16]

3) 스위스의 참여소득제도

스위스의 참여소득제도는 부가이익공동제와 유사하지만 약간 다르다. 즉 참여소득제는 혼인 중에는 제한이 있는 별산제라는 점에서 다른 유예공동제와 같으나, 혼인해소시에는 부부의 재산을 각자의 고유재산, 공동재산 및 혼인 중의 소득으로 나누어 형평하게 분배하는 것이다. 즉, 고유재산은 각 배우자가 취하고, 공동재산은 반분하며, 혼인 중의 소득에 대하여는 독일민법과 같이 부가이익청산을 한다는 것이다. 독일의 제도와 다른 점은 공동재산을 반분한 후 혼인 중 소득에 대해 부가이익청산절차를 밟는다는 점에 있다. 독일의 부가이익공동제에 비해 기술적으로 매우 정교하고 합리적이라 할 수 있다. 그러나 정교한 만큼 기술적으로 복잡하다는 점은 결점이 될 수도 있다. 반면에 독일의 부가이익공동제는 이혼시의 배우자 명의의 재산에서 혼인시의 재산을 제한 나머지를 혼인 중 부가이익으로 보고 각자의 부가이익의 차액을 반분하는 제도이기 때문에 비교적 단순하면서도 합리적이라 할 수 있다.

4) 유예공동제에 대한 평가

절충식 제도가 이상적이라는 평가와 지지를 받고 있지만, 정작 북구 여러 나

15) 독일민법 제1375조 2항 참조.

16) 독일의 부가이익공동제에 관하여 자세히는 이화숙(주 4), 제3장과 제4장의 부가이익공동제 참조.

라와 독일에서는 점차 불만의 소리가 증가하고 있음에 주목할 수 있다. 불만의 요소는 배우자의 독립성이라는 기준에 비추어 볼 때, 처분권을 제한하는 유예공동제는 결코 이상적인 것이 아니라는 것이다. 이에 따라 Sweden에서는 많은 부부들이 별산제를 계약으로 채택하고 있다 한다.

그럼에도 Sweden의 가족법개정위원회는 현행 부부재산제의 개정을 논의한 끝에 현재의 유예공동제가 여전히 이상적이라는 결론에 도달함으로써 별산제의 개정을 보류한 바 있다.[17] 이 같은 절충식제도에 대한 불만은 Sweden의 특수한 사회적 상황에 기인한다고 한다. 즉 이혼율이 높고 cohabitation(동거혼)이 증가하고 있으며, 기혼여성의 사회참여가 활발하여 주부혼이 예외적인 모델에 해당하기 때문에 배우자의 경제적 지위는 동등에 가까우므로 배우자의 제한 없는 자유와 독립성(순수한 별산제)이 보다 강하게 요청된다는 것이다.[18]

한편 독일의 경우, 부부재산계약으로 별산제를 택하는 경우, 夫가 妻를 고용하는 계약을 함께 체결함으로써 감세의 혜택을 받는 일이 광범위하게 논의되고 있다 한다. 또한 1976년의 개정 혼인법도 이혼시 배우자의 장래를 보장하기 위해 연금청산제도를 신설하고 혼인기간 중 취득한 배우자 일방의 연금에 대해 상대방 배우자의 청산청구권을 신설한 바 있는데, 이때 일방배우자가 가사노동에 종사한 경우에도 夫의 소득활동과 동일하게 취급하고, 역할분담에 의한 양 배우자의 공동의 노력으로 간주하고 있다.[19] 이에 따라 부가이익의 공동제에 대한 비

17) Svend Danielson, The Surviving Spouse, Inheritance and Undivided Matrimonial Property in Scandinavisan Law, 제6차 세계가족법학회 발표자료(1988), p.8.

18) 스웨덴 기혼여성의 취업률은 1950년의 16%로부터 1960년의 26%, 1970년의 45%, 1975년의 57%로 점차 높아지고 있으며, 1984년의 ILO의 Year Book of Labour Statistics에 의하면 16세 이상 여자의 취업률은 전노동인구총수에 대한 46.9%라 한다. 김계환, 남녀평등권론, 289쪽; 婦人勞動の實情, 日本勞動省婦人局 編, 付 104면; K. Davidson, R. Ginsberg & H. Kay, Sex-Based discrimination(1974), p.943.

한편, 독일에서는 1970년 35.5%의 기혼여성이 사회활동을 하고 있는 것으로 보고되었으며, 전 노동인구 총수에 대한 16세 이상 여자의 노동률은 38.9%를 점하고 있다. Berich der Bundesregierung über die Massnahmen zur Verbesserung der Situation der Frau, Drucksache 6(1972), S.46-47. 그러나 스웨덴, 독일 및 미국에서 가정주부혼이 더 이상 우세한 혼인형태가 아니라는 사실은 대부분의 여성들이 혼인 중 사회활동을 한 경험을 포함하는 것이며, 일정 조사기간 중에 활동하는 여성의 총수를 뜻하는 것은 아니라 한다. K. Davidson, R. Ginsberg & H. Kay, Sex-Based Discrimination(1974), p.943.

19) 독일 민법 제1587조 1항.

판의 소리도 증가하고 있다. 그것은 妻의 가사노동이 직업활동과 같은 가치가 있다고 평가하고, 夫의 재산의 취득에 어느 정도 기여한다거나 혼인의 공동생활을 성취하는 데 기여한다고 가정하는 것은 환상이며 해로운 일이기도 하다는 것이다. 즉, 妻의 가사활동에 대한 경제적 평가로서, 그리고 혼인생활의 공동의 성취의 가치로서 인정하는 것은 무화과 나무잎과 같이 열매 없는 겉치레에 불과하며 주부혼의 경제적 기초를 이상적으로 은폐한 데 불과하다는 것이 비판의 요지이다.[20]

이상의 논의로 미루어 볼 때, 절충식제도가 이상에 가깝다고 해도 어쩌면 그것은 처가 가사노동에 종사한다는 전제하에서의 이상적인 제도에 불과하고 부부의 경제적 평등이 보장되는 사회에서는 별산제가 이상일 수도 있음을 시사한다고 볼 수 있다. 그렇다면 반대로 남녀의 경제적 평등이 보장되지 못한 사회에서 별산제는 실질적 불평등의 원인이 된다는 점도 자연스러운 결론이라 할 수 있다.

3. 시 사 점

부부재산제의 이상이라는 기준에 비추어 부부재산제를 평가한 결과 다음과 같이 시사점을 얻을 수 있다고 본다.

첫째, 별산제는 언뜻 보기에 형식적 평등을 보장하는 듯이 보이지만 명의라는 외관을 기준으로 권리자를 정하는 원칙으로 인해 명의 없는 배우자의 기여가 실질적으로 평가되지 못할 수 있다는 점을 재확인할 수 있었다. 설사 이혼시에 형평한 분배를 규정한다 해도 만일 혼인 중에 명의자가 상대방 배우자의 동의 없이 재산을 처분한 경우에는 재산분할청구권을 공허한 권리로 만들 수 있다는 치명적인 단점을 안고 있는 것이다. 이에 따라 혼인 중에 명의자의 처분권을 제한함으로써 혼인공동체성을 보장할 때 합리적인 제도가 될 수 있다는 시사를 얻을 수 있다.

둘째, 공동재산제는 언뜻 보기에는 여성의 지위를 보장하는 듯이 보이지만 혼인 중에 취득한 재산은 모두 공동재산이 되므로 당연히 채무도 공유가 된다는

---

20) Stöcker, "Zur Kritik des Familienvermögensrechts," *NJW* (1972), S.553.

점에서 가정의 경제적 안정이 깨질 위험이 내포되어 있다고 할 수 있다. 또한 공동재산의 공동관리가 기술적으로 어렵다는 점도 난점이라고 지적할 수 있다. 동시에 공동재산과 고유재산의 구별이 불명확하다는 점, 일상가사채무의 연대책임과 공동재산의 구별도 쉽지 않다는 점, 이에 따라 부부의 일방과 거래하는 제3자의 보호가 문제될 수 있다는 점도 난점으로 지적된다. 이러한 난점 때문에 프랑스 민법은 부부재산계약과 법정재산제에 100여 개의 규정을 할애하여 상세히 규정하고 있는 것이다. 공동재산제의 여러 가지 기술적인 어려움 때문에 전세계에서 공동재산제를 취하는 입법례는 프랑스와 미국의 8개주 정도에 불과하다. 다만, 프랑스 국민들은 오랫동안 전통적으로 공동재산제였기 때문에 민법과 프랑스 국민들 모두 복잡한 메커니즘에 익숙해 있으므로 공동재산제의 문제점이 부각되지 않을 뿐이다.

반면에 우리의 법문화는 전통적으로 별산제 국가였다는 점, 법규정을 프랑스와 같이 상세히 입법하기보다는 포괄적으로 규정하는 법문화에 익숙하기 때문에 공동재산제를 채택하는 경우에는 문화적 충격과 충돌이 클 것이라는 점, 무엇보다도 기술적으로 매우 어렵다는 점을 시사점으로 강조하고자 한다.

셋째, 부부재산제에서 부부의 독립성과 혼인공동체성의 보장과 더불어 제3자 보호와 거래의 안전을 보장할 필요가 있다는 점이다. 특히 별산제에서 명의자의 처분권을 제한하고 공동재산제에서 공유재산을 보호하기 위한 여러 가지 방안을 규정하는 경우에는 제3자보호와 거래안전이 문제될 수 있으므로 배우자의 재산권보장과 제3자보호를 조화할 수 있는 제도적 장치가 필요하다고 본다.

넷째, 위의 논의에서는 언급하지 않았지만, 법정재산제로 만족할 수 없는 부부를 위해 부부재산계약의 유형을 제시함으로써[21] 선택의 가능성을 열어주는 것이 바람직하다는 점도 시사점으로 지적하고 싶다.

다섯째, 부부재산제의 이상에 비추어 볼 때, 절충식제도(유예공동제 또는 혼합재산제)는 배우자의 자유와 형식적 평등이 보장되면서도 공동생활체로서의 요소가 반영되어 실질적인 평등이 조화를 이루는 이상적인 제도라고 여겨진다. 그럼에도 정작 절충식 제도에서는 처분권제한이 부당하다는 이유로 부부재산계약으로 순수한 별산제를 택하는 부부가 증가한다는 사실은 부부재산제의 이상이

21) 자세히는 아래 Ⅲ의 1(부부재산계약 입법론)에서 다루기로 한다.

어느 시대에나 통용되는 진리가 아니라 그 사회의 부부의 경제적 지위에 따라 달라질 수 있음을 시사한다고 본다.

Ⅲ. 민법상 부부재산제의 현실과 입법론, 그리고 개정안 검토

1. 부부재산계약 입법론

(1) 부부재산계약의 내용

민법은 제829조에서 부부재산계약에 관하여 규정하고 있는데, 그 내용을 요약하면 다음과 같다. 첫째, 부부재산계약의 체결시기에 관하여 혼인성립 전으로 한정하고 있다는 것이다. 그 이유는 혼인 중에도 계약을 체결하도록 하는 경우에는 제3자에게 예기치 않은 손해를 줄 염려가 있고, 또한 상대방 배우자의 강압이나 판단의 실수로 인한 계약을 체결할 수 있기 때문에 혼인당사자들을 보호하기 위한 배려라고 생각된다.

두 번째는, 부부재산계약은 변경할 수 없으며 다만 정당한 사유가 있는 경우에는 법원의 허가를 얻어 변경할 수 있다고 규정하고 있다는 점이다.

세 번째, 부부재산계약의 내용에 관하여 제829조 제1항은 “부부가 혼인성립 전에 그 재산에 관하여 따로 약정을 하지 아니한 때에는 그 재산관계가 본관중 다른 각조에 정하는 바에 의한다”고 함으로써 당사자들이 자유롭게 체결할 수 있음을 암시하고 있다. 그러나 부부재산계약을 비전문가인 당사자의 자유에 맡길 경우에는 오히려 분쟁의 소지가 포함될 수 있기 때문에 외국의 입법례에서는 몇 가지 유형을 제시하고 있음은 주지하는 바와 같다. 예컨대 독일 민법과 스위스 민법과 같이 부부재산의 유형을 제시하면서 그 중의 하나를 선택하도록 하는 한정적 선택주의와 프랑스 민법과 같이 여러 개의 부부재산계약의 유형을 제시하면서 그 유형 중에서 하나를 선택하든지 이들을 혼합하여 새로운 방식을 창안하든지, 아니면 이와는 전혀 별개의 계약을 체결할 수 있도록 함으로써 이용을 용이하게 하는 입법례가 있다. 이 같은 제도는 입법정책자료로서 참고할 가치가 있다고 본다.

네 번째는 부부재산계약의 방식에 관하여도 우리 민법은 아무런 규정이 없으므로, 방식에 구애됨이 없이 자유롭게 체결할 수 있으나, 제3자에게 그 유효성을 주장하기 위해서는 등기하여야 한다(제829조 4, 5항)는 것이다.

(2) 입 법 론

부부재산계약을 체결하는 관습이 없는 우리 사회 현실에서 법적 지식이 별로 없는 당사자에게 무한정의 자유를 주는 것은 오히려 당사자로 하여금 그 이용을 가로막는 것과 다름없는 결과가 된다. 또한 부부재산계약의 내용은 당사자에게 맡기기에는 너무나 전문적인 내용을 담고 있다. 분쟁을 예방하는 차원에서라도 몇 가지 유형을 제시하는 외국의 입법례와 같이 몇 가지 유형을 제시하면서 선택의 가능성을 열어두는 것이 오히려 효율적인 이용이 될 것이다. 또한 법정재산제만으로는 모든 부부를 만족할 수 없다는 점에서도 부부재산계약의 유형을 제시할 필요가 있다.

현재 국회에 제출된 최순영 의원안은 완전별산제, 수정별산제와 완전공유제를 부부재산계약의 유형으로 제시하고 있다. 최의원안이 완전별산제를 유형으로 제시한 것은 법정재산제로 공동재산제를 채택하고 있기 때문에 재산계약의 유형으로는 그 외에 별산제와 두 가지 유형의 별산제를 제시하고 있으나, 법정재산제로는 절충식제도가 적절하다고 보는 입장에서는 순수한 별산제와 공동재산제를 유형으로 제시하는 것이 바람직하다고 생각한다.

한편 최순영 의원안은 혼인성립 전뿐 아니라 혼인 중에도 부부재산약정을 할 수 있도록 하고(최의원안 제829조), 부부재산약정의 내용을 선량한 풍속 기타 사회질서나 가족법 규정에 의하여 제한(안 제829조의 2)하고 있는데, 바람직하다고 본다.[22)]

2. 법정부부재산제의 문제점과 입법론, 그리고 개정안 검토

(1) 재산분할청구권제도에도 불구하고 남는 별산제의 문제점

별산제를 문제점을 중심으로 간략하게 요약하면 다음과 같다. 1990년 민법 개정시에 재산분할청구권제도가 신설되기 전까지의 법정부부재산제인 별산제는

---

22) 독일 민법(제1408조)과 스위스 민법(제179조)에 의하면 혼인 중에도 계약을 체결할 수 있다.

순수한 형태의 별산제였다. 그러므로 부부의 재산상 권리자는 오로지 명의만을 기준으로 결정되고 확인될 뿐, 법인과 같은 단체가 해산할 때 청산절차를 통해 명의와 실질을 일치시키는 것과 같은 청산 절차가 없었으므로 명의 없는 배우자의 기여가 평가되지 못하는 불합리한 점이 지적된 바 있다. 이에 따라 1990년 개정법에서 재산분할청구권제도가 신설되었으므로, 민법상 법정재산제에도 비로소 혼인공동체성이 반영되었으며 명의와 실질을 일치시키는 청산절차가 신설됨으로써 명의 없는 배우자의 유형무형의 기여도 재산적 평가를 받아 반환받을 수 있게 되었다. 이에 따라 부부의 평등과 형평의 관점에서 많은 기대를 한 것도 사실이다.

그럼에도 불구하고, 별산제에 내포된 원칙으로 인해 재산분할청구권제도의 실효성은 그 한계를 드러내면서 명의 없는 배우자(대부분의 경우의 처)가 적절히 보호되지 못하는 결과가 드러나기 시작했다. 이혼율이 높아지면서 별산제가 갖는 한계와 문제점은 더욱 부각되었다고 할 수 있다. 재산분할청구권을 실효화시키는 별산제의 원칙이란 "혼인 중 자기 명의로 취득한 재산은 그 특유재산으로 한다"는 민법 제830조 규정에 따라 재산의 명의자는 권리자로 추정되는데, 부부는 그 특유재산을 각자 관리, 사용, 수익할 수 있으므로(민법 제831조) 결국 명의자(대부분의 경우의 夫)는 명의 없는 배우자(대부분의 경우의 妻)의 동의 없이도 그의 특유재산을 자유로이 처분할 수 있다는 것이다.

자기의 특유재산을 누구의 동의나 간섭 없이도 자유롭게 사용 · 수익하고 처분할 수 있다는 것은 배우자의 독립성을 보호하고 제3자와의 거래의 안전을 보호한다는 점에서 순기능이라고 할 수 있겠으나, 극단적으로는, 명의자인 배우자가 이혼시 상대방배우자의 재산분할청구를 무력화시키기 위해 그 명의의 재산을 미리 처분할 수도 있음을 의미하는 것이다. 재산상 명의자의 처분이 상대방배우자의 재산분할청구를 무력화시킬 수 있다는 가능성은 다음 몇 가지 원인이 전제되어 있기 때문이다.

그 하나는, 대개의 가정에서 부부가 공동의 노력을 투하하여 축적한 재산이라도 편의상 또는 가부장적인 습관에 따라 夫의 명의로 등기하거나 기재하는 것이 보통이라는 사회 현실적인 원인,

두 번째는, 별산제를 해석함에 있어 가사노동을 경제적 가치 있는 기여로 인정하지 않는다는 해석상의 문제,[23]

세 번째는 별산제에 부부의 공동재산이 없을 뿐 아니라, 혼인 중 취득 재산 중 중요 재산의 처분시에는 상대방 배우자의 동의를 얻도록 하는 등의, 명의 없는 배우자를 보호할 장치가 없다는 점이다.

첫 번째와 두 번째의 문제는 민법 제830조의 해석에 관한 것이며, 구체적으로는 부동산의 명의와 그 명의에 포함된 가사노동을 통한 기여를 어떻게 해석하는가의 문제라고 할 수 있다. 그것은 대부분의 가정에서 부동산을 등기할 때 夫의 명의로 기재하고 있으나 실질적으로는 처(전업주부인)의 기여(가사노동의 기여)가 포함되어 있음에도 불구하고 판례는 가사노동을 통한 기여를 경제적 가치 있는 실질적인 기여로 평가하지 않고 있기 때문이다.[24] 대법원이 민법 제839조의2(재산분할청구권)를 해석함에 있어 가사노동의 기여를 경제적 가치 있는 기여로 평가하고 있는 것과는 대조되고 모순되는 해석이라 하지 않을 수 없다. 제839조의2(재산분할청구권)에서 "가정법원은 당사자의 청구에 의하여 당사자 쌍방의 협력으로 이룩한 재산의 액수 기타 사정을 참작하여"의 의미를 해석함에 있어 대법원은 '당사자 쌍방의 협력'에는 '가사노동을 통한 협력'이 포함된다고 해석하고 있기 때문이다.[25] 다만, 전업주부인 처가 재산분할을 청구할 경우 가사노동의 경제적 가치를 夫의 소득활동의 30% 정도로 낮게 평가하는 문제만이 남아 있을 뿐이다.[26] 그 결과 이혼시 재산분할을 청구할 경우에는 가사노동의 협력도 기여로서 평가받을 수 있으나, 부부재산제에 관한 제830조가 문제되는 경우[27]에는 오

23) 이에 따라 세법도 전업주부인 처의 명의로 이전할 때 夫로부터의 증여로 보아 증여세를 부과한다.

24) 대법원 1992.12.11, 92다21982 판결은 "부부의 일방이 혼인 중에 자기 명의로 취득한 재산은 명의자의 특유재산으로 추정되고 다만 실질적으로 다른 일방 또는 쌍방이 그 재산의 대가를 부담하여 취득한 것이 증명된 때에는 특유재산의 추정은 번복되어 다른 일방의 소유이거나 쌍방의 공유라고 보아야 할 것이지만 재산을 취득함에 있어 상대방의 협력이 있었다거나 혼인생활에 있어 내조의 공이 있었다는 것만으로 위 추정을 번복할 사유가 된다고 할 수 없다"고 판시하고 있다. 대법원 1994. 11. 8, 94누9603 판결; 대법원 1995. 8. 11, 94누14308 판결; 대법원 1996. 5. 10, 96누1900 판결; 대법원 1997. 4. 8, 96누7205 판결; 대법원 1986. 9. 9, 85다카1337, 1338 판결; 대법원 1998. 6. 12, 97누7707 판결도 같은 취지이다.

25) 대법원 1993.5.11, 93스6 결정은 "부부가 이혼할 때 쌍방의 협력으로 이룩한 재산이 있는 한 처가 가사노동을 분담하는 등의 방법으로 부의 재산의 유지 또는 증가에 기여하였다면 쌍방의 협력으로 이룩된 재산은 재산분할의 대상이 된다"고 하였다.

26) 다만 최근 가정법원에서는 처에게 50% 정도를 분할하는 사례가 늘고 있다고 한다.

로지 명의만이 기준이 될 뿐, 가사노동에 종사한 전업주부인 경우에는 그의 기여가 경제적 가치 있는 것으로 평가받지 못한다는 것이다.

이러한 문제는 자연스럽게 세 번째의 전제로 연결된다. 그것은 별산제에 의해 명의자는 그의 명의의 재산을 자유롭게 처분할 수 있다는 점이다. 그 결과 부동산등기부에 명의자로 기재된 배우자는 명의 없는 배우자의 재산분할청구를 무력화하기 위해 혼인 중 그의 명의의 부동산을 누구의 동의도 필요 없이 자유롭게 처분할 수 있으므로 재산분할청구권은 종종 공허한 권리와 같은 결과로 드러나기도 하였다. 이러한 한계를 극복하기 위한 해석론이 시도되었으나, 법의 개정을 통한 해법이 바람직하다는 결론에 이르게 되었다.

(2) 부부재산제의 이상에 비추어 본 별산제 개정 입법론

부부재산제의 이상을 기준으로 평가할 때, 혼인 중에는 별산제가 이상적이며, 혼인해소시에는 공동재산제가 이상적인 제도임은 이미 살펴본 바와 같다. 이에 따라 혼인 중에는 별산제를 원칙으로 하되, 중요한 재산을 처분할 때는 명의 없는 배우자의 동의를 요하도록 함으로써 혼인공동체성을 반영하고, 혼인해소시에는 공동재산제와 같이 분할하는 절충식제도가 이상에 가깝다는 평가를 받고 있음도 이미 살펴본 바와 같다.

이러한 이상적인 기준에 비추어 볼 때, 공동재산제는 우리의 전통과 국민 의식과 민법의 현실에 비추어 볼 때 바람직하지 않다고 생각된다. 공동재산제가 여성보호에 우월하다는 주장이 있으나 가사노동이 평가된다는 장점에도 불구하고 채무도 공유가 되어 가정의 안정을 해칠 수 있다는 점, 공동재산을 보호하기 위한 제한으로 인해 제3자 보호가 우려된다는 점, 재산관리에 어려움이 많다는 점에서 부부재산제의 이상이라는 기준에는 맞지 않다고 본다.

오랜 별산제 전통을 갖고 있고 오랫동안 별산제에 익숙할 뿐 아니라 혼인 중에는 별산제가 이상적이라는 기준에 비추어 볼 때, 민법은 별산제를 유지하는 것이 바람직하다고 본다. 다만 민법상의 별산제는 혼인 중의 재산제로서는 이상적일 수 있으나, 혼인의 공동체성은 결여된 것이 사실이다. 혼인공동체성의 문제는

---

27) 제830조가 문제되는 많은 경우는 전업주부인 처 명의의 재산에 대해 증여세가 부과된 사안이다. 대법원 1998. 6. 12, 97누7707 판결 참조.

재산분할청구권제도의 신설로 인해 어느 정도 해소되었다고 할 수 있으나 여전히 남은 문제는 혼인 중 명의자인 배우자가, 실질적으로는 상대방 배우자의 기여가 포함되어 있음에도 불구하고, 누구의 동의 없이도 자유롭게 처분할 수 있다는 점에 있다.

이미 살펴본 바와 같이 절충식제도에서 처분권을 제한하는 방법은 매우 다양하다. 그러나 처분권의 제한은 제3자보호와 거래안전에 직결되는 문제이기 때문에 한국 사회와 전통, 그리고 법문화 등 우리 사정에 맞는 방법으로 제한하는 것이 바람직할 것이다.

이하에서는 이상의 논의를 바탕으로 개정안을 검토하고 평가하기로 한다.

(3) 부부재산제 개정안[28]의 내용과 평가[29]

1) 혼인 중 부부재산의 처분제한[30]

법무부개정안은 제831조의2(부부재산의 처분제한)에서 다음과 같이 규정하고 있다.

① 부부의 일방이 다음 각 호의 재산을 양도하려는 경우에는 다른 일방의 동의를 얻어야 한다.

1. 다른 일방이 거주하는 주거용 건물(다른 일방의 주민등록지에 소재하는 것에 한한다) 또는 그 주거용 건물에 대한 권리와 그 주거용 건물의 대지 또는 그 대지에 대한 권리.

2. 다른 일방이 거주하는 주거용 건물(다른 일방의 주민등록지에 소재하는 것에 한한다)에 대한 임대차보증금 반환청구권.

② 부부의 일방이 제1항 제1호의 재산에 대하여 제한물권 또는 임차권을 설정하는 경우와 제1항 제2호의 임대차보증금 반환청구권에 대하여 질권을 설정하는 경우에도 다른 일방의 동의를 얻어야 한다. 부부의 일방이 제1항의 주거용 건물 또는 그 대지에 대한 권리나 주거용 건물에 대한 임대차보증금 반환청구권을 소멸시키는 경우에도 또한 같다.

---

28) 이 글에서의 개정안은 법무부개정안을 의미한다.

29) 이에 대하여 자세히는 이화숙, "가족법 개정안에 관한 연구," 법학연구 제16권 제4호, 연세대학교 법학연구소(2006), 12면 이하 참조.

30) 부부재산의 처분제한에 관한 개정안은 2007년에 국회에서 통과되지 못하였다.

③ 제1항 또는 제2항의 행위를 하려는 부부의 일방은 다른 일방이 이에 동의할 수 없거나 정당한 사유 없이 동의하지 아니할 때에는 동의에 갈음하는 결정을 가정법원에 청구할 수 있다.

④ 부부의 일방이 다른 동의 또는 그 동의에 갈음하는 결정을 받지 아니하고 제1항 또는 제2항의 행위를 한 때에는 다른 일방은 그 사실을 안 날로부터 6월 또는 그 행위가 있은 날로부터 2년 내에 그 행위를 한 부부 일방 또는 그 상대방에 대하여 그 행위를 취소할 수 있다.

i) 혼인 중 부부재산의 처분제한의 목적

a) 처분권제한에 관한 외국의 입법례

부부재산의 처분을 제한하는 목적은 재산분할권의 보장이라고 볼 여지도 있고 거주권보호라고 볼 수도 있다. 개정안을 검토하기 전에 처분권제한에 관한 외국의 입법례를 살펴본다.

독일민법상 처분권제한의 경우는 두 가지인데, 그 중 전체 재산의 처분을 제한하는 목적은 부가이익청산을 침해할 가능성 있는 자의적인 처분을 막아 청산청구권을 보장함에 있고, 혼인가사용구의 처분제한은 가족공동생활의 경제적 안정을 유지하기 위한 것으로 보고 있다.[31] 결국 독일의 부가이익공동제에 있어 처분권제한의 목적은 부가이익청산청구권(우리 민법의 경우 재산분할청구권)의 보호에 있다고 할 수 있다.

프랑스 민법은 공동재산을 보존하기 위해 광범위한 처분권제한을 규정하고 있다. 예컨대 공동재산에 속하는 부동산, 상업자본 경작지, 사회보장에 관한 권리, 공시를 요하는 동산(프民 1424조), 가족의 주거를 보장하는 권리 또는 주택에 설치된 가구를 처분하는 경우(프民 215조), 농지 또는 상업, 공업, 수공업에 이용되는 부동산을 임대한 경우(프民 1425조), 이외에도 배우자의 동의없이 공동재산을 무상으로 처분하지 못하며(프民 1422조), 배우자의 동의없이 자기의 지분을 초과하는 유증도 할 수 없다(프民 1423조).[32]

한편, 별산제인 영국의 경우에는 대부분의 경우 혼인주택을 합유로 등기

31) Beitzke, Familienrecht, 22 Aufl.(1981), S. 96.

32) 이화숙(주 4), 86면.

하는 관례가 혼인 중 취득재산을 보호하는 역할을 하고 있고, 혼인주택법(MHA 1983)은 권리 없는 거주권을 보호하고 있다. 예컨대 한쪽 배우자만이 주택의 소유권을 보유하고 있는 경우, 권리없는 배우자는 다음의 거주권이 인정된다.

1. 그가 현재 그 주택에서 거주하고 있는 경우, 법원의 허가가 없는 한 권리자인 배우자로부터 주택 또는 그 주택의 일부로부터 축출되지 않을 권리

2. 그가 주택에서 거주하지 않는 경우 법원의 허가를 받아 주택에 들어가 거주할 권리 등이다. 주택이란 건물, 정원, 차고 및 그에 부속된 별채 등이 있는 주거용 건물을 포함한다.

3. 부부가 별거하는 중에 혼인주택의 권리자인 배우자가 혼인주택을 처분한 경우 혼인주택법은 "이 법의 거주권은 제3자를 구속한다"고 함으로써 대개의 경우 권리없는 배우자(처)는 보호된다. 이 경우 제3자를 보호하기 위해 1925년 토지등기법은 등기부에 경고 또는 주의를 기재한다.

4. 혼인주택의 임차권이 한쪽 배우자에게만 있는 경우에는 다른 일방 배우자는 임대차법에 의해 보호된다. 예컨대 임차인인 남편이 임대인에게 임차권의 중단을 통지하더라도 임대인은 임차권자의 처를 퇴거시킬 수 없다는 것이다. 남편은 처를 통해 거주를 계속하는 것으로 간주되며, 처는 임차기간 동안 거주할 수 있다.

5. 법적 권리자인 배우자가 파산한 경우에도 상대방 배우자의 거주권은 등기에 관계없이 보호된다. 다만 이 경우 파산관재인은 거주권의 종료를 주장할 수 있다. 파산 후 1년 후에 거주권 종료의 주장이 제기되면 대개는 인용된다는 것이다.

이 때 유의할 것은, 이 법은 혼인주택 이외의 주택에는 적용되지 않는다는 것이다. 그러므로 남편이 다른 곳으로 거처를 옮긴 경우 그 주택에 대해서는 거주권이 인정되지 않는다. 그리고 거주권은 혼인 중 거주하는 주택에 대한 권리가 없는 배우자를 보호하기 위한 것이므로 혼인이 종료되면(사망, 이혼 등으로) 거주권도 종료된다. 다만 법원은 혼인해소 후에도 이 거주권이 일정기간 계속되도록 허가할 수 있다.[33)]

b) 개정안의 처분목적에 대한 검토

---

33) 이화숙(주 4), 108-109면.

현재 국회에 제출된 개정안의 대부분은 부부의 가장 중요한 재산인 주택 또는 주거용 건물이나 전세금 반환청구권 내지 임대차보증금 반환청구권의 처분에 있어 명의 없는 배우자의 동의를 얻도록 함으로써 처분권을 제한하고 있다는 점에서 공통된다. 그러나 한명숙 의원안[34]은 재산분할의 실효성을 보장하기 위한 목적으로 처분을 제한하는 듯이 보이고, 법무부안은 제안이유에서 거주권보호임을 밝히고 있다. 이에 따라 법무부안은 거주권보호를 위해 예컨대 부부가 별거하는 경우 다른 일방 배우자가 거주하는 건물이면 부부의 공동생활에 사용되는 주거용건물이 아니더라도 처분을 제한하는 대상으로 하고 있으며, 실제로 사용되는 주거용 건물이 아닌 별장 등은 제한하고 있지 않다. 이에 비해 한명숙 의원안[35]과 이계경 의원안[36]은 주거용 건물을 처분제한 대상으로 하고 있다. 주거용 건물에 대해서만 처분을 제한하는 경우 대지에 대한 취소청구를 할 수 없다는 문제가 예상된다.

이 문제는 재산분할의 실효성을 보호함으로써 거래안전을 희생해서라도 명의 없는 배우자를 보호할 것인가, 아니면 명의 없는 배우자에게 필요한 거주권과 거래의 안전에 대한 보호를 조화시킬 것인가에 관한 입법정책의 문제라고 할 수 있다. 명의 없는 배우자의 동의가 없을 경우에는 취소할 수 있다는 점은 거래의 안전으로 직결되는 문제이기 때문에 처분권 제한은 거주권 보호로 함이 현실적이라고 생각된다.

---

34) 한명숙 의원안의 제안 이유는 "현행법은 거래의 안전과 신속을 고려하여 부부재산제도로서 별산제를 채택하여 부부 일방이 자신의 명의로 소유한 재산을 자유로이 처분할 수 있도록 하고 이혼의 경우에만 재산분할을 인정함으로써 혼인생활 중에 취득한 재산에 대하여 명의를 가지지 못한 다른 일방에 대하여 그 잠재적 지분에 대한 권리를 보호하지 못하는 등 매우 불리하게 운용되고 있는 측면이 있는바, 이를 개선하기 위하여 혼인생활의 경제적 기초를 이루는 주거지에 관련된 재산의 경우에는 부부 일방의 임의처분을 제한하고…"라고 설명하고 있다.

35) 한명숙 의원안은 1. 부부의 공동생활에 사용되는 주거용 건물과 2. 부부의 공동생활에 사용되는 주거용 건물에 대한 전세보증금 반환청구권 또는 임대차보증금 반환청구권에 대하여 다른 일방의 동의를 얻도록 하고 있다.

36) 이계경 의원안은 1. 부부의 공동생활에 사용되는 주택을 처분한 경우 2. 부부의 공동생활에 사용되는 주택의 전세금 반환청구권 또는 임대차보증금 반환청구권 3. 재산을 무상으로 증여하는 경우에 특유재산의 처분을 제한하고 있다.

ii) 처분제한과 공시, 그리고 거래의 안전의 조화

일정한 경우 자신의 명의의 재산에 대한 처분을 제한할 경우에는 주거용 건물에 대한 권리라는 점이 공시되어야 거래안전이 보호될 것이다. 이에 대해 법무부안은 처분제한의 목적이 거주권 보호이기 때문에 다른 일방이 거주하는 주거용 건물을 다른 일방의 주민등록상의 주소지에 소재하는 것에 한정함으로써 공시를 하고 있다.

이에 비해 다른 개정안은 주거용 건물이나 생계를 위한 영업용 자산에 대한 특별한 공시방법을 갖추지 않은 채 그 재산을 다른 일방의 동의 없이 처분하지 못하도록 하면서 동의 없이 처분한 경우에 취소할 수 있도록 함으로써 거래의 안전이 보호되지 못하게 될 가능성이 있다. 이에 따라 취소는 선의의 제3자에게 대항하지 못한다는 규정을 두고 있으나 대부분의 경우 제3자는 선의일 것이므로 선의의 제3자가 보호되는 한에서는 명의 없는 배우자의 재산분할청구권이 침해될 수 있다는 문제점이 있다. 처분제한을 공시하는 방법을 강구해야 할 것이다.

iii) 취소의 방법과 효과

부부 일방이 다른 일방의 동의 또는 그 동의에 갈음하는 결정을 받지 않고 처분행위를 한 때 이를 취소하는 방법에 관하여, 법무부 개정안은 취소의 상대방을 동의 없이 행위를 한 상대방 배우자 또는 그 행위의 상대방으로 하고 있으며, 취소할 수 있는 기간은 그 사실을 안 날로부터 6월 또는 그 행위가 있은 날부터 2년 내로 하였다.[37] 이에 비해 한명숙 의원안은 취소 및 원상회복을 법원에 청구할 수 있도록 하고 있는데, 이러한 경우에는 취소 판결이 있기 전에는 처분의 효력이 유지된다는 문제점이 있다고 본다.

iv) 처분권제한에 대한 평가

부부재산의 처분권 제한에 관한 개정안은 한 마디로 별산제에 혼인공동체성을 반영함으로써 부부재산제의 이상에 가까운 제도가 되었다고 평가할 수 있겠다. 한편 부부의 재산관계에 관한 규정은 제3자 보호와 거래의 안전이 직결되

37) 이계경 의원안은 "그 사실을 안 날로부터 1년 또는 그 행위가 있은 날로부터 2년 이내에 이를 취소할 수 있다"고 함으로써 취소의 방법은 법무부안과 동일하고 취소의 기간이 다를 뿐이다.

는데 개정안은 배우자를 보호하면서도 거래의 안전에 대한 희생을 최소화하였다는 점에서 긍정적으로 평가하고 싶다.

2) 혼인 중 재산분할제도

한명숙 의원안, 이계경 의원안, 최순영 의원안과 법무부 개정안은 모두 혼인 중 재산분할제도를 신설하고 있다. 법무부개정안은 제831조의3을 신설하고 일정한 사유가 있는 때는 혼인 중에도 재산분할을 청구할 수 있도록 하였다. 그 사유는,

1. 부부 일방의 동의 또는 그 동의에 갈음하는 결정을 받지 아니하고 다른 일방이 제831조의2 제1항 또는 제2항의 행위를 한 때

2. 다른 일방이 정당한 사유없이 부양의무를 상당한 기간동안 이행하지 아니한 때

3. 제839조의2에 따른 재산분할청구권의 행사가 현저히 곤란하게 될 우려가 있는 때

4. 부부가 정당한 이유 없이 2년 이상 별거하고 있는 때이다.

원래 혼인 중 재산분할제도는 프랑스민법의 공동재산제에서 규정하고 있는 제도이다. 공동재산제에서는 공동재산의 보존을 위해 일정 재산에 대한 처분권을 제한할 필요가 있는데, 상대방 배우자가 공동재산을 위태롭게 하는 등의 사유에 해당하는 경우에는 혼인 중에도 재산분할을 청구하도록 함으로써 공동재산을 보존할 수 있도록 한 것이다.

별산제는 사실상 부부가 자신의 명의로 재산을 취득함을 전제로 각자 명의의 재산을 자유롭게 관리하고 처분할 수 있는 제도이므로 법리상 혼인 중 재산분할은 불필요한 제도라고 할 수 있다. 또한 재산분할이란 원래 공동체가 그 목적을 달성하거나 해산할 때 청산하는 과정에서 명의와 실질을 일치시키는 작업이기 때문이다. 그럼에도 불구하고 혼인 중 재산분할을 규정할 현실적인 이유는 배우자가 재산을 낭비하는 등의 경우에 이혼에 의하지 않고도 상대방 배우자로 하여금 재산권을 보호할 필요가 있기 때문이다.

IV. 이혼시 재산분할청구권 관련 개정안

1. 재산분할청구권보전을 위한 채권자취소권

이혼시 재산분할청구권제도가 신설되었음에도 종종 문제가 된 것은 별산제의 문제점에서 언급한 바와 같이[38] 명의자인 배우자가, 상대방 배우자의 동의 없이, 그의 명의의 재산을 처분함으로써 상대방 배우자의 재산분할청구를 무력화할 수 있다는 것이다. 그러한 경우에 재산분할청구를 실효화시키려는 시도로부터 명의 없는 배우자를 보호하는 방법에는 두 가지가 있다. 그 하나는 혼인 중 명의자의 처분권을 제한하는 것이고,[39] 다른 하나는 이미 처분된 경우에 취소 또는 원상회복을 하게 하는 방법[40]인데, 개정안은 두 가지 방법을 모두 개정안에 포함하였고, 개정안은 2007년 11월에 국회를 통과하여 현재 시행 중이다. 그러므로 개정법이 되었다.

민법 제839조의3에 신설된 개정법은 다음과 같이 규정하고 있다. 즉 "부부일방이 상대방 배우자의 재산분할청구권 행사를 해함을 알고 재산권을 목적으로 한 법률행위를 한 때에는 상대방 배우자는 민법 제406조 제1항에 따라 그 취소 및 원상회복을 법원에 청구할 수 있다"고 함으로써 재산분할청구권 보전을 위한 채권자 취소권을 규정하고 있다. 현행법하에서 재산분할청구권을 피보전권리로 하는 채권자취소권이 인정될 수 있는가에 관하여는, 재산분할청구권이 구체적으로 확정되기 전에는 재산분할청구권을 피보전권리로 하는 채권자대위권이 쉽게 인정된다고 할 수 없다는 판례의 입장에 의하면,[41] 부정적으로 해석된다. 다만 최근의 대법원판례[42]가 "사해행위 당시 이미 채권성립의 기초가 되는 법률관계

38) 이 논문 Ⅲ의 2. (1) 참조.

39) 대부분의 절충식제도가 취하는 방법이다.

40) 예컨대 영국의 이혼법이 택하는 방법으로, 배우자가 이혼과 재산분할을 청구하기 전 일정 기간 내에 자신의 명의의 재산을 처분한 경우에는 재산분할을 실효시키려는 고의가 있다고 추정하고 있다.

41) 대법원 1999.4.9, 98다58016 판결은 "이혼으로 인한 재산분할청구권은 협의 또는 심판에 의하여 그 구체적 내용이 형성되기까지는 그 범위 및 내용이 불명확, 불확정하기 때문에 구체적으로 권리가 발생하였다고 할 수 없으므로 이를 보전하기 위하여 채권자대위권을 행사할 수 없다"고 하고 있다.

가 발생되어 있고 가까운 장래에 그 법률관계에 기하여 채권이 성립되리라는 점에 대한 고도의 개연성이 있으며 실제로 가까운 장래에 그 개연성이 현실화되어 채권이 성립된 경우"에는 피보전채권을 긍정하고 있음에 비추어 이혼시 재산분할청구권행사시에도 이를 보전하기 위해 채권자취소권을 행사할 수 있다는 주장이 있으나[43] 실무에서는 받아들여지지 않고 있었다. 그러므로 채권자취소권을 명문화하는 것은 의미가 있다고 생각된다.

이에 관하여는, 제831조에 규정된 처분권제한에도 불구하고 제839조의3에서 채권자취소권을 신설하는 것은 중복이 아닌가 하는 의문을 제기할 수 있다. 명의 없는 배우자에 대한 보호에는 충실하지만 거래의 안전이 희생될 수 있다는 우려도 제기될 수 있으며, 민법 제406조와의 관계 등 해석의 문제도 제기될 수 있을 것이다.

제831조와의 관계에 관하여는, 제831조는 명의 없는 배우자의 거주권을 보호하기 위해, 특정한 재산의 경우에 처분권을 제한하고 이에 위반한 경우에는 취소할 수 있도록 한다는 점에 취지가 있다면, 제839조의3은 혼인 중 취득재산의 전부가 대상이며, 이혼시에 재산분할청구를 함에 있어, 명의자가 이미 증여 등으로 재산권을 목적으로 하는 법률행위를 한 경우이므로 취소의 대상이 된다는 점에서 차이가 있다고 할 수 있다. 다만 민법 제406조와의 관계에 관하여는 보다 깊은 연구가 있어야 할 것이다.

2. 재산분할의 균등원칙

판례는 가사노동의 경제적 가치를 평가하면서도 전업주부의 경제적 가치는 혼인 중 취득재산의 30%~50% 정도로 그 기여도를 평가한 것으로 보인다.[44]

개정안은 제839조의2에서 "이혼시 당사자 쌍방의 협력으로 이룩한 재산은 균등하게 분할함을 원칙으로 한다"는 규정을 신설함으로써 동등분할을 명문화한 바 있다. 한명숙 의원안과 이계경 의원안도 같은 내용을 담고 있다.

---

42) 대법원 1995.11.28, 95다27905 판결.

43) 민유숙, "가사비송사건으로서의 재산분할," 재판자료 제101집, 가정법원사건의 제문제(상)(2003), 191면.

44) 주 26)의 경향 참조.

균등분할이 원칙이 되었으므로, 만일 균등분할이 형평하지 않은 경우에는 법원의 재량으로 분할비율을 가감할 수 있을 것이다.

3. 혼인주택의 처리에 있어 미성년자를 위한 입법 제안

부모가 이혼하는 경우에 가장 큰 피해자는 바로 자녀들이다. 이들 이혼 자녀들의 고통 중의 하나는 지금까지 부모와 함께 살던 집을 떠나 부모 중 한 사람과 함께 낯선 곳으로 이사하여야 한다는 것이다. 대부분의 부부에게 있어 주택이 유일한 재산일 것이므로 살던 집을 매각하여 나누어야 하기 때문이다.

이에 따라 외국의 입법례[45]는 미성년자를 보호하기 위한 제도를 마련하고 있는데, 이와 같은 미성년자를 위한 제도를 민법에 도입할 필요가 있다. 예컨대 미성년자녀가 성년이 될 때까지는 친권 및 양육권을 가진 부모 중 일방과 그 혼인주택에서 살 수 있음을 명문화하고, 이를 위해 법관은 부모의 이혼으로 재산을 분할하는 경우에도 혼인주택의 매각은 자녀가 성년자가 될 때까지 연기하거나, 배우자 일방이 주택의 소유권을 갖는 경우에도 상대방 배우자가 친권과 양육권이 있는 경우에는 그 자녀가 성년자가 될 때까지 상대방 배우자에게 거주권을 부여하는 결정을 할 수 있는 근거를 신설하자는 것이다.

---

45) 예컨대 프랑스민법은 가족이 거주하는 주택이 한쪽 배우자의 소유(특유재산)이고 다음과 같은 사유가 있는 경우 법관은 그 주택을 다른 배우자를 위하여 임대한 것으로 할 수 있는 재량권이 있다(프民 285-1).

1) 자녀에 대한 친권이 소유권 없는 배우자에게 맡겨져 있을 때

2) 혼인공동생활의 장기파탄을 원인으로 주택의 소유자인 배우자가 제기한 이혼소송이 인용된 경우. 제1호의 경우 법관은 임대차기간을 정하여야 하며 최연소자녀가 성년이 될 때까지 그 기간을 갱신할 수 있다.

한편, 영국의 경우, 이혼시 혼인주택의 처리는 미성년의 자가 있는 경우에는 미성년자의 복지를 우선적으로 고려하도록 하고 있다(MCA 1973, sec 25). 이에 따라, 자녀가 17세에 달할 때까지 매각을 연기하였다가 성년이 된 후 매각하여 나누는 방법, 일정기간(종신, 재혼, 동거 또는 임의로 이사) 배우자에게 혼인주택에 대한 거주권을 주고 수익적 권리를 변경하거나 변경하지 않는 방법 등이 사용된다. 이화숙(주 4), 189면.

Ⅴ. 배우자의 상속분에 대한 개정안

부부재산제의 원칙은 배우자의 사망시에도 적용되는 것이지만, 이혼의 경우와 달리 배우자 일방은 이미 사망하였으므로 혼인 중 취득재산의 분할에 관해 다툴 수 없게 되었다는 점을 감안하여 각국의 입법례는 배우자의 상속분에 관하여는 부부재산법이 아니라 상속의 법리를 따름으로써 생존배우자와 자녀들간의 분쟁의 가능성을 미연에 방지하고 있다.[46)]

민법도 이혼시 재산분할청구권제도가 신설되어 혼인 중 취득재산을 분할하고 있음에 비해 생존배우자의 상속분은 상속인의 수에 따라 유동적이며 매우 낮다는 점에서 개정의 필요성이 제기되어 왔다. 이에 따라 부부재산제 개정과 재산분할청구권제의 개정과 더불어 배우자의 상속분도 함께 개정하게 된 것이다.

국회에 제출된 부부재산제 개정안은 공통점이 많음에 비해 배우자의 상속분에 관한 개정안은 매우 다르다. 우선, 이계경 의원안은 피상속인의 배우자에게 상속재산에서 피상속인의 혼인 중 취득한 재산에 대하여 균등한 비율로 기여분을 청구할 수 있도록 하고 있다. 이론적으로는 합리적으로 보이지만 혼인 중 취득한 재산이 무엇인지를 둘러싸고 상속인간에 분쟁이 생길 여지가 있다. 최순영 의원안은 공유로 추정되는 재산의 절반을 선취분으로 청구할 수 있도록 하고 있으나, 프랑스 민법과는 달리 피상속인의 고유재산과 공유재산의 절반에 대한 상속분은 인정하고 있지 않다. 한명숙 의원안은 이에 관한 내용이 없다.

법무부안은 상속재산의 5할을 생존배우자의 상속분으로 하고 있다. 법무부안은 상속인간의 다툼의 여지를 없애기 위해 일률적으로 상속재산의 5할을 배우자의 상속분으로 규정한 것이다. 이 경우에 예상되는 우려는 혼인기간이 짧은 경우에는 생존배우자에 대한 우대라는 비판이 있을 수 있고, 나이 많은 사람이 재혼하는 경우에 자녀들이 부모의 결혼을 반대할 가능성이 높아질 것이 우려된다. 또한 자녀가 1명인 경우에는 생존배우자의 상속분이 현행보다 낮아진다는 점 등의 문제도 지적되고 있다. 생존배우자가 직계존속과 공동상속할 때에는 5할씩

---

46) 예컨대 독일의 부가이익공동제에서는 배우자가 사망한 경우에는 부가이익공동제가 아니라 상속법원리에 따르고 있으며, 영국의 별산제 역시 그러하다. 다만 프랑스의 공동재산제는 공유재산을 반분한 후의 나머지를 상속법에 따라 분할하고 있다. 이화숙(주 4) 참조.

상속하게 된다는 문제점도 지적된다.

법이 모든 국민을 만족시킬 수는 없지만, 생존배우자가 직계존속과 공동으로 상속하는 경우에는 직계존속의 상속분에 일정비율을 가산하는 것이 바람직하다고 본다.[47)]

VI. 맺는 말

이 연구에서는 부부재산제의 이상이라는 기준에 비추어 별산제, 공동재산제를 평가한 결과, 혼인 중에는 별산제가 합리적이지만, 혼인공동체성을 보완하기 위해 처분권을 제한하고, 혼인해소시에는 공동재산제와 같이 혼인 중 취득재산을 분할하는 절충식제도가 이상에 가깝다는 결론에 도달할 수 있었다. 처분권을 제한하면서도 제3자보호를 위한 제도적 장치가 필요함은 물론이다. 이에 따라 이 논문에서는 부부재산제의 이상을 기준으로 현행 민법상 별산제의 현실을 진단하고 개정안과 개정법의 내용을 검토하고 평가하면서 다음 몇 가지를 제안하였다.

첫째, 부부재산계약의 유형 몇 가지를 민법에 제시함으로써 법정부부재산제로 만족할 수 없는 부부들에게 선택의 기회를 줄 필요가 있다는 것이다. 유형으로는 절충식제도가 개정될 경우에는 별산제와 공동재산제를 규정하는 것이 바람직하다고 보았다.

둘째, 혼인 중 재산분할은 원래 공동재산제에서 유래한 것이고 재산분할은 원래 부부관계의 청산시에 명의와 실질을 일치시키는 절차이므로 혼인 중에는 맞지 않는 제도이지만, 이혼은 원치 않으나 재산을 보전하고 싶어하는 부부를 위한 제도라는 점에서 긍정적으로 평가하였다.

셋째, 재산분할청구권 보전을 위한 채권자취소권은 처분권제한과 중복될 수 있으나 취소의 대상이 다르다는 점에서 긍정적으로 평가하였다.

---

47) 박동섭 변호사는 일본의 입법례와 같이 "배우자의 상속분은 직계비속과 공동상속할 경우는 상속재산의 1/2로 하고 피상속인의 직계존속과 공동상속할 때는 2/3로 할 것을 제안하고 있으며 민유숙 판사는 공동상속인들의 순위에 따라 배우자상속비율을 차등화하는 방안을 검토할 필요가 있다고 한다. 법무부, 민법개정공청회자료집, 78면.

넷째, 이혼 후 미성년자를 보호하기 위해, 자녀가 성년자가 될 때까지 혼인 주택의 매각을 연기하거나 미성년자녀들이 친권과 양육권을 가진 부모중 일방과 그 집에서 살 수 있는 근거규정을 신설하자는 제안을 하였다.

_ 인권과 정의 통권381호(대한변호사협회, 2008) 게재

夫婦別産制와 日常家事代理權, 그리고 表見代理와의 긴장관계

Ⅰ. 머 리 말

1. 부부는 혼인한 남녀 두 사람으로 구성된 한 단위의 혼인공동체이다. 역사적으로 볼 때 법은 부부를 한 단위에서 두 사람으로 인식하는 과정을 밟아 오는 동안, 신분관계는 妻가 무능력자라는 굴레에서 해방된 이래 하나(夫)[1]에서 두 사람(夫婦)으로 분화되었으나, 부부의 재산관계를 둘러싼 갈등은 오늘날에도 여전히 두 사람이면서도 한 단위인 부부의 이중성에 비롯되고 있음을 알 수 있다. 그것은 두 사람으로의 분화가 덜 되었기 때문이 아니라 부부의 재산관계에는 한 단위로 인식되어야 할 속성(혼인공동체성)과 두 사람으로 분화되지 않으면 안 될 당위성(他人性)이 혼재되어 있다는 사실에서 그 원인을 찾아야 할 것이다. 그러므로 부부의 재산관계에 있어서는 혼인공동체성과 타인성을 적절히 고려하는 것이 형평을 보장하는 기준이 될 것이다.

부부의 혼인공동체로서의 속성을 중시하면 부부의 노동(소득활동 · 가사노동)을 동 가치로 보기 때문에 실질적 평등은 이루어지지만, 부부의 재산관리에 관한 자유와 독립성(형식적 평등)은 간과되기 쉽다. 반면에 부부의 타인성에 비중을 두면 재산관리에 있어 부부의 자유와 독립성 및 형식적 평등은 보장되지만, 혼인공동체성은 뒷전으로 물러날 수밖에 없다. 그 결과 경제적 약자의 보호에 미흡하게 되며, 실질적 평등이 보장되지 못하는 경우가 많게 된다. 결국 부부재산관계법의 명제는 이들 서로 조화되기 어려운 요소들(혼인공동체성과 독립성의 보

1) 전통적 제도에서 부부는 혼인에 의해 법적으로 하나가 되며, 그 하나란 夫를 의미한다고 보았는데, 그것은 妻의 존재가 혼인과 더불어 夫에게 흡수, 합병됨을 의미한다. William Blakstone, Commentaries on the Laws of England, vol.4(1916), p.443.

장)을 어떻게 함으로써 형평을 이룰 것인가 하는 것이다.

2. 부부의 재산관계는(관점에 따라 다를 수 있지만) 크게 부부간의 내부적 관계(혼인 중의 생활비용부담, 부양의무 등과 이혼시의 재산분할문제, 그리고 배우자 사망시의 상속 등)와 부부의 제3자에 대한 관계(일방배우자의 채권자에 대한 책임의 한계, 일상가사대리권 등)로 나누어 볼 수 있는데, 이 모든 관계는 부부재산제와 직접 · 간접으로 연결되어 있다.

그 중 일상가사대리권은 혼인공동체의 속성을 강조한 제도로, 법정부부재산제인 부부별산원칙과는 대립되는 영역이다. 별산제는 부부가 각자의 재산을 각자가 관리하고, 그 권리와 의무를 비롯한 모든 행위의 효과도 행위자에게만 귀속한다는 원칙인 데 비해, 일상가사대리권은 부부 일방이 타방배우자의 동의 없이 제3자와 일상가사에 관한 사무를 처리한 경우라도 그 책임은 부부가 공동으로 부담한다는 원칙이기 때문이다. 이렇듯 일상가사대리권은 혼인의 공동체성을 최소한으로 보장하는 제도이므로, 일상가사대리권이 아닌 행위는 당연히 법정재산제인 별산제(각자의 책임)의 원리에 따르는 것이 원칙이다.

그런데 현실의 세계에서 부부는 법제도와는 달리 타방배우자 명의의 재산도 공유로 생각하는 경향이 강할 뿐 아니라, 배우자의 인감도장이나 등기권리증 등을 손쉽게 이용할 수 있는 위치에 있기 때문에 상황에 따라서는 타방배우자의 재산을 그의 동의 없이 처분할 권리가 자기에게 있다고 생각하기 쉽다. 제3자 측에서는 부부 중 일방과 거래하는 경우에 그 행위가 일상가사에 해당하는 것으로 믿거나(따라서 부부의 공동책임으로), 그 행위자가 재산의 명의자(혹은 경제적 강자: 대개의 경우, 夫)인 타방배우자를 대리하는 것으로 믿고 거래하는 것이 보통이다. 그러므로 일상가사의 범위를 넘는 행위에 대하여 별산제의 원리를 엄격히 적용하면 명의자인 배우자(본인)는 보호되지만, 상대방은 뜻하지 않은 손해를 입을 수 있으나, 일정한 경우의 상대방은 보호하지 않으면 안 된다. 그 상대방을 보호하는 법적 수단으로는 일상가사대리권의 범위를 확대하거나, 表見代理를 적용(또는 유추적용)한다는 것이다.

이에 따라 부부 일방의 법률행위가 일상가사의 범위를 넘는 것일 때, 일정한 경우는 다시 일상가사의 범위 내로 포용하고, 일정한 경우는 별산제의 원리에 따라 행위자 단독의 책임(협의의 무권대리)으로 분류하며, 일정한 경우에는 표현대리법리에 의해, 믿음에 정당성있는 상대방을 보호하여야 할 것이다. 따라서 이를 위한 일정한 기준이 필요하다.

그런데 이 문제를 해결함에 있어 민법에는 다음 몇 가지 문제가 있다. 첫째, 일상가사의 범위가 모호할 뿐 아니라 일상가사의 범위를 넘는 배우자의 행위에 대하여 아무런 규정을 두고 있지 않다는 점, 둘째, 혼인의 재산적 효과로서 제830조에서 법정재산제로 별산제를 선언한 데 이어 제832조에서 일상가사채무의 연대책임을 규정함에 그치지 않고, 혼인의 일반적 효과인 제827조에서 "부부는 일상의 가사에 관하여 서로 대리권이 있다"고 규정함으로써, 대리제도에 관한 민법총칙 규정과 혼동될 여지를 제공하고 있다는 것이다. 그 결과 일상가사의 범위를 넘는 행위에 대하여 별산제 원리를 따를 것인지, 아니면 越權表見代理理論을 적용할 것인지에 대한 갈등의 원인이 되고 있다.

이 논문에서는 이러한 일상가사대리권을 둘러싼 여러 문제를 별산제와 일상가사대리권, 그리고 월권표현대리와의 긴장관계인 동시에 보완관계로 파악하고, 이들 제도의 경계선상에서 발생하는 갈등 해소의 실마리를 부부재산제와의 관계 속에서 찾아보고자 한다.

II. 各國의 夫婦財産制에 있어 제3자에 대한 責任과 日常家事代理權[2)]

1. 夫婦財産制와 日常家事代理權의 연혁

이미 살펴본 바와 같이 法은 부부를 하나에서 두 사람으로 인식하는 과정을 밟아 왔다. 부부를 한 단위로 취급하기 위하여 법이 사용한 초기의 기술은, 부부는 일심동체이므로 법적으로 하나(夫)라는 것, 妻는 무능력하다는 것, 따라서 妻의 인격과 재산은 夫에게 흡수 동화되는 대신, 夫가 妻를 비롯한 가족을 부양한다는 것 등이었다.[3)]

---

2) 각국의 부부재산제와 그 연혁 및 일상가사대리권에 관하여 자세한 것은 이화숙, "부부의 재산관계에 관한 비교법적 연구," 연세대학교 대학원 박사학위논문(1988), 60면 이하 참조.

이 때 필요한 것이 妻의 일상가사대리권이었다. 즉 기혼여성들은 무능력자이지만 가사관리를 담당하였으므로 시장에서 상인들로부터 물건을 직접 구입(특히 외상으로)할 때 상인들이 그의 夫에게 책임을 물을 수 있는 장치가 필요하였던 것이다(독일민법의 Schlüssel Gewalt, 영미법의 agency of necessity).

법률상 여성의 능력을 인정하기 시작하면서 법은 부부의 인격을 별개의 독립된 인격(두 사람)으로 파악하기 시작하였다. 그러나 부부의 재산관계에 있어서의 배우자의 독립성은 신분적인 면보다 훨씬 늦게 인정되기 시작하였거나, 부부의 법적인 독립성이 인정된 후에도 그 진행과정에서 많은 문제점이 드러나기 시작하였다. 그것은 배우자의 독립성이 인정되려면 부부의 지위가 동등하거나 동등에 가까워야 하는데 실제로는 그렇지 못했기 때문이다. 이에 따라 일찍이 기혼여성재산법(Married Women's Property Act 1882)에서 별산제를 채택하고 배우자의 독립성을 법적으로 보장했던 영국법은 재산의 명의자가 곧 소유권자라는 형식적 평등에 충실한 나머지 부부의 공동체적인 면을 간과한 결과, 실질적 평등의 문제가 드러남에 따라, 이를 보완하기 위해 공유제의 장점을 도입하기 시작하였다. 그것은 이혼시에 부부 일방이 재산의 명의를 갖고 있는 배우자에게 자기의 기여분의 반환을 청구할 수 있는 권리를 인정함으로써 형평한 분배를 할 수 있게 하며, 가사노동의 기여를 경제적 가치있는 기여로서 평가할 수 있게 한다는 것이었다.

한편, 초기부터 부부의 혼인공동체성을 중시한 프랑스의 공유제에서는 부부의 실질적 평등은 보장되었으나, 배우자의 독립성이라는 형식적 평등에 결함이 있었으므로 이를 보완하기 위해 별산제의 장점(재산에 대한 각자 관리)을 도입하는 방향으로 공유제를 개선하여 왔다.

각국의 부부재산제가 혼인공동체성과 배우자의 독립성의 조화라는 이상을 향해 수정을 거듭해 오면서도 오랫동안 고수해온 원칙은 妻의 일상가사대리권이었는데 그것은 그만큼 여성들의 경제적 지위가 낮았기 때문에, 夫의 신용을 이용할 현실적인 필요성이 있었기 때문이었다. 이에 따라 영국은 1970년에, 프랑스는 1965년에, 독일은 1976년 법에서 비로소 妻의 일상가사대리권을 일상가사채무에 대한 부부의 연대책임으로 개정하였다.

---

3) 주 1) 참조.

2. 別産制의 경우(영국을 중심으로)

(1) 별산제의 기원지라 할 수 있는 영국은 1882년 기혼여성재산법(Married Women's Property Act)에 의해 별산제를 선언하면서 부부의 재산관계를 타인간의 재산관계와 같이, 부부의 공동재산이 존재하지 않는 관계로 파악하기 시작하였다. 이에 따라 기혼여성도 夫와 같이 재산을 소유할 수 있었으며 명의자가 곧 소유권자로 추정되었다. 그러나 별산제는 부부의 재산은 혼합되기 마련이라는 것, 대부분의 경제적 가치 있는 재산은 夫의 명의로 취득된다는 현실, 부부는 공동의 협력을 통해 재산을 축적한다는 사실 등을 간과하고, 명의를 기준으로 재산권 다툼(이혼시)을 해결하였으므로, 명의를 갖고 있지 않는 배우자(대부분 전업가정주부이며, 경제적 약자인 妻)에게는 대단히 불리한 제도라는, 형평상의 문제점이 드러나기 시작하였다. 특히 1945년 이후, 전시의 경솔한 혼인으로 인한 이혼이 급증하면서, 지금까지 가정에 머물던 妻가 이혼과 동시에 집(명의가 없으므로)과 생계수단(夫의 수입)을 동시에 상실하는 일이 속출하였으므로, 이혼의 증가에 비례하여 별산제의 결함은 더욱 부각되었던 것이다. 이러한 결함을 시정하기 위해 많은 법관들이 이혼시에 공유제에서와 같은 방식으로 재산을 분배하였으므로, 의회는 마침내 혼인소송과 재산법(Matrimonial Proceedings and Property Act)을 제정하여 이혼시에는 마치 공유제에 가깝게 혼인 중 취득재산을 분배하는 한편, 생존배우자의 상속권을 상향조정하였다. 그러나 同法에서는 가사노동의 기여를 경제적 가치 있는 기여로 인정한다는 명시적인 규정이 없었으므로, 1973년의 혼인소송법(Matrimonial Causes Act)[4]에서는 가사노동에의 기여도 경제적으로 평가하여야 한다고 규정하기에 이르렀다. 영국이 기혼여성재산법에 의해 별산제를 선언한 지 90년 만인 1973년에 가사노동의 경제적 가치를 인정함으로써 진정한 의미의 개선인 혼인공동체성의 보장(실질적 평등)이 이루어진 것이다.

(2) 별산제의 원칙은 부부의 재산관계가 마치 타인간의 관계에 적용되는 원칙과 동일하게 취급된다는 점에 있다. 그러므로 혼인공동재산이 없으며, 부부의

4) 이 법은 Divorce Reform Act 1969와 Matrimonial Proceedings and Property Act 1970을 하나로 통합하면서 그 내용을 개선한 것이다.

재산을 구별할 필요가 있을 때(이혼, 배우자의 채권자에 대한 책임, 상속 등)에는 명의가 재산권을 결정하는 1차적인 기준이 된다는 것이다. 곧 명의자가 소유권자인 것으로 추정되며, 각자의 채권과 채무에 대하여는 각자가 그 권리와 의무를 부담한다는 것이다. 그러므로 夫의 채권자는 夫 명의의 재산에 대하여서만(그 한도 내에서) 그의 권리를 주장할 수 있을 뿐이다. 다만 만일 妻가 집을 사는 데 실질적인 기여를 하였고 夫의 명의로 등기되었다면 妻는 그 집에 대해 수익적 권리를 보유하고 있으므로 妻가 그 집에 대해 갖는 지분에 대하여는 夫의 채권자가 침해할 수 없다고 본다.[5)]

이혼시에는 이혼 후 배우자의 필요성(Need)과 혼인 중의 기여도에 따라 대부분의 경우 혼인 중 취득재산을 반분하며, 자녀를 양육하는 母에게 주택의 소유권이나 자녀가 18세에 이르기까지의 기간 동안 거주권을 주는 것이 일반적이다.[6)]

(3) common law하에서 기혼여성은 식품, 의복, 가사용품, 소가구, 가정부고용비용, 가사용품의 수리비나 자녀의 교육을 위한 계약에 대해서는 夫의 대리인으로서 추정되었으나 1970년의 혼인소송과 재산법(Matrimonial Proceedings and Property Act) 제41조에 의해 폐지되었다. 그러므로 부부는 일상가사용품에 대해서도 각자의 행위에 대하여 각자가 책임을 지는 것이 원칙이다. 그러나 오늘날에도 상인들은 기혼여성에게 재산이 없어 책임을 물을 수 없는 경우에는 여전히 妻의 필수대리(wife's agency of necessity)추정을 이용하여 夫에게 청구할 수 있다. 다만 상인이 기혼여성의 신용을 믿고 그에게 필수품을 공급한 경우에는 夫에게 책임을 물을 수 없다고 본다.

공급된 물건이 필수품인지에 대한 입증책임은 원고에게 있으며, 필수품인지의 여부는 妻의 생활수준과 그 물건을 구입할 당시의 실제적 필요성 등을 고려하여 결정한다. 그러므로 사치품은 필수품이 아니다. 만일 구입한 물건 또는 서비스가 필수품이지만 高價인 경우(비싼 드레스 등)나, 夫의 생활수준에 비추어 사치스럽다고 여겨지는 경우 외에는 필수품일 수 있다. 그러므로 夫의 생활수준에 비추어 사치품이거나 그러한 종류의 물건을 妻가 이미 갖고 있는 경우에는 夫의 책

---

5) Cretney, Family Law(1987), pp.69-70.

6) 영국법상 이혼시 재산을 분할하는 원칙에 대하여 자세한 것은 이화숙, "부부재산제와 혼인해소시의 경제적 효과," 가족법연구 제5호(1991), 130면 이하 참조.

임은 인정되지 않을 가능성이 많다.

夫는 상인에게 妻에 대한 신용거래를 금하였다는 사실, 妻에게 자기의 신용을 이용하지 말도록 하였거나 妻에게 이미 충분한 생활비를 지급하였다는 사실을 입증함으로써 상인의 청구를 거절할 수 있다. 妻에게도 수입이 있어 필수품구입에 있어 夫의 신용을 빌릴 필요가 없는 경우에는(다투어지긴 하지만) 妻가 스스로의 필요에 의해 구입한 경우이므로 妻는 대리인으로서가 아니라 본인으로서 거래한 것이며, 夫에게는 책임이 없다고 하는 것이 일반적이다.7)

필수품이 아닌 경우에는 대리제도의 일반원칙, 특히 表見代理(apparent authority)의 일반원칙에 따른다. 즉 일방배우자가 타방배우자의 이름으로 거래하였으며, 본인이 특정인에게 대리권을 수여한 것과 같은 외관을 준 경우에는 본인이 그 제3자에게 책임을 지는 원칙에 따라, 본인인 배우자에게 대리행위의 효과가 귀속된다. 그러나 이것은 夫婦에게만 적용되는 원칙이 아니라 대리제도의 일반원칙에 기인한 것이다.8)

한편, 별산제를 취하는 미국의 경우에도 妻가 夫의 책임으로 생활필수품을 구입한 경우에 夫는 공급자인 상인에 대하여 책임을 져야 한다는 妻의 필수대리제도가 오늘날도 이용된다. 다만 wife's agency of necessity라는 용어는 적절치 않다고 주장되기도 한다.9)

이에 의하면 夫는 妻에게 대리권을 수여했는지의 여부와 무관하게 생활필수품에 대하여 책임이 있으며, 夫의 책임은 그의 동의에 기한 책임이 아닌데다가, 妻 역시 그가 구입한 필수품에 대해 책임이 있으므로 대리와는 구별되는 책임이라는 것이다. 그러므로 생활필수품 원칙과 대리(agency)를 혼동한 것이라고 본다. 또한 생활필수품은 일반적으로 妻와 자녀들의 일상생활에 필요로 하는 물건, 그리고 夫의 능력에 따라 적절하다고 생각되는 물건 또는 서비스이므로 妻가 夫의 대리가 되는 관계에서가 아니라 부양과 같은 의미가 되는 것이며, 생활필수품에 한하는 것이 아니라 생활필수품을 구입하기 위해 차용한 금전도 포함한다고 이해한다.10)

---

7) Bromley, Family Law(1993), pp.129-132.

8) M. A. Glendon, Family, Law and State(1977), pp.175-176.

9) H. H. Clark, Law of Domestic Relations(1983), p.189.

10) Ibid.

3. 共有制의 경우(프랑스를 중심으로)

(1) 프랑스는 전통적으로 공유제를 취하여 오다가, 1965년에 소득공유제(communauté d'acquêts)로 바꾸었다. 그 내용은 혼인 중 취득재산은 공유재산을 구성하여 夫가 관리하나,[11] 부부의 고유재산은 각자가 관리하며, 공유재산 중 妻의 유보재산을 신설하여 별산제적 요소를 가미한 것이었다. 그런데 공유재산에 대한 夫의 관리라는 측면이 부부평등에 反한다는 비판에 따라 1985년 개정법에서는 공유재산에 대한 妻의 유보재산을 폐지하고 부부의 공동관리로 개정하였다. 그러므로 부부재산은 공유재산과 부부 각자의 고유재산으로 구성되며, 부부는 각각 공유재산에 대한 관리권과 처분권을 갖는다. 다만 공유재산을 보존하기 위하여 처분권의 행사시에는 대단히 많은 제약이 있다. 예컨대 부동산 · 양도에 있어 등록을 요하는 동산의 양도나 물권의 설정 및 가족의 주거에 관한 권리나 가구 등을 처분하는 경우에는 상대방 배우자의 동의가 필요하며(프랑스 민법 제1424조, 1425조) 동의가 없는 경우에는 당연히 무효이다.

이혼시에는 각자의 고유재산을 취하고, 채무를 청산한 후의 재산을 반분한다. 그러므로 공유제에서는 가사노동의 경제적 가치가 소득활동과 동등하게 분배된다는 장점이 있다.

(2) 프랑스의 소득공유제에 있어서의 가장 큰 난점은 바로 채무도 공유가 된다는 점이다. 즉 공유기간 중 부담하여야 할 채무는 모두 소극 공유재산을 구성하며(프랑스 民法 제1409조), 夫婦 각자가 부담하게 된 채무의 경우에 채권자는 공유재산에 대하여 변제를 청구할 수 있으나(프랑스 民法 제1413조), 다만 채무자인 배우자의 사기나 채권자의 악의가 있는 때에는 당해 배우자의 고유재산에 대해서만 변제를 청구할 수 있다. 이처럼 채무도 공유이기 때문에 최소한의 가정의 안정을 위한 배려가 필요하다. 이에 따라 부부 각자가 배우자의 동의 없이 보증이나 차용을 한 경우에는 공유재산이 아니라 그의 고유재산으로만 책임을 부담한다.[12]

---

11) 공유재산을 夫가 관리한다는 원칙은 1985년 법개정에 의해 부부 각자가 관리하는 것으로 변경되었다.

12) Colomer, Droit Civil Regimes Matrimoniaux, 2nd ed.(1986), pp.89-90.

(3) 프랑스는 1965년에 비로소 「妻의 일상가사대리권」에서 「부부의 일상가사채무에 대한 연대책임」으로 개정하였다. 프랑스 民法 제220조는 "부부는 각자 일상의 가사 또는 子의 교육을 위한 계약을 단독으로 체결할 권한을 가진다. 부부는 서로 다른 일방이 진 모든 채무에 대하여 연대책임이 있다. 다만 일상의 생활수준, 거래의 유익성 유무 또는 계약 당사자의 성의 유무를 참작하여 과도지출이 명백한 때에는 연대책임이 없다"고 규정하고 있다.

일상가사란 가사유지를 위해 사용된 식품, 난방, 광열비, 교육비 및 주거를 위한 비용 등이며, 소액의 소비대차 등은 그 빈도가 잦다 하더라도 夫婦가 연대책임을 진다는 것이다. 일상가사채무에 대하여 夫婦가 연대책임을 진다는 의미는 일상가사채무의 채권자는 夫婦의 공유재산과 채무자인 배우자의 고유재산 및 그가 거래한 채무자의 배우자의 고유재산에 대하여도 청구할 수 있다는 의미를 갖고 있다.[13)]

4. 독일의 附加利益共同制의 경우[14)]

(1) 1958년부터 시행되는 독일의 법정부부재산제인 부가이익공동제(Zugewinngemeinschaft)는 별산제와 공유제의 장점을 본 딴 세련된 재산제로 평가된다. 혼인 중에는 별산제와 같이 부부 각자가 자기 명의의 재산을 독립하여 사용·수익·처분하며, 혼인종료시에는 부부가 혼인 중에 얻은 부가이익(Zugewinn: 혼인 중 재산의 증가분)에 대하여, 누구의 행위에 의해 재산이 증가되었느냐에 관계없이, 각 배우자가 동일한 지분을 갖는 것이다. 즉 각자의 부가이익을 비교하여 증가이익이 적은 배우자는 상대방 배우자의 증가분의 2분의 1에 대해 청산채권을 취득한다. 그러므로 혼인 중에는 배우자의 독립성(별산제)이 보장되고 혼인종료시에는 공유제와 같이 혼인공동체적 요소가 존중되므로 형식적 평등과 아울러 실질적 평등이 이루어질 수 있게 된다.

그런데 순수한 별산제와는 달리 배우자들은 혼인해소시에 상대방 배우자의

---

13) Glendon(주 8), p.176.

14) 독일의 부부재산제와 일상가사대리권과의 경계 및 상호작용에 대하여 자세한 것은, Renate Käppler, Familiäre Bedarfsdeckung im Spannungsfeld von Schlüsselgewalt und Güterstand, A.C.P(1979), S. 258ff.

증가이익에 대해 지분을 갖기 때문에 타방배우자의 청산청구권을 보호하고 가족공동생활의 안정을 위해 배우자일방이 자기 재산을 전체로서 처분하는 계약을 체결하거나(독일민법 제1365조), 혼인가사용구를 처분하는 경우(독일민법 제1369, 1366조)에는 타방배우자의 동의가 있어야 한다는 제한이 있다.[15] 그러므로 타방배우자의 동의 없는 단독행위는 무효이다(독일민법 제1367조). 계약의 경우와 같은 효력의 유보(추인여부에 좌우된다는)조차 없다. 계약인 경우에는 타방배우자의 추인이 있으면 처음부터 유효한 것으로 본다(독일민법 제1366조).

부가이익공동제에서의 공동제적 요소는 위에서 본 바와 같이 처분시 배우자의 동의를 필요로 하는 경우가 있다는 점, 일상가사채무의 공동부담(독일민법 제1357조), 일상가사상의 가사도구의 공유 추정, 공동 사용하는 주거에 대한 점유권 등이 있으나, 배우자의 동의를 필요로 하는 것은 부가이익청산을 확보하기 위한 수단이며, 나머지는 혼인이 갖고 있는 생활공동체의 본질상 인정되는 불가피한 요소에 불과하므로 이름과 달리 공동제적 요소는 적다고 할 수 있다.

(2) 배우자의 채권자에 대한 관계는 별산제와 유사하다. 즉 일방배우자의 채권자는 그가 거래한 채무자의 재산에 대하여만 책임을 물을 수 있다는 것이다. 그러나 일방배우자의 채권자를 보호하기 위하여 일방배우자 또는 부부가 점유하는 동산은 채무자인 배우자의 소유로 추정하며, 일방배우자가 독점적으로 사용하는 물건은 그의 소유로 추정한다(독일민법 제1362조).

(3) 독일민법은 1976년의 혼인과 가족에 관한 1차개정법(1 Gesetz zur Reform des Ehe und Familienrecht)에서 '妻의 일상가사대리권'을 '부부의 일상가사채무의 연대책임'으로 개정하였다. 독일민법 제1357조 1항은 "각 배우자는 가족의 일상가사범위 안에 속하는 사무를 처리할 수 있으며, 그 효과는 타방배우자에게도 미친다. 다른 사정이 없는 한 일상가사행위로 인하여 각 배우자는 권리를 취득하고 의무를 부담한다."고 규정하고 있으며, 2항에는 배우자의 일상가사처리권에 대한 제한이나 배제사유를 규정하고 있다. 의무를 부담한다는 뜻은 부부가 연대채무를 부담함을 의미한다.

---

15) Beitzke, Familienrecht, 26 Aufl(1992), S.96.

일상가사의 범위에 속하는 사무란 식료품, 의료, 의복 및 주거비 등 부부의 공동생활을 영위하는 데 필요한 기본적인 범위에 제한된다. 따라서 주택에 대한 매매계약, 주거계약의 체결[16], 임대차계약(다툼 있음), 임대차계약의 해지나 轉貸(다툼 있음), 자녀를 학교에 입학시키거나 기숙사에 보내는 계약(친권의 내용임) 등에 대해서는 제1357조가 적용되지 않는다. 주택의 임차계약, 유가증권의 구입이나 저축계약의 체결, 생명보험 계약의 체결 등에 대해서는 다투어지는데, 일상가사에 포함되지 않는다는 입장에서는 설사 그 계약이 가족의 부양을 위해 유익하더라도 그 계약은 무효가 된다고 한다. 소비대차 계약은 그로 인해 구입한 물건이 일상가사에 필요한 경우이거나 가족의 일상가사를 위해 쓰여진 경우에는 제1357조가 적용된다. 이 경우에는 일상가사에 적합한지의 여부가 좌우하게 된다.

일상가사처리권의 법적 성질은 대리의 경우와 같이 일방배우자의 행위의 효과가 본인에게 귀속되는 것이 아니라, 대리인 자신과 본인에게 확대된다는 것이다.[17] 배우자의 법률행위는 대리인의 대리행위와 구조적인 차이가 있기 때문에 흠결이 있는 경우에도 대리에 관한 민법총칙상의 원칙이 적용되지도, 유추적용되지도 않는다고 보는 견해[18]가 있는가 하면, 개별적인 경우에 대리에 관한 제164조 이하의 규정이 적용된다는 견해도 있다.[19] 그러나 일방배우자가 제1357조 2항에 의한 일상가사처리권의 배제와 제한을 위반하고 가사사무를 처리한 경우에는 상대방 배우자에게 그 책임을 물을 수 없음은 물론이다.

배우자 상호간의 재산 처분이나 관리에 관하여는 배우자일방의 재산권에 관하여 규정한 부부재산제 원칙에 따르며 어떤 경우에도 제1357조가 적용되지 않는다. 따라서 예컨대 妻가 일상가사에 속하는 의무를 이행하기 위해 夫의 동의 없이 夫 소유의 책상을 처분한 경우에는 (일상가사에 해당하는지 문제될 수 있으나) 원칙적으로 무효로 된다. 아무리 가족의 일상가사사무에 필요하다 하더라도 다른 일방배우자의 재산처분을 허용하는 경우에는, 그 재산에 쉽게 접근할 수 있는 타방배우자에 의한 재산권 침해를 인정하는 결과가 되기 때문이다. 그러므로 지

16) BGH FamRZ 1989, 35.

17) Gernhuber, Familienrecht, S.199.

18) Gernhuber(주 17); Renate Käppler(주 14), S.273.

19) Schwab, Familienrecht, S.70.

극히 예외적 시간과 상황이라는 비상시의 거래에 대해서만 예외가 인정되고 있다. 비상시라면 다른 일방배우자의 재산에 대한 처분은 제1357조에 따라 유효하게 된다.[20)]

그런데 만일 일방배우자가 대리권을 위임한 경우에는 제1357조가 아니라 대리에 관한 규정이 적용된다. 따라서 타방배우자의 이름으로 행한 행위의 효과는 그 타방배우자에게 귀속된다. 그러나 행위자에게 대리권이 없거나 대리권의 범위를 넘은 경우에는 무권대리에 관한 제177조 이하가 적용된다. 일방배우자의 불성실에 기인하여 대리권이 있는 것과 같은 외관이 존재하는 경우에도 그 배우자의 행위의 효과는 행위자에게만 미치고 타방배우자에게는 미치지 않는다.

제1357조는 별거 중인 부부에게는 적용되지 않는다(독일민법 제1357조 3항). 예컨대 夫와 동거중인 줄 믿고 별거중에 있는 妻에게 일상가사용품을 공급한 선의의 제3자는 보호되는가(夫에게 청구할 수 있는가) 문제된다. 이에 대하여 일반적으로 제1357조는 권리외관책임과 무관하다고 본다. 즉 제170-172조의 외부적 수권행위가 있는 경우와 달리 제1357조는 널리 알려진 사실이 있는가에 대한 여부와 관계없이 제3자에게 그 효과가 발생하는 점, 제3자는 그가 거래한 당사자가 동거중인지 혼인했는지의 여부를 알지 못한 경우에도 제1357조 1항에 의해 보호된다는 점을 생각할 때, 선의의 제3자라 하더라도 제1357조 3항에 따라 보호되지 못한다고 본다.[21)]

Ⅲ. 민법상의 別産制, 日常家事代理權과 日常家事債務의 連帶責任

1. 別産制의 의미

민법은 제830조에서 부부 일방이 혼인 전부터 가진 고유재산과 혼인 중 자기 명의로 취득한 재산은 그 特有財産으로 하고(1항), 부부의 누구에게 속한 것인지 분명하지 아니한 재산은 共有로 추정(2항)함으로써, 법정재산제로서 別産制를 규정하고 있다. 별산제는 구체적으로 다음과 같은 의미를 지니고 있다.

---

20) Schwab(주 19), S.74.

21) Schwab(주 19), S.79.

첫째, 부부의 누구에게 속한 것인지 분명하지 아니한 재산(가재도구 등)은 제830조 2항에 의해 공유로 추정되므로, 배우자일방의 채권자는 공유로 추정되는 재산의 2분의 1에 대하여만 압류할 수 있고, 이혼시에는 半分하며,

둘째, 부부가 혼인 전부터 가진 고유재산과 혼인 중 상속이나 증여받은 재산 등, 배우자의 협력에 의하지 않고 취득된 배우자일방의 재산(동산 · 부동산)은 그의 고유재산이며, 이혼시에도 분할의 대상이 되지 않는다(다만 부양의 필요성에 의해 배우자에게 분할을 인정한 판례[22]가 있다). 이것은 별산제에 고유한 원칙이 아니라 공유제를 포함한 어떠한 재산제하에서도 존중되는 원칙이다.[23]

셋째, 혼인 중 형성된 재산중 배우자일방의 명의로 취득된 재산(부동산, 예금, 주식 등)은 원칙적으로 그 명의자의 특유재산이며, 이혼시에는 재산분할청구의 대상이 될 수 있으나, 혼인 중에는 명의자만의 재산으로 추정된다. 따라서 명의자의 채권자가 재산을 압류한 경우에 타방배우자는 압류재산에 대한 자기의 지분을 주장할 수 없다고 해석된다. 물론 이혼시에는 혼인 중 취득재산에 대한 그의 기여를 입증하여 지분의 반환을 청구하거나, 재산의 분할을 청구할 수 있는 재산이라 하더라도 이들 권리가 구체화하기 전인 혼인 중에는 최소한(또는 별산제를 취하는 한) 명의자가 소유권자라는 별산제의 원칙은 존중되어야 하기 때문이다. 이에 대하여 혼인 중 취득재산을 공유재산으로 추정(제830조 2항)하고, 명의를 갖고 있지 않은 배우자는 제187조에 의해 등기 없이도 공유재산을 취득한다고 보아 '혼인 중 취득재산'을 물권적으로 해석함으로써, 배우자의 채권자의 강제집행시 자기의 지분을 주장할 수 있다는 견해[24]도 있으나, 별산제의 제도하에서 (혼인 중) 실질적인 공유제를 인정하는 것으로 찬성하기 어렵다.

한편 '혼인 중 취득재산'에 대해 공유제의 채택을 주장하는 견해[25]도 있으

22) 서울가정법원 1991. 12. 12, 90드77682 판결; 이 판결에서 법원은 피고가 그 父로부터 받은 돈을 가지고 산 부동산의 4분의 1 지분을 원고인 妻에게 부양적 요소를 감안하여 분할하도록 하였다.

23) 다만 공유제에서는 채무도 공유가 되므로 부부의 고유재산에 대하여도 타방배우자의 채권자가 변제를 청구할 수 있는 경우가 있을 수 있다(예컨대 일상가사채무의 경우). 이 논문 II의 3. 공유제(프랑스)의 경우 참조.

24) 조미경, "재산분할청구권," 민법학의 회고와 전망, 한국민사법학회(1993), 897면 이하.

25) 한봉희, "한국이혼법의 회고와 전망," 가족법연구 제7호(1993), 116면. 여성단체에서도 별산제가 전업가정주부에게 불리하다 하여 공유제의 채택을 주장하고 있다.

나, 공유제가 반드시 이상적인 것만은 아니다. 채무도 공유가 되기 때문에 가족생활의 안정이 위태롭게 되는 경우가 발생할 수 있고,[26)] 공유재산의 관리가 복잡하다는 점[27)] 등은 공유제의 단점으로 지적된다.

이 점에 있어 별산제는 장점을 갖고 있다. 즉 혼인 중에는 자기 명의의 재산을 각자가 관리하기 때문에 재산관리가 자유롭고 독립적이며 복잡하지 않다는 점, 일방배우자의 채권자가 타방배우자 명의의 재산에 대하여는 그의 채권을 행사할 수 없기 때문에 가정이 보호될 수 있다는 점 등이다.

그러나 별산제의 단점은 대부분의 재산이 夫의 명의로 취득되는 현실에서 명의만을 기준으로 소유권자를 결정하기 때문에 이혼시에는 경제적 약자(대부분의 경우 妻)에게 불리하다는 점에 있다. 그런데 1991년법에 재산분할청구권이 신설되었으므로 그 결함은 어느 정도 시정된 셈이다. 앞으로의 과제로 이혼시 재산분할 과정과 특정재산에 대한 소유권다툼에 있어 가사노동을 통한 기여를 경제적 가치 있는 기여로서 평가하고,[28)] 배우자의 상속분[29)]을 보다 높이며, 배우자의

---

26) 공유제하에서는 명의에 관계없이 혼인 중 취득재산은 공유이므로 채무도 당연히 공유가 된다. 따라서 부부의 고유재산이 없는 경우에는 가족의 생계가 위태롭게 될 수 있다.

27) 예컨대 프랑스 공유제에서는 공유재산을 부부가 공동으로 관리하는 것을 원칙으로 하면서도 공유재산의 보존을 위하여 일정한 공유재산의 처분에는 배우자의 동의를 얻도록 하고, 그 외의 재산은 부부가 각자 처분할 수 있으므로 재산관리가 복잡할 뿐 아니라, 공유재산의 각자 관리시 혼란이 예상된다.

28) 대법원은 제839조의2에 의한 이혼시의 재산분할청구에 있어서는 처의 가사노동의 기여를 경제적 가치 있는 것으로 평가한 바 있다: 대법원 1993. 5. 11, 93스6 결정.

그러나 제830조의 해석에 있어서는 여전히 가사노동의 경제적 가치를 평가하지 않고 있다: 대법원 1986. 9. 9, 85다카1337, 1338 판결; 대법원 1990. 10. 23, 90다카5624 판결; 대법원 1992. 8. 14, 92다16171 판결 등.

다만, 대법원은 남편의 월급을 기초로 가정주부가 부동산 투기 등에 의한 사실상의 재산증식을 하여 처 명의로 등기한 경우에 이를 부부의 공유재산으로 판시한 경우도 있고(대법원 1990. 10. 23, 90다카5624 판결), 생활력이 강한 처가 실질적으로 재산증식에 기여한 반면에 夫는 처의 장사를 돕기도 하고 운전사로 취직하기도 하였으나 가정생활을 돌보지 않았으며, 재산이 처 명의로 등기된 경우에 처의 특유재산으로 본 경우(대법원 1992. 12. 11, 92다21982 판결)도 있어, 가정주부인 처의 사실상의 재산 증식을 기여로서 인정하지 않았던 과거(재산분할청구권 신설전)에 비해 진일보한 경향을 보이고 있다.

29) 민법상 생존배우자는 직계비속과 공동으로 상속하며, 그 상속분은 고유의 상속분(1)에 5할을 가산한 것이다. 따라서 생존배우자의 상속분은 공동상속인의 수에 따라 좌우된다는 단점이 있다. 특히 생존배우자가 처인 경우에는 자녀교육과 노후의 생계보장을 위해 상속분을

재산분할청구를 피하기 위해 고의로 재산을 처분한 행위를 무효화함으로써 배우자의 재산권을 보존할 수 있는 안전장치[30]를 마련한다면 혼인 중에는 별산제, 이혼시에는 공유제라는 부부재산제의 이상은 어느 정도 실현가능하게 된다. 그렇다 하더라도 남는 문제점은 예컨대 妻는 夫의 채권자가 夫 명의의 재산에 대한 채권을 행사할 때 자기의 기여분을 지분으로서 주장할 수 없다는 점이다. 그러나 이것은 그 반대의 경우, 즉 예컨대 夫의 채권자는 妻 명의의 재산에 대하여는 채권을 행사할 수 없다는 장점으로 상쇄되는 것은 아닐까?

넷째, 별산제에서는 명의가 중요한 기능을 하지만 그것은 혼인 중의 기준일 뿐, 혼인종료시에는 명의가 부부의 재산권다툼을 해결하는 유일의, 절대적인 기준은 아니라는 점이다. 부부재산제가 실제적인 의미를 갖는 것은 혼인 종료시, 특히 이혼시이다. 따라서 예컨대 이혼시에 夫가 주택의 명의를 갖고 있다 하더라도 妻는 주택의 구입에 대한 그의 기여[31]를 주장하여 夫의 단독소유 추정(제830조 1항)을 번복할 수도 있고, 누구에게 속한 것인지 불분명한 재산으로 공유재산임을 주장할 수도 있으며(제830조 2항), 재산분할청구권을 행사(제839조의2)하여 그의 기여분[32]을 반환받을 수 있다. 그러나 제830조에 의한 특정 재산권다툼(이혼시)에 있어서는 여전히 명의가 존중되고 있는데, 이에 대하여는 제830조 1항을 다음과 같이 완화 해석함으로써 불합리함을 시정할 수 있다고 본다. 즉, 명의자의 재산은 제830조 1항에 의해 일단 그 명의자의 소유로 추정되며, 타방배우자는

높일 필요가 있음에도 외국의 입법례에 비해 매우 낮다.

30) 예컨대 영국의 혼인소송법 제37조는 명의자가 이혼 전 3년 내에 재산을 처분한 경우에는 배우자의 청구를 실효시키기 위한 고의가 있다고 추정하고, 3년 이상이면 청구인이 명의자의 재산의 양도가 원고인 자기의 재산권양도 및 부양료청구를 실효시키기 위한 목적으로 행해졌음을 입증하여 이를 취소할 수 있다. 이화숙(주 6), 133면 참조.

31) 대법원은 제830조의 해석에 있어 실질적 및 금전적 기여만을 경제적 가치있는 기여로서 인정하며 가사노동은 경제적 가치있는 기여로서 인정하지 않는다. 다만 가정주부의 실질적 재산증식에 대하여 종래에는 이를 기여로서 인정하지 않았었으나, 최근 이러한 실질적 증식을 기여로서 인정한 바 있다. 주 28) 참조.

순수한 가사노동의 경제적 가치를 인정한 판례로는 서울민사지법 1988. 6. 9, 87가합3317 판결이 있을 뿐인데, 그나마 이 판결은 그 후 고등법원에서 파기된 바 있다.

32) 제839조의2에 의한 재산분할청구시에 법원은 별산제와 달리 가사노동의 경제적 가치를 인정한다; 대법원 1993. 5. 11, 93스6 결정. 대개의 경우 전업가정주부인 처는 부 명의 재산의 30% 정도를, 드물게는 80%까지 분할받은 예도 있다. 김성숙, "청산적 재산분할액수의 산정기준," 가족법연구 제8호(1994), 302면 이하 참조.

이에 대한 반증을 제기하여 공유재산임을 주장할 수 있다. 명의자가 자기의 독점적 소유임을 입증하지 못하면 누구에게 속한 것인지 분명하지 않은 재산이 되어 同條 2항에 의한 공유재산이 된다고 해석[33]하는 것이 타당하다고 본다.

2. 別産制와 日常家事代理權·日常家事債務의 連帶責任

(1) 日常家事代理權과 日常家事債務의 連帶責任에 관한 구별은 타당한가?

부부는 실제로 공동생활을 영위하기 때문에 각국의 입법례는 부부재산제에 관계없이 일상가사대리권을 인정하고 있다. 그런데 외국의 많은 입법례는 일상가사채무의 연대책임만을 규정하거나(일본), 일상가사대리의 결과로서 채무의 연대책임을 규정하고 있는 데 비해(프랑스와 독일민법), 民法은 혼인의 일반적 효력으로 제827조에 일상가사대리권을 규정하고, 가사채무의 연대책임은 재산적 효과로서 제832조에 각각 규정하고 있다. 이 같은 태도는 바람직한 것일까? 또는 양자를 구별할 실익은 있는가? 이에 대한 해답은 일상가사대리권과 일상가사채무의 연대책임에 관한 근본적인 차이에서 찾을 수 있어야 한다. 그런데 우리나라 교과서[34]의 대부분은 일상가사대리권과 일상가사채무의 연대책임을 부부재산제에서 함께 설명하고 있고, 더욱이 이들 규정을 분명히 구별하지 않고 하나의 제도로서 파악하고 있는 듯하며, 판례의 태도 역시 그러하다. 특히 대법원 판례의 경우, 연대책임에 관한 판례보다는 일상가사대리권에 관한 판례가 압도적으로(3:18) 많고, 또한 제832조에 해당한다고 보여지는 사건임에도 일상가사대리권으로 판단한 경우가 상당히 많음을 발견할 수 있다. 예컨대 妻가 자동차를 사기 위해 夫의 동의 없이 이웃으로부터 돈을 빌린 행위가 일상가사에 해당하는가에 관하여 대법원[35]은 일상가사대리권에 관한 제827조를 적용하고 있으나, 妻의 借財라는 법률행위에 대해 夫가 연대책임을 부담하는가에 관한 다툼이므로 이 사

33) 이러한 해석은 프랑스 민법 제1538조의 별산제규정(부부재산계약의 한 유형으로서의)을 참고한 것이다. 프랑스 민법은 제1538조에서 별산제를 규정하고, 3항에서 "부부의 어느 일방도 자기의 독점적 소유물임을 입증하지 못하는 재산은 부부 각자가 그 2분의 1씩을 공유하는 것으로 본다"고 규정하고 있다.

34) 김주수, 친족상속법(1994), 172면 이하; 김용한, 친족상속법(1979), 185면 이하; 이근식 · 한봉희, 친족상속법(1982), 116면 이하.

35) 대법원 1984. 7. 24, 84도1093 판결.

건은 제832조로 분류되어야 할 것이다. 이 같은 대여금 사건에 관하여 제832조를 적용한 判例(2건)보다는 제827조를 적용한 경우(5건)가 더 많다는 사실은 일상가사대리권과 채무의 연대책임을 구별할 이유가 없거나, 동일한 제도로 파악하고 있음을 입증하는 것과 다름없다고 본다. 그 이유는 아마도 제827조에 의하더라도 일상가사대리행위의 효과가 타방배우자에게 확대되므로 굳이 제832조를 적용하지 않더라도 당연히 부부가 그 일상가사행위에 대해 책임을 지게 된다는 결론을 도출할 수 있기 때문이라고 볼 수도 있다. 그렇다면 제827조와 제832조는 같은 내용을 중복하여 규정하고 있는 셈이다.

두 번째로 생각할 수 있는 점은 일상가사대리권과 연대채무가 원인과 결과의 관계에 있는 것은 아닌가 하는 점이다. 일반적으로 일상가사의 범위 내라고 보는 것은 쌀 · 소금 등 식료품의 구입, 의복비의 구입, 집세 · 방세, 자녀의 교육비, 오락, 전기요금 · 수도요금 등에 관한 비용이다. 일상가사에 관한 규정을 분석해 보면, 부부 일방의 일상가사에 관한 법률행위의 효과는 다른 일방배우자에게도 미치며(제827조: 일상가사에 관하여 서로 대리권이 있다. 제832조: 일상가사에 관하여 법률행위를 한 때에는 다른 일방도 책임을 진다), 그 결과로서 부부가 연대책임을 부담한다(제832조)는 내용으로 이해된다. 따라서 예컨대 부부 중 일방이 상인으로부터 물건을 구입하는 행위의 효과가 부부 모두에게 귀속되고, 그 결과로 부부가 구입한 물건의 대금에 대하여 연대책임을 부담한다는 의미인 것이다. 다른 일방배우자의 연대채무에까지 이르지 않고 행위의 효과가 타방에게 미치는 데 그치는 경우(즉 제827조의 순수한 일상가사대리에 관한 문제라고 보여지는 경우)란 예컨대 妻가 夫 명의의 재산을 처분[36]하였다거나, 夫가 妻의 채권을 포기하는 화해각서를 써 준 경우[37] 등에 불과하다. 그 외에 일상가사를 위해서 서로 대리하는 경우의 대부분은 다른 일방배우자에게도 그로 인한 책임을 물어야 하는 경우가 보통이며, 연대채무와 연결되지 않는 순수한 일상가사에 관한 대리행위란 생각하기 힘든 것이다. 따라서 일상가사대리(원인)의 효과가 타방배우자에게 미치고 그 결과로서 부부가 연대채무를 부담하는 것이 주된 내용이라면 이를 제827조와 제832조에 각각 규정함으로써 혼란을 주기보다는 프랑스 민법이나 독

36) 대법원 1993. 9. 28, 93다16369 판결.

37) 서울고법 1981. 1. 28, 80나2022 판결.

일 민법과 같이 한 조문에서, 원인과 결과의 관계로서 규정하는 것이 바람직하다고 본다.

또한, 대리라는 용어가 적절치 않다는 점을 지적하고 싶다. 대리란 본인의 위임에 의해 대리인이 행한 효과가 본인에게 미치는 제도인데, 일상가사대리권은 행위의 효과가 부부와 가족에게 미친다는 점에서 기초를 달리하는 제도이기 때문이다.[38)]

이상의 이해를 전제로 이하에서는 일상가사대리권과 채무의 연대책임을 구별하지 않고 일상가사대리권이라는 용어 안에서 함께 사용하기로 한다(일상가사채무의 연대책임이라는 용어가 보다 적절하지만, 이해의 편의를 위해 보편적인 용어례를 따르기로 한다).

(2) 別產制와 日常家事代理權의 경계

1) 별산제하에서의 부부는 각자가 자기 명의의 재산을 소유하며, 관리하므로 행위의 결과에 대하여도 각자가 책임을 진다. 다만 일상가사의 범위 안에서만은 서로가 대리권을 갖고, 공동의 책임을 부담한다. 공유제라면 모든 채무도 공유가 되므로 일상가사채무의 연대책임은 당연한 결과라 볼 수 있으나, 별산제에서의 일상가사대리권은 부부의 각자 책임에 대한 예외이다. 그러므로 부부가 연대책임을 지게 되는 일상가사의 범위는 별산제와의 경계선을 긋는 기초작업이라 할 수 있다.

일반적으로 일상가사의 범위 내라고 인정하고 있는 것은, 혼인공동생활에 통상 필요로 하는 쌀 · 소금 등의 식료품의 구입, 연료, 의복의 구입, 집세 · 방세 등의 지급, 또는 수도 · 전기 · 전화요금의 지급, 세금납부 등 가족의 의식주에 관한 사무나 가족의 보건, 오락, 교제, 자녀의 교육에 관한 사무, 일용품의 구입, 가정생활상 상시 행하여지는 행위 등이다.

이에 대하여 전화가입권의 담보, 가옥 임대, 순수한 직업상의 사무, 타방배우자의 부동산을 그의 동의 없이 처분하거나 담보권을 설정하는 등은 일상가사가 아니라고 본다.

---

38) H. H. Clark(주 9), p.189.

2) 일상가사의 범위와 관련하여 문제되는 것은 ① 부부의 사정에 비추어 고액의 소비대차나 고가의 물건을 신용에 의해 구입한 경우와 ② 일상가사를 위해 배우자명의의 재산을 처분하거나 담보권을 설정하고 借財를 한 경우 등이다. 일상가사대리권의 법적 성질에 관한 학설(다수설과 소수설 모두)과 판례는 이들을 구별하지 않고 하나의 문제로 뭉뚱그려 다루고 있으나 이 두 종류의 문제는 그 성질이 다르기 때문에 구분하여 달리 취급하는 것이 옳다고 본다.

① 소비대차의 경우와 신용에 의한 외상구입의 경우: 판례는 결혼비용을 빌리는 행위나 가정생활용 자동차 구입비의 借金行爲 등의 경우에도 고액이나 高價인 경우에는 이를 소극적으로 해석하여 일상가사성을 부인하고 있다.[39] 그러나 소비대차에 관하여는, 차재가 긴급한 경우나 부부의 공동생활에 필요한 자금조달을 목적으로 하는 경우에는 일상가사의 범위로 인정하는 것이 타당하다고 본다.[40] 또한 신용구입의 경우에도 물건의 구입이 일상가사에 속하는 한 일상가사 범위 내에 속한다고 보는 것이 일상가사대리제도의 원래의 취지에 합치된다고 본다.

별산제는 부부 각자가 자기 재산을 소유하고, 관리하며, 스스로의 행위에 대하여 행위자만이 책임을 진다는 제도이므로 별도의 재산을 가진 부부에게 의미있는 제도이지 대부분의 중산층 부부에게는 환상에 불과한 것이거나, 이혼시에나 의미있는 제도일 뿐이다. 그런데 우리나라 현실의 부부 공동생활에 있어서는 부동산 등 명의가 나타난 재산이 아닌 한, 특히 금전관계에 관하여는 각자의 행위에 대한 각자의 책임으로보다는 부부 공동의 책임이거나 처의 관리책임으로 인식하는 경향이 강한 듯하다. 즉, 월급을 부인에게 맡기는 가정이 많고, 그러한 가정에서는 妻가 소비주체가 되며, 일상가사를 위해 夫의 동의 없이 처가 돈을 빌리거나 물건을 사는 일이 많기 때문이다. 따라서 배우자 명의의 재산을 처분하는 것이 아닌 한, 금전소비대차나 신용구입을 한 경우에는 그 借財의 목적이나 구입한 물건의 용도가 일상가사에 해당하는 때에는 일상가사의 범위 내로 포용하여 부부의 연대책임을 긍정할 필요가 있다고 본다. 다만 이러한 경우에는 부부관계가 지속중인가, 아니면 그 문제에 관한 다툼으로 인해 부부관계가 파탄되었

39) 대법원 1985. 3. 26, 84다카1621 판결.

40) 같은 취지: 김주수(주 34), 173면: 이재성, "가사로 인한 채무의 범위," 사법행정(1985년 8월호), No. 296, 77면.

는가 하는 점도 고려하여야 할 것이다. 부부의 공동생활이 있는 중에 夫 또는 妻의 소비대차 등 금전에 관련된 다툼에 있어서는 일상가사를 위해 사용한 경우라면 부부의 연대책임을 인정함으로써 오히려 혼인공동체가 보호될 수 있다고 보기 때문이다. 그런데 만일 소비대차나 구입한 물건의 金額이 부부의 생활수준에 비추어 高額이거나 高價인 경우에는 일상가사의 범위라고 볼 수 없을 것이나, 그럼에도 일반적 · 추상적으로는 일상가사에 해당한다고 볼 수도 있는 경우에는 제126조의 표현대리를 유추적용하여, 상대방인 제3자가 행위자의 행위가 그 부부의 일상가사의 범위 내에 속한다고 믿을 만한 정당한 사유가 있는 경우에는 행위자뿐 아니라 그 배우자에게도 책임을 물을 수 있다고 보아야 한다(표현대리의 적용 문제는 다음의 Ⅳ에서 자세히 다루기로 한다).

② 타방배우자 명의의 재산 처분이나 담보권설정행위: 판례는 이에 대하여는 확고하게 일상가사성을 인정하지 않고 그 후에 표현대리의 성립여부를 판단한다. 그러나 타방배우자명의의 재산을 처분하거나 저당권을 설정하고 借金을 한 경우에 이를 일률적으로 일상가사범위 외로 보아 表見代理의 적용여부를 판단할 것이 아니라, 별산제원리와 일상가사대리제도의 조화를 위해 다음과 같은 고려의 기준을 제시하고 싶다.

첫째, 긴급한 상황에서 배우자와 일상가사처리에 관하여 의논할 시간적 여유가 없는 중에 일방배우자가 일상가사에 관하여 처리한 사무에 대하여는 설사 타방배우자명의의 재산을 처분한 경우라 하더라도, 본인이나 상대방보다도 행위자를 보호하여야 할 필요성이 크므로 일상가사의 범위 내로 포용하는 것이 일상가사제도의 취지에 합치된다고 본다.

둘째, 이와는 반대로, 긴급한 상황도 아니고, 재산의 명의자인 배우자와 의논할 수 있는 상황에서 그 배우자 명의의 재산을 함부로 처분하는 등의 행위는 설사 결과적으로 그 일상가사성이 인정된다 해도 별산제의 원리에 분명히 어긋나는 행위이므로 이는 無權代理로 분류하는 것이 타당하다고 본다.[41]

셋째, 배우자명의의 재산권을 처분한 일련의 행위에 대하여 명의자인 배우

---

41) 혼인 중 별산제를 취하는 독일의 경우에도, 비상시 이외의 배우자 상호간의 재산처분이나 관리에 관하여는 별산제 원칙(무권대리)을 따른다: 이 논문 Ⅱ의 4. (3) 참조: 영국의 경우에도 처의 필수대리는 법에 의해서가 아니라 관습상 인정될 뿐이므로 배우자가 타방 명의의 재산을 처분하는 행위는 당연히 무효이다: 이 논문 Ⅱ의 2. (3)참조.

자가 한때 대리권을 수여한 바 있어 상대방이 대리권 있다고 믿고 거래한 경우에는 일상가사대리가 아니라 제126조의 표현대리의 법리에 따르게 되는데, 일상가사의 범위를 넘는 행위에 대하여 표현대리가 적용되는 것은 이러한 경우에 한정시키는 것이 별산제와 일상가사대리권, 그리고 표현대리제도의 취지에 모두 합당할 것이다.

Ⅳ. 別産制와 日常家事代理權, 그리고 越權代理와의 긴장관계

1. 일상가사의 범위를 넘는 夫 또는 妻의 법률행위에 대하여 일상가사대리권을 기본대리권으로 하여 제126조를 적용할 것인지에 대하여는 다음과 같은 학설이 있다. 즉 일상가사대리권을 법정대리권으로 이해하고, 법정대리에도 제126조의 적용이 긍정되는 이상 일상가사대리권에도 적용된다고 하는 것이 다수설[42]이다. 그러나 제126조를 적용함에 있어서도 상대방이 일상가사 범위 내의 행위라고 믿을 만한 정당한 사유가 있는 때에 한해서 제126조의 적용을 인정해야 한다는 견해[43]와 당해 행위에 관하여 대리권이 있다고 믿을 만한 정당한 사유가 있는 경우에는 제126조의 적용을 인정하는 견해[44]로 나뉜다.

종래에는 일상가사대리권을 기본대리권으로 인정하고 상대방의 신뢰에 정당한 사유가 있느냐의 여부에 따라 제126조를 적용하는 견해가 지배적이었으나 근래에는 일상가사범위 내의 행위라고 믿을 만한 정당한 사유가 있는 경우에 한해서 제126조를 적용하자고 함으로써 표현대리의 적용범위를 좁게 해석하는 경향이 오히려 일반적인 듯하다. 이 같은 다수설(법적 성질에 관한)에 의하면, 夫 또는 妻의 일상가사 범위 외의 행위에 대하여 상대방이 일상가사의 범위 내의 행위라고 믿을 만한 정당한 사유가 있느냐의 여부 및 대리권이 있었다고 믿을 만한 정당한 이유가 있느냐의 여부에 따라 본인에의 책임 귀속과 제3자 보호여부가

42) 곽윤직, 민법총칙, 489면; 이영준, 민법총칙, 601면; 장경학, 민법총칙, 595면, 고상용, 민법총칙, 637면; 권오승, 민법의 쟁점(1993), 101면.

43) 곽윤직(주 42), 490면: 김상용, 민법총칙, 713면: 권오승, "민법 제126조의 표현대리와 일상가사대리권," 민사판례연구 5(1983), 18면.

44) 이영준(주 42), 601면; 고상용(주 42), 637면; 김광년, "권한을 넘은 표현대리에 있어서 소위 기본대리권에 관한 소고(3)," 사법행정 200호(1977), 72면.

결정되며, 본인의 사정은 고려되지 않는다.

이에 대해 소수설[45]은 일상가사대리권을 법정대리로 보지 않고 일종의 대표[46]로 파악하고, 일상가사대리권에 관한 제827조를 제126조의 기본대리권으로 보지 않으며, 따라서 가사대리의 범위를 넘는 행위에 대해 바로 제126조의 적용을 부정한다. 다만 부부의 시각에서 본 구체적 · 개별적인 일상가사의 범위를 넘었으나 사회통념에 기초한 일반적 · 추상적인 일상가사의 범위 내의 행위에 대해서는 제126조를 유추적용[47]하고, 그 밖의 행위에 대하여는 별도의 수권행위가 있는 경우에 한하여 표현대리가 적용되어야 한다고 한다. 따라서 수권행위가 없는 경우에는 당연히 무권대리로 본다. 이러한 입장은 별산제원리를 존중하는 입장이라고 보여진다.

2. 다수설이나 소수설은 다 같이 일상가사의 범위를 넘는 행위 중 부부의 구체적인 일상가사의 범위를 넘는 소비대차 등 '명의에 무관한 행위'와 '배우자명의의 재산을 명의자의 동의없이 처분하는 등의 행위'를 구분하지 않고 '행위자의 행위에 대하여 다른 일방도 책임을 부담하는가'의 여부에 초점을 두면서 이들을 일률적으로 다루고 있으나, 부동산 등 명의가 나타난 재산의 처분행위와 소비대차

45) 김주수, 민법총칙, 396면; 이희배, "재산법상의 대리와 일상가사대리에서의 월권행위와 표현대리의 적용(上)," 판례월보(1989. 11월호), 29면.

46) 스위스 민법 제163조는 "妻는 일상가사의 수행에 있어 夫와 함께 혼인공동체를 대표하는 권한을 갖는다"고 규정하고 있다. 김주수(주 34), 178면 참조.

47) 이에 대한 소수설의 설명은 분명치 않지만 다음과 같은 뜻으로 이해하고자 한다. 즉, 개별적 · 구체적 일상가사의 범위를 넘었다는 뜻은 예컨대 부부의 월수입이 50만원 정도인데 妻가 자녀교육비에 충당하기 위해 친구로부터 100만원을 빌린 행위에 대해 夫가 자신의 생활수준에서 100만원은 일상가사에 속하지 않는다고 주장한 경우, 부부의 구체적인 사정에 비추어 본다면 100만원은 일상가사의 범위를 넘는다고 볼 수도 있으나, 자녀교육을 위해 빌린 100만원이라는 돈은 일반적으로는 일상가사에 속한다고 볼 여지가 있으므로, 부부의 구체적인 일상가사대리권(50만원 이하)인 기본대리권의 범위를 넘는 妻의 차금행위(100만원)에 대해 상대방이 妻의 행위를 일상가사 범위 내에 속한다고 믿을 만한 정당한 사유가 있으면 제126조에 따라 夫에게 책임을 물을 수 있다는 뜻으로 이해한다. 그런데 소수설은 일반적 일상가사의 범위 내에 재산권침해행위도 포함되는 것으로 보는 듯하나, 표현대리가 유추적용되는 것은 금전관련행위에 한하고, 타방배우자의 재산권에 관련된 처분행위는 이미 일상가사의 범위를 벗어난 것이며, 일반적 · 추상적으로 일상가사의 범위 내라고 볼 수 있는 여지는 없다고 보아야 한다.

등 명의와 무관한 행위(저당권 등 담보권설정을 수반하지 않은 행위)는 구분하는 것이 타당하다고 본다. 즉 소비대차 등 금전에만 관련된 행위는 다소 고액이라 하더라도 상대방인 제3자는 일상가사로 믿을 만한 정당한 이유가 인정될 수 있는 반면에, 부동산 등 명의가 나타난 재산의 처분이나 담보권설정 등은 명의자가 곧 소유권자로 추정되기 때문에 명의를 갖고 있지 않은 배우자가 이를 처분하는 등의 행위는 일상가사가 아닌 것, 따라서 무권대리가 되는 것이며, 거래의 상대방이 행위자의 행위를 일상가사 범위 내라고 믿었다 해서 그 정당성이 긍정될 수 있는 것은 아니기 때문이다. 다수설과 같이 일단 표현대리를 적용한 후 그 적용범위를 엄격하게 하는 것은 별산제의 원리를 존중하는 것이 아니라 부부간에 표현대리의 성립을 엄격하게 해석하는 데 불과하다.

소수설의 경우에도 타방배우자의 재산권 침해 행위인가의 여부를 구분하지 않기 때문에 스스로 모순에 빠지고 있음을 본다. 즉 구체적 · 개별적 일상가사의 범위는 넘었지만 일반적 · 추상적 일상가사의 범위 내인 경우, 상대방이 일상가사에 대한 믿음의 정당성여부에 따라 제126조가 유추적용된다고 하면서, 일반적 · 추상적 일상가사의 범위에 마치 재산권 처분행위나 담보권 설정행위도 포함되는 것처럼 이해하는 듯하나,[48] (그것이 사실이라면) 결국 다수설과 다를 바 없는 모순(오직 상대방 믿음의 정당성에 좌우되는)을 안고 있는 것이다.

따라서 저당권설정 등 명의자의 재산권침해행위를 수반한 借財가 아닌, 순수한 소비대차나 신용에 의한 물건의 구입은 대부분 일상가사의 범위 내로 포용하되, 부부의 경제수준에 비추어 고액인 경우에는 그 용도가 일상가사인 한 상대방인 제3자의 일상가사성에 대한 믿음과 일상가사제도를 근거로 표현대리를 유추적용[49]하는 것이 타당하며, 배우자명의의 재산을 처분한 경우에는 누가 보아도 분명히 일상가사의 범위를 벗어난 행위로서, 무권대리(협의의)가 된다는 전제에서 출발하지 않으면 안 된다. 별산제하에서 타인(배우자)의 재산권을 침해하였기 때문이다. 다만 구체적인 사정에 따라 비상시(夫 또는 妻가 부재중 대화가 되지 않거나 긴급을 요하는 사정에 있고 일상가사에 사용한 경우 등)에는 일상가사범위 내로 포용하고, 본인이 대리권을 수여한 바 있음을 근거로 상대방이 믿고 무권대리

48) 이희배(주 45), 27면.
49) 위의 논문 참조.

인과 거래한 경우에 비로소 표현대리를 적용하는 것이 제도(표현대리)의 취지에 맞는다고 생각한다.

이러한 이해를 전제로, 이하에서는 배우자의 재산권을 침해하는 등 일상가사의 범위를 벗어난 배우자 일방의 행위를 중심으로 다수설(표현대리적용)과 소수설(무권대리의 원칙)의 타당성을 점검하여 보기로 한다.

3. 일상가사대리권을 법정대리로 이해하고 그 범위를 넘는 행위에 대하여 제126조의 적용을 긍정하는 다수설에는 다음과 같은 문제점이 있다.

첫째, 일상가사대리권을 법정대리라고 파악하는 전제에 문제가 있다. 즉 대리는 본인의 이름으로 대리인이 한 행위의 효과가 본인에게 귀속되는 제도인 데 반해 일상가사대리는 그 행위의 효과가 행위자, 타방배우자, 그리고 가족구성원에까지 미친다는 점, 그 행위로 인한 채무에 대해 부부가 연대책임을 부담한다는 점에서 본질을 달리하는 것이므로 일상가사대리권을 기본대리권으로 하여 바로 제126조를 적용하는 것은 타당치 않다는 점이다.

둘째, 일상가사대리권은 별산제원리에 대한 예외이므로 배우자명의의 재산을 처분하는 등 명백히 일상가사의 범위를 넘는 행위에 대해서는 당연히 별산제의 원리에 따라 각자의 책임영역(무권대리)으로 보아야 할 것임에도 불구하고, 제3자의 믿음의 정당성(일상가사가 아님에도 일상가사에 속한다고 믿거나, 대리권이 없음에도 있다고 믿었다는 사실에 대한) 여부에 따라 명의자인 본인을 희생양으로 삼는다는 것은 형평에 반한다는 것이다.

부부 중 일방이 타방배우자 명의의 재산을 처분하거나 담보권을 설정하고 차재를 하는 행위는 이미 일상가사의 범위에 속하지 않는 것이며, 명의자인 본인이 행위자인 배우자에게 부동산처분이나 담보권설정에 대한 대리권을 수여한 바 없음에도 불구하고(수여한 바 있다면 당연히 제126조 적용 사안임), 또는 명의자인 배우자가 부재중이라는 특별한 사정이 없음에도 불구하고(이러한 경우는 비상시이므로 표현대리가 아니라 일상가사의 범위가 확대되는 것으로 보는 것이 타당하다), 제3자의 신뢰에 따라 무권대리인의 행위의 효과를 본인에게 귀속시키자는 것은 표현대리제도의 취지에 반하는 것이다. 그것은 마치 상대방이 무권대리인의 대리권 표시와 주장 내용을 믿음에 정당한 사유만 있으면 본인의 사정여하에 불구하고 본인에게 그 책임을 귀속시키자는 논리와 다를 바 없는 것이다. 또한 일상가사의 범위를 넘는 행위에 대해 상대방의 신뢰에 따라 명의자인 본인을 희생시키는 것은 배우자의 재산에 쉽게 접근할 수 있는 배우자 상호간의 재산권 침해를 인정하는 결과가 되어 별산제의 기초를 부인하는 것과 다름 없는 결과가 되는 것이며,[50] 나아가 표현대리의 취지에도 반하는[51] 것이다.

본인(명의자)을 보호할 것인가, 거래의 상대방인 제3자를 보호할 것인가를 결정하는 열쇠는 제3자의 일상가사성에 대한 믿음에서가 아니라(타방명의 재산을 처분하는 것은 이미 일상가사가 아니므로), 상대방이 믿게 된 원인을 본인이 제공하였는가, 아니면 본인에게 어떠한 특별한 사정이 있어 부득이 행위자가 무권대리 행위를 하게 되었는가를 고려하여 결정하여야 할 것이다. 그러므로 前者와 같이 명의자인 배우자가 행위자인 배우자에게 별도의 대리권을 위임한 일이 있어 상대방이 거래하게 되었다면 주어진 대리권의 범위를 넘는 행위에 대하여는 당연히 제126조를 적용할 것이며, 후자와 같이 명의자인 배우자에게 특별한 사정이 있어 스스로 법률행위를 할 수도 없고, 대리권을 위임한 바도 없지만, 행위자인 배우자가 공동생활의 필요에 의해 배우자명의의 재산을 처분한 경우는 부부의 내부사정에 기인한 것이며, 그러한 내부사정은 제3자가 알 수 없는 것이므로 제3자의 믿음에 의해 좌우되는 표현대리의 법리에 의해서가 아니라, 내부 사정에 따른 일상가사범위의 신축으로 해결하는 것이 순리일 것이다.

또한, 민법이 별산제를 시행한 지 이미 35년이 경과하였으며, 전통적인 제도 역시 혼인 중에는 별산제였으므로, 우리 사회에서 별산제는 이미 상식에 속한다는 사실을 간과할 수 없다. 별산제가 상식이라면 제3자로서는 부부 중 일방과 타방명의의 재산에 관한 계약을 하는 경우에 그 법률행위에 대한 명의자의 동의가 있었는지, 대리권을 위임하였는지의 여부를 확인한 후에 계약을 체결하는 것도 상식에 속한다고 하겠다. 따라서 부부간이라 하더라도 재산에 관해서는 타인간이나 다를 바 없는 원리인 '명의자가 곧 소유권자'라는 별산제의 상식을 뛰어넘

50) Clark(주 9), p.189: Schwab(주 19), S.74.

51) 표현대리제도는 무권대리인의 무권대리 행위에 본인이 그 원인을 제공한 바 있어 상대방이 무권대리인에게 대리권 있다고 믿게 되었다면 상대방을 보호하고 본인에게 효과를 귀속시킨다는 제도인데, 명의가 존중되는 별산제에서 夫 또는 妻가 배우자명의의 재산을 그의 동의 없이 함부로 처분하였다면 무권대리(협의의)로 파악하여야 할 것이다. 따라서 상대방의 신뢰여부에 따라 본인책임을 인정하는 것은 표현대리제도의 취지에 반하는 것이다.

어, 부부의 태양에 따라 그 범위가 신축될 수밖에 없는 제3자의 일상가사성에 대한 믿음(혹은 수권이 있음을 믿음)에 따라 제3자를 보호(주의력이 부족함에도)하고 명의자인 배우자를 희생하는 것은 형평에 반하는 것이다. 그러므로 다수설은 타당치 않다고 본다.

4. 이에 대하여 소수설은 이론적 기초를 달리하는 일상가사대리권과 표현대리제도를 구별하는 원칙 위에 서 있다는 점, 일상가사의 범위를 넘는 행위는 무권대리(협의의)로, 주어진 대리권의 범위를 넘는 행위에 대하여는 표현대리로 파악함으로써 별산제의 원리에 충실함과 동시에 본인 보호와 제3자 보호를 형평하게 조화시키고 있다고 본다. 다만 소수설에서는 구체적 · 개별적 일상가사의 범위는 넘었으나 일반적 · 추상적 일상가사의 범위 내인 행위인 경우에 상대방이 일상가사의 범위내라고 믿음에 정당성이 있으면 표현대리를 적용한다고 설명하고 있으나, 그 일반적 · 추상적 일상가사의 범위에 타방배우자의 재산권 처분이나 담보권 설정 등의 행위도 포함하는 것으로 이해한다면 스스로의 모순에 빠질 수밖에 없다. 그러므로 위의 예는 순수한 차재나 신용에 의한 물건 구입의 경우에 한정하여야 할 것이다.[52)]

한편, 예컨대 생활비를 전적으로 책임지는 夫가 장기간 입원 · 여행 · 복역 등을 함으로써 妻가 생활비에 충당하기 위해 夫 명의의 부동산을 처분한다거나 담보권을 설정하고 借財를 하는 경우와 같은 비상시의 행위에 대해서는 이를 비상가사로 파악하여 일상가사의 범위가 확대된다고 보는 견해[53)]와 일상가사대리권과 표현대리가 혼합된 것으로 보고 일상가사대리권을 기본대리권으로 하여 제126조가 유추적용된다고 보는 견해[54)]가 있다. 그러나 이러한 비상시에 제126조를 유추적용한다면 역시 상대방의 '일상가사의 범위 내'라는 믿음과 그 믿음의 정당성이 행위의 유효성을 결정하는 유일한 열쇠가 되고 부부의 내부사정이 고려되지 않는다는 점에 문제가 있다. 그 결과 행위자의 비상시의 행위에 대하여 상대방에게 일상가사의 범위 내라는 믿음에 정당성이 없으면 그 법률행위는 무효가 되어 본인은 부당하게 보호되고, 행위자는 무권대리가 되어 무거운 책임을 부

52) 주 47) 참조

53) 김주수(주 34), 175면.

54) 김숙자, "민법 제126조의 '정당한 이유,'" 현대가족법과 가족정책(1988), 640면.

담하며, 상대방은 손해를 입게 되는 것이다. 아무리 별산제라 하더라도 비상시의 가족생활의 유지를 위해 夫의 재산을 처분하여 적절히 사용한 행위를 무권대리 행위로 분류하는 것은 형평에 맞지 않는 것이며, 또한 본인 부재중에 배우자의 어쩔 수 없는 재산 처분행위에 대해 상대방의 신뢰의 정당성 여부에 따라 법률행위의 효력이 좌우되게 하는 것은 더더욱 타당치 않다고 본다.

일상가사대리권이란 가족공동체의 생활의 유지를 위하여 필요한 범위 내에서는 부부가 의논 없이도 서로를 대리하여 일상의 가사를 처리하며, 일상가사를 위해 돈을 빌리거나 외상으로 물건을 사는 경우에는 부부가 연대책임을 부담한다는 데 그 취지가 있는 것이다. 그러므로 가족의 생계를 책임지는 夫가 장기간 부재하게 되면 가사관리는 당연히 妻의 단독책임이 되는 것인데, 妻에게 생활능력이 없고 모아둔 생활비도 없으며, 夫가 쉽게 돌아올 상황이 아니어서 할 수 없이 夫 명의의 재산을 처분하거나 담보권을 설정하여 생활비에 썼다면 그것은 표현대리의 문제가 아니라 바로 가족의 생계유지에 관련된, 일상가사의 문제인 것이다. 그러므로 배우자 명의의 재산을 처분하거나 담보에 제공한 것은 명백히 일상가사의 범위를 넘는 행위이지만, 비상시에는 일상가사의 범위 내의 행위로 포용하는 것이 타당하다고 본다.

5. 이에 따라 일상가사범위를 넘은 행위를 다음의 네 가지 유형으로 나누어 정리해 본다.

① 첫 번째 유형은, 부부의 구체적인 사정에 비추어 타당시되는 범위를 넘는 소비대차나 신용에 의한 물건의 구입 등 배우자의 재산권을 침해하지 않은 행위로서, 이에 대하여는 그 용도가 일상가사인 한 일상가사의 범위로 분류하고, 상당히 고액이라 하더라도 상대방이 보통 그 정도면 일반적으로 일상가사의 범위 내라고 믿을 만한 경우에는 제126조를 유추적용하는 것이 타당하다고 생각되는 행위영역이다.

② 두 번째 유형은, 배우자 명의의 재산을 처분하거나 담보권을 설정하고 차재를 하는 등 명백히 일상가사의 범위를 넘는 행위이지만 일상가사의 범위 내로 포용되는 것이 타당하다고 생각되는 경우이다. 비상가사처리권이 인정되는 경우가 이에 해당한다. 예컨대 夫와 의논할 수 없는 상황에서 妻가 자녀의 교육비나 생활비에 사용하기 위해 夫 소유 부동산을 처분하거나 담보권을 설정하고

돈을 빌린 경우라든가, 夫가 정신이상증으로 병원에 입원해 있는 동안 妻가 생활비·교육비를 위해 夫 소유 대지를 매각한 경우[55]라든가, 夫가 妾과 동거하는 중에 本妻가 夫의 도장과 권리증을 이용하여 夫소유 토지에 대하여 담보권을 설정한 경우[56] 등은 배우자의 재산권을 침해한 경우라 하더라도 妻에게 비상가사처리권이 위임되어 있다고 보아 일상가사의 범위가 확대된다고 보아야 한다.[57]

③ 세 번째의 유형은, 별산제의 원리(각자의 책임)에 따르는 것이 타당하다고 보여지는 경우이다. 즉, 명의자인 배우자 스스로 법률행위를 할 수 없는 사정도 없고, 행위자에게 대리권을 수여한 바 없으며, 긴급한 상황이 아님에도 불구하고 부부 중 일방이 함부로 배우자명의의 재산을 처분하거나 담보에 제공하고 차재를 한 경우에는 별산제의 원리에 따라 각자 행위에 대한 각자 책임 원칙이 존중되어 무권대리로 파악하는 것이 타당하다. 따라서 이러한 경우에는 아무리 그 처분의 목적이 일상가사에 해당하는 경우라 하더라도 타방 명의의 재산을 그의 동의 없이 처분한 행위자에 대한 비난가능성이 높고, 거래의 상대방으로서는 별산제하에서 명의자가 아닌 부부 중 일방과 계약을 체결하면서 명의자의 동의 여부, 행위자의 대리권 유무 등을 확인하지 않은 過失(주의력부족)이 있음에도, 이들 계약 당사자들을 별산제 원리(본인보호)를 능가하여 보호하는 것은 형평에 맞지 않는다고 본다. 따라서 상대방의 일상가사성에 대한 믿음에 관계없이 무권대리로 보아야 한다. 판례와 다수설은 이러한 경우에도 상대방의 일상가사 범위 내라고 믿음에 정당한 사유가 있으면 제126조의 권한을 넘은 표현대리의 성립을 인정하고 있으나, 이는 별산제의 원리와 표현대리제도의 취지에 반할 뿐아니라 형평에도 맞지 않는 것이라 본다.

④ 네 번째 유형은, 월권대리를 인정하여 타방배우자에의 책임귀속을 인정하고 제3자가 보호되어야 한다고 보는 경우이다. 예컨대 妻가 夫 명의의 재산을 처분하였는데 夫가 妻에게 저당권설정에 대한 대리권을 수여한 바 있는 경우이다. 이러한 경우는 일상가사의 범위를 넘는 행위임에 틀림없지만 본인되는 夫가 처에게 대리권을 수여하였음을 근거로 제126조를 적용한다는 것이다. 그리고, 타방배우자 명의의 재산을 처분하는 등의 행위에 대해 제126조를 적용할 수 있

55) 대법원 1970. 10. 30, 70다1812 판결.

56) 대법원 1968. 8. 30, 68다1051 판결.

57) 김주수(주 34), 174면 참조.

는 것은 이러한 경우에 한한다고 보아야 한다.

6. 판례는 다수설과 같이 일상가사대리권을 표현대리의 기본대리로 인정하는 입장과 소수설과 같이 기본대리권성을 부정하는 입장으로 크게 나뉘어지는 듯하다. 다수설과 같이 기본대리권을 인정하는 경우에도 일상가사대리권을 기본대리권으로 하여 제126조를 적용하는 입장[58]과 권한을 받았다는 신뢰를 정당화할 객관적 사정이 존재하는 경우에 한하여 제126조의 적용을 인정함으로써 제126조 적용범위를 제한하려는 입장[59]으로 나뉘어지는데 주로 초기의 판례는 전자와 같은 경향을 보이다가 점차 제126조의 적용을 엄격히 제한하는 입장으로 바뀌어 온 듯하다.[60]

한편 소수설과 같이 원칙적으로 일상가사대리권을 제126조의 기본대리권으로 인정하지 않는 판례로서는 "부부 일방이 타방소유의 부동산을 처분하는 등의 행위에 대하여, 이를 일상가사에 해당하지 않으므로 특별한 수권이 없는 한 협의의 무권대리로 파악"하는 경우[61]와 "가사대리권을 넘은 행위가 민법 제126조의 표현대리를 인정하려면 그 가사대리권을 넘은 권한 외의 법률행위가 가사대리권의 범위내에 속한다고 믿을만한 상당한 사유가 있을 때"[62]에 한한다고 하는 입장이 있다. 전자는 부부 중 일방이 배우자 명의의 부동산을 함부로 처분하였으며 본인이 대리권을 수여한 바도 없다면 협의의 무권대리로 본다고 함으로써, 후자는 구체적으로는 일상가사의 범위를 넘었으나 추상적으로 보아 일상가사범위 내에 속한다고 믿을 만한 상당한 이유가 있을 때에 한하여 제126조를 준용한다고 함으로써 소수설과 궤를 같이하는 것으로 이해된다.

한편 판례는 부부 사이에 표현대리를 인정하는 경우에도 부부는 등기필증·인감도장·인감증명 등의 서류를 쉽게 입수할 수 있는 위치에 있으므로 이 같은 서류를 소지하고 있다고 해서 원칙적으로 권한이 있다고 믿을 만한 정당한 사유

58) 주로 초기의 판례들이 이에 해당한다. 대법원 1966. 5. 10, 66다279 판결; 동 1968. 8. 30, 68다1051 판결: 동 1980. 12. 23, 80다2077 판결 등.

59) 대법원 1964. 12. 22, 64다1244 판결; 동 1988. 11. 26, 69다633 판결; 동 1970. 3. 10, 69다2218 판결 등: 이에 대하여 자세히는 박병호, 판례친족상속법, 92-93면 참조.

60) 권오승, "민법 제126조의 표현대리와 일상가사대리권," 민사판례연구 5(1983), 9면 이하 참조.

61) 대법원 1972. 10. 12, 71다1763 판결; 동 1980. 9. 9, 80다1380 판결.

62) 서울고등법원 1972. 9. 21, 72나286 판결.

를 인정하지 않고, 그 밖의 대리권이 수여되었다고 볼 만한 특별한 사정이 있는 경우에 한하여 상대방의 신뢰에 정당성을 인정하는 듯하다.[63]

또 하나 특기할 만한 경향은 부부 중 일방의 행위가 배우자 부동산의 처분행위인 경우에는 상대방의 신뢰의 정당성을 인정하는 데 엄격하지만, 담보설정행위 등 채무 부담행위인 경우에는 비교적 용이하게 정당한 사유를 인정하는 경향을 엿볼 수 있다는 점이다.[64]

V. 맺는 말

이상에서 별산제를 중심으로 일상가사대리권과 제126조의 표현대리와의 관계를 살펴보았다. 별산제란 명의자를 곧 소유권자로 하고 각각의 행위에 대해 각자가 책임을 지는 제도임에 비추어, 현실의 부부 공동생활은 명의가 나타난 재산은 夫 중심으로, 그외의 재산은 妻 중심으로 관리·운영되고 있음을 고려할 때, 부동산 등 명의가 나타난 재산에 주로 적용되는 별산제의 원리와 달리 금전관계에 관한 부부의 일상생활에서는 (각자의 행위에 대한 각자의 책임으로 인식하기보다는) 각자의 법률행위에 대한 부부 공동의 책임으로 인식하는 경향이 강하기 때문에, 배우자의 재산권을 침해하지 않는 일상가사의 채무에 대하여는 폭넓게 일상가사성을 긍정하여 부부의 공동책임을 인정하거나 표현대리제도의 법리에 따라 상대방을 보호하는 것이 타당하다고 보았다.

부동산 등 명의가 나타나는 재산에 관하여는 부부 중 일방이 타방명의의 재산을 함부로 처분하거나 담보권을 설정하고 차재를 하는 일이 많은데, 이에 대하여 다수설과 판례는 일상가사대리권을 기본대리권으로 하여 제126조의 표현대리를 적용하고 상대방의 신뢰의 정당성 여부에 따라 본인에게 책임을 귀속시키고 있다. 다만 그 적용범위에 있어서는 '일상가사의 범위 내라고 믿음에 정당성 있는' 경우라든가, '대리권 있다고 믿음에 정당성 있는' 경우에 한하여 표현대리

---

63) 대법원 1965. 3. 2, 64다1008 판결; 동 1969. 6. 24, 69다633 판결; 동 1974. 1. 16, 72다1626 판결; 동 1980. 9. 9, 80다1380 판결.

64) 대법원 1964. 12. 22, 64다1244 판결; 동 1967. 8. 29, 67다125 판결; 동 1971. 10. 11, 71다1843 판결; 동 1972. 11. 28, 72다1534 판결; 동 1981. 6. 23, 80다609 판결. 김준호, 민법강의 제2판(1995), 211면 참조.

를 긍정함으로써 제126조의 적용을 엄격히 하고 별산제를 존중하는 것처럼 보이지만, 일상가사대리권과 표현대리라는 이론적 기초를 달리하는 두 제도를 결합시키고 있다는 점, 본인이 상대방의 믿음에 어떠한 기여나, 또는 원인을 제공하였는가의 여부를 고려함이 없이 상대방의 믿음의 정당성에 따라 본인의 책임이 좌우된다는 점에 문제가 있다고 보았다. 표현대리란 원래 무권대리이지만 무권대리인의 행위에 대해 상대방이 대리권 있다고 믿게 된 원인이 본인에게 있는 경우에는 본인에게 책임을 귀속시키려는 제도임을 감안할 때, 본인의 사정을 감안하지 않고 오직 상대방의 믿음의 정당성에만 의존하는 것은 올바른 해법이 아니라고 보여진다. 더욱이 혼인 중에는 명의자가 곧 소유권자라고 인정될 수밖에 없는 별산제하에서 일방배우자가 타방배우자 명의의 재산을 처분하거나 담보권을 설정하는 데 있어 본인되는 명의자의 사정(그가 부재중이라거나, 대리권을 수여한 바 있다는 등의)은 고려함이 없이 오직 상대방이 일상가사범위 내라고 믿거나 대리권 있다고 믿음에 정당성만 있다면 그 상대방을 보호함으로써, 본인되는 배우자에게 책임을 귀속시키는 것은 형평에 맞지 않는다고 보았다.

이에 따라 소수설과 같이 일상가사대리권과 표현대리제도를 원칙적으로 구별하되, 일상가사성에 대한 판단에 있어서는 소비대차 등 금전에 관한 행위와 타방배우자의 재산처분행위도 구분하는 것이 타당하다고 본다. 이에 따라 배우자의 소비대차 등 금전관련 행위인 경우에는 폭넓게 일상가사성을 인정하고, 부부의 수준에 비추어 고액인 경우에는 일반적으로 일상가사의 범위라고 생각되는 한 일상가사제도를 신뢰한 상대방을 보호하여 표현대리를 유추적용하며, 배우자의 재산권 처분행위 등은 원칙적으로 일상가사 범위를 넘는 것으로 무권대리행위로 분류하는 것이 별산제의 원리에 비추어 타당하다는 것이다. 그러나 夫 또는 妻의 부재중 가족생활의 유지를 위해 행한 배우자의 행위(借金, 배우자명의의 재산처분이나 저당권설정 등을 포함)는 일상가사의 범위 내로 포용하는 것이 일상가사제도의 취지에 비추어 타당하고, 본인되는 배우자가 대리권을 수여한 바 있는 경우에는 제126조를 적용하여 상대방의 믿음의 정당성에 따라 표현대리의 성립여부를 판단함으로써, 본인과 행위자 그리고 상대방 보호에 있어 형평을 기할 수 있는 해법이 된다고 보았다.

_ 민사법학 제13 · 14호(한국민사법학회, 1996) 게재

제 3 부

이 혼 법

離婚原因에 있어 有責主義와 破綻主義

Ⅰ. 서구제국의 離婚法制와 民法上의 離婚法制

민법상의 이혼제도에는 협의이혼과 재판상이혼이 있으며, 제840조는 재판상 이혼원인으로써 1호-5호에서 구체적인 이혼원인을, 6호에서는 "기타 혼인을 계속하기 어려운 중대한 사유"라고 함으로써 추상적인 이혼원인을 규정하고 있다. 일반적으로 1호에서 5호까지의 구체적인 이혼사유는 배우자에 부정한 행위가 있었을 때, 배우자가 악의로 다른 일방을 유기한 때, 배우자 또는 그 직계존속으로부터 심히 부당한 대우를 받았을 때, 배우자의 생사가 3년 이상 분명하지 아니한 때 등 상대방 배우자의 귀책사유임을 분명히 하고 있음(5호의 생사불명은 예외)을 들어 유책주의 이혼원인으로 이해하는 반면에, 6호의 추상적인 규정은 파탄주의 이혼원인으로 파악하고 있다. 이에 의하면 민법은 유책주의 이혼원인과 파탄주의 이혼원인을 병용하고 있다고 할 수 있다. 이혼원인은 연혁적으로 볼 때 유책주의에서 파탄주의로 발전하여 왔으므로 민법은 과도기적인 이혼원인을 채용하고 있는 셈이다.

그런데 우리나라 이혼건수의 대다수(약 80% 정도)[1]를 차지하는 협의이혼제도는 부부의 협의에 의한 이혼을 존중하고 가정법원 판사의 확인을 거쳐 이혼이

---

1) 협의이혼과 재판이혼의 비율은 협의이혼시 가정법원판사의 확인제도가 신설되기 전인 1960년부터 1978년까지는 협의이혼비율이 전체 이혼건수의 약 90%를 차지하였으나 1979년부터는 80%로 감소하였으며, 1985년 이후에는 70%대를 유지하고 있다. 한봉희, "한국이혼법의 회고와 전망," 가족법연구, 제7호(1993), 110면. 협의이혼보다는 재판상이혼건수가 증가하는 것은 추측건대 이혼 후 자녀양육, 친권, 위자료와 재산분할청구 등에 관하여 부부간에 협의가 되지 않거나, 좀더 유리한 조건에서 이혼하려는 경향에 기인하는 것으로 보인다.

결정되므로, 협의나 재판이라는 형식과 관계없이 그 실질내용만을 기준으로 볼 때 "혼인이 파탄되어 당사자간에 이혼이 협의되면 그 협의를 그대로 존중하여 이혼을 인용"하는, 적극적인 파탄주의에 해당한다고 볼 수 있다. 그렇다면 우리 民法은 시기적으로 이미 오래 전부터(신민법 시행시부터, 따라서 지나치게 일찍부터) 파탄주의가 채용되어 왔을 뿐 아니라, 수적으로도 많은 부부가 파탄주의적인 이혼을 하여 온 셈이다. 대부분의 서구제국은 오로지 재판상이혼제도만을 갖고 있으므로,[2] 재판상의 이혼원인이 유책주의적인가 파탄주의적인가는 이혼의 가능여부를 가늠하는 대단히 중요한 요인이 된다. 그러나 이혼법제가 협의이혼과 재판상이혼으로 2원화되어 있고, 대부분의 부부가 협의에 의한 이혼을 하고 있는 법제하에서는 재판상이혼원인이 차지하는 양적인 비중은 재판상이혼법제만을 갖고 있는 나라에 비해 상대적으로 낮을 수밖에 없다. 물론 질적인 면에서는 협의이혼이 사적인 영역인 데 비해, 재판상이혼은 부부간에 이혼이 다투어지는 경우에 이혼여부를 결정하는 중요한 기준이므로 공적인 의미를 지님과 동시에, 그 기준은 사회에 깊은 영향을 주는 중요한 제도라고 할 수 있다. 한편, 이혼에 대한 인식과 이혼여성의 재혼이나 취업 등 이혼을 둘러싼 여건은 서구제국과 우리 사회가 근본적으로 다르기 때문에 서구제국의 잣대로 우리 민법상 이혼원인의 기조를 판단하는 것은 무리라고 할 수밖에 없다. 타당성의 여부에 대한 판단을 보류한 채, 이혼법제에 한정하여 본다면 협의이혼을 인정하는 민법상 이혼법제의 기조는 서구제국의 잣대에 비추어 본다면 일종의 파탄주의에 해당한다고 볼 수 있으며, 다만 재판상이혼원인에 관한 제840조 1호-5호와 6호와의 관계를 어떻게 이해할 것인가에 따라 그 기조가 유책주의인가의 여부가 문제될 뿐이다. 그것은 결국 이혼 부부의 20%에 해당하는 재판상이혼원인마저도 파탄주의로 해석할 것인가, 아니면 파탄주의를 원칙으로 하되 유책자의 이혼청구를 배척하는 등 소극적으로 해석할 것인가, 아니면 유책주의적으로 해석할 것인가의 문제에 귀결된다.

그렇다면 우리 민법상 재판상이혼원인의 기조는 유책주의인가 아니면 파탄주의인가? 이는 6호를 어떻게 이해할 것인가에 좌우된다. 이에 대하여는 6호를 1

---

2) 서구제국 중에는 프랑스가 협의이혼제도를 갖고 있으나 엄밀히 말하자면 그것은 재판상 이혼제도 안에서의 협의이혼을 의미한다.

호-5호의 구체적 이혼원인의 연장선상에서 이해하는 입장이 있다. 즉, 1호-5호에서 전형적인 구체적 이혼원인을 예시하되 구체적 이혼원인을 끝없이 나열하지 않고 "기타…" 등으로 처리한 것으로 이해함으로써 1호에서 6호를 같은 맥락의 유책주의로 이해하는 것이다. 이러한 입장에 의하면 6호에 규정한 이혼원인도 유책주의적으로 이해하는 동시에 유책배우자의 이혼청구를 허용하지 않는 판례의 원칙도 유책주의의 연장선상에서 이해한다. 이와는 반대로 6호의 "혼인을 계속하기 어려운 중대한 사유"를 재판상이혼원인의 원칙적인 기조로 이해하고, 그 파탄의 구체적인 예를 1호- 5호에서 제시한 것으로 보아 재판상이혼원인을 파탄주의로 이해하는 입장이 있다. 다수의 학자들은 민법의 태도를 후자와 같이 파탄주의 立法類型으로 이해하고 있으면서도,[3] 파탄에 책임 있는 배우자의 이혼청구를 인정한다면 無責者에 대한 축출이혼을 인정하는 결과가 된다거나 신의칙에 반한다는 등의 이유로 유책배우자의 이혼청구를 제한하는 판례의 입장에 동조함으로써 소극적(또는 제한적인) 파탄주의를 취하고 있는 듯하다. 법원의 실무에서는 6호를 전자와 같이 유책주의적으로 이해하는 판례도 있고, 파탄주의로 이해하는 판례도 있다. 다만 대법원은 그 동안 유책자의 이혼청구를 기각하는 확고한 원칙을 갖고 있었으나 최근에 예외적으로 유책자의 이혼청구를 인용한다든가,[4] 전형적인 파탄주의라고 할 수 있는 정신병이혼을 인용[5]하는 등 파탄주의(적극적인 파탄주의라고 볼 수 있다)에 입각한 판결을 내린 바 있다. 그것은 제840조의 규정 자체가 유책주의적으로도, 파탄주의적으로도 해석될 수 있다는 것, 민법에 이혼청구를 기각하는 기준에 관한 규정이 없다는 것, 결국 법관에게는 광범위한 재량이 주어졌다는 것, 그러므로 법관은 구체적인 사정에 따라 이혼을 인용할 수

3) 그러나 1호-5호와 6호와의 관계를 해석하는 방법은 조금씩 다르다. 즉, 1호-5호의 이혼사유가 있더라도 현실적 파탄의 유무를 6호에 다시 비추어 보아야 한다는 설[이근식, "이혼원인에 있어서의 유책주의와 파탄주의," 사회과학논집, 1권(1965), 71면]과 구체적 이혼사유가 있으면 혼인을 계속하기 어려운 중대한 사유가 있다고 보아 이혼이 인용되고, 1호-5호에 해당하지 않는 사유라도 혼인을 계속하기 어려운 중대한 사유가 있으면 6호에 의해 이혼이 인용된다고 보는 설[김주수, 친족상속법, 제4전정판(1991), 197-198면] 등이 있다.

4) 예컨대 쌍방이 모두 유책인 경우(대법원 1986. 3. 25, 85므85 판결)와 상대방배우자에게 이혼의사가 객관적으로 명백히 표명되었으나 오기나 보복적인 감정으로만 이혼을 거부하는 경우(대법원 1987. 4. 14, 86므28 판결) 등.

5) 이 논문, Ⅳ. 혼인을 계속하기 어려운 중대한 사유와 유책배우자의 이혼청구 참조.

있는 여지가 많다는 등의 사실에서 그 이유를 찾을 수 있을 것이다. 법관에게 주어진 해석상의 광범위한 자유재량권은 남용의 여지가 있다는 비판도 있을 수 있지만, 유책주의와 파탄주의를 탄력성 있게 활용할 수 있게 해 준다는 이점도 있다. 이러한 해석상의 탄력성으로 인해 법원은 언제든지 파탄주의로 선회할 수 있는 것이다.[6)]

협의에 의한 이혼율과 재판상이혼청구가 증가하고 있다. 법원은 실무상 유책주의를 기조로 하면서도 파탄주의에 입각한 판결을 내리기도 하는 등 탄력성 있는 해석을 하고 있다. 그런가 하면 학계 일각에서는 파탄주의를 확장하여야 한다는 주장도 강도 높게 제기되고 있다. 이러한 시점에서, 우리가 처한 사회적 및 법적 현실에 타당한 이혼법제는 어떤 것일까 생각해 보기로 한다. 그것은 오로지 법 해석의 문제라기보다는 오히려 이혼의 사회학에서 그 해법을 찾아야 할 의문들인지도 모른다. 그러므로 "사람들은 왜 이혼하려고 하는가?" 또는 "사람들은, 특히 한국여성들은 왜 구박을 받으면서도 이혼을 하지 않으려고 하는가?" 등에 대한 실증연구가 선행되어야 할 것이다.

II. 有責主義와 破綻主義의 순기능과 역기능

이혼원인에 있어 유책주의란 주로 다음 네 가지의 내용을 담고 있다. 즉, 배우자의 일방에게 혼인의무의 위반이 있을 경우에 한하여 이혼을 인정한다는 것, 혼인의무위반의 내용인 有責事由가 구체적으로 법률에 규정되어 있다는 것[세계 공통의 전통적인 이혼원인은 부정행위(간통), 유기와 학대였다], 무책자만이 이혼을 청구할 수 있다는 것(따라서 유책배우자의 이혼청구는 배척된다), 무책자는 이혼과 동시에 이혼피해자의 지위에서 혼인파탄의 유책자에 대해 손해배상을 청구할 수 있다는 것이다. 따라서 유책주의하에서는 배우자의 혼인의무위반행위가 있을 경우에 한하여, 무책자인 배우자가 유책배우자를 상대로 이혼소송을 제기하는 동시에 혼인파탄에 대한 손해배상을 청구할 수 있게 된다. 그 결과 법률에 명시된 이외의 사유 예컨대 정신병이나 성격차이 등 어느 누구의 책임이라고 볼 수 없는

6) 박병호, "한국민법상의 이혼원인," 제8회 아세아가족법 3국회의 자료집, 36면 참조.

원인에 의해 혼인이 파탄된 경우에는 이혼이 허용되지 않으며, 설사 법률에 규정된 이혼원인에 해당하는 경우라도 유책자의 이혼청구는 기각되는 것이다. 그러므로 가부장사회에서 많은 경우에 유책자였던 夫의 이혼청구는 받아들여지지 않는 대신, 대부분의 경우에 무책자라고 생각되는 동시에 사회 · 경제적 약자인 妻의 이혼청구만이 인용되게 된다. 그 결과 이혼으로 가는 열쇠는 무책자이며 경제적 약자인 배우자(대부분의 경우 처)에게 주어지게 되는 것이다. 따라서 유책주의는 이혼을 엄격하게 제한함으로써 가정을 보호하는 동시에, 유책자에 대한 제재를 통해 전통적으로 약자였던 대부분의 여성을 보호하는 순기능을 감당할 것으로 기대되는 제도이다.

그러나 유책주의는 다음과 같은 한계와 역기능을 수반한다. 첫째, 혼인이란 어느 일방배우자의 책임에 의해서만 파탄되는 것만은 아니라는 사실을 간과하고 있다는 점이다. 그 중에도 특히 정신병이나 성격차이, 또는 성적 불능 등 어느 누구의 책임에 의한 파탄이라고 볼 수 없거나 유책자와 무책자를 구분할 수 없는 원인으로 혼인이 파탄된 경우가 이에 해당한다. 유책주의하에서는 법률에 명시된 구체적인 이혼원인에 해당하지 않는 한 이혼할 수 없으며, 상대방을 유책자라고 볼 수 없는 한 이혼할 수 없으므로, 배우자의 정신병이나 부부의 성격차이 등으로 인해 혼인이 파탄된 경우에는 이미 회복이 불가능할 정도로 심각하게 파탄되었다 하더라도 이혼은 받아들여지지 않게 된다. 결국 유책주의 이혼법은 모든 경우의 이혼원인을 구체적으로 명시할 수 있다는 환상과, 혼인은 보호되고 유책자는 제재되어야 한다는 확고한 목적으로 인해 많은 경우 사실상 이미 파탄된 가정을 법률상으로만 보호하게 되는 모순을 빈번히 경험할 수밖에 없었던 것이다. 둘째, 유책주의는 그 구체성과 엄격성으로 인해 이혼과 관련된 사회의 변화에 적절히 대응하지 못하는 스스로의 한계를 드러냈다. 산업사회의 발달과 더불어 여성의 사회적, 경제적 지위가 향상되고, 남녀평등이 실현되고 있으며, 여성의 이혼에 대한 사회적 인식이나 이혼 후의 경제적 지위가 보장되는 등의 변화에 따라 이혼을 둘러싼 여건이 변하여 왔으므로 유책주의의 경직된 구체성과 피해자보호라는 구태의연한 엄격성은 이혼을 효과적으로 예방하지도, 혼인가정을 보호한다는 순기능도 감당하지 못하였던 것이다. 더욱이 전통사회에서 夫의 혼인의무위반행위로부터 법의 보호를 필요로 하던 여성들의 지위가 향상되어 피보호자, 이혼피해자라는 신분에서 벗어날 수 있게 되었다는 점도 유책주의의 퇴조를 재촉

하는 요인이 되었다. 셋째, 유책주의이혼법은 이혼을 엄격하게 제한하여 가정을 보호함과 동시에 이혼을 예방한다는 목적과 강한 기대를 내포하고 있으나, 이미 파탄된 혼인이 엄격한 이혼법에 의해 유지되리라고 기대하는 것은 탁상공론에 불과한 것이었음이 드러났다. 서구제국의 이혼율이 엄격한 이혼법, 복잡한 이혼절차에도 불구하고 계속 증대하여 왔음은 그 좋은 예이다. 이에 따라 서구제국은 급증하는 이혼청구사태에 대해 유책주의라는 몸에 맞지 않는 지난 날의 잣대를 벗어버리고 파탄주의로 전환하게 된 것이다. 재판상이혼원인에 있어 유책주의 이혼원인을 견지하고 있는 우리나라의 경우에도 급증하는 이혼청구를 적절히 제어하지 못하고 있으며, 설사 법적으로 이혼을 제한하는 경우에도 사실상 파탄된 가정을 법적으로만 보존하는 데 불과한 경우가 많다. 넷째, 유책주의 이혼원인은 이혼의 목적을 달성하고 이혼의 부수적 효과(위자료 청구 등)를 얻음에 있어 유리한 고지를 차지하기 위해 이혼법정에서 상대방배우자의 유책성을 부각시킴으로써 개인의 사생활을 지나치게 침해한다는 역기능을 수반한다.

이에 대하여 파탄주의 이혼원인이란 "혼인공동체가 심각하게 파탄되어 회복의 가망성이 없을 때," 또는 "혼인을 계속하기 어려운 중대한 사유가 있을 때" 등과 같이 이혼원인을 추상적으로 규정하고, 이미 파탄된 혼인, 부득이한 이혼을 승인하는 무책주의 이혼원인이라 할 수 있다. 원래 순수한 의미의 파탄주의(소위 적극적 파탄주의)는 유책주의와는 반대로 혼인의 파탄이라는 추상적 · 일반조항적 기준을 이혼원인으로 규정하고 있다는 것, 그러므로 설사 혼인파탄의 유책자라 하더라도 이혼청구를 할 수 있다는 것, 유책자에 대한 손해배상청구는 원칙적으로 인정되지 않는다는 것 등을 주된 내용으로 하고 있다. 파탄주의 이혼원인을 취하는 경우의 가장 큰 장점은 사실상 이미 심각하게 파탄되어 회복의 가능성이 없다고 보여지는 부부의 이혼을 법적으로 허용함으로써 그들의 새 출발을 가능하게 한다는 점이다. 특히 유책주의 이혼원인에 있어서와 달리 정신병, 성격차이 등 無責의 원인으로 인한 파탄의 경우에도 그 파탄의 정도가 심각하여 회복의 가능성이 없다고 보여지는 경우에는 이혼을 허용함으로써 형식적인 혼인의 굴레로부터 부부를 구제하는 것은 파탄주의만이 갖는 순기능이라 할 것이다.

이러한 장점에도 불구하고 파탄주의 이혼원인은 다음과 같은 문제점을 지닌다. 첫째, 유책주의하에서는 상대방 배우자의 행위가 개별적 이혼원인에 해당된다는 사실의 입증을 하면 되고, 법관으로서도 구체적 이혼원인에 해당하는가의 여부를 판단하여 이혼의 허용여부를 결정하면 되지만 파탄주의에서는 우선 혼인이 파탄되었는가에 대한 판단의 어려움이 있으며, 더욱이 파탄의 여부에 대한 판단이 법관에게 맡겨져 있어 법관에 따라 이혼의 허용여부가 달라질 수 있다는 문제점이 지적된다. 이러한 문제점에 대처하기 위하여 파탄주의이혼법을 취하고 있는 법제에서는 남용을 방지하기 위한 여러 가지 시도를 하고 있다. 예컨대 영국의 이혼법 제2조는 파탄주의에서 우려되는 이혼남용을 방지하기 위하여 피고의 간통, 피고와의 동거를 기대할 수 없다든가, 피고의 2년 이상의 유기, 합의에 의한 별거 또는 합의없는 별거 등 5가지 지침을 파탄의 기준으로 제시하고 있으며, 독일민법 제1566-1567조와 프랑스민법 제237조는 일정기간의 별거를 파탄의 기준으로 규정하고 있다.[7] 둘째, 혼인이 심각하게 파탄되었다고 판단되는 경우에는 유책배우자의 이혼청구도 허용되며, 무책자가 이혼을 원치 않는 경우에도 이혼이 허용되므로 이혼에 대한 사회적 편견이 심하거나 남녀의 사회적 지위가 동등하지 않을 경우에는 약자인 무책자에게 불리하게 작용할 수 있다는 점이다. 이러한 문제점에 대하여 각국은 다음과 같은 보완책을 마련하고 있다. 예컨대 유책주의와 파탄주의를 병용하고 있는 스위스민법은 제142조 제1항에서 파탄주의를 규정하는 한편, 제2항에서 유책배우자의 이혼청구를 제한하는 규정을 하고 있으며, 독일민법은 제1568조에서 가혹조항을 규정하여 혼인이 파탄되어 있더라도 이혼이 미성년자녀의 이익을 위해 필요하거나 상대방 배우자의 특별한 사정으로 이혼이 가혹하다고 생각되는 경우에는 이혼을 허용하지 않는 등의 장치를 마련하고 있는 등이다. 세 번째, 유책주의하에서는 유책자에 대한 위자료청구가 가능하였으나 파탄주의는 혼인재산에 대한 청산과 부양청구에 만족할 수밖에 없다. 혼인 중 취득재산이 많지 않은 부부인 경우에는 이혼 후의 생계보장이 미흡할 수밖에 없고, 더욱이 이혼 후의 부양료청구를 재혼시까지 또는 종신토록 인정하여 오던 서구제국도 점차 이를 이혼 후 3-5년 내로 제한하고 있는 경향에 있으므로 파탄주의는 경제적 약자에게 불리하게 작용할 여지가 있다.

따라서 적극적이며 순수한 파탄주의는 남녀의 사회 · 경제적 지위가 동등하거나, 이혼에 관한 사회적 인식이 불리하지 않거나, 이혼한 여성의 경제적 지위

7) 자세한 것은 한봉희, "파탄주의 이혼원인의 제문제," 김증한 교수 화갑기념논문집(1981), 711면 이하 참조.

가 보장되는 등 여건이 충족될 때 비로소 그 장점을 발휘할 수 있는 제도라는 결론에 이르게 된다. 반면에 위와 같이 사회적 여건이 갖추어지지 못한 사회에서의 파탄주의란 이혼을 원치 않는 배우자를 가혹하게 방치하는 것과 다름없게 된다. 그러므로 파탄주의를 취하는 경우에도 장기의 별거기간 등 파탄의 객관적인 기준을 규정한다든가, 유책배우자의 이혼청구를 제한한다든가, 이혼을 원치 않는 배우자가 이혼으로 인해 가혹하게 되는지의 여부, 미성년자가 있는지의 여부, 이혼 후의 생활보장이 있는지의 여부 등을 고려하여 이혼을 결정함으로써 파탄주의가 갖는 단점을 보완하는 장치가 필요하게 된다.

Ⅲ. 이혼의 社會學

1. 이혼증가의 사회적 배경

산업 사회에서 이혼이 증가되는 사회적 배경[8]으로는 첫째로 여성이 경제적으로 독립할 가능성이 많아졌다는 점을 들 수 있다. 과거에는 경제적인 압력 때문에 여성들이 불행한 결혼생활을 참는 경우가 많았으나 현대 산업사회는 여성노동력에 대한 사회적 수요가 증가되어 여성의 경제적 독립성이 가능하게 되었으므로 여성들이 경제적인 이유 때문에 불행한 결혼을 인내하려 하지 않으려는 경향이 높아졌다고 할 수 있다. 둘째로는 이혼을 억제하는 사회적 장치들이 약화되고 가족가치관이 변화되었다는 점을 들 수 있다. 전통사회에서는 관습에서 법에 이르기까지의 여러 가지 사회통제수단이 이혼을 억제하는 사회적 압력으로 작용하였으나 현대사회의 빈번한 사회적 · 지리적 이동은 사회통제를 약화시켜왔으며, 가족적으로는 가족에 대한 책임감이 붕괴되고 개인주의적인 가치관이 형성되는 등의 요인이 이혼을 결심하게 하는 것으로 볼 수 있다. 셋째로 결혼 자체, 부부간의 관계 자체에 대한 변화를 들 수 있다. 과거의 결혼생활에 있어서는 애정과 더불어 가족에 대한 경제적인 후원이나 자녀양육 등의 책임이 결혼생활

8) 김정옥, "이혼의 사회적 배경과 이혼원인의 이론적 고찰," 이혼과 가족문제, 한국가족학연구회(1993), 21면 이하 참조.

을 지속하게 하는 요인이었으나 현대사회에서는 애정에 바탕을 둔 결혼관계가 강조되고 있으며, 사랑이 식는 순간 이혼하고자 하는 소망도 증가하게 된다는 것이다. 또한 부부간의 역할도 과거에 비해 명확하지 않게 되면서 부부간에 가산분담 등의 역할을 둘러싼 다툼이 잦게 되고, 부부관계가 지배관계에서 협력관계로 되면서 사소한 문제에 대해서도 끊임없이 다툼과 협상을 반복하게 되는 등이 이혼증가의 원인이 되고 있다.

2. 부부가 이혼하는 이유

1992년 5월부터 7월까지 가족사회학자에 의해 실시된 이혼한 여성과 남성에 관한 조사는 흥미있는 몇 가지 사실을 보여준다. 즉 이혼한 여성 104명과 이혼한 남성 28명은 이혼원인[9]에 대해, 여성의 경우에는 남편의 부정한 행위(29.8%), 성격차이, 경제파탄, 신체적 폭력, 무자녀의 순으로 답하였으며, 남성의 경우에는 부정행위(배우자의 외도와 자신의 외도 포함), 아내 역할의 불충실, 성격차이의 순으로 답하고 있다. 이혼자 모두에게 배우자의 부정행위가 이혼원인이 되고 있음을 알 수 있다. 이들이 택한 이혼형태는 협의이혼이 83.3%였으며, 이혼을 먼저 제안한 사람은 아내인 경우가 82.7%였다 한다. 이혼부부의 대부분이 협의이혼을 택하였으며 이 때 아내가 이혼을 먼저 제안했다는 사실은 지금까지 남편으로부터 이혼을 당해왔다고 생각되던 일반의 생각과 매우 다른 내용이다. 아마도 이러한 현상은 이들 여성 조사대상자의 연령이 30대(54.5%), 40대(25.4%)로 매우 젊으며, 이들의 학력이 매우 높다(고졸 이상이 77.9%)는 사실을 감안할 때 이혼 후의 경제적 독립에 대한 자신감과 깊은 관계가 있다고 보아야 할 것이다. 한편 이들이 이혼을 망설이게 된 원인으로는 자녀양육에 관한 문제로, 여성의 경우에 56.6%, 남성은 60%에게 있어 자녀문제가 이혼을 망설이게 하는 강력한 힘으로 작용한 것으로 나타나 있으며, 그 다음 순위로 여성은 이혼 후 가족들의 어려움(29.3%), 경제적 자립에 대한 자신감 없음(26.7%), 자신에 대한 사회적 오점(25.5%)을 들었는 데 반해 남성은 가족들의 이혼에 대한 부정적인 태도(25%), 자신에 대한 사회적 낙인(20%), 이혼소송 및 위자료에 대한 부담(15%), 법적 처리

9) 김정옥(주 8), 45면 이하 참조.

과정에 대한 정보부족(15%) 등을 지적하였다. 1991년 사법연감[10]에 나타난 재판상 이혼사건에 있어 그 원인별 비율도 배우자의 부정행위(43.7%), 악의의 유기(20.4%), 학대(14.9%), 존속학대(5.8%), 3년 이상 생사불명(6.5%)의 순으로 나타나 이 자료 역시 배우자의 부정행위가 이혼원인으로 매우 높게 나타나 있다. 한편 1991년의 통계청자료는 부부불화에 의한 이혼이 1970년에 64.5%에서 1985년에 80.9%, 1989년에는 83.1%로 증가하는 반면에 경제문제에 의한 이혼은 1970년의 4.9%에서 1980년에 3.6%로 감소하고 있는 것으로 분석하고 있다. 매우 불충분하지만, 이상의 자료에 의하면 현대 한국 부부의 이혼원인으로는 협의이혼과 재판상이혼에 있어 모두 배우자의 부정행위가 매우 중요한 비중을 차지하고 있음을 알게 한다. 그것은 곧 결혼생활에 있어서 애정에 의한 결합이 중대사임을 시사해 주기도 한다.

이혼사건에 있어 특이한 사실은 여성이 협의이혼을 제안하거나 재판상이혼을 청구하는 사례가 증가하고 있다는 것이다. 위에서 본 이혼부부에 대한 조사에서도 아내가 이혼을 제안한 경우가 82.7%였으며, 1982년-1992년의 사법연감을 분석한 한봉희 교수의 분석[11]에 의하면 부정행위로 인한 이혼청구는 1980년대에는 남성이 2% 정도 많았으나, 1990년대에 들면서 여성의 청구가 증가하고 있고, 1984년 이후 妻의 夫의 악의의 유기를 이유로 한 이혼청구가 증가하고 있으며, 1988년 이후에는 여성들이 남편의 학대를 이유로 이혼을 청구하는 일이 늘고 있으며, 혼인을 계속하기 어려운 중대한 사유를 원용하는 경우도 1990년 이전에는 남성에 의한 원용이 2배 정도 많다가 1990년대 이후부터는 여성이 원용하는 경우가 많아지고 있다고 있다. 이혼피해자의 지위에 있던 여성들이 점차 이혼에 있어 주도권을 행사하고 있다는 사실을 알리는 전주곡이라고나 할까?

그렇다면 왜 여성들이 이혼을 강행하는 것일까? 그것은 이혼증가의 사회적 배경에서 살펴본 바대로 배우자의 부정행위나 부부불화 등으로 부부가 결혼생활에서 만족하지 못하게 된 것이 명백하게 되면 이혼할 수 있다는 등으로 결혼가치관이 변화하였다는 점, 이혼하더라도 경제적 어려움을 극복할 수 있다는 자신감, 이혼에 대한 사회적 비난 등 통제가 약화되고 있다는 것, 그리고 자녀에 대한 책

10) 사법연감(1991), 법원행정처.
11) 한봉희, "한국이혼법의 회고와 전망," 가족법연구 제7호(1993), 95면 이하 참조.

임이 약화되고 있다는 점 등의 사회적 배경이 부부불화라는 개인적 사정과 맞물려 이혼을 결심하게 하는 것으로 생각된다.

3. 이혼하지 않는 이유

이혼율이 급증하고 있다고는 하지만 한국사회에서의 이혼율은 서구제국에 비해 여전히 낮은 편이다.12) 그렇다고 한국의 이혼하지 않고 있는 부부 모두가 이혼율이 높은 나라의 부부에 비해 행복하다고 여기며 살고 있다고는 볼 수 없다. 이혼과 관련하여 관심의 대상이 되는 가정은 평온한 가정이 아니라, 구타나 가정불화 등으로 인해 상담기관을 찾아온 당사자의 증언을 통해 판단할 때 겉으로 보기에도 파탄의 정도가 심하다고 보여지는데도 이혼을 택하지 않고 있는 가정이기 때문이다. 즉, 구타당하는 아내의 문제가 심각한 사회문제로 떠오르고 있으나 이들 중 많은 여성이 정작 이혼을 감행하지는 않고 있다는 사실,13) 이혼문제로 상담한 여성들의 많은 수가 이혼을 포기하거나 망설이고 있다는 간접적인 증거들, 여론조사기관에서 행한 부부관계에 관한 질문에 대해 이혼을 생각한 적이 있다고 대답한 여성들이 대단히 많음에 비해 이혼율은 그보다 훨씬 낮다는 사실 등을 통해 볼 때, 한국의 많은 부부들은 혼인이 파탄되었다고 스스로 생각하는 상황에서도, 따라서 서구제국의 부부라면(특히 여성이라면) 이혼을 택하였을 상황에서도 결혼생활을 계속하고 있음을 알 수 있다. 그러므로 이혼율이 급증하는 현상뿐 아니라 이혼할 수밖에 없는 상황에서 이혼을 택하지 않는 이유에 대해서도 주목하지 않으면 안 된다. 이와 관련하여 다음과 같은 의문이 제기된다. 혼인이 이미 심각하게 파탄되어 서구의 여성이라면 이혼을 감행하였을 상황에서도 한국여성들은 왜 이혼을 하지 않는가? 특히 남편으로부터 구박을 받거나 구타를

12) 1990년 한국의 조이혼율(인구 1000명당 이혼수)은 1.13‰로 덴마크(2.87‰), 러시아(3.36‰), 네덜란드(1.89‰)에 비해 낮다.

13) 여성의 전화가 1992년 8월 한 달 동안의 전화상담내용을 분석한 바에 의하면 총 469건 중 447건이 구타에 관한 것이었다. 구타가 일어나는 상황으로는 말대꾸할 때가 32.1%이고 남편의 음주시가 31.2%였으며, 칼 등의 흉기 구타도 28.2%라고 분석하고 있다. 여성의 전화는 이들 구타당하는 여성들의 60% 이상이 결혼생활을 지속하고 있는 것으로 파악하고 있는데 그 이유는 자녀문제, 이혼녀라는 사회적 편견에 대한 두려움 등이라고 한다. 「이혼, 또 하나의 선택」, 여성사(1993), 107면.

당하거나 남편이 습관적으로 부정행위를 하는 등 객관적으로 보아 이혼조건이 충분한데도 한국 여성들이 이혼과 새출발을 택하지 않고 있는 이유는 무엇인가? 특히 부정행위를 한 남편 자신이 이혼소송을 제기하는데도 불구하고 여성들이 굳이 이혼을 거부하는 이유는 무엇인가? 이러한 문제에 대해 특히 여성을 중심으로 의문을 제기하는 이유는 유책자의 대부분은 여전히 남편이며, 유책주의하에서 유책자의 이혼청구는 인용되지 않으므로 결국 이혼을 결정하는 열쇠는 여성에게 있기 때문이며, 여성의 이혼에 대한 태도는 그 사회의 이혼율을 결정하는 중요한 변수이기 때문이다. 또한 이러한 질문을 하는 이유는 그에 대한 대답 속에서 파탄주의를 향하는 발걸음의 속도를 조절할 수 있는 요인을 발견할 수도 있기 때문이다. 비록 이혼원인에 대한 연구는 서구제국[14]에 비해 매우 드물지만 이혼부부에 관한 몇 가지 실증자료[15]를 토대로 그 원인을 간접적으로 추측하여 보기로 한다.

우선 서구사회와 한국사회에서의 결혼과 이혼을 받아들이는 자세가 다르다는 사실이 지적될 수 있다. 서구사회에서의 결혼은 선택이며 질을 문제삼는 사회인 데 비해, 한국에서의 결혼은 인생의 발전단계로 받아들이려는 경향이 강하고, 결혼의 질보다는 안정성을 중시하는 사회이며, 따라서 이혼을 병리적 현상으로 받아들이려는 경향이 서구제국에 비해 높다는 사실과 깊은 관련이 있다. 그것은 아마도 우리사회가 오래 전부터 강한 가부장사회였으며 오늘날도 여전히 가부장적인 특징을 간직하고 있다는 점과도 깊은 관계가 있다고 보여진다. 이러한 남성중심사회에서 여성들은 한번 시집을 가면 남편과 시가에 순종하며 인내하며 사는 것이 미덕이라는 오랜 가르침을 받아 왔으므로 잘못된 결혼을 운명으로, 이혼을 죄악으로만 받아들이는 경향이 강하다. 이러한 결혼과 이혼에 대한 가치관이 동거이혼이나 별거를 택할지언정 이혼을 택하지 않게 하는 것이다. 가정법률상담소나 여성의 전화에 의하면 이들 동거이혼(한집에서 생활하지만 사실상 이혼상

---

14) 서구제국에는 이혼부부에 대한 실증연구가 많이 축적되어 있다. 예컨대 Journal of Divorce and Remarriage, After Divorce, Journal of Divorce 등 이혼에 관련된 잡지나 논문 등이 많다. 특히 미국의 L.J.Weitzman은 이혼한 부부를 인터뷰하여 그들의 이혼 후 10년간의 경제적 지위의 변천을 실증적으로 연구한 바 있다.

15) 이혼부부에 관한 실증자료로는 1992년에 이혼부부를 대상으로 조사를 실시한 이혼과 가족문제, 그리고 이혼한 사람들을 개인적으로 인터뷰하여 그들이 이혼하기까지의 경험을 모아 엮은 「이혼, 또 하나의 선택」(주 13)이 있다.

태인 부부)이나 별거부부들이 이혼을 택하지 않는 이유는 화려하게 결혼식을 올렸는데 이혼을 하면 결혼이 잘못되었다는 것을 인정하는 것과 같다는 두려움이 중요한 원인이라고 한다. 물론 이 밖에도 아이들 때문에 이혼만은 뒤로 미루고 있다는 시한부 동거부부도 있으며, 아이들에 대한 책임감에서, 이혼부모를 두었다는 사실이 자녀들의 성장이나 결혼에 미칠 악영향을 두려워하여 일정기간을 정해 놓은 상태에서 별거하는 부부도 있다 한다. 그러므로 자녀문제가 이혼에 있어 중요한 변수가 된다는 사실을 알 수 있다. 이혼을 선택한 사람들의 대부분(남 · 녀 포함)은 이혼을 망설이게 한 원인이 자녀문제였다고 대답하고 있으며, 상담자에 의하면 이혼을 미루고 있는 부부의 경우에도 자녀에 대한 책임감, 자녀의 성장에 미칠 악영향 등을 우려하여 동거이혼을 지속하고 있는 경우가 많다 한다. 다음으로는 이혼에 대한 사회의 편견을 들 수 있을 것이다. 이혼을 상담한 바 있으나 아직 이혼을 결행하지 않고 있는 여성들의 두려움은 "이혼녀"라는 사회의 비난이었으며, 이혼을 한 바 있는 여성들이 겪은 이혼의 장애물도 바로 이혼녀라는 비난의 시선이었다고 답하고 있다. 다음으로 아마도 가장 직접적이며 중요한 요인은 경제적인 문제일 것이다. 비록 간접적인 자료이긴 하지만 이혼한 남자와 여자를 대상으로 이혼한 후의 거주지와 경제적 상황을 묻는 질문에 대해 남자의 경우에는 본인의 집에 사는 확율이 높은 반면에 여자의 경우에는 부모나 형제자매, 친구 기타 등으로 나타나 있으며, 특히 여성들의 경우에는 남자에 비해 심각한 경제적인 어려움을 호소하고 있었다는 사실은 이혼에 있어 주택이나 직업 등 경제적 독립성이 얼마나 중요한가를 강하게 암시하는 것이다. 또한 이혼한 여성들은 이혼 후의 경제적 지원, 구직, 거주지마련 등에 있어 부모의 지원을 받고 있다고 대답한 반면에 이혼을 미루고 있는 여성 중에는 부모가 없거나 부모의 지원을 받을 수 없어 이혼 후 거주할 곳이 없기 때문이라고 한 여성이 다수 있다는 사실도 경제적인 능력이나 요인이 이혼에 깊은 영향을 주고 있음을 간접적으로 시사하는 대목이다.[16)]

이 같이 이혼을 거부하는 배우자의 심리 속에 그 원인이 자녀문제이든, 사회의 편견이 두렵기 때문이든, 경제문제이든 간에 결혼을 회복하고자 하는 욕구와 기대가 있다고 판단된다면, 이혼을 원치 않는 배우자에게는 이혼이 가혹한 결과

---

16) 이혼, 또 하나의 선택(주 13), 171면.

가 될 것임에 틀림없다. 따라서 이혼에 대한 사회적 비난이 강한 사회, 많은 경우에 유책자가 남성인 사회, 이혼녀의 취업에 제약이 많은 사회, 이혼자녀를 비롯한 아동복지에 대한 국가의 지원을 기대할 수 없는 우리 사회에서 적극적인 파탄주의는 시기상조이며, 파탄주의를 취하는 경우에도 아직은 많은 제약을 가할 필요가 있다는 결론에 이르게 된다.

그런데 일반적으로 '사람들이 이혼하지 않으려는 이유'와는 무관하게 오로지 법적인 결혼관계만을 고집하며 결혼을 유지하는 부부들도 있다. 판례에 나타난 사실관계를 통해 볼 때, 이미 오래 전부터 별거를 해 오면서 서로 소식도 없이 남남으로 지내고 있거나, 심지어는 다른 배우자와 사실혼관계를 맺고 있는 부부도 있다. 이들은 사실상 이혼상태에 있는 동안 이혼자라는 사회의 비난을 극복하였다고 생각하고 있는 외에 법적인 이혼에 따른 경제적인 어려움도 문제될 것이 없다고 한다(이들 사이에 부양료를 청구하는 사례는 드문 것으로 알려져 있다. 그러므로 경우에 따라서는 유책자에 대한 위자료청구를 통해 경제문제가 개선될 여지도 있다). 또한 오랜 별거생활을 해 왔으므로 자녀문제도 더 이상 이혼의 장애가 되지는 않는 것으로 판단된다(부모의 이혼이 자녀의 결혼에 장애되는 경우를 제외한다면). 따라서 이들이 이혼하지 않으려는 이유가 상대방에 대한 보복이나 오기, 또는 사실혼배우자 사이에 태어난 子를 혼외자가 되게 함으로써 제재를 가하려는 목적이 있을 뿐, 결혼이 회복될 것으로 기대하는 것도 아니라면, 그리고 법적인 결혼생활을 유지한다는 사실이 당사자 쌍방에게 아무런 의미가 없을 뿐 아니라, 법적인 이혼이 당사자 일방에게 특별히 가혹한 결과가 되는 것도 아니라고 판단된다면 파탄주의에 따라 이혼을 인용하는 것이 바람직할 수 있다.

Ⅳ. 혼인을 계속하기 어려운 중대한 사유와 유책배우자의 이혼청구

1. 민법 제840조 1호-5호와 6호와의 관계를 어떻게 이해할 것인가에 관하여는 이미 서두에서 간단히 살펴본 바 있다. 우리나라의 다수설은 6호를 파탄주의로 이해하고 1호-5호의 사유는 6호의 전형적인 예시로 본다. 다만 구체적으로는 1호-5호에 해당하는 사유가 있더라도 다시 제6호에 비추어 보아 혼인계속의 가능성여부를 법관이 판단하여야 한다는 입장(단순예시설)과 1호-5호에 해당하는

사유가 있으면 혼인을 계속하기 어려운 중대한 사유가 있는 것으로 보아 이혼이 인용된다고 보는 입장(독립예시설)이 있다. 이러한 입장에서는 우리 이혼법제가 파탄주의를 취한 것으로 이해하게 된다. 다만 이들은 적극적 파탄주의는 시기상조이므로 혼인파탄에 책임이 있는 유책배우자의 이혼청구는 인정하지 않는 판례의 원칙과 예외적으로 유책배우자의 이혼청구를 인용하는 판례의 태도를 지지하면서 점차 파탄주의를 확대하여야 한다고 주장하는 경향을 보이고 있다. 결국 유책주의적 파탄주의를 지지하는 것으로 생각된다. 한편 이혼소송물에 대하여는, 구체적 이혼원인(1호-5호)이 있으면 그 구체적 이혼원인으로 이혼이 되는 것이 아니고 혼인을 계속하기 어려운 중대한 사유가 되어 이혼이 되는 것이므로 결국 이혼소송물은 6호 1개로 이해한다(신소송물이론).[17)]

2. 판례는 1호-5호를 유책주의적으로 이해하고, 6호에 대하여는 이를 유책주의적으로도 파탄주의적으로도 이해하는 듯하다. 판례가 1호-5호를 유책주의적으로 이해하는 근거는 제840조의 법문이 부부의 일방은 다음 각호의 사유가 있는 경우에는 법원에 이혼청구를 할 수 있다고 하면서 1호-5호에 상대방의 유책사유(배우자의 부정행위, 악의의 유기 등)를 규정하고 있다는 데에 있다. 그러나 6호에서는 상대방의 유책사유에 기인하여 혼인이 파탄되었는지의 여부, 이혼청구자가 유책 · 무책을 가리지 않고 이혼청구를 할 수 있는지의 여부가 명문으로 규정되어 있지 않으므로 결국 법관은 이를 유책주의적으로도, 파탄주의적으로 해석할 수 있는 여지가 있다고 볼 수 있다. 그런데 대법원은 유책배우자의 이혼청구를 제한하는 확고한 원칙을 예로부터 견지하여 오면서도 피청구인에게도 이혼의사가 있었으며 이혼을 거부하는 것이 오로지 보복적인 감정에 기인하는 경우라든가,[18)] 상호유책이거나, 청구인의 유책성이 피청구인의 유책보다 가벼울 때 등에는 예외적으로 유책배우자의 이혼청구도 인용한 바 있다.[19)] 이 같은 유책배우자의 이혼청구를 제한하는 법원의 원칙과 6호에 대한 해석을 연결하는 법원의 논리는 6호를 1호-5호의 연장선상에서(유책주의적으로) 이해하고 유책주의의 당연한 결과로 유책배우자의 이혼청구를 기각한다고 이해하는 경우와, 6호를 파탄주의로 이해

17) 김주수(주 3), 198면.
18) 대법원 1987. 12. 8, 87므44, 45 판결.
19) 대법원 1986. 3. 25, 85므85 판결.

하면서도 다수설과 같이 유책배우자의 이혼청구를 제한하는 소극적인 파탄주의로 이해하는 입장으로 구분되는 듯하다. 이하에서 몇 가지 판례를 살펴본다.

① 6호를 유책주의적으로 본 판례

대법원 1986. 3. 25. 선고 85므98 판결은, "이미 돌이킬 수 없이 파탄에 이른 혼인관계가 원만한 정상적 혼인생활로 돌아갈 수 있는 것인가를 살펴 진정한 부부가 누구인가를 가려야 한다고 하나, 재판상 이혼에 있어서 유책주의적 법제를 취하고 있는 의용 민법의 해석상 혼인생활의 파탄에 책임있는 유책배우자는 그 혼인관계가 파탄에 이르렀다고 하여 이혼을 청구할 수 없는 법리이므로"라고 하였으며,

대법원 1990. 9. 25. 선고 89므112호 판결은, "재판상이혼에 관하여 이른바 유책주의를 채택하고 있다고 해석되는 우리 법제 아래서는 일방의 배우자의 책임있는 사유로 인하여 혼인생활이 파탄에 빠지게 된 이후에 그 갈등을 해소하려는 과정에서 다른 일방배우자가 재판상이혼사유에 해당할 수도 있는 잘못을 저질렀다 하더라도 …(중략)… 혼인을 파탄시킨 유책배우자가 이를 사유로 삼아 이혼을 청구할 수는 없는 것이고 …(중략)… 혼인을 파탄에 이르게 한 사유에 관하여 당초 책임 있는 배우자는 민법 제840조 제1항 제6호의 사유가 있다 하여 이혼을 청구할 수 없는 것이다"라고 판시하고 있다.

대법원 1983. 3. 22. 선고 82므57호 판결은, "이혼에 관하여 유책주의를 채용하고 있는 현행법제 아래에서는 유책배우자는 민법 제840조 제6호 소정의 혼인을 계속하기 어려운 중대한 사유를 들어 이혼을 구할 수 없는 법리라 할 것인바"라고 하였다.

② 6호를 파탄주의로 이해하는 판례

대법원 1986. 3. 25. 선고 85므85 판결은, "민법 제840조 제6호는 같은 제840조 제1호 내지 제5호 소정의 유책주의적 이혼원인 외에 파탄주의에 따른 이혼원인으로서 기타 혼인을 계속하기 어려운 중대한 사유를 규정한 것이다"라고 하였으며,

대법원 1982. 7. 13. 선고 82므4호 판결은, "민법 제840조 제6호의 기타 혼인을 계속하기 어려운 중대한 사유라는 것은 혼인의 본질에 상응하는 부부공동

생활관계가 회복될 수 없을 정도로 파탄된 경우 등을 말하는 것으로 이는 이혼원인이 유책주의에서 파탄주의로 또 개별적, 구체적 예시법제에서 일반적, 추상적 규정법제로 전환하는 입법경향에 따른 규정이라 할 것이나"라고 하여 6호를 파탄주의로 보고 있다.

한편, 대법원 1982. 4. 27. 선고 81므60 판결은, "민법 제840조 제6호에서 말하는 이혼원인으로서의 기타 혼인을 계속하기 어려운 중대한 사유란 사회관념상으로 보아 배우자에게 혼인생활의 계속을 강요하는 것이 참을 수 없는 고통이 될 정도로 혼인관계가 파탄된 경우를 말하고 또 그 파탄이 반드시 상대방배우자의 귀책사유로 말미암을 필요는 없으나 주로 이혼을 구하는 배우자의 귀책사유로 말미암은 경우는 포함되지 않는다고 해석함이 상당하다고 할 것이므로 …(중략)… 그 파탄이 피청구인의 귀책사유에 기인한 것인가를 심리할 것이 아니라 파탄의 주된 원인이 청구인의 귀책사유에 있는 것인가를 심리판단하여 민법 제840조 제6호 사유의 해당여부를 가렸어야 할 것임에도 불구하고 위의 사유가 피청구인의 귀책사유를 요건으로 한다는 전제하에…"라고 하였다. 이 판례는 원심이 6호를 유책주의적으로 해석하여, 피청구인의 귀책사유를 심리판단하고 있는 데 대해 대법원은 청구인의 귀책사유를 중심으로 심리판단하여야 함을 선언함으로써 6호를 파탄주의로 해석하는 전제로 유책배우자의 이혼청구이면 기각한다는 입장을 밝히고 있다는 데에 그 의의가 있다.

한편, 전형적인 파탄주의 이혼원인인 정신병에 대하여 대법원은 1991. 1. 15. 선고 90므446 판결에서 처음으로[20] '불치의 정신병'을 기타 혼인을 계속하기 어려운 중대한 사유에 해당한다고 보아 이혼을 인용한 이래 그 정도가 심하여 불치라고 생각되는 정신병에 대하여는 이혼을 허용하여 왔다.[21] 즉 대법원은 1991. 12. 24. 선고 91므627 판결에서 "…피청구인의 정신분열증은 현재까지도 완치되지 아니한 상태이고 일시 호전된다 하더라도 재발이 예상되어 정상적인 가정생활은 어렵다는 이유로 청구인과 피청구인 사이의 혼인관계는 어느 쪽에도 책임지울 수 없는 피청구인의 정신분열증으로 인하여 피청구인이 친정으로 돌아

20) 서울가정법원 1965. 3. 9, 64드571 판결 등 하급심 판결 중에는 불치의 정신병에 대하여 이혼을 인용한 판결이 있다.

21) 대법원 1991. 1. 15, 90므446 판결: 대법원 1991. 12. 24, 91므528 판결; 1991. 12. 24, 91므627 판결 등이 있다.

간 때로부터 파탄에 이르러 현재까지 그러한 상태가 계속되고 있다고 보아, 민법 제840조 제6호 소정의 재판상 이혼사유에 해당한다"고 판시한 바 있으며, 1991. 1. 15. 선고 90므446 판결에서는 "혼인관계가 해소되면 피청구인이 앞으로 배우자로부터의 원조가 제한되게 됨에 따라 극심한 경제적 고통을 받게 되고 보호를 받을 수 없게 된다는 딱한 사정도 고려되어야 할 것이지만 이는 이혼당사자 간의 재산분할청구 등 개인간 또는 사회적인 부양의 문제로 어느 정도의 지원을 기대할 수 있을 뿐이겠으니 그러한 사정이 있다 하여 청구인에게 일방적 고통을 감수하라고 강요할 수는 없을 것이다"라고 판시하여 불치의 정신병인 경우에는 전형적인 파탄주의를 취하고 있음을 알 수 있다. 다만 불치의 정신병으로 이혼이 된 피청구인에 대하여는 판결에서 지적한 대로 사회적 부양으로 보호될 수 있어야 하나 아직은 기대난이라는 문제가 남아 있다.

그런데, 이혼소송물에 대하여 대법원은 1963. 1. 31. 선고 62다812 판결에서, "민법 제840조 각호가 규정한 이혼사유마다 재판상 이혼청구를 할 수 있는 것이므로"라고 판시하여 구소송물이론에 따라 제840조 각호마다 이혼청구권을 인정하고 있다. 따라서 원고가 주장하지 아니한 이혼사유에 관하여는 심판할 필요도, 이혼을 명하여서도 안 된다는 입장을 취하고 있다.

3. 이와 같이 대법원은 6호를 파탄주의적으로 이해하는 바탕위에서 유책배우자의 이혼청구를 제한하면서도 그 예외의 경우를 인정함으로써 소극적인 태도를 완화하여 가고 있으며, 불치의 정신병에 대하여 이혼을 인용하는 등 파탄주의에로 나아가는 듯한 징후를 감지할 수 있다. 그렇다면 6호를 판단함에 있어서의 기준은 무엇이어야 하는가? 정신병이혼에 대하여는 그 정도가 심하여 불치라고 판단되는 경우에 한하여야 할 것임을 대법원이 밝힌 바 있다. 그 외의 경우에 6호를 이유로 이혼을 인용할 것인가를 결정함에 있어서는 피청구인의 혼인계속의 의사유무, 청구인의 유책유무, 子의 유무와 그 상태, 이혼 후의 생활보장문제, 기타 객관적 사정을 참작하여 결정하여야 한다는 견해[22]가 있고, 판례도 6호를 판단함에 있어서의 기준으로 그 파탄의 정도, 혼인계속의 의사유무, 파탄의 원인에 관한 당사자의 책임유무, 혼인생활의 기간, 자녀의 유무, 당사자의 연령, 이혼 후

22) 김주수, 판례가족법(1978), 234면.

의 생활보장 기타 혼인관계의 제반사정 등을 고려할 것을 제시하고 있다.[23] 타당하다고 본다. 한편 일본의 최고재판소는 유책배우자의 이혼을 인용하면서 그 이유를 부부의 별거가 상당히 장기간에 이르렀고, 양육이 필요한 미성숙자가 없으며, 이혼에 의해 상대방이 정신적, 사회적, 경제적으로 지극히 가혹한 상태에 있지 않는 등 현저하게 사회정의에 반하는 특단의 사정이 없으면 유책배우자의 이혼청구라도 이를 허용하여야 한다고 매우 합리적인 기준을 밝히고 있다.[24]

이러한 기준들을 종합하여 본다면, 별거기간이 길었을 때, 미성년자가 없을 때, 이혼을 인용하더라도 상대방에게 가혹한 결과가 되지 않을 때에는 유책배우자의 이혼청구를 인용함으로써 적극적 파탄주의를 취하고, 별거기간이 길지 않은 경우라든가, 피청구인에게 혼인계속의 의사가 있는 경우(반감이나 오기만이 아닌), 미성년 자녀가 있다든가, 이혼으로 피청구인이 가혹한 상태에 있게 되는 경우에는 가정을 보호하기 위하여 유책배우자의 이혼청구를 제한하는 것이 타당할 것이다.

4. 제840조 6호와 관련하여 위자료청구권(민법 제843조에 의해 준용되는 제806조)이 문제될 수 있다. 즉 6호를 파탄주의적으로 이해하는 경우에도 위자료청구권이 발생하는가의 문제이다. 예컨대 법원이 유책배우자의 이혼청구를 예외적으로 인용하는 경우에 상대방배우자(무책자, 청구인보다 유책정도가 가벼운 피청구인 혹은 표면적으로만 이혼의사를 갖고 있을 뿐 실제로는 오기로만 이혼을 거부하는 경우의 배우자)는 유책배우자에 대하여 위자료청구를 할 수 있을 것인가? 법원이 혼인을 계속하기 어려운 중대한 사유를 적극적으로 인정하여 이혼을 허용하는 경우(정신병 이혼 등)에는 원칙적으로 위자료청구권이 문제되지 않을 것이나, 정신병 이외의 사유로 청구인의 이혼이 인용된 경우, 유책배우자의 이혼청구를 기각하는 판례의 원칙을 반대 해석한 나머지(청구인의 이혼을 인용하였다는 이유로), 피청구인을 유책자로 생각하게 되는 것은 아닌가, 하는 의문이 제기될 수 있다. 이혼소송을 제기하는 청구인들은 이혼소송과 동시에 또는 이혼 후에 위자료청구를 한다고 보아야 하며, 위자료를 청구함에 있어서는 유책자가 누구인지 밝혀야 하

---

23) 대법원 1987. 7. 21, 87므24호 판결; 대법원 1991. 7. 9, 90므1067 판결 등.

24) 강영호, "유책배우자로부터의 이혼청구," 현대가족법과 가족정책(1988), 194면 참조.

는데, 판례는 유책배우자의 이혼청구를 기각하는 경우도 있고, 적극적인 파탄주의를 채용하는 경우도 있을 수 있기 때문이다. 첫 번째의 경우와 같이 유책배우자의 이혼청구를 인용하는 경우에는 유책자와 무책자가 구별되며, 쌍방유책인 경우에도 유책의 정도가 판결이유에 나타나게 되므로 유책자에 대한 위자료청구는 인용될 수 있을 것이다. 그러나 두 번째의 경우와 같이 파탄을 적극적으로 이해하여 이혼을 인용한 경우에는 이혼당사자 누구에게도 위자료청구권이 발생하지 않는다고 보아야 할 것이다. 그런데 유책배우자의 이혼청구를 제한하는 것이 판례의 원칙이라는 사실에 근거하여, 청구인의 이혼이 인용되었으니 반대로 피청구인이 유책자가 되는 것으로 볼 여지도 있다. 법원이 아직은 파탄주의를 적극적으로 인용하는 입장이 아닌데다가 법원의 실무에서는 이혼원인을 유책주의적으로 해석하고 있기 때문이다. 따라서 파탄을 적극적으로 인용하는 경우에는 어느 누구도 유책자가 아니라는 사실이 판결문에서 밝혀져야 할 것이다.

V. 協議離婚과 有責主義·破綻主義와의 調和

민법상의 협의이혼제도는 넓은 의미의 적극적인 파탄주의이다. 당사자의 협의에 의한 이혼을 존중하여 이혼의 자유를 인정하고 있기 때문이다. 그런가 하면 재판상이혼에 있어서는 1호-5호에서 엄격한 유책주의로, 6호는 제한적인 파탄주의로 이해하는 것이 판례의 입장이다. 그런데 협의이혼이 차지하는 비중은 전체 이혼건수의 약 70-80% 이상이므로 결국 대다수의 이혼부부는 자유로운 이혼법제하에서 이혼을 하며, 이혼에 관하여 부부의 의견이 일치되지 않는 경우에는 법의 엄격한 통제를 받고 있는 셈이다. 그렇다면 이 두 가지 극단적인 이혼제도는 어떻게 조화되는 것이 바람직할 것인가? 다시 말하면 이혼에 있어 협의이혼과 같이 자유를 인정하는 것이 바람직한 것인가, 아니면 법의 통제를 유지할 것인가의 이혼정책의 문제이다. 법에 나타난 이혼정책은 사회에 지대한 영향을 미치기 때문에 이혼의 자유를 무한정 인정하는 것도, 지나치게 엄격한 통제를 하는 것도 바람직한 것은 아니다. 따라서 이혼부부에게 자녀가 있는 경우에는 법이 이혼가정에 개입하여 이혼자녀가 보호될 수 있도록 하되, 자녀가 없는 이혼은 비교적 자유롭게 인용하는 것이 세계 이혼법의 경향이라고 할 수 있다. 이에 따라 이혼부부에게 자녀가 있을 경우에는 부모의 책임을 강조하기 위하여 협의에 의한 이혼을 인정하지 않거나 협의이혼을 인정하는 경우에도 이혼을 신중하게 고려할 수 있도록 기회를 부여하고, 자녀의 친권이나 양육자결정 및 양육비부담 등에 관하여 법원이 후견적인 입장에서 아동복지를 위한 개입을 할 필요가 있다. 한편 자녀가 없는 경우에도 이혼으로 인하여 배우자일방이 가혹하게 된다든가, 상대방배우자가 이혼을 원치 않는 경우에는 이혼을 인용하여서는 안될 것이다. 사람들이 이혼을 하지 않으려는 이유에서 본 바와 같이 우리 사회는 이혼을 죄악으로 받아들이려는 경향이 아직 강하므로 이혼을 두려워하는 배우자는 법이 보호할 필요가 있다고 생각된다. 그러나 별거기간이 길다든가, 혼인의 실체가 없고 법적인 혼인만이 존재한다든가, 이혼을 인용해도 사회정의에 반하지 않는 경우에는 파탄된 혼인에 이혼을 허용함으로써 형식적인 혼인보다는 실질적인 가정을 보호하는 것이 타당할 것이다.

따라서 법원의 일이 많아지는 현실적인 문제가 있긴 하지만 협의이혼제도를 보다 엄격하게 함으로써 이혼자녀와 이혼을 원치 않는 배우자에 대한 보호가 될 수 있도록 제도의 개선이 필요하다고 본다. 예컨대 프랑스의 승낙이혼과 같이 이혼을 원하는 배우자가 판사에게 부부공동생활이 지속하기 어렵다는 것을 확인하여 이혼을 청구하고 상대방배우자가 이를 인정하면 판사가 결혼이 지속될 수 있는지를 조정한 후 법원에서 이혼의 합의를 유도하여 이혼을 선언하는 방식이 그 좋은 입법례가 될 것이다. 따라서 판사가 협의이혼에 개입하되 심판에 의한 것이 아니라 배우자들 스스로가 이혼과 친권자결정, 양육비부담과 재산분할 등의 이혼의 효과에 관한 부분까지 합의하도록 유도한 후 이혼을 선언한다면 이혼자녀에 대한 보호와 축출이혼을 방지하는 결과가 될 것이다. 한편 재판상이혼에 있어서는 파탄주의를 원칙으로 하되, 자녀가 있는 이혼이나 이혼으로 가혹하게 되는 배우자가 있는 경우에는 예외적으로 이혼을 허용하지 않는 것이 바람직하다고 본다.

VI. 맺는 말

이상에서 민법상의 유책주의와 파탄주의에 관하여 살펴본 내용을 정리하여 본다.

첫째, 현대 한국사회에서 여성들이 협의이혼을 주도한다는 사실은 여성들의 경제적 독립성과 깊은 관련이 있다는 사실을 입증한다. 이 같이 일부의 여성들이 불안정한 결혼생활보다는 이혼을 택하려는 경향이 있는 반면에 결코 무시할 수도, 무시해서도 안 되는 더 많은 수의 여성들이 구타를 당하는 등의 상황에서도 이혼을 택하지 않으려는 이유 또한 엄연히 존재한다. 이혼을 하려는 이유와 함께, 이혼의 필요충분조건을 모두 갖춘 그들이 이혼으로 가지 않는 이유를 파악함으로써 이혼에 관한 정책이나 법해석에 반영하는 것이 필요하다고 본다는 시각에서 이혼의 사회학적 고찰을 시도하여 보았다.

둘째, 재판상이혼원인에 관한 민법 제840조에 대하여 학설은 이를 파탄주의로 이해하는 한편 법원의 실무에서는 이를 유책주의적으로 이해하면서 점차 파탄주의를 가미하여 가는 듯하다. 그 동안에 6호의 의미와 관련하여 유책배우자의 이혼청구를 인용할 것인가에 관한 많은 논문이 나와 있으므로 중복이 되는 부분은 피하고 판례가 6호를 유책주의적으로 이해하여 유책배우자의 이혼청구를 제한하고 있는가, 아니면 파탄주의적인 입장에서 유책배우자의 이혼청구를 기각하고 있는가에 관한 고찰을 통해 유책주의와 파탄주의의 의미를 되새겨 보았다. 위에서 고찰한 이혼의 사회학과 관련하여 볼 때 배우자가 진정으로 이혼을 원치 않는 경우에는 이를 존중하여 현재 법원이 취하는 소극적 파탄주의를 유지하되, 사실상 별거상태가 길다든가, 별거 중 이미 사실혼관계에 있다든가, 이혼이 배우자에게 가혹한 결과가 되거나 미성년자녀가 있는 등의 사정이 아니라면 적극적인 파탄주의를 적용함으로써 부부의 새 출발을 돕는 한편 이미 형성된 2차가정을 보호하는 것이 바람직할 수 있다고 보았다. 더욱이 재산분할청구권이 신설되었으므로 충분하지는 않지만 파탄주의를 적용할 수 있는 여건은 어느 정도 형성되었다고 보여진다.

재판상이혼원인에 관하여, 私見은 1호-5호는 유책주의적 파탄주의로, 6호는 소극적 파탄주의로 이해한다. 이혼소송물에 관하여는 1개의 이혼청구권이 존재한다고 본다. 그것은 당사자가 이혼을 청구할 때 이혼을 할 수밖에 없는 모든 수단과 이유를 동원하여 즉 1호에서 6호까지를 적극 활용하는 것이 보통일 터임에도 각호마다 이혼청구권이 있다고 보는 것은 무리일 뿐 아니라, 이혼이 인용되지 않은 경우에도 당사자들은 후에 협의이혼이라는 제도를 통하여 언제라도 이혼할 수 있다는 장치가 있기 때문이다.

셋째, 재판상이혼원인에는 위자료청구권의 문제가 깊이 관련되어 있다. 그런데 유책배우자의 이혼청구는 배척하여 오던 지금까지의 법원의 원칙으로 인해, 청구인의 이혼이 인용되는 모든 경우에 피청구인을 유책자로, 위자료청구의 피고적격자로 단정하여서는 안될 것이다.

넷째, 이혼에 관련된 입법정책으로는 협의이혼의 경우에는 일방배우자의 이혼청구에 법원이 개입하여 이혼과 관련된 제반문제를 합의하도록 유도하고, 이때 자녀가 있는 경우에는 부모의 책임을 강조하도록 하며, 재판상이혼원인은 원칙적으로 파탄주의를 확대적용하되, 자녀가 있는 경우, 상대방배우자가 가혹하게 되는가의 여부 등과 같은 상황에서는 소극적으로 해석할 수 있는 기준을 명문으로 규정하는 것이 바람직하다고 보았다.

_ 법학논총 제2호(경원대학교 법학연구소, 1995) 게재

後 記

민법 제840조 재판상이혼원인의 법적 성격에 관하여 이 논문에서는 제1-5호는 유책주의적 파탄주의로 해석하면서도 민법 제6호는 소극적 파탄주의로 해석하는 다수설을 지지하고 있으나, 이후의 연구에서는 학설을 변경하였다. 즉 민법 제840조의 재판상이혼원인은 그 기조가 유책주의이며 유책배우자의 이혼청구를 기각하는 판례의 태도는 유책주의 이혼원인의 당연한 결과라고 견해를 바꾸었다. 그럼에도 유책주의는 한계와 결점을 안고 있는 제도이므로 여성의 사회 경제적 지위가 안정되고 재산의 동등분할 등이 개선되는 등의 여건이 성숙되면 이혼 약자보호 장치를 마련하여 파탄주의 이혼법으로 개정해야 할 필요성이 있음을 역설하고 있다. 자세히는 이화숙, “별거제도 도입을 위한 입법정책적 연구,” 법조협회, 법조(2008.3); 이화숙, “이혼법의 변동요인과 개정방향,” 법학연구 제17권 3호(2007) 참고.

離婚法의 變動要因과 改正方向

Ⅰ. 들어가는 말

부부의 이혼율이 급증하고, 이혼은 가정의 해체로 이어지며, 그로 인한 이혼 고아가 증가하는 등의 이혼 후유증이 국가의 장래를 어둡게 할 것이라는 전망이 나올 정도로 이혼율이 높다. 2007년도 통계청 자료에 의하면 2006년도에 혼인한 부부는 332,752건(쌍)이고, 이혼건수는 125,000건(쌍)이 이혼한 것으로 나타나 하루 평균 342건이 이혼한 셈이다. 부부의 이혼건수가 상당히 많음을 한눈에 알 수 있다. 이혼건수는 2003년까지 지속되다가 2004년부터 감소세로 전환되어 2006년에도 소폭 감소한 것이라 한다.[1)]

이혼이 증가하면 당연히 이혼자녀의 사회·경제적 보호와 부부 중 사회·경제적으로 약한 배우자의 생활대책이 문제되기 마련이다. 이혼이 증가하는 것은 사회적, 법적 그리고 가정 내에서도 그 원인을 찾을 수 있겠으나, 우리나라의 경우 협의이혼제도가 상당한 원인을 제공하고 있다는 점을 부인하기 어렵다. 그럼에도 협의이혼절차에 이혼 자녀에 대한 보호책이 강구되어 있지 않은 것은 더욱 큰 문제라고 하지 않을 수 없다. 경솔한 이혼을 예방하고 이미 파탄된 혼인은 이혼을 허용하는 한편, 약자를 법적으로 보호할 수 있는 방법을 강구하지 않으면 안 될 시점이라고 하지 않을 수 없다.

이 글은 국회에 계류 중인 협의이혼절차의 개정안을 계기로, 재판상이혼제도의 개정을 포함한 이혼법의 근본적인 개정 방향을 입법론으로 제안하기 위한 목적으로 쓴 것이다. '재판상이혼원인의 개정을 공론화'하기 위함이라고 하는 것

1) 통계청, 2006년 이혼통계 결과(2007.4).

이 보다 정확할 것이다. 재판상이혼법 개정이 더 이상 시기상조가 아니라는 징후는 곳곳에서 발견할 수 있다. 가족이 변화하고 있고 이혼율이 증가하고 있다는 사회적 요인과 이혼 자녀에 대한 지원과 대책이 시급하다는 복지적 차원의 문제 외에도, 가족법 내에서도 1990년의 개정 이래 남녀 차별규정이 대부분 철폐되는 등 개정행진이 숨가쁘게 진행되고 있어 이제 이혼법 개정을 신중하게 고민해도 되는 단계에 이르렀다고 볼 수 있기 때문이다. '개정행진'이라고 표현한 것은, 1990년의 혁명적 개정에 이어 2002년의 상속법 개정, 2005년의 획기적 개정에 이어 현재 국회에, 협의이혼절차와 부부재산제의 개정을 골자로 하는 가족법개정안(이하 '개정안'으로 표기)이 계류 중임을 감안할 때, 가족법 개정(이하 '개정'으로 표기)이 시간적으로 빠르게 전개되었을 뿐 아니라 아직도 현재 진행형이기 때문이다.

1990년의 개정 과제가 '남녀평등'이라면, 2002년의 개정은 헌법불합치결정을 받은 바 있는 가족법규정 중 '상속법의 개선'으로 요약할 수 있을 것이다. 또한 2005년 개정은 헌법불합치결정을 받았으나 이미 개정된 '상속법 이외의 가족법에 대한 개선'과 기타 자녀의 복지 등 개정의 필요성이 논의되었던 부분에 대한 개정이 주된 내용이라고 할 수 있다. 이에 비해, 현재 국회에 계류 중인 개정안은 '남녀차별의 해소'와 같은 낙후성의 탈피라든가, '헌법불합치결정에 따른 불가피한 개선'과 달리, 이혼제도(중 협의이혼절차의 개선)와 부부재산제도와 같은 가족법의 근본적인 개혁을 담고 있다는 점에서 그 특징과 의미를 발견할 수 있다. 역사적인 관점에서 본다면 가부장적이고 남녀차별적인 전근대성을 탈피한 가족법이 이제 가족의 삶의 질을 진지하게 고민하면서 방향전환을 모색하는 단계라고 평가할 수 있다고 본다.

이 글에서는 이혼법의 변동요인을 이혼사회학적 요인과 가족법적 요인 및 자녀복지의 필요성에서 찾으려고 시도하는 한편, 세계 이혼법의 흐름을 참고하여 조심스럽게 재판상이혼원인의 개정방향을 입법론으로 제시하였다. 이 연구에서는 이혼의 재산적 효과와 자녀문제는 제외하였다. 그것은 재산적 효과인 이혼시 재산분할청구권과 위자료는 (이 학술대회의 중요한 주제 중 하나인) 부부재산제의 개선에서 함께 논의될 것이고, 이혼 후 친권과 양육권 문제는 부자관계에서 다루어질 것이기 때문이다. 다만 이혼 자녀의 양육비 부담에 관한 부모의 책임과 국가의 지원에 관한 논의를 간단히 언급하고자 한다.

II. 離婚法의 變動要因

1. 이혼사회학적 요인: 가족의 변화와 이혼증가

(1) 한국 가족의 변화와 이혼증가

한국 가족의 형태가 변하고 가족의 유형이 변화하고 있다. 통계청 자료에 의하면 3세대 이상의 확대가족의 비율이 1960년의 25.88%에서 2000년도에는 8.4%, 2005년에는 7.0%로 급속히 감소하였으며, 2세대 가구는 70.1%(1960)에서 60.8%(2000년), 55.4%(2005년)로 점차 감소하는 반면, 1세대 가구는 6.7%(1960년), 14.2%(2000년), 16.3%(2005년)로 증가하고, 1인 가구는 1980년에 4.8%, 2000년 5.0%, 2005년 6.9%, 2006년에는 전체가구의 20.0%로 5년 전에 비해 42.5% 증가한 것으로 나타나 한국가족의 형태가 변화하고 있음을 알 수 있으며, 1인 가구 중 이혼으로 인한 가구는 373가구로 5년 전에 비해 70.5% 증가한 것으로 나타나[2] 이혼가정이 증가하고 있음을 실감하지 않을 수 없다.

가족 유형의 변화 역시 다양하게 나타나고 있다고 한다. 즉 가부장적 직계가족에서 부부중심 핵가족으로의 변화, 홀벌이 가족 외에 맞벌이 부부가족의 증가, 주말부부가족, 직업을 갖고 자녀를 갖지 않는 1세대 가족 및 연상이나 동갑여성과의 결혼 형태의 증가 등 다양한 변화가 나타나고 있다. 이 밖에 모자가족과 부자가족을 포함하는 한부모 가족, 노인 단독가구, 미혼단독가구, 소년소녀가장가족, 동거가족, 동성애 커플 등이 등장하는 바야흐로 후기 근대적 가족형태가 나타나고 있다는 것이다.[3]

한국 가족의 변화양상 가운데 특히 주목해야 할 점은 낮은 혼인율과 급속한 이혼율의 증가이다. 인구 1,000명당 혼인건수를 나타내는 조혼인율은 1980년의 10.6%에서 2004년에는 6.4%로 감소하였으나 2005년에 6.5%로 다소 증가하였다. 주목할 것은 2006년 혼인이 332,752건으로 2005년에 비해 5.2% 증가하였는

---

2) 통계청, 인구주택총조사(2006.12).

3) 김승권, "최초 출산형태 및 가족주기 변화에 따른 정책과제," 보건복지포럼, 통권 제18호(1998). 이에 대하여 자세히는 변화순/김혜영/윤홍식/한지숙, "이혼 후 여성의 사회경제적 지위 변화," 한국여성개발원 2006 연구보고서-3, 18면 참조.

데 그 원인은 2006년 쌍춘년의 영향으로 미혼남녀의 초혼이 증가함에 따른 것이라 한다.[4] 한편 인구 1,000명당 이혼건수를 나타내는 조이혼율은 1980년에 0.6건에서 2002년에는 3.0건으로 증가하였다가 2005년에는 2.6건, 2006년에도 2.6건으로 감소한 것으로 나타났다.[5]

주목할 것은 최근 3년간 이혼통계자료에 의하면 2004년을 기점으로 2005년에 대폭 감소하였다는 점이다. 그 원인은 자녀들의 양육문제 등을 감안하여 이혼을 신중히 고려하여야 한다는 사회적 분위기가 확산된 점과 아울러 2005년도부터 가정법원에서 추진하고 있는 이혼상담 등의 방법으로 사실상 이혼숙려제도의 시행 등의 노력이 반영된 것도 그 이유로 들 수 있다고 한다.[6]

이혼건수를 이혼종류별로 살펴보면 협의이혼이 차지하는 비중이 점차 증가함을 알 수 있다. 즉 1993년에 협의이혼한 부부는 73.9%, 재판이혼은 19.6%인데 비해 2000년에는 협의이혼이 83.5%, 재판이혼은 16.0%, 2001년에는 협의이혼 82.7%이고 재판이혼은 16.8%였는데, 2006년에는 협의이혼이 86.7%, 재판이혼 13.1%로 협의이혼이 재판이혼보다 6.6배 많다.[7]

협의 이혼의 주된 사유 중 가장 큰 비중을 차지한 것은 성격차이였다. 통계청자료에 의하면 성격 차이로 인한 부부불화는 2000년에 40.1%, 2001년에 43%, 2002년에 44.7%, 2003년에는 45.3%, 2004년에 49.4%, 그리고 2005년에는 49.2%, 2006년에는 49.7%였다. 그 다음이 가족간 불화인데 이는 2000년에 21.9%에서 2005년에는 9.5%, 2006년에는 8.9%로 감소한 것으로 나타났으며, 정신적・육체적 학대는 2000년에 4.3%, 2005년에 4.4%, 2006년에는 4.5%로 비슷하였으며, 배우자 부정은 2000년 8.1%, 2005년 7.6%, 2006년에도 7.6%였다.[8]

한편, 서울가정법원이 2006년 협의이혼을 진행했던 부부들 3,354명을 대상으로 분석한 자료에 따르면 이 중 2,697명(80.4%)이 성격 차이로 이혼을 결심했다고 응답했으며, 중독, 약물 등의 문제는 1332명(39.7%), 경제문제 698명(20.8%), 배우자의 외도 452명(13.4%), 시댁 처가 갈등을 371명(11.1%)이 이혼사

---

4) 통계청, 2006년 혼인통계결과.

5) 통계청(주 1).

6) 사법연감, 법원행정처(2006).

7) 통계청(주 1).

8) 위의 자료.

유로 꼽았다. 한편 가정법원의 한 조사관이 이혼소송 중에 있는 부부 82쌍을 분석한 결과 '폭행'을 이혼사유[9]로 꼽은 부부가 48쌍(58.5%)에 이르렀다.[10] 가정폭력의 경우 폭행 자체에 대해 당사자간의 다툼이 많고 또 위자료 문제도 따라오기 때문에 이혼소송을 제기하는 경우가 많을 것으로 생각된다. 통계청 자료에 의하면 이혼 당시 미성년 자녀가 있는 경우는 2006년에 759,000건(60.7%)이었으며, 2006년에 이혼한 부부의 20세미만 미성년 자녀의 총수는 1,243,000명으로 나타나 이혼자녀의 수가 심각하게 많음을 알 수 있다.[11] 그런데 이혼여성에 대한 자녀양육비 실태조사에서 "자녀양육비를 받기로 했다"고 응답한 사람 중 현재 양육비를 받고 있는가에 긍정적으로 답한 사람은 11.5%에 불과하여 전배우자의 양육비지급 문제 역시 심각함을 알 수 있다.[12]

(2) 離婚增加의 社會的 背景

산업 사회에서 이혼이 증가되는 사회적 배경으로 전문가들은 여성이 경제적으로 독립할 가능성이 많아졌다는 점, 이혼을 억제하는 사회적 장치들이 약화되고 가족가치관이 변화되었다는 점과 아울러 결혼 자체, 부부간의 관계 자체에 대한 변화를 들 수 있다고 분석하고 있다.[13]

한국가정법률상담소는 지난 43년간의 이혼 상담 결과분석을 통해 이혼증가의 동인으로 한국사회의 전통적 가족규범이던 가부장제 이데올로기의 붕괴를 들고 있다. 가부장제의 붕괴는 결혼에 대한 관념을 변화시키고, 남성들의 가장권을 둘러싼 변화를 야기하였으며, 정절 이데올로기, 현모양처 이데올로기로 억압받던 여성들의 변화로 나타나고 있다는 것이다.[14] 이에 따라 전통적 가족규범을 유지하기 위해 헌신적으로 희생해 왔던 여성 의식에 지대한 변화를 일으키면서 이

9) 폭행, 성문제, 경제적 문제, 가족문제 등에서 복수응답으로 고르도록 하였다고 한다.

10) 김요완, "이혼소송 당사자의 분쟁유형 분석," 실무연구 XI, 서울가정법원, 211면.

11) 통계청(주 1) 참조.

12) 변화순/김혜영/윤홍식/한지숙, "이혼 후 여성의 사회경제적 지위변화," 여성개발원, 2006년 연구보고서-3, 24면.

13) 자세히는 이화숙, "이혼원인에 있어 有責主義와 破綻主義," 법학논총 제2호, 경원대학교 법학연구소(1995), Ⅲ. 이혼의 사회학 참조.

14) 곽배희, "한국사회의 이혼실태 및 원인에 관한 연구," 이화여자대학교 대학원 박사학위청구논문(2002), 70면.

혼율의 증가, 특히 여성 및 노년 이혼의 증가, 이혼사유의 다양화 등으로 나타나고 있다고 분석하고 있다.[15)]

(3) 부부가 이혼하는 이유, 이혼하지 않는 이유

여성들은 왜 이혼을 하는가, 그리고 혼인의 파탄이 분명해 보이는데도 왜 이혼을 감행하지 않는가, 하는 질문은 이혼법의 방향을 가늠함에 있어 매우 중요한 시사를 얻을 수 있다. 여성들을 대상으로 하는 것은 재판상이혼에 있어 유책자의 대부분이 여전히 남편이므로 유책주의 이혼법에서 이혼으로 가는 열쇠는 여성에게 있기 때문이다.

그렇다면 여성들은 왜 이혼을 강행하는 것일까? 1992년 5월부터 7월까지 가족 사회학자에 의해 실시된 이혼한 여성과 남성에 관한 조사는 흥미 있는 몇 가지 사실을 보여준다.[16)] 즉 이혼한 여성 104명, 이혼한 남성 28명은 이혼원인에 대해 여성의 경우에는 남편의 부정한 행위(29.8%), 성격차이, 경제파탄, 신체적 폭력, 무자녀의 순으로 답하였으며, 남성의 경우에는 부정행위(배우자의 외도와 자신의 외도 포함), 아내역할의 불충실, 성격차이의 순으로 답하고 있어 이혼자 모두에게 배우자의 부정행위가 이혼원인이 되고 있음을 알 수 있다.[17)]

그렇다면 파탄의 정도가 심하다고 보여지는데도 정작 이혼을 감행하지는 않는 이유는 무엇일까? 특히 남편으로부터 구박을 받거나 구타를 당하거나 남편이 습관적으로 부정행위를 하는 등 객관적으로 보아 이혼조건이 충분한데도 한국여성들이 이혼과 새 출발을 택하지 않고 있는 이유는 무엇인가? 특히 부정행위를 한 남편 자신이 이혼소송을 제기하는데도 불구하고 여성들이 굳이 이혼을 거부하는 이유는 무엇인가?

비록 오래 전의 자료이긴 하지만 이혼부부에 관한 몇 가지 실증자료[18)]를 토대로 그 대답을 간접적으로 추측하여 보면, 우선 서구사회와 한국사회에서의 결

---

15) 위의 논문, 70면 참조.

16) 김정옥, "이혼의 사회적 배경과 이혼원인의 이론적 고찰," 이혼과 가족문제, 한국가족학연구회(1993), 45면.

17) 1991년 사법연감에 나타난 재판상 이혼사건에 있어 원인별 비율도 배우자의 부정행위가 43.7%로 나타나 있다. 사법연감, 법원행정처(1991). 자세히는 이화숙(주 13), 참조.

18) 「이혼, 또 하나의 선택」, 여성사(1983), 107면.

혼과 이혼을 받아들이는 자세가 다르다는 사실이 지적될 수 있다. 서구사회에서의 결혼은 선택이며 질을 문제 삼는 사회인 데 비해, 한국에서의 결혼은 인생의 발전단계로 받아들이려는 경향이 강하고, 결혼의 질보다는 안정성을 중시하는 사회이며, 따라서 이혼을 병리적 현상으로 받아들이려는 경향이 서구제국에 비해 높다는 사실과 깊은 관련이 있다고 한다. 그 다음으로는 자녀문제가 이혼을 결정하는 중요한 변수임을 알 수 있다. 가정법률상담소나 여성의 전화에 의하면 동거이혼(한집에서 생활하지만 사실상 이혼상태인 부부)이나 별거부부들이 이혼을 택하지 않는 이유를 이혼에 대한 두려움과 아이들 때문에 이혼만은 뒤로 미루고 있다는 시한부 동거부부도 있으며, 아이들에 대한 책임감에서, 이혼 부모를 두었다는 사실이 자녀들의 성장이나 결혼에 미칠 악영향을 두려워하여 일정기간을 정해 놓은 상태에서 별거하는 부부도 있다 한다. 흥미로운 것은, 이혼을 선택한 사람들의 대부분(남 · 녀 포함)도 이혼을 망설이게 한 원인이 자녀문제였다고 대답하고 있으나, 상담자들은 이혼을 미루고 있는 부부의 경우에도 자녀에 대한 책임감, 자녀의 성장에 미칠 악영향 등을 우려하여 동거이혼을 지속하고 있는 경우가 많았다고 한다.[19]

가장 중요한 요인은 경제적인 문제라고 한다. 비록 간접적인 자료이긴 하지만 이혼한 남자와 여자를 대상으로 이혼한 후의 거주지와 경제적 상황을 묻는 질문에 대해 남자의 경우에는 본인의 집에 사는 확율이 높은 반면에 여자의 경우에는 부모나 형제자매, 친구 기타 등으로 나타나 있으며, 특히 여성들의 경우에는 남자에 비해 심각한 경제적인 어려움을 호소하고 있었다는 사실은 이혼에 있어 주택이나 직업 등 경제적 독립성이 얼마나 중요한가를 강하게 암시하는 것이다. 이혼한 여성들은 이혼 후의 경제적 지원, 구직, 거주지 마련 등에 있어 부모의 지원을 받고 있다고 대답한 반면에 이혼을 미루고 있는 여성 중에는 부모가 없거나 부모의 지원을 받을 수 없어 이혼 후 거주할 곳이 없기 때문이라고 한 여성이 다수 있다는 사실은 경제적인 능력이나 요인이 이혼에 깊은 영향을 주고 있음을 간

19) 여성의 경우에 56.6% 남성은 60%로 이혼자 모두에게 자녀문제가 이혼을 망설이게 하는 강력한 힘으로 작용한 것으로 나타나 있으며, 그 다음 순위로 여성은 이혼 후 가족들의 어려움 29.3%, 경제적 자립에 대한 자신감 없음 26.7%, 자신에 대한 사회적 오점 25.5%을 들었는 데 반해 남성은 가족들의 이혼에 대한 부정적인 태도 25%, 자신에 대한 사회적 낙인 20%, 이혼소송 및 위자료에 대한 부담 15%, 법적 처리과정에 대한 정보부족 15% 등을 지적하였다.

접적으로 시사하는 대목이다.[20] 여성의 경제적 지위의 향상과 비례하여 이혼율이 증가하는 이유를 짐작할 수 있게 된다.[21]

그런데 일반적으로 "사람들이 이혼하지 않으려는 이유"와는 무관하게 오로지 법적인 결혼관계만을 고집하며 결혼을 유지하는 부부들도 있다. 그것은 판례에 나타난 사실관계를 통해 볼 때, 이미 오래 전부터 별거를 해 오면서 서로 소식도 없이 남남으로 지내고 있거나, 심지어는 다른 배우자와 사실혼관계를 맺고 있는 경우도 있다. 이들은 사실상 이혼상태에 있는 동안 이혼자라는 사회의 비난을 극복하였다고 보여지며, 법적인 이혼에 따른 경제적인 어려움도 따로 문제될 것이 없으며,[22] 오랜 별거생활을 해 왔으므로 자녀문제도 더 이상 이혼의 장애가 되지는 않는 것으로 판단된다.[23] 따라서 이들이 이혼하지 않으려는 이유는 상대방에 대한 보복이나 오기, 또는 사실혼배우자 사이에 태어난 子를 혼외자가 되게 함으로써 제재를 가하려는 목적이 있을 뿐, 결혼이 회복될 것으로 기대하는 것도 아니라고 할 수 있다. 그렇다면 법적인 결혼생활을 유지한다는 사실이 당사자 쌍방에게 아무런 의미가 없을 뿐 아니라, 법적인 이혼이 당사자 일방에게 특별히 가혹한 결과가 되는 것도 아니라고 판단된다면 이혼을 인용하는 것이 바람직할 수도 있는 상황이라고 하겠다.

(4) 시 사 점

이혼의 사회학적 요인에 대한 고찰이 시사하는 바는 다음과 같다고 본다. 그것은 이혼의 형태를 불문하고 자녀문제와 경제적인 문제가 중요한 이혼의 변수가 된다는 점에서 이혼절차에서 자녀보호를 위한 합의를 도출하거나 국가의 지원 등 자녀 복지적 대책이 필요함을 역설하는 대목이라 할 수 있다. 협의이혼의 경우, 이혼을 제안한 당사자가 여성이라는 점은 여성이 더 이상 이혼피해자의 위치에 머물러 있지 않다는 점을 시사하고 있다. 한편 1990년대에는 배우자의 부

20) 이혼, 또 하나의 선택(주 18), 171면.

21) 이 자료는 1992년에 작성된 것으로 그 후 사정이 많이 달라졌을 것이나, 이혼에 관한 한국 여성의 심리적 상황을 파악하는 데 도움이 된다고 본다. 자세히는 이화숙(주 13) 참조.

22) 이들 사이에 부양료를 청구하는 사례는 드문 것으로 알려져 있다. 이혼을 하는 경우 상대방 배우자에 대한 위자료 청구를 통해 경제문제가 개선될 여지가 있음에도 이혼에 응하지 않는 경우도 많다.

23) 이화숙(주 13) 참조.

정행위가 큰 비중을 차지하는 이혼원인이었으나 2000년대에는 성격차이가 중요한 원인으로 부각되고 있다는 점은 이혼에 대한 여성들의 인식이 달라지고 있음을 나타내는 주목할 만한 지표라고 생각된다. 물론 위의 통계가 주로 협의이혼에 관한 것이지만, 이혼의 86% 이상을 차지하는 협의이혼을 선택한 부부에 관한 자료를 통해서도 이혼 부부의 경향을 감지할 수 있기 때문이다.

만일 협의이혼원인을 재판상 이혼원인에 대입시킨다면 어떠한 결과가 될 것인가? 이 질문은 의미가 있어 보인다. 사실 부부의 성격차이란 너무나 자연스러운 것인데 배우자의 유책사유가 부가되지 않고 이혼에 합의가 있으면 협의이혼을 선택하지만, 배우자의 부정행위나 폭력 등의 사유가 더해지면 부부는 위자료 등의 경제적인 문제를 해결하기 위해 재판상이혼을 선택할 가능성이 높기 때문이다. 그러므로 협의이혼의 원인의 동향은 재판상 이혼을 가늠하는 지표로 활용할 수 있는 충분한 근거가 되는 것이다. 이에 따라 협의이혼원인을 재판상 이혼원인에 대입시켜보면, 과거에는 유책사유인 배우자의 부정행위를 원인으로 이혼하는 부부가 많았으나, 오늘날에는 배우자의 유책행위보다는 성격차이와 같은, 민법 제 840조 제6호의 "기타 혼인을 계속하기 어려운 중대한 사유"를 이유로 이혼을 선택한다는 것을 의미한다는 것이다. 이러한 경향은 여성보호를 위해 유책주의를 유지할 이유는 감소하는 한편 혼인의 파탄에 이혼을 허락해 주는 대신에 약자보호를 위한 개정의 필요성을 나타내는 징후라고 분석할 수 있다.

물론 파탄주의로 전환할 경우에는 혼인을 회복할 수 있도록 상담이나 조정 등을 강화하여야 할 것이다. 그리고 혼인이 회복할 수 없을 정도로 파탄된 경우에는 자녀와 약자인 당사자를 보호할 수 있는 방법을 이혼절차에 도입할 필요가 있다. 그것은 이혼을 하는 이유와 이혼을 강행하지 않는 이유에 모두 포함되어 있는 것은 자녀 문제라는 점에서 중요한 시사를 얻을 수 있다.[24]

2. 가족법적 요인

(1) 協議離婚制度: 이혼의 自由가 離婚增加에 미친 영향

한국 사회에서 이혼율이 증가하는 원인으로는 경솔한 혼인, 남편의 경제적

---

24) 이 글 III. 의 2. 재판상이혼원인의 개정방향 참조.

무능에 대한 실망, 변화되지 않는 남편의 가부장적인 의식과 여성들의 평등의식의 향상 등, 사회적 · 경제적 및 심리적인 원인과 더불어 현행 협의이혼제도에 내포된 문제점에서도 그 원인의 일부를 찾을 수 있다. 협의이혼제도는 '부부는 자유롭게 헤어질 수 있다'는 '이혼자유' 사상의 법적 표현에 다름 아니기 때문이다.

오늘날 많은 외국의 이혼법이 부부관계가 파탄되면 이혼을 인용하는 파탄주의를 취하면서도 경제적 약자인 배우자와 자녀보호방안에 관한 당사자의 합의를 전제로 하는 데 비해, 우리의 협의이혼절차는 당사자가 협의이혼신고서에 가정법원 판사의 확인[25]을 받아 신고하기만 하면 이혼이 성립되기 때문에 경솔한 이혼의 원인이 되어 왔으며 법관이 당사자의 이혼절차에서 이혼당사자와 자녀를 보호하기 위해 개입할 여지가 없다는 우려가 제기되어 왔다. 물론 모든 부부의 이혼을 경솔하다고 단언할 수는 없다. 대개의 경우 부부는 신중하게 이혼을 결정했을 것이며, 자녀에게 줄 충격을 고려하여 이혼을 미루다가 자녀의 복지를 위한 최선의 노력을 다 한 후에 이혼하기로 합의하였을 것이다. 그러나 모든 이혼 당사자가 신중하게 이혼합의에 이르는 것도 아니고 더욱이 자녀의 복지를 위한 최선의 합의에 이르렀다고 단언할 수 없는 것 또한 사실이다. 그러므로 좋은 이혼법은 신중한 당사자도 있으나 경솔한 당사자도 있다는 전제에서, 당사자의 이혼의사를 존중하면서도 이혼이 당사자와 자녀에 미치는 영향에 대해 법적 조언이나 상담을 통해 이혼결정을 심사숙고할 수 있는 기회를 부여하는 한편 이혼 후의 문제와 자녀의 복지에 대해 당사자가 합의할 수 있도록 개입하는 원칙을 갖고 있는 법이라 할 수 있다.[26]

좋은 이혼법이라는 기준에 비추어 볼 때, 현행 협의이혼제도는 이혼의 자유를 절대적으로 보장하기 위해 당사자의 이혼결정을 여과 없이 수용하는 법절차이며, 이로 인해 이혼을 쉽게 결정하게 하는 원인을 제공해 왔다고 할 수 있다. 특히 자녀의 보호에 관한 합의가 없는 상태에서 결정된 이혼당사자(부모)의 이혼결정마저 여과없이 수용하는 이혼절차는 "이혼 후유증이 국가의 장래를 어둡게

25) 이 때의 확인은 이혼의사의 진정성에 대한 확인이다.

26) 이혼법의 이상에 대해 1996년 영국이혼법은 혼인은 지지되고, 파탄된 혼인은 상담이나 조정 등 혼인을 회복하기 위한 단계를 거치며, 회복할 수 없을 정도로 파탄된 혼인은 당사자와 자녀의 고통이 최소화하도록 하는 원칙에 의해 해소되어야 한다는 기준을 제시한 바 있다. Looking to the Future, A Summary, Family Law(1995). vol. 25. p.286.

할 것이라는 전망"마저 나오게 한 원인의 상당부분을 제공하고 있다고 볼 수 있다. 앞의 통계자료가 여실히 보여 주듯이 이혼율이 급증하는 사회, 이혼부부의 86.7%(2006년)가 협의에 의해 이혼하는 우리 이혼법제에서 협의이혼절차를 개선하여야 한다는 주장이 제기된 것은 그 때문이다.

(2) 憲法不合致決定과 2005년 改正家族法: 차별과 대립의 단계를 넘어 성숙의 단계로

일반적으로 가족법 개정 순위가 따로 정해진 것은 없지만, 우리 민법의 경우에는 헌법불합치결정을 받은 규정에 대한 개선법이 최우선 순위가 될 수밖에 없다. 헌법불합치결정을 받지는 않았다 해도 남녀차별적인 요소가 있는 규정이나 자녀의 복지를 위해 개선이 필요한 규정, 불합리한 규정이나 이해가 대립되는 당사자간의 이익조정의 형평성을 보장하기 위해 필요한 개정도 같은 순위로 자리 매김 될 것이다. 개정의 순위라는 관점에서 2005년 개정가족법의 특징을 짚어본다.

1) 2005년 개정 가족법의 특징

첫째, 동성동본불혼제와 호주제도의 삭제는 헌법불합치결정[27]에 따른 개선입법의 의미와 함께, 가족법에서 남녀차별 규정이 철폐되었다는 점, 가부장적 가족법에서 자유·평등한 가족법으로 탈바꿈하게 되었다는 세 가지 의미를 동시에 발견할 수 있다. 동성동본불혼제는 부의 성씨만을 기준으로 성과 본이 같으면 혼인을 금지함으로써 남녀 차별적 요소와 더불어 혼인의 자유에 대한 중대한 침해라는 비판을 받아 왔으며, 호주제도는 가의 기준이며 중심을 호주로 하고, 가족은 철저히 호주에게 의존하고 의지하는 형태로 편성함으로써 호주와 가족을 종적이며 권위주의적인 관계로 파악하는 한편, 호주의 지위의 승계순위에서 아들은 우대하고 딸은 혼외자인 아들보다 후순위에 규정함으로 인해 남녀차별이며 가부장적 가족제도의 잔재라는 비판을 받아 왔기 때문이다.

둘째, 민법 제847조의 친생부인의 소의 제척기간을 자기의 자가 아님을 안

27) 동성동본불혼제는 헌법재판소 1997. 7. 16, 95헌가6 내지 13 헌법불합치결정, 호주제도는 헌법재판소 2005. 2. 3, 2001헌가9.10.11.12.13.14.15, 2004헌가5(병합) 헌법불합치결정이었다.

날부터 2년으로 개정한 것은 헌법불합치결정에 따른 개선입법에 해당한다. 개정 전 법은 친생부인의 소의 제척기간을 "그 출생을 안날로부터 1년"으로 규정하였으나, 헌법재판소는 "친자관계를 부인하고자 하는 부로부터 이를 부인할 수 있는 기회를 극단적으로 제한함으로써…부의 가정생활과 신분관계에서 누려야 할 인격권, 행복추구권 및 개인의 존엄과 양성의 평등에 기초한 혼인과 가족생활에 관한 기본권을 침해"한다는 이유로 헌법불합치결정을 내린 바 있다. 이에 따라 2005년 개정법은 친생부인의 제소기간을 "그 사유 있음을 안 날부터 2년"으로 개정한 것이다.

셋째, 친양자제도의 신설은 양자의 복리를 위한 개정으로 평가될 수 있다. 친양자는 보통양자와는 달리 양자와 친생부모와의 관계는 단절되는 한편, 양자가 양부의 성을 따르며, 원칙적으로 파양이 불가능한 완전양자제도로써, 2008년부터는 양자제도가 보통양자와 친양자 제도로 2원적으로 운영된다.

넷째, 재혼금지기간을 규정한 바 있는 민법 제811조를 삭제한 것은 여성에 대한 차별이 문제됨과 동시에 친자기법의 발달로 인해 재혼금지기간에 대한 제한의 필요성이 없어졌다는 합리적인 이유에 따른 것으로 볼 수 있다.

다섯째, 이혼자녀의 양육책임에 관한 민법 제837조의 개정은 가정법원이 자녀 양육책임에 관한 사항을 정함에 있어 직권으로 개입할 수 있는 근거를 신설한 것으로 자녀의 복리를 위한 개정으로 평가된다. 친권관련 규정의 개정[28] 역시 같다.

여섯째, 기여분제도의 개정은 기여분청구의 요건에 그 동안 중복 규정 등으로 문제되었던 부양상속분 개정안의 요건을 추가한 것으로, 합리에 입각한 개정이라 할 수 있다.

일곱째, 한정승인제도의 개선은 상속채권자와 상속인 사이의 형평성을 보완하기 위한 개정이라 할 수 있다. 2002년 상속법개정은 헌법불합치결정을 받은 상속회복청구권의 행사기간제한에 관한 민법 제999조 중 10년 부분[29]과 민법 제

28) 민법 제909조 1항에서는 "미성년자는 친권에 복종한다"는 권위주의적인 표현을 "부모는 미성년자인 자의 친권자가 된다"는 객관적인 표현으로 바꾸었으며, 제909조 4항에서는 혼외자의 부모나 이혼 부모가 친권자결정에 합의하지 못한 경우에 친권자 지정을 반드시 가정법원에 청구하도록 함으로써 전반적으로 자의 복리를 위한 개정으로 평가할 수 있다. 후견인 해임에 관한 민법 제940조의 개정도 자녀의 복리를 위한 것이다.

29) 헌법재판소 2001.7.19, 99헌바9.26.84, 2000헌가3, 2001헌가23(병합) 헌법불합치결정.

1026조 2호의 단순승인의제규정에 대한 헌법불합치결정[30]에 따른 개정법인데, 단순승인의제의 경우, 개정 전 법은 상속채무가 상속재산을 초과하는 경우에는 상속인에게 불리하다는 문제가 지적된 반면에, 2002년 개정법이 특별한정승인제도를 신설함으로써 이번에는 상속채권자 보호를 위해 보완규정이 필요한 상황으로 역전된 것이다.[31] 이에 따라 2005년 개정법에서 상속채권자를 보호하는 개정을 함으로써 상속채권자와 상속인의 형평이 보장될 수 있게 되었다.[32]

2) 2005년 개정 이후(가족법 개정안)

현재 국회에는 협의이혼절차개선과 부부재산제의 개정을 골자로 하는 가족법개정안이 제출되어 있다. 협의이혼절차의 개선안에는 자녀의 복지를 위한 개정안이 들어 있으나,[33] 재판상이혼의 경우에는 이혼 자녀에 대한 보호방안은 미흡한 실정이다. 이혼자녀의 복지를 위해서도 재판상이혼원인을 개선하여야 할 시점이라고 생각한다. 근본적으로는 협의이혼제도와 재판상이혼제도를 그대로 유지할 것인지, 현재의 이혼제도를 그대로 유지한다면 재판상이혼원인으로 파탄주의를 적극 도입할 것인지를 논의하여야 할 것이다. 이와 관련하여, 이혼시 재산분할청구에 포함되어 있는 것으로 해석되고 있는 이혼 후 배우자 부양청구권을 재산분할에서 분리하여 독립된 청구권으로 신설할 것인지에 관하여도 논의되어야 할 것이다. 이 글에서는 다루지 못하지만 이혼 후 자녀의 보호와 관련하여,

---

30) 헌법재판소 1998.8.27, 96헌가22, 97헌가2.3.9, 96헌바24.25(병합) 헌법불합치결정.

31) 사실 헌법불합치결정의 원인은 민법 제1019조 1항과 제1026조 2호에 모두 있다고 할 수 있다: 민법 제1019조 1항에 의하면 상속인은 상속개시 있음을 안 날로부터 3월 내에 상속의 포기나 단순승인 또는 한정승인을 할 수 있도록 규정되어 있고, 3월 내에 상속의 포기나 한정승인을 하지 않은 경우에는 제1026조 2호에 의하여 단순승인한 것으로 의제되기 때문이다. 따라서 상속채무가 상속재산을 초과한 경우의 상속인에게 매우 불리하였는데, 그 원인은 제1026조에만 있다기보다는 오히려 제1019조 1항의 단기의 고려기간에서 원인이 있다고 할 수도 있다. 그런데 헌법재판소는 제1026조 2호에 대해서만 헌법불합치결정을 내린 바 있다. 그리고 2002년 개정법은 민법 제1026조 2호를 다시 회복시키는 한편 민법 제1019조 3항에 특별한정승인제도를 신설하고 일정한 요건을 갖춘 상속인은 단순승인으로 의제된 경우에도 다시 한정승인할 수 있도록 함으로써 이번에는 상속인보호에 치중하는 결과가 된 것이다.

32) 이에 대해 자세히는 이화숙, 2005년 개정 가족법 해설 및 평가, 세창출판사(2005), 114-126면 참조.

33) 이 글 III의 1. 협의이혼제도 개정안 참조.

친권과 양육책임을 현재와 같은 이원적 체제를 유지할 것인지, 일원화할 것인지, 그리고 부모의 자녀의 양육비부담에 관한 적극적인 개선방안은 무엇인지에 관한 논의가 있어야 할 것이다. 아래에서는 재판상 이혼에 나타난 판례의 변화를 통해 이혼법의 변동요인을 찾아보고자 한다.

(3) 판례에 나타난 재판상 이혼의 변화: 유책주의에서 파탄주의로

1) 재판상 이혼원인의 정체성

가족법 내에서 이혼법의 변동요인은 재판상 이혼원인에 관한 판례의 동향에서도 발견된다. 그것은 대법원판례가 유책주의 기조를 유지하면서도 파탄주의에 입각한 판례도 상당히 많이 발견되기 때문이다.

재판상 이혼원인에 관한 민법 제840조는 유책주의와 파탄주의의 요소가 혼합되어 있어 민법상 이혼원인이 유책주의인지 파탄주의에 해당하는지에 대해서는 견해가 대립되고 있는데, 재판상 이혼원인의 정체성에 관한 견해가 대립되는 것은 바로 민법 제840조 제6호(이하 제6호로 표기함)의 존재 때문이다. 그것은 제6호는 제1호-5호의 유책사유와는 달리 파탄주의로 해석될 여지가 있기 때문이다.

이에 대해 대법원(하급심도 마찬가지)은 민법 제840조를 유책주의로 해석하는 연장선상에서 제6호마저도 유책주의로 해석하여 왔다. 그것은 제1호-5호에 대표적인 유책사유들을 열거하고 유책사유를 끝없이 나열하는 지루함을 피하기 위해 제6호에서 "기타 혼인을 계속하기 어려운 중대한 사유"로 처리했다고 해석하기 때문이다. 명문규정이 없음에도 불구하고 유책배우자의 이혼청구를 제한하는 판례의 입장은 그것이 유책주의의 당연한 귀결이기 때문이다. 그러나 성격차이나 정신병과 같이 유책/무책을 구분할 수 없는 이유로 혼인이 파탄된 경우에는 이혼을 인용하지 않거나, 유책주의적으로 해석[34]하거나, 파탄주의로 해석[35]하는 판례도 있다. 그런데 배우자의 유책사유는 해당사항이 없고 오직 제6호만을 이유로 이혼을 청구한 사건에서 유책/무책 구분없이 "혼인이 파탄되었으면 이혼

34) 유책주의적인 해석이란 청구인에게 혼인을 계속하기 어려운 중대한 사유의 책임이 있는 경우에는 이혼을 인용하지 않는다는 것을 의미한다.

35) 유책/무책을 구분하지 않고 오직 혼인이 파탄된 경우에는 이혼을 인용하는 태도를 의미한다.

을 인용"하는 전형적인 파탄주의에 입각한 판례가 증가하고 있을 뿐 아니라, 유책배우자의 이혼청구를 예외적으로 인용하는 판례도 증가하고 있다. 비록 예외적인 경우에 한정되지만, 유책배우자의 이혼청구를 인용하는 것은 "유책배우자의 이혼청구는 배척한다"는 유책주의의 원칙적 기조를 포기하고, "혼인이 파탄되었으면 유책/무책 구분없이 이혼을 허용한다"는 파탄주의를 채용한 것으로 해석할 수도 있다.

학설(다수설)은 재판상 이혼원인의 원칙적인 기조를 6호의 파탄주의로 이해하면서 1호-5호의 사유를 혼인파탄의 전형적인 예시로 보고 있다. 이에 따르면, 구체적 이혼원인(1호-5호)이 있으면 그 구체적 이혼원인으로 이혼이 되는 것이 아니고 혼인을 계속하기 어려운 중대한 사유가 되어 이혼이 되는 것이므로 결국 이혼청구권을 하나(제6호)로 이해한다.[36] 그럼에도 우리 사회에서 순수한 파탄주의는 시기상조라는 이유로 유책배우자의 이혼청구를 기각하는 대법원의 판례를 지지하고 있다.

2) "혼인을 계속하기 어려운 중대한 사유"에 대한 대법원 판례

(가) 제6호를 이유로 하는 이혼청구의 세 가지 유형

민법 제840조 제6호의 "혼인을 계속하기 어려운 중대한 사유"를 이유로 이혼을 청구하는 경우는 다음 세 가지 유형으로 나눌 수 있다고 본다.

첫 번째 경우는 성격차이나 신앙의 차이, 정신병, 임신불능 등의 사유로 혼인이 파탄되어 혼인 파탄의 책임을 당사자 일방에게 돌릴 수 없는 경우이다. 이혼사유가 제1호-5호에 해당하지도 않고, 이혼에 합의하지도 않았으나 혼인은 파탄된 경우가 이에 해당할 것이다. 순수하게 제6호에 해당하는 이혼원인이라고 할 수 있다.

두 번째는 이혼의 청구인이 제1호-5호에 해당하는 유책자인데 상대방 배우자가 이혼에 응하지 않는 경우에, 제6호의 혼인이 파탄되었음을 이유로 이혼을 청구하는 경우가 이에 해당한다. 이 경우에는 유책배우자의 이혼청구라는 이유로 이혼이 기각될 것이다.

세 번째 경우는 무책자인 배우자가 유책배우자를 상대로 이혼을 청구하는

---

36) 김주수/김상용, 친족상속법 제8판, 법문사(2005), 183면.

경우인데, 이 때에는 민법 제840조 제1호-5호의 사유와 제6호를 이유로 이혼을 청구하는 경우가 많다. 이러한 경우는 유책주의의 법리에 따라 이혼이 인용되는 것이 보통이기 때문에 특별히 제6호의 존재로 인해 야기된 문제라고 볼 수는 없다. 유책의 정도가 상대적으로 약한 당사자 일방이 보다 책임이 무거운 배우자를 상대로 청구하거나 파탄에 주된 책임이 있는 당사자 일방의 청구도 이러한 유형에 해당할 것이다.

유책주의와 파탄주의의 정체성이 주로 문제되는 것은 첫 번째와 두 번째의 유형이다. 첫 번째 유형은 제6호의 전형적인 원인으로서, 대법원은 이러한 경우에도 청구인의 유책성을 판단하는 것이 원칙이지만, 때로는 청구인의 유책성과 무관하게 혼인의 파탄을 이유로 이혼을 인용하는 경우도 있고, 당사자 쌍방 모두에게 책임이 있거나 원고에게 주된 책임이 없거나 전적인 책임이 없는 경우에는 혼인이 파탄되었음을 이유로 이혼을 인용하는 경우도 있다. 이러한 경우는 유책자를 구별한다는 의미에서는 유책주의의 귀결이라고도 할 수 있으나, 어느 누구의 책임을 가릴 수 없는 이유로 파탄된 혼인에 이혼을 허용한다는 점에서는 제6호의 파탄주의에 입각한 해석라고 볼 여지도 있다. 첫 번째 유형은 이곳[37]에서 다루기로 한다.

두 번째 유형은 유책배우자의 이혼청구에 관한 문제인데 이 청구는 유책주의의 원칙에 의하면 인용될 수 없지만 예외적으로 인용되는 경우가 있다. 이에 관하여는 아래에서 다룰 것이다.[38]

흔히 유책자의 이혼이 예외적으로 인용되는 경우로 거론되는 것으로는, 1) 쌍방이 유책이거나, 2) 원고에게 전적인 또는 주된 책임이 있지 않은 경우, 또는 3) 원고의 책임이 피고의 책임보다 더 중하지 않은 경우, 4) 피고의 책임이 원고의 유책사유로 인한 혼인의 파탄과 관계없이 저질러진 경우, 또는 5) 쌍방 모두에게 책임이 있는 경우인데, 이 중 3)과 4)의 경우는 유책주의의 당연한 귀결이라 할 수 있고[39] 1)과 2) 및 5)의 경우는 제6호를 이유로 하는 세 가지 유형 중 첫 번

37) 이 글 II의 2(가족법적 요인), (3) 2)의 (나)(제6호를 파탄주의로 해석한 판례).

38) 이 글 II의 2(가족법적 요인). (3)의 3). 물론 첫 번째와 두 번째 경우가 엄격히 구분되는 것은 아니다. 중복되는 경우도 많고 어느 경우에 해당하는지 모호한 경우도 많지만, 학문적인 필요에 의해 구분한 것이다.

39) 같은 취지: 신영호, "유책배우자의 이혼청구권－판례의 동향과 현황을 중심으로," 고려법

째로 분류하고자 한다.

(나) 제6호를 파탄주의로 해석한 판례

대법원은 "혼인을 계속하기 어려운 중대한 사유"의 의미에 대하여 "부부간의 애정과 신뢰가 바탕으로 되어야 할 혼인의 본질에 상응하는 부부공동생활관계가 회복할 수 없을 정도로 파탄되고 그 혼인생활의 계속을 강제하는 것이 일방배우자에게 참을 수 없는 고통이 되는 경우를 말한다"고 하면서 "혼인계속의 의사 유무, 파탄의 원인에 관한 당사자의 책임 유무, 혼인생활의 기간, 자녀의 유무, 당사자의 연령, 이혼 후의 생활보장 기타 혼인관계의 제반 사정을 두루 고려하여야 한다"[40]면서 당사자의 책임유무를 고려하여 이혼의 인용여부를 판단하여 왔다. 사실 "혼인을 계속하기 어려운 중대한 사유"는 당사자 일방에게만 그 책임이나 과실이 있다기보다는 당사자 모두에게 원인과 책임이 있는 경우가 보통일 뿐 아니라, 제1호-5호와는 달리 제6호에서는 유책자가 누구인가, 하는 문제보다는 파탄의 여부가 문제되는 구조이다. 추측건대, 유책주의적 기조와 파탄주의로 이해되는 제6호를 조화시키기 위한 목적에서, 판결문의 전반부에서는 혼인의 파탄여부에 주목하면서도, 후반부에서는 유책성을 고려함으로써 혼인이 파탄되었다 해도 유책자의 청구인 경우에는 이혼을 인용하지 않은 것으로 보인다. 그러나 유책/무책을 구분하지 않고 파탄주의에 입각한 듯한 판결도 다수 발견할 수 있다. 아래에서 살펴본다.

① 대법원 1982. 7. 13 선고 82므4 판결은, "민법 제840조 제6호의 기타 혼인을 계속하기 어려운 중대한 사유라는 것은 혼인의 본질에 상응하는 부부공동생활관계가 회복될 수 없을 정도로 파탄된 경우 등을 말하는 것으로 이는 이혼원인이 유책주의에서 파탄주의로 또 개별적, 구체적 예시법제에서 일반적, 추상적 규정법제로 전환하는 입법경향에 따른 규정이라 할 것이나 … 혼인은 남녀의 애정을 바탕으로 하여 일생의 공동생활을 목적으로 하는 도덕적, 풍속적으로 정당시 되는 결합이므로 이와 같은 공동생활관계가 도저히 회복될 수 없을 정도로 파탄되었다면 혼인은 한낱 형식에 불과할 뿐 이혼은 불가피한 것이라고 보여진다

학 제42호, 고려대학교 법학연구원(2004.4), 34면.

40) 대법원 1987. 7. 21, 87므24 판결; 대법원 1991. 7. 9, 90므1067 판결.

고 하더라도… 혼인당사자는 이 장애를 극복하기 위하여 최선의 노력을 다할 것이며 일시 내외간의 화합을 저해하는 일이 있다고 하더라도 이를 이유로 혼인생활의 파탄을 초래하는 따위의 일을 하여서는 안 될 것이며 이로 인하여 부부관계가 파탄되었다고 하여 이혼을 청구할 수 없다"하면서 이혼청구를 기각하였다. 원고의 이혼청구를 기각한 사례이지만 판결이유에서 파탄주의적 요소를 발견할 수 있음과 동시에, 청구인의 유책성을 문제 삼지 않았다는 점에서 적어도 유책주의에 기초한 판결은 아니라고 볼 수 있다.

② 대법원 1986. 3. 25 선고 85므85 판결은, "민법 제840조 제6호는 같은 제840조 제1호 내지 제5호 소정의 유책주의적 이혼원인 외에 파탄주의에 따른 이혼원인으로서 기타 혼인을 계속하기 어려운 중대한 사유를 규정한 것이다"라고 하여 제6호를 파탄주의로 정의하고 있다.[41]

③ 대법원 2002. 3. 29. 선고 2002므74 판결은, "처가 뚜렷한 합리적인 이유없이 남편과의 성행위를 거부하고 결혼생활 동안 거의 매일 외간 남자와 전화통화를 하였으며 그로 인하여 남편이 이혼소송을 제기하여 별거에 이르게 되었다면 부부공동생활관계는 회복할 수 없을 정도로 파탄되었고 그 혼인생활의 계속을 강제하는 것이 남편에게는 참을 수 없는 고통이 된다고 볼 여지가 있다"고 판시함으로써 파탄주의적인 판결이라고 할 여지가 있다.

④ 최근의 대법원 판례는 혼인을 계속하기 어려운 중대한 사유의 의미에 대한 변화와 함께 이혼 당사자의 파탄의 책임유무를 판단하지 않고 있다. 즉 대법원 2004. 8. 20. 선고 2004므955 판결은 혼인을 계속하기 어려운 중대한 사유가 있을 때의 의미에 대하여, "부부간의 애정과 신뢰가 바탕이 되어야 할 혼인의 본질에 상응하는 부부공동생활관계가 회복할 수 없을 정도로 파탄되고 그 혼인생활의 계속을 강제하는 것이 일방 배우자에게 참을 수 없는 고통이 되는 경우를 말한다"고 판시하면서, 그 동안 파탄의 기준으로 제기되어 왔던 당사자의 책임유무라는 고려사항을 제외시킨 바 있다.[42] 또한 이 판결에서는 부부가 장기간(7년간) 별거하면서 그 동안에 두 사람이 혼인관계의 회복을 위한 별다른 노력을 하지 아니함으로써 그 부부공동생활관계는 이제 회복할 수 없을 정도로 파탄되었

---

41) 이 사안은 부부 모두에게 파탄의 책임이 있는 경우였다.

42) 대법원 2002. 3. 29, 2002므7 판결과 대법원 2003. 6. 13, 2002므159 판결도 마찬가지이다.

고, 그 혼인생활의 계속을 강제하는 것이 원고에게는 참을 수 없는 고통이 된다고 볼 수 있을 것이라면서 이혼청구를 기각한 원심 판결을 파기한 바 있다. 이 판결은 제6호의 사유에서 청구인의 혼인파탄의 책임유무를 묻지 않고 있다는 점에서 파탄주의에 가까워 보인다. 한편, 파탄주의 이혼원인의 전형이라 할 수 있는 정신병에 대하여 대법원 판결로서는 처음으로[43] 「불치의 정신병」을 기타 혼인을 계속하기 어려운 중대한 사유에 해당한다고 보아 이혼을 인용한 이래, 그 정도가 심하여 不治라고 생각되는 정신병에 대하여는 이혼을 허용하여 왔다. 즉

⑤ 대법원 1991. 12. 24. 선고 91므627 판결은 "…피청구인의 정신분열증은 현재까지도 완치되지 아니한 상태이고 일시 호전된다 하더라도 재발이 예상되어 정상적인 가정생활은 어렵다는 이유로 청구인과 피청구인 사이의 혼인관계는 어느 쪽에도 책임지울 수 없는 피청구인의 정신분열증으로 인하여 피청구인이 친정으로 돌아간 때로부터 파탄에 이르러 현재까지 그러한 상태가 계속되고 있다고 보아, 민법 제840조 제6호 소정의 재판상 이혼사유에 해당한다"고 판시한 바 있으며,

⑥ 대법원 1991. 1. 15. 선고 90므446 판결에서는 "혼인관계가 해소되면 피청구인이 앞으로 배우자로부터의 원조가 제한되게 됨에 따라 극심한 경제적 고통을 받게 되고 보호를 받을 수 없게 된다는 딱한 사정도 고려되어야 할 것이지만 이는 이혼당사자 간의 재산분할청구 등 개인간 또는 사회적인 부양의 문제로 어느 정도의 지원을 기대할 수 있을 뿐이겠으니, 그러한 사정이 있다 하여 청구인에게 일방적 고통을 감수하라고 강요할 수는 없을 것이다"라고 판시하여 불치의 정신병인 경우에는 파탄주의를 취하고 있음을 알 수 있다.[44]

⑦ 서울가법 2001. 5. 29. 선고 2000드단21348은 "원 · 피고 사이의 혼인관계는 쌍방이 1994.경부터 현재까지 장기간 별거하게 됨으로써 돌이킬 수 없을 정도로 이미 파탄되었다고 하겠다. 한편, 위와 같은 파탄은 소외 2 등과 간통하는 등 부정행위를 한 원고의 잘못과, 자기 자신의 생활방식만을 고집하면서, 이에 반발하는 원고, 소외 1 및 사건본인을 가족구성원으로 취급하지 아니하는 등

43) 서울가정법원 1965. 3. 9, 64드571 판결 등 하급심 판결 중에는 대법원 판결에 앞서 이미 불치의 정신병에 대하여 이혼을 인용한 판결이 있다.

44) 다만 불치의 정신병으로 이혼이 된 피청구인에 대하여는 판결에서 지적한 대로 사회적 부양으로 보호될 수 있어야 하나 아직은 기대난이라는 문제가 남아 있다.

가정을 제대로 돌보지 아니하고 가족관계를 유지하기 위한 노력을 소홀히 한 피고의 잘못 등이 경합하여 발생한 것으로 보이고, 쌍방의 책임의 정도는 누가 더 많거나 적다고 할 수 없으므로, 민법 제840조 제6호에 정하여진 재판상 이혼사유에 해당하고, 따라서 원고의 이 사건 이혼청구는 이유 있다"고 하여 파탄주의에 입각한 판결을 내린 바 있다.[45] 나아가, "위와 같이 피고에게 원고와의 혼인관계를 계속 유지할 의사가 전혀 없다는 것이 객관적으로 명백한 경우에는, 가사 혼인의 파탄에 관하여 원고에게 주된 책임이 있다고 가정하더라도, 원고의 이혼청구를 인용함이 상당하다"고 하여 설사 원고가 유책배우자라 하더라도 피고에게 혼인을 유지할 의사가 없으니 유책배우자인 원고의 이혼청구를 인용함이 상당하다고 판시[46]함으로써 이중의 파탄주의를 채용하고 있다.

이외에도 부당한 피임, 성병의 감염, 이유 없는 성교거부, 수년간 계속된 사실상의 별거,[47] 혼인전 부정행위로 인한 갈등,[48] 어린아이에 대한 정신적 또는 육체적 모욕 또는 가해, 신앙의 차이,[49] 알콜중독,[50] 마약중독,[51] 처의 난맥행위와 낭비[52]가 이 이 유형에 해당한다고 보여지는 판례이다.[53]

3) 유책배우자의 離婚請求를 통해 본 判例의 변화

(가) 파탄주의로 가는 길목

대법원은 유책주의의 입장에서 혼인파탄에 전적으로 또는 주로 책임있는 배우자의 이혼청구는 이를 배척하는 것이 원칙이다. 그러나 1987년 4월 14일 판결[54]을 계기로, 예외적인 경우에는 유책자의 이혼청구라도 이혼을 인용해 왔다.

45) 민법 제840조 제6호를 원인으로 하는 이혼청구를 세 가지 유형으로 나누는 필자의 견해에 의하면 이 판단은 첫 번째 유형에 속한다고 볼 수 있다.

46) 제6호를 이유로 이혼을 청구하는 경우를 세 가지 유형으로 분류하는 필자의 견해에 의하면 이 판결은 두 번째 유형인 유책배우자의 이혼청구를 인용하는 경우에 속한다고 본다.

47) 서울가정법원 1965. 5. 30, 65드335 판결.

48) 대구고법 1978. 5. 19, 77르11 판결.

49) 대법원 1970. 2. 24, 69므13 판결.

50) 서울가정법원 1966. 11. 2, 65드445 판결.

51) 서울가정법원 1965. 2. 9, 64드443 판결.

52) 대법원 1966. 1. 31, 65므50 판결.

53) 김주수/김상용(주 36), 192-194면 참조.

비록 예외적인 경우에 한정되지만 유책자의 이혼청구를 인용한다는 것은 그 동안 대법원이 확고하게 유지하던 유책주의 기조를 유동적으로 운영하면서 점진적으로 파탄주의를 향하고 있음을 나타내는 징후라고 해석할 수 있다. 그것은 민법 제840조 6호를 해석함에 있어 혼인이 회복할 수 없을 정도로 파탄되었다면 유책/무책 가리지 않고 일정한 경우(특히 정신병)에는 파탄된 혼인에 이혼을 인용하는 유연한 태도의 변화를 보이고 있는 대법원 판례와 같은 맥락[55]에서, 일정한 예외적인 경우에는 유책배우자의 이혼청구라도 인용하고 있기 때문이다. 사실 유책배우자의 이혼청구를 인용하는 것은 제6호의 파탄주의적인 해석보다 더욱 적극적인 파탄주의에 해당한다고 볼 수 있다. 그것은, 제6호의 구도는 유책주의적인 사유와는 달리 "혼인을 계속하기 어려운 중대한 사유"라고 함으로써 혼인의 파탄만을 예정하고 있을 뿐, 법문에서 굳이 유책/무책의 구분을 요하지 않기 때문에, 1호-5호의 사유에는 해당되지 않지만 혼인이 파탄된 경우에, 당사자 일방이 이혼을 원치 않는 다른 일방배우자에게 이혼을 청구할 때, 법원은 청구인의 유책/무책을 묻지 않고 이혼을 인용해도 되는 법적 근거가 될 수도 있고, 제6호의 의미에 관한 문리해석의 문제라고 볼 여지도 있다. 이에 따라 법관은 파탄된 혼인에 대해 이혼을 인용할 수 있는 법적 근거로 삼을 수도 있으며, 이는 파탄주의의 도입이라기보다는 파탄주의적인 해석의 문제라고 할 수 있다.

그러나 유책배우자의 이혼청구를 인용하는 것은 제1호-5호의 사유에 해당하는 혼인파탄의 주된 책임이 있는 배우자가 이혼을 청구하였음에도 법원은 청구인의 유책성과 상대방 배우자의 이혼의사 및 혼인의 파탄에 주목하여 이혼을 인용한다는 점에서, 유책주의를 포기하는 대신에 "이미 파탄된 혼인에 이혼을 허용"하는 파탄주의를 채용한 결과라고 보아도 무방하기 때문이다.[56]

그러나 최근에도 여전히 유책배우자라는 이유로 이혼을 기각한 대법원 판결[57]이 발견되는 것으로 보아, 유책자의 이혼을 인용하는 판례의 태도를 대법원의 판례변경이라거나 파탄주의로 전환한 것으로 단언하는 것은 무리임에 틀림없

54) 이 논문 II-2-(3)-3)-(나) 참조.

55) 위 2)의 (나) 참조.

56) 이러한 경우에 유책배우자인 청구인은 제840조 제6호를 근거로 이혼을 청구하는 것이 보통이고, 상대방은 청구인이 1호-5호에 해당한다는 이유로 유책배우자임을 주장할 것이다.

57) 대법원 2004. 9. 24, 2004므1033 판결.

다. 그러나 예외적인 경우에 한정하여 본다면 파탄주의 원칙에 따른 결과라고 하는 것도 틀린 해석은 아닌 것이며, 적극적으로 파탄주의에 해당하는 유책배우자의 이혼청구를 인용한 판례가 증가하는 것도 사실이라는 점에 주목하지 않을 수 없다.

(나) 유책배우자의 離婚請求가 例外的으로 認定된 대표적인 判例

① 대법원 1987. 4. 14. 선고 86므28 판결

"혼인의 파탄에 관하여 책임이 있는 배우자가 그 파탄을 원인으로 이혼을 청구할 수 없음은 당원이 누차에 걸쳐 판시한 바이기는 하나, 이는 혼인의 파탄을 자초한 자에게 재판상 이혼청구권을 인정하는 것은 혼인제도가 요구하고 있는 도덕성에 근본적으로 배치되고 배우자 일방의 의사에 의한 이혼 내지는 축출이혼을 시인하는 부당한 결과가 되므로 혼인의 파탄에도 불구하고 이혼을 희망하지 않고 있는 상대배우자의 의사에 반하여서는 이혼을 할 수 없도록 하려는 것일 뿐, 상대배우자에게도 그 혼인을 계속할 의사가 없음이 객관적으로 명백한 경우에까지 파탄된 혼인의 계속을 강제하려는 취지는 아니라 할 것이므로, 상대배우자도 이혼의 반소를 제기하고 있는 경우 혹은 오로지 오기나 보복적 감정에서 표면적으로는 이혼에 불응하고 있기는 하나 실제에 있어서는 혼인의 계속과는 도저히 양립할 수 없는 행위를 하는 등 그 이혼의 의사가 객관적으로 명백한 경우에는 비록 혼인의 파탄에 관하여 전적인 책임이 있는 배우자의 이혼청구라 할지라도 이를 인용함이 상당하다 할 것이고, 그러한 경우에까지 이혼을 거부하여 혼인의 계속을 강제하는 것은 쌍방이 더 이상 계속할 의사가 없는 혼인관계가 형식상 지속되고 있음을 빌미로 하여 유책배우자를 사적으로 보복하는 것을 도와주는 것에 지나지 아니하여 이를 시인할 수 없다고 할 것이다. 이 사건에 있어서 청구인과 피청구인 사이의 혼인이 오로지 청구인에게 책임있는 사유로 말미암아 파탄된 것으로 보아야 함은 위에서 본 바와 같으나, 다른 한편 피청구인이 원심인정과 같이 그 잘못을 뉘우치는 청구인을 끝내 용서하지 아니하고 간통죄로 실형을 선고받아 복역하게 하였을 뿐만 아니라 청구인과 피청구인 사이의 혼인생활에 있어서 그 경제적, 사회적 기초가 되는 청구인의 의사자격마저 취소되는 결과를 초래하였고 복역을 마치고 찾아온 청구인을 받아들이지 아니하고 냉대하여 서로 별거중이며 위 간통죄 고소와 함께 피청구인이 청구인을 상대로 하여 제기한 이혼심판청구가 피청구인의 의사에 의하여 취하된 것이 아니라 주소보정이

되지 않았음을 이유로 각하되었던 것에 불과하다면 피청구인은 실제로는 청구인과 사이의 혼인을 계속할 의사가 전혀 없으면서도 피청구인에 의하여 제기된 바 있는 이혼심판청구가 위와 같이 각하되어 혼인이 형식상 지속되고 있음을 기화로 오로지 보복적인 감정에서 표면상으로만 그 이혼을 거부하고 있는 것으로 볼 여지가 충분히 있다고 하겠다"고 판시하였다.

② 유책배우자의 이혼청구가 인용되기 위한 기준

이 판결에서는 상대방 배우자에게도 이혼의 의사가 객관적으로 명백한 경우에는 혼인의 파탄에 전적인 책임이 있는 배우자의 이혼청구라 할지라도 이를 인용함이 상당하다는 기준을 제시하면서 그 사유로는 ① 이혼의 반소를 제기하고 있는 경우, ② 오기나 보복적 감정에서 표면적으로는 이혼에 불응하고 있기는 하나 실제에 있어서는 피고에게 혼인의 계속과 양립될 수 없는 행위가 있는 경우라고 한다.

그러나 판례 중에는 피고의 반소제기의 사실만으로는 유책배우자의 본소가 인용되지 않는 경우도 있다.[58] 또한 이혼의사가 객관적으로 명백한 대표적인 경우는 상대방이 원고를 간통죄로 고소한 경우인데, 이러한 경우에는 유책자인 청구인의 이혼청구를 인용한 판례가 많은 편이지만,[59] 모든 경우에 인용되는 것은 아니다. 간통죄고소의 경우에도, "피고에게 실제로 혼인을 계속할 의사와 동거할 의사가 전혀 없고 단순히 원고에게 괴로움을 주기 위하여 이혼에 응하지 않고 있다는 등의 특별한 사정이 없이는 혼인의 파탄에 대하여 전적인 책임이 있는 원고에게는 재판상 이혼청구권이 없다."[60]는 판례도 있으므로, 위의 판결이 제시한 기준은 언제나 적용되는 것은 아닌 것으로 보인다.

또한 妻가 夫를 간통죄로 고소하여 夫가 유죄 판결을 받고 복역을 하였으

58) 대법원 1998. 6. 23, 98므15, 22 판결: "피고는 생계수단이 없는 상태에서 이혼에 응할 수 없다는 이유로 원고의 이혼요구를 거부하여 왔음을 알 수 있고, 또 피고는 지금까지 자식들에게 누가 될 것 같아 원고의 이혼요구를 거절하였으나 원고가 이 사건 본소를 제기한 후 자식들에게 말로 다하지 못하는 행패를 부리는 것을 보고 부모로서 더 이상 부모 자식간에 의가 상하는 것을 두고 볼 수 없어 이혼을 결심하기에 이르렀다고 주장하고 있는 점 등에 비추어 보면, 피고는 원고와의 혼인을 계속할 의사가 없으면서도 오기나 보복적 감정에서 원고의 이혼청구에 응하지 아니한 것이라고 볼 수 없다."

59) 대법원 1987. 9. 22, 86므87 판결; 대법원 1988. 2. 9, 87므60 판결.

60) 대법원 1991. 11. 22, 91므23 판결.

나, 妻가 이혼심판청구를 취하함에 따라, 夫가 제기한 이혼소송에서 대법원은, "상대방도 그 파탄 이후 혼인을 계속할 의사가 없음이 객관적으로 명백하고 다만 오기나 보복적 감정에서 이혼에 응하지 않고 있을 뿐이라는 등의 특별한 사정이 있는 경우에만 예외적으로 유책배우자의 이혼청구권이 인정된다."[61]고 판시한 이래 이와 동일한 판례도 다수[62] 발견되고 있다. 따라서 대법원 판례에서 유책배우자의 이혼청구가 인용되는 일관된 원칙이나 유형을 발견하기는 어려운 일이다. 다만, 유책배우자의 이혼이 인용되는 판례를 통해 볼 때, 대법원은 여전히 유책배우자의 이혼청구를 제한하는 유책주의를 고수하고 있으면서 엄격한 예외의 경우에 한하여 유책자의 이혼청구를 인용한다고 할 수 있다는 점,[63] 피고가 단순히 반소를 제기하였다거나 피고의 간통죄고소로 원고가 형사처벌을 받았다는 사실만 가지고는 유책배우자의 이혼청구를 허용하지 않는다는 점,[64] 상대방 배우자의 혼인계속의사가 있는 경우에는 이혼을 인용하지 않는다는 입장은 확고한 듯하다.

(다) 장기간의 別居와 雙方有責의 경우

대법원은 장기간의 별거를 이유로 하는 모든 이혼청구에 이혼을 인용하는 것은 아니지만, 양 당사자 모두 타인과 동거하고 20여 년간을 부부로서의 실체 없이 지내 온 경우에 이 혼인은 돌이킬 수 없을 정도로 파탄되었다는 이유로 이혼을 인용한 판례[65]도 있다. 그 이유는 그 책임이 반드시 어느 쪽이 더 크다고 할 수 없는 만큼 민법 제840조 제6호 소정의 혼인을 계속할 수 없는 중대한 사유가 된다는 것이다.[66]

---

61) 대법원 1993. 11. 26, 91므177, 184 판결: 이 판결에 대해 자세한 것은 이화숙, "간통죄 고소배우자의 이혼취하와 유책배우자의 이혼청구," 가족법연구 제9호(1995), 164면 이하 참조; 같은 취지의 판결: 대법원 1997. 5. 16, 97므155 판결.

62) 대법원 1995. 11. 21, 95므731 판결; 대법원 1996. 6. 25, 94므741 판결; 대법원 1996. 11. 8, 96므998 판결; 대법원 1997. 5. 16, 97므155 판결; 대법원 1999. 10. 8, 99므1213 판결도 같은 취지이다.

63) 판례에 대한 통계나 분석자료를 통해 확인된 바는 없지만 최근의 가정법원 판결 중에는 파탄주의에 입각한 판례가 급증하고 있다고 한다.

64) 같은 취지: 신영호(주 39), 43면.

65) 대법원 1991. 1. 11, 90므552 판결.

66) 그런데, 대법원 2004. 9. 24, 2004므1033 판결은 장기간 혼인관계가 파탄에 이르렀고 혼인관계를 다시 회복하는 것이 사실상 불가능하다고 보여지는 경우에도, 피고가 원고와의 결합을 평생의 희망으로 삼고 있었다는 이유를 들면서 이혼청구를 기각하였다. 그 이유는 "혼인

3. 이혼자녀에 대한 保護의 必要性

부모의 이혼으로 인한 최대의 피해자는 자녀라 할 수 있다. 이혼자녀의 문제는 피해의식과 죄의식 등의 심리적인 면, 가정과 학교생활과 경제적인 면 등 다각도로 나타나게 마련이다.

파탄주의를 채택하고 있는 입법례는 대개 부모의 이혼으로 인한 자녀의 고통을 최소화하고 자녀에 대한 부모의 책임을 강조하기 위해 이혼과정에서 법관이 부모의 자녀에 대한 보호방안에 대해 적극 개입하여 합의를 유도하고, 부모의 합의가 있을 때 비로소 이혼을 선언하는 원칙을 갖고 있다.[67]

그 동안 민법의 이혼절차에서는 부모의 이혼시에 미성년자녀에 대한 친권·양육권 등의 결정시에 법관이 개입할 수 있는 근거가 없었으나 2005년 개정법에서는 협의이혼과 재판상이혼의 경우 자녀에 대한 친권·양육권자를 결정함에 있어 가정법원이 직권으로 개입할 근거를 신설한 바 있으며, 국회에 계류 중인 협의이혼절차 개선안에는 이혼절차에 법관이 적극 개입하여 자녀에 대한 양육권과 면접교섭권 및 자녀양육비에 관한 부모의 합의를 의무화하는 등의 자녀보호방안을 마련하기 시작하였다.

그러나 재판상이혼의 경우에는 이혼절차에서 자녀보호를 위한 부모의 합의를 법원이 요구할 근거가 없을 뿐 아니라, 부모인 이혼당사자들이 이혼의 인정여부과 재산분할청구나 위자료 청구 등 자신의 당면문제에 집중되어 있어 자녀문제는 방치되어 있는 것이 현실이다. 재판상이혼법의 개정이 시급히 요청되는 변동요인이라 할 것이다.

을 계속할 의사가 전혀 없으면서 오기나 보복적인 감정에서 표면상으로만 이혼을 거부하고 있는 것으로 볼 여지가 충분히 있는 경우가 아니면 유책배우자의 이혼청구를 인정하지 않는다"는 대법원판례에 따른 것이다.

67) 이에 대하여 자세히는 이 글 III, 2의 (3). 파탄주의의 순기능과 역기능, 그리고 역기능을 보완하는 장치들 참조.

Ⅲ. 離婚法의 改正方向

1. 協議離婚制度 改正案: 離婚法改正을 향한 出發

(1) 家族法 改正案의 內容[68]

현재 국회에 계류 중인 협의이혼절차의 개선에 관한 법무부 안[69]에 의하면, 가정법원은 협의이혼하려는 부부에게 이혼에 관한 안내를 하여야 하고, 자녀가 있는 부부는 안내를 받은 날로부터 3개월, 자녀가 없는 경우에는 1개월의 기간이 경과한 후에 이혼의사확인을 받을 수 있도록 하였으며, 가정법원은 이 숙려기간에 부부로 하여금 전문상담인의 상담을 받도록 권고할 수 있게 하였다. 한편 이혼당사자는 숙려기간 중에 자녀의 양육과 양육비 및 친권자 결정 등에 관한 협의를 한 후에 이혼의사확인을 받도록 함으로써 자녀에 대한 부모의 책임을 강조하고 있다. 숙려기간은 이혼여부를 심사숙고하라는 의미보다는, 이혼에 따른 법적인 문제나 심리에 관하여 전문가의 상담을 받을 수 있는 기회를 법적으로 보장하는 한편, 이혼 후 자녀를 누가 어떻게 보호할 것인지 협의하는 데 필요한 기간으로 이해된다.

(2) 離婚子女의 養育責任에 관한 제837조의 개정안

법무부안은 이혼절차의 개선에 따라, 자녀의 양육책임에 관한 제837조의 개정도 그 내용으로 하고 있다. 개정의 내용은 이혼 당사자는 자의 양육에 관한 사항을 협의에 의하여 정하도록 하고(제837조 1항), 자의 양육에 관한 협의에는 1. 양육자의 결정 2. 양육비용의 부담 3. 면접교섭권의 행사여부 및 그 방법을 포함하도록 하고 있다(2항). 그리고 당사자의 협의가 자의 복리에 반하는 경우에는

---

68) 자세한 것은 이화숙, "가족법 개정안에 관한 연구," 법학연구 제16권 4호, 연세대학교 법학연구소(2006.12), 28면 이하 참조.

69) 현재 국회에는 서울가정법원이 작성하여 이은영 의원이 발의한 「이혼절차에 관한 특례법안」과 유승희 의원이 대표 발의한 「협의이혼절차 지원 등에 관한 법률안」이 제출되어 있다. 이에 대하여 자세히는 김상용, 협의이혼제도 개정방향, 민법(친족・상속법) 개정 공청회, 법무부(2006.6.29), 3-48면; 김매경, "협의이혼제도 개선안에 대한 소고," 가족법연구, 제20권 3호, 한국가족법학회(2006), 1-46면; 이화숙(주 68), 1-35면 참조.

가정법원이 보정을 명하거나 직권으로 그 자의 의사, 연령, 부모의 재산상황 기타 사정을 참작하여 양육에 필요한 사항을 정하도록 하였다(3항). 그런데 양육에 관한 사항의 협의가 이루어지지 않거나 협의할 수 없는 때에는 당사자는 가정법원에 이에 관하여 결정을 청구할 수 있으며(4항), 가정법원은 자의 복리를 위하여 필요하다고 인정되는 경우 부, 모, 자 및 검사의 청구 또는 직권에 의하여 자의 양육에 관한 사항을 변경하거나 다른 적당한 처분을 할 수 있다(5항)는 것이다. 그리고 당사자의 자녀양육에 관한 청구가 없는 경우에는 가정법원이 직권으로 양육에 관한 사항을 정하도록 함으로써 자녀양육의 공백을 없이 하였다(제843조의2).

자녀양육권자 결정과 관련한 개정안의 의의를 살펴보면, 첫째, 협의이혼절차에서 이혼 후 당사자 중 누가 자녀를 양육할 것이며, 양육비용을 어떻게 분담할 것인지, 그리고 자녀를 양육하지 않는 부모 중 일방이 면접교섭권을 행사할 것인지의 여부와 그 방법에 대해 협의하여야 한다는 점을 강조함으로써 자녀의 복리를 위한 부모의 책임을 역설하였다는 점,

둘째, 자녀 양육사항이 자녀의 복리에 반하는 경우에 법원이 보정을 명하거나 직권으로 정함으로써 법원이 자녀의 복리에 개입할 수 있는 근거를 제시하였다는 점을 들 수 있다. 이 때 자녀의 의사 등을 참작할 것을 규정함으로 인해 가사소송규칙 제100조는 법원이 구체적으로 자녀의 의견을 들을 수 있음을 규정하고 있다.

셋째, 가정법원은 자의 복리를 위하여 필요한 경우 자의 양육에 관한 사항을 변경하거나 다른 적당한 처분을 할 수 있도록 함으로써 자녀의 복리를 강조하고 있다.

넷째, 가정법원은 자녀양육의 공백을 없애기 위해 당사자의 청구가 없는 경우에는 직권으로 정할 수 있도록 하였다는 점이다.

(3) 親權者決定에 관한 改正案

개정안은 제909조 4항에 다음과 같은 단서를 신설하였다. 단서의 내용은 전단 즉 이혼시 친권자결정에 의한 부모의 협의가 자의 복리에 반한 경우에는 가정법원은 보정을 명하거나 직권으로 친권자를 정한다(제909조 단서)는 것이다. 친권자의 공백을 없애기 위한 의미 있는 규정이다.

(4) 제912조의 개정: 親權者決定에 있어 子女의 福利基準

2005년 개정된 현행 민법 제912조는 친권행사에 있어 자의 복리를 우선적으로 고려하여야 함을 신설하였으나, 정작 이혼 후 친권자결정에 있어 자의 복리기준은 반영되지 못하였다. 이에 따라 개정안은 제912조에서 친권자결정에 있어서도 자의 복리가 우선적인 기준임을 신설하기로 한 것이다.

2. 裁判上 離婚原因의 改正方向: 世界離婚法의 動向과 立法論

(1) 理想的인 離婚法

이상적인 이혼법에 대해 1996년 영국의 개정 이혼법이 제시한 원칙은 상당히 설득력이 있다. 그것은 혼인은 지지되어야 한다는 메시지를 내포하면서도, 회복이 불가능할 정도로 이미 파탄되어 버린 허울뿐인 혼인이라면 그 굴레를 벗어버리고 새 출발하도록 지원하되, 그 이혼과정에서 상담과 신중히 생각할 수 있는 기회와 약자에 대한 복지서비스가 제공될 수 있어야 한다는 것이다.[70] 좀더 구체적으로는,

첫째, 혼인은 지지되어야 한다.

둘째, 파탄된 혼인 당사자들은 혼인상담이나 조정 등의 방법을 통해 혼인을 회복하기 위해 마련된 몇 가지 단계를 거쳐야 한다.

셋째, 회복할 수 없을 정도로 파탄된 혼인은 다음의 원칙에 의해 해소되어야 한다. 즉 1) 혼인당사자들과 자녀들의 고통이 최소화되어야 하며, 2) 당사자들과 자녀들 사이의 좋은 관계가 유지되어야 하며, 3) 혼인종료 절차상 불합리한 비용이 들지 않아야 한다는 것, 그리고 4) 혼인당사자 일방과 자녀들에 대한 다른 일방으로부터의 폭력으로 인한 위험이 가능한 한 제거되거나 감소될 수 있도록 하여야 한다는 것이다.[71]

이상적인 이혼법이라는 원칙에 비추어 볼 때 재판상 이혼원인에 관한 유책주의는 혼인 지지의 원칙을 고수하기 위해 혼인회복을 위한 상담이나 조정 등의 단계를 밟을 수 있는 기회가 없다는 점, 이미 파탄된 혼인당사자와 자녀들의 고

70) Douglas, Perry and Murch, “Supporting children when parents separate-a neglected family justice or mental health issue?,” Child and Family Law Quarterly(1996), p.160.

71) Looking to the Future: A Summary, Family Law, vol.25(1995), p.286.

통이 최소화할 수 있는 방법도 없고, 자녀들과의 좋은 관계를 유지하도록 조정하는 절차도 없으며, 배우자의 폭력으로부터 보호하는 장치도 없다는 문제점이 있음을 지적할 수 있을 것이다. 그렇다면 대법원이 유책주의를 고수하는 이유는 무엇인지, 유책주의에 담긴 사상을 통해 살펴본다.

(2) 유책주의의 順機能과 逆機能

1) 유책주의의 순기능은 이혼 피해자인 무책자를 보호할 수 있다는 점이다. 그것은 배우자의 혼인의무위반행위(제840조에 예시된)가 있는 경우, 무책자인 배우자(대개의 경우 아내)가 유책배우자를 상대로 이혼을 청구(동시에 손해배상을 청구)하는 경우에는 이혼이 인용되고, 유책자(대개의 경우 남편)의 이혼청구는 원칙적으로 기각하는 결과, 이혼을 결정하는 열쇠가 피해자인 무책자에게 있다고 보기 때문이다. 또한 무책자의 이혼청구를 인용하는 경우 무책자는 상대방인 유책배우자에게 위자료를 청구할 수 있으므로 유책자는 이중의 제재를 받게 되는 셈이다.

이에 따라 유책주의는 이혼을 엄격하게 제한하는 원칙을 통해 가정과 무책자를 보호하는 동시에 유책배우자에 대한 제재를 통해 전통적으로 약자였던 대부분의 여성을 보호하는 순기능을 감당하여 왔던 것이다. 대법원이 유책주의 기조를 고수하는 것은 유책주의를 통해 대부분의 무책자인 여성은 보호하고 유책자는 제재함과 동시에 가정을 보호하기 위함이라고 생각된다. 그 전제는 우리 사회에서 여성은 여전히 보호받아야 할 존재라는 인식이 있는 것이다.

2) 유책주의는 역기능도 수반한다. 그것은, 혼인은 보호되고 유책자는 제재를 받아야 한다는 확고한 목적으로 인해 많은 경우 사실상 이미 파탄된 가정을 법률상으로만 보호하게 되는 모순을 지니고 있다는 점이다. 또한 당사자들이 이혼의 목적을 달성하고 이혼의 부수적 효과를(위자료 청구 등) 얻음에 있어 유리한 고지를 차지하기 위해 이혼법정에서 상대방 배우자의 유책성을 부각시키려고 시도함으로써 개인의 사생활을 지나치게 침해한다는 것이다.[72)]

72) 자세히는 이화숙, "이혼원인에 있어서 유책주의와 파탄주의," 법학논총 제2호, 경원대학교 법학연구소(1995.4). 참조.

3) 위에서 살펴본 대로 2006년도에 협의를 통해 이혼한 부부는 86.7%이고 재판상으로 이혼을 한 부부는 13.3%에 불과하다. 또한 사회가 변화하고 있고 가정과 가구가 변화하고 있으며, 여성의 경제적 · 사회적 지위가 높아지고 있는 오늘의 사회 현실에서 무책자(대부분의 여성)를 보호하기 위해 이미 파탄된 혼인을 법적으로만 유지하는 것이 타당한지는 의문이다. 더욱이 유책자가 이혼을 청구하였다는 이유로 이미 파탄된 혼인을 인용하지 않는다고 하여 그 혼인이 사실상 회복되는 것도 아니다. 그러므로 단지 법적인 혼인관계만을 유지되게 하는 이혼불가 판결이 가정을 보호하는 데 얼마나 기여하고 있는지는 의문이 아닐 수 없다. 그렇다면 한국의 현실에서 파탄주의를 채택할 것인가? 파탄주의의 순기능과 역기능을 통해 해법을 찾아본다.

(3) 파탄주의의 順機能과 逆機能, 그리고 逆機能을 補完하는 장치들

1) 파탄주의는 혼인의 파탄을 유일한 이혼원인으로 함으로써 유책과 무책에 관계없이 이미 파탄된 혼인에 이혼을 허용하는 결과 유책배우자의 이혼청구도 인용되며, 이혼으로 인한 손해배상청구(위자료)는 원칙적으로 인정하지 않는다. 이에 따라 파탄주의는 사실상 심각하게 파탄되어 회복의 가능성이 없다고 보여지는 부부의 이혼을 허용함으로써 형식적인 혼인의 굴레에서 부부를 구제하고, 그들의 새 출발을 가능하게 한다는 순기능을 지닌다.

2) 그러나 파탄주의 이혼법은 당연히 혼인법에도 영향을 주기 마련이므로 혼인과 관련하여 다음과 같은 역기능을 수반한다.

첫째, 혼인이 심각하게 파탄되었다고 판단되는 경우에는 유책배우자의 이혼청구도 허용되기 때문에 혼인의무는 지키지 않아도 된다는 메시지를 사회에 전달할 위험이 있고,

둘째, 무책자가 이혼을 원치 않는 경우에도 이혼이 허용될 수 있기 때문에 이혼에 대한 사회적 편견이 있거나 남녀의 사회적 지위가 동등하지 않은 사회에서는 약자에 대한 보호가 미흡할 경우 약자에게 혼인의 박탈이라는 고통을 안겨줄 수 있다.

셋째로, 유책주의하에서는 유책배우자에 대한 위자료 청구가 가능하였으므로 이혼 후 재산을 청산할 때 아내가 무책자인 경우 유책자인 남편으로부터 재산

분할과 위자료, 부양료 및 자녀양육비를 합하여 상당히 많은 재산을 분할받을 수 있었다. 그러나 파탄주의하에서는 위자료가 문제되지 않으므로 경제적 약자에게 매우 불리하게 작용할 수 있다는 점이다.

3) 이러한 파탄주의의 역기능을 보완하기 위해 파탄주의를 취하는 각국의 이혼법은 다음과 같은 약자에 대한 보호 장치를 마련하고 있다.

영국 혼인소송법(MCA 1973)은 약자에 대한 보완책으로서 두 가지를 두고 있다. 그 하나는 이혼 금지 명령(MCA 1조 2항)으로, 당사자들이 5년간 별거하였을 경우에는 '무책의' 배우자도 그/그녀의 의사에 반하여 이혼이 허용될 수 있는 결과,[73] 피청구인에게 중대한 재정 문제가 포함된 고통을 줄 수 있다면, 그리고 모든 상황에서 혼인의 해소가 바람직하지 않다고 판단될 경우에는 법원이 이혼을 인용하지 않을 수 있다고 한다.[74] 처가 자를 가진 경우 경제적 어려움이 가중될 수 있고, 이혼으로 연금혜택을 상실할 수 있다는 점이 특히 고려된 것이다. 다른 하나는, 2년이나 5년의 별거로 인하여 이혼사유에 해당하는 경우에도 이혼배우자에 대한 재정적 보호가 충분하게 제시되지 않으면 이혼은 보류될 수 있으며,[75] 자녀의 복지를 위한 배려가 없으면 이혼명령을 발할 수 없도록 규정[76]함으로써 약자에 대한 보호를 이혼의 전제로 하고 있다.

프랑스 이혼법상 합의이혼의 경우, 판사는 이혼에 합의한 당사자를 만나 당사자들이 제출한 이혼효과에 대한 합의안에 따라 당사자들의 이혼의 합의와 이혼의사의 진실성 및 자녀나 배우자 일방의 이익을 보호하기 위한 합의가 적합하다고 인정할 때 비로소 이혼을 선고한다.[77] 승낙이혼, 공동생활의 장기파탄이혼,

---

73) MCA 1973 S.1(2)(e).

74) 이혼금지명령은 1996년 개정법에도 여전히 남아 있다. 그것은 이혼으로 인해 어려움을 겪는 소수의 사람들이 있다는 점을 고려한 것이다. 금지명령을 받기 위한 조건은 혼인의 종료가 상대방 혹은 가족 내 자녀들에게 중대한 재정적 혹은 고통을 야기할 것, 혼인 해소가 당사자의 행위를 포함한 모든 환경과 자녀의 이익에 반하여야 한다는 것이다. 영국의 개정이혼법에 관하여 자세한 것은 이화숙, "1996년 영국의 개정 가족법," 법학논총 제6호, 경원대학교 사회과학연구소 법학연구부(1999.12) 참조.

75) MCA 1973 S.10(3).

76) MCA 1973 S.41(3)(b)

77) Mary Ann Glendon, The Transformation of Family Law, The University of Chicago Press(1996), pp.207-210.

유책이혼과 쌍방유책이혼의 경우에도 판사는 당사자와의 만남을 갖고 배우자와 자녀를 보호하기 위한 합의의 적합성 여부를 심사한다.[78)]

독일 이혼법의 경우, 혼인의 파탄을 유일한 이혼원인으로 하면서도, 자녀이익을 위해 혼인의 계속이 필요하고 이혼을 거부하는 상대방 배우자에게 이혼이 가혹한 것으로 되는 경우 제1568조 가혹조항에 의해 이혼을 인정하지 않는다. 한편, 당사자간에 이혼에 관한 합의가 있는 경우에는 이혼신청서에 부양, 주거(독일 민사소송법 제630조 1항) 및 친권규제에 관한 부모의 공동제안을 반드시 기재하도록 함으로써(독일 민사소송법 제630조 1항 2호) 이혼자녀와 배우자에 대한 배려를 이혼의 전제로 하고 있는 것이다.[79)]

(4) 裁判上 離婚原因의 改正方向

대법원 판례는 제840조를 유책주의로 해석하는 한편 예외적인 경우에 제6호를 파탄주의로 해석하거나 유책배우자의 이혼청구를 인용하는 해석을 통해 부분적으로 파탄주의를 도입하고 있다. 과연 제840조를 단지 해석에 의해 파탄주의로 전환하는 것이 바람직한 것인지, 살펴보면서 재판상이혼의 개정방향을 제시하기로 한다.

1) 裁判上 離婚原因: 유책주의인가, 파탄주의인가?

재판상 이혼의 개정방향을 제안하기 전에 민법 제840조의 성질이 유책주의인지 파탄주의인지를 살펴보기로 한다. 제840조의 법적 정체성을 확인함으로써 문제점이 도출되고 개정방향을 가늠할 수 있다고 보기 때문이다.

민법 제840조는 유책주의라고 해석하여야 한다고 본다. 그 이유는 다음과 같다. 그것은 우선, 입법형식이 유책주의의 속성을 지니고 있다는 점,[80)] 두 번째, 파탄주의에서는 혼인의 파탄여부가 중요하기 때문에 이혼 청구에 제척기간이 필

78) 이에 대하여 자세히는 이화숙, "소위 '황혼이혼'과 재판상 이혼원인, 그리고 별산제의 한계," 연세법학연구 제7집 제1권, 연세법학연구회(2000), 8면 이하 참조.

79) 위의 논문 참고.

80) 민법 제840조의 법문은 "부부의 일방은 다음 각호의 사유가 있는 경우에는 가정법원에 이혼을 청구할 수 있다"고 함으로써 무책배우자는 유책배우자(다음 각호의 사유가 있는)를 상대로 이혼을 청구할 수 있다는 의미를 함축하고 있다.

요하지 않지만 민법은 제841조와 제842조의 제척기간을 규정하고 있다는 점, 세 번째로, 파탄주의의 진정한 의미는 혼인이 심각하게 파탄된 경우에는 이혼을 인정하는 결과 유책/무책 이분법 자체가 무의미하고, 유책자의 이혼청구도 인정됨으로써 당사자들이 공허한 법적 허울을 벗을 수 있게 한다는 것인데, 다수설이 유책자의 이혼청구를 배척하는 판례의 태도를 지지하는 것은 파탄주의에 어긋난다는 것(형식적으로만 파탄주의임을 의미한다), 네 번째 민법은 유책주의의 당연한 귀결인, 유책배우자에 대한 손해배상청구를 인정하고 있다는 점, 다섯 번째, 재판상 이혼원인을 유책주의라고 해석하고 약자보호장치와 함께 파탄주의 이혼법으로 개정할 필요가 있다는 점이다.

제840조의 정체성에 관한 논의에서 가장 중요한 이유는 다섯 번째이다. 그것은 파탄주의를 채용하는 각국의 입법례에서는 약자를 보호하기 위한 당사자의 합의를 전제로 이혼을 인용하고 있으나 해석에 의해 파탄주의로 전환하는 것은 약자보호가 없음을 의미하는 것이기 때문이다. 그러므로 재판상 이혼원인은 유책주의로 해석하되, 개정에 의해 파탄주의로 전환하고, 전환의 전제로서 약자를 보호하는 장치를 동시에 신설하여야 한다는 점을 강조하고 싶다. 그것은 파탄주의의 역기능이 만만치 않기 때문이다.

2) 改正方向

(가) 파탄주의 離婚法과 離婚禁止命令

오늘날 순수한 유책주의를 취하는 입법례는 많지 않다. 어떤 형태이든 파탄주의를 가미하고 있는 것이다. 반면에 순수한 파탄주의를 취하는 이혼법도, 미국 캘리포니아의 경우를 제외하면, 그리 많지 않다. 그만큼 어느 한쪽의 순수한 제도는 順機能과 함께 逆機能을 수반하기 때문일 것이다. 그러므로 대개의 경우 파탄주의에 유책적 요소를 가미하거나 유책주의에 파탄주의를 가미함으로써 역기능을 보완하고 있는 것이다.

그렇다면 현대 한국 사회의 현실에서 가능한 이혼법의 좌표는 무엇일까? 이혼법의 이상을 기준으로 할 때, 재판상 이혼원인은 혼인의 파탄을 유일한 이혼원인으로 하는 것이 바람직하다. 다만 순수한 파탄주의로 전환하기보다는 영국이혼법과 같이 혼인의 파탄을 추정케 하는 사유로 현행 민법 제840조의 유책사유 중, 배우자의 부정행위, 악의의 유기, 배우자의 학대와 생사불명 외에, 5년 정도의 별거를 파탄의 증거로 열거하는 등의 과도적이며 절충적인 개정이 바람직하다고 본다.[81] 위와 같은 사유 중 하나 이상의 사유가 있으면 파탄을 추정하고 유책배우자의 이혼청구도 허용함으로써 이미 파탄된 혼인에 이혼을 허용하여 새출발을 유도하도록 하자는 것이다.

다만, 영국이혼법과 독일이혼법과 같이 이혼으로 인해 매우 곤란하게 되는 사정을 입증하면 이혼을 금지하도록 하는 제한(또는 가혹조항) 규정은 반드시 필요하다. 한국사회는 이혼에 대한 사회의 금기가 아직은 강하기 때문에 이혼금지규정을 잘 활용한다면 파탄주의의 충격을 완화하는 구실을 할 것이다.

(나) 파탄주의 離婚法 導入의 전제들

파탄주의 이혼법으로 전환하기 위해서는 다음의 몇 가지의 전제조건이 충족되어야 할 필요가 있다.

첫째, 혼인의 파탄을 선언하기 전에 자녀 보호방안에 관한 당사자의 합의가 전제되어야 한다는 것이다.[82] 예컨대 협의이혼절차 개정안과 같이 이혼 부부에게 상담과 조정 등을 통해 이혼을 재고할 수 있는 기회(소위 숙려기간)가 부여되어야 하고, 미성년자녀에 대한 양육권, 면접교섭권과 양육비에 관한 합의서를 제출할 때 비로소 이혼이 인용되는 근거를 신설하여야 한다.[83]

둘째, 이혼시 재산분할의 동등성이 보장되어야 한다. 재산분할에 있어 동등분할이 보장되지 않는 현실에서 파탄주의로 전환한다면 약자를 더욱 비참하게

81) 장기적으로 보면 이혼제도는 재판상이혼제도로 일원화하는 것이 바람직하다고 본다. 그 경우에는 영국의 이혼법과 같이 당사자의 이혼에 대한 합의가 있는 경우에는 2년의 별거, 합의가 없으면 5년의 별거를 파탄의 증거로 추정하는 것이 바람직할 수 있다. 그러나 현행 민법과 같이 협의이혼제도가 있을 뿐 아니라 80% 이상의 부부가 이 제도를 활용하고 있는 현실에서는 협의이혼을 재판상이혼제도에 포섭하는 것은 무리일 수 있으므로 5년의 별거를 파탄의 증거로 추정하는 것이 현실적으로 타당해 보인다.

82) 필자는 이혼원인에 관한 국제가족법학회에서 자의 복리를 이혼원인으로 제안한 바 있다. 자의 복리를 위해 필요하면 이혼을 인용하고 복리에 반하는 경우에는 이혼을 인용해서는 안된다는 이혼법 개정을 주장한 바 있으나, 이 글에서는 파탄주의를 제안하고 있다는 점에서 자의 복리원인에 대한 주장은 제외하였다.

83) 친권도 포함하는 것이 바람직하나 현행법은 친권규정을 제909조에 별도의 독립된 규정으로 하고 있기 때문에 합의서에 포함시키는 것은 약간의 문제가 있다. 친권은 부모의 혼인 중에도 문제되고 양자의 친권도 포용하여야 하기 때문에 별도의 규정은 나름대로 이유가 있으므로 친권규정에서 자녀의 복리가 실현될 수 있도록 개정하는 것이 바람직할 것이다. 협의이혼절차개선안에서 부모의 합의서에 친권을 포함시키지 않은 것도 그러한 이유에 기인한다.

만드는 결과가 될 것이기 때문이다. 파탄주의 이혼법으로 전환한 결과, 피해자인 아내에게 약간의 재산을 분배해 주는 대신, 어쩌면 우리 사회에서 이혼 여성을 지탱하게 하는 무기일 수도 있는 '이혼으로 가는 열쇠'를 박탈함으로써 피해자를 더욱 비참하게 만드는 결과가 되지 않도록 하기 위해서는 경제적 약자에 대한 보호장치가 마련되어야 한다. 특히 파탄주의하에서는 이혼 후 생활보장은 재산분할이 중심이 되며 손해배상으로서의 위자료는 원칙적으로 청구할 수 없게 되므로 재산분할에서 연금이나 퇴직금, 영업권 및 자격증 등의 재산도 분할함으로써 형평한 분배가 전제되어야 한다. 개정안에는 재산분할의 동등분할원칙이 신설되어 있으나 연금[84)]이나 퇴직금, 영업권과 자격증 등의 무형의 재산도 분할될 수 있는 법적근거가 마련되어야 할 것이다.[85)]

셋째, 이혼 후 부양료청구를 재산분할청구권에서 분리 독립시켜 별도의 청구권으로 신설할 필요가 있다. 부부재산제의 개정안에 의하면 이혼시 재산분할은 동등분할원칙이 포함되어 있으나 그것은 명의없는 배우자의 기여도를 동등하게 평가한다는 원칙일 뿐이다. 부양의 필요성이 있는 경우에는 전 배우자에게 부양료를 청구할 수 있는 권리가 신설될 때 파탄주의이혼법이 순기능을 발휘할 수 있을 것이다.

(다) 別居制度의 導入

서구의 이혼법 전개과정을 볼 때, 별거제도는 이혼不可의 원칙을 사실상 회피하기 위한 제도였던 것이 사실이다. 그러나 그 후의 이혼법 개정에서 별거제도는 혼인에서 이혼으로 가는 길목으로서의 역할과, 별거 후 재결합으로 유도하는 완충지대의 역할을 훌륭히 수행해 왔음에 주목할 수 있다.

예컨대 영국법상 별거제도는 두 가지 법적인 기능을 수행한다. 그 하나는 이혼과 연결되는 의미이다. 특히 파탄주의 이혼법은 당사자의 이혼에 대한 합의가 있으면 2년의 별거, 없으면 5년의 별거가 있으면 혼인의 파탄으로 추정함으로써 이혼으로 가는 길목의 역할을 하고 있는 것이다. 다른 하나는 실질적인 이혼과 같이 배우자에 대한 재산 분할과 부양 그리고 자녀문제를 해결하는 기능이다. 裁判上 別居가 이에 속한다.[86)]

---

84) 국민연금법에 의하면 이혼시에 연금의 분할을 청구할 수 있다.

85) 무형재산의 분할은 민법에 규정할 수도 있으나, 특별법에서 규정하는 것이 타당할 것이다.

86) 이에 대하여 자세히는 이화숙, "영국의 별거제도에 관한 입법론적 연구," 가족법연구 제13

우리나라에도 사실상 별거하는 부부는 많지만 영국의 별거제도와는 달리 이혼으로 연결되지도 않고, 재산분할도 가능하지 않은 사실상의 별거에 불과하므로 이 제도가 민법에 신설될 필요성이 있는지를 검토하여 본다.

첫 번째의 기능, 즉 이혼과 연결되는 의미로서의 별거는 파탄주의 이혼법으로 개정할 때 일정기간(5년 정도)의 별거를 혼인파탄으로 추정하면 좋을 것이다. 물론 파탄주의 도입을 위한 전제조건들이 충족되어야 함은 물론이며 이에 대하여 자세한 것은 위에서 논한 바 있다.

두 번째 기능인 재판상 별거를 신설한다면 사실상 별거하는 부부의 경제문제와 자녀문제를 해결하는 방법이 될 것이다. 사실상 별거하는 부부의 경제문제와 자녀문제는 당사자에게 맡겨져 있어, 특히 자녀들의 양육과 복지에 문제가 있고, 경제능력이 없는 배우자 일방은 금전문제로 고통을 감수할 수밖에 없으며, 급기야 별거하는 배우자들을 더욱 원수지간으로 만들 소지를 안고 있는 것이다. 경제력은 있으나 유책배우자이기 때문에 아내와의 이혼 전쟁에서 결코 이길 수 없는 남편(대개의 경우)과, 이혼거부라는 열쇠는 갖고 있으나 경제력이 없어 고통받는 아내와의 대결구도는 심화될 수밖에 없는 이유이기도 하다. 부부재산제도의 개정안 중 혼인중 재산분할이 포함되어 있어 그 의미가 약간 감소된 것은 사실이지만 여전히 의미가 있다고 본다. 혼인중 재산분할이 이혼시 재산분할과 같이 청산의 의미라면 별거제도를 통해서는 자녀의 양육비와 배우자의 부양료 등을 청구할 수 있기 때문이다. 그러므로 별거제도가 신설된다면 사실상 별거하거나 별거를 시작하려는 부부 중 일방의 청구에 의해 법원은 재산분할과 부양료지급 및 자녀양육권과 양육비지급문제를 명함으로써 자녀문제, 경제문제가 해결될 수 있게 하며, 폭력이 있는 경우에는 별거 판결만으로도 피해자를 신체적으로 보호하는 기능을 수행하는 결과가 된다.

별거제도의 도입은 별거를 장기화할 가능성도 있으나 부부의 대결구도를 완화시킴으로써 상대방에 대한 분노를 가라앉히는 역할을 할 것으로 기대된다. 경제적 약자는 경제문제와 자녀문제가 해결됨으로써 타협할 수 있는 여유가 생겼기 때문이다. 또한 부모의 분노는 자녀에게 악영향을 미친다는 점에서 특히 자녀문제 해결을 위해 반드시 필요한 제도라고 생각된다. 이에 따라 재판상 이혼원인

호, 한국가족법학회(1999), 참조.

의 개선시에 별거제도를 신설할 것을 제안한다.

3. 離婚子女 保護를 위한 父母의 責任과 養育費先給制度

이혼자녀의 법적 문제는 친권과 양육권, 면접교섭권 및 양육비라고 할 수 있다. 이러한 자녀보호방안에 대해서는 부모가 합의하고 합의한 대로 이행하는 것이 이상적임은 물론이다. 그런데 부모가 합의하지 않는 경우에는 합의에 이를 수 있도록 가정법원이 개입할 필요가 있는데, 협의이혼의 경우에는 개정안에 그러한 보호방안이 포함되어 있으나 재판상 이혼에는 자녀보호를 위해 법원이 적극 개입할 수 있는 절차가 없는 것이 문제이다. 해석에 의해 파탄주의로 가는 것이 위험하다는 것은 그러한 이유 때문이다. 그러한 경우에는 자녀보호에 대한 부모의 합의가 없는 경우에도 부모는 이혼할 수 있기 때문에 자녀보호에 공백이 생길 여지가 있기 때문이다. 그러므로 파탄주의 이혼법으로 개정하면서 자녀를 보호하기 위한 협의가 있을 때 이혼을 선언하는 절차가 동시에 신설되어야 할 것이다.

한편 이혼 자녀의 양육비 실태조사결과에 의하면 자녀를 양육하는 부모 중 일방이 상대방으로부터 양육비를 지급받는 경우는 많지 않은 것으로 나타나고 있어 국가의 지원이 시급한 실정이다. 가정법률상담소가 이혼하고 자녀를 양육하는 여성을 대상으로 조사한 바에 의하면 이혼시에 양육비에 관한 합의가 있었던 경우는 28.6%, 판결이 있었던 경우는 9.9%였다고 한다. 양육비에 관한 합의나 판결이 없는 이유에 대해서는 "상대방과 연결하고 싶지 않아서"라고 응답한 경우가 32.6%, "양육비를 포기하는 조건으로 자녀 양육을 맡았기 때문"이라고 응답한 경우가 19.6%였으며, "양육비를 몰랐기 때문"이라는 응답도 10.9%였다. 놀라운 것은 응답자 중 41.9%가 약정이나 판결대로 양육비가 지급되고 있지 않다고 했다는 것이다.[87]

미국이나 독일 및 오스트리아와 같은 서구의 국가들은 이미 오래 전부터 자녀를 양육하는 부모 중 일방이 아동복지기관 등 행정기관에 미성년자녀에 대한 양육비를 청구하는 경우에 국가기관이 양육비를 대신 지급하고 부양 의무자에게

87) "이혼 가정과 자녀 양육: 양육비 제대로 받고 있는가," 한국가정법률상담소 창립45주년 기념 심포지움(2001.5), 60-61면.

구상권을 행사하는 양육비 선급제도를 실시하고 있다. 증가하고 있는 이혼자녀와 혼외자녀의 보호를 위해서는 국가기관이 양육비를 선급하는 제도를 민법에 도입할 필요가 있다.[88] 현재 국회에 의원입법안으로 자녀양육비선급에 관한 법안이 제출되어 있음은 다행이다.

Ⅳ. 맺는 말

이 글에서는 이혼법의 변동요인을 이혼사회학적인 면, 가족법적 요인과 자녀복지적 요인으로 살펴본 후 이혼법의 개정방향을 제시하였다.

이혼사회학적인 요인은 통계를 통해서 살펴보았는데 각종 통계자료를 통해 우리 사회의 이혼증가와 그로 인한 후유증이 심각함을 확인할 수 있었다.

가족법적인 요인으로는 협의이혼절차상의 문제점을 통해 개선의 필요성을 역설하였고(이미 개정안이 나와 있지만), 2005년 개정가족법의 내용과 국회에 계류 중인 개정안을 계기로 재판상 이혼원인의 개정이 필요하고 성숙한 단계에 이르렀음을 강조하였다.

재판상 이혼원인의 개정필요성을 역설하기 위해 파탄주의로 이동 중인 판례의 경향을 살펴보았으며, 자녀의 복지적 대책의 필요성을 역설하였다.

개정방향에서 협의이혼절차의 개정안을 소개하였으며, 재판상이혼원인은 해석에 의해 파탄주의로 가는 경우의 위험성을 역설하면서 파탄주의의 역기능과, 외국의 입법례에서 파탄주의의 역기능을 보완하는 장치들을 소개한 후 재판상 이혼원인을 파탄주의로 전환할 것을 주장하였다. 동시에 파탄주의 개정의 전제로서 자녀보호를 위한 부모의 합의가 전제되어야 한다는 것, 이혼시 재산분할의 동등성이 보장되어야 한다는 것, 이혼 후 부양료청구권을 신설할 것을 제안하였다. 이와 함께 별거제도의 신설을 제안하였으며, 이혼시 자녀양육비 지급을 위

88) 이에 대하여 자세히는 이화숙, "세계 가족법의 오늘과 내일," 사법의 제문제, 김홍규교수 화갑기념논문집(1992), 410-413면; 김상용, "이혼 가정 자녀 복리를 위한 개선방향," 이혼 가정과 자녀 양육, 한국가정법률상담소 창립 45주년 기념 심포지움, 한국가정법률상담소(2001), 106면 이하; 박복순, "양육비확보에 관한 법안 검토," 가족법연구 제20권 3호(2006.12), 73면 이하 참조.

한 국가적 지원의 필요성을 역설하였다. 이 연구가 파탄주의 이혼법 개정을 위한 논의의 전초가 되기를 기대한다.

_ 법학연구 제17권 제3호(연세대학교 법학연구원, 2007) 게재

後 記

1. 이 논문[Ⅲ의 1,(4)]에서 소개한 가족법 개정안 중 민법 제912조에 '친권자결정에 있어 자의 복리가 우선적인 기준임을 신설하기로 한 법안'은 국회를 통과하지 못하였다. 그러나 2013년 7월부터 시행될 예정인 개정민법 제912조(친권 행사와 친권자 지정의 기준)는 제2항을 신설하고, "가정법원이 친권자를 지정함에 있어서는 자(子)의 복리를 우선적으로 고려하여야 한다. 이를 위하여 가정법원은 관련 분야의 전문가나 사회복지기관으로부터 자문을 받을 수 있다"고 규정하였다.
2. 이 논문(III의 3)에서, 자녀를 양육하는 부모 중 일방이 상대방으로부터 양육비를 지급받는 경우는 많지 않은 것으로 나타난 조사결과를 소개하면서 선진국과 같이 정부가 양육비를 대지급하는 제도를 제안한 바 있다. 이 제안은 아직 실현되지 못하고 있으나, 2009년 개정 가족법은 민법 제836조의2에 5항을 신설함으로써 이혼부모의 자녀에 대한 양육비지급의 실효성을 확보할 수 있게 되었다.

美國의 破綻主義 離婚法에 남아 있는 有責的 要素에 대한 贊反論

Ⅰ. 머리말

미국은 1969년의 캘리포니아 州 이혼법이 이혼원인을 유책주의에서 파탄주의[1])로 개정하기 시작한 이래 대부분의 州가 그 뒤를 이어 파탄주의 이혼법으로의 개혁을 단행한 바 있다. 파탄주의 이혼법으로의 개정의 필요성은 유책주의 이혼법이 지니는 심각한 문제점에 대한 지적과 함께 변호사들, 법학자들, 사회학자들 및 입법가들에 의해 오랜 동안 주장되어 온 바 있다. 그 비판의 요점은 유책주의 이혼법하에서는 많은 불행한 배우자들이 이혼을 하기 위해 법정에서 상대방에 대한 적개심과 빈정거림을 서슴치 않고 드러내거나, 보다 많은 재산상의 이익을 얻기 위해 상담원의 도움을 얻어 상대방 배우자의 과실을 만들어 내는 등의 방법을 동원하여 상대방 배우자의 마음에 상처를 준다는 점, 부자들은 이혼절차가 쉬운 주나 외국으로 가서 얼마든지 이혼할 수 있는 길을 찾을 수 있다는 점 등이었다. 그러므로 간통이나 학대 또는 유기와 같은 전통적 유책원인으로만 이혼이 허용되어서는 안 되며, 양 배우자의 조화될 수 없거나 화해할 수 없는 성격의 차이에서도 이혼의 원인을 찾을 수 있어야 한다고 주장되어 왔던 것이다. 이에 따라 캘리포니아 주 이혼법의 개정을 필두로 하여 현재 미국의 주 이혼법은 대부분 파탄주의 이혼법으로 개정되었으며, 다만 이혼원인을 배우자들의 일정기간의 별거에서 구하는가, 아니면 당사자간의 화해할 수 없는 차이나 부조화에 근거하느냐의 차이만이 있을 뿐이다.[2]) 「통일혼인과 이혼법」(Uniform Marriage And

1) No-Fault Divorce는 무과실이혼, 무책이혼 또는 파탄주의 이혼 등으로 번역할 수 있으나 이하에서는 파탄주의 이혼으로 번역하기로 한다. 그것은 우리나라 학자들이 이미 오래 전부터 유책주의에 대비되는 것으로 파탄주의라는 용어를 사용해 왔기 때문이다.

Divorce Act)도 "법원이 혼인의 파탄을 발견하고 그 파탄의 사실이 180일 이상의 별거나, 혼인에 대한 당사자의 태도에 영향을 미치는 심각한 혼인상의 부조화의 증거로서 뒷받침되었을 경우에는 이혼을 선언할 수 있다"고 규정하고 있다.[3)]

유책주의 이혼법의 폐단은 미국사회에서 워낙 오랜 동안, 그리고 거세게 지적되어 왔으므로 파탄주의 이혼법으로의 개혁은 크게 환영을 받았으며, 이후로는 적대적인 이혼절차 대신 '성숙한 이혼'과 '깨끗한 청산'의 시대가 전개될 것으로 기대되었었다. 그러나 파탄주의 이혼법은 곧 심각한 문제점을 드러내기 시작하였다. 그것은 파탄주의 이혼법이 부부의 능력을 동등한 것으로 전제하는 결과, 유책주의 이혼법이 妻를 경제적 약자이며, 무책자로 추정하여 베풀던 경제적 보호장치들이 제거됨으로써, 이혼여성과 자녀들의 빈곤화의 원인이 되고 있다는 것으로 요약된다. 그리하여 권위있는 한 보고서는 미국에 있어 파탄주의 이혼법 혁명은 실패라고 결론을 내린 바 있다.[4)]

한편, 조사결과 많은 州의 이혼법이나 주법원은 파탄주의 이혼법하에서도 여전히 이혼 후의 재산분할이나 부양료 지급 결정시에 배우자의 과실을 고려하고 있는 것으로 나타나고 있다. 이 같이 파탄주의 이혼법하에서 유책적 요소가 기능하는 데 대하여 미국의 학계와 법조계는 찬반론이 활발하게 전개되고 있는 중이다. 그것은 미국법률협회가 작성한 보고서에서, 파탄주의 이혼법하에서 유책적 요소가 기능하는 데 대해 비판하면서, 순수한 파탄주의 이혼법이 미국 가족법의 원리임을 강조한 데서 발단이 되었다.

이 글은 미국에서 파탄주의 이혼법으로의 개정 행진이 시작된 지 30년이 지난 시점에서 파탄주의 혁명이 미국 사회에 미친 영향, 파탄주의 이혼법에 유책적 요소들이 기능하게 된 원인에 대한 분석, 그리고 이에 대한 미국 학계의 논의를

---

2) Linda D. Elrod & Robert G. Spector, A Review of the Year in Family Law: Of Welfare Reform, Child Support, and Rolocation, Family Law Quarterly, vol.30(1997), pp.765-807.

3) Section 302(2) : a court shall enter a dissolution of marriage when the court finds that the marriage is "irretrievably brocken" if the finding is supported by evidence that: (1) the parties have lived separate and apart for a period of more than 180 days preceding the commencement of the proceeding; or (2) there is serious marital discord adversely affecting the attitude of one or both of the parties toward the marriage. Uniform Marriage and Divorce Act § 302, 9A U.L.A.181(1987).

4) Council on Families in America, Marriage in America: A Report to the Nation(1995).

소개함으로써 미국의 파탄주의 이혼법의 역기능을 他山之石으로 삼는 동시에 이혼법의 개정이 인간의 삶에 얼마나 많은 영향을 미치는가를 숙고하는 계기로 삼고자 한다.

II. 美國 家族法의 다양성

미국의 가족법은 주법의 과제이며, 연방정부는 가족관계를 규율하는 어떠한 권한도 없다. 따라서 미국에는 54개의 독립된 가족법이 존재한다고 할 수 있다. 미국에는 50개의 州와 4개의 중요한 연방관할구역으로 구성되어 있으며, 이 연방관할구역은 州와 같이 취급되기 때문이다. 한편, 세금, 사회보장, 복지, 시민권 등에 관한 연방법은 가족관계를 직접 규율하지는 않지만 州의 가족법에 간접적인 영향을 미치며, 「통일혼인 및 이혼법」과 같은 통일법(Uniform Act)의 존재는 州 가족법의 방향을 선도하는 역할을 하는 한편, 州에서 통일법을 채택하는 경우도 있어 미국의 가족법을 더욱 다양하고 복잡하게 만드는 요인이 되고 있다. 그러므로 미국의 가족법을 논하기 위해서는 적어도 55개 이상의 독립된 법 시스템을 의식하지 않으면 안 된다. 그러나 각주의 가족법은 여러 가지 면에서 유사하거나 널리 보급된 공통의 원칙들을 갖고 있다. 그럼에도 주법들은 각각 다른 문화풍토에서 독자적으로, 고유하게 발전되어 왔으므로 매우 다른 차이점을 갖고 있는 것도 또한 사실이다.[5] 이러한 사정은 이혼법의 경우에도 마찬가지여서 미국의 50개주가 파탄주의 이혼법을 채택하고 있지만 그 내용은 주에 따라 조금씩 다르다. 이하의 논의는 이러한 미국 가족법의 다양성과 광범위한 유사성 및 그럼에도 불구하고 존재하는 차이점을 염두에 두고 전개된다.

III. 미국에서의 혼인과 家族概念의 변화

20세기 초 미국과 유럽의 법적 제도는 혼인과 전통 가족을 사회의 기본 단위

5) 이화숙 역, "미국친자관계법의 오늘과 내일," 가족법연구 제11호(1997.12), 625면(L. D. Wardle, Parenting in American Law: Today and Tomorrow).

로 생각하는 가족관을 지녀왔다. 이에 따라 (1) 혼인은 1차적 부양조직이자, 배우자와 자녀의 사회적, 경제적 및 법적 지위를 결정하는 요소이며, (2) 원칙적으로 혼인은 배우자의 사망시까지 지속되어야 하며 배우자의 생존 중에는 심각한 원인에 의해서만 해소될 수 있으며, (3) 혼인과 가족에 대한 공동사회의 견해는 가족 구성원의 개별적 성향보다도 우위에 있어야 하며, (4) 가족 내에서의 권위와 역할분담의 기준은 남편/아버지가 의사결정에 있어 우위에 있음과 동시에, 가족의 물질적 필요를 충족하여야 하며, 아내/어머니는 가정과 자녀를 돌보아야 하며, (5) 임신과 자녀양육이 혼인의 주요한 목적으로 생각되었다.[6)]

그러나 이러한 전통적인 가족관은 더 이상 미국의 혼인규범으로 기능하지도 않고, 보편적인 현상도 아닌 것으로 변화되어 왔다. 이러한 가족개념의 변화에 대하여 Mary Ann Glendon 교수는 일찍이 "가족은 개인의 이익을 위해 존재할 뿐 더 이상 가족의 이익을 위해 개인이 존재하지 않는다"[7)] 고 예측한 바 있다. 그의 예측대로 이제 현대 미국의 가족은 부부평등한 법에 의해 새로운 라이프 스타일, 새로운 현실과 새로운 기대로 재정의되고 있으며, 한 가정에서 부부 각자가 수표를 발행하는 가정이 증가하고 있다. Majorie Schultz 교수는 이러한 현상에 대해 "이제 사랑에 기초한 유일한 모델로서의 전통적 혼인의 붕괴는 피할 수 없다"고 선언하면서, "미국 사회는 이제 단 하나의 사회적으로 승인된 혼인과 가족모델 대신에 편부모 가족, 일하는 처, 주부인 남편, 동성의 부부, 일시적 동거혼, 재혼과 繼子(stepchildren)로 이루어진 가족 등, 자율적이고 개인적이며 다양한 형태의 혼인과 가족형태에 대한 강력한 변화를 수용하지 않으면 안 된다. 그러한 변화는 너무나 보편적이고 그들의 메시지는 너무나 분명하기 때문이다"[8)]라고 주장함으로써 미국의 가족과 혼인의 변화를 잘 표현하고 있다. 이에 따라, 학자들은 미국에서의 가족과 혼인의 변화에도 불구하고 대부분의 州 가족법이 법적 혼인과 그로 인한 가족개념을 기초로 하고 있음의 정당성과 유용성에 의문을 제기하기도 한다. 예컨대 Weitzman 교수는 "장래의 배우자들은 혼인계약이라는 용어도, 그 의미도 알지 못할 것이다. … 우리 사회는 지난 세기동안 깊은 변화를

6) Mary Ann Glendon, The New Family and The New Property(1981), pp.1-35.

7) Ibid.

8) Majorie Schultz, Contractual Ordering of Marriage: A New Model for State Policy, 70 Cal. L. Rev(1982), pp.204-207.

경험하였고, 이제 법적 구조로서의 혼인은 시대에 뒤떨어진 것이 되었다. 그러므로 전통적 혼인을 보존하려는 州法과 정부의 관심은 보다 유동적이며 선택의 여지가 있는 새로운 사회적 및 개인적인 필요에 부응하는 가족형태에 돌려져야 한다"[9]고 주장하기도 한다.

위에서 언급한 대로 지난 30년간 가족 구조 내에서 극단적인 변화가 발생하였고 미국의 가족법이 변화의 과정에 있음에도 불구하고 가치있는 사회적 · 구조적 단위로서의 혼인과 핵가족 관계의 중요성은 여전히 감소되지 않고 있는 것도 또한 사실이다. 이에 따라 많은 학자들은 혼인과 핵가족 구조가 여전히 현재 미국 사회에서 중요한 역할을 감당하며 앞으로도 지속적으로 기능할 것으로 예측하면서 혼인과 가족은 여전히 사회적 · 법제도적으로 가치있는 이상형으로 보호되어야 할 것을 강조하고 있다. 이들은 전통적 혼인형태에 반하는 현대의 혼인에 대한 학문적 지지가 오히려 혼인과 가족의 중요성을 재인식하게 하는 자극제가 된다고 평하기도 한다.[10] Walter Weyrauch 교수는 현대적 혼인과 가족 형태에 대해 다음과 같이 말하고 있다.

> 법적 혼인에 기초한 가족은 그것이 가장 안정적인 단위로 취급되는 데 필요불가결한 것은 아닐지라도 법원에서는 여전히 가장 바람직하고 생산적인 사회의 단위로 취급되고 있다. 출산은 여전히 혼인의 목적일 수 있지만 예컨대 교육적이며 경제적인 발전 등은 남편의 문제만이 아니라 부부의 관심사이며, 부부의 공동의 노력에 의해 이루어져야 한다고 인식되고 있다. 이제 혼인은 자본합동의 성격을 갖기 시작했으며, 현재와 미래의 재산을 공유하는 사업상의 모험이며 동반자로 인식되기 시작하였다.[11]

한편, 아동에 관한 정부의 위원회에서 1991년에 발행한 한 보고서는 국가의 여러 공공정책들이 오히려 혼인과 가족을 위축시키고 있음을 비판하고 있다. 예

---

9) L.J.Weitzman, Legal Regulation of Marriage: Traditional and Change, A Proposal for Individual Contract and Contracts in Lieu of Marriage, 62 Cal. L. Rev(1974), pp.1169-1170.

10) 예컨대, Peter Nash Swisher, Reassessing Fault Factors in No-Fault Divorce, Family Law Quarterly, vol.31(1997), p.279.

11) Walter Otto Weyrauch., Metamorphoses of Marriage, Family Law Quarterly, vol. 13(1980), pp.421-422.

컨대 소득세법은 혼인한 부부 대신에 동거하는 부부에게 더 많은 혜택을 주고 있고, 복지시스템은 양부모 가족이 아닌, 미혼의 母에게만 적용됨으로 인해 혼인을 한 저소득층의 부부는 그들의 자녀를 경제적으로 보호하는 데 불이익을 감수하지 않으면 안 된다고 하면서, "혼인으로 형성된 가족은 두 명의 어른이 그들 상호간과 그들의 자녀를 돌보며 자녀양육과 성장과 그들의 발전에 있어 최상의 환경을 조성해 주고 있다"고 혼인과 가족의 중요성을 강조하고 있다.[12] 다른 한편 발전정책협회가 그 보고서에서 "아동에 관한 정부나 주의 프로그램은 양부모 가족을 강조함이 없이는 효과적이지 못하다"고 주장한 바 있는데, 이는 미국 가족의 변형을 적절히 파악하지 못하였다는 점에서 자유주의자들뿐 아니라 보수적인 학자들로부터도 많은 비판을 받은 바 있다.[13] 이 같은 혼인과 가족에 대한 학자들의 견해와 정부의 보고서 및 그에 대한 비판은 그 자체가 미국의 혼인과 가족의 변화를 여실히 보여주는 좋은 데이터인 것이다.

Ⅳ. 破綻主義 離婚法의 내용

파탄주의 이혼법은 다음의 내용을 담고 있다. 그 첫째는 이혼소송에서 승소하기 위해 더 이상 배우자의 유책원인이 필요하지 않게 되었다는 점(이혼을 승인받기 위해 배우자의 동의조차 필요로 하지 않는 州도 많다), 두 번째, 많은 州에서 無責者인 배우자에게 alimony와 손해배상을 청구할 권리를 인정한 구제도를 폐지하는 경향이 있다는 점, 세 번째, 파탄주의 이혼법은 이혼시 배우자간의 적대적 소송을 피하고 유책주의의 엄격함과 인격의 손상을 완화시키고자 한다는 점, 네 번째, 재산의 분할과 alimony의 지급에 있어 전통법의 전제가 되었던 여성보호적인 조항을 제거하고 부부를 완전히 동등한 동반자로 취급한다는 점 등이다.[14]

이에 따라 파탄주의 이혼법하에서는 유책주의 이혼법하에서 상대방의 과실을 근거로 더 많은 재산의 분배와 부양료를 받기 위해 흔히 볼 수 있었던, 거짓

12) National Commission on Children, Beyond Rhetoric(1991).

13) Swisher(주 10), p.280.

14) 이화숙 역, "이혼법 혁명과 평등의 환상," 연세법학연구(1989), 271면(L. J. Weitzman, The Divorce Law Revolution and The Illusion of Equality: a View from the United States).

증언이나 상대방에 대한 비방 또는 적의가 사라지는 대신에 당사자들이 우호적인 분위기에서 혼인을 종료시킬 수 있게 될 것으로 기대되었으며, 당사자들이 이혼 후의 경제적인 문제를 공정하고 형평하게 합의할 것으로 예상하였으며, 그 결과 부모와 자녀간의 충돌도 감소될 것으로 예상하였다. 그러나 그러한 긍정적인 기대보다는 혼인의 도덕적 · 법적의무의 약화, alimony와 재산분할에 있어서의 변화와 혼인주택의 처리에 있어서의 변화에 따른 이혼여성과 자녀의 빈곤화 현상, 특히 이혼자녀의 심리적 · 경제적 고통이 가중되는 등의 부정적인 결과들이 심각하게 나타나고 있다. 이에 대하여는 항을 바꾸어 살피기로 한다.

Ⅴ. 破綻主義 離婚法의 영향

1. 높은 離婚率

미국의 인구조사국에 의하면 파탄주의가 시작된 1970년부터 1980년 사이에 미국의 이혼부부는 매년 약 50만 쌍에서 백만 쌍으로 증가하였으며, 1980년에서 1990년 사이의 시기에도 매년 약 백만 쌍 정도가 이혼한 것으로 보고되고 있으며, 파탄주의 이혼법이 이혼율을 증가시키는 원인인 것으로 보고 있다.[15)]

2. 혼인의 도덕적 · 법적 의무의 약화

이혼법 원칙의 변화는 혼인법에도 영향을 주게 된다. 그것은 이혼법이 새로운 혼인규범을 창출하고 제도화하기 때문이다. 파탄주의 이혼법으로의 변화가 혼인법에 미친 영향은 혼인의 도덕적 · 법적 의무의 변화를 들 수 있다. 유책주의 이혼법하에서는 과실있는 배우자가 과실없는 배우자에게 보상케 함으로써 혼인의 규범을 지키도록 강요하는 중요한 계기가 된다. 혼인의무를 잘 지킨 배우자는 이혼시에 보상받을 수 있다고 기대되었으며, 유책자는 그에 상응하는 대가를 치

15) Laura Gatland, Putting the Blame on no-Fault, A.B.A J. vol. 82(1997), pp.50-51: 한편, Clark 교수도 미국의 가장 큰 사회적 변화는 이혼율의 급증으로 1979년에 최고에 달하였다고 보고하고 있으며, 파탄주의 이혼법이 그 원인이라고 진단하고 있다. Homer H. Clark, The Law of Domestic Relations in the United States(1988), p.410.

루어야 한다고 여겨졌기 때문이다. 이에 따라 전통적인 혼인계약상의 의무는 강화될 수 있었다.[16)]

이에 반해 파탄주의 이혼법은 이혼시에 배우자의 不貞行爲나 유기 등의 혼인의무 위반을 문제삼지 않기 때문에 無責者인 배우자 또는 이혼을 원치 않는 배우자가 상대방의 부정행위를 이유로 이혼을 거부할 수도, 이혼에 동의하는 대가로 경제적 이익을 구할 수도 없게 되었다. 그것은 곧 혼인의무를 잘 지켜온 배우자에 대한 어떠한 보상도, 혼인의무를 위반한 배우자에 대한 어떠한 제재도 없음을 의미하는 것이 된다. 그리고 이는 결국 혼인 중 부부의 상대방에 대한 도덕적 · 법적 의무를 약화시키는 원인이 되는 것이다.[17)]

3. 부부의 재산적 관계의 변화 — 의존관계에서 동반자 관계로

파탄주의 이혼법은 부부의 재산적 관계의 중요한 기둥인 alimony와 재산분할의 성격을 변화시켜 왔다. 법 이론상 alimony는 별거나 이혼 후의 경제적 관계로서, 미래의 부양에 관련된 청구이며, 재산분할은 과거형으로서 혼인중 취득재산의 분배라고 정의된다.[18)] 유책주의는 이들 재산적 요소에 있어서의 여성보호원칙으로 인해 비록 동등하지 않은 재산의 분할이 있더라도 그의 비형평성을 보완하는 기능을 감당하였으나, 파탄주의는 부부를 경제적으로 동등한 능력있는 동반자 관계로 보는 결과 전통법상 인정되던 夫에 의한 alimony지급의무는 없어지거나 현저하게 감소되는 반면에, 과거형으로서의 혼인재산의 분할에 있어서는 동등한 분할 또는 형평한 분할이 보장되는 방향으로 변화되어 왔다.

(1) Alimony — 영구적 지급에서 일시적 지급으로

유책주의하에서 이혼법원은 그 夫로 하여금 혼인 중 전업주부와 어머니로서 보낸 妻에게 alimony를 지급하라고 명함으로써 가족에 대한 妻의 기여를 보상하고 가사노동의 가치를 인정함과 동시에 중년의 妻를 유기한 夫에 대한 처벌의 의

---

16) 이화숙 역(주 14), 275면.

17) L. J. Weitzman, Divorce Revolution: The unexpected Social and Economic Consequences for Women and Children in America(1985), pp.20-26.

18) Margaret F. Brinig, Property Division Physics: The Talisman of Time and Middle Class Law, Family Law Quarterly, vol. 31(1997), p.94.

미를 반영하였다. 그러나 파탄주의 이혼법은 부부를 [동등한 능력을 가진 동반자] 로 보는 결과 혼인 중은 물론 이혼 후에도 妻는 夫와 동등한 생계능력이 있다고 전제한다. 이에 따라 妻에게 특별한 사유가 있는 경우 외에는 夫에 의한 alimony지급을 인정하지 않음으로써 혼인 그 자체에 대한 새로운 기대를 표현하고 있는 것이다. 따라서 파탄주의 이혼법하에서 법원은 妻에 대한 夫의 alimony지급을 거절하고 그녀 스스로 직업을 구하여 생계를 유지해야 한다고 명령하고 있다. 이는 妻의 가사노동의 가치를 약화시키고 생애를 바쳐 가족을 위해 헌신한 데 대해 벌을 주는 한편, 妻에 대한 부양책임으로부터 夫를 해방시키는 결과가 되기도 한다.[19]

유책주의 시대와 파탄주의 이혼법하에서 alimony지급이 어떻게 변화하였는가에 대하여 한 흥미로운 조사를 통해 살펴본다. New Haven에서의 한 조사결과 유책주의 시대인 1970년대에 alimony를 받는 이혼여성은 전체적으로 61%(102명 중 62명)였으며, 전업주부(61%; 59명 중 36명)와 직장여성(60%; 43명 중 26명) 사이에 큰 차이가 없었다. 그러나 1980년대에는 alimony를 지급받는 여성의 수가 30%(100명 중 30명)로 감소했으며, 그 중 직업이 있는 여성은 26%(80명 중 21명), 전업주부인 경우는 45%(20명 중 9명)였다.[20)21)]

한편, 유책주의시대에는 오랜 결혼생활(15년 이상)을 한 여성들의 거의 대부분이 alimony를 받았으나(84%; 25명 중 21명), 1980년대에는 alimony지급기회(32명 중 16명)도, 지급액도 줄어들었다. 또한 1970년대에는 자녀가 없거나 양육하지 않는 경우에도 67%(3명 중 2명)에 해당하는 처가 기한의 제한 없이 alimony를 지급받았었는데, 1980년대에는 법원이 17%(36명 중 6명)의 경우에 한해 일정기간 동안의 alimony 지급명령을 내리고 있다.[22] California의 경우에도 자녀가 없는 경우에 비해 자녀가 있는 경우에는 두 배나 alimony를 지급받은 것으로 나타났다.[23]

이 같은 현상은 alimony에 대한 법원의 생각을 추출해 낼 수 있다. 즉 과거

19) 이화숙 역(주 14), 275면.

20) James B. McLindon, Seperate But Unequal: The Economic Disaster of Divorce for Women and Children, Family Law Quarterly, vol. 21(1987), pp.360-366.

21) 이 같은 현상은 California의 경우에도 비슷하였다. Weitzman(주 17), p.179.

22) McLindon(주 20), p.363.

23) Weitzman(주 17), p.185.

에는 이혼여성이 alimony를 지급받을 수 있는가의 여부는 현재의 직업을 기준으로 한 여성의 수입능력에 관계없이, 혼인파탄의 유책성, 혼인기간, 그리고 夫의 지급능력 등을 기준으로 하여 법원이 이를 결정하였다는 것이다. 그러나 오늘날에는 배우자의 과실을 고려의 대상으로 하는 제정법하에서도[24] 법원의 결정기준은 여성이 스스로를 부양할 직업 또는 직업상의 기술을 갖고 있는가의 여부를 중시한다는 것이다. 그러나 오랜 결혼생활은 alimony지급에 있어 중요한 의미를 갖지 않는 것 같다. 다만 妻가 가정주부였고 남편이 지급능력이 있을 경우에는 제한적으로, 그리고 예외적으로 alimony 지급명령을 받을 수 있는 것으로 보인다. 한편 과거에는 alimony가 妻의 부양을 위해서만 지급되었으나 이제는 자녀를 양육하지 않는 여성에게는 지급이 거절되는 경향이 있는데 이는 alimony의 성격이 차츰 자녀양육비로 바뀌고 있음을 추측케 한다.[25]

(2) 離婚時 財産分割의 변화 — 동등한 分割에의 보장

재산분할의 경우, 이혼법이 혼인 중 취득재산의 대부분을 夫가 소유하도록 허용한다면 그것은 가족의 재산을 축적함에 있어 夫의 노동과 수입이 가장 중요한 것임을 시사하는 것이지만, 이혼시 혼인재산의 半은 전업주부였던 妻의 재산이라고 선언한다면 가족재산의 취득에 대한 妻의 기여를 夫의 직업활동을 통한 기여와 동등하게 평가함으로써 가정주부와 자녀양육은 경제적 가치 있는 기여라는 혼인의 원리를 반영하는 것이 된다. 그런데 가사노동의 가치를 인정하는 철학이나 가치를 어느 정도로 인정할 것인가는 부부재산제에 따라, 그리고 시대의 변화에 따라 다음과 같이 변천되어 왔다.

공유제를 취하는 미국의 8개 주에 있어 이혼시 재산분할의 원칙은 혼인을 당사자의 개인 신분과 재산이 완전히 동화되는 하나의 공동체로 본다는 전제에서 출발한다. 이에 따라 혼인재산을, 부부의 기여의 형태나 정도에 관계없이, 부부가 공동으로 축적하고 소유하는 공유재산으로 보는 결과, 이혼시에도 半分한다는 것이다. 따라서 妻의 가사노동의 가치는 夫의 재산상의 기여와 동등하게 인정받을 수 있었다. 다만 유책주의하에서는, 夫가 유책자이며 이혼 후 처가 자녀

24) 예컨대 Conn.Gen.Stat.Ann.§46b-82(West 1969 & Supp.1985)은 alimony를 결정할 때 법원은 어떤 다른 요소보다도 이혼의 원인을 고려하도록 요구하고 있다.

25) McLindon(주 20), p.364.

를 양육하기로 한 경우, 妻는 공유제원칙에 따라 혼인재산의 반을 분할받는 외에, 부양료로서 alimony를 지급받을 수 있으며, 유책자인 夫에 대한 위자료와 자녀양육비가 가산되어, 妻는 혼인주택과 가구 등 혼인재산 중 많은 부분과 아울러 alimony를 정기적으로 받을 수 있었다.

반면에 별산제를 취하는 42개 주에서는 부부의 독립성을 강조하는 결과 혼인 중 취득재산은 부부의 명의를 기준(대개의 경우 夫 명의)으로 소유자를 정하는 원칙을 갖고 있다. 이혼시에도 마찬가지로 명의를 기준으로 혼인중 재산을 분배하는 원칙에서 출발한다. 그 결과 재산상 명의를 갖고 있지 않는 전업주부는 경제적으로 대단히 불이익한 위치에 있다. 그것은 명의를 갖고 있지 않는 배우자는 그의 기여를 입증해야 배우자 명의의 재산으로부터 그의 기여분을 분할받을 수 있는데, 그 때의 기여란 실질적이며 금전적인 기여만을 의미하며, 가사노동의 기여는 경제적 가치있는 기여로서 평가하지 않는 것이 법원의 오랜 관례였기 때문이다. 그럼에도 불구하고 재산분할상의 불합리와 공평하지 못한 결과는 유책주의의 여성보호원칙에 의해 보상될 수 있었다. 즉 이혼의 妻는 재산분할상의 몫은 만족스럽지 못하다 해도, 혼인 중 및 이혼 후에도 夫는 妻에게 alimony를 지급하여야 한다는 오랜 관습과 유책주의이혼법의 여성보호원칙에 따라 妻는 종신토록, 또는 재혼시까지 夫로부터 alimony를 지급받을 수 있었으며, 夫가 유책자인 경우 그의 過失이 가산(많은 경우가 이에 해당된다)되며, 더욱이 妻가 자녀를 양육(대부분의 경우)하는 경우에는 정기적으로 양육비를 지급받을 수 있었으므로, 이들 사실들이 복합적으로 고려된다면 妻는 혼인주택과 가구를 분할받는 외에도 夫로부터 정기적으로 부양료를 받을 수 있었다. 그러나 대부분의 별산제 주는 1970년과 1985년 사이에 형평한 분배 원칙을 도입함으로써 夫 명의의 재산이라도 법관이 형평하게 분배할 수 있도록 함과 동시에 가사노동의 가치도 경제적인 가치가 있는 기여로서 평가받을 수 있게 되었다.[26] 그 결과 별산제 주에서도 분배의 출발점이나 그에 내포된 철학은 다르지만, 공유제와 마찬가지로, 혼인재산은 비교적(사례에 따라 다르므로) 형평하게[27] 분배됨과 동시에, 가사노동의 가치도 인정될 수 있게 되었다.

---

26) 미국의 이혼시 부부재산분할시의 형평분배에 대하여 자세한 것은 이화숙, 부부의 재산관계에 관한 비교법적 연구, 연세대학교 대학원 법학과 박사학위논문(1988), 146면 이하 참조.

27) '형평하게'의 뜻은 대개의 경우 '동등하게'라는 뜻과 일치한다.

그러나 동등분배의 결과는 유책주의 이혼법하에서보다 파탄주의 이혼법에서 여성이 불리하다는 것이다. 예컨대 조사결과, Connecticut 주는 1973년에 재산분배에 있어 법관의 재량의 범위를 제한하는 대신 몇 가지 기준을 추가하여 형평한 분배를 시도한 바 있으나, 1980년대의 여성은 1970년대에 비해 오히려 재산분배율이 낮아진 것으로 나타나고 있다. 즉 저소득층의 여성들은 유책주의 시대인 1970년대에 全 가족재산의 84% 정도를 분배받았으나, 1980년대에는 57%를 분배받은 것으로 나타났다.[28] California의 경우에도 마찬가지로, 동등분배가 보장된 파탄주의시대보다 유책주의 시대에서 여성들은 더욱 많은 재산을 분배받았음을 보고하고 있다.[29] 또한 동등분배나 형평한 분배는 곧 혼인주택의 매각을 의미하며, 이는 곧 이혼한 처와 자녀의 빈곤의 원인이 되고 있다는 사실도 지적되고 있다. 즉 유책주의하에서의 妻와 자녀를 보호하던 장치들이 제거되고 부부를 동등한 능력의 소유자인 동반자로 취급하는 원칙으로 전환됨에 따라 공유제나 별산제에 관계없이 혼인재산은 동등하게 분배되고 깨끗한 청산은 보장되는 한편, 법관들은 동등분배의 목적을 혼인주택(가장 가치있는 혼인재산)의 매각을 통해 이루는 경향이 있으므로, 주택의 半을 금전으로 분배받았으나 alimony지급이 거절된 생계능력 없는 여성들(중년의 여성과 자녀를 양육하는 여성)은 빈곤이라는 현실을 만날 수밖에 없게 되는 것이다.

4. 婚姻住宅 처리에 있어서의 변화

이혼과정에서 혼인주택의 처리에는 다음과 같은 다양한 방법들이 사용되고 있다.

선택 1: 배우자 일방이 혼인주택을 소유하는 대신, 형평한 분배를 위해 다른 일방 배우자에게 일시금 또는 정기금으로 매매대금을 지급하기로 하는 채무를 부담하는 방법.

선택 2: 양 배우자는 집이 팔릴 때까지 공동의 소유권을 보유하는 방법. 대개는 일방 배우자만이 그 집에서 살며, 거주하지 않는 배우자도 저당과 재산세를

28) McLindon(주 20), pp.372-373.

29) Weitzman(주 17), pp.73-74.

부담한다.

선택 3: 일방 배우자가 주택을 소유하나, 타방배우자가 그 집에서 임차료를 지급하지 않고 거주할 수 있는 권리를 보유하는 방법. 위의 경우와 같이 집을 소유하는 배우자가 저당과 재산세를 부담한다.

선택 4: 집을 공동의 재산으로 보유하면서 일방배우자나 제3자에게 임대하는 방법.

선택 5: 혼인주택을 혼인관계가 종료되기 전에 팔고 동등하게 분배하는 방법 등이다.[30)]

그런데 McLindon 변호사가 Connecticut 주의 New Haven에서 이혼 후의 재산분할에 관하여 조사한 바[31)]에 의하면 혼인주택의 처리에 있어 유책주의와 파탄주의 이혼법 사이에 큰 변화가 있음을 알 수 있다. 즉, 유책주의 이혼법하에서는 주택이 妻에게 양도되거나, 妻가 사용하도록 허용하는 사례가 압도적으로 많았다. 예컨대 1970년대 초에 자녀와 주택을 소유한 45쌍의 이혼부부 중 37쌍(82%에 해당)은 妻에게 주택의 소유권을 양도하였으며, 9%에 해당하는 4쌍은 자녀가 성년이 될 때까지 주택을 사용하도록 하고, 성년이 된 후 주택을 팔아 분배하기로 하였으며, 4%에 해당하는 두 쌍의 경우에는 주택은 妻에게 양도되고 夫에게 담보권을 인정하거나, 매매대금의 반액에 해당하는 금액을 夫에게 지급한다는 약속어음을 교부하는 경우였고, 2%에 해당하는 1쌍은 즉시 주택을 팔아 동등하게 분배한 경우였다. 16%에 해당하는 7쌍은 가족의 두 개의 집중 하나를 夫가 양도받은 경우였다. 그런데 妻가 혼인주택에 대한 소유권을 취득하는 것이 원칙인지, 혹은 자녀에게 주택이 주어지는 것이 원칙인지는 분명치 않다. 집을 소유한 45가정 중 96%에 해당하는 43가정에서 妻에게 소유권 또는 점유권이 인정되었는데, 자녀, 주택에 대한 권리, 그리고 양육부모가 포함된 43건중 98%에 해당하는 42건이 자녀에게 주택의 권리가 인정된 경우였다. 그 중 한건은 夫에게 자녀양육권과 주택의 권리가 인정되었으며, 妻는 그의 몫으로 현금을 받은 경우였다. 여기에 나타난 결과를 통해 우리는 유책주의 시대인 1970년대의 New Haven 법원은 처와 자녀에게 집이 매우 중요하다는 것, 양자 중 택일하여야 할

30) Gary C. Randall, What to do with the Family Home- Before and After the Divorce, Family Law Quarterly, vol.30(1996), pp.25-26.

31) McLindon(주 20), pp.375-378.

경우에는 자녀들이 집에 남는 대신, 처에게는 실질적인 보상을 한다는 것을 원칙으로 하고 있음을 알 수 있다. 이 같은 결과는 Seal 교수의 San Diego 조사결과[32)]와 Weitzman 교수의 California의 조사결과[33)]도 유사하다.

반면에 파탄주의 이혼법하에서는 처가 집을 분배받는 빈도가 줄어들었거나, 분배에 많은 제한이 가해진 것으로 나타났다. New Haven에서 주택이 처에게 분배된 경우는 63건 중 37%에 해당하는 23건에 불과했으며,[34)] San Diego의 경우에는 42%였다.[35)] 파탄주의하에서 법원은 처에게 주택을 분배하는 대신 양 배우자에게 주택에 대한 일정한 권리를 수여하는 방식을 채택하기 시작한 것도 새로운 현상이다. New Haven에서 처에게 주택사용권이 인정된 것은 13%에 해당하는 8건이었으며, 나머지 8건은 妻가 주택을 사용하는 대신에 형평한 분배를 위해 夫에게 시가의 40% 또는 그 이상의 채무를 부담하도록 명령한 경우였다. 이때 妻가 부담하는 채무는 夫의 몫을 현금으로 지급하거나, 약속어음에 서명하거나, 형평상의 저당권을 夫에게 설정하는 형태였다. 나머지 17%에 해당하는 11건은 주택을 즉시 팔아 반분하라는 명령이었다. California의 경우 주택을 즉시 팔아 반분하라는 명령은 유책주의하에서는 23% 정도에 불과했으나, 파탄주의가 시행된 이후에는 35%나 되는 것으로 나타났으며,[36)] 주택가격의 50% 이상이 妻에게 지급된 경우는 유책주의하에서 61%였으나 파탄주의하에서는 46% 정도로 감소한 것으로 나타나고 있다.[37)] 주택이 夫에게 즉시 양도된 경우는 New Haven에서 32%에 해당하는 20건, 3%에 해당하는 2건에서는 처에게 채무를 부담하는 조건으로 夫에게 주택사용권이 인정된 경우였으며, 2%에 해당하는 1건의 경우에는 주택의 사용권이 夫에게 인정된 경우였다.

파탄주의의 또 하나의 새로운 현상은 이혼 후 주택이 妻에게 분배된다는 원칙이 무너짐과 동시에, 자녀가 주택에 남는다는 원칙도 상당부분 파괴되고 있다

32) San Diego의 경우, 유책주의 시대에서는 66%의 여성이 주택을 분배받았다. Seal, A Decade of No-Fault Divorce, Fam. Advoc, vol.10(1979), p.12.

33) Weitzman, Economics of Divorce, Social and Economic Consequence of Property, Alimony and Child Support Awards, U.C.L.A L. Rev. vol 28(1980-1981), p.1181.

34) McLindon(주 20), p.376.

35) Seal(주 32), p.12.

36) Weitzman(주 17), p.78.

37) Ibid., p.1204.

는 사실이다. 이 같은 현상은 Vermont와 California의 경우에 유사하게 나타나고 있다. Vermont의 경우, 파탄주의하에서 자녀가 주택에 살게 된 경우는 61%에 불과했으며,[38] California의 경우에도 주택을 팔아 반분하라는 명령을 받은 가정의 3분의 2는 미성년자녀가 있는 가정이었다고 한다. 이에 따라 California에서 이혼의 경제적 결과를 조사한 Weitzman 교수는 "California 파탄주의 이혼법하에서는 妻가 어린 자녀를 양육한다는 사실이 더 이상 妻의 주택 소유권이나 사용권을 인정받는 데 있어서의 고려 사항이 아니다"[39]라고 밝히고 있다.

New Haven의 조사결과도 유사하다. 즉, 71%에 해당하는 36건에서 자녀를 양육하는 부모 중 일방이 주택을 양도받은 경우였으며, 18%에 해당하는 9건은 주택을 팔아 반분하라는 것이었고, 10%에 해당하는 5건은 양육을 맡지 않은 부모중 일방인 夫에게 주택이 수여되었으며, 2%에 해당하는 1건은 부모가 공동친권을 갖고 자녀들은 일주일의 반은 아버지와, 나머지는 어머니와 지낼 수 있었던 경우인데, 주택은 妻에게 수여되었다. 결론적으로, New Haven의 경우에도 가정파탄시 妻와 자녀들이 살던 이혼 후 혼인주택에 계속 살 수 있게 된 경우는 매우 감소했음을 알 수 있다.[40]

자녀들이 살던 집을 떠나야 한다는 사실은 자녀들이 그들의 오랜 이웃과 친구들, 학교, 그리고 한때 그들의 보금자리였던 가정을 떠나야 함을 의미하며, 동시에 그들이 필요로 하는 사람들과 장소에 있어 안정성과 지속성을 상실하게 되었다는 것을 의미한다. 집을 떠나야 하는 이혼여성의 경우에도 지금까지의 사회적 연결, 가정적 환경이 주는 안정성을 상실하게 되어 어려움에 봉착하게 되었음을 의미한다.[41] 이에 따라 조사자들은 주택에 대한 일시적 사용권이라도 妻와 자녀들에게 허용함으로써 이들이 장차 집을 상실함으로 인해 만나게 될 경제적 어려움으로부터 완전히 해방되는 것은 아니지만, 자녀들의 경우에는 성년이 되기까지의 기간 동안 이 어려움을 만나지 않게 되고, 처의 경우에는 사정이 좋아질 때까지 어려움이 연기되는 효과가 있을 것으로 기대하고 있다.[42] 영국의 경우는

38) Wishik, Economics of Divorce: An Exploratory Study, Family Law Quarterly, vol 20(1986), p.91.

39) Weitzman(주 17), p.79.

40) McLindon(주 20), p.378.

41) Weitzman(주 17), pp.358-359.

미국과는 달리, 이혼 후 자녀들이 주택에서 살 수 있도록 함으로써, 자녀우선원칙을 존중하고 있다.[43]

5. 離婚後의 債務分擔에 있어서의 변화

파탄주의 이혼법하에서는 유책주의에 비해 이혼부부가 채무를 동등하게 분담하는 비율이 증가한 것으로 나타나고 있다. San Diego의 경우 이혼의 妻는 유책주의하에서는 30% 정도가 채무를 동등하게 분담하였으나 파탄주의하에서는 채무를 동등하게 분담하는 비율이 58%에 이르는 것으로 나타났으며,[44] Los Angeles와 San Francisco의 경우는 29%로서 낮은 편이나 유책주의 이혼법에 비해서는 상당히 증가한 것이라고 한다.[45]

New Haven의 경우에도 여성들이 이혼 후 분담하는 채무액은 파탄주의시대에 상당히 증가한 것으로 나타났다. 그러나 다른 한편으로 남성들은 유책주의나 파탄주의 시대를 가리지 않고 여전히 이혼 후에도 채무의 상당부분을 부담하고 있는 것으로 나타나, 1970년대에는 평균 총채무의 54%에서 87%, 그리고 1980년대에는 60%에서 89% 정도를 남편이 부담하는 것으로 나타났는데, 이는 아마도 남편의 수입 증가에 따른 것으로 추측된다. 즉 이혼 후 수입이 증가한 배우자(거의 남편)는 가족의 채무를 부담할 능력도 있다고 간주되고, 능력있는 배우자가 채무를 부담하는 것이 형평하다는 믿음을 반영한 결과라는 것이다.[46]

6. 子女養育費 分擔에 있어서의 변화

자녀 양육비 지급에 관한 변화를 살펴보기 전에 지적해야 할 것은 자녀 양육자의 변화이다. 1970년대에는 거의 대부분의 경우(New Haven의 경우 99%에 해

42) McLindon(주 20), p.378.

43) John Eekelarr, Some Principles of Financial and Property Adjustment on Divorce, L.Q.R, vol.79(1979), p.253.

44) Seal(주 32), p.12.

45) Weitzman(주 17), p.102.

46) McLindon(주 20), pp.380-381.

당)에 어머니가 자녀의 양육을 맡았으나, 1980년에는 점차 아버지가 자녀양육자로 지정되는 일이 많아지고 있다. 예컨대 1980년대의 New Haven에서 아버지가 단독으로 또는 공동으로 자녀 양육자로 지정된 경우는 71명 중 10명에 해당하는 14%였다. 이는 Connecticut 주법[47]이 자녀감호권 수여에 있어 母優先 推定의 원칙을 제거하고 부모 중 일방에게 자녀감호권을 수여하도록 개정한 데 따른 것으로 보인다. 그럼에도 불구하고 여전히 압도적으로 많은 숫자는 어머니에게 자녀감호권이 수여되고 있다(71건 중 61건: 86%).

특이한 것은 자녀 감호권이 누구에게 있는가의 여부와 관계없이 자녀양육비는 어머니에게만 지급된다는 것과 유책주의와 파탄주의에서 자녀양육비 지급은 차이가 있다는 것이다. 1970년대 Connecticut 주법[48]은 판사에게 부모의 금전상의 능력을 조사하여 타당하다고 생각되는 범위에서 자녀양육비 명령을 발할 수 있도록 하였으나, 1980년 법[49]은 판사로 하여금 부모의 연령, 건강, 상태, 직업, 생계능력, 수입액과 그 원천, 재산, 직업상의 기술과 직업능력과 함께 자녀의 나이, 건강, 지위, 직업, 교육상 지위와 기대가능성, 수입능력과 그 원천, 직업상의 기술, 직업능력, 재산과 필요도 등을 고려하여 정하도록 함으로써 마치 alimony 지급명령과 유사한 기준으로 개정한 바 있다. 이는 자녀 양육비의 증가를 목적으로 한 것이었는데, 그 결과는 유책주의 이혼법에서보다 파탄주의 이혼법하에서 자녀양육비가 감소된 것으로 나타났다. 예컨대 1970년대에 자녀가 있는 가족에게 지급되는 평균 부양비는 주당 $134였으나, 1980년에는 $96으로 감소하였으며, 중산층에 있어 자녀양육비는 1970년대에 한 자녀당 매주 $57이었으나 1980년대에는 $53으로 감소하였다. 이를 각 계층별로 보면 빈곤층의 경우에는 1979년대에 $29에서 1980년대에는 $18로, 그보다 상위그룹에서는 $46에서 $25로, 보다 상위그룹에서는 $56에서 $5로 감소한 것으로 나타났으며, 최상류층에서는 $113에서 $67로 감소하였다. 이러한 경향은 alimony지급의 변화와 매우 유사한 것이다. San Diego의 경우에도 달러 가치의 변동이 없음에도 유책주의시대에는 중산층의 자녀는 주당 $75를 받을 수 있었으나 파탄주의에서는 $61로 감소하였다.[50] 이에 따라 일반적으로 여성들은 파탄주의 이혼법하에서 자녀양육비의 반

47) Conn. Gen. Stat. §46-24, 1973.

48) Conn. Gen. Stat. §46-26, 1973.

49) Conn. Gen. Stat. Ann. §46b-84(West 1969 and Supp 1985).

이상을 부담하거나 그들의 수입에 관계없이 자녀의 생활수준의 하락을 경험하게 되는 것으로 보인다. California의 경우에도 남편들이 지급하는 자녀양육비는 실제 비용의 반 이하인 것으로 집계되고 있다.[51]

7. 離婚女性과 子女의 빈곤화의 원인

종래의 유책주의하에서는 妻가 無責者이고, 자녀를 양육하기로 한 경우, 그녀는 생계능력이 없다는 전제와 부양의 필요성이 있다는 법의 원칙에 따라 이혼에 동의한 妻는 혼인재산 중 많은 몫을 분배받았었다. 1968년에 San Fransisco와 Los Angeles의 법원에서 이혼여성들은 혼인재산의 반 이상(60% 정도 또는 그 이상)을 분할받은 것으로 나타났다. 그 결과 처는 많은 경우 가치있는 유일한 재산인 주택과 가구들을 소유할 수 있었으며 유책자인 전남편으로부터 평생토록, 또는 재혼할 때까지 부양료를 지급받을 수 있었다.[52] 그러나 파탄주의 이혼법은 이혼에 있어 유책원인을 제거하였을 뿐 아니라 이혼시 재산의 분할이나 부양료 지급에 있어서도 배우자 일방의 과실을 문제로 삼지 않으며, 부부는 동등한 생계능력을 갖고 있음을 전제로 재산관계를 청산하고 부양료지급을 결정한다. 그런데 그 결과는 예상과 달리 이혼여성과 자녀의 경제적 위기로 나타나고 있다. 실제로 L.A.지방법원에서 1968년에서 1972년 사이에 사망시 또는 재혼시까지 지급되는 영구적 alimony지급은 62%에서 32%로 떨어졌으며, 1972년 이후에는 부양료지급의 3분의 2가 일시적이거나 일정기간 지급하는 형태였으며, 일정기간 지급되는 평균기간은 25개월로 약 2년이었다. alimony 지급에 있어서는 妻의 직업과 이혼전 수입 등이 중요한 기준이 되는데 조사결과 법원은 일시적인 직업경력이나 수입이 있는 경우에도 妻에게 부양능력이 있다고 판단하고 있어 이혼여성의 6분의 5정도는 alimony를 지급받지 못하는 것으로 나타나고 있다. 여성의 부양능력은 노년기의 여성, 자녀를 양육하는 여성 등 과도기의 여성들에게는 인정될 수 없는 것이 현실임에도 불구하고 모든 여성에게 똑같이 적용되는 결과 많은 여성들을 곤경에 처하게 하는 것으로 분석되고 있다.[53]

50) Seal(주 32), p.12.

51) Weitzman(주 17), p.341.

52) Ibid., p.30.

한편, 이혼시의 재산분할은 공유제 주나 별산제 주에 관계없이 대개의 경우 동등하게, 즉 妻에게 2분의 1, 夫에게 2분의 1이 분배되고 있는 것으로 나타나고 있다. 그런데 문제는 90% 이상의 가정에서 어머니가 이혼 후 자녀양육책임을 맡고 있었다는 것과 판사들이 이혼 후 당사자들의 'clean break'라는 목적을 지나치게 의식하는 나머지 재산의 동등 분배의 원칙을 주택의 매매에서 구하는 경우가 많다는 사실에 있다. Weitzman 교수의 조사결과에 의하면 법원이 주택의 매매를 명하는 경우는 1968년에는 10건 중 1건이었으나 1977년에는 3건 중 1건으로 증가하였으며, 혼인주택을 매도하는 이혼가정의 66%는 미성년자녀가 있는 가정이었다.[54)]

유책주의하에서는 妻가 주택을 꾸미고 관리한다는 점과 더욱이 대부분의 경우에 처가 無責者임을 감안하여 妻가 주택을 분할받을 수 있었다. 그리고 처가 자녀를 양육하는 경우에는 자녀들을 위해 안정된 환경을 유지할 수 있도록 하기 위해 妻가 주택을 소유하는 것이 바람직하다고 생각되었던 것이다. 사실 妻가 자녀를 양육하는 현실에서 재산의 동등한 분배는 가족재산의 2분의 1은 夫에게, 그리고 나머지 반은 妻와 두 자녀로 구성된 세 명의 가족에게 분배됨을 의미하는 것으로 사실상 동등한 분배가 아닌 것이며, 더욱이 지금까지 살던 집의 매매를 통한 동등한 분배는 妻와 자녀들의 생활을 와해시키고 방황하게 만들며 마침내 경제적 고립화 · 빈곤화의 원인이 되는 것이다.[55)]

그 결과, 미국에서 이혼 후의 부부의 경제적 수준의 차이를 조사한 연구결과는 한결같이 이혼 후 전 배우자 간의 생활수준의 차이를 심각하게 지적하고 있다.[56)] 어린이의 빈곤화 역시 마찬가지로 증가하고 있음을 보여준다. 1970년에서

53) Ibid., pp.143-184.

54) Ibid., p.74.

55) Ibid., pp.70-109.

56) Weitzman은 그의 조사결과 이혼 후 남편의 생활수준은 42%가 향상되고 여성은 낮아졌음을 지적하고 있다. Divorce Revolution, pp 337-340; 이외에도 전 배우자 간의 생활수준의 차이를 지적한 논문으로는 Robert S.Weiss, The Impact of Marital Dissolution on Income and Consumption in Single-parent Households, Journal of Marriage and the Family, vol.28(1984), p.15; Tomas Espenshade, The Economic Consequences of Divorce, Journal of Marriage and the Family, vol.41(1979), p.615; Bureau of the Census, U.S. Dept. of Commerce, Money Income of Families and Persons in the United States(1979), Current Popular Reports Series, p.60 등이 있다.

1982년 사이에 빈곤 상태에 있는 미국 어린이는 14.9%에서 21.3%로 증가하였으며,[57] 빈곤가정의 어린이의 대부분은 여성가장인 가정에서 발생한다고 한다.[58] 결과적으로 여성이 가장인 가정의 수입은 다른 가정 수입의 반에 불과하며 어린 자녀를 가진 여성가장의 수입은 다른 가정 수입의 3분의 1 정도에 불과하다고 한다.[59]

그렇다면 정의를 위한 법 개정, 그리고 보다 형평을 기하기 위해 제정된 법이 이혼한 여성과 그들 자녀를 빈곤하게 만드는 원인은 무엇인가? 이에 대해 Weitzman 교수는 이혼여성과 자녀의 빈곤의 원인을 다음과 같이 분석한다.

> 그것은 혼인으로 인해 부부의 경제적 지위가 불평등해졌음을 간과하고 법제도가 이혼시에 부부를 동등한 것으로 취급했기 때문이며, 사회에서의 경제적 불평등도 간과했기 때문이다. 남녀를 동등하게 취급하기 위한 신법들이 실제로는 미성년자녀들의 어머니이며 가정주부였던 이혼한 여성들로부터 舊法이 보호해주던 중요한 것을 빼앗고 있는 것이다. 이들 여성들은 전통적인 이혼법이 처와 어머니에게 보장해 주었던 정당한 경제적 보상을 잃은 것이다. 여성들은 그들의 가정주부와 어머니로서의 기여에 대한 인정 대신에, 혼인 중 생계능력의 기회를 상실한 데 대한 보상 대신에, 그들을 남자와 동등하게 취급하게 된, 이혼 후에도 남녀가 동등한 생계능력이 있다고 믿고 기대하는 이혼법을 갖게 된 것이다. 그 여성이 가정주부와 어머니였다면 스스로의 생계능력은 감소되었을 것이므로 이혼시점에서 부부는 결코 동등할 수가 없는 것이다. 여성과 남성이 동등하다고 선언하는 법은 여성이 필요로 하는 경제적 부양을 그로부터 빼앗는 구실을 할 뿐이다.[60]

57) Bureau of the Census(주 56), p.60.
58) Samuel Preston, Children and the Elderly(1982), 연설문 원고 중에서.
59) National Center on Women and Family Law, Sex and Economic Discrimination in Child Custody Awards, Claringhouse Review, vol. 16(1983), p.1132.
60) Weitzman(주 17), p.355.

VI. 파탄주의 이혼법에 남아 있는 有責的 要素에 대한 찬반론

1. 破綻主義 離婚法에 남아 있는 有責的 要素들

유책주의 이혼법에서 파탄주의 이혼법으로의 변화에 대해 Clark 교수는 다음과 같이 말하고 있다.

> 오늘날 미국의 거의 모든 주는 혼인파탄, 성격불일치나 별거를 이혼원인으로 함으로써, 이혼에 있어 유책원인을 제거하고 파탄주의로 전환한 바 있다. 몇몇 주에서는 여전히 유책원인을 열거하고 있긴 하나, 미국에 있어 배우자의 과실은 더 이상 혼인이 해소되어야 하는지를 결정함에 있어 문제가 되지 않는다는 사실에 대해서는 광범위한 합의가 존재한다고 말할 수 있다.[61)]

그의 지적대로 미국의 거의 모든 주는 파탄주의 이혼법으로 개정한 바 있다.[62)] 그러나 파탄주의 이혼법으로 개정한 지 30년이 지난 지금까지 이혼에 있어 유책원인을 갖고 있거나 배우자 부양과 이혼시 재산의 형평한 분배를 결정함에 있어 유책요소를 고려하는 주도 여전히 남아 있다. 그러나 주법이 유책적 요소를 어느 정도, 어떤 형태로 고려하고 있는지에 대하여는 견해가 일치하는 것은 아닌 듯하다. 예컨대 Doris Jonas Freed & Timothy B. Walker는 미국 주 이혼법에 대한 조사결과 미국의 53개 법역 중 적어도 38개 주는 이혼, 재산분할 또는 alimony지급결정에 있어 배우자의 과실을 고려하고 있다고 밝힌 바 있고,[63)] 순수한 파탄주의를 채택한 州의 이혼법에서 배우자의 과실을 재산분할과 alimony결정시에 고려하는 주법원은 17개 주이며 11개 주 법원은 배우자의 과실을 재산분할과 alimony결정에 고려함을 허용하고 있고, 6개 주는 전혀 고려하지 않는다

---

61) Clark(주 15), p.496.

62) 미국 대부분의 주이혼법이 유책주의에서 파탄주의로 개정하였다고 보는 견해는 Elrod & Spector(주 2), p.807; Weitzman(주 17), p.10.

63) Doris Jonas Freed & Tomothy B. Walker, Family Law in the fifty States: An Overview, Family Law Quarterly, vol.20(1987), pp.461-62, 483-84, 494-95.

고 판단한 견해가 있는가 하면[64] 배우자의 과실을 재산분할과 alimony결정에 고려하는 주는 28개 주라고 밝힌 견해[65]도 있으며, 이혼을 결정함에 있어 배우자의 과실이 전혀 기능하지 않을 뿐 아니라 이혼시 재산분할이나 부양료 지급결정에 있어서도 과실을 고려하지 않는 순수한 파탄주의를 채택하는 주는 18개 주라고 보는 견해[66]도 있으나, 어쨌든 위의 조사결과에 의하면 배우자의 과실을 전혀 고려하지 않는 주는 소수에 불과함을 알 수 있다. 이에 따라 Ira Ellman 교수는 미국의 현행 이혼법을 다음의 5개 그룹, 즉 1) 재산분배와 alimony지급에 있어 완전한 파탄주의를 취하는 주 그룹, 2) 재산분배는 파탄주의로, alimony지급은 유책적 요소를 가미하는 주 그룹, 3) 재산분배와 alimony지급에 있어 다 같이 파탄주의에 가까운 주 그룹, 4) 재산분배는 완전한 파탄주의로, alimony는 완전한 유책주의로 운영하는 주 그룹, 5) 재산분배와 alimony지급을 완전히 유책주의적으로 운영하는 주 그룹 등으로 분류하여야 한다고 제안하기도 한다.[67]

이 같이 파탄주의 이혼법에 유책적 요소가 기능하는 이유에 대하여는, 대부분의 주법이 유책주의 이혼법 대신에 파탄주의법으로 대치한 것이 아니라, 전통적인 이혼법 테두리에 파탄주의 이혼법을 병합하였기 때문이라는 지적과 함께 사람들은 오랜 동안 그들의 행동에 대한 타당성을 설명하고 책임을 져야 한다고 믿어 왔다는 것, 법원 역시 어느 당사자의 행위가 타당한지를 검토하고 이를 반영하여야 한다는 오랜 원칙을 몸에 지녀 왔음을 그 이유로 들기도 한다.[68]

2. 破綻主義 離婚法에 남아 있는 有責的 要素에 대한 찬반론

(1) 파탄주의 이혼법에 있어서의 유책적 요소를 제거하여야 한다는 견해

파탄주의 이혼법에서 유책적 요소들을 더 이상 참조해서는 안 된다는 주장

64) Harvey L.Golden and J.Michael Taylor, Fault as a Consideration in Alimony, Spousal Support, or Property Division Awards Pursuant to No-Fault Divorce, 86 A.L.R.3d, p.1116.

65) Elrod & Spector(주 2), p.804.

66) Swisher(주 10), p.299.

67) Ira Mark Ellman, The Place of Fault in a Modern Divorce Law, Ariz.StL.J, vol 28(1996), pp.776-784.

68) Golden & Talor, Fault Enforces Accountability, 10 Fam Advoc.11(1987), p.12.

이 학자들과 법원실무가들에서 제기되고 있다. 그들은 혼인이 해소되는 진정한 이유는 이혼원인과는 사실상 관계가 없다는 것, 혼인이 더 이상 유지될 수 없으면 해체되어야 한다는 것, 상대방의 실패에 대해 비난하고 대가를 요구하는 것은 건설적인 의도가 아니라는 것을 그 이유로 든다. Norman Lichenstein 교수는 이에 대해 다음과 같이 주장한다.

> 부부관계가 종료되면 당사자들은 더 이상 이전의 생활관계를 유지하기가 어렵다. 경제적인 능력이 적은 배우자 －대개는 자녀를 양육하는 가정주부인 여성－가 부분적으로 이혼으로 인한 타격을 받을 것이다. 법은 이혼의 경제적 차이를 완화하고 가능한 한 경제적 지위가 약한 배우자가 독립할 수 있도록 하여야 한다. 그러자면 이혼당사자의 경제적 기여, 재산과 필요성에 대한 완전한 분석이 요구된다. 그러나 이혼의 가해 배우자를 찾아 그에게 가해행위의 대가를 요구하는 일은 중지하여야 한다.[69]

한편, Ira Ellman 교수는 이혼소송에서 유책적 요소가 더 이상 기능해서는 안되는 이유에 대하여 다음과 같이 설명한다.

> 유책주의는 불법행위와 형법에서 유용한 기능이다. 이혼에 근거하는 과실원칙은 오히려 이혼소송을 통한 해결을 심각하게 왜곡할 위험이 있다. 위법행위에 대해서는 벌을 준다는 과실원칙의 기능은 유책주의에서조차 부인되어야 한다. 그러한 문제는 위법한 행위를 처벌하기 위해 제정된 형법에서 다루는 것이 바람직하다. 유책주의의 두 번째 기능은 배우자일방에 의한 구타 또는 심리적 학대 등 비경제적 손실에 대한 보상인데 이는 불법행위법에 넘겨주는 것이 바람직하다. 신체적 폭력이나 심리적 학대를 이유로 손해배상청구소송이 제기되면 불법행위법은 이들 학대의 정도를 측정하고 청구를 만족시키기 위한 요건을 마련하며 청구가 의미있게 되는 시기를 결정한다. 그러나 이혼법에 있어서의 재산분배와 alimony원칙은 이와는 다른 목적으로 제정되었다. 짧은 기간의 혼인을 해소함에 있어서의 원칙은 배우자를 혼인 전의 상태로 회복시키는 데 있으며, 혼인기간이 길수록 혼인생활 중에 일어나는 결과에 대한 부부의 공동책임을 인정하는 경향에 있으므로 과실있는 배우자에게는 보다 경제적으로 유리하게 된다.[70]

---

69) Norman B. Lichtenstein, Marital Misconduct and the Allocation of Financial Resources at Divorce: A Farewell to Fault, 54 UMKC L. Rev. 1(1985), p.18.

특히 Ellman 교수는 미국법률가협회에서 작성한 [이혼법 원리]에 관한 광범위한 보고서에서 수석책임자로 집필한 바 있는데, 이 보고서에서 그는 미국의 많은 주의 이혼법이 미국가족법의 Restatement[71]인 순수한 파탄주의 이혼법을 채택하지 않고 있음을 지적한 후, 이혼 후 배우자에 대한 부양료 지급과 재산분할 시에 유책적 요소를 고려하는 데 대해 특히 강한 반대의견을 표명하고, 이혼시 재산분할이나 부양료지급결정은 순수한 경제적 이유와 무과실책임으로 구성하여야 한다고 제안함으로써 미국 가족법 학계에 충격을 주고 있다. 그는 이 보고서가 단순한 Restatement가 아니라 그보다 비중이 큰 미국 가족법의 원리(Principle)임을 강조하면서, 유책요소를 고려하는 주법과 법원의 태도를 다음과 같이 비판하고 있다. 즉, 파탄주의 이혼법하에서 유책적 요소를 가미한다면 첫째, 미덕에 대하여는 보상을 하고 불법한 행위에 대하여는 벌을 줌으로써 결과적으로 유책요소를 도덕률의 기준으로 이용하는 것이 되며, 둘째, 원고의 경제적 손해가 발견되지 않음에도 불구하고 부양료 지급이나 재산분할을 정당화할 근거를 찾게 되어 판사의 재량의 범위가 무한히 확대될 것이며, 셋째, 배우자의 불법한 행위로 야기된 심각한 손해에 대한 보상은 유책적 이혼법 체제 내에서가 아니라 불법행위로 인한 손해배상법을 통해 구제하는 것이 바람직하다는 것이다. 따라서 살인이나 구타 또는 심리적 학대를 통한 가해 등의 경우에는 형법이나 불법행위법에서 과실이론에 기초한 구제를 받는 것이 타당하다는 것이다.[72] 그러나 그의 이 같은 격렬한 주장은 많은 지지를 받지 못하는 듯하다[아래의 (2)에서 상술].

한편 Koch 사건에서 Oregon 주 항소법원은 남편과의 몸싸움 끝에 입은 상처를 이유로 妻가 이혼 후 부양료를 청구한 사건에서 처에게 패소 판결을 내리면서, "Oregon 주법에 의하면 이혼부부의 혼인재산을 분배하거나 부양료 지급을

---

70) Ellman(주 67), pp.807-808.

71) 미국은 각주가 독립된 영역을 이루고 있으므로 미국법률가협회(American Law Institute)의 주업무로서 미국법의 각 분야를 조문형식으로 체계적으로 재표현한 것이 바로 Restatement이다. 주로 현행법 중 유력하고 타당한 것을 채용하고 얼마간의 학설적 견지에서 수정을 가한다. 법적 효력은 없으나 실제상 권위를 갖는 동시에 미국법의 성격을 나타낸다고 할 수 있다.

72) The American Law Institute, Principles of Family Dissolution: Analysis and Recommendations(Proposed Final Draft, Feb.14, 1997), pp.14-74.

결정함에 있어 과실은 더 이상 중요한 요소가 되지 않는다. 이 사건에서 妻가 남편의 신체적 폭력으로 인해 입은 상처는 그로 인해 취업을 하는 데 장애가 된다거나 부양의 필요성이 있는 경우에 한하여 의미가 있을 뿐이다"[73]라고 그 이유를 밝히고 있다. 그러나 Oregon주와 같이 순수한 또는 진정한 파탄주의를 취하는 주는 소수에 불과하다.

(2) 破綻主義 離婚法하에서도 有責的 요소는 기능하여야 한다는 견해

여전히 많은 州는, 파탄주의 이혼법을 채택하여 시행하고 있음에도 불구하고, 또한 파탄주의이혼법에서는 유책적 요소가 무의미하다는 원칙을 거부하면서, 제정법[74] 또는 법원의 판결을 통해 이혼시 부양료지급결정이나 혼인재산의 분배에 있어, 심지어는 파탄주의적 이혼원인을 적용함에 있어 배우자의 과실을 인식하고 이에 중요한 의미와 역할을 부여하고 있다. 예컨대 Robinson v. Robinson[75]에서 Connecticut 최고법원은 "배우자 일방의 행위가 혼인 파탄의 직접적인 원인이라면 그는 그의 유책행위로 인해 경제적 이익을 받을 기대를 해서는 안 된다"[76]고 밝힌 바 있다. 또한 Thames v. Thames[77]에서도 "이혼사건은 본질상 형평하여야 하며, 형평법원은 그 사건의 성격에 따라 구제책을 만들어내야 한다. 그러므로 이혼소송에서 alimony를 결정함에 있어서 법원은 이혼의 원인을 제공한 당사자의 과실을 고려할 수밖에 없다"[78]고 하였다.

---

73) 648 P.2d 406(Or.Ct.App.1982).

74) 재산분할이나 alimony지급결정시, 또는 그 모두에 유책적 요소를 고려하는 제정법을 갖고 있는 주법은 GA. Code Ann. §19-6-1(1994); MD Code Ann. §§8-205, 206(1996); Mass. Gen. Laws Ann.ch. §208-34(West 1997); N.H.Rev.Stat.Ann.§§458: 19(1992); Pa.Cons. Stat. Ann §3701(West 1997); R.I.Gen. Laws §§15-5-16, 16.1(1996); S.D.Codified Laws §25-4-45.1 (Michie 1996); Tex.Fam.Code Ann. §3.63(West 1996); Vt. Stat.Ann.tit. §751(1996); Utah Code Ann.§30-3-5(7)(b)(1995); Va.Code Ann.§§20-107.1,-107.3(Michie 1995) 등이다.

75) Robinson, 444 A.2d 234(Conn.1982). Ellman 교수는 이 사건을 배우자의 불법한 행위에 의해 야기된 실질적 손해에 대한 보상의 원인으로서 과실이 적용되는 유책기초이론의 좋은 예라고 보고 있다.

76) Swisher(주 10), p.303.

77) Thames v. Thames, 477 N.W. 2d 496(Mich.Ct.App.1991).

78) Swisher(주 10), p.303.

이 같이 파탄주의 이혼법에서 유책적 요소가 기능하는 데 대하여 Adriaen Morse 변호사는 다음과 같이 주장한다.

> 많은 학자들은 이혼시 재산분배나 alimony지급을 처리하는 방법에 있어 과실이란 개념을 마치 장애물과 같이 생각하는 경향이 있는 것 같다. 그러나 과실있는 배우자의 개념은 혼인 생활에 있어 타당하다고 믿고 행위한 행위자를 고무시키는 반면에 그렇지 못한 행위를 한 배우자를 위축시키는 훌륭한 도구로서의 구실을 한다. 많은 사람들은 간통이나 학대 또는 유기를 한 배우자는 혼인생활을 지속할 수 있게 하는 행위가 아니라는 데에 동의하는 것 같다. 그러한 행위를 억제하기 위해서는 부당한 행위를 한 자에 대하여 이혼 후의 경제적 효과를 결정함에 있어 고려하지 않으면 안 된다.[79]

한편 Barbara Bennett Woodhouse 교수는 이미 많은 주의 법률가들이 이혼시 부양료지급결정이나 재산분할을 결정함에 있어, 또는 그 모두를 결정함에 있어 여러 가지 유책적 요소를 포함하는 파탄주의 이혼 이후의 법을 제정하는 작업에 이미 착수했다고 하면서, 여성학적 시각에서 파탄주의의 문제를 다음과 같이 분석하고 있다.[80]

> 파탄주의 이혼법은 자연법이 아니라 변호사를 위하여, 변호사에 의하여 고안된 법적 이론이다. 이 법의 주된 목적은 혼인의 법적 지위를 보다 효율적으로 퇴거시켜 비용이 드는 소송절차와 혼인의 사망(종료를 의미)에 대한 책임을 평가하는 데 있어 필요한 자질구레한 일에 투입하기 위함이다. 그러나 직접적인 경제적 손실을 달러로 환산하는 어려운 작업을 함에 있어 현대의 이혼법개혁은 유형적 재산의 손실로서 계산할 수 없는 것은 고려되지 않는다고 결론짓고 있는 듯하다. 파탄주의 대신에 우리는 유책주의를 교정하고 혼인중의 좋은 행위와 비난받을 행위에 대해 책임을 묻는 법안을 다시 세워야 한다. 그리고 가정 내에 불균형이 발생하면 학대나 파괴에 대해 눈을 감기보다는 가족에게 눈을 돌려서 그들의 갈 길을 안내하지 않으면 안 된다. 물론 유책주의의 폐해는 많다. 그러나 만일 우리가 혼인의 역기능에 대한 모든 대화를 억누른다면 어떻게 그의 장점에 대

79) Adriaen M. Morse, Jr., Fault: A Viable Means of ReInjecting Responsibility in Marital Relations, U. Rich. L. Rev. vol.30(1996), p.605.

80) Swisher(주 10), p.303에서 재인용.

해 설득할 것인가? 유책주의는 우리가 침묵을 지켜야 할 정도로 그렇게 위험한 것인가?

파탄주의 이혼법에 대한 Wardle 교수의 의견은 다음과 같다.

> 파탄주의 이혼법을 다시 생각할 시기가 온 것 같다. 현행 파탄주의 이혼법의 기본적인 기만성과 실패를 무시하는 것은 비현실적이며 무책임하기 때문이다. 그렇다고 우리의 시계를 다시 옛날로 돌려 놓거나 1950년대의 유책주의로 돌아가자는 것이 아니다. 그러나 우리는 우리가 물려받은 1970년대의 파탄주의에 대해 심각한 의문을 제기하지 않으면 안 된다. 지금은 파탄주의 이혼법을 개정할 시간이다.[81]

한편, Swisher 교수는 파탄주의 이혼법에서 유책적 요소를 제거하여야 한다는 Ellman 교수의 주장을 반박하면서, 파탄주의 이혼법에서 유책적 요소를 고려하여야 할 필요성에 대해 다음과 같이 주장하고 있다.

> 심각한 혼인중의 불법행위에 기초한 혼인 과실의 개념은 오랜 동안 미국 가족법의 중요한 원칙으로 인식되어 왔으며, 불법행위법이나 형법상의 구제책과는 전혀 다른, 별개의 원리인 것이다; 그러므로 대부분의 미국의 주들은 이혼시 유책요소가 중요한 사회적, 경제적, 도덕적 및 공공질서 유지적 기능을 담당하여 왔을 뿐 아니라 이혼시 형평한 분배를 위해 법관이 고려해야 하는 여러 가지 관련 요소들 중 가장 중요한 기능으로 인식하여 왔음을 잊어서는 안 된다. 파탄주의 이혼법에서 유책적 요소를 제거하고 경제적 손실의 원칙으로 대치하자는 Ellman 교수의 주장은 본질적으로 비경제적 유책요소의 중요성을 심각하게 간과한 것이다. 만일 심각한 혼인 중 불법한 행위에 대한 보상을 불법행위법의 구제에 맡긴다면 여러 가지 중요한 실제적이며 절차상의 이유로 인해 그 구제는 실패할 것이 틀림없다. 그러므로 그 방법은 유책적 요소에 근거한 보상에 비해 적절한 현실적인 대안이 될 수 없다. 파탄주의 이혼법에서도 유책적 요소는 여전히 미국 사회에서 중요하고도 필요한 도덕적, 사회적, 경제적 및 법적인 의미를 지니고 있다. 그러므로 유책적 요소가 더 이상 미국 사회에서 도덕적, 경제적, 사회적 및 공적 기능을 감당하지 못한다는 명백한 증거가 있지 않는 한, 이혼시 재산분할이나 부양료지급을 결정함

81) Lynn D. Wardle, No-Fault Divorce and the Divorce Conundrum., 1991 BYU L. Rev.79, 80, p.137.

에 있어 유책적 요소를 폐지하거나 간과해서는 안될 것이다.[82)]

Ⅶ. 맺는 말

이상의 글을 통해 미국이 파탄주의 이혼법을 채택한 지 30년이 지난 시점에서 미국 이혼법의 오늘과 내일을 꿰뚫어 봄과 동시에 미국 학자들의 시각에서 미국의 파탄주의 이혼법이 안고 있는 문제는 무엇이며, 그 대안은 무엇인가를 살펴보고자 하였다. 이를 통해 파탄주의 이혼법이 혼인과 이혼에 미친 영향들을 조사결과를 통해 구체적으로 살펴보고, 이에 대한 분석을 통해 파탄주의 이혼법의 문제점을 발견하기 위함이었다. 그것은 우리 법원에서도 점차 이혼규정을 유책주의적으로 해석하는 대신에 파탄주의로 전환하려는 시도가 증가하고 있고 파탄주의에의 개혁을 주장하는 학자들도 있기 때문에 미국의 경우를 통해 우리 이혼법이 나아갈 길을 찾고, 타산지석으로 삼을 수 있다는 판단에 따른 것이다. 그런데 미국의 경우에도 여전히 많은 주는 유책주의적인 요소를 참조하고 있었는데, 그 원인은 무엇인가를 고찰하였으며, 파탄주의 이혼법에서 기능하는 유책적 요소와 이에 대한 찬반론도 함께 소개하였다.

이 논문을 쓰게 된 계기는 사실, 미국법률가협회가 작성한 보고서를 접하고 충격을 받았기 때문이었다. Restatement보다도 비중이 큰 것으로 알려진 미국법률가협회의 가족법 원리에 대한 보고서는 미국의 많은 주법이 파탄주의 이혼법을 채택하고 있음에도 불구하고 여전히 유책적 요소가 기능하는 데 대해 강한 비판을 하면서, 순수한 파탄주의로 전환할 것을 강력히 주장하고 있기 때문이다. 특히 수석 책임자인 Ellman 교수는 혼인중 유책 행위의 상당부분을 형법이나 불법행위법으로 넘기고 파탄주의 이혼법에서는 유책적 요소가 아닌, 배우자들의 순수한 경제적 필요성에 근거하여 재산을 분할하고 부양료를 결정하여야 한다고 주장한다. 그러나 그의 주장은 다행히도 많은 학자들이나 법원의 폭넓은 지지를 받고 있지는 못한 듯하다. 학자들은 오히려 파탄주의의 폐혜를 심각하게 지적하면서, 유책적 요소가 미국사회에서 도덕적, 사회적 및 공적 질서의 유지를 위해

82) Swisher(주 10), pp.317-318.

기능하고 있음을 들어 유책적 요소의 기능을 강화하여야 한다고 반박하고 있기 때문이다.

파탄주의 이혼법은 미국의 혼인과 혼인 도덕 및 부부의 사회 · 경제적 지위를 변화시키는 중요한 요인이 되어 왔다. 그 중에도 특히 남녀의 사회적 · 경제적 지위가 비교적 평등한 사회인 미국사회에서도 순수한 파탄주의 이혼법은 많은 이혼 여성과 자녀들을 빈곤하게 만드는 데 일조하였다는 조사결과와 각종 보고서는 충격이 아닐 수 없었다. 이러한 시점에서 파탄주의 이혼법에서 기능하는 유책적 요소마저 폐지될 때 그 여파가 가정과 사회에 미칠 부정적인 결과를 심각하게 우려하는 주장에 동의하면서 이 글을 마친다.

_ 법학논총 제5호(경원대학교 사회과학연구소, 1998) 게재

1996년 영국의 改正 離婚法의 廢棄와 프랑스 離婚法 改正이 주는 시사점

Ⅰ. 들어가는 말

영국과 웨일즈에서는 지난 1996년 6월, 가족법의 근본적인 개혁에 해당하는 Family Law Act 1996(이하 '1996법' 또는 '1996이혼법'이라 표기함)을 제정하였다. 이 법의 핵심은 제2부의 이혼법 개정이며, 제1부와 제3부는 개정 이혼법에 관련된 문제를 다루고 있다. 제1부와 제3부는 1997년 3월부터 시행되고 있으며, 제2부는 1999년부터 시행될 예정이었으나 세부 절차상의 문제로 인해 2000년 이후로 시행이 연기되었다가 2001년 1월에 폐기된 바 있다. 그리고 The Domestic Violence Proceedings and Magistrate's Court 1978과 The Matrimonial Homes Act 1983은 약간의 수정을 거쳐 가족법 제4부에 편입되어 1997년 10월 1일부터 시행되고 있다.[1]

1996법의 새로운 이혼절차는 철회되긴 하였으나,[2] 이혼과정에서 변호사의 역할을 줄이고 조정의 역할을 강화함으로써 혼인을 지지하는 한편, 혼인의 회복이 불가능할 정도로 파탄된 경우에는 당사자와 자녀의 고통이 최소화되도록 이혼절차를 개선함으로써 이혼법의 방향을 제시한 것으로 평가되어 왔다. 이에 따라, 영국의 개정 이혼법의 내용 및 그 법이 폐기되는 과정에서의 논의, 그리고 시험시행의 결과는 세계 이혼법의 개정에 깊은 영향을 줄 것으로 생각된다.

---

1) 가정폭력에 관한 제4부는 이혼관련규정인 제2부 및 제3부와 그 성격이 다르기 때문에 이혼법의 일반원칙은 제4부에는 적용되지 않는다. Tina Bond, Jane Bridge, Paul Mal lender & Jane Rayson, Family Law Act 1996, 2nd ed., Blackstone(1999), pp.1-7.

2) 이 법이 폐기된 이유는 일부 지역에서 시험 시행한 결과, 이혼단계에서의 조정은 효과적이지 못하다는 판단에 따른 것이다. 이에 대하여 자세한 것은 이 글 II의 4. 참조.

한편, 프랑스는 2004년 5월 26일에 이혼법을 개정하고 2005년 1월 1일부터 시행에 들어갔다. 프랑스 개정 이혼법의 특징은, 형식적인 면에서 볼 때, 개정 전 법과 같이 재판상 이혼의 성격을 유지하고 다양한 이혼원인을 유지하면서도 그 절차를 단순하게 하여 이혼 당사자의 부담을 줄였다는 점에서 찾을 수 있다. 내용상으로는, 이혼 배우자간의 합의를 확대하고 조정의 역할을 강화함으로써 갈등을 완화하며, 배우자간의 이익을 적절히 조화시킴과 동시에 청산절차를 단순하게 함으로써 이혼 단계에서 배우자들이 갖는 부담을 줄이는 데 비중을 두었다고 할 수 있다.

법무부는 우리 민법상 협의이혼제도의 개선안을 마련 중에 있으며, 이혼제도의 개선에 관한 의원입법도 제출되어 있어 조만간 협의이혼절차의 개선이 이루어질 전망이다. 개선의 방향은 이혼당사자의 자유에 맡겨져 있는 협의이혼절차에서 자녀의 이익이 보호되도록 법관의 개입을 강화한다는 것으로 요약된다. 한편, 이혼율이 급증하고 이혼원인이 다양하게 변화되고 있으며, 이혼 후 자녀의 보호문제가 심각한 사회문제로 대두되고 있는 시점에서, 유책주의적 구조를 갖고 있는 재판상 이혼원인에 대한 개정의 필요성도 법원의 실무를 중심으로 심각하게 제기되고 있다.

이러한 시점에서, 영국의 이혼법 개정과 이 법이 폐기된 사정 및 프랑스의 개정 이혼법이 지니는 입법자료로서의 가치는 높다고 하지 않을 수 없다. 이 글에서는 영국 개정이혼법이 폐기된 사정과 프랑스 개정 이혼법의 입법배경 및 개정내용을 소개하고 시사점을 찾아보려 한다.

II. 1996년 英國의 이혼법 改正과 廢棄

영국의 1996 이혼법이 폐기된 사정을 살펴보기 위해서는 개정법의 입법배경과 법의 내용에서부터 출발하지 않을 수 없다. 이하에서 간단히 소개하기로 한다.[3)]

---

3) 이에 대하여 자세히는 이화숙, "1996년 영국의 개정가족법," 법학논총 제6호, 경원대학교 사회과학연구소(1999. 12), 43면 이하 참조.

1. 1996法의 立法背景

이혼법 개정에 관한 논의는 1980년대부터 시작되었으나, 결과적으론, 새로운 이혼절차뿐 아니라 가정폭력, 거주권, 가사분쟁 조정에 관한 법률구조 등을 포함한 광범위한 내용의 1996년 Family Law Act를 제정하는 것이 되었다. 1996년 가족법의 핵심은 이혼법 개정으로, 10년간의 토론과 논쟁 및 선행조사를 거쳐 새로운 이혼절차가 탄생하게 된 것이다.

이토록 신중하게 이혼법 개정을 둘러싼 논쟁이 지속된 것은 1969년에 파탄주의 이혼법이 제정된 이래 이혼율과 同居婚이 급증하고 혼외자의 출생률이 증가하는 등의 바람직하지 못한 변화가 심각하게 나타남에 따라 혼인의 성립을 보다 강화하고 이혼절차를 보다 엄격하게 하여야 한다는 주장이 제기되었기 때문이었다.

또한 현행법상의 이혼절차가 사법적 절차라기보다는 행정절차에 가깝게 변질되었다는 점에 대한 비판도 작용하였다. 이혼절차가 행정절차로 변질된 원인은 다음과 같다. 이혼소송절차는 혼인의 일방배우자가 혼인파탄의 사유를 기재한 소장을 제기함으로써 시작되는데, Matrimonial Causes Act 1973(이하 MCA 73으로 표기)[4] 제1조(3)에 의하면 혼인이 파탄되었는지의 여부에 대하여, 이론적으로는 법원이 조사하여 판단하도록 되어 있으나 실제로는 청구인이 혼인파탄의 사실을 입증해야 한다고 한다.[5] 매우 드문 경우이지만, 피청구인이 이혼을 원치 않는 경우에는 혼인이 회복 불가능할 정도로 파탄되지 않았음을 입증해야 한다. 그러므로 이혼의 필수요건을 충족하는 것은 비교적 용이한데, 그 위에 이혼을 용이하게 하는 또 하나의 요인이 추가된 것이다. 그것은 1977년부터 시작된 '특별절차'로서, 피청구인이 이혼에 반대하지 않는 경우의 이혼소송에 한하여 적용된다. '특별절차'에 의하면, 이혼당사자들은 판사 앞에 직접 출두하여 이혼사유를

---

4) 1969년 이혼법은 Matrimonial Proceeding and Property Act와 함께 Matrimonial Causes Act 1973으로 흡수 개정되었다.

5) MCA 73은 이혼의 유일한 원인으로, 혼인이 회복불가능할 정도로 파탄되었음을 규정하는 [제1조의 (1)] 한편, 법원은 혼인파탄을 추정할 수 있는 5개의 사유 중 하나에 해당한다는 확신이 있을 때에 이혼을 선언할 수 있도록 되어 있다[제1조의 (2)]. 5개의 혼인파탄사유들은 간통, 행위, 유기 등의 유책사유와 무책사유, 즉, 당사자가 이혼에 동의한 경우에는 2년의 별거, 그리고 그러한 동의가 없을 경우에는 5년의 별거 등으로 구성되어 있다.

주장하는 대신에 당사자들이 제출한 서식을 판사가 사무실에서 검토하는 것으로 대치되었다. 당사자들이 제출한 서식이 이혼조건을 충족하면 판사는 이혼이 인용됨을 뜻하는 증명서를 발급하는 것으로 이혼절차는 종료된다. 그러므로 당사자들은 법정에 출두할 필요가 없는 것이다. '특별절차'는 법원의 재정적 어려움을 해결함과 동시에 법률구조예산을 줄이기 위해 1973년부터 자녀가 없는 이혼소송에 적용되기 시작한 것인데, 피청구인의 이혼반대가 없는 경우에까지 확대되었으며, 이혼당사자가 순수하게 이혼을 원할 경우에는 그 절차를 행정적인 절차로 할 필요가 있다고 주장한 Cretney 교수의 주장이 뒷받침되면서 확대된 것이다. 그 결과, 이혼법정의 관심은 혼인이 법적으로 해소되어야 하는가의 여부가 아니라 이혼당사자의 경제적인 문제와 이혼 후 자녀에 대한 양육권(친권)의 조정에 비중을 갖기에 이른 것이다.[6]

이에 따라 법률위원회(The Law Commission)[7]는 1988년에 이혼원인에 관한 보고서를 발간하였고, 1990년에는 이혼법에 대한 확고한 의지를 담은 보고서를 발행한 바 있는데, 두 개의 보고서에서는 조정의 중요성을 강조함과 동시에 이혼의 원인에서 과실의 개념을 제거하여야 한다는 것과, 혼인이 파탄된 경우의 부부들은, 이혼 후에 그들 자신과 자녀들을 위한 계획을 세우기보다는, 혼인이 해소되기 전에 그 계획을 수립할 수 있는 기회를 가질 수 있어야 함을 지적하였다.

법률위원회의 제안을 기초로 영국정부는 1993년과 1995년 두 차례에 걸쳐 전문가 의견을 담은 Green Paper와 입법제안을 내용으로 하는 White Paper를 발간하였는데, 이 보고서는 이혼법 개혁의 방향을 다음과 같이 설정하였다. 그것은 이혼 부부들에게 화해할 수 있는 기회를 갖게 하는 한편 법의 개선을 통해 가능한 한 혼인의 회복을 돕고, 이혼 부모를 둔 자녀들의 이익을 보호하여야 한다는 것이었다. 특히 1990년대의 이혼문제에 관한 관심은 이혼 자녀들의 이익에 집중되었다. 그것은 1989년의 아동법이 제정된 이후 가족법에서 자녀에 대한 인

6) Ezra Hasson, "Setting a Standard or Reflecting Reality? The Role of Divorce Law, and the Case of the Family Law Act 1996," International Journal of Law, Policy and the Family, Vol.17. No.3, Dec(2003), pp.338-339.

7) 법률위원회는 Law Commissions Act 1965에 의해 설립되었으며, 5명의 변호사인 위원회와 이들의 업무를 돕는 보조 간사들로 구성된다. 영국의 법률위원회의 구성 및 역할에 대하여 자세히는 Stephen Cretney, Law, Law Reform and the Family, Oxford(1998), pp.1-30 참조.

식이 높아진데다가 이혼이 자녀에게 미치는 영향에 대한 실증조사를 통해 나타난 자녀문제의 심각성이 또 하나의 원인이기도 하다.[8] 이에 따라 정부는 이혼하려는 부부가 고려기간 동안 도움을 받을 수 있는 적절한 수단은 조정이라는 결론에 도달하고 입법안을 제안하게 된 것이다.

많은 우려와 비판에도 불구하고 개정된 이혼법은 몇 가지 흥미로운 특징을 발견할 수 있다. 그 하나는 1857년 이래 정부가 제안한 유일한 법안이라는 점이다. 무엇보다도 중요한 것은 영국이혼법의 근본적인 개혁에 해당하는 것으로, MCA 73에서 이혼사유로 하고 있는 '회복할 수 없는 혼인의 파탄'이 다섯 가지 사실 중 하나 이상의 사실에 의해 뒷받침되어야 한다는 유책주의적인 기준을 제거하는 대신에, 이혼명령을 신청하기 전에 몇 단계의 신중한 절차를 거치도록 함으로써 건강한 혼인생활과 가정생활의 유지를 국가가 적극적으로, 혼인이 파탄되기 전에 지원하며, 이를 위해 변호사보다는 조정(mediation)을 보다 선호한다는 점에서 발견된다. 1996법이 혁명적이라고 불리우는 이유이기도 하다.

2. 1996 離婚法의 基本原則과 離婚節次

(1) 1996법은 MCA 73(현행 이혼법)에서 규정한 유책주의적인 사유들을 모두 제거하고 순수한 파탄주의로 전환하였으므로 별거의 사실은 더 이상 이혼원인으로 작용하지 않게 되었다.[9] 이에 따라 혼인소송법이 이혼과 별거절차를 구별함과 달리 1996법은 이혼과 별거절차가 일치하게 되었다.[10] 1996법에 내포된 기본원칙은 다음 3가지이다.

첫째, 혼인은 지지되어야 한다는 것,

둘째, 파탄된 혼인 당사자들은 혼인상담이나 조정 등의 방법을 통해 혼인을 회복하기 위해 마련된 몇 가지 단계를 거쳐야 한다는 것,

---

8) Douglas, Perry and Murch, "Supporting children when parents separate — a neglected family justice or mental health issue?" Child and Family Law Quarterly(1996), pp.121-125.

9) MCA 73의 내용과 별거제도에 관하여 자세히는 이화숙, "영국의 별거제도에 관한 입법론적 고찰," 가족법연구 제13호, 한국가족법학회(1999), 179면 이하 참조.

10) 별거제도를 이혼원인에서 제거한 데 대한 비판은 Christine Davies, "Divorce Reform in England and Wales," Family Law, vol.23(1993. 6), pp.331-334.

셋째, 회복할 수 없을 정도로 파탄된 혼인은 다음의 원칙에 의해 해소되어야 한다는 것이다. 그것은 1) 혼인당사자들과 자녀들의 고통이 최소화되어야 하며, 2) 당사자들과 자녀들 사이의 좋은 관계가 유지되어야 하며, 3) 혼인종료 절차상 불합리한 비용이 들지 않아야 한다. 마지막으로 4) 혼인당사자 일방과 자녀들에 대한 다른 일방으로부터의 폭력으로 인한 위험이 가능한 한 제거되거나 감소될 수 있도록 하여야 한다는 것이다.[11)]

(2) 이혼원인이 순수한 파탄주의로 전환된 것과 달리, 이혼절차는 혼인의 회복을 돕기 위해 여러 단계를 거치도록 되어 있다. 우선, 이혼하려는 부부는 누구나 이혼절차를 시작하기 전에 설명회(Information meeting)에 참가하여야 한다. 설명회에의 참가는 강제적이다.[12)] 이 설명회를 통해 당사자들은 이혼에 관련된 정보를 얻고 혼인 상담자를 만나며, 자녀들의 복지와 희망사항, 그리고 감정 등에 따르는 중요성, 경제적인 문제, 폭력으로부터의 보호조치, 법률구조와 이혼절차에 관한 모든 정보와 지식을 얻게 된다.[13)]

이혼절차는 이혼설명회에 참가한 지 적어도 3개월 후에 이혼당사자 일방 또는 쌍방에 의해 시작된다. 3개월의 cooling off 기간은 경솔한 이혼을 피하기 위함이다. 이 기간 후에도 이혼결심이 변치 않은 배우자 일방 또는 쌍방배우자는 혼인이 파탄되었음을 기재한 혼인파탄의 진술서(statement of marital breakdown)를 법원에 제출하는데, 진술서를 제출하는 것은 소송을 제기하는 것이 아니기 때문에 혼인파탄의 이유나 그 파탄이 회복 불가능하다는 것을 진술서에 기재할 필요는 없다. 혼인파탄의 진술서를 제출한 당사자들은 조정자와의 만남(meeting)을 갖고 그의 권리 등에 관한 설명을 듣는 기회가 부여된다. 혼인의 중요성을 강조하기 위해, 이혼 진술서는 혼인 후 1년이 경과되기 전에는 수리되지 않는다.[14)]

진술서를 제기한 후에는 9개월의 고려기간을 갖는다. 이혼의 유일한 원인인 혼인파탄의 여부는 숙고와 고려기간의 경과로 자동적으로 드러나기 때문이다.

---

11) Looking to the Future: A Summary, Family Law, vol. 25(1995), p.286.

12) Tina Bond, Jane Bridge, Paul Mallender & Jane Rayson(주 1), p.14.

13) Douglas, Perry and Murch(주 8), p.161.

14) Looking to the Future(주 11), p.288.

이 기간은 기본적으로 9개월이지만 16세 이하의 자녀가 있는 가정 혹은 일방배우자가 좀더 숙고하기 위해 기간연장을 요구할 경우에는 6개월이 연장되어 15개월이 될 수도 있다. 자녀들이 있는 경우 이혼을 어렵게 하여야 한다는 요구는 배우자들에게 오히려 자녀를 원망하게 만들어 그 관계를 망칠 수 있다는 이유로 정책 입안자들로부터 반대되어 왔으나, 의회의 관심은 자녀들의 필요에 초점이 있었으므로 6개월을 연장하기로 하였다. 그러나 폭력이 있는 가정이거나, 기간의 연장이 자녀와 가족의 복지에 심각한 손해를 입힐 것으로 법원이 판단한 경우에는 기간연장을 피할 수 있다.

당사자들에게 고려기간을 주는 목적은 첫째 화해를 위함이고, 화해가 불가능하다고 생각될 때에는 이혼배우자와 그들 자녀의 앞으로의 생활을 설계하는데 필요한 사항을 합의하도록 지원하는 데 두 번째 목적이 있다. 그러므로 이혼부부는 이러한 숙고와 고려 및 화해와 이혼 후의 설계를 위해서는 상담을 하여야 하는데, 상담은 법원의 복지담당(court welfare office)이 맡게 된다.

9개월의 고려기간이 지나면 일방 또는 쌍방 배우자는 혼인이 회복할 수 없을 정도로 파탄되었음을 전제로 이혼명령을 신청할 수 있는 자격을 갖게 된다. 이 때 이혼부부는 경제적인 문제와 자녀문제가 포함된 미래에 대한 계획을 제출하여야 한다. 당사자들의 이혼 후 경제에 관한 합의는 일반적으로 이혼시에 타결되어야 한다. 타결의 증거는 법원의 명령에 의하거나, 조정의 결과 또는 제3자의 지원으로 이르게 된 합의 문서에 동의함으로써, 또는 당사자들이 경제 문제에 합의했거나 그러한 합의에 이르지 않았음을 선언하는 형식으로 행해진다.[15] 당사자들은 이혼절차가 진행되는 동안 변호사보다는 조정을 이용하도록 권유될 것이므로 두 번째와 세 번째 형식이 선호될 것으로 보인다.

(3) 이혼자녀의 복지는 1996법의 가장 큰 관심사였다. 이에 따라 1996법은 법원이 이혼명령을 발하기 전에 이혼부모에게 16세 미만의 자녀가 있거나 16세 또는 법원이 아동법에 포함하여야 한다고 생각되는 17세의 자녀가 있는 경우에는 자녀들의 주거, 접촉 또는 기타의 필요에 관하여 법원의 권한을 행사할 필요가 있는지를 고려하여야 하며, 있다면 그 이혼이 연기되어야 할 예외적인 이유들

15) Section(이하 s로 표기함; 이하 s는 1996 Family Law Act의 규정을 의미함) 9(2).

이 있는지를 고려해야 한다. 그리고 법원은 자녀들의 희망, 느낌, 자녀를 양육함에 있어 당사자들의 태도, 그리고 그들 부모와의 관계를 유지하는 것이 자녀의 복지를 위해 유익한지의 여부에 관하여 체크 리스트를 기준으로 판단하도록 하였다. 다만 그 내용들이 구체적으로 어떻게 실행될지는 확실하게 정해진 바는 없다.

한편, 자녀들은 조정에는 참여하지 않지만, 법률구조계획에 따라 활동하는 조정자들은 당사자들이 합의하여 1) 각 자녀의 복지, 희망사항과 감정, 2) 자녀들이 조정자를 만나 각자의 희망사항과 감정들을 표현할 기회를 갖기를 희망하는지의 여부와 어느 정도를 원하는지를 고려하도록 권유하여야 한다.[16)]

아동의 권리행사에 관한 유럽협약 제3조는 법적 절차에 의해 영향을 받는 아동으로, 충분한 이해력을 지닌 자녀는 상담받을 권리와 그의 의견을 말할 권리가 있다고 규정하고 있다. 또한 동 협약 제13조는 논쟁을 피하거나 해결하기 위해, 혹은 법원에의 소송을 예방하기 위해 조정을 사용하도록 적극 권유하고 있다. 이에 따라, 조정제도가 자녀들의 의견을 청취하고, 그 정보를 법원에 전달하는 신뢰할 만한 독립의 기구가 되도록 하는 일이 성패를 좌우하는 열쇠라고 보았다.

(4) 이혼금지명령은 1996법에서도 유지된다. 이 규정에 근거하여 성공한 예는 거의 없음을 이유로 반대하는 의견도 많았으나, 법률위원회와 정부안은 이혼으로 인한 고통이 다른 어떤 방법으로도 개선될 여지가 없는 소수의 사람들을 보호할 필요성과, 당사자가 합의하는 동안 이혼의 목적을 달성하려는 청구인을 제지할 수 있는 유용한 수단을 갖기 원하는 많은 피청구인 그룹이 있음을 인정하고, 현행법상의 금지조건을 약간 완화함으로써 배우자 일방이 이혼에 반대하거나 연기할 수 있도록 하였다. 금지명령을 받을 수 있는 요건은, 혼인의 종료가 상대방 혹은 가족 내 자녀들에게 중대한 재정적 혹은 고통을 야기할 것, 그리고 혼인이 해소되는 것이 당사자의 행위를 포함한 모든 환경과 자녀의 이익에 반한다는 사실을 증거하여야 한다는 것이었다.[17)]

(5) 개정법의 표현은 1969년 법보다는 완화되었지만, 이혼으로 어려움에 직

---

16) Legal Aid Act 1988 s. 13B(8). 이 법은 1996년 가족법 제27조에 편입되었다.
17) S.10(2).

면하게 될 배우자 일방을 위한 경제적 명령을 발할 광범위한 권한을 법원에 부여하고 있고, 혼인이 회복될 수 없을 정도로 파탄된 것으로 보이는 때에 금지명령을 신청한다는 사실을 감안할 때 금지명령을 받을 수 있는 사례는 현행법에 비해 그리 많지 않을 것으로 판단하고 있다. 그러나 이혼의 피청구인이 연금과 관련된 문제로 인하여 이혼이 그에게 곤경을 줄 것이라는 점을 강조하면서 이혼금지명령을 신청한다면 피청구인은 경제문제를 타협함에 있어 유리한 고지에 서게 되는 등의 실제적인 영향은 지닐 것으로 보고 있다.[18)]

위의 모든 조건이 충족되면 법원은 일방 또는 쌍방배우자의 신청을 받아 이혼명령을 발한다. 현행법(MCA 73)에 존재하는 이혼의 두 단계, 즉 dec ree nisi (이혼가 판결)와 decree absolute(이혼확정 판결)도 폐지되며, 이혼명령과 동시에 혼인은 종료된다.[19)][20)]

(6) 신법에서 논쟁이 되었던 것은 변호사의 역할을 의도적으로 축소하고 조정의 역할을 부각하였다는 점에 관한 것이었다. 이에 관한 정부의 제안은, 변호사들이 이혼에 개입할 경우에는 불가피하게 당사자들에게 적개심, 갈등과 비용을 증가시키는 반면, 조정은 소송과 달리 대결구도가 아니라 대화를 통해 공통점을 찾아 나가는 것이므로 상대방을 이해하게 되고, 당사자간의 의사소통과 합의를 도울 수 있게 되며, 비용을 절감하게 한다는 가정하에 작성된 것이다. 그 동안에도 조정은 사법절차와는 별개의 민간기구에서 활발한 활동을 해 오면서 법원의 보조적인 기능을 담당하였으나, 1996년 가족법 제정에 의해 사법절차로 편입된 것이다.

조정은 중립적인 제3자가 혼인의 파탄위기에 있는 당사자들이 원활한 대화를 통해 이혼, 별거, 자녀문제 및 경제문제를 둘러싼 쟁점들을 보다 명확히 파악하는 가운데 자발적인 결론에 도달하도록 돕는 과정이다.[21)] 조정자들은 이혼과 별거에 관한 정보를 제공할 수는 있으나 법적인 충고는 할 수 없다. 법적인 충고는 소송대리인의 몫에 해당하기 때문이다.

---

18) Douglas, Perry and Murch(주 8), p.167.

19) S.2(1)(a).

20) Douglas, Perry and Murch(주 8), pp.161-167.

21) Looking to the Future(주 11), p.287.

정부는 변호사들이 오직 그들의 시장을 보호해 왔다는 전제에 대해서는 많은 비판을 받고 있지만, 비공식적인 조정기구가 이혼 당사자 중 약자를 적절하게 보호할 수 없다는 비판은 타당하다고 보고 이를 보완하는 데 관심을 기울여 왔다.[22)]

이미 언급한 대로 이혼부부들은 먼저 조정자를 만나도록 권유된다. 법률구조비용으로 행해지는 조정서비스는 법률구조위원회와 계약을 체결한 기구에서 행하며 이 기구는 조정자들에 대한 훈련과 전문가 교육 등의 관리를 하게 된다. 이들 기구와 조정자들에 대한 요구조건은, 무엇보다도, 조정에 참가하는 당사자들이 강압에 의한 것이 아니라 자발적으로 참여하도록 하여야 하고, 화해의 가능성을 위해 항상 노력하여야 하며, 이혼당사자에게 법적 자문의 가능성에 대한 정보를 제공하여야 하는 것이다. 그리고 이와 같은 조건을 충족하는지의 여부를 보증하는 행동수칙을 제정하고 지켜야 하는데, 조정을 효과적으로 수행하기 위한 수칙은, 당사자의 자발적 참여를 유도하고 공정성과 중립성이 유지되도록 하고, 비밀이 유지되어야 하며, 당사자가 합리적인 결론에 도달할 수 있도록 돕는다는 데 역점을 두고 있다. 조정자를 만날 수 없다고 주장하거나 조정을 했지만 적절한 결과를 얻을 수 없다고 생각하는 배우자 일방이 법적 지원을 신청할 경우에 법률구조 당국이 어떻게 대응할 것인지는 확정되지 않았다.

변호사들이 개입하는 시점은 이혼절차의 시작이나 끝일 것으로 예상된다. 그들은 의뢰인에게 혼인지지서비스[23)]와 조정의 가능성에 대한 정보를 제공하여야 할 의무가 있으며, 의뢰인에게 화해의 가능성을 시도하거나 논의하였는지를 증명하여야 한다.

---

22) 조정제도의 역기능에 대한 우려에 대해서는 Judge Nigel Fricker, "Family Law is Different," Family Law, vol.25(1995), pp.306-309; Cretney, "Divorce Reform in England : Humburg and Hypocrrisy or a Smooth Transition?" Divorce What Next(1995), pp.45-49; Rhona Schuz, "Divorce Reform", Family Law, Nov. vol 23(1993), p.630.; John Westcott, "Mediation, What Next?" Family Law(1992. 6), p.279 등이 있다.

23) 혼인지지서비스(marriage support service)는 건강한 혼인의 유지를 위하여 국가가 이혼에 이르기 전의 단계에서 보다 적극적으로 관여하고, 서비스를 제공하겠다는 정책에 의해 마련된 제도 중 하나이다. 구체적으로는, 혼인파탄의 원인, 혼인파탄의 방지방법 등에 관한 조사연구와 서비스 개발사업에 대한 재정지원, 기존민간기구에 대한 재정지원이 포함된다. 1997/1998에 13개의 프로젝트가 이 자금지원으로 이루어졌고, 1998/1999년에도 프로젝트와 지원단체가 선정되어 자금지원이 이루어졌다. 윤영미, "현대영국가족법의 발달과 전망," 가족법연구 제13호, 한국가족법학회(1999), 173면 참조.

3. 離婚法의 役割에 대한 政策立案者들의 見解

한 연구[24]에 의하면, 1996법의 제정에 참여한 정책입안자들의 현대 이혼법의 역할에 대한 견해를 다음 4가지, 즉 이상주의(idealist), 진보적 이상주의(idealist progressives), 실용적 진보주의(pragmatic progressives)와 중도(middle-ground)로 분류하고, 이러한 다양한 견해들이 개정 이혼법에 반영되어 있다고 분석하고 있다.

(1) 이상주의 그룹은 현행 영국 이혼법이 행정적인 기능으로 치우치는 데 대해 강한 불만을 갖고 있다. 이상주의 그룹은, 현대 이혼법이 당사자들이 원하는 것은 무엇이든지 들어주는 것은 결혼을 동거나 다른 형태의 가족과 동일시하는 것으로 잘못된 것이라는 생각에 바탕을 두면서, 법에는 도덕적 기대가 있어야 하고 결혼을 끝내는 경우에도 그러한 도덕적 기준이 바탕이 되어야 함을 강조한다. 이혼법이 지니는 도덕적 규제(moral regulation)를 강조하는 견해이다. 그러므로 당연히 이혼법의 역할은 혼인을 지지하는 것이어야 하며, 이를 위해 이혼을 힘든 것으로, 이혼을 선택하는 사람들에게 비싼 대가를 지급하도록 하는 등의 불이익을 통해 사람들이 이혼하지 않도록 유도하여야 하며, 이러한 법을 통해 사회적 및 도덕적 가치가 존중된다는 입장을 갖고 있다. 이러한 이상주의 그룹의 의견은 1996 이혼법에 혼인지지(pro-marriage)원칙을 주입한 세력이라 할 것이다.

(2) 진보적 이상주의 그룹은 결혼에 대해서는 이상주의와 견해를 같이하지만 결혼은 깨질 수도 있다는 현실은 받아들인다. 현실은 받아들이되 법이 이혼을 부추겨서는 안 된다는 견해이기도 하다. 결론적으로 이혼법은 도덕적 규제와 가족정책의 경계선에 위치한다고 본다. 1993년에 발간된 Green Paper가 바람직한 이혼법에 대해 "혼인이 해소되는 것을 막는 데 도움을 줌으로써 혼인을 지지하게 하는 것"으로 정의하면서도 "이혼당사자들과 자녀들에게 불필요한 고통은 제거되어야 한다"[25]고 한 것은 이 같은 견해의 반영이라 할 것이다. Green Paper는 법률위원회가 작성한 이혼법 초안에 몇 가지 변화를 제안했는데 그 중 하나는 이

24) Ezra Hasson(주 6).

25) The Green Paper, "Looking to the Future. Mediation and the Ground for divorce" (1993.12).

혼을 원하는 사람들에게 첫 기항지(first port of call)같은 절차(information meeting)로부터 시작할 것을 제안한 것이다. 설명회를 통해 당사자들은 혼인생활의 가이드와 이혼절차와 이혼 외의 다른 가능한 옵션들에 관한 정보를 제공받으며 조정에 대한 설명을 들으면서 타협할 수도 있다고 생각한 것이다. 설명회에 참석한 후에 당사자들은 파탄된 혼인에 대한 진술서를 제출하고 그로부터 일정기간의 고려기간을 가진 후에 비로소 이혼소송을 제기할 수 있도록 함으로써 혼인을 지지하면서도 이혼을 현실적으로 받아들인 것이다.

(3) 한편, 실용적 진보주의자들의 견해는 법의 역할이 분쟁을 해결하기 위한 것이며, 그러한 분쟁을 해결함에 있어 법이 결혼을 보호하여야 한다는 점에 의문을 갖고 있다. 이들은 충분한 시간이 지난 후에 어느 한쪽이 이 결혼은 끝났다고 하면 그 결혼은 끝난 것이다. 물론 책임은 져야 하고 법은 그 책임을 지도록 하여야 한다. 과거와 달리 오늘날의 결혼은 개인적인 선택이며, 이혼법은 도덕성을 뒷받침하기 위한 것이 아님을 강조하는 입장이다.

이들은 혼인이 가장 고통없이 최소한의 부정적인 결과와 함께 해소되어야 한다는 견해에 따라 no-fault 이혼법을 지지한다. 현실적으로 無責의 배우자가 이혼을 거부하여 유책배우자에게 벌을 줌으로써 그 행동이 바뀌기를 기대하는 것은 불가능하다는 것이다. "분쟁은 항상 있을 것이고 법원은 그것을 해결하기 위해 존재"하므로 법원의 역할은 더 제한적이고 더 실용적이어야 한다고 생각한다.

(4) 이에 반하여, 중립적인 견해는 이혼은 고쳐져야 할 것이 아니라 단지 하나의 삶에서 일어날 수 있는 일(event)이며, 일상적인 평범한 삶의 과도기일 뿐이므로 이혼법의 역할은 그러한 일과 과도기를 잘 헤쳐 나갈 수 있도록 도와주는 것이라고 한다. 다른 한편, 이혼법의 역할은 이혼을 빠르고 쉽게 하도록 돕는 것이 아니라 이혼의 현실을 인지하고 회복할 수 있는 결혼은 구하되 그렇지 않다면 이들에게 정보와 조정의 기회를 제공함으로써 이혼 후의 삶을 돕는 것이라고 한다.

이 같은 이혼법의 역할에 관한 정책입안자들의 견해는 어느 한쪽도 궁극적으로는 이길 수 없음을 의미하는 것이었으므로 결과는 절충으로 나타날 수밖에 없었다. 즉 파탄주의를 주장하는 실용주의자들을 만족시킬 만한 법률인 동시에 혼인을 강조함으로써 이상주의자들의 동의를 얻을 수 있는 법률이라는 것이다. 그러므로 새로운 이혼법은 혼인이 지지되고 살리는 것을 전제로 하면서도 깨어진 혼인을 관리함으로써 진보적인 입장을 취한 것이라는 평가를 받고 있다. 양쪽이 모두 상대방의 관점을 조금씩 받아들일 수 있는 절충의 가능성이 이미 존재하고 있었다는 것이다.

4. 改正離婚法이 廢棄된 이유[26)]

개정법의 원칙은 혼인은 지지되어야 한다는 것과 혼인을 지지하려는 모든 노력이 실패한 경우에는 이혼당사자와 자녀들의 고통이 최소화되도록 혼인이 종료되어야 한다는 이원적인 것이었다, 이혼법이 개정되면서 이러한 이원적인 목적에 관하여 제기된 가장 심각한 의문은 과연 이혼법이 혼인을 지지하는(marriage-saving) 역할을 감당할 수 있을 것인지에 관한 것이었는데, 그 의문에 대한 대답은 부정적인 것으로 나타났다. 영국 정부는 원래의 시행예정일로부터 1년 뒤인 2001년 1월에 의회에 1996년 법의 새로운 이혼절차에 관한 법의 폐기를 요청하였는데, 그러한 결정의 가장 중요한 이유는 혼인을 지지한다는 목표를 달성하기 위한 새로운 절차를 시험한 결과 명백한 실패로 확인되었기 때문이었다.[27)]

실패의 가장 큰 이유는 설명회(information meeting)에서 나타났다. 영국의회는 1996법의 시행에 앞서 이혼절차의 첫걸음으로서의 설명회를 채택할 것인지의 여부에 대하여 시험운영 하여야 한다는 데 동의한 바 있으며, 설명회에는 당사자들이 혼인 상담자를 만날 기회를 포함하여야 한다고 하였다. 이에 따라, 1997년 6월과 1999년 5월 사이에 6개의 설명회 모델이 테스트대상으로 선정되었으며, 혼인상담자가 있는 설명회는 1998년 6월과 1999년 7월 사이에 시험시행되었다. 결국 영국과 웨일즈의 11개 지역에서 선정된 14개의 설명회를 시험 시행한 결과, 세 개의 중간보고서가 Lord Chancellor에 제출되었고, 2001년 1월에 최종보고서가 발간된 바 있다. 세 개의 중간보고서는 이혼소송절차가 시작되기 전에 설명회에 참가하도록 요구하는 것은 가족을 지지하는 역할과 이혼분쟁을

26) 이하는 Ezra Hasson(주 6)을 주로 참고하였음을 밝혀둔다.

27) Lord Chancellor's Department Press Notice 20/01; "Divorce Law Reform -Govern ment Proposals to Repeal Part II of the Family Law Act 1996," Ezra Hasson(주 6)에서 재인용.

감소시킨다는 두 개의 목적을 만족시키는 데 모두 실패하였다고 보고하였다.

한편, 영국정부는 새로운 이혼법의 폐기를 의회에 요청하면서 발간한 자료에서 설명회에의 강제적 참여가 새로운 이혼절차의 중심이었으나, 시험시행의 결과는 이 법을 전국적으로 시행할 정도로 만족스럽지 못했으며, 주된 원인은 설명회에의 참여시기가 너무 늦었다는 데 있음을 발견했다고 보고하였다. 심지어는 자신의 결혼생활에 확신이 없는 사람들이 설명회에 참석하면서 이혼을 결심하게 된 일도 있었다고 보고하였다.

설명회에 대한 최종보고서는, 정부와는 달리, 설명회의 목적을 혼인을 끝내기 전에 고려기간을 가져야 한다는 것과 이혼을 원하는 당사자들의 어려움을 돕는 데 있다고 설정하였다. 그러한 전제에서 볼 때, 많은 경우 설명회의 참가가 너무 늦었음을 발견하였다고 보고하였다. 그것은 설명회에 참가한 당사자 중 반 이상이 이미 별거 중이었으며, 이 법의 전제와는 달리, 이혼당사자들은 이미 혼인을 유지하기 위해 필요한 시도를 한 바 있으므로, 이러한 상황에서 당사자로 하여금 이혼을 그만두게 하기에 상담은 역부족이었다고 평가하였다. 반면에, 설명회는 이혼당사자들이 이혼 후의 삶을 선택하도록 도와주는 일에 긍정적이었다고 보고하였다.

한편, 1996법 제3부, 조정 부분에 대한 시험시행을 모니터한 연구팀의 보고서도 부정적이었다. 2000년 12월에 발간된 이 보고서에는 조정이 이혼에 관계된 분쟁을 해결하는 최선의 방법으로 증명되기를 기대하는 희망이 담겨 있었다.[28] 그러나, 조정에 대한 시험시행 연구팀의 보고서는 이혼당사자들이 조정을 이용한 건수는 그 증가한 건수가 미미한 정도에 불과하다는 것, 이혼당사자들의 조정에 대한 생각이 긍정적이긴 하지만 변호사(solicitor)에 대한 선호도가 더욱 높은 것으로 보고하고 있다. 그 이유는 별거와 이혼의 스트레스를 받고 있는 사람들에게는 중립적인 조정자보다는 자기편을 들어주는 변호사의 역할이 더욱 필요하다는 데 있다는 것이다. 평가보고서는, 결론적으로, 1996법은 조정을 이 법의 중심으로 예상하고 있지만 현실은 단지 소수의 선호에 불과하다고 밝히고 있다.

---

28) 1996법은 이혼당사자 간의 관계와 분쟁의 본질이라는 관점에서 조정이 적합하다는 판단에 따라 조정을 강조하고 있으며, 조정의 가능성을 높이기 위해 설명회 외에도 이 법 제3부에서 분쟁을 해결하기 위해 법적인 도움을 원하는 당사자들은 반드시 조정의 선택을 고려하도록 규정하고 있다.

5. 改正法의 실패가 주는 시사점

(1) 1996 개정법이 실패한 요인은 평가보고서에서 지적한 바와 같이 이혼설명회와 조정으로 요약된다. 설명회가 실패한 가장 큰 이유로 보고서가 지적한 "설명회 참가가 이혼당사자들에게 너무 늦었다"는 것은 이미 예견된 것이었다. 이는 혼인을 지지하기 위한 시도는 혼인이 파탄되기 전에 행해져야 함을 시사하는 것이다. 또한 설명회는 법률적인 조언이 아니라 단순히 정보를 제공한다고 하는 점도 실패의 요인이라 할 것이다. 이혼을 원하는 부부에게 있어 정작 필요한 정보는 이혼과 관련된 법률정보이기 때문이다. 그것은 설명회에 참가한 당사자 중 반 이상이 이미 별거 중이었으며, 이혼당사자들은 이미 혼인을 유지하기 위해 필요한 충분한 시도를 한 바 있다는 사실에서 알 수 있다. 보고서는 설명회가 이혼 후의 삶을 선택하도록 도와주는 일은 긍정적이었다고 평하고 있는데, 이는 이혼법의 역할이 무엇인지를 시사한다고 할 것이다.

(2) 한편, 개정법이 실패한 또 하나의 원인은 조정의 역할 증대에 관한 것이었으며, 이 또한 이미 예견된 일이었다. 그것은 우선, 조정자가 이혼에 관련된 문제를 해결함에 있어 전문가가 아니라는 점에서 실패의 원인을 찾을 수 있다. 조정의 역할이 크다는 것은 부정할 수 없지만, 영국개정법은 이혼절차에서 조정이 주류가 되게 하였다는 점에서 비판되었다. 그것은 이혼당사자들은 이혼에 관련된 복잡한 문제에 관한 법률지식을 알고 싶어 하는데, 법률 전문가가 아닌 조정자의 역할은 제한될 수밖에 없다는 것이다. 또한 변호사가 개입되면 이혼이 적대적이 되기 쉬운 경향이 있는 것도 사실이지만 조정은 어느 한쪽 배우자의 편을 들기보다는 중립적이고 객관적인 입장에서 배우자의 서로 다른 의견과 주장을 조정하려 하기 때문에 별거와 이혼의 스트레스를 받고 있는 사람들에게는 오히려 자기편을 들어주는 변호사를 선호할 수 있다는 점을 간과하고 있다는 점도 실패의 요인이라고 보인다.

(3) 숙려기간이 지나치게 장기라는 점도 지적된다. 이혼절차를 개시하기도 전에 설명회에 참가하여야 하고, 그로부터 3개월의 냉각기를 가진 후, 이혼명령을 신청하면 그로부터 또 다시 9개월의 숙려기간을 거쳐야 한다는 것은 이미 혼

인이 파탄된 당사자들에게는 또 다른 고통의 시간을 의미할 수 있다는 것이다.

(4) 그러나, 영국의 이혼법이 제시한, "혼인은 지지되어야 하며, 혼인이 지지되도록 하기 위해 당사자들은 상담을 받도록 독려되며, 파탄된 혼인은 고통이 최소화할 수 있도록 해소되어야 한다"는 기본원칙은 현대 이혼법의 나아갈 방향과 역할에 관한 선구적인 기준으로 보인다.

특히, 현대의 이혼법은 혼인이 파탄된 경우에는 이혼을 인용함으로써 파탄주의를 향하고 있으나 혼인의무를 위반한 배우자의 이혼청구도 허용함으로써 도덕적인 문제를 내포하고 있다. 이러한 시점에서, 영국의 개정법이, 비록 폐기되긴 하였으나, 혼인을 지지하기 위한 시도를 제도적으로 규정함으로써 혼인과 이혼의 공적인 의미를 강조하고 있다는 점은 긍정적으로 평가되어야 할 것이다.

Ⅲ. 2004년 프랑스 改正 離婚法[29)]

1. 立法背景

1975년에 대폭 개정된 바 있는 프랑스 이혼법은 2004년 5월 26일에 개정되어 2005년 1월 1일부터 시행되고 있다(이하 2004년 법이라 표기함). 이혼법 개정에 대한 요구가 제기되기 시작한 것은 1990년대 말부터였는데, 그 이유는 법과 사회의 현실 사이의 괴리가 크고 무엇보다도 법정에서 적절하게 법을 적용하는데 어려움이 있으므로 개정이 필요하다는 주장이 제기되었기 때문이다. 특히 개정의 필요성은 이혼원인, 이혼절차와 효과에 집중되었다.[30)]

---

29) 프랑스의 개정법에 대하여는 Hugues Fulchiron, "The New French Reform Law," International Survey of Family Law 2005 Edition, published on behalf of the International Society of Family Law(2005), pp.241-251과, Christian Dadomo, "The Current Reform of French Law of Divorce," Papers for the International Conference on Divorce : Causes and Consequences, July 19-20, 2004 Beijing, pp.265-365를 주로 참고하였다.

30) Christian Dadomo(주 29), p.369.

(1) 1975년 법의 이혼원인[31]에 관하여는 다음과 같은 점이 개정의 필요성으로 지적되었다. 이혼원인의 주된 단계인 '동의이혼'의 경우, 장점이 있는 것도 사실이지만, 상대방 배우자의 동의나 과실에 의존하지 않고 이혼을 원하는 당사자들의 욕구를 만족시키지 못하고 있다는 것이다.

한편, 1975년 법은 과실에 근거한 이혼(이하 '유책이혼'이라 함)을 이차적인 것으로 하였는데, 현실은 주된 것으로 나타난 것도 개정요인의 하나라 할 수 있다. 예컨대 부부공동의 청구에 의한 이혼(이하 '상호동의이혼'이라 함)과 일방의 청구에 대한 상대방 배우자의 승낙(이하 '승낙이혼'이라 함)은 40%에서 13%로 하락했고, 혼인의 파탄과 6년의 별거에 의한 이혼(이하 '장기파탄이혼'이라 함)은 모든 이혼사건에서 2%에 불과하다고 하며, 나머지 45%는 유책이혼이었다. 이에 대하여는 1975년 법이 상대방 배우자로부터 경제적 이익이나 도덕적 우위를 위해 상대방배우자를 비난하려는 유혹으로부터 자유롭지 못한 요인을 남겨두었거나, 또는 별거하기로 합의했으나 구체적인 사항에 대해서는 합의에 이르지 못한 당사자들에게 만족할 만한 해법을 제시하지 못했기 때문이라고 비판되었다.[32]

'장기파탄이혼'에 관하여는, 1975년 법이 피청구인인 상대방배우자를 경제적・도덕적으로 보호하려 하였으나[33] 그러한 시도가 오히려 이러한 이혼을 이용하지 못하도록 하는 요인이 되어 왔다는 점도 지적되었다.

31) 1975년 법은 이혼을 크게 1. 상호동의이혼(Divorce by Mutual Consent), 2. 공동생활의 장기파탄에 의한 이혼(Divorce for Prolonged Disruption of the Life in Common), 3. 유책이혼(Divorce for Fault)으로 구분하며, 상호동의이혼에는 협의이혼(Divorce- Convention)과 승낙이혼(Divorce-Recognition)이 있으며, 장기파탄이혼에는 배우자의 6년간의 사실상 별거에 의한 이혼과 한쪽 배우자의 6년 이상의 정신병을 원인으로 하는 이혼이 있었다. 그리고 유책이혼에는 쌍방유책이혼(Divorce for shared fault)과 일방유책이혼(Divorce granted for one spouse only)이 있었으므로 결국 6개의 이혼형태가 있는 셈이었다. 1975년 프랑스의 이혼형태에 관하여 자세한 것은 이화숙, "프랑스의 이혼형태," 비교부부재산관계법, 세창출판사(2000), 163-173면; 한복룡 역, 전환기의 가족법, 길안사(1996), 236-253면(Mary Ann Glendon, The Transformation of Family Law) 참조.

32) Francoise Dekeuwer-Defossez, "Renover le Droit de la Famille," Report to the French Minister of Justice, September 1999: Christian Dadomo(주 29)에서 재인용.

33) 1975년 법의 목적은 젊은 애인과 새로운 삶을 시작하려는 일방배우자에 의하여 다른 일방배우자가 이혼당할 가능성으로부터 보호하기 위함이었다.

(2) 이혼절차에 관한 문제는 다음과 같다. 상호동의이혼 외의 이혼에서는 이혼절차 그 자체가 당사자간의 긴장과 고통을 더해주는 요인으로 작용해 왔다는 점이 지적되었다. 그것은 소송절차가 지나치게 길고 형식에 치우쳐 있기 때문이다.[34] 예컨대 상호동의이혼에 있어 배우자들은 3개월의 강제적인 고려기간과 별도로 법정에 두 번 참석하여 심리를 받아야 하고, 소송 계류 중에는 자녀의 친권이나 경제적 문제에 대한 해결을 청구할 수 없으며, 승낙이혼의 경우, 당사자들은 서면으로 된 문서를 교환하여야 하고, 절차개시는 법원의 사정에 따라 연기되기 일쑤여서 당사자들의 불만이 많았다고 한다. 유책이혼도 배우자 일방이 상대방 배우자를 비난하는 과정이 배우자들을 괴롭힌다는 점에서 심각하게 비판되었다.

무엇보다도 1975년 법은 여러 다양한 이혼절차 사이의 통로가 없다는 점과 절차를 변경할 수 있는 가능성이 지나치게 제한적이었다는 점이 비판되었다.[35]

(3) 이혼의 효과에 관하여는 다음과 같은 점이 지적되었다. 1975년 법의 주요한 목적은 당사자로 하여금 이혼이 선고되기 전까지 이혼의 효과에 관한 합의를 유도하는 데 있는 한편, 경제적 부양으로서 보상급부[36]는 일시금으로 지급하도록 하였으나, 대부분의 부부에게 있어 우선 이혼부부가 일시금으로 지급할 재산을 갖고 있지 않다는 점과 설사 재산을 갖고 있다 해도 가치가 낮기 때문에 일시지급은 비현실적이라는 점이었다. 그러므로 보상급부를 월납으로 하거나 연금형태로 지급되도록 하는 방안이 제시되었다. 또한 1975년 법에서는 보상급부에 관한 결정은 부부재산제의 청산 전에 이행되어야 하는데, 부부재산제의 청산은

34) 예컨대 유책이혼에서는 상대방에 대한 욕설이 난무하는 일이 흔하고, 일방의 청구를 승낙하는 상호동의이혼에서 청구인은 피청구인과의 결혼생활은 참을 수 없음을 증거로 제출하여야 하며, 피청구인은 이를 인정하여야 한다.

35) Christian Dadomo(주 29), p.370.

36) 1975년 법은 보상급부라는 새로운 제도를 신설하였는데, 이는 혼인의 해소로 인하여 배우자의 상대적 생활이 불균등하게 된 데 대하여 다른 쪽 배우자에게 가능한 한의 보상을 청구하는 제도이다. 보상급부는 이혼으로 인한 생활의 불균형을 균등하게 하는 것이므로 이혼수당이나 유책배우자에 대한 손해배상청구도 아니며, 부양료나 생계비청구와도 다르다. 이혼 후의 접촉을 최소화하기 위해 일시금지급을 원칙으로 한다. 이에 대하여 자세히는 이화숙(주 31), 169면 이하 참조.

보통 이혼선고 후에 완성되므로 어려움이 있다는 것이다.

자녀문제에 관하여는 이미 개선이 이루어진 바 있다. 예컨대 이혼 후 친권이나 부양책임과 면접교섭에 관한 법원의 결정은 변경할 수 없었으나, 이러한 원칙은 1987년 6월 22일 법, 1993년 1월 8일 법, 그리고 2002년 3월 4일 법에 의해 개선되었으며, 나아가 부모의 책임과 동등성을 보장하는 방향으로 개정되었다.

그러므로 1975년 법이 시행된 지 25년이 경과되면서 나타난 여러 가지 문제점들은 법학자들과 실무가들 사이에 개정의 필요성에 대한 공감대를 형성하는 요인이 되었다고 할 수 있다.

(4) 이혼법 개정에서 가장 문제된 것은 이혼절차에 관한 것이었다. 1975년 법의 이혼절차가 매우 복잡하고 비용이 들 뿐 아니라 시간이 지나치게 오래 걸렸기 때문이다. 이에 따라, 유책이혼에서는 적대적인 대립 절차를 개선할 필요가 있고 장기파탄에 의한 이혼은 보다 유동적으로 개선할 필요가 있으며, 공동청구이혼과 다른 일방배우자의 이혼청구를 일방배우자가 수용하는 이혼형태는 단순화할 필요가 있다는 데 의견이 일치하였다.

2004년 법은 재판상 이혼형태 안에서 다양한 이혼원인을 유지하기로 하는 한편, 이혼절차를 단순화하고 가볍게 함으로써 이혼법을 현대화하며, 배우자 사이에 협의의 폭을 넓히고 조정의 역할을 강화함으로써 갈등을 줄이는 것으로 하였다. 또한 이혼 부부의 이익의 청산을 병합하고 간단하게 함으로써 이혼 후의 복잡한 처리절차를 단순화하기로 하였다.

2004년 법은 이혼원인과 효과에 관한 한 이혼법의 근본적인 개혁이라고 할 수 있음에도 프랑스 의회 상 · 하원과 학계 및 실무계로부터 "결혼을 존중하고 평화로운 개혁을 이룬 균형 잡힌 개정"이라는 평을 듣고 있다 한다. 그것은 개정작업에 의회의원과 학계 및 실무자들 모두가 참여한 공동의 결실이기 때문이다.[37)]

37) 프랑스의 개정이혼법에 관한 문헌으로는 JJ Lemouland, La loi du 26 mai 2004 relative au divorce, D, (2004); J Rubellin-Devichi, Le nouveau droit du divorce, JCP(2004); H Fulchiron, Les Metamorphoses des cas de divorce(propos de la reforme du 26 mai 2004), Defrenois(2004); Ph Malauri et H Fulchiron Defrenois, La famillie(2004); V Larribeau Courbe, Le divorce, Dalloz(2004) 등이 있다.

2. 離婚原因의 改正

2004년 법에는 4개의 이혼원인이 있으며, 두 유형으로 나누어진다. 그 하나는 상호동의이혼이고, 다른 하나는 동의 없는 이혼(이혼여부에 대하여 다툼 있는 경우)이다.[38)]

(1) 相互同意이혼(Du divorce par consentement mutuel)

이 부분은 크게 달라진 것은 없으나, 1975년 법은 상호동의이혼에 합의이혼[39)]과 승낙이혼[40)]을 규정하고 있었는데, 2004년 법은 승낙이혼을 동의 없는 이혼으로 옮겼다. 그러므로 개정법에 의하면 이혼은 당사자간에 이혼에 대한 합의가 있는 상호동의이혼과 이혼여부에 대하여 다툼이 있는 이혼(동의 없는 이혼)으로 분류되며, 후자에는 유책이혼, 승낙이혼과 파탄이혼 등 세 종류의 이혼으로 단순화되었다고 할 수 있다. 상호동의이혼은 이혼에 대한 부부의 동의에 의해 이혼이 선고된다. 그러나 절차가 많이 간소화되었다. 1975년 법은 두 배우자의 동의를 확실히 하기 위하여 쌍방이 모두 법정에 두 번 출두하여야 하였으므로 번거롭고 시간이 지연되었으며 비용이 많이 들었고, 무엇보다도 그럴 필요가 없어 보였으므로 법원에의 출두를 없이하였다. 그 결과 배우자들은 자녀양육 등에 관한 합의문에 허락을 받고, 이혼 판결을 청구하기 위해 법원에 한번만 출석하면 된다. 만일 판사의 생각에 합의서가 자녀의 이익을 고려하지 않았거나 배우자 한쪽에 부당하다고 판단될 경우 판사는 그 협의를 승인하지 않고 이혼을 보류할 수 있도록 하였다. 그 경우 그 부부는 6개월 이내에 합의문을 수정해서 다시 법원에 출석하여야 한다.

---

38) 실질적인 내용으로만 본다면 상호동의이혼은 민법상 협의이혼에, 다투어지는 이혼은 재판상이혼에 비유할 수도 있으나, 상호동의이혼도 재판상 이혼의 일종이기 때문에 협의이혼과 재판상이혼으로 나누는 것은 정확하다고 할 수 없다. 이에 따라 상호동의이혼과 동의 없는 이혼으로 구분하였으며, 동의 없는 이혼은 '다투어지는 이혼'으로도 표기하였다.

39) 부부가 공동으로 혼인의 종료를 청구하는 상호동의이혼형태.

40) 부부 한쪽이 이혼을 청구하고 다른 쪽 배우자가 판사 앞에서 상대방의 주장을 인정하면 판사가 이혼을 허가하는 이혼.

(2) 同意 없는 이혼(Du divorce pour disputer)

다음 세경우가 이에 해당한다; 유책이혼(divorce for fault),[41] 혼인의 파탄에 의한 이혼(definitive deterioration of the conjugal bond:이하 '파탄이혼'이라 함)과 일방의 이혼청구에 대한 타방배우자의 승낙이혼(one spouse's accepting the other's request: 이하 '승낙이혼'이라 함)이 그것이다. 세 종류의 모든 경우에 이혼 판결과 그에 따른 결과는 판사에게 달려있다는 점이 상호동의이혼과 다른 점이다. 그럼에도 2004년 법은 당사자간의 분쟁을 완화하고 이혼 후에 일어날 모든 일(자녀양육이나 부양 등)을 부부에게 맡기기 위해 이혼당사자들이 이혼 후의 재산분배에 대해 합의할 수 있게 하였다. 그러므로 상호동의의 한 요소가 동의 없는 이혼에 편입되었다고 할 수 있다. 또한 동의 없는 이혼은 '절차의 공동개시'를 개설함으로써 하나의 절차에서 개시될 수 있게 되었다.

1) 절차의 공동개시

'절차의 공동개시'란 다툼 있는 이혼절차 중 소송개시를 통합하기 위한 것으로, 부부 사이의 해묵은 다툼을 재생시키지 않도록 하기 위해, 또는 단순히 기술적이며 절차적인 이유로 발생할 수 있는 여지를 막기 위한 목적을 갖고 있다. 2004년 법에 의하면 이혼의 원인과 효과가 분리되어 어떤 종류의 이혼인지를 처음부터 지정할 필요가 없게 되었으므로, 상대방 배우자의 반응을 보고 어떤 형태를 택할 것인지 정할 수 있게 되었다.

이에 따라, 이혼을 신청할 때는 신청의 원인이나 이유조차 기재할 필요가 없으며, 이혼형태는 조정자를 만난 후, 심리시에 결정될 수 있다. 반면에 가정폭력 등으로 위급한 사정이 있는 경우, 2004년 법 제220-1조 3항은 다음과 같은 혁신적인 규정을 신설하였다. 즉,

"일방 배우자의 폭력이 다른 일방 배우자와 자녀들에게 위협이 될 경우에 판사는 그들이 따로 떨어져 살 것을 명할 수 있으며, 이 때 누가 혼인주택에서 살 것인지를 명할 수 있다. 주택에서 살 권리는, 특수한 경우를 제외하면, 피해자에게 있다. 이 때 판사는

---

41) 유책이혼은 유책주의 이혼법에서 간통 등 유책사유들을 열거하는 것과 달리, 배우자가 혼인의무와 책임을 위반하여 공동생활을 유지할 수 없게 된 경우와 배우자가 형의 선고를 받은 경우에 이혼을 청구할 수 있음을 의미한다.

친권자와 생활비 부담 등에 관한 사항을 결정한다."

그러므로 폭력의 가해자는 혼인주택의 소유자일지라도 가족에게 위협이 될 경우 집에서 쫓겨날 수 있다. 그리고 폭력은 육체적, 정신적 그리고 자녀 또는 繼子에 대한 성적인 학대를 포함된다.

이혼여부에 다툼 있는 이혼의 경우(동의 없는 이혼을 의미), 당사자들은 지정된 날에 조정심리를 위해 판사를 만나야 하는데, 2004년 법은 이 만남의 목적을 바꾸었다. 즉, 판사가 이혼당사자들에게 화해를 시도하거나 이혼결심을 바꾸도록 노력하는 대신, 보다 현실적으로, 이혼의 원칙과 효과에 관하여 배우자간의 합의를 조정하는 방향으로 조정한 것이다.[42] 판사가 화해의 여지가 없다고 판단할 경우에는 조정불가(non-conciliation)를 선언하고, 필요하면 절차의 유예를 위한 잠정조치를 취할 수 있다.

2004년 법은 전형적인 점정조치인 별거, 위자료지급, 자녀의 주거지 등에 덧붙여 흥미로운 규정을 신설하였다. 즉 제255조 1항에 의하면, 판사는 이혼당사자들에게 조정을 권할 수도 있고, 또는 당사자들이 수락한 경우에는 가족상담원을 임명할 수도 있다는 것이다. 이혼 부부 중 일방이 조정을 거절할 경우, 판사는 가족상담의 목적과 절차를 설명할 수 있는 조정인을 만나도록 명할 수도 있다. 이 경우 강제적 조정이 아니라 그 배우자에게 평화로운 이혼을 위해서 조정이 얼마나 좋은지를 설명하려는 것이다. 결국 제255조는 프랑스 민법에서 조정의 중요성을 강조하고 있음을 보여준다.[43]

2) 同意 없는 이혼절차의 개선

동의 없는 이혼의 세 형태는 개정 전과 다를 바 없지만 사실상 이혼법의 원칙은 상당히 달라졌다고 할 수 있다.

(가) 承諾이혼(Du divorce accepté)

승낙이혼은 배우자일방의 이혼청구를 상대방 배우자가 수락하는 이혼이다. 이것은 1975년 법에 처음 신설된 이혼형태로 두 배우자 모두가 더 이상 결혼생활

---

42) 프랑스 민법 제252조.

43) Hugues Fulchiron(주 29), pp.243-254.

을 할 수 없음을 선언할 것을 조건으로 한다. 이 때, 판사는 그 동의를 기록하고 그에 근거해서 이혼 판결을 선고한다.

새로운 승낙이혼은 다음과 같이 달라졌다. 1975년 법이 요구하던 이혼신청, 기록, 심리적 · 법적 균형을 위한 동의나 부부의 합의 등이 필요하지 않고, 단순히 파탄이 문제될 뿐이다. 그러므로 승낙이혼의 경우 당사자들이 그들의 결혼은 실패라는 사실을 인정하는 것으로 종료된다. 소송절차가 진행되는 도중에도 언제든 유책이혼이나 혼인의 파탄이혼으로부터 이 유사동의이혼으로 바꿀 수 있다. 결국 승낙이혼에서 과실의 개념은 원인에서 효과에 이르기까지 모두 배제되었다고 할 수 있다.[44]

(나) 破綻離婚(Du divorce faillite)

'부부관계의 결정적인 파탄에 의한 이혼'에 의해 프랑스 이혼법은 근본적으로 바뀌었다고 할 수 있다. 파탄이혼은 부부의 혼인생활이 파탄된 경우에 이혼을 인용하는 것으로, 2년의 사실상 별거를 증거로 제시한 배우자 일방의 신청에 의해 개시된다.

1975년 법에서 신설된 파탄이혼은 배우자 일방이 결혼생활을 끝낼 마음이 없음에도 불구하고 부부가 6년의 별거를 한 경우에는 이혼이 인용됨으로 인해 개정 당시 격렬한 토론의 대상이 되었던 이혼형태였다. 혼인의 파탄에 의한 이혼을 청구한 배우자는 혼인파탄에 대한 인적 및 재산상의 책임을 부담하여야 하였으며, 또한 판사가 생각하기에 이혼의 인용이 무책의 배우자에게 고통이 된다면 이혼을 인용하지 않을 수도 있었다.

그러나 2004년 법은 '혼인파탄의 이혼'을 단순히 '파탄이혼'으로 바꾸었다. 파탄이혼은 부부가 2년간 별거하였음을 기재한 진술서를 배우자 일방이 제시함으로써 개시된다.[45] 별거는 순수하게 부부 공동생활이 없는 경우를 의미하므로, 피고인 배우자가 혼인이 유지되었음을 주장하는 경우에는 2년의 별거요건이 충족되지 않는다.

더욱이 신법은 이혼의 원인을 이혼의 효과와 분리하고 있으므로 특히 배우자 일방의 정신이상으로 인해 결혼생활을 지속할 수 없을 경우[46]에 다른 일방 배

---

44) Ibid., p.245.

45) 프랑스 민법 제238조.

46) 주 31) 참조.

우자에게 자동으로 부과하던 위자료 등의 무거운 책임을 삭제하였다. 이에 따라, 프랑스 민법상 위자료의 요건을 충족하는 경우 이혼을 신청하는 배우자도 상대방 배우자에 대해 보상급부(compensatory payment)를 청구할 수 있게 되었다. 가혹조항도 삭제되었다. 이것은 순수한 이혼의 권리에 대한 승인을 의미하는 것이다. 결국 이혼을 원하는 사람은 누구나 이혼을 할 수 있지만, 단지 2년만 기다리면 된다는 것이다.[47)]

(다) 有責離婚(Du divorce pour faute)

그 동안 비난 받아온 유책이혼은 그대로 남아 있게 되었다. 그것은 유책이혼이 프랑스인들에게 아직 사용되고 있을 뿐 아니라, 결혼약속의 중대한 의미를 내포하고 있기 때문이다. 이에 따라, 결혼의 약속을 깨뜨리면 상대방 배우자에게 이혼을 청구할 권리가 주어지고, 다른 사람의 실패를 통해 사회에 경종을 울리는 역할을 담당한다는 것이 유책이혼을 유지키로 한 이유이다.

1975년 법이 이혼원인으로서의 과실을 객관적 및 주관적 요소, 제재와 실패 등과 결합하였던 것과 달리, 2004년 법은 이혼의 원인과 효과를 분리하고 있다. 그러므로 유책배우자도 요건을 충족하면 보상급부를 청구할 수 있으며, 판사는 물론 구체적인 경우에 따라 이를 거절할 수 있다.[48)]

비록 유책이혼은 프랑스 민법에 남아 있지만, 그것은 제한적으로만 존재한다. 승낙이혼이 객관화되고, 파탄이혼이 2년의 별거에 의한 중립이혼으로 전환되며, 무엇보다도 이혼의 효과가 중립적인 성격으로 변화되면, 유책이혼은 혼인의무와 책임을 중대하게 위반한 경우로 제한되거나 상대방에 대한 분노를 품은 부부사이의 격렬한 분쟁의 경우로 제한될 것이다.

3. 離婚의 效果에 관한 改正

2004년 이혼법은 이혼이 평화롭게 종료되고 절차가 신속하게 처리되도록 하였다. 이미 2002년 개정법은 친권과 부부의 혼인파탄 문제를 분리한 바 있으며,[49)] 2004년 법은 배우자들의 합의에 보다 많은 여지를 주는 한편, 이혼의 원인

47) Hugues Fulchiron(주 29), pp.245-246.

48) 프랑스 민법 제270조 2항.

49) 친권에 관한 2002년 3월 4일 개정법에 대하여 자세히는 Sylvie Ferre-Andre, Adeline

과 효과를 분리함으로써 이혼부부가 그들의 오랜 상처를 건드리지 않고 이혼절차가 진행될 수 있도록 한 것이다.

(1) 離婚의 原因과 效果의 분리를 통한 紛爭의 最小化

1975년 법은 유책배우자는 무책배우자에게 위자료를 지급하여야 한다는 생각에 종지부를 찍고 이혼의 원인과 결과를 분리시키는 원칙을 세웠다. 그러나 이 법은 유책배우자나 이혼을 청구하는 배우자에게 여러가지 예외적인 불이익을 줌으로써 원인과 결과의 분리 원칙은 제한적이었다. 그러한 복잡한 구조는 2004년 법에서 바뀌게 되었다. 법은 모든 도덕적 고려를 배제함으로써 원인과 결과를 분리한 것이다.

이에 따라 파탄이혼의 경우, 이혼을 원치 않으나 이혼을 하게 된 배우자를 우대하던 원칙을 없앴다. 혼인의 약속을 상징하기 위해 예외적으로 인정되던 부양의무가 사라지고, 일반법 원칙에 따라 배우자 중 누구나 보상급부를 청구할 수 있게 되었다. 심지어는 유책배우자라도 객관적인 요건이 충족되면 보상급부를 청구할 수 있으나, 판사는 지급청구를 기각할 수도 있다.

혼인 중에 취득한 부부의 공유재산은 더 이상 한쪽 배우자의 과실의 유무에 좌우되거나, 혼인파탄에 의한 이혼을 청구하는 배우자의 과실에 영향을 주지 않는다. 다만, 유책배우자에게 부과되던 제재는 모두 없어졌지만, 2004년 법은 무책배우자가 혼인의 해소라는 사실로 인해 입은 심각한 고통에 대해 손해배상을 청구할 수 있는 권리는 남겨두었다.[50] 또한 이혼법에서 과실의 개념은 사라졌지만 제1382조의 책임법 원리에 의하면 과실은 여전히 손해에 대한 배상을 청구할 수 있는 유효한 수단으로 남아 있다.

한편, 2004년 이혼법은 어떤 이혼이든 당사자간의 합의에 큰 비중을 둔다. 그러므로 당사자들이 합의문을 제출하면 이혼은 쉽게 선고될 수 있다. 법은 판사로 하여금 법정 밖에서 부부가 합의문 작성하는 것을 권할 뿐 아니라[51] 이혼효과에 대한 거래도 허용한다.[52] 상호동의이혼의 경우와 같이 판사는 당사자가 제출

Gouttenoire-cornut, and Hugues Fulchiron, Work In Hand for the Reform of French Family Law, International Survey of Family Law 2003 edition, pp.174-177.

50) 프랑스 민법 제266조.

51) 프랑스 민법 제252-253조.

한 합의문이 정당하고 공정한지를 검토하여 각 배우자의 이익과 자녀들의 이익이 보장됨을 확인하면 이혼을 선고함과 동시에 합의문에 효력을 부여한다.[53] 또한 이혼절차 계류 중에도, 구법과는 달리 공증의 필요 없이, 부부공동재산의 청산과 분배에 관한 어떠한 합의도 할 수 있다고 규정하였다.[54] 물론 그 재산이 공적 관련성을 갖는 경우에는 공증을 받아야 한다.

한편, 프랑스 민법 제373-2-7에 의하면 부모들은 친권이나 생활비부담 및 자녀교육 등에 관한 합의문을 만들어 가족관련 판사의 승인을 받을 수도 있게 되었다. 그러므로 이혼의 효과에 관한 주된 책임은 배우자에게 있으며, 판사는 단지 그 공정성에 대한 승인을 할 뿐이므로, 이혼의 효과에 관한 한, 이혼의 계약화가 이루어졌다고 할 수 있다. 그러한 개정의 배경에는 분쟁해결에 기여할 것이라는 기대가 담겨 있는 것이다.

(2) 離婚宣告와 離婚의 效果 統合

2004년 법은 이혼의 재산적 효과에 관한 몇 가지 주목할 만한 변화를 시도하였다. 특별히 보상급부제도는 정기금 지급과 일시금 지급을 혼합할 수 있게 함으로써 보다 유동적으로 개선되었다.

무엇보다도 이 법은 이혼의 선고와 다양한 이혼배우자들의 재산적 이익에 관련된 문제들을 혼합하여 한 절차에서 처리할 수 있도록 하는 데 초점을 두고 있다. 그러므로 관련문제들이 하나의 절차에서 처리되므로 절차가 신속하게 진행될 수 있게 되었다. 이혼절차가 종료되기 전 단계에서 판사는 배우자들의 평가재산목록의 작성을 돕는 자격있는 전문가를 임명하여 청산의 준비를 시작할 수 있도록 할 수도 있고, 배우자들의 경제적 이익에 관한 제안서를 작성하도록 할 수도 있으며, 부부재산제의 청산과 분배에 관한 제안을 돕는 공증인을 통해 청산을 돕게 할 수도 있다.[55]

이혼 심리시에는 배우자의 경제적 및 재산적 이익을 위한 제안서를 제출하여야 한다.[56] 따라서 판사가 이혼을 선고할 때는 배우자들의 재산분배를 명하며,

---

52) 프랑스 민법 제268조.

53) 프랑스 민법 제268조 2항.

54) 프랑스 민법 제265조-2.

55) 프랑스 민법 제255조-9,10.

공증인이 상세한 청산에 관한 계획을 제출하는 경우에는 당사자간에 남아 있는 합의되지 못한 사항만을 검토하면 된다. 2004년 이혼법 개정에 의해 혼인제도는 공적인 것에서 사적인 영역으로 진입하기 시작하였다고 할 수 있다.[57)]

4. 프랑스 이혼법의 특징과 시사점

2004년 프랑스 개정이혼법의 특징은 유책이혼과 파탄이혼 등 이혼원인을 다양하게 규정하되, 상대방 배우자의 반응을 보며 어떤 형태의 이혼을 택할 것인지 정할 수 있게 되었다는 점, 이혼의 원인과 효과를 분리하고, 이혼이 선고되면 다양한 이혼배우자들이 재산적 이익에 관련된 문제들을 혼합하여 하나의 절차에서 처리되게 함으로써 이혼절차가 신속하게 진행될 수 있게 되었다는 점, 당사자간의 합의에 큰 비중을 두고 있다는 점, 조정절차를 유동적으로 운영할 수 있게 하였다는 점 등으로 요약할 수 있겠다. 특히 여전히 유책이혼을 허용하면서도 혼인이 파탄된 경우에는 이혼절차에서 이혼의 효과에 이르는 문제해결이 one stop으로 진행되도록 제도화한 것은 이혼법 개정시의 참고자료로서 그 가치가 매우 높다고 하지 않을 수 없다.

Ⅳ. 民法上 離婚制度의 改善에 있어 英國의 改正法 廢棄와 프랑스 改正法이 주는 시사점

1. 이혼법의 이상

비록 폐기되긴 하였지만, 영국의 1996년 이혼법이 다음과 같은 기본원칙을 정한 것은 이혼법의 역할과 이상에 대한 바람직한 방향을 제시한 것으로 본다. 기본원칙은, 혼인은 지지되어야 한다는 것, 이혼과정에서 이혼을 다시 한번 생각하고 고려할 수 있는 기회가 주어져야 한다는 것, 혼인이 회복이 불가능할 정도

56) 프랑스 민법 제257-2.

57) Hugues Fulchiron(주 29), p.251.

로 파탄된 경우에는 그 혼인의 굴레를 벗고 새 출발하도록 도와야 한다는 것, 이혼이 불가피하다면 약자와 자녀에 대한 경제적 및 법적 서비스가 제공되어야 한다는 것이다.

이에 따라 설명회와 조정 등을 강화하고 이혼숙려기간을 통해 경솔한 이혼을 예방함과 동시에 혼인이 회복되도록 제도적으로 유도하며, 혼인이 파탄된 경우에는 약자인 배우자와 자녀를 보호하기 위한 방안에 대해 이혼 부부 스스로 합의하도록 유도함으로써 새 출발을 돕고 있음은 우리에게 좋은 입법모델이 될 것이다.

동시에 이혼설명회에의 참여를 강제하고, 이혼절차에서 조정의 역할을 증대한 것이 개정법의 실패의 원인으로 지적되고 있다는 점에도 주목하여야 할 것이다.

한편, 2004 프랑스 개정이혼법의 기본원칙도 영국과 유사하다. 즉, 혼인을 지지하기 위해 숙려기간을 두고, 조정을 강화하며 유책이혼을 통해 혼인의무를 강조함으로써 혼인을 지지하는 한편,[58] 혼인의 파탄이 확정적인 경우에는 이혼절차를 빠르고 신속하게 처리함과 동시에 이혼절차에서 자녀 및 재산문제 등의 효과가 함께 진행될 수 있도록 절차를 개선하였기 때문이다.

2. 協議離婚制度의 改善

우리나라 이혼건수의 80% 정도가 이용하는 협의이혼제도는 이혼에 대한 당사자의 합의와 가정법원 판사의 이혼의사확인을 받으면 신고함으로써 이혼이 성립되는 절차로서, 당사자의 이혼의 자유와 권리가 지나치게 보장된 나머지 오히려 경제적 약자에게 불리하게 작용하여 왔음은 이미 많은 전문가들에 의해 지적된 바 있다. 특히 IMF 이후에는 경제문제로 인한 협의이혼이 급증하여 경솔한 이혼과 이혼자녀의 문제가 심각한 사회문제로 대두되어 왔다.

현재 법무부와 가정법원 및 여성단체 등에서는 협의이혼제도의 개선안이 활발하게 논의되거나 제안되고 있다. 그 방향은 영국의 이혼법이 제시한 현대 이혼법의 기본원칙과 같이, 협의이혼을 신청한 당사자에게 3개월의 이혼고려기간을 주는 한편, 고려기간 중에 이혼에 관한 상담을 권하며, 3개월의 고려기간이 경과

58) 이 부분은 1976법의 원칙인데 개정법에서 그대로 유지되고 있다.

하면 자녀양육에 관한 합의문을 제출하도록 하는 것으로 요약된다. 이에 의하면 고려기간과 상담을 통해 경솔한 이혼을 예방하고 이혼자녀문제를 심사숙고할 수 있도록 유도하는 효과가 있게 될 것이다.

3. 裁判上離婚制度의 改善

(1) 재판상 이혼에 관한 민법 제840조는 유책주의 구조로 규정되어 있다. 제6호 때문에 제840조를 파탄주의라고 해석하는 견해도 있으나, 다음과 같은 이유에서 이는 유책주의로 해석하여야 할 것으로 본다.

첫째는 입법형식이 유책주의의 속성을 지니고 있기 때문이다. 예컨대 영국과 독일민법은 혼인의 파탄을 유일한 이혼원인으로 규정하면서 파탄을 추정케 하는 사유들을 열거하고 있음을 근거로 파탄주의 이혼원인으로 분류된다. 그런데 민법 제840조는 "부부일방은 다음 각호의 사유가 있는 경우에는 가정법원에 이혼을 청구할 수 있다"고 하면서 1호-5호에 배우자의 혼인의무위반사유를 열거하고 있다는 점에서 유책주의의 전형에 속한다. 다만 6호에서 "기타 혼인을 계속하기 어려운 중대한 사유"라고 함으로써 상대적 이혼원인을 규정하고 있는데, 이는 유책사유를 끝없이 열거함을 피하기 위한 입법기술로 보아야 한다.

제840조를 파탄주의로 해석할 수 없는 또 하나의 근거(둘째)는 제841조와 제842조의 제척기간의 존재이다. 파탄주의에서는 혼인이 파탄되었는가의 여부가 중요한 것이며, 파탄된 혼인에는 이혼을 허용하는 것이 원칙이기 때문에 이혼청구권의 행사기간을 제한하는 것은 이치에 맞지 않는 것이다. 따라서 민법이 제841조에서 "부정으로 인한 이혼청구권의 소멸"과 제842조에서 "기타 원인으로 인한 이혼청구권의 소멸"이라는 제척기간을 규정한 것은 제840조의 이혼원인의 본질이 파탄주의가 아니라 유책주의임을 의미하는 것이다. 그것은 '부정행위'와 '기타 원인이 있더라도' 6월과 2년이 경과하면 이혼청구를 소멸케 함으로써, 혼인공동체를 보호하고 유지시키려는, 유책주의의 의도를 함축하고 있기 때문이다.

셋째는 유책배우자의 이혼청구를 기각하는 대법원 판례의 입장이다. 파탄주의의 진정한 의미는 혼인이 심각하게 파탄된 경우에는 이혼을 인정하는 결과, 유책/무책 이분법 자체가 무의미하고, 유책자의 이혼청구도 인정됨으로써, 당사자들이 공허한 법적 허울을 벗을 수 있게 된다는 점에 있다. 반면에 유책주의는 그 당연한 귀결로서 유책배우자의 이혼청구를 제한함으로써 대부분의 무책자임과 동시에 경제적 약자인 처를 보호하고 유책자에게는 제재를 가함으로써 혼인을 보호하려는 목적을 지니고 있는 것이다. 그러므로 제840조를 유책주의 이혼원인으로 해석하는 법원의 실무에서, 명문이 없음에도, 유책배우자의 이혼청구를 제한하는 것은 자연스런 귀결인 것이다.

민법이 유책배우자에 대한 손해배상청구를 인정하고 있다는 것도 유책주의의 근거가 된다. 유책주의하에서는 유책/무책 이분법에 따라 당연히 이혼피해자의 유책자에 대한 배상청구가 인정되지만, 파탄주의 이혼원인은 혼인의 파탄여부가 문제되므로 유책자에 대한 손해배상이 아니라 혼인 중 취득재산의 청산과 부양이 문제될 뿐이다. 그러므로 민법이 제843조에서 유책자에 대한 손해배상청구권을 규정하고 있음은 이혼원인의 본질이 유책주의임을 드러내는 것으로 이해할 수 있다.[59)]

(2) 결국 민법상 재판이혼제도는 유책주의로 해석되어야 한다고 생각된다. 유책주의는 유책자에게는 불이익을 주고 무책자는 보호한다는 후견적인 원칙에 따라 혼인을 보호하는 순기능을 갖고 있는 반면에, 혼인이 심각하게 파탄된 경우라도 유책배우자의 이혼청구를 인용하지 않음으로 인해 사실상 이미 파탄된 가정을 법률상으로만 보호하는 역기능도 지니고 있다.[60)] 또한 여성들이 언제까지나 보호되어야 할 약자의 지위에 머물러 있는 것도 아니기 때문에 파탄주의는 미래의 불가피한 선택이라고 할 수밖에 없어 보인다.

(3) 그러나 파탄주의는 파탄된 혼인에 이혼을 허용하는 원칙에 의해 혼인의무를 위반한 배우자에 대한 제재나 혼인을 보호하는 기능이 약하다는 역기능이 있다. 그렇게 때문에 파탄주의를 취하는 입법례에서는 반드시 약자보호를 규정하고 있는 것이다. 우리 민법 제840조는 유책주의적으로 해석할 수도 있고, 제6호의 존재로 인해 파탄주의로 해석할 수도 있다. 이미 가정법원의 이혼 판결 중

59) 이러한 해석은 민법 제843조를 불법행위책임으로 이해하는 대법원의 해석을 전제로 한 것이다.

60) 유책주의와 파탄주의에 대하여 자세히는 이화숙, "이혼원인에 있어 유책주의와 파탄주의," 법학논총 제2호, 경원대학교 법학연구소(1995) 참조.

상당부분은 파탄주의에 입각한 것으로 보이는 것은 어느 쪽으로도 해석할 여지가 있기 때문이다. 그러나 민법이 파탄주의로 전환하기 위해서는 해석에 의해서가 아니라, 법의 개정을 통해 약자에 대한 보호 장치와 함께 전환할 필요가 있다. 해석에 의해 파탄주의로 전환하는 것은 사회 경제적 약자인 배우자와 자녀로부터 보호막을 제거하는 것과 다름없는 위험한 결과가 될 수 있기 때문이다.

(4) 재판상이혼법의 개정 방향은 영국의 개정법(철회된)이 표방한 바와 같이, '혼인은 지지되어야 한다는 원칙'과 함께 '혼인이 회복 불가능할 정도로 파탄된 경우에는 고통을 최소화할 수 있도록 하는 원칙'이 바람직해 보인다. 혼인을 지지하기 위해서는 영국과 프랑스법 및 세계 각국의 이혼법이 강조하는 바와 같이 조정제도를 적극 도입하는 한편, 재판상이혼에도 고려기간을 두는 것이 필요할 것이다. 고려기간 중에는, 현재 논의 중인 협의이혼 제도의 개선안과 같이, 상담을 받도록 권유하는 한편, 당사자간의 재산분할과 자녀의 양육에 관한 사항을 합의하도록 유도하는 장치를 전제로 파탄주의로 전환할 때 파탄주의가 주는 충격을 완화할 수 있을 것이다.

동시에, 영국의 이혼법 개혁이 실패한 원인에서도 배워야 할 것이 있다고 본다. 우선 1996법이 실패한 원인으로 지적되는 것으로, 고려기간이 장기라는 점을 감안할 때 고려기간은 3개월 이내로 하는 것이 바람직하다고 본다.

또 하나의 실패원인으로 지적되는 것은 이혼당사자들이 설명회에 참가할 때는 이미 이혼을 결심한 때임을 간과하고 이혼설명회에의 참가를 강제하였다는 점이다. 1996 개정법 평가보고서는 설명회가 이혼 후의 삶을 설계하도록 도와주는 일은 긍정적으로 평하고 있음은[61] 이혼법의 방향을 시사하는 또 하나의 이정표가 될 것이다. 그것은 이혼설명회가 혼인지지를 위한 목적과 함께 이혼 후의 삶을 계획하도록 돕는 목적으로 운영될 필요가 있다는 점이다.

영국의 개정법이 이혼 절차에서 조정자의 역할을 증대한 것 역시 실패의 원인으로 지적되고 있다. 이혼 당사자들은 이혼에 관련된 복잡한 문제에 관한 법률지식을 알고 싶어 하는데, 법률전문가 아닌 조정자의 역할은 제한될 수밖에 없다는 점도 주목하여야 할 것이다. 이에 따라, 재판상이혼의 개정시에는 이혼 절차

61) 이 글 II의 4 이하 참조.

에서 조정을 강화하되, 혼인지지의 노력과 함께 이혼 후의 설계를 도울 수 있는 법률전문가의 조정을 병행하는 것이 바람직하다는 시사를 얻을 수 있다.

한편, 프랑스 개정 이혼법에서 얻을 수 있는 시사점으로는 다음과 같은 것을 생각할 수 있다. 우선, 민법의 재판이혼에 해당하는 동의 없는 이혼에 유책이혼과 승낙이혼 및 파탄이혼을 동시에 규정하고 있음은 입법론으로서 참고할 가치가 있지 않을까 하는 점이다. 현행 민법상 재판이혼원인은 해석에 의해 유책주의로도, 파탄주의로도 해석되고 있고 이미 실무에서는 파탄주의로 해석 운영되는 경향이 있으나, 약자 보호 장치가 없는 상태에서 파탄주의로 해석하는 것은 경제적 약자에게 매우 위험한 결과를 초래할 수 있기 때문에 바람직하지 않다고 본다. 또한 우리 사회는 파탄주의를 받아들일 만큼 여성의 지위가 높지 않은 점을 감안할 때 프랑스 이혼법과 같이 유책이혼과 파탄이혼을 병행함으로써 과도기를 거치는 것도 생각할 수 있다.

또한 프랑스 개정이혼법이 배우자 사이의 협의의 폭을 넓히고 조정을 강화함으로써 갈등을 줄이려고 노력한다는 점, 이혼 부부의 이익의 청산절차를 간단하게 함으로써 이혼 후의 복잡한 절차를 단순화한 점도 참고할 가치가 높아 보인다.

Ⅴ. 맺는 말

이 글에서는 영국의 개정이혼법과 함께 이 개정법이 폐기된 사정 및 2004년 프랑스의 개정법을 소개하고, 시사점을 찾아보았다. 그 결과, 영국과 프랑스 이혼법의 기본원칙은 공통적으로, 혼인은 지지되어야 한다는 것과 이를 뒷받침하기 위해 고려기간과 이혼상담 등의 제도를 적극 도입한다는 것, 그리고 혼인이 회복 불가능할 정도로 파탄되었으면 법이 부부의 이혼이 고통 없이 종료될 수 있도록 절차를 개선하는 한편, 자녀에 대한 보호를 강화한다는 점을 발견할 수 있었다.

우리의 경우 최근 협의이혼제도의 개선이 활발하게 논의되고 있으며 곧 개선안이 국회에 제출되어 공청회를 통해 입법에 반영하는 절차를 거치게 될 것이다. 반면에 재판상이혼은 여전히 유책주의 기조로 운영되는 한편 가정법원은 파탄주의에 입각한 판결이 증가하고 있는데, 두 경우 모두 문제가 있어 보인다. 유책주의는 이미 파탄된 혼인임에도 불구하고 형식적으로만 혼인을 유지한다는 점에서, 해석상 파탄주의로 이혼 판결을 내리는 것은 약자에 대한 보호가 미흡하다는 점에서 그러하다. 파탄주의가 불가피하다면 약자보호 장치를 전제로 하는 법의 개정을 통해 파탄주의로 전환하는 것이 바람직할 것이다. 파탄주의로의 개정에 앞서 과도기적인 방법으로, 유책배우자의 이혼청구를 인용하는 범위를 확대하는 것도 한 방법이 될 수 있고, 프랑스 이혼법과 같이 유책이혼과 파탄이혼을 이혼원인으로 병행하는 것도 한 방법이 될 수 있을 것이다. 프랑스 개정이혼법이 그 절차를 개선하여 하나의 이혼절차에서 복잡한 절차를 단순화한 것도 시사하는 바가 매우 크다고 보았다.

또한 1996년 영국의 개정법의 실패사례에서도 교훈을 얻을 수 있다고 보았는데, 그것은 고려기간은 짧아야 한다는 점, 이혼당사자에 대한 이혼설명회와 조정 및 상담은 혼인의 지지를 위한 노력뿐 아니라 이혼 후의 설계를 돕는 것이어야 한다는 점이다.

_ 비교사법 제12권 4호(한국비교사법학회, 2005) 게재

後 記

1. 이 논문에서 소개한 협의이혼제도의 개선은 이미 민법 제836조의2에 신설되어 2008년 6월 22일부터 시행되고 있다. 이혼 후 자녀양육(제837조)과 이혼 후 친권(제909조 4항)도 개정되었다. 2011년 친권관련규정의 개정은 제4부, "현행친권법상 子女의 利益과 父母의 책임" 후기 참조.
2. 2011년에 개정되어 2013년 7월부터 시행될 예정인 친권관련 규정의 개정은 제909조의2 신설, 제912조에 제2항 신설, 제927조의2 신설, 제931조 1항 개정과 2항 신설 등 광범위한 내용을 담고 있다.

別居制度 導入을 위한 立法政策的 研究

Ⅰ. 들어가는 말(문제제기)

어느 나라나 별거 부부는 있지만 그 법적 지위와 효과는 매우 다르다. 파탄주의 이혼법을 채택하는 대부분의 입법례에서는 혼인파탄의 객관적 증거로서 별거기간을 규정하고 있고,1) 이와는 별도로, 사실상으로는 이혼과 같은 법적 효과가 발생하지만 법적으로는 혼인관계가 유지되는, 소위 재판상 별거제도(Judicial Separation)를 채택하는 입법례도 있다.2)

전자의 경우가 일정 기간 동안의 별거기간이 혼인파탄의 증거가 되어 이혼원인으로 기능하는 파탄주의 이혼원인의 문제로서 비교적 최근에 나타난 제도라면, 재판상 별거제도는 서구 이혼법의 대원칙이었던 '혼인의 비해소성'을 미봉하는 수단으로 활용되다가 이혼법이 유책주의에서 파탄주의로 발전하는 동안 '사실상 이혼'과 '법적 혼인'이라는 두 개의 이질적인 요소를 포용하면서 때로는 이혼으로 가는 길목의 역할을 담당하기도 하고, 때로는 종교적인 이유로 이혼을 원치 않으나 사실상 이혼을 원하는 부부의 요구를 수용해 왔다는 점에서 양자는 구별된다.

우리 사회에도 별거 부부가 상당히 많은 것으로 추측되고 있다. 특히 유책주의 이혼법과 유책자의 이혼청구를 기각하는 대법원 판례에 따라, 재결합하기에는 상대방에 대한 분노가 있고 그렇다고 법률상 이혼도 할 수 없어 어쩔 수 없이 별거하게 된 부부의 경우만을 생각해도 '상당히 많을 것'이라는 추측이 가능하

1) 영국, 독일, 프랑스, 미국 및 서구의 이혼법의 대부분은 1969년 이래 파탄주의 이혼법으로 개정한 바 있다.

2) 이 논문 Ⅲ, 외국의 입법례에서 영국, 프랑스와 독일의 재판상 별거를 소개하고 있다.

다. 서구제국의 이혼법 발달과정에서 별거 제도가 부부의 혼인과 이혼의 중간단계 역할을 담당해 왔다면, 별거 제도가 없는 우리 사회에서는 별거하는 부부의 법적 지위와 권리는 오로지 '법적으로는 여전히 부부'라는 효과 이외에는 없다. 별거 부부에게 있어 '법적으로는 여전히 부부'라는 형식이 주는 의미는 다음 두 가지를 생각할 수 있다.

그 하나는 민법 제826조에 규정된 부부의 의무이다. 부부의 의무로는 동거의무, 부양의무, 협조의무와 정조의무가 있는데, 별거 부부는 이미 동거의무를 위반하고 있으나 동거는 강제가 불가능하므로 결국 동거의무위반의 경우에 악의의 유기를 이유로 재판상이혼을 청구할 수 있다는 의미가 크다. 반면에 재판상 별거제도는 부부의 동거의무로부터의 면제를 의미하므로 동거의무위반자도 유책자가 되는 것은 아니게 된다.[3] 정조의무도 마찬가지이다. 부부 일방이 별거 중에 정조의무를 위반한 경우에는 현행법상으로는 이혼과 간통죄 고소가 가능하지만, 재판상 별거는 정조의무의 면제를 의미하기 때문에 정조의무의 위반이 곧 이혼원인이 되는 것은 아니다.

별거제도가 없는 민법에서 별거 부부에게 중요한 의미를 지니는 것은 부양의무이다. 이 의무를 근거로 부부 일방은 상대방 배우자에게 부양료를 청구할 수 있기 때문이다. 그러나 별거하는 부부 중 경제적으로 곤란을 겪는 일방이 상대방 배우자에게 부양료를 청구하는 것은 번거롭고 비용이 들기 때문에 이용률은 그리 높지 않은 편이다. 재판상 별거제도에서도 부양의무는 있지만, 별거제도가 없는 민법의 경우와 다른 점은 재판상 별거에 이혼과 같은 효과가 인정되기 때문에 별거 청구시에 재산의 분할, 자녀에 대한 양육사항(양육자와 양육비 등)과 함께 부양료를 청구할 수 있다는 점이다. 그러므로 오로지 부양료만을 청구할 수 있는 민법의 경우와 달리, 여러 가지를 한번에 청구할 수 있어 절차의 번거로움 등의 장애를 극복할 수 있게 된다. '법적으로 부부'라는 또 하나의 의미는 별거 중에 배우자 일방이 사망하는 경우에 상대방 배우자에게 생존배우자로서의 상속상의 지위가 인정될 수 있다는 것이다. 그러나 그 경우에도 피상속인이 유언으로 다른 상속인 또는 제3자에게 유증을 하지 않은 경우에 한하여 상속을 기대할 수 있을

3) 파탄주의 이혼법에서 일정기간의 별거는 재판상 이혼과 재판상 별거의 어느 경우이든 혼인 파탄의 증거가 된다.

뿐 아니라,[4] 경제적으로 고통받는 부부 일방이 먼저 사망할 수도 있기 때문에 실효성은 제한될 수밖에 없다. 무엇보다도 배우자 사망에 의한 혼인의 해소는 상속법 원리에 따르게 되기 때문에 엄밀히는 별거 중의 법률관계라고는 할 수 없다.

별거 부부에게 있어 실효성 있는 법 제도는 이혼의 경우와 같이 재산분할청구를 보장하고 자녀가 있는 경우에는 양육에 관한 사항을 결정함에 있어 법원이 개입하는 것이다. 그러나 현행 민법상 별거는 이혼이 아니기 때문에 부부 일방은 상대방 배우자에게 재산분할을 청구할 수도 없고, 자녀가 있는 경우에도 친권이나 양육 및 양육비에 관하여는 전적으로 당사자에게만 맡겨져 있을 뿐이다. 부부간의 재산 문제나 자녀의 양육에 관한 사항을 오로지 별거 부부－상대방 배우자에 대한 비난을 품고 있는－에게만 맡기는 것은 경제적 약자인 배우자와 자녀의 복리라는 점에서 바람직하지 않을 뿐 아니라 극단적으로는 법의 보호밖에 방치하는 것과 다름없다.

이 글은, 별거 부부는 '형식적으로는 여전히 부부'라는 법원칙으로 인해, 별거 부부의 현실적인 문제[5]를 오로지 당사자에게만 맡기는 것은 타당하지 못하다는 문제를 제기함과 아울러, 법의 사각지대에서 방치되고 외면당하고 있는 별거 부부의 고통을 가족법의 테두리 내에서 찾을 수 있도록 입법정책적인 제안을 하기 위한 목적의 연구이다. 별거제도의 입법론을 연구하게 된 단초는 유책주의 이혼원인이 사실상의 별거를 양산하는 원인 중 하나로 작용하고 있다는 사실인식에서 비롯되었다. 예컨대 배우자 일방의 이혼청구가 기각됨으로 인해 이혼의 목적을 달성하지 못하는 경우(이혼청구가 기각될 것을 알고 이혼을 청구하지 못하는 유책자의 경우도 포함), 청구인은 상대방 배우자에 대한 분노를 품고 있을 것이며, 이혼을 원치 않는 배우자(대개의 경우 무책의)에게는 경제적인 어려움이 있는 등 별거 부부의 고통을 미루어 짐작할 수 있고, 그 고통은 자녀들에게도 전염될 것이 우려된다. 상대방에 대한 분노와 상처를 안고 있는 부부가 재결합할 가능성도 그리 높아 보이지 않는다. 그러므로 외국의 입법례와 같이 재판상 별거제도를 도입하여 혼인 중 취득재산의 분할과 미성년자의 친권과 양육사항에 관하여 법원에 청구할 수 있도록 함으로써 부부의 경제 문제와 자녀문제에 법원이 개입할 필

---

4) 피상속인이 다른 상속인에게 유증을 한 경우에 유류분을 청구할 수는 있다.

5) 별거 부부의 현실적인 문제는 경제적인 것과 자녀문제가 중요할 것이다. 재판상 별거제도를 취하는 입법례에서도 부부 사이의 경제와 자녀양육 문제에 집중하여 규정하고 있다.

요가 있다고 본다. 이에 따라 이 연구에서는 유책주의 이혼법에서 비롯된 별거 부부를 염두에 두고 전개하였으며, 입법정책의 참고자료로서는 영국, 프랑스와 독일의 별거 제도를 파탄주의 이혼법과 재판상 별거로 나누어 소개하였다.

II. 별거 부부의 원인별 유형

1. 별거의 원인별 유형

부부가 별거하게 된 원인은 부부의 구체적인 사정에 따라 다르겠으나 유책주의 이혼법에서도 그 원인의 일부를 발견할 수 있다. 유책주의 이혼법과 판례를 통해 드러난 사례를 염두에 두면서 별거 부부를 유형별로 나누어 보기로 한다.

첫 번째 유형은 유책자인 배우자 일방은 협의이혼을 원하나, 상대방 배우자의 동의가 없어 이혼할 수 없고, 재판상 이혼을 청구하는 경우에는 유책자의 이혼 청구라는 이유로 청구가 기각되어 별거하게 된 경우이다. 이혼청구가 기각되면 대개의 경우 이들 부부는 가정으로 돌아가 재결합하는 대신에 별거를 선택할 것이라는 예상을 전제로 한다면, 유책주의 이혼법에 의해 양산되는 별거 유형이라 할 것이다. 이러한 유형에 해당하는 부부의 경우를 판례에서 쉽게 찾을 수 있으나, 유책배우자의 이혼청구가 기각된 대법원 판례와 파탄주의로 해석되기도 하는 민법 제840조 제6호를 이유로 한 이혼청구가 기각된 판례를 살펴보기로 한다.

① 유책배우자의 이혼청구를 기각한 판례: 대법원 2004. 9. 24. 선고 2004므1033 판결은 장기간 혼인관계가 파탄에 이르렀고 혼인관계를 회복하는 것이 사실상 불가능하다고 보여지는 경우에도, 피고가 원고와의 결합을 평생의 희망으로 삼고 있었다는 이유로 원고인 남편의 이혼청구를 기각하였다. 그 이유는 "혼인을 계속할 의사가 전혀 없으면서 오기나 보복적인 감정에서 표면상으로만 이혼을 거부하고 있는 것으로 볼 여지가 충분히 있는 경우가 아니면 유책배우자의 이혼청구를 인정하지 않는다"는 대법원의 원칙에 따른 것이다.[6]

---

6) 물론 유책배우자의 이혼청구를 예외적으로 인용한 판결도 있다. 대표적인 경우로 대법원 1987. 4. 14, 86므28 판결이 있다. 그러나 대법원은 유책배우자의 이혼청구는 기각하는 것이 원칙이며 예외의 경우는 매우 엄격하게 해석하고 있다. 유책배우자의 이혼청구에 관한

② 민법 제840조 제6호를 해석함에 있어 유책주의적 요소를 고려한 판례: 대법원 1991. 7. 9. 선고 90므1067 판결은 혼인을 계속하기 어려운 중대한 사유의 의미에 대하여 "부부간의 애정과 신뢰가 바탕으로 되어야 할 혼인의 본질에 상응하는 부부공동생활관계가 회복할 수 없을 정도로 파탄되고 그 혼인생활의 계속을 강제하는 것이 일방 배우자에게 참을 수 없는 고통이 되는 경우를 말한다"고 하면서도, 그 판단에 있어서는 "혼인계속의 의미 유무, 파탄의 원인에 관한 당사자의 책임유무, 혼인생활의 기간, 자녀의 유무, 당사자의 연령, 이혼 후의 생활보장 기타 혼인관계의 파탄사정을 두루 고려하여야 한다"고 함으로써 역시 당사자의 책임 유무를 고려하고 있다.[7)]

두 번째 유형은 무책배우자의 이혼청구가 기각되어 별거하게 된 경우이다. 예컨대 대법원은, 남편인 피고(84세)가 영어교사로 근무하던 원고(처)를 사직시키는 등 가부장적 권위로 집안을 다스렸으며, 혼인 중 내내 자신이 경제권을 쥐고 원고에게는 빠듯한 생활비 정도만 주어 원고가 하숙, 담배가게, 리어카보관소 등을 경영하여 살림에 보탰으며, 고령이 된 후 공연히 원고를 이유없이 의심하여 원고가 전처소생과 불륜관계를 가졌다고 주장하는가 하면, 집에 감춰둔 돈을 원고가 가져갔다고 윽박지르거나 피고의 뜻에 거슬리는 행동을 하면 욕설을 하거나 폭행을 가하곤 하였으며, 화장실을 열어둔 채 대소변을 보거나 벌거벗은 채로 집안을 돌아다니는 일이 잦아지는 등의 추태를 보였으며, 원고가 피고가 건물매

연구는 신영호, "유책배우자의 이혼청구권 — 판례의 동향과 현황을 중심으로," 고려법학 제43호, 고려대학교 법학연구원(2004.4), 34면; 최문기, "유책배우자의 이혼청구에 관한 판례의 동향," 경성대학교 논문집 제18집 2권(1997), 154면; 이희배, "유책배우자의 이혼청구 허용법리와 전망 －대상 판결: 대법원 1996. 6. 25, 선고 94므741 판결－," 고황법학 제2권(1997), 229-230면; 이승우, "유책배우자의 이혼청구에 관한 판례분석," 사법연구 제5집(2000, 12), 268면; 이화숙, "이혼법의 변동요인과 개정방향, 가족법의 변동요인과 개정과제," 한중일 가족법학술대회자료집, 연세대학교 법학연구소(2007. 8. 31) 등이 있다.

7) 최근에는 제6호의 해석에 있어 당사자의 책임유무를 묻지 않고 파탄을 이유로 이혼을 인용하는 판결이 증가하는 경향을 엿볼 수 있다; 예컨대 대법원 2002. 3. 29, 2002므74 판결은 "처가 뚜렷한 합리적인 이유없이 남편과의 성행위를 거부하고 결혼생활동안 거의 매일 외간남자와 전화통화를 하였으며 그로 인하여 남편이 이혼소송을 제기하여 별거에 이르게 되었다면 부부공동생활관계는 회복할 수 없을 정도로 파탄되었고 그 혼인생활의 계속을 강제하는 것이 남편에게는 참을 수 없는 고통이 된다고 볼 여지가 있다"고 하였다: 대법원 2004. 8. 20, 2004므955 판결도 파탄주의에 입각한 판결로 볼 수 있다. 자세히는 이화숙(주 6), 참조.

도대금으로 받을 1억 6,000만원 중 5,300만원을 받아 피고에게 전해주지 않자 다툼이 벌어진 끝에 가출하여 큰딸 집으로 거처를 옮겼으며, 피고가 원고를 절도죄로 고소하고 이혼소송을 제기했다가 취하한 바 있는 등의 사실관계를 인정하면서도 "원고는 현재 만 75세이고, 피고는 만 83세에 이르는 고령인 점, 그 동안의 혼인생활기간, 원고와 피고가 혼인할 당시의 가치기준, 남녀관계, 원고는 위와 같은 정신적 장애증상을 나타내는 피고를 돌보고 부양하여야 할 의무 있는 사람이라는 점 등을 종합하면 위에서 인정한 사실만으로 피고가 원고에게 심히 부당한 대우를 하였다거나 원고와 피고의 혼인관계가 이미 회복할 수 없을 정도로 파탄에 이르렀다고는 보여지지 아니하고 달리 원·피고 사이의 혼인관계가 피고의 귀책사유로 인하여 파탄되었음을 인정할 만한 증거 없으므로 원고의 주장은 이유없다"는 이유로 원고의 이혼청구를 기각한 원심 판결에 위법이 없다고 하였다.[8] 원고는 피고의 행위가 민법 제840조 제3호의 배우자의 부당한 대우에 해당하고 제6호의 혼인을 계속하기 어려운 중대한 사유에 해당한다고 주장함으로써 전형적인 무책배우자의 이혼청구로 보임에도 기각이 된 것이다. 무책배우자의 이혼청구라 해서 언제나 인용되는 것은 아닌 듯하다.[9]

세 번째 유형은 부부싸움 끝에, 또는 어떤 계기로 부부 일방이 집을 나가거나 합의에 의해 별거하게 된 경우를 생각할 수 있다. 통계에 나타나지 않기 때문에 정확한 수치를 알 수는 없지만 이 유형에 해당하는 부부가 상당수 있을 것으로 예상된다.[10]

---

8) 대법원 1999. 11. 26, 99므180 판결.

9) 이 판결에 대해 자세히는 이화숙, "소위 황혼이혼과 재판상 이혼원인, 그리고 별산제의 한계," 연세법학연구 제7집 1권, 연세법학연구회(2000) 참조.

10) 한국가정법률상담소가 2004년에 실시한 한 조사결과에 따르면 기혼 조사대상자 1,084명 중에서 별거를 한 경험이 있다고 응답한 사람은 25.9%에 달하였다 한다. 이들 중 별거가 이혼으로 이어진 경우는 전체의 39.3%에 해당하는 101명, 재결합한 경우는 33.8%에 해당하는 87명, 조사 당시에 별거중이라는 응답은 26.8%에 해당하는 69명에 달하여 별거부부 중 상당수(39.3%)가 이혼하는 것으로 보인다. 그리고 재결합한 부부가 결합하게 된 이유는 부부관계의 개선이라기보다는 자녀문제 때문이라고 응답(81.7%)하여 부부에게 있어 자녀문제가 높은 비중을 차지하고 있음을 알 수 있다. 반면에 부부가 별거하지 않는 이유도 자녀문제, 경제적인 문제, 외로움, 배우자의 거부, 이혼으로 발전하는 것이 두려워서, 법적인 불이익 등으로 나타나 자녀문제, 경제문제가 높은 비중을 차지하고 있었다. 한국가정법률상담소, 이혼숙려기간 제도화에 관한 조사자료(2004년 4월).

네 번째 유형은 이혼소송과 간통죄 고소를 한 청구인이 이혼소송을 취하하여 혼인이 계속되게 됨으로써 별거상태가 계속되는 경우이다. 예컨대 대법원은, 妻가 夫를 간통죄로 고소하여 夫가 유죄 판결을 받고 복역을 하였으나, 妻가 이혼심판청구를 취하함에 따라, 夫가 제기한 이혼소송에서 "상대방도 그 파탄 이후 혼인을 계속할 의사가 없음이 객관적으로 명백하고 다만 오기나 보복적 감정에서 이혼에 응하지 않고 있을 뿐이라는 등의 특별한 사정이 있는 경우에만 예외적으로 유책배우자의 이혼청구권이 인정된다"[11]고 판시한 이래 이와 동일한 판례도 다수[12] 발견되고 있다. 이에 의하면 대법원은 무책배우자인 상대방 배우자가 이혼소송을 취하하는 등으로 혼인의사가 있는 것으로 보이는 경우에는 이혼을 인용하지 않는 듯하다. 이러한 경우는 첫 번째 유형에 해당한다고 볼 수도 있으나 무책자인 배우자 일방이 이미 유책배우자를 상대로 이혼소송을 제기하고 간통죄로 고소한 바 있으므로 첫 번째 유형과는 달리 상대방배우자(무책의)의 '혼인의사 없음'이 분명하다는 점에서 첫 번째 유형과는 구별된다.

2. 검 토

유책주의 이혼원인과 유책배우자의 이혼청구에 관련된 대법원 판례 중 극단적인 사례이거나 최근의 판례를 통해 별거 부부가 별거에 이르게 된 원인과 유형을 나누어 살펴보았다. 비록 대법원 판결 중 일부이기는 하지만 대법원 판결이 지니는 대표성과 하급심 판결에 미치는 영향력을 감안할 때 가정법원에서부터 대법원 판례에 이르기까지 이혼청구가 기각되어 현재 별거 중에 있는 것으로 짐작되는(재결합하는 경우는 많지 않다고 전제할 경우) 부부의 숫자는 상당할 것으로 짐작할 수 있다. 여기에 세 번째 유형인 이혼의 전 단계에서 별거하는 있는 부부와 어떤 이유로든 현재 별거하고 있는 부부를 더하면 그 숫자는 헤아리기 어려울

11) 대법원 1993. 11. 26, 91므177, 184 판결: 이 판결의 평석으로는 이화숙, "간통죄 고소배우자의 이혼취하와 유책배우자의 이혼청구," 가족법연구 제9호(1995), 164면 이하 참조; 같은 취지의 판결: 대법원 1997. 5. 16, 97므155 판결.

12) 대법원 1995. 11. 21, 95므731 판결; 대법원 1996. 6. 25, 94므741 판결; 대법원 1996. 11. 8, 96므998 판결; 대법원 1997. 5. 16, 97므155 판결; 대법원 1999. 10. 8, 99므1213 판결도 같은 취지이다.

정도로 많을 것이다. 별거부부가 당면하는 문제는 혼인파탄에 책임 있는 배우자에게는 이혼일 수 있고, 혼인파탄의 피해자이며 대부분의 경우에 무책배우자의 문제는 경제문제일 것이며, 이들 부부의 공통된 고통은 자녀문제일 것으로 생각된다. 이하에서는 이러한 문제에 대한 해법을 찾기 위해 재판상 별거제도를 채택하고 있는 외국의 입법례를 살펴보기로 한다. 영국의 경우는 비교적 자세히 소개하고 독일과 프랑스의 경우는 간단히 소개하기로 한다. 그것은 별거제도의 연혁이라든가 이혼법에 도입된 배경 및 이혼과의 차이점 등이 유사하기 때문이다.

Ⅲ. 별거제도를 취하는 외국의 입법례

1. 영 국

(1) 재판상 별거제도의 연혁

영국의 혼인법과 이혼법은 다른 서구제국의 경우와 같이 기독교 정신에 근거하며, 오랜 동안 교회법원의 관할하에 있었다. 이에 따라 서구제국의 혼인법과 이혼법은 "혼인은 聖事이고 따라서 영원히 그 유효성이 보존되지 않으면 안 되며," "유효한 신자의 혼인은 적어도 그것이 완성된 이상에는 해소할 수 없다"는 원칙 위에서 출발하고 있다. 혼인은 완성에 의해서만 聖事가 되고, 예수와 교회의 결합의 상징으로 되는 것이었으므로, '아직 완성되지 않은 기독교도의 혼인'과 '비기독교도의 혼인'은 해소할 수 있었음은 물론이다.

기독교도의 혼인의 비해소성 원칙에도 불구하고 교회는 일방배우자의 간통, 유기와 학대가 있는 경우, divorce a mensa et thoro는 인정하지 않을 수 없었는데, 이는 오늘날의 재판상 별거제도에 해당하는 것이며, 주된 내용은 '침상과 식탁으로부터의 분리(separation from bed and board: 이하 '탁상이혼'으로 표기함)'만을 인정하는 것이다. 탁상이혼은 일정기간 또는 불특정기간 동안 당사자에게 동거의무를 면제시켜 주는 대신 법적으로는 부부로 남아 있게 하면서, 재혼은 허용되지 않는 불완전한 형태의 이혼이었으며, 순결한(무책자를 의미) 아내는 alimony 형태의 경제적 부양을 남편으로부터 받을 수 있었다.[13] 결국 서구제국에서의 별거제도는 혼인의 비해소성의 원칙 때문에 불가피하게 태어난 제도라고 할 수 있다.

1857년에서 1969년 이혼법이 개정되기 전까지의 유책주의 이혼법하에서 존재하였던 재판상 별거 역시 불완전한 이혼에 해당함은 교회법과 다를 바 없었다. 다만 교회법하에서는 교회법정이 별거를 선고한 데 비해 유책주의 이혼법하에서는 법원이 별거를 선고하였다는 점이 다를 뿐이다.[14)]

(2) 영국 이혼법상 별거의 기능

영국의 이혼법인 Matrimonial Causes Act 1973(이하 MCA 1973으로 표기) 제1조는 이혼의 청구인은 혼인이 회복할 수 없을 정도로 파탄되었음을 근거로 이혼을 청구할 수 있다고 함으로써 혼인의 파탄을 유일한 이혼원인으로 규정하고 있다. 그리고 제1조 제2항에서는 혼인의 파탄을 추정할 수 있는 객관적인 사유들을 기준으로 제시하고 있으며[15)] 청구인이 혼인파탄을 주장하기 위해서는 법원에 다음 사유 중 하나 또는 그 이상을 입증을 통해 인식시켜야 한다. 즉,

① 피청구인이 간통을 하였으며 청구인의 피청구인과의 동거생활이 참을 수 없는 상태에 있을 것.

② 피청구인이 청구인과 동거함에 있어서 합리적으로 기대할 수 없는 행동을 취하였을 것.

③ 피청구인이 소제기 전 적어도 2년간 계속하여 청구인을 유기하였을 것.

④ 혼인당사자가 소제기 전 적어도 2년간 계속하여 별거하고 또한 피청구인이 판결의 부여에 동의할 것(합의 별거).

⑤ 혼인당사자가 소제기 전 적어도 5년간 계속하여 별거하고 있을 것(합의 없는 별거).

위의 혼인 파탄사유 중 별거가 이혼에 영향을 주는 경우는 다음 두 가지 경우이다. 그 하나는 혼인 당사자가 심판 청구일로부터 역산하여 2년 이상을 계속 별거 중이면서 피청구인이 이혼 판결에 동의한 경우(네 번째의 합의별거)인 경우

---

13) Marylynn Salmon, Women and the Law of Property in early America, The University of North Carolina Press(1986), p.60.

14) 영국의 별거제도의 연혁에 대하여 자세히는 이화숙, "영국의 별거제도에 관한 입법론적 연구," 가족법연구 제13호, 한국가족법학회(1999), 179면 이하 참조.

15) 그것은 혼인파탄에 대한 법관의 자의적인 판단을 방지하기 위함이라고 한다.

이고, 다른 하나는 혼인 당사자가 심판청구일로부터 역산하여 5년간을 별거중이나 이혼에는 동의하지 않는 경우이다(다섯 번째의 합의 없는 별거). 이러한 두 종류의 별거가 있으면 혼인의 파탄을 추정하는 것이다.16)

(3) 裁判上 別居(Judicial Separation)

재판상 별거는 1857년 법 이전의 교회법에 의해 인정된 탁상이혼을 이어받은 제도이다. 이론상 별거 판결의 효과는 남편과 아내에게 동거의무를 면제해 주기 위한 것이지만 실제로는 판결이 부부로 하여금 별거하도록 요구하는 것도, 법원이 판결에 의해 부부의 별거를 강요하는 것도, 남편을 혼인주택에서 추방하는 것도 아니다. 재판상 별거의 원인과 효과는 다음과 같다.

1) 裁判上 別居의 원인

재판상 별거의 청구는 혼인 배우자 일방이 이혼 원인의 기초가 되는 하나 이상의 사실을 근거로 법원에 제기한다. 그러나 이혼청구와는 달리 법원은 혼인이 파탄되었는가의 여부를 판결의 근거로 하지는 않는다. 그러므로 법원은 간통, 배우자의 불합리한 행동, 유기, 또는 별거 등의 사실 중 하나 또는 그 이상이 입증되면 별거 판결을 발한다.

2) 裁判上 別居의 효과

법원은 별거 판결을 내림과 동시에, 또는 판결 후에, 부부의 재산과 부양 및 자녀양육에 관한 명령을 발할 강력한 권한을 보유한다. 또한 법원은 별거 소송에 의해 1976년의 가정폭력과 혼인소송법(Domestic Violence and Matrimonial Proceedings Act 1976), 또는 혼인주택법(Matrimonial Homes Act)에 의한 구제를 적용하지 않고도 접근금지명령을 발할 수 있는 권한이 있다.

별거 판결은 청구인에게 피청구인과의 동거의무로부터 면제해주는 것이다. 비록 동거의무는 법으로 강요할 수는 없는 것이라 해도 동거의무를 이행하지 않는 경우에는 혼인의무위반이며, 그로 인한 법적인 불이익을 받을 수 있기 때문에

16) 세 번째 사유인 2년간의 유기는 별거라는 사실 외에 유기의 의사가 있어야 한다는 점에서 별거와 구별된다. 유기의 의사란 청구인 측에서는 별거에 대한 동의도 없고, 별거를 정당화할 이유가 없는 경우인데, 별거에 대한 동의가 없으면 '2년간의 별거'가 파탄으로 추정된다.

동거의무의 면제는 중요한 의미를 지닌다. 예컨대 판결이 유효한 동안은 어떤 배우자도 유기가 되지 않으며, 혼인에 내포된 성적 결합의 의무로부터도 면제되기 때문이다. 그러므로 남편이 아내를 강간한 경우에는 법적인 부부임에도 불구하고 강간죄가 된다.

한편 유언이 없는 경우의 상속권에 관하여, 재판상 별거 판결은 이혼의 효과와 같이 배우자 상호간은 타방 배우자의 재산에 대해 상속권이 없다. 그 이유는 무유언 상속의 원칙은 피상속인이 유언을 하였더라면 합리적으로 처리하였으리라 기대되는 의사를 반영한 것인데, 별거는 사실상의 혼인종료이므로 사망한 배우자는 별거 중인 배우자에게 재산을 남기고 싶어 하지 않으리라 추측되기 때문이다.[17] 물론 유언에 의한 권리에는 아무런 영향을 미치지 않는다.

3) 裁判上 別居의 실제

MCA 1973은 5년의 별거가 있으면 이혼 판결을 부여하도록 규정하고 있다. 그러므로 만일 배우자 일방이 이혼을 원한다면 5년간 별거하면 이혼을 할 수 있게 된다. 실제로 재판상 별거는 이혼으로 전환되는 것이 보통이지만, 이 때에도 절차적으로는 통상의 경우와 같이 이혼소송을 제기하여야 한다. 유책주의하에서는 배우자의 간통을 입증함으로써 이혼할 수 있었으므로 별거 판결은 배우자 일방이 타방배우자로부터 재산 분할을 받는 대신 그에게 재혼의 자유를 거부하는 수단으로 이용되었으나[18] 파탄주의 이혼법하에서는 배우자 일방이 타방 배우자의 의사에 반하여 혼인의 텅빈 껍질만을 보존하는 일은 매우 드물기 때문에 재판상 별거는 다음과 같은 경우에 제기된다.

① 당사자에게 종교상의 이유 또는 기타의 원인으로 이혼할 수 없는 사정이 있으나 법원이 그들의 문제(경제적 및 자녀의)를 해결해 주기를 원하는 경우,

② 혼인식을 거행한 지 1년이 경과되지 못하여 이혼 판결을 받을 수 없으나, 청구인이 법원으로부터 경제적 명령과 자녀양육에 관한 명령을 받기를 원하는 경우,

③ 청구인이 이혼은 원치 않으나, 공식적인 별거를 인정받고 싶은 반면에,

---

17) P. M. Bromley & N. V. Lowe, Bromley's Family Law, 7th ed.(1987), p.732.

18) 예컨대 Sansom v. Sansom 1966.

피청구인은 이혼 판결에 필요한 사실 중의 하나를 입증할 수 없는 경우이다. 예컨대 아내는 남편의 간통이나 비행을 이유로 재판상 별거 판결을 받을 수 있으나 이혼은 원치 않는 반면에, 남편은 이혼을 원하지만 5년의 별거기간이 경과하지 않았기 때문에 이혼을 청구할 수 없는 경우가 이에 해당한다.

이러한 제한된 조건에 해당하는 경우는 매우 드물 것으로 보이지만 추측과는 달리 실제로는 1969년 이혼법이 제정되어 1971년부터 시행된 이래 재판상 별거를 청구한 건수는 1971년에 211건, 1982년에는 7,480건으로 주목할 만하게 증가해 왔다. 법률위원회가 그 이유를 조사한 결과 재판상 별거청구가 제기되는 주 원인은 혼인 후 첫 3년이 지나지 않으면 이혼소송을 제기할 수 없다는 데 있음을 발견하였다 한다.[19] 이로써, 재판상 별거는 경제적 및 자녀양육과 관련된 명령을 받을 수 있는 편리한 수단으로 이용되고 있음을 알 수 있다.

이 후 1984년의 혼인과 가족소송법(Matrimonial and Family Proceedings Act)은 혼인한 날로부터 1년이 지나지 않으면 이혼소송을 제기할 수 없도록 개정하고, 이 기간 제한은 경솔한 이혼을 막기 위해 어떤 경우에도 예외가 되지 않는 것으로 하였다. 물론 1년 내에 행하여진 이혼원인 사실을 근거로 1년 후에 이혼소송을 제기하는 것은 가능하다.[20] 제소기간을 개정한 이후 재판상 별거 건수는 감소되기 시작하여 1988년에는 2,925건이 제기되었는데 그 중 1,917건이 별거 판결을 받았다 한다.[21]

4) 裁判上 別居와 이혼의 차이

별거 판결과 이혼 판결이 같은 점은 별거 판결을 받은 배우자도 이혼의 경우와 같이 자녀의 양육과 재산 및 부양에 관한 명령을 신청할 수 있다는 점, 별거 중 배우자 일방이 사망한 경우에는 상호간에 상속권이 없다는 점이다. 그러나 다음과 같은 몇 가지 점에서 별거와 이혼은 차이가 있다.

첫 번째, 재판상 별거와 이혼 원인은 공통되지만 판결의 기준과 법원의 관심이 다르다는 점이다. 이혼에 있어서는 혼인의 파탄 여부가 이혼을 결정하는 기준

---

19) P. Garlick, "Judicial Separation: A Research Study" 1983, 46 M.L.R.P. 719. S. M. Cretney, Principles of Family Law, 5th ed.(1990), p.179에서 인용.

20) Imogen Burton/Nancy Duffield/Dawn O'Tool, Family Law and Practice(1993/94, 2.2).

21) Cretney(주 19), pp.177-180.

이 되지만, 재판상 별거인 경우에는 파탄여부보다는 별거의 원인이 있는가의 여부가 판결의 기준과 관심의 대상이다.

두 번째, 제소기간에 있어 차이가 있다. 즉 이혼은 혼인 후 1년이 지나야 청구할 수 있는 반면에 별거에는 그러한 제한이 없다.

세 번째, 관할권에 있어 차이가 있다. 즉 이혼소송은 High Court[22]와 divorce county court에 관할권이 있지만, 재판상 별거는 divorce county court에 제기하여야 한다. 물론 별거소송도 High Court로 이송될 수는 있으나 다투어지지 않는 경우에는 county court의 특별절차에서 종결된다.[23][24]

네 번째, 이혼으로 혼인은 해소되지만 별거에 의해서는 법적인 부부관계가 유지된다. 그러므로 이혼한 배우자는 재혼할 수 있으나 별거 판결에 의해서는 재혼할 수 없다. 또한 이혼으로 배우자의 부양의무는 원칙적으로 종료되지만(예외가 많으나), 별거의 경우에는 부양의무가 지속된다.

2. 프 랑 스

(1) 프랑스 이혼법상 별거의 기능

2004년 개정된 프랑스 이혼법은 두 개의 유형에 4개의 이혼원인을 규정하고 있다. 그 하나는 상호동의이혼으로 이혼에 대한 부부의 동의에 의해 이혼이 선고된다. 다른 하나는 동의없는 이혼으로 유책이혼, 혼인의 파탄에 의한 이혼(이하 '파탄이혼'이라 함)과 부부 일방의 이혼청구에 대한 타방배우자의 승낙이혼이 이에 속한다.

프랑스 이혼법에서 별거가 혼인파탄의 증거가 되는 것은 파탄이혼으로, 2년의 사실상의 별거를 증거로 제시한 배우자 일방의 신청에 의해 개시된다(프랑스 민법 제238조: 이하 프민으로 표기). 별거는 순수하게 부부 공동생활이 없는 경우

22) 법원법에 의하여 만들어진 영국의 무제한 관할권을 갖는 제1심 법원으로, 우리나라의 지방법원에 해당한다. Probate, Divorce and Admiralty Division에서 유언검인사건, 혼인과 이혼 및 해사사건을 취급한다.

23) Matrimonial and Family Proceedings Act 1984, ss 33 and 39; Matrimonial Causes Rules (1977), r. 32.

24) Bromley's Family Law(주 17), p.156(별거소송 관할권), p.174(이혼소송 관할권).

를 의미하므로 피고인 배우자가 혼인이 유지되었음을 주장하는 경우에는 2년의 별거요건이 충족되지 않는다.[25)]

(2) 裁判上 別居

법적인 이혼이 인정(1884년)되기 전의 시대와 유책주의 이혼법하에서 재판상 별거는 오랫동안 실질적인 이혼의 역할을 수행하였다. 그런데 1976년 개정 이혼법은 구법과 같이 재판상 별거제도를 유지하였을 뿐 아니라 재판상 별거는 이혼과 같은 원인으로 청구할 수 있게 하였으므로 새로운 이혼사유가 추가된 개정 이혼법상 재판상 별거의 가능성은 더욱 넓어졌다고 할 수 있다. 1976년 이혼법에서 재판상 별거제도는 종교적 이유로 이혼법을 이용하는 것을 싫어하는 사람들을 위해 중요한 의미를 갖는다고 한다.[26)]

재판상 별거는 이혼과 동일한 사유 및 조건하에서 부부 일방의 청구에 따라 선고될 수 있고(프민 제296조), 이혼청구의 소의 피고인 배우자는 별거청구의 반소를 제기할 수 있으며, 별거청구의 소의 피고인 배우자는 이혼청구의 소를 제기할 수 있다(프민 제297조 1항). 만일 이혼청구와 별거청구의 소가 동시에 인용될 수 있는 경우에 법관은 쌍방유책이혼을 선고한다(프민 제297조 2항).

별거의 효과는, 혼인관계는 해소되지 않으나 부부의 동거의무는 종료된다는 것이다(프민 제299조). 그러나 부부간의 부양의무는 그대로 존속되며 별거선고의 판결 또는 그 후의 판결에 의하여 부양을 요하는 배우자를 위한 부양정기금을 정한다(프민 제303조 1항). 이 경우에 부양정기금은 유책의 유무를 고려하지 않고 부여되지만 부양정기금의 채무자인 배우자는 필요한 경우 부양료면제에 관한 프랑스 민법 제207조 제2항[27)]의 규정을 원용함으로써 면제가 인정될 수 있다.

별거는 언제나 재산의 분리를 초래하므로(프민 제302조) 혼인 중 취득재산의 분할을 청구할 수 있다. 또한 별거의 효과를 규정한 제2절 외의 효과는 이혼의

25) 2004년 개정된 이혼법에 관하여 자세히는 이화숙, "1996년 영국의 개정 이혼법의 폐기와 프랑스의 이혼법 개정이 주는 시사점," 비교사법 제12권 4호(통권31호), 한국비교사법학회(2005. 12), 280면 이하 참조.

26) Mary Ann Glendon, The Transformation of Family law, The University of Chicago Press(1989), p.170.

27) 제207조 제2항: 그러나 피부양자가 부양 의무자에 대한 의무를 해태하는 경우 법관은 부양의무자의 부양의무의 전부 또는 일부를 면제할 수 있다.

효과에 관한 규정에 의하므로(프민 第304조), 별거 부부 일방은 상대방에 대하여 자녀에 대한 친권과 양육비 등을 청구할 수 있게 된다.

만일 별거상태에서 부부 일방이 사망한 경우 생존 배우자는 법률에 의하여 생존배우자에게 인정되는 권리(상속권)를 보유하나 별거 판결이 프랑스 민법 제265조[28]의 구별에 따라 자신의 부담으로 선고된 때에는 이 권리를 상실한다(프민 제301조). 별거 판결로 인한 별거상태가 3년 이상 지속된다면 별거 판결은 부부 일방의 청구에 의하여 당연히 이혼 판결로 전환된다(프민 제306조).[29]

3. 독 일

(1) 獨逸 離婚法에서 別居의 機能

1976년 독일 개정 이혼법은 제1564조에서 재판이혼을 인정하고 제1565조에서 파탄주의를 유일한 이혼원인으로 채택하고 있다. 즉 독일 민법 제1565조 제1항은 "혼인이 파탄된 때에 이혼할 수 있다. 부부의 공동생활이 더 이상 존속할 수 없거나 또한 공동생활의 회복을 기대할 수 없을 때 혼인은 파탄된 것으로 본다" 고 규정하는 한편, 제2항에서는 "부부의 별거가 1년 미만인 때에는 다른 쪽 당사자의 신상에 존재하는 이유로 혼인의 계속이 신청인에게 기대하기 곤란한 가혹함이 있다는 이유로 청구된 경우에 한하여 이혼할 수 있다"고 규정하고 있다. 독일 민법 제1566조 1항에서는 "부부가 1년 이상 별거하고 부부 쌍방이 이혼을 청구하거나 또는 상대방이 이혼에 동의하는 때에는 그 혼인은 돌이킬 수 없이 파탄된 것으로 추정된다"고 하고, 제2항에서는 "부부가 3년 이상 별거한 경우에는 혼인은 돌이킬 수 없이 파탄된 것으로 추정된다"고 한다.

그러므로 혼인의 파탄이 추정되는 사유는 1) 1년의 별거와 합의, 2) 합의가 없는 경우에는 3년 이상의 별거 3) 1년 미만의 별거의 경우에는 혼인의 계속이

---

28) 프민 제265조: ① 이혼이 부부 일방의 일방적 과오로 인한 것이라면 그 배우자의 부담으로 이혼이 선고된 것으로 본다. 이혼이 공동생활의 파탄으로 인한 것인 때에는 이혼은 주동적으로 이혼을 청구한 배우자의 부담으로 선고된 것으로 본다.
② 자기의 부담으로 이혼이 선고된 배우자는 법률 또는 제3자와의 약정에 의하여 부여된 이혼배우자의 권리를 상실한다.
③ 공동과오 또는 공동청구에 의한 이혼의 경우에는 전항의 권리를 상실하지 않는다.

29) 이상의 프랑스 민법 규정은 명순구 역, 프랑스 민법전 참조.

신청인에게 가혹한 경우의 세 가지이다.

한편 독일 민법 제1567조는 별거의 정의를 다음과 같이 내리고 있다. 즉 "부부간에 가정공동생활이 존재하지도, 부부의 일방이 혼인공동생활을 거부하기 때문에 명백하게 가정공동생활을 회복하려고 하지도 않는 경우에 부부는 별거하는 것이다. 가정공동생활은 부부가 혼인주택에서 별거하는 때에도 존재하지 않는 것이다"라고 함으로써, 혼인공동생활의 부존재라는 객관적 요소와 혼인공동생활의 거부를 전제로 한다.[30)]

(2) 별거의 법적 효과

프랑스 민법이, 제6편 이혼에서 이혼원인과 효과를 규정하고, 재판상 별거에 관하여는 제4장에서 별도로 규정하고 있음과 달리, 독일민법은 혼인편과 이혼편에서 별거의 효과를 각각 규정하고 있다. 별거의 근거는 독일 민법 제1353조에 있다. 즉 제1353조 제1항은 부부간의 동거의무를 규정하는 한편, 제2항에서는 상대방 배우자가 권리의 남용으로서 동거를 주장하거나 혼인이 종료한 경우에는 이를 이행할 의무가 없다고 규정하고 있는데, 이 규정에 부부의 별거 권리가 내포되어 있다고 해석한다. 이에 따라 부부 일방이 별거를 청구하면 법원은 친권, 자녀 양육비, 배우자간의 부양비, 배우자의 개인 물건의 사용, 자녀의 특정 물건의 이용 등과 같이 별거의 상황에 필요한 중요한 명령을 발한다(독일 민사소송법 제620조).

별거기간 중이라도 부모 중 일방이 자녀에 대한 친권(Sorgerecht)을 주장하는 경우 가정법원은 이혼의 경우와 같이 친권자를 정한다(독일민법 제1672, 제1671조: 이하 '독민'으로 표기). 이때도 자의 복리의 원칙에 따라야 하며, 비친권자는 자녀를 만날 권리인 소위 면접교섭권을 갖는다(독민 제1634조). 또한 별거 부부 중 일방은 상대방 배우자에 대하여 부양료를 청구할 수 있으며(독민 제1361조), 가사용품의 인도청구(독민 제1361a조), 혼인주택이나 주택의 일부를 단독으로 사용할 것을 상대방에게 요구(독민 제1361b조)할 수 있다. 또한 부부가 3년 이상 별거하는 때에는, 이혼의 경우와 같이, 각 배우자는 부가이익의 사전 청산을 청구할 수 있다(독민 제1385조).[31)]

---

30) Dieter Schwab, Familienrecht, 8. Auflage, Verlag C.H.Beck(1995), Rn 290-295.

4. 비교법적 고찰이 주는 시사점

영국과 프랑스 및 독일의 이혼법상의 별거의 기능과 재판상 별거를 살펴본 결과, 파탄주의 이혼법에서 일정 기간의 별거는 혼인파탄의 증거로 기능하고 있다는 것, 재판상 별거의 원인은 이혼원인과 유사하다는 것,[32] 별거의 효과는 이혼의 효과와 같고 부양의무는 혼인의 효과와 같다는 것을 알 수 있었다. 다만 별거 부부 중 일방이 사망한 경우, 영국과 독일 민법은 생존배우자의 상속상의 지위를 인정하지 않는 데 비해 프랑스 민법은 생존배우자의 지위를 인정하지만 예외적인 경우에는 상속권을 제한하고 있다.

이처럼 별거부부에게 사실상의 이혼의 법적 효과를 인정한다면 부부 일방의 경제적 고통과 자녀문제가 어느 정도 해결될 것으로 보인다. 아래에서는 별거제도 입법론을 살펴본다.

IV. 별거제도 입법론

1. 裁判上 別居制度 導入의 기대효과

위에서 살펴본 바와 같이 서구제국에서 별거제도는 이혼불가의 원칙을 사실상 회피하기 위한 제도였으나, 그 후의 개정이혼법에서는 혼인과 이혼의 중간단계 역할과 별거 후 재결합으로 유도하는 완충지대의 역할을 수행해 왔다. 유책주의 이혼법과 파탄주의 이혼법에서의 별거제도의 기능을 나누어 살펴본다.

(1) 유책주의 이혼법에서 재판상 별거제도의 기능과 효과

현행 민법과 같이 유책주의 이혼법에서 재판상 별거를 도입하는 경우 별거부부 중 일방은 법원에 별거를 청구할 수 있으며, 별거 판결이 내려지면 부부 중 일방의 경제문제와 자녀문제가 동시에 해결될 수 있게 된다. 현재 우리사회에서

31) Schwab(주 30), Rn. 305.

32) 다만 이혼법에 유책사유를 규정하지 않은 독일민법은 별거원인을 따로 규정하고 있지 않다.

사실상 별거하는 부부들에게 있어 경제문제와 자녀문제는 오로지 분노를 갖고 별거하는 당사자에게 맡겨져 있어, 특히 자녀들의 양육과 복지에 문제가 있고, 경제능력이 없는 배우자 일방은 금전문제로 고통을 감수할 수밖에 없으므로 별거하는 배우자들의 적대감이 증가하게 하는 원인이 될 수 있다. 경제력은 있으나 유책배우자이기 때문에 아내와의 이혼 전쟁에서 결코 이길 수 없는 남편(대개의 경우)과, 이혼 거부라는 열쇠는 갖고 있으나 경제력이 없어 고통받는 아내와의 대결구도가 심화될 수밖에 없는 것이다.

민법에 별거제도를 신설할 경우 다음과 같은 효과를 부여함이 바람직하다고 본다.

첫째, 부부의 동거의무와 정조의무는 면제하는 한편 부양의무는 계속되는 것으로 할 필요가 있다.

둘째, 사실상 별거하거나 별거를 시작하려는 부부 중 일방의 청구에 의해 법원은 재산분할과 부양료지급 및 자녀양육권지정과 양육비지급을 명함으로써 자녀문제, 경제문제가 해결될 수 있도록 하여야 한다. 가정 폭력이 있는 경우에는 별거 판결만으로도 피해자를 신체적으로 보호하는 기능을 수행하는 결과를 기대할 수 있을 것이다.

이 때 영국의 경우와 같이 별거소송 중에도 접근금지명령을 발할 수 있도록 함으로써[33] 가정폭력의 피해자를 보호할 필요가 있다. 별거소송 중에 폭력이 발생할 가능성이 높기 때문이다. 폭력의 피해자는 가정폭력처벌법에 의한 보호를 받을 수도 있으나, 법적인 배우자를 고소한다는 심리적인 거부감과 보복에의 두려움으로 이 법의 적용을 회피하는 경향이 있기 때문이다.[34]

셋째, 현재 국회에 제출된 가족법 개정안에 포함된 혼인중 재산분할청구제도가 통과된다면, 별거 부부 중 일방이 사망한 경우에는 혼인중 재산분할을 받은 경우와 받지 않은 경우로 나눌 필요가 있다. 이미 재산분할을 받은 경우에는 상속분을 감액하거나, 영국과 독일의 경우와 같이 상속권을 인정하지 않는 것도 참고할 수 있을 것이다.

재판상 별거를 통한 법적 해결은 별거를 장기화할 수도 있으나 부부의 대결

33) Cretney(주 19), p.178.

34) 가정폭력법의 문제점에 대하여는 이화숙, "피해자 보호측면에서 본 가정폭력관련법의 문제점과 개선방안," 사회과학연구 제6집, 경원대학교 사회과학연구소(1999) 참조.

구도를 완화시킴으로써 상대방에 대한 분노를 가라앉히는 역할을 할 것으로 기대된다. 경제적 약자는 경제문제와 자녀문제가 해결됨으로써 타협할 수 있는 여유가 생겼기 때문이다. 부모의 분노는 자녀에게 악영향을 미친다는 점에서 특히 자녀문제 해결을 위해 반드시 필요한 제도라고 생각된다.

별거제도가 신설된다면 유책배우자에게는 매우 불리한 결과가 될 것이다. 유책배우자라는 이유로 이혼청구가 인용되지 못하는 외에 혼인 중 취득재산의 분할, 배우자에 대한 부양료, 자녀 양육비 지급 등의 책임이 따르기 때문이다. 그러나 이러한 문제의 근본적인 해결은 파탄주의 이혼법에서 찾을 수 있을 뿐이다. 유책주의 이혼법에서는 이혼으로 가는 열쇠가 무책의 배우자에게 있음을 감안할 때 재산분할과 자녀양육비 지급을 통해 무책 배우자의 마음이 돌아서기를 기대할 수밖에 없다는 한계가 있다.

(2) 파탄주의 이혼법에서 재판상 별거제도의 기능

영국이나 독일, 프랑스와 같이 파탄주의 이혼법하에서도 재판상 별거제도는 고유의 기능을 보유하고 있다.[35] 그 공통된 사유는 사실상으로는 이혼을 원하지만 종교적인 이유 등으로 이혼하기를 원치 않는 경우, 또는 혼인이 파탄되어 별거하는 경우가 이에 해당할 것이다. 후자의 경우, 일정 기간의 별거는 혼인파탄의 증거가 될 것이지만, 별거 부부 중 일방은 별거 판결을 통해 경제문제와 자녀문제를 해결할 수 있게 된다. 특히 영국 이혼법은 당사자간에 이혼이 합의되지 않은 경우에는 5년간의 별거를 혼인파탄의 증거로 채택하고 있으므로, 다음과 같은 경우에 별거를 청구한다. 즉 청구인은 이혼을 원치 않으나, 공식적인 별거를 인정받고 싶은 반면에 피청구인은 이혼 판결에 필요한 사실 중의 하나를 충족할 수 없는 경우이다. 예컨대 아내는 남편의 간통이나 비행을 이유로 재판상 별거 판결을 받을 수 있으나 이혼은 원치 않는 반면에 남편은 이혼을 원하지만 5년의 별거기간이 경과하지 않아 이혼을 청구할 수 없는 경우가 이에 해당한다.

35) 자세히는 이 글의 Ⅲ, 외국의 입법례 참조.

2. 立法論으로서의 파탄주의 이혼법

영국이 이혼법을 개정할 당시에 선언한 이혼법의 이상은 이혼법의 방향을 제시하는 좋은 지표라고 생각된다. 그것은 "혼인은 지지되어야 한다는 메시지를 내포하면서도, 회복이 불가능할 정도로 이미 파탄되어 버린 허울뿐인 혼인이라면 그 굴레를 벗어버리고 새 출발하도록 지원하되, 그 이혼과정에서 상담과 신중히 생각할 수 있는 기회와 자녀 등 약자에 대한 복지서비스가 제공될 수 있어야 한다"는 것이다.[36)]

이러한 이상에 비추어 볼 때, 협의이혼제도는 지나치게 이혼의 자유가 부여되어 있어 경솔한 이혼의 원인을 제공하고 있다는 지적은 타당하다. 협의이혼의 개정방향으로는 혼인 후 1년 내에는 협의이혼할 수 없도록 함으로써 혼인이 지지되어야 한다는 정책을 담는 것이 바람직하다고 본다. 또한 협의이혼은 이혼배우자에 대한 형평한 재산분할과 생계 능력없는 배우자에 대한 적정한 부양료지급 및 자녀의 복지를 기준으로 한 친권자 결정, 그리고 자녀에 대한 계획 등에 관한 당사자간의 협의가 있을 때 비로소 그 신고를 수리하도록 하여야 할 것이며, 협의의 과정에서 전문상담인의 상담을 받도록 할 필요가 있다.[37)]

재판상 이혼원인은 혼인의 파탄을 유일한 이혼원인으로 하는 것이 바람직하다. 그 경우, 재판상 이혼원인에 관한 제840조 본문은 "부부 일방은 혼인이 회복할 수 없을 정도로 파탄되었음을 근거로 이혼을 청구할 수 있다"고 규정하고 제2항에서는 혼인파탄사유를 제시하면 좋을 듯하다. 파탄사유로는 현행 이혼원인 중 배우자의 부정행위, 유기, 부당한 대우, 생사불명을 유지하고 그 외에 5년 이상의 별거를 추가한다면 유책주의에서 파탄주의 이혼법으로의 전환이 주는 충격을 완화할 수 있을 것으로 본다. 이러한 사유 중의 하나 이상을 입증하면 파탄을 추정하고 유책배우자의 이혼청구도 허용함으로써 이미 파탄된 혼인은 이혼을 허

---

36) Gillian Douglas, Family Values to the Fore? The International Survey of Family Law(1986), p.160.

37) 현재 국회에 제출되어 있는 가족법개정안에는 혼인 후 1년 이내에는 이혼을 제한하는 규정 이외에는 위에서 언급한 대부분의 내용이 포함되어 있음은 다행이다. 가족법개정안 중 협의이혼절차의 개선안에 관하여는 김상용, "협의이혼제도의 개선방향," 민법개정공청회 자료, 법무부(2006); 김매경, "협의이혼제도 개선안에 대한 소고," 가족법연구 제20권 3호(2006. 12); 이화숙, "가족법개정안," 법학연구 제36호, 연세대학교 법학연구소(2006)이 있다.

용하여 새 출발을 유도하는 것이 바람직하다고 본다. 그 경우, 이혼으로 인해 매우 곤란하게 되는 사정을 입증하면 이혼을 금지하도록 하는 이혼제한 규정이 필요하다. 영국의 현행 이혼법에 있는 이혼금지명령이 별로 활용되지 못함에도 불구하고 1996 개정 이혼법[38]이 이혼금지명령을 유지하기로 한 것은 소수의 당사자들에 대한 배려임은 이미 본 바와 같다. 영국과는 달리 한국사회에서는 이혼금지를 원하는 당사자들이 상당수 있을 것으로 예상된다. 이혼에 대한 사회의 금기가 아직은 강한 사회이기 때문이다. 그러므로 이혼금지 규정을 잘 활용한다면 파탄주의이혼법의 충격을 완화하는 구실을 할 것이다.

그러나 파탄주의 이혼법으로 전환하기 위해서는 다음의 몇 가지의 전제조건이 충족되어야 한다. 우선 혼인의 파탄을 선언하기 위한 절차가 매우 신중하여야 한다는 점이다. 예컨대 이혼 당사자에게 일정기간의 숙려기간(자녀가 있는 경우에는 3개월, 없는 경우에는 1개월 등)을 부여하고 이 기간 동안 상담과 조정을 받을 수 있도록 기회를 부여할 필요가 있다.

두 번째로, 이혼과정에서 당사자간의 재산분할이나 부양료지급 및 자녀의 복지를 위한 합의 등이 포함되어 있을 때 비로소 이혼이 되도록 함으로써 파탄주의 이혼법의 역기능을 보완하는 장치를 마련하여야 할 것이다. 현행 이혼제도는 성급한 이혼(협의이혼)을 무책임하게 허용하는가 하면, 재판상이혼에서는 유책주의적인 원칙을 유지함으로써 이혼피해자인 여성들이 보복이나 오기로 배우자의 이혼청구에 응하지 않는 한편으로, 자녀를 볼모로 하거나 상대방에 대한 미움으로 자녀를 학대하거나 심지어 유기하기도 한다. 이러한 결과는 부부의 이혼을 개인의 책임으로 방치하는 무정책도 원인의 일부를 제공하고 있다고 할 수 있다. 이혼자녀의 문제에 당사자들이 성숙하게 협의하도록 유도하는 이혼법, 그리고 가정법원의 상담과 조정서비스에 대한 필요성은 최우선의 과제이어야 한다. 사회의 인식이 변화될 때까지 기다릴 것이 아니라 법의 개정을 통해 사회의 인식을 유도하여야 할 시급한 과제이다. 그런 의미에서 현행 민법 제840조를 해석함에 있어 유책배우자의 이혼청구를 예외적으로 인용하는 등 구체적인 사정에 따라 해석에 의해 파탄주의적으로 운용하는 것은 매우 위험하다고 할 수 있다. 가정

38) 1996 개정 이혼법은 약 2년의 시험 시행 후 2001년에 폐기되었다. 이혼법의 내용과 폐기의 이유에 대하여 자세히는 이화숙(주 25), 263면 이하 참조.

내 약자에 대한 일반적인 보호장치가 전혀 없기 때문이다.

세 번째로, 이혼 배우자간의 재산을 분할함에 있어 부부간의 형평이 보장되어야 한다. 이혼시 재산분할에 관한 민법 제839조의2는 혼인중 취득재산의 분배방법과 비율에 관한 규정이 없기 때문에 법관에게 재량권이 있다고 할 수 있다. 이에 따라 최근 판례의 흐름과 같이 '남편은 소득원이며 아내는 경제적 의존자'라는 인식을 바탕으로, 전업주부였던 아내에게 남편명의 재산의 30% 정도를 분할하고, 이혼배우자의 능력에 관계없이 부양료지급을 인정하지 않는 현실을 개선함이 없이 파탄주의 이혼법으로 전환한다면, 약자를 더욱 비참하게 만드는 결과가 될 것이다. 그러므로 혼인중 취득재산의 형평한 분배가 전제됨이 없이 파탄주의 이혼법으로 전환하는 경우, 피해자인 아내에게 약간의 재산을 분배해 주는 대신에, 어쩌면 우리 사회에서 이혼 여성을 지탱하게 하는 무기일 수도 있는 '이혼으로 가는 열쇠'를 박탈함으로써 대부분의 이혼피해자인 여성을 더욱 비참하게 만드는 결과가 될 수도 있을 것이다. 그러므로 형평한 재산분할을 전제로 이혼으로 가는 열쇠도 공유(파탄주의를 통해)할 수 있도록 유도하여야 할 것이다. 특히 이혼시 재산분할에 있어서는, 파탄주의 이혼법에서는 원칙적으로 위자료청구가 인정되지 않음을 감안하여, 연금이나 퇴직금, 영업권 및 자격증 등의 재산도 분할함으로써 형평한 분배가 전제되도록 할 필요가 있다.[39]

네 번째로, 이혼 배우자간에 부양료 청구가 가능해야 한다. 이혼시 재산분할청구권과 부양료청구권을 분리하는 것이 바람직하다고 본다.

다섯 번째, 기혼여성들의 사회진출이 가능한 사회여건이 전제가 되어야 한다. 재산을 분할받은 것으로 일생을 살 수 있는 여유가 있는 여성들은 많지 않기 때문이다. 파탄주의는 결국 유책배우자의 이혼청구를 허용하는 결과 이혼의 자유와 연결되기 때문에 남녀의 지위, 특히 경제적 지위가 동등한 사회에서 순기능을 발휘할 수 있을 것이다.[40]

39) 가족법 개정안에서는 이혼시 재산분할의 동등성을 보장하고 있다.
40) 이에 대하여 자세히는 이화숙(주 14) 참조.

V. 별거제도 신설안

1. 재판상 별거제도 신설안

제842조의1(재판상 별거원인) 부부 일방은 이혼과 동일한 원인으로 별거를 청구할 수 있다. 제842조의2(별거의 효과) ① 별거로 인하여 혼인관계는 종료되지 아니하나 부부간의 동거의무는 종료된다. ② 별거 부부의 부양의무는 존속한다.

〈해설〉 1. 외국의 입법례와 같이 별거청구원인은 이혼원인과 동일하게 하는 것이 바람직하다. 다만 현행 민법상 이혼원인은 유책사유를 엄격하게 해석하고 있으나 별거원인은 이혼원인 중 하나 이상의 사유에 해당하면 청구를 인용할 수 있을 것이다. 혼인파탄에 책임있는 배우자라도 민법 제840조 제6호의 '혼인을 계속하기 어려운 중대한 사유' 있음을 이유로 별거를 청구할 경우 인용하되 이혼의 효과를 부여한다면, 형식적으로만 부부인 관계를 유지하게 하는 유책주의의 한계를 극복할 수 있게 될 것이다.

2. 별거의 법적 효과는 혼인이라는 형식은 유지하되, 동거의무는 면제된다는 것이다. 동거의무의 면제는 정조의무의 면제를 의미하기도 한다. 그런 의미에서 현재와 같이 사실상 별거하는 부부의 지위와는 매우 다른 법적인 효과가 부여되게 된다.

3. 재판상 별거에도 불구하고 별거 부부 상호간의 부양의무는 유지할 필요가 있다. 법적으로는 여전히 부부이기 때문이다. 미성년자녀에 대한 부모의 양육비 지급 의무는 부모의 신분에서 유래하는 생래적인 의무이므로 규정의 유무에 관계없이 당연히 인정되고 존속된다.

제843조(준용규정) ① 현행과 동일 ② (신설) 제837조, 제837조의2, 제909조 제4항 및 제839조의2의 규정은 재판상 별거의 경우에 준용한다.

〈해설〉 입법기술의 면에서는 별거의 효과를 제842조의2에 상세히 열거하기 보다는, 제843조(준용규정)에 제2항을 신설하여 재판상 별거에 준용하는 것이 간결하다. 다만 이혼의 경우에는 이혼 후 친권자 결정에 관한 제909조 제4항을 준용할 필요가 없으나(이 규정 자체가 이혼 후 친권자결정에 관한 내용이므로), 별거의 경우에는 제909조 제4항을 준용하도록 하여 친권자공백이 없도록 할 필요가 있다.

제1003조(배우자의 상속순위) 1안: ③ 피상속인과 별거하던 배우자는 재산분할을 받지 않은 경우에 한하여 생존배우자의 상속권이 있다는 규정을 신설하는 방안. 2안: 3항을 신설하지 않는 방안(재산분할을 받은 경우에도 상속권은 인정하되, 제1009조에서 법정상속분을 감액하는 방안)

〈해설〉 별거 부부 일방이 사망한 경우에 다른 일방 배우자에게 생존배우자로서의 지위를 인정할 것인지에 대하여는 프랑스와 같이 인정하는 입법례도 있고 영국과 독일과 같이 인정하지 않는 입법례도 있다. 영국의 경우 피상속인에게 유언이 없는 경우에, 별거 중인 배우자에게 상속권을 인정하지 않고 있는데 그 이유는 피상속인의 의사를 추측한 데 따른 것이라 한다. 프랑스 민법은 생존배우자에게 원칙적으로 상속권을 인정하되, 일정한 경우에는 상속권을 부인할 수 있게 하였다.[41]

다른 한편, 현재 국회에 제출되어 있는 가족법개정안에는 혼인중의 재산분할을 인정하는 한편, 혼인중 재산분할을 한 후에 일방 배우자가 사망한 경우에는 생존배우자의 상속분이 아니라 다른 공동상속인의 상속분과 같은 정도의 상속분을 인정하고 있음에 주목할 필요가 있다. 물론 혼인 중의 재산분할과 별거의 경우는 다르다. 혼인 중의 재산분할은 부부 공동생활이 있음을 전제로 한 제도인 반면에 별거 부부의 경우 별거 이전에 취득한 재산에 대한 기여분은 재산분할로 현실화되었으며, 별거 이후에는 공동생활이 없다는 점에서 피상속인 명의의 재

41) 송혜영, "별거제도에 관한 연구," 재판실무연구(2003), 225면은 별거 배우자에게도 상속권을 인정하되 그가 제3자와 동거하는 등의 특별한 사정이 있는 경우에 한하여 부인하는 것이 바람직하다는 견해를 밝히고 있다.

산에 대한 기여분은 없다고 할 수 있다.

제1안은 혼인 중 이미 재산을 분할받은 경우에는 별거 중인 배우자의 상속권은 부인하고, 재산의 분할을 받지 않은 경우에 한하여 상속권을 인정하는 방안이다. 후자의 경우에는 제1009조에서 생존배우자에게 가산하는 규정이 그대로 적용될 것이다.

이에 비해 제2안은 프랑스 민법과 같이, 재산분할을 받은 경우에도 배우자 상속분을 인정하되, 다른 공동상속인의 2분의 1을 그의 상속분으로 하는 방안이다(제1009조 제2항 단서에 신설). 재산분할을 받지 않은 경우에는 생존배우자의 상속분을 인정한다.

제1009조(법정상속분) 제1003조의 제1안에 의하는 경우: 현행규정 유지(재산분할 받지 않은 경우에는 생존배우자의 상속분 가산을 인정). 제2안: 제2항 단서에 "다만 별거 중에 이미 재산분할을 받은 경우의 배우자는 다른 공동상속인의 2분의 1을 그의 상속분으로 한다."

〈해설〉 제1003조의 제1안은 별거 배우자가 이미 재산분할을 받은 경우에는 생존배우자의 상속권을 부인하고 재산분할을 받지 않은 경우에는 생존배우자의 상속분을 인정하는 방안이다. 이 경우에는 제1009조에 별다른 규정을 신설할 필요는 없다.

제2안은 별거 중에 재산을 받은 경우에도 생존배우자의 상속권이 인정되는 대신에 그 상속분은 다른 공동상속인의 상속분의 2분의 1로 하는 방안이다. 이 경우에는 제1009조 제2항에 단서를 신설함이 바람직하다.

2. 파탄주의 이혼원인 개정안

제840조(재판상 이혼원인) ① 부부 일방은 혼인이 회복할 수 없을 정도로 파탄되었음을 근거로 이혼을 청구할 수 있다. ② 다음 각호의 사유가 있는 때에는 혼인은 회복할 수 없을 정도로 파탄된 것으로 추정한다. 1. 배우자의 부정행위로 인해 혼인이 회복할 수 없을 정도로 파탄되었을 때

2. 배우자의 2년 이상의 유기로 인해 혼인을 계속하기 어려운 때
3. 배우자의 부당한 대우로 혼인을 계속하기 어려운 때
4. 배우자의 생사가 3년 이상 불명인 때
5. 배우자와 5년 이상 별거하고 있을 때

〈해설〉 현재의 유책주의적인 이혼원인을 순수한 파탄주의로 전환하는 것은 무리이며 사회에 주는 충격이 매우 클 것으로 생각된다. 그러므로 현행의 유책주의와 파탄주의를 절충하는 과도기적인 개정이 충격을 완화하는 방법이 될 것이다. 또한 현행 제840조는 본문이 유책주의적으로 표현되고 구성되어 있으나 이를 파탄주의 원칙으로 전환함으로써 혼인의 파탄을 이유로 이혼여부를 판단할 수 있게 될 것이다. 다만 파탄을 추정하는 사유중 제1-3호는 유책사유로, 제4, 5호는 파탄사유로 구성하여, 유책사유의 청구인은 무책자인 배우자가 될 것인 반면에, 제5호의 파탄사유는 유책배우자라도 5년 이상 별거하면 혼인의 파탄이 객관적으로 증명되어 이혼이 인용될 수 있게 하는 구조이다.

제840조의1(신설) ① 이혼을 청구한 부부는 청구일로부터 1개월(자녀가 있는 경우에는 3개월) 후에 이혼에 관한 조정과 심판을 받을 수 있다. 이 때 이혼을 청구한 부부 중 일방은 제840조의 사유 중 하나에 해당하여 혼인이 파탄되었음을 입증하여야 한다.

② 가정법원은 이혼을 청구한 부부에게 제1항의 기간 내에 이혼에 관한 안내를 하고, 전문상담인의 상담을 받도록 권고하여야 한다.

③ 이혼당사자는 1개월(자녀가 있는 경우에는 3개월)의 기간 내에 자녀의 복리를 위한 양육사항과 친권자 및 배우자 상호간의 재산문제에 관한 협의서를 제출하여야 한다.

제841조(삭제)

제842조(삭제)

VI. 맺는 말

현행 민법이 취하는 유책주의 이혼법은 예컨대 부부가 10년 이상 별거하여 혼인의 파탄이 분명해 보이는 경우에도 별거의 사실은 법적으로 아무런 의미가 부여되지 않고 오로지 이혼의 청구인이 유책자인가 무책자인가를 판단하는 구조이다. 이에 따라 혼인 파탄에 책임 있는 배우자의 이혼청구는 기각하고, 무책 배우자의 이혼청구는 인용함으로써 가정과 함께 약자인 배우자를 보호하는 순기능을 발휘함에 틀림없다. 그러나 지나치게 엄격한 가정보호 기능으로 인해 유책배우자는 이혼을 원하는 반면에 무책의 배우자는 이혼을 원치 않을 경우에는 형식적인 부부관계만이 유지될 뿐, 사실상으로는 이미 타인으로 사는 부부가 양산되는 구도라고 할 수 있다. 이들 별거부부에게 있어 유책자의 고통은 혼인의 계속일 것이고, 무책배우자에게는 경제적인 어려움이 예상된다. 이들에게 자녀가 있는 경우에는 양육권, 친권, 양육비 등이 부부 공통의 고통일 것이다. 그뿐 아니라 유책자인 배우자는 이혼에 응하지 않는 배우자에 대하여 분노하게 되고, 그 상대방 배우자의 경우 경제적 어려움으로 인해 상처가 더욱 가중될 우려가 있으며, 이들 부부의 분노는 자녀들에게 전염될 것이 틀림없다. 이에 따라 유책주의 이혼법에서 양산될 수밖에 없는 별거부부의 문제에 대하여 적극적인 법적인 대책이 필요하다고 본다.

이 글에서는 들어가는 말(I)에서 이러한 문제를 제기하고 별거 부부의 유형을 유책주의 이혼법과 관련하여 4가지로 분류하여 제시한 후(II), 그 해법을 찾기 위해 외국의 별거제도를 비교 고찰하였다(III). 그 결과, 파탄주의 이혼원인에서 주로 쓰이는 혼인파탄의 증거로서의 별거와, 서구이혼법의 발달과정에서 이혼불가 원칙을 미봉하기 위한 수단으로 활용되어 오던 재판상 별거제도를 그 기능과 함께 소개하였다.

이 연구의 관심은 후자의 재판상 별거에 있다. 그것은 서구 이혼법이 일찍이 경험하였던 이혼법에서 재판상 별거제도는 혼인과 이혼 사이의 과도기적 역할을 수행해 왔음에 주목하였기 때문이다. 예컨대 유책주의 이혼법에서의 별거제도는, 우리 민법의 경우와 같이, 유책자의 이혼청구가 기각되기 때문에 어쩔 수 없이 껍데기만 남은 텅빈 혼인을 유지할 수밖에 없는 부부에게, 동거의무와 정조의무는 면제해 주는 한편, 부양의무는 지속되는 것으로 보아 부부의 법적 지위와 별거의 현실이 절묘하게 조화될 수 있었다는 점이다. 또한 부부 사이의 재산문제, 자녀문제에 관하여는 이혼과 같은 효과를 부여하면서도 재혼의 자유는 인정하지 않음으로써, 혼인과 이혼 사이의 긴장관계를 완화시키는 기능을 수행하는 동안, 때로는 이혼으로 가는 길목이 되기도 하고, 때로는 부부를 재결합으로 유도하는 완충지대 역할을 담당하여 왔다.

이에 따라 별거제도의 기능을 유책주의와 파탄주의 이혼법으로 나누어 살펴본 후(IV), 파탄주의 이혼원인에 관한 개정안과 재판상 별거제도의 신설안을 사안으로 제안하여 보았다(V). 파탄주의 이혼원인의 개정을 제안한 이유는, 현행 민법 제840조는 유책주의로 해석할 수도 있고 파탄주의로 해석할 수 있는 구조인데, 법원의 실무와 판례는 이미 파탄주의를 향하고 있다는 인식에 근거한 것이다. 파탄주의에는 순기능도 있지만 유책배우자의 이혼청구마저 인용함으로써 혼인의 도덕적 의무를 약화시킴과 동시에 약자보호기능이 미흡하다는 등의 역기능을 담고 있기 때문에 법의 해석에 의해 파탄주의로 가는 것은 대단히 위험하다. 이혼법이 파탄주의로 전환하는 것이 바람직하다면 법의 개정을 통해, 약자인 배우자와 자녀에 대한 약자보호장치를 마련한 후에 출발하여야 할 것이다. 해석으로 파탄주의를 확대하는 것은 마치 약자에 대한 보호 장치를 거둔 후 약자와 강자가 대결하게 하는 결과에 다름 아니며, 자칫하면 혼인의무는 위반해도 된다는 메시지마저 전달될 우려가 있다.

_ 법조 제57권 제3호(법조협회, 2008) 게재

後 記

이 논문 말미에, "가족법개정안에는 혼인중의 재산분할을 인정하는 한편, 혼인중 재산분할을 한 후에 일방 배우자가 사망한 경우에는 생존배우자의 상속분이 아니라 다른 공동상속인의 상속분과 같은 정도의 상속분을 인정하고 있음에 주목할 필요가 있다"고 하였으나, 여기서 언급한 개정안은 국회를 통과하지 못하고 폐기처분되었다.

이혼 후의 경제에 관한 영국의 법과 실제

Ⅰ. 머 리 말

이 글에서는 이혼 후 배우자간의 부양과 혼인주택을 중심으로 한 재산분할과 자녀양육비산정 등 이혼 후의 경제관련 문제에 관한 영국법과 법원에서의 실제, 그리고 강제집행 방법 등을 하나의 맥락에서 파악하고자 한다. 이들 경제관련 문제는 상호 의존적으로 연결되어 있으며, 법과 제도는 법원에서의 절차와 판례를 통해 그 의미가 실현되는 것이기 때문이다.

영국법이 우리 민법과 같이 법정부부재산제로서 별산제를 취하고 있음은 주지의 사실이다. 그러나 출발은 같지만 그 제도의 실현 과정과 나타난 결과는 판이하다. 영국법이 이혼 후의 경제관련 문제를 해결해 나가는 기준은 '형평(특히 부부간의)'과 '子의 이익(자녀 양육비 결정시)'이며, 영국 법원의 관심이 '당사자간의 형평과 子의 이익을 보장하려면 어떻게 하여야 하는가'에 있다면, 우리 법원의 관심(법의 기준은 없으므로)은 부부간에는 '누가 재산축적에 얼마나 기여했는가(당사자의 사정은 고려하지 않고)'에 있으며, 자녀의 양육비에 관하여는 애당초 이혼 후의 친권행사자 결정(또는 양육자 지정)시에 '子의 이익'보다는 '부모의 경제적 지위'를 비교하여 경제적 우위에 있는 부모 중 일방에게 우선권을 주는 경향이 농후하기 때문에 문제로 등장할 소지가 적은데다가,[1)] 어른들의 감정대립·재산다툼에 묻혀 '문제'로 인식조차 되지 않고 있는 것이 현실이다.

그 원인은 어디에 있는가? 그것은 법과 제도를 해석하고 운용하는 사람들의

1) 子의 양육비문제는 子의 이익을 기준으로 양육자(예컨대 母)가 지정되었으나 그 양육자에게 子를 양육할 경제적 능력이 없는 경우에 상대방배우자에게 양육비를 청구하는 경우에 발생하는 것이 보통이기 때문이다.

사고와 기준이 다르기 때문이다. 영국 법원이 형평이라는 유연한 잣대와 자녀의 이익이라는 '사람 중심'의 기준을 갖고 있다면, 우리의 법 해석은 '법과 제도 중심'인 듯하다. 그 결과 법의 해석과 운용이 형식적, 획일적이며, 남성 중심적이며 어른 중심적이다. 법과 제도가 중심이 되니 '사람'이 보이지 않는 것이며, 남성과 어른이 중심이 되니 '여성과 아동'으로 대표되는, 이른바 약자가 배려되지 못하는 것이다.

이혼 후의 경제를 다루는 영국의 법과 실제에서 우리가 배우고 참고할 것은, 사람을 중심으로 하여 같은 것은 같게, 다른 것은 다르게 다루는 그 형평성과, 자녀의 이익에 대한 세심하고도 단호한 배려일 것이며, 무엇보다도 오랜 동안의 시행착오를 통해 쌓아온 그들의 소중한 경험일 것이다.

II. 이혼 후의 부양과 재산분할명령

1. 법원의 권한

이혼 후 부부의 경제문제를 해결함에 있어 법원이 할 수 있는 권한에 대하여는 1973년 혼인소송법(Matrimonial Causes Act 1973 : 이하 MCA로 표기) 22조-24조에 규정되어 있으며, 그 명령은 크게 소득 명령(Income Order)과 재산 명령(Capital Order)으로 분류할 수 있다. 소득 명령이란 이혼 후의 부양에 해당되는 것으로,

1) 소송 계류 중의 부양(Maintenance Pending Suit)
2) 정기금 지급(Periodical Payments)
3) 담보부 정기금 지급(Secured Periodical Payments)이 있으며,

재산의 청산에 관한 명령은 민법상의 재산분할에 해당하는 명령으로서,
1) 일시금 지급 명령(Lump Sum Orders)
2) 재산 조정 명령(Property Adjustment Orders)
3) 재산의 매각 명령(Orders for Sale) 등이 있다.

배우자들은 이혼 소송 제기시 또는 그 후에 이들 명령의 모두 또는 그 중 일부를 선택하여 청구할 수 있다. 경제관련청구는 이혼의 假判決[2]이 내려진 후에 비로소 심리가 행해지며, 그 명령은 이혼 확정 판결 이후에 비로소 그 효력이 발생한다. 다만 소송계류 중에 부양 청구를 하는 경우에는 그 특성상 이혼 확정 판결 이전에도 지급 명령이 내려지며, 자녀 부양비 관련 청구는 어떤 경우에나 청구할 수 있고 심리되며 그에 관한 명령은 즉시 그 효력을 발한다.

2. 소득 명령(Income order)[3]

(1) 소송계류 중의 부양료 지급 명령(Maintenance Pending Suit: 이하 MPS로 표기)

정기금 지급명령은 이혼 확정 판결 이후에 비로소 효력을 발하지만 그 이전에 부양을 필요로 하는 사람은 MCA 1973, 22조에 따라 소송계류 중의 부양료(MPS)를 청구할 수 있다. 그 명칭이 말해 주듯이 MPS는 이혼 판결이 내려지기까지의 기간 동안에 한해 배우자 일방이 처한 어려운 상황을 극복할 수 있도록 정기금 지급을 명령하는 데 불과하다. 따라서 정기금 지급 명령은 즉시 그 효력을 발하는 것이다. 실제에 있어 법원은 이혼 확정 판결이 선언된 이후 일정시기까지는 이혼 관련 부수적 청구에 대한 심리를 하지 않는 것이 관례이기 때문에 잠정적 부양료 지급 명령(MPS를 의미함)은 부양 정기금 지급 명령을 받기까지의 기간 동안에 경제적 어려움을 겪는 배우자를 위해 중요한 실제적 의미를 갖는다. MPS는 이혼소송이 제기된 후 언제라도 청구할 수 있고 심리될 수 있으며, 배우자를 위해서만 그 효력을 갖는다. 자녀에 대한 부양비 청구는 이혼소송이 제기됨과 동시에 승인될 수도 있으나, 자녀 부양비 담당기관(Child Support Agency)에 부양료를 청구[4]할 수도 있기 때문이다.

---

2) 법원이 혼인파탄의 심증을 갖게 되면 이혼의 假判決(decree nisi)이 내려지며, 가판결을 받은 날로부터 6주가 지난 후에 청구인은 확정 판결의 신청서를 제출한다. 이 때 판사는 판결을 확정시켜서는 안될 사유가 있지 않는 한 확정 판결(decree absolute)을 승인하며, 이로써 혼인은 해소된다. 서희원, 영미법강의(1994), 215-216면 참조.

3) Income Order를 직역하면 소득 명령이지만 그 내용은 일방 당사자의 소득 중 일부를 정기적으로 타방에게 분배하도록 하는 명령이므로, 이하에서는 이해의 편의를 위해 부양료 지급 명령으로 번역하기로 한다.

(2) 정기금 지급(Periodical Payments)

정기금 지급은 주별 또는 월별의 형태로 지급하도록 명령하며, 배우자, 자녀 또는 자녀를 돌보는 배우자에게 자녀를 대신하여 지급된다.[5] 법원은 설사 이혼 청구를 기각하더라도 기각 후 일정기간 동안은 자녀를 위한 정기금 지급을 명할 수 있다.

배우자에 대한 모든 정기금 지급 명령은 수혜자의 사망이나 재혼으로 종료되며, 담보되지 않은 정기금은 지급자의 사망으로도 종료된다.[6] 따라서 지급자의 재혼은 정기금 지급에 아무런 영향을 받지 않지만 만일 정기금 지급자가 새 배우자를 부양하여야 하기 때문에 경제적으로 어렵다는 사정을 이유로 정기금 지급을 면제하거나 감액해 달라는 신청을 한 경우에는 지급자의 재혼이 영향을 주는 경우도 있을 수 있다.

법원은 예컨대 처가 직업을 갖거나 취업을 위한 재훈련을 받기까지의 적응기간을 거쳐 독립하게 된다는 사실을 고려하여 이에 필요한 기간에 한하여, 수년간 또는 수 개월간, 정기금을 지급하도록 명령할 수 있으며, 그러한 지급기간의 제한이 타당한지에 대하여 고려할 의무가 있다.[7]

자녀에 대한 부양료 지급은 자녀가 17세에 달하는 생일날 종료되는데 다만 그의 이익을 위해 18세까지 부양료를 지급하는 것이 필요하다고 판단되는 경우 – 예컨대 자녀가 전일제교육(full time education)을 받는 과정에 있는 경우 등이 이에 해당한다 – 에는 18세 생일날까지 연장할 수 있다.[8] 또한 자녀에게 그 이상의 교육이나 학문상의 필요 또는 직업상의 필요가 있거나, 자녀가 정신적 결함 등의 특별한 사정이 있는 경우 등에는 18세 이상까지 부양료 지급이 연장될 수도 있다.

(3) 담보된 정기금지급(Secured Periodical Payments)

법원은 부양료지급자에게 이혼배우자 또는 자녀에게 지급하는 정기금을 담

4) 자세한 것은 이 논문 Ⅳ. 2. 이하 참조.

5) MCA 1973, S.23(1)

6) MCA 1973, S.28.

7) MCA 1973, S.25A(2).

8) MCA 1973, S.29.

보하도록 명령할 수 있다. 이것은 지급자의 수입이 일정치 않거나 강제집행상의 문제가 예상되는 경우, 수혜자가 부양료를 정기적으로 지급받을 수 있도록 보장하기 위한 방법이다. 담보된 정기금은 법원이 확정한 정기금 총액에 상당하는 재산에 負擔(charging)을 과함으로써 그 재산으로부터 정기금이 지급되도록 하는 것이다. 그 재산은 예컨대 임대재산이나 그 지분 등과 같이 수입원이 되는 재산이 보통이며, 부담부 재산으로부터의 수입 중 명령에서 특정한 금액을 수혜자에게 지급하도록 하는 것이다. 만일 그 재산이 그림 등과 같이 경제적 가치는 있으나 정기적으로 이익을 생산하는 재산이 아닌 경우에도 선택적으로 담보를 설정할 수 있다. 이 경우에는 지급자가 정기금을 지급하지 않는 경우, 그 담보 재산을 매각하고 매각 대금에서 정기금 총액을 지급하게 된다.

담보된 정기금도 담보없는 경우와 같은 환경(수혜자의 재혼, 사망 등)에서 종료되지만 다만 보통의 정기금 지급과 달리 지급자의 사망은 정기금 지급에 영향을 미치지 않는다. 그러나 상속인의 청구가 있을 경우에는 사정에 따라 지급 명령의 내용을 변경하거나 면책될 수는 있을 것이다.

3. 재산 명령(Capital Order)[9)]

재산의 청산 명령은 부부의 재산에 관한 분쟁을 해결하는 데 그 목적이 있다. 대부분의 부부들에게 있어서는 혼인 주택이 유일한 재산이기 때문에 청산의 목적도 혼인 주택의 소유권이나 임차권을 둘러싼 분쟁이 주된 것이지만, 주택 이외에도 예금이라든가 증권 등의 재산을 갖고 있다면 그 재산들도 일시금 지급 명령, 재산권이전명령이나 매각 명령의 대상이 된다. 청산의 가장 중요한 목적인 혼인 주택에 대해서는 별도로 다루고(Ⅲ에서) 이곳에서는 일반원칙만을 살펴본다.

(1) 일시금 지급 명령(Lump Sum Orders)

법원은 MCA 1973, 23조(c)와 (e)에 따라 다음과 같은 두 가지 원인이 있는

9) Capital Order를 직역하면 재산 명령이지만 그 내용이 부부의 이혼 후 형평원칙에 따라 각자의 재산을 청산하도록 하는 내용의 명령이므로 편의상 '재산의 청산명령'으로 번역한다. 그러나 문장의 분위기에 따라 '재산 관계 명령'으로 번역하기도 하였다.

경우에 배우자 일방이 타방 배우자 또는 그 자녀에게 일시금을 지급하도록 명할 수 있다. 이에 따라 일시금 지급을 명할 수 있는 경우는:

(a) 부부의 유일한 재산인 혼인주택을 분할하는 경우: 가장 많은 경우가 이에 해당한다.

(b) 피고가 원고나 그의 자녀를 부양하지 않았기 때문에 과거의 부양비를 원고에게 한몫에 지급하도록 함으로써 과거를 보상할 필요가 있는 경우이다.

이러한 경우 법원이 분할금의 지급을 명하더라도 배우자 일방은 일시금 지급을 요구할 권리가 있다. 일시금 지급 명령은 다른 청산 명령과 같이 변경될 수 없는 것이 원칙이지만 법원은 명령에 대한 변경, 기간의 연장 및 심지어 분할 이행에의 신청을 승인할 실제적인 권한을 갖고 있으므로 결국 법원이 승인하면 일시금을 분할금으로 지급하도록 변경될 수 있다. 만일 법원이 일시금 지급을 분할불 지급으로, 또는 일시금 지급 기한의 연장을 허락한 경우에는 그 기간에 해당하는 이자 지급을 명령할 것이다. 분할금 지급을 허용하는 경우에는 법원은 정기금 지급의 경우와 같이 당사자에게 지급을 담보하도록 명할 권한이 있다.

법원은 예컨대 조합 회사를 해산하기로 한 경우라든가 기간의 만료로 보험금을 타게된 경우 등과 같이 피고가 일시금을 즉시 지급할 수는 없지만 장차 그에 상당한 현금을 마련할 수 있는 경우에는 5년 이내의 비교적 단기간 동안 피고의 일시금 지급의 연기 신청을 받아들이는 경우가 있다.[10)]

일시금 지급은 자녀의 부양비 지급에도 이용된다. 특히 높은 소득 수준의 가족의 경우라든가, 자녀가 장애아인 경우, 또는 자녀가 특수한 교육을 필요로 하는 경우에 법원은 그때그때의 자녀의 상태에 따라 추가로 일시금 지급을 명할 수 있다.

(2) 재산 조정 명령(Property Adjustment Orders)

법원은 MCA 1973, 24조에 따라 부부와 자녀들간에 가족의 재산을 재분배할 광범위한 권한을 갖고 있다. 재분배명령은 재산의 이전(transfer)이나 부동산의 계승처분(settlement)을 명함으로써 행해지며 종국적이다. 따라서 어떠한 명목으

---

10) 법원은 Michael v. Michael (1986) 2FLR 389, CA에서 상속을 이유로 한 연기신청은 상속여부가 불분명하고 그 시기 역시 분명하지 않다는 이유로 이를 기각한 바 있다.

로도 재조정에 대한 청구나 이 명령에 대한 변경은 승인되지 않는다.

(3) 매각 명령(Orders for Sale)

법원은 다음과 같은 명령과 동시에, 또는 (언젠가) 다음의 명령이 있었던 이후에 한하여 MCA 1973, 24조에 따라 배우자 일방 명의의 재산을 매각하도록 명할 권한이 있다.

(a) 담보된 정기금 지급명령(a Secured Periodical Payments Order)이 있었던 경우

(b) 일시금 지급명령(a Lump Sum Order)이 있었던 경우

(c) 재산 조정 명령(a Property Adjustment Order)이 있었던 경우이다.

매각 명령은 이혼 확정 판결이 내려진 이후에 비로소 그 효력이 발생하며, 이 때 법원의 매각 명령은 일정한 사실이 발생(배우자의 재혼이나 사망 등)한 이후나 일정 기간이 지난 이후에 매각하도록 하는 것이 보통이다. 예컨대 법원은 당사자의 신청에 따라 중요한 작업이 끝날 때까지 문제의 재산의 매각을 연기하도록 명하거나, 재산의 매각을 원치 않는 배우자가 타방 배우자의 그 재산에 대한 지분을 일시불로 지급할 수 있도록 매각을 연기할 수 있다.

매각 명령은 재산의 소유자인 배우자가 일시금 지급을 이행하지 않은 경우에 매각을 명함으로써 강제집행의 방법으로 이용되기도 한다. 이때 법원의 명령에는 매매대금이 어떻게 확정되는가, 누가 그 매각을 실제로 행할 것인가 등 본질적 및 부수적인 내용과 구체적인 방법이 제시된다.

만일 예컨대 남편과 그의 情婦가 아파트를 공동소유하는 경우와 같이 배우자 일방이 다른 사람과 재산을 공동소유하는 경우에 법원은 그 재산의 매각을 결정하기 전에 제3자인 남편의 情婦에게 매각 명령에 관한 의견을 개진할 기회를 주어야 한다. 만일 그 情婦가 그 아파트에서 살긴 하지만 권리는 없다면 법원은 MCA 24조에 따라 그 재산이 매매되기 전에 그 여성(情婦)에게 매수의 우선권을 부여할 수도 있다.

Ⅲ. 혼인주택(Matrimonial Home)의 처리

혼인주택은 부부와 그 자녀들에게 가정을 이루게 할 뿐 아니라 가족이 소유하는 가장 중요한(때로는 유일한) 재산인 것이 보통이다. 따라서 부부의 이혼시에 법원은 부부 중 일방과 그 자녀가 그들의 혼인주택에서 가정을 유지하도록 할 것인지, 아니면 이를 팔아서 현금화하는 것이 타당한지를 결정하여야 한다. 그런데 대부분의 경우에 주택은 저당권이 설정되어 있어 제3자의 채권의 목적인 경우가 많으나, 이들 제3자의 권리가 문제되는 일은 사실상 그리 많지 않다.[11]

한편 주택의 처리에 있어 법원은 MCA 1973, 25조에 규정되어 있는 요소들을 고려하여야 한다.[12] 법원은 이들 요소들을 감안하여 어떤 종류의 명령을 내릴 것인지, 주택에 대한 배우자 일방의 지분을 어느 정도로 인정할 것인지를 결정한다. 재산분할에 있어 법원은 부부가 주택을 구입하는 데 있어 어느 정도의 기여를 했는가의 사실도 고려하지만 소유자의 권리에 우선권을 주고 있지는 않다. 이러한 영국법원의 형평하고 합리적인 태도야말로 우리 법원(별산제를 지나치게 순수하게 해석함으로써 명의에 집착하는)이 경청할 만한 대목이 아닌가 생각한다.

그 혼인 재산을 어떻게, 어느 정도의 지분으로 나눌 것인가를 결정하는 데 있어 법원은 당사자들의 과거와 미래의 비경제적 기여 및 25조에 규정된 기타의 여러 가지 요소들을 감안하여 분배할 광범위한 재량권을 갖는다. 또한 혼인주택뿐 아니라 기타의 수입이나 자산도 고려하여 일괄하여 분배 결정을 내리므로 혼인주택 그 자체만의 분배가 독자적인 의미를 갖는 것은 아니다. 다만 혼인주택은 가장 중요한 재산의 하나이기 때문에 재산 분배에 있어 중요한 의미를 갖는 것일 뿐이다. 혼인주택에 관하여는 즉시 매각(Immediate Sale), 배우자에의 양도(Outright Transfer), 매각 신탁(Deferred Trust for Sale) 및 유예 채권(Deferred Charge) 등의 명령이 행해진다.

---

11) 자세한 것은 Ⅲ. 3의 (2) 참조.

12) 그 기준에 대하여 자세한 것은 이 논문 Ⅳ 이하 참조.

1. 주택을 매각하는 경우

법원이 MCA 1973, 24조에 따라 혼인주택을 매각하여 당사자간에 분배하라는 명령을 하는 데는 몇 가지 이유가 있다. 대표적인 이유는 법원이 당사자간의 깨끗한 청산(clean break)을 위해 주택의 매각이 가장 타당하다고 판단하는 경우이다. 이 경우 각 당사자는 재산의 형평한 분배에 따라 각자의 집을 구입할 수 있게 될 것이며, 매각금으로부터 저당 채무를 갚을 수 있을 것이므로 그동안 그들을 구속했던 채무(저당)로부터 자유롭게 된다는 장점이 있다. 따라서 매각의 경우에는 저당된 채무, 재산 관리에 드는 수수료 및 변호사 비용 등 모든 채무를 매각 대금으로부터 제외한 후의 나머지를 분배함으로써 깨끗한 분배가 되도록 법원이 관여한다.

동법 24조는 법원이 매각을 명할 때에는 법원이 타당하다고 생각하는 본질적 및 부수적인 조치를 포함하여 행하도록 요구한다. 따라서 법원은 예컨대 어느 당사자의 변호사가 매각을 담당할 것이며, 매각 대금은 어느 선에서 결정할 것인가, 매각 대금으로부터 지급할 비용은 무엇인가 등등 매각에 관련된 문제를 처리할 광범위한 재량권을 갖고 있다.

법원은 양 당사자가 각자가 이혼 후에 살 집을 즉시 구입할 수 있게 되는 것으로 형평이 이루어지는 것은 아니라는 사실을 인식하고 있다. 즉, 양 당사자에게 수입이 있으면 그 수입을 토대로 새로운 저당을 설정하여(mortgage) 집을 구입할 수 있을 것이며, 만일 일방 배우자의 수입이 적거나 생계능력이 낮은 경우에 그 당사자는 새로운 집을 마련하는 데 어려움이 있을 것이므로 이 배우자에게는 매매 대금으로부터 더 많은 분배를 받게 한다. 그것이 바로 형평인 것이다. 이때 일방 배우자는 clean break를 위해 매매대금 중의 자기 지분의 일부를 포기할 수도 있을 것이다. 그런데 만일 당사자가 젊고 자녀가 없다면 clean break가 가능한 환경이라고 추정되기 때문에 비록 매매 대금이 적다 해도 법원은 용이하게 매각 결정을 할 수 있을 것이나, 자녀가 있다면 자녀의 복지를 우선 고려하여야 할 뿐 아니라 자녀들이 새로운 환경에 적응할 수 있는지를 신중하게 고려하여야 하므로 법원의 매각 결정은 쉽지 않을 것이다. 만일 자녀들이 현재보다 못한 지역으로 이사하게 되거나 학교를 옮기지 않으면 안 되는 경우, 법원은 매각 결정을 가장 망설이게 된다. 그러나 한편 아동들은 환경에 쉽게 적응하는 속성이 있고 가정이 부부의 불화로 행복하지 못하였다면 이사함으로써 정신적 안정을 취하는 데 도움이 될 수도 있음을 고려한다. 만일 집이 불필요하게 크다면 그 집을 매각함으로써 그 집이 갖는 재산적 가치를 현금화하는 계기가 될 수도 있을 것이므로 법원은 매각을 명령하고 자녀를 양육하는 부모 중 일방에게 더 많은 지분을 주도록 하는 것이 형평에 맞는다고 결정할 수도 있을 것이다.

당사자 일방이 집을 보유하면서 관리할 경제적 여유가 없는 경우에 법원은 즉시매각을 결정한다. 만일 혼인파탄 이전에 이미 부부의 경제가 채무 초과인 경우에는 일방 배우자가 집에 남고 타방 배우자가 새집을 사는 것은 불가능에 가까우므로 당사자들은 매각 후 각자의 집을 마련(임차)하여야 할 것이다. 이러한 경우는 비교적 최근에 많은 채무를 부담하면서 저당을 이용하여 집을 구입하였을 가능성이 높으며 순재산은 거의 없는 경우가 전형적인 경우이다.

만일 일방은 팔기를 원하고 타방은 보유하기를 원하면 팔기를 원하는 배우자는 그 집에 대한 자기의 지분을 상대방에게 팔고 그 대가를 일시불로 받을 수도 있다. 문제는 그 집에 남기를 원하는 배우자가 일시불을 지급할 수 있는가에 달려 있는데, 그는 예금으로, 또는 돈을 빌려서 그 대금을 치룰 수도 있을 것이며, 저당 채무액을 늘려 지급할 수도 있을 것이다.

2. 배우자 일방이 주택을 점유하도록 결정하는 경우

법원은 일방 배우자에게 혼인주택의 권리를 양도하거나 매각 신탁이나 유예채권 부담 결정에 의해 일정기간 매각을 유예하고 일방 배우자가 혼인주택을 점유하도록 결정할 수도 있다.

(1) 배우자에 대한 권리의 양도(Outright Transfer)

배우자에 대한 권리의 양도는 주택의 소유권에 대한 즉시의 종국적인 결정이기 때문에 당사자간에 clean break를 이룰 수 있는 좋은 방법이다. 법원은 양수인인 배우자가 저당채무를 포함한 그 집에 대한 모든 지출을 부담할 수 있는 능력이나 수단이 있을 때, 그리고 양도인인 배우자에게 적당한 집을 구할 수 있는 代案(취업이나 새 파트너의 집으로 들어가는 것도 포함)이 있을 때에는 쉽게 양도 결정을 택할 수 있다. 만일 재산의 양도인이 양도 행위로 인해 많은 재산을 상실하게 된 경우에 법원은 그 상실 부분이 보상되도록 노력할 것이다.

재산의 양도 명령은 양수인이 양도인에게 일시금을 지급하도록 하는 명령과 동시에 이루어지는 것이 보통이다. 그런데 양수인인 배우자가 양도인에게 보상하게 되는 정도는 재산의 가치 평가에도 좌우되지만, 보다 중요한 것은 MCA 24조의 요소가 형평을 결정하는 기준이 된다는 것이다. 그러므로 만일 양도하는 배우자의 지분이 적은 것이 형평에 맞는 경우에는 그는 재산의 양도에도 불구하고 양수인으로부터 한푼도 받지 못하는 경우도 있을 수 있으며, 불경기인 때에는 채무만을 인수하는 경우도 있을 수 있다.

재산을 양도하는 배우자에게 보상하는 또 하나의 방법은 재산을 양도하는 대신, 그가 지급하여야 할 양수인인 배우자에 대한 부양료를 지급하지 않도록 하는 방법이다. 다만 자녀에 대한 부양료는 재산의 양도에 대한 보상 수단으로 사용할 수 없다. 많은 경우에 양도인은 1991년의 자녀부양법(Child Support Act)에 따라 어떤 경우에도 부양료를 지급하지 않으면 안 되며, 자녀부양비 담당기관(Child Support Agency)은 자녀 부양비를 산정함에 있어 이혼시에 행한 부부간의 재산의 양도를 고려하지 않는다. 따라서 양수인인 배우자가 양도인인 배우자에게 차후에 자녀 부양비를 청구하지 않겠다고 합의하였더라도 자녀 부양법에 의해 그 합의는 효력이 없다. 그러므로 재산을 양수한 배우자는 자녀의 복지를 위해 필요한 경우에는 재산 양도에도 불구하고 前配偶者에게 자녀의 부양비를 청구할 수 있다. 그러나 법원이 자녀 부양비에 관한 정기금 지급 명령권을 갖는 예외적인 경우[13]에는 혼인주택의 양도 등 부부간의 모든 재산 분배 상황이 고려된다.

재산의 양도로 인해 배우자와 자녀에 대한 부양료 지급의무를 면할 수 있었던 과거에 비해 자녀 부양법이 제정된 후에는 재산 양도에 불구하고 자녀에 대한 부양비 지급 의무가 남을 수 있으므로, 법원이 일방 배우자에게 재산을 양도하도록 명령하는 일은 점차 감소할 것으로 예상된다.

만일 양수인인 배우자가 일시금을 지급할 수 없는 경우, 양도인은 매각 신탁(trust for sale)이나 유예 채권(deferred charge) 등의 방법으로 혼인주택에 대한 자

---

13) 자녀 부양비에 관하여는 원칙적으로 자녀 부양비 담당기관이 관장하며, 繼父子 관계라든가, 자녀가 19세 정도로 이미 교육을 마친 경우 등에 한하여 예외적으로 법원에 관할권이 있다. 자세한 것은 이 논문, Ⅳ. 2 이하 참조.

기의 권리를 보유할 수 있다.

(2) 유예 매각 신탁(Deferred Trust for Sale)

유예된 매각 신탁은 혼인주택 문제를 해결하는 타협의 産物이다. 혼인 주택을 즉시 매각하는 것은 타당치 않고 재산권의 이전은 양도인에게 가혹하다고 생각되는 경우에, 법원은 그 집에 대해 부부 공동명의의 매각 신탁을 결정하는 것이다. 그 때 법원은 그 집이 매각될 때까지 어느 배우자가 점유할 것인가를 결정하며, 어떤 특정 사건이 발생할 때까지 매각을 연기한다는 것, 매각이 실현될 때 당사자간에 그 대금을 분배하는 방법 등을 상세히 결정한다. 매각 신탁의 장점은 일방 배우자와 자녀들이 이혼 후에도 계속 그 집에 살 수 있다는 것, 집을 점유하지 않는 배우자도 후에 매각되면 그 매매 대금을 분배받을 수 있다는 점이다. 매각 신탁의 경우에는 몇 가지 변형이 있었는데 그 대표적인 경우가 다음의 Mesher Order와 Martin Order, 그리고 Harvey Order의 경우이다.

〈Mesher Order〉[14)]

Mesher Order에서 매각의 계기로 삼기로 한 사건은 (a) 주택을 점유하는 배우자가 사망하거나 재혼, 또는 자발적으로 그 집을 포기한 경우, (b) 가장 어린 자녀가 일정 나이에 이르거나(보통은 17이나 18세) 전일제교육(fulltime education)을 마친 경우였다.

이 명령의 장점은 자녀들이 집에서 계속 살 수 있고 점유자인 배우자에게 일정기간 동안의 안정을 보장한다는 점, 그리고 각 배우자는 언제 그 집이 매각될 것인지를 알고 그에 따른 계획을 세울 수 있으며, 비점유자인 배우자는 집을 매각할 수 있는 날이 언젠가는 온다는 것, 그날 매각 대금 중의 일부를 받을 수 있다는 확신을 가질 수 있다는 점이다.

그런데 처의 재혼시에 혼인주택을 매각한다는 법원의 태도는 바뀌었다. 법원의 원래의 생각은 미성년 자녀의 복지에 관한 것으로 어머니의 재혼으로 자녀들의 복지가 위태롭게 되어서는 안 된다는 것, 그들의 繼父에게 재산이 별로 없으면 그들의 집에서 함께 살 수도 있는데, 그 경우 주택의 비점유자인 남편은 다

14) Mesher v. Mesher and Hall(1980) 1 All ER 126, CA.

른 남자가 그의 前妻와 그의 자녀들과 함께 자기 집에서 사는 것을 고통스러워할 점 등이었다. 문제는 이 사건에서 판사들은 점유자인 배우자가 다른 파트너와 재혼이 아니라 동거하는 경우에도 매각의 계기가 마련되었다고 판단했다는 점이다. 그러나 동거와 재혼은 엄연히 다르며, 동거인은 그의 파트너와 그의 자녀에 대한 부양의무가 없는 것이므로 이를 매각의 계기로 삼는 것은 점유배우자의 개인적 자유를 부당하게 제한한다는 비판이 제기되었다.

한편 Mesher Order에 의하면 주택을 점유하는 배우자가 점유를 포기하면 매각의 계기가 된다. 그러나 만일 점유배우자가 비점유자의 지분을 반환하지 않은 채 다른 집을 사서 이사하는 경우에 법원은 이를 허용할 수도 있다. 그런데 법원의 명령에 이 같은 문구를 삽입할 때에는 법원은 비점유자인 배우자의 이익, 예컨대 새로운 재산이 가치있고 안전한 건물인 동시에 그 재산에 대한 자기의 권리가 적절히 보호되는 등 그의 이익이 배려되어야 함을 명기하는 것이 보통이다. 만일 새집이 원래의 집보다 싸거나 비싼 경우에는 법원이 이를 결정함에 있어 보다 신중을 기할 것이다.

가장 어린 자녀에 관하여는 그 자녀가 일정한 나이에 이르면 그가 교육중에 있건 아니건 간에 매각의 계기로 삼을 수 있다는 점을 명령에 삽입할 수 있으며, 또는 그 자녀가 전일제 교육과정에 있는 동안은 매각을 연기할 수 있다는 점도 밝힐 수 있다.

이상에서 본 바와 같이 Mesher Order는 일종의 타협이며, 혼인주택에 관한 모든 어려움을 해결해 주지는 않는다는 점, 가혹한 현실과의 대면을 피하기 위해 최악의 날을 연기하는데 불과한, 중기적 해결책에 불과하다는 점이 비판되어 왔다(Harvey v. Harvey, 1982에서의 비판). 또한 점유 배우자는 언젠가는 그 집을 떠나 새집을 사러 다니면서 상처를 입게 된다는 점도 문제점으로 지적되었다. 특히 여성들의 경우에는 생계능력을 상실할 중년의 나이에 상처입은 새 출발을 하지 않으면 안 되며, 법원도 점유 배우자가 언제 새집을 살 수 있는지, 몇 년 후의 주택 시장과 취업 시장이 어떻게 변할 것인지를 예측할 수 없다는 점도 문제점으로 지적된다. 그런데 법원은 매각의 계기로 삼는 사건(재혼이나 사망 등) 이외에는 매각을 연기할 재량이 없으며, 원래의 명령에서 결정한 약속을 파기할 수도 없다는 점도 문제될 수 있다.

그러나 주택의 매각이 연기된다는 사실로 인해 점유자인 처가 미래를 계획하고 경제적 독립을 위한 노력을 하게 되는 계기가 될 수도 있으며, 그(처)는 주택의 매각대금에서 상당부분을 받아 그의 경제적 지위를 더욱 안정시킬 수 있다는 장점도 있다.

자녀와 함께 살지 않는 부모(absent parent)는 1991년의 자녀부양법(Child Support Act)과 1989년의 아동법(Children's Act)에 의해 과거보다 자녀에 대한 부양비를 더욱 많이 지급하게 되었으므로 아버지들은 과거보다 혼인 주택에 대한 그의 권리를 포기하게 되는 일이 많아지리라 예상되고 있으며, Mesher Order가 더 많이 이용될 가능성도 높다고 보고 있다. 자녀와 함께 살지 않는 부모는 자녀에 대해 지급해야 하는 부양료 중 일부라도 혼인 주택에 대한 그의 권리에서 보상받을 수 있으리라 기대하기 때문이다.

〈Martin Order〉[15)]

Martin Order는 Mesher Order와 유사하지만 다만 자녀의 문제를 매각의 계기로 하지 않는다는 점에 차이가 있다. 따라서 집은 점유배우자 스스로 집을 떠나거나 재혼하거나 사망한 경우에 한하여 매각되므로, 그가 원한다면 평생을 그 집에서 살 수 있다. Martin Order는 일방 배우자가 타방 배우자보다 경제적 지위가 중대하게 약한 경우에 가장 타당한 원칙이다. 예컨대 중년의 나이에 이혼을 하게 된 여성들은 남편이 직업에 종사하면서 새 파트너와 새로운 삶을 계획하는 동안 사회와 등진 채 자녀와 가정만을 돌보았으므로 경제적 지위가 약할 것은 당연하다. 그러한 경우 매각 대금은 남편에게는 보너스가 되겠지만, 처에게는 살 집을 마련하기 위해 투자해야 하는 '생존 공간'을 위한 자금인 것이다. 따라서 이러한 경우 법원은 처가 그 집을 평생토록 점유할 수 있도록 명령하기 쉽다. 만일 그 집이 처가 필요로 하는 것보다 큰 경우에는 법원은 매각을 명령하고 대금을 분배하는 것이 보다 타당하다고 판단할 것이다.

이러한 매각 신탁을 변경하는 장점은 Mesher Order에서와 같은 최악의 사태를 면할 수 있다는 점이다. 점유 배우자가 독신으로 가정에 남아 있는 한 강요된 매각을 하지 않아도 되기 때문이다. 단점은 非占有者인 배우자에게 있는데, 그는 매매대금을 받을 수 있는 그 날을 예측할 수 없거나, 그 날이 오지 않을 수

15) Martin v. Martin(1978) Fam 12.

도 있다는 점에 있다. 따라서 법원은 Martin Order가 비점유 배우자에게는 부당하게 가혹하기 때문에 Martin Order를 쉽게 결정하지는 않는다.

〈Harvey Order〉[16)]

Harvey v. Harvey에서 법원은 Martin Order에서의 비점유자에 대한 부당성을 완화하려고 하였다. 즉 Harvey에서는 Martin과 같은 매각의 계기를 인정하면서도 점유 배우자가 점유하는 동안의 점유 비용(임차료)을 지급하도록 한 것이다. 그 임료 지급의무는 자녀가 성년이 되었거나 또는 저당 채무를 완제한 때부터 발생한다고 하였다. 그리고 임차료를 받는 배우자에게는 당연히 세금이 부과된다.

(3) 유예 채권(Deferred Charge)

유예된 채권(채무)도 배우자와 자녀가 집을 보유할 수 있는 방법의 하나로서 매각 신탁과 유사하지만 재산은 점유 배우자의 이름으로 남거나 그에게 양도되며, 비점유 배우자의 그 집에 대한 권리는 채권으로 표시된다는 점이 다르다. 다만 채권자는 위에서 본 Martin이나 Mesher에서의 사실이 발생하기 전에는 그의 권리를 행사할 수 없다. 만일 점유 배우자가 그의 채무를 변제할 수 없으면 집을 팔아야 한다. 이 때 채권은 보통 매매 대금에 대한 비율로 표시하는데, 그것은 채권자가 그 재산의 증가로부터의 이익도 받을 수 있게 하기 위함이다. 드물게는 매매 대금 중의 일정액으로 표시되는 경우도 있으나 인플레이션으로 인해 불이익을 면할 수 없게 된다. 실제에 있어 유예된 채권과 매각 신탁은 前者가 세금에 있어 약간 유리할 뿐 별로 큰 차이가 없으나 만일 혼인주택이 부부의 공동명의로 되어 있는 경우에 법원은 유예된 채권을 보다 선호할 것이다. 이 경우의 채권(채무)의 내용은 명의와 더불어 등기되며, 소유권자에 대한 어떤 채권보다도 우선권을 갖는다.

16) Harvey v. Harvey (1982) FLR 141.

3. 혼인주택에 제3자의 권리가 있는 경우

(1) 배우자가 제3자와 공동 소유하는 경우

배우자 일방이 제3자와 재산을 공동으로 소유하는 경우에 법원은 제3자의 권리에 간섭하지 않고 오로지 그 재산에 대한 배우자의 지분에 한하여 명령을 한다. 법적인 소유권자는 아니지만 그 재산에 대해 권리를 갖고 있는 제3자, 예컨대 당사자 중 일방의 부모가 그 혼인 주택에서 함께 살면서 은행 빚을 갚아준 경우에는 매각 소송절차에서 자기의 기여분에 해당하는 권리를 주장할 수 있으며, 법원이 그 재산의 매각을 결정하면 그 부모는 매각 대금으로부터 우선권을 인정받을 수 있다.

(2) 제3채권자

만일 혼인 주택에 매각 명령이 내려지는 경우, 당사자들은 매각 대금에서 채권자에 대한 저당채무를(지연금을 포함하여) 지급하면 되기 때문에 채권자에 대한 관계에서는 문제될 것이 없다. 만일 지연금이 증가되었다면 채권자의 동의를 얻어 소송절차를 연기하고 개인적으로 보다 비싸게 매각할 수도 있다. 채권자는 저당기간을 연장하는 데 동의할 수도 있고 단기간내에 채무를 변제하도록 요구할 수도 있을 것이다.

만일 그 재산이 당사자의 공동명의로의 매각 신탁을 계속하는 경우에도 채권자와의 관계에는 아무 문제가 없다. 이 경우 당사자들은 저당금을 어떻게 지급할 것인가에 대해서만 합의하면 된다. 점유 배우자가 저당금에 대한 비점유자의 채무까지 책임을 지는 것으로 할 수도 있지만, 그들은 공동의 소유권자이자 공동의 채무자이기 때문에 당사자들은 채권자에 대해 연대채무를 부담한다. 그러므로 채권자의 권리는 신탁기간에 의해 영향을 받지 않는다. 그러나 만일 법원이 재산의 권리를 일방배우자의 단독소유로 변경하도록 한 경우에는 채권자의 동의가 필요하다. 명의변경은 양도인인 배우자의 채권자에 대한 채무가 소멸되는 것을 의미하기 때문이다. 따라서 양수인인 배우자가 채권을 변제할 수 있을 때는, 채권자가 법원의 조치에 동의할 것이며, 그렇지 못할 경우에는 양도인인 배우자가 그 채무를 보증할 때까지 채권자는 동의를 거절할 수 있을 것이다. 그런데 이러한 조건은 clean break라는 대원칙에는 반할 수 있으므로 실무에 있어서는 채권자의 동의나 심리가 행하여지기 전에 채무를 인수하는 배우자의 모든 재산상태를 채권자에게 알리도록 하고 있다.

4. 임차 주택

만일 그 혼인주택이 임차 주택이라면 법원은 일방 배우자의 단독명의로 양도할 수 있는지, 또는 양도하여야 하는지를 고려하여야 한다. MCA 1973, 24조는 법원이 일방 배우자에의 재산 양도를 허용하고 있고, 대부분의 임차권은 이러한 목적을 위한 재산으로 간주된다. 그러나 만일 그 임차권에 양도 금지 내용이 포함되어 있다면 법원은 임대인이 동의하지 않는 한 일방 배우자에의 양도를 명령할 수 없으므로 채권자와의 관계에서와 같이 임대인과의 관계는 소송의 초기단계에서 협의되어야 한다.

그런데 1977년의 임차권법(Rent Act)에 의해 임차기간의 보호를 받는 제정법상의 임대차는 MCA 1973, 24조의 목적을 위한 재산으로 보지 않기 때문에 임차권법에 의해서는 양도될 수 없는 것이 원칙이다. 반면에 1983년의 혼인주택법(Matrimonial Homes Act: 이하 MHA로 표기) 7조에 의한 제정법상의 임대차는 일방배우자의 명의로 이전할 수 있도록 허용한다. 따라서 양도의 가능성에 대한 兩法의 태도가 다르기 때문에 해석상 문제가 발생할 수도 있으나, 이혼배우자 일방에 대한 양도는 엄밀히 말해 임차권의 양도가 아니므로 양도 금지 계약에도 불구하고 임차권의 양도가 법원에 의해 허용된다. 다만 이 경우 임대인은 법원에 자기의 권리를 주장할 수 있으며 그의 반대(임차권양도에 대한)가 합리적이라면 참조될 것이다. 결국 법의 보호를 받는 임대차, 보증있는 임대차와 담보된 임대차는 MCA 1973, 24조와 MHA 1983에 의해 양도될 수 있으므로 법원은 이 중 어느 법을 근거로 할 것인지 결정하여야 한다. 그런데 부수적 구제를 위한 법률 구조 명령에 의하면 이러한 경우의 명령은 MCA 1973에 의하여야 한다고 규정하고 있고 또한 이혼 소송도 이미 이 법에 의해 진행되어 왔을 것이므로 법원은 MCA를 이용하는 것이 보통이다.

5. 배우자의 처분으로부터 혼인주택을 보호하는 방법

혼인주택은 대부분의 경우에 가족의 가장 중요한 재산이므로 혼인이 파탄된 경우에 그 혼인주택을 어떻게 처리할 것인가는 가족에 있어 가장 중요한 관심사이다. 배우자 일방은 타방 배우자가 그들의 혼인주택을 처분(혼인 중)함으로써 책임(재산 분할의)을 회피할지도 모른다는 두려움을 갖기도 하며 그러한 두려움은 상당한 근거를 갖고 있는 경우도 많다. 배우자가 혼인주택을 처분하지 못하도록 하는 방법이나 처분하려는 시도를 방지하는 방법에는 여러 가지가 있다.

(1) 합유 부동산권으로 등기하는 경우

부부가 재산을 합유 부동산권으로 소유하는 경우에는 배우자 일방이 일방적으로 재산을 처분할 수 없으며, 재산을 매각하거나 담보에 제공하는 경우에는 타방 배우자의 동의와 양 당사자의 서명이 필요하므로 안전하게 재산을 지킬 수 있다. 그런데 재산이 부부의 합유 재산으로 되어 있는 경우에는 배우자 일방이 사망하면 그의 권리는 자동적으로 상대방 배우자에게 상속되며, 혼인이 파탄된 경우에는 각자의 재산으로 분할될 수 있다. 이에 따라 타방 배우자에 대한 통지로서 분할절차는 완료되며, 각자의 재산으로 환원된다. 배우자 일방이 이러한 절차의 진행중 이혼 확정판결 이전에 사망하면 생존 배우자는 상속재산에 대한 채무도 부담한다.

(2) 배우자의 일방 명의로 등기되어 있는 경우

1) 법적 권리 없는 배우자의 점유권

만일 일방 배우자(대부분의 경우에 처)가 법적 권리자가 아닌 경우, 그의 지위는 불안하다. 그러한 경우에 그 법적 권리를 보유하지 못한 배우자는 MHA 1983, 1조에 의해 혼인 주택에 대한 점유권의 보호를 받을 수 있다. 동법은 법적 권리가 없는 배우자(형평법상의 권리를 보유하는 경우에도 이에 해당한다)는 법원의 허락없이 혼인 주택으로부터 축출되지 않는 권리를 보유한다고 규정한다. 이 점유권은 축출될 당시의 하나의 재산에 대해서만 존재하며 그 재산은 반드시 혼인주택이어야 한다. 법적 권리 없는 배우자의 점유권은 법적 권리자의 사망이나 이혼 확정 판결시에 종료되며, 법원은 그 사망이나 이혼 후까지 이러한 권리가 계속될 수 있음을 허용할 수 있다.

동법에 의한 점유권은 등기되어야 한다. 등기된 경우에 비로소 그 재산의 매수인과 채권자를 구속할 수 있기 때문이다. 그러나 이 점유권은 선순위 저당권보다 우선적 효력을 갖는 것은 아니다.

한편 배우자가 그의 점유권을 등기했건 아니건 법적 권리 없는 배우자를 보호하기 위해 MHA, 1983, 1조(5)는 채권자로 하여금 법적 권리 없는 배우자로부터 채무변제(임차료 지급의 경우도 같다)를 받을 의무를 규정하고 있다. 또한 소유권에 관한 소송이 제기된 경우에는 법원은 법적 권리 없는 배우자에게 반드시 통지하여야 하며, 그가 그의 점유권을 등기한 경우에는 그의 권리에 관한 내용에 대하여도 통지하여야 한다. 이 경우 법적 권리 없는 배우자가 저당채무와 지연금을 상당기간 내에 지급할 수 있다고 판단하면 법원은 채권자의 청구를 기각할 수 있다.

재산의 권리자인 배우자가 파산하면 그의 재산은 파산관재인에게 양도되므로 법적 권리 없는 배우자는 손해를 입게 된다. 따라서 배우자를 보호하기 위해 그의 점유권이 등기되어 있지 않더라도 배우자의 점유권이 파산관재인과 채권자를 구속하도록 하였다. 한편 파산관재인도 법원에 그 점유권의 종료를 주장할 수 있다. 만일 점유권이 종료되었음을 주장하는 청구가 파산후 1년이 지나 제기된 경우에는 법원은 예외적인 상황이 아니라면 그의 주장을 인용하는 것이 보통이다.

2) 소송 계속 등기(Pending Land Action)

재산에 관한 소송이 개시되면 소송 계속 중의 등기가 고려된다. 그 경우에는 재산에 대한 어떠한 거래도 금지된다. 만일 그 재산이 등기된 경우에는 소유권등기부에 소송계속중임을 알리는 예고등기가 행해지며, 등기되지 않은 경우에는 그의 명의(name)에 대해 소송이 계속되었음을 알리는 방법이 행해진다.

3) 금지명령에 의한 구제(Injunctive Relief)

만일 그 재산이 등기되지 않은 경우 혹은 그 재산이 부동산이 아닌 경우, 배우자 일방의 재산 처분을 막는 방법으로는 금지명령이 있다. 금지명령은 MCA 1973, 37조(2) a에 따라 배우자 일방이 상대방 배우자의 경제에 관한 청구(재산분할, 부양 등)를 무력하게 할 목적으로 재산을 처분하려 한다는 주장을 법원이 인정하는 경우에 행해진다. 이 때 법원은 배우자가 그러한 처분을 하지 못하도록 하는 적당한 명령을 내릴 권한이 있으며, 청구인은 법적 권리 있는 배우자가 그러한 처분을 할 가능성이 있다는 것, 단지 미연에 방지하는 정도가 아니라는 것을 법원에 입증하여야 한다. 이러한 금지명령에 대해서는 피고의 악의, 즉 원고의 경제적 청구를 위태롭게 하기 위해 재산을 처분하려 한다는 고의가 있는 것으로 추정된다. 예컨대 Mrs. Edwards가 그녀의 남편이 예금통장을 그의 情夫에게 양도하려 한다는 사실을 알게 된 경우 그녀는 이 저축예금에 대한 양도 금지명령을 청구할 수 있으며 법원이 승인하면 명령서의 복사본을 은행에 제출함으로써 처분은 금지된다. 그러나 예금이 이미 양도된 경우에는 그녀는 기회를 상실할 수 밖에 없다. 한편 Mr. Clark이 그의 처에게 10,000파운드를 일시불로 지급하라는 명령을 받고도 그의 모든 신탁재산을 어머니에게 양도하였다면 Mrs. Clark은 그의 처분을 변경하라는 금지명령을 청구할 수도 있고, 그 재산에 대한 매각 명령을 통해 매각 대금의 일시불을 강제집행할 수도 있다.

Ⅳ. 이혼 후의 경제를 결정하는 기준

법원이 자녀나 혼인 당사자를 위한 경제적 조치를 취하여야 할 경우에는 MCA 1973, 25조에 규정된 다음과 같은 제정법상의 요소들을 우선 고려하여야 한다. 배우자를 위한 조치에 적용되어야 할 요소는 동 25조(2)에, 혼인 중의 자녀에 대한 고려 요소는 동 25조(3)에, 그리고 혼외자에 대해서는 동 25조(4)에 열거하고 있다. 그런데 동 25조(1)은 법원이 구체적인 사건에서 발생하는 모든 상황을 고려하여야 한다고 규정하고 있으므로 이들 25조에 열거된 기준들은 법원이 고려해야 할 모든 것은 아니며, 이외에도 혼인당사자의 새로운 파트너와 그들의 자녀들과 같은, 제3자의 이익도 고려된다.

1. 배우자를 위한 조치에 있어 고려하여야 할 요소들

이 법 25조(2)는 법원이 배우자를 위한 경제적 조치를 결정함에 있어 고려해야 할 다음의 8가지 요소들을 열거하고 있다.

(1) 자 원

이 법 25조(2)의 (a)는 "각 혼인 당사자가 갖고 있거나 장차 가질 수 있다고 예견할 수 있는 수입, 생계능력, 재산 그리고 기타의 경제적 자원을 고려하여야 하며, 특히 생계능력의 경우에는 법원이 당사자 일방의 능력의 향상을 기대할 수 있는 합리적인 근거가 있는 경우에는 그 능력의 향상도 포함한다"고 규정하고 있다. 이 요소는 법에 규정하지 않더라도 고려되어야 할 중요한 기준임이 틀림없다. 특히 일시불 지급과 재산분할 명령에 있어 중요한 기준인 것이다. 경제적 조치를 위한 여러 가지 명령을 별도로 고려하는 경우에도 이 기준은 중요한 비중을 차지하나, 실제에 있어서 이들 명령들은 서로 밀접한 관계로 얽혀 있기 때문에 여러 가지 상황을 종합적으로 고려하여야 한다. 예컨대 높은 소득이 있는 남편은 저당금을 올려 새집을 마련할 수 있는 능력이 있으므로 혼인주택을 처에게 양도할 수 있을 것이나, 이러한 결정은 처가 그 집을 관리할 만한 수입이 있을 때 비로소 바람직한 해결이 되는 등이다.

법원은 모든 자원으로부터 나오는 당사자의 수입을 고려하는데, 그 첫 출발점은 생계능력이며, 그 외에도 회사의 차, 가솔린의 무료이용, 전화요금을 본인이 지불하는가의 여부 등 부수적 수익도 고려된다.

법원은 현실의 수입뿐 아니라 잠재적 수입도 고려한다. 예컨대 처가 사회에서 필요로 하는 능력과 경험을 갖고 있는 경우 법원은 현재 그에게 수입이 없더라도 생계능력이 있다고 판단한다. 다만 그녀에게 미취학 아동의 자녀가 있고 현재 가정에 머물러 있다면 가정과 자녀를 떠나 직업을 가지라고 요구할 수는 없으므로 생계능력이 없다고 판단될 수 있다. 또한 당사자의 생계능력을 결정할 때, 법원은 그의 기술, 나이, 경력, 재훈련의 가능성과 그 비용 및 그 직업 시장상황 등도 함께 고려하여야 한다.

생계능력은 부양 정기금 지급기간이나 누가 혼인주택을 점유할 것인가를 결정하는 경우에 중요한 기준이 된다. 법원이 일방 당사자에게 능력이 있거나 장차 그 능력의 향상을 기대할 수 있다고 판단하면 정기금 지급기간이 줄어들 것이며, 주택 매각시의 지분도 그에 따라 감소하게 될 것이다.

일반적으로 복지혜택은 자원으로 간주되지 않는다. 자원으로 간주되는 경우 부양자는 그의 가족에 대한 의무를 납세자들에게 떠넘기는 결과가 되기 때문이다.[17] 다만 한 사람이 두 가정을 부양하여야 하지만 그러한 여유가 없는 경우가 많은데, 그 경우 국가의 복지혜택을 무시할 수는 없을 것이다.

당사자의 재산과 경제적 자원을 해석함에 있어 법원은 광범위한 재량권을 갖고 있다. 따라서 법원은 부부가 공동으로 취득한 재산이나 혼인중 취득재산 또는 현존재산뿐 아니라 소득의 경우와 같이 퇴직금이나 재산적 이익을 수반하는 권리나 상속재산 등 당사자의 미래의 재산도 고려할 수 있다. 미래에 취득되기로 한 재산의 취득 여부나 취득 시기 또는 그 재산의 가치가 불분명한 경우에는 결정을 유보하고 취득이 예상된 재산이 현실화할 때까지 기다릴 수 있다.

임차인이 지급한 임차료 등 가정 관리상의 수입은 자원으로 고려된다. 당사자의 새 파트너의 재산이 고려되어야 할 것인지는 의문인데, 법원은 제3자의 재산을 재분배할 권한은 없으므로 재혼의 처의 재산으로부터 前妻에 대한 생활비를 지급하라고 명령할 수는 없을 것이다. 그러나 만일 재혼한 처에게 수입이 있고 그가 가사관리 비용을 지출함에도 이를 고려하지 않는 것은 부당하다고 볼 수 있는 경우도 있다. 그러므로 법원의 실무에 있어서는 재혼한 처가 경제적 기여를 하는 경우에 그 범위에서 그의 부담은 감소되는 것이므로 그의 前妻에 대한 부양비를 보다 많이 책정할 수 있을 것이다.[18]

만일 배우자 일방이 재혼하지 않은 경우에는 법원은 그가 새 파트너를 찾음으로써 경제적 향상을 기할 수 있다는 점은 고려하지 않는다. 그러나 그에게 확고한 재혼의 의사가 있거나 현재 동거중이라면 이러한 사실은 특히 정기금지급에 있어 많은 영향을 미칠 것이다.

(2) 경제적 필요성

이 법 25조(2)(b)는 법원이 "각 혼인의 당사자의 현재의 또는 장차의 경제적 필요성, 채무 및 책임 등을 고려하여야 한다"고 규정하고 있다. 가장 기본이 되는 것은 각자의 필요성이 어느 정도인지를 산정하는 일이며, 양 당사자들과 자녀들을 위한 주거를 마련하는 일일 것이며, 주거 관리비와 의식에 관한 비용도 중요하다. 이들 비용은 구체적인 사정에 따라서, 집의 크기, 식구 수, 그 지역의 일반적인 생활비 수준 등에 따라 다르게 된다. 이들 기본적인 필요성 외에도 법원은

17) Barnes v. Barnes (1972) 3 All ER 872.

18) Slater v. Slater and Another (1982) FLR 364, CA.

예컨대 은행이자, 교육비, 월부금, 보험료와 텔레비전 비용 등 기존의 채무 등도 고려하여야 한다. 법원의 실무에서는 25조(2)(b)를 해석함에 있어 그러한 필요성이 합리적이라고 생각되는 경우로 한정하는 경향에 있다.

가장 문제가 되는 것은 피고가 새로운 관계를 맺게 된 가족관계에서 발생하는 상황이다. 만일 피고의 파트너가 경제적으로 그 피고에게 의존적이라면 그러한 사실을 고려하는 것이 합리적일 것이다. 따라서 법원은 경제적으로 여유 있는 당사자가 前配偶者와 그 자녀의 필요성을 충족시키는 결정을 할 때 그의 새로운 가족에 대한 책임을 염두에 두고 그 필요성의 정도를 결정할 것이다.

만일 당사자의 경제적 상황이 유사하다면 법원은 그들의 기본적인 필요성을 초월하여 형평 분배에 초점을 두게 될 것이며, 혼인중 당사자의 생활수준과 기여도를 고려하게 될 것이다.

(3) 생활 수준

이 법 25조(2)(c)는 혼인파탄 전에 가족이 향유하던 생활수준을 고려하여야 한다고 규정한다. 부부가 별거를 하였다면 이미 두 가정을 부양하는 동안에 생활비가 증가하였을 것이고 법원은 그러한 생활수준의 불가피한 하락을 그들의 생활수준으로 삼게 될 것이다.

(4) 당사자의 나이와 혼인기간

이 법 25조(2)(d)는 각 당사자의 연령과 혼인기간을 고려한다고 규정하는데 이 기준만을 생각하면 그리 중요하지 않다고 생각될 수도 있다. 그러나 다른 요소와의 관계에서 생각한다면 중요성은 분명해진다. 즉 자녀가 없는 젊은 처는 생계능력이 있기가 쉽고 부부가 경제적 독립을 통해 clean break를 이루게 하는 명령은 타당하게 된다. 반면에 오랜 결혼생활을 한 배우자들은 생계능력이 없거나 적고, 혼인생활에 기여한 바는 많고, 분배할 재산도 상대적으로 많은 경우가 보통이다. 중년이나 노년의 부부가 반드시 오랜 결혼기간을 영위하지는 않았을 것이다(각자 재혼한 경우도 있으므로). 그러나 이들 중년 이후의 부부가 짧은 결혼생활을 해 왔다면 법원은 그러한 혼인의 결과, 특히 직업이라든가, 승진기회의 상실이나 혼인으로 포기한 부동산합유권 등 혼인을 통해 상실한 일들을 염두에 둘 것이다.[19] 반면에 2년간의 짧은 결혼기간과 자녀가 있는 젊은 부부인 경우 자녀를 양육하는 부모의 생계능력은 감소될 것이기 때문에 결혼기간이 짧다 해도 그 자녀의 필요성은 크다고 판단된다.

(5) 무 능 력

일방당사자가 신체적 또는 정신적 무능력으로 고통을 받는다면 그는 생계능력이 없거나 적은 것으로, 즉 자원이 없는 것으로 간주되며, 치료비용이나 처치비용 또는 그에게 필요한 일정시설 등이 그의 필요성으로 고려될 것이다.

(6) 가족에 대한 기여

이 법 25조(2)(f)에서 법원은 당사자의 과거 및 예측 가능한 미래의 가족복지에 대한 물질적 또는 기타의 기여를 고려하여야 한다고 규정하고 있다. 처가 혼인기간 동안 경제적 활동을 하지 않은 전업주부인 경우에도 소유권 다툼에서와 같이 그의 실질적 기여를 입증할 필요는 없다. 이혼시에 부부는 그 재산이 누구의 소유인지가 아니라 각 당사자의 재산이 어떻게 형평에 맞게 분배되어야 하는가를 결정하는 것이기 때문이다.

가정과 가족을 돌보던 처의 기여는 사회활동을 한 처의 기여와 똑같이 취급되는 경우가 많다.[20] Gojkovic에서 판사는 전업주부인 처가 그들의 혼인생활 중 富를 축적하는 데 많은 기여를 했으며, 그 기여는 결혼 초기부터 남편과 같이 경제적, 신체적 및 감정적인 것이었음을 인정했다. Butler-Sloss 판사는 "처의 지분은 그의 필요성에 관하여서가 아니라 가족의 복지에 기여한 것으로 분할되어야 한다"고 선언한 바도 있다.

자녀에 대한 양육 책임을 맡아 온 당사자는 그 사실도 기여로서 인정될 것이다. E v. E[21] 에서 Mrs E는 다른 남자와 간통을 하는 동안 高價의 옷을 구입하는 데 돈을 낭비하고 가족을 돌보지 않았는데 이에 대해 판사는 간통이라는 행위보다는 가족에 대한 처의 기여가 부정적이라고 보았다.

---

19) S v. S(1977) 1 All ER 56 CA.

20) Wachtel v. Wachtel(1973) 1 All ER 829.

21) E v. E (1990) 2 FLR 233, FD.

(7) 행 위

이 법은 당사자의 행위는 법원이 그를 무시한다면 형평에 어긋난다고 판단되는 경우에 각 당사자의 행위를 고려한다고 규정한다.

1984년 이전에도 법원은 당사자의 중대하고 분명한 행위를 고려한 바 있다.[22] 그런데 당사자의 행위는 1984년 혼인과 가족 소송법 3조(Matrimonial and Family Proceedings Act 1984, 이하 MFPA로 표기)에 의해 MCA 1973, 25조(2)(g)에 포함되게 되었으므로 이제는 제정법상의 고려 기준이 된 것이다. 이에 따라 법원은 당사자의 행위를 무시한다면 형평에 어긋난다고 생각되는 경우에 그 행위[23]를 고려하여야 한다고 규정하였다. 그러나 실제에 있어 배우자의 부정행위가 고려기준이 되는 일은 매우 드물다고 한다.

(8) 잠재적 경제적 상실

25조(2)(h)는 법원이 배우자 일방이 혼인의 종료로 잃게 된 잠재적 이익을 고려하도록 규정하고 있다. 연금이나 생명 보험금 등이 이에 해당할 것이다. 이러한 연금의 상실은 오랜 결혼생활을 한 중년의 처에게는 심각한 문제이기 때문이다.

2. 자녀를 위한 조치

MCA 1973에 의한 경제적 명령을 내릴 때에는 항상 자녀의 이익을 염두에 두어야 한다. 즉 이 법 25조(1)은 이혼시 경제에 관한 명령을 할 때 법원은 미성년인 자녀의 복지를 최우선적으로 고려하여야 한다고 규정하고 있다. 따라서 이혼시의 어떤 명령에도 당사자의 필요성뿐 아니라 자녀들의 필요성을 항상 염두에 두어야 하며, 법원은 자녀를 위한 명령에도 광범위한 재량권을 갖고 있다. 그러나 법원이 자녀를 위해 재산관계 명령을 내리는 것은 흔한 일은 아니다. Orr 판사는 "아무리 부유한 아버지라 하더라도 장애아도 아니고 생활비와 교육비가

---

22) Watchtel v. Wachtel(주 20).

23) 여기서 말하는 행위란 부정행위로 대표되는 정조의무에 관한 행위보다는 넓은 의미의 일반적인 행위, 예컨대 알코올중독이라든가, 낭비 등을 의미하며, 구체적으로는 아마도, 그로 인해 혼인을 파탄에 이르게 한 원인으로서의 행위를 의미하는 것으로 보아야 할 것이다.

보장된 자녀에게 아버지가 물질적 생활을 보장하여야 할 채무나 책임이 있는 것으로 간주하여서는 안 된다"고 하였다.[24] 그러나 자녀의 부양(maintenance)에 관한 조치는 재산분배에 관한 문제와는 그 차원이 다르다. 따라서 자녀의 부양료는 법원보다는 1991년의 자녀부양법(Child Support Act)에 의해 자녀부양비담당기관(Child Suport Agency)에 청구하도록 되었다. 따라서 법원은 자녀의 부양에 관한한 제한된 권한을 갖고 있을 뿐이며 그 제한된 경우에 한하여 25조의 사실들을 고려한다.

(1) 1991년의 자녀 부양법(Child Support Act)

자녀 부양에 관한 MCA 1973, 25조의 기준은 일반적이며, 자녀 부양비 산출을 구체화할 수 있는 기준을 제시하지 못하여 법원에 따라 그 내용이 달라질 수 있지만, 1991년의 자녀 부양법은 자녀부양비 산출에 관한 상세한 공식을 제시함으로써 부양비 산정에 있어 상당히 구체적인 방법이라는 점이 다르다. 따라서 이 법에 의하면 자녀부양비를 누구나 예측할 수 있고 일관성이 있으며, 산정기관은 이에 관한 재량을 갖고 있지 않으며, 따라서 그 기준이나 이익에 관하여 다툴 수 없다. 자녀의 부양비 청구는 원칙적으로 자녀 부양비 담당기관에 하여야 하며, 예외적인 특정 사건만을 법원이 다루게 된다. 이 기관은 사회보장을 위한 국무기관(Secretary of State for Social Security) 산하에 있으며 법원이 갖고 있던 자녀에 관한 권한의 대부분이 이 기관으로 넘어 왔다. 이 기관에서는 자녀 부양비 담당관이 부양료 산출, 연례 보고, 그리고 필요한 경우에는 부양료를 징수하는 일을 하며, 이에 관한 안내와 권고 등의 기능을 한다. 기관의 업무에 드는 비용은 기관이 자녀의 양부모 모두에게 청구한다.

자녀 부양법이 제정된 원인은 한 부모 가정(lone parent home)에 지급되는 부양비 총액을 감액시키자는 데 있다. 즉 자녀를 양육하지 않는 부모 중 일방(absent parent)이 자녀 양육비를 지급하지 않거나 불충분하게 지급함으로 인해 정부에 지원을 요청하는 일이 증가하여 국가재정이 어려움을 겪는다는 사실에서 출발한 것이다. 이에 따라 자녀를 양육하는 모든 한부모 가정이 정부기관에 대하여 자녀를 양육하지 않는 부모 중 일방으로부터 자녀 양육비를 징수하여 주도록

24) Lord Lilford v. Glyn(1979) 1 WLR 78.

청구할 수 있게 한 것이다.

이 때 자녀를 양육하지 않는 부모 중 일방의 이름을 제시함으로써 그에 관한 정보를 이 기관에 주어야 한다. 많은 경우에 어머니들은 자녀의 아버지를 만나 자녀의 부양비를 청구하기를 원치 않으며, 어떤 경우에는 자녀를 양육하지 않는 부모 중 일방은 그에게 자녀가 있는지도 모르는 경우가 있다(혼외자인 경우). 따라서 모든 경우에 어머니들은 담당기관에 협조하지 않으면 안 된다. 정당한 이유가 없는데도 필요한 협조를 거부하는 경우에는 첫 6개월간은 어머니 연금의 20%가 감액되며, 이후 12개월은 10%씩 감액되는 등의 불이익을 감수하여야 한다. 정보제공을 정당화하는 사유는 예컨대 정보제공의 결과로 비양육 부모로부터 폭력적 반응이나 정신적 고통이나 부당한 일을 당할 염려가 예상되는 경우 등이다.

이 법(자녀 부양법)의 특징은 부양비 산출 근거를 상세히 제시하고 있으나 그 계산 방법은 대단히 복잡하고 전문적이며 매우 다양한 사례들에 관한 별도의 계산 방법을 갖고 있다는 점이다.

(2) 법원이 관할권을 갖는 예외적인 경우

자녀 부양법 8조(3)은 "동조 (1)에 따라 청구된 부양관련 사건에 대해서는 법원은 어떤 경우에도 자녀 및 그와 함께 살고 있지 않는 부모 중 일방에 관련된 자녀 부양 명령을 변경하거나 수정할 권한을 행사하여서는 안 된다"고 규정하고 있으므로, 자녀 부양비에 관한 권한은 원칙적으로 자녀 부양비 담당기관이 갖고 있다. 법원은 자녀 부양에 관한 한 자녀 부양 담당기관에 그 권한이 없는 사건에 대해서만 그 권한을 갖고 있다. 따라서 함께 살고 있는 계부자관계라든가 친생자임에 틀림없지만 나이가 많아 부양비를 청구하기에 적당치 않은 경우, 예컨대 이미 교육이나 훈련을 마친 19세 정도의 청년 등의 경우가 이에 해당(법원 관할)하며, 일시금 지급이나 재산조정 명령 등 자녀에 대한 재산 관계 명령도 법원의 관할이다(그러나 그런 일은 드물다는 것은 이미 상술한 바 있다). 법원은 모든 경우에 부양 명령을 철회할 수 있는 권한을 갖고 있으며, 예컨대 자녀나 자녀와 동거하지 않는 부모 중 일방, 또는 자녀를 양육하는 부모 중 일방이 영국에 주소를 갖고 있지 않는 경우에는 이 기관에 관할권이 없으므로 법원이 관할권을 갖는다.

법원이 관할권을 갖는 경우에 법원은 자녀의 부양 정기금에 관한 광범위한 재량권을 갖고 있다. 이 경우 법원이 고려해야 할 요소들은 MCA 25조(3)에 다음

과 같이 규정되어 있다:

(a) 子의 경제적 필요성

(b) (있다면) 子의 소득, 생계능력, 재산 및 기타의 경제적 자원

(c) 子의 신체적, 정신적 장애

(d) 혼인 당사자가 그들의 子에 기대하는 교육과 훈련의 방법

(e) 혼인 당사자 간의 부양이나 재산조정에 있어서의 기준[MCA 25조(2)]에 관한 고려사항들

Ⅴ. 깨끗한 청산(Clean Break)

1. 원 칙

Clean break의 목적은 당사자 상호간의 경제적 책임을 한번에 해결하고 그들의 경제적인 상호의존성을 종료하도록 함으로써, 과거를 떠나 새 출발할 수 있도록 돕자는 데 있다. 그러한 장점은 판례에서 오랫동안 인정되어 왔으나, 1984년에 혼인과 가족 소송법(MFPA)이 제정[25]됨에 따라 MCA 1973 25조(A)에 clean break라는 용어가 도입됨에 따라 제정법상의 개념이 된 것이다. 비록 이 법에 의해 법원이 clean break를 고려할 의무를 규정하였지만 법원이 언제나 clean break를 하여야 할 의무는 없다. 오히려 법원은 특정 사건에 있어 clean break가 타당한지를 결정함에 있어 제정법상의 모든 요소들에 더욱 많은 비중을 두어야 하며, 子에 대한 부모의 책임은 중단되어서는 안 되므로 부모와 子간의 clean break는 타당치 않다. 자녀를 양육하는 부모 중 일방이 clean break에 동의하는 경우에는 자녀들이 있는 경우에도 clean break가 가능한 경우가 있을 수는 있다. 예컨대 아버지가 자녀를 양육하는 어머니에게 채무를 부담하면서 상당한 일시금(lump sum)을 지급한 경우, 자녀와 어머니는 아버지의 채무부담의 결과로 간접적인 혜택을 받기 때문에 어머니 자신과 자녀의 부양료도 일시금에 포함된 것으로 할 수 있다. clean break가 이루어진 것이다. 그러나 그 후 어머니가 자녀 부양법에 의한 부양비 청구를 당

25) 1984년 법은, 법원이 당사자간에 clean break가 이루어질 수 있는가를 고려할 의무가 있다고 하였다.

국에 하는 경우에는 아버지는 이혼시에 행한 일시금지급에 관한 거래에도 불구하고 이를 지급하여야 한다. 1991년법은 이혼시에 한 어떠한 clean break도 동법에 의한 청구시에는 고려되지 않는다고 규정하고 있기 때문이다.

2. 법원의 실제

(1) 정기금 지급 명령의 경우

정기금 지급에 관한 명령에 있어 가장 극단적인 clean break형태는 더 이상의 청구를 금지하는 조치와 더불어 그러한 청구가 있을 경우에는 이를 기각할 수 있는 권한을 법원에 부여하는 경우이다.[26] 상당한 근거가 있을 때에는 법원은 청구인의 동의 없이도 이러한 조치를 취할 수도 있다. 이보다 약한 clean break는 부양료 지급기간에 관한 명령이다. 일방 당사자가 경제적 자립을 할 수 있는 기간에 한해서만 부양료를 지급하도록 하는 경우가 이에 해당한다. 그 기간은 경우에 따라 달라지는데 보통 당사자가 직업을 구하거나 재훈련에 필요한 기간인 6개월에서 2, 3년 정도이다. 자녀들이 있으면 그들이 청구인에 대한 경제적 의존도가 적어질 때까지로 연장하게 될 것이다. 만일 예상했던 바와 달리 청구인이 경제적 독립에 실패한 경우에는 어떻게 할 것인가? 그러한 경우 청구인은 MCA 1973, 31조에 따라 부양료 지급기간의 연장을 청구할 수 있다. 다만 그러한 기간 연장의 청구는 前의 청구기간이 만료되기 전에 행하여야 한다.

(2) 재산 청산 명령의 경우

보통의 경우 여타의 청구를 기각하는 대신 일시불 지급명령을 하는 방법으로 clean break를 달성하는 것이 보통이다. 일방 배우자는 돈을 빌려서라도 일시금을 지급하여 clean break를 이루려는 경우도 있다. 당사자들은 정기금 지급을 하는 경우에는 다소 유리하지만 기약 없는 기간 동안 부담을 안고 살기보다는 무리해서라도 일시금을 선호하는 경향이 있다. 혼인주택을 처리하는 과정에서 clean break를 이루는 방법에는 즉시 매각이나 당사자일방의 명의로 이전하는 두 가지 방법이 있음은 이미 살펴본 바와 같다.[27]

---

26) MCA 1973, 25A(3).

27) 이 논문 Ⅲ. 이하 참조.

VI. 혼인재산의 분배절차

이혼 후 재산 분배를 청구한 경우에 심리에서, 그리고 상대방과의 타협에서 성공하려면 가족의 재산 상황(채무를 포함)에 관한 모든 정보를 갖고 있어야 한다. 모든 정보는 당사자의 선서진술서에 포함되어 있어야 한다.

(1) 청구인의 진술서(affidavit)

우선 청구인은 경제 관련 청구를 개시할 때 선서 진술서의 방법으로 피고를 향한 청구내용을 작성하여 제출한다. 이 진술서에는 원고의 재산, 수입과 지출에 관하여 자세히 기재하여야 한다. 만일 청구인이 재산양도나 부동산 계승 처분 명령을 구하는 경우에는 그 진술서에 그 재산에 대한 청구인의 기여, 피고가 그 재산을 소유하고 있는지에 관한 자세한 내용을 기재하여야 한다. 예컨대 "나는 법원에 Cedars의 양도를 청구한다. 그 Cedars는 피고와 내가 공동으로 소유하고 있다"는 식이면 충분하며, 청구의 사실을 이유있게 하기 위해 예컨대 "나는 두 자녀를 기르고 있으므로, 집이 필요하다"는 식으로 작성한다.

(2) 피고의 진술서

이에 대해 피고는 청구사실을 통고받은 날로부터 28일 이내에 청구내용에 관한 자신의 진술서를 작성하여 제출한다. 이 때 그는 그의 모든 재산과 지출, 그리고 청구가 인용되어서는 안 된다는 근거를 기술한다.

(3) 증거 개시(discovery)

보통의 민사소송의 경우에는 이론상 피고가 방어 진술서를 제출한 지 14일 후에 문서 목록을 교환함으로써 사실 또는 증거의 개시(discovery)를 하며, 그 후 7일 이내에 증거 조사를 실시하는 것이 보통이다. 그러나 실무에 있어서는 이러한 증거 개시를 생략하고 그 대신 당사자 일방이 타방에게 문서로서 어떤 관련 문제에 관한 정보를 요청하거나 관련 문서의 목록을 요청하거나 어떠한 문서에 관한 조사를 허용해 주도록 요청하는 관례를 따른다. 대개는 그러한 문서에는 타방 당사자가 최근 2, 3년간 보유한 모든 은행계좌와 부동산 보유현황, 같은 기간에 그가 소유하는 사업상의 대차 대조표, 크레디트카드 관계문서, 12개월 이전의 임금 수령액을 입증하는 서류, 연금이나 생명보험 등에 관한 권리문서 등의 복사본을 요청할 수 있으므로 이들 관련문서에 관한 상세한 증거를 구할 수 있는 것이다. 만일 상대방이 그 요청에 응하지 않을 경우에는 판사에게 다음과 같은 내용을 요청할 수 있다:

1) 이후의 일정기간 내에 상대방이 요구한 자료를 제출하도록 명령하거나,

2) 법원에 증거조사 절차에 참석하여 일방배우자가 요청한 서류(명령서에 특정)들을 지참하도록 명령할 것 중의 하나를 택한다. 이러한 방법을 통해 상대방에 대한 필요한 모든 증거를 입수할 수 있게 된다.

(4) 재산 평가

집의 가치를 정확하게 평가하고 당사자가 각각의 집을 새로 마련하는 데 비용이 얼마나 드는지 아는 것은 대단히 중요한 일이다. 당사자가 주택의 재산평가에 동의하면 표준평가에 의하고, 동의하지 않는 경우에는 전문평가사에게 의뢰한다. 그 평가사에 관하여 동의하지 않는 경우에는 각자가 평가사에게 의뢰하고 그 자료를 심리 28일 전에 상대방에게 보내도록 한다.

(5) 가족 사업 재산의 평가

법원은 가족 재산에 대해서는 이를 매각하도록 명령하는 일은 되도록 삼가하며, 소유자가 법원의 명령에 따르기 위해 사업 재산을 매각할 수밖에 없는 경우라면 가족의 사업을 되도록 보호하려고 배려하는 한편, 사업 재산의 평가에 불필요한 비용이 가족재산으로부터 지출되지 않도록 노력하는 경향에 있다.

VII. 강제집행 방법

1. County Court[28]에서의 강제집행 방법

(1) 소득에 대한 압류(Attachment of Earnings)

피고의 소득에 대한 압류가 있는 경우에 피고의 사용자는 피고용인의 소득에서 배우자 부양료와 그 이자를 포함한 일정금액을 공제한다. 이 때 그 명령서에는 피고의 수입이 일정선 이하로 하락되어서는 안 된다는 "소득보호율"과 그에 해당하는 최저액이 기재된다. 사용주는 공제한 금액을 법원에 보낸다.

소득에 대한 압류명령은 정기금 지급명령의 경우에 가장 효과적인 강제집행 방법으로 지급명령이 내려진 후 첫 소득부터 적용할 수도 있고 피고가 정기금을 지급하지 않을 경우에 집행할 수도 있다. 그러나 이러한 방법의 약점은 피고가 피고용인일 경우에 한하여 효과적이라는 점이다. 만일 피고가 자영업자이거나 실업자이고 피고가 직업을 자주 바꾸기 때문에 행정상의 어려움이 있는 경우에는 사용할 수 없는 방법이다.

(2) 이행보증(Warrant of Execution)

이행보증 방법은 피고가 지급해야 할 총금액에 해당하는 피고의 모든 재산을 법원의 집행관이 압류하여 매각할 수 있는 방법이다. 보증을 원할 경우에는 변호사가 법원에 신청하면 심리 없이도 인정된다. 일시금이 지급되지 않은 경우에 가장 효과적인 방법이며 지체의 경우에는 지연이자가 부가된다.

(3) 채권압류소송(Garnishee Proceedings)

채권 압류 명령은 청구인이 은행이나 건축조합 등 피고의 채무자로부터 직접 지급을 받을 수 있게 하는 명령이다. 이 경우에는 다음의 두 단계를 거친다. 첫째 단계는 피고의 채무자에 대한 채권압류 명령으로 그 지급을 동결시키고, 그 다음으로는 심리 통지후 County Court 판사가 채권 압류 명령을 확정하며, 은행

---

28) County Court는 소액사건을 처리하는 민사의 하급심 법원이다.

이나 건축조합 등 피고의 채무자에게 피고가 원고에게 지급하지 않은 금액만큼을 원고에게 지급하도록 명령한다. 이것은 일시금이 지급되지 않은 경우에 가장 효과적인 방법이다.

(4) MCA 1973, 24조A

MCA 24조A, 1973에 의하면 법원은 일시금 지급명령이나 담보된 정기금 지급명령의 경우 이혼확정 판결 후 3개월 내에 그 금액이 지급되지 않은 경우에는 집을 매각하여 그 매각대금으로부터 이를 지급할 수 있도록 하였다. 이 명령은 일시금 지급이나 담보 정기금 지급 등 본래의 명령과 동시에 예방책으로서 행해지기도 하고, 피고가 채무를 이행하지 않을 경우에 매각명령을 발할 수도 있다.

(5) 채권 명령(Charge Order)

원고는 피고가 소유하는 부담부 토지(또는 담보)나 미지급액에 해당하는 만큼의 지분을 갖고 있는 부담부토지에 대해 직접 청구할 수도 있다. 이 때 원고는 상대방에 대한 채권명령과 심리통고에 따라 확정명령을 받을 수 있다. 이 방법을 통해 원고는 피고의 재산에 대한 그의 채권을 담보할 수 있으나 그 재산에 대한 매각을 원한다면 별도의 심리가 필요하다. 별도의 심리에서 법원은 매각명령을 발할 것인지를 결정할 재량권이 있다. 만일 피고의 지분이 그의 주택보다 과도하게 많고 채무액은 비교적 소액인 경우에는 채권명령이 아니라 혼인소송법 24조A를 보다 선호한다.

(6) 판사의 소환장(Judgment Summons)

판사의 소환이 있을 경우 피고는 판사 앞에 출두하여 그의 재산에 대한 조사를 받는다. 판사는 예컨대 "28일 내에 미지급 일시금을 지급한다"는 등 피고가 타당하다고 생각하는 미지급 금액의 지급에 관한 명령을 내린다. 판사는 미지급에 대해 피고를 監置할 수 있는 권한도 있다. 그러나 그러한 감치 명령으로 인해 피고의 지급 이행은 연기될 수밖에 없으므로 이러한 절차는 별로 이용되지 않는다. County Court에서는 법률 구조를 받을 수 없다는 점도 이용률을 낮게 하는 원인의 하나이다.

2. 가정법원에서의 강제집행

부양료 지급 명령이 가정법원에서 내려진 경우에 피고는 그 지급액을 법원(서기)에 직접 지급하고 서기가 이를 원고에게 보낸다. 그러므로 법원은 모든 지급상황을 파악할 수 있고 당사자들은 서로 접촉할 필요가 없게 되는 것이다.

가정법원에서의 강제집행은 다음 네 가지 방법이 있다:

(1) 소득압류명령

위 (1)과 같은 방법이다.

(2) 監置命令

이것은 가장 극단적인 방법으로 다음 세 가지 조건이 충족될 때 비로소 가능하다.

1) 법원이 피고의 불이행이 고의 또는 과실인지를 피고의 출석하에 조사할 필요가 있고 그 중의 하나에 해당되는 경우,

2) 부양료 지급 명령이 불가능하거나 타당하지 않다고 판단한 경우, 그리고

3) 감치명령을 하였을 때 피고가 현존할 것 등이다.

피고가 감치중인 동안에는 특별히 법원이 지연이자 지급을 명하지 않았다면 지연이자는 발생하지 않는다. 물론 감치의 결과로 지체금이 면제되는 것은 아니다. 피고가 지급을 이행하면 감치상태에서 자유롭게 되고 일부를 이행하면 유치기간이 단축되는 데 감치기간은 최대한 6주간 지속될 수 있다.

(3) 압류의 보증(Warrant of Distress)

이것은 위 (2)에서의 이행보증과 유사한 방법이다. 다만 경찰이 피고의 모든 재산을 압류하였다가 불이행시에 매각하여 지연금을 지급하므로 그 집행기관이 다를 뿐이다. 강제집행방법으로 바람직하지 않기 때문에 특별한 경우 외에는 별로 이용되지 않는다.

(4) 가정법원의 명령을 고등법원이나 군법원에 등록함으로써 그 법원에서 가정법원의 강제집행방법을 이용할 수 있도록 하는 방법도 있다. 이 방법은 청구

액이 높을 때 타당하나 가정법원 사건의 특성상 청구액이 많은 드문 경우에 한하여 이용될 뿐이다.

(5) County Court에서 부양 정기금 지급 명령이 행하여지면 이것은 가정법원에 등록할 수 있다. 이렇게 등록되면 지급은 판사의 서기에게 할 수 있으며, 모든 지급상황에 대한 기록이 가정법원에 남게 된다. 만일 원고가 국가로부터 생계비 보조를 받고 있고 피고가 여전히 빈곤한 경우 원고는 이 명령을 이용하여 그의 생계비 보조를 증가해 달라고 청구하는 데 사용할 수 있다는 점도 가정법원에 등록함으로써 얻는 또 하나의 효과이다. 그리고 한번 가정법원에 등록되면 가정법원은 County Court에서의 명령을 변경할 수도 있다.

3. 자녀 부양비 담당기관에 의한 강제집행

자녀 부양비 담당기관은 청구인이 복지연금의 수혜자인 경우에는 수혜자를 위한 부양료를 지급자로부터 직접 징수한다. 만일 청구인이 복지수혜자는 아니지만 부양료의 징수와 강제집행을 당국에 요청한 경우에는 담당기관이 이를 행하고 청구인에게 수수료를 청구한다.

자녀 부양비 담당기관이 부양료를 피고로부터 징수하는 경우에는 자녀의 부모와 징수방법에 대하여 협의하여야 하며, 가장 많이 이용되는 방법은 표준명령이다. 이에 따라 담당기관은 자녀를 양육하지 않는 부모 중 일방(absent parent)에게 부양료 징수를 위한 예금을 개설하도록 한다.

담당기관은 피고의 사용주에게 그의 소득으로부터 자녀 부양비를 공제하여 기관에 송부하도록 명령할 수도 있으며 이를 강제집행 방법으로 이용할 수도 있다.

만일 2회 이상의 미지급이 있고 소득 공제 명령이 타당치 않거나 효과적이 아니라는 사실이 입증된 경우 담당기관은 가정법원에 채무변제를 위한 명령(liability order)을 청구할 수 있다. 채무명령이 발해지면 채권자는 압류에 의해 그의 채권을 변제받을 수 있다. 이 방법도 효과적이지 못한 경우에는 법원에 채권압류(garnishee) 또는 채권명령(charge order)을 청구하며, 마지막 수단으로 피고에 대한 감치를 청구할 수 있다.

4. 재산 조정 명령에 대한 강제집행

만일 피고가 재산 양도 명령을 효과있게 하는 판결문 내용을 이행하지 않는 경우에 법원은 그 판결이 집행되도록 명령할 권한이 있으며 그 집행은 명령을 발한 County Court가 아니라 구법원판사(district judge)가 하는 것이 보통이다.

Ⅷ. 맺는 말

이상에서 이혼 후의 부양과 혼인주택을 중심으로 한 재산분할절차, 이혼 후의 경제를 결정하는 기준, 자녀를 위한 조치, 그리고 법원의 강제집행방법 등에 관한 영국의 가족법과 법원의 실무를 소개하였다.

영국의 가족법과 실무에서 이혼 후의 경제를 다룸에 있어 특기할 것은 첫째, 미성년 자녀의 이익, 특히 그들의 경제적 복지를 염두에 두고 경제적 명령을 한다는 원칙을 갖고 있다는 점이다. 이와 관련하여 1991년의 자녀부양법은 부양비 산출에 관한 상세한 공식을 제시하고 있으며, 이를 법원이 아니라 행정기관이 담당하고 비용은 양 부모가 부담함으로써 효율성과 합리성 및 신속성을 기할 수 있게 되었다. 둘째, 이혼 후의 재산분배절차에서는 당사자의 구체적인 사정에 따라 형평하게 분배하도록 법과 실제가 협력한다는 점이다. 특히 혼인주택의 처리에 관하여는 주택의 매각시기를 자녀의 연령과 관련하여 연기할 수 있도록 함으로써 부모의 형평과 자녀의 복지를 아울러 고려하고 있으며, 아울러 배우자의 처분으로부터 혼인주택을 보호하는 방법과 처분의 시도를 방지하는 방법에 대비하고 기준을 상세히 규정함으로써 가능한 당사자의 모든 사정을 고려하여 형평을 기하도록 배려하고 있다는 점이다.

그러나 이혼 후의 경제를 다루는 영국의 가족법과 실무에서 우리가 배워야 할 것은 상세한 법의 원칙이나 철저한 제도와 아울러, 당사자의 형평과 자녀의 복지를 실현하기 위해 배려하는 그 자세와 노력에 있다고 보고 싶다.

_ 가족법연구 제10호(한국가족법학회, 1996) 게재

가족법개정안에 관한 연구
- 부부재산제와 협의이혼제도의 개정안을 중심으로 -

Ⅰ. 들어가는 말

1990년의 혁명적인 개정에 이은 가족법 개정행진이 계속되고 있다: 상속개정법[1)]이 2002년 1월 14일부터 시행되고 있고, 2005년에는 헌법불합치결정에 따른 가족법 개정안이 국회를 통과하여 3월 31일부터 시행되고 있으며[2)] 국회에는 현재 부부재산제와 협의이혼절차 및 친권과 양육권 규정의 개선을 골자로 하는 가족법 개정안이 여러 건 제출되어 있다.[3)]

이렇듯 가족법 개정행진이 계속되는 것은 여성들의 권리의식이 높아짐에 따라 가부장적인 가족법에 대한 개정요구가 집단적으로, 또는 헌법소원을 통해 강

1) 상속회복청구권 행사기간에 관한 민법 제999조 2항 중 "상속개시 있음을 안 날로부터 10년"부분에 대한 위헌결정에 따라, 2002년 개정법은 "상속권의 침해행위가 있은 날로부터 10년을 경과하면 소멸된다"로 하였고, 제1026조 2호의 법정단순승인의제규정은 1998년에 헌법불합치결정을 받고 적용이 중단되었으나 2002년 개정법은 제1026조 2호를 부활시키는 한편, 제1019조 3항에 특별한정승인제도를 신설하였다. 그리고 헌법불합치결정과 개정법 시행 사이의 공백은 부칙 제3항에서 경과조치를 통해 구제한 바 있다.

2) 호주제도의 폐지와 친양자 제도는 2008년부터 시행될 예정으로 있다.

3) 부부재산제의 개정안으로는 2005.6.30. 민법 일부개정법률안(한명숙의원 대표발의, 이하 한명숙의원안이라 함), 2005.7.19, 민법 일부개정법률안(이계경의원 대표발의, 이하 이계경의원안이라 함), 2006.2.7. 민법 일부개정법률안(최순영의원 대표 발의, 이하 최순영의원안이라 함)과 2006.11.7. 민법 일부개정법률안(정부제출, 이하 법무부안이라 함)이 있으며, 협의이혼제도 개선안은 2005.11.9. 민법 일부개정법률안(안홍준의원 대표발의, 이하 안홍준위원안이라 함), 2006.3.29. 협의이혼절차 지원 등에 관한 법률안(유승희의원 대표 발의, 이하 유승희의원안이라 함), 2005.11.16. 이혼절차에 관한 특례법안(이은영의원 대표발의, 이하 이은영의원안이라 함)과 법무부안이 있다. 이혼 후 자녀의 양육권과 친권제도의 개정안은 법무부안에 포함되어 있다.

하고 구체적으로 표출되었고, 헌법재판소가 가부장적이거나 불합리한 가족법 규정에 대해 헌법불합치결정을 내리기 시작하였으며, 무엇보다도 기득권층이라 할 수 있는 남성들의 의식변화에서도 그 원인을 찾을 수 있을 것이다. 국민들의 의식이 이렇게 변화하는 동안 가족법은 가부장적인 제도를 고수하면서 사회와 가족의 변화를 적절히 수용하지 못함으로 인해 개정의 필요성이 누적된 것도 그 원인으로 지적할 수 있을 것이다. 이에 따라 앞으로도 가족법 개정행진은 계속될 전망이다. 다음 단계로는 재판상이혼원인에 대한 개선과 친권과 양육권과의 일원화를 위한 논의, 그리고 자녀양육비의 이행확보방안 등이라고 생각한다. 부부계약취소권의 폐지와 일상가사대리권의 개선도 논의되어야 할 것이며, 대리모계약을 포함한 인공수정자에 대한 규정도 신설할 필요가 있다고 본다. 혼인신고제도의 개선과 상속의 승인제도의 개선 및 대습상속제도의 개선도 논의되어야 할 것으로 생각된다.

이 글에서는 현재(2007년 봄) 국회에 제출되어 있는 가족법 개정안 중 법무부안을 중심으로 부부재산제의 개정안, 협의이혼절차의 개선안(자녀양육권 및 친권제도의 개정안 포함)을 검토하고자 한다.[4] 개정안을 검토하기에 앞서 개정의 필요성을 살펴본 후, 개정안을 평가하기 위한 잣대로서, 개정방향이나 입법론을 고찰하기로 한다.

II. 부부재산제의 개정

1. 별산제의 문제점과 개정의 필요성

부부재산제는 부부재산계약과 법정재산제로 구성되지만, 부부재산계약은 그 이용률이 매우 낮기 때문에 대부분의 부부는 법정재산제인 별산제원리에 따

4) 부부재산제개정안에 대한 연구로는 전경근, "부부재산제개정안에 관한 연구," 가족법연구 20권 3호(2006); 윤진수, "민법 개정안 중 부부재산제에 관한 주제발표," 민법개정공청회자료, 법무부(2006). 협의이혼제도개선에 관하여는 김상용, "협의이혼제도의 개선방향," 민법개정공청회자료, 법무부(2006); 김매경, "협의이혼제도 개선안에 대한 소고," 가족법연구 20권 3호가 있다.

르게 된다. 별산제는 혼인의 재산적 효과이지만, 부부의 이혼시에는 부부재산제의 청산[5]을 의미하는 재산분할청구권의 원인이 되고, 부부 일방이 사망한 경우에는 상속법 원리와 함께 배우자 상속분의 기초가 되는 것이다. 그런데 별산제는 1990년 개정법에서 이혼시 재산분할청구권제도를 신설하였음에도 불구하고 명의 없는 배우자(대부분의 경우의 처)를 적절하게 보호하지 못하는 한계와 문제점이 지적되어 왔다. 그것은 민법 제830조에서 "혼인 중 자기 명의로 취득한 재산은 그 특유재산으로 한다"고 함으로써 재산의 명의자를 소유권자로 추정하고 있으며, 부부는 그 특유재산을 각자 관리, 사용, 수익할 수 있으므로(민법 제831조) 결국 명의자(대부분의 경우의 夫)는 명의 없는 배우자(대부분의 경우의 처)의 동의 없이도 그의 특유재산을 자유로이 처분할 수 있기 때문이다.

자기의 특유재산을 누구의 동의나 간섭 없이도 자유롭게 사용·수익하고 처분할 수 있다는 점은 배우자의 독립성을 보호하고 제3자와의 거래의 안전을 보호하는 순기능도 있으나, 극단적인 경우에는 명의자인 배우자가 이혼시 상대방배우자의 재산분할청구를 무력화시키기 위해 그 명의의 재산을 미리 처분할 수도 있음을 의미하는 것이다. 재산상 명의자의 처분이 상대방 배우자의 재산분할청구를 무력화시킬 수 있는 가능성은 다음 몇 가지 원인이 전제되어 있기 때문이다. 그 하나는, 대개의 가정에서 부부가 공동의 노력을 투하하여 축적한 재산이라도 편의상 또는 가부장적인 습관에 따라 夫의 명의로 등기하거나 기재하는 것이 보통이라는 사회 현실적인 원인, 두 번째는, 별산제를 해석함에 있어 가사노동을 경제적 가치있는 기여로 인정하지 않는다는 해석상의 문제,[6] 세 번째는 별산제는 혼인공동체성을 간과하고 있으므로 혼인 중 취득재산 중 중요 재산의 처분시에는 상대방 배우자의 동의를 얻도록 하는 등으로 명의 없는 배우자를 보호할 장치가 필요함에도 오로지 명의만을 기준으로 재산권의 귀속을 정한다는 법규상의 문제가 원인으로 작용하고 있는 것이다.

가사노동과 관련한 문제(위의 두 번째 원인)를 살펴본다. 민법 제830조를 해석함에 있어 학설과 판례는 혼인 전부터 가진 고유재산과 혼인 중 상속이나 증여

5) 이혼시 재산분할청구권의 본질에 대하여 통설은 부부재산제의 청산과 부양으로 파악하나, 중심내용은 청산이라 할 것이다.

6) 이에 따라 세법도 전업주부인 처의 명의로 이전할 때 夫로부터의 증여로 보아 높은 증여세를 부과한다.

받은 재산은 각자의 특유재산으로, 그리고 혼인 중 취득한 가재도구 등은 누구에게 속한 것인지 분명하지 않은 재산, 즉 공유재산으로 해석하는 데 일치하고 있다. 문제되는 것은 혼인 중 한쪽 배우자의 명의로 취득한 재산(부동산, 예금, 주권 등)에 관한 것인데 많은 가정에서 이들 재산은 夫의 명의로 취득하고 있기 때문에 처(전업주부인)의 기여(가사노동의 기여)가 명의에 포함되지 않음에도 판례는 제830조를 해석함에 있어 명의를 기준으로 권리자를 정한다는 것이다.

그럼에도 명의 없는 배우자의 기여가 금전적이거나 실질적인 경우에는 이를 반환받는 데 어려움이 없다. 판례는 명의 없는 배우자의 실질적인 기여가 있는 경우에는 특유재산에 대한 추정은 번복된다고 보고 부부의 공유재산으로 인정하고 있기 때문이다. 따라서 맞벌이 부부인 경우, 夫 명의의 재산을 취득하는 데 있어 처가 금전적인 기여를 한 경우와 처가 실질적인 재산증식에 기여한 경우에도 문제될 것이 없다. 문제되는 것은 처가 가사노동을 통한 기여를 한 경우이다. 판례는 별산제에 관한 민법 제830조를 해석함에 있어 가사노동을 통한 기여를 경제적 가치 있는 실질적인 기여로 평가하지 않고 있기 때문이다.[7] 민법 제839조의 2(재산분할청구권)에 따르면 가사노동의 기여는 경제적 가치 있는 기여로서 평가되고 있다는 점을 감안하면 모순이라 하지 않을 수 없다. 그것은 제839조의2에서 "가정법원은 당사자의 청구에 의하여 당사자 쌍방의 협력으로 이룩한 재산의 액수 기타 사정을 참작하여"라고 규정하고 있는데, '당사자 쌍방의 협력'에 '가사노동을 통한 협력'이 포함된다고 해석하고 있기 때문이다.[8] 다만, 전업주부인 처가 재산분할을 청구할 경우 가사노동의 경제적 가치를 夫의 소득활동의 30% 정도로 낮게 평가하는 문제만이 남아 있을 뿐이다.[9] 그러므로 명의 없는 배우자

7) 대법원 1992.12.11. 92다21982 판결은 "부부의 일방이 혼인 중에 자기 명의로 취득한 재산은 명의자의 특유재산으로 추정되고 다만 실질적으로 다른 일방 또는 쌍방이 그 재산의 대가를 부담하여 취득한 것이 증명된 때에는 특유재산의 추정은 번복되어 다른 일방의 소유이거나 쌍방의 공유라고 보아야 할 것이지만 재산을 취득함에 있어 상대방의 협력이 있었다거나 혼인생활에 있어 내조의 공이 있었다는 것만으로 위 추정을 번복할 사유가 된다고 할 수 없다"고 판시하고 있다. 대법원 1994. 11. 8, 94누9603 판결; 대법원 1995. 8. 11, 94누14308 판결: 대법원 1996. 5. 10, 96누1900 판결: 대법원 1997. 4. 8, 96누7205 판결; 대법원 1986. 9. 9, 85다카1337, 1338 판결: 대법원 1998. 6. 12, 97누7707 판결도 같은 취지이다.

8) 대법원 1993.5.11, 93스6 결정은 "부부가 이혼할 때 쌍방의 협력으로 이룩한 재산이 있는 한 처가 가사노동을 분담하는 등의 방법으로 부의 재산의 유지 또는 증가에 기여하였다면 쌍방의 협력으로 이룩된 재산은 재산분할의 대상이 된다"고 하였다.

는 이혼시에 제839조의2에 따라 재산의 분할을 청구하면 가사노동의 협력도 기여로서 평가받을 수 있으나, 부부재산제에 관한 제830조가 문제되는 경우[10]에는 별산제 원리에 따라 명의가 기준이 될 뿐 아니라, 가사노동에 종사한 전업주부인 경우에는 그의 기여가 경제적 가치 있는 것으로 평가되지 못하는 모순이 있다.

별산제의 법규상의 문제(위의 세 번째 원인)는, 명의자가 그의 명의의 재산을 처분하는 경우에 명의 없는 상대방 배우자를 보호할 수 없다는 점이다. 혼인 중 취득재산 중에도 가장 문제되는 것은 명의가 나타나는 재산, 그 중에도 배우자 일방의 명의로 등기된 부동산인데, 제830조 1항과, 등기의 추정력으로 인해 법률상으로는 명의자의 특유재산으로 보아야 하지만, 실질적으로는 배우자의 협력으로 취득한 경우가 많음에도 별산제의 원리에 따라 혼인 중에는 명의자의 재산으로 볼 수밖에 없다. 그러므로 명의자인 배우자 일방의 채권자가 명의자 소유의 부동산에 대하여 강제집행을 하는 경우 현행 민법상 명의 없는 배우자는 이에 대한 지분권을 주장할 수 없으며, 명의자가 혼인 중 취득재산을 처분한 경우에도 명의 없는 배우자는 자신의 동의 없음을 이유로 처분의 무효나 취소를 주장할 근거가 없다. 결국 명의자의 채권자나 제3자는 명의 없는 배우자의 실질적인 지분권이나 이혼시 재산분할청구권보다 우선하여 보호되는 것이다. 물론 이러한 문제점을 극복하려는 해석론도 있으나 별산제의 테두리를 초월할 수 없다는 한계가 지적되어 왔다. 그러므로 법의 개정을 통해 이 문제를 해결하여야 한다는 결론에 이르게 된다.

2. 부부재산제의 입법론

부부는 두 사람이면서도 혼인공동체라는 하나의 단위로 존재하기 때문에 바람직한 부부재산제는 재산의 관리나 처분에 있어 자유와 독립성이 존중되는 한편 혼인공동체의 특성을 적절히 조화하는 것이라 할 수 있다. 그 중에도 부부의 자유와 독립성은 혼인 중에 존중될 필요가 있으며, 혼인공동체성은 혼인해소시에 존중되는 것이 바람직하다. 이러한 기준에 비추어 부부별산제, 공동재산제와

9) 최근에는 처에게 50% 정도를 분할하는 사례가 늘고 있다고 한다.

10) 제830조가 문제되는 많은 경우는 전업주부인 처 명의의 재산에 대해 증여세가 부과된 사안이다. 대법원 1998. 6. 12, 97누7707 판결 참조.

절충식제도의 장단점을 살펴본다.

(1) 별 산 제

별산제는 타인 간에 적용되는 재산권원리가 부부에게 적용되는 결과 부부의 공동재산은 존재하지 않으며 명의자를 재산권자로 추정하는 제도라는 점에서 장점과 단점을 동시에 지닌다. 장점은 혼인 전부터 소유하던 재산과 혼인 중 취득한 재산을 부부 각자의 명의로 보유할 수 있으므로 부부가 타방 배우자의 간섭없이 각자의 재산을 사용, 수익, 처분할 수 있는 자유와 독립성이 존중되며, 명의를 신뢰한 제3자가 보호될 수 있다는 점이다. 반면에 별산제의 문제점은 혼인 해소시에 드러난다. 부부는 혼인공동생활을 하는 동안 각자의 재산권을 구별하는 법원리와는 달리 공동의 노력을 투하하여 공동의 재산을 축적하며, 단지 편의상 배우자 일방의 명의로 취득하는 것이 보통이므로 명의자를 곧 재산권자라고 단정하는 것은 혼인공동생활의 면을 도외시한 것이며, 형평에도 반하는 것이다. 특히 명의자가 이혼을 준비하면서 배우자의 재산분할청구를 무력화시키기 위해 자기 명의의 재산을 처분하는 경우, 명의 없는 배우자가 재산분할청구권을 행사하더라도 사실상 보호되지 못하는 결과가 될 수밖에 없는 것이다.[11]

(2) 공동재산제

공동재산제는 혼인 중 취득재산을 명의와 관계없이 부부의 공동재산으로 보는 결과 혼인 해소시에 이를 반분함으로써 처의 가사노동이 夫의 경제적 활동과 동 가치로 평가될 수 있다는 장점을 지닌다. 그러나 다음과 같은 문제점이 있다. 그 하나는 채무도 공유가 된다는 점이다. 따라서 부부가 혼인전의 고유재산을 갖고 있지 않는 경우(대부분의 경우 이에 해당)에는 배우자 일방의 채무초과는 곧 가족의 경제적 파산으로 이어지게 된다. 재산상 명의에 관계없이, 법률행위자가 누구인가에 관계없이 혼인 중 취득재산은 부부의 공동재산으로 간주되기 때문이다. 보다 중요한 문제는 혼인 중 취득재산의 관리가 용이하지 않다는 점이다. 이에 따라 프랑스 및 공동재산제를 취하는 미국의 주에서는 과거에 부부재산의 관리상의 편의와 제3자와의 관계를 용이하게 하기 위해 공동재산의 대표를 夫로

---

11) 별산제에 관해 자세히는 이화숙, 비교부부재산관계법(2000), 95면 참조.

규정하였으나 부부의 형식적 평등의 문제점이 지적되면서 1985년 이후 공동재산에 대한 부부의 공동관리를 선언하고 있다. 그러나 이는 곧 한 배에 두 명의 선장이 있는 것과 같은 혼란이 예상되는 결과 부부가 공동재산을 각각 처분하는 경우 제3자와의 관계에서 다툼이 발생할 여지가 있다. 더욱 어려운 점은 부부 각자의 고유재산과 그 이익이 증가하여 혼인 중 취득재산과 혼합되는 경우가 있으며, 공동재산 중에도 각자의 별산으로 보아야 하는 경우도 있다는 점이다. 또한 일상가사에 속하는 채무는 특별히 별도의 원리로 취급할 필요가 있어 재산관리가 매우 복잡하게 된다. 대표적인 공동재산제국가인 프랑스 민법이 공동재산제의 관리와 처분상의 혼란을 피하기 위해 100여 개의 조문을 할애하고 있음은 그 좋은 증거이다.[12]

(3) 절충식 제도

혼인 중에는 부부의 재산관계에 관한 자유와 독립성이 인정되는 별산제가 이상적이며, 혼인해소시에는 부부의 노력을 동 가치로 평가하는 공동재산제가 이상적이라 할 수 있다. 이에 따라 각국의 입법례는 혼인 중에는 별산제를, 혼인해소시에는 공동재산제를 채택하는 절충식제도(또는 유예공동제)를 채택하는 경향에 있다. 그러나 공동재산의 범위와 공동재산의 분배방법에 따라 여러 가지 유형이 있다.

예컨대 스웨덴의 배우자지분권제도는 혼인 중에는 제한된 별산제(고유재산이라도 일정재산의 처분시에는 상대방의 동의를 요한다)이며, 혼인해소시에는 배우자의 지분권이 인정되는 재산을 반분한다. 배우자지분권재산은 부부 각자의 재산에 상대방배우자의 지분이 포함된 재산으로 대개의 경우 혼인 중 취득재산이 이에 해당한다. 그러므로 혼인 중 별산제, 혼인해소시에는 공유제와 같다는 점에서 이상적이라 할 수 있다. 그러나 고유재산과 배우자의 지분권이 포함된 재산을 구별함에 있어 기술적으로 어려움이 있다.

독일민법상의 부가이익공동제(Zugewinngemeinschaft)는 혼인 중에는 별산제이다. 그러나 이혼시에는 혼인 중의 부가이익의 차액을 동등하게 분배할 가능성이 있기 때문에 전체재산의 처분과 혼인가사용구를 처분할 경우에는 배우자의

---

12) 프랑스의 공동재산제에 관해 자세히는 이화숙(주 11) 75면 이하 참조.

동의를 요하도록 함으로써 별산제가 지니는 단점을 보완하고 있다. 부가이익공동제의 또 하나의 장점은 부부의 이혼시에 나타난다. 즉 부부가 각자의 부가이익 즉 이혼시 각자의 재산(종말재산)에서 혼인시 소유하던 재산(당초재산)을 제한 나머지를 부가이익으로 보고, 각자의 부가이익의 차액을 동등하게 나누는 것이다(부가이익이 보다 적은 배우자가 보다 큰 부가이익을 가진 배우자에게 부가이익의 차액의 반에 대한 청구권을 갖는 것). 그 결과 부부의 독립성과 혼인의 공동생활체로서의 본질이 조화롭게 반영될 수 있다.

스위스의 참여소득제도 부가이익공동제와 유사하지만 약간 다르다. 즉 참여소득제는 혼인 중에는 제한이 있는 별산제라는 점에서 다른 유예공동제와 같으나, 혼인해소시에는 부부의 재산을 각자의 고유재산, 공동재산 및 혼인 중의 소득으로 나누어 형평하게 분배하는 것이다. 즉, 고유재산은 각 배우자가 취하고, 공동재산은 반분하며, 혼인 중의 소득에 대하여는 독일민법과 같이 부가이익청산을 한다는 것이다. 독일의 제도와 다른 점은 공동재산을 반분한 후 혼인 중 소득에 대해 부가이익청산절차를 밟는다는 점에 있다. 독일의 부가이익공동제에 비해 기술적으로 매우 정교하고 합리적이라 할 수 있다. 그러나 정교한 만큼 기술적으로 복잡하다는 점은 결점이 될 수도 있다. 반면에 독일의 부가이익공동제는 이혼시의 배우자 명의의 재산에서 혼인시의 재산을 제한 나머지를 혼인 중 부가이익으로 보고 각자의 부가이익의 차액을 반분하는 제도이기 때문에 비교적 단순하면서도 합리적이라 할 수 있다.[13]

(4) 특히 부가이익공동제에 관하여

부가이익공동제는 혼인 중에는 현행 민법처럼 별산제를 유지하되, 주택 등 명의자의 중요한 재산을 처분할 때는 상대방 배우자의 동의를 필요로 하고 동의가 없는 처분은 무효로 함으로써 명의없는 배우자를 보호하고 있다. 처분을 제한하는 이유는, 부부 각자 명의의 재산이라도 혼인 해소시에는 동등하게 분배될 잠재적 공동재산이므로 공동재산과 더불어 공동재산에 대한 상대방 배우자를 보호할 필요가 있다는 점에 있다.

부부의 이혼시에는, 각자의 종말재산에서 혼인시의 당초재산을 제한 나머지

---

13) 절충식제도에 관해 자세히는 이화숙(주 11), 117면 이하 참조.

의 부가이익의 차액을 동등하게 나누도록 한다. 당초재산은 혼인 개시시에 각 배우자의 재산에서 채무를 공제한 금액으로 하고 이 때, 혼인 중 증여, 상속받은 재산과 같이 상대방배우자의 협력과 무관하게 취득한 재산은 당초재산에 산입(배우자에게 분배되지 않음을 의미)[14]한다면 혼인 중 취득재산의 형성에 대한 배우자의 협력이 조화롭게 반영될 수 있다. 또한 소극재산이 적극재산을 초과하는 경우에는 되도록 당초재산을 영으로 평가한다면 혼인전의 채무가 분할되지 않게 된다. 종말재산은 부가이익공동제의 종료시에 배우자가 가지고 있던 순재산이다. 그러므로 적극재산에서 채무를 공제한 금액이 종말재산이 된다. 종말재산에서 당초재산을 제한 부가이익을 비교하게 되므로 종말재산의 확정은 매우 중요하다. 그러므로 상대방배우자가 종말재산을 자의적으로 처분함으로써 재산이 감소되는 결과로 인해 부가이익청산이 침해되지 않도록 방지하기 위한 장치가 필요하다. 예컨대 재산의 낭비, 상대방배우자를 해할 목적으로 한 행위에 의하여 발생한 재산의 감소 등은 종말재산에 산입함으로써 다른쪽 배우자를 보호할 수 있다.[15] 만일 종말재산이 채무초과이면 이를 영으로 함으로써 채무가 상대방배우자에게 전가되지 않도록 하여야 할 것이다. 부가이익공동제에 의하면, 별산제에 있어 재산상 명의를 기준으로 재산권자를 결정함으로써 전업주부의 가사노동은 낮게 평가될 수밖에 없다는 문제점과 명의를 갖고 있지 못한 배우자에 대한 보호가 미흡하다는 문제점과 한계를 극복할 수 있게 된다.

배우자 일방의 사망시에는 상속분을 4분의 1 인상함으로써 결과적으로 생존배우자에게 상속재산의 2분의 1의 상속분을 보장한다. 배우자 사망시에도 부가이익청산을 하게 되면 그 과정에서 공동상속인인 자녀들과 다툼의 원인이 되기 때문이다.[16]

(5) 부부재산제 개정시 고려하여야 할 사항

부부재산제를 개정함에 있어 고려하여야 할 사항으로는 첫째, 부부의 형식적 평등과 실질적 평등이 다 같이 보장되어야 하며, 두 번째로 부부의 자유와 독립성이 보장되면서도 혼인공동체성이 보호되어야 한다. 세 번째는 제3자의 이익

14) 독일민법 제1374조 참조.

15) 독일민법 제1375조 2항 참조.

16) 독일의 부가이익공동제에 관하여 자세히는 이화숙(주 11) 제3장과 제4장 참조.

과 거래의 안전이 존중되어야 할 것이다. 네 번째, 법정재산제로 만족할 수 없는 부부를 위해 부부재산계약의 유형을 제시함으로써 선택의 가능성을 열어주는 것이 바람직하다고 본다. 이에 따라,

1) 혼인 중에는 별산제가 바람직하다고 본다. 그것은 별산제가 배우자의 독립성과 재산관리의 자유를 보장함과 동시에 부부의 형식적 평등을 보장하기 때문이다. 또한 우리 민법은 오랫동안 별산제를 취해 왔기 때문에 국민들은 이미 별산제에 익숙하다는 점도 장점이라 할 수 있다. 그러나 혼인해소시에는 공동재산제가 이상적이다. 부부의 혼인공동성을 보장하기 때문에 부부의 실질적 평등을 보장할 수 있기 때문이다.

부부재산제로서의 공동소유제는 언뜻 보기에는 여성의 지위를 보장하는 듯이 보이지만 혼인 중에 취득한 재산은 모두 공동재산이 되므로 채무도 공유가 된다는 점에서 가정의 경제적 안정이 깨질 위험이 있고 무엇보다도 공동재산의 공동관리가 기술적으로 어렵다는 문제점을 안고 있다. 또한 공동재산과 고유재산의 구별이 불명확하다는 점도 문제되며, 일상가사채무의 연대책임과 공동재산의 구별도 쉽지 않기 때문에 부부의 일방과 거래하는 제3자의 보호가 문제될 수 있다. 이에 따라 프랑스 민법은 100여 개의 규정을 할애하여 상세히 규정하고 있고, 또한 오랫동안 전통적으로 공동재산제국가이기 때문에 민법과 국민들 모두가 복잡한 메커니즘에 익숙해 있지만 우리 민법과 국민은 전통적으로 별산제 국가이며 상세히 입법하기 보다는 포괄적으로 입법하는 입법례에 속하기 때문에 공동재산제는 우리 민법에서 채택하기에는 기술적으로 어렵다고 할 수 있다. 그러한 점 때문에 전세계에서 공동재산제를 취하는 입법례는 프랑스와 미국의 8개주 정도에 불과하다.

2) 혼인 중에 별산제를 취하더라도 명의자의 처분권은 제한하는 것이 바람직하다. 그것은 혼인 중에는 배우자의 독립성을 보호하기 위해 별산제를 취하지만, 혼인해소시에는 혼인 중 취득재산의 형평분배(재산분할청구권제도를 통해)를 보장하여야 하기 때문이다.

3) 독일의 부가이익공동제는 이상적인 제도이지만 특히 이혼시의 부가이익

청산은 우리 국민의 의식문화에 그대로 적용하기에는 어려운 면이 있다. 예컨대 부가이익을 산출하려면 부부 각각의 이혼시 재산에서 혼인시 재산과의 차액을 계산하여야 하는데 이를 위해서는 부부 각자의 재산을 투명하게 공개할 수 있는 신뢰가 전제되어야 한다. 그러한 전제가 뒷받침되어 있지 않은 우리 문화에서는 또 다른 불씨가 될 가능성을 배제할 수 없다. 또한 혼인전의 채무와 혼인 중에 개인적으로 부담하게 된 채무를 처리하는 데 있어 전문가의 도움 없이는 기술적으로 어려움이 있다고 할 것이다.

4) 그러므로 혼인 중에는 별산제를 원칙으로 하되, 명의 없는 배우자를 보호하기 위해 일정한 재산의 처분에는 배우자의 동의를 얻도록 하고, 현행법 제839조의2의 이혼시 재산분할에 있어 동등한 분할을 보장하는 등의 보완을 하는 방법이 현실적이라고 생각된다. 현재 국회에 제출되어 있는 대부분의 부부재산제 개정안은, 최순영 의원안[17]을 제외하면 대부분 혼인 중에는 별산제를 유지하되, 명의자의 처분권을 제한하는 것으로 보완하고 이혼시에는 재산분할청구권의 동등분할을 명문화하며, 재산분할청구권제도를 실효성있게 하기 위한 몇 가지 규정을 신설하는 것을 내용으로 하고 있음은 타당하다고 본다.

3. 부부재산제 개정안[18]의 내용과 검토

(1) 혼인 중 부부재산의 처분제한

법무부개정안은 제831조의2(부부재산의 처분제한)에서 다음과 같이 규정하고 있다. 즉,

① 부부의 일방이 다음 각 호의 재산을 양도하려는 경우에는 다른 일방의 동의를 얻어야 한다.

1. 다른 일방이 거주하는 주거용 건물(다른 일방의 주민등록지에 소재하는 것

17) 최순영의원안은 공유제를 원칙으로 하고 있으나 공유제의 검토[(5)의 1)]에서 본 바와 같이 별산제에 익숙한 우리 현실에 맞지 않을 뿐더러 채무도 공유가 된다는 점 등으로 인해 처에게 유리하지만은 않다는 점, 공유재산의 관리가 복잡하다는 점을 감안할 때, 우리 민법이 채택하기에는 적합하지 않은 것으로 생각된다.

18) 이 글에서의 개정안은 법무부개정안을 의미한다.

에 한한다) 또는 그 주거용 건물에 대한 권리와 그 주거용 건물의 대지 또는 그 대지에 대한 권리.

2. 다른 일방이 거주하는 주거용 건물(다른 일방의 주민등록지에 소재하는 것에 한한다)에 대한 임대차보증금 반환청구권.

② 부부의 일방이 제1항 제1호의 재산에 대하여 제한 물권 또는 임차권을 설정하는 경우와 제1항 제2호의 임대차보증금 반환청구권에 대하여 질권을 설정하는 경우에도 다른 일방의 동의를 얻어야 한다. 부부의 일방이 제1항의 주거용 건물 또는 그 대지에 대한 권리나 주거용 건물에 대한 임대차보증금 반환청구권을 소멸시키는 경우에도 또한 같다.

③ 제1항 또는 제2항의 행위를 하려는 부부의 일방은 다른 일방이 이에 동의할 수 없거나 정당한 사유 없이 동의하지 아니할 때에는 동의에 갈음하는 결정을 가정법원에 청구할 수 있다.

④ 부부의 일방이 다른 동의 또는 그 동의에 갈음하는 결정을 받지 아니하고 제1항 또는 제2항의 행위를 한 때에는 다른 일방은 그 사실을 안 날로부터 6월 또는 그 행위가 있은 날로부터 2년 내에 그 행위를 한 부부 일방 또는 그 상대방에 대하여 그 행위를 취소할 수 있다,는 것이다.

1) 혼인 중 부부재산의 처분 제한의 목적에 관한 검토

(가) 처분권제한에 관한 외국의 입법례

부부재산의 처분을 제한하는 목적은 재산분할권의 보장이라고 볼 여지도 있고 거주권보호라고 볼 수도 있다. 개정안을 검토하기 전에 처분권제한에 관한 외국의 입법례를 살펴본다.

독일민법상 처분권제한의 경우는 두 가지인데, 그 중 전체재산의 처분을 제한하는 목적은 부가이익청산을 침해할 가능성 있는 자의적인 처분을 막아 청산청구권을 보장함에 있고, 혼인가사용구의 처분제한은 가족공동생활의 경제적 안정을 유지하기 위한 것으로 보고 있다.[19] 결국 독일민법의 부가이익공동제에 있어 처분권제한의 목적은 부가이익청산청구권(우리 민법의 경우 재산분할청구권)의 보호에 있다고 할 수 있다.

---

19) Beitzke, Familienrecht, 22 Aufl.(1981), S.96.

프랑스 민법은 공동재산을 보존하기 위해 광범위한 처분권제한을 규정하고 있다. 예컨대 공동재산에 속하는 부동산, 상업자본 경작지, 사회보장에 관한 권리, 공시를 요하는 동산(프민 제1424조), 가족의 주거를 보장하는 권리 또는 주택에 설치된 가구를 처분하는 경우(프민 제215조), 농지 또는 상업, 공업, 수공업에 이용되는 부동산을 임대한 경우(프민 제1425조). 이외에도 배우자의 동의 없이 공동재산을 무상으로 처분하지 못하며(프민 제1422조), 배우자의 동의 없이 자기의 지분을 초과하는 유증도 할 수 없다(프민 제1423조).[20]

한편 별산제인 영국의 경우에는 대부분의 경우 혼인주택을 합유로 등기하는 관례가 혼인 중 취득재산을 보호하는 역할을 하고 있고, 혼인주택법(MHA 1983)은 권리 없는 거주권을 보호하고 있다. 예컨대 한쪽 배우자만이 주택의 소유권을 보유하고 있는 경우, 권리 없는 배우자는 다음의 거주권이 인정된다.

1. 그가 현재 그 주택에서 거주하고 있는 경우, 법원의 허가가 없는 한 권리자인 배우자로부터 주택 또는 그 주택의 일부로부터 축출되지 않을 권리

2. 그가 주택에서 거주하지 않는 경우 법원의 허가를 받아 주택에 들어가 거주할 권리 등이다. 주택이란 건물 정원, 차고 및 그에 부속된 별채 등이 있는 주거용 건물을 포함한다.

3. 부부가 별거하는 중에 혼인주택의 권리자인 배우자가 혼인주택을 처분한 경우 혼인주택법은 "이 법의 거주권은 제3자를 구속한다"고 함으로써 대개의 경우 권리없는 배우자(처)는 보호된다. 이 경우 제3자를 보호하기 위해 1925년 토지등기법은 등기부에 경고 또는 주의를 기재한다.

4. 혼인주택의 임차권이 한쪽 배우자에게만 있는 경우에는 다른 일방 배우자는 임대차법에 의해 보호된다. 예컨대 임차인인 남편이 임대인에게 임차권의 중단을 통지하더라도 임대인은 임차권자의 처를 퇴거시킬 수 없다는 것이다. 남편은 처를 통해 거주를 계속하는 것으로 간주되며, 처는 임차기간 동안 거주할 수 있다.

5. 법적 권리자인 배우자가 파산한 경우에도 상대방 배우자의 거주권은 등기에 관계없이 보호된다. 다만 이 경우 파산관재인은 거주권의 종료를 주장할 수 있다. 파산 후 1년 후에 거주권 종료의 주장이 제기되면 대개는 인용된다는

20) 이화숙(주 11), 86면.

것이다.

이 때 유의할 것은. 이 법은 혼인주택 이외의 주택에는 적용되지 않는다는 것이다. 그러므로 남편이 다른 곳으로 거처를 옮긴 경우 그 주택에 대해서는 거주권이 인정되지 않는다. 그리고 거주권은 혼인 중 거주하는 주택에 대한 권리가 없는 배우자를 보호하기 위한 것이므로 혼인이 종료(사망, 이혼 등으로)되면 거주권도 종료된다. 다만 법원은 혼인해소 후에도 이 거주권이 일정기간 계속되도록 허가할 수 있다.[21)]

(나) 개정안의 처분목적에 대한 검토

대부분의 개정안은 부부의 가장 중요한 재산인 주택 또는 주거용 건물이나 전세금 반환청구권 내지 임대차보증금 반환청구권의 처분에 있어 명의 없는 배우자의 동의를 얻도록 함으로써 처분권을 제한하고 있으나, 한명숙의원안[22)]은 재산분할의 실효성을 보장하기 위한 목적으로 처분을 제한하는 듯이 보이고, 법무부안은 제안이유에서 거주권보호임을 밝히고 있다. 이에 따라 법무부안은 거주권보호를 위해 예컨대 부부가 별거하는 경우 다른 일방 배우자가 거주하는 건물이면 부부의 공동생활에 사용되는 주거용건물이 아니더라도 처분제한의 대상으로 하고 있으며, 실제로 사용되는 주거용건물이 아닌 별장 등은 제한을 하고 있지 않다. 이에 비해 한명숙의원안[23)]과 이계경의원안[24)]은 주거용 건물을 처분

21) 위의 책, 108-109면.

22) 한명숙의원안의 제안 이유는 "현행법은 거래의 안전과 신속을 고려하여 부부재산제도로서 별산제를 채택하여 부부 일방이 자신의 명의로 소유한 재산을 자유로이 처분할 수 있도록 하고 이혼의 경우에만 재산분할을 인정함으로써 혼인생활 중에 취득한 재산에 대하여 명의를 가지지 못한 다른 일방에 대하여 그 잠재적 지분에 대한 권리를 보호하지 못하는 등 매우 불리하게 운용되고 있는 측면이 있는바, 이를 개선하기 위하여 혼인생활의 경제적 기초를 이루는 주거지에 관련된 재산의 경우에는 부부 일방의 임의처분을 제한하고…"라고 설명하고 있다.

23) 한명숙의원안은 1. 부부의 공동생활에 사용되는 주거용 건물과 2. 부부의 공동생활에 사용되는 주거용 건물에 대한 전세보증금 반환청구권 또는 임대차보증금 반환청구권에 대하여 다른 일방의 동의를 얻도록 하고 있다.

24) 이계경의원안은 1. 부부의 공동생활에 사용되는 주택을 처분한 경우 2. 부부의 공동생활에 사용되는 주택의 전세금 반환청구권 또는 임대차보증금 반환청구권 3. 재산을 무상으로 증여하는 경우에 특유재산의 처분을 제한하고 있다.

제한대상으로 하고 있다. 주거용 건물에 대해서만 처분을 제한을 하는 경우 대지에 대한 취소청구를 할 수 없다는 문제가 예상된다.

2) 처분제한과 공시, 그리고 거래의 안전의 조화

일정한 경우 자신의 명의의 재산에 대한 처분을 제한할 경우에는 주거용 건물에 대한 권리라는 점이 공시되어야 거래안전이 보호될 것이다. 이에 대해 법무부안은 처분제한의 목적이 거주권보호이기 때문에 다른 일방이 거주하는 주거용 건물을 다른 일방의 주민등록상의 주소지에 소재하는 것에 한정함으로써 공시를 하고 있다.

이에 비해 다른 개정안은 주거용건물이나 생계를 위한 영업용 자산에 대한 특별한 공시방법을 갖추지 않은 채 그 재산을 다른 일방의 동의 없이 처분하지 못하도록 하고, 동의 없이 처분한 경우에 취소할 수 있도록 함으로써 거래의 안전이 보호되지 못하게 될 가능성이 있다. 이에 따라 취소는 선의의 제3자에게 대항하지 못한다는 규정을 두고 있으나 대부분의 경우 제3자는 선의일 것이므로 선의의 제3자가 보호되는 한에서는 명의 없는 배우자의 재산분할청구권이 침해될 수 있다는 문제점이 있다. 이 경우 처분제한을 공시하는 방법을 강구해야 할 것이다.

3) 취소의 방법과 효과

부부 일방이 다른 일방의 동의 또는 그 동의에 갈음하는 결정을 받지 않고 처분행위를 한 때 이를 취소하는 방법에 관하여, 법무부 개정안은 취소의 상대방을 동의 없이 행위를 한 상대방배우자 또는 그 행위의 상대방으로 하고 있으며, 취소할 수 있는 기간은 그 사실을 안 날로부터 6월 또는 그 행위가 있은 날부터 2년 내에 취소할 수 있도록 하였다.[25] 이에 비해 한명숙의원안은 취소 및 원상회복을 법원에 청구할 수 있도록 하고 있는데, 이러한 경우에는 취소 판결이 있기 전에는 처분의 효력이 유지된다는 문제점이 있다고 본다.

---

25) 이계경의원안은 "그 사실을 안 날로부터 1년 또는 그 행위가 있은 날로부터 2년 이내에 이를 취소할 수 있다"고 함으로써 취소의 방법은 법무부안과 동일하고 취소의 기간이 다를 뿐이다.

(2) 재산분할청구권 보전을 위한 채권자취소권

법무부 개정안은 "부부 일방이 상대방 배우자의 재산분할청구권 행사를 해함을 알고 재산권을 목적으로 한 법률행위를 한 때에는 상대방 배우자는 민법 제406조 제1항에 따라 그 취소 및 원상회복을 법원에 청구할 수 있다"고 함으로써 재산분할청구권 보전을 위한 채권자취소권을 규정하고 있다. 현행법하에서 재산분할청구권을 피보전권리로 하는 채권자취소권이 인정될 수 있는가에 관하여, 재산분할청구권이 구체적으로 확정되기 전에는 재산분할청구권을 피보전권리로 하는 채권자대위권이 쉽게 인정된다고 할 수 없다는 판례의 입장에 의하면,[26] 부정적으로 보인다. 다만 최근의 대법원판례[27]가 "사해행위 당시 이미 채권성립의 기초가 되는 법률관계가 발생되어 있고 가까운 장래에 그 법률관계에 기하여 채권이 성립되리라는 점에 대한 고도의 개연성이 있으며 실제로 가까운 장래에 그 개연성이 현실화되어 채권이 성립된 경우"에는 피보전채권을 긍정하고 있음에 비추어 이혼시 재산분할청구권 행사시에도 이를 보전하기 위해 채권자취소구권을 행사할 수 있다는 주장이 있으나[28] 실무에서는 아직 받아들여지지 않고 있으므로 채권자취소권을 명문화하는 것은 의미가 있다고 생각된다.

(3) 혼인 중 재산분할제도

한명숙의원안, 이계경의원안, 최순영의원안과 법무부개정안은 모두 혼인 중 재산분할제도를 신설하고 있다. 법무부개정안은 제831조의3을 신설하고 일정한 사유가 있는 때에 혼인 중에도 재산분할을 청구할 수 있도록 하였다. 그 사유는 1. 부부 일방의 동의 또는 그 동의에 갈음하는 결정을 받지 아니하고 다른 일방이 제831조의2 제1항 또는 제2항의 행위를 한 때, 2. 다른 일방이 정당한 사유없이 부양의무를 상당한 기간 동안 이행하지 아니한 때, 3. 제839조의2에 따른 재산분할청구권의 행사가 현저히 곤란하게 될 우려가 있는 때, 그리고 4. 부부가

26) 대법원 1999.4.9, 98다58016 판결은 "이혼으로 인한 재산분할청구권은 협의 또는 심판에 의하여 그 구체적 내용이 형성되기까지는 그 범위 및 내용이 불명확, 불확정하기 때문에 구체적으로 권리가 발생하였다고 할 수 없으므로 이를 보전하기 위하여 채권자대위권을 행사할 수 없다"고 하고 있다.

27) 대법원 1995.11.28, 95다27905 판결.

28) 민유숙, "가사비송사건으로서의 재산분할," 재판자료 제101집, 가정법원사건의 제문제(상)(2003), 191면.

정당한 이유 없이 2년 이상 별거하고 있는 때이다.

혼인 중 재산분할청구권제도를 인정할 이유는 배우자가 재산을 낭비하는 등의 경우에 이혼에 의하지 않고도 상대방배우자로 하여금 재산권을 보호할 수 있도록 하여야 할 현실적인 필요성이 있기 때문이다.

(4) 재산분할의 균등원칙

개정안은 제839조의2에 "이혼시 당사자 쌍방의 협력으로 이룩한 재산은 균등하게 분할함을 원칙으로 한다"는 규정을 신설하였다. 한명숙의원안과 이계경의원안도 같은 내용을 담고 있다. 균등분할을 원칙으로 하고 있으므로 균등분할이 오히려 형평하지 않은 경우에는 법원의 재량으로 분할비율을 가감할 수 있을 것이다.

(5) 상속분의 조정

개정안 중 가장 난해하고 민감한 것은 생존배우자의 상속분에 관한 내용이다. 이계경의원안은 피상속인의 배우자에게 상속재산에서 피상속인의 혼인 중 취득한 재산에 대하여 균등한 비율로 기여분을 청구할 수 있도록 하고 있는데, 이론적으로는 합리적으로 보이지만 혼인 중 취득한 재산이 무엇인지를 둘러싸고 상속인간에 분쟁이 생길 여지가 있어 보인다. 최순영 의원안은 공유로 추정되는 재산의 절반을 선취분으로 청구할 수 있도록 하고 있으나, 프랑스 민법과는 달리 피상속인의 고유재산과 공유재산의 절반에 대한 상속분은 인정하고 있지는 않다. 한명숙의원안은 이에 관한 내용이 없다.

한편 법무부안은 상속재산의 5할을 생존배우자의 상속분으로 하고 있다. 법무부안은 상속인간의 다툼의 여지를 없애기 위해 상속재산의 5할로 하고 있다. 이 경우, 혼인기간이 짧은 경우에는 생존배우자에 대한 우대라는 비판이 있을 수 있고, 나이 많은 사람이 재혼하는 경우에 자녀들이 부모의 결혼을 반대할 가능성이 높아질 것이 우려되며, 자녀가 1명인 경우에는 생존배우자의 상속분이 현행보다 낮아진다는 점 등의 문제가 지적될 수 있다. 또한 생존배우자가 직계존속과 공동상속할 때에는 5할씩 상속하게 된다는 문제점도 지적된다. 법이 모든 국민을 만족시킬 수는 없지만, 생존배우자가 직계존속과 공동으로 상속하는 경우에는 직계존속의 상속분에 일정비율을 가산하는 것이 바람직하다고 본다.[29]

(6) 몇 가지 제안

다음 몇 가지는 이번 개정안에 반영되지 못한 것으로, 다음에 개정안이 논의될 때 추가할 것을 제안한다.

1) 법정재산제만으로는 모든 부부를 만족할 수 없다는 점에서 부부재산계약의 유형을 제시할 필요가 있다. 그런 의미에서 최순영의원안이 완전별산제, 수정별산제와 완전공유제를 부부재산계약의 유형으로 제시한 것은 적절하다고 본다. 다만 최의원안은 법정재산제로 공동재산제를 원칙으로 하기 때문에 재산계약의 유형으로 두 가지 유형의 별산제를 제시하고 있으나, 법정재산제로는 절충식제도가 적절하다고 보는 입장에서는 순수한 별산제와 공동재산제를 유형으로 제시하는 것이 좋다고 생각한다.

한편 최순영의원안은 혼인성립 전뿐 아니라 혼인 중에도 부부재산약정을 할 수 있도록 하고(최의원안 제829조), 부부재산약정의 내용을 선량한 풍속 기타 사회질서나 가족법 규정에 의하여 제한(안 제829조의2)하고 있는데, 이는 바람직해 보인다.

2) 이혼 후에도 혼인주택을 특별하게 취급하는 외국의 입법례[30)]와 같이 미

---

29) 박동섭 변호사는 일본의 입법례와 같이 배우자의 상속분은 직계비속과 공동상속할 경우는 상속재산의 1/2로 하고 피상속인의 직계존속과 공동상속할 때는 2/3로 할 것을 제안하고 있으며 민유숙 판사는 공동상속인들의 순위에 따라 배우자상속비율을 차등화하는 방안을 검토할 필요가 있다고 한다. 법무부, 민법개정공청회자료집, 78면.

30) 예컨대 프랑스민법은 가족이 거주하는 주택이 한쪽 배우자의 소유(특유재산)이고 다음과 같은 사유가 있는 경우 법관은 그 주택을 다른 배우자를 위하여 임대한 것으로 할 수 있는 재량권이 있다(프민 285-1).

1) 자녀에 대한 친권이 소유권 없는 배우자에게 맡겨져 있을 때

2) 혼인공동생활의 장기파탄을 원인으로 주택의 소유자인 배우자가 제기한 이혼소송이 인용된 경우. 제1호의 경우 법관은 임대차기간을 정하여야 하며 최연소자녀가 성년이 될 때까지 그 기간을 갱신할 수 있다.

한편, 영국의 경우, 이혼시 혼인주택의 처리는 미성년의 자가 있는 경우에는 미성년자의 복지를 우선적으로 고려하도록 하고 있다(MCA 1973, sec 25). 이에 따라, 자녀가 17세에 달할 때까지 매각을 연기하였다가 성년이 된 후 매각하여 나누는 방법, 일정기간(종신, 재혼, 동거 또는 임의로 이사) 배우자에게 혼인주택에 대한 거주권을 주고 수익적 권리를 변경하거나 변경하지 않는 방법 등이 사용된다. 이화숙, "혼인주택의 처리," 비교부부재산관계법(2000), 189면.

성년자를 보호하는 규정을 신설할 것을 제안한다. 이에 따라, 미성년자녀가 성년이 될 때까지는 친권 및 양육권을 가진 부모 중 일방과 그 혼인주택에서 살 수 있음을 명문화하고, 이를 위해 법관은 부모의 이혼으로 재산을 분할한 경우에도 혼인주택은 자녀가 성년자가 될 때까지는 혼인매각을 연기하거나, 배우자 일방이 주택의 소유권을 갖는 경우에도 상대방 배우자가 친권과 양육권이 있는 경우에는 그 자녀가 성년자가 될 때까지 상대방배우자에게 거주권을 부여하는 결정을 할 수 있음을 신설하자는 것이다.

3) 배우자의 상속분은 상속재산의 5할을 원칙으로 하되, 직계존속과 공동으로 상속할 때는 일정 비율을 가산하는 것이 바람직해 보인다.

III. 협의이혼제도의 문제점과 개정안 검토

1. 민법상 협의이혼제도의 문제점

부부의 이혼율이 급증하고, 이혼은 가정의 해체로 이어지며, 그로 인한 이혼고아가 증가하는 등의 이혼 후유증이 국가의 장래를 어둡게 할 것이라는 전망은 한국사회에서 더 이상 새삼스럽지 않다. 그 원인은 경솔한 혼인, 남편의 경제적 무능에 대한 실망, 변화되지 않는 남편의 가부장적인 의식과 여성들의 평등의식의 향상 등, 사회적 · 경제적 및 심리적인 원인과 더불어 현행 협의이혼제도에 내포된 문제점에서도 그 원인의 일부를 찾을 수 있다.

협의이혼제도는 이혼 당사자간의 협의와 가정법원의 확인 및 이혼신고에 의해 이혼이 이루어지는 자유이혼 형태이다. 당사자간의 합의와 가정법원판사의 확인만으로 이혼이 이루어지기 때문에 원천적으로 경솔한 이혼이 발생할 소지를 안고 있으며, 이혼합의과정에서 경제적 약자에 대한 보호가 미흡할 수 있다. 보다 큰 문제는, 자녀에 대한 보호가 이혼하는 부모에 의해 방치될 수 있다는 점이다. 결국 이러한 문제를 예방하기 위해서는 법원의 개입이 필요함에도 현행법상 법원의 후견적 기능은 전무한 것이 현실이다.

서구제국은 이혼이 쉽고 우리나라는 이혼이 어렵다고 생각하는 경향이 있다. 그러나 기독교정신을 바탕으로 하는 서구제국의 이혼법은 신약성경을 근거로 '이혼금지'의 원칙에서 출발하고 있다. 별거주의, 유책주의를 거쳐 파탄주의로 변천되면서도 절차가 복잡한 재판상 이혼제도만을 고수하는 것도 그러한 역사적이며 법사상적인 배경에 근거한 것이다. 반면에 우리 사회에서는 부부는 헤어질 수 있는 관계로 파악하여 왔다. 우리 민법의 협의이혼제도는 '부부는 자유롭게 헤어질 수 있다'는 '이혼자유' 사상의 법적 표현에 다름 아니다. 오늘날 많은 외국의 이혼법이 부부관계의 파탄이 확실하면 이혼을 인용하는 파탄주의를 취하면서도 경제적 약자인 배우자와 자녀보호방안에 관한 당사자의 합의를 전제로 하는데 비해, 우리의 협의이혼절차는 당사자가 협의이혼신고서에 가정법원 판사의 확인을 받아 신고하기만 하면 이혼이 성립되기 때문에 경솔한 이혼의 원인이 될 뿐 아니라, 법관이 당사자의 이혼절차에서 이혼자녀를 보호하기 위해 개입할 여지가 없다는 우려가 제기되어 왔다. 이혼율이 급증하는 사회, 이혼부부의 80% 이상이 협의에 의해 이혼하는 우리 사회에서 협의이혼절차를 개선하여야 한다는 주장이 제기된 것은 그 때문이다.

2. 외국의 협의이혼제도 — 입법론적 검토

(1) 프랑스의 협의이혼제도

프랑스 이혼법은 2004년에 개정되었다. 이에 의하면 이혼은 두개의 유형으로 나누어지며 이혼원인은 4개로 줄어들었다. 이혼유형이란 상호동의이혼과 동의 없는 이혼(이혼여부에 대하여 다툼 있는 경우)을 의미하는데,[31] 이 글의 주제는 협의이혼제도의 개선이므로 상호동의이혼에 관해서만 소개한다.

상호동의이혼(Du divorce par consentement mutuel)에는 상호동의이혼과 합의이혼[32]이 있다. 1975년 법은 그 외에도 승낙이혼[33]을 규정하고 있었는데,

31) 실질적인 내용으로만 본다면 상호동의이혼은 민법상 협의이혼에, 다투어지는 이혼은 재판상이혼에 비유할 수도 있으나, 상호동의이혼도 재판상 이혼의 일종이기 때문에 협의이혼과 재판상이혼으로 나누는 것은 정확하다고 할 수 없다. 이에 따라 상호동의이혼과 동의 없는 이혼으로 구분하였다.

32) 부부가 공동으로 혼인의 종료를 청구하는 상호동의이혼형태.

33) 부부 한쪽이 이혼을 청구하고 다른 쪽 배우자가 판사 앞에서 상대방의 주장을 인정하면 판사가 이혼을 허가하는 이혼.

2004년 법은 승낙이혼을 동의 없는 이혼으로 옮겼다. 그러므로 개정법에 의하면 이혼은 당사자간에 이혼에 대한 합의가 있는 상호동의이혼과 이혼여부에 대하여 다툼이 있는 이혼(동의 없는 이혼)으로 분류되며, 후자는 유책이혼, 승낙이혼과 파탄이혼 등 세 종류의 이혼으로 단순화되었다고 할 수 있다.

상호동의이혼은 이혼에 대한 부부의 동의에 의해 이혼이 선고된다. 그러나 절차가 많이 간소화되었다. 1975년 법은 두 배우자의 동의를 확실히 하기 위하여 쌍방이 모두 법정에 두 번 출두하여야 하였으므로 번거롭고 시간이 지연되었으며 비용이 많이 들었으며 무엇보다도 그럴 필요가 없어 보였으므로 법원에의 출두를 없이 하였다. 그 결과 배우자들은 자녀양육 등에 관한 합의문에 허락을 받고, 이혼 판결을 청구하기 위해 법원에 한번만 출석하면 된다. 만일 판사의 생각에 합의서가 자녀의 이익을 고려하지 않았거나 배우자 한쪽에 부당하다고 판단될 경우 판사는 그 협의를 승인하지 않고 이혼을 보류할 수 있도록 하였다. 그 경우 그 부부는 6개월 이내에 합의문을 수정해서 다시 법원에 출석하여야 한다.

2004년 법은 전형적인 잠정조치인 별거, 위자료지급, 자녀의 주거지 등에 덧붙여 흥미로운 규정을 신설하였다. 즉 제255조 1항에 의하면, 판사는 이혼당사자들에게 조정을 권할 수도 있고, 또는 당사자들이 수락한 경우에는 가족상담원을 임명할 수도 있다는 것이다. 이혼 부부 중 일방이 조정을 거절할 경우 판사는 가족상담의 목적과 절차를 설명할 수 있는 조정인을 만나도록 명할 수도 있다. 이 경우 강제적 조정이 아니라 그 배우자에게 평화로운 이혼을 위해서 조정이 얼마나 좋은지를 설명하려는 것이다. 결국 제255조는 프랑스 민법에서 조정의 중요성을 강조하고 있음을 보여준다.[34][35]

(2) 영국의 1996년 개정 이혼법

영국법은 재판상 이혼제도만을 갖고 있을 뿐 협의이혼이라는 제도가 없다. 그럼에도 검토가 필요한 것은 순수한 파탄주의로의 전환을 시도한 1996년 개정

34) Hugues Fulchiron, The New French Reform Law, International Survey of Family Law(2005), pp.243-254.

35) 프랑스의 개정 이혼법에 대하여 자세한 것은 이화숙, "1996년 영국의 개정이혼법의 폐기와 프랑스의 이혼법 개정이 주는 시사점," 비교사법 제12권 4호(통권 31호), 비교사법학회(2005.12), 280면 이하 참조.

이혼법에 혼인을 지지하기 위한 여러 가지 획기적인 장치를 담고 있기 때문이다.

영국 사회는 1969년에 파탄주의 이혼법이 제정된 이래 이혼율과 동거혼이 급증하고 혼외자의 출생률이 증가하는 등의 바람직하지 못한 변화가 나타남에 따라 혼인의 성립을 보다 강화하고 이혼절차를 보다 엄격하게 하여야 한다는 필요성이 제기되기 시작하면서 10년 간 이혼법개정을 준비한 법안이 논란 끝에 1996년 국회를 통과하여 1999년부터 시행될 예정이었다. 그러나 그 시행은 2000년으로 미루어짐과 동시에, 일정지역에서의 시험운영, 전문가 조사 및 연구결과 등을 시행한 결과, 정부는 2001년 1월에 이 법안의 폐기를 의회에 요청함으로써 이 법을 철회하고 다시금 이혼법을 개정하는 작업에 착수하였다. 그럼에도 1996년 이혼법에 담긴 획기적인 내용은 앞으로 이혼법이 나가야 할 방향을 제시하고 있다고 생각된다.

1) 1996년 개정이혼법의 원칙은 다음과 같다. 즉 혼인은 지지되어야 한다는 것, 파탄된 혼인 당사자들은 혼인상담이나 조정 등의 방법을 통해 혼인을 회복하기 위한 모든 실제적인 단계를 거쳐야 한다는 것이다. 그리고 회복할 수 없을 정도로 파탄된 혼인은 ① 혼인당사자들과 자녀들의 고통이 최소화되도록, ② 당사자들과 자녀들 사이의 좋은 관계가 유지되도록, ③ 혼인종료 절차상 불합리한 비용이 들지 않도록, ④ 혼인당사자 일방과 자녀들에 대한 다른 일방으로부터의 폭력으로 인한 위험이 가능한 한 제거되거나 감소될 수 있도록 하여야 한다는 것이다.

2) 이를 위해 몇 가지 이혼단계를 거치도록 하고 있다. 그 첫 번째 단계는 Information meeting이다. 이 meeting을 통해 당사자들은 이혼에 관련된 정보를 얻고 상담자를 만나며, 자녀들의 복지와 희망사항, 그리고 감정 등에 따르는 중요성, 경제적인 문제, 폭력으로부터의 보호조치, 법률구조와 이혼절차에 관한 모든 정보와 지식을 얻게 된다. 설명회를 주재하는 사람은 자격을 갖춘 사람으로, 당해 당사자의 이혼절차에 관하여 경제적 및 기타의 이해관계를 갖지 않은 사람이어야 한다.

두 번째 단계는 혼인파탄의 진술이다. 그러나 이 단계는 Information meeting에 참가한 후 적어도 3개월의 cooling off 기간을 가진 후에 진행된다. 이는 경솔한 이혼을 피하기 위함이다. 이 기간 후에도 이혼결심이 변치 않은 배우자 일방 또는 쌍방배우자는 혼인이 파탄되었음을 설명하는 진술서를 법원에 제출한다. 이 때 혼인파탄의 이유나 그 파탄이 회복 불가능하다는 것을 설명할 필요 없으며, 소송을 제기하는 것도 아니다.

혼인파탄의 진술서를 작성하는 데 참여하지 않은 배우자에게는 별도의 적합한 기회가 주어지고 설명회에의 참가와 그의 권리 등에 관한 설명이 부여된다. 이로써 이혼절차는 시작되는 것이다. 혼인의 중요성을 강조하기 위해, 이혼 진술서는 혼인 후 1년이 경과되기 전에는 수리되지 않는다.[36]

법원은 혼인파탄의 진술을 제출한 당사자들에게 meeting에 참가할 것을 지시할 수 있다. 그 목적은 분쟁의 해결을 위한 조정제도에 관하여 당사자에게 알려 주는 것이고, 둘째는 당사자로 하여금 그러한 제도를 이용하는 데 동의할 기회를 부여하기 위함이다. 그러한 지시는 절차진행 중 어느 때라도 발할 수 있으며 당사자의 신청에 의하여, 또는 법원의 직권으로 발할 수도 있다. 이 때 법원은 조정을 위하여, 또는 분쟁을 우호적으로 해결하기 위하여 절차를 연기할 수 있으나, 자녀의 이익을 고려하여야 하고, 법원 규칙이 정한 기간을 초과하지 않아야 한다.

세 번째 단계는 숙고와 고려기간(period for reflection and consideration)이다. 이혼의 유일한 원인인 혼인파탄의 여부는 숙고와 고려기간의 경과로 자동적으로 드러난다고 보기 때문이다. 이 기간의 기본적인 지속기간은 9개월이 될 것이나, 16세 이하의 자녀가 있는 가정 또는 일방배우자가 좀더 숙고하기 위해 기간연장을 요구할 경우에는 6개월이 연장된다. 자녀들이 있는 경우 이혼을 어렵게 하여야 한다는 요구는 배우자들에게 오히려 자녀를 원망하게 만들어 그 관계를 망칠 수 있다는 이유로 정책 입안자들로부터 반대되어 왔으나 의회의 관심은 자녀들의 필요에 초점이 있었으므로, 6개월을 연장하기로 하였다. 그러나 폭력이 있는 가정이거나, 기간의 연장이 자녀와 가족의 복지에 심각한 손해를 입힐 것으로 법원이 판단한 경우에는 기간연장을 피할 수 있다.

당사자들에게 고려기간을 주는 것은 첫째 화해를 위함이고, 화해가 불가능하다고 생각될 때에는 이혼배우자와 그들 자녀의 앞으로의 생활을 설계하는 데

---

36) Looking to the Future, Family Law, vol. 25(1995), p.288.

필요한 사항을 합의하도록 지원하는 데 두 번째 목적이 있다. 이혼 부부는 이러한 숙고와 고려 및 화해와 이혼 후의 설계를 위해서는 상담을 하여야 한다. 상담은 법원의 복지관리(court welfare office)가 맡게 되어 있었다.

네 번째 단계는 이혼명령신청으로, 숙고기간이 지나면 일방 또는 쌍방 배우자는 이혼 명령을 신청할 수 있다. 이 때 혼인이 파탄되었음과 모든 준비가 충족되었음을 선언하여야 한다. 이혼 명령은 일반적으로 당사자들의 미래에 대한 계획이 일치된 때 허용되기 때문이다. 미래의 설계에는 경제적인 문제와 자녀문제가 포함된다.

그 중 법안이 작성되고 통과하는 데 있어 가장 큰 관심은 자녀들의 복지를 보호하는 것이었다. 이 때 법률구조계획에 따라 활동하는 조정자들은 당사자들이 합의하여 ① 각 자녀의 복지, 희망사항과 감정, ② 그리고 자녀들이 조정자를 만나 각자의 희망사항과 감정들을 표현할 기회를 갖기를 희망하는지의 여부와 어느 정도를 원하는지를 고려하도록 권유하여야 한다고 한다.

3) 이혼금지명령은 개정 이혼법에도 남아 있다. 법률위원회와 정부안은 이혼으로 인한 고통이 다른 어떤 방법으로도 개선될 여지가 없는 소수의 사람들을 보호할 필요성과, 당사자가 합의하는 동안 이혼의 목적을 달성하려는 청구인을 제지할 수 있는 유용한 수단을 갖기 원하는 많은 피청구인 그룹이 있음을 인정하고, 현행법상의 금지조건을 약간 완화함으로써 배우자 일방이 이혼에 반대하거나 연기할 수 있도록 하였다. 금지명령을 받을 수 있는 요건은, 혼인의 종료가 상대방 또는 가족내 자녀들에게 중대한 재정적 또는 고통을 야기할 것, 그리고 혼인이 해소되는 것이 당사자의 행위를 포함한 모든 환경과 자녀의 이익에 반한다는 사실을 증거하여야 한다는 것이다.

마지막 단계는 이혼명령으로, 위의 모든 조건이 충족되면 법원은 일방 또는 쌍방배우자의 신청을 받아 이혼명령을 발한다.

4) 개정법에서 논쟁이 되었던 것은 변호사의 역할을 의도적으로 축소하고 조정의 역할을 부각하였다는 점에 관한 것이었다. 이에 관한 정부의 제안은, 변호사들이 이혼에 개입할 경우에는 불가피하게 당사자들에게 적개심, 갈등과 비용을 증가시키는 반면, 조정은 소송과 달리 대결구도가 아니라 대화를 통해 공통

점을 찾아 나가는 것이므로 상대방을 이해하게 되고, 당사자간의 의사소통과 합의를 도울 수 있게 되며, 비용을 절감하게 한다는 가정 하에 작성된 것이다. 그 동안에도 조정은 사법절차와는 별개의 민간기구에서 활발한 활동을 해 오면서 법원의 보조적인 기능을 담당하였으나, 1996년의 가족법 제정에 의해 사법절차로 편입된 것이다.

5) 조정은 중립적인 제3자가 혼인의 파탄위기에 있는 당사자들이 원활한 대화를 통해 이혼, 별거, 자녀문제 및 경제문제를 둘러싼 쟁점들을 보다 명확히 파악하는 가운데 자발적인 결론에 도달하도록 돕는 과정이다. 이혼과 별거에 관한 정보를 제공할 수는 있으나 법적인 충고는 할 수 없다. 법적인 충고는 소송대리인의 몫에 해당하기 때문이다.

이미 언급한 대로 이혼부부들은 먼저 조정자를 만나도록 권유된다. 법률구조비용으로 행해지는 조정서비스는 법률구조위원회와 계약을 체결한 기구에서 행하며 이 기구는 조정자들에 대한 훈련과 전문가 교육 등의 관리를 하게 된다. 이들 기구와 조정자들에 대한 요구조건은, 무엇보다도 조정에 참가하는 당사자들은 자발적으로 참여하도록 하여야 하고, 화해의 가능성을 위해 항상 노력하여야 하며, 이혼당사자에게 법적 자문의 가능성에 대한 정보를 제공하여야 하는 것이다. 그리고 이와 같은 조건을 충족하는지의 여부를 보증하는 행동수칙을 제정하고 지켜야 하는데, 조정을 효과적으로 수행하기 위한 수칙은, 당사자의 자발적 참여를 유도하고, 공정성과 중립성이 유지되도록 하며, 비밀이 유지되어야 하며, 당사자가 합리적인 결론에 도달할 수 있도록 돕는다는 데 역점을 두고 있다.

변호사들이 개입하는 시점은 이혼절차의 시작이나 끝일 것으로 예상된다. 그들은 의뢰인에게 혼인 지지 서비스와 조정의 가능성에 대한 정보를 제공하여야 할 의무가 있으며, 의뢰인에게 화해의 가능성을 시도하거나 토의하였는지를 증명하여야 한다.

6) 개정 이혼법 실패의 원인과 시사점

1996년 개정법이 실패한 요인은 평가보고서에서 지적한 바와 같이 이혼설명회와 조정으로 요약된다. 설명회가 실패한 가장 큰 이유로 보고서가 지적한 "설명회 참가가 이혼당사자들에게 너무 늦었다"는 것은 이미 예견된 것이었다.

이는 혼인을 지지하기 위한 시도는 이혼이 파탄되기 전에 행해져야 함을 시사하는 것이다. 또한 설명회는 법률적인 조언이 아니라 단순히 정보를 제공한다고 하는 점도 실패의 요인이라 할 것이다. 이혼을 원하는 부부에게 있어 정작 필요한 정보는 이혼과 관련된 법률정보이기 때문이다. 그것은 설명회에 참가한 당사자 중 반 이상이 이미 별거 중이었으며, 이혼당사자들은 이미 혼인을 유지하기 위해 필요한 충분한 시도를 한 바 있다는 사실에서 알 수 있다. 보고서는 설명회가 이혼 후의 삶을 선택하도록 도와주는 일은 긍정적이었다고 평하고 있음은 이혼법의 역할이 무엇인지를 시사한다고 할 것이다.

개정법이 실패한 또 하나의 원인은 조정의 역할 증대에 관한 것이었으며, 이 또한 이미 예견된 일이었다. 그것은 우선, 조정이 이혼에 관련된 문제를 해결함에 있어 전문가가 아니라는 점에서 실패의 원인을 찾을 수 있다. 조정의 역할이 크다는 것은 부정할 수 없지만, 영국개정법은 이혼절차에서 조정이 주류가 되게 하였다는 점에서 비판되었다. 그것은 이혼당사자들은 이혼에 관련된 복잡한 문제에 관한 법률지식을 알고 싶어 하는데, 법률 전문가가 아닌 조정자의 역할은 제한될 수밖에 없다는 것이다. 또한 변호사가 개입되면 이혼이 적대적이 되기 쉬운 경향이 있는 것도 사실이지만 조정은 어느 한쪽 배우자의 편을 들기보다는 중립적이고 객관적인 입장에서 배우자의 서로 다른 의견과 주장을 조정하려 하기 때문에 별거와 이혼의 스트레스를 받고 있는 사람들에게는 오히려 자기편을 들어주는 변호사를 선호할 수 있다는 점을 간과하고 있다는 점도 실패의 요인으로 보인다.

숙려기간이 지나치게 장기라는 점도 지적된다. 이혼절차를 개시하기도 전에 설명회에 참가하여야 하고, 그로부터 3개월의 냉각기를 가진 후, 이혼명령을 신청하면 그로부터 또 다시 9개월의 숙려기간을 거쳐야 한다는 것은 이미 혼인이 파탄된 당사자들에게는 또 다른 고통의 시간을 의미할 수 있다는 점도 실패의 요인으로 지적되고 있다.

그럼에도 영국의 이혼법이 제시한, "혼인은 지지되어야 하며, 혼인이 지지되도록 하기 위해 당사자들은 상담을 받도록 독려되며, 파탄된 혼인은 고통이 최소화할 수 있도록 해소되어야 한다"는 기본원칙은 현대 이혼법의 나아갈 방향과 역할에 관한 선구적인 기준으로 보인다.

특히, 현대의 이혼법은 혼인이 파탄된 경우에는 이혼을 인용함으로써 파탄주의를 향하고 있으나 혼인의무를 위반한 배우자의 이혼청구도 허용함으로써 도덕적인 문제를 내포하고 있다. 이러한 시점에서, 영국의 개정법이, 비록 폐기되긴 하였으나, 혼인을 지지하기 위한 시도를 제도적으로 규정함으로써 혼인과 이혼의 공적인 의미를 강조하고 있다는 점은 긍정적으로 평가되어야 할 것이다.[37]

(3) 독일의 경우

독일민법상 이혼은 재판에 의해서만 가능하며, 재판상이혼원인은 혼인의 파탄이 유일하다. 그러므로 파탄주의 이혼법에 속하며, 부부가 1년 이상 별거하고 부부 쌍방이 이혼을 청구하거나 청구의 상대방이 이혼에 동의하는 경우에는 파탄이 추정되며, 부부가 3년 전부터 별거하는 경우에도 파탄은 추정된다고 한다. 1년 이상 별거한 부부 쌍방이 이혼을 청구하는 경우를 합의이혼이라고도 하며, 이 경우에는 이혼에 동의한다는 내용, 공동의 子에 대한 친권자 결정, 면접교섭권에 관한 일치된 의견, 그리고 자녀와 배우자의 부양에 관한 배우자간 합의와 혼인주거와 가구의 법적 관계에 관한 합의가 포함될 것을 요구한다. 이러한 합의가 없는 경우에는 이혼은 거부된다.

(4) 외국의 협의이혼제도의 시사점과 협의이혼제도의 개정방향

프랑스의 협의이혼제도는 우리 민법의 협의이혼과는 매우 다르며, 사실상으로는 재판상 협의이혼에 가깝다고 할 정도로 법관이 이혼절차와 특히 약자 보호에 깊이 개입하는 한편, 경솔한 이혼을 예방하기 위해 고려기간을 부여함을 알 수 있다. 영국 개정이혼법도 순수한 파탄주의를 지향하되 고려기간, information meeting 등을 통해 경솔한 이혼을 예방하기 위한 장치를 마련하고 있음을 눈여겨볼 수 있다.

민법상 협의이혼제도는 이혼의 자유를 선언한 점에서 사실상 적극적 파탄주의에 속한다고 할 수 있다. 그러나 경솔한 이혼을 예방하기 위한 장치가 없고, 경제적 약자나 자녀를 보호하기 위한 법관의 개입이 전혀 없어 자녀문제가 이혼하

---

37) 영국의 개정이혼법의 내용에 관하여 자세히는 이화숙, "1996년 영국의 개정가족법," 법학논총 제6호, 경원대학교 사회과학연구소(1998.12.), 43면 이하 참조; 개정이혼의 폐기에 관하여 자세히는 이화숙, "1996년 영국의 개정 이혼법의 폐기와 프랑스 이혼법 개정이 주는 시사점," 비교사법 12권 4호(2002.12), 265면 이하 참조.

는 부모에 의해 방치되고 있음은 이미 지적한 바 있다. 경솔한 이혼을 예방하기 위해서는 협의이혼 신청 후 6개월 정도의 고려기간을 두고, 그 기간 내에 친권자 결정, 양육비 부담 등의 자녀보호방안과 재산분할과 이혼 후 부양에 관한 부부의 합의를 요구하는 등 법원의 개입이 요구된다. 앞으로 재판상 이혼을 개정하여 유책주의에서 파탄주의로 전환하는 경우에는 약자보호에 대한 장치를 마련하여야 할 것이다.

3. 협의이혼절차의 개선안 검토

(1) 법무부안과 이혼절차특례법안 비교

협의이혼절차의 개선과 관련하여 현재 법무부안과 서울 가정법원 가사소년 개혁위원회가 작성하여 이은영 의원이 발의한 이혼절차에 관한 특례법안(이하 특례법안이라 함), 그리고 유승희 의원이 대표 발의한 협의이혼절차 지원 등에 관한 법률안이 제출되어 있다. 유의원안은 협의이혼절차의 지원을 강조하기 위한 법률안이므로 여기서는 법무부안과 특례법안의 내용을 간단히 비교하기로 한다.

두 법안 모두 이혼숙려기간과 이혼전 상담의 제도화를 마련하고 있으나 법무부안은 민법개정안으로, 특례법안은 특별법제정의 형식을 채택하고 있다는 점이 다르다. 민법에 혼인과 이혼에 관한 규정이 있으므로 협의이혼절차의 개선 역시 특별법보다는 기본법인 민법에 반영하는 것이 타당할 것으로 보인다. 실제로 법무부안은 협의이혼절차의 개선과 함께 양육사항에 관한 개정과 친권자결정에 관한 개정을 담고 있는데, 이러한 일련의 개정은 민법의 테두리 안이기에 가능한 것이었다.

개선안의 내용에 관하여 법무부안은, 가정법원은 협의이혼하려는 부부에게 이혼에 관한 안내를 하여야 하고, 자녀가 있는 부부는 안내를 받은 날로부터 3개월, 자녀가 없는 경우에는 1개월의 기간이 경과한 후에 이혼의사확인을 받을 수 있도록 하였으며, 가정법원은 이 숙려기간에 부부로 하여금 전문상담인의 상담을 받도록 권고할 수 있게 하였다. 한편 이혼당사자는 숙려기간 중에 자녀의 양육과 양육비 및 친권자 결정 등에 관한 협의를 한 후에 이혼의사확인을 받도록 함으로써 자녀에 대한 부모의 책임을 강조하고 있다. 숙려기간은 이혼여부를 심사숙고하라는 의미보다는, 이혼에 따른 법적인 문제나 심리에 관하여 전문가의 상담을 받을 수 있는 기회를 법적으로 보장하는 한편, 이혼 후 자녀를 누가 어떻게 보호할 것인지 협의하는 데 필요한 기간으로 이해된다.

이에 비해 특례법안은 이혼절차개시일부터 3월의 숙려기간 후에 이혼의사확인 또는 이혼을 받아들이는 조정, 화해, 결정, 판결을 하도록 함으로써 재판이혼에도 숙려기간을 도입하고 있다. 한편 미성년자가 있는 부부가 협의이혼을 하는 경우에는 법원의 상담을 받은 증명서와 이혼 후의 친권자, 양육자, 양육비, 면접교섭 등에 관한 사항을 정한 합의서 등의 서류를 제출하도록 함으로써 상담을 강제하고, 미성년자가 없는 부부는 부부 쌍방에게 지정한 기간 내에 상담을 받도록 권고할 수 있다고 함으로써 임의상담을 원칙으로 하고 있는 점(안 제5조)이 법무부안과 다른 점이다.

(2) 이혼과 자의 양육책임에 관한 제837조의 개정안

법무부안은 이혼절차의 개선에 따라, 자녀의 양육책임에 관한 제837조의 개정도 그 내용으로 하고 있음은 타당하다고 본다. 개정의 내용은 이혼 당사자는 자의 양육에 관한 사항을 협의에 의하여 정하도록 하고(제837조 1항: 이하 조문생략), 자의 양육에 관한 협의에는 1. 양육자의 결정 2. 양육비용의 부담 3. 면접교섭권의 행사여부 및 그 방법을 포함하도록 하고 있다(2항). 그리고 당사자의 협의가 자의 복리에 반하는 경우에는 가정법원이 보정을 명하거나 직권으로 그 자의 의사, 연령, 부모의 재산상황 기타 사정을 참작하여 양육에 필요한 사항을 정하도록 하였다(3항). 그런데 양육에 관한 사항의 협의가 이루어지지 않거나 협의할 수 없는 때에는 당사자는 가정법원에 이에 관하여 결정을 청구할 수 있으며(4항), 가정법원은 자의 복리를 위하여 필요하다고 인정되는 경우 부, 모, 자 및 검사의 청구 또는 직권에 의하여 자의 양육에 관한 사항을 변경하거나 다른 적당한 처분을 할 수 있다(5항)는 것이다. 그리고 당사자의 자녀양육에 관한 청구가 없는 경우에는 가정법원이 직권으로 양육에 관한 사항을 정하도록 함으로써 자녀양육의 공백을 없이 하였다(제843조의2).

개정안의 의의를 다음과 같이 정리할 수 있을 것이다. 첫째, 이혼 후 당사자 중 누가 자녀를 양육할 것이며, 양육비용을 어떻게 분담할 것인지, 그리고 자녀를 양육하지 않는 부모 중 일방이 면접교섭권을 행사할 것인지의 여부와 그 방법

에 대해 협의하여야 한다는 점을 강조하고 있고, 둘째, 자녀 양육사항이 자녀의 복리에 반하는 경우에 법원이 보정을 명하거나 직권으로 정함으로써 법원이 자녀의 복리에 개입할 수 있는 근거를 제시하였다는 점이다. 이 때 자녀의 의사 등을 참작할 것을 규정함과 동시에 가사소송규칙 제100조는 법원이 구체적으로 자녀의 의견을 들을 수 있음을 규정하고 있다. 셋째, 가정법원은 자의 복리를 위하여 필요한 경우 자의 양육에 관한 사항을 변경하거나 다른 적당한 처분을 할 수 있도록 함으로써 자녀의 복리를 강조하고 있다. 넷째, 가정법원은 자녀양육의 공백을 없애기 위해 당사자의 청구가 없는 경우에는 직권으로 정할 수 있도록 하였다는 점이다.

(3) 친권자결정에 관한 개선안

개정안은 제909조에 다음과 같은 단서를 신설하였다. 단서의 내용은 전단 즉 이혼시 친권자결정에 의한 부모의 협의가 자의 복리에 반한 경우에는 가정법원은 보정을 명하거나 직권으로 친권자를 정한다(제909조 단서)는 것이다. 친권자의 공백을 없이하기 위한 의미 있는 규정이다.

(4) 제912조의 개정: 친권자결정에 있어 자녀의 복리기준

2005년 개정된 현행 민법 제912조는 친권행사에 있어 자의 복리를 우선적으로 고려하여야 함을 신설하였으나, 정작 이혼 후 친권자결정에 있어 자의 복리기준은 반영되지 못하였다. 이에 따라 개정안은 제912조에서 친권자결정에 있어서도 자의 복리가 우선적인 기준임을 신설하기로 한 것이다.

IV. 맺는 말

개정안은 혼인 중 부부재산제의 개선과 함께 이혼시 재산분할청구권제도의 개선, 그리고 배우자상속분제도의 개선을 포함함으로써 그 동안 별산제의 역기능으로 지적되어 오던 명의 없는 배우자에 대한 보호에 충실을 기하고 재산분할청구권제도를 실효성 있게 하는 한편 이를 배우자의 상속분까지 연결하는 일맥상통하는 내용을 담고 있다는 점에 큰 의의가 있다. 다만 부부재산계약의 유형을

제시하지 못한 점과 이혼시 혼인주택의 분할에 있어 미성년자녀와 자녀의 친권 및 양육권을 갖는 배우자의 거주권을 보호하기 위한 규정이 없음은 아쉬운 대목이다.

한편 개정안은 그 동안 경솔한 이혼절차에 법원이 개입할 수 있도록 하는 한편 자녀양육과 친권자결정에 있어 직권개입의 근거를 마련함으로써 이혼시 자녀의 복리를 강조하고 당사자가 자녀양육이나 친권자결정을 청구하지 않는 경우에 법원이 직권으로 정할 수 있는 근거를 규정한 것은 매우 의미 있는 개정이라 할 것이다.

가족법개정 행진은 가족의 민주화와 약자보호에 초점을 두고 있으나, 이를 잘못 운용하면 가족이기와 가정파탄의 원인으로 작용할 여지도 있다. 그러나 개정의 바탕을 이루는 철학은 부부는 평등하며 서로를 존중하여야 한다는 것이며, 부모와 자녀의 관계는 서로를 존중하고 돌보아야 한다는 정신이 기초를 이루고 있는 것이다. 가족법 개정이 가족을 소중히 여기고 배려하게 되는 계기가 되기를 기원한다.

_ 법학연구 제16권 제4호(연세대학교 법학연구원, 2006) 게재

後 記

1. 이 논문에서 언급한 부부재산제 개정안은 국회를 통과하지 못하고 폐기되었다. 다만 민법 제839조의3에 재산분할청구권보전을 위한 사해행위취소권이 2007년 개정법에 신설되어 현재 시행중이다.
2. 협의이혼절차 개정안(민법 제836조의2: 신설), 이혼 후 자녀양육(민법 제837조)과 면접교섭권(민법 제837조의2) 및 친권(민법 제909조 4항)의 개정안은 2007년에 국회를 통과하여 2008년 6월 22일부터 시행되고 있다.

제 4 부

부모와 자녀

_ '자녀의 최선의 이익'원칙에 비추어 본 가족법상 자녀의 복리

_ 현행 親權法上 子女의 利益과 父母의 責任

_ 아동의 權利와 法的 · 社會的 保護의 實現

'자녀의 최선의 이익'원칙에 비추어 본 가족법상 자녀의 복리

Ⅰ. 들어가는 말

1990년에 이어 2002년, 2005년 및 2007년은 한국의 가족법 개정 역사에서 '기념비적인 해'라고 칭해도 될 만큼 의미 있는 해라고 할 것이다. 가족법의 개정을 자녀의 복리[1]의 관점에서 짚어보면, 1990년 개정법은 계모자 관계 · 적모서자 관계를 폐지하는 대신에, 이혼한 어머니와 혼인 외의 자의 어머니가 친권자가 될 수 있게 되었다는 점에 중요한 의미가 있다. 이혼한 어머니는 친권자의 지위를 회복함으로써 차별의 해소와 행복추구권이 보장받게 되었고, 계모와 적모의 입장에서는 '자신의 의사와는 무관하게 법에 의해 정해진 친권자'라는 부담스러운 지위에서 벗어날 수 있게 되었으며, 미성년자녀의 입장에서는 어머니를 친권자로 맞이할 수 있는 가능성과 함께 자녀의 복리가 실질적으로 고려되고 반영되기 시작하였다는 가족법적인 평가도 받을 수 있게 되었기 때문이다.

2005년 개정가족법은, 제912조에서 "친권을 행사함에 있어서는 자녀의 복

---

1) 자녀에 대한 우선적 고려의 원칙으로 사용되는 용어는 다양하다. UN아동권리협약 제3조에서는 'The Best Interest of the Child'를 사용하고 있으며, 영국의 아동법은 'Welfare of the Child'라는 용어를 사용하고 있다. 미국의 Model Marriage and Divorce Act와 많은 주법들은 Child's Preference라는 용어를 선호하고 있으며, 독일법에서는 Kindeswohl이라고 한다. 이러한 용어들은 자녀의 이익, 자녀의 복지, 자녀의 복리 등으로 번역할 수 있겠으나, 이 글에서는 자녀의 행복과 이익이라는 의미를 함축한 '자녀의 복리'라는 용어를 사용하기로 한다. 다만 UN아동권리협약의 기본원칙은 The best interest of the child라는 용어를 그대로 번역하여 '자녀의 최선의 이익'이라는 용어로 번역하기로 한다. 한편 민법 제837조, 제837조의2, 제909조 및 제912조에서는 '자의 복리'라는 용어를 사용하고 있으나(제940조에서는 피후견인의 복리), '子'보다는 '子女'라는 용어가 보다 적합하다고 생각되어, 자녀의 복리로 표기한다.

리를 우선적으로 고려하여야 한다"고 선언함과 동시에, 부모의 이혼 후에 양육에 관한 사항의 합의(민법 제837조: 이하 조문만 표기함)나 친권자 결정(제909조 4항)에서 가정법원의 직권개입을 강화함으로써 '양육자와 친권자'의 공백이 발생할 위험을 막을 수 있게 되었다. 그러나 '자녀의 복리'라는 기대치에는 매우 미흡한, 부분적인 개정이었다. 그것은 2005년 개정법이 위헌결정이나 헌법불합치결정을 받은 제도의 개선을 비롯하여 그 때까지 남아 있던 차별적이거나 불합리한 규정을 개선하는 데 역점을 두었기 때문일 것이다.

두 차례의 의미있는 개정에도 불구하고, 자녀의 복리를 위한 개정의 필요성에 공감대가 형성되어 본격적인 조명을 거쳐 개정으로 이어진 것은 2007년의 개정법이라 할 수 있다. 협의이혼절차에서 자녀의 복리를 보호하기 위해 필요한 규정들이 신설되거나 개정되었기 때문이다. 앞으로의 가족법 개정은 재판상 이혼의 개정과 더불어 부모의 혼인 중과 이혼 후(혼외자 포함)의 자녀의 복리를 좀더 구체적으로 실현하기 위한 개정과 양육비선급제도를 마련하기 위한 개정이 이어질 것으로 예측된다.

그런 의미에서 다양한 입법론이 입법정책자료로서 제시될 필요가 있다. 이 글에서는 '자녀의 최선의 이익'을 선언한 UN아동권리협약(이하 '협약'이라 함)이라는 거울에 비추어 민법상 자녀의 복리의 현주소를 검토한 후 몇 가지 제안을 하려고 한다. 아동권리협약의 원칙은 '자녀의 최선의 이익'을 기본원칙으로 하고 있을 뿐 아니라, 법적 구속력을 지닌 국제문서라는 점, 협약당사국인 한국에서 협약은 국내법적 효력을 지닌다는 점에서 자녀의 최선의 이익을 논함에 있어 중요한 기준이 되어야 하기 때문이다.

가족법에서 자녀의 최선의 복리에 관련된 제도나 규정 중에서 특히 부모의 혼인 중 자녀의 복리가 심각하게 문제되는 경우로 친권상실제도를 택하였고, 이혼(협의이혼과 재판상이혼절차 포함)자녀에 관하여는 친권자결정과 양육자지정 및 양육비(양육비확보방안 포함)를 중심으로 검토하였다. 가족법에서 자녀의 복리에 관련된 제도나 규정은 방대하기 때문에 아동[2]에 관한 특별법, 면접교섭권, 인공수정자 및 양자의 복리에 관하여는 지면상의 이유로 제외하였음을 밝혀둔다.

2) 이 글에서는 가족법과 관련지어서는 자녀라는 용어를 사용하지만, 아동권리협약이나 아동복지법 등 포괄적이며 일반적인 의미에서 말하는 어린이를 지칭할 때는 아동이라는 용어를 사용하기로 한다.

II. '자녀의 최선의 이익'원칙

1. Guardianship of Infants Act 1925

자녀의 복리는 1925년 영국의 Guardianship of Infants Act에서 처음 등장한 개념으로, 미성년자의 보호와 양육에 관한 문제를 결정함에 있어 법이 고려해야 할 최우선 및 최대의 원리는 그의 복리(welfare)임을 선언하였다.[3] 이는 이혼 후 친권(양육권)[4]을 양친중의 어느 일방에게 부여할 것인가를 결정함에 있어 자녀의 복리가 그 기준이 되어야 함을 명시함으로써 부모 중심의 관점에서가 아니라 자녀의 복리의 관점에서 친권과 양육권을 바라보기 시작하였다는 데 큰 의미가 있다. 그 후 자녀의 복리의 이념은 미국, 독일, 프랑스 및 영미 친권법의 최고원리 또는 친권문제에 관한 법원의 결정기준이 되어 왔다.[5]

2. UN아동권리협약의 기본원칙으로서의 '자녀의 최선의 이익'

(1) UN아동권리협약의 특징과 국내법적 의미

국제적인 차원에서 아동권리가 논의되기 시작된 것은 세계 제1차 대전 이후의 일이며, 제2차 대전으로 더욱 열악한 지위에 처해 있는 아동들을 구제하기 위한 아동권리에 관한 각종 선언이 이어졌다.[6] 그러나 이러한 아동권리에 관한 문

---

3) S. M. Cretney, Principles of Family Law, p.434; P. M. Bromley and N.V. Lowe, Family Law, 7th ed.(1987), p.316.

4) 미국에서 사용되는 custody는 자녀를 양육하고 자녀의 교육과 치료와 종교적 훈련 등에 관하여 결정권을 갖는 광범위한 개념으로서, 자녀의 보호와 양육비부담의무를 수반하는 용어로 쓰인다. 공동양육권을 원칙으로 갖고 있는 주의 법원에서는 자녀의 교육, 치료 등의 중요한 결정을 할 수 있는 legal custody와 자녀에 대한 신체적 돌봄과 자녀통제를 할 수 있는 physical custody로 나누기도 한다. Ira Mark Ellman/Paul M. Kurtz/Elizabeth Scott, Family Law: Cases, Text, Problems, 3rd ed.(1998), p.613. 이 글에서는 custody를 우리에게 익숙한 용어인 친권(양육권)으로 번역한다.

5) 이화숙, "자의 최대의 이익과 현행 친권제도," 사법행정(1986. 8), 8-9면.

6) 예컨대 아동의 권리와 보호에 관한 제네바선언(1924년), 국제연맹이 채택한 아동권리선언(1924년), 유엔이 채택한 아동권리선언(1959년), 유엔총회가 채택한 「긴급사태와 무력분쟁

서는 비구속적이어서 실효성에 의문이 있었을 뿐 아니라 단편적인 내용만을 담고 있어, 아동의 권리와 보호에 관한 종합적이며 법적 구속력을 지닌 국제문서의 필요성이 제기되면서 유엔의 노력에 의해 마련된 것이 아동권리협약이다.[7)]

UN아동권리협약(United Nations Convention on the Rights of the Child: 이하 '협약'이라 함)의 첫 번째 특징은 무엇보다도 아동의 보호와 아동에 특유한 권리보장에 관한 법적 구속력을 지닌 국제문서라는 점이다. 1990년에 발효되었으며, 한국은 1991년 12월 23일부터 국내법적 효력을 갖게 되었다.[8)] 이에 따라 협약은 아동의 권리를 실현하기 위하여 필요한 모든 적당한 입법조치, 행정조치와 기타의 조치를 강구할 의무를 체약국에 부과하고 있고(제4조), 체약국이 아동의 권리의 실현을 위하여 취한 조치 및 그 진척상황에 관한 보고를 UN 사무총장을 통하여 아동의 권리에 관한 위원회에 제출하도록 하고 있다(제44조).[9)]

에 있어서 여성과 아동의 보호에 관한 선언」(1974년), 유엔총회가 채택한 「입양원칙선언」(1986년) 등 80여 개에 이른다고 한다. 김태천, "아동권리협약," 국제인권법 창간호, 국제인권법학회(1996), 180면 참조.

7) 김태천(주 6), 180면 참조.

8) UN아동권리협약은 아동의 해 10주년이 되는 1989년 11월 20일 UN총회에서 채택되었으며, 필요비준국가수인 20개국이 비준한 1990년 9월 2일에 발효되었다. 우리나라는 1991년 10월 9일 제49회 국무회의의 심의를 거쳐 같은 해 11월 20일 비준서를 유엔사무총장에게 기탁하였으므로, 아동권리협약 제49조에 따라 '그 날로부터 30일이 경과한' 1991년 12월 20일부터 발효하게 되었다. 정부는 아동권리협약을 같은 해 12월 23일에 조약 제1072호로서 공포하였으므로, 협약의 국제법적 효력 발효일은 1991년 12월 20일이고, 국내법적 효력발생은 12월 23일이라 할 수 있다. 아동권리협약의 성립배경에 관하여 자세한 것은, 김태천(주 6), 177면 참조.

아동권리협약의 민사법적 의미에 관한 논문으로는, 김유미, "아동권리에 관한 국제협약과 우리 민사법," 비교사법 제9권 4호(2002), 347면 이하; 한봉희, "UN 아동의 권리조약과 가족법," 가족법연구 6권(1992), 33면 이하; 한봉희, "아동의 권리에 관한 UN 협약과 한국 친자법에 미친 영향," 가족법 연구 제11호(1997), 667면 이하; 이화숙, "아동의 권리와 법적 사회적 보호의 실현," 현대민법의 과제와 전망(1994), 357면 이하; 윤진수, "아동권리협약과 한국 가족법," 국제인권법 제8호(2005), 11면 이하가 있다.

9) 당사국은 협약의 이행상황을 처음 비준한 후 2년 후, 그 후 5년마다 유엔아동권리위원회에 보고해야 할 의무를 진다. 한국은 협약을 비준할 당시에 1) 민법상 면접교섭권이 자녀의 권리가 아니라 부모의 권리로 규정되어 있다는 것, 2) 우리 민법상의 입양이 허가가 아니라 당사자 간의 계약과 그 신고로 이루어지고 있다는 것, 3) 비상계엄하에서 단심제를 취한다는 등 3개의 유보사항을 둔 바 있고, 1996년에 1차보고서, 2000년에 2차보고서, 그리고 2008년에 3, 4차 국가보고서를 제출한 바 있다. 2008년에 제출한 국가보고서에서는 부모의 면접교

협약은 그 어떤 국제적 인권 선언에 비해 가장 상세하고 포용력을 지녔다는 점을 특징의 하나로 지적할 수 있다.[10] 1993년에 155개국이 비준하였으며, 2005년에 192개국이 당사국이 되었음은 좋은 증거일 것이다.

협약이 지니는 또 하나의 중요한 의미와 특징은, 종전의 여러 국제조약들은 아동을 주로 보호대상으로 취급하고 있었음에 반하여, 이 협약에서는 아동을 하나의 능동적 권리의 소유자 내지 행사자로 취급하고 있다는 점이다. 이에 따르면 아동은 더 이상 단순히 특별보호와 원조를 필요로 하는 취약성을 가진 인간으로 간주되어서는 안 되고 기본적 권리와 자유의 주체로서 자신의 의견을 가지고 견해를 표명하며 그것을 평가할 수 있는 권리와 더불어 정보를 제공받고 성인들과 함께 결정을 공유할 권리를 가진다는 것이다.[11]

한편 협약이 아동의 보호와 권리보장에 관한 법적 구속력을 지니는 국제문서라는 점과 관련하여, 협약의 국내법적 의미를 검토할 필요가 있다. 헌법 제6조 제1항은 "헌법에 의하여 체결・공포된 조약과 일반적으로 승인된 국제법규는 국내법과 같은 효력을 가진다"고 규정하고 있고, 협약은 헌법에 의하여 체결・비준되어 공포되었으므로 국내법적 효력 근거에 대하여는 문제가 되지 않는다고 할 수 있다. 그러나 협약의 내용이 국내법과 상충될 경우에 어느 것이 우선하는지는 의문이다. 아동권리협약의 성격을 헌법과 동등한 효력을 가지는 것으로 인정하거나 헌법보다는 하위이지만 법률보다는 상위의 효력을 인정하여야 한다는 견해도 있으나,[12] 협약을 헌법상의 인권규정을 보완하는 것으로 파악한다면 아동권리협약의 내용에 모순되는 제반 국내법상의 규정들은 위헌으로 볼 여지도 있어 받아들이기 어렵다고 본다.[13] 분명한 것은, 국내법이 협약에 위반되는 경우 협약

섭권이 부모와 자녀의 면접교섭권으로 개정되었다는 점과 친양자제도의 신설로 인해 입양이 사적 계약에서 입양 허가로 전환되었으나 보통양자의 경우에는 미흡함을 인정하면서 지속적인 개선의 노력을 약속하고 있다. 현재 민간보고서가 작업 중인데 국가보고서가 검토될 것으로 예상되는 2010년 전에는 제출할 예정이라고 한다. 자세히는 www.child rights.re.kr 참조.

10) Philip Alston, The Best Interest Principle: Towards A Reconciliation of Culture and Human Rights, the Best Interest of the Child, Unicef(1994), p.1.

11) 김태천(주 6), 183면.

12) 예컨대 이명웅, "국제인권법과 헌법재판," 저스티스(2005.2), 182면 이하.

13) 아동권리협약의 국내법적 의미에 관하여는 김유미, "아동의 권리실현을 위한 관련법에 관한 고찰," 가족법연구 제10호(1996), 410-412면; 윤진수(주 8), 7면 이하; 이명웅(주 12), 182

당사국은 기존의 법규를 제정하거나 개정 또는 해석할 때 아동권리협약의 정신에 어긋나지 않도록 하여야 할 국제법적인 의무를 부담한다는 것이다.[14] 또한 협약은 매우 복합적이고 방대하기 때문에 협약에 내포된 복합성과 함의에 대해서는 국제적 및 개별 국가 및 지역 차원에서 평가와 해석을 점진적으로 개발하여야 한다.[15]

(2) 협약의 기본원칙으로서의 '아동의 최선의 이익'

아동권리위원회는 1991년 제1차 회기에서 당사국 정부의 제1차 보고서의 작성방법에 관한 지침을 마련하면서 위 협약의 토대를 이루는 기본적 가치를 일반원칙이라고 선언하였다. 협약의 일반원칙은 비차별(협약 제2조), 아동의 최선의 이익(협약 제3조), 생명 · 생존 및 발전에 관한 권리(협약 제6조), 아동의 견해존중(협약 제12조)의 네 가지인데,[16] 그 중 '아동의 최선의 이익' 원칙에 대해 살펴보기로 한다. 이에 관하여 제3조(1)은 다음과 같이 규정하고 있다.

"아동에 관한 모든 활동에 있어서 그 활동이 공적 혹은 사적 사회복지기관, 법원, 행정부 혹은 입법부 등 어떠한 기관에 의해 행해지든 아동의 최선의 이익이 제1차적으로 고려되어야 한다."[17]

최선의 이익(the best interest)이 무엇인가? 이는 국가기관 등이 아동에 어떠한 영향을 미칠 수 있는 공식적 결정을 할 때에는 아동의 이익이 중요하게 고려되어야 하며, 부모 또는 국가의 이익만이 전적으로 중요성을 가지고 평가되어서는 안 된다는 것을 의미한다.[18]

면 이하; 조홍석, "국제인권법의 국내법적 서열과 직접적용가능성," 저스티스 제32권 제3호(1999), 1면 이하 참조.

14) 김유미(주 8), 413면; 윤진수(주 8), 10면 참조.

15) P. Alston(주 10), p.3.

16) 김태천(주 6), 185면 이하 참조.

17) In all actions concerning children, whether undertaken by public or private social welfare institutions, courts of law, administrative authorities or legislative bodies, the best interest of the child shall be a primary consideration.

18) T. Hammarberg, Children, in: A. Eide et al(eds). Economic, Social and Cultural

한편 협약에서 사용되는 최선(best)이란 용어는 아동의 일반적인 이익에 관하여 논쟁되고 있는 요소들을 배제한 의미의 최선을 의미한다. 그러므로 '아동의 최선의 이익'이라기보다는 아동에게 복리가 되는 것이 '최선의 이익'이라고 하며, 아동에게 복리가 되는 최선의 이익과 그렇지 않은 경우는 미묘하게 차이가 있다고 한다.[19]

사실 최선의 이익은 아동이 처한 인적 · 사회적 · 경제적 상황이 다르고 자녀의 최선의 이익이 무엇인가에 대한 인식이 다르기 때문에 이를 실제로 적용하는데 어려움이 있으며, 아동권리에 관한 위원회가 결성되어 각국의 법과 판례를 평가하는 것은 매우 어려운 일임에 틀림없다. 그럼에도 이 원칙이 협약 내의 여러 규정과 다른 중요한 국제인권문서에서도 강조되고 있음에 주목할 필요가 있다. 협약 내에서는, 아동이 가족으로부터 분리되는 경우에 관한 제9조, 아동의 양육과 발전을 위한 부모의 책임에 관한 제18조, 입양과 관습에 관한 제20조와 21조, 그리고 아동이 경찰과 재판에 연루된 경우에 관한 제37조와 제40조에서 이 원칙을 다시 강조하고 있으며, 국제인권문서로는, 아동권리선언(1959년)과 여성차별철폐규약(1979년)에서도 이 원칙이 선언되고 있는데, 이러한 사실은 이 원칙이 비록 추상적으로 규정되어 있지만, 그만큼 중요한 의미가 있음을 시사하는 것이다.[20]

그렇다면, "제1차적으로 고려되어야 한다"는 의미는 무엇인가? 여러 차례의 논의[21]를 거쳐 결정된 "제1차적으로 고려되어야 한다"는 용어는 원칙적으로 아동에 대해 어떤 영향을 미치는 모든 활동에 대하여 아동의 이익을 최우선적으로 고려하되 다만 어떤 극단적인 경우에는 아동의 이익보다도 다른 사람의 이익이 우선 고려될 수 있음을 의미한다. 주목해야 할 것은 포괄적인 일반규정에는 이같이 추상적인 내용으로 규정되고 있지만, 협약의 구체적인 규정(소위 각론)에는 보다 상세한 용어와 내용을 규정하고 있다는 점이다. 이 원칙에서 가장 강한 규

Rights(1995), p.290; 김태천(주 6), 185면, 재인용.

19) Ibid., pp.11-12.

20) P. Alston(주 10), p.3.

21) 원래 1959년 아동권리선언은 "최우선적으로(paramount) 고려되어야 한다"고 되어 있으나 극단적인 상황에서 긴급하게 고려되어야 할 다른 이익을 배제하고 아동의 이익만이 절대적으로 고려되어야 함을 의미하는 것은 적절하지 않다고 판단되어 제1차적이라는 용어가 채택되었다. 이에 대하여 자세히는 P.Alston, ibid., pp.12-13.

정은 입양에 관한 것으로, 입양제도에 있어서는 아동의 최선의 이익을 '최우선적(paramount)'으로 고려하여야 한다고 규정하고 있다. 또한 부모와 후견인의 자녀 양육과 성장을 위한 책임수행[제18(1)조] 등의 규정에는 그 내용이 구체적으로 규정되어 있다.

'고려하여야 한다(consideration)'는 것은 아동의 최선의 이익이 실제로 고려되어 함을 의미한다. 그러한 고려는 이름뿐이거나, 단지 형식에 불과하기 보다는 진실한(genuine) 것이어야 하며, 모든 상황에서 아동의 최선의 이익이 드러나야 한다.[22)]

(3) 협약과 한국의 가족법

1) 유보조항과 그 후의 개선, 그리고 국가보고서

한국은 협약에 가입하면서 면접교섭권(협약 제9조 제3항), 아동권리에 관한 협약 제21조(a)와 협약 제40조 제2항(v)을 유보한 바 있다. 면접교섭권은 부모의 권리로 규정되어 있다는 이유로 유보되었으나, 2005년 개정법은 부모 일방과 자녀의 상호 면접교섭권으로 개정하였으므로 2008년에 제출한 국가보고서는 이러한 개정내용이 포함되어 있다. 한편 협약 제21조는 아동의 입양이 아동에게 이익이 되는 것을 보장하기 위하여 관계당국의 허가를 받도록 규정하고 있는데, 한국 가족법은 입양이 사적인 계약으로 이루어지고 국가의 개입이 없다는 이유로 유보하였다. 2008년 국가보고서는 2008년부터 시행되고 있는 친양자제도가 신설되었다는 것과 함께 가정법원의 심사를 보고하고 있으나 보통양자의 경우에는 심사가 결여되어 있음을 인정하면서 앞으로 계속 노력할 것을 약속하고 있다.[23)]

2) 협약의 구체적 권리와 한국 가족법

협약은 방대한 내용의 구체적 권리를 규정하고 있다. 그 중에서 가족법에서 문제될 수 있는 시급하고도 주요한 것만을 요약하면 다음과 같다.

우선, 자녀에 대한 부모와 국가의 책임이다(협약 제18조 제2항). 협약은 부모가 자녀의 양육과 성장에 공동의 책임을 부담한다는 원칙이 보장되도록 최대의

---

22) Ibid., p.13.

23) 유보한 제40조 제2항은 형사재판에 관련된 사항이므로 이 글에서 제외하였다.

노력을 해야 한다고 규정하는 한편, 부모와 법적 후견인은 이에 관한 기본적인 책임이 있으며 자녀의 최선의 이익은 그들의 기본적인 애정이라고 함과 아울러 국가의 2차적인 책임을 분명히 하고 있다는 점이다. 양육비확보에 관한 국가의 조치에 관한 제27조 제4항과 더불어 양육비선급제도의 도입은 국가의 2차적인 책임을 수행하는 것이 될 것이다.

두 번째, 아동이 의견을 표명할 권리이다(협약 제12조). 특히 가족법에서 문제되는데, 15세 미만 자녀를 입양할 경우에는 양자될 자녀의 의사여하는 묻지 않고 대락권자 내지 부모나 후견인의 동의만으로 입양이 성립될 수 있기 때문이다. 친권상실제도에서 자녀의 의사를 물어야 한다는 규정이 없다는 점도 문제될 수 있다.[24]

세 번째, 양자의 성명권이다(협약 제17조). 민법에서 보통양자의 성변경에 관한 규정이 없다는 이유로 양자의 성은 바꾸지 않는다고 해석하고 있으나, 협약의 양자의 성명권 규정에 위반되므로 개선하여야 할 것이다.

네 번째, 아동양육비를 확보하기 위한 국가의 조치(협약 제27조 제4항)에 관한 것이다. 우리나라는 아동의 양육비확보에 대한 국가의 적절한 조치나 지원이 없으므로 개선되어야 할 사항이다.[25]

Ⅲ. '자녀의 최선의 이익'원칙과 친권상실 및 후견제도의 문제점과 개선방안

1. 가족법상 '子의 복리' 원칙

2005년 개정 가족법은 제912조에서 "친권을 행사함에 있어서는 자의 복리를 우선적으로 고려하여야 한다"는 규정을 신설하였다. 매우 의미 있는 규정임에 틀림없다. 그러나 "자녀의 최선의 이익 원칙"은 친권의 대원칙이며 일반원칙으로서 선언하는 한편, 친권행사, 친권자결정, 친권자변경, 친권상실선고 등 구체적

24) 이 점에 관하여는 윤진수(주 8), 28면; 김유미(주 13), 417-419면.

25) 양육비선급제도에 관하여는 이 글, V의 2. 참조.

인 경우에 자녀의 복리가 기준임을 강조할 필요가 있다. 물론 친권자 지정에 관한 부모의 합의가 자의 복리에 반하는 경우(제909조 4항), 친권자변경의 기준(제909조 6항), 친권행사의 기준(제912조), 후견인 변경(제940조), 면접교섭권(제837조의2) 등에서 자의 복리를 규정하고 있으나, 친권법의 일반원칙으로서 자녀의 복리 기준을 선언하고 강조하는 방향으로 개정하여야 할 것이다. 또한 친권이 문제되는 경우 중, 자녀의 복리가 가장 강조되어야 할 때는 바로 '부모 중 어느 일방을 친권자로 정할 것인지, 아니면 부모를 공동 친권자로 할 것인지'를 정할 때이다. 역사적으로, 그리고 비교법적인 관점에서도 자녀의 최선의 이익은 이혼 후나 혼외자의 친권자를 결정하기 위한 기준에서 출발한 것이다. 친권자결정의 기준으로서 자녀의 최선의 복리를 신설하여야 한다.[26]

2. 친권상실과 후견제도의 문제점과 개선방안

부모의 자녀에 대한 폭력이 심각한 수준이다. 가정 내 폭력은 남편의 아내에 대한 폭력과 부모 또는 그 일방의 자녀에 대한 학대로 분류할 수 있는데 아내를 구타하는 남편은 자녀에 대해서도 폭력을 행사한다고 한다. 또한 양쪽 부모가 모두 자녀 폭력을 행하는 경우도 많다고 한다. 한 실태조사결과에 의하면 지난 5년간 아동학대 신고건수는 28,156건이며, 학대 사례는 방임, 신체학대, 정서학대, 성학대 및 유기의 순이라 한다. 학대행위자와 피해아동과의 관계는 아동의 부모(친부모, 계부모 또는 양부모)가 평균 83%를 차지하고 있음을 보여준다. 이는 학대가 주로 가정 내에서 아동을 보호하고 양육할 책임이 있는 보호자들에 의해 야기됨을 말해준다.[27]

이러한 실상임에도 친권상실제도, 선고 이후의 사후조치로서의 후견인 제도, 그리고 피해자녀에 대한 국가의 지원은 자녀의 복리를 기준으로 볼 때 다음과 같은 심각한 문제를 안고 있다.

첫째, 제924조는 친권상실선고의 요건으로 父 또는 母가 친권을 남용하거나 현저한 비행 기타 친권을 행사시킬 수 없는 중대한 사유가 있을 것을 규정하고

---

26) 이에 관하여 자세히는 이 글 Ⅳ. 이혼절차에서 자녀의 복리 참조.

27) 이호균, "아동학대의 실태 및 법률적 제한점과 개선방안," 가정폭력과 가족법, 한국가족법학회 2005년도 동계학술대회 자료집, 104면.

있는데, 친권상실이야말로 자녀의 복리에 중요한 요소임에도 자녀의 복리가 요건으로 규정되어 있지 않다는 점을 지적할 수 있다. 이는 자녀의 최선의 이익을 우선적으로 고려하는 현대친권법의 이념에도 맞지 않고, 아동권리협약의 기본원칙에도 부합하지 않는다. 자녀의 복리를 친권상실선고의 요건으로 추가하는 방법으로는, 자녀의 복리를 친권상실선고의 기준으로 추가하는 적극적인 방법과,[28] 친권상실선고가 자녀의 복리에 반하지 않아야 함을 명시하는 방법을[29] 생각할 수 있으나, 전자의 적극적인 방법이 바람직하다고 본다. 자녀의 복리를 친권상실선고의 적극적인 기준으로 한다면 자녀의 복리에 반하는 친권상실선고는 실현될 수 없을 것이기 때문이다.

둘째, 父나 母의 현저한 비행이 친권상실요건으로 되어 있는 것은 적절하지 않다. 부모의 현저한 비행과 자녀의 복리는 별개의 문제일 수 있기 때문이다.[30] 그러므로 현저한 비행은 삭제하는 대신 자녀의 복리가 친권상실선고의 기준이 되는 것이 바람직하다.

셋째, 협약 제12조는 아동의 견해를 존중할 의무를 규정하고 있으나 친권상실선고절차에서 사건 본인인 자녀의 의견이 청취될 수 있는 기회가 없는 것도 문제이다. 자녀의 의견을 청취하는 방법으로는 민법에 자녀의 친권상실선고청구권을 규정하는 방법,[31] 가사소송법에 규정하는 방법이[32] 있으나, 기존의 법체계나 개정의 용이성 등을 감안할 때 후자의 방법 즉 가사소송법에 추가하는 것이 현실적인 의미에서 바람직해 보인다.

넷째, 부모가 친권상실선고를 받은 후의 자녀 보호조치가 미흡한 점이야 말로 자녀복리를 위해 개선이 필요하고도 시급하다. 父 또는 母에게 친권상실선고가 내려진 경우, 다른 일방이 생존하고 있다면 그가 친권자가 될 것이다. 그런데 부모가 모두 친권상실선고를 받거나, 단독 친권자인 부나 모가 친권상실선고를

---

28) 예컨대 "부 또는 모가 친권을 남용하거나 자녀의 복리에 반하는 행위로 인해 친권을 행사시킬 수 없는 중대한 사유가 있는 때에는 법원은 제777조의 규정에 의한 자의 친족 또는 검사의 청구에 의하여 그 친권의 상실을 선고할 수 있다"고 개정하는 방법이다.

29) 최진섭, "친권법의 쟁점과 개정방향," 가족법연구 16권 1호(2002), 112면.

30) 대법원 1993.3.4, 93스3 결정은 현저한 비행을 한 母에 대한 祖母의 친권상실청구에 대하여 자녀의 복리를 이유로 기각한 바 있다.

31) 김유미(주 13), 418면

32) 윤진수(주 8), 28면.

받은 경우에는 자녀의 복리에 부합하는 후견인을 선임할 수 있어야 하는데, 현행 민법은 자녀의 복리와 상관없이 후견인을 법정하고 있다는 문제점을 안고 있다. 법정후견인 제도는 자녀의 복리의 관점에서 볼 때 매우 위험한 제도라고 할 것이다. 때로는 폭력 등으로 친권을 남용하여 친권상실이 선고된 부모보다 자녀의 복리에 반하는 법정후견인도 충분히 예상할 수 있기 때문이다. 다행히도 2005년 개정법은 후견인 변경에 관한 제940조를 개정하였다. 이에 의하면 피후견인인 자의 복리에 반하는 경우에는 가정법원이 피후견인의 친족이나 검사의 청구 또는 직권에 의하여 후견인을 변경할 수 있게 되었다.

현행법 구도에 의하면 후견인 선임에 관하여 다음과 같이 진행될 것이다. 유일한 친권자인 부나 모가 친권상실선고를 받으면(제924조), 법정후견인이 선임되는데(제932조), 그 후견인이 자녀의 복리에 반하는 경우에는 피후견인의 복리를 위하여 후견인을 변경할 수 있게 된다(제940조). 그러나 자의 복리에 반함을 알면서도 누구도 후견인 변경청구를 하지 않는 경우에는 자의 복리에 반하는 법정후견인이 후견인의 지위를 유지하게 될 가능성이 매우 높다. 그러므로 법정후견인 제도를 삭제하고, 자녀의 복리에 합당한 후견인을 선임하도록 개정하는 것이 바람직하다. 만일 자녀의 복리에 적합한 후견인을 찾을 수 없는 경우에는 국가가 아동을 보호하는 기관, 위탁가정 나아가 입양가정 등을 알선할 수 있도록 부모의 친권상실선고 후 아동의 복지에 대한 대책을 마련하여야 할 것이다. 협약이 아동권리에 대한 부모의 1차적인 책임과 국가의 2차적인 책임을 강조하고 있음을 상기할 필요가 있다.

IV. 이혼절차에서 자녀의 복리

1. 협의이혼절차에서 자녀의 복리

(1) 2007 개정 전 가족법상 협의이혼 절차의 문제점

2007년 개정 전의 가족법상 협의이혼제도는 이혼당사자 간의 협의와 가정법원의 확인 및 이혼신고에 의해 이혼이 이루어지는 자유이혼 형태였다. 당사자 간의 협의와 가정법원판사의 확인만으로 이혼이 이루어지기 때문에 원천적으로 경솔한 이혼이 발생할 소지를 안고 있으며, 이혼합의과정에서 자녀의 복리는 부모와 가족법 그리고 국가(법원)로부터 철저히 방치되어 왔다고 해도 과언이 아니었다. 이혼당사자인 부모는 이혼의 성립여부와 재산분할 등에 관심이 집중되어 있는 예민한 상태에 있으므로 비록 그들의 자녀이지만 자녀의 장래와 복리를 고려하고 해결하도록 부모에게 기대하는 것은 무리일 수 있다. 그러므로 이혼 자녀에 대한 보호는 가족법과 국가(법원)의 후견적 기능을 통해 지원할 필요가 있는 것이다. 그런 의미에서 이혼 부모의 무관심한 자세보다도 더욱 비난받아야 할 것은 법과 국가의 자녀보호에 대한 무관심인지 모른다. 흔히 서구제국은 이혼이 쉽고 우리나라는 이혼이 어렵다고 생각하는 경향이 있다. 그러나 기독교정신을 바탕으로 하는 서구제국의 이혼법은 신약성경을 근거로 '이혼금지'의 원칙에서 출발하고 있으며, 별거주의, 유책주의를 거쳐 파탄주의로 변천되면서도 절차가 복잡한 재판상 이혼제도만을 고수하는 이유는 이혼금지원칙의 역사적이며 법사상적인 배경에 근거한 것이다. 반면에 우리 사회에서는 부부는 헤어질 수 있는 관계로 파악하여 왔다.

가족법상의 협의이혼제도는 '부부는 자유롭게 헤어질 수 있다'는 '이혼자유' 사상의 법적 표현에 다름 아니다. 오늘날 많은 외국의 이혼법이 부부관계의 파탄이 확실하면 이혼을 인용하는 파탄주의를 취하면서도 경제적 약자인 배우자와 자녀보호방안에 관한 당사자의 합의를 이혼 선고의 전제로 하는 데 비해, 가족법상 협의이혼절차는 경솔한 이혼의 원인이 될 뿐 아니라, 법관이 당사자의 이혼절차에서 이혼자녀를 보호하기 위해 개입할 여지가 없다는 점이 우려되었다. 이혼율이 급증하는 사회, 이혼부부의 80% 이상이 협의에 의해 이혼하는 우리 사회에서 협의이혼절차를 개선하여야 한다는 주장이 제기된 것은 그 때문이었다. 그런 의미에서 2007년에 협의이혼절차가 개정되어(2008년 6월 22일부터 시행됨) 자녀의 복리가 보호될 수 있게 되었음은 다행한 일이다.[33)]

(2) 2007년 개정법의 협의이혼절차와 자녀의 복리

협의이혼절차의 개정을 내용으로 하는 개정법이 2007년 12월에 국회를 통과하여 2008년 6월 22일부터 시행되고 있다. 개정된 협의이혼절차를 자녀의 복

33) 이화숙, "가족법 개정안에 관한 연구," 법학연구 第16권 第4호(2006.12), 19-31면.

리를 기준으로 평가하면 다음과 같다.

첫째, 이혼숙려기간을 도입하였다는 점이다. 개정 전의 협의이혼제도는 당사자의 이혼의사 합치에 대한 가정법원의 확인절차를 거쳐, 호적법(현행 「가족관계의 등록 등에 관한 법률」에 의한 신고 등 간편한 절차만으로 이혼의 효력이 발생함으로써 '혼인의 보호보다는 자유로운 해소'에 중점을 두고 있다는 비판과 함께 자녀의 복리에 소홀하다는 문제점을 안고 있었다. 이혼숙려기간은 경솔하게 이혼을 결정하였을 경우에 대비하여 당사자들에게 심사숙고할 기회를 부여하고 있다는 점과 자녀가 있는 경우와 없는 경우를 구분하여 자녀가 있는 경우에는 3개월의 숙려기간을 거쳐야 이혼의사를 확인받을 수 있게 함으로써 결과적으로 자녀의 복리에 부합하는 절차라고 할 수 있다.

둘째, 개정법은 가정법원이 이혼당사자에게 이혼에 관한 안내를 하는 한편 전문상담인의 상담을 받도록 권고할 수 있게 하였다는 점이다. 이러한 절차를 통해 이혼당사자들은 이혼 후의 자녀의 문제를 숙고할 수 있게 하는 계기가 되고 그 결과는 자녀의 복리로 이어질 것으로 기대한다. 가정법원의 이혼안내에는 당사자 자신들의 법적 지위와 재산관련 안내, 그리고 자녀들의 친권과 양육사항, 그리고 면접교섭권 등의 법적인 과제들이 포함되기 때문이다. 전문상담인의 상담절차에서도 당사자들의 재산문제와 더불어 자녀의 문제가 주된 과제가 될 것이므로 이혼 부모들이 자녀의 복리를 신중하게 생각하는 계기가 될 것이다. 상담절차는 비록 강제는 아니지만, 가정법원의 권고사항으로 되어 있으므로 대개의 경우 이혼 당사자들이 상담에 응할 것으로 기대한다.[34)]

셋째, 개정법은 제836조의2에 제4항을 신설하고, 협의이혼시 제837조에 따른 자의 양육과 제909조 제4항에 따른 자의 친권자 결정에 관한 협의서를 제출할 의무를 부여하였다. 만일 당사자 사이에 양육사항과 친권자 결정에 관한 협의가 이루어지지 않는 경우에는 가정법원의 심판정본을 제출하여야 비로소 이혼의사 확인을 받아 이혼신고를 할 수 있으므로 자녀의 복리증진에 기여할 것이다. 2007년 개정 전 가족법은 협의이혼절차에서 당사자 사이에 자녀 양육사항 및 친권자 지정에 관한 합의 없이도 이혼이 가능함에 따라 이혼 자녀의 양육환경이 우

34) 가족관계 등에 관한 규칙 제73조 5항은 가정법원이 전문 상담인을 위촉하여 상담을 담당할 수 있도록 규정하고 있다.

려되었다.

넷째, 개정법은 제837조에서 이혼당사자들이 제출하여야 할 자의 양육책임에 관하여 규정하고 있다. 이에 의하면, 이혼당사자는 협의서를 제출하여야 하는데 협의서에는 양육자의 결정, 양육비용의 부담, 면접교섭권의 행사여부 및 그 방법을 포함하여야 하고(제837조 1항과 2항), 만일 그 협의의 내용이 자의 복리에 반하는 경우에는 가정법원이 보정을 명하거나 직권으로 그 자의 의사, 연령과 부모의 재산상황, 그 밖의 사정을 참작하여 양육에 필요한 사항을 정하도록 하였다(제837조 3항).[35] 가정법원이 직권으로 양육사항을 정할 때 '자의 의사'를 참작의 요건으로 신설한 것은 아동의사를 존중하여야 한다는 아동권리협약에 부합되는 의미 있는 개정이라 평가할 수 있다.[36]

만일 당사자 사이에 양육에 관한 사항의 협의가 이루어지지 아니하거나 협의할 수 없는 때에는 가정법원이 직권으로 또는 당사자의 청구에 따라 결정하도록 하였으며(제837조 제4항), 자의 복리를 위하여 필요한 경우에는 부나 모 또는 검사의 청구, 또는 직권으로 자의 양육에 관한 사항을 변경하거나 다른 적당한 처분을 할 수 있게 하였다(제837조 제5항)는 점도 자의 양육환경의 향상과 복리의 증진에 기여할 것으로 기대된다.

다만 자의 양육에 관한 사항의 협의가 이루어지지 아니하거나 협의할 수 없는 경우에는 가정법원이 직권으로 결정할 수 있도록 하고 있으나, 협의이혼절차에서 법원이 직권으로 결정할 수 있는지는 의문이다. 제836조의2 제4항은 자의 양육에 관한 협의가 이루어지 않는 경우에는 가정법원의 심판 정본을 제출하도록 규정하고 있으므로 당사자들은 가정법원에 심판을 청구하여야 할 것이며, 직권규정은 재판상 이혼의 경우에 적용된다고 해석하여야 할 것이다.

다섯째, 친권자결정에 관한 제909조 제4항은 다음과 같이 개정함으로써 자의 복리가 증진될 수 있게 되었다. 즉 이혼 부모(인지된 혼외자 포함)는 당사자의

---

35) 「가족관계의 등록 등에 관한 규칙」 제78조는, 가정법원이 부부 양쪽의 이혼의사 등을 확인하면 확인서를 작성하여야 하고, 미성년자인 자녀의 양육과 친권자 결정에 관한 협의를 확인하면 그 양육비조서도 함께 작성하도록 하였다. 만일 그 협의가 자녀의 복리에 반함에도 가정법원의 보정명령에 불응하는 경우에는 확인서와 양육비부담조서를 작성하지 않도록 하였다. 그러므로 협의가 없으면 이혼이 성립되지 않게 된다.

36) 이에 따라 가사소송규칙 제100조는 법원이 구체적으로 자녀의 의견을 들을 수 있음을 규정하였다.

협의로 친권자를 정하여야 하고, 협의할 수 없거나 협의가 이루어지지 아니하는 경우에는 가정법원이 직권 또는 당사자의 청구에 의하여 친권자를 정할 수 있게 하였다. 만일 부모의 협의가 자의 복리에 반하는 경우에는 가정법원은 보정을 명하거나 직권으로 친권자를 정하도록 함으로써 법원의 직권개입을 강화하였다.

다만 양육에 관한 사항의 결정과 마찬가지로, 협의이혼절차에서 법원이 직권으로 친권자를 정할 수 있는지는 의문이다. 친권자결정에 관하여 협의가 되지 않는 경우 가정법원의 심판정본을 제출하도록 규정(제836조의2 제4항)하고 있음에 비추어 협의로 친권자를 정할 수 없는 경우에는 가정법원에 심판을 청구하여야 할 것이며, 직권 결정은 재판상 이혼의 경우에 적용되는 것으로 해석하여야 할 것이다.

여섯째, 자녀의 부모에 대한 면접교섭권을 인정(제837조의2 제1항)하였다는 점이다. 2007년 개정 전 법은 부모의 자녀 면접교섭권만을 인정하고 있어 자녀는 면접교섭권의 객체로 인식되는 문제가 있었다. 이러한 법 규정은 유엔아동권리협약이 정하는 '자녀의 최선의 이익'원칙에 반할 뿐 아니라, 협약 제9조 제3항에서 정한 "당사국은 아동의 최선의 이익에 반하는 경우 외에는 부모의 일방 또는 쌍방으로부터 분리된 아동이 정기적으로 개인적 관계 및 직접적인 면접교섭을 유지할 권리를 가짐을 존중하여야 한다"는 규정에 반하는 것이었다. 우리나라는 협약에 가입할 때 민법 제837조의2에서 자녀의 부모에 대한 면접교섭의 권리가 규정되어 있지 않다는 이유로 이 조항을 유보한 바 있으나, 2008년에 제출된 국가보고서에는 2007년 개정법에서 면접교섭권이 부모와 자의 상호 면접교섭할 수 있는 권리로 개정되었다는 내용이 포함되었다.[37)]

일곱째, 협의이혼절차의 개선은 이혼의 자유와 자녀의 복리가 충돌할 때 자녀의 복리를 위해 이혼의 자유가 제한될 수 있음을 나타내는 증거라고 평가하고자 한다. 2007년 개정 전 법은 이혼의 자유와 자녀의 복리가 충돌할 때 부모의 이혼의 자유가 우선하는 원칙이었다면, 개정법(2007년)은 자녀의 복리에 대한 부모의 1차적인 책임을 강조함과 동시에 자녀의 복리가 부모의 이혼의 자유보다 우선하는 이익임을 선언하였다고 할 수 있다. 그런 의미에서, 부모의 이혼(협의이혼과 재판상이혼)과 자녀의 복리가 충돌될 때는 자녀의 복리가 우선된다는 견해[38)]에 의

37) 이에 대하여 자세히는 www.childrights.re.kr 참조.

하면 개정법에 더욱 특별한 의미를 부여할 수 있을 것이다.

(3) 2009년 개정: 가족법에 양육비부담조서제도 신설

양육비부담조서제도가 2009. 5. 8.에 가족법 제836조의2 제5항에 신설되어 2009년 8월 9일(공포한 날로부터 3개월이 경과한 날: 부칙 제1항)부터 시행되고 있으며, 가사소송법 제64조도 2009. 5. 8.에 개정되어 2009년 11월 9일(공포한 날로부터 6개월이 경과한 날: 부칙 제1항)부터 시행되고 있다. 이에 따라 협의이혼 절차에서 양육비비용부담에 관한 협의서에 집행력이 인정될 수 없다는 한계가 극복되고 개선될 수 있게 되었다.[39]

2. 재판상 이혼절차에서 자녀의 복리

재판상 이혼의 경우에도 이혼자녀의 양육에 관한 사항은 제843조에 의해 제837조와 제837조의2가 준용되고, 친권자결정에 관하여는 제909조 4항이 적용되므로 결과적으론 재판상 이혼 자녀의 보호도 협의이혼절차의 경우와 같다고 할 수 있다. 그렇다면 구체적으로 재판상 이혼절차와 협의이혼절차의 다른 점을 통해 각각의 이혼 절차에서 자녀의 복리가 어떻게 보호되는지를 살펴보기로 한다.

첫째, 협의이혼절차에는 숙려기간이 있는 데 비해 재판상 이혼절차에는 없다는 점을 지적할 수 있다. 숙려기간은 경솔한 이혼을 방지하고 그 기간에 자녀의 복리를 위한 구체적인 방법을 합의하도록 유도하는 기능을 한다면 재판상 이혼절차에서도 숙려기간의 기능은 필요하다고 본다. 예컨대 1996년 영국개정 가족법은 재판상이혼절차에서 숙려기간을 규정하고 있다. 이 때 자녀가 있는 경우와 없는 경우로 나누고 있으며, 폭력의 위험이 있는 경우에는 숙려기간을 면제하거나 단축할 수 있도록 하는 한편, 그 기간 동안에 법원으로부터 이혼에 관한 안내와 정보를 받고 전문상담인의 상담을 받도록 제도화하는 한편 자녀의 복리와 재산분할 등에 관하여 협의하도록 권고하고 있음을 참고할 수 있다.[40] 물론 이

38) Whasook Lee, "Children-Centered Divorce Ground", 법학연구 제15권 3호(통권 27호), 연세대학교 법학연구소(2005.9).

39) 이에 대하여 자세히는 이 글, V. 양육비확보방안에 관한 논의에서 소개한다.

40) 1996 영국의 개정 가족법에 대하여 자세히는 이화숙, "1996년 영국의 개정가족법," 법학논

개정법은 다른 이유로 철회되었으나,[41] 혼인은 유지되고 파탄된 혼인은 이혼할 수 있도록 돕는 한편 자녀의 복리가 보호되도록 한다는 원칙과 방법은 이혼법의 올바른 방향을 제시하고 있다고 생각한다.

둘째, 민법은 협의이혼절차에 관한 제836조의2에서 가정법원은 당사자에게 이혼에 관한 안내를 할 의무와 함께 전문상담인의 상담을 받도록 권고할 수 있음을 규정하는 한편 「가족관계의 등록 등에 관한 규칙」에서 전문상담인 위촉에 관한 규정을 두고 있다. 이에 비해 재판상 이혼의 경우에는 민법에는 전문상담인의 상담을 권고하는 규정이 없고, 단지 가사소송법규칙 제12조의2에서, 전문적인 지식과 경험을 갖춘 전문상담인의 상담을 받을 것을 권고할 수 있음과 가정법원이 전문상담인을 상담위원으로 위촉하여 상담을 담당하게 할 수 있음을 규정하고 있을 뿐이다. 협의이혼절차와 같이 전문상담인에 의한 상담을 받도록 권고하는 내용을 민법에 규정하는 것이 바람직하다고 본다.

셋째, 협의이혼절차에서는 당사자에게 "제837조에 따른 자의 양육과 제909조 제4항에 따른 자의 친권자 결정에 관한 협의서"를 제출할 의무를 부여하고 있다. 협의이혼절차에서는 양육에 관한 협의서를 제출하지 않으면 이혼의사확인을 받을 수 없고 협의이혼도 성립될 수 없기 때문에 이혼하려는 당사자들은 양육에 관한 협의서를 제출하여야 한다. 만일 제출된 협의서의 내용이 자의 복리에 반하는 경우에는 법원이 보정을 명하거나 직권으로 정하며(제837조 제3항), 당사자 사이에 양육사항과 친권자 결정에 관한 합의가 이루어지지 않는 경우에는 가정법원의 심판정본을 제출하도록 하였다(제836조의2 제4항).

그러나 재판상 이혼절차에서는 양육이나 친권자결정에 관한 협의서를 제출할 의무는 없다는 점이 다르다. 물론 재판상 이혼의 경우, 양육에 관하여는 제837조가 준용(제843조)되므로 다음과 같이 전개될 것이다.

㉮ 당사자들이 양육자결정, 양육비부담과 면접교섭권의 행사에 관하여 협의하였으나, 그 협의 내용이 자의 복리에 반하는 경우, 가정법원은 보정을 명하거나 직권으로 그 자의 의사, 연령과 부모의 재산상황, 그 밖의 사정을 참작하여

총 제6호(1999), 44면 이하 참조.

41) 1996년 영국이혼법이 철회된 이유에 대하여 자세히는 이화숙, "1996년 영국의 개정 이혼법의 폐기와 프랑스의 이혼법 개정이 주는 시사점," 비교사법 제12권 4호, 한국비교사법학회(2005), 263면 이하 참조.

양육에 필요한 사항을 정하게 된다(제837조 제1항, 2항, 3항).

㈏ 만일 협의가 이루어지지 않거나 협의할 수 없으면 당사자의 청구에 따라 또는 직권으로 법원이 양육에 관한 사항을 정할 수 있을 것이다(제837조 제4항). 이 경우에는 먼저 조정절차를 밟는다.[42] 만일 당사자들이 자녀양육에 관하여 협의도 이루어지지 않고, 청구도 하지 않는 경우에는 법원은 직권으로 양육에 관한 사항을 정하게 된다.

1996년 영국의 개정 가족법과 프랑스 민법과 같이 재판상 이혼절차에서도 협의이혼절차와 같이 숙려기간, 이혼안내와 상담을 규정하는 한편, 숙려기간 중에 자녀양육과 친권에 관한 협의를 하도록 규정하는 것이 바람직하다고 본다.

넷째, 협의이혼절차에서의 친권자결정에 관하여는 제836조의2와 제909조 제4항에 규정되어 있다. 그러므로 협의이혼하려는 부모는,

㈎ 제836조의2에 따라, 친권자에 관한 협의서를 제출하여야 하는데(의무) 그 협의서가 자의 복리에 반하는 경우에는 법원은 보정을 명하거나 직권으로 양육에 관한 사항을 정하고(제909조 제4항),

㈏ 협의할 수 없거나 협의가 이루어지지 아니하는 경우에는 가정법원이 직권 또는 당사자의 청구에 의하여 친권자를 정할 수 있게 하였다. 다만 협의이혼절차에서는 친권자에 대한 협의서를 제출할 수 없으면 가정법원의 심판정본을 제출하여야 하므로(제836조의2 제4항) 법원의 직권개입 여지는 없게 될 것이다.

이에 비해 재판상이혼의 경우에는 가정법원이 직권으로 친권자를 정한다(제909조 제5항). 이 규정을 문리해석하면 당사자의 협의는 존중되지 않는 것처럼 보이지만 가사소송법 제25조는 당사자에게 미리 협의하도록 권고하여야 함을 규정하고 있으므로 자의 복리에 적합한 협의가 있는 경우에는 그 협의가 존중될 것이다.

3. 단독친권자의 사망과 자녀의 복리

(1) 친권행사자에서 친권자로의 개정(2005년)과 예규

2005년 개정전 법은 혼인외의 자가 인지된 경우와 부모가 이혼하는 경우에

---

42) 가사소송법 제2조 마류 사건에 해당하는 제837조와 제909조 관련 사건은 같은 법 제50조에 의해 조정전치주의가 적용된다.

는 부모의 협의로 친권 행사자를 정하도록 규정함으로써 친권행사자라는 용어를 사용하고 있었으나 2005년 개정법은 친권 행사자를 친권자로 개정하였다.

그 동안 판례와 실무에서는 2005년 개정전 법에서 "친권을 행사할 자"라는 규정을 근거로, 이혼 후 단독친권자로 정해진 부모 중 일방은 친권 행사자, 다른 일방은 친권보유자로 해석해 왔다(대법원 1994. 4. 29, 94다1302 판결). 그러므로 친권행사자가 사망하면 친권보유자의 친권이 부활하는 것으로 유권해석해 왔고 호적예규(현행 가족관계 등록 등에 관한 법률예규)에도 그렇게 기재되어 있다. 그러나 친권행사자인 부모 중 일방이 사망한 경우에 다른 일방이 자동으로 친권자가 된다고 해석하는 것은 자녀의 복리에 반하는 경우도 있을 수 있다는 문제점이 지적되어 왔다.

서울고등법원 1996. 7. 17, 95브8 판결은 그 좋은 예이다. 이 사건에서, 갑남은 을녀의 방탕한 생활로 인해 협의이혼한 후 두 자녀의 친권행사자로 결정되었으며, 병녀와 재혼하여 잘 살고 있던 중에 갑자기 사망하였는데, 을녀가 친권자라면서 두 자녀의 이익에 반하는 행동을 하자, 계모인 병녀가 을녀의 친권상실을 청구한 것이다. 서울고등법원은 원고의 청구를 인용한 바 있다.

이에 따라 2005년 개정법은 친권행사자를 친권자로 바꿈으로써 다른 일방은 비친권자라는 해석이 가능하게 되었으며, 친권자가 사망한 경우 비친권자가 자동으로 친권자가 되는 일은 막을 수 있게 되었다고 기대되었으나, 구 호적예규는 2005년 개정법과 상관없이 여전히 친권 행사자가 사망하면 다른 일방의 친권이 부활하는 것으로 해석하는 예규를 적용하였고, 호주제가 폐지된 후 시행되고 있는 대법원가족관계등록예규(이하 '예규'라 함)에서도 같은 입장을 고수하고 있는 것이다.

예규에서 이러한 해석을 하게 된 이유는 다음과 같다고 본다. 그것은 미성년자에 대한 후견 개시를 규정한 민법 제928조는 후견이 개시되는 사유로 미성년자에 대하여 친권자가 없거나 친권자가 법률행위의 대리권 및 재산관리권을 행사할 수 없는 경우로 규정하고 있는데, 부모의 이혼 후 친권자로 결정된 부모 중 일방이 사망하고 다른 일방은 생존하고 있는 경우에는 친권자가 없는 경우에 해당한다고 볼 수 없다는 것이다. 또한 친권자로 지정되지 않은 부모 중 일방은 친권상실선고를 받은 것이 아님에도 불구하고, 상대적으로 친권자로 지정되지 않았다는 이유로 친권상실선고를 받은 것과 같이 취급하는 것은 무리라는 점이다.

그러나 예규는 친권법에서 가장 중요한 덕목이라 할 수 있는 자녀의 복리를 간과하고 있다는 비판을 면할 수 없다. 우리 민법과 유사한 규정을 갖고 있는 일본 민법에도 해당 규정이 없음에도 법원은 단독친권자였던 부모의 일방이 사망한 경우에는 원칙적으로 후견이 개시되지만 미성년자 보호를 위해 필요한 경우에 친권자 변경청구를 하여 生存親을 친권자로 변경할 수 있다고 해석하고 있음은 시사하는 바 크다고 생각한다.

(2) 단독 친권자가 사망한 경우에 관한 해석론

학설은 단독 친권자가 사망한 경우에 비친권자의 친권이 부활한다는 실무의 태도에 대해서 비판적이다. 단독친권자의 결정으로 다른 일방 부모의 친권은 소멸하는 것인지 단독친권자가 사망한 경우 누가 친권자가 될 것인가에 대하여는 다음과 같은 견해가 있다. 예컨대 단독친권자가 사망하면 다른 일방의 친권은 부활하지 않고 후견인이 된다고 해석한 후, 가정법원에 친권자지정을 청구하자는 견해가 있다. 이 경우 자녀의 복리를 기준으로 심사하여 친권자를 정할 수 있다고 한다. 이를 후견개시설이라 명명할 수 있을 것이다.[43] 이러한 해석에 의하면 후견인은 피후견인의 재산의 득실변경에 관한 행위를 대리함에는 친족회의 동의를 얻어야 하므로(제950조) 미성년자녀의 재산이 유지될 수 있고, 생존친이 후견인의 의무를 이행하지 않는 경우에는 후견인 변경사유에 해당하므로 가정법원이 자녀의 복리에 합당한 사람을 후견인으로 변경할 수 있어 자녀의 복리에 부합할 수 있다. 또한 친권자가 사망한 후 다른 일방이 자동으로 친권자가 된다고 하면, 친권자로서 자녀의 복리를 보호할 수 없는 사정이 있는 경우에는 친권을 사퇴할 수 없으나, 후견이 개시된다고 하면 가정법원의 허가를 얻어 사퇴할 수 있으므로 가정법원이 적당한 사람을 후견인으로 변경하게 된다는 이점도 있다. 후견인이 된 부모 중 일방은 민법 제909조 제6항에 의해 친권자 변경청구를 할 수 있는데, 이 경우 가정법원은 자녀의 복리를 위하여 필요하다고 인정되는 경우에 변경을 인정하므로 자녀의 복리가 유지될 수 있다는 점도 장점이라 할 것이다.

후견개시설의 난점은, 예컨대 부모 중 일방이 단독친권자가 되었다고 해서

---

43) 김주수/김상용, 친족상속법 제9판(2009), 369면; 이화숙, 2005년 개정가족법해설 및 평가(2005), 106-109면.

다른 일방을 비친권자로 취급하는 것이 과연 타당한가 하는 점에 있다. 예컨대 부모 모두가 친권자로 지정되기를 희망하였고 자녀를 사랑하는 점에서도 우열을 가릴 수 없으나, 경제적인 이유나 직장 등의 이유, 일시적인 사정 등으로 그 중 일방이 친권자로 지정된 경우도 상당히 많을 것으로 예상되는데, 친권자로 지정되지 않았다고 해서 비친권자라는 낙인을 찍을 뿐 아니라 친권자가 사망한 경우에는 후견인이 된다고 해석함으로써 마치 친권상실선고를 받은 경우와 같이 취급하는 것이 과연 타당한가 하는 의문이 제기될 수 있다. 또한 친권 자체는 포기할 수 없는 것이며, 다만 정당한 사유가 있을 경우에 법원의 허가를 얻어 법률행위의 대리권과 재산관리권을 사퇴할 수 있을 뿐인데 합의 또는 판결에 의하여 친권자로 지정되지 않았다는 사유만으로 친권이 소멸하였다고 해석하는 것은 무리라는 것이 난점으로 지적된다. 더욱이 친권과 후견은 의무의 내용이 다르다는 점이 지적될 수 있다. 결국 해석론은 한계가 있으므로 입법을 통해 문제를 해결할 필요가 있다는 결론에 도달하게 된다.

(3) 외국의 경우

독일 민법은 단독 친권자였던 부모의 일방이 사망한 경우 생존친에게 친권을 귀속시키는 것이 자녀의 복리에 반하지 않는 경우에 한하여 가정법원이 생존친에게 친권을 양도하도록 하고 있으며(독민 제1680조 제2항), 프랑스 민법은 부모의 별거 또는 이혼 후 친권자로 지정된 부모의 일방이 사망한 경우에는 법원은 생존한 부모에게 자녀의 양육을 위탁하지 않을 것을 결정할 수 있는데, 이 경우 자녀양육을 위탁할 사람을 지정할 수 있다(프민 제1286조, 제373조 제3항). 이와 같이 많은 경우의 대륙법계 국가의 입법례는 공통적으로 단독친권자가 사망한 경우에는 생존하는 부나 모의 친권이 부활하는 것이 아니라, 법원이 개입하여 생존하는 부 또는 모가 친권자로서 적합한가의 여부를 심사한 후 결정한다는 공통점을 갖고 있다. 일본의 경우에는 우리 민법과 같이 이에 대한 규정은 없지만, 판례를 통해 자녀의 복리를 위해 문제를 해결하고 있음을 알 수 있다.[44]

입법론으로서는 독일민법 제1680조와 같이, 단독친권자가 사망한 경우 생

44) 김상용, "자녀복리 실현을 위한 친권법의 개정방향 I," 가정법률상담소 토론회 자료집(2009), 19-22면.

존친이 자동적으로 친권자가 되는 것이 아니라, 가정법원이 생존친에게 친권을 양도할 것인가의 여부를 결정하도록 하며, 가정법원은 이 경우 생존친이 친권자로 되는 것이 자녀의 복리에 반하지 않는다고 판단되는 때에만 친권을 양도하는 결정을 내린다고 하는 규정을 신설하는 것이 타당하다고 본다.

(4) 단독친권자 사망 후의 친권자 결정에 관한 개정안

법무부 개정안을 요약하면 다음과 같다. 친권자 사망 후의 친권자결정에 관하여는 제909조의2를 신설하고, ① 단독 친권자로 정해진 부모의 일방이 사망한 경우, 생존하는 부 또는 모나 제777조에 의한 미성년자의 친족이 그 사실을 안 날로부터 1월, 사망한 날로부터 6월 내에 가정법원에 생존부모를 친권자로 지정할 것을 청구할 수 있도록 하였고(제909조의2 제1항). ② 제2항에서는 입양이 취소, 파양되었거나 양부모가 모두 사망한 경우, 친생 부 또는 모를 친권자로 지정할 것을 청구할 수 있도록 하였으며(친양자의 양부모가 사망한 경우에는 제외) ③ 제3항에서는, 생존부모를 친권자로 지정하는 것이 미성년자의 복리를 위하여 적당하지 아니하다고 인정되는 경우에는 제1항 또는 제2항의 청구를 기각할 수 있게 하였다. 이 경우에 가정법원은 직권으로 또는 제777조에 의한 미성년자의 친족이나 검사의 청구에 따라 후견인을 선임하여야 하도록 하였다. ④ 제4항은 정해진 기간 내에 친권자 지정의 청구가 없는 경우에 가정법원이 미성년자의 친족(제777조)이나 검사의 청구에 따라 후견인을 선임할 수 있음과 동시에 생존부모의 의견을 들을 의무를 부과하고 있다. ⑤ 제5항은 가정법원이 후견인을 선임함에 있어 미성년자의 복리 기준을 규정하고 있으며, 후견인이 미성년자의 복리에 맞지 않는 경우 생존부모 등의 청구가 있으면 생존부모나 친생부모를 친권자로 지정하도록 하였다. ⑥ 제6항은 법정후견인에도 불구하고 미성년자의 4촌 이내의 친족 그 밖에 적합한 사람 가운데 후견인을 선임할 수 있도록 하였으며(제909조의2 제6항), ⑦ 제7항에서는 미성년자의 복리를 위해 적당하다고 인정하는 경우에는 생존부모나 친생부모의 청구에 따라 후견을 종료하고 생존부모나 친생부모를 친권자로 지정할 수 있도록 하였다(제909조의2 제7항). ⑧ 제8항은 단독 친권자에게 제1항 등의 사유가 있는 경우, 미성년자의 복리를 위하여 필요하다고 인정되는 때에는 가정법원이 직권 또는 제777조의 친족이나 검사의 청구에 따라 후견인이 선임될 때까지 후견인의 임무를 대행할 사람을 선임할 수 있도록 하였다.

그 밖에도 제927조의2에서는 단독 친권자의 친권상실과 회복에 관하여 규정하고 있으며, 제931조를 개정하여, 단독 친권자로 정해진 부모의 일방이 유언으로 미성년자의 후견인을 지정할 수 있는 등의 내용을 담았다.[45)]

생각건대, 법무부 개정안은 단독친권자가 사망한 후의 친권자결정에 관한 매우 상세한 내용을 담고 있으나 다른 가족법 규정에 비해 지나치게 상세하여 형평이 문제될 수 있다고 생각된다. 그 하나는 우선순위의 문제인데, 이혼 후 친권자결정이나 양육자 지정 등 친권법 규정에서 정작 중요하고도 빈번히 발생하는 경우에 대비한 규정은 매우 간단한데, 그보다 발생빈도 면에서 예외적인 상황이라 할 수 있는 단독친권자가 사망한 경우에 대하여는 지나칠 정도로 상세한 것은 형평에 맞지 않다는 점이다. 또한 법정후견제도는 그대로 두면서 자녀의 복리에 적합한 후견인을 선임할 수 있도록 한 것(제909조의2 제6항)도 문제이다. 물론 이 규정은 특정한 상황을 전제로 한 것이지만, 법정후견인제도를 퇴색하게 하는 결과가 될 것이다. 그렇다면 법정후견인 제도를 폐지하고, 자녀의 복리를 원칙적인 기준으로 하는 후견인제도로 개정하는 것이 근본적인 해법이 될 것으로 생각된다.[46)]

대안으로 다음과 같은 개정안을 제시하고자 한다. 그것은, 법형식으로는 제912조에 친권자 결정과 친권자 변경의 기준으로 자녀의 복리를 선언하고, 단독친권자가 사망한 경우에 대해서는 제909조에 7항과 8항을 신설하는 것이 다른 가족법 규정과의 형평을 고려할 때 현실적인 대안이 될 수 있다고 본다. 이에 따라 제912조는 다음과 같이 개정할 것을 제안한다.

"친권자를 정하거나 변경하는 경우, 그리고 친권을 행사함에 있어서는 자의 복리를 우선적으로 고려하여야 한다."

제909조 7항 신설안은 다음과 같다.

---

45) 민법 일부 개정안은 법무부 홈페이지 www.moj.go.kr에서 확인할 수 있다.

46) 친권법의 개정방향에 대한 의견과 이하의 개정제안에 대하여 자세히는, 이화숙, "자녀복리 실현을 위한 친권법의 개정방향 I," 한국가정법률상담소 토론회 자료집(2009.1.9), 29면 이하 참조.

"제4항부터 제6항까지의 규정에 따라 정해진 친권자가 사망, 친권상실 기타 사유로 인하여 친권을 행사할 수 없는 경우에는 생존하는 부 또는 모 및 친권자가 아니었던 부 또는 모는 그 사실을 안 날로부터 3월 내에 가정법원에 친권자의 변경을 청구할 수 있다. 입양이 취소, 파양되었거나 양부모가 사망한 경우에도 친생부모는 그 사실을 안 날로부터 3월 내에 친권자의 변경을 청구할 수 있다. 이 경우 가정법원은 자의 복리에 적합한 경우에 한하여 청구를 인용할 수 있다."

제909조 8항 신설안으로는,

"제7항에 정한 기간 내에 친권자 변경청구가 없거나 청구가 기각된 경우에는 가정법원은 직권으로 또는 제777조의 친족이나 검사의 청구에 의하여 자의 복리에 적합한 자를 후견인으로 선임한다"로 할 것을 제안한다.

4. 부모의 별거상태에서 자녀의 복리

가족법은 재판상 이혼원인을 유책주의로 규정하고 있다. 이에 따라 대법원은 유책배우자의 이혼청구를 기각하고 있으며, 예외적인 경우에 한하여 유책자의 이혼청구를 인용하는 원칙을 고수하고 있다. 그러므로 부부 중 일방이 유책배우자인 경우 이혼으로 가는 열쇠는 무책배우자에게 있다고 할 수 있다. 무책배우자가 이혼에 응하지 않는 경우에는 이혼이 성립될 수 없기 때문이다. 유책주의 결과와 그 밖의 여러 원인으로 우리 사회에 별거하는 부부들이 상당히 많은 것으로 추측된다. 자녀의 복리와 관련하여 문제되는 것은 사실상 별거하는 부부들에게 있어 경제문제와 자녀문제가 오로지 분노를 갖고 별거하는 당사자에게 맡겨져 있다는 점이다. 특히 자녀들의 양육과 복지에 문제가 있고, 경제능력이 없는 배우자 일방은 금전문제로 고통을 감수할 수밖에 없으며, 경제문제는 별거하는 배우자들의 적대감이 증가하게 하는 원인이 될 수 있다. 경제력은 있으나 유책배우자이기 때문에 아내와의 이혼 전쟁에서 결코 이길 수 없는 남편(대개의 경우)과, 이혼 거부라는 열쇠는 갖고 있으나 경제력이 없어 고통받는 아내와의 대결구도가 심화될 수밖에 없는 것이다.[47)]

유책주의 이혼법에서 재판상 별거제도를 도입하는 경우 별거부부 중 일방이 법원에 제기한 별거청구가 인용되면 부부 중 일방의 경제문제와 자녀의 (경제적) 복리가 동시에 해결될 수 있다는 장점을 지닌다. 물론 현행법에 의하더라도 부부 중 일방은 상대방 배우자에 대하여 부양료를 청구할 수 있고, 자녀의 양육비도 청구할 수 있다. 그러나 혼인중에 재산분할은 청구할 수 없을 뿐더러[48] 부부간 부양료나 양육비는 혼인중에 청구하기 어려운 면이 있다. 별거가 제도로서 신설된다면 여러 가지 문제를 일거에 청구할 수 있을 뿐 아니라 별거기간은 이혼이나 재결합에 관하여 냉정하게 생각하게 하는 계기가 될 것으로 기대된다.[49]

가족법에 별거제도를 신설하는 경우 다음과 같은 내용과 효과를 부여함이 바람직하다고 본다.

첫째, 부부의 동거의무와 정조의무는 면제되는 한편 부양의무는 계속되게 함이 바람직하다.

둘째, 사실상 별거하거나 별거를 시작하려는 부부 중 일방의 청구에 의해 법원은 재산분할과 부양료지급 및 자녀양육권과 양육비지급문제를 명함으로써 자녀문제, 경제문제가 해결될 수 있도록 하여야 한다. 가정 폭력이 있는 경우에는 별거 판결만으로도 피해자를 신체적으로 보호하는 기능을 수행하는 결과를 기대할 수 있을 것이다.

이 때 영국의 경우와 같이 별거소송 중에도 접근금지명령을 발할 수 있도록 함으로써 가정폭력의 피해자를 보호할 필요가 있다.[50] 피해자가 별거소송 중에 안심하고 폭력으로부터의 보호를 청구할 수 있도록 함으로써 피해자를 더욱 두텁게 보호할 수 있을 것이다. 가정폭력이 있는 경우, 폭력의 피해자는 가정폭력처벌법에 의한 보호를 받을 수도 있으나, 배우자를 고소한다는 심리적인 거부감과 보복에의 두려움으로 이 법의 적용을 회피하는 경향이 있기 때문이다.[51]

셋째, 별거 부부 중 일방이 사망한 경우에는 재산분할을 받은 경우와 받지 않은 경우로 나누고, 이미 재산분할을 받은 경우에는 상속분을 감액하는 방안도

---

47) 이화숙, "별거제도에 관한 입법론적 연구," 법조(2008.3), 5면 이하 참조.

48) 가족법 개정안에 의하면 혼인중 재산분할청구가 가능하다. 자세히는 이화숙, "가족법 개정안에 관한 연구," 법학연구 제16권 4호(2006.12), 3면 이하 참조.

49) 이화숙(주 47), 10면.

50) S. M. Cretney, Family Law, 4th ed., p.178.

51) 가정폭력법의 문제점에 대하여는 이화숙, "피해자 보호측면에서 본 가정폭력관련법의 문제점과 개선방안," 사회과학연구 제6집, 경원대학교 사회과학연구소(1999) 참조.

생각해 볼 수 있다. 또한 재산분할을 받은 경우에는 영국과 독일의 경우와 같이 상속권을 인정하지 않는 것도 생각해 볼 수 있다.[52)]

재판상 별거를 통한 법적 해결은 별거를 장기화할 수도 있으나 부부의 대결 구도를 완화시킴으로써 상대방에 대한 분노를 가라앉히는 역할을 할 것으로 기대된다. 경제적 약자는 경제문제와 자녀문제가 해결됨으로써 타협할 수 있는 여유가 생겼기 때문이다. 부모의 분노는 자녀에게 악영향을 미친다는 점에서 특히 자녀문제 해결을 위해 반드시 필요한 제도라고 생각된다.

재판상 별거제도는 파탄주의 이혼법하에서도 고유의 기능을 보유하고 있다. 사실상으로는 이혼을 원하지만 종교적인 이유 등으로 이혼하기를 원치 않는 경우, 또는 혼인이 파탄되어 별거하는 경우에 별거제도는 고유한 기능을 발휘할 것이다. 후자의 경우 일정 기간의 별거는 혼인파탄의 증거가 될 것이지만, 별거부부 중 일방은 별거 판결을 통해 경제문제와 자녀문제를 해결할 수 있기 때문이다. 영국 이혼법은 당사자 간에 이혼이 합의되지 않은 경우에는 5년간의 별거를 혼인파탄의 증거로 채택하고 있는데, 주로 다음과 같은 경우에 별거를 청구한다고 한다. 즉 청구인은 이혼을 원치 않으나. 공식적인 별거를 인정받고 싶은 반면에 피청구인은 이혼 판결에 필요한 사실 중의 하나를 충족할 수 없는 경우인데, 예컨대 아내는 남편의 간통이나 비행을 이유로 재판상 별거 판결을 받을 수 있으나 이혼은 원치 않는 반면에 남편은 이혼을 원하지만 5년의 별거기간이 경과하지 않아 이혼을 청구할 수 없는 경우이다.[53)]

V. 이혼 자녀의 양육비 확보방안에 관하여

1. 2009년 개정과 자녀 양육비 확보제도의 개선

이혼 자녀의 양육비 지급에 있어 실효성을 확보하기 위한 목적으로 2009년 5월 8일에 민법 제836조의2에 5항을 신설하고 이에 따른 가사소송법이 개정되었

---

52) 별거제도의 신설안은 지면관계로 이 글에서는 제외한다. 자세히는 이화숙(주 47) 참조.

53) 파탄주의이혼법하에서의 별거제도 신설안에 대하여 자세히는 이화숙(주 47) 참조.

다. 이하에서는 제도의 취지를 간략하게 살펴보고자 한다.[54)]

(1) 가족법에 양육비부담조서제도 신설과 가사소송법의 개정

양육비부담조서제도가 민법 제836조의2 제5항에 신설되어 2009년 8월 9일(공포한 날로부터 3개월이 경과한 날 : 부칙 제1항)부터 시행되고 있으며 다음과 같이 규정하고 있다.

"가정법원은 당사자가 협의한 양육비부담에 관한 내용을 확인하는 양육비부담조서를 작성하여야 한다. 이 경우 양육비부담조서의 효력에 대해서는 가사소송법 제41조를 준용한다."고 하였고, 부칙 제2항은 "제836조의2 제5항의 개정규정은 이 법 시행 당시 계속 중인 협의이혼사건에도 적용한다"고 규정하고 있다.

이에 따라 가사소송법 제64조도 2009년 5월 8일에 개정되어 2009년 11월 9일(공포한 날로부터 6개월이 경과한 날 : 부칙 제1항)부터 시행되고 있다. 개정된 가사소송법 제64조(이행명령)는

> "가정법원은 판결, 심판, 조정조서, 조정에 갈음하는 결정 또는 양육비부담조서에 의하여 금전의 지급 등 재산상의 의무, 유아의 인도의무 또는 자녀와의 면접교섭 허용의무를 이행하여야 할 자가 정당한 이유없이 그 의무를 이행하지 아니할 때에는 당사자의 신청에 의하여 일정한 기간 내에 그 의무를 이행할 것을 명할 수 있다."

고 함으로써 양육비부담조서에도 이행명령이 포함될 수 있게 되었다.

주지하는 바와 같이 2007년 개정가족법은 협의이혼(제837조)과 재판상 이혼(제843조)에서 미성년자녀의 양육비에 관한 당사자의 협의와 법원의 직권개입을 강화함으로써 자녀의 복리를 확보하기 위한 법적 절차와 방법이 마련하였다. 그러나 재판상 이혼과 달리 협의이혼절차에서 당사자 사이의 협의로 양육비용 부담을 정한 경우에는 그 자체로는 집행력 등이 인정되지 않았으므로 당사자 사이의 자율적 이행을 촉구하는 이상의 의미가 없었다. 이에 2009년 개정 가족법에

54) 이하는 정승원, "개정 민법 및 가사소송법에 도입된 새로운 제도에 관한 검토," 가족법에 있어서의 실체법과 절차법, 한국가족법학회 · 한국민사소송법학회 2009년 공동학술대회, 33면 이하 참조.

서 신설된 제836조의2 제5항은 가정법원으로 하여금 당사자가 협의한 양육비부담조서를 작성하도록 하고, 그 효력에 대하여는 가사소송법 제41조를 준용하도록 함으로써 양육비부담조서에 집행력이 부여되었으며, 가사소송법 제64조 제1항을 개정하여 양육비부담조서에도 이행명령 대상적격을 부여한 것이다.[55] 그러나 우리나라에서 이행명령제도는 사실상 실효성이 거의 없는 형식적인 제도로 존재하고 이행명령신청을 받더라도 담당판사가 당사자들에게 이행을 권유하는 정도에 불과할 뿐 과태료나 감치처분까지 진행된 경우는 거의 없다는 지적을 법원은 참고할 필요가 있다.[56] 이행명령의 경우에도 과태료금액이 상향 조정되었으므로 실효성을 기대해 본다.

(2) 재산명시제도와 재산조회제도

개정 가사소송법에 새로 도입된 재산명시제도(제48조의2)는, 법원이 직권 또는 당사자의 신청에 의하여 당사자에게 재산목록의 제출을 명하고 정당한 사유 없이 재산목록의 제출을 거부하거나 거짓의 재산목록을 제출한 경우 과태료를 부과함으로써 성실한 재산목록의 제출을 유도하기 위한 제도이다. 또한 재산조회제도(제48조의3)는 재산명시명령을 할 수 없는 경우와 재산명시 절차를 거쳤음에도 당사자가 재산목록의 제출을 거부하거나 제출된 재산목록만으로는 사건의 해결이 곤란한 경우 법원이 직권 또는 당사자의 신청에 의하여 개인의 재산과 신용정보에 관한 전산망을 관리하는 공공기관, 금융기관이나 단체 등에 대하여 당사자 명의의 재산을 조회할 수 있도록 함으로써 당사자의 자발적 협조 없이도 그 재산을 쉽게 발견하여 재산명시 제도의 실효성을 확보하기 위한 제도이다.

이 제도를 도입하게 된 것은 이혼에 따른 재산분할 청구 사건이나 부양료, 양육비 청구 사건에서는 상대방의 재산을 파악하는 것이 중요한 요소임에도 불구하고, 당사자의 자발적인 협조 없이는 재산을 파악하기 어려웠다는 점과 그로 인하여 재판도 불필요하게 지연되었다는 점, 그 결과 상대방이 이혼소송 제기 과정에서 재산을 임의로 처분하거나 은닉하더라도 법적으로는 이를 통제할 수 있는 방법이 없었다는 점에 기인한다. 이에 따라 재산분할이나 양육비를 청구하는

55) 조서의 작성과 송달 및 기재례 등 자세한 것은 정승원(주 54)의 자료집 참조할 것.

56) 이명숙, "이혼가정의 자녀보호제도의 문제점," 한국가정법률상담소 심포지움 자료집(2001.5), 8면.

측에서는 본격적으로 소송에 들어가기 앞서 신용정보업체를 통하는 등의 방법으로 상대방의 재산내역을 입수하여 가압류, 가처분 신청을 내는 것이 관행처럼 이루어지고 있었는데, 이러한 문제점을 해결하고 신속하고 효율적인 심리와 적정한 심판 · 판결을 하기 위하여 새로운 제도를 도입하게 된 것이다.[57]

(3) 양육비 직접지급 명령제도

개정 가사소송법 제63조의2에 신설된 양육비지급명령제도는 가정법원이 제3채무자에 해당되는 자에게 직접 양육비 지급명령을 내리는 제도이다. 직접 지급명령은 양육비의 이행확보방법으로서 추심이나 배당과정을 거치지 않고 소득세원천징수 의무자에게 직접 양육비채권자에게 그 지급을 명령하고 이행하지 않는 경우에는 고액의 과태료를 부과한다는 제도이다.[58] 지급의무자가 급여소득자인 경우에 효용이 큰 제도이다. 그것은 양육비채권자가 양육비채무자의 고용자로부터 직접 양육비를 지급받도록 명령하며 양육자로 하여금 보다 간편하게 양육비를 확보할 수 있도록 하기 위한 목적으로 방법을 규정하고 있기 때문이다.

이에 의하면 양육비채무자가 정당한 이유 없이 2회 이상 양육비를 지급하지 아니한 경우에는 아직 이행일시가 도래하지 않은 양육비채권을 집행채권으로 하여 정기적 급여채권에 대한 강제집행을 할 수 있도록 하여 양육자로 하여금 비교적 소액의 정기금 채권인 양육비채권을 간편하게 실효적으로 확보할 수 있도록 한 것이다.[59] 이에 대하여는 과태료가 양육비채권의 금액에 비해 상대적으로 고액이고 양육비채권자에게 양육비로서 지급되는 것이 아니라는 점을 지적하면서 적절한 금액이 양육비채권자에게도 지급되도록 하는 간접강제방법을 생각해 볼 필요가 있다는 지적[60]이 있다. 또한 이행명령을 통하여 유도하고 그래도 2회 이상 이행되지 않으면 직접지급명령을 내리는 것으로 운영하는 것이 적당하다는 의견[61]은 타당하다고 본다.

57) 정승원(주 54), 33면 이하 참조.

58) 김상수, “양육비이행채권의 이행확보를 위한 직접지급명령제도,” 법조 통권 636호, 법조협회(2009.9), 19면 참조.

59) 정승원(주 54), 48면 이하 참조.

60) 김상수(주 58), 25면.

61) 위의 논문, 25면.

(4) 담보명령 일시금 지급명령제도

정기금 채권은 장래에 이행기가 도래하는 채권이기 때문에 양육비채무자가 양육비를 지급하지 않거나 자력이 변동되는 상황에 대비하기 위한 제도가 필요한데, 그 대안으로 마련된 제도가 담보제공명령 및 일시금 지급명령(가사소송법 제63조의3)제도이다. 직권에 의한 담보제공명령(가사소송법 제63조의3 1항)과 신청에 의한 담보제공명령(가사소송법 제63조의3 제2항)이 있다.

일시금지급명령은 가사소송법 제63조의3 제4항에 규정되어 있는데, "제1항 또는 제2항에 따라 양육비지급채무자가 담보를 제공하여야 할 기간 이내에 이를 제공하지 아니하는 때에는 가정법원은 양육비채권자의 신청에 의하여 양육비의 전부 또는 일부를 일시금으로 지급하도록 명할 수 있다"고 규정하고 있다. 만일 일시금 지급명령을 받은 의무자가 30일 이내에 정당한 사유없이 불이행하는 경우에는 가사소송법 제68조 제1항에 따라 30일의 범위 내에서 감치될 수 있다. 다만 감치를 받고도 반복적으로 이행하지 아니한 경우에 대하여는 여전히 미흡하다는 점이 과제로 남아 있다.

2. 양육비 선급제도의 도입을 통한 자녀의 복리의 실현

(1) 도입의 필요성

양육비의 이행을 확보하기 위한 제도가 도입되었다 해도, 자금능력은 있으면서 양육비 지급의무를 이행하지 않는 경우가 발생할 수도 있고 양육채무자에게 지급능력이 없는 경우도 있다. 이러한 경우 자녀를 양육하는 부모 일방은 생계의 곤란을 겪게 될 뿐 아니라 자녀의 생활보장이 위협을 받게 된다. 이 때 국가가 부양의무자를 대신하여 자녀를 양육하는 부모 중 일방에게 양육비를 우선 지급하고 양육채무자에게 구상권을 행사함으로써 양육비를 회수하는 양육비선급제도가 도입된다면 자녀의 복리가 보장될 수 있을 것이다. 그러므로 양육비선급제도는 사적인 부양청구권을 실효성 있게 함과 동시에, 국가의 사회보장적 기능을 실현하는 방법이기도 하다.[62] 다른 한편으론 아동권리협약에서 강조하고 있

62) 이화숙, "세계 가족법의 오늘과 내일," 사법의 제문제, 김홍규박사 화갑기념논문집(1992), 412면: 김상용, 가족법연구1(2002), 128면 이하 참조.

는, 국가의 아동에 대한 2차적인 책임을 수행하는 것이며, 자녀의 최선의 이익을 보장하는 수단이다.

노르웨이, 핀란드, 스웨덴, 덴마크, 오스트리아, 영국, 독일 등 많은 나라에서 1950년대부터 양육비선급제도를 실시하고 있다. 이들 나라들은 구체적인 방법은 조금씩 다르지만 양육비지급관련 분쟁을 법원에만 맡기지 않고 아동기관이나 청소년 담당국 등의 행정기관에서 담당함과 동시에 그 담당기관에서 양육비 채무자의 정보를 수집하여 제공하고 채무자에게 양육비를 지급할 능력이 없거나 소재를 알 수 없는 경우에는 양육자에게 선급하고 후에 채무자에게 구상권을 행사하는 등의 공통점을 갖고 있다. 행정기관에서 아동의 양육비관련 사무를 담당하는 이유는 다음 두 가지에 있다고 설명된다. 그것은 법원이 유사한 사건에 관하여 내린 부양료지급액에 일관성이 없고 차이가 많아 금액을 예측하기 어려웠을 뿐 아니라 그 수준이 지나치게 낮았다는 점과 부양자가 부양명령을 제대로 수행하지 않는 경우에 대한 강제집행이 만족스럽지도, 효과적이지도 못하였다는 점에 있다고 한다.[63]

영국의 경우, 1991 아동부양법 제3조는 미성년자와 함께 살고 있지 않는 부모와 아동에 관한 부양명령은 법원이 아니라 행정기관인 아동부양담당기관에 의해 결정된다고 규정하고 있다.[64] 당사자는 법원이 아니라 행정기관에 대하여 부양료지급청구를 하도록 개정되었으므로 법원은 아동의 부양명령에 있어서는 배제되는 셈이다. 아동부양담당기관은 부양료를 청구하는 당사자의 신청이 있으면[65] 부모의 수입과 부양의무에 관한 정보를 수집하여 부양료지급에 관한 구체적인 사항을 결정한 후, 필요하면 부모로부터 직접 부양료를 징수하여 지급을 강요할 수 있다. 이 때 부 또는 친권자(custodian)가 아닌 경우의 모의 소득에서 주거비를 제외한 후의 순소득을 기초로 생계를 같이 하지 않는 자녀에 대한 부양비를 산출한다.[66] 한편 양육비선급제도를 채택하고 있는 대부분의 국가에서는 양육비 회수가 없거나 구상권을 행사할 수 없는 경우에도 선급을 하고 있으므로 양

63) Roger Bird, Child Maintenance – The Child Support Act 1991(1993), p.35.

64) Ibid., p.1.

65) 아동부양법 1991, 제3조 제1항에 의하면 청구권자는 부모 중 일방 또는 쌍방과 생계를 같이하지 않는 경우의 자녀라고 규정한다.

66) Roger Bird(주 63), p.120.

육비선급제도는 사회복지기능의 일종이라고 할 수 있다.

우리나라에서 양육비선급제도를 도입한다면 양육비선급청구시에 집행권원의 제출을 원칙으로 할 것인가 등의 문제를 포함하여 청구요건, 신청절차 및 집행기관, 선급액의 상한, 징수권한 및 방법, 재원확보를 어떻게 할 것인가 등이 문제될 것이다.[67)]

(2) 양육비 이행확보에 관한 특별법상의 대지급 제도(개관)

한때 김재경 의원이 발의한 바 있었던 「양육비 이행확보에 관한 특별법」(이하 '법'으로 표기)은 임기만료로 폐기된 바 있으나, 이 법안은 우리나라에서 최초로 제안된 양육비 이행확보에 관한 법안이라는 점과 아울러 양육비선급제도의 필요성을 인식하게 하고 이에 관한 토론의 기회가 되었다는 점에 의미가 있다고 본다. 이 법안의 내용을 간단히 요약하면 다음과 같다.

우선 이 법안은 양육비 이행확보제도와 함께 양육비 대지급을 규정하고 있다는 점에 의의가 있다. 양육비확보에 관하여는, 양육비 청구를 국가가 지원할 수 있도록 하고(법 제5조), 이를 위하여 양육비 산정기준을 마련하도록 하였다(법 제6조). 그리고 양육비의 이행강제를 위하여 직권 또는 양육자 등의 신청에 의하여 양육의무자의 재산을 조회할 수 있도록 하였으며(법 제7조), 사전처분에 대하여 집행력을 부여하도록 하고(법 제8조), 양육비 지급의 방법에 대하여는 양육비 지급의무자의 소득에서 공제하는 것을 원칙으로 하였다.

이 법안은 양육비 대지급에 관하여도 규정하고 있는데, 이에 의하면, 정해진 양육비채무를 정당한 사유 없이 2회 이상 지급하지 아니한 경우에는 양육자 등이 법무부 장관에게 양육비지급을 청구할 수 있도록 하면서(법 제12조), 대지급 청구 요건 등을 제13조와 제14조에 규정하고 있다. 그리고 대지급된 양육비에 대해서는 양육비 지급의무자에게 구상권을 행사할 수 있도록 하였다(법 제17조).

이에 대하여는 양육비 담당기관을 법무부로 하였다는 점에서 타당하지 않다는 지적과 함께, 법무부보다는 여성가족부, 보건복지부, 또는 법률구조법인 등이 적합하다고 주장하면서, 법안에 양육비 지급의무자의 소재파악과 소득 및 자산

---

67) 정현수, "이혼 후 자녀양육비확보방안에 관한 연구," 가족법연구 제19권 제1호(2005), 300면.

을 파악할 수 있는 장치가 마련되어야 한다는 제안도 있다.[68]

VI. 맺는 말

이 글에서는 아동권리협약의 성립배경과 기본원칙인 자녀의 최선의 이익에 관하여 살펴본 후 가족법에서 자녀의 복리가 어떻게 개선되었는지에 관하여 검토하였다. 결론은 협약에서 정한 원칙인 자녀의 최선의 복리 원칙에는 아직 미치지 못한 부분이 많지만, 2005년 개정과 2007년 법의 개정에 이어 2009년의 가족법 부분 개정과 가사소송법의 개정을 통하여 자녀의 복리를 실현할 수 있는 법의 토대가 상당부분 마련되어 가고 있음을 확인할 수 있었다. 개선은 언제나 문제의식에서 출발하기 마련이므로 특히 이혼자녀가 처한 문제를 인식하고 개선이 논의되고 실현되기 시작하였다는 데에 의미를 부여하고 싶다.

이 글에서 입법론이나 의견을 제시한 것은 다음과 같다.

첫째, 친권법의 일반원칙으로서 자녀의 복리 기준을 선언할 것과 친권자결정에서 자녀의 최선의 이익원칙을 규정할 것을 제안하였다.

둘째, 친권상실선고의 기준으로 자녀의 복리를 규정할 것을 제안하는 한편 친권상실선고절차에서 사건 본인인 자녀의 의견이 청취될 수 있는 기회를 가사소송법에 규정할 것을 제안하였다. 무엇보다 시급한 것은 부모가 친권상실선고를 받은 후의 자녀 보호조치에 대한 개선이라고 보았다. 이에 따라 법정후견인 제도를 삭제하고 그 대신 자녀의 복리를 기준으로 후견인을 선임하도록 개정할 필요성을 주장하였다.

셋째, 협의이혼의 경우 부모가 자의 양육사항(제837조 4항)과 친권자결정(제909조 4항)에 관하여 협의가 이루어지지 않은 경우 가정법원이 직권으로 개입할 수 있는 것처럼 규정하고 있으나, 법원이 직권으로 개입할 여지가 없다는 의문을 제기하였다.

넷째, 재판상 이혼절차에도 협의이혼절차와 같이 숙려기간, 이혼안내와 상

68) 전경근/ 차선자, "적정한 양육비의 산정 및 확보방안에 관한 연구," 여성가족부(2005), 192면.

담을 규정하는 한편, 숙려기간 중에 자녀양육과 친권에 관한 협의서를 제출하도록 제안하였다.

다섯째, 단독친권자가 사망한 경우의 친권자 결정에 관한 원칙과 논의를 검토한 후 법무부 개정안을 소개하고 평가하면서 개정사안을 제시하였다.

여섯째, 자녀의 복리가 사실상 문제가 되는 경우는 부모가 별거하는 때임을 인식하고 별거제도의 도입을 통해 재판상 이혼시와 같이 양육자와 양육비에 관한 법원의 판단을 받을 수 있는 기회를 부여하자고 제안하였다.

특히 자녀양육비 확보방안에 관하여는 양육비확보를 위한 민법과 가사소송을 소개하였으며, 양육비선급제도의 도입의 필요성과 함께 김재경 의원안을 간단히 소개하였다.

_ 사법 10호(사법발전재단, 2009) 게재

後 記

1. 이 논문 Ⅲ의2에서 친권상실과 후견제도의 문제점으로 법정후견인제도를 비판한 바 있으나, 2011년 3월에 개정된 성년후견제도에 의하면, 친권자가 없게 된 경우 등에는 가정법원이 미성년후견인을 선임하도록 되어 있다. 자세히는 개정민법 제928조와 제932조 참조.
2. 이 논문에서 혼인외의 자가 인지된 경우와 부모의 이혼으로 정해진 친권자가 사망한 경우의 친권자에 관한 개정안을 소개하였다(Ⅳ의 3). 당시에 국회에 제출되었던 개정안은 통과되지 못하였으나, 그 후에 제출된 개정안이 2011년 5월에 국회를 통과하여 제909조의2로 민법에 신설되었으며, 2013년 7월 1일부터 시행될 예정이다.

현행 親權法上 子女의 利益과 父母의 責任

Ⅰ. 子女의 權利와 利益, 그리고 父母의 責任

1. 일반적으로 '아동'이라 하면 일정 연령 이하의 아동 일반을 의미하는 포괄적인 용어이며, '권리' 역시 일반적이며 추상적인 개념으로서, 아동의 헌법상의 권리, 형법상의 권리, 민법상의 권리, 소송법상의 권리, 특별법상의 권리(아동복지법 등)와 국가 사회에 대한 권리 등이 이에 포함된다.

이 글에서의 논의는 '아동'은 '미성년 자녀'로 함으로써 가족 내의 부모와 미성년 자녀와의 법적인 관계로 한정하고, '권리'는 가족법상 자녀가 갖는 여러 권리중 '친권' 및 그와 관련된 문제로서, 양육권, 면접교섭권 및 자녀 양육에 필요한 부모의 양육비지급의무에 한정하기로 한다.

2. 이 글에서는 '자녀의 이익'이 '자녀의 권리'보다 상위의 명제라는 전제에서 '자녀의 이익'을 기준으로 문제를 제기하고 대안을 제시하기로 한다. '자녀의 이익'이 '권리'보다 상위의 기준이라고 보아야 할 이유는, 첫째, 친권의 내용(동시에 그 성격) 자체가 '부모가 미성년인 자녀를 돌 볼 권리(자녀에 대한 간섭 및 제3자에 대한 인도청구권 등을 의미)이자 의무(자녀에 대한 부모의 책임)'임을 생각할 때 그러하다. 물론 그 역으로 자녀의 권리를 생각할 수 없는 것은 아니지만, 그 때의 미성년자녀의 권리란 '부모의, 자녀에 대한 의무'의 반사적 효과로써, 구체적인 것이라기보다는 상징적이며, 선언적인 권리[1]에 불과한 것이다.

---

1) 상징적이며, 선언적이라는 의미는 그 권리가 법규상의 선언적인 내용에 불과할 뿐, 그를 기초로 어떤 구체적인 청구를 할 수 있음을 의미하는 것은 아닐 수도 있다는 것이다. 예컨대 부모에게 양육의무가 있다면 자녀에게는 양육받을 권리가 있다고 해석할 수도 있다. 그러나

두 번째의 이유는, 현실의 세계에서 친권과 관련한 문제는 부모가 이혼하게 되었다든가, 자녀가 혼외자인 경우와 같이 부모 중 일방을 친권자 또는 양육자로 지정하지 않으면 안 되는 경우에 가장 빈번히 발생한다는 사실에서 찾을 수 있다. 이때에는 과연 어떤 기준에 의해, 어느 부모 중 일방을, 친권자 또는 양육자로 정할 것인가가 문제되기 때문이다. 따라서 이 경우에는 '부모와 자녀가 상대방에 대하여 어떤 권리와 의무'를 갖고 있는가[2]가 중요한 것이 아니라, '무엇이 자녀에게 이익'이 되는 결정인가가 중요한 기준이 되어야 한다.

이에 대한 종래의 태도는 가히 '어른들끼리의 감정싸움'에 가까운 것이었다 해도 과언이 아니다. 당사자인 부모는 "헤어지는 마당에 상대방이 원하는 것(자녀에 대한 양육권)을 그에게 줄 수 없다"는 식의 자존심 대결을 벌이는 경우가 많았고, 법원의 태도 역시 자녀의 양육을 둘러싼 부모들의 다툼에서 과연 누구를 승자로 할 것인가에 대하여 고민하는 듯이 보였으며, 법의 구조 역시 '자녀의 이익'에 대한 선언적 및 세부적인 기준을 제시하지 않음으로써, 자녀의 이익에 합당한 결정이 이루어지도록 유도하지 못한 책임을 면할 수 없다. 그 과정에서 자녀의 이익이 실종되었을 것은 자명하다. 그러므로 친권에 관한 앞으로의 과제는 무엇이 '자녀의 이익'인가가 유일한 기준이 되어야 하며, 그를 위한 해법은 '법의 선언'을 통해 법원과 부모인 당사자들이 '무엇이 자녀의 이익인가'를 고민하도록 유도하여야 한다는 데 있는 것이다.

미성년 자녀는 그에게 이익이 되는 부모 쌍방 또는 그 일방으로부터의 보살핌을 필요로 하는 존재이다. 그리고 그에게 이익이 되는 방향으로 결정될 수 있게 하는 요소 중의 하나로, 그의 의사표명권으로 대표되는 그의 권리를 들 수 있

그 때 자녀는 양육의무를 이행하지 않는 부모, 또는 그 일방에 대하여 "나를 양육하라"고 청구할 수 있는 것은 아니다. 청구할 수 있다 해도 강제집행할 수 있는 방법도 없다. 물론 자녀는 자기가 성년이 될 때까지 '부양료'를 지급하라고 부모에게 청구할 수는 있다. 그러나 이러한 친권과는 법적으로 별개인(사실상으로는 일치하겠지만), 부모의 자녀에 대한 경제적 책임의 문제인 것이다.

2) 그 해답은 자명하다. 즉 부모의 이혼이 인용되면 친권을 행사할 부모 중 일방(또는 쌍방)을 정하여야 하고, 친권대행자는 자녀를 양육하고 보호할 권리와 의무가 있으며, 친권자가 아닌 부모 중 일방은 자녀에 대한 면접교섭권을 갖는다는 것이다. 그러므로 자녀는 미성년인 동안 친권자인 부모의 보호를 받을 권리, 나머지 부모 중 일방을 만나볼 권리와 그에 대한 부양비 청구권 등을 갖는다.

다. 그런데 미성년의 子는 판단력이 부족한 존재일 수 있기 때문에 자녀의 권리를 존중한다고 해서 언제나 그에게 이익이 되는 것은 아닐 수 있다. 결과적으로, 친권 관련 문제의 해법은 무엇이 자녀에게 '이익'인가, 하는 의문에서 출발하여, 그 이익을 추구하기 위해 자녀들은 그들 부모와 사회와 국가에 대해 '어떤 권리'를 갖고 있으며, 그 권리 행사의 결과가 결국 그에게 '이익'이 될 것인가에 대한 법원의 판단을 거쳐 결정되어야 할 것이다.

3. 가족법상 자녀의 권리는 그 자녀가 지닌 구체적인 문제의 본질에 따라 그 권리의 종류와 접근 방법이 다양할 수밖에 없다. 예컨대 甲남이 부인인 乙녀 몰래 丙녀와 한 때 육체관계를 가진 경험이 있고, 그 후 丙이 丁을 출산하였다고 가정하여 본다. 甲남이 丁을 자기의 자식으로 인정하여 인지신고(그의 호적에 입적하는 일, 출생신고로도 가능)를 하였다면 그 때부터 甲남과 丁 사이에는 법적인 부자관계가 성립되어(입적되지 않으면 법적으로 타인) 丁이 미성년인 동안 甲남은 친권자나 양육자가 될 수도 있고, 친권이나 양육권과 관계없이 양육비를 지급할 의무(부모라는 신분의 생래적 의무로 봄)가 있으며, 甲남이 사망하면 丁에게 상속권도 인정된다.[3] 그런데 만일 甲남이 丁을 임의로 인지(입적)하지 않거나, 자기의 자식이 아니라고 주장하는 경우, 丁(또는 그의 법정대리인인 丙)의 문제는 우선 아버지와의 관계를 법적으로 성립시키는 일이다. 그러므로 丁은 법원에 소송을 제기하여 甲남이 자기(丁)의 아버지임을 확인하여 달라고 청구할 권리(동시에 법적 근거)가 있다. 丁이 승소하면 甲남의 의사와 관계없이 판결을 근거로 甲남의 호적에 혼인외의 子(이하 '혼외자')로서 입적할 수 있음과 동시에, 그 때부터 부자관계가 성립되어[4] 임의인지의 경우와 같이 甲남과 丁 사이에는 친권, 양육권, 상속권, 부양의무 등이 발생하는 것이다.

이러한 친자관계의 성립에 관한 문제는 혼외자인 경우에 한하여 발생한다. 자녀가 부부의 혼인중에 출생한 경우에는 일단(아무리 그렇지 않다고 의심이 되는

---

3) 생모인 丙녀와의 법적인 모자관계는 출생이라는 사실에 의하여, 인지와 관계없이 성립된다.

4) 혼인외의 자와 父와의 父子關係는 인지신고에 의해 성립되지만, 그 효과는 출생시로 소급한다(민법 제860조). 그러므로 법적으로는 마치 혼외자가 출생한 때로부터 부자관계가 있었던 것처럼 취급된다.

경우에도) 부모의 혼인중의 자녀(법적인 부자관계가 당연히 성립)라고 법이 추정하기 때문이다.[5)]

4. 부자관계의 법적인 성립(혼외자의 경우에는 입적)을 전제로 할 때 부모와 子 사이의 권리와 의무에 관한 전형적인 것으로는 자녀가 미성년인 동안에는 친권과 양육권 및 면접교섭권이, 미성년인지의 여부와 관계없이 상호간에 발생하는 권리로서는 부양의무와 상속권이 있다. 친권과 양육권 및 면접교섭권은 그 용어가 암시하듯이 부모의 자녀에 대한 권리를 중심으로 구성되어 있는 반면에(물론 그 내용에는 자녀에 대한 의무도 포함된다고 해석되지만), 부양의무는 상호의 의무를 그 내용으로, 상속권은 상호의 권리를 그 내용으로 한다.[6)] 그런데 상속권은 다른 권리와는 다소 별개의 문제이므로 이 글에서 제외한다면, 결국 친권과 관련되는 문제는 양육권, 면접교섭권 및 양육비지급의무로 귀결된다.

5. 친권은 부모가 미성년의 자녀를 보호하고 교양할 권리이자 의무로서, 부모의 혼인중에는 부모가 공동으로 행사하지만, 이혼 후에는 부모 중 어느 일방이 친권을 행사할 것인가를 결정하여야 한다. 이 때 어떠한 기준에 의해 친권을 행사할 자를 정할 것인가가 자녀에게 대단히 중요한 과제이다.

6. 양육권은 미성년 자녀를 실제로 양육할 권리이자 의무로서, 부모의 이혼 후에 문제된다. 부모가 이혼을 하면 누가 자녀를 실제로 양육할 것인지를 결정하여야 하기 때문이다. 그런데 친권의 내용에는 사실상 양육의 개념이 포함되는 것

---

5) 만일 혼인 중에 출생한 자녀의 친생성에 대해 의심이 있는 경우에는 夫가 子의 출생을 안 날로부터 1년 내에 소송을 제기하여 자기의 자식이 아님을 입증하여야 한다.

6) 상속권이 상호적이란 뜻은 예컨대 부모가 사망하면 자녀가 상속인이 되고, 자녀가 처와 자녀를 남기지 않고 먼저 사망하면 부모가 상속인이 된다는 의미이며, 부양의무가 상호적이란 뜻은 자녀가 미성년인 동안은 부모가 부양의무(양육책임)를 지지만, 부모가 노쇠하여 요부양상태가 되면 성년 자녀에게 부양의무가 있다는 의미이다. 그런데 그 부양의 내용과 법적 근거는 각각 다르다. 즉 부모의 미성년자녀에 대한 부양의무를 규율하는 규정은 민법에 없으나 부모의 신분관계에서 당연히 발생하는, 1차적인 의무(빵 한조각도 나누어 먹어야 하는 것)로 해석함에 반하여, 후자의 부양의무는 일반 친족간의 부양의무에 관한 규정인 민법 제974조를 근거로 하며, 2차적인 의무라고 설명한다.

이 당연하기 때문에 민법이 이혼시에 친권(제909조 4항)과 양육권(제837조)을 분리하여 규정한 태도는 부자연스럽게 느껴질 수 있다. 이렇게 친권과 양육권을 분리하는 것은 이혼한 어머니가 친권자가 될 수 없었던 개정전 법에서는 실제상의 의미가 있었다. 즉 부모의 이혼 후에는 아버지만이 친권을 행사할 수 있었으나, 자녀는 어릴수록 어머니가 양육하는 것이 바람직한 것이므로 아버지가 子를 양육하기에 부적합한 경우 등에는 친권과 별도로 어머니에게 양육권을 부여할 필요가 있었기 때문이다. 그런데 개정 가족법에서는 이혼한 어머니도 미성년 자녀에 대한 친권을 행사할 수 있게 되었으므로 이제는 대개의 경우, 친권행사자가 자녀에 대한 양육권을 갖는 것으로 해석하고 있다. 한편 친권과 양육권을 갖고 있지 않는 부모 중 일방은 자녀를 만나볼 권리인 면접교섭권을 갖는다.

7. 한편 부양의무(정확하게는 부양비 지급의무, 또는 양육비 지급의무인 경제적 의무)는 친권과 양육권과는 별개의, 부모가 미성년 자녀에게 양육비를 지급할 의무이다. 부모의 양육비 지급의무는 친권이나 양육권의 내용이 아닌, 별개의 의무이다. 그럼에도 친권의 문제와 함께 고찰하여야 할 필요성은 자녀를 양육함에는 비용이 들기 때문이며, 이혼 후에도 법원이 적극적으로 부모에게 양육비를 공동으로 부담하게 한다면(특히 부모의 경제력에 차이가 있는 경우) 부모의 '경제력'과 관계없이, 진정한 의미의 '자녀의 이익'을 기준으로 친권자를 결정하게 하는 전제가 될 수도 있다고 보기 때문이다.

특기할 것은 위에서 본 바와 같이 친권 · 양육권은 부모의 권리를 중심으로 구성되어 있는 데 비해 양육비 지급의무는 부모의 의무중심으로 구성되어 있다는 점이다. 친권과 양육권이 권리중심으로 되어 있는 것은 친권이나 양육권을 둘러싼 부모의 다툼에 있어 승자는 어떤 권리[7]를 실제로 취득하는 반면에 반사적으로 자기의 부모로서의 의무를 이행하는 것이 되어 권리이자 의무의 면을 지니고 있지만, 양육비지급은 자녀에 대한 간섭이나 양육이라는 사실상의 권리나 이익을 수반하지 않고 부모라는 신분에서 당연히 지급해야 하는 일방적인 경제적인 의무이기 때문일 것이다.

7) 예컨대 재산관리를 통한 경제적 이익이나 자녀에게 간섭할 수 있는 권리 또는 자녀양육이라는 만족 그 자체 등을 들 수 있다.

8. 이 글에서는 친권과 양육권, 면접교섭권 및 부양의무의 내용을 소개한 후, 자녀의 이익과 부모의 책임(양육 및 부양비지급에 대한)이라는 시각에서 본 친권법의 문제점과 개선방안을 생각해 보고자 한다.

II. 現行親權法 概觀

현행 친권법은 그 용어 자체가 친권과 양육권 등 권리중심으로 되어 있을 뿐 아니라, 제909조 1항에서 "미성년자인 子는 부모의 친권에 복종한다"고 규정함으로써 권리중심적이며 부모중심적인 성격을 강하게 암시하고 있다. 참고로, 독일민법은 제1626조에서 "자녀는 미성년인 동안 父와 母의 친권의 보호를 받는다"고 규정하고, 제1627조에서는 "부모는 친권을 자신의 책임하에, 또 상호간의 협조하에 子의 복리를 위하여 행사하여야 한다"고 규정함으로써 부모의 책임과 子의 복리기준을 강조하고 있으며, 프랑스 민법은 제371조에서 "자녀는 부모를 공경하여야 한다"고 선언하고, 제371-2조 2항에서 "친권자는 子를 보호하고 교양할 권리와 의무가 있다"고 규정하고 있다. 이 같은 외국의 입법례를 참고하여 "미성년의 자녀는 부모를 공경한다. 부모는 친권을 행사할 때 자녀의 복리[8]를 기준으로 하여야 한다"는 것으로 개정하는 것이 바람직하다고 생각한다. 아래에서는 현행 친권 규정의 내용을 子의 신분에 관한 것과 재산에 관한 것으로 나누어 본다.

1. 子의 신분에 관한 親權

子의 신분에 관한 내용으로는 子를 보호하고 교양할 권리·의무(제913조), 미성년자인 子를 충분히 보호·양육할 수 있도록 거소를 지정할 권리·의무(제914조), 子에 대한 징계권(제915조)이 명문으로 규정되어 있으며, 명문규정은 없지만 판례[9]는 子를 부당하게 억류하는 者(사실상으론 부모 상호간의 다툼인 경우가

8) '자녀의 이익'이라고 하면 더욱 좋겠으나 면접교섭권에 관한 민법 제837조의2에서 子의 복리라는 용어를 사용하고 있으므로 이에 맞추어 복리라는 표현을 사용한 것이다.

9) 부산고법 1989. 2. 24, 88르474 판결(항소기각): 대법원 1970. 11. 30, 70므28 판결(상고기각).

많다)에 대하여 친권자는 인도청구권을 가지는 것으로 판시하여 왔다. 이 같은 친권내용에서 가장 기본이 되는 것은 제913조의 보호·교양의무이다. 보호란 주로 신체적인 보호를 의미하는 것으로서 자녀를 양육하는 데 필요한 제반 권리와 의무를 포함하는 개념이며, 교양이란 子의 정신과 육체를 건전하게 육성하는 데 필요한 여러 가지 권리와 의무를 의미한다. 그러나 보호나 교양이란 개념은 명확히 구분되는 것은 아니고 하나의 행위의 양면과 같다고 보는 것이 정확할 것이며, 이러한 보호·교양권을 중심개념으로 하여 여타의 권리·의무가 직·간접으로 연결되어 있다고 볼 수 있다.

2. 子의 재산에 관한 親權

재산에 관한 친권 내용 중 중요한 것으로는 자녀 명의의 특유재산을 법정대리인인 친권자로서 관리할 수 있는 재산관리권(제916조), 子의 재산에 관한 법률행위에 대하여 그를 대리할 수 있는 대리권(제920조), 미성년인 子의 재산적 법률행위에 대하여 동의할 수 있는 동의권(제5조-8조) 등이 있다. 다만 대리권의 행사시에 자녀와 친권자 자신, 또는 자녀들간의 이해가 충돌(이해상반행위)하는 경우[10]에는 친권자의 법정대리권은 제한된다(제921조). 이러한 경우에는 친권자에게 공정한 친권의 행사를 기대할 수 없기 때문이다.

그런데 특히 재산적 법률행위에 있어 미성년자에게 법정대리인인 친권자의 대리권과 동의권이 필요한 법적인 이유는 무엇인가?

현행 민법은 미성년자, 한정치산자, 금치산자를 무능력자로 하고, 무능력자가 단독으로 한 법률행위는 언제든지 취소할 수 있는 것으로 하여 무능력자를 보호하는 한편, 법정대리인(법이 정한 대리인: 미성년자의 경우에는 친권자, 친권자가 없으면 후견인)이 무능력자의 법률행위에 동의하거나 법정대리인이 대리하여 한 법률행위인 경우에는 유효한 것으로 보고 있다. 법률행위란 계약과 같이 당사자의 의사표시(얼마면 사겠다거나 팔겠다는 등)를 기초로 이루어진 계약 등의 행위에 법적 효과가 부여되는 행위로서 고도의 판단력을 필요로 하는 분야이다. 그런데

10) 예컨대 친권자가 자기의 채무를 위하여 미성년자인 子의 부동산을 담보에 제공한 행위(대법원 1971. 7. 27, 71다1113 판결) 등.

정상인에 비해 판단능력이 부족하다고 보여지는 미성년자, 한정치산자, 금치산자 등의 무능력자가 대리인의 도움없이 단독으로 정상인과 계약 등의 법률행위를 하는 경우에는 계약상의 불이익을 당하거나 정상인에게 이용당할 가능성이 높기 때문에 이들이 단독으로 한 법률행위는 언제든지(자기에게 불리한 경우) 취소할 수 있도록 함으로써 무능력자를 보호하고, 법정대리인이 대리하여 법률행위를 하였거나, 법정대리인의 동의를 얻은 후에 한 법률행위는 그 법정대리인의 판단력에 의지하였으므로 이를 유효한 것으로(취소할 수 없다는 뜻) 보아 계약에 구속력(취소할 수 없다는 의미; 취소하는 경우 손해를 배상해 주어야 함)을 부여하는 것이다. 미성년자 중에는 성년자보다 판단력이 높은 경우도 많지만 그 판단이 용이하지 않으므로 거래의 혼란을 피하기 위해 일률적으로 만 20세 미만인 사람은 무능력자로 취급하는 것이다. 미성년자가 단독으로 한 법률행위는 자기에게 유리한 계약이면 유효한 것으로 확정하고, 불리할 경우에는 취소할 수 있도록 허용함으로써 미성년자는 보호되는 대신 그 거래의 상대방은 예측하지 못한 손해를 볼 가능성이 높은 제도인 것이다.[11]

이렇게 볼 때 친권의 주된 내용은 자녀가 미성년인 동안 부모가 그 자녀를 양육하고 교육할 권리이자 의무(신분상의 친권)임과 동시에, 그 미성년자녀가 재산적 법률행위(계약 등)를 할 때에는 법정대리인으로서 그 행위에 동의권을 행사(그 행위에 동의한다는 의사를 서명 또는 날인하여 표명하는 것)하거나 그 자녀를 대리하여 법률행위를 함으로써 그 행위를 유효하게 완결지을 수 있고, 만일 미성년자녀에게 재산이 있으면 그 재산을 관리하는 것(재산적 친권)이라고 할 수 있다. 특히 후자의 재산적 친권은 법적인 의미가 강하며, 전자의 친권은 사실상의 의미가 보다 강하다고 할 수 있다.

이를 자녀의 권리라는 측면에서 보면 부모가 양육책임을 다하지 않는 경우에 자녀는 부모에게 자기를 보호(양육)하고 교양(교육 등)하라고 주장할 수 있는 권리라고 볼 수도 있다. 그러나 그것은 자녀에게 주어진 기본적인 권리일 뿐 자녀가 실제로 이러한 권리를 행사할 수 있다는 뜻은 아니다. 부모를 상대로 청구

---

11) 한정치산자의 경우에도 그 내용은 미성년자인 경우와 같다. 다만 미성년자는 법정대리인이 친권자인 부모가 되는 반면에 한정치산자가 성인인 경우에는 후견인이 법정대리인이 된다. 한편 금치산자는 법정대리인인 후견인이 동의한 법률행위라도 언제나 취소할 수 있다는 내용상의 차이가 있다.

한다 해도 그 결과를 강제할 방법이 없기 때문에, 결국은 부모의 자녀에 대한 양육비지급책임으로 귀결될 것이다.

결국 친권과 양육권은 부모가 자녀의 신분 및 재산에 관하여 보호 · 교양할 권리이자 의무인 동시에 부모가 그러한 권리를 적극적으로 상대방에게, 또는 제3자에게(인도청구권을 통해) 주장할 수 있음을 그 내용으로 하는 것이다.

3. 親權과 養育權과의 관계

민법상 친권은 부모의 혼인 중에는 부모가 공동으로 미성년의 子를 보호하고 교양할 신분상의 권리 · 의무와 재산상 법률행위에 대한 대리권과 동의권을 포괄하는 개념이다. 이 중 보호라는 말에는 양육의 의미도 담겨져 있다.

그런데 부모가 이혼한 경우라든가 혼외자인 경우와 같이 부모가 더 이상 동거하지 않게 되어 부모 중 일방이 子에 대한 친권을 행사하게 되는 경우에는 양육권과의 관계가 문제된다. 민법은 친권과 별도로 양육권에 관하여도 규정하고 있기 때문이다.

법 체제상으로 보면, 친권은 제4장 제3절에서 제909조-927조에 이르기까지 누가 친권자가 되는가(예컨대 이혼시에는 누가 친권자가 되는가), 친권의 내용은 무엇인가, 어떤 경우에 친권을 상실하는가 등, 친권일반에 관하여 규정하고 있다. 그리고 양육에 관하여는 제3장 제5절, '이혼과 子의 양육책임'에 관한 제837조에서, 이혼 부모의 子에 대한 양육책임에 관하여 규정하고 있으므로 결국 부부의 이혼시에는 친권과 양육권이 분리될 수 있다. 이 같이 子에 대한 부모의 책임이 이원화된 것은 개정전 법에서는 이혼한 어머니는 친권자가 될 수 없었으나 자녀는 어릴수록 어머니의 보살핌(양육)이 필요하다는 현실적인 필요에 따라 주로 법률상의 개념인 친권과는 별도로 사실상의 양육권을 어머니에게 인정할 필요가 있었던 것이다. 따라서 개정전 법에서는 친권자는 아버지(법에 따라 당연히), 양육자는 어머니(사실상의 상황에 따라)인 경우가 흔히 있었다. 그러나 개정법에서는 이혼한 어머니도 친권을 행사할 수 있게 되었으므로, 이제는 특별한 경우(양육을 맡은 어머니가 재산상 대리권을 행사할 수 없을 정도로 무능력한 경우 등)가 아니면 친권자가 양육권을 갖는 것으로 해석되고 있다. 1994년의 양육자 지정에 관한 44건의 판결 중 38건이 父 또는 母를 친권자 및 양육권자로 지정하였으며, 양

육권자로만 지정한 것은 5건, 친권자로만 지정한 것은 1건에 불과하였다 한다.[12)]

굳이 현행법상 존재하는 친권과 양육권을 구별하여 본다면, 친권은 사실상의 양육과 함께 법률상의 개념(미성년 子에 대한 동의권, 대리권 및 재산관리권 등)을 포함하는 부모의 권리이자 의무로서 부모의 혼인중에는 이 두 가지 기능이 혼연일체가 되어 있다가, 부모가 이혼하게 되어 그 중 일방이 친권행사자로 결정되면 그가 자녀를 양육하는 것이 보통이지만, 그 친권자가 자녀의 양육에는 적합하지 않고, 다른 부모 일방은 미성년 자녀의 재산을 관리하거나 법정대리인으로서 동의권이나 대리권을 행사하기에 적합하지 않는 등의 특별한 사정이 있는 경우에는 부모 중 일방은 친권자로, 다른 일방은 양육자로 지정될 수도 있다는 것이다.

친권의 중심 내용인 보호 · 교양과 양육권에 있어서의 양육이 어떠한 차이가 있는가에 관하여는 같은 것으로 보는 견해가 지배적이다. 다만 친권은 子에 대한 부모의 권리이자 의무인 반면에 양육권은 부부 상호간의 권리라는 관점에 역점이 있다고 보는 견해[13)]가 있다.

4. 親 權 者

(1) 부모의 혼인중의 親權

미성년자의 법정대리인은 친권자인 부모이며, 부모가 혼인 중인 경우에는 공동으로 친권을 행사한다. 그런데 만일 예컨대 미성년자의 법률행위(예컨대, 집을 사려는 계약)에 동의할 것인가에 관하여 부모의 의견이 일치하지 않는 경우에는 당사자들이 가정법원에 청구하면 가정법원이 누구의 의견을 따를 것인지를 정해 준다(제909조 2항). 이것은 실제적인 의미가 있다기보다는[14)] 부모의 의견이 일치하지 않는 경우에 개정전 법과 같이 父의 의견을 따르게 하는 것은 형평에 반할 뿐 아니라 '아버지가 우월'하다는 메시지를 사회에 강하게 전달한다는 문제

---

12) 김유미, "자녀복리의 관점에서 본 한국친권법," 서울대학교 박사학위논문(1995), 208면 참조.

13) 서정우, "이혼 당사자 간의 子의 인도청구에 관한 시론," 민사판례연구X(1987), 168면.

14) 물론 의견을 조정해 달라고 가정법원에 청구할 수는 있으나, 현실적으로 어렵다는 의미이다.

점이 있으므로 개정법은 부모를 동등하게 대우한다는 의미의, 상징성이 보다 강한 규정이다. 위에서 본 바와 같이 부모의 혼인중에는 양육권은 문제되지 않는다. 만일 부모 일방이 친권을 행사할 수 없을 때(사망 등으로)는 다른 일방이 친권을 행사한다.

양자는 혼인 중의 子의 지위와 같으며, 양부모의 친권에 따른다.

(2) 부모의 離婚 후 및 婚外子에 대한 親權者 (및 養育權者)

1) 이혼 후의 親權者決定에 관한 일반원칙과 문제점

친권과 양육권이 가장 문제되는 것은, 그러므로 친권에 있어 가장 핵심이 되는 것은, 부모의 이혼 후와 혼외자인 경우이다. 부모가 이혼을 하게 되면 자녀는 지금까지 동거동락하던 부모 중 일방과는 헤어질 수밖에 없기 때문에, 부모 중 누가 미성년자에 대한 친권과 양육권을 행사할 것인지를 결정해야 한다(경우에 따라서는 친권자와 양육권자가 각각 다르게 결정될 수도 있다). 혼외자인 경우에도 부모가 동거하지 않는 경우가 보통이기 때문에(사실혼 부부와 같이 생부모가 동거하는 경우에는 공동으로 친권자가 될 수 있다) 이혼의 경우와 같은 문제가 발생한다.

자녀는 부모의 이혼으로 심각한 충격을 받을 수밖에 없고, 더욱이 부모 중 누가 이혼 자녀에 대해 친권(양육자)을 행사할 자인가는 자녀의 장래를 위해 대단히 중요한 문제이다. 따라서 친권행사자 결정에는 자녀의 이익이 가장 중요한 기준이 되어야 하며, 자녀의 이익을 보장할 수 있는 구체적인 기준이 친권법에 제시되어야 한다.

그럼에도 친권을 행사할 부모 중 일방을 결정하는 법의 원칙은 부모가 이혼시에 합의하여 정할 수 있고, 합의가 되지 않는 경우에는 가정법원에 청구하면 가정법원이 친권자를 정한다는, 간단한 것이다(제909조 4항). 인지된 혼외자인 경우에도 이혼시와 같다.

결국 친권행사자는 부모의 이혼시에, 합의하거나, 가정법원이 이를 정하는데, 이때에 어떠한 기준(자녀의 이익이 보장되도록 한다는 등의)도 제시하고 있지 않다는 문제점을 지적할 수 있다. 또한 부모 사이에 어떠한 합의도 이루어지지 않았고, 가정법원에 청구도 하지 않았을 경우(법문은 당사자의 청구에 의하여 가정법원이 이를 정한다고 되어 있으므로)에는 친권행사자가 없게 되는 일, 즉 미성년의 子를 보호하고 양육할 법적 의무자가 없게 되는 일이 발생할 수 있다는 것도 현

행법이 안고 있는 문제이다.[15)]

첫 번째의 문제, 즉 子의 이익을 보장할 수 있는 기준이 없다는 점에 관하여, 학계와 실무계에서는 이혼시 양육권자 지정에 관한 제837조의 기준인(양육에 관한 사항을 당사자가 협의할 수 없는 경우에 당사자의 청구가 있으면 가정법원이 이를 정함에 있어) '子의 연령, 부모의 재산상황, 기타 사정을 참작하도록' 한 규정을 친권 행사자 결정시에도 적용하는 것으로 해석하고 있다. 그러나 제837조에도 子의 연령이나 부모의 재산상황 및 기타 사정을 참작하도록 할 뿐이며, 子의 이익(또는 복리라는 용어도 같은 뜻으로 사용된다)이 최대한으로 보장되도록 하여야 한다는 규정이 없다는 문제는 여전히 남는다. 물론 재판의 실무에서는 종래의 부모의 경제력 등의 사정을 기준으로 삼던 입장에서 벗어나 최근에는 '자녀의 이익'을 기준으로 삼는 경향이 점차 '보이기' 시작하고 있어 그나마 다행이다.[16)]

입법론으로서는 협의이혼이나 재판상이혼의 경우에 자녀 보호에 공백이 생기지 않도록 친권자결정을 강제하는 제도를 신설하고, 친권자를 결정할 때나 양육자를 지정함에 있어 자녀의 이익을 보장하기 위한 구체적인 지침을 제시[17)]하여야 할 것이다. 아래에서는 이혼 형태별로 나누어 친권자 결정 과정을 살펴본다.

2) 協議離婚時의 親權行使者 決定

협의이혼은 이혼당사자간의 협의와 가정법원의 확인 및 그 후의 이혼신고에 의해 이혼이 이루어지는 자유이혼형태이다. 당사자 간의 이혼 합의 과정에서 자녀에 대한 친권을 행사할 자 및 기타 자녀 양육에 관한 사항들이 구체적으로 합의되면 다행이지만, 그렇지 않은 경우에는 자녀에 대한 보호가 이혼하는 부모에 의해 방치될 수밖에 없으므로 국가의 개입이 필요함에도, 이를 예방하기 위한 국가의 후견적 기능은 전무하다. 이에 따라 협의이혼과정에서 자녀가 방치되는 경

15) 호적법은 협의이혼시에는 신고서에 친권행사자 지정란을 기입하게 하고 이를 하지 않으면 이혼신고를 받지 않는 것으로 하여 이 문제가 해결되었으나, 재판상 이혼의 경우에는 친권행사자를 강제로 결정하도록 하는 제도가 없으므로 자녀보호에 공백이 있을 수 있다. 이를 보완하기 위해 가사소송법 25조는 이혼이 인용(허용)되는 경우에 가정법원이 子의 친권행사자에 대하여 협의하도록 부모에게 권고할 수 있다고 규정하고 있을 뿐이다.

16) 친권자결정에 있어 부모의 경제력을 중시할 수밖에 없는 실제적인 원인에 대하여는 이 논문 II- 4-(2)-6). "친권자결정에서 子의 이익" 참조.

17) 주 16) 참조.

우를 예방하기 위한 개선안을 다음과 같이 제안하고자 한다.

첫째, 현행 민법 제836조에는 협의이혼시 가정법원 판사의 확인을 받도록 되어 있는데, 이 때 판사로 하여금 부모의 자녀보호방안에 대한 협의가 있는지의 여부 및 그 내용이 자녀의 이익에 합치되는가의 여부도 확인할 수 있도록 하자는 것이다.

현재 행해지는 가정법원의 이혼 확인은 당사자간에 진정한 의사로 이혼하려는 것인지에 대한 확인에 불과하다. 따라서 이혼 후의 자녀문제에 관한 합의가 있는지의 여부에 대해 어떠한 확인도 행해지지 않고 있어, 당사자간에 자녀문제에 관한 합의가 없는 한, 또는 설사 합의가 있어 그 내용이 자녀의 이익에 반한다 하더라도 법원이 이에 개입할 법적 근거가 없기 때문에 자녀문제는 이혼을 앞두고 상대방에 대한 분노의 감정을 갖고 있는 이혼 당사자의 손에만 맡겨져 있는 형편이다. 이 같이 이혼자녀 문제를 사적 영역인 가족에게만 맡겨두고 이혼자녀의 문제를 방치하는 것은 국가의 직무유기에 해당한다. 참고로 우리 민법과 같이 협의이혼제도를 갖고 있으면서도 법원이 이혼절차에서 자녀의 이익을 위해 적극 개입하고 있는 프랑스의 경우를 소개한다.

프랑스의 이혼법에 의하면, 법관은 협의이혼을 신청한 부부에게 3월의 고려기간을 주어 이혼을 심사숙고하도록 하고, 이 기간이 만료된 후 6개월 내에 이혼을 위한 청구를 갱신하도록 하며, 이 기간 내에 청구를 갱신하지 않은 경우에는 협의이혼청구의 효력이 소멸된다고 함으로써 경솔한 협의이혼을 예방하기 위한 제도를 마련해 두고 있다. 그리고 무엇보다 중요한 것은, 이 기간 내에 당사자들이 자녀를 위한 보호방안을 강구하도록 한다는 점이다. 이때 이혼절차에 필요한 내용의 작성은 반드시 변호사의 개입을 원칙으로 하고 있어 자녀 양육비부담을 비롯한 자녀보호에 관한 협의를 유도한다. 만일 그 협의 내용이 子 또는 부부일방의 이익을 유지하는 데 불충분한 경우에는 법원은 이혼을 거부할 수도 있다. 법원이 자녀보호방안을 당사자 스스로 마련하도록 하면서도 그 내용이 자녀의 이익에 합치되지 않는다고 판단한 경우에는 이혼을 거부함으로써, 이혼 후의 자녀보호에 법원이 적극 개입할 수 있도록 되어 있는 프랑스법은 우리에게 시사하는 바가 크다고 본다.

이러한 프랑스의 이혼법을 참고하여 다음과 같은 입법론을 제안한다. 즉, 당사자가 협의이혼을 법원에 신청한 경우에는 3개월의 유예기간을 주어 이혼을 심사숙고할 기회를 주자는 것이다. 동시에 이 기간동안 친권자(양육자) 결정 및 양육비 부담 등에 관한 자녀보호방안을 당사자 스스로 강구하도록 권고하고, 고려기간이 만료된 후 정식으로 협의이혼을 신청할 때에는 가정법원은 이혼의사에 대한 확인과 더불어 자녀를 보호하기 위한 구체적인 협의사항도 함께 제출하여 확인받도록 하며, 만일 그 협의내용이 자녀의 이익에 합치되지 않는다고 판단할 경우에는 법원이 이혼확인을 거부할 수 있도록 관계규정을 개정(이혼의사 확인에 관한 제836조)하자는 것이다.[18] 현행 이혼의사확인제도에 자녀를 보호하기 위한 제도적 장치를 보강함으로써 가능하다고 본다.

이렇게 협의이혼절차를 엄격하게 개정한다면 자녀가 없는 경우에는 일정한 고려기간만 지나면 현행과 같이 자유롭게 이혼할 수 있는 반면에, 자녀가 있는 경우에는 자녀의 이익에 합치되는 보호방안이 부모간에 협의될 때 비로소 이혼할 수 있게 됨으로써, 자녀를 둔 부모의 이혼을 신중하게 유도하고, 부모의 책임을 다시 한 번 생각하게 하는 메시지를 사회에 전달하는 부수적인 효과도 거둘 수 있을 것으로 기대한다.

한편 개정 호적법은 협의이혼신고시에 친권행사할 부모 중 일방이 정해진 때에는 이를 호적에 기재하도록 규정하고, 이를 기재하지 않은 경우에는 이혼신고를 받지 않는 것으로 하였으므로 친권행사자가 없게 되는 일은 다행히 피할 수 있게 되었다. 그러나 재판상 이혼의 경우에는 친권자결정을 강제하는 제도가 없으므로[19] 여전히 자녀보호에 공백이 있을 수 있다.

과거와는 달리 이혼당사자들이 자녀양육을 기피하는 경향이 높아지는 현실에서 이는 심각한 문제가 아닐 수 없다. 이렇게 친권을 행사할 부모 중 일방이 결정되지 않은 상태에 대하여 학자들은 부모가 공동으로 친권을 행사한다고 해석한다.[20]

---

18) 참고로, 협의이혼제도를 갖고 있는 입법례는 프랑스, 일본 및 우리나라 정도이며 그 외에는 대부분 복잡한 재판상이혼제도만을 갖고 있다. 협의이혼제도를 갖고 있는 국가 중에도 일본은 협의이혼이 철저히 당사자간의 자유로운 의사에 맡겨져 있으며, 우리나라는 협의이혼이라는 미명하에 아내가 축출되는 경우가 많음을 고려하여 1977년에 협의이혼시에 가정법원으로 하여금 이혼의사의 진정성 확인을 받도록 하였다. 프랑스는 가장 엄격한 협의이혼절차를 거쳐야 하는 입법례에 속한다.

19) 친권자결정은 당사자의 청구가 있을 때 비로소 재판할 수 있게 되어 있기 때문이다.

20) 다만 자녀양육의 문제는 이혼 당시에 양육을 맡고 있는 부모 중 일방이 당분간이라도 양육

여기서 다음 두 가지 의문이 제기된다. 그 하나는 공동친권[21)]이 우리 사회에서 과연 바람직한가 하는 것이고, 누구도 친권자 및 양육자가 되지 않겠다고 할 경우에 과연 子의 보호책임은 누구에게 있다고 보아야 할 것인가 하는 점이다. 공동친권에 관하여는 현재 많은 외국의 입법례가 이를 채택하고 있고, 법원의 실무에서도 이를 적극 활용하는 경향에 있다. 그러나 우리나라와 같이 부모가 이혼 후에도 계속 좋은 관계를 유지하리라 기대하기 힘든 사회에서는 공동친권은 현실적인 대안은 아니라고 본다. 따라서 부모 중 일방을 친권자로 결정하는 것이 子의 이익을 위해서는 보다 바람직하다고 생각한다. 그러므로 당사자들이 공동친권을 합의하거나(협의이혼시), 원하는 경우(재판상 이혼시)가 아니라면 반드시 이혼시에 친권행사자를 정하도록 함으로써 자녀보호에 공백이 생기지 않도록 법제도적 및 절차상의 조치가 마련되어야 할 것이다.

한편, 부모 모두가 양육을 기피하는 경우, 양육의사 없는 부모에게 친권이나 양육권을 행사하게 하는 것은 자녀의 이익에도 반하므로 부모가 양육할 수 없는 경우에는 후견이 개시된다는 원칙에 의하면 후견이 개시된다고 볼 수도 있다. 그러나 후견인 역시 법이 정한 순서에 따라 조부모, 삼촌 이내의 방계혈족(삼촌, 고모 등)의 순으로 정해지는데, 이들이(특히, 삼촌이나 고모 등이) 양육을 기피하는 부모를 대신하여 조카들을 애정을 가지고 돌볼 수 있으리라 기대하는 것은 무리라고 생각된다.

따라서 두 번째의 제안으로서 민법 제909조에 친권자를 강제하는 근거를 신설하는 한편 부모가 모두 양육을 기피하는 경우에는 자녀에 대한 부모의 책임을 강조하는 의미에서도 후견보다는 '양육기피의사가 보다 덜 심한 부모 중 일방', 또는 '자녀의 이익에 덜 해로운' 부모 중 일방을 친권자로 지정하고 타방에게는 양육비를 지급하도록 부모의 책임을 강조하는 제도적 장치가 필요하다.

현실의 세계에서 빈번히 발생하는 이러한 경우를 예방하기 위해서는 가족법

을 계속할 것이나, 해결의 기미가 보이지 않는 경우에는 그나마 아동보호기관에 버리는 부모도 증가하고 있다 한다. 가정상담(1995. 4) 참조.

21) 공동친권이란 부모가 이혼 후에도 자녀에 대하여 공동으로 친권을 행사하는 제도로 서구 여러 나라 입법례가 채택하고 있는 제도이다. 서구의 입법례에서도 공동친권은 사실상 중요한 문제에 국한되고, 신체적 보살핌은 주별 또는 월별로 나누거나, 주된 양육자가 맡는 등으로 행하여진다.

과 가사소송법 및 호적법의 개정을 통해 이혼 부모의 책임을 더욱 강화하여야 한다. 그럼에도 불구하고 이 문제는 가족법의 테두리 내에서 해결하기에는 한계가 있다. 이혼부모에 의해 버려지는 아동(기아)이 점차 늘고 있는 현실에서 국가의 후견적 기능과 함께 아동(이혼 자녀를 포함한, 보호를 필요로 하는 아동일반)에 대한 복지적 대책이 시급하다.

3) 裁判上 離婚과 親權者 결정

민법은 이혼에 관하여 협의가 되지 않는 경우에는 조정절차를 거치도록 되어 있으며, 조정절차에서도 이혼이 성립하지 않으면 심판에 의한 이혼을 청구하도록 규정하고 있다. 그러나 조정절차에서나 그 후의 재판상이혼절차에서도 그 관심과 초점은 이혼의 성립여부에 집중되어 있어, 이혼자녀문제가 철저히 당사자의 의사에만 맡겨져 있다는 점, 이혼 후 자녀보호를 강제하는 제도적 장치가 없다는 점은 협의이혼의 경우와 다를 바 없다.

다만 절차법인 가사소송법 제25조는 이혼이 인용(심판에 의해 인정)된 경우에 한하여 "가정법원이 친권을 행사할 자를 협의하여 결정하도록 권고할 수 있다"고 규정하고 있을 뿐이다. 그것은 가족법 개정작업이 졸속으로 진행된 데에도 그 원인이 있다.[22] 이혼시 당사자간에 친권자(양육자)가 결정되지 않았을 경우에는 법원이 이를 결정하도록 강제하고, 만일 부모의 결정이 子의 이익에 반하는 경우에는 법원이 스스로 子의 이익을 기준으로 친권자를 결정할 수 있도록 개정하여야 할 것이다.

프랑스를 비롯한 많은 외국의 입법례는 하나의 이혼절차에서 자녀보호를 위한 문제가 해결되도록 상세한 입법을 하고, 이러한 부수적 문제가 해결되지 않는 한 이혼을 선고하지 않음으로써 이혼으로 인한 피해를 최소화하기 위한 제도적 장치를 마련하고 있다. 예컨대 영국의 신이혼법 초안은 혼인의 파탄을 주장한 후 최소 1년의 고려기간을 두고 그 기간동안 부부가 화해할 수 있도록 하거나, 이혼 후 자녀 양육 등의 대책을 미리 종합적으로 협의하도록 권고하며, 이 때 항상 子의 이익이 최우선적으로 보호되도록 조정과 상담의 기회를 보장하고 있다.[23]

---

22) 가족법개정시에는 언제나 호주제나 동성동본불혼제도의 존폐에만 국민적 관심이 모아질 뿐 여타의 중요한 문제에 대하여는 지나치게 소홀히 다루는 잘못된 경향에도 그 원인이 있다고 할 것이다.

독일의 경우에도, 부모가 이혼하는 경우에, 가정법원은 친권, 양육권, 양육비 등 이혼의 부수사건을 이혼사건과 동시에 병합하여 심리하도록 하고, 이혼청구가 인용되는 경우에는 당사자의 신청이 없더라도 직권에 의한 단일 판결로 이들 이혼의 부수적 문제를 동시에 해결하도록 규정함으로써 자녀보호에 공백이 생기지 않도록 법원이 개입할 수 있는 장치가 보장되어 있다.[24)]

하나의 이혼절차에서 자녀문제가 동시에 해결되어야 할 필요성은 자녀보호문제가 해결될 때까지 자녀 보호에 공백이 있을 수 있다는 점, 이혼부부에게 자녀문제를 심사숙고하게 하는 동안 이혼의 후유증을 인식할 수 있게 된다는 점, 이혼이 성립된 몇 년 후에 자녀문제를 가지고 법정에 가는 것은 시간적으로나 심리적으로 부담이 되기 때문에 자녀보호의 공백상태가 무기한 연장될 수 있다는 점 등에 기인한다.

입법론으로서는 재판상이혼절차에서 친권자결정을 강제하고, 특히 그 결정이 '子의 이익'에 합치되는가의 여부를 법원이 심사하는 한편, 가사소송법을 개정하여 이혼시 친권자, 양육비부담 등을 하나의 이혼사건에서 병합심리할 수 있도록 함으로써, 자녀보호의 공백이 발생하지 않도록 제도적인 장치를 하는 것이 바람직하다.

4) 婚外子에 대한 親權者 결정

혼외자인 경우에는 우선 母의 호적에 입적하고, 아버지와의 법적인 관계가 성립되기 위하여는 父가 임의로 인지하거나, 인지하지 않을 경우에는 인지청구의 소를 제기하여 그 판결에 따라 父의 호적에 입적하여야 한다. 이 때부터 부자의 법적인 관계는 성립되는 것이며, 부모 중 누가 미성년인 子에 대한 친권을 행사할 것인가를 결정하게 된다. 그 결정의 원칙은 이혼의 경우와 같이 父 또는 母가 협의하여 정하고, 협의가 되지 않으면 가정법원에 청구하여 가정법원이 정한다는 것이다(제909조 4항). 그러므로 子의 이익이 간과되고 있다는 문제점은 이혼의 경우와 같다.

혼외자의 문제는 양육비지급에 대한 부모의 책임과 관련된 문제가 많이 발

---

23) 자세한 것은 이화숙, "부모의 양육비지급책임," 사법행정(1994. 4), 22면 이하 참조.

24) 자세한 것은 최진섭, "이혼절차에서의 자녀보호방안," 현대가족법과 가족정책, 김주수교수화갑기념논문집(1988), 205면 참조.

생한다.

5) 면접교섭권

민법은 제837조의2에서 "① 子를 직접 양육하지 아니하는 부모 중 일방은 면접교섭권을 가진다. ② 가정법원은 子의 복리를 위하여 필요한 때에는 당사자의 청구에 의하여 면접교섭을 제한하거나 배제할 수 있다"고 함으로써, 이혼 후 친권자나 양육자가 아닌 부모 중 일방에게 면접교섭권을 부여한다. 면접교섭권은 직접 자녀를 양육하지 않는 어버이가 자기의 미성년의 자녀를 만나볼 수 있는 고유의 권리인, 자연권으로 이해된다. 그러나 부모의 이혼 후 양육권 없는 어버이에게 면접교섭권을 인정하는 것이 언제나 자녀에게 도움이 되는 것은 아닐 수도 있기 때문에 자녀의 이익(복리)을 위해 필요한 경우에는 면접교섭을 제한하거나 배제할 수 있도록 한 것이다.

면접교섭권을 인정한 판례로서는 "청구인을 청구인과 피청구인 사이에 태어난 청구외 A의 양육자로 지정하되 다만 피청구인은 위 A가 성년에 달할 때까지 그 주소에서 A의 학교 방학기간 중인 매년 1월과 8월의 첫 일요일부터 토요일까지 1주일간씩을 위 A와 동거하고, 매월 셋째 일요일을 기하여 피청구인이 청구인의 주소지로 위 A를 피청구인의 가(家)에 보내어 차례 및 성묘에 참례하게 한다"고 한 서울고등법원 판례[25]가 있으며, 수원지법 제11가사부는 "인씨(어머니)는 자녀들이 성년이 될 때까지 매월 첫째 토요일 오후 4시부터 일요일 오후 6시까지 자신의 주거지에서 자녀들과 만날 수 있고 방학기간중인 1월과 8월중에는 15일간에 한하여 동거할 수 있다"고 판시하기도 하였다.[26]

6) 親權者決定에서 子의 利益

많은 외국의 입법례[27]가 친권 행사자 결정에 있어 子의 이익을 최대로 보장

---

25) 민법 개정 전의 판례: 서울고등법원 1987. 2. 23, 96르313 판결.

26) 법률신문 1996년 1월 22일자 참조.

27) 예컨대 1989년 유엔아동권리협약 제3조(1)은 "… 아동에 관한 모든 조처에 있어서는 아동의 최선의 이익이 기본고려사항이 되어야 한다"고 규정하고 있다.
독일 민법은 부모가 친권을 행사할 때 자의 복리를 위하여 할 것을 일반규정(제1627조)으로 선언함과 동시에, 이혼시의 친권자 결정에 있어서는 가정법원이 자의 복리에 합당한 결정인지의 여부를 검토한다. 즉, 부모가 친권자 결정에 합의하였으나 그 결정이 자녀의 이익에 합

할 것을 그 원칙으로 선언함과 달리, 민법은 이에 대한 구체적인 언급이 없이, 다만 이혼하는 부모의 협의나 가정법원의 심판에 의한다고 규정하고 있을 뿐이어서 결국 친권자결정은 법관의 자유재량에 맡겨져 있음은 이미 누차 언급한 바 있다. 다만 자녀의 복리를 위하여 면접교섭을 제한할 필요가 있을 경우에 자녀의 복리라는 기준을 제시하고 있을 뿐이다.

한편 자녀양육권의 지정에 관한 민법 제836조는 이혼 후 가정법원이 양육에 관한 사항을 정하는 경우에 子의 연령, 부모의 재산상황 기타 사정을 참작하도록 규정하고 있는데 친권행사자 결정시에도 이를 유추적용한다는 데 학계와 실무계는 일치하고 있다. 그런데 민법 제836조에 의하면 子의 연령, 부모의 재산상황을 예시함으로써, 결국 부모의 재산상황이 중요한 기준으로 작용할 수밖에 없게 되어 있다. 개정 전 법에 의한 판례이긴 하지만 자녀 양육자 지정에 관한 판례를 분석한 결과에 의하면 현재의 양육상태, 부모의 경제능력과 재산상태를 우선 고려하는 것으로 나타나 있다.[28)]

자녀를 양육함에는 경제능력을 무시할 수 없기 때문에 재산분할청구권과 같은 이혼 후의 경제적 형평을 보장하기 위한 제도가 없던 개정 전 법에서는 경제능력이 우선적인 덕목으로 기능할 필요성이 있었는지 모른다. 그러나 개정법에서는 재산분할청구권이 신설되었으며, 더욱이 미성년 자녀에 대한 경제적 부양은 부모의 공동책임이라는 점을 감안할 때 부모의 경제적 능력이나 재산 상태를 기준으로 친권자나 양육자를 지정한다면 그것은 대단히 잘못된 것이다. 친권자 결정과 양육자 지정에 있어서는 '자의 이익'이 그 기준이 되어야 할 것이다.

그 다음에 자녀를 부양함에 필요한 양육비는 부모의 공동책임이므로 친권자(또는 양육자)에게 경제능력이 부족한 경우 등에는 子를 양육하지 않는 부모 중 일방에게 그 일부를 부담하도록 하면 될 것이다. 그러므로 자녀에 대한 양육비를 부모가 공동으로 부담하도록 법원이 적극 개입한다면, 부모의 경제능력이 기준

치되지 않는 경우에는 그 공동제안과 다른 판결을 내릴 수 있다고 규정하고 있다. 영국의 아동법(The Children Act, 1989)도 1항 1문에서는 자녀복리가 최상의 고려사항이라고 규정하고 있으며, 프랑스 민법 287조는 양육권자 지정에 있어서는 미성년자녀의 이익에 따라야 한다고 규정하고 있고, 미국의 통일혼인과 이혼법 402조도 자녀의 최선의 이익을 기준으로 하여야 함을 규정하고 있다.

28) 이태영 · 김숙자, 자녀 양육에 관한 연구(1982), 48면.

이 아니라 자의 이익이 그 기준으로 기능할 수 있는 여건이 될 것이다.

그런데 현행법 제도로는 이 선행문제가 이론과 같이 해결될 수 없는, 현실적 어려움이 있다. 즉 외국의 경우와 같이 하나의 이혼절차에서 이혼의 부수적 효과가 동시에 해결될 수 있는 장치가 없기 때문에 이혼소송, 재산분할 청구권, 친권자결정(또는 양육자 지정), 자녀양육비 부담 등의 문제가 각각 독립된 소송원인으로 되어 있어 변호사가 이들을 동시에 청구하면 몰라도, 본인소송이 대부분인 가족법 관계 소송에 있어서는 각각 별개의 권리로서 청구해야 하므로, 자녀 양육비 문제는 항상 뒷전에 놓이기 쉬운 것이다. 설사 자녀양육비만을 후에 별도로 청구한다 하더라도 그 청구 금액이 낮아(가정법원은 자녀 양육비를 월 20만 원 정도 인정) 변호사를 통한 청구에 문제가 있고, 본인 소송의 경우에는 소송의 개시에 심리적 부담이 크기 때문에 포기할 가능성이 높다. 따라서 입법론으로서, 하나의 이혼절차에서 친권자 결정과 자녀 양육비 문제를 동시에 해결하도록 가사소송법을 개정하는 것이 바람직하다고 본다.

다음의 관심사는 '子의 이익'이 과연 무엇인가 하는 점이다. 부모의 이혼으로 인해 子의 최대의 이익은 이미 상실되었으므로 子의 이익보다는 '子에게 덜 해로운 선택'으로 바꾸어야 한다고 주장하는 학자도 있긴 하다. 어쨌든 부모의 이혼 후 子에게 이익이 되는 부모 중 일방, 또는 子에게 덜 해로운 부모 중 일방을 선택함에 있어 객관적인 기준은 무엇일까?

이에 대하여 학자들과 외국의 판례는 부모로서의 적합성이라든지, 현재의 양육상태와 환경의 계속성, 자녀와의 유대관계, 자의 연령, 자녀의 의사 및 부모의 경제적 능력 등을 기준으로 제시하기도 한다.

미국의 통일혼인과 이혼법(Uniform Marriage and Divorce Act) 제420조는 "임원은 아동의 최선의 이익에 따라 양육자를 결정하여야 한다. 법원은 다음과 같은 모든 관련요소를 고려하여야 한다"고 하면서, 그 고려요소로서,

① 자녀양육에 관한 부모 일방 또는 쌍방의 희망

② 양육자에 관한 자녀의 희망

③ 부모 일방 또는 쌍방, 형제자매, 아동의 최선의 이익에 중대한 영향을 미칠 수 있는 다른 사람과의 상호작용과 상호관계

④ 가정 · 학교 · 사회에 대한 아동의 적응력

⑤ 관련된 모든 사람의 정신적, 육체적 건강을 제시하고, 법원은 자녀와의

관계에 영향을 미치지 않는 양육자의 행위에 대하여는 고려하지 말아야 한다고 선언하고 있다.[29]

한편 독일민법은 제1671조에서 자녀와의 유대관계의 고려, 부모의 합의, 자녀의 의사존중, 자녀에 대한 지원원칙, 계속의 원칙 등을 그 기준으로 제시하고 있다.

개선방안으로서는, 친권 규정에서 子의 이익이 기준임을 선언하고, 특히 이혼 후 친권자결정시의 세부적 기준으로는 부모의 적합성, 부모의 희망, 자녀의 희망, 자녀에 대한 친밀도, 현재의 환경의 계속성, 형제자매와의 유대관계, 子의 연령 등을 제시하는 것이 바람하다고 본다.

물론 지금까지 자녀의 이익을 그 기준으로 한다는 규정이 없다 해서 재판의 실무에서 자녀의 이익을 전혀 고려하지 않았다고 하는 것은 아니다.[30] 그런데 자녀의 이익이라는 기준이 법문에 선언되어 있는 경우와 그렇지 않은 경우와는 구체적인 사건(이혼시 친권자결정이나 양육자 지정 등)에 임하는 법관의 자세와 의식이 다를 것은 분명하다. 자녀의 이익이라는 기준이 선언되어 있을 경우에는 부모 중 일방을 친권자(양육자)로 정하면서 그 결정이 어떠한 근거로 자에게 이익이 됨을 밝혀야 할 것이기 때문에 자녀의 이익이 구체적으로 고려될 수 있게 된다.

5. 親權喪失宣告와 子女의 利益

(1) 민법 제924조는 "父 또는 母가 친권을 남용하거나 현저한 비행 기타 친권을 행사시킬 수 없는 중대한 사유가 있는 때에는 가정법원은 제777조(친족의 범위)의 규정에 의한 자의 친족 또는 검사의 청구에 의하여 그 친권의 상실을 청구할 수 있다"고 규정하고 있다.

친권의 남용이란 친권의 내용인 권리를 지나치게 불법적으로 행사하거나 그 적절한 행사를 게을리 한 경우이며, 현저한 비행이란 심한 소행의 불량을 의미한다. 父의 방탕, 상습적 도박 등이 이에 해당한다. 친권의 남용이 있었는가의 여부나 현저한 비행의 존부는 친권자의 행위 그 자체보다는 그 행위가 자녀의 이익에

29) 이에 대하여 자세한 것은 김유미(주 12), 93면 참조.

30) 대법원 1991. 7. 23, 90므828, 835 판결(반심).

대한 침해인지를 판단하여야 하며, 또한 다른 사람으로 하여금 친권을 행사하게 하거나 후견을 시키는 것이 보다 낫다는 정도가 아니면 안 될 것이다.[31] 후견인은 법이 정한 순서에 따라 정해지며 그 결정에 있어 子의 이익이 고려의 기준[32]으로 규정되어 있지 않기 때문에 친권상실선고와 후견의 개시가 능사가 아닌 경우가 많다. 이에 따라 대법원은[33]은 친권자인 부모에게 간통 등의 현저한 비행이 있다는 이유로 제기한 청구인의 친권상실청구를 인용하지 않고, 자녀의 복리를 기준으로 하여 친권상실여부를 판단하고 있다. 대법원이 위의 친권상실에 관한 결정(1993. 3. 4, 93스3)에서, 친권의 목적이 자녀의 복리보호에 있음을 강조함과 동시에 친권상실의 경우에도 자녀의 복리가 그 기준이 되어야 함을 밝히고 있음은 매우 적절하고도 타당한 판결이라 생각한다.

(2) 친권상실에 있어서의 문제는 친권상실이 부모의 친권을 상실케 하는 최후의 수단이며(물론 회복이 가능하지만), 선고 후에는 자녀의 이익과 무관하게 후견이 개시된다는 점에 있다. 그러므로 후견을 개시하기보다는 부모의 친권에 맡기는 것이 바람직하다고 생각되는 반면, 부모에게 친권을 행사시키기에는 위험이 존재한다고 판단되는 경우에는 그 어느 쪽의 선택도 자녀의 이익에 반하는 것이다.

그 대표적인 예가 아동학대라 할 수 있다. 부모가 자녀를 학대하는 경우에 대한 민법의 유일한 구제책은 민법 제924조에 의한 친권상실선고이다. 구체적으로는 '친권남용' 또는 '기타 친권을 행사시킬 수 없는 중대한 사유가 있는 때'에 해

---

31) 김주수, 친족상속법 제4전정판(1993), 332면 참조.

32) 부모의 이혼 후 친권결정의 경우에도 자녀의 이익이 기준으로 제시되어 있지 않지만 이 경우에는 父나 母 중에서 친권자를 결정하는 문제이므로 그 결정이 자녀에게 미치는 영향은 친권상실의 결과로 후견인을 지정하는 일에 비하면 약하다고 볼 수 있다. 이에 비해 후견인은 자녀에 대한 애정이나 경제적 능력을 기대하기 힘든 조부모나 삼촌, 고모, 이모 등의 혈족 중 법이 정한 순서에 따라 지정되기 때문에 자녀의 이익을 위해서는 오히려 바람직하지 못한 경우가 있다.

33) 예컨대, 대법원 1993. 3. 4, 93스3 결정은 "민법 924조에 의한 친권상실선고사유의 해당여부를 판단함에 있어서도 친권의 목적이 자녀의 복리보호에 있다는 점이 판단의 기초가 되어야 하고, 설사 친권자에게 간통 등의 비행이 있어 자녀들의 정서나 교육 등에 악영향을 줄 여지가 있다 하더라도 … (중략) … 비행을 저지른 친권자를 대신하여 다른 사람들로 하여금 친권을 행사하게 하거나 후견을 하게 하는 것이 자녀의 복리를 위하여 보다 낫다고 인정되는 경우가 아니라면 섣불리 친권상실을 인정하여서는 안 된다"고 결정하였다.

당한다. 따라서 청구권자(민법 제777조에 의한 친족, 기타 검사)가 부모의 학대를 이유로 친권상실을 청구한 경우에는 가정법원이 친권상실을 선고하고 후견이 개시되게 하거나, 후견보다는 부모의 친권에 맡기는 것이 낫다고 판단한 경우에는 청구를 기각하는 결정 중 하나를 택할 수밖에 없다는 것이다. 그 어느 편의 선택도 바람직하다고 볼 수 없다. 부모가 자녀를 학대한 경우에는 그 중 일방의 친권상실이 무의미하고, 부모 모두에게 친권상실을 선고하거나, 편부나 편모가 학대하는 경우에는 후견이 개시되는데, 후견인은 子의 이익과 무관하게 법이 정한 순서에 따라 정해지는 것이므로 많은 경우에 자녀의 이익에 반하거나, 친권자인 부모의 보호에 있는 것보다도 못한 경우가 있을 수 있기 때문이다.

이에 따라 입법론으로서, 친권남용이라는 최후의 수단을 택하기 이전의 중간단계에, 상황에 따라 선택할 수 있는 다양한 조치들을 신설하여야 할 것이다. 예컨대, 친권을 부분적으로만 제한한다든가, 학대의 위험이 없다고 판단할 때까지의 기간 동안 친권의 일시적 정지를 결정하는 등의 조치가 그것이다.

친권의 부분적 제한이나 일시적 정지 등의 조치는 가정법원과 아동복지기관과의 연계적인 후속조치가 수반될 때 비로소 실효를 거둘 수 있을 것이다. 아동학대를 비롯한, 부모에게 친권상실선고의 원인이 있는 경우에 대한 해법을 민법의 태두리 내에서 찾는 것은 스스로 한계가 있을 수밖에 없기 때문이다. 이에 따라 가족법은 친권상실에 이르는 중간단계를 다양하게 하고, 다양한 친권제한에 따르는 절차는 가사소송법에 신설하는 한편, 아동복지법상의 아동복지기관과 협의하여, 중간단계의 친권제한결정을 받은 부모에 대한 치유와 제재 및 교육 등의 프로그램과 아동의 일시적인 양육자에의 위탁이나 아동복지기관에의 위탁과 상담 등의 후속조치가 수반되도록 하는 제도를 신설하여야 할 것이다.

Ⅲ. 부모의 양육비 지급책임

1. 子의 이익을 위한 경제적 여건

자녀 양육이 부모의 공동책임이듯이, 부모는 공동으로 양육비를 지급할 책임이 있다. 자녀 양육은 혼인중에는 부모가 공동으로 책임지지만, 이혼한 경우라든가, 자녀가 혼외자인 경우와 같이 부모가 동거할 수 없는 상황에서는 父나 母 중 일방이 책임을 지는 데 반해, 양육비는 언제나, 어떤 상황에서도 공동의 책임이다.

민법은 부양에 관한 일반조항(제974조)과는 별도로 부부간의 부양에 관한 제826조를 규정함으로써 부부간의 부양의무가 1차적인 의무이며, 일반조항(제974조)에 대한 특별규정임을 암시하고 있음에 반해, 부모와 자녀간의 부양의무에 관하여는 아무런 규정이 없다. 이에 따라 부모의 자녀에 대한 양육비 지급 의무의 근거는 명문규정에 관계없이 친자관계의 본질에 있으며, 그 내용은 1차적(빵 한 조각도 나누어 먹는 관계)인 것이라고 보는 것이 통설이다. 그러므로 부모는 혼인중이건 이혼 후이건, 또는 친권자이건 아니건 관계없이, 공동으로 양육비를 지급할 책임이 있는 것이다.

자녀 양육비도 친권자의 경우와 같이 부모가 이혼한 경우나 혼외자인 경우에 법적인 문제로 돌출된다. 그러나 부부가 이혼하는 경우 당사자들은 이혼성립 여부에 관심이 집중되거나 재산분할이나 위자료 등의 문제에 초점을 둘 뿐, 자녀 양육의 문제나 양육비를 누가 부담하는가의 문제는 뒷전에 밀리기 십상이다.

그런데 위에서 본 바와 같이 자녀의 양육비를 부모가 공동으로 분담하는 것은 子의 이익을 보장하기 위한 중요한 전제가 된다. 그것은 부모의 경제적 수준이 엇비슷할 때 친권자 결정에 있어 자녀에 대한 애정이나 친밀도, 子의 의사 등 子의 이익(경제적 이익 이외의)에 관계되는 요소들이 기준으로 작용할 수 있기 때문이다. 가부장사회에서의 판사들은 부모의 경제적 수준이나 부모의 사회적 지위가 곧 자녀의 이익으로 작용한다고 생각하는 경향이 강하다. 그러한 생각은 어느 정도 사실일 수도 있다. 자녀가 정상적으로 교육받으려면 부모의 경제적 뒷받침이 중요하며, 경제적 능력 없이 애정만을 갖고 있는 아버지나 어머니는 자녀의 미래의 행복을 보장할 수 없다고 판단되는 것도 어느 정도 사실이다. 그러나 이 문제는 재산분할청구권이 신설되었으므로 이혼 후 부모간의 경제적 수준의 차이를 자녀 양육에 그리 크게 문제삼지 않아도 될 수 있게 되었으며, 그 후의 자녀를 위한 경제적 여건은 子를 양육하지 않는 부모 중 일방에게 양육비를 분담하게 함으로써 가능하게 할 수 있다. 양육비는 이혼시 재산분할을 청구할 때 함께 청구할 수도 있고, 친권행사자(양육자) 결정과 더불어 청구할 수도 있으며, 이혼, 재산분할, 친권자 결정과 양육비청구를 함께 할 수도 있고, 후에 별도로 청구할 수도 있다.

2. 子女養育費 지급에 대한 父母의 責任을 강조하는 外國法의 경향

최근의 외국의 입법례는 자녀에 대한 양육비를 지급할 부모의 책임을 강화하고 있다. 예컨대, 영국의 경우 1991년의 아동부양법은 미성년자에 대한 부양명령은 법원이 아니라 행정기관이 발하도록 근본적인 개혁을 하면서, 당사자가 부양료 지급을 부양담당기관에 신청하면 아동부양담당기관은 부모의 수입 등 자료를 수집하여 부양료 지급 내용을 결정하여 직접 부모로부터 징수하고, 부모 중 일방이 이를 지급할 수 없으면 행정기관이 대신 지급한 후, 부모에게 구상권을 행사한다. 자녀부양료가 법원에서 행정기관으로 이전한 이유는 법원의 부양료 지급액이 일정치 않고, 수준이 매우 낮다는 점, 부양료를 제대로 지급하지 않는 부모에 대한 강제집행방법이 효과적이지 못했다는 점에 기인한 것이다.[34)]

독일의 경우에도, 부모의 부양이 필요하나 부모로부터 부양료를 제때에 지급받지 못하는 아동은 사회부조의 혜택을 받을 수 있으며, 부조료를 지급한 기관은 민법상의 부양의무자인 父 또는 母에게 상환을 청구함으로써 부모의 부양료 지급을 강제한다.

우리나라도 심각한 가정해체현상에 따라 한부모 가족이 증가하고 있다. 한부모 가족의 빈곤은 세계 공통의 현상이다. 그것은 가족의 벌이가 두 사람에서 한 사람으로 한정되기 때문이다. 특히 가장이 여성일 경우에는 여성의 수입이 남성에 비해 낮다거나, 보살핌을 필요로 하는 자녀가 있을 때에는 좋은 직업을 가질 수 있는 기회에 제한을 받는 등의 어려움이 있기 때문이다.

1989년의 유엔아동권리협약은 아동의 양육에 대한 부모의 책임을 강조하는 한편, 국가의 2차적 책임을 선언하고 있으므로, 우리나라도 이제 아동 양육에 대한 국가의 2차적인 책임을 인식하여야 할 때이다. 그런데 우리나라는 아직 자녀 양육비지급을 부모의 1차적인 책임으로 강조하는 인식조차 미약한 형편이다. 이에 따라 재산분할이나 친권자의 결정을 법원에 청구할 때 자녀양육비를 별도로 청구하는 사례도 많지 않을 뿐 아니라, 설사 별도로 청구하더라도 재산 분할에 뭉뚱그려 계산되거나 월 20만원 정도의 금액으로 정해지는 것이 보통이다. 그나

---

34) Bird R, Child Maintenance, The Support Act, Family Law, Vol. 21(1991). pp.61-81: 영국의 아동법과 아동부양법에 대해 자세한 것은, 이화숙, "세계 가족법의 오늘과 내일," 사법의 제문제(1992), 413면 참조.

마 지급을 명령받은 父 또는 母가 이를 이행하지 않는 경우에 대해서는 이를 강제할 방법이 없다는 것도 문제이다. 이러한 경우에는 국가기관이 대신 지급하고 부모 중 일방에게 상환을 구할 수 있는 제도가 정착되어야 할 것이다.

3. 과거의 扶養料

만일 이혼 후의 子에 대하여 또는 혼외자에 대하여 15년간 어머니가 자녀를 양육하는 동안 아버지는 한번도 양육비를 지급한 바 없었다면 그 어머니는 子의 아버지에 대하여 장래의 양육비는 물론 지난 15년간 지급하지 않은 양육비도 일시에 청구할 수 있을까?

이에 대하여 우리 대법원은 장래의 양육비는 청구할 수 있으나, 과거의 양육비는 청구할 수 없다는 입장을 보여 왔다. 그것은 “자녀 양육책임은 부모 모두에게 있고 자녀를 양육한 어머니는 그의 고유의 의무를 이행한 데 불과하므로 이를 상대방에게 청구함은 부당하다”[35]는 것이 그 이유였다. 그러나 대법원은 부모의 부양의무의 근거를 친권의 효력에 관한 규정(민법 제913조)이 아니라 부모의 신분에서 구하고 있다. 부모의 신분으로부터 미성년 자녀에 대한 부양의무가 발생한다면 부모는 子의 출생과 더불어 당연히 공동의 책임이 있는 것이며, 그 책임을 다하지 않았다면 지금까지 양육을 담당하여 온 청구인은 당연히 과거의 부양료를 청구할 권리가 있다고 보아야 할 것이므로 판례의 태도는 부당한 것이었다. 이에 따라 대법원은 1994. 5. 13, 92스21 전원합의체 판결에서 “과거의 양육비도 상대방이 분담함이 상당하다고 인정되는 경우에는 그 비용의 상환을 청구할 수 있다”고 판시한 바 있다. 부모의 공동책임을 인정하였다는 점에서 타당하다고 본다.

Ⅳ. 현행 親權法의 문제점과 子女의 이익을 보호하기 위한 立法例

이상에서 민법상 친권법의 내용을 소개한 후 子의 이익이라는 시각에서 본 문제점을 지적하고 그 개선방안을 제시하여 보았다. 1989년의 UN 아동권리협약

35) 대법원 1967. 2. 21, 65므5 판결; 대법원 1967. 1. 30, 66므40 판결 등.

은 아동에 관한 모든 조치에 있어 아동의 최대의 이익이 최우선적으로 고려되어야 함을 강조하고, 자녀 양육에 대한 부모의 책임과 국가의 2차적 책임 및 사회보장의 혜택을 받을 권리 등을 선언하고 있다. 이러한 아동권리협약 정신에 입각한 친권제도의 개선방향을 다음과 같이 요약함으로써 결론에 대신한다.

첫째, 민법 제909조의 "미성년자의 子인 부모는 친권에 복종한다"는 규정은 부모의 子와의 관계를 상하수직적인 관계로 파악하는 가부장적이며, 시대착오적인 규정이다. 이 규정은 재판규범으로서 기능하기보다는 행위규범으로 기능하는, 선언적이며, 상징적인 규정인데, 어른인 부모는 명령하고 미성년인 자녀는 복종하라는 의미를 강하게 함축하고 있어 그 친권제도의 본래의 의미인 부모가 미성년의 자녀를 보호할 권리이자 의무이며, 자녀의 이익을 위해 친권을 행사한다는 정신과, 부모의 권리보다는 책임을 강조하는 현대친권법의 요구 및 아동권리협약의 정신에도 합치되지 않는 것이다.

또한 실제로 친권이 문제되는 경우는 부모가 이혼하였거나 자녀가 혼외자인 경우와 같이 누가 친권자가 되는가가 문제될 때이다. 이 경우의 피해자는 미성년 자녀이므로 이들을 어루만질 수 있도록 표현되어야 하며, 현행규정과 같은 어른 중심적이며 위압적인 선언은 바람직하지도, 어울리지도 않는다고 본다. 그러므로 '복종'이라는 권위주의적인 표현보다는 자녀는 부모를 공경하고 부모는 子의 이익을 위하여 친권을 행사할 의무가 있음을 선언하는 내용으로 개정할 것을 제안한다.

둘째, 현행 친권법의 가장 큰 결함은 특히, 이혼시(또는 혼외자에 대한) 친권자 결정에 있어 자녀의 이익을 고려의 기준으로 제시하고 있지 않다는 점이다. 세계각국의 입법례[36]가 예외없이 子의 최대의 이익(The Best Interest of the Child) 또는 자의 복리(Kindeswohl)가 친권자 결정의 상위기준임을 선언하면서 무엇이 자녀의 이익인가를 추구하고 있음에 비추어 볼 때, 우리 민법의 태도는 부모 이혼의 최대 피해자인 자녀의 이익보다는 부모의 의사(자존심 대결)가 그 기준으로 작용할 여지가 있다.

그러므로 행사에 있어(민법 제909조), 그리고 특히 자녀의 이익이 침해될 염려가 큰, 부모의 이혼 등의 경우에는 친권자를 정함에 있어(양육자 지정에 관한 제

36) 자세한 것은 이 논문 II의 4, (2)의 6) 및 주 27) 참조.

837조, 이혼 후 친권자 결정에 관한 제909조 4항) 자녀의 이익이 기준이 되어야 함을 선언함과 동시에 자녀의 이익을 위한 세부적인 고려사항도 제시하여야 할 것이다. 그 기준으로서는 예컨대 부모의 적합성, 부모의 희망과 자녀의 희망, 현재 환경의 계속성에 대한 고려, 子와의 친밀도, 子의 연령 등을 생각할 수 있겠다. 또한 친권상실에 관한 제924조 및 후견인 순위에 관한 제932조에서도 子의 이익이 그 기준임을 선언하여야 한다.

셋째, 협의이혼 및 재판상 이혼에 있어 자녀보호에 공백이 생기지 않도록 유도함과 동시에 당사자의 협의로 정한 친권자결정이 子의 이익에 반할 때에는 이혼을 거부하거나 법원이 스스로 자의 이익에 맞는 결정을 함으로써 법원이 이혼자녀의 보호에 적극 개입할 수 있는 제도적 장치를 마련하여야 할 것이다. 구체적으로는 협의이혼의 경우에는 현행 이혼확인제도를 보강함으로써, 재판상 이혼의 경우에는 이혼절차에서 법관개입의 근거를 규정함으로써 그 실현이 가능하다고 본다.

넷째, 친권상실선고제도는 부모와 子간의 관계를 종결하는 최후의 수단(회복의 가능성은 있지만)이며, 그 후에는 子의 이익과는 무관하게 법이 정한 순서에 따라 후견이 개시되므로 양자의 선택이 모두 바람직하지 못한 경우가 많다. 특히 아동학대와 관련하여 문제된다. 부모에 의한 아동학대는 사적인 영역에서 행해져서 사회의 관심을 끌고 있지 못하지만, 의사들에 의해 그 실상이 알려진 바 있으며, 이에 대한 법적 대책이 전문가들에 의해 촉구된 바 있다. 학대현장을 목격한 이웃에 의한 신고가 드문 원인은 차치하고, 민법과 관련된 문제를 지적한다면, 아동학대가 명백한 경우에도, 친권을 상실하고 후견인에게 자녀를 맡기자니 그 후견인이 친권자인 부모보다 나을 것이 없다고 판단되는 경우가 많다는 점이다. 자녀에 대한 학대를 이유로 친족들에 의한 친권상실선고가 청구된 바 없음은 이러한 이유와도 깊이 관련되어 있으리라 추측된다. 그러므로 그 중간단계의 친권정지나 제한절차가 필요하며, 법원이 중간단계의 조치를 택할 경우에는 아동복지기관과의 연계를 통해 아동에 대한 보호와 부모에 대한 감독 및 교육 등의 프로그램을 실시하여야 할 것이다.

다섯째, 부모의 미성년자에 대한 부양의무가 강화되어야 한다는 점이다. 부양의무는 특히 부모의 이혼이나 자녀가 혼외자인 경우에 문제되는데, 이때 부모는 이혼하더라도 공동으로 부양비를 지급할 의무가 법에 의해 강조되고 법원이나 행정기관을 통해 강제되어야 한다.

이러한 부모의 양육비 지급에 대한 책임을 강제하는 제도적인 장치는 친권자결정과 부모의 이혼 후의 子의 생활에서 子의 이익을 보장하는 물적 근거가 될 것이다. 구체적으로는 재판이혼절차에서 자녀양육비 문제를 병합심리하게 함으로써(가사소송법에 신설), 또는 영국과 같이 행정기관(복지기관)에서의 강제징수를 통해 가능할 것이다. 그러한 방법으로도 자녀가 경제적으로 어려움을 겪는 경우에는 사회보장을 통한 지원, 특히 빈곤한 한부모 자녀에 대한 지원을 강화하여야 할 것이다.

_ 정신건강연구 제15집(한양대학교 정신건강연구소, 1996) 게재

後 記

1. 호적법의 폐지

호주제도는 2005년 3월에 헌법불합치결정을 받아 2005년 개정법에서 삭제되었으며, 2008년 1월부터 시행되고 있다. 호주제도의 삭제에 따라 호적법도 폐지되었으며, 「가족관계의 등록 등에 관한 법률」이 제정되어 2008년 1월부터 시행되고 있다.

2. 협의이혼 및 재판상 이혼에 있어 자녀보호방안 입법론에 관하여(이 논문 II, 4의 (2))

2007년 개정민법(2008년 6월 22일부터 시행)은 제836조의2(협의이혼절차)를 신설하는 한편 제837조를 개정하였다. 즉 민법 제836조의2, 제2항은 자녀가 있는 경우에는 3개월, 자녀가 없는 경우에는 1개월의 이혼숙려기간을 경과한 후에 이혼의사를 확인받을 수 있도록 하는 한편, 제4항에서는 "양육하여야 할 子가 있는 경우 당사자는 제837조에 따른 子의 양육과 제909조 제4항에 따른 子의 친권자결정에 관한 협의서 또는 제837조 및 제909조 제4항에 따른 가정법원의 심판정본을 제출하여야 한다"고 함으로써 숙려기간 동안에 자녀의 양육에 관한 사항과 친권자결정에 관한 협의나 심판정본을 제출하여야 비로소 이혼의사를 확인받도록 한 것이다.

재판상 이혼의 경우에는 제837조(이혼과 자의 양육책임)를 준용하는 한편, 제909조 제4항은 이혼 후 친권자를 결정함에 있어 가정법원의 직권개입을 규정하여 친권자 공백의 가능성을 없이 하였다.

3. 민법 제909조 "미성년자의 子인 부모는 친권에 복종한다"는 규정을 개정해야 한다는 입법론과 관련하여(이 논문 IV)

2005년 개정민법에서는 "친권에 복종한다"는 권위주의적인 표현을 삭제하였다. 즉, 제909조 제1항에서는 "부모는 미성년자인 자의 친권자가 된다. 양자의 경우에는 양부모가 친권자가 된다"고 하였으며, 제910조와 제921조에서는 "그 친권에 따르는" 것으로 바뀌었다.

4. 친권자결정과 친권행사에 있어 子의 복리 우선의 원칙이 명시적으로 규정되어야 한다는 입법론과 관련하여[이 논문 II- 4- (2)- 6)]

2005년 개정민법은 제912조를 신설하여 친권행사에 있어 子의 복리를 우선적으로 고려하여야 한다고 선언하고 있고, 제909조 제6항에서도 친권자 변경의 원칙이 子의 복리임을 선언하고 있다. 다만, 子의 복리는 친권행사시뿐 아니라, 친권자결정시에 더욱 필요한 원칙임을 고려할 때 이에 대한 선언이 없음은 아쉬움으로 남았다. 그런데 2011년에 개정되어 2013년 7월부터 시행될 예정인 친권관련 규정의 개정은 제912조에 2항을 신설하여 친권자 지정에 있어 자(子)의 복리를 우선적으로 고려하도록 하였다. 그 외에도 제909조의2 신설, 제927조의2 신설, 제931조 2항 신설 등을 담고 있다.

5. 제909조 제4항의 개정[이 논문 II-4-(2)]

개정 전 민법 제909조 제4항은 "혼인외의 자가 인지된 경우와 부모가 이혼한 경우에는 부모의 협의로 친권을 행사할 자를 정하고…"라고 규정하고 있었는데, 2005년 개정민법은 "혼인외의 자가 인지된 경우와 부모가 이혼한 경우에는 부모의 협의로 친권자를 정하여야 하고, 협의할 수 없거나 협의가 이루어지지 아니하는 경우에는 당사자는 가정법원에 그 지정을 청구하여야 한다"고 이를 개정하였다. 개정 전 민법에서는 혼외자인 미성년자 또는 미성년자의 부모가 이혼한 경우, 부모가 친권 행사자를 정함으로써 다른 일방의 부모는 친권보유자로 되고, 친권행사자가 사망 등으로 친권을 행사하지 못하게 되면 친권보유자의 친권이 부활된다고 해석될 여지가 있었다. 이 때 '子의 복리'와 관계없이 친권보유자인 부모의 친권이 자동적으로 부활하게 된다는 점이 문제점으로 지적되어 왔던 것이다.

'친권행사자'를 '친권자'로 개정한 취지에는 친권자로 지정되지 않은 부모 중 일방은 친권보유자가 아니라 비친권자이므로 친권자가 사망한 경우에는 비친권자의 친권이 당연히 부활하는 것은 아니라는 의미가 함축되어 있음에도 불구하고 이에 따른 후속조치가 마련되지 않다는 이유로 법원은 여전히 부모의 이혼 후 결정된 친권자가 사망한 경우에는 생존친의 친권이 부활하는 것으로 결정한 것이다. 이에 따라 2011년 5월의 개정민법은 제909조의2를 신설하여 생존친의 친권이 부활하기 위해서는 가정법원의 허가를 얻도록 하였다. 2011년 개정법은 2013년 7월 1일부터 시행될 예정이다.

6. 자녀의 면접교섭권 인정

과거에는 부모에게만 면접교섭권을 인정하였으나, 2007년 개정민법은 자녀의 면접교섭권을 인정하였다.

7. 부모의 미성년자에 대한 부양의무가 강화되어야 한다는 입법론과 관련하여(이 논문 III)

2009년 개정 가족법은 협의이혼절차에 관한 제836조의2에 제5항을 신설하여 가정법원으로 하여금 당사자가 협의한 양육비부담조서를 작성하도록 하고, 그 효력에 대하여는 가사소송법 제41조를 준용하도록 함으로써 양육비부담조서에 집행력이 부여되었으며, 가사소송법 제64조제1항을 개정하여 양육비부담조서에도 이행명령 대상적격을 부여하였다.

그러나 정부기관에 의한 양육비의 대지급 제도는 논의 중이나 제정되지는 않았다(2011년 10월까지).

8. 이 논문 주 5)의 친생부인의 소의 원고적격과 제척기간은 2005년에 다음과 같이 개정되었다. 즉, 친행부인의 소는 부부 일방이 제기할 수 있고(제846조), 제척기간은 "그 사유가 있음을 안 날부터 2년 내에 이를 제기하여야 한다"고 규정하고 있다.

9. 이 논문의 부록으로 수록되었던 친권관련 판례는 삭제하였다.

아동의 權利와 法的·社會的 保護의 實現

Ⅰ. 家父長社會에서의 아동

가부장적 사회는 家父, 곧 아버지에 의해 지배되는 사회, 또는 남자어른이 중심이 되는 사회이며, 그가 힘을 지녀야 마땅하다고 생각되는 사회이다. 흔히 가부장사회에서의 가장 큰 희생자는 여성이라고 인식되어 있지만, 잊혀지기 쉬운 또 하나의 피억압계층은 바로 아동이다. 그렇다고 해서 남자어른이 가해자라는 뜻은 물론 아니다. 가부장사회의 남성들은 능력을 지니지 않으면 안 된다는 의미에서 그들 역시 가부장제도의 피해자로 분류되어야 하기 때문이다. 그럼에도 가족사회를 출발점으로 한 이 사회가 아버지로 대표되는 성인남자를 축으로 해서 움직이고 있다거나, 아버지들에 의해 지배되고 있다는 일반적인 단순 논리 또는 거시적인 시각에서 볼 때, 그 궤도 밖에 선 여성과 아동이 疏外者·局外者일 수밖에 없다는 것은 부인할 수 없는 사실이다. 성인남자 중심의 사회에서 무능력한 남자가 갖는 무기력감이나, 남자 못지않은 능력을 가진 여성이 인정되지 못하는 데서 오는 좌절감, 그리고 아직 성장기에 있는 아동이 부모, 국가 또는 사회로부터 보호받지 못하거나 이해되지 못함으로 인해 겪는 어려움 등은 그 고통의 무게나 감내의 정도, 극복할 수 있는 장벽의 높이가 각각 너무나 다르다는 점이 바로 그러한 단순논리를 일반화하게 하는 원인이다.

오늘날 여성학자들의 활약에 힘입어 여성문제는 '문제'로 보이기 시작해 공감대를 형성해 가는 중이거나 해결을 위한 대화가 진행중인 반면에 아동의 문제는 여전히 뒷전에 가리워져 있다고 볼 수 있다. 부모를 포함한 이 사회는 아동을 성장단계에 있는 존재 = 미숙한 존재라는 반쪽의 진실에만 시선을 고정시킨 채 그들도 권리의 주체라는 것, 스스로의 견해에 따라 선택할 권리와 능력이 있을 수 있다는 사실, 하나의 독립된 인격체라는 사실 등과 같은 나머지 반쪽의 진실에 대해서는 외면하는 경향이 있다. 그 결과 아동은 어른의 보호의 대상으로만 인식되거나, 부모의 소유물로 취급되기 일쑤이며, 아동이 가진 문제가 어른의 입장에서 해결되기도 하고, 심지어는 인간다운 인간으로 만들기 위해서는 '매'와 같은 폭력(사랑이 실리지 않은 매, 정도가 지나친 매를 의미한다)이 사랑으로 이해되거나 정당시되기도 한다.

가부장사회의 특징은 아버지로 대표되는 남자어른 중심사회이다. 이 말은 남자가 중심이 되어 지배하는 사회라는 뜻과 더불어 어른(남 · 녀)이 중심이 되는 사회라는 뜻도 포함한다. 여기서 아동지위의 혼동이 있게 된다. 즉 남자아동은 능력있는 남자어른으로 성장하여 가정과 사회의 주역이 되도록 키워지면서 왕자처럼 대우되는 반면에, 어른의 기대로부터 자유롭고 싶은 그들의 바람이나, 어른과 다른 의견이나 적성, 또는 그들의 인격까지도 어른들에 의해 곧잘 무시되는 모순된 대우를 일상으로 경험하며 자란다. 여자 아동 역시 순종적인 현모양처형으로 성장되기 위해 공주와 노예(자유롭지 못한 존재라는 의미에서)의 신분을 공유한다는 점에서 마찬가지이다. 왕자(또는 공주)와 노예의 신분을 동시에 지니고 사는 가부장사회의 아동들은 당연히 지나치게 대우되는가 하면(왕자 또는 공주처럼) 지나치게 무시(노예처럼)되기 쉬운 존재이기도 하다.

우리 사회는 조선시대 이래 강한 가부장사회였으며 현재도 여전히(또는 대체로) 가부장사회의 특성을 곳곳에 지니고 있다. 가부장사회는 가정에서는 아버지가 지배하는 사회이지만 사회적으로 확대하면 힘있는 자가 지배하는 사회이다. 곧 권위주의적이며 종적인 사회이다. 힘 · 권력 · 富를 가진 자는 언제나 누리고 명령하고 지배하지만 그의 구성원들은 정의감도 억제하고 때론 억울함도 참으며 언제나 복종하는 몸짓을 온몸에 익히지 않으면 안 된다. 그런데 권위주의사회에서는 권위있는 지배자보다는 권위없는 권위주의자들이 정점에 서 있기가 쉽다. 수단방법을 가리지 않고 부와 권력을 차지한 지도자는 권위있는 후계자보다는 자기의 명령을 따라 주는 부하를 선호하기 마련이므로, 권위란 남이 인정해주는 것인 데 비해 권위주의는 권위없는 자가 스스로를 높이면서 남에게 복종과 존경을 강요하는 형태이기 때문에 구성원들로부터 승복되지 않고 오히려 반감을 불러일으킨다. 그런데 불행히도 우리 사회를 오래 지배해 온 정치적 불안은 권위없는 권위주의자를 양산하여 왔으며, 이들은 온갖 수단방법을 다하여 정점의 지위를 차지하곤 부와 권력을 누리며 열심히 살아 온 이 땅의 백성들의 꿈을 좌절시켜 왔다는 일면을 부인할 수 없다. 권위없는 자들이 조직의 정점을 차지한 피라미드식의 권위주의사회에서 하부구조층을 이루는 구성원들은 권위주의적인 웃어른에 대해 복종하는 자신의 모습을 혐오하지만 가족을 위해서는 어쩔 수 없다는 푸념을 습관처럼 가슴에 달고 다니는 것 같다. 그 푸념을 토해내기 위해 그 많은 술집들이 필요한지도 모른다.

그들의 젊은 날의 꿈을 상실한 가장, 가난을 운명처럼 안고 사는 아내, 사회에 일종의 한을 지닌 부모들일수록 가정 내에서 그들의 아들과 딸을 왕자와 공주, 그리고 동시에 노예로 만들어 가는 것은 아닐까. 기득권층 역시 그들의 지배적 지위를 자손대대로 물려주기 위해 자녀를 교육하고 억압한다는 점에서 동일하다. 한을 품고 있는 계층은 한을 수단으로, 기득권층은 부나 권력을 수단으로 한다는 점에 차이가 있을 뿐, 이 땅의 부모들은 적은 수의 '누리는 자리'를 차지하기 위해서 스스로도 뛰고, 자식을 예비역군으로 기르는지도 모른다. 그러기에 부모들은 그들의 아들이 출세하도록, 또는 딸이 출세한 남자에게 시집가서 지배하고 명령하며 살 수 있기를 바라는 잠재심리가 자녀의 교육을 위해서는 어떠한 희생도 서슴지 않게 하는 것은 아닐까? 이러한 부모의 뜻에 어긋나는 자녀는 분노의 대상이 되거나, 부모로부터 무시당하기도 하는 것은 어쩌면 당연하다. 그러기에 부모는 자녀를 위해 스스로를 희생하면서 자녀를 억압하고, 자녀들은 자기도 모르는 사이에 부모의 기대를 담보로 부모에게 군림하면서도 부모의 희생을 억압으로 느끼는 모순을 안고 사는 것도 어느 정도 사실이다.

물론 아동이 성장하면 남성 또는 여성인 어른이 된다. 아동이 미숙한 존재이며 전적으로 부모나 사회의 보호를 필요로 하는 존재임도 부인할 수 없다. 그러기에 부모들은 자녀에 대한 보호를 통해 그들의 꿈을 실현하려는 시도를 포기할 수 없는지도 모른다. 가부장사회에서 의존적이며 피보호자였던 여성이 화려하게 독립을 선언하고 홀로서기를 시작한 반면에 아동의 존재는 여전히 의존적이며 피보호자로서의 지위에만 머무는 것은 아마도 그들이 사실상 미숙해 보호를 필요로 한다는 점과 아울러 어른 중심의 사회가 그들을 인격체로 보지 못하게 하는 장애요인이 된다고 볼 수도 있고, 장차 어른으로 성장할 것이 틀림없는 그들을 미래의 남성과 여성으로만 보고자 하는 유보적 시선 등에서도 찾을 수 있을 것이다.

가부장사회를 비판적으로 바라보기 시작한 이제, 우리도 여성을 피부양자 · 피보호자가 아닌 독립된 인격체로 보기 시작한 것처럼 아동의 문제를 새로운 시각으로 보아야 할 시점에 와 있다고 생각한다. 아동은 보호를 필요로 하는 존재이다. 그러나 그 보호는 전근대사회, 가부장사회에서 그랬던 것처럼 지배를 전제로 한 보호가 아니라, 독립된 인격체이며 권리의 주체임을 인정하면서 그들이 필요로 하는 보호를 베푸는 어른의 책임으로서의 진정한 '돌봄'이어야 한다.

그런데 정상적인 부모를 가진 아동이 겪는 행복한 갈등과 달리 부모로부터 학대받는 아동, 부모에 의해 버려지는 아동들의 문제는 대단히 심각하다. 우리사회가 그들을 사회공동의 문제, 또는 국가의 책임으로 인식하기보다는 그들 부모만의 책임이라고 생각하므로, 어느 누구도 그들을 향한 보호의 손길을 내밀지 않기 때문이다. 마음이 없다기보다는 '남의 일'이라는 심리적인 제재와 남의 일에 간섭하는 논리의 박약 또는 방법의 서투름 등이 학대받는 아동을 외면하게 한다고 볼 수 있는데, 그러한 심리의 저변에는 어른 중심의 사고(학대받는 아동의 입장보다는 학대자인 부모의 체면을 의식하는)와 예로부터의 가문중심의 사고(역으로 보면 남의 가정 일에 간섭하는 것은 악이라는 사고이기도 하다)가 자리 잡고 있음을 알 수 있다. 그러므로 이들 소외아동을 보호하기 위한 첫걸음은 재원이나 법이나 제도의 문제보다도 아동을 돌볼 책임이 부모, 정부 및 국민 모두에게 있다는 열린 의식에서 출발하지 않으면 안 된다. 이를 위해서는 가정이라는 빗장과 혈연이라는 족쇄를 풀고 우리의 문제(정부, 경찰, 민간단체, 국민을 포함한)로 인식하는 성숙한 사회가 되어야 할 것이다.

UN총회는 1989년 11월 아동의 권리에 관한 협약을 통과시켰다. 이 협약은 아동의 문제를 어른의 입장에서가 아니라 아동의 입장에서 보고자 하는 어른들의 선언이라는 데 그 의의가 있다고 보여진다. 여전히 가부장적인 사회에 머무르고 있는 이 땅에서 UN의 아동권리협약의 선언을 계기로 아동의 권리를 추상적 · 일반적인 관점에서 고찰하고, 아동학대 · 해외입양 및 저소득층 아동 등 소외아동(장애아는 제외하였음)의 실태와 현행법체계상의 문제점을 파악해 미흡하나마 대안을 제시해 보았다. 그러나 무엇보다도 아동의 권리와 보호에 대한 의식의 전환의 필요성을 강조하는 데 이 논문의 목적이 있다.

II. UN 아동의 權利協約[1)]

UN의 아동 권리협약(이하 '협약'이라 표기함)은 다음과 같은 면에서 중요한 의미를 지닌다. 첫째, 아동의 인권이 기존의 인권기구에 의해 적절히 정의되고 보호되지 못하였다는 점을 지적했다는 데에 있다. 아동에 관한 지금까지의 조약은 아동의 경제적 필요성과 이익이라는 면에 치우치고 그들의 가족관계라든가 성인가족관계라든가 국가와의 관계 등의 문제에는 소홀했던 것이다. 둘째, 종래에는 아동의 민사상 또는 정치적 권리와 사회 · 경제 및 문화적 권리는 개선에 대한 의무의 성질이 다르며 서로 다른 개선체계를 지니고 있다고 이해되었으나, 이 협약에서 함께 규정됨으로써 의무의 성질과 개선체계에 많은 영향을 줄 것으로 기대된다. 셋째, 아동의 권리에 관하여 협약에서 제시하는 개선체계는 특별히 아동에 관한 인권법의 발전을 기대할 수 있다는 점이다.

협약의 내용을 개괄적으로 소개하면 다음과 같다.

1. 一般的 義務條項

(1) 兒童의 定義

협약 제1조에 의하면 아동은, 성년의제 등에 의해 보다 일찍 성인이 된 경우를 제외하면, 18세 미만의 자를 의미한다고 한다. 협약에 열거된 권리는 아동에게만 적용되기 때문에 아동에 관한 정의규정은 기본적으로 중요하다. 협약 제1조는 당사국법이 18세 이전에 성년이 될 수 있도록 허용함을 인정하고 있으나 그는 아동에게 적용되는 특별한 보호를 받을 수 없게 된다. 따라서 당사국법은 성년선언을 위한 최소한의 연령제한을 제시하여야 한다.[2)]

---

1) 이하 UN 아동의 권리협약의 내용에 대하여는 Dominic McGoldrick, "The United Nations Convention on the Rights of the Child," International Journal of Law and the Family, August (1991), pp.133-158을 요약 · 정리한 것이다.

2) Porterfield and Stanton은 New York Law School에서 UN Draft Convention on the Rights of the Child에 관하여 열린 심포지움에서 14세를 최소한의 연령제한으로 제안한 바 있다. Dominic Mcgoldrickt(주 1), p.159 참조.

(2) 義務의 範圍

협약 제2조에 의하면 각국은 그들의 국내법에서 아동과 그들의 부모 또는 후견인의 인종, 컬러, 성별, 언어, 종교, 정치적으로 다른 의견, 국적, 민족 또는 사회적 출생, 재산, 무능력, 출생에 관련된 지위에 관계없이 어떤 종류의 차별도 받지 않을 권리를 아동에게 허용하고 각국은 이를 존중할 의무가 있다고 규정한다. ECHR(European Convention on Human Rights)와 같이 이 의무는 자국 영토 내의 아동에게만 적용되는 것이 아니라 관할권이 미치는 한 모든 아동에게 적용되며, 일반적 원칙으로뿐 아니라 협약에 규정된 여러 가지 권리들이 국제적으로 관계되거나 또는 피난 · 감호 · 입양 · 무장충돌 등에 있어 국제적 규제를 할 수 있는 장치가 마련되어 있기 때문에 특히 중요하다. 또한 위에서 열거된 차별금지 사항들이 다른 협약과 다른 점은 아동뿐 아니라 아동의 부모 또는 법적 후견인에 대한 차별까지 금지된다는 것이다. 그러나 협약에 의해 인정된 권리가 침해되었음을 주장하는 사람에 대해 국내법상의 효과적인 구제장치가 마련되어 있지 않다는 점은 협약의 한계이기도 하다.

(3) 子의 최대의 利益에 대한 우선적 고려

협약 제3조는 권리의 적용이 보장되도록 하는 일반적인 기준을 내포하고 있기 때문에 기본적으로 가장 중요하다. 협약 제3조는 "공 · 사의 사회적 복지기관이나, 법원, 행정부 또는 입법부에서 수행하는 아동에 관한 모든 조치에 있어서는 子의 최대의 이익이 최우선적으로 고려되어야 한다"고 규정한다. 그러나 子의 최대의 이익이라는 기준은 인적 · 사회적 · 경제적 상황이 다르고 子의 최대의 이익이 무엇인가에 대한 인식이 다르기 때문에 이를 실제로 적용하는 데 어려움이 있다. 활동위원회에서도 子의 최대의 이익을 우선적 고려의 대상으로 하자는 제안에 대해 강한 반대견해가 있었다. 따라서 아동의 권리에 관한 위원회가 결성되어 각국의 법을 평가하고 이 기준에 반하는 판례를 평가하는 것은 어려운 일이다.

한 재미있는 예가 Hendriks v. Netherlands에서의 인권위원회(HRC)에서 개진되었다. 즉, 夫는 네덜란드 법원이 그에게 子의 父로서의 방문권을 보장하지 않은 채 그의 前婦에게만 子의 감호권을 인정한 것은 시민과 정치적 권리에 관한 국제협약(ICCPR) 제23조(이혼시에 子의 보호를 위해 규정된 혼인과 이혼시의 배우자의 평등규정)를 위반한 것이라고 주장했다. 그의 방문권은 子의 母가 공동감호를 거절하였기 때문에 거절되었는데, 이에 대해 인권위원회는 다음과 같은 견해를 밝혔다. 즉, "당사국법원은 개별적 사건을 평가할 권한이 있다. 그러나 위원회는 당사국 법원이 협약 제23조의 규정을 보다 잘 적용할 수 있도록 법에 일정한 기준을 설정함이 필요하다고 생각한다. 이러한 기준은 예외적인 경우를 제외하곤, 子와 兩父母간의 직접적이고 정기적인 접촉의 유지와 개인적 관계의 유지를 포함하는 것이 필수적이라는 것이다. 부모 중 일방의 일방적인 반대는 예외적인 상황에 해당되지 않는다는 것이 위원회의 견해이다" 라고 하였다. 나아가 인권위원회는 네덜란드법원이 모든 상황에 비추어 子의 최대의 이익을 고려하였다고 판단하면서, "그 결과 위원회는 당사국이 제23조를 위반했다고 결론을 내릴 수는 없으나, 위에서 인용한 대로 法을 보충할 필요성이 있음을 강조한다"고 했다.

한편 협약 제3조 2항에 의해 국가는 아동에게 그러한 보호와 아동의 안녕을 위해 필요한 배려를 보장하여야 하고 부모, 법적 후견인 또는 子의 법적 책임자의 권리와 의무를 고려해야 하며, 모든 타당한 법적·행정적 방법을 강구할 의무를 진다. 그러나 이러한 권리와 의무를 구체적으로 정의하고 있지는 않다. 그리고 협약 제3조 3항에 의하면 국가는 子에 대한 배려나 보호에 책임있는 기관, 서비스와 시설은 관계당국이 설정한 기준에 합치되도록 보장해야 하며, 특히, 아동의 안전과 건강이 보호될 수 있도록 보장할 것을 요구하고 있다.

(4) 實施義務

조약 제4조는 협약상의 권리를 이행할 체약국의 의무를 규정하고 있다. 즉 당사국은 협약에 인정된 권리의 이행을 위해 필요한 모든 법적·행정적 및 기타 필요한 조치를 취할 것을 요구하고 있다. 그리고 경제적·행정적 및 문화적 권리에 관해 당사국은 유용한 최대한의 자원의 범위 안에서 필요한 조치를 취하되 필요하면 국제적 협력을 얻을 수 있다고 규정한다.

(5) 부모의 權利를 존중할 의무

조약 제5조는 "당사국은 부모 또는 법적 후견인이나 子에 대한 법적 책임있는 기타의 사람들, 또는 확대가족이나 공동사회 구성원들이 子의 능력을 계발하고 협약에서 인정된 子의 권리행사에 적절한 방향 제시와 안내를 하고자 할 때에는 그들의 책임, 권리와 의무를 존중하여야 한다"고 규정한다.

2. 具體的 權利

(1) 生存과 成長에 대한 권리

협약 제6조는 모든 아동이 천부적으로 생존의 권리를 갖고 있음을 선언하고 당사국은 최대한으로 아동의 생존과 성장이 가능하도록 보장할 의무를 진다고 규정한다. 성장이란 신체적 및 정신적 성장을 의미하지만 「성장권에 대한 유엔의 선언」에 규정된 성장권의 개념, 즉 "모든 사람은 경제적 · 사회적 · 문화적 · 정치적 발달에 참가하고, 이에 기여하며, 이를 향유할 수 있는 권리가 있으며 그 안에서 모든 인간의 권리와 기본적 자유는 실현될 수 있다"고 하는 의미까지 포함되는 것으로 확대할 수도 있다.

(2) 出生申告 · 姓名 · 國籍 및 父母를 알고 부모에 의해 보호될 권리

제7조는 아동은 출생후 즉시 신고되어야 하며, 출생 후 이름을 가질 권리를 보유하며, 국적을 취득하며, 가능한 한 부모를 알고 부모에 의해 보호될 권리가 있다고 규정한다. 부모에 의해 보호될 아동의 권리는 양면성을 지닌다. 그러므로 자녀에 대한 부모의 권리는 부모의 권리이자 의무라는 전통적인 중요성을 지닌다. 7조에 의한 의무의 이행은 국가의 실질법과 무국적자인 아동을 돕는 관련 국제기구의 의무를 감안하여 보장해야 한다.

(3) 신분보유권

협약 제8조는 국적, 성명 및 법적으로 승인된 가족관계 등 신분을 보유할 아동의 권리를 당사국이 존중하도록 규정한다. 만일 아동이 그의 신분의 전부 또는 일부를 부당하게 박탈당한 경우에는 당사국은 아동이 그 신분을 회복할 수 있도록 적절한 지원과 보호를 제공해야 한다.

(4) 부모와 별거하지 않을 권리

협약 9조는 아동은 그들의 의사에 반하여 부모와 별거해서는 안 되며, 다만 관계당국이 사법적 판단과 정당한 절차에 따라 그러한 별거가 子의 이익을 위해 필요하다고 결정하는 경우에 한하여 예외적으로 부모와의 별거가 인정된다(제9조 1항). 협약에서 인정된 예는 부모에 의한 학대 · 유기 또는 부모가 별거하는 경우 등이다. 별거소송에 있어 모든 이해당사자는 소송에 참가할 기회가 주어져야 하며 그들의 견해를 밝혀야 한다(제9조 2항).

이에 대해 협약은 아동의 참여권을 인정하면서도 아동이 단독으로 출두할 것을 요구하지는 않는다. 만일 아동이 부모와 별거하는 경우 국가는 子의 이익에 반하지 않는다면, 아동이 부모와 인적 관계를 유지하고 부모와 직접 정기적으로 만날 수 있는 아동의 권리를 존중해야 한다(제9조 3항).

한편 협약 제9조 4항은 별거가 구금 · 재감 · 망명 · 추방 또는 사망 등과 같은 상황의 결과로 인해 야기된 경우를 다루고 있다.

(5) 부모와 아동이 다른 국가에 살게 된 경우

부모와 아동이 서로 다른 국가에 살게 된 경우에, 제10조는 아동 또는 부모가 가족의 결합을 목적으로 회원국에 입국 또는 체류를 원한다면 당사국은 적극적 · 인도적 및 신속한 방법으로 이를 처리해야 하며, 그러한 신청에 대해서는 신청인 또는 그들 가족구성원에게 불리한 결과가 있어서는 안 된다고 한다. 만일 아동의 부모가 다른 국가에 살고 있는 경우에 아동은 예외적인 환경을 제외하면 정기적으로 兩父母와의 인적 관계와 직접적인 만남을 유지할 수 있는 권리를 갖는다. 이러한 목적을 위해서 국가는 아동과 부모가 그들 고국을 포함한 어떤 국가도 자유로이 출국할 수 있고 어떤 국가도 자유로이 입국할 수 있는 권리를 보장해야 한다. 출국의 권리는 법과 국가안전 · 공공질서 · 공중보건 · 공적 윤리 또는 타인의 권리와 자유를 보호하기 위한 경우에 한하여 제한할 수 있을 뿐이다.

(6) 아동학대

제11조는 아동을 부당하게 해외로 보내고 귀국을 보장하지 않는 경우 당사국은 적절한 조치를 취해야 하며, 이러한 목적을 위해서 국가간 협의를 거쳐 결론에 도달할 수 있도록 장려하기로 했다.[3)]

---

3) 예컨대 Hague Convention on the Civil Aspects of International Child Abduction 1980, European Convention on Recognition and Enforcement of Decisions Concerning Custody of Children and on Restoration of Custody of Children(1980) 등이 있다.

(7) 아동이 의견을 표명할 권리

제12조에 따라 국가는 그 자신의 의견을 가질 수 있는 아동이 그 의견을 표현할 수 있는 권리를 보장해야 하며, 그 의견은 아동의 나이와 성숙도에 따라 비중이 주어져야 한다.

(8) 表現의 自由

제13조는 아동의 표현의 자유에 관한 것이다. 표현의 자유를 실현함에 있어 필요한 특별한 의무와 책임의 한계에 관한 언급은 없고 ICCPR 제19조의 내용을 반복해 규정하고 있다.

(9) 사상・양심과 종교의 자유

제14조는 아동의 능력을 개발하도록 지도하는 부모나 법적 후견인의 권리와 의무를 존중해야 할 국가의 의무에 관한 것이다.

(10) 交際와 集會의 自由와 私生活이 존중될 權利

제15조는 아동의 교제의 자유와 평화로운 집회에 참가할 자유를 인정하고 있으며, 제16조는 아동이 사생활・가족・편지에 대한 자의적 또는 부당한 간섭이나 아동의 명예와 명성에 대한 부당한 침해로부터 자유로워야 함을 선언하고 있다.

(11) 情報에의 접근

국가는 대중매체가 주는 중요한 기능을 인정하고 아동이 다양한 국내적 또는 국제적 정보와 실체, 특히 아동의 사회적・정신적 및 도덕적 안녕과 신체적・정신적 건강의 증진을 위해 이들 정보를 접할 수 있도록 보장해야 한다.

(12) 父母의 責任

국가는 부모가 子의 양육과 성장에 공동의 책임을 부담한다는 원칙이 보장되도록 최대의 노력을 하여야 한다고 규정한다. 부모나 법적 후견인은 이에 관한 기본적인 책임이 있으며 子의 최대의 이익은 그들의 기본적인 애정이다. 책임이 기본적이라는 뜻은 2차적인 책임이 국가에 있다는 것을 의미한다. 그러나 기본적인 애정은 규정의 정신이 의미하는 바와 달리 법적인 관점에서는 기대하기 어려운 책임일 수 있다. 다만 국가는 협약의 권리를 보장하고 증진하기 위해서 부모나 법적 후견인이 그들의 자녀양육책임을 수행하도록 지원해야 하며, 아동보호기구나 시설과 봉사단체의 발전을 후원하여야 한다(제18조 2항). 또한 국가는 맞벌이 부모의 아동들이 적합한 아동보호기관과 시설을 이용할 수 있는 권리를 보장하도록 적당한 조치를 강구해야 한다.

(13) 아동보호

제19조는 아동들이 부모·법적 후견인 또는 기타 자녀를 보호하는 사람들의 보호를 받는 중에 상해 또는 학대·무관심 또는 부당한 대우·혹사 또는 착취·성폭력 등 모든 형태의 신체적 또는 정신적 폭력으로부터 자녀를 보호할 수 있는 적당한 법적·행정적·사회적 및 교육적 조치를 강구해야 할 국가의 의무를 강조하고 있다.

(14) 家族을 박탈당한 兒童

제20조는 아동이 일시적 또는 영구적으로 가족을 박탈당했거나 가족의 환경으로부터 최대의 이익이 보장되지 않는 상황에 처해 있는 아동에 대해서 국가는 특별한 보호와 지원을 해야 한다고 규정하고 있다. 이 경우 국가가 할 수 있는 보호는 양육자지정·입양 또는 필요한 경우 아동보호시설에의 보호 등을 포함한다. 계속적인 아동양육의 필요성과 아동의 윤리적·종교적·문화적 그리고 언어적 배경에 대해서는 적당한 관심이 지속되어야 할 것이다.

(15) 入 養

입양을 승인하고 허가하는 국가는 제21조에 의해 아동의 최대의 이익이 최우선적으로 고려되도록 보장해야 한다. 이를 위해서 입양은 적절하고도 신뢰할 수 있는 정보를 기초로 법과 관례에 의해 해당 기관에 의해 허가되어야 하며, 아동의 입장에서 입양이 승인되어야 하며, 필요한 경우 관계인은 상담 후 입양에 대한 동의를 할 수 있으며, 국가간 입양에 있어 아동은 국내입양에 있어서와 같은 보호와 생활수준을 누릴 수 있어야 하며, 부당한 경제적 이익을 위한 입양이 되어서는 안 된다는 것이다.

한편 해외입양은 아동이 국적을 가지고 있는 국가에서 양친이나 입양될 가정을 구할 수 없고 보호받을 수 있는 적절한 방법이 없는 경우에 아동보호의 최후의 대체수단으로만 고려될 수 있다(제21조 b항).

그런데 국내의 입양법과 관례 그 자체가 약하거나 비효율적인 경우, 또는 부당한 경제적 이익의 해석에 관하여는 문제가 있다. 또한 입양되는 가족의 구성원으로서의 아동의 권리 또는 아동의 국적이 양친의 국적과 다른 경우의 상황에 대해서는 특별한 규정이 없다는 문제가 있다.

(16) 난민아동

제22조는 아동이 피난처를 구하거나 피난을 고려하는 경우에 국가는 국가가 가입하고 있는 협약 또는 국제인권기구나 인도적 기관에서 규정하는 권리를 아동들이 향유할 수 있도록 적당한 보호와 인도적 지원을 보장해야 한다고 규정한다.

(17) 장애아동

제23조는 정신적 또는 신체적 장애아동이 품위를 지키고 자립심을 증진하며, 공동사회에의 능동적인 참여가 보장되는 완전하고도 적절한 생활을 누릴 수 있어야 한다고 선언하고 있다. 국가는 그들에게 필요한 물질, 보호자에 대한 경제적 자원을 기초로 아동에게 필요한 지원을 하는 한편, 아동들이 교육과 훈련 · 건강서비스 · 사회복귀서비스 · 가능한 한 완전한 사회적 융화와 개인적 발전, 문화적, 정신적 발전을 달성할 수 있도록 고용과 오락의 기회가 보장될 수 있도록 배려할 의무가 있다. 협약은 이를 위해 장애아에 대한 건강 보호, 의학적 · 심리적 · 기능적 치료 및 사회복귀방법, 교육 및 직업서비스 등에 대한 적절한 정보교환을 통한 국제적 협력의 증진에 대해 자세히 규정하고 있다.

(18) 아동의 건강

제24조는 아동이 최상의 건강수준을 누리고 질병의 치료와 건강회복을 촉진할 권리를 규정하고 있다. 이에 대해 국가는 아동이 그러한 건강보호서비스를 누릴 권리를 박탈당하지 않도록 노력해야 한다고 규정한다.

(19) 부당한 전통

국가는 아동의 건강에 해로운 전통적 관례를 불식시키기 위해 효과적이고도 적당한 조치를 취하여야 한다(제24조 2항). 물론 해로운 전통과 이로운 전통은 구별되어야 한다. 한편 제24조에 규정된 권리를 실현하기 위해 회원국가는 국제적 협력을 증진하고 장려해야 할 의무를 지닌다.

(20) 시설기관에 수용되어 있는 아동에 대한 배려

제24조는 국가는 보호시설에 있는 아동 또는 정신적이나 신체적 치료를 위해 수용되어 있는 아동이 정기적으로 검사를 받을 수 있는 권리를 승인하도록 요구한다.

(21) 사회보장

제26조는 모든 아동이 사회보험을 포함한 사회보장의 혜택을 받을 권리가 있음을 선언한다. 사회보장혜택은 아동과 아동을 보호하는 사람의 재산과 환경을 고려해서 결정해야 한다.

(22) 적당한 생활수준을 향유할 權利

제27조는 모든 아동은 아동의 신체적·정신적·도덕적 및 사회적 발전을 위해 필요한 적당한 생활수준을 누릴 권리를 갖고 있음을 선언한 것이다. 부모 또는 아동을 보호하는 사람은 그들의 능력과 경제적 능력의 범위 안에서 아동의 필요한 생활수준을 보장할 기본적인 책임이 있다. 한편 국가는 2차적인 책임을 지는데 국가의 환경과 방법의 범위 내에서 부모와 아동을 책임지는 사람들이 이러한 권리를 수행할 수 있도록 필요한 지원을 해야 하며, 필요한 경우 물질적 지원을 제공하고 특히 영양, 의류 및 주거에 관하여 필요한 프로그램을 제공해야 한다.

(23) 교육을 받을 권리

제28조는 아동이 교육을 받을 권리에 관한 것이다. 이 권리를 점진적으로, 그리고 평등의 기초 위에 달성하기 위해 국가는 기본적인 의무교육을 실시해야 하며, 일반 및 직업교육을 포함한 2차적 교육의 발전을 장려해야 하며, 자유교육의 도입과 필요한 자원의 제공 등과 같은 적당한 조치를 강구해야 한다.

(24) 교육의 목적

제29조는 아동의 교육의 방향을 제시한 흥미있는 규정이다. 즉 아동의 교육은 아동의 인격, 재능과 능력의 개발, 인권존중과 기본적 자유 및 UN헌장의 존중, 아동의 부모와 자신의 문화적 특성, 언어와 그 가치, 아동이 살고 있거나 태어난 국가의 가치에 대한 존중 및 다른 나라의 문명에 대한 존중의 발전을 위해서 행해져야 한다고 한다. 또한 아동이 이해 · 평화 · 인내 · 남녀평등, 그리고 여러 민족 사이의 국가적 또는 종교적 그룹 사이, 그리고 원주민 등과의 우정을 나눌 수 있는 정신을 가지고 자유로운 사회에서 책임을 질 수 있는 삶을 살 수 있도록 준비되어야 하며, 나아가 자연 환경을 존중하도록 하는 교육을 받게 할 것을 제안한다.

(25) 소수민족 또는 원주민의 아동

제30조는 민족적 · 종교적 그리고 언어적으로 소수이거나 원주민에 속하는 국가의 아동들은 다른 공동사회에서 누리는 권리 즉, 고유의 문화를 향유하고 그 자신의 종교를 고백하거나 스스로의 언어를 사용할 수 있는 권리를 향유할 수 있어야 한다고 규정한다.

(26) 휴식의 권리

제31조는 아동이 휴식과 레저를 누릴 수 있는 권리에 관한 규정이다.

(27) 경제적 착취로부터의 보호

제32조에 의해 국가는 아동의 교육과 발전에 장애가 되기 쉬운 경제적 착취와 근로로부터 아동을 보호할 의무를 진다고 규정한다.

(28) 마약으로부터의 보호

제33조는 마약의 불법사용, 국제조약에서 금지된 향정신성 물질의 사용으로부터 아동을 보호하고, 그러한 물질의 생산에 아동이 이용당하지 않도록 국가는 필요한 모든 조치를 강구해야 한다고 규정한다.

(29) 성 폭 력

제34조는 모든 형태의 성폭력, 성적 학대로부터 아동을 보호할 국가의 의무를 규정한 것이다.

(30) 아동 매매와 착취로부터의 보호

제35조에 따라 국가는 아동이 어떤 형태의 유괴 · 매매 · 부정거래의 대상이 되지 않도록 방지할 필요한 모든 국가적 조치를 강구해야 한다.

(31) 고문 · 부당한 대우 또는 부당한 징계로부터의 보호

제37조는 고문이나 기타 잔인한 비인간적인 대우나 처벌을 금지한다.

(32) 무장충돌로부터의 아동보호

제38조에 따라 국가는 무장충돌에 있어 그들에게 적용되는 법을 적용함에 있어 아동과 관련있는 국제인도법의 원칙을 존중해야 한다.

(33) 사회로의 복귀에 대한 의무

제39조에 따라 국가는 어떤 형태의 유기 · 착취 · 학대 · 고문 또는 이에 준하는 대우나 처벌 또는 무장충돌 등의 희생자인 아동이 신체적 · 정신적으로 회복하고 사회적으로 융화될 수 있도록 필요한 모든 적당한 조치를 강구할 의무를 진다.

(34) 刑法上 아동의 權利

제40조는 아동이 형법상 용의자 · 피의자 및 위반자와 관련하여 취급되는 것에 관한 규정이다. 협약의 정신에 맞는 취급은 아동의 존엄이나 가치를 존중하고, 아동이 타인의 인권을 존중하도록 강조하고, 아동의 연령을 고려하며, 아동의 사회복귀로의 열망과 사회에서 아동의 건설적인 역할을 전제로 하는 것을 의미한다. 제40조 3항은 국가는 특히 형법상 용의자 · 피의자 또는 위반자로 인정된 아동에게 적합한 법 · 절차 또는 기관의 설립을 추구해야 한다고 규정한다. 한편 제40조 4항은 이를 위해서 배려, 지도와 감독명령 · 상담 · 보호관찰 · 양육 · 교육과 직업훈련과 보호시설에서의 돌봄 등을 포함하는 다양한 결정방법이 국가에 의해 수행되도록 제시한다.

(35) 旣得權보다 不利益한 協約上의 權利

제41조는 이 협약상 어떤 권리보다 아동의 권리실현에 더욱 도움이 되는 규정, 또는 회원국의 법률이나 그 국가에 시행되는 국제법의 규정이 있으면 그것은 협약상의 권리보다 우선한다고 선언한 매우 중요한 규정이다.

3. 履行規定

(1) 홍 보

제42조에 따라 각국은 협약의 규정과 원칙을 성인과 아동들에게 널리 알려야 한다.

(2) 아동권리에 관한 위원회

제43조는 아동권리에 관한 위원회를 구성하여야 한다고 규정한다. 위원회는 회원국의 비밀투표에 의해 선출된 10명의 전문가로 구성된다. 이에 따라 1991년 2월 27일 UN에서 첫선거가 있었는데 이집트 · 브라질 · 포르투갈 · 부르키나파소(Burkino Faso) · 스웨덴 · 짐바브웨 · 페루 · 필리핀 · 소련(현재의 러시아)과 발바도스국이 선출되었다.

(3) 정기보고

체약국은 협약에서 규정된 권리의 실현을 위해 그들이 채택한 조치와, 이들 권리의 향유에 관하여 이루어진 발전에 관하여 위원회에 보고할 의무를 진다. 협약에는 국가간 또는 개별적인 대화 또는 청원 등 불만을 제기할 방법이 없기 때문에 위원회에의 보고가 유일한 대화의 수단이다. 인권위원회는 아동권리위원회가 보고절차를 운영함에 있어 성공할 수 있는 요소들은 각국이 제출하는 보고서의 질과 적절한 시기, 제출된 국외정보의 질과 범위, 협약의 이행을 비판적으로 검토하고 평가할 수 있는 위원회 구성원의 능력, 당사국과 건설적인 대화를 나룰 수 있는 위원회의 능력, 위원회가 하는 '권고와 일반적 언급', 그리고 당사국의 협력과 선의 등에 관한 해석 등이라고 권고한다.

4. 協約이 우리 家族法과 兒童福祉法에 미치는 영향

(1) 아동의 최대의 이익의 존중

우선 협약 제3조는 아동에 관한 모든 조치에 있어 아동의 최대의 이익이 최우선적으로 고려되어야 함을 강조하고 있다. 이에 대해 우리 가족법은 해석상 子의 이익을 고려하는 일은 있으나 개별적인 경우에나 일반적 규정으로 선언하고 있지는 않다. 그러므로 부모의 이혼 후의 친권자결정 · 후견인선정 · 이혼 후의 자녀양육권 · 면접교섭권 · 입양 등에 있어 子의 최대의 이익의 고려할 것을 규정하거나, 아동의 문제를 해결하는 모든 문제에 있어 아동의 이익이 최우선적인 고려의 기준이 된다는 법적 근거를 제시해야 할 과제를 안고 있다. 특히 친권자인 부모의 사망으로 후견인을 선정하는 경우에는 子의 이익이 고려될 여지가 없이 법정 순위에 의한다든가, 입양에 있어 가정법원이 子의 이익에 합치되는가의 여부에 대한 심사 없이 당사자간의 합의에 의해 입양이 이루어지는 것 등은 아동의 이익이라는 면에서 볼 때 의문의 여지가 있다. 또한 현행법상 15세 미만의 子는 민법 제869조에 의해 법정대리인이 입양에 대한 승낙을 할 수 있는데, 부모의 이혼으로 친권자가 아니게 된 부모 중 일방의 동의 없이도 입양이 가능하다는 점, 후견인이 법정대리인의 지위에서 아동의 이익에 반하여 代諾할 가능성이 있다는 점에서 문제가 있다. 해석상으로는 이러한 경우에 제871조를 유추적용하여 가정법원의 허가를 필요로 한다고 보아야 한다.[4)]

그리고 입법론으로는 미성년자를 입양할 때는 가정법원이 아동의 이익을 기준으로 입양여부를 심사하여 허가하도록 하여야 할 것이다.[5)]

(2) 成年年齡

협약은 18세를 성년으로 보고 있으나 가족법상 성년은 20세이므로 이의 조

---

4) 김주수, 친족상속법, 법문사(1992), 709-710면.

5) 원래의 개정안은 미성년자를 양자로 할 때 가정법원의 허가를 요한다고 되어 있었으나 국회심의과정에서 이 규정이 삭제되고 나머지 규정들(가정법원의 허가를 전제로 한 규정들)은 원안대로 통과되어 子의 복리에 반하는 결과가 된 것이다. 졸속 입법이 얼마나 위험한 결과를 초래할 수 있는지를 보여주는 좋은 예가 될 것이다. 자세한 것은 김주수, 위의 책, 710면 참조.

정이 논의되어야 할 것이다.[6)]

(3) 差別禁止

협약은 혼외자에 대한 차별을 금지하고 있는데(제2조) 우리 민법은 호주승계순위에 있어 혼외자를 차별하고 있다는 문제를 안고 있다.[7)]

(4) 子女養育에 관한 國家의 2차적 責任의 强調

협약은 자녀양육에 관한 부모의 책임을 기본적으로 강조하고 이에 대한 국가의 책임을 2차적으로 규정하고 있다. 그러므로 기본적인 책임은 부모 등 자녀양육자에게 있으나 부모 등의 자녀보호자가 일정 수준에 미치지 못하는 보호를 할 때에는 국가가 자녀에 대한 보호에 중요한 책임을 져야 한다는 것이다. 그 구체적인 의미는 첫째, 부모·법적 후견인 또는 기타의 성인이 아동을 돌보는 중에 발생하는 아동에 대한 모든 형태의 신체적·정신적 폭력, 상해 또는 학대·유기·부당한 대우·혹사·착취·성폭력으로부터 아동을 보호할 책임이 제19조에 의해 국가에게 부여되어 있음을 의미한다. 또한 협약 제19조 2항은 학대와 유기로부터 아동을 보호할 조치로서, 아동과 아동보호자가 필요로 하는 생활비지급과 기타 다른 형태의 예방조치 등을 예시하고 있다. 그리고 협약은 아동의 건강보호 및 교육책임이 국가에 있으며, 가족환경을 박탈당한 아동이나 가정에 머물 수 없는 아동에 대한 책임도 국가에 있음을 선언하고 있다.[8)]

체약국은 협약의 규정이 수행되도록 보장할 책임이 있으며[9)] 우리도 1991년 이 협약을 비준했으므로 아동의 양육책임 중 국가의 책임에 관련된 부분은 국가가 책임질 수 있도록 아동복지법 등 관계법을 보완하고 실제로 기능하는 법이 되도록 제도적·물질적 준비를 갖추어 나가야 할 것이다.

한편 협약의 정신에 비추어 볼 때, 민법상 친권의 용어를 부모의 책임으로

6) 한봉희, "아동의 권리조약과 가족법," 가족법연구 제6호, 한국가족법학회(1992), 47면.

7) 한봉희, 위의 논문, 48면.

8) Bernadette Walsh, "The United Nations Convention on the Rights of the Child" : A British View, International Journal of Law and the Family, Vol.5(1991.8), pp.172-175.

9) 협약규정을 수행할 구체적인 방안에 대해서는 후에 토론을 거쳐 보다 자세한 세부규정이 마련될 것이다. Bernadette Walsh, ibid., p.172.

전환하는 것이 바람직하다고 생각한다. 용어의 변화는 이에 상응한 의식의 변화도 동반한다고 보기 때문이다. 이와 함께 민법 제909조 1항의 "미성년자는 부모에게 복종하여야 한다"는 권위주의적인 규정도 "미성년자인 子는 부모를 존경해야 하며, 부모는 미성년자인 子를 보호할 책임을 진다"고 개정함이 협약의 정신에 합치된다고 본다.

(5) 아동의 自己決定權의 존중

협약 제12조는 아동의 의견표현권을 인정한다. 아동의 의견표현권은 아동에게 영향을 미치는 모든 사항에 관계되는 것으로 아동의 육체적 · 정신적 복지에 관계되는 것들이다. 아동의 사적 자치를 인정하는 것은 아동을 인간으로, 나아가 권리의 보유자로 취급하는 것을 의미하기 때문에 중요하다.[10] 우리 민법에 있어서는 부모의 이혼시 자녀양육권 · 친권자결정 · 자녀의 면접교섭권에 있어 자녀의 의견이 고려될 수 있는 법적 근거가 마련되어야 할 것이다.[11]

(6) 부모의 自律權에 대한 제한

협약은 공 · 사의 사회복지기관, 법원, 행정당국, 또는 입법기관 등이 아동에 관한 모든 조치를 취할 경우에는 아동의 최대의 이익이 최우선적으로 고려되어야 할 것(제3조)을 요구하고 있음을 상기할 때, 이들 기관이 아동에 관한 결정을 함에 있어서는 부모의 이익보다는 아동의 이익을 우선하여 고려할 권리가 있음을 의미하므로 협약 제12조에 의해 아동의 의사자치는 존중되는 반면에 제3조의 정신에 따라 부모의 자율권은 제한된다고 볼 수 있다.[12]

부모의 자율권이 제한되는 또 하나의 예는 협약 제9조에 의해 법원의 심사에 따라 관계당국이 아동을 부모의 보호하에 두는 것이 그의 이익에 합치되지 않는다고 결정하는 경우에는 아동을 부모로부터 강제로 격리할 수 있다는 것이다.[13] 이에 관한 협약의 내용이 우리 법에 미치는 영향에 관하여는 이미 앞에서 살펴본 바와 같다.

---

10) 한봉희(주 6), 48면.

11) 한봉희, 위의 논문, 48면.

12) Bernadette Walsh(주 8), p.179.

13) Bernadette Walsh, ibid., p.182.

Ⅲ. UN 아동의 權利協約과 疏外 아동의 保護

1. 사랑의 매와 아동학대

(1) 家父長사회와 사랑의 매

먼저 우리 사회는 아동학대에 대한 인식이 매우 미미하다는 점에 주목하지 않으면 안된다. 그 원인을 우리는 가부장적 사고에서 쉽게 찾을 수 있다고 본다. 즉 자식을 부모의 소유물로 생각하거나 미숙한 존재로만 인식하는 한편, 부모가 이루지 못한 꿈을 자식을 통해 이루려는 강한 집착, 또는 이미 부모가 이룬 꿈을 자식에게 물려주고자 하는 부모의 욕망과 이러한 부모의 집념을 이해하는 학교를 비롯한 사회분위기 등이 '아동은 하나의 인격체'라는 반쪽의 진실에는 무감각하게 된 원인으로 지적할 수 있다. 자식을 자기의 소유물로, 자기의 꿈을 이루어 줄 대상으로 인식하는 부모는 자기의 현실에 대한 불만이든, 자식을 통한 그의 꿈의 실현이 물거품이 될 것 같은 조짐(나쁜 성적 등)에 대한 불안이든 가리지 않고 자식을 향해 그의 분노를 분출하기 쉬운 마음상태에 있다고 할 수 있다.

그 결과 또는 그러한 생각의 연장선상에서, 부모나 교사들은 '훈육의 목적'이라는 미명하에 매를 많이 사용한다. 이러한 사회에서는 매를 맞는 아동 스스로도, 그리고 이를 본 주변사람도 다 같이 '잘못이 있으면 당연히 매를 맞아야 한다'는 공감대가 형성되는 것은 어쩌면 당연하다.

그런데 이렇게 아동에 대한 체벌을 당연시하거나 '사랑의 매'로 이해하다 보면 때로는 '사랑의 매'와 학대와의 경계가 분명치 않게 될 뿐 아니라 학대도 사랑의 매로 보고자 하는 일종의 관행에 가까운 사회분위기가 형성되기 쉬운 것이다. 더욱이 '사랑의 매'가 아닌 '학대'의 현장을 목격한 사람들과 심지어 도움을 요청받은 경찰까지도 "부모가 자기 자식을 때리는 데 참견할 수 없다"는 선입견을 갖고 있어 아동 학대는 이 사회로부터 방치될 수밖에 없게 된다. 다시 말하면 자식을 부모의 소유물로 인식하는 부모들의 사고, 인간답게 가르치려면 때려도 괜찮다는 우리 사회구성원들의 공감대, 사랑의 매가 아닌 폭력도 아동의 입장에서가 아니라 부모가 자기 소유물을 자기 마음대로 하는 일, 간섭해서는 안 되는 일, 남의 가정 일로 인식하는 생각들이 혼합되어 아동학대를 문제로 인식하지 않게 되거나, 학대가 심한 경우에도 문제로 노출되지 않게 되는 것으로 짐작된다.

(2) 協約의 정신이 우리사회에 주는 메시지

아동권리협약은 아동에 대한 가부장적 인식을 근본적으로 바꾸도록 우리에게 요구하고 있다. 즉 아동을 보호의 객체로서가 아니라 권리의 주체로 인식해 아동의 인권을 존중해야 한다는 근본정신을 담고 있다.

자식을 부모의 소유물, 보호의 대상으로만 인식하는 나머지 아동이 인격체임을 외면해 온 우리 사회가 협약의 체결을 계기로, 더욱이 당사국의 의무로서, 아동을 인격체로 볼 수 있게 되도록 하기 위해 정부는 홍보활동을 통해 이를 국민들에게 알리고(제42조), 아동복지법 · 입양특례법 · 모자보건법 · 교육법 등에 규정되어 있는 아동의 법적 권리가 그 선언적 의미에서 실효성 있는 규정이 되도록 해야 한다. 더욱이 협약은 어떠한 형태의 아동 학대 · 유기 · 부당한 대우 · 혹사 등으로부터 아동을 보호할 수 있는 법적 · 행정적 · 사회적 및 교육적 조치를 강구할 국가의 의무를 강조하고 있다(협약 제19조). 이를 계기로 정부와 민간단체, 그리고 관련학자들이 중심이 되어 아동학대는 가족의 문제가 아니라 사회의 문제임을 인식시키고 나아가 일체의 체벌을 금기시하는 사회분위기를 조성하는 한편, 아동 학대를 아동의 인권의 면에서 처벌할 수 있는 법적 근거[14]와 학대로부터 아동을 보호할 수 있는 시설 등에 대한 지원을 강화하는 방안 등을 진지하게 논의해야 할 것이다.

2. 아동학대의 實態와 現行法體系의 問題點

(1) 아동학대의 實態

아동학대는 가정 내 학대와 가정 외 학대로 나눌 수 있다. 가정 내 학대는 신체적 학대와 성적 학대, 정서적 학대, 그리고 유기[15]가 포함되며, 가정 외의 학대

14) 예컨대 아동학대방지법 등을 생각할 수 있다. 현행 아동복지법은 아동학대를 방지하기에 너무나 단편적이고 통일성이 결여되어 있으므로 이 법은 복지서비스를 제공하는 사회보장법의 방향으로 정비하고 아동 학대 및 유기를 방지하기 위한 아동학대방지법을 제정하는 것이 바람직하다는 주장이 있다. 한인섭, "아동보호와 아동의 권리," 현행법체계와 아동학대, 한국아동학대예방협회세미나(1992), 8면.

는 아동을 위한 시설이나 학교에서의 학대와 유기 · 아동의 노동력착취 · 미성년자매춘 · 강간 기타 성적 학대가 포함된다.

가정 내 학대에 대해서는 사회의 무관심, 아동에 관한 모든 것이 부모의 권리라는 일반인의 생각, 외부의 간섭을 거절하는 부모의 태도, 그리고 가해자 및 그의 배우자는 수치감과 두려움으로 신고하지 않으며 피해자인 아동은 보고할 능력이 제한되어 있다는 사실, 아동학대 예방을 위한 활동이 민간단체에 의해서만 이루어졌을 뿐 국가적인 차원에서는 이루어진 바 없다는 현실 등으로 인해 아동학대에 대한 실태파악조차 되어 있지 못한 형편이다. 따라서 아동학대 및 유기에 관한 신뢰할 만한 통계를 낸다는 것은 거의 불가능에 가까운 일이다. 다만 간접적인 방법으로 조사해 나타난 결과를 보고 아동학대의 심각성을 엿볼 수 있을 뿐이다. 이하에서는 대단히 미흡하지만 그동안 아동학대에 대한 조사연구를 통해 나타난 아동 학대 실태를 가정 내 학대를 중심으로 하여 살펴본다.[16)]

먼저, 학대의 빈도에 대해, 김광일 등 한양의대에서는 아내구타에 관한 조사연구를 하는 중 60% 이상에서 아동 학대를 겸한다는 연구결과가 있었고(1985), 국민학교 아동의 8.2%가 한달에 한 번 이상 심한 구타를 받는다는 아동구타의 발생을 조사 · 연구해 그 결과를 보고한 바 있으며(1987), 안동현과 홍강의 등이 3,700여명의 의사에게 아동학대에 관한 설문조사를 한 바에 의하면 응답자의 64%가 학대받은 아동을 치료한 적이 있다고 했고 연간 144명의 아동이 학대로 인한 상처를 받았으며 이 중에 67명은 심한 상처, 예를 들면 골절상 · 두뇌손상 · 화상 심지어 6명이 사망했다는 보고를 함으로써 우리나라도 아동학대가 매우 심각한 문제임이 확인되기 시작했다. 또한 가장 최근에 허남석(1992)에 의하면 우리나라 아동의 81.5%가 구타를 경험한 바 있고, 그 중 3%가 매우 심한 구타를 당한 것으로 보고하고 있다. 한편 한국어린이재단에서는 연간 13,000명의 기아들이 우리나라에서 발생하고 있음을 보고한 바 있다(1987). 다음 아동학대자에 관

---

15) 유기에는 신체 · 교육 및 의료 유기가 있다고 한다. 신체유기란 음식 · 옷 등 일상생활에 필요한 물질을 습관적으로 제공하지 않는 것을 의미하며, 교육유기란 필요한 교육을 시키지 않는 것이며, 필요한 치료를 베풀지 않는 것은 의료유기에 해당한다. Roberta Gottesman, The Child and the Law, St. Paul, Minn. West Publishing Co(1981), pp.35-42.

16) 홍강의, "한국아동학대의 현황과 과제 ― 문제점의 도출과 대책을 위한 제언," 한국아동학대예방협회세미나(1989), 21-22면 참조.

해, 김광일 · 고복자의 조사에서는 일반적으로 빈곤층 가정이 부유층가정보다 아동구타가 많고, 친부모와 사는 아동보다는 계부 · 계모 또는 양부모와 같이 사는 아동이 심하게 매맞는 경향이 있었으며, 아버지가 무직이거나 직업이 있는 어머니의 아동, 부모의 직업이 노동일 경우 심한 구타를 받는 경향이 많았으며, 구타자는 어머니 · 아버지 · 형제의 순으로 나타난 반면(1987), 주영희의 보고에서는 가출 아동의 학대경험은 주로 아버지가 가해자로 나타났다(1984). 안동현 · 홍강의의 보고에서는 심한 구타에 의해 손상을 입은 아동의 평균연령은 4.9세이며 경한 손상이 7.3세로 나타났다(1987).

학대의 후유증에 대해서 안동현 · 홍강의의 보고서에는 부모구타에 의한 사망이 6건, 두개골 골절 · 복강 및 뇌출혈 기타 골절이나 전신상처 등 심한 것이 1년에 4건이나 된다고 하고 있으며(1987), 허남석의 보고에서는 골절이 0.8%, 불구가 된 것이 0.3%, 화상 0.9%, 그리고 정신 잃고 쓰러지는 일이 자주 있는 경우가 0.5%이었다(1992).

다음은 서울시립아동상담소에 신고된 통계를 중심으로 그 현황을 살펴본다.[17] 먼저 1991년도 아동상담소에 수용 · 보호된 가출 아동 1,588명 중 직접적인 학대로 가출한 아동은 3.8%인 60명이며, 부모의 유기(46명)까지 포함하면 75명으로 4.7%에 해당하며, 부모의 행방불명 85명을 합하면 160명으로 전체가출아동의 10%가 학대로 인한 가출이라고 보고 있다. 여기에 가정불화로 인한 가출(236명)을 학대에 포함시키면 모두 396명으로 25%에 해당한다고 한다. 한편 1985년 서울시립아동상담소에서 아동권익보호신고제를 개설해 활동을 시작한 이래 신고된 건수를 분석한 결과를 보면,

1) 학대 類型

서울시립아동상담소에 신고된 학대 중에서 가장 많은 유형은 신체적 학대로 나타나 있다(표 1 참조).

---

17) 이영희, "아동의 학대 및 방임 · 착취로부터의 보호," 위의 세미나자료집(주 16) 참조.

〈표 1〉 학대유형

( ) 안은 %

	85	86	87	88	89	90	91	계
신체적 학대	9 (50.0)	6 (50.0)	11 (37.9)	15 (71.4)	10 (83.3)	4 (36.4)	25 (67.5)	80(57.1)
방 임	5(27.8)	4(33.3)	9(31.0)	2(9.5)	1(8.3)	3(27.3)	3(8.1)	27(19.2)
정서적 학대	-	2 (16.7)	5 (17.2)	-	-	1 (9.1)	3 (8.1)	11(7.9)
성 적 학 대	1 (5.6)	-	1 (3.4)	-	-	1(9.1)	3 (8.1)	6(4.2)
유 기	2(11.1)	-	-	1(4.8)	1(8.3)	-	3(8.1)	7(5.0)
기 타	1(5.6)	-	3(10.3)	3(12.4)	-	2(18.2)	-	9(6.4)
계								140(100)

2) 학대 아동들에 대한 부모형태의 분석

실부모와 실부 · 계모의 부모 형태에서 아동학대가 가장 많음을 알 수 있다(표 2 참조).

〈표 2〉 학대아동에 대한 부모형태의 분석

( ) 안은 %

부모형태	85	86	87	88	89	90	91	계
실부모	5 (27.8)	4 (41.7)	10 (34.5)	9 (42.9)	3 (25.0)	2 (18.2)	5 (13.5)	39 (27.9)
편 부	3 (16.7)	2 (16.7)	7 (14.1)	5 (23.8)	3 (25.0)	2 (18.2)	11 (29.7)	33 (23.6)
편 모	2 (11.1)	-	2 (6.9)	-	-	-	4 (10.8)	8 (5.7)
실부계모	6 (33.3)	3 (25.0)	5 (17.2)	4 (19.0)	4 (33.4)	4 (36.4)	12 (32.4)	38 (27.1)
실모계부	-	-	-	-	1 (8.3)	-	-	1 (0.7)
양부모	2 (11.1)	2 (16.7)	3 (10.3)	1 (4.8)	-	2 (18.2)	5 (13.5)	15 (10.7)
부모사망	-	-	2 (6.9)	2 (9.5)	1 (8.3)	1 (9.1)	-	6 (4.2)
계								140 (100)

3) 아동 학대에 대한 申告者의 類型分析

표 3에 나타난 것을 보면 학대자의 집안의 상황을 잘 알고 들을 수 있는 주민이 신고를 많이 한 것으로 나타나 있다.

〈표 3〉 신고자의 유형

( ) 안은 %

	85	86	87	88	89	90	91	계
친 모	5 (27.8)	3 (25.0)	2 (24.1)	-	1 (8.3)	2 (18.2)	2 (5.4)	20 (14.3)
친 부	1 (5.6)	-	1 (3.5)	-	-	-	1 (2.7)	3 (2.1)
경 찰	1 (5.6)	-	-	-	-	-	-	1 (0.7)
주 민	6 (33.3)	4 (34.3)	9 (31.0)	14 (66.7)	8 (66.7)	5 (45.5)	16 (43.2)	62 (44.3)
목 사	1 (5.6)	-	-	-	-	-	-	1 (0.7)
친 척	3 (16.7)	1 (8.3)	6 (20.7)	1 (4.8)	1 (8.3)	2 (18.2)	7 (18.9)	21 (15)
사회사업 기관직원	1 (5.6)	-	1 (3.5)	4 (19.0)	2 (16.7)	1 (9.1)	4 (10.8)	13 (9.3)
유아원장	-	2 (16.7)	2 (6.9)	-	-	-	-	4 (2.9)
피학대자	-	-	1 (3.5)	-	-	1 (9.1)	-	2 (1.4)
공무원	-	-	2 (6.9)	2 (9.5)	-	-	5 (13.5)	9 (6.4)
기 타	-	2 (16.7)	-	-	-	-	2 (5.4)	4 (2.9)
계								140 (100)

(2) 아동 학대와 現行法體系上의 問題點

1) 아동 학대와 아동복지법

사랑의 매가 아닌 아동 학대에 대해서는 현행 형법상에서도 영아살해죄(제

251조), 아동학대죄(제273조), 영아유기죄(제272조), 미성년자약취유인죄(제287조), 미성년자간음죄(제305조) 등의 규정이 있으며, 아동복지법 제18조는 1호부터 12호까지 아동에게 유해한 행위를 지정하여 그것을 어기면 징역과 벌금형을 과하도록 하고 있다. 그리고 미성년자보호법 · 근로기준법 등도 아동의 권익을 침해하는 행위를 금하고 있다.

그러나 복지적인 차원에서 아동 학대를 발견 · 치료 또는 사후조치나 학대를 예방하는 임무를 가진 아동복지법은 이에 대한 실효성 있는 규정을 갖추고 있지 못한 형편이다. 즉, 아동복지법 제19조는 관계공무원들이 동법 제18조에 규정된 금지행위를 위반할 우려가 있는 업소에 출입해 필요한 조사를 하거나 질문할 수 있음을 규정하고 있을 뿐 학대를 발견했을 경우에 취할 수 있는 조치가 명기되어 있지 않기 때문에 제18조의 규정을 무의미하게 한다. 또한 아동학대에 관련된 규정인 "자기의 보호 또는 감독을 받는 아동을 학대하는 행위(동조 9호)가 발견될 경우에도 그 행위자에 대해서는 2년 이하의 징역 또는 200만원 이하의 벌금"이라는 규정이 있으나, 아동학대를 발견한 자의 신고의무가 없고 신고자에 대한 보호 등의 조치가 없기 때문에 실효성 없는 규정이 되기 쉽다. 아동학대로부터 아동을 실효성 있게 보호하기 위해서는 신고의 의무화, 신고자에 대한 비밀보장 및 보복의 가능성으로부터의 보호장치, 아동학대의 신고를 받은 공무원이나 아동복지전문가가 상담 · 치료 · 부모로부터의 격리나 보호 등의 후속조치를 취할 수 있는 세부적인 시행세칙이 제정되어야 할 것이며, 이를 위한 재원의 마련이 선행되어야 할 것이다.

2) 아동 학대와 親權喪失宣告

협약 제3조는 아동에 관한 모든 조치에 있어 아동의 최대의 이익이 최우선적으로 고려되어야 함을 규정하는 한편 아동의 양육과 성장에 대해 부모가 기본적인 책임을, 국가는 2차적인 책임을 지도록 함으로써 부모와 국가의 공동책임을 규정하고 있다. 종래 부모의 권리중심이던 친권의 용어를 책임으로, 그 내용을 부모와 국가의 공동책임으로 전환하고 있는 것이다. 국가의 2차적인 책임이란 부모나 후견인이 자녀양육책임을 수행할 수 있도록 지원하는 일, 아동보호시설이나 기구 및 봉사단체를 후원하는 일 등을 의미한다고 한다(협약 제18조 2항).

이와 관련해 친권자인 부모 또는 부모 중 일방이 아동을 학대할 경우에는

“친권을 남용하거나 현저한 비행 기타 친권을 행사할 수 없는 중대한 사유”에 해당하므로 현행민법 제924조 및 아동복지법 제15조에 의해 친권상실이 선고될 수 있다. 친권상실선고는 민법 제777조에 규정된 子의 친족 또는 검사의 청구에 의하거나(민법 제924조) 도지사(아동복지법 제15조)의 청구에 의해 가정법원이 한다. 친권자인 부모 중 일방이 친권을 상실하게 되는 경우에는 다른 일방이, 편부 또는 편모가 친권을 상실하는 경우에는 후견이 개시될 것이나 우리 가족법상의 후견제도는 子의 최대의 이익이 고려되지 않고 단순히 직계혈족, 3촌 이내의 방계혈족의 순으로 후견인이 된다는 문제점을 안고 있다. 따라서 학대자인 부모에 대한 친권상실선고 후 후견인에게 아동을 맡기는 것은 부모의 보호하에 있는 경우보다 아동의 이익에 반하는 경우가 있을 수 있게 된다. 협약의 정신과 같이 아동에 대한 국가의 책임을 인식해 아동복지기관이 자녀를 보호하는 방법, 아동복지시설에의 봉사명령이나 학대방지를 위한 교육프로그램의 수강명령 등을 통해 중간적 제재수단을 입법론적으로 강구함이 바람직하다고 생각된다.[18]

3) 外國의 경우

미국의 경우에 아동학대와 유기에 대한 신고의무를 규정하고 있는 주가 많다. 아동학대가 신고되면 상담원이 조사를 하며 조사결과 문제가 있다고 판단되면 부모의 협조를 요청하는데, 부모가 협조하지 않거나 긴급을 요하는 경우에는 아동의 격리 등 필요한 후속조치를 즉시 취한다.[19]

영국의 경우, 학대아동에 대한 보호는 긴급조치와 법원의 명령에 의한 보호조치로 분류된다. 아동학대와 유기의 훌륭한 조사자는 가정방문건강상담인이다. 전문간호사인 이들은 5세 이하 아동의 건강을 돌볼 제정법상의 의무가 있으며, 가정방문을 통해 업무를 수행하므로 학대의 징후가 의심되면 신고하게 된다.[20] 경찰도 아동학대의 조사와 소추에 중요한 역할을 담당하는데, 예외적으로 아동의 격리가 필요한 긴급한 경우에 경찰은 아동을 안전한 장소에 보호하고 치안판사에게 보호소송을 제기한다. 치안판사법원은 아동학대와 유기·입양 및 부부간의 아동의 감호권에 관한 분쟁이나 방문권 등에 관한 분쟁을 취급하기 때문이다.[21]

---

18) 한인섭(주 14), 7면.

19) Roberta Gottesmant(주 15), p.44.

20) John Eekelaar, Family Law and Social Policy, Weidenfeld and Nicolson(1984), p.179.

3. 아동의 海外入養과 國家·社會의 責任

(1) 協約의 정신과 아동의 海外入養實態

협약 제7조는 모든 아동은 출생 후 즉시 신고되어야 하며, 이름을 가질 권리를 보유하며, 국적을 취득하며 가능한 한 부모를 알고 부모에 의해 보호될 권리가 있다고 규정한다. 따라서 해외입양은 아동이 국적을 가지고 있는 국가에서 입양될 만한 가정을 구할 수 없고 보호받을 수 있는 적절한 방법이 없는 경우에만 아동보호의 최후의 대체수단으로 고려될 수 있으며(21조 b항), 입양을 승인하고 허가하는 국가는 아동의 최대의 이익이 최우선적으로 고려되도록 보장되어야 하고, 이를 위해서 입양은 적절하고도 신뢰할 수 있는 정보를 기초로 법과 관례에 의해, 그리고 해당 기관에 의해 허가되어야 하며 아동의 입장에서 승인되어야 한다고 규정한다.

그러나 우리나라는 협약의 정신이 무색할 정도로 아동의 이익이 존중되거나 고려되거나 해당 기관에 의한 신중한 허가를 거침이 없이 정부의 보조없이 운영되는 입양알선기관에 의해 기아들을 해외로 입양시켜 왔으므로, 오래 전부터 이미 기아수출국으로서의 오명과 국제적 비난의 대상이 되어 왔음은 주지의 사실이다. 보사부 집계에 의하면 지난 1958년 이후 1991년 말까지 해외입양된 아동은 모두 125,580명이며, 이 가운데 80,809명이 미국에, 9,631명이 프랑스에, 7,564명이 스웨덴에, 7,550명이 덴마크에, 4,645명이 노르웨이에 입양되었다. 1980년에는 4,144명이, 1984년에는 7,924명이, 1985년에는 8,837명이 해외에 입양되었으며, 1989년에는 2,962명이, 1990년에는 2,962명이, 1991년에는 2,197명이 입양되었다 한다.[22] 1989년 이후 해외입양아가 감소하고 있는 것은 해외입양에 대한 국제적 비난을 의식하여 인위적으로 감축한 것으로 추측되며 자연적인 감소 또는 국내입양의 증가 등에 그 원인이 있다고는 보여지지 않는다.

한편 국내입양 현황을 보면 1991년에 1,241명으로 해외입양의 2분의 1에 불과하다. 입양의 목적은 불임가정에서 자녀를 가질 목적이 66%로 가장 많고, 가

21) Michael King and Judith Trowell, Children's welfare and the Law, The limits of legal intervention, Sage Pub.(1992), pp.7-13.

22) 권정희, "양자법의 개정을 위한 비교법적 연구," 이화여자대학교 대학원 박사학위논문(1993), 31면 참조.

계계승이나 가정의 화목을 위한 입양이 각각 16%, 불우아동복지를 위한 동기에서의 입양은 2%에 불과한 실정이다.[23)]

(2) 아동의 海外入養과 國家·社會의 共同責任

아동의 국내입양에 있어서의 문제점에 대해서는 위[24)]에서 이미 살펴보았으므로 여기서는 해외입양의 문제점에 초점을 맞추기로 한다.

먼저, 선진국으로의 진입을 눈앞에 두고 있다고 일컬어지며, 복지국가를 지향한다고 믿고 있는 우리 현실에서, 그것도 국내외의 거센 비난에도 불구하고, 아직도 아동의 해외입양이 지속되고 있는 이유는 무엇인가?

그 오직 하나의 자명한 이유는 기아에 비해 국내에 입양되는 아동의 수는 현저히 적은 대신 해외에는 그 수요가 많기 때문이다. 보사부통계에 의하면 기아는 연평균 12,000명에 이르며, 이 중 60% 이상이 미혼모가 친권을 포기한 신생아이다. 나머지는 극빈가정·결손가정·이혼가정에서 버려진 아이들로서 매년 증가추세(특히 미혼모에 의해 버려진 기아)에 있는 반면에, 국내입양은 1991년에 1,241명 정도에 불과한 것이 현실이다.[25)]

그렇다면 국내입양이 저조한 이유는 어디에 있는가? 가장 근본적인 이유는 전통적인 혈연중심사고, 더 나아가면 호주제에서 찾을 수 있다. 원래 호주승계자는 같은 핏줄을 지닌 남자인 자손에 의해서만 대가 이어지도록 구성되어 있기 때문이다. 개정전 가족법이 동성동본이 아닌 양자의 호주상속권을 부인한 것은 바로 이러한 혈연중심사고의 법적 표현으로 볼 수 있다. 그런 의미에서 개정법에 의해 이성양자도 호주승계가 가능하게 되었음은 하나의 발전이라고 볼 수 있다. 그러나 문제는 핏줄을 지닌 아들에 의해 대를 이어 가도록 규정하고 있는 호주제가 존재하는 한, 국민들은 아들로 하여금 대를 잇는 것이 후손된 도리라고 굳게 믿지 않을 수 없다는 데에 있다. 핏줄이 섞인 아들 중심의 호주제도는 핏줄이 섞이지 않은 '남'에 대한 배타적인 사고와 깊이 연결되어 있기 때문이다. 우리 사회가 낳은 기아(정상아, 장애아를 가리지 않고)를 외국인들이 애정을 가지고 훌륭하

23) 위의 논문, 32면 참조.

24) 이 논문 Ⅱ.의 4. UN 아동의 권리협약이 가족법에 미치는 영향 중 (1) 아동의 최대의 이익의 존중을 참조할 것.

25) 권정희(주 22), 30면 참조.

게 키우듯이 불임부부가 기아를 입양하고 여유있는 가정에서 고아의 구제를 위해 입양하는 사회가 되기 위해서는 아들로 대를 이어야 한다는 전근대적인 사상, 내 핏줄만이 소중하고 남에게 배타적이며 패쇄적인 혈연중심사고에서 벗어나 열린 사고, 인도적인 사고로의 전환이 선행되어야 한다.

그런데 이러한 국민들의 사고전환은 저절로 되는 것이 아니다. 현행 입양특례법을 살아 있는 법이 되도록 제도적 · 물적 기초를 마련해 아동의 복리를 기준으로 입양이 이루어질 수 있도록 감독하는 한편, 입양가정에 세제혜택을 주는 등의 배려와 홍보, 전문아동상담원의 육성, 아동보호시설에 대한 재정적 지원 등이 뒷받침되어야 할 것이다.[26)]

국내입양이 저조하게 된 보다 중요한 현실적인 이유는 입양알선기관에 대한 정부의 지원이 전혀 없다는 데서 찾을 수 있다. 입양알선기관이 후원자들의 기부금과 자체의 수익에 의존하다 보니 보상비가 적은 국내입양(약 40만원)보다 입양희사금이 많은 해외입양(미국의 경우 약 6,000달러로 추산)을 선호하게 될 것은 너무도 당연한 일이다.[27)]

이상에서 우리는 입양에 관한 협약의 규정과 우리의 입양에 관한 현실간에 존재하는 엄청난 괴리를 발견하게 된다. 무엇보다 절망스러운 것은 그것이 단순히 법의 문제가 아니라는 데에 있다. 미혼모에 의해 버려지는 아동은 늘고 있는데 국민들은 자기와 핏줄을 나누지 않은 아동에 대해 배타적이라는 것, 호주제가 국민들의 혈연중심의식을 부추기고 뒷받침하고 있다는 것, 이러한 문제를 해결하기에 너무나 가난하고 관심없는 정부는 입양알선기관이 입양희사금을 많이 내는 해외입양에 심혈을 기울이게 하는 원인을 제공하고 있다는 등의 사실이 오늘보다 나은 내일의 꿈을 간직할 수 없게 하는 요소들이다.

협약의 규정과 같이, 국내입양이 실현되지 않을 때 아동 보호의 최후의 수단으로 해외입양이 될 수 있도록 하기 위해서는 정부의 이에 대한 적극적인 개입과 물적 지원, 범국민적인 홍보 등과 함께 입양특례법 · 고아입양특례법 · 아동복지법 · 민법 중의 양자법규정 등의 법을 아동의 복리가 최우선이 되도록, 살아있는 법이 되도록 보완하지 않으면 안 된다.

---

26) 열악한 보호시설에서 자란 아동은 입양가정에 쉽게 동화되기 어렵다는 선입관을 갖게 한다.

27) 권정희(주 22), 31면 참조.

4. 低所得層 아동에 대한 保護

협약은 모든 아동이 적당한 생활수준을 누릴 권리가 있음을 선언하고 있고(제27조), 사회보장의 혜택을 받을 권리(제26조) 및 교육을 받을 권리(제28조)를 규정하고 있다.

이에 대해 우리 생활보호법은 부양의무자가 없거나, 있어도 부양할 능력이 없는 자로서 65세 이상의 노약자, 18세 미만의 아동, 임신부, 폐질 또는 심신장애로 근로능력이 없는 자, 기타 생활이 어려운 자로서 보호기관의 보호가 필요하다고 인정하는 자는 국가에 의해 보호된다고 규정하고 있다. 이에 따라 정부는 18세 미만의 아동을 보호하고 있는 모자 가족 중 50세 이상의 모자세대는 거택보호자로 책정하여 생계구호를 하고 있다. 또한 50세 미만은 자활보호대상자로 책정하되 자활보호대상자로 책정된 경우에도 생계유지가 극히 곤란한 가구는 보호기관의 판단하에 거택보호수준의 생계구호혜택을 받을 수 있게 되어 있다.

그런데 18세 미만의 아동을 보호하고 있는 母子家庭에 대한 어느 조사에 의하면 자녀양육상의 어려움을 충분히 먹이고 입힐 수 없다(89.6%)거나, 학비가 부족하다(87.4%)는 등의 경제적인 어려움을 들고 있다.[28] 모든 문제가 한번에 해결될 수는 없겠지만 우선 이들 18세 미만의 아동을 보호하는 빈곤가정에 대해서는 자녀를 위한 교육비 지원이 보장되어 자녀세대에까지 빈곤이 세습되지 않도록 하는 법적 및 물질적 지원 등의 보완조치가 시급히 필요하다고 생각한다.

한편 저소득층에서 어머니의 취업이 불가피할 때 0-6세의 어린 자녀의 보호가 문제된다. 한 조사에 의하면 어린 자녀를 둔 영세지역 취업모의 적지 않은 수가 일하는 동안 자녀를 방치해 두고 있으며, 반 이상은 일하면서 자녀를 돌보고 있는 실정이다. 또한 개별대행자나 보육시설을 이용하는 취업모는 소수에 지나지 않는다고 한다. 아동복지의 차원에서 영세지역의 아동보육시설을 시급히 확대 설치해야 할 것이다.[29]

---

28) 김정자, "저소득층 모자가족에 관한 연구," 여성연구, 여성개발원(1988/가을), 24면 참조.

29) 변화순, "한국가족정책에 관한 종합적 접근," 여성연구, 여성개발원(1989/봄), 154면; 김정자, 아동보육에 관한 연구, 여성연구, 여성개발원(1988/여름), 67면.

Ⅳ. 맺 음 말

UN 아동권리협약의 체결을 계기로 아동의 법적 권리를 일반적인 관점에서 되새기고, 구체적으로는 소외아동(장애아 등은 제외) 문제의 실태를 파악해 아동의 권리를 중심으로 한 소외아동 보호의 법적 근거를 논의함으로써 어른 중심에서 아동중심으로의 전환(과보호가 아닌)의 필요성을 강조하고자 한 것이 이 논문의 목적이었다.

UN 아동의 권리협약이라는 이상에 가까운 규정과 우리 사회의 현실을 비교하여 어떤 대안을 제시한다는 것은 처음부터 무리라는 것은 잘 알고 있었다. 다만 아동의 문제를 '문제'로 보이게 한다는 의도에 초점을 두고 있었으므로 협약의 내용을 염두에 두고 제시한 아동복지적 차원의 대안이 현실감이 없거나 공허한 메아리와 같이 느껴질 수 있다는 것은 너무나 당연하다.

우리는 곧잘 아동에 대해 내일의 꿈이니 국가의 장래니 하는 말을 쓰지만 우리의 남자어른 중심사회에서 아동은 때론 지나치게 무시당하고(남자도 아니고 어른도 아니기에) 때론 지나치게 보호받는 것(능력있는 남자어른으로 성장시키기 위해) 같다. 이러한 우리 사회에서 아동의 의견표명권 · 정보에 접할 권리 · 국가로부터 보호받을 권리 · 子의 최대의 이익의 기준 등 협약의 내용을 되새겨보도록 강조하는 것은 비록 공감을 얻기는 힘든 일이라 해도 의미가 있는 일이라고 생각한다.

그런데 정상아와 달리 소외된 아동들, 그 중에도 학대받는 아동, 버려지는 아동, 특히 해외로 입양되는 아동, 영세민의 아동들의 보호에 대해서는 정부기관, 관계전문가 등이 중심이 되어 아동복지법, 입양특례법 등이 기능을 발휘할 수 있도록, 그리하여 이들이 필요로 하는 보호를 받거나 또는 국내입양의 길을 찾을 수 있도록 하는 데 우선순위를 두도록 강조하고 싶다. 우리 사회에서 이들 소외 아동들이 갖고 있는 문제를 내일로 미룬다는 것은 그만큼 국가의 정의, 사회정의의 실현과 더불어 밝은 미래를 향한 발돋움까지도 훗날로 미룬다는 것을 의미하기 때문이다. 이를 위해서는 무엇보다도 먼저(비용의 문제에 앞서) 개선책을 찾으려는 노력과 관심이 선행되어야 하고, 그 다음에 이에 필요한 재원의 충당이 필요하다고 본다. 예산만 없는 상황과 관심마저 없는 사실과의 사이에는 엄청난 차이가 있기 때문이다.

협약의 내용을 읽고 아동의 권리와 보호에 대한 논문을 쓰면서 얻은 결론은 아동에 관한 한 국가와 국민의 의식이 근본적으로 바뀌어야 한다는 것이다. 협약은 아동을 어른의 종속물로 대하던 과거의 관행을 버리고 그들을 하나의 독립된 인격체로 존중하며, 그들의 권리와 이익과 의견을 우선하여 고려하도록 우리에게 요구하고 있기 때문이다. 그러므로 우리는 이제부터 아동의 입장에서 생각하는 새로운 습관에 우리 스스로를 길들이지 않으면 안 될 것이다. 그 때 비로소 협약의 정신이 이해되고, 그 내용을 이행할 수 있을 것이기 때문이다.

한편, 정부는 협약을 비준한 당사국의 일원으로서 협약의 내용을 성실히 이행할 구체적인 의무가 있다. 물론 협약의 내용을 모두 실현할 수는 없다 해도 협약의 정신을 국민들에게 널리 알림과 동시에 가능한 범위에서 이를 가족법, 형법(또는 아동학대방지법의 제정), 특히 아동복지법에 반영하거나, 장차 반영할 계획을 세우는 동시에, 현시점에서 실현이 가능하다고 보여지는 소외아동의 문제에 대해서는 입양특례법, 아동복지법 등 관계법의 보완을 통해 보호를 실현하도록 하여야 할 것이다.

_ 현대민법의 과제와 전망(남송 한봉희교수 화갑기념논문집, 1994) 게재

後 記

1. 아동의 최대의 이익의 존중과 관련하여(II. 4. (1))

2005년 개정민법은 제912조를 신설하여 친권행사에 있어 자의 복리를 우선적으로 고려하여야 한다고 선언하고 있고, 제909조 제6항에서도 친권자 변경의 원칙이 자의 복리임을 선언하고 있다. 다만, 자의 복리는 친권행사시뿐 아니라, 친권자결정시에 더욱 필요한 원칙임을 고려할 때 이에 대한 선언이 없음은 아쉬움으로 남았으나, 2011년 개정법에서 친권자 지정시에 자(子)의 복리를 우선적으로 고려하도록 개선하였음은 다행이다. 자세히는 이 논문집 제4부, 현행친권법상 子女의 利益과 父母의 責任, 후기 참조.

2. 양자제도의 개선과 관련한 제안(II. 4. (1))

2005년 개정민법 제869조는 단서를 신설하여 “후견인이 입양을 승낙하는 경우에는 가정법원의 허가를 받아야 한다”고 하여 자의 복리를 추구하고 있고, 제899조도 이와 같은 취지에서 제2항을 신설하여 “제1항의 규정에 의한 협의를 후견인 또는 생가의 다른 직계존속이

하는 때에는 가정법원의 허가를 받아야 한다"고 규정하고 있다.

3. 성년연령과 관련하여(Ⅱ. 4. (2))

2011년 개정민법은 성년연령을 19세로 개정하였으며, 2013년 7월 1일부터 시행된다.

4. 호주승계순위에 있어 혼외자를 차별하고 있다는 문제와 관련하여(Ⅱ. 4. (3))

호주제도는 2005년 3월에 헌법불합치결정을 받아 2005년 개정법에서 삭제되었으며, 2008년 1월부터 시행되고 있다. 호주제도의 삭제에 따라 호적법도 폐지되었으며, 「가족관계의 등록 등에 관한 법률」이 제정되어 2008년 1월부터 시행되고 있다.

5. 민법 제909조 1항 "미성년자는 부모에게 복종하여야 한다"는 권위주의적인 규정의 개정과 관련하여(Ⅱ. 4. (4))

2005년 개정민법에서는 "친권에 복종한다"는 권위주의적인 표현을 삭제하였다. 즉, 제909조 제1항에서는 "부모는 미성년자인 자의 친권자가 된다. 양자의 경우에는 양부모가 친권자가 된다"고 하였으며, 제910조와 제921조에서는 "그 친권에 따르는" 것으로 바뀌었다.

6. 아동학대와 관련하여(Ⅲ. 2.)

이 논문에서는 다음과 같은 문제를 제기하였다. 즉 「아동복지법 제19조는 관계공무원들이 동법 제18조에 규정된 금지행위를 위반할 우려가 있는 업소에 출입해 필요한 조사를 하거나 질문할 수 있음을 규정하고 있을 뿐 학대를 발견했을 경우에 취할 수 있는 조치가 명기되어 있지 않기 때문에 제18조의 규정을 무의미하게 한다. 또한 아동학대에 관련된 규정인 "자기의 보호 또는 감독을 받는 아동을 학대하는 행위(동조 9호)가 발견될 경우에도 그 행위자에 대해서는 2년 이하의 징역 또는 200만원 이하의 벌금"이라는 규정이 있으나, 아동학대를 발견한 자의 신고의무가 없고 신고자에 대한 보호 등의 조치가 없기 때문에 실효성 없는 규정이 되기 쉽다. 아동학대로부터 아동을 실효성 있게 보호하기 위해서는 신고의 의무화, 신고자에 대한 비밀보장 및 보복의 가능성으로부터의 보호장치, 아동학대의 신고를 받은 공무원이나 아동복지전문가가 상담 · 치료 · 부모로부터의 격리나 보호 등의 후속조치를 취할 수 있는 세부적인 시행세칙이 제정되어야 할 것이며, 이를 위한 재원의 마련이 선행되어야 할 것이다.」

이에 대하여, 2011년에 전면 개정되어 2012년부터 시행될 예정인 아동복지법은

1) 친권상실의 선고를 청구할 수 있는 대상 및 후견인의 선임을 청구할 수 있는 대상의 범위를 확대하고(아동복지법 제18조부터 제20조까지),
2) 보건복지부장관은 아동학대의 예방과 방지, 아동학대행위자의 계도를 위한 교육 등에 관한 홍보영상을 제작하여 지상파방송사업자에게 비상업적 공익광고 편성비율의 범위에서 홍보영상을 채널별로 송출하도록 요청할 수 있도록 하였으며(아동복지법 제24조),
3) 신고의무자에 대하여 보수 교육과정에도 아동학대예방 및 신고의무와 관련된 교육내용

을 포함하고, 신고절차와 방법 등에 관한 사용설명서를 배포하여 신고의무자가 아동학대 상황에 즉시 대처할 수 있도록 하였다(아동복지법 제25조 및 제26조).

4) 또한 아동학대 현장 출동시 수사기관 및 아동보호전문기관의 상담원이 동행 출동하도록 하고, 아동학대 현장에 아동보호전문기관의 직원이 출동한 경우 학대 행위자가 폭행·협박 및 조사거부 등의 방해 행위를 하지 못하도록 명시하여 아동보호 강화 및 위험요소를 제거하였다(아동복지법 제27조)

5) 한편, 아동보호전문기관의 장은 아동의 안전 확보와 재학대 방지, 건전한 가정기능의 유지 등을 위하여 피해아동 및 보호자를 포함한 피해아동의 가족에게 상담, 교육 및 의료적·심리적 치료 등의 필요한 지원을 제공하도록 하고, 아동학대가 종료된 이후에도 아동보호전문기관의 장은 가정방문, 전화상담 등을 통하여 학대행위의 재발 여부를 확인하도록 하였다(아동복지법 제28조 및 제29조).

아동을 실효성 있게 보호하는 법이 될 것을 기대한다.

제 5 부

상 속 법

_ 상속회복청구권 除斥期間의 경과와 僭稱相續人의 地位
- 대법원 1998. 3. 27. 선고 96다37398 판결 -

_ 相續回復請求權의 時效에 관한 慣習法의 效力
- 대법원 2003.7.24. 선고 2001다48781 전원합의체 판결 -

_ 債務超過 相續財産에 대한 債權者의 權利와 相續人保護
- 相續拋棄制度를 중심으로 -

_ 相續의 承認과 拋棄에 대한 立法論的 硏究

상속회복청구권 除斥期間의 경과와 僭稱相續人의 地位 - 대법원 1998. 3. 27. 선고 96다37398 판결 -

Ⅰ. 事實關係

1. 문제의 토지는 경남 창원군 진동면 인곡리 산 83에 위치한 임야로서 국가가 이를 사정받았다가 피고 김말려의 祖父인 소외 망 김응하가 1931년 그 소유권을 취득하였다. 그 후 이 임야는 산 83의 1 임야와 산 83의 2 임야로 분필되었고, 그 중 산 83의 1 임야는 그 일부가 밭으로 개간됨에 따라 산 83의 3으로 분필(밭으로 개간된 부분)되어 이 사건 부동산의 지번을 부여받았다.

2. 위 김응하는 1940.2.1. 사망하여 며느리인 조서천이 김응하의 호주 및 재산을 상속하였으나 사후양자를 입양하지 아니한 상태에서 1964년 사망하였다. 며느리가 호주 및 재산을 상속한 것은 김응하의 장남은 처인 조서천과 사이에 피고 김말녀(4녀) 등을 두고 1915.9.23. 이미 사망하였으며, 김응하의 처와 직계존속도 모두 이미 사망하였기 때문이다.

3. 한편, 조서천의 사망 후 김상룡은 사후양자임을 이유로 1968.5.1. 호주상속신고를 하였고 그의 사후에는 장남인 김여홍이 호주상속을 한 후 이 사건 부동산을 관리하여 오다가 이형규를 거쳐 원고 법인이 1976년경 이 사건 부동산을 매수하였으나 미등기인 채로 두었다.

4. 피고 김말녀는 1992.11.경 이 사건 부동산에 관하여 위 김응하 명의로 종합토지세가 부과되자 그때서야 이 사건 부동산의 존재를 알게 되었다. 그는 다른 형제들 및 그들의 상속인들로부터 상속포기를 받은 후 농지위원으로부터 "위 피

고가 1964.3.11. 위 김응하로부터 이 사건 부동산을 상속하여 현재 사실상 소유하고 있다"는 내용의 보증서 및 그에 기한 확인서를 발급받아 이 사건 부동산에 관하여 「부동산 소유권이전등기 등에 관한 특별조치법」에 따라 마산등기소에 위 피고명의로 소유권보존등기를 경료하였고 그의 딸인 정인순 명의로 증여를 원인으로 한 소유권이전등기를 경료한 바 있다.

5. 이에 원고 법인은 피고 김말녀에 대하여 다음과 같이 주장하면서 등기의 말소를 구하였다. 첫째, 피고는 상속인이 아님에도 허위내용의 확인서 및 보증서를 발급받아 소유권보존등기를 경료하였으므로 무효의 등기이며, 원고는 이 사건 부동산의 상속권자인 김여홍이 피고에 대하여 가지는 등기말소청구권을 대위행사한다는 것, 둘째, 설사 김여홍이 상속권자가 아니라 해도 그의 아버지인 김상룡이 김성훈(김응하의 장남) 家에 양자로 입양하였으므로 이 사건부동산에 대한 공동상속인이라는 것, 셋째, 설사 김말녀가 진정상속인이라 하더라도 그 소유권 또는 지분권 주장이 상속을 원인으로 하는 이상 그 청구원인 여하에 불구하고 민법 제999조 소정의 상속회복청구의 소에 해당한다 할 것이며, 그 상속회복청구권이 제척기간인 10년이 경과하여 소멸하면 상속인은 상속인으로서의 지위를 상실하고 그 반사적 효과로서 참칭상속인의 지위는 확정되는 것인데 피고는 1964.3.11. 이 사건 부동산의 상속인이 되었음에도 불구하고 그로부터 10년이 경과하였음이 분명한 1993년에 이르러 소유권 보존등기를 하였으므로 김여홍에 대하여 상속회복청구권을 주장할 수 없다는 것 등이다(평석에 필요한 범위에서 요약하였음).

II. 원심 판결요지[1)]

1. 이 사건 부동산은 위 조서천에게 상속되었다가 1964.3.11. 위 조서천의 사망으로 그의 딸들인 위 김점출, 피고 김말녀 및 위 김을출과 김필출의 각 상속인들에게 공동상속되었다 할 것인바, 위 김여홍은 이 사건 부동산에 관하여 아무런 권원이 없다 할 것이어서, 위 김여홍이 이 사건 부동산의 정당한 상속권자로

1) 창원지방법원 제1민사부 1996.6.21, 95나6179 판결. 한편, 이 판결의 원심 판결은 창원지방법원 1995.7.14, 93가단22008 판결임.

서 피고들에 대하여 이 사건 부동산에 관하여 경료된 피고들 명의의 위 각 등기의 말소를 구할 권원이 있음을 전제로 한 원고의 주장은 이유 없다.

2. 위 조서천의 사망 후 위 김상룡이 1968.5.1. 호주상속신고를 하고 그에 따라 위 김상룡이 1964.3.11. 위 조서천으로부터 호주상속을 한 것으로 되어 있는 사실은 인정되나 위 김상룡이 위 조서천의 생전에 그 家에 사후양자로서 入籍하였다는 점을 인정할 아무런 증거가 없으며, … 위 조서천의 사망으로 그의 家는 호주상속인이 없는 無後의 상태로 되었고 그의 재산상속인으로서는 위 김을출, 김필출의 각 상속인들, 위 김점출 및 피고 김말녀가 있었을 뿐이므로 원고의 위 주장(공동상속인이라는)도 이유 없다.

3. 상속회복청구권이 제척기간인 10년이 경과되어 소멸하면 상속인은 상속인으로서의 지위를 상실하게 되고 그 반사적 효과로서 참칭상속인의 지위는 확정되어 참칭상속인이 상속개시시부터 소급하여 상속인으로서의 지위를 취득한다고 할 것인바, 피고 김말녀는 위 조서천이 사망한 1964.3.11. 이 사건 부동산의 상속인이 되었음에도 불구하고 그로부터 10년이 경과하였음이 역수상 분명한 1993.7.6.에 이르러야 이 사건 부동산에 관하여 자신의 명의로 소유권보존등기를 경료하였으므로 위 김여홍에 대하여 그 상속회복청구권을 주장할 수 없게 되어 상속인으로서의 지위를 상실하게 되었고 그 반사적 효과로서 위 김여홍은 상속개시일인 1964.3.11.로 소급하여 이 사건 부동산에 대한 위 피고 명의의 위 소유권보존등기 및 이를 기초로 한 피고 정인순 명의의 위 소유권이전등기는 각 무효의 등기라 하나, 피고 김말녀는 원고의 지위에서 자신이 이 사건 부동산의 진정한 상속인이라고 주장하는 것이 아니라 원고의 이 사건 청구에 대하여 피고의 지위에서 소극적으로 원고의 주장을 다투면서 응소하는 것인바, 이를 일컬어 상속회복청구권을 행사한다고 볼 수는 없다.

Ⅲ. 大法院 判決要旨

1. 상속회복청구권이 제척기간의 경과로 소멸하게 되면 상속인은 상속인으

로서의 지위, 즉 상속에 따라 승계한 개개의 권리의무 또한 총괄적으로 상실하게 되고, 그 반사적 효과로서 참칭상속인의 지위는 확정되어 참칭상속인이 상속개시의 시로부터 소급하여 상속인으로서의 지위를 취득한 것으로 봄이 상당하다.

2. 상속회복청구의 상대방이 되는 참칭상속인이라 함은 정당한 상속권이 없음에도 재산상속인임을 신뢰케 하는 외관을 갖추거나 상속인이라고 참칭하면서 상속재산의 전부 또는 일부를 점유함으로써 진정한 상속인의 재산상속권을 침해하는 자를 가리키며, 김여홍은 피고 김말녀의 상속재산으로서 미등기 부동산인 이 사건 토지를 임의로 매도한 자에 불과하고, 이 사건 토지에 관하여 조서천의 상속인이라고 참칭하면서 등기를 마치거나 점유를 한 바 없을 뿐아니라, 피상속인인 조서천의 호적에 의하더라도 김여홍은 조서천의 시동생인 김차봉의 손자로서 조서천의 법정상속인에 해당할 여지가 없어 김여홍에게는 조서천의 유산에 대하여 상속권 없음이 명백하므로 김여홍을 상속회복청구의 상대방이 되는 참칭상속인에 해당한다고 볼 수 없다.

3. 김여홍의 아버지인 김상룡이 아무런 근거 없이 조서천의 호적에 조서천의 호주상속인으로 등재된 상태에서 호주상속회복청구권의 제척기간이 경과함으로써 김상룡이 참칭호주상속인으로서 조서천의 호주상속인으로서의 지위를 취득하게 되었다 하더라도 신민법 시행후에는 호주상속과 재산상속은 별개이므로 김상룡이 조서천의 호주상속인으로서의 지위를 취득하였다 하더라도 그와 같은 사정만으로 조서천의 재산상속인으로서의 지위를 함께 취득한다고 볼 수 없다.

연 구

Ⅰ. 문제의 제기

상속회복청구권에 관하여는 많은 판례와 연구가 쌓여 있다. 그리고 그 논의의 초점은 대부분 상속회복청구권의 법적 성질과 참칭상속인의 인정여부에 집중되는데, 이는 곧 민법 제999조 2항의 행사기간을 적용할 것인지의 여부에 관한 문제이기도 하다.

그런데 상속회복청구권에 관한 연구에서 논란의 여지없이 받아들여지고 있는 것은 바로 단기의 행사기간의 법적 성질은 제척기간이라는 점이다. 그런 한편, 제척기간이 경과된 경우의 효과에 대하여 대법원은 "상속인은 상속인으로서의 지위를 상실하고 그 반사적 효과로서 참칭상속인은 상속개시일로 소급하여 상속인의 지위 및 상속재산의 소유권을 취득한다"[2]고 한다. 이러한 결론은 소멸시효와 제척기간의 중요한 차이 중 하나로 알려져 있는, 소멸시효에는 소급효가 있으나 제척기간은 장래를 향하여 권리가 소멸된다는 원칙에는 어긋나는 것이다. 이는 아마도 상속법의 특성상 소급효를 인정함으로써 상속개시시부터 제척기간이 완성된 시간 사이의 공백을 없이 하기 위한 불가피한 해석으로 이해된다. 그러나 단기의 기간에 권리를 행사하지 않았다는 이유로 진정상속인은 상속인의 지위를 잃고 참칭상속인은 진정상속인의 지위를 취득한다는 것은 설득력이 없으며, 정의감이나 법감정에도 반하는 것이다.

그렇다면, 상속회복청구권의 행사기간을 제척기간으로 해석하고, 제척기간 경과에 소급효를 인정함으로써 이 제도를 반윤리적인 것으로 전락시키기보다는, 이를 소멸시효로 해석함으로써 진정상속인을 보호하는 한편, 그 당연한 귀결로서 기간경과에 소급효를 인정하고 소급효는 침해재산에 한정하는 것이 보다 타당한 해석은 아닌지, 의문이 제기된다. 이에 따라 이 글에서는 상속회복청구권의 행사기간을 너무나 당연히 제척기간으로 해석하는 통설과 판례에 의문을 제기함과 동시에, "제척기간이 경과되면 참칭상속인의 지위가 상속개시시에 소급하여 정당한 상속인이 된다"는 대법원의 견해를 비판적으로 검토한 후, 진정상속인을 보호하는 방법의 하나로서, 참칭상속인의 인정기준을 생각해 보기로 한다. 이에 앞서 해석론 및 입법론에 참고하기 위해 로마법과 독일 민법상 상속회복청구권 제도를 비교적 상세히(필요한 범위 내에서) 소개하기로 한다. 로마법상 상속회복청구권은 연혁적 고찰의 의미에서, 그리고 독일민법은 우리 민법의 해석과 입법에 참고할 가치있는 매우 훌륭한 입법례라고 생각하였기 때문에 택하였다.

참고로, 이 사건 판결에서 대법원은 참칭상속인측이 상속회복청구권의 행사기간이 경과된 후에 소유권보존등기를 한 진정상속인을 피고로 하여 제기한 소

---

2) 대법원 1994. 3. 25, 93다57155 판결; 대법원 1998. 3. 27, 96다37398 판결(대상 판결).

유권보존등기말소청구 소송에서, 참칭상속인의 피고적격을 부인하고 있다. 따라서 제척기간 경과의 효과에 관한 언급도 이 사건 판결의 당연한 귀결이 아닌, 일반론임을 밝힌다.

II. 입 법 례

1. 로마법상의 hereditatis petitio

(1) 로마법상의 hereditatis petitio는 시민법상 상속권을 보호하는 訴權으로서 이 소권에 의해 상속인은 상속권의 확인과 상속재산의 반환을 요구할 수 있다. 이 소권은 대물소권으로 소유물반환소권과 유사한데 다만 소유물반환소권이 개별적 소권인 데 반해 her.pet는 모든 상속재산을 포함하는 하나의 포괄적인 청구권이라는 점이 다르다.[3] 로마법상의 her.pet는 소유물반환소권과 같은 개별적 청구권에 의해서는 상속인의 지위가 충분히 보호될 수 없다는 우려에 기인한다. 즉, 상속인은 피상속인이 행사할 수 있었던 일체의 물권, 채권, 기타 일체의 재산권을 승계하고, 이에 기한 소유물반환청구권이라든가 등기청구권과 같은 청구권까지 취득하지만 이러한 개별적 청구권은 본래는 피상속인이 생존한다면 당연히 그에게 귀속했을 청구권으로서 상속법상 고유의 청구권은 아닌 것이다. 이에 따라 상속인을 보호하고, 상속권의 다툼을 해결하기 위한 특수한 소권으로 발생된 것이 hereditatis petitio이다.

(2) 청구인은 시민법상의 상속인이라고 주장하는 자이며, 그는 자기의 상속권을 입증하여야 한다. 피고적격자는 상속인이라고 주장하는 자, 상속인으로서 상속재산을 점유하는 자(pro herede), 고전법에서는 아무런 권리를 주장함이 없이 상속재산을 점유하는 자(pro possessore) 등이다. 고전법에서는 모든 상속재산 또는 개개의 상속재산을 점유하는 자에 대해서만 her.pet이 대물소권으로서 인정되었으나 그 이후에는 점차 요건이 완화되어 유체물에 한하지 않게 되었다. 또

---

3) Max Kaser, Römisches Privatrecht, 14. Aufl.(1986), S.334.

한 이 때 피고는 상속재산을 형식상 반드시 점유하여야 할 필요는 없었다. 그는 다만 개개의 상속물건 또는 과실이나 대체물(상속재산의 매매대금 등)을 점유하는 것으로 족하였으며 상속으로 인해 채무를 면하게 된 상속채무자에 대해서도 청구할 수 있었다.

(3) 상속인은 상속회복청구 대신에 소유물반환청구 등 상속재산에 대한 물권적 청구권을 행사할 수 있다. 그러나 상속회복청구 소송은 동일한 피고에 대한 이러한 모든 개별소송을 소멸시키며, 반대로 모든 개별소송은 상속회복청구권을 소멸시킨다. 그것은 어떠한 소에 의하든지 선결문제로서 상속권에 관한 판단이 전제되어야 하기 때문이다. 개별소송에 있어서는 소송이 제기될 때마다 상속권에 관한 판단을 받아야 하는 데 반해[4] 상속회복청구소송에 있어서는 두 당사자 사이의 상속권의 문제가 1회에 결정될 수 있게 된다. 그러나 만일 누구든지 상속인에 대해 상속이 선결소송이 될 수 없다는 등의 항변을 개별소송으로 주장한 경우(예컨대 취득시효 등으로) 판사는 선결문제로서 상속권에 관한 심사를 해서는 안되며 원고가 주장하는 개별적 권리가 인정되면 상속권에 관한 판단을 함이 없이 원고 승소 판결을 내려야 한다.[5]

2. 독일 민법상의 Erbschaftsanspruch

독일 민법상의 상속회복청구권(Erbschaftsanspruch)은 로마법상의 hereditatis petitio에서 유래하고 있으며, 진정상속인이 참칭상속인에 대해 포괄적 청구로서 상속재산의 전부 또는 개개의 상속재산의 인도를 청구하는 독립된 청구권으로 발전되었다.[6] 그런데 독일민법상 상속회복청구권의 특성은 遺産裁判所가 교부하는 상속증서에 의해 일단 참칭상속인이 등장할 가능성이 감소될 수 있다는 점에 있다. 또한 참칭상속인으로부터 상속재산을 양수한 제3자는 동산인 경우에는 선의취득제도, 부동산인 경우에는 등기의 공신력에 의해 보호된다는 전제 위에서, 진정상속인은 참칭상속인에 대하여 그의 선의 또는 악의에 따라 상속재산의

4) 개별소송에 있어 선결문제에 관한 판단은 다른 개별소송에 영향을 미치지 않기 때문이다.

5) Kaser(주 3), S.336.

6) Wilfred Schlüter, Erbrecht, 11. Aufl.(1980), S.238.

반환을 요구할 수 있게 함으로써 진정상속인은 보호하고 참칭상속인은 책임을 지게 되는 구조를 통해 거래의 안전과 정의의 실현은 절묘하게 조화를 이루며 기능할 수 있는 것이다.

(1) 상속증서(Erbschein)

상속인은 유산재판소에 대하여 상속권에 관한 증명서, 즉 상속증서(Erbschein)의 발급을 요청할 수 있으며, 유산재판소는 상속인의 신청에 따라 상속권에 관한 증명서 또는 상속재산의 일부에 관하여 상속권을 가질 경우에는 그 상속분에 관한 증명서를 교부하여야 한다. 상속증서를 교부받은 상속인은 사적 및 공적인 관계와 법원에 대한 관계에서 정당한 상속권자로 취급되며, 토지등기소에서의 등기시에도 상속권을 증명하는 효과를 갖게 된다.[7] 상속증서의 신청과 교부절차에 관하여는 독일 민법 제2354조 이하 및 비송사건법 제1조에서 제34조 및 제72조에 규정되어 있다.

우선 상속증서는 신청에 의해서만 교부한다. 신청자격은 상속인(공동상속인 중 1인, 선순위상속인, 후순위의 상속이 개시될 경우에 대비하여 후순위상속인도 포함), 유언집행인, 유산관리인, 파산관재인 및 상속재산에 대한 강제집행을 목적으로 하는 채권자 등이다. 신청인은 독일민법 제2354-2356조에 규정된 사항을 신고하여야 하며, 신고의 정당성과 상속권 있음을 공문서로서 증명하여야 한다.

신청을 받은 유산재판소는 신청인에게 상속권이 있는지의 여부를 사실상, 법률상 심사하여야 하며, 신청인에게 상속권 있음을 확신한 경우에 한하여 상속증서를 교부한다. 상속증서에는 상속인과 상속분을 기재하며, 공동상속의 경우 공동상속인 중 1인의 권리에 대한 증서를 신청할 수도 있고, 각 공동상속인의 상속권이 기재된 공동상속증서를 신청할 수도 있다.[8]

상속증서의 교부는 상속권에 관한 법적 효력을 지니는 법원의 결정은 아니다. 그러므로 예컨대 A가 단독상속인으로서의 상속증서를 교부받았다면 후일에 B가 그의 단독상속권을 주장하는 데 있어 장애가 되는 것은 아니다. 그러므로 유산재판소는 교부된 상속증서가 정당하지 않은 것으로 밝혀진 경우에는 직권으로 이를 회수할 수 있으며, 진정상속인은 유산재판소에 대하여 정당하지 않은 상속

---

7) Dieter Leipold, Erbrecht, 11. Aufl.(1996), RdNr. 468.

8) A.a.O., 469.

증서를 회수함과 동시에 자신에게 상속증서를 교부해달라고 요구할 수도 있고, 부당한 상속증서의 점유자에 대하여 이를 유산재판소에 반환할 것을 요구할 수도 있다. 그와 동시에 상속인은 상속증서에 상속인으로 기재된 상속인을 상대로 확인의 소송을 제기할 수도 있다. 상속권에 관한 실체적 효력있는 결정은 확인소송이나 수소법원의 중간확인소송에 의해서만 가능하다.

그러나 상속증서에 기재된 상속인은 상속권 있는 것으로 추정되며, 다른 사항에 의하여 상속권이 제한되지 않는 것으로 추정된다. 상속증서의 정당성에 대한 추정은 부동산 등기부상의 권리에 대한 추정에 유사하며, 반대증거에 의해 번복될 수 있다.

상속증서는 토지등기부와 같이 공신력을 지닌다. 그러므로 제3자에 대하여는 선의취득의 가능성을 부여한다. 만일 누군가가 상속증서에 상속인으로 기재된 사람으로부터 상속재산인 물건을 취득한 경우에는 설사 그 상속인이 진정상속인이 아니라 해도 상속증서에 의해 증명된 상속권의 귀속에 대한 신뢰는 보호된다. 그러므로 그의 권리취득은 유효하다. 다만 그가 상속증서의 부당함을 알았거나 부당함으로 인하여 유산재판소가 상속증서의 반환을 요구한 사실을 알았을 경우에는 보호되지 않는다(독일민법 제2366조: 이하 '독민'으로 표기함).[9)]

(2) 상속회복청구권 제도의 취지

상속회복청구권의 근본적인 취지는 우선 진정상속인의 보호에 있다. 상속권이 없으면서 상속재산을 점유하는 상속재산점유자의 반환의무는 직접 취득한 재산뿐 아니라 대상물(Ersatzgegenstande)과 모든 수익을 포함하므로 반환의 범위가 넓기 때문이다. 또한 상속회복청구권의 소멸시효는 30년이며, 소멸시효기간이 경과하기 전에는 상속재산점유자(Erbschaftsbesitzers)[10)]는 상속인에 대하여 시효취득을 주장할 수 없으므로 진정상속인의 청구는 실효성을 지닐 수 있게 된다.[11)]

상속회복청구권은 다른 한편 선의의 상속재산점유자(참칭상속인)를 보호한다. 선의의 점유자는 다음과 같은 규정에 의해 보호된다. 즉 선의의 상속재산점

9) A.a.O., 473ff.

10) 상속재산점유자는 민법상 참칭상속인과 언제나 일치하는 것은 아니나 편의상 이 두 용어를 병행하여 쓰기로 한다.

11) Münchener Kommentar, BGB, Erbrecht, §2018(1997), RdNr. 3ff.

유자는 그에게 요구된 상속재산의 반환과 대위물(Surrogate) 및 수익의 반환이 불가능한 경우에는 부당이득법에 따라 반환하면 된다(독민 제2021조). 그러므로 그는 이익이 소멸되었음을 주장할 수 있으며(독민 제818조 3항), 상속재산에 투여한 모든 비용을 청구할 수 있고, 그 한도 내에서는 유치권을 행사할 수도 있다(독민 제2022조). 상속인이 상속재산점유자에 대하여 개별적 청구권을 행사한 경우에도 그 책임은 상속회복청구권에 관한 규정에 따르므로(독민 제2029조), 선의의 점유자는 위와 같은 범위에서 보호된다.[12]

(3) 원 고

원고는 진정상속인이다(독민 제2018조). 공동상속인도 상속공동체를 위해 상속회복청구의 소를 제기할 수 있다. 선순위 상속인은 후순위상속이 개시될 때까지 청구권이 있으며, 그 후에는 후순위상속인에게 청구권이 귀속된다. 상속재산의 매수인도 공동상속인으로부터 상속분을 매수한 경우에는 상속회복청구권을 행사할 수 있다. 그 외에도 유언집행인, 유산관리인 및 유산파산관재인도 상속인을 대리하여 상속의 회복을 청구할 수 있다.[13]

(4) 피 고

피고는 그에게 상속권은 없지만 상속재산에 대해 어떤 권리가 있다고 주장하고 상속재산을 점유하는 자이다. 상속권의 주장이 선의 또는 악의에 기한 것인지는 중요하지 않으며, 상속재산을 어떻게 보유하고 있는가도 중요하지 않다. 그러나 그 재산을 점유하게 된 원인은 상속에 기인하여야 하며, 예컨대 피상속인으로부터 부당한 방법으로 재산을 양수한 자는 독일민법 제985조에 따라 소유물반환청구를 하여야 하며, 상속회복청구에 대한 독일민법 제2018조 이하가 적용되지 않는다. 따라서 피고는 표현상속인에 한한다. 한편 참칭상속인으로부터 계약에 의해 상속재산을 양수한 제3자는 참칭상속인과 동일한 지위에 있다(독민 제2030조). 그러므로 피고적격자이다. 그러나 제3자가 참칭상속인의 상속증서를 신뢰한 경우에는, 상속증서의 부당함을 알지 못하는 한, 상속증서의 공신력에 의해, 그리고 취득한 재산이 동산인 경우에는 선의취득에 의해, 부동산인 경우에는

12) A.a.O., RdNr.6.

13) Hans Brox, Erbrecht, 9. Aufl.(1984), RdNr. 548.

등기의 공신력에 의해 보호된다.[14]

(5) 相續財產占有者(참칭상속인)의 반환의무

상속회복청구의 목적물은 상속재산점유자가 상속재산에서 취득한 것이다(독민 제2018조), 상속재산을 대가로 하는 법률행위에 의해 취득한 것도 상속재산에서 취득한 것으로 보아(독민 제2019조) 반환하여야 하며, 수익(독민 제2020조)이 있으면 역시 반환하여야 한다.

(6) 상속재산점유자의 책임

선의이며 아직 소송이 제기되지 않은 경우의 상속재산점유자는 독일민법 제2018조에서 제2020조에 따라 상속재산에서 취득한 것, 대체물 및 수익을 반환하여야 하며, 이를 반환할 수 없게 된 경우에는 부당이득법에 따라 반환책임을 진다(독민 제2021조). 그러므로 이익이 없게 된 한도내에서 반환의무는 소멸되며, 상속재산에 비용을 들인 경우에는 그 비용을 청구할 수 있다(독민 제 2022조).

상속회복청구의 소송이 제기된 이후에는 상속재산점유자의 책임은 그가 선의인 경우에도 소유물반환청구의 소에 관한 소유자와 악의 점유자간의 관계에 적용되는 규정에 의한다. 그러므로 수익을 반환하여야 하며, 물건의 훼손에 대한 손해를 배상하여야 한다.

악의의 점유자는 소송계류중의 점유자와 같은 책임을 부담한다. 상속재산점유자가 상속재산을 점유하게 된 원인을 알았거나 그가 상속인이 아니라는 것을 중대한 과실로 알지 못했을 경우에는 그는 악의의 점유자이다. 상속재산점유자가 위조된 상속증서, 금지된 실력행사 등 위법행위로 상속재산을 취득한 경우에는 불법행위로 인한 손해배상책임을 부담한다(독민 제2025조).

(7) 상속회복청구권의 법적 성질

상속회복청구권의 법적 성질에 대한 입법자의 의사는 상속재산에 대한 개별적 청구권과는 별도로 인정된 특별한 상속법상의 단일한 포괄적 청구권이라는데 일치되어 있다.[15] 이를 개별적 청구권의 집합으로 보는 견해도 있으나, 이러한

14) Staudinger-Gursky, Erbrecht, 2.Aufl.(1994), RdNr.3; Kommentar(주 11), §2030 RdNr.4.

견해의 대립은 실제적인 의미를 지니는 것은 아니다.[16)]

(8) 물권적 및 채권적 청구권으로서의 상속회복청구권

상속회복청구권은 그 내용에 따라 물권적 또는 채권적 청구권의 성질을 갖는다. 청구권이 물권적인 경우는 상속인이 상속재산점유자가 취득한 재산(독민 제2018조), 그 대체물(Ersatzgegenstade: 독민 제2019조)과 상속재산점유자의 소유에 속하지 않는 수익(독민 제2020조)에 대한 반환을 청구할 경우이다. 이 경우에 상속인은 상속재산점유자의 파산시에 환취권이 있으며, 민사소송법 제771조에 따라 상속재산점유자의 재산에 대한 강제집행시에 항변권을 갖는다. 한편, 상속회복청구권이 채권적 성질을 갖는 것은 상속재산점유자가 반환을 할 수 없는 경우에 부당이득법(독민 제2021조, 제818조 2항)에 따라 가격배상을 할 경우, 악의의 점유자에 대한 손해배상을 청구할 경우(독민 제2023조), 그리고 상속재산점유자의 소유에 속하게 된 과실의 반환을 청구하는 경우이다(독민 제2020조 후단). 청구가 채권적 성질을 갖는 경우에 상속인은 상속재산점유자의 파산시에 파산청구권이 있으며, 상속재산점유자가 소유권을 취득한 과실에 대한 강제집행에 대해 항변권이 없다(독일 민사소송법 제771조). 상속회복청구에 대하여는 채권법의 일반규정이 적용되며[17)] 청구가 물권적인 성질을 갖는 경우에도 같다.

(9) 消滅時效완성의 효과

상속회복청구권의 소멸시효는 물권적 청구이든 채권적 청구이든 관계없이 30년이다(독민 제195조). 불법행위로 인한 손해배상을 청구하는 경우와 다른 공동상속인에 대한 청구도 30년으로 시효가 소멸된다. 그리고 상속회복청구권이 존속하는 동안은 상속재산점유자가 취득시효를 주장할 수 없다(독민 제2026조). 이에 의해 상속회복청구권은 실효성 있게 된다.

소멸시효가 완성되면 상속재산점유자는 상속인의 반환청구권에 대해 이를 거절할 권리를 갖는다(독민 제222조). 소멸시효에 걸리는 것은 청구권의 기초에 있는 권리 자체가 아니라 청구권이므로 진정상속인의 물권은 이전과 마찬가지로

---

15) Schlüter(주 6), S.183; Brox(주 13), RdNr. 570; Kommentar(주 11), RdNr.7ff.

16) Kommentar(주 11). RdNr.7ff

17) Schlüter(주 6), RdNr. 607; Brox(주 13), RdNr. 570; Kommentar(주 11), §2018 RdNr.11.

존속하며, 상속재산점유자(참칭상속인)도 소급하여 상속인의 법적 지위를 갖게 되는 것은 아니다. 그러므로 그는 다른 사람에 대해 상속재산의 반환을 청구할 수도 없고, 상속채무에 대한 책임도 부담하지 않는다.[18]

(10) 相續財產占有者로부터 相續財產을 취득한 제3자

상속재산점유자로부터 상속재산을 양수한 제3자는 상속인에 대한 관계에서는 상속재산점유자와 동일한 지위를 갖는다(독민 제2030조). 그러므로 상속인은 제3전득자에 대하여도 상속재산의 반환(독민 제2018조에 의한), 대체물(독민 제2019조)과 수익(독민 제2020조에 의한)을 반환청구할 수 있으며, 반환할 수 없는 경우에는 부당이득법(독민 제2021조)에 따른 반환을 청구할 수 있다. 그러나 그 제3자가 선의인 경우에는 등기의 공신력(독민 제892조)과 선의취득(독민 제932조) 및 상속증서의 공신력에 의해 상속재산점유자와의 동등한 지위가 배제된다.[19]

상속재산점유자가 상속재산을 유상으로 양도한 경우에 상속인은 상속재산점유자에 대하여 상속재산의 대체물인 가격을 청구할 수 있으며, 상속재산점유자가 가중책임을 부담하는 경우에는 손해배상을 청구할 수 있음과 더불어 상속인은 독일민법 제2030조에 따라 상속재산취득자(제3자)에 대하여 반환을 청구할 수도 있다. 상속인은 이 두 개의 청구권 중 하나를 선택하여 행사할 수 있는 것이다.[20] 많은 경우 상속재산취득자는 세 가지 공신력 중의 하나에 의해 보호되므로 상속인은 상속재산점유자에 대한 청구를 선택하게 될 것이다.

(11) 상속재산 보고의무

상속재산점유자와 상속개시당시 피상속인과 동일한 가정에 있던 자는 상속인에 대하여 상속재산의 현상 및 각개 상속재산의 소재에 관하여 보고할 의무가 있다(독민 제2027조, 제2028조). 이 보고의무에 의해 상속인은 상속회복청구를 관철할 수 있게 되며, 청구의 목적물을 구체적으로 명시할 수 있게 된다.[21]

---

18) Kommentar(주 11), §2026 RdNr.6.

19) Staudinger-Gursky(주 14), RdNr.3; Kommentar(주 11), §2030 RdNr.5.

20) Kommentar(주 11), RdNr.7.

21) A.a.O., §2027 RdNr.1.

(12) 독일 민법상 상속회복청구권의 기능과 특성

무엇보다도 독일 민법상 상속회복청구권 제도는 상속증서의 존재에 의해 참칭상속인의 출현가능성이 감소될 수 있다는 점에서 고려되고 이해되어야 한다. 상속인은 유산재판소에 대해 상속증서의 교부를 신청하는 것이 보통이며, 유산재판소는 신청인에게 정당한 상속권이 있는지의 여부를 엄격히 심사하여 상속증서를 교부하기 때문이다. 그러므로 부진정한 상속인이 상속재산을 점유하게 되는 경우란 예컨대 알려지지 않은 유언장이 후일에 발견되었다든가, 상속인의 법률상의 지위가 불분명한 특별한 경우와 유언이 취소된 경우 등에 한정된다.[22)]

한편, 교부된 상속증서상의 상속인은 상속권 있는 것으로 추정되며, 상속증서에는 공신력이 있기 때문에 상속증서를 신뢰한 제3자는 보호된다. 또한 그가 거래한 재산이 동산인 경우에는 선의취득제도에 의해, 부동산인 경우에는 등기의 공신력에 의해 보호되므로 진정상속인에 대한 보호가 거래의 안전을 해치는 것으로 이어지지 않게 되는 것이다.

이 같이 독일민법상 상속회복청구권 제도는, 선의의 제3자에 대한 보호장치와 더불어, 진정상속인을 철저히 보호함에 있다. 진정상속인은 상속재산점유자에 대하여 물건 또는 대체물과 수익의 반환을 청구할 수 있다(물권적 청구). 그런데 그 재산이 이미 제3자에게 양도된 경우에는 상속인은 상속재산점유자에게 부당이득법에 따라 가격을 반환청구할 수도 있고 제3자에게 물권적 청구를 할 수도 있다. 그러나 제3자가 선의인 경우에는 상속증서의 공신력과 동산의 선의취득제도 및 부동산인 경우에는 등기부의 공신력에 의해 보호되므로, 상속인은 결국 부진정한 상속재산점유자에 대하여 부당이득반환의 청구를 선택하게 되는 것이다(채권적 청구). 이 때 상속재산의 점유자가 선의인 경우에는 현존하는 이익을 한도로, 악의인 경우에는 수익은 물론 발생한 손해까지도 배상하여야 한다.

더욱이 소멸시효가 30년이므로 진정상속인은 참칭상속인에 대하여 충분히 권리를 행사할 수 있다. 소멸시효가 완성된 경우에도 상속재산점유자는 상속인의 지위를 갖게 되는 것이 아니라 상속인의 청구에 대하여 항변권을 갖는다는 점에서 제도의 윤리성은 유지될 수 있다.

---

22) Leipold(주 7), RdNr.464.

Ⅲ. 상속회복청구권 행사기간의 법적 성질과 기간경과의 효과

1. 除斥期間과 消滅時效의 차이에 비추어 본 상속회복청구권 행사기간의 법적 성질 — 통설・판례에 대한 비판적 고찰

통설과 판례는 상속회복청구권 행사기간의 제한을 제척기간이라고 이해하는 데 의견을 같이 하고 있으며 이론이 없다. 그러나 주지하는 바와 같이 제척기간은 소멸시효에 비하여 권리자에게 매우 불리하며, 제척기간은 본래 형성권의 일방적 행사가능성을 대상으로 하는 것임에도 불구하고 "시효로 인하여 소멸한다"는 문구가 없다는 형식적인 이유만으로 상속회복청구권을 제척기간으로 해석하는 것이 과연 타당한 것인지 의문이다. 소멸시효와 제척기간의 차이를 통해 상속회복청구권의 행사기간을 제척기간으로 이해하는 통설과 판례의 타당성 여부를 점검해 본다.

(1) 兩制度의 목적과 상속회복청구권

우선, 소멸시효에 있어서는 권리자가 권리를 행사할 수 있는데도 불구하고 그 권리를 행사하지 않는다는 점에 중점을 두는 데 반해서 제척기간에 있어서는 권리행사가 가능한가의 여부를 묻지 않고 다만 장기에 걸쳐 권리가 행사되지 않는 경우에 그 권리를 정리적으로 소멸시킨다는 취지에 중점을 두고 있다는 점에 그 차이가 있다. 따라서 제척기간은 소멸시효에 비해서 한층 공익적이며 오직 권리를 중심으로 한 법률관계를 신속히 확정하려는 데 목적이 있다고 이해되는 반면, 소멸시효는 당사자의 자의적인 요소가 상당히 포함되는 것이므로 제척기간에 비해 사익적이라 할 수 있다.[23)]

상속회복청구권은 상속인의 상속권을 침해하는 부진정한 상속인이 있는 경우에 그 재산의 회복을 구하는 권리라는 점에서 법률상 당위의 상태가 사실의 상태와 일치하지 않을 때 당위의 상태로 회복시키기 위해 인정된 사실상의 물권적 청구권이다. 그런데 물권적 청구권은 물권이 존재하는 한 시효로 소멸하지 않는

23) 김용한, "소멸시효와 제척기간," 고시계(1968.7), 23면.

다는 점에 학설과 판례가 일치하고 있는 반면에, 상속회복청구권에는 단기의 행사기간이 규정되어 있고, 그 법적 성질은 제척기간이라고 이해되고 있는 것이다.

상속회복청구권 행사기간을 소멸시효가 아니라, 진정상속인에게 매우 불리한 제척기간으로 해석함으로써 상속상의 권리관계를 조속히 확정시켜야 할 공익적인 이유나 합리적인 근거는 어디에서도 찾을 수 없다.[24] 합리적인 근거가 있을 수 없다는 것이 보다 정확한 표현일 것이다.

(2) 遡及效의 有無와 상속회복청구권

소멸시효와 제척기간의 중요한 차이점은 제척기간이 경과되면 장래에 향하여 권리가 소멸할 뿐이나 소멸시효의 효력은 소급한다(제167조)는 점이다. 그런데 통설과 판례는 상속회복청구권의 행사기간을 제척기간으로 이해하는 한편, 대법원은 상속회복청구권이 제척기간의 경과로 소멸된 경우 진정상속인의 권리는 소급적으로 소멸하고 참칭상속인의 지위는 확정되어 상속개시시로부터 소급하여 상속인으로서의 지위를 취득한 것으로 본다고 해석하고 있다.[25] 이것은 양 제도의 중요한 차이라고 학설과 판례가 일치하여 인정하는, 소멸시효의 소급효와 제척기간의 장래의 권리 소멸이라는 결론에 반하는 것이다. 제척기간이 경과되면 장래에 향하여 권리가 소멸된다고 이해하는 것은 권리의 행사기간이 경과되면 권리가 절대적으로 소멸한다는 의미와 더불어 권리를 소급적으로 소멸케 할 이유나 필요가 없음을 그 전제로 한다. 제척기간은 원래 권리자의 일방적 의사표시에 의한 권리변동의 불안정을 단기간에 해소하고 권리관계를 확정시키려는 제도이므로 권리자의 일방적 행위에 따라 법률관계가 발생 · 변경 또는 소멸되거나 그 행사기간이 경과하면 일방적인 행위를 할 수 있는 권리 그 자체가 소멸하는 것이어서 소급효를 인정할 필요가 없는 것이기 때문이다. 이에 따라 다수설은 성질상 형성권에 존속기간이 정해져 있는 경우에는 문자의 표현에 관계없

24) 상속회복청구권에 관한 많은 연구가 쌓여 있지만 어디에도 이를 제척기간으로 이해하여야 할 공익적인 이유를 제시한 논문은 없었다. 다만 단기의 제척기간을 규정한 이유에 대하여, 상속관계의 불안을 오래 끄는 것을 싫어한 까닭이라고 언급한 정도이다. 그러나 이는 단기의 행사기간에 대한 설명일 뿐, 그 행사기간을 제척기간으로 해석하여야 할 이유나 근거에 대한 해명은 아닌 것이다. 김주수, 친족상속법(1999), 492면; 곽윤직, 상속법(1997), 283면.

25) 대법원 1994. 3. 25, 93다57155 판결; 대상 판결의 결론(기간경과의 효과)도 같다.

이 이를 제척기간으로 본다.[26] 청구권의 경우에는 '시효로 인하여'라는 문자가 있는 경우에는 이를 소멸시효로, 그렇지 않은 경우에는 제척기간으로 판별하는 것을 원칙으로 하면서도 제도의 본래적 취지와 권리의 본질에 비추어 판단하여야 한다고 한다.[27]

상속회복청구권은 본질상 물권적 청구권이며, 소유권을 바탕으로 하는 물권적 청구권은 소멸시효에 걸리지 않는다고 해석하는 것이 우리나라의 통설인데, 본질상 물권적 청구권인 상속회복청구권에 규정된 행사기간을, 본래 형성권의 일방적 행사가능성을 대상으로 하는 제척기간으로 해석하는 것 자체가 무리이며, 제척기간이 경과되면 소멸시효에나 타당한 소급효를 인정하는 것은 앞뒤가 맞지 않는 것이다. 물론 소급효는 제척기간 경과의 효력이 아니라 상속의 효력이 상속개시시에 소급한다는 상속법의 특성에 따른 결과라고 이해할 수도 있다. 그러나 상속의 효력이 상속개시시에 소급하는 것은 상속인에 해당하는 효력일 뿐 참칭상속인에게도 똑같이 적용되는 것은 아니다. 설사 상속법의 특성을 감안한다 할지라도 행사기간을 제척기간으로 해석한 데 따른 무리한 결과일 뿐이다. 이 기간을 소멸시효로 해석한다면 행사기간이 경과됨으로써 당연히 소급효를 인정할 수 있고(제167조), 시효기간동안 계속된 권리의 불행사라는 사실상태를 보호한다는 소멸시효제도의 취지에도 맞게 된다.

(3) 시효중단의 인정여부와 상속회복청구권

소멸시효에는 중단제도가 인정되고 있으나(제168조 이하) 제척기간에는 중단이 없으며 기간의 경과로 권리가 절대적으로 소멸한다는 점도 중요한 차이로 지적된다. 소멸시효는 일정한 사실상태의 계속을 요건으로 하기 때문에 그러한 사실상태가 중단되면 시효는 중단되고 그 기간은 갱신된다. 그러나 제척기간은 권리관계를 조속히 확정시키기 위한 제도이기 때문에 권리의 불행사라는 사실상태의 계속을 요건으로 하지 않는다. 따라서 중단이 없으며 정해진 기간 내에 권리자의 주장 또는 의무자의 승인이 있더라도 기간이 갱신되지 않고 기간의 경과

---

26) 형성권은 언제나 제척기간으로 해석하는 견해로는 곽윤직, 민법총칙(1992), 557면; 이은영, 민법총칙(1996), 783면. "시효로 인하여"라는 문자를 쓰고 있는 때에는 시효기간으로 해석하는 견해로는 이영섭, 민법총칙강의(1968), 461면.

27) 곽윤직(주 26), 550면, 장경학, 민법총칙(1990), 702면, 김용한(주 23), 27면.

로 권리는 절대적으로 소멸하는 것이다.

상속회복청구권 행사기간을 제척기간으로 해석할 경우, 기간 내에 진정상속인의 권리의 주장 또는 참칭상속인의 승인이 있다 해도 기간은 갱신되지 않으며, 기간의 경과로 상속회복청구권은 절대적으로 소멸되게 된다. 따라서 진정상속인에게 매우 불리하다. 상속의 회복을 청구하는 진정상속인에게 시효의 중단을 인정하지 않으면서까지 권리관계를 조속히 확정하여야 할 필요는 없으므로 상속회복청구권의 행사기간은 소멸시효로 해석하는 것이 타당할 것이다.

(4) 당사자의 원용과 법원의 고려

제척기간은 기간의 만료로 권리가 소멸하며, 당사자가 공격・방어방법으로 제출하지 않는다 해도 법원은 이를 당연히 참작하여야 한다는 점에 학설이 일치한다. 반면에 소멸시효는 직권조사사항이 아니므로 당사자의 주장이 있어야 고려한다는 점에는 이론이 없고 다만 소멸시효기간이 완성된 경우에는 권리가 당연히 소멸한다는 절대적 소멸설과 의무자에게 권리의 소멸을 주장할 권리가 생길 뿐이라는 상대적 소멸설이 대립되고 있다. 절대적 소멸설은 시효가 완성되면 권리가 당연히 소멸한다고 하면서도 변론주의의 원칙에 의해 당사자의 원용이 없으면 법원이 이를 고려할 수 없다고 하므로 상대적 소멸설과 결론을 같이 한다.

그렇다면, 상속회복청구권을 소멸시효로 해석할 경우에는 당사자, 특히 참칭상속인의 기간경과에 대한 주장이 없으면 법원이 시효의 완성을 고려할 수 없으나, 제척기간이라면 참칭상속인이 그 기간의 경과를 주장하지 않더라도 법원이 직권으로 이를 참작하여야 하는데, 이는 매우 부자연스러운 일임에 틀림없다.

(5) 절대적 소멸설과 상대적 소멸설, 그리고 상속회복청구권

그렇다면 절대적 소멸설과 상대적 소멸설 중 어느 것이 타당한 것인가? 절대적 소멸설에 의하면 권리를 불행사하는 경우에는 설령 진정한 권리가 존재한다 해도 권리를 잃는 것이 된다. 따라서 권리자가 권리를 태만히하는 것은 비난되고 의무자가 의무를 태만히한 점은 비난되지 않는다는결론에 이르게 되어 소멸시효제도를 반윤리적인 것으로 만들 위험이 있다.[28] 또한 변론주의는 주요사

28) 김학동, "소멸시효에 관한 입법론적 고찰," 민사법학 제13, 14호, 민사법학회(1995), 76면 참조.

실의 존부 및 증거자료 등 사실문제에 관한 것이며, 권리가 소멸시효에 걸렸는가는 법률문제이므로 절대적 소멸설에 의하면 법원이 이를 직권으로 고려해야 할 사항에 해당하는 것이다.[29] 그러므로 소멸시효의 완성에 의해 권리 자체가 소멸되는 것이 아니고 단지 권리에서 분출된 청구권에 대하여 이행을 거절하는 항변권이 생기는 것이라고 이해함이 타당하다고 본다. 이에 의하면 권리자의 태만을 비난하여 권리를 절대적으로 소멸케 하는 한편 의무를 태만히한 자를 보호하게 되는 불합리한 결과를 피하고, 권리자의 권리 자체가 소멸되는 것은 아니지만, 변제했을 가능성이 있으나 그 증거를 갖고 있지 않은 의무자에게 이행거절의 항변권을 부여하는 것이 되어 법감정에도 맞게 되는 것이다.

상속회복청구권의 행사기간을 소멸시효로 이해하는 전제에서 절대적 소멸설을 취한다면 기간의 경과로 진정상속인의 청구권은 절대적으로 소멸되고, 대상 판결과 같이 참칭상속인이 상속인의 지위를 취득한다는 결론에 이르게 된다. 진정상속인의 소유권이 단기의 행사기간 경과에 의해 절대적으로 소멸되고, 거짓된 상속인이 상속인의 지위를 취득한다는 것은 법감정에 맞지 않으며, 이 제도를 반윤리적인 것으로 만들 위험이 있다.

그러나 상대적 소멸설에 의하면 법감정의 면이나 법원의 직권조사사항에 관한 의문이 모두 해소될 수 있다. 즉 상속회복청구권의 행사기간이 경과된 경우에는 상속인의 소유권이 소멸되는 것이 아니라, 청구권만이 시효로 소멸되어 참칭상속인에게 이행거절의 항변권이 생긴다고 함으로써 정의에 반하지 않는 결과에 이를 수 있는 것이다. 따라서 참칭상속인은 침해재산에 한하여 항변권을 취득할 뿐 상속인의 지위를 차지하는 것은 아니다. 다만 소급효에 따라 상속재산뿐 아니라 과실도 반환할 필요가 없게 된다(아래의 2.참조).

2. 기간경과의 효과

대상 판결에서 대법원은 "상속회복청구권이 제척기간의 경과로 소멸하게 되면 상속인은 상속인으로서의 지위, 즉 상속에 따라 승계한 개개의 권리의무 또한 총괄적으로 상실하게 되고 그 반사적 효과로서 참칭상속인의 지위는 확정되

29) 김학동(주 28), 76면; 민법주해Ⅲ, 431면(윤진수 집필).

어 참칭상속인이 상속개시의 시로부터 소급하여 상속인으로서의 지위를 취득한 것으로 봄이 상당하다"고 하였다. "소급하여 상속인으로서의 지위를 취득한 것으로 본다"는 것이 구체적으로 무엇을 뜻하는지에 대하여는 두 가지 견해가 가능하다. 침해된 구체적 상속재산에 한하여 그러하다는 뜻으로 이해[30]하는 것이 그 하나고, 대법원과 같이 진정상속인은 상속인의 지위를 상실하는 대신 참칭상속인이 소급하여 정당한 상속인의 지위를 갖게 된다는 의미로 이해하는 견해가 있을 수 있다.

이 기간을 제척기간으로 이해한다면, 기간이 경과됨으로써 상속인의 권리는 절대적으로 소멸한다는 결론에 이르게 될 것이다. 그리고, 상속의 특성상 소급효를 부여할 수밖에 없을 것이다. 이에 따라, 진정상속인의 권리는 절대적으로 소멸되고 참칭상속인은 상속개시시로 소급하여 상속인의 지위를 취득한다는 결론에 이르게 된다. 그러나 이러한 해석은 상속회복청구권제도를 참칭상속인의 보호에 기여하는 반윤리적인 제도로 전락시킬 가능성과 위험을 동시에 안고 있다. 그러므로 진정상속인이 기간의 경과로 상실하게 된 것은 상속인으로서의 포괄적인 지위가 아니라, '침해된 상속재산에 대한 권리'에 한정된다고 해석하는 것이 타당하다고 본다. 침해된 구체적 상속재산에 한하여 진정상속인이 청구권을 상실하고 참칭상속인은 권리를 취득하는 것으로 이해한다면 단기의 기간이 경과되었다 해서 진정한 상속인은 상속인으로서의 지위를 포괄적으로 상실하는 대신, 거짓 상속인은 상속인의 지위를 차지함을 법제도와 해석이 정당화하는 '부도덕성'에서 어느 정도 벗어날 수 있게 될 것이다.

이 행사기간을 소멸시효로 이해하고, 소멸시효 완성의 효과를 상대적으로 이해한다면, 소멸시효의 완성으로 상속인의 권리가 소멸되는 것이 아니라 참칭상속인에게 이행거절권이 생긴다고 이해하게 되고 그 이행거절권은 침해재산으로 한정되게 된다. 그런데 소멸시효에는 소급효(민법 제167조)가 있으므로 참칭상속인은 상속개시시부터 상속재산반환청구권에 대한 항변권을 취득하는 결과, 그는 상속재산뿐 아니라 과실까지도 반환할 필요가 없게 된다. 그리고 진정상속인은 여전히 상속인의 지위에서 권리(예컨대 상속 채무자에 대한 권리)와 의무(상속채권자에 대한 책임)를 보유한다고 이해된다.[31] 다만 이 경우, 참칭상속인은 그

---

30) 곽경직, "상속회복청구권론," 상속법의 제문제, 재판자료 78집, 법원도서관(1998), 314면.

가 침해한 상속재산(적극적)에 대한 권리는 취득하지만, 상속채무와 같이 그가 침해하지 않은 재산, 혹은 침해하기 싫은 소극재산은 진정상속인에게 귀속되는 경우가 발생할 수는 있을 것이다.

IV. 참칭상속인의 범위와 인정 기준

1. 참칭상속인의 범위

상속회복청구의 소의 상대방은 참칭상속인이다. 참칭상속인이라 함은 정당한 상속권이 없으면서 상속인임을 신뢰케 하는 외관을 갖추거나 상속인이라고 참칭하면서 상속재산의 전부 또는 일부를 점유함으로써 진정한 상속인의 재산상속권을 침해하는[32] 부진정한 상속인이라고 설명된다. 참칭상속인이 구체적으로 누구인가에 대하여 판례와 학설이 열거하는 경우로는,[33]

1. 호적 기타 公簿上에 잘못 기재됨으로써 재산상속권 없는 자가 상속인을 제치고 또는 진정상속인과 공동으로 상속을 받은 경우,[34]

2. 상속인이 상속을 포기하였거나 상속결격사유가 있음에도 불구하고 상속을 받은 때,

3. 상속개시후 인지, 이혼 무효의 심판이 확정되어 상속인 자격을 소급적으로 취득하였으나 상속개시 당시에는 상속인 자격이 없어서 다른 상속인이 상속을 받았을 경우,[35]

4. 공동상속인 중 일부가 진정상속인을 배제하고 자기들만이 상속하거나 진정상속인의 정당한 지분을 침해한 때[36] 등이다.

그런데 자기의 상속권을 주장하지 않는 상속재산 점유자, 예컨대 무효인 매

31) 이 논문 II의 2. 독일 민법상의 Erbschaftsanspruch, 특히 (9) 소멸시효완성의 효과 참조.
32) 대법원 1994. 3. 11, 83다24490 판결; 대법원 1998. 3. 27, 96다37398 판결(대상 판결) 등.
33) 유정수, "재산상속회복청구권과 참칭상속인," 법조(1988. 5), 108면 참조.
34) 대법원 1981. 9. 22, 80다2466 판결.
35) 대법원 1981. 6. 9, 79다2052 판결.
36) 대법원 1991. 12. 24, 90다5740 판결.

매에 의하여 피상속인으로부터 상속재산을 취득한 자와 특정 권원을 주장하는 상속재산 점유자는 피고적격이 있는지의 여부에 대하여 의문이 있다. 다수의 견해[37]는 이러한 경우에도 피고적격이 있다고 보며, 판례[38]는 상속회복청구의 소의 상대방을 참칭상속인에 한정하고 단순히 상속재산을 점유하는 자의 상대방 적격은 부인하는 것으로 보인다. 이들은 상속권을 주장하는지의 여부가 아니라 권한 없이 상속재산을 점유하고 있는지의 여부가 문제되는 경우이기 때문에 피고적격이 없다고 보아야 할 것이다.

2. 참칭상속인의 인정 기준

해석론에 의해 진정상속인을 보호할 수 있는 방안으로는 그 법적 성질을 독립권리설로 이해하면서 물권적 청구권과의 경합을 인정하는 방법, 행사기간의 제한을 제척기간이 아니라 소멸시효로 해석하는 방법, 그리고 참칭상속인의 범위를 축소 해석하고 나머지는 소유권에 기한 물권적 청구권으로 이해하는 방법 등이 있는데, 대법원은 그 중 세 번째와 같이 참칭상속인의 범위를 축소하는 방법을 통해 진정상속인을 보호하려는 경향을 보이고 있다.

그렇다면 참칭상속인의 인정 기준은 무엇일까? 우선, 대법원이 취하는 바와 같이 참칭상속인은 당초부터 상속권이 있고(법정상속인),[39] 호적등본 등 공부상으로 적법한 상속인인 것과 같은 외관이 형성되어 있는 경우로 그 범위를 한정시키는 것이다.[40]

이에 더하여, 상속인으로서의 외관은 객관적으로 판단되어야 한다는 것이

---

37) 김주수(주 24), 486면; 신성택, "재산상속회복청구권에 관하여," 사법논집, 10집(1979), 293면; 김재진, "상속회복청구권에 관하여," 가정법원사건의 제문제, 재판자료 18집(1983), 597면; 김용한, 친족상속법(1983), 327면 등.

38) 대법원 1982. 1. 26, 81다851・852 판결; 대법원 1982. 5. 25, 80다1527・1553 판결; 대법원 1986. 2. 11, 85다카1214 판결 등.

39) 대상 판결에서 대법원은 "피상속인의 법정상속인에 해당할 여지가 없어 그 유산에 대하여 상속권 없음이 명백한 경우, 그 자를 상속회복청구의 상대방이 되는 참칭상속인에 해당한다고 볼 수 없다"고 함으로써 법정상속인을 참칭상속인이 되는 기준으로 하고 있음을 알 수 있다.

40) 대법원 1981. 1. 27, 80다1392 판결.

다. 그러므로 자신이 진정상속인이라고 믿었다 해도 객관적인 외관이 형성되어 있지 않은 경우에는 참칭상속인이 아니라고 보아야 한다.[41)]

세 번째, 적법한 상속인으로서의 외관을 자신이 적극적으로 만들어 낸 경우에는 참칭상속인의 성립을 부정하여야 할 것이다. 그러므로 예컨대 법정상속인이 아닌 제3자가 진정한 상속인인 것과 같이 호적등본을 조작하여 상속재산을 가로채는 경우는 참칭상속인이 아니라고 보아야 할 것이다.[42)]

네 번째, 공동상속인 중 일부가 다른 공동상속인의 상속분을 침해하거나 상속권을 침해한 경우에도 위의 기준이 적용되나, 공동상속인은 상속권자라는 점에서 대개의 경우에는 이하의 다섯 번째 기준(부동산등기나 동산의 경우 점유)에 따라 참칭상속인인지의 여부를 판단하게 될 것이다. 공동상속인은 참칭상속인의 범위에서 제외되어야 한다는 견해[43)]가 있으나, 등기의 공신력이 없는 현실에서는 참칭상속인의 범위를 축소해석할 필요가 있음에도 불구하고, 공동상속인이야말로 진정상속권자 중의 하나라는 점에서 다른 법정상속인에 비해 제3자에게 신뢰와 영향을 주기 쉬운 지위에 있으므로 참칭상속인으로 인정할 필요가 있다고 본다. 상속회복청구의 소에 단기의 기간을 규정한 것도 바로 상속권에 근접해 있는 집안사람들 사이의 분쟁을 조속히 해결함으로써 거래의 질서에 연결시키지 않는 데 있다면, 상속권을 가진 한 형제자매 사이의 침해야말로 그에 해당하기 때문이다. 또한 참칭상속인의 범위에 공동상속인을 포함시키지 않는 경우에는 참칭상속인으로부터 상속재산을 양수한 제3자는 제척기간이 경과함으로써 보호되는 반면에, 공동상속인으로부터 양수한 제3자는 언제까지나 진정상속인으로부터 물권적 청구를 받게 된다. 따라서 등기의 공신력이 없는 민법하에서는 참칭

---

41) 대상 판결(대법원 1998. 3. 27, 96다37398 판결); 한편, 대법원은 1987. 7. 21, 86다카2952 판결에서 피상속인의 사망후 출가한 딸들이 있음에도 이들 진정상속인을 제치고 문중의 종손이 자신이 진정상속인이라고 믿고 소유권보존등기를 한 사례에서 이들을 참칭상속인이라고 하였으나 대법원 판례에 따르면, 이들은 상속인으로서의 객관적인 외관이 없으므로 부정되어야 할 것이다. 같은 취지, 곽경직(주 30), 302면.

42) 대법원이 사망자의 상속인 아닌 자가 상속인인 것처럼 허위기재된 위조의 제적등본, 호적등본 등을 기초로 상속인인 것처럼 꾸며 상속등기를 한 사안에서 피고적격을 부인하고 있음은 타당하다. 대법원 1993. 11 .23, 93다34848 판결. 곽경직(주 30), 304면 참조.

43) 박병호, "상속회복청구권 관견," 민법학논총, 곽윤직교수 화갑기념논문집(1985), 838-840면; 오창수, "상속회복청구권과 제척기간," 판례월보 259호(1992.4), 23면; 김영갑, "공동상속인 사이의 상속회복청구권과 제척기간," 사법행정(1992. 5), 90면 등.

상속인으로부터 전득한 제3자와의 균형을 위해 공동상속인도 참칭상속인의 범위에 포함시켜야 한다. 다만 공동상속인 중 일부가 자기만이 상속인이라고 주장하면서 상속재산을 점유하거나 다른 공동상속인의 상속분을 초과하여 상속재산을 점유하는 경우는 사실상 상속분할청구에 해당하는 경우가 많을 것이다.[44]

다섯 번째, 참칭상속인이 상속인이라고 주장하면서 상속부동산을 점유만 하고 그 부동산에 대한 소유권이전등기는 경료하고 있지 않은 경우에는 상속권 침해에 해당되지 않으며, 따라서 그는 참칭상속인이 아니라고 보아야 한다. 상속권 침해란 상속으로 인하여 취득한 본권에 대한 침해를 의미하며, 단순한 점유만의 침해는 그것이 본권의 침해를 수반하지 않는 한 침해의 개념에 포함되지 않는다는 견해[45]는 타당하다. 그러므로 동산의 점유에 대한 침해는 소유권에 대한 침해를 포함하므로 상속권의 침해라고 볼 수 있을 것이지만, 참칭상속인이 상속부동산을 점유만 하고 소유권이전등기는 경료하지 않은 경우에는 상속권 침해에 해당되지 않는다고 보아야 한다.[46]

대상 판결의 사안은 바로 이러한 경우에 해당한다. 즉, 진정상속인은 소유권보존등기를 경료하였으며, 참칭상속인은 점유만 하고 있기 때문이다. 그런데 대법원은 이 사안에서 자신이 참칭상속인이라고 주장하는 원고측[47]에 대하여 "상속인이라고 참칭하면서 등기를 마치거나 점유를 한 바 없을 뿐 아니라 피상속인의 법정상속인이 될 여지가 없다"는 이유로 참칭상속인에 해당되지 않는다고 판단하고 있다. 이에 의하면 대법원이 참칭상속인이 아니라는 근거로 내세운 것으로는, 법정상속인이 될 여지가 없다는 것, 상속인이라고 참칭하면서 등기를 마치거나 점유한 바가 없음을 들고 있어 마치 상속인이라고 참칭하면서 부동산을 점유하는 경우도 참칭상속인에 해당되는 것처럼 오해될 수 있다. 그러나 이 문구는 침해재산이 부동산인 경우와 동산인 경우로 나누고, 상속인이라고 참칭하는 자가 부동산인 경우에는 등기를 마친 경우, 동산인 경우에는 점유를 함으로써 상속권을 침해한 자가 참칭상속인에 해당한다는 뜻으로 이해될 수 있다.

---

44) 김주수(주 24), 486면; 박병호(주 43), 838면.

45) 곽경직(주 30), 300면.

46) 위의 논문, 301면.

47) 이 사안에서 원고법인은 그에게 토지를 매도한 자(김여홍)를 대위하여 참칭상속인이라고 주장하고 있다.

이상의 기준을 정리하면 참칭상속인은 법정상속인 등 객관적으로, 적법한, 상속인으로서의 외관을 갖춘 자가 상속인이라고 참칭하면서 등기를 마치거나(부동산인 경우), 점유를 함으로써(동산인 경우) 상속권을 침해한 자로 한정된다. 상속회복청구권에 단기의 행사기간을 규정한 이유는 참칭상속인이든 진정상속인이든 법정상속인이므로 상속재산에 대해서는 어느 정도의 권리를 주장할 수 있는 근거가 있는 것이어서 누가 상속을 하든 집안 내에서 조속히 해결하고 家內의 분쟁으로 인하여 제3자의 거래가 불안해서는 안 된다는 것으로 추측된다.[48] 그렇다면 참칭상속인의 범위는 법정상속인으로서의 객관적인 외관을 갖추면서 등기(부동산)나 점유(동산)를 함으로써 진정상속인의 상속권을 침해하는 자에 한정시키고, 그 외의 경우에는 소유권에 기한 물권적 청구권의 법리에 따른다면 상속회복청구의 소를 입법한 취지를 살리면서도 물권적 청구권과 조화를 이루게 될 것이다.

Ⅴ. 상속회복청구권의 법적 성질

상속회복청구권의 법적 성질에 관하여는 상속자격의 확정을 구하는 것이 그 본체라는 상속자격확정설(소수설)과 상속재산의 반환을 구하는 것이 그 본체라는 청구권설(다수설)이 있으며, 청구권설은 다시 독립권리설과 집합권리설이 대립되고 있다.

1. 독립권리설은 우리나라의 다수설로서 상속회복청구권을 개별적 · 물권적 청구권과는 본질과 그의 성립 및 객체에 있어 다른 특별한 청구권으로, 상속권의 침해가 있는 경우에 성립하는 상속재산 전체를 객체로 하는 포괄적 청구권이라고 이해한다. 그런데 독립권리설을 취하는 경우에도 물권적 청구권과의 경합을 인정할 것인가에 관하여는 다시 견해가 나뉜다. 양 청구권의 경합을 인정하는 견해[49]는 진정상속인이 상속으로 인하여 취득한 본권에 기하여 개별적 청구권을

48) 유정수(주 33), 110면 참조.

49) 박병호(주 43), 834면.

행사할 수도 있고, 포괄적으로 상속회복청구권을 행사할 수도 있다고 한다. 경합을 부인하는 견해는 상속권을 전제로 하는 반환청구는 상속법의 영역에서 해결하여야 한다면서, 경합을 인정한다면 상속회복청구권이 제척기간의 경과로 소멸한 후의 처리가 곤란해짐을 그 근거로 든다.[50] 독립권리설에 대하여는 상속회복청구권이 개별적 청구권과 다른 단일의 포괄적 청구권이라 해도 현행 소송법하에서는 상속재산을 일괄하여 회복할 수 있는 구체적인 소송절차나 강제집행방법이 없다는 점에서 실제적 의미가 없다는 비판이 있다.

2. 집합권리설은 상속회복청구권은 단일·독립한 청구권이 아니라 상속재산을 구성하는 개개의 재산에 관하여 생기는 개별적 청구권의 집합에 불과한 것인데 상속재산의 포괄승계의 원칙 때문에 편의상 한 개의 청구권으로 구성되어 있다고 본다. 따라서 상속을 원인으로 하여 상속재산의 반환을 구하는 소는 그것이 포괄적으로 행해지든 개별적으로 행해지든 소의 명칭이 어떻든 상속회복청구권의 행사로 보며, 단기의 제척기간이 적용된다고 이해하면서 물권적 청구권과의 경합을 부정한다.[51] 이에 대하여는 소유권 자체는 소멸시효에 걸리지 않는데, 상속인의 소유물반환청구권만이 소유권과 운명을 달리하여 제척기간의 경과로 소멸하는가에 대한 설명이 궁색하다는 비판이 있다.[52] 대법원은 집합권리설을 취하는 것으로 이해된다.[53]

3. 물권적 청구권과의 경합이 부인되어야 할 이유(私見)

생각건대, 상속회복청구권은 개별적·물권적 청구권과는 그 발생근거와 입법취지 및 청구의 목적 등에 있어 본질적으로 다른 특별한 청구권이며 상속재산 전체를 객체로 하는 포괄적 청구권으로 이해하는 것이 타당하다고 본다. 상속회복청구권을 개별적 상속재산의 반환청구권의 집합으로 이해할 경우에는 개개 재

50) 곽윤직(주 24), 284면.
51) 김주수(주 24), 483면; 신성택(주 37), 284면; 김재진(주 37), 593면.
52) 오창수(주 43), 21면.
53) 대법원 1981. 1. 27, 79다854 전원합의체 판결; 대법원 1984. 2. 14, 83다600, 83다카2056 판결 등.

산에 대한 회복청구권 외에 상속회복청구권이라는 제도를 따로 둘 이유를 설명할 길이 없기 때문이다.[54] 그런데 독립권리설을 취할 경우에도 실제로는 상속인이 적어도 2심의 변론종결시까지는 반환의 목적물을 특정하여야 하며, 목적물을 특정하지 않으면 강제집행이 가능하지 않다는 점, 기판력도 특정된 목적물에만 미친다는 점에서는 개별적 청구권과 다를 바 없다. 그런데 상속회복청구권을 개별적 청구권과는 다른 포괄적 청구권으로 이해한다 해도 양자의 경합을 인정할 것인가는 별개의 문제이다.[55] 포괄적 청구권설을 취하는 입장에서는 이 제도의 연혁이나 비교법적 고찰(특히 독일민법)의 결과, 상속회복청구권이 진정상속인의 보호에 있음을 강조하면서, 청구권의 경합을 주장하고 있으나 다음과 같은 이유로 물권적 청구권과의 경합은 부인되어야 한다고 본다.

그 이유는 첫째, 연혁적으로나 비교법적으로 볼 때 상속회복청구가 진정상속인을 보호하기 위해 마련된 제도임에는 틀림없으나 외국의 입법례와 우리 민법은 서로 다른 법제도와 문화를 바탕으로 하고 있다는 점이다. 예컨대 독일 민법은 소유권에 기한 물권적 청구권도 30년으로 소멸시효가 완성된다는 바탕 위에 상속회복청구권의 시효를 30년으로 규정하고 있어 양 제도는 균형을 유지하고 있다. 그러므로 당사자가 양 제도 중의 하나를 택일하더라도 크게 불리하지 않다. 다만, 상속회복청구권을 행사할 경우에는 악의의 참칭상속인에게 엄격한 책임을 부과시킴으로 인해 진정상속인에게 유리하므로 상속인은 상속회복청구권을 선호하며, 법관도 상속회복청구를 확대 해석하려는 경향에 있는 것이다.

그러나 민법은 소유권을 바탕으로 하는 물권적 청구권은 소멸시효에 걸리지 않는다는 점과 비교할 때 양 제도는 그 행사기간에 있어 극심한 차이가 있다. 그럼에도 불구하고 양자의 경합을 인정할 경우에는 상속인은 단기의 행사기간이 경과한 후에도, 또는 상속회복청구의 소에서 패소한 후에도, 물권적 청구권을 행사할 수 있을 뿐 아니라 상속인의 사후에는 그의 상속인이, 참칭상속인과 그의

54) 곽윤직(주 24), 282면 참조.

55) 참고로, 로마법은 개별적 청구권과 독립된 포괄적 청구권임을 분명히 하면서 양자의 경합을 부인하고 있으며, 독일 민법은 제2029조에 의해 물권적 청구권과의 경합이 부인되지만 통설은 이를 상속법상의 단일한 포괄적 청구권으로 본다. 그럼에도 불구하고 민사소송절차의 특성상 개별적 청구권과의 실제상 차이는 없고 다만 목적물의 특정은 최종구두변론시까지 하면 된다고 한다. Walter Erman, Handkommentar zum BGB, 2 Band. 3. Aufl. S.1226. 자세한 것은 이 논문 Ⅱ의 2.(7) 참조할 것.

상속인에 대하여, 그리고 그로부터 상속재산을 양수한 제3자와 그의 상속인에 대하여 언제까지나 물권적 청구권을 행사할 수 있다는 결론에 이르게 된다. 이러한 해석은 초세대적으로 진정상속인을 보호하는 나머지 거래의 안전을 지나치게 희생하는 결과가 될 것이다.

두 번째로, 30년의 소멸시효를 통해 진정상속인을 보호하는 독일민법은 제3자와 거래의 안전을 희생하면서 상속인을 보호하는 차원이 아니라는 점에 있어 민법의 현실과 다르다는 점이다. 독일민법이 진정상속인을 보호할 수 있는 것은 제3자가 등기의 공신력, 상속증서의 공신력 및 선의취득제도 등을 통해 보호될 수 있기 때문이다. 그런데 진정상속인의 보호가 거래의 안전을 해치는 결과로 이어지고, 거래의 안전을 보호하면 반대로 진정상속인이 보호되지 않는 민법의 구조에서 상속회복청구권 제도를 독일민법과 단순비교하여 진정상속인에 대한 무제한의 보호를 인정하는 것은 매우 위험하다. 독일민법과 같이 제3자 보호장치가 없는 민법의 현실에서 진정상속인으로 하여금 참칭상속인(과 제3자)에 대하여 소멸시효에 걸리지 않는 물권적 청구권을 언제까지나 인정한다면 거래의 안전을 초세대적으로 희생하는 결과로 이어질 것이다.

세 번째로, 상속회복청구권과의 경합을 주장하면서 물권적 청구권과의 형평을 염려하는 분들은 한결 같이 소유물반환청구권의 비소멸성을 강조하고 있다. 그러나 소유권에 기한 물권적 청구권은 어떤 경우에도, 언제까지나, 그 행사가 보장되는 절대적인 권리는 아니며, 예외적으로 그 행사에 제한을 받을 수도 있다는 점을 간과할 수 없다. 예컨대 점유취득시효가 완성되면 소유권도 소멸될 수 있으며, 원인행위가 실효된 경우에는 진정한 소유권자의 청구권이 선의의 제3자 보호규정에 의해 대항력을 상실할 수 있는 것이다. 소유권에 기한 물권적 청구권이 그 행사에 제한을 받는 또 하나의 예외가 바로 상속회복청구권이라고 할 수 있는데, 그것은 가내의 상속분쟁은 집안 내에서 조속히 해결하여 제3자의 거래가 불안해서는 안 된다는 이유로 정책적으로 이를 제한한 것으로 이해할 수 있다.[56)]

진정상속인의 보호는 또 다른 문제를 안고 있는 물권적 청구권과의 경합을 긍정함으로써만 해결될 수 있는 것은 아니며, 참칭상속인의 범위를 제한함으로

56) 유정수(주 33) 참조.

써도 달성할 수 있는 것이다. 상속회복청구권 제도에 단기의 행사기간을 규정한 것은 같은 집안 내의 법정상속인들 간의 상속분쟁은 집안의 문제로 조속히 해결하는 것이 바람직하다는 취지가 담겨 있다고 보여지므로, 법정상속인으로서의 외관을 갖추고 상속인이라고 주장하면서 등기나 점유를 통해 상속권을 침해한 참칭상속인으로 피고적격을 제한하고 나머지는 물권적 청구의 세계에서 해결한다면, 등기에 공신력이 없는 민법의 현실에서, 상속회복청구권 제도의 취지를 살리면서도 물권적 청구권과 조화를 이룰 수 있다고 본다.

VI. 입 법 론

1. 진정상속인의 보호와 거래 안전의 보호를 조화하기 위해서는 등기의 공신력이 인정되어야 한다. 독일민법이 진정상속인을 보호할 수 있는 것은 등기의 공신력과 상속증서의 공신력, 그리고 선의취득제도가 제3자를 보호하고 있기 때문에 가능한 것이다. 진정상속인은 참칭상속인에게 물권적 청구를 하는 것이 원칙이지만 이미 제3자에게 양도한 경우에는 그 제3자에게 물권적 청구를 할 수 있으며, 그 제3자가 공신력에 의해 보호되는 경우에는 참칭상속인에 대하여 부당이득의 반환(채권적 청구)을 청구할 수 있는데, 반환의 범위는 참칭상속인이 악의인지 선의인지에 따라 달라지게 된다. 따라서 제3자는 공신력에 의해 참칭상속인과의 연결고리가 차단되기 때문에 진정상속인은 참칭상속인에 대하여 30년의 세월동안 상속재산의 반환을 청구할 수 있음에도 거래의 안전에는 전혀 지장이 없게 되는 것이다.

그런데 등기의 공신력이 인정되지 않는 민법의 현실에서 진정상속인을 보호한다는 것은 참칭상속인에게 언제까지나 청구권을 행사할 수 있음에 그치는 것이 아니라 제3자에게도 그러하다는 것이므로, 거래의 안전은 희생될 수밖에 없다. 참칭상속인과 제3자를 잇는 연결고리가 등기의 공신력에 의해 차단되지 않기 때문이다. 따라서 입법론으로 상속회복청구권제도를 삭제하여야 한다는 견해에는 동의할 수 없다. 어느 입법례도 거래의 안전을 희생하면서까지 진정상속인을 보호하는 것은 아님을 주목하여야 한다. 진정상속인을 보호한다는 것은 참칭상속인에게 책임을 묻기 위함인데 등기의 공신력이 인정되지 않는 구조에서는 제3자(선의이든 악의이든)와 거래의 안전을 초세대적으로 희생시키는 결과로 이어지기 때문이다. 등기에 공신력이 인정된다면 진정상속인은 제3자에게 상속재산의 반환을 청구할 수 없을 경우에도 참칭상속인에게 부당이득의 반환을 청구할 수 있으므로 진정한 보호를 받을 수 있는 것이다.

2. 이에 따라 입법론으로서는, 등기의 공신력이 인정되지 않는 한 상속회복청구권을 삭제하는 것보다는, 행사기간을 소멸시효로 규정하고, 이를 현행보다 장기로 하며, 참칭상속인의 범위를 제한하는 방향으로 개정함이 현실적이라 생각한다. 장차는 등기의 공신력을 인정함으로써 진정상속인과 제3자는 보호하되, 참칭상속인은 언제까지나 책임을 지는 구조로 전환하여야 할 것이다.

Ⅶ. 대상 판결에 대한 평석

1. 행사기간의 경과로 참칭상속인이 상속인의 지위를 취득하는지 여부

대상 판결에서 대법원은 행사기간을 제척기간으로 이해하는 한편, 행사기간 경과시에는 소급효를 인정함으로써 참칭상속인이 상속개시시부터 상속인의 지위를 취득하는 것으로 해석하고 있다. 이러한 해석은 상속회복청구권 제도를 비윤리적인 것으로 변질시킬 수 있다는 점에 주목하지 않을 수 없다. 단기의 행사기간이 경과되었다는 이유만으로 진정상속인을 상속인의 지위에서 축출하는 대신, 참칭상속인을 진정상속인의 지위로 승격시키고 있기 때문이다. 따라서 참칭상속인이 소급하여 취득하는 것은, 상속인의 지위가 아니라, 침해재산으로 한정하는 것이 타당하다고 본다.[57)]

기간이 경과된 경우에 상속인과 참칭상속인의 지위에 관하여, 이 행사기간을 소멸시효로 이해하고, 시효가 완성된 경우에는 권리자의 청구에 대하여 상대방에게 시효완성에 대한 이행거절의 항변권이 생긴다고 해석(상대적 소멸설)한다면 자연스럽게 이러한 결론에 이르게 된다. 소멸시효가 완성되면 참칭상속인은

57) 자세한 것은 이 논문 Ⅲ의 2. 기간경과의 효과와 주 30)을 참조할 것.

상속개시시로 소급하여(제167조) 항변권을 취득하는 것이므로 상속재산뿐 아니라 과실까지도 반환할 필요가 없게 되는 한편, 그가 소급적으로 취득하는 것은 상속인의 지위가 아니라 '침해 재산의 청구에 대한 항변권'으로 한정되기 때문이다. 이에 따라 참칭상속인은 상속인의 지위를 취득하는 것이 아니기 때문에 다른 침해자에게 상속재산의 반환을 청구할 수 없으며, 상속채무에 대한 책임도 지지 않는 것이다.[58] 이로써 참칭상속인이 진정상속인으로 승격하게 되는 불합리와 부정의는 자연스럽게 극복될 수 있다.

2. 참칭상속인의 인정여부에 대한 판단

상속회복청구권은 단기의 행사기간 때문에 진정상속인에게 매우 불리하기 때문에 피고적격을 제한함으로써 진정상속인을 보호할 필요가 있다. 그 기준으로서는 '법정상속인' 또는 '공부상 상속인으로서의 객관적이며 적법한 외관을 갖춘 자'로서 '상속인이라 참칭하면서 부동산인 경우에는 등기를 마치고, 동산인 경우에는 상속재산을 점유하는 자'로 한정하고 그 외에는 상속재산의 회복을 구하는 경우라도 이를 물권적 청구로 파악한다면 상속회복청구의 소를 입법한 취지도 살리면서 물권적 청구권과의 조화를 이루게 될 것이다. 대법원이 대상 판결에서 "법정상속인에 해당될 여지가 없다"는 이유와 함께 "상속인이라 칭하면서 부동산인 경우 등기를 마치거나 동산인 경우 점유하면서 상속권을 침해한 바가 없다"는 이유로 참칭상속인에 해당하지 않는다고 판단한 것은 타당하다고 본다. 상속권 침해란 상속으로 인하여 취득한 본권에 대한 침해를 의미하며, 단순한 점유만의 침해는 그것이 본권의 침해를 수반하지 않는 한 침해의 개념에 포함되지 않는다고 보아야 하기 때문이다.[59]

58) 자세한 것은 이 논문 Ⅱ의 2. 독일 민법상의 Erbschaftsanspruch에 관한 내용 중 특히 (9) 소멸시효 완성의 효과와 이 논문 Ⅲ의 2. 기간경과의 효과를 참고할 것.

59) 자세한 것은 이 논문 Ⅳ의 2. 참칭상속인의 인정 기준을 참조할 것.

Ⅷ. 맺는 말

이상에서 독일 민법상의 상속회복청구권제도를 소개하고 민법상 상속회복청구권 행사기간의 법적 성질과 기간경과의 효과에 대한 대법원판례를 비판적으로 검토한 후 참칭상속인의 범위에 관한 기준을 제시하고 대상 판결을 평석하여 보았다. 독일 민법이 진정상속인을 두텁게 보호할 수 있는 것은 제3자에 대한 보호가 전제되었기 때문이다. 그런데 민법상 등기에 공신력을 인정하지 않는 한, 참칭상속인과 제3자와의 연결고리는 차단되지 않기 때문에 결국 진정상속인에 대한 보호는 거래의 안전을 희생하는 결과로 이어질 수밖에 없는 것이다. 이에 따라 현행법하에서는 이 기간을 소멸시효로 이해함으로써, 그리고 참칭상속인의 범위를 제한함으로써, 상대적으로 진정상속인이 보호될 수 있다는 결론에 도달하였다.

_ 저스티스 제32권 제2호(한국법학원, 1999) 게재

後 記

1. 상속회복청구권의 행사기간 제한에 관한 규정인 민법 제999조 제2항 중 "상속이 개시된 날로부터 10년 부분"은 2001년 7월 19일에 위헌결정을 받은 바 있고, 이 부분은 "상속권의 침해행위가 있은 날로부터 10년"으로 개정되어 2002년 1월부터 시행되고 있다.
2. 독일민법의 상속회복청구권의 소멸시효(이 논문 II의 2)에 관하여

독일민법의 소멸시효규정은 이 논문 이후 두 차례 개정되었다. 2002년 1월1일부터 시행되는 독일 개정민법 제195조는 일반소멸시효기간을 30년에서 3년으로 개정하면서도, 제197조 제1항 제2호에서 가족법 및 상속법상 청구권에 관한 특별소멸시효규정은 30년으로 예외를 규정한 바 있다. 2010년 1월 1일부터 시행되는 상속법과 시효법의 개정에 관한 법률은 가족법 및 상속법상 청구권에 적용되던 30년의 특별소멸시효규정을 삭제하고 일반소멸시효기간인 3년으로 통합하였다.

相續回復請求權의 時效에 관한 慣習法의 效力
- 대법원 2003.7.24. 선고 2001다48781 전원합의체 판결 -

▍사실관계 ▍

1. 소외 서길수는 소외 장만산이 남편 死後에 서길수를 사후양자로 입양한 사실이 없음에도 불구하고, 장만산에 대한 사망신고가 되어 있지 않아 법적으로 생존한 것으로 되어 있는 중에, 그의 호적에 양자로 입적되어 장만산의 딸과 외손자인 원고들과 공동상속인으로서의 외관을 갖추게 되었다.

2. 장만산의 실제 사망일은 6·25 사변 무렵으로 민법시행 전이고, 호적상 사망일은 1974.4.16.이다.

3. 서길수의 사후, 그 상속인들인 소외 서정숙, 서정복, 김미화, 서상우, 서상희, 서수경은 자신들이 장만산의 상속인이라고 참칭하여 1994.4.6. 상속재산인 이 사건 토지 일부 지분에 대하여 상속을 원인으로 한 소유권이전등기를 마친 후 피고에게 소유권이전등기를 한 바 있다.

4. 이에, 장만산의 딸 및 외손자인 원고들은 1998.3.18. 이 사건 각 토지의 진정 상속인으로서 피고명의의 소유권이전등기는 원인무효임을 주장하면서 피고에 대하여 진정명의회복을 원인으로 한 소유권이전등기절차의 이행을 구하는 소를 제기하였다.[1]

▍원심 판결 ▍

대구지법 2001.6.20. 선고 2000나11858 판결

원심법원인 대구지방법원은, "이 사건 소가 그 소유권 또는 지분권의 귀속을

1) 대법원 판결문을 기초로 재구성하였음.

내세우는 주장이 상속을 원인으로 하는 것인 이상 그 청구원인 여하에 불구하고 민법이 정하는 상속회복청구의 소에 해당한다고 보아야 할 것"이라고 판단한 다음, "장만산의 실제 사망일은 민법 시행 전이므로 민법 시행 전의 상속회복청구권의 소멸기간에 관한 관습법이 적용되어야 하고, 그에 따르면 상속회복청구권은 상속이 개시된 날로부터 20년이 경과하면 소멸되었다고 보아야 할 것인데, 그 상속이 개시된 6·25 사변 무렵으로부터 20년이 경과한 후 이 사건 소가 제기되었고, 설사 장만산의 사망일을 호적에 기재된 1974.4.16.로 보더라도, 민법상 상속회복청구권의 제척기간인 10년이 이미 경과한 뒤인 1998.3.18. 소가 제기되었으므로 이 사건 소는 부적법하다"는 이유로 이를 각하하였다.

▌대법원 판결▐

대법원 2003.7.24. 선고 2001다48781 전원합의체 판결(소유권이전등기 등).

▌판결요지▐

[1] [다수의견] 사회의 거듭된 관행으로 생성한 어떤 사회생활규범이 법적 규범으로 승인되기에 이르렀다고 하기 위하여는 그 사회생활규범은 헌법을 최상위 규범으로 하는 전체 법질서에 반하지 아니하는 것으로서 정당성과 합리성이 있다고 인정될 수 있는 것이어야 하고, 그렇지 아니한 사회생활규범은 비록 그것이 사회의 거듭된 관행으로 생성된 것이라고 할지라도 이를 법적 규범으로 삼아 관습법으로서의 효력을 인정할 수 없는바, 제정 민법이 시행되기 전에 존재하던 관습 중 "상속회복청구권은 상속이 개시된 날부터 20년이 경과하면 소멸한다"는 내용의 관습은 이를 적용하게 되면 20년의 경과 후에 상속권침해가 있을 때에는 침해행위와 동시에 진정상속인은 권리를 잃고 구제를 받을 수 없는 결과가 되므로 소유권은 원래 소멸시효의 적용을 받지 않는다는 권리의 속성에 반할 뿐 아니라 진정상속인으로 하여금 참칭상속인에 의한 재산권침해를 사실상 방어할 수 없게 만드는 결과로 되어 불합리하고, 헌법을 최상위 규범으로 하는 법질서 전체의 이념에도 부합하지 아니하여 정당성이 없으므로, 위 관습에 법적 규범인 관습법으로서의 효력을 인정할 수 없다.

[반대의견] 법원으로서는 관습법이 다른 법령에 의하여 변경·폐지되거나 그와 모순·저촉되는 새로운 내용의 관습법이 확인되기 전까지는 이에 기속되어 이를 적용하여야 하고, 만일 관습법이 헌법에 위반된다면 그 이유로 이를 적용하지 아니할 수 있을 뿐이지 막연히 불합리하다거나 정당성이 없다는 등의 사유를 이유로 판례변경을 통하여 그 적용을 배제할 수는 없는바, 법원은 대법원 1981. 1. 27. 선고 80다1392 판결에 의해 "상속회복청구권은 상속이 개시된 날부터 20년이 경과하면 소멸한다"는 내용의 관습이 관습법으로 성립하여 존재하고 있음을 확인·선언한 이래 여러 차례에 걸쳐 이를 재확인하여 왔으며, 한편 민법 시행 전의 폐지된 조선민사령은 상속에 관한 사항은 관습에 의한다고 규정하였고, 민법은 부칙 제25조 제1항에서 "이 법 시행 전에 개시된 상속에 관하여는 이 법 시행일 후에도 구법의 규정을 적용한다"라고 규정하였으며, 1977. 12. 31. 법률 제3051호로 개정된 민법 부칙 제5항 및 1990. 1. 13. 법률 제4199호로 개정된 민법 부칙 제12조 제1항에서도 각각 같은 내용의 경과규정을 두고 있으므로, 위 관습법이 다른 법령에 의하여 변경·폐지되거나 그와 모순·저촉되는 새로운 내용의 관습법이 확인되지 아니한 이상 법원으로서는 민법 시행 전에 있어서의 상속에 관한 법률관계에 해당하는 상속회복청구에 대하여 위 관습법을 적용할 수밖에 없다.

[반대의견에 대한 보충의견] 관습법은 성문법률을 보충하는 효력을 가지는 것이기는 하지만 법률의 효력을 가지는 것이어서 그러한 관습법에 위헌적 요소가 있는 경우 우리의 성문법률 위헌심사제도 아래에서는 헌법재판소를 통한 위헌선언이 이루어질 길이 없고 법원에 의하여 위헌성이 판정되고 그의 적용이 배제되어야 할 터이므로 그렇게 되면 실질상 위헌법률선언과 같은 결과를 낳을 것인바, 그 경우에는 헌법상 법치주의 원칙에서 나온 법적 안정성 내지 신뢰보호원칙에 바탕을 둔 위헌결정의 불소급효 원칙의 정신에 따라 그 선언이 있는 날 이후로만 그 관습법의 효력이 상실되도록 함이 상당하다.

[2] 헌법재판소의 위헌결정의 효력은 위헌제청을 한 당해 사건, 위헌결정이 있기 전에 이와 동종의 위헌 여부에 관하여 헌법재판소에 위헌여부심판제청을 하였거나 법원에 위헌여부심판제청신청을 한 경우만이 아니라 따로 위헌제청신청은 하지 아니하였지만 당해 법률 또는 법률의 조항이 재판의 전제가 되어 법원에 계속 중인 사건과 위헌결정 이후에 위와 같은 이유로 제소된 일반 사건에도

미친다.

研 究

Ⅰ. 問題의 提起

민법은 부칙 제2조에서 민법 시행일 전의 사항에 대해서도 신민법을 적용함으로써 소급효를 인정하지만, 상속에 관하여는 불소급의 원칙을 규정하고 있다. 즉, 민법 부칙 제25조 1항은 "이 법 시행 전에 개시된 상속에 관하여는 이 법 시행일 후에도 구법의 규정을 적용한다"고 규정하고 있고, 1977.12.31. 법률 제3051호로 개정된 민법 부칙 제5항 및 1990.1.13. 법률 제4199호로 개정된 민법 부칙 제12조 1항에서도 각각 같은 내용의 경과규정을 두고 있다. 이에 따라, 민법 시행일 전에 개시된 상속에 관하여는 구법이 적용된다. 한편, 구법에 해당하는 조선민사령에 의하면 상속에 관한 사항은 관습에 의한다고 규정하고 있으므로 결국 민법 시행일 전에 개시된 상속에 관하여는 상속관습법이 적용될 것이다.

상속회복청구권의 소멸기간에 관한 관습법에 대하여, 대법원은 "상속회복청구권은 상속이 개시된 날로부터 20년이 경과하면 소멸한다"는 내용의 관습이 관습법으로 존재하고 있음을 확인・선언한 이래 여러 차례에 걸쳐 이를 재확인하여 온 바 있다.[2)]

한편, 상속회복청구권의 단기의 행사기간에 관한 민법 제999조 2항과 제982조 2항은 이미 2001년 7월 19일에 헌법불합치결정[3)]을 받은 바 있고, 민법 제999조 2항과 제982조 2항 중 "상속이 개시된 날로부터 10년 부분"은 "상속이 침해된 것을 안 날로부터 10년"으로 개정된 바 있다. 다른 한편, 헌법재판소 위헌결정의 효력에 대하여 대법원은 위헌제청을 한 당해사건, 위헌결정이 있기 전에 이와 동종의 위헌여부에 관하여 헌법재판소에 위헌여부심판제청을 하였거나 법원에 위헌여부심판제청신청을 한 경우만이 아니라 따로 위헌제청신청은 하지 아니하였지만 당해 법률 또는 법률의 조항이 재판의 전제가 되어 법원에 계속중인 사건

---

2) 이 글 Ⅴ.상속관습법에 대한 대법원 판결 참조.

3) 헌법재판소 2001.7.19. 선고 99헌바9, 26, 84; 2000헌가3, 2000헌가23(병합) 결정.

과 위헌결정 이후에 위와 같은 이유로 제소된 일반사건에도 미친다고 해석[4]하고 있다.

이에 의하면, 다음과 같은 의문이 제기될 수 있다. 즉, 상속이 민법시행일 전에 개시되었으나, 사건은 위헌결정 이후에 제소된 경우, 민법 부칙 제25조 1항에 따라 상속관습법을 적용할 것인지, 아니면 위헌결정의 효력이 관습법에도 미친다고 보아 정당성이 결여된 관습법의 효력이 부인된다고 할 것인지 하는 것이다. 이 의문은 다음 두 가지로 요약할 수 있다고 본다. 그 하나는 위헌결정의 대상은 법률인데, 관습은 법률이 아니므로 결국 위헌결정의 효력이 관습법에도 미치는가 하는 내용(질적)에 대한 것이고, 다른 하나는 위헌결정의 효력이 과연 민법시행일 전의 관습에까지 미친다고 보아야 할 것인가 하는 시간적 효력(양적)에 대한 문제인 것이다.

대상 판결에서 다수의견은 후자와 같이, 위헌결정의 효력은 질적・양적인 의미에서의 관습법에도 미친다고 해석하는 듯이 보이고[5], 반대의견은 전자와 같이, 민법시행일 전에 개시된 상속에 대하여는 부칙규정대로 관습법이 적용되어야 한다는 입장이며, 보충의견은 위헌결정의 선언이 있은 날 이후로만 관습의 효력이 부인되어야 한다는 견해로 이해된다.

이하에서는 위에서 제기한 몇 가지 의문에 대한 해법을 찾기 위해, 상속에 관한 민법 부칙 규정과 그 의미를 살펴보고, 상속회복청구권의 시효에 관한 관습법 및 이에 대한 대법원판례를 검토한 후 대상 판결을 평석하기로 한다.

II. 改正民法의 遡及效原則과 相續에 관한 不遡及原則, 그리고 2002년 改正民法 附則 제2항

1958년 제정된 신민법 부칙 제2조(본법의 소급효)는 "본법은 특별한 규정 있는 경우 외에는 본법 시행일 전의 사항에 대하여도 이를 적용한다"고 함으로써

---

4) 대법원 1993.1.15, 92다12377 판결; 대법원 1994.2.22, 93다58295 판결; 대법원 1996. 3.12, 95다40755 판결; 대법원 2000.2.25, 99다54322 판결; 대법원 2001.8.24, 2000다17605 판결 등.

5) "보인다"고 표현한 것은 판결문에서 이 점이 분명히 나타나 있지 않기 때문이다.

소급효의 원칙을 규정하고 있다. 그 이유에 대하여는, 신민법이 구민법과 그 내용에 있어서 실질적으로 그다지 다르지 않기 때문에 소급효를 인정하더라도 법적 안정성을 해하는 일은 없으리라고 판단하였기 때문이라는 것[6]과 함께 하루속히 일본법의 영향에서 벗어나려는 의도가 포함되어 있다고 보인다. 그러나 단서에서는 “이미 구법에 의하여 생긴 효력에 영향을 미치지 아니한다”고 하여 실질적으로는 불소급을 채용한 것이나 마찬가지이다.

이와는 달리 1977년 개정민법 부칙 제2항과 1990년 개정민법 제2조는 효력의 불소급만을 규정함으로써 실질적 불소급을 일반원칙으로 규정하고, 경과규정을 통해 개정법이 소급적용 되는 경우와 구법이 적용되는 경우(상속)를 구별하고 있다.[7]

한편, 상속에 관하여는 민법 부칙 제25조(상속에 관한 경과규정)에서 “본법시행일 전에 개시된 상속에 관하여는 본법시행일 후에도 구법의 규정을 적용한다”고 규정함으로써 법률불소급의 원칙을 채용하고 있으며, 1977년 개정민법 부칙 제5항 및 1990년 개정민법 부칙 제12조 1항에도 같은 내용의 불소급의 원칙이 선언되어 있다. 결국, 상속이 개시된 경우에는 민법이 개정된 경우에도 개정민법을 적용하지 않고 상속개시 당시의 법이 적용되어야 함을 선언하고 있는 것이다.

민법이 개정법에 대한 소급효 원칙을 채용함과 달리, 상속에 관하여는 불소급 원칙을 채용한 이유는 상속이 개시된 때로부터 상속인은 피상속인의 재산에 관한 포괄적 권리의무를 승계하기 때문에 상속인의 기득권을 존중하여야 할 필요성이 크기 때문인 것으로 보인다.[8] 그런데 2002.1.14. 개정된 민법은 부칙 제2항(이 법의 효력의 불소급)에서 “이 법은 종전의 규정에 의하여 생긴 효력에 영향을 미치지 아니한다”고 규정함으로써 종전과는 달리 효력의 불소급을 규정하고 있다. 이는 2002년 개정이 헌법불합치결정에 의한 입법개선의무에 따른 것이므로, 종래와 같이 상속개시시의 법을 적용하는 경우, 헌법적 정당성이 결여된 법을 적용하게 되는 결과를 피하기 위한 입법기술로 보인다. 이에 따라 제2항에서

6) 장경학, 민법총칙 제3판, 법문사(1990), 81면.

7) 1984년 법개정 부칙 제2항(경과조치의 원칙)은 신민법 제정시의 부칙과 같은 취지의 규정, 즉 개정민법의 소급효와 효력의 불소급을 규정하고 있다.

8) 그 이유를 제시한 자료를 찾을 수 없어 나름대로 해석을 시도해 본 것이다.

는 효력의 불소급 규정을 통해 기득권을 존중하는 한편, 제3항(한정승인에 관한 경과조치)에서는 신설된 제1019조 3항(특별한정승인)에 대한 제한적인 소급효를 규정하고 있다.[9)]

Ⅲ. 效力不遡及의 原則과 違憲決定의 效力

2002년 개정민법 부칙 제2항은 효력의 불소급원칙을 규정하고 있다. 그런데 "종전의 규정에 의하여 생긴 효력에 영향을 미치지 않는다"는 의미는 무엇일까? 우선, "종전의 규정"이란 구법을 의미하는 것이며, 이에는 당연히 관습법도 포함된다고 보아야 할 것이다. 민법 제1조에서 관습법에 법적 효력을 부여하고 있기 때문이다.

한편, "종전 규정에 의하여 생긴 효력에 영향을 미치지 않는다"는 것은 구법(관습법)에 의하여 생긴 법적 효력과 권리와 의무 및 법적 지위는 존중된다는 뜻으로 이해된다. 구체적으로는 상속개시와 동시에 상속인이 취득한 권리와 의무, 상속채권자의 권리, 진정 상속인이 행사기간 내에 상속회복청구를 하지 않은 결과 그 반사효과로서 참칭상속인에게 인정된 권리, 부진정 상속인으로부터 상속재산을 양수받은 제3전득자의 지위, 제1019조에 의해 상속포기나 한정승인을 한 상속인과 상속채권자의 지위 등을 생각할 수 있다. 그렇다면 그것은 이들이 구법에 의해 이미 취득한 권리와 의무, 또는 상실한 지위 등은 개정민법에도 불구하고 그 효력이 유지된다는 의미이며, 그 지위에 관하여 다툼이 있는 경우에도, 법률에 특별한 규정이 있는 경우 외에는, 개정민법 규정을 소급 적용하여 재판의 기준으로 삼지 않는다는 의미를 지니고 있다고 보인다. 다만, 예외적으로 부칙 제3항에서 규정하는 한정승인에 관한 경과조치에 한해서는 제한적으로 소급효

---

9) 이 개정민법 부칙 제3항에 대하여는 그 동안 학계에서 헌법재판소가 위헌을 선언하여야 한다는 주장이 있었고, 서울지방법원 등에서는 개정민법의 소급적용을 제한하고 있는 부칙 제3항의 규정이 헌법에 위반된다고 하여 헌법재판소에 위헌제청을 한 바 있다. 이에 헌법재판소는 2004.1.29. 선고 2002헌가22 등에서 민법 부칙 제3항 본문 중 "1998년 5월 27일부터 이 법 시행 전까지 상속개시 있음을 안 자 중" 부분은 헌법에 불합치된다고 결정하였다. 이에 관하여 자세한 것은 윤진수, "상속의 단순승인의제 규정에 대한 헌법불합치결정의 소급효가 미치는 범위," 가족법연구 16권 2호(2002) 참조.

를 인정하고 있다. 그것은 2002년 개정이 실질적 두 개 조문(호주 및 상속회복청구권의 행사기간 중 10년 부분과 1019조 3항 신설)에 불과하니 결국 소급효에 관한 규정이 없는 상속회복청구권에 관하여는 구법에 의한 법률관계가 유지되고, 개정 민법은 실질적으로 소급 적용되지 않음을 선언하고 있음에 다름 아니다.

문제는, 2002년 법 개정[10]은 헌법불합치결정에 따른 결과이기 때문에 개정 전에 이루어진 사안이라도 위헌결정[11]이후에 제소된 사안에 대해서는 위헌결정의 효력이 미칠 수밖에 없다는 점에 있다. 위헌결정 이후에 제소된 사안에 대해 구법을 적용하는 경우에는 헌법적 정당성을 결여한 법을 적용하여 재판하는 결과가 되어 부당하기 때문이다. 그러므로 위헌결정의 효력에 대하여 대법원이 "위헌제청을 한 당해사건, 위헌결정이 있기 전에 이와 동종의 위헌여부에 관하여 헌법재판소에 위헌여부제청을 하였거나 법원에 위헌여부심사제청신청을 한 경우만이 아니라 따로 위헌제청신청은 하지 아니 하였지만 당해 법률 또는 법률의 조항이 재판의 전제가 되어 법원에 계속중인 사건과 위헌결정 이후에 위와 같은 이유로 제소된 일반사건에도 미친다"고 해석[12]함은 타당하다고 하겠다. 위헌결정 이후에 제소된 일반사건이란 위헌결정 이후에 제기된 모든 사건을 의미하는 것이므로, 결국, 민법시행일전에 개시된 상속사안이라도, 위헌결정 이후에 제소되었다면, 헌법적 정당성이 결여된 상속관습법은 "그 효력을 인정할 수 없다"고 해

---

10) 헌법불합치결정을 받은 두 개 조항은 민법 제999조 제2항 중 "상속이 개시된 날로부터 10년" 부분과 제999조에 의하여 준용되는 제982조 제2항 중 "상속이 개시된 날로부터 10년"부분 및 단순승인의제에 관한 민법 제1026조 제2호인데, 개정법은 후자에 대해서는 제1019조 제3항을 신설하여 특별한정승인규정을 신설하는 한편 제1026조 제2호는 원래대로 복원하고, 부칙 제3항에서 제한적 소급효를 규정하는 내용으로 개정하였다. 그리고 제999조 제2항 및 제982조 제2항은 "상속권의 침해가 있은 날로부터 10년"으로 개정되었다.

11) 헌법불합치결정도 위헌결정의 일종이라는 점에서 본질적으로 동일하고, 다만 단순위헌은 그 자체로서 소급효를 가지므로 따로 입법자의 개선입법을 기다릴 필요가 없으나 헌법불합치결정은 위헌적 요소가 있는 조항들을 합헌적으로 개정 또는 폐지하는 임무를 입법자에게 부여한다는 점 등에서 차이가 있으므로, 그 효력의 범위를 논하면서 굳이 양자를 구별하지 않았다. 이에 대하여 자세한 것은 윤진수, "상속의 단순승인의제규정에 대한 헌법불합치결정의 문제점," 헌법논총 제11집(2000), 183면; 同, "헌법재판소 위헌결정의 소급효," 재판자료 제75집 헌법문제와 재판 (상) (1997), 621면 이하; 同 "위헌법률의 효력," 헌법논총 제1집(1990), 273면 이하; 최완주, "헌법불합치결정," 재판자료 제92집 헌법재판의 이해(1992), 394면 이하 참조.

12) 주4)의 판결 참조.

석될 여지가 있다.

그렇다면, 위헌결정의 효력은 어디까지 미친다고 보아야 할 것인가? 구체적으로는 가장 극단적인 경우에 해당하는, 상속관습법 적용사례에까지 미친다고 볼 것인가 하는 질문이다. 이에 대하여 대법원은 "위헌결정의 효력은 그 미치는 범위가 무한정일수는 없고 법원이 위헌으로 결정된 법률 또는 법률의 조항을 적용하지는 않더라도 다른 법리에 의하여 그 소급효를 제한하는 것까지 부정되는 것은 아니라 할 것이며, 법적 안정성의 유지나 당사자의 신뢰보호를 위하여 불가피한 경우에 위헌결정의 소급효를 제한하는 것은 오히려 법치주의의 원칙상 요청되는바"[13]라고 판시한 바 있다.

생각건대, 대법원이 제시한 '다른 법리'에는 입법부가 아직 개선입법을 하지 않은 경우에는 '조리'라고 해석할 수도 있고, 2002년 법과 같이 개선입법이 이루어진 경우에는, 부칙 제2항을 개선입법의 소급효에 대한 내재적 한계를 규정한 것으로 해석할 여지가 있다고 본다. 위헌결정에 따른 개선입법에 소급효가 있는지의 여부에 대한 논의[14]는 별론으로 하고, 개정법 부칙 제2항이 "종전의 규정에 의하여 생긴 효력에 영향을 미치지 않는다"고 규정한 이유는, 위헌결정의 효력이 '위헌결정 이후에 제기된 모든 사건'에도 미치지만, 종전의 법에 의해 이미 확정된 권리와 의무 및 법적 지위는 존중하고 유지되도록 함으로써 법적 안정성을 위해 소급효의 내재적 한계를 선언한 것으로 해석할 수 있을 것이다.

IV. 相續回復請求權의 時效에 관한 慣習法

법원행정처가 1985년에 발간한 「친족상속에 관한 구관습」에는 상속회복청구권의 소멸시효기간에 관한 관습이 소개되어 있는데, 그 중 몇 가지만 인용하면 다음과 같다.[15]

---

13) 대법원 1994.10.25, 93다42740 판결.

14) 윤진수(주 11), "상속의 단순승인의제규정에 대한 헌법불합치결정의 문제점" 참조.

15) 親族相續에 관한 舊慣習, 재판자료 제29집, 법원행정처, 380면.

1. 종전의 慣習: 相續回復請求權은 時效로 인하여 消滅하지 않는다

"舊韓國 隆熙 2년(1908) 법률 제20호 민사소송기한규칙에 상속회복청구권과 같은 상속법상의 권리에 관한 소송기한의 규정을 두지 아니하였기 때문에 융희 2년 8월 1일 이후에는 상속회복청구사건은 출소기한의 규정이 없는 권리로 되었던 것이다"(1920.3.12. 高判例 錄 7권 88면).

"조선인의 친족상속에 관한 사항에 관하여는 오로지 관습에 의하여야 할 것으로써 상속회복청구권과 같은 상속법상의 권리의 시효에 관하여는 민법(의) 제966조의 규정을 적용할 수 없고 관습에 의하여야 할 것이라 하나 조선에서는 아직 이 점에 관하여 일정한 관습이 없고 따라서 위 청구권은 오늘날도 시효 혹은 출소기한의 규정이 없는 권리라고 한다."(同上)

"朝鮮民事令이 시행됨에 따라 그 전후에 법률이 변경된 바 없고 조선인 이외에는 관계없는 상속회복청구권의 출소기한에 관하여는 조선민사령 제81조가 적용되지 않는다"(1920.3.12. 高判例 錄 7권 89면)(要旨集 742면).

2. 새로운 관습: 相續回復請求權의 時效는 상당한 기간이 경과함으로써 消滅한다

"朝鮮에서 戶主 및 遺産의 상속회복청구권은 상속인 또는 그 법정대리인이 상속권을 침해당한 사실을 안 때 또는 상속개시시부터 각 상당한 기간 내에 한하여 행사할 수 있고, 그 기간이 경과한 때에는 소멸하는 것이 관습이다"(1935.7.30. 高聯合部 判例, 雜誌 14권 9호).

"상속권 침해사실을 안 때로부터 만 6년을 경과한 때에는 그 기간은 호주 및 재산상속회복청구권의 소멸시효를 완성시킴에 상당한 기간이라고 할 수 있다"(1937.8.27. 高判例 錄 24권 317면).

"상속회복청구권은 상속개시시부터 20년을 경과한 때에는 시효로 인하여 소멸하는 것이 관습이다"(1939.6.30. 高判例 錄 26권 263면).

"현행 민법 시행 전에 있어서 상속회복청구권은 상속권의 침해사실을 안 때로부터 6년, 상속이 개시된 때로부터 20년이 경과되면 소멸한다"[대법원 1981.1. 27, 80다1362, 집291민42 공654호 13719(大判要集 1591면)].

3. 학자들의 견해

荒川義人은 판례를 평석[16]하면서 "이 판결은 적극적으로 관습의 존재를 인정하고 조선인에게 적용한 것이므로 …(중략) …고도의 법률기술적 성질을 가진 상속회복청구권 및 그 소멸시효를 인정하는 것 같은 관습은 실제로 조선에 존재하느냐 않느냐는 매우 의문이다 …결국 安田氏가 지적한 바와 같이 '판례가 관습의 존재한다고 하는 것을 내세우고 있으나 그것은 다만 조선민사령 제11조와의 관계에서 형식적으로 믿는 것처럼 하기 의한 구호에 불과하며 그 실은 관습이란 말을 빙자하여 조리의 요구를 판례법으로서 인정한 것이라고 말할 수 있을 것이다(安田幹太 氏, 相續回復請求權의 本質, 司協15권3호 19면)'라고 하는 것이 사실에 입각한 것이 아닐까?"라고 하면서 "이들 판례는 어느 것이나 조리상 家督相續回復請求權 또는 그 소멸시효를 인정한 판결이라고 말할 수 있다"고 논평하고 있으며,[17]

정광현 교수는 "상속회복청구권에 관한 소멸시효를 인정하는 1920(대정9)년의 판결에서도 또 소멸시효를 인정하는 1935(소화 10)년의 판결에서도 관습을 빙자하여 이를 경우에 따라 인정하기도 하고 인정치 않기도 하였다. 그러나 관습이 없을 경우에는 조리에 의하여 결정함이 타당하다는 것은 이미 학자들이 지적한 바와 같다. 뿐만 아니라 일정시대의 관습법 규범 중에 일본의 정책에 의한 부당한 것 그리고 대한민국 수립 후 우리나라 헌법정신에 비추어 수정된 것으로 해석하여야 할 규범도 不少하다"고 하고 있다.[18]

이희봉 교수는 "한국인들은 고래의 관습에 의하여 年老하면 還甲日과 같은 날을 맞아 자녀와 친척을 일당에 모아놓고 재산을 자녀들에게 생전에 分財하는 일이 行例이므로 상속할 만한 재산을 가진 부유한 인사들의 유산의 사후상속이

16) 荒川義人, 韓國의 法定推定家督相續人 廢除에 관한 日本國大審院判決, 日本國大審院民事判例集 제20권 12호, 756면.

17) 民商法雜誌 第13卷 6號(1942), 98-105면.

18) 정광현, 한국가족법연구, 서울대학교 출판부(1967), 412면.

행하여지는 경우는 그리 많은 것은 아니다"[19]라면서, 관습법의 왜곡에 대해 다음과 같이 진단하고 있다. 즉, "한국의 관습이 없거나 또는 관습이 있다 할지라도 그 관습을 적용하는 것이 부적당한 신분관계가 한국사회의 발전에 따라 발생하는 것은 피할 수 없는 현상일 것이다. 이러한 때에 日政은 상술한 바와 같이 성문법인 일본민법전의 법조의 원용을 규정하여 해결을 지은 것도 있으나 그러한 해결을 하지 못한 경우에는 반드시 타입법례 또는 일본의 판례를 참조하여 판결을 내리는 수밖에 다른 도리가 없고 그 판결이 거듭됨으로써 판례법이 형성되는 것도 자연한 일이다"라면서, "한국사회의 舊慣이 日人의 눈에 불합리하게 반영되었거나 또는 일본의 신분법과 상이하여 일인들이 그 운용에 불편을 느껴 한국관습의 변천을 빙자하여 일본민법전의 원리를 인용한 것에 기인한 것이 더욱 많다"[20]고 한다.

4. 經國大典에 나타난 相續回復請求權의 時效

經國大典 戶田 田宅條에는 凡松田宅 過5年則不應이라고 규정하고 있으나, 그 중에 盜賣者.相訟未決者.父母田宅合執者. 田宅耕永執者.賃居永執者 不限年告狀而 不立訟過5年者 亦勿廳이라고 되어 있다. 즉 토지나 가옥에 관한 분쟁은 분쟁이 발생한 때로부터 5년이 지나면 소송을 수리하지 않음이 원칙인데, 이의 예외로는 ① 자기도 몰래 타인의 토지나 가옥을 훔쳐 팔아버린 경우(盜賣), ② 토지나 가옥에 대한 소송이 끝나지 않고 권리자가 확정되지 못한 상태로 있는 경우(相訟未決), ③ 부모의 유산인 토지나 가옥을 형제자매 사이에 균분하게 몫을 나누지 않고 어느 한 사람이 독점한 경우(父母田宅合執), ④ 토지에서 거둔 수확을 절반씩 나누는 소작계약을 맺은 토지를 소작하고 있는 소작인이 소작기간이 끝났거나 지주가 토지를 내놓으라고 요구하여도 듣지 않고 자기 것으로 영구히 차지하려고 하는 경우(田宅耕永執), ⑤ 세들어 살고 있는 자가 계약기간이 끝났거나 집주인이 비우라고 요구해도 듣지 않고 자기 것으로 영구히 차지하려고 하는 경우(賃居永執) 등에는 5년의 제소기한의 적용을 받지 않고 언제든지 소송을 제기하여 구제받을 수 있다고 되어 있다.[21] 바꾸어 말하면 훔쳐판 자, 확정판결 없이 차지

19) 이희봉, "일정시의 상속재산에 관한 원칙," 한국가족법상의 제문제, 일신사(1976), 181면.

20) 이희봉(주 19), 180면 참조.

21) 박병호, "근세의 법과 법사상," 도서출판 진원(1996), 195면 참조.

한 자, 유산을 독점한 자, 또는 소작인이나 임차인은 법률상 영구히 소유권자로 될 수 없었다. 이 5개 사유는 고려조 이래 빈번했던 재산권침해의 예이며 진정권리자가 현실적 점유를 빼앗기고 있는 경우인데, 진정한 소유자는 자기 토지를 현실적으로 점유하고 있지 않더라도 절대적 보호를 받고 있었음을 알 수 있다.[22]

V. 慣習法의 效力과 相續慣習法에 대한 大法院 判決

관습법의 효력에 관하여는 "다수인이 어느 관습에 따르는 것이 권리·의무라고 확신할 때 즉 관습을 법이라고 확신할 때 성립한다"는 법적 확신설이 통설이다. 이에 의하면 오랫동안 관행되는 관습이 있고 그것이 권리의무에 관한 내용을 가지며, 이를 준수하도록 강제당한다는 확신이 있을 경우에 관습법이 된다고 보는 것은 존재와 당위, 객관성과 주관성이 결부되어 법규범의 요건을 충족시키기 때문이다.[23]

위 Ⅳ.에서 본 바와 같이, 대법원이 상속회복청구권의 소멸기간에 관한 관습법의 존재라고 인정한 것이 과연 "오랫동안 관행되는 관습과 법적 확신"이 있을 정도인가는 매우 의문이다. 우리의 상속관습법이라고 소개된 판결들은 사실상 조선의 관습법에 기초하였다기보다는 오히려 이에 대한 관습이 없기 때문에 조리에 의해 형성된 판례법이 관습법으로 인정되었을 가능성이 매우 높기 때문이다.

대법원 판결은 법원행정처가 발행한 「친족상속에 관한 구관습」을 근거자료로 해서, 다음과 같이 상속회복청구권의 행사기간에 관한 관습법의 존재를 인정해 왔다.

[대법원 1981.1.27. 선고 80다1392 판결]

"현행 민법시행 전에 있어서 상속회복청구권은 상속권의 침해사실을 안 때로부터 6년이 경과하거나, 상속이 개시된 때로부터 20년이 경과하면 소멸한다고 보아야 할 것이고, 상속이 개시된 때로부터 20년이라는 이 기간은 구체적인 상속권의 침해여부에 관계없이 상속이 개시된 때로부터 진행한다고 보아야 할 것이므로 이

---

22) 위의 책, 196면.

23) 장경학(주 6), 50면.

와 같은 견해 아래 상속회복청구권의 소멸기간을 계산한 원심의 판단은 정당하고, 거기에 논지가 지적한 바와 같은 법리를 오해한 위법이 있음을 찾아 볼 수 없다."

[대법원 1991.4.26. 선고 91다5792 판결]

"현행 민법 시행 전에 있어서 관습법상 상속회복청구권은 상속인 또는 그 법정대리인이 상속권의 침해사실을 안 때로부터 6년, 또는 상속이 개시된 날로부터 20년이 경과하면 소멸한다고 보아야 할 것인바, 상속이 개시된 후에 상속권 침해사실이 있었다고 하더라도 상속이 개시된 때로부터 20년이 지난 후에는 상속권회복청구권은 소멸한다고 할 것이다."

[대법원 1996.12. 6. 선고 96므1137 판결]

"민법 시행 전의 호주상속회복청구권은 그 침해를 안 날로부터 6년, 상속이 개시된 날로부터 20년이 경과하면 소멸하는 것이 관습이었고, 혼인 외의 출생자가 인지의 판결을 상속이 개시된 날로부터 20년이 경과한 후에 받았다고 하더라도, 상속이 개시된 날로부터 20년이 경과하였다면, 호주상속회복청구권은 소멸하는 것인바, 같은 취지에서 원고의 이 사건 소는 위 20년의 기간이 경과된 후에 제기된 것으로 부적법하다고 판단한 원심은 정당하고, 거기에 소론과 같은 위법이 있다고 할 수 없다."

VI. 이 事件 判例評釋

1. 憲法的 正當性이 결여되었음을 이유로 慣習法의 效力을 否認한 판단 부분에 대한 검토

위에서 제기한 대로 이 문제는 다음 두 가지 질문을 포함하고 있다. 그 하나는 질적인 것으로 법률이 아닌 관습에도 위헌결정의 효력이 미치는가 하는 것이고, 또 하나는 시간적인 것으로 위헌결정의 효력이 민법시행일 전의 관습에까지 미치는가 하는 것이다. 나아가 민법시행일 전이라면 어느 시점의 관습을 의미하는 것인가 하는 의문도 제기될 수 있다.

먼저, 법률이 아닌 관습에 대해서도 위헌결정의 효력이 미치는가에 대하여는 여러 가지 견해가 있을 수 있지만, 관습법도 법률의 효력을 갖는 것이므로 관습법(또는 관습)에 위헌적 요소가 있는 경우에는 그 적용이 배제되어야 할 것이다. 다만 이 경우에는 헌법재판소로부터 위헌결정을 받은 경우뿐만이 아니라, 불합리하거나 차별적 요소를 지닌 관습도 헌법적 정당성을 결여한 것으로 그 효력이 부인되어야 할 것이다.

그렇다면 두 번째 의문은 위헌결정의 효력은 시간적으로 어디까지 미친다고 볼 것인가 하는 것이다. 구체적으로는 민법시행일 전의 관습에까지 미치는가 하는 것이다.

이 판결에서 다수의견은 위 관습법이 불합리하고 정당성이 없다고 하면서 헌법재판소의 위헌결정의 효력이 미치는 범위에 대한 대법원 판결을 제시한 것으로 보아, 위헌결정을 잣대로 관습법의 헌법적 정당성여부를 판단한 것으로 보인다. 그러나 위헌결정의 효력이 미치는 범위가 상속관습법까지, 라고 판단하는 것은 지나친 해석이라고 하지 않을 수 없다.

상속이 민법 시행일 전에 개시되었다면 그것은 이미 40년 이상의 세월이 흘렀음을 의미한다. 민법 부칙 제25조에서, 상속의 경우에는 상속개시시의 법이 적용되도록 한 것은 상속을 둘러싼 권리와 의무관계가 상속 개시와 동시에 확정되는 결과,[24] 그 후에 개정된 민법의 잣대로 판단할 경우에는 법적 안정성의 문제와 함께 제3자의 권리로 대표되는 거래의 안전이 침해될 가능성이 잠재되어 있기 때문이다. 또한 반대의견이 적절히 지적한 바와 같이 소유권의 비소멸성에도 불구하고 민법이 상속회복청구권 행사에 단기의 제척기간을 규정한 취지는 "상속을 둘러싼 다툼을 조기에 해결하려는 의사"에 기인한 것으로 보는 데 異見이 없음을 감안할 때, 위헌결정 이후에 제소되었다는 이유로, 이미 그 행사기간이 경과된 상속회복청구권에 대한 관습법 적용사례에까지 헌법적 정당성이라는 잣대로 판단하는 것은 상속분쟁의 조기해결이라는 입법취지에도 반하는 것이라 하지 않을 수 없다. 나아가 위헌결정으로 인한 개선입법의 소급효에 대한 내재적 한계를 정한 것으로 볼 수 있는 2002년 개정법 부칙 제2조에도 반한다고 생각한다.[25]

---

24) 피상속인의 부동산소유권은 등기 없이도 상속인들에게 이전됨은 그 좋은 예이다.

25) 자세한 것은 위 Ⅲ. 효력불소급의 원칙과 위헌결정의 효력 참조.

2. "상속개시 20년 경과 후에 상속권침해가 있을 경우에는 진정상속인의 권리구제가 어렵다"는 판단부분에 대한 검토

이 사건 판결에서 다수의견은 "이를 적용하게 되면 위 20년의 경과 후에 상속권 침해행위가 있을 경우에는 침해행위와 동시에 진정상속인은 권리를 잃고 구제를 받을 수 없는 결과가 되므로 진정상속인은 모든 상속재산에 대하여 20년 내에 등기나 처분을 통하여 권리확보를 위한 조치를 취하여야 할 부담을 떠안게 되는데 이는 소유권은 원래 소멸시효의 적용을 받지 않는다는 권리의 속성에 반할 뿐 아니라 진정상속인으로 하여금 참칭상속인에 의한 재산권 침해를 사실상 방어할 수 없게 만드는 결과로 되어 불합리하고 … 정당성이 없다"고 하고 있으나, 이에 대하여는 다음과 같은 점에서 수긍하기 어렵다. 그것은 반대의견이 적절히 지적한 바와 같이,

(1) 이 사건 관습에 의하면 상속회복청구권은 상속이 개시된 날로부터 20년이 경과한 때라야 시효로 인하여 소멸하게 되므로 그 기간이 개정 전 민법 제999조 2항 규정 중 "상속이 개시된 날로부터 10년" 부분보다 2배나 되어 개정 전 조항에 비해 진정상속인의 권리를 심히 제한하고 있다고 보기 어렵다는 점,

(2) 개정 전 조항의 기간이 제척기간인 데 비하여 이 사건 관습상의 기간은 소멸시효이어서 상속인에게 유리하다는 점,

(3) 민법이 시행된 지 이미 40년이 경과하여 이 사건 관습을 적용하여야 할 경우는 거의 없는 반면에, 이를 적용하지 아니할 경우 오히려 거래의 안전을 해하는 등의 부작용만이 더 커질 우려가 있다는 점,

(4) 민법 시행 후 장구한 세월이 흐른 지금에 와서 새삼 관습법으로서의 효력을 부정할 경우 민법 시행 전에 개시된 상속재산에 관한 분쟁을 장기간의 세월에 걸쳐 용인하는 결과가 되고, 위 관습법에 따라 상속회복청구권이 이미 소멸된 것을 전제로 하여 이루어진 모든 법률관계를 복멸시킴으로써 거래의 안전이 심각하게 훼손될 것이라는 점,

(5) 이 사건 토지에 관하여는 이미 제3자인 피고 앞으로 소유권이전등기가 경료되어 있는데, 원고들로 하여금 상속회복청구를 할 수 있도록 허용하는 것이 구체적 타당성에 부합하는지 의문이라는 점,[26]

(6) 그 중에도 특히, "소유권은 원래 소멸시효의 적용을 받지 않는다는 권리

의 속성에 반한다"는 판단부분은 특히 수긍하기 어렵다. 그것은 "소유권은 원래 소멸시효의 적용을 받지 않는다는 권리의 속성"에도 불구하고, 헌법불합치결정을 받은 개정 전 민법은 물론, 2002년에 개정된 민법 제999조에도 상속회복청구권은 "그 침해를 안 날로부터 3년, 상속권의 침해가 있은 날로부터 10년을 경과하면 소멸된다"고 규정함으로써 행사기간을 제한하고 있기 때문이다. 물론 대법원 판례[27]와 다수설[28]은 그 행사기간을 제척기간이라고 해석하고 있어 현행민법에 대한 판단과는 무관하다고 할지 모르지만, 이를 소멸시효로 해석하는 견해[29]도 있을 뿐 아니라, 다수설에 의한다 하더라도, 현행민법의 제척기간은 관습법상의 시효인 소멸시효보다 상속인에게 더욱 가혹할 수 있다는 점을 감안한다면, 다수의견의 판단은 무리한 해석이라고 하지 않을 수 없다.

Ⅶ. 맺는 말

이 시점에서 우리는 대법원이 그 동안 인용했던 상속회복청구권의 소멸시효기간에 관한 관습법이 고유의 관습인가 하는 의문을 제기하여야 한다고 본다. 대법원이 그 동안 우리의 관습법이라고 그 존재를 인정한 것은 사실은 일본법의 원칙인 조리(이 사건에서 문제된 20년도 조리에 의한 사실상 일본민법일 가능성이 높다)이거나 일제에 의해 왜곡된 부분이 많음은 학자[30]들이 이미 누차 지적한 바 있다.

위 Ⅳ에서 본 바와 같이 經國大典에는 비록 간단하지만, 유산상속회복청구권의 시효를 부인하는 조문이 있다. 이것은 관습이 아니라 법이므로 일제에 의해

---

26) 이 부분은 대법원 2003.7.24, 2001다48781 전원합의체 판결 중 반대의견을 요약한 것임.

27) 대법원 1978.12.13, 78다1811 판결; 대법원 1981.1.27, 79다854 판결 등.

28) 곽윤직, 상속법, 박영사(1997), 288면; 김주수, 친족상속법 제4전정판, 법문사(1991), 491면; 박병호, 가족법, 한국방송통신대학교출판부(1991), 325면; 정광현, 신친족상속법요론, 법문사(1962), 335면.

29) 이화숙, "상속회복청구권의 제척기간 경과와 참칭상속인의 지위," 저스티스 제32권 2호, 한국법학원(1999), 114-117면.

30) 박병호, "일제시대 법제상의 가부장권," 민법학의 현대적 과제(1987), 683면; 신영호, 공동상속론(1987), 231면; 정광현(주 18), 이희봉(주 19), 이상욱, "일제하 전통가족법의 왜곡," 한국법사학논총 (1991), 386면 이하.

왜곡된 관습법과는 달리 국민들의 행위규범으로 기능하였을 것이며, 그 내용에 있어서도 현행법보다 진정상속인보호에 우월함을 알 수 있다.

대법원이 위헌결정의 효력을 근거로 관습법의 효력을 부인하지 않을 수 없는 사정은 이해하지만, 위헌결정의 효력이 미치는 범위를 관습법에까지 확대함으로써 법적 안정성을 해치는 결과를 야기할 것이 틀림없다. 그러므로 대법원 스스로가 밝힌 것처럼 다른 법리를 통해 극복하는 것이 바람직해 보인다. 그 하나는 조리라는 이름으로 왜곡된 일본법이 아니라, 가능한 범위에서 진정한 우리 고유의 법과 관습을 찾는 일이 아닐까 생각된다.

한편, 이 글에서는 민법이 부칙에서 소급효를 인정하는 반면에 상속에 관하여는 상속개시시의 법을 적용하는 그 의미를 짚어보는 방법을 통해, 상속관습법 적용에 대한 부칙규정과 위헌결정의 효력이 미치는 범위에 대한 대법원 판결 중 택일할 수밖에 없는 난제를 극복하기 위한 해법을 찾아보기로 하였다. 민법 부칙의 의미에 대한 연구는 너무나 기본적인 내용이어서 인지 자료를 찾기 어려웠고, 스스로 그 의미를 추적하다 보니 능력이 부족함을 새감 절감하지 않을 수 없었다.

그럼에도 포기하지 않고 부칙의 기본적인 의미를 찾으려고 한 것은 이미 헌법불합치결정을 받았으나 개선안이 여전히 국회에 계류중인 가족법 규정이 있고, 앞으로도 위헌판단을 받을 가능성이 높은 규정도 있기 때문에 혼란이 예상되거나 법적 안정성이 우려되기 때문이었다. 부칙의 의미를 음미하며 얻은 결론은 위헌결정의 효력은 위헌결정 이후에 제소된 모든 사건에 미쳐야 하지만, 상속관습법은 제외되어야 한다는 것, 그리고 2002년법 부칙 제2항에는 개선입법의 소급효에 대한 내재적 한계가 포함되어 있다는 점이었다.

마지막으로, 관습이 헌법적 정당성을 결여한 경우에는 그 효력이 부인되어야 하겠지만 그것은 위헌결정을 받은 경우에 국한하여서는 안 되며, 헌법정신에 비추어 특히 차별적 요소가 있는 관습의 경우에도 그 효력이 부인되어야 함을 강조하고 싶다.

_ 가족법연구 제18권 1호(한국가족법학회, 2004) 게재

債務超過 相續財産에 대한 債權者의 權利와 相續人保護 - 相續抛棄制度를 중심으로 -

Ⅰ. 머 리 말

상속재산이 적극재산만으로 구성되었거나, 적극재산이 소극재산보다 많은 경우에는 상속인이 단순승인을 하든, 한정승인을 하든, 상속을 포기하든지의 여부에 관계없이 채권자는 상속재산 중에서 자기의 채권을 만족시킬 수 있으므로, 상속인이 고의로 채무를 변제하지 않으려는 경우 외에는, 채권자와 상속인 보호에 관한 형평상의 문제가 부각되는 일은 별로 없다. 상속인 역시 상속받은 재산의 범위 내에서 피상속인의 채무를 변제하고 남는 재산을 상속하면 되기 때문에, 상속채권자의 권리행사에 관하여 첨예하게 부딪칠 여지가 없다. 상속채권의 존재로 인해 상속인의 고유재산이 침해되지 않기 때문이다.

문제는 상속재산이 소극재산으로만 구성되어 있다든가, 소극재산이 적극재산을 초과한 경우에 발생한다. 상속인에게는 피상속인의 적극재산뿐 아니라 소극재산도 승계되기 때문에 상속재산 중 채무가 적극재산을 초과한 경우에는 상속채권자의 권리가 상속재산에 한하여 미치는가, 아니면 상속인의 고유재산에까지 미치는가의 문제에 당면하게 된다. 당연히 상속채권자는 그의 권리가 상속재산을 넘어 상속인의 고유재산으로까지 확대되기를 원할 것이며, 상속인은 피상속인의 채무에 대한 자기의 변제책임을 부인하거나, 상속채권자의 권리가 상속재산의 범위에 한정되어야 함을 주장하게 될 것이다.

이러한 경우, 민법상 상속인은 상속을 포기함으로써 상속재산에 대한 일체의 권리와 의무로부터 자유로워질 수도 있고, 한정승인을 함으로써 상속재산의 범위 내에서 채무를 변제하도록 하고, 상속인 자신의 고유재산으로는 채무를 변제하지 않을 수도 있다. 만일 상속인이 일정기간 내에 상속포기신고도, 한정승인의 신고도 하지 않은 경우에는 단순승인을 한 것으로 보게 되므로 상속재산에 대한 일체의 권리와 함께 채무는 상속인에게 승계된다. 그 결과, 상속재산을 초과하는 피상속인의 채무에 대하여는 상속인이 그의 고유재산을 보태어 상속채권자에게 변제하지 않으면 안 된다. 이 같이 일견 형평하고도 합리적으로 보이는 제도로 인해 상속인과 채권자 간의 내재적인 갈등은 적어도 외적으론 충돌하지 않고 비껴갈 수 있는 듯이 보인다.

그러나 상속채무가 적극재산보다 많은 경우에는 다음과 같은 제도적, 현실적인 함정들이 도사리고 있어 상속인들이 선택의 기회를 상실하기가 쉽다. 그 하나의 함정은 제도상의 것으로, 상속인이 상속포기나 한정승인을 신고하기 위한 고려기간이 대단히 단기라는 점이다. 즉, 민법이 규정한 고려기간은 '상속개시 있음을 안 날로부터 3개월'(제1019조)인데, 이 기간이 경과되면 단순승인을 한 것으로 보게 되므로(제1026조 2호), 일체의 상속재산상의 권리와 함께 채무도 상속인에게 귀속되게 된다(제1025조). 두 번째의 함정은 현실적인 것으로, 상속인들은 적극상속재산보다 소극재산이 보다 많다는 사실에 대해 모르는 경우가 많고, 상속을 승인하거나 포기하기 전에 객관적인 인물(예컨대 영미법상의 인격대표자와 같이)이 상속재산상태에 대하여 알려주는 제도적 장치도 없으며, 상속인이 그에게 주어진 선택의 기회를 제때에 이용할 수 있도록 하기 위해 필요한 정보, 예컨대 상속을 포기하기 전에 미리 상속채권자로 하여금 신고하게 하는 등의, 채권자의 존재를 알 수 있는 방법도 상속인에게는 보장되어 있지 않다는 점이다.

상속의 포기나 한정승인 제도는 실제로 채무가 적극재산보다 많은 경우에 상속인으로 하여금 상속채무로부터 벗어날 수 있는 기회를 부여하기 위한 것이다. 따라서, 상속인들이 상속재산의 상태에 대하여 알고 있을 때, 이 제도의 의미와 가치가 있는 것인데, 상속인들에게는 이러한 선택을 하기 위한 환경은 보장되어 있지 않으면서 단지 '상속개시 있음을 안 날로부터 3개월'의 고려기간이 경과되면 어떤 경우에도 예외없이 일체의 채무를 승계하도록 한다는 것은 상속인에게는 대단히 가혹한 것이다. 세 번째의 문제는 해석상의 것으로, 대법원은 이같이 상속인에게 불리하게 작용하는 제도적인 문제나 현실적인 함정들을 해석상 보완함으로써 채권자와 상속인간의 형평을 기하는 해석을 선택하기보다는 민법규정을 문리해석함으로써 채권자와 상속인간의 실질적인 불공평을 방치하는, 무책임에 가까운 태도를 견지하고 있다는 데 있다.

이 글에서는 상속재산이 채무초과인 경우, 상속포기제도와 한정승인제도를 둘러싸고, 특히 상속인에게 불리하게 작용하는 제도적 · 현실적 및 해석상의 문제를 제기하고, 상속채권자와 상속인간의 형평을 기하려는 각국의 입법례를 비교법적으로 검토한 후, 해석론과 입법론을 제시하고자 한다.

II. 相續債權者와 相續人 保護에 관한 衡平과 그 기준

상속인이 상속을 포기하는 원인과 행태는 상속재산의 대부분이 적극재산으로 구성된 경우와 상속채무가 적극재산보다 많은 경우에 있어 각각 다르며, 이에 따른 민법규정과 법원의 대응방법도 각각 다를 수밖에 없다.

상속재산 중 적극재산이 많은 경우의 상속포기는 일반적으로 포기자가 그의 상속분을 다른 특정 상속인, 또는 다른 공동상속인 모두에게 골고루 귀속시키기 위한 데 그 목적이 있는 것으로 보여진다. 이러한 의미의 상속포기는 자기의 권리를 포기하고 다른 상속인의 이익을 증가시키는 행위이기 때문에 별로 큰 문제가 되지 않는다. 이에 따라 대법원도 고려기간이 지난 후의 상속포기신고는 포기로서의 효력은 인정하지 않지만 분할협의로서의 효력은 인정하고 있는 것이다.[1)]

문제되는 것은 상속재산이 채무초과인 경우이다. 상속채무는 상속채권자가 피상속인의 신용과 재산을 담보로 하여 체결한 계약에 기초한 것이므로 상속채권자의 권리가 상속재산에 미치는 것은 너무나 당연하며, 피상속인의 권리와 함께 의무도 승계한 상속인에 대하여 그의 권리(채권)를 주장하는 것도 타당하다고 볼 수 있다. 한편 상속인의 입장에서 볼 때, 적극 상속재산은 피상속인만의 재산이라기보다, 가족의 협력에 힘입어 축적한 것이라는 사실과 가족의 생활보호적 측면을 고려할 때, 생존 가족들인 상속인에게 승계되는 것이 당연하며 설사 피상속인의 재산취득에 기여한 가족들이 상속인이 아닌 경우라 하더라도, 유언이 없는 경우의 적극 상속재산은 일정한 혈연관계에 있는 상속인에게 귀속된다고 볼 수밖에 없다.[2)] 그러나 상속채무는 채권자에 대한 책임의 문제라는 점에서 적극

1) 대법원 1991.12.24, 90누5986 판결.

2) 김용욱, "현대상속법의 근거에 대한 소고," 배경숙교수 화갑기념논문집(1991), 257면 이하 참조.

재산과는 달리 취급되어야 한다. 즉 상속채무는 피상속인의 의사와 행위에 기초하여 발생한 피상속인의 책임으로, 상속인의 의사나 행위와는 무관한 것이기 때문에 상속채무의 책임은 채무자인 피상속인의 재산을 그 한계로 보아야 할 것이다. 원래 피상속인의 일반채무, 즉 물적 또는 인적 담보가 없는 채무는 원래 상속채권자가 채무자인 피상속인의 재산상태와 신용을 담보로 부여한 '위험'으로 보아야 한다. 물적 · 인적 담보가 없는 채권은 채무자로부터 채무를 변제받을 수 없는 '위험'을 각오하면서, 채무자의 재산과 신용을 믿고 그에게 신뢰를 준 것이기 때문에, 채무자인 피상속인이 사망함으로써 그 '위험'이 발생한 경우에는 상속재산을 그의 채권의 대상과 한계로 삼는 것이 합리적이다. 그러므로 상속인이 상속채권자와의 개인적인 관계를 바탕으로 피상속인의 채무를 변제하는 것이 아닌 한, 채권자의 권리가 상속인의 의사에 반하여, 상속재산을 넘어 상속인의 고유재산에까지 미치도록 하는 것은 채권자 스스로 자초한 '위험'의 결과를 그 행위와 무관한 타인(상속인)에게 전가함을 허용함으로써 상속인의 희생하에 채권자를 보호하는 결과가 되는 것이다.

상속인과 상속채권자 간의 형평을 보장하기 위해서는 상속인이 상속채무로부터 자유롭게 되는 방법이 충분히 보장되어야 하며, 상속인들이 이를 용이하게 이용할 수 있어야 한다. 상속인이 상속을 포기하거나(상속포기) 상속재산을 한도로 상속채무에 대한 책임을 부담(한정승인을 통해)하도록 한다면 상속채권자의 권리가 상속인의 고유재산에까지 미치지 않게 되는 한편, 상속채권자도 원래 그가 예상했던 대로 피상속인의 재산을 한도로 채권을 행사할 수 있으므로 인해 그의 목적은 충족되는 것이기 때문이다. 그럼에도 그가 변제받지 못한 부분은 '위험'의 몫으로 보아야 한다.

민법은 상속인에게 상속을 포기함으로써 채무로부터 자유로울 수 있는 자유와 함께 한정승인의 기회를 부여함으로써, 상속재산을 한도로 채무를 승계할 수 있도록 하는 제도가 마련되어 있다. 그러나 상속인이 이러한 제도를 이용할 수 있도록 충분한 기회가 주어져 있는가는 대단히 의문이다.

이하에서 민법상 제도의 문제점을 살펴본다.

Ⅲ. 民法上 相續債權者와 相續人의 地位

1. 考慮期間의 경과와 單純承認의 원칙

민법은 상속인이 3월의 고려기간 내에 한정승인이나 포기를 하지 않으면 단순승인을 한 것으로 본다(제1026조 2호). 상속재산이 적극재산으로만 구성된 경우에는 "한정승인이나 포기가 없는 경우에 단순승인한 것으로 본다"는 원칙은 타당하다. 그러나 소극상속재산이 적극재산을 초과하고 있음에도 불구하고 이러한 사실을 모르고 있던(알았다면 대개의 경우 포기하였을 것이다) 상속인들에게 3개월이라는 짧은 기간 내에 한정승인이나 포기를 하지 않았다는 이유만으로 그들의 고유재산으로 상속채무를 변제할 무한책임을 전가시키는 것이 과연 형평한 법리인가?

법은 정의를 그 목적으로 하며, 정의란 다른 말로 형평을 의미하기도 한다. 그렇다면 형평은 무엇이며, 어떤 경우에 보장되는가? 형평은 대등하게 취급하여야 할 당사자의 이익을 대등하고도 합리적으로 보장해 주는 것이어야 한다. 따라서 그들의 이해가 대립될 때, 그들에게 동등한 권리와 기회가 부여되어야 할 것이며, 그에게 주어진 권리와 의무를 이행한 당사자에게는 그에 상응한 이익을, 그렇지 않은 당사자에게는 불이익을 주되, 그의 권리와 자유를 이용할 수 없는 사정이 있거나, 약자인 경우에는 그에 적절한 배려가 주어질 때 비로소 달성되는 적절한 조화의 개념인 것이다. 그런데 민법 제1019조에서 3개월이라는 고려기간 내에 상속을 포기하거나 한정승인을 신고하지 않았다는 이유로 상속재산에 채무가 존재하리라고 인식하지도 못한 상속인에게 상속을 단순승인한 것으로 간주하여, 타인인 피상속인의 채무를 전가하는 것은 과연 형평한 법리라 할 수 있는가?

이에 대한 해답은 상속인들이 상속포기나 한정승인의 제도를 용이하게 이용할 수 있는가의 여부에 좌우된다. 다시 말하면 상속인들은 피상속인이 사망한 후 3개월의 기간 내에 상속채무의 존재를 알고 이들 제도를 자유롭게 이용할 수 있다고 일반적으로 기대되는가 하는 것이다.

민법은 자기 행위 책임을 그 원칙으로 한다. 따라서 채무자는 자기의 의사에 의해 부담하게 된 채무라든가 그의 귀책사유에 기해 부담하게 된 채무에 대하여만 변제책임을 부담하고, 타인의 채무에 대해서는 아무런 책임을 부담하지 않는 것이 원칙이다. 부부간이라 하더라도 일상가사가 아닌 한, 각자의 채무에 대하여는 그 행위자만이 책임을 지는 것이 민법의 원칙이다. 부자간도 마찬가지이다. 이렇게 각자의 행위에 대해 각자가 책임을 지는 시민법 원리도 사회, 그리고 각 가족 구성원의 독립성이 두드러진 현대사회에서는 다른 가족의 재산상황이나 채무에 대해서는 알지도, 알 수도 없는 경우가 많을 수밖에 없다. 그러므로 상속인도 피상속인의 채무의 존재에 대해 알지 못하는 경우가 많다고 추측된다.[3] 이러한 경우에 상속개시 있음을 안 날로부터 3개월의 고려기간은 채무의 존재를 알지 못하는 상속인에게는 지나치게 가혹한 기간이다. 다른 한편으론, 고려기간이 경과되기 전에 상속채권자로 하여금 채권의 존재를 신고하도록 요구하지는 않으면서 상속인에게만 일방적으로 3개월이라는 짧은 기간 내에 상속을 포기하지 않으면 상속인의 고유 재산을 보태어서라도 채권자에게 타인(피상속인)의 채무를 변제하라고 요구하는 것은 형평에도 맞지 않는 것이며, 채권자의 위험과 기대에 대한 과잉보호라고 보여진다.

입법론으로서는 한정승인을 원칙으로 하든가, 상속인으로 하여금 한정승인을 할 수 있는 기회를 충분히 보장하는 방법이 바람직하다고 본다. 상속인들이 한정승인 제도를 용이하게 이용한다면 채권자는 당초에 기대했던 대로 상속재산을 한도로 채권을 회수할 수 있는 한편, 상속인은 상속재산 중에서 채무를 변제

---

3) 예컨대, 상속포기에 관한 대법원 판결이유에 나타난 사실관계를 보면 상속인이 자기의 상속인 되었음은 알았으나 상속채무의 존재를 몰랐기 때문에 포기절차를 밟지 않고 있던 중 채권자로부터의 청구를 받고 상속포기절차를 밟으려 한 사례가 많다: 대법원 1974.11.26, 74다163 판결; 대법원 1984.8.23, 84스17, 18, 19, 20, 21, 22, 23, 24 결정; 대법원 1986.4.22, 86스10 결정; 대법원 1988.8.25, 88스10, 11, 12, 13 결정; 대법원 1991.6.11, 91스 결정 등. 물론 이 사건들에서 상속채무의 존재를 몰랐던 상속인의 포기신고나 채무의 존재를 몰랐다는 상속인들의 항변은 기각되었다.

최근에 이모씨는 어머니가 사망한 후 모 은행이 이씨를 상대로 대여금청구소송을 제기하자 비로소 자신의 어머니가 이 은행에 10억원의 연대채무를 진 사실을 알게 되었는데 이미 상속개시 후 3개월이 지나 이러한 사실(채무의 존재)을 알게 되어 포기의 기회를 상실하였으므로 단순승인으로 간주되어 그의 고유재산으로 10억원을 갚지 않으면 안 되게 되자, "민법 제1026조 2호는 위헌"이라고 주장하며 헌법재판소에 위헌심판을 제청한 바 있다. 서울지법, 1996.10.31. 자세한 것은 이화숙, "1996년도 친족상속법 관련 주요판례평석," 한국법학교수회 학술발표대회자료집(1997.5.30) 참조.

할 수 있어 양자의 이익은 적절히 조화될 수 있다고 본다. 그러나 법의 개정으로 현행법의 미비점이 보완되기 전까지는 해석론에 의해서라도 상속인을 보호하여야 할 것이다. 이에 관하여는 항을 바꾸어(v. 입법론과 해석론에서) 살펴본다.

2. "相續開始 있음을 안 날로부터 3개월"의 기산점

상속인이 자기의 고유재산으로 채무를 부담하지 않으려면 상속의 포기나 한정승인을 신고하여야 한다. 그런데 상속을 포기하거나 한정승인을 하려면 상속개시 있음을 안 날로부터 3개월의 기간 내에 가정법원에 이를 신고하여야 한다. 그러므로 상속개시 있음을 안 날을 고려기간의 기산점으로 한다. 상속개시 있음을 안 날에 대하여 대법원은 단순히 피상속인의 사망 사실을 알 뿐 아니라 그로 인해 자기가 상속인이 된 사실을 안 날이라는 의미로 해석한다.[4]

그렇다면 피상속인의 사망사실을 알고, 자기가 상속인이 되었음을 알게 된 상속인에게 3개월의 기간은 포기나 한정승인을 고려할 만한 적절한 기간인가? 이에 대하여는 일반적으로 상속인들은 피상속인의 재산상태에 대하여 잘 알 수 있는 위치에 있거나, 잘 알 수 있어야 한다고 요구되는가, 라는 질문에 긍정적이어야 할 것이다. 왜냐하면 상속포기나 한정승인의 신고는 상속인들이 상속재산의 상태에 대하여 알고 있음을 전제로 하는 제도이기 때문이다. 상속재산의 상태, 특히 상속채무의 존재를 알고 있는 상속인들에게 있어 3개월이라는 기간은 상속포기나 한정승인을 하기에 짧지만은 않은 기간일 수 있다. 그러나 채무초과 상속재산상태에 대하여 알 수 없었던 상속인들에게 있어 3개월의 고려기간은 가혹한 시간일 수밖에 없다.

영국이나 미국의 인격대표자 제도에서와 같이 피상속인이 사망하면 인격대표자가 상속재산의 관리와 분배책임을 맡고, 상속채권자로 하여금 그의 채권을 신고하도록 하고, 일정기간이 지나면 신고된 채권에 한하여 상속재산에서 변제한 후 남은 재산을 상속인에게 분배하는 법제에서라면 상속인들이 피상속인의 채무의 존재를 알 수 있지만, 채권자의 신고를 선행적으로 요구하지 않는 우리법

4) 대법원 1984.8.23, 84스17, 18, 19, 20, 21, 22, 23, 24 결정; 대법원 1991.6.11, 91스1 결정 등.

제에서는 상속인들은 적극재산을 초과한 채무의 존재를 모르는 경우가 많다고 보아야 한다[주3) 참조]. 그럼에도 불구하고 상속이 개시되었음을 안 날로부터 3개월(제1019조), 또는 상속인이 되었음을 안 날로부터 3개월(대법원의 견해) 이내에 포기나 한정승인을 하지 않으면 모든 상속채무를 상속인들에게 귀속시킨다는 것은 채권자를 보호하기 위해 상속인을 희생하는 것과 다름없는 결과가 된다.

채무초과인 상속재산을 둘러싼 상속채권자와 상속인의 지위는 형식적으로는 채권자와 채무자의 입장이지만 실질적으로는 다같이 보호되어야 할 당사자일 뿐이다. 채권자는 채무자가 사망함으로 인해 채권 중의 변제받지 못할 수도 있는 위험에 처해 있으며, 상속인은 타인인 피상속인의 채무를 승계할지도 모르는 위기에 처해 있다는 점에 있어 그러하다. 다만 채권자는 스스로의 의사에 의해 위험을 초래하였지만, 상속인은 타인의 행위 책임을 그의 의사에 반하여 승계하게 될지도 모르는 위험에 처해 있다는 점이 다를 뿐이다. 그러므로 채권자와 상속인은 다같이 보호되어야 한다. 이에 따라, 상속포기나 한정승인제도는 채권자와 상속인을 형평하고도 합리적으로 보호하기 위한 목적으로 규정된 것으로 보여진다. 그러나 이왕에 상속인으로 하여금 포기나 한정승인을 선택할 수 있는 자유를 부여했다면, 상속인들이 이를 이용할 수 있는 충분한 여건과 기회를 마련해 준 후 자유로운 의사에 의해 결정할 수 있도록 배려할 때, 제도의 가치가 있는 것이지, 채무의 존재를 알지도, 알 수도 없는 상속인에게 3개월의 기간 내에 신고하지 않으면 모든 채무를 승계하도록 하는 것은 형식적인 자유에 불과할 뿐이다. 따라서, 상속인이 상속의 포기나 한정승인을 신고하려면 상속채무의 존재를 알 수 있어야 한다. 피상속인의 사망 당시에 상속재산 있음을 알지도 못하는 상황에서 장차 상속 채권자가 나타날 것에 대비하여 미리 한정승인이나 포기의 신고를 하리라고 기대하기는 어려운 일이며,[5] 채무의 존재를 알지 못하는 상속인들에게 3개월의 기간 내에 상속포기나 한정승인을 하지 않았다고 비난할 수는 없는 노릇이기 때문이다. 따라서 상속포기나 한정승인을 위한 고려기간의 기산점은 대법원 판례와 같이 "자기가 상속인이 되었음을 안 날"이 아니라, "상속채무의 존재를 안 날"로부터 기산할 때 상속인은 모든 상황을 고려하여 그의 의사에 의해 상속을 포기하거나, 한정승인을 하거나, 단순승인을 함으로써 모든 피상속인의 채무를

5) 손지열, "제1019조 1항의 고려기간의 기산점," 민사판례연구(10)(1988), 236면.

부담하기로 하는 결정을 할 수도 있을 것이다. 상속인이 상속을 포기하거나 한정승인한다고 해서 상속채권자에게 불이익이 되는 것도 아니다. 원래 기대했던 대로 상속재산 중에서 그의 채권은 회수될 수 있기 때문이다.

입법의 미비는 해석에 의해 어느 정도 보완할 수 있는 것이다. 대법원도 제1019조의 "상속개시 있음을 안 날로부터 3개월"이라는 법문을 "상속개시의 사실과 자기가 상속인이 되었음을 안 날로부터 3개월"로 확대해석하고 있음은 그 좋은 예이다. 이에 한 걸음 더 나아가 상속재산의 존재를 안 날로부터 고려기간이 기산된다고 해석[6][7] 한다면, 채무의 존재를 알고 있는 상속인이 상속을 포기하거나 한정승인을 할 수도 있으나, 단순승인을 택한 경우에는 그의 고유재산으로 피상속인의 채무를 부담하도록 되는 것이니, 상속인과 채권자는 형평하게 보호하는 결과가 될 것이다.

3. 相續人이 抛棄한 相續債務의 歸屬을 둘러싼 일반적인 의문

상속인은 상속개시 있음을 안 날로부터 3개월 이내에 상속을 포기하거나 한정승인을 할 수도 있으며(제1019조 1항), 상속포기의 효력은 상속개시시로 소급하므로(제1042조), 상속인이 포기한 상속재산은 누구에게 어떤 비율로 귀속되는가 문제된다. 상속포기제도는 적극재산 또는 소극재산으로 구성된 상속재산일반에 대한 권리포기의 자유로 이해되지만, 실제로는 상속채무가 적극재산을 초과한 경우에 상속인이 상속채무부담을 피할 수 있는 자유로서의 기능을 하는 것이다. 따라서 포기한 상속인의 채무부담으로서의 상속분은 그만큼 다른 공동 상속인을 긴장시키는 '사건'이 되는 것이다.

이에 대하여 민법 제1043조는 "상속인이 수인인 경우에 어느 상속인이 상속을 포기한 때에는 그 상속분은 다른 상속인의 상속분의 비율로 그 상속인에게 귀속된다"고만 규정하고 있어 해석상 여러 가지 의문이 제기될 뿐 아니라 포기가 되었는지의 여부를 다른 상속인에게 통지하는 절차조차 마련되어 있지 않으므로

---

6) 손지열(주 5), 237면 참조.

7) 참고로, 日本最高裁判所 소화 59.4.27 판결은 고려기간의 초과가 상속재산이 全無하다고 오신하였음에 기인하고 그 오신에 상당한 이유가 있는 때에는 예외적으로 상속재산의 존재를 안 날로부터 고려기간을 기산한다고 판시하여 주목을 받고 있다. 손지열(주 6), 234면 참조.

채무초과인 상속재산의 상속인들은 채권자의 권리 앞에 무방비 상태에 놓여 있다고 해도 과언이 아니다.

제1043조가 안고 있는 일반적인 의문은 다음과 같은 것이다. 첫째, 포기한 상속인의 대습상속인이 그 상속재산을 상속하게 되는가 하는 것이다. 이에 대하여는 긍정하는 견해[8]가 있으나, 포기자는 상속과 더불어 상속인이 됨으로써 상속재산을 승계하게 되었던 것이고, 그가 권리를 포기한 이상 그의 직계비속 또는 배우자가 이를 대습상속할 이유가 없는 외에도 민법은 대습상속의 사유를 '피대습상속인의 사망 또는 결격'에 국한시키고 있다는 점을 감안할 때, 상속포기가 대습상속의 사유가 될 수 없음은 명백하다고 보아야 한다.[9]

두 번째 의문은 혈족상속인이 포기한 경우에 생존배우자는 어떤 영향을 받는가에 관한 것이다. 이것은 공동상속인들 중 일부가 상속을 포기한 경우에 주로 문제된다. 이러한 의문은 현행법이 피상속인의 처의 상속순위(제1003조)와 상속분(제1009조 3항)에 관하여 혈족상속순위(제1000조)와 상속분(제1003조 1항)과 분리하여 별도로 규정하고 있어 생존 배우자는 '상속인이 수인인 경우' 등에 포함되지 않는다고 볼 여지도 있고, 반면에 상속포기에 소급효 있음을 감안하면 다른 상속인의 상속포기는 당연히 생존배우자에게도 그 영향이 미친다고 해석할 수도 있기 때문에 발생되는 문제이다. 이에 대하여는 생존 배우자가 포함되지 않는다는 견해,[10] 혈족상속인과 생존배우자를 동등하게 취급해야 한다는 견해,[11] 상속포기의 소급효를 근거로 혈족상속인과 배우자를 구분함이 없이 포기한 상속인을 제외한 나머지 상속인들에게 상속이 개시되었다고 보고 각자의 상속분 비율에 따라 분배된다는 견해[12] 등이 있다. 상속포기의 소급효를 근거로 한 세 번째 견해가 타당하다고 본다.

---

8) 서울민사지방법원 1993.5.20, 92가합31465 판결: "상속인이 상속권을 포기하였으나 그에게 대습상속인이 있는 경우에는 대습상속인이 그 상속인의 지위에 갈음하여 상속인이 되는 것이므로…"라고 함으로써 대습상속을 인정하고 있다.

9) 同旨: 김주수, 친족상속법(1995), 670면: 이근식 · 한봉희, 친족상속법(1969), 267면; 김주수외, 주석상속법(상), 사법행정학회(1996), 539면 등.

10) 김용한, 친족상속법(1981), 390면. 그 근거로는 상속순위 등에 관한 규정이 혈족 상속인과 생존 배우자를 분리하여 다루고 있음을 든다.

11) 정광현, 친족상속법요론(1962), 376면.

12) 김주수(주 9), 670면.

세 번째 의문은 선순위상속인 전원이 상속을 포기한 경우에 상속재산, 특히 상속채무는 후순위상속인에게 승계된다고 볼 것인가에 관한 것이다. 이에 대하여는 항을 바꾸어 살펴본다.

4. 先順位 相續人全員의 相續抛棄와 相續債務의 承繼

채무초과인 상속재산의 승계를 피하기 위해 선순위상속인 전원이 상속을 포기한 경우, 그 상속재산은 차순위상속인에게 귀속되는가에 관하여는 이를 당연히 긍정하는 때문인지 이를 깊이 있게 다룬 논문이나 학설[13]은 별로 발견되지 않고 있으며, 판례[아래, (3)에서 소개]는 이를 긍정하고 있다.

(1) 이를 긍정할 수 있는 논거로는 첫째, 민법 제1024조가 상속포기의 소급효를 규정하고 있으므로 선순위 상속인이 상속을 포기하면 차순위 상속인들이 상속개시시부터 상속인이었던 것으로 된다는 점, 둘째, 민법 제1044조는 선순위 상속인이 상속을 포기한 경우에 차순위 상속인들이 이를 상속한다는 것을 전제로 한 것이라는 점, 셋째, 민법 제1027조는 선순위 상속인들이 상속을 포기한 경우에 차순위 상속인들이 이를 상속한다는 것을 전제로 한 규정이라는 점을 들 수 있다.[14]

(2) 否認說의 근거로서는 첫째, 상속의 포기는 주로 소극재산이 적극재산보다 많을 경우에 채무승계를 피하기 위해 행하여진다는 점을 감안할 때, 피상속인과 밀접한 생활공동관계를 맺고 있던 선순위상속인들이 이를 포기하였는데 그보다 유대관계가 희박하고 상속에 대하여 관심도 없었으며, 상속의 가능성도 희박하던 차순위 상속인들에게 채무승계를 인정하는 것은 부당하다는 점, 둘째, 상속재산이 채무초과인 경우 상속인 중 일부가 상속을 포기하면 다른 상속인에게

---

13) 이를 부정하는 견해로 이영무, “선순위상속인들이 상속을 포기하였을 경우 상속재산이 차순위상속인에게 귀속되는지 여부에 관하여,” 인권과 정의, 제239호(1996.7), 109면 이하; 이화숙, “1순위 상속인전원의 상속포기와 차순위상속인의 상속채무승계여부,” 오늘의 법률, 통권 제93호(1996. 10), 2968면이 있다.

14) 이영무, 위의 논문, 105면 이하 참조.

미치는 영향이 큼에도 불구하고 차순위 상속인은커녕 같은 순위의 공동상속인 사이에서도 포기의 사실을 통지하는 것조차 요구하지 않고 있어 상속인 보호에 미흡하다는 점, 셋째, 긍정설에 의하면 상속포기의 방법에 의하여 증여세를 면탈하는 등 탈법수단으로 이용될 우려가 있다는 것이다. 예컨대, 1순위 상속인인 직계비속이 자신의 직계비속에게 상속재산을 증여하려는 경우에 1순위 상속인이 상속포기 방법에 의해 증여세를 납부하지 않고도 자신의 직계비속에게 상속재산을 귀속시킬 수 있다. 넷째, 민법 제1027조와 제1044조는 피상속인의 적극재산이 소극재산보다 많은 경우를 예상한 규정이며 채무초과의 경우에는 적용되지 않는 것으로 보아야 한다는 점, 다섯째, 상속인의 범위를 축소하는 것이 현대상속법의 추세라는 점, 여섯째, 긍정설에 따르면 모든 상속인들이 채무를 면하려면 선순위상속인이 상속을 포기한 후, 순차적으로 상속개시 후 3개월의 기간 내에 포기절차를 밟아야 하기 때문에 후순위자들에겐 고려기간의 기회조차 주어지지 않을 수 있다는 점, 일곱째, 제1042조의 상속포기의 소급효는 상속포기자에 한하여 권리포기의 소급효를 인정하는 것으로 보면 족하고, 선순위상속인 전원이 상속을 포기하였다 해서 논리필연적으로 차순위상속인이 상속개시시부터 상속인이 된다고 보아야 할 것은 아니라는 점 등을 든다.[15)]

이하에서는 차순위 상속인의 채무승계를 긍정한 판례를 소개한 후 私見을 밝히기로 한다.

(3) 차순위상속인의 채무승계를 긍정한 대법원판례

1) 대법원 1995.4.7. 선고 94다11835 판결

사실관계: 원고(조흥은행)는 1979년 11월 29일 미성건설주식회사에 대한 여신의 담보로 소외 회사 대표이사이던 이동설과 사이에 위 소외인 소유의 부동산으로 소외 회사가 원고에 대하여 부담하는 계약체결일 당시의 채무 또는 장래 부담하게 될 각종 거래로 인한 모든 채무를 담보하기로 약정하고, 1979년 12월 24일자로 이 사건 부동산에 관하여 채무자를 소외 회사, 근저당권자를 원고로 하는 공동근저당권설정등기를 마쳤다.

그 후 1982년 3월 23일 소외인이 사망하고, 같은 해 6월 22일 망인의 재산상

---

15) 이영무(주 13), 109면 이하

속인인 처와 3명의 子들 전원이 상속을 포기하자, 1986년 1월 10일 남산세무서장은 위 소외인들이 상속을 포기함에 따라 위 망인의 孫으로서 위 이성환(망인의 장남)의 子인 이현정, 이현주와 이두환(망인의 차남)의 子인 소외 이승미, 위 이인환(3남)의 子인 소외 이채혁, 이채훈이 망인 소유의 부동산을 상속한 것으로 보고 이들 망인의 孫에게 상속세를 부과하였으나 이를 납부하지 않자 세무서장은 이 사건 부동산을 압류하고 이를 공매처분하였으며, 이 국세채권은 원고의 근저당권부 채권에 우선한다고 하여 이를 채납상속액에 충당하였다. 이에 원고는 피고(대한민국)의 상속세액부과처분 및 공매처분이 무효임을 주장하면서 피고가 취득한 상속세액에 대한 부당이득의 반환을 구하였다.[16]

2심(서울고등법원 1994.1.14. 선고 93나29626 판결)의 판단: "상속인이 상속을 포기하면 일단 상속인에게 귀속한 상속재산은 상속이 개시된 때에 소급하여 포기한 상속인에게 귀속하지 않았던 것으로 되고, 따라서 차순위 상속인들이 그 재산을 상속하게 되는 것인바, 이 사건과 같이 위 망인의 처와 자들인 소외 안동조 외 3인이 재산상속을 포기하였으나 위 소외인들에게 子인 소외 이현정 외 4인이 있는 경우에는 위 이현정외 4인이 민법 제1000조 제1항 제1호, 제2항 규정에 의하여 위 상속을 포기한 상속인들의 차순위 상속인으로서 위 망인의 재산을 상속하는 것이라 할 것이므로 원고의 주장은 이유없다"고 판시하였다.

대법원의 판단: "… (생략) … 제1순위 상속권자인 처와 子들이 모두 상속을 포기한 경우에는 손이 직계비속으로서 상속인이 된다고 할 것이므로 같은 취지의 원심 판단은 옳다."

2) 대법원 1995.9.26, 95다27769 판결 상고 기각

사실관계: 대여금 채무자인 신안섭과 그의 처인 정순자는 1993년 12월 17일에 동시에 사망하였으며, 그의 子들로 1순위 상속인 전원인 신재창, 신재승, 신금성, 신미성은 1994년 3월 4일 관할법원에 상속포기 신고를 하여 3월 7일에 수리되었다. 이에 상속채권자인 원고는 망인의 孫인 신재창의 子들을 피고로 하여 대여금의 반환을 청구하였다.

---

16) 이상의 사실관계는 이영무, 위의 논문, 105면 이하를 참조하였음.

이에 원심(광주고법 1995.5.17, 95나1780 판결)은 상속을 포기한 자는 상속개시시부터 상속인이 아니었던 것과 같은 지위에 놓이게 되므로(제1042조), 차순위 상속인들인 신재창(망인의 장남)의 子들이 피상속인의 채무를 상속하게 된다고 판단하였으며 피고인들의 상고에 대하여 대법원 역시 원심의 판단이 정당하다고 판시하였다.

대법원 판결 이유: "제1순위 상속인인 처와 子들이 모두 상속을 포기한 경우에는 孫이 직계비속으로서 상속인이 된다고 할 것이다(당원 1995.4.7. 선고, 94다11835 판결 참조). 원심이 이 사건 대여금의 채무자인 소외 신안섭이 1993.12.17. 그의 처인 소외 정순자와 동시에 사망하고 그의 子들로서 제1순위 상속인인 소외 신재창, 소외 신재승, 소외 신금성, 소외 신미성이 1994년 3월 4일 관할 법원에 각각 상속 포기신고를 하여 같은 달 수리된 사실 및 한편 피고들은 위 신재창의 子들로서 위 망 신안섭의 孫들인 사실을 인정한 다음, 상속을 포기한 자는 상속 개시시부터 상속인이 아니었던 것과 같은 지위에 놓이게 되므로 같은 순위의 다른 상속인이 없는 이 사건에 있어서는 그 다음 근친계비속인 위 망 신안섭의 孫들이 차순위의 본위 상속인으로서 위 망인의 재산을 상속하게 된다고 판단한 것은 위 법리에 따른 것으로 정당하고, 거기에 상속포기의 효력에 관한 소론과 같은 법리 오해의 위법이 있다고 할 수 없다. 논지는 이유 없다."

(4) 私 見

결국 긍정설은 법 조문의 문리해석에 충실한 입장인 반면에 부정설은 목적론적인 해석이라 할 수 있다. 현행 민법 제1042조, 제1027조, 제1043조와 제1044조를 문리 해석하면 상속인 전원이 상속을 포기하면 상속재산은 차순위 상속인에게 상속된다고 해석할 수 있다. 그러나 이들 규정은 적극재산이 소극재산보다 많은 경우(제1027조, 1044조)를 예상한 규정이며, 특히 채무초과인 경우에는 동순위의 공동상속인간(제1043조)에만 적용되는 것으로 보아야 한다. 상속인 전원이 채무초과 상태임을 알고 상속을 포기한 경우에도 제1043조에 따라 피상속인의 채무가 차순위 상속인에게 상속된다고 하는 경우에는 다음과 같은 형평상의 문제가 발생하기 때문이다.

첫째, 차순위 상속인은 피상속인의 사망 당시에는 상속인이 아니였으나 상속인 전원이 상속을 포기함으로써 자신도 모르는 사이에 법 규정에 의하여 상속인이 된 사람이라는 점을 감안하여야 한다. 선순위 상속인 전원의 포기로 인해 이들 후순위자가 적극 재산을 상속한다면 어느 누구의 희생을 전제로 하는 것이 아니므로 문제될 것이 없으나, 피상속인의 채무를 그에게 부담시킨다는 것은 차순위 상속인의 희생 위에 채권자를 과잉 보호하는 결과가 되어 형평에 반하게 된다.

둘째, 차순위자는 채무초과 사실을 알 기회와 포기의 기회조차 충분히 주어지지 않은 채, 타인의 채무만 부담하는 희생물이 될 수 있다는 것이다.

셋째, 일반 채권자는 원래 피상속인의 재산과 신용을 담보로, 자기의 '위험부담'하에 채무자인 피상속인과 거래를 한 사람이므로 '채무자의 사망'이라는 '위험'이 발생한 경우에는 피상속인이 남긴 재산에 한해서 그의 채권을 회수하되, 회수되지 못한 채권은 스스로의 위험부담의 몫으로 보아야 할 것이다. 따라서 그 위험을 상속인의 의사에 반하여 그의 고유 재산에까지 부담시키는 것은 채권자에게는 과잉보호가, 상속인에게는 가혹한 결과가 되는 것인데, 하물며 선순위 상속인이 포기한 상속채무를 차순위 상속인에게까지 귀속시키는 것은 더더욱 부당하기 때문이다.

Ⅳ. 比較法的 고찰

1. 英　國

영국법에 의하면 피상속인의 재산은 직접 상속인에게 승계되는 것이 아니라 인격대표자(personal representative)에 의해 관리 · 처분 · 분배된다. 즉, 상속이 개시되면 피상속인의 부동산은 매각신탁으로, 현금 이외의 동산은 매각신탁이나 현금으로서의 재산전환의 목적으로 인격대표자에게 귀속된다. 인격대표자는 상속재산 중의 현금이나 상속재산을 매각 · 전환하여 취득하는 현금으로 장례비용, 피상속인의 채무, 상속세 등을 지급한 후 유언이 있으면 그에 따라, 유언이 없으면 법의 원칙에 따라 법정상속인에게 유산을 분배한다. 상속인이 미성년자이거나 미혼인 경우에는 성년에 달하거나 혼인할 때까지 관리를 계속한다.

인격대표자는 피상속인의 채무를 성실히 이행할 의무가 있기 때문에 유산관리법(Administration Act) 제44조는 피상속인의 사망시로부터 1년 내에는 인격대표자로 하여금 상속재산을 분배할 수 없도록 규정하고 있다. 채무의 성실한 이행을 위하여는 1년의 기간이 필요하다고 보기 때문이다.[17)]

영국법상의 인격대표자 제도는 비용이 많이 든다는 난점이 있으나 상속재산이 인격대표자에 의해 관리되면서 장례비용과 채무 등을 지출한 후 남는 재산을 분배하는 형식을 취하기 때문에 상속채권자와 상속인의 이해가 합리적이며 형평하게 조정될 뿐 아니라 상속재산에 관한 법률관계가 명확히 해결된다는 점에서 우수한 제도라고 생각한다.

2. 美 國

미국의 경우에도 영국의 경우와 같이 재산을 소유하던 사람이 사망하면 그 재산이 상속인 또는 수익자에게 분배될 때까지는 상속재산관리에 대하여 관할권 있는 법원이 인격대표자를 임명한다. 인격대표자의 임명은 유언상속인 경우에는 유언장에 의해서, 無遺言相續인 경우에는 법원이 유산관리인에게 자격을 부여하고 유산의 관리처분권을 주는 서류인 유산관리장에 의해 입증된다.

인격대표자가 하는 일은 첫째, 檢印財産을 이루는 피상속인의 재산에 대한 목록을 작성하여 취합하며 적절한 절차를 밟아 피상속인의 재산의 소유권을 취득한다. 물론 인격대표자는 대리인 자격으로 명의를 보유할 뿐이며 개인의 명의로 변경하는 것은 아니다. 둘째, 이들 재산을 관리하며, 셋째, 사망으로 인해 발생하는 각종 세금과 채무를 포함한 상속재산에 대한 모든 정당한 청구를 지급하고, 넷째, 남은 재산을 상속인이나 수익자에게 분배하며, 다섯째, 관리기간 중의 모든 활동에 대해 상속인이나 수익자에게 회계보고를 하는 등이다.

상속채무와 관련하여 중요한 것은 인격대표자는 피상속인의 채권자들에게 상속재산에 대한 청구를 하도록 통지한다는 점이다. 이에 대하여 많은 주들은 신문지상에 공고함으로써 충분하다고 보고 있다. 일정기간 내에 지급을 청구하지 않은 경우에는 지급을 제한하는 주도 있다. 예컨대 통일유언검인법 제3-803조는 채권자에게 처음 신문지상에 공고한 날로부터 4개월 내에 제기되지 않은 모든

17) Parry/Clark, The Law of Succession, 8th ed., Sweet and Maxwell(1983), p.347ff.

청구는 지급이 허용되지 않는다고 규정하고 있다. 이같이 채권자의 청구에 관한 절차는 주마다 다르지만 모든 절차에는 일정한 유사성이 있다. 즉 인격대표자는 각 청구를 검토하고 그 청구가 유효한지의 여부와 유효하다면 지급할 것인지의 여부에 대하여 결정할 의무가 있다는 것이다.

모든 상속재산이 취합되고 채무가 변제되면 인격대표자는 잔여재산을 상속인이나 기타의 권리자에게 분배한 후 상속인이나 수익자에게 회계보고를 한다.[18] 영국과 같이 채권자와 상속인이 대단히 합리적이고 형평하게 보호될 수 있게 된다.

3. 獨逸民法

독일 민법의 경우 우리 민법의 경우와 같이 상속개시로 인하여 상속재산은 상속인에게 승계되므로 당연히 상속인에게 귀속된다. 상속인은 6주의 기간 내에 승인 또는 포기를 할 수 있는데[독일민법(이하 독민) 제1942조], 이 고려기간은 상속인이 상속의 사실 및 그 근거를 안 날로부터 기산하며(독민 제1944조), 위 기간 내에 포기를 하지 않으면 상속인은 상속을 승인한 것으로 간주된다(독민 제1943조).

상속의 승인과 더불어 상속인의 고유재산과 상속재산은 법적으로, 그리고 사실상으로 혼합되기 시작한다. 이때부터 상속채권자는 상속인에 대하여 상속채무의 변제를 재판상 또는 재판 외에서 청구하면서 무제한의 책임을 지도록 요구할 수 있다.[19] 독일민법의 대원칙은 상속인보다는 상속채권자의 이익보호에 우선적 가치를 두고 있다는 데 있다.[20] 상속인의 책임은 분할 전과 분할 후로 구분되는데 상속재산을 분할하기 전의 상속인은 공동의 상속채무에 대하여 연대채무자로서의 책임을 진다(독민 2058조). 다만 각 공동상속인은 분할 전까지는 상속재산에 대한 자기의 지분 이외에 자기에 고유재산으로부터 상속채무가 변제되는 것을 거절할 수 있으며(독민 제2095조 1항), 상속채권자에 대하여는 공시최고의 방법에 의하여 그의 채권의 신고를 할 것을 최고할 수 있고(독민 제1970조), 기간 내에 신고하지 않은 채권자에 대하여는 채무의 변제 등으로 상속재산이 남아 있

18) Sheldon F. Kurtz, Family Estate Planning, West Pub. Co(1982), pp.40-44.

19) Lange-Kuchinke, Erbrecht, 4. Aufl.(1995), S.1167.

20) Dr. Hans Brox, Erbrecht, 9. Aufl.(1984), S.234ff.

지 않는 한 변제를 거절할 수 있다. 한편 상속채권자는 공동상속인 전원에 대해 미분할의 유산에서 변제를 청구할 수 있는 권리를 보유하며(독민 제2059조 2항), 상속재산이 분할된 후에는 채권채무가 가분인 경우에도 불가분으로 각 공동상속인에게 귀속되며, 분할 전에 상속채무를 상속재산에서 변제하도록 규정(독민 제2039조, 2046조)하고 있다. 따라서 채권자에 대한 상속인의 책임은 프랑스 민법의 경우에 비해 상당히 엄격하다고 할 수 있다.

그러나 다른 한편, 독일민법은 상속인이 상속을 승인한 후에도 상속채무에 대한 책임한정의 가능성을 다음과 같이 다양하게 인정함으로써 상속인을 보호하고 있다.

(1) 상속인의 책임한정은 우선 상속인의 신청에 의하여 법인이 상속재산 관리를 결정하거나 상속재산파산을 개시함을 통해 실현될 수 있다(독민 제1975조). 이 두 가지 경우에는 재산관리인이 임명되며 상속재산과 고유재산의 분리가 행해진다. 적극재산이 채무보다 많은 경우에는 이로써 상속인의 권리가 축소될 가능성과 함께, 채권자의 권리는 상속재산의 범위 내에서 충분히 보호되게 된다.

(2) 상속재산 화의절차의 개시가 있는 경우(독민 제1980조): 상속인이 상속재산의 채무초과임을 알게 된 경우에, 상속재산에 대한 파산선고 또는 화의법 제113조에 의한 화의절차를 신청하여야 하며, 상속인은 상속재산의 범위 내에서 채권자에게 발생한 손해를 배상하여야 한다. 상속인이 만일 과실로 인해 채무초과 사실을 알지 못한 경우에는 그 사실을 안 때와 같이 취급하며, 알 수 없는 채무가 존재할 이유가 있음에도 불구하고 상속인이 상속채권자에 대한 공시최고를 하지 않은 경우에는 과실이 있는 것으로 보고, 채권자에게 발생한 손해를 배상해야 한다(독민 제1980조 2항).

(3) 상속인이 공시최고절차를 밟았음에도 불구하고 자기의 채권을 신고하지 않은 상속채권자에 대하여는 제척되지 않은 채권자에 대한 변제의 결과로 재산이 잔존한 범위 내에서만 책임을 부담하며, 잔존재산이 없는 경우에는 변제를 거부할 수 있다(독민 제1973조).

(4) 상속개시 후 5년이 경과한 후 상속인에 대하여 채권을 행사하는 채권자는 제척된 채권자와 동일한 지위를 갖는다(독민 제1974조).

(5) 상속재산의 파산이 재단의 배당 또는 강제화의에 의하여 종료된 경우에 상속인은 제1973조와 같은 범위 내에서 책임을 진다(독민 제1989조).

(6) 판례[21]는 채권자와의 합의로 상속인의 책임을 상속재산의 범위로 한정할 수 있다고 한다.

(7) 상속인은 상속승인 후 3개월이 경과할 때까지는 채무의 변제를 잠정적으로 거절할 수 있다(독민 제2014조).

(8) 상속재산 관리명령 또는 파산선고가 그 비용을 상환함에 족한 상속재산이 존재하지 아니하여 이를 실행하기 곤란하거나 그 절차가 종료된 때에는 상속재산이 부족한 한도 내에서 채권자에 대한 변제를 거절할 수 있다(독민 제1990조).

(9) 유증 및 부담으로 인하여 상속재산이 채무초과인 경우에는 제1990조의 경우와 같이 채권자에 대한 변제를 거절할 수 있으며(독민 제1992조), 상속으로 인하여 권리와 의무 또는 권리와 부담이 혼동되어 소멸된 법률관계는 채권자와 상속인 사이에는 소멸되지 않은 것으로 본다(독민 제1991조).

한편, 상속인은 다음과 같은 경우에는 책임한정권을 상실하고 상속채권자에 대하여 무한의 책임을 부담한다.

(1) 상속인이 고의로 재산목록을 부실하게 작성한 경우(독민 제2005조),

(2) 상속인이 재산목록 제출기간을 도과한 경우(독민 제1994조 1항 2문),

(3) 상속인이 채권자의 청구에 의해 법원 앞에서 양심에 따라 가능한 한 완전히 상속재산의 목록을 작성하였음을 선서하기를 거절한 때에는 그 청구를 한 채권자에 대하여 무한 책임을 진다(독민 제2006조).

(4) 상속인이 계약에 의해 책임한정권을 포기한 때,

(5) 재판에서 상속인이 자기의 책임의 한정을 유보하는 것을 태만히한 때(독민소 제780조) 등이다.[22]

이상과 같이 독일민법은 상속포기 기간이 경과하면 상속인이 상속을 승인한 것으로 되어 상속채권자에 대하여 엄격한 책임을 부담하는 원칙을 갖고 있으면서도 잠정적 및 확정적으로 상속인을 보호하는 장치를 마련해 두고 있으며, 특히 채무초과인 경우에는 상속인으로 하여금 파산선고를 하도록 함으로써 상속재산

21) RGZ 146, 341, 346.

22) Wilfried Schlüter, BGB Erbrecht, 8. Aufl.(1994), S.254ff.

의 범위 내에서 채무를 변제하도록 유도하고 있어, 상속인이 상속포기기간의 경과로 인해 자기 고유의 재산으로 채무를 변제하는 일은 없게 된다. 입법론으로 참고할 가치가 있다고 생각된다.

4. 프랑스 민법

프랑스 민법상의 상속승인과 포기제도 역시 우리 법제와 유사하다. 즉, 상속개시와 동시에 상속재산은 상속인에게 귀속되며, 상속재산은 보통 특별 후견인이라 할 수 있는 공증인(notaire)에 의해 관리된다. 상속인이 상속을 단순승인하면 상속재산과 함께 채무와 유증에 대한 무한책임을 진다. 채무가 상속재산을 초과한 경우에는 고유의 재산으로 충당하여야 한다. 단순승인에는 어떠한 신고도 필요하지 않다. 그러나 누구든지 상속을 승인할 의무는 없다(프민 제775조).

그러므로 상속인은 상속을 단순승인하거나 포기하거나 한정승인할 수 있는데 우리 법제와 달리 상속의 승인이나 포기에 기간이 정해져 있지 않다. 이론상으로는 제789조에 의하여 상속의 승인 및 포기의 권리는 30년(프민 제2262조)으로 소멸되지만, 실제로는 재산목록작성 후의 상속포기나 승인의사 결정에 관한 제795조의 존재로 인해 이 같은 선택권의 행사기간에 관한 제789조의 규정은 실제적인 의미는 없게 된다.[23)]

상속인은 피상속인의 채무에 대한 무한 책임을 면하기 위해 재산목록의 이익을 조건으로 상속을 승인(한정승인)할 수 있으며(프민 제793-810조), 상속인이 18세 미만이거나 법적 무능력자인 경우에는 반드시 한정승인을 하여야 한다.[24)] 한정승인을 위해서는 상속개시지 지방법원 서기과에 신고하여야 하는데, 그에 앞서 상속인은 상속 개시된 날로부터 3개월 이내에 상속재산에 관한 재산목록을 작성할 수 있고 그로부터 40일 이내에 그 승인 또는 포기의 의사를 결정하여야 한다(프민 제795조). 40일의 기간은 법원에 의해 연장될 수도 있다. 정해진 기간 내에 결정을 하지 못한 경우에는 법원이 결정을 하도록 명령하며, 그런 연후에도 결정을 하지 못한 경우에는 단순승인을 한 것으로 선고된다. 상속의 승인 및 포

23) Murad Ferid/Hans Jürgen Sonnenberger, Das Französischen Zivilrecht, 2. Aufl.(1987), p.676 주 9) 참고, S.595ff.

24) B. Dickson, Introduction to French Law(1994), p.227.

기의 권리는 30년으로 소멸하는데(프민 제789조), 그렇게 오랜 기간 동안 미해결인 채로 두는 것은 바람직하지 않으므로,[25] 법원은 정해진 기간 내에 결정을 하지 않은 상속인은 선택권을 포기한 것으로 추정하는 것이다.[26] 그럼에도 불구하고 상속인이 3개월과 40일의 기간이 종료하였거나 이 기간이 종료하여 상속인을 상대로 소가 제기됨으로 인해 상속인이 청구한 유예기간이 종료한 후 상속인으로 행위하지 않거나, 그에 대하여 단순승인의 상속인으로 선고한 판결이 기판력을 가지지 않은 동안에는 재산목록을 작성하고 한정승인을 할 수 있는 권리를 보유한다(프민 제800조).

한정승인을 하면 상속된 재산의 범위 내에서만 채무를 부담한다. 이러한 이유로 상속인이 한정승인을 한 경우에는 재산관리에 특별한 원칙이 적용된다. 즉, 한정승인을 한 상속인은 재산관리인으로 취급된다. 그는 재산관리와 재산 평가에 있어 채권자에게 편의를 제공해 주어야 하며, 그렇지 않은 경우에는 한정승인의 보호를 받지 못할 경우도 있다(프민 제784조). 상속포기가 유효하기 위하여는 법원에 신고되어야 하는데 보통 변호사에 의해 수행된다.

이상과 같이 프랑스법상 상속포기와 한정승인제도는 우리 법제와 유사하면서도 3개월의 기간 동안 상속재산목록을 작성한 후 40일의 고려기간 중에 상속의 승인이나 포기를 결정할 수 있다는 점(원칙적으로 포기나 한정승인의 권리는 30년으로 시효가 소멸되지만), 3개월과 40일의 기간이 종료되면 법원에 의해 단순승인이 선고되는데, 승인의 기판력이 발생되기 전에는 다시 한정승인을 할 수 있는 기회가 부여되어 있다는 점 등으로 해서 상속인이 자기의사에 반하여 상속채무를 부담하지 않을 수 있도록 배려하고 있다.

5. 일본 민법

일본 민법은 우리 법제와 같이 한정승인이나 상속포기의 고려기간이 경과되면 상속인이 그의 의사에 반하여 상속채무에 대한 무한책임을 지도록 되어 있으며, 판례도 우리 법원과 같이 고려기간의 기산점을 “상속의 개시로 인하여 자기

---

25) 판례는 이와 반대되는 상황에도 불구하고 제789조가 절대적으로 적용되는 권리는 아니라는 견해를 밝히고 있다. Civ. Ire, 25 mai 1981: J.C.P. 82, ed. N, Prat. 360.

26) Henry Dyson, French Real Property and Succession Law, 2nd ed.(1991), p.146.

가 상속인이 되었음을 안날"이라고 하였다. 그러나, 근래의 日本最高裁 소화 59.4.27 판결은 원칙적으로 종래의 입장을 견지하면서도 "고려기간의 도과가 상속재산이 전무하다고 오신하였음에 기인하고 그 오신하였음에 상당한 이유가 있는 때에는 예외적으로 상속재산의 존재를 인식한 때로부터 고려기간을 기산한다"고 판시함으로써 상속인을 보호하고 있음은 우리에게 시사하는 바 크다.[27]

Ⅴ. 입법론과 해석론

비교법적인 고찰의 결과 각국의 입법례는 상속채권자의 보호와 더불어 상속인 보호장치가 상세히 마련되어 있거나, 판례가 해석을 통해 입법의 미비를 보완(일본)함으로써 상속채권자와 상속인보호 간의 형평을 기하고 있음을 알 수 있다. 이하에서는 우리 민법의 문제점을 보완할 수 있는 입법론과 해석론을 제시하여 본다.

(1) 상속제도에 관한 한 가장 바람직한 제도는 영미의 인격대표자제도라고 생각된다. 인격대표자가 모든 비용과 채무를 변제한 후 상속을 둘러싼 법률관계가 간명하고, 합리적이며, 분쟁의 가능성을 미연에 방지할 수 있고, 상속채권자와 상속인이 합리적으로 보호될 수 있기 때문이다. 다만 인격대표자가 재산을 관리하는 데 비용이 든다는 점은 단점으로 지적된다.

(2) 독일의 제도는 우리의 법제와 유사하면서도 상속인의 보호장치가 다양하게 마련되어 있어 입법론으로 참고할 가치가 크다고 본다. 즉, 상속포기기간이 경과하면 승인으로 보지만 승인한 후에도 상속인을 보호하기 위한 잠정적 및 확정적인 장치가 마련되어 있기 때문이다. 그러나 다소 복잡한 것은 흠으로 지적할 수 있겠다. 프랑스법도 독일의 경우와 유사한 장점과 단점을 갖고 있다고 보여진다.

(3) 입법론으로서는 단순승인이나 포기를 하지 않은 경우에는 한정승인을 한 것으로 보는 원칙도 바람직하다고 생각한다.

(4) 현행제도하에서 상속인을 보호할 수 있는 방법으로는 일본의 경우와 같이 목적적인 해석을 통해 입법의 미비를 보완하는 것이 바람직하다고 본다. 즉,

---

27) 손지열(주 5), 234면 참조.

고려기간을 '상속개시 있음을 알았을 뿐 아니라, 그로 인해 자기가 상속인이 되었으며, 상속재산의 존재를 인식한 때'로부터 기산한다면 상속인이 주어진 선택의 기회를 활용할 수 있을 것으로 보여진다.

VI. 맺는 말

이상에서 민법상 상속의 승인과 포기제도를 중심으로 하여 상속채권자보호와 상속인보호 간의 형평상의 문제점을 제기하고 외국의 입법례를 비교하여 보았다. 결론적으로, 상속채권자는 물론 보호되어야 하지만, 그에 앞서 상속인이 상속을 포기하거나 한정승인 또는 단순승인을 선택할 수 있는 기회가 충분히 주어져야 한다는 것이다. 그렇지 못한 상황에서 상속인이 그의 의사에 반하여, 그의 고유재산으로 상속채무에 대한 책임을 지는 것은 형평에 반하기 때문이다. 대부분의 외국의 입법례도 상속인의 상속재산의 범위 내에서 채권자에 대한 책임을 부과함으로써 채권자와 상속인을 보호함과 동시에 예외적인 경우에 한해서 상속인에게 무한책임을 부과한다는 보편적인 원칙을 발견할 수 있었다.

이에 따라 해석론으로서는 일본의 경우와 같이 상속인을 보호하기 위한 해석, 즉 상속채무의 존재를 안 날로부터 고려기간을 기산하여야 할 필요성이 크다고 보았고, 입법론으로서는 영미나 독일, 프랑스 등과 같이 한정승인의 원칙으로 전환할 것을 제안하였다. 한정승인을 실현하는 방법으로는 영미형, 독일형, 프랑스형을 참고하거나, 이와 달리 포기나 단순승인하지 않는 경우에 한정승인한 것으로 보는 방안 중 택일할 수 있을 것이다.

_ 비교사법 제4권 1호(한국비교사법학회, 1997) 게재

後 記

헌법재판소는 1998년 8월 27일, 민법 제1026조 제2호에 대하여 헌법불합치결정을 내린 바 있다. 그 후 개정민법은 제1019조 제3항에 이른바 특별한정승인제도를 신설하여 2002년 1월 14일부터 시행중이다.

相續의 承認과 抛棄에 대한 立法論的 研究

Ⅰ. 들어가는 말

우리 민법은 자연인이 사망함으로 인해 상속이 개시되면 상속인이, 일신전속적인 것을 제외한, 피상속인의 모든 재산상의 권리와 의무를 포괄적으로 승계하도록 함으로써(제1005조) 당연상속주의를 취하고 있다. 그러나 상속재산 중에는 적극재산보다 소극재산이 많은 경우가 있을 수 있음에도 불구하고 상속재산이 상속인의 의사와 관계없이, 또는 상속인이 상속재산 상황을 파악하고 있는지의 여부에도 관계없이, 법률상 당연히 상속인에게 승계되도록 강제하는 것은 타당하지 않기 때문에, 민법은 상속인으로 하여금 상속개시 있음을 안 날로부터 3월의 기간 내에 상속을 포기하거나 한정승인을 선택할 수 있도록 하는 한편(제1019조 1항), 상속의 포기나 승인을 신고하지 않은 경우에는 단순승인한 것으로 의제하고 있다(제1026조 2호).

피상속인이 사망하면 인격대표자가 상속재산을 관리하면서 상속재산상의 채권채무를 정리한 후에 상속인에게 상속이 되게 하는 영미법제와 달리, 우리 민법은 상속인 스스로 상속재산을 조사하여 포기나 한정승인을 선택하게 하는 구도를 취하고 있으나, 상속인들이 상속재산 중에 채무가 포함되어 있다는 사실을 제1019조에서 정한 짧은 고려기간 내에 파악하는 것은 현실적으로 어렵기 때문에 상속포기나 한정승인제도를 선택할 수 있는 자유는 사실상 제한되어 있다고 할 수 있다. 우리 민법과 같이 당연상속주의를 취하는 독일이나 프랑스 민법도 상속채권자에게 우월적인 지위를 부여하는 원칙에서 출발하면서도 상속인이 의외의 채무를 부담하지 않을 수 있도록 다양한 기회를 보장하고 있음에 비교하여 볼 때, 우리 민법은 뜻밖의 상속채무를 승계하게 된 상속인에 대한 보호가 매우 미흡하였다고 할 수 있다. 그 결과, 채권자의 변제청구를 받고 나서야 비로소 상속채무의 존재와 상속포기와 승인제도를 알게 되어 법원에 상속포기나 한정승인을 신고하려 했을 때는 이미 고려기간이 경과되어 단순승인으로 확정되었다는 선언을 통보받는 상속인이 양산되는 구조였던 것이다. 이에 따라, 상속인을 보호하기 위한 상속포기나 한정승인제도는 사실상 채권자보호에 유리하게 작용한 반면에, 상속인들은 채무의 부담으로부터 벗어날 수 있는 선택의 기회를 상실하였다는 이유로 사실상 법의 보호를 받지 못해 왔다.

대법원은 '상속개시를 안 날로부터 3월'의 의미를, 상속인이 상속개시의 사실과 자기가 상속인이 되었음을 안 날이라고 해석하고 있으나,[1] 상속인이 되었음을 알았다는 사실과 채무초과사실을 안다는 것은 별개의 문제이기 때문에, 자신의 의사에 반하여 피상속인의 채무를 부담하게 된 상속인들의 소송은 줄어들지 않았다. 이에 헌법재판소는 제1019조 1항의 고려기간 내에 상속인이 한정승인 또는 포기를 하지 아니하면 단순승인한 것으로 보는 민법 제1026조 2호에 대하여 헌법불합치결정[2]을 내린 바 있다. 이에 따라 민법 개정은 불가피한 것이 되었는데, 그 결과는 제1026조 2호를 다시 복원하고, 제1019조에 3항을 신설하여 일정한 조건하에 상속인이 한정승인[3]을 할 수 있는 기회를 추가하는 것이었다.

2002년 1월 1일부터 시행되고 있는 개정법에 의하면, 상속인들은 고려기간이 경과된 후에도 추가로 한정승인을 할 수 있기 때문에 상당수의 상속인은 구제될 수 있게 되었다. 그러나 제1026조 2호에 대한 헌법불합치결정과 그에 따른 개선입법으로 문제가 근본적으로 해결된 것은 아니다. 그것은 개정법은 여전히, 제1019조 1항의 짧은 고려기간 내에 상속의 포기나 한정승인을 신고하지 않으면 단순승인한 것으로 보는(제1026조 2호) 구도를 유지하면서, 개정법에 신설된 제1019조 3항의 조건을 갖춘 상속인들에게 한정승인(상속포기는 제외)의 기회가 추가되었기 때문에, 이번에는 상속채권자의 보호가 우려될 수 있게 된 것이다. 이러한

1) 대법원 1991.6.11, 91스1 결정; 대법원 1988.8.25, 86스10 · 11 · 12 결정; 대법원 1986.4.22, 86스10 결정; 대법원 1984.8.23, 84스17-25 결정; 대법원 1974.11.26, 74다163 판결; 대법원 1969.4.22, 69다232 판결.

2) 헌재 1998.8.27, 96헌가2 · 3 · 9, 96헌바81, 98헌바24 · 25(병합).

3) 제1019조 3항에 의한 한정승인을 보통의 한정승인과 구별하여 특별한정승인이라고도 하고, 나중에 추가하였다는 의미에서 추가한정승인이라고도 한다. 두 개의 용어가 모두 타당하다고 보이나, 이 글에서는 그 동안 많이 사용되어 온 특별한정승인으로 한다.

부작용은 '단기의 고려기간 경과에 의한 단순승인의제'라는 문제의 원인은 그대로 둔 채, 단지 대증요법으로 상속인 보호를 위한 처방을 추가하였기 때문이다.

이 연구의 관심과 목적은 채무초과 상속재산에 있어 상속인과 상속채권자의 이익을 어떻게 조화롭게 보호할 것인가에 있다. 그 동안 2002년 개정 전부터 개정 후에 이르기까지 상속포기와 승인의 고려기간과 단순승인의제에 관한 해석론은 상당히 많이 제시된 바 있다. 그럼에도 불구하고 입법론에 관한 연구의 필요성은, 개선입법에도 불구하고 근본적인 문제는 여전히 남아 있다는 인식에 따른 것이 그 하나이고, 이제는 상속법에 내재되어 있는 근본적인 문제점을 찾아내고, 장기적인 관점에서 개선안을 진지하게 논의하고 검토할 시점이라는 판단에 따른 것이다.

이 글에서는 입법론을 검토하기 위해 상속채권자와 상속인 보호에 관한 외국의 입법례를 소개하고(II), 단순승인의제제도에 대한 헌법불합치결정의 배경(III)과 개정법의 내용에 대한 소개와 평가를 거쳐(IV), 상속의 한정승인제도의 합리성과 형평성에 주목하면서 이를 입법론으로 제시하고자 한다(V).

II. 상속채권자와 상속인보호에 관한 입법례

1. 독일 민법

독일 민법은 우리 민법과 마찬가지로 상속개시로 인하여 상속재산은 상속인에게 승계되며(제1922조), 상속인은 피상속인의 채무에 대해 책임을 지게 된다(독일민법 제1967조: 이하 조문만 표기함). 상속인은 6주의 기간 내에 승인 또는 포기를 할 수 있는데(제1942조), 이 고려기간은 상속인이 상속의 사실 및 그 근거를 안 날로부터 기산하며(제1944조), 위 기간 내에 포기하지 않으면 상속인은 더 이상 포기할 수 없으며, 기간이 경과되면 상속을 승인한 것으로 본다(제1943조).

그러나 상속재산에 채무가 초과된 경우, 상속인은 상속포기기간이 경과한 후에도 상속재산관리명령(Anordnung einer Nachlassverwaltung)과 상속재산지급불능절차개시(Eröffnung eines Nachlassinsolvenzverfahren)를 신청함으로써 상속채무에 대한 책임을 한정되게 할 수 있다(제1975조). 상속인은 상속채무에 대한 책임을 한정시키기 위해 적시에 상속채무에 대해 알고 있어야 하므로 법원에 공시최고절차를 신청할 수 있으며, 법원은 일정기간 내에 채권자로 하여금 채권을 신고하도록 공시한다. 이 때 신고하지 않은 채권자는 다른 채권자가 변제받고 남은 상속재산에 대해서만 변제를 청구할 수 있으므로 매우 불리하게 된다(독일 민사소송법 제995조). 이 기간이 만료되면 제권 판결(Ausschlussurteil)이 내려진다(독일 민사소송법 제952조). 공시최고절차가 개시되었다고 해서 상속인의 상속채무에 대한 책임이 한정되는 것은 아니므로 독일민법 제1975조의 책임한정을 신청하지 않은 상속인은 여전히 상속채무에 대해 무한책임을 진다.[4)]

상속재산관리명령이 내려지거나 상속재산지급불능절차가 개시되면 상속채무에 대한 상속인의 책임은 상속재산으로 한정된다는 점에서 동일하지만, 상속재산관리는 상속채권자에 대한 채무의 지급을 위한 것이라면, 상속재산지급불능절차의 목적은 채무초과된 상속재산을 적법하게 분할하는 데 있다.[5)]

상속재산관리는 상속인이 신청할 수도 있고 상속채권자가 신청할 수도 있다. 상속인이 신청한 경우, 법원은 상속재산관리를 명령하며, 명령이 내려짐과 동시에 상속인은 상속재산을 관리할 권리를 잃는 대신에 상속재산관리인이 처분권을 갖게 된다(제1985조). 상속재산관리인의 임무는 상속재산 중에서 상속채권자에게 채무를 변제하는 일인데, 만일 상속재산으로 지급이 부족하게 되면 상속재산지급불능절차의 개시를 신청해야 한다. 상속채권자도 상속재산과 상속인의 재산의 분리의 목적을 달성하기 위해 상속재산관리를 신청할 수 있다.[6)]

상속재산관리의 목적이 상속채권자에 대한 채무의 지급에 있다면, 상속재산지급불능은 복수의 상속채권자에게 상속재산을 적법하게 분할하기 위한 절차이다. 상속인과 상속재산관리인 또는 상속재산채권자는 상속인이 상속받은 후 2년 내에 이를 신청할 수 있으며, 지급불능절차가 개시되면 상속재산은 상속인의 고유재산에서 분리되고 상속재산에 대한 상속인의 책임은 한정된다.[7)]

한편, 상속채권자는 상속재산상황을 알기 위해 상속인에게 재산목록표의 작성을 요구할 수 있으며, 법원은 상속인에게 상속채권자의 신청에 따라 목록표를

---

4) Rainer Frank, Erbrecht, 3. Aufl.(2005), S.241ff.

5) A.a.o., S.244.

6) A.a.o., S.245ff.

7) A.a.o., S.247ff.

작성하도록 기간을 정해준다(제1994조). 이 때 상속인이 재산목록표를 적법한 시기에 제출하지 않거나 고의로 허위의 작성을 한 때 상속인은 모든 상속채무에 대한 무한책임을 지게 된다(제2005조). 그러므로 재산목록의 작성은 상속인을 보호하는 도구가 아니라 상속채권자의 공격도구라 할 수 있다.

상속인을 보호하기 위한 또 하나의 방법으로 3개월의 항변(Dreimonatseinrede)이 있다. 이것은 상속재산과 채무에 대해 파악하고 책임의 한정을 신청할 것인지를 결정할 시간이 필요한 상속인을 위한 것으로, 상속을 승인한 후 처음 3개월이 지날 때까지 상속인은 상속채무를 거절할 수 있는 것이다(제2014조). 다만 상속인이 이미 재산목록을 작성했다면 상속재산의 범위는 확정된 것이므로 이 권리는 소멸한다.[8)]

2. 프랑스 민법

프랑스 민법의 경우 상속개시와 동시에 상속재산은 상속인에게 승계되고 상속인이 상속을 단순승인하면 상속재산과 함께 채무와 유증에 대한 무한책임을 진다는 점에서 우리 민법과 유사하다. 다만, 상속재산은 보통 특별후견인이라 할 수 있는 공증인(notaire)에 의해 관리된다. 또한, 상속인은 상속을 단순승인하거나 포기하거나 한정승인할 수 있으나 우리 민법과 달리 상속의 승인이나 포기에 기간이 정해져 있지 않다. 이론상으로는 프랑스 민법 제789조에 의해 상속의 승인 및 포기의 권리는 30년(제2262조)으로 소멸되지만, 실제로는 재산목록작성 후의 상속포기나 승인의사결정에 관한 제795조의 존재로 인해 이 같은 선택권 행사기간에 관한 제789조의 실제적인 의미는 없게 된다.[9)]

프랑스 민법 제795조는 상속인에게, 상속이 개시된 때로부터 3월 내에 상속재산목록을 작성하도록 하는 한편, 재산목록 작성을 위한 3월이 만료된 때로부터 40일 이내에 승인 또는 포기를 결정하도록 한다. 재산목록의 작성이 3월경과 전에 종료된 때에는 재산목록의 작성이 완료된 때로부터 40일 이내에 결정하여야 한다. 40일의 기간은 법원에 의해 연장될 수도 있으며, 정해진 기간 내에 결정

---

8) A.a.o., S.249ff.

9) Murad Ferid/Hans Jürgen Sonnenberger, Das Französischen Zivilrecht, 2. Aufl. Band 3(1987), S.595ff.

을 하지 못한 상속인에 대해서는 법원이 결정을 하도록 명령하며, 그런 연후에도 결정하지 못한 경우에는 단순승인한 것으로 선고된다.

한편 프랑스 민법 제789조는 상속의 승인 또는 포기에 대한 권리는 부동산에 관한 최장의 소멸시효기간의 경과에 의하여 시효로 소멸한다고 규정하고 있으므로 상속인은 3월과 40일이 경과된 후에도 상속의 승인이나 포기를 할 수 있는 것이다. 그러나 그토록 오랫동안 상속재산의 처리를 미해결인 채로 두는 것은 바람직하지 않기 때문에[10] 법원은 정해진 기간 내에 결정을 하지 않은 상속인은 선택권을 포기한 것으로 추정하는 것이다.[11] 그럼에도 불구하고 상속인이 3개월과 40일의 기간이 종료하였거나 이 기간이 종료하여 상속인을 상대로 소가 제기됨으로 인해 상속인이 청구한 유예기간이 종료한 후 상속인으로 행위하지 않았거나 그에 대하여 단순승인의 상속인으로 선고한 판결이 기판력을 가지지 않는 동안에는 재산목록을 작성하고 한정승인을 할 수 있는 권리를 보유한다(제800조).[12]

한정승인을 하면 상속인은 상속재산의 범위 안에서 채무를 부담한다. 한정승인을 한 상속인은 재산관리인으로 취급되므로 재산관리와 재산평가에 있어 상속채권자에게 편의를 제공하여야 하며, 그렇지 않은 경우에는 한정승인의 보호를 받지 못할 수도 있다(제794조). 상속인이 18세 미만이거나 법적 무능력자인 경우에는 반드시 한정승인을 하여야 한다.[13]

한편, 상속의 포기가 유효하기 위해서는 법원에 신고되어야 하는데 보통 변호사에 의해 수행된다고 한다.

3. 영 국 법

영국법에 의하면 피상속인의 재산은 직접 상속인에게 승계되는 것이 아니라 인격대표자(personal representative)에 의해 관리・처분・분배된다. 즉, 상속이

10) 판례는 이와 반대되는 상황에도 불구하고 제789조가 절대적으로 적용되는 권리는 아니라는 견해를 밝히고 있다. Civ. Ire, 25 mai 1981: J.C.P, 82, ed. N, Prat. 360.

11) Henry Dyson, French Real Property and Succession Law, 2nd ed.(1991), p.146.

12) 명순구 역, 프랑스민법전 참조.

13) B. Dickson, Introduction to French Law(1994), p.227.

개시되면 피상속인의 부동산은 매각신탁으로, 현금이외의 동산은 매각신탁이나 현금으로서의 재산전환의 목적으로 인격대표자에게 귀속된다. 인격대표자는 상속재산 중의 현금이나 상속재산을 매각, 전환하여 취득하는 현금으로 장례비용, 피상속인의 채무, 상속세 등을 지급한 후 유언이 있으면 그에 따라, 유언이 없으면 법의 원칙에 따라 법정상속인에게 분배한다. 상속인이 미성년자인 경우에는 성년에 달할 때까지, 때로는 혼인을 할 때까지 관리를 계속한다. 인격대표자는 피상속인의 채무를 성실히 이행할 의무가 있기 때문에 상속재산관리법(Administration Act) 제44조는 피상속인의 사망시로부터 1년 내에는 인격대표자로 하여금 상속재산을 분배할 수 없도록 규정하고 있다. 채무의 성실한 이행을 위하여 1년의 기간이 필요하다고 보기 때문이다.[14]

4. 미 국 법

미국법의 경우에도 영국과 같이 재산을 소유하던 사람이 사망하면 그 재산이 상속인 또는 수익자에게 분배될 때까지는 상속재산관리에 관할권 있는 법원이 인격대표자를 임명한다. 인격대표자의 임명은 유언상속인 경우에는 유언장에 의해서, 무유언상속인 경우에는 법원이 상속재산관리인에게 자격을 부여하며, 상속재산의 관리처분권은 상속재산관리장에 의해 입증된다.

인격대표자가 하는 일은 검인재산을 이루는 피상속인의 재산에 대한 목록을 작성하여 취합하며, 절차를 밟아 피상속인의 재산의 소유권을 취득한다. 물론 인격대표자는 대리인이 자격으로 명의를 보유할 뿐이며 개인의 명의로 변경하는 것은 아니다. 인격대표자는 상속재산을 관리하면서, 피상속인의 사망으로 인해 발생하는 각종 세금과 채무를 포함한 상속재산에 대한 모든 정당한 청구를 지급하고 남은 재산을 상속인이나 수익자에게 분배하며, 관리기간 중의 모든 활동에 대해 상속인이나 수익자에게 회계보고를 한다.[15]

상속채무와 관련하여 주요한 것은 인격대표자가 피상속인의 채권자들에게 상속재산에 대한 청구를 하도록 통지한다는 점이다. 통지의 수단에 대하여 많은

14) Parry/Clark, The Law of Succession, 10th ed.(1996), pp.294-319.

15) Sheldon F. Kurtz, Family Estate Planning(1982). pp.40-44.

주에서는 신문지상에 공고하는 것으로 충분하다고 보고 있다. 일정기간 내에 채권을 신고하지 않은 경우에는 지급을 제한하는 주도 있다. 예컨대 통일유언검인법 제3-803조는 처음 신문지상에 공고한 날로부터 4개월 내에 제기되지 않은 모든 청구는 상속채권자에게 지급이 허용되지 않는다고 규정하고 있다. 이 같이 상속채권자의 청구의 신고에 대한 절차는 주마다 다르지만 모든 절차에는 일정한 유사성이 있다. 그것은 인격대표자는 각 청구를 검토하고 그 청구가 유효한지의 여부와, 유효하다면 지급할 것인지의 여부에 대하여 결정할 의무가 있다는 것이다.

모든 상속재산이 취합되고 채무가 변제되면 인격대표자는 잔여재산을 상속인이나 기타의 권리자에게 분배한 후 상속인이나 수익자에게 회계보고를 한다.[16)]

상속채권자와 상속인의 보호에 대한 외국의 입법례를 살펴본 바, 영국과 미국의 인격대표자제도는 상속재산이 인격대표자에 의해 관리되기 때문에 비용이 많이 든다는 단점이 있으나 상속채권자와 상속인의 이해가 합리적으로 조정될 뿐 아니라 상속재산에 관한 법률관계가 간명하게 처리된다는 점에서 입법론으로 참고할 가치가 높다고 생각된다.[17)]

한편, 독일과 프랑스 민법은 우리 민법과 같이 당연상속주의를 취하고 있지만 상속인이 상속채무의 부담으로부터 벗어날 수 있는 길을 다양하게 마련해 놓고 있어 상속인이 의외의 채무를 부담하는 일은 없게 된다. 또한 독일, 프랑스 및 영국의 상속법에서 상속인과 채권자의 이익을 조정하는 방법과 절차는 조금씩 다르지만 결과적으로는 피상속인이 남긴 상속재산의 범위 내에서 채무를 부담하도록 유도되는 공통점을 갖고 있다. 다만 상속인이 상속재산의 목록을 고의로 누락한 경우와 같이 신의성실에 반하는 경우에 한하여 단순승인한 것으로 보아 그 제재로서 채무에 대한 무한책임을 지는 것이다.

이 같은 외국의 입법례에 비추어 볼 때, 우리 민법의 구조적인 문제는 결국 제1019조의 짧은 고려기간과 고려기간의 경과로 인한 단순승인 의제로 요약할

---

16) William M. McGovern, Jr./Sheldon F. Kurtz/Jan Ellen Rein, Wills, Trusts and Estates (1988), pp.610-618.

17) 같은 취지: 배경숙, "다수상속인의 승인포기와 상속재산의 처리에 관한 고찰," 가족법학논총, 박병호교수 환갑기념(1)(1991), 631면.

수 있겠다. 이하에서 상속의 승인과 포기를 둘러싼 문제점을 살펴보고 개정법에서 근본적인 문제가 해결되었는지의 여부를 검토하기로 한다.

Ⅲ. 民法 제1026조 2호에 대한 憲法不合致決定

1. 제1019조 1항의 考慮期間의 起算點에 관한 논의

민법 제1019조 1항은 "상속인이 상속개시 있음을 안 날로부터 3월 내에 단순승인이나 한정승인 또는 포기를 할 수 있다"고 규정하고 있다. 상속인이 상속의 승인이나 포기를 할 수 있는 고려기간[18]은 상당히 짧은데다가, 3월의 고려기간이 경과되면 단순승인한 것으로 보기 때문에 상속채무가 적극재산을 초과한 경우의 상속인에게 있어 3월의 고려기간은 중대한 의미를 지닌다.

대법원은 '상속개시 있음을 안 날'의 의미에 대하여 "상속개시의 원인되는 사실의 발생을 알고 또 이로써 자기가 상속인이 되었음을 안 날"이라는 뜻으로 새기고,[19] "상속재산 있음을 안 날"이나 상속재산의 유무를 안 날 또는 상속재산 또는 상속채무의 존재를 안 날을 말하는 것은 아니라고 한다.

이에 대하여는 상속인이 상속개시의 사실과 자기가 상속인이 된 사실을 아는 외에 적극재산 또는 소극재산의 존재를 안 때로부터 기산하여야 한다는 견해(이를 상속재산인식시설이라 한다)[20]가 유력하게 주장되어 왔다. 상속인이 상속재산이 없다고 믿고 있는 동안에 승인 또는 포기를 위한 고려를 한다는 것 자체가 무의미하기 때문에 승인 또는 포기를 위한 고려를 필요케 하는 정도의 적극재산이나 소극재산의 존재를 안 때에 고려기간이 기산되어야 한다는 것이다.

상속개시 있음을 안 날의 의미를 상속인이 상속개시의 사실과 자기가 상속

---

18) 이 기간을 보통 고려기간 또는 숙려기간이라고 하나, 이 글에서는 고려기간으로 한다.

19) 주 1) 참조.

20) 손지열, "민법 제1019조 1항의 고려기간의 기산점," 민사판례연구X(1988), 237면: 이를 지지하는 견해로는 곽윤직, 상속법, 박영사(1997), 298면 ; 이승우, "법정단순승인에 관한 소고," 가족법연구 제11호(1997), 411면이 있다; 임성권, "상속의 한정승인에 관한 연구," 가족법연구 제15권 2호, 한국가족법학회(2001), 348면은 상속재산인식시설은 타당하다고 생각하면서도 그것은 해석이 아니라 일종의 입법을 하는 것이라고 한다.

인이 된 사실을 인식한 날로 해석함으로써 판례와 입장을 같이 하는 견해[21](이를 보통 상속인 사실인식시설이라 한다)도 있다.

사실, 핵가족이 보편화된 사회에서 피상속인과 동거하지 않아 온 상속인이 상속재산에 채무가 포함되어 있는지를 정확하게 파악하도록 기대하는 것은 무리이다. 또한, 상속개시 있음을 알았으나 상속채무가 초과됨을 몰랐기 때문에 상속의 포기나 승인을 할 필요를 느끼지 않은 채 3월이 경과되어 단순승인한 것으로 된 상속인에게 포기나 한정승인을 하지 않았다고 비난할 수 없는 것도 사실이다. 이러한 상속인에게 상속채무에 대하여 무한책임을 부담하게 하는 것은 가혹할 수밖에 없으므로 상속재산의 존재를 안 때로부터 고려기간을 기산하여야 한다는 견해가 타당해 보인다.

그러나 이러한 해석은 해석론의 범위를 넘는 것도 사실일 뿐 아니라, 상속인이 상속채무에 대한 무한책임을 강요받게 되는 원인이 오로지 짧은 고려기간에만 있는 것이 아니라 오히려 한정승인이나 포기를 하지 않으면 단순승인한 것으로 보는 제1026조 2호에 있다고 할 수 있는데, 제1026조 2호는 헌법불합치결정을 받았으므로[22] 상속의 승인과 포기에 대한 개정은 불가피한 것이 되었다.

2. 제1026조 2호에 대한 헌법불합치결정과 개정경위

제1019조 1항의 짧은 고려기간이 상속인에게 더욱 가혹하게 작용할 수 있는 것은 제1026조 2호에 의해 단순승인한 것으로 의제되는 결과, 상속채무에 대해 상속인이 무한책임을 부담하게 되기 때문이었다. 이에 헌법재판소는 법정단순승인 의제규정인 민법 제1026조 2호에 대하여, "상속인이 귀책사유 없이 상속채무가 적극재산을 초과하는 사실을 알지 못하여 상속개시 있음을 안 날로부터 3월 내에 한정승인 또는 포기를 하지 못한 경우에도 단순승인을 한 것으로 보는 민법 제1026조 제2호는 기본권제한의 입법한계를 일탈한 것으로 재산권을 보장한 헌법 제23조 제1항, 사적 자치를 보장한 헌법 제10조 제1항에 위반된다"는 이유로 헌법불합치결정을 내림과 동시에 이 규정의 적용을 중지시켰고, 1999년 12월31

21) 김주수, 친족상속법 제6전정판, 법문사(2002), 611면; 윤진수, "상속채무를 뒤늦게 발견한 상속인의 보호," 서울대 법학 제38권 3, 4호(1997), 203면.

22) 주2) 참조.

일까지 개정되지 않는 경우 2000년 1월 1일부터 효력을 상실하도록 한 바 있다. 결국 개정안은 1999년까지 국회를 통과하지 못하였으므로 제1026조 2호는 2000년 1월 1일부터 효력을 상실하게 되었다. 이로써 법률의 공백상태와 재판의 차질이라는 중대한 국면이 빚어짐과 동시에 국회의 입법부작위에 대한 비난이 일자, 국회는 민법개정안 중에서 상속법 개정안인 상속회복청구권의 제척기간에 관한 민법 제999조 2항과 민법 제1019조에 3항을 신설하는 한편 헌법불합치결정을 받은 제1026조 2호는 원래대로 원상복귀 시키는 내용의 개정안만을 통과시킨 바 있고, 이 두 개의 상속개정법은 2002년 1월 14일부터 시행되고 있다. 개정법의 내용과 평가는 항을 바꾸어 살펴보기로 한다.

IV. 特別限定承認 制度의 內容과 評價

헌법재판소가 헌법에 불합치된다고 한 것은 민법 제1026조 2호에 대한 것이었으나 개정법은 제1019조에 3항을 신설하는 것으로 하고, 제1026조 2호는 복원하였다. 이에 따라, 제1019조 1항의 고려기간 내에 상속의 포기나 승인을 하지 못한 상속인 중 상속채무가 상속재산을 초과하는 사실을 중대한 과실 없이 알지 못하고 단순승인(제1026조 제1호 및 제2호)을 한 상속인은 그 사실을 안 날로부터 3월 내에 한정승인을 할 수 있게 되었다. 제1019조 3항의 규정은 상속재산의 유무를 안 때로부터 고려기간을 기산하여야 한다는 견해(상속재산인식시설)를 수용한 것이나 다름없다.

1. 제1019조 3항의 해석

(1) '重大한 過失'의 意味

제1019조 3항에서 핵심이 되는 것은 '중대한 과실'의 의미일 것이다. 중대한 과실 없이 채무초과사실을 알지 못한 상속인만이 추가로 한정승인을 신고할 수 있기 때문이다. '중대한 과실'의 의미는 상속인의 개인적 사정에 비추어 상속재산 관리에 보통 요구되는 주의를 현저하게 결여한 것을 의미하고, 그 기준은 상속인의 주의능력이 아니라 일반적으로 그 직업이나 지식·경험 등을 기준으로

하는 추상적 과실로 보아야 할 것이다. 이 때 상속인은 채무초과 사실을 알지 못하는 것으로 추정되고, 상속인이 상속채권자로부터 상속재산을 초과하는 상속채무의 이행을 청구받은 때에는 채무초과사실을 알았거나 알 수 있었을 것으로 볼 수 있을 것이다.[23)]

중대한 과실이 있다는 입증책임에 대하여는, 가정법원이 특별한정승인신고의 수리심판을 함에 있어 중대한 과실 유무에 관한 실질적 심사를 하지 않는 점과 중대한 과실에 관한 개인차를 인정한다면 상속채권자가 이를 입증하기 곤란하다는 점을 들어 상속인이 자신에게 중대한 과실이 없다는 점을 입증하여야 한다는 견해[24)]가 있으나, 상속인은 채무초과 사실을 알지 못하는 것으로 추정되므로, 추정을 번복하기 위해서는 상속채권자가 상속인에게 중대한 과실이 있음을 입증하여야 할 것으로 생각한다.

(2) '債務超過事實을 안 날로부터 3월'의 起算點

다음으로 문제되는 것은 채무초과 사실을 안 날로부터 3월의 기간의 기산점에 관한 것이다. 이에 관하여는 예컨대, 제1019조 1항의 고려기간 내에 상속채무초과 사실을 알았으나 포기나 한정승인을 신고하지 않았고, 채무초과사실을 안 날로부터 3월 내에 특별한정승인을 신고한 경우 민법 제1019조 3항에 따라 특별한정승인을 수리할 것인지 문제될 수 있다. 제1019조 3항을 문리해석하는 경우, 제1019조 1항의 고려기간 내에 상속포기나 한정승인을 하지 않았음을 이유로 이를 부정할 수 있겠으나, 특별한정승인의 신고기간은 고려기간의 도과와 관계없이 상속인이 채무초과사실을 안 날부터 3개월로 보아야 한다는 견해[25)]가 타당하다고 생각한다.

2. 改正民法 附則 제3항에 대한 憲法不合致決定의 背景

신설된 민법 제1019조 3항에 의하면 상속인이 3월의 고려기간 내에 상속재

23) 정상규, "민법 제1019조 제3항(특별한정승인)의 해석 및 그 적용범위에 관한 실무상 쟁점," 법조(2003.5), 139면.

24) 위의 논문.

25) 정상규(주 23), 141면.

산을 처분함으로써 단순승인이 의제되는 경우(제1026조 1호)에도, 그리고 상속인이 3월의 고려기간이 지남으로써 단순승인으로 의제되는 경우(제1026조 2호)에도 상속채무가 적극재산을 초과하는 사실을 중대한 과실 없이 알지 못한 상속인은 그 안 날로부터 3월 내에 한정승인을 할 수 있지만, 개정법은 민법 부칙 제1항[26] 및 제2항[27]에 의하여 그 효력에 소급효가 없고 개정법은 공포한 날인 2002년 1월 14일부터 시행되므로 "효력의 불소급의 의미"와 "그 사실을 안 날로부터 3월"의 의미를 둘러싸고 적잖은 분쟁이 예상된다.

물론 효력의 불소급에 관련하여 몇 가지의 구제책이 있다. 그 하나는 해석에 의한 것으로, 대법원이 위헌결정의 효력에 대하여 당해 사건, 병행사건 등에는 소급적용을 허용하고 있는 것이 그 하나이고,[28] 다른 하나는 부칙 제3항의 경과조치에 의한 입법적인 구제이다. 그러나 해석상의 구제는 당해 사건이나 병행사건에 한정되고, 부칙 제3항에 의한 구제 역시 한계를 지니고 있었다. 그것은 부칙 제3항에서 "1998년 5월 27일부터 이 법 시행 전까지 상속개시가 있음을 안 자 중 상속채무가 상속재산을 초과하는 사실을 중대한 과실 없이 제1019조 제1항의 기간 내에 알지 못하다가 이 법 시행 전에 그 사실을 알고도 한정승인 신고를 하지 아니 한 자는 이 법 시행일부터 3월 내에 제1019조 제3항의 개정규정에 의한 한정승인을 할 수 있다(후단 생략)"고 함으로써 1998년 5월 27일 전에 상속개시 있음을 안 상속인은 경과조치에 의한 구제를 받지 못하게 되었기 때문이다.

이에 헌법재판소는 "청구인들과 같이 1998. 5. 27. 전에 상속개시 있음을 알았으나 위 일자이후 비로소 상속채무초과사실을 알게 된 상속인은 종전 불합치결정 당시 이미 특별한정승인에 해당하는 요건을 갖추고 있었다고 볼 수 있으므로 위 결정 이후 개정민법 시행 전까지 특별한정승인에 해당하는 요건을 갖추고 있었으나 입법의 공백으로 특별한정승인을 할 수 없었던 상속인의 범주에 속하게 되어, 이 사건 부칙조항의 규범적 의미를 실현하기 위하여 위 조항에 포함시켜야 할 상속인이라는 점에서는 이 사건 법률조항이 정하는 상속인과 동일하다 할 것이다. 그런데도 이 사건 법률조항이 위 결정 당시 구민법 규정에 의하여 단

26) 민법 부칙 제1조는 "이 법은 공포한 날로부터 시행한다"고 규정한다.

27) 민법 부칙 제2조는 "이 법은 종전의 규정에 의하여 생긴 효력에 영향을 미치지 아니한다"고 규정한다.

28) 대법원 2002.4.2, 99다3358 판결.

순승인 의제되었는가를 기준으로 삼아 위 상속인을 제외하는 것은 앞서 본 바와 같은 이유로 여전히 상속인의 귀책사유 없이 또는 의사와 무관하게 상속채무에 대한 무한책임을 부담하게 하는 것이 되어 이를 정당화할 수 있는 합리적인 이유가 없으므로 청구인들의 평등권을 침해하여 헌법상 평등의 원칙에 위반된다"는 이유로 헌법불합치결정[29]을 한 바 있다. 이에 따른 개선입법은 현재(2005년 11월) 국회에 계류 중이다.

3. 2005년 改正法에 보완된 相續債權者 保護 規定

한편, 민법 제1019조 3항에 신설된 한정승인에 의하면, 제1026조 1호와 2호에 해당하여 단순승인으로 의제되는 경우에도 상속인이 상속채무가 적극재산을 초과하는 사실을 중대한 과실 없이 알지 못한 경우에는 그 안 날로부터 3월 내에 한정승인을 할 수 있기 때문에 상속인은 보호될 수 있게 되었지만, 상속인이 재산을 처분하였거나 부당변제를 한 경우 등에는 상속채권자의 이익이 보호되지 못하는 경우가 발생할 수 있게 되었다. 법무부가 국회에 제출한 본래의 개정안에는 제1030조 2항에서 상속인으로 하여금 이미 처분한 재산의 목록을 제출하도록 하는 한편, 제1034조에서는 상속인이 이미 처분한 재산을 변제하도록 하고, 제1038조에서는 상속인의 부당변제로 인한 손해배상책임 규정이 포함되어 있었는데, 국회에서의 검토과정에서 이들 세 규정이 누락된 채 민법 제1019조 3항의 한정승인제도만이 통과되었기 때문이다. 이러한 문제점은 2005년 개정법에서 개선되어 2005년 3월 31일부터 시행되고 있다. 2005년 법에 신설된 내용은 다음과 같다.

(1) 民法 제1030조 2항(신설)

민법 제1019조 3항에 의하여 특별한정승인을 할 수 있는 경우는 다음 두 가지이다. 즉, 상속인이 3월의 고려기간이 경과하기 전에 상속재산을 처분한 경우이다. 이 경우에는 민법 제1026조 1호에 의하여 단순승인으로 의제되지만, 상속

29) 헌재 2004.1.29, 2002헌가22, 2002헌바40, 2003헌바19, 46(병합) [민법부칙 제3항 위헌제청 · 민법부칙 제3항 위헌소원 · 민법부칙 제3항 등 위헌소원].

인이 상속재산을 처분했을 때 상속채무가 적극재산을 초과함을 중대한 과실 없이 알지 못한 경우에는 상속인은 그 사실을 안 날로부터 3월 내에 한정승인을 할 수 있게 된다.

다른 하나는 3월의 고려기간이 경과하여 단순승인으로 의제된 경우에도 상속인이 상속채무가 적극재산을 초과함을 중대한 과실 없이 알지 못한 경우에는 그 사실을 안 날로부터 3월 내에 한정승인을 할 수 있게 되었다. 그러나 이 두 가지 경우에 상속인이 아무런 제한 없이 한정승인을 할 수 있다면 상속재산으로부터 채권을 변제받아야 할 상속채권자는 뜻하지 않은 손해를 볼 수 있기 때문에 상속채권자를 보호할 수 있는 장치가 필요한 것이다.[30] 이에 따라, 2005년 개정법은 "제1019조 제3항의 규정에 의하여 한정승인을 한 경우 상속재산 중 이미 처분한 재산이 있을 때에는 그 목록과 가액을 함께 제출하여야 한다"고 함으로써 상속채권자를 보호할 수 있게 되었다.

(2) 民法 제1034조 2항(신설)

한편, 개정 민법 제1034조는 상속인으로 하여금 남아 있는 상속재산에 이미 처분한 상속재산의 가액을 합하여 제1034조 제1항의 변제(각 채권액 비율로 변제)를 하도록 규정함으로써 상속채권자를 보호하고 있다. 다만, 제1034조 2항은 "한정승인을 하기 전에 상속채권자나 유증받은 자에 대하여 변제한 가액은 이미 처분한 재산의 가액에서 제외한다"고 함으로써 한정승인 전의 변제를 유효한 것으로 하였다. 이는 결국 상속채권자들의 상속인에 대한 사해행위 취소에 해당되지도 않고, 상속인의 채권자에 대한 부당이득반환청구도 인정되지 않음을 의미한다.[31]

(3) 民法 제1038조 1항 후단 및 2항 후단 신설

민법 제1034조 2항 단서에 의하면 한정승인 전에 변제받지 못한 나머지 상속채권자들은 손해를 볼 수밖에 없다. 이 경우의 상속채권자를 보호하기 위한 것이 민법 제1038조의 규정이다. 즉, 제1038조는 "제1019조 3항의 규정에 의하여

---

30) 김상용, "개정 한정승인제도의 문제점," 법률신문 제3058호(2002.3.14), 14면 참조.

31) 위의 글.

한정승인을 한 경우 그 이전에 상속채무가 상속재산을 초과함을 알지 못한 데 과실이 있는 상속인이 상속채권자나 유증받은 자에게 변제한 때에도 같다"고 함으로써, 1항 전단에서와 같이 "손해를 배상하여야 한다"는 의미이므로 결국 변제받지 못한 상속채권자는 보호되는 것이다. 다시 말하면, 과실이 있는 상속인이 상속채권자 중 1인에게 채무를 변제한 후 한정승인을 한 경우, 그로 인해 다른 채권자나 유증받은 자에게 변제할 수 없게 된 경우에는 그들에게 손해를 배상하도록 함으로써 상속채권자는 보호될 수 있게 된 것이다.

한편, 제1038조 2항 후단은 "제1019조 3항의 규정에 의하여 한정승인을 한 경우 그 이전에 상속채무가 상속재산을 초과함을 알고 변제받은 상속채권자나 유증받은 자가 있는 때에도 같다"고 한다. 이 경우 '같다'는 의미는 2항 전단에서의 '구상권을 행사할 수 있다'는 것과 같은 의미임은 물론이다. 결국 제1038조 1항 후단은 상속인과 상속채권자 사이의 이익형량을 기하기 위한 기능이라면, 2항 후단은 상속채권자 사이의 형평을 위한 시도라고 할 수 있다.

4. 特別限定承認制度의 問題點

특별한정승인에 관한 개정 민법을 정리하면 다음과 같다. 상속인은 귀책사유 없이 상속채무가 상속재산을 초과함을 알지 못하고 단순승인의 의사표시를 하였거나,[32] 제1019조 1항에 의한 3월의 고려기간이 경과함으로써 1026조 2호에 의해 법정단순승인으로 의제된 경우 및 상속재산을 처분함으로써 법정단순승인으로 의제되는 경우에도[33] 상속채무초과 사실을 안 날로부터 3월 내에 민법 제1019조 3항에 의한 한정승인을 할 수 있다는 것이다. 그 결과 제1019조 3항은 상속인을 보호하기 위한 규정이지만, 상속인이 이미 재산을 처분한 경우에는 상속채권자나 유증받은 자의 이익을 보호하기 위한 장치가 있어야 함에도 불구하고 이 보완장치가 누락되었으므로 이 부분은 2005년 개정법에서 보완되었음은 위에서 살펴본 바와 같다.

32) 제1019조 3항에서 "…단순승인을 한 경우에는…"은 단순승인의 의사표시를 한 경우로 해석된다.

33) 제1019조 3항에서 "…단순승인(제1026조 제1호 및 제2호의 규정에 의하여 단순승인한 것으로 보는 경우를 포함한다)을 한 경우에는"이라고 한 규정이 그 근거이다.

특별한정승인제도는 이 제도의 청산과 관련된 규정들(제1030조, 제1034조 및 1038조)에 의한 보완책에도 불구하고 상속채권자의 보호에는 미흡할 수밖에 없고, 나아가 상속채권자 사이에는 차별이 존재하게 만드는 태생적 한계와 형평의 문제를 동시에 안고 있다. 예컨대 상속인이 상속재산을 처분한 경우에 제1034조에 의하면, 상속인은 이미 처분한 가액을 합하여 채권자에게 변제하도록 되어 있어 형식적으로는 문제 없어 보이지만, 상속인에게 자력이 없는 경우에는 상속채권자의 부담이 될 수밖에 없으며, 상속인이 상속재산을 처분하지 않은 경우의 채권자에 비하면 매우 불리한 것이 사실이다.[34] 상속인이 한정승인 전에 상속채권자에게 이미 변제한 경우에도 마찬가지이다. 그 경우의 변제는 유효하고(제1034조 2항 단서), 다만 제1038조에 의한 손해배상이나 구상권 행사의 요건을 갖추는 경우에 한해서 상속채권자는 구제될 뿐이기 때문에 변제받은 채권자와 그렇지 못한 채권자 사이에 차별은 불가피하게 된다.

결국, 2002년에 신설되고 2005년에 보완된 특별한정승인제도는 제1019조 1항에 따른 상속인 보호의 미흡함을 어느 정도 해소하는 데 기여하고 있는 것이 사실이지만, 이번에는 상속채권자 보호와 상속채권자 사이의 형평마저 우려될 수 있게 되었다. 그 원인은 개정민법이 제1019조의 단기의 고려기간과 제1026조 2호의 단순승인의제규정은 그대로 둔 채 제1019조 3항에 따라 한정승인을 할 수 있는 기회를 추가로 부여하였기 때문이다. 결국 포기나 승인의 고려기간이 경과됨으로써 단순승인한 것으로 확정된 후, 상속인이 한정승인을 할 수 있게 되었으므로 단순승인 확정시부터 한정승인시까지 사이의 기간동안 상속인은 상속재산을 처분할 수도 있고 상속채권자에게 변제할 수도 있는 상황을 전제로 하기 때문에 상속채권자 보호가 문제될 수 있는 것이다.

Ⅴ. 立法論

1. 상속의 포기나 한정승인은 채무가 초과된 경우에 유용한 제도인데, 이에 관하여 민법 제1019조 1항은 단기의 고려기간을 규정하고 있고, 기간이 경과되

34) 윤진수, "특별한정승인 제도의 소급적용에 관한 소고," 법률신문 2766호(1999.2.18), 14면 참조.

면 제1026조 2호에 의해 단순승인한 것으로 보기 때문에 상속인은 자기의 의사와 무관하게 피상속인의 채무를 승계하는 결과를 강요받은 것이나 다름없었다. 이토록 짧은 고려기간과 단순승인의제규정을 두는 이유는 상속법률관계의 신속한 확정이라는 공익상의 목적이라고 한다.[35] 그러나 상속관계에 있어서만 특별히 법률관계를 신속히 확정할 공익상의 목적이 있는지는 의문이다. 그 동안 해석론을 통해 억울한 상속인을 보호하려는 시도가 있었으나, 제1026조 2호에 대한 헌법불합치결정으로 인해 상속의 승인과 포기에 관한 법의 개정은 불가피한 것이 되었다.

헌법불합치결정에 따른 개선입법의 방안으로 헌법재판소는, 고려기간의 도과에 관하여 상속인이 책임질 사유가 없는 경우에는 단순승인이 아닌 한정승인을 한 것으로 보는 방안, 스위스 민법 제566조 제2항의 규정과 같이 상속재산 중 소극재산이 적극재산을 초과함이 객관적으로 명백한 때에는 고려기간의 도과로서 상속을 포기한 것으로 추정하는 방안, 상속인이 상속채무가 적극재산을 초과하는 사실을 알지 못하여 고려기간을 도과한 때에는 상속인이 그 사실을 안 때로부터 일정한 기간 내에 다시 상속의 승인이나 포기, 또는 한정승인을 할 수 있도록 하는 방안을 제시한 바 있다. 물론 입법자는 헌법재판소가 제시한 방안에 구애될 필요도 없고, 그 외에도 여러 가지 방안(예컨대 독일민법과 같이 파산절차를 통해 책임을 한정하는 방법, 인격대표자제도 등)이 있을 수 있지만, 개정법은 헌법재판소가 제시한 세 번째 방안에 유사한 개정을 택한 셈이다.

개정법은 매우 짧은 고려기간과, 이 기간이 경과되면 단순승인으로 보는 원칙을 고수하면서 추가로 한정승인할 수 있는 기회를 허용하고 있기 때문에 이번에는 오히려 상속채권자의 이익이 침해될 수 있는 상황이 우려되게 되었다. 그것은 상속을 둘러싼 법률관계의 신속한 확정이라는 원칙을 여전히 고수한 결과라고 생각된다.

2. 입법론을 제시하기 전에 상속의 포기와 한정승인을 비교하여 보기로 한다. 그 이유는 상속재산에 채무가 초과되었음을 안 상속인들은 대개의 경우 제1019조의 기간 내에 상속의 포기를 선택하는 것이 보통이나, 상속포기에 의해서

35) 헌법재판소(주 2) 결정문.

는 상속인과 상속채권자와의 갈등이 적절히 해결될 수 없는 문제가 내포되어 있는 반면에, 상속의 한정승인은 절차의 번거로움 때문에 그 이용률이 높지 않으나, 상속인이나 상속채권자 모두에게 합리적인 제도이기 때문에 입법론으로 적합한지의 여부를 검토하기 위함이다.

(1) 상속포기제도는 그 신고절차가 간단하다는 이유로 한정승인에 비해 이용률이 높다.[36] 그러나 채무초과인 상속재산을 포기하면 포기한 상속인의 채무분담분은 그만큼 다른 공동상속인에게 귀속되므로 다른 공동상속인들은 상속인이 포기한 사실을 아는 것이 필요하므로 상속포기의 사실이 다른 공동상속인들에게 통지되어야 하는데, 민법에는 이에 관한 규정도 의무나 제도도 없기 때문에, 포기의 사실을 모르는 다른 공동상속인들은 자신도 모르는 사이에 상속채무가 증가될 뿐 아니라 경우에 따라서는 다른 공동상속인이 포기할 기회마저 상실하게 하는 위험요인이 될 수 있다는 문제점이 있다.

더욱 문제가 되는 것은 예컨대, 채무초과인 상속재산의 승계를 피하기 위해 선순위 상속인 전원이 상속을 포기한 경우, 그 상속재산은 차순위 상속인에게 승계되는지의 여부에 관한 것이다. 이에 관한 명문규정은 없기 때문에 이를 긍정할 수도 있고 부정할 수도 있다고 할 수 있으므로 결국 해석의 문제에 귀결된다. 이를 긍정할 수 있는 근거로는 민법 제1024조는 상속포기의 소급효를 규정하고 있으므로 선순위 상속인이 상속을 포기하면 차순위 상속인들이 상속개시시부터 상속인이었던 것으로 된다는 점에 있다.[37]

대법원은 "상속을 포기한 자는 상속개시시부터 상속인이 아니었던 것과 같은 지위에 놓이게 되므로 같은 순위의 다른 공동상속인이 없는 이 사건에 있어서는 그 다음 근친계비속인 소외 망 신안섭의 손들이 차순위의 본위 상속인으로서 위 망인의 재산을 상속하게 된다고 판단한 것은 위 법리에 따른 것으로 정당하다"[38]고 함으로써 긍정설을 취해 왔다. 이에 따라 변호사들이 상속포기를 위임받은 경우에는 상속인이 채무초과인 상속재산을 포기할 때 4촌 이내의 방계혈족

36) 박광천, "상속의 한정승인," 상속법의 제문제, 재판자료집 제78집(1998), 576면.

37) 차순위 상속인의 채무승계에 관하여 자세한 것은 이화숙, "채무초과 상속재산에 대한 채권자의 권리와 상속인보호," 비교사법 제4권 1호, 한국비교사법학회(1997), 84면 이하 참조.

38) 대법원 1995.9.26, 95다27769 판결; 대법원 1995.4.7, 94다11835 판결도 같은 취지이다.

까지 모두 포기신고하도록 한다고 한다. 1순위상속인의 포기는 차순위에게로 귀속되고, 순차적으로 다음 순위자에게 귀속되어, 마지막에는 4촌 이내의 방계혈족까지 채무가 귀속될 수 있기 때문이다. 그러나 스스로 상속문제를 처리하는 대부분의 상속인들은 상속인의 포기의 결과를 고스란히 받아들일 수밖에 없는 것이 현실이기 때문에 상속인 중 1인이 상속을 포기한 경우 그 사실을 다른 공동상속인이나 후순위 상속인에게 통지함으로써 그 다른 상속인들이 포기여부를 결정할 수 있는 기회를 주어야 할 것이다.

한편, 채무초과 상속재산이 차순위 상속인에게 승계되는 것을 부정하는 견해는 그 근거로서 제1024조의 상속포기의 소급효는 상속포기자에 한하여 권리포기의 소급효를 인정하는 것으로 보면 족하고, 선순위상속인 전원이 상속을 포기하였다 해서 논리필연적으로 차순위상속인이 상속개시시부터 상속인이 된다고 보아야 할 것은 아니라는 점을 든다.[39)]

최근에 대법원은[40)] 선순위 상속인들이 상속을 포기하여 후순위자가 상속인이 된 경우 상속포기를 할 수 있는 고려기간(제1019조 1항)의 기산점을 늦게 인정하고 있어 주목된다. 즉 "선순위 상속인으로서 피상속인의 처와 자녀들이 모두 적법하게 상속을 포기한 경우에는 피상속인의 손 등 그 다음의 상속순위에 있는 사람이 상속인이 되는 것이나, 이러한 법리는 상속의 순위에 관한 민법 제1000조 제1항 제1호와 상속포기의 효과에 관한 민법 제1042조 내지 제1044조의 규정들을 모두 종합적으로 해석함으로써 비로소 도출되는 것이지 이에 관한 명시적 규정이 존재하는 것은 아니어서 일반인의 입장에서 피상속인의 처와 자녀가 상속을 포기한 경우 피상속인의 손자녀가 이로써 자신들이 상속인이 되었다는 사실까지 안다는 것은 이례에 속한다고 할 것이고 … 피상속인의 손자녀가 상속인이 된 경우에는 상속인이 상속개시의 원인사실을 아는 것만으로 자신이 상속인이 된 사실을 알기 어려운 특별한 사정이 있다"고 하면서, 선순위상속인들의 상속포기신고가 수리된 때로부터 3월이 경과한 후 차순위 상속인인 피상속인의 孫들이 한 상속포기신고에 대해, 기간을 도과한 것으로서 적법한 포기의 효력이 발생하지 않는다고 한 원심 판결을 파기하였다.

---

39) 이영무 "선순위 상속인들이 상속을 포기하였을 경우 상속재산이 차순위 상속인에게 귀속되는지 여부에 관하여," 인권과 정의 제239호(1996.7), 109면 이하.

40) 대법원 2005.7.22, 2003다43681 판결.

상속포기제도가 안고 있는 또 하나의 한계는, 상속인들이 모두 상속을 포기한 경우에는 설사 상속채무를 변제한 후 재산이 남는 경우에도 상속인들에게 상속되지 않는다는 점이다. 상속채무를 변제한 후에 남는 재산은 상속인들이 상속하는 것이 자연스럽고 합리적인데 상속포기에 의해서는 그러한 합리적인 결과를 기대할 수 있다는 문제를 한계로서 안고 있다.

(2) 한정승인은 상속포기의 경우와 같이 상속재산이 채무초과인 경우에 상속채무에서 벗어날 수 있는 수단으로서의 효용가치가 있다. 다만 상속의 포기는 상속재산의 승계를 거절하는 의사표시이므로 소극재산뿐 아니라 적극재산의 승계도 포기하는 결과로 인하여, 그 상속인의 상속분은 상속개시시로 소급하여 다른 상속인에게 귀속되는 반면에, 상속인이 한정승인을 하는 경우 상속채권자 및 유증을 받은 자의 채권의 담보가 되는 재산은 상속재산으로 한정되기 때문에 상속인은 자기 고유의 재산으로 변제할 필요가 없다는 점에서 보호되고, 상속채권자는, 원래 피상속인의 재산을 신뢰하여 피상속인으로부터 채권을 취득하였을 뿐 아니라 채권자는 원래 자기의 채무자에게만 채권을 행사할 수 있다는 채권의 일반원칙에 비추어 볼 때 상속재산을 한도로 채권을 행사할 수 있어 채권자에게도 불리한 것이 아니다. 오히려 채무초과 상태인 상속인이 단순승인을 하면 상속채권자를 해할 수 있으나 상속인이 한정승인을 하면 상속채권자에게는 유리하다. 또한 채무초과인 상속재산에 대하여 상속인이 단순승인을 하면 상속인의 채권자를 해하게 되지만 한정승인을 하게 되면 상속인의 채권자를 보호하는 일면도 있으므로 결국 한정승인은 상속인, 상속채권자와 상속인의 채권자 중 누구에게도 손해를 주지 않고 상속채무가 변제될 수 있다.

한정승인은 상속재산의 범위에서 채무를 부담할 뿐이기 때문에 상속포기의 경우와 같이 다른 공동상속인이나 차순위 상속인에게 책임이 전가되는 결과를 초래하지 않는다는 점도 장점이라고 할 수 있다. 다만, 상속인이 수인인 경우에 공동상속인 모두가 한정승인을 해야 하는지, 아니면 상속포기의 경우처럼 상속인이 각각 한정승인을 할 수 있는지 의문이다. 이에 대하여 민법 제1029조는 "상속인이 수인인 때에는 각 상속인은 각 상속분에 의하여 취득할 재산의 한도에서 그 상속분에 응한 피상속인의 채무와 유증을 변제할 것을 조건으로 상속을 승인할 수 있다"고 함으로써 개별적인 한정승인을 긍정하고 있다. 이에 의하면 어떤 상속인은 상속을 포기하고, 어떤 상속인은 한정승인을 하며, 어떤 상속인은 단순승인을 하는 경우도 예상할 수 있어 상속관계가 매우 복잡하게 된다. 이에 따라, 공동상속인 중에 1인이 한정승인을 할 때에는 상속재산 전부에 대하여 한정승인에 의한 청산절차를 취하도록 하는 것이 편리하다고 주장하는 견해[41]와 한 사람 한 사람의 상속분에 관한 청산절차가 상당히 번잡한 흠은 있으나 상속의 개인주의 원칙에 비추어 볼 때 우리 민법의 태도도 좋은 점이 있다는 견해[42]도 있다. 공동상속인 중 일부만이 한정승인을 한 경우의 청산절차에 대해서는 민법에 규정이 없으나, 공동상속인 전원이 한정승인한 경우와 같이 청산절차를 밟고 그 절차를 종료한 결과 상속채무가 남아 있는 때에는 그 남아 있는 상속채무를 각 공동상속인의 상속분의 비율로 분할하고, 단순승인을 한 상속인만이 자기의 고유재산으로 변제케 된다고 한다.[43]

상속인이 한정승인을 하였으나, 채무를 변제하고 재산이 남은 경우에는 그 재산은 상속인에게 상속된다. 이 점은 상속포기에 비해 한정승인제도의 또 다른 장점이라고 할 수 있다.

한정승인이 갖는 단점으로는, 그 신고절차가 복잡하다는 점을 들 수 있다. 상속인이 한정승인을 신고할 때는 상속재산의 목록을 첨부하여야 하며(제1030조), 한정승인자가 상속채권자와 수유자에 대하여 채권 또는 수유의 신고를 할 것을 공고하고(제1032조) 변제하여야 하기 때문이다. 이러한 신고절차의 복잡성으로 인해 이용률은 상속포기에 비해 저조한 편이다.[44]

3. 이상의 논의를 바탕으로 장기적인 관점에서의 대안을 검토하기로 한다.

(1) 영미의 인격대표자(Personal Representative) 제도를 채택하는 방법

영국과 미국이 채택하는 인격대표자제도는 상속채권자와 상속인을 보호할

---

41) 김용한, 친족상속법, 박영사(1991), 374면; 박병호, 가족법, 한국방송대학교출판부(2001), 400면.

42) 김주수(주 21), 624면.

43) 곽윤직(주 20), 317-318면.

44) 대전지방법원 본원의 경우 1997.1.1.부터 1997.9.30.까지 한정승인은 4건인 데 비해 상속포기는 202건이라 한다. 박광천(주 36), 576면.

수 있는 바람직한 제도라고 생각된다. 상속이 개시되면 상속재산이 상속인에게 승계되는 것이 아니라, 인격대표자에게 신탁적으로 승계되어 1년의 기간동안 상속채무를 변제한 후 유언을 집행하고 유언이 없거나 유언집행 후 남는 재산을 법정상속인에게 상속하기 때문에 법률관계가 간명하게 처리될 수 있기 때문이다. 특히 상속회복청구와 상속의 승인이나 포기와 관련된 소송이 많이 제기되는 우리 법제에서는 가장 이상적인 대안이라고 생각한다. 단점은 비용이 많이 들고 상속재산을 상속받기까지의 시간이 오래 걸린다는 점이다. 그런데 아무리 이상적인 제도라 해도 비용과 시간의 문제는 우리사회에서 쉽게 극복할 수 있는 문제가 아니기 때문에 장기적으로는 몰라도 아직은 시기상조라고 하지 않을 수 없다.

(2) 獨逸民法이나 프랑스 民法과 같이 改正하는 방법

독일민법과 같이 고려기간이 경과되면 승인한 것으로 간주되지만 상속을 승인한 후에도 책임한정을 할 수 있는 기회를 부여하는 방안도 입법자료로 참고할 가치가 충분하다고 본다. 그러나 독일 민법의 경우 상속재산관리명령이나 상속재산지급불능절차를 통해 상속인의 책임을 한정시킨다는 점에서 우리 법문화에는 익숙하지 못한 제도일 뿐 아니라 절차가 번거롭다는 단점이 지적된다.

프랑스 민법의 경우에는 상속개시 후 3월의 유예기간에 상속재산목록을 작성하도록 하고 그로부터 일정기간(40일) 내에 상속의 승인이나 포기를 결정할 수 있도록 하는 방안은 입법론으로서 참고할 가치가 충분하다고 본다. 다만 그 기간이 경과한 후에도 상속인은 오랫동안 상속의 승인이나 포기를 할 수 있다는 점은 상속채권자보호에 익숙해온 우리 법제에 적합하지 않은 면이 있고 특히 상속으로 인한 분쟁을 조속히 해결하려는 상속법 문화에서는 채택하기 어려운 면이 있음도 사실이다.

(3) 考慮期間이 경과되면 限定承認으로 보는 방안

제1019조 1항의 고려기간이 경과되면 한정승인한 것으로 보는 방안을 생각할 수 있다. 현재로선 이 방안이 가장 바람직한 입법론으로 보인다.[45] 그것은 우

45) 같은 취지: 곽윤직(주 20), 315면; 김종필, "상속의 승인과 포기," 실무연구 9권, 서울 가정법원, 133면.

리 민법에 한정승인제도가 있다는 점, 한정승인은 상속인과 상속채권자 및 상속인의 채권자 모두에게 공평하고 합리적인 제도라는 점, 채무를 변제하고 남는 재산은 상속인에게 상속된다는 점에서 그러하다.

위 (II)에서 외국의 입법례를 살펴본 결과도, 채무초과상속재산인 경우에는 각국의 입법례가 공통적으로 상속의 한정승인을 유도하고 있음을 알 수 있다. 영미의 인격대표자제도에서 인격대표자가 상속채무를 변제한 후에 남는 재산을 상속인에게 분배하는 것은 결과적으로 상속의 한정승인인 것이며, 독일민법의 경우, 상속의 승인과 포기기간이 경과한 후에도 상속인으로 하여금 책임을 한정할 수 있는 제도 역시 상속인의 책임을 상속재산으로 한정시키기 위한 취지인 것이다. 프랑스 민법의 경우에 유예기간 내에 재산목록을 작성하고, 그로부터 40일 이내에 승인이나 포기를 결정하도록 하며, 법원의 결정명령을 받은 이후에도 결정하지 못한 경우에 단순승인을 선고함은 상속인으로 하여금 한정승인을 유도하고 있음에 다름 아니다.

한정승인을 채택하는 경우, 제1019조 1항은 프랑스 민법의 경우와 같이 상속개시시부터 3개월의 기간 내에 상속재산의 목록을 작성하도록 의무화하고 그로부터 40일의 기간 내에 상속의 승인이나 포기를 할 수 있도록 개정하는 방안을 고려할 수 있을 것이다. 그리고 그 기간 내에 신고가 없으면 제1026조 2호에 의해 한정승인한 것으로 보는 방안이 바람직하다.

한정승인을 원칙으로 하는 데 반대하는 견해는 그 신고절차가 복잡하다는 점을 지적하고 있다. 절차가 복잡하다는 것은 구체적으로 한정승인 신고시에 재산목록을 첨부하여야 한다는 점을 들고 있으나,[46] 이 점은 생각하기 나름이라고 본다. 재산이 많든 적든 상속이 개시되면 상속인들은 6월 내에 상속세를 신고하기 위해 상속재산을 조사하게 되었으므로, 상속재산을 조사하여 목록을 첨부하는 일이 그리 번거롭게 되지는 않게 되었다. 오히려 한정승인을 원칙으로 한다면 상속재산목록을 작성하여야 하기 때문에 의외의 채무를 부담하게 되는 결과를 사전에 예방하는 효과도 거둘 수 있게 된다. 더욱이 개정법에 의해 특별한정승인제도가 실시되기 시작하였으므로 한정승인제도의 이용률은 높아질 수밖에 없게 되었다. 그 결과 한정승인제도는 이제 더 이상 이론적으로만 타당한 제도가 아니

46) 윤진수(주 21), 191면.

라 실제로 유용하게 사용되기 시작하였다는 점에 주목한다면 상속인들에게 재산목록을 첨부하여 신고하는 절차를 요구하는 일을 그리 두려워할 필요가 없다고 본다.

상속채무가 적극재산을 초과하는 경우 신고절차가 쉽다는 이유로 상속포기제도가 많이 이용되고 있으나, 포기의 신고절차는 쉬운 대신에, 구체적인 사정에 따라서는 포기의 대가가 매우 크다는 점은 판례를 통해 익히 알려져 있으므로, 한정승인의 신고시에 재산목록을 첨부하여야 하는 번거로움은 극복되어야 할 것이다. 오히려 한정승인을 원칙으로 하고 재산목록을 고의로 성실하게 작성하지 않은 경우에 그 제재로서 단순승인한 것으로 처리한다면 상속채무가 초과된 경우의 상속인은 단순승인의 결과를 피하기 위해 성실히 재산목록을 작성하도록 유도하는 효과를 기대할 수 있게 된다. 적극재산이 보다 많은 상속인들은 상속재산목록을 첨부하여 한정승인을 신고할 수도 있고, 재산목록을 첨부하지 않음으로 인해 단순승인으로 된다 해서 불이익한 결과가 초래되지 않을 것이므로 이로 인해 온 국민이 번거롭게 되는 일은 많지 않을 것으로 보인다.

한정승인제도의 문제점으로 지적되는 또 하나는 상속인이 상속채권자와 수유자에게 채권 또는 유증의 신고를 할 것을 공고하여야 한다는 점을 들고 있으나,[47] 이것도 생각하기 나름이다. 현행 제도는 채무자인 피상속인이 사망하면 채무자의 상속인이 긴장하여 고려기간 내에 상속을 포기하거나 한정승인을 하지 않는 한 상속채무에 대해 무한책임을 지는 원리로 구성되어 있다. 그러나 이러한 원리는 채권자가 채무자의 재산을 담보로 자기의 채무자에게 채권을 행사할 수 있다는 채권의 일반원리에 반하는 것이다. 채무자가 생존하였더라면 채무자의 재산을 한도로 채권을 행사할 수 있고 배우자나 가족의 재산에까지 채권을 행사할 수 없는 것이 원칙인데, 채무자가 사망한 경우에는 상속재산과 상속인의 고유재산에까지 채권자의 권리가 확대되도록 허용하는 상속법원리는 일반 채권의 원리와 맞지 않다고 생각한다. 그러므로 채무자가 사망하면 상속인이 아니라, 채권자가 긴장하여 채권을 신고하여야 하고 신고하지 않는 경우에는 불이익을 감수하도록 변경되어야 할 것이다.

결론적으로, 한정승인제도는 상속재산의 범위에서 유한책임을 부담하기 때

47) 위의 논문.

문에 상속채무에 대한 채권과 채무의 변제에 있어 상속인, 상속채권자 및 상속인의 채권자 간의 갈등을 형평하게 해결할 수 있는 좋은 제도이다. 한정승인이 합리적이며 형평하다고 하는 이유는 상속인이 한정승인을 한 경우, 상속채권자는 자기의 채무자에게만 자기의 채권을 행사할 수 있다는 채권일반원칙에 따른 해결임과 동시에 상속재산은 상속인에게 귀속된다는 원칙에 합당하기 때문이다.[48] 또한 상속재산의 범위에서 상속인이 유한책임을 부담하기 때문에 상속인의 채권자의 이익도 보호된다는 점에서 장점을 지닌다. 한편 채무가 초과된 상속재산에 대하여 공동상속인 중 1인이 한정승인을 한다 해도 다른 공동상속인에게 책임이 전가되는 일이 없을 뿐 아니라, 1순위 상속인 모두가 한정승인을 하면 차순위자에게 채무가 승계되는 것이 아니라 상속채권자에게 청산절차가 개시된다는 점도 한정승인제도의 장점이다. 채무를 변제한 후의 남는 재산은 상속인들에게 상속되기 때문에 더욱 합리적이다.

VI. 맺는 말

이 글에서는 상속채무가 적극재산을 초과한 경우에 상속인과 상속채권자의 이익이 조화롭게 보호될 수 있는 입법론을 검토하기 위해, 외국의 입법례를 살펴본 후, 제1026조 2호에 대한 헌법불합치결정과 그에 따른 개선입법의 문제점을 분석하여 보았다. 그 결과 근본적인 문제는 여전히 개선되지 않았을 뿐 아니라 오히려 개정법에 의하면 상속채권자 보호가 우려될 수 있다는 결론에 따라, 한정승인원칙론, 즉 고려기간이 경과되면 한정승인을 한 것으로 볼 것을 입법론으로 제시하여 보았다. 외국의 입법례를 비교 고찰한 결과, 우리와 같이 당연상속주의를 취하는 대륙법제에서나 영미법의 인격대표자제도는 방법과 절차는 다르지만 결과는 한정승인에 유사함을 공통적으로 발견할 수 있었다. 그것은 상속재산의 범위 내에서 채무를 변제하는 것이 가장 합리적이기 때문이다.

외국의 입법례도 우리가 참고할 수 있는 장점이 있으나 그 구체적인 절차는 우리 법문화에 맞지 않는 면이 있으므로 한정승인으로 유도하는 공통점을 참고

48) 임성권(주 20), 338면 참조.

하되, 구체적으로는 기왕에 우리 민법에 있는 한정승인제도를 원칙으로 한다면 의외의 채무를 부담하게 되어 당황하는 상속인은 없게 될 것이다. 반면에 재산목록을 작성함에 누락한 것이 있는 등의 불성실한 상속인은 단순승인한 것으로 보아 채무에 대한 무한책임을 지도록 한다면 상속인들로 하여금 정직하고 성실하게 신고하도록 유도하는 부수적인 효과마저 기대할 수 있을 것으로 보인다.

_ 민사법학 제30호(한국민사법학회, 2005) 게재

後 記

2002년 개정 민법 부칙 제3항이 헌법불합치결정(주 29 참조)을 받음에 따라 2005년 12월 19일 부칙 제4항이 신설되었다.

가족, 사회와 가족법

2012년 2 월 5일 초판 인쇄
2012년 2 월 15일 초판 발행

저 자 이 화 숙
발행인 이 방 원
발행처 세창출판사
서울 서대문구 냉천동 182 냉천빌딩 4층
전화 723 · 8660 팩스 720 · 4579
E-mail: sc1992@empal.com
Homepage: www.sechangpub.co.kr
신고번호 제300-1990-63호

정가 46,000 원

ISBN 978-89-8411-364-0 93360